All New—

영어회화 공식패턴 3300

CHRIS SUH

기본 — 핵심 — 응용

MENTORS

All New
영어회화 공식패턴 3300
기본-핵심-응용

2025년 01월 13일 인쇄
2025년 01월 20일 개정판 포함 6쇄발행

지 은 이   Chris Suh
발 행 인   Chris Suh
발 행 처   **MENTORS**
경기도 성남시 분당구 황새울로 335번길 10 598
TEL 031-604-0025 FAX 031-696-5221
mentors.co.kr
blog.naver.com/mentorsbook
* Play 스토어 및 App 스토어에서 '멘토스북' 검색해 어플다운받기!
등록일자   2005년 7월 27일
등록번호   제 2009-000027호
I S B N   979-11-94467-37-3
가   격   33,000원(MP3 무료다운로드)

영어의 왕도는…

영어의 왕도는 미국에서 태어나거나 미국에 가서 살거나 혹은 국내 네이티브와 함께 사는 방법일게다. 아무리 많은 영어책으로 공부를 해도 여러 학원을 두루두루 순례를 아무리 해도 네이티브들과 함께 사는 방법보다 더 좋은 방법은 없다는 말이다. 하지만 모든 사람이 어떤 방식이든 네이티브와 함께 생활하면서 영어를 배울 수는 없는 현실에서 어쩔 수 없이 우리는 이책 저책, 이학원 저학원 기웃거릴 수밖에 없다. 그럼 이제 이런 현실에서 영어회화를 하는데 가장 좋은 방법을 찾아본다.

영어의 근본은 패턴

네이티브는 자연적, 태생적으로 언어를 습득한다. 그렇지 않은 우리로서는 머리를 써서 이성적이고 논리적으로 역으로 파고 들며 영어에 접근해야 한다. 엄마 뱃속에서부터 히어링을 한 네이티브들이 영어를 익히는 과정을 연구하여 네이티브가 아닌 우리가 과학적으로 접근할 수 있는 방법을 찾아야 한다는 말이다. 일상어, 자주 쓰는 어구 및 문장의 습득 등도 있겠으나 가장 근본을 이루고 그리고 가장 빠르게 네이티브처럼 말할 수 있도록 해주는 최고의 방법은 영어회화의 근본 뼈대인 패턴이다.

패턴은 영어의 왕도

영어패턴의 이해와 습득은 따라서 네이티브가 아닌 우리가 가장 손쉽게 영어를 배울 수 있는 영어의 왕도라 할 수 있다. 네이티브 만나서 인사 몇마디하고 할 말이 없는 것은 바로 이런 패턴을 알고 있는게 초라하기 때문이다. 많은 패턴이 머리 속에 저장되어 있으면 적시에 맞는 패턴을 꺼내서 여기에 단어나 숙어를 붙여서 문장을 완성하면 되는 것이다. 물론 지금까지 많은 패턴에 관한 책이 있었으나 한 단편을 다루는데 지나지 않았다. 영어패턴이 영어의 왕도라면 조금 더 풍부하고 조직적으로 익힐 필요가 있지 않을까…

기본 - 핵심 - 응용

이책 〈영어회화공식패턴 3300 : 기본 ⋯ 핵심 ⋯ 응용〉은 기본부터 고급까지 영어의 다양한 패턴을 알찬 예문과 다이얼로그와 함께 수록하였다. 기본편에는 쉽다고 생각하고 또 잘 알고 있다고 생각하지만 실제로는 쓰지 못하는 표현들을 집중적으로 수록하였다. 핵심편에서는 영어회화에서 자주 쓰이는 동사가 만들어내는 풍부한 패턴들을 집요하게 파고 들었다. 마지막 응용편에서는 기본과 응용편을 바탕으로 다양한 의문문 문장을 만들어내는 경우와 기타 패턴 표현들을 왕창 수록하였다. 따라서 기본편부터 순서대로 봐도 되지만 자기 실력에 맞게 골라서 순서없이 학습해도 되도록 꾸며졌다.

영어회화실력을 한단계 UP

모든 공부가 그러하듯, 지금보다 한단계 올라서기 위해서는 진지하게 집중적으로 할 필요가 가끔씩은 있다. 영어회화가 왜 안되냐고 불평하기 보다는 책 한권을 달달 외울 정도의 정성스런 노력을 해봐야 한다. 허구헌날 읽다 말고 읽다 말고 그러면서 영어가 안된다고 해서는 안된다. 방대한 양의 패턴을 담은 이 책을 통해 영어회화실력을 한 단계 UP시켜보도록 한다.

이책의 특징

01 기본-핵심-응용 등 3권에 영어회화에 자주 쓰이는 패턴 3300여개를 수록하였다.

02 각 패턴에는 우리말 설명과 패턴 예문 그리고 다이알로그가 담겨져 있어 패턴을 스스로 연습하는데 지장이 없도록 하였다.

03 패턴을 중심으로 파생된 관련 패턴도 함께 수록하여 한번에 여러 패턴을 익힐 수 있도록 꾸며져 있다.

04 각 패턴은 형태별로 대분하여 책의 Chapter 순서에 상관없이 학습할 수 있도록 구성되어 있다.

05 모든 예문과 다이얼로그는 네이티브의 생생한 소리로 녹음되어 있다.

이책의 구성

01 **기본은**
be+형용사[pp], 및 조동사를 완벽하게 습득할 수 있도록 되어 있고

02 **핵심은**
다양한 동사 및 단어를 중심으로 파생되는 패턴들을 집중적으로 수록하였고

03 **응용은**
기본, 핵심편을 바탕으로 응용해서 만드는 의문문 등의 패턴을 담았다.

04 **Chapter**
모두 형태를 기본으로 Chapter 별로 분류되어 있다.

05 **Point - Pattern - Dialog**
각 패턴은 우리말 해설인 point, 예문인 pattern, 그리고 대화인 dialog로 구성되어 있다.

Chapter: 필수 패턴을 형태별로 대분하여 16개의 Chapter로 구분하였다.

화공식패턴 3300

패턴: 기본패턴을 바탕으로 파생되는 경우로 보통 3~4개를 담았다.

Pattern
01 》 I'm glad~

---

001 **I'm glad to+V** …해서 기뻐

Point » 가장 기본형태로 I'm glad to~다음에 동사를 이어서 쓰면 된다. 구어체에서는 종종 I'm을 생략해 쓰기도 한다.

Point: 각 패턴의 의미와 이용법을 자세히 설명하였다.

_ I'm glad to help people in need. 곤경에 빠진 사람들을 돕는게 좋아.
_ I'm glad to get a seat on the subway. 지하철에서 앉게 돼서 좋아.
_ I'm glad to find some extra money. 여분의 돈을 찾아서 기뻐.
_ I'm glad to meet you. 만나게 되어 반가워.

Dialog »

A : It's good to hear from you again! 네 목소리를 다시 듣게 되다니!
B : I'm glad to be back on the job. 다시 일하게 돼서 나도 기뻐.

---

002 **I'm glad to hear~** …하다니 기뻐

Point » I'm glad to~의 한 형태로 기쁜 소식을 들었을 때 쓰는 표현으로 hear 다음에 S+V형태를 쓴다.

Pattern » _ I'm glad to hear you're all right. 네가 괜찮다고 하니 기쁘네.

Pattern: 패턴을 이용한 다양한 예문으로 이를 통해 패턴에 익숙해진다.

_ I'm glad to hear you're feeling better. 네가 기분이 좋다니 기뻐.
_ I'm glad to hear she got a job. 걔가 취직을 하다니 기뻐

_ I'm glad to hear you say th **우리말해석:** Pattern의 예문의 우리말 해석.

Dialog »

A : She told me that she feels much better. 걔가 그러는데 훨씬 나은 것 같대.
B : I'm glad to hear that. 그 얘길 들으니 기쁘군.

---

003 **I'm glad to see~** …하니 기뻐

Point » I'm glad to hear~는 소식을 듣고서 기쁜 것이고 I'm glad to see~는 …을 알게 돼서 기쁘다는 의미로 다음에는 S+V를 붙여쓰면 된다.

Pattern » _ I'm glad to see you're okay. 네가 괜찮을 걸 보니 좋으네.
_ I'm glad to see you've come to your senses. 네가 정신을 차려서 기뻐.
_ I'm glad to see you know the difference. 네가 그 차이를 알게 된 걸 보니 기뻐.
_ I'm glad to see you're feeling better. 네 기분이 좋다고 하니 기뻐.
_ I'm glad to see you arrived. 네가 도착해서 기뻐.

Dialog »

A : Burt came home from the hospital.

Dialog: 패턴을 이용한 AB 대화를 통해 실제 회화에서 어떻게 쓰이는지를 알 수 있다.

Contents

기본

Chapter
05 》 There[Here]~ _249

Chapter

07 》》 **Basic Words Two** _375

INDEX

Talk Tips

She tries not to smile vs. She tries to not smile

I wish (that) 주어+동사 vs. I hope (that) 주어+동사

Where am I(are we)? vs. Where was I(were we)?

I'm going vs. I'm coming

every day vs. everyday

I could use a friend, must/have to vs. should/ought to

sign vs. signature vs. autograph

Let me vs Lemme

pick up the tap vs. treat

I suppose vs. I think vs. I guess vs. I mean

speak vs. say vs. tell vs. talk

always vs. still

since vs. for

on

although vs. though

as vs. like

in vs. after

at the end of the day

기본 **Chapter 01**

be+형용사[pp]~

001 I'm glad to+V …해서 기뻐

Point >> 가장 기본형태로 I'm glad to~다음에 동사를 이어서 쓰면 된다. 구어체에서는 종종 I'm을 생략해 쓰기도 한다.

Pattern >>
_ **I'm glad to** be back at work. 직장에 다시 돌아와서 좋아.

_ **I'm glad to** help people in need. 곤경에 빠진 사람들을 돕는게 좋아.

_ **I'm glad to** get a seat on the subway. 지하철에서 앉게 돼서 좋아.

_ **I'm glad to** find some extra money. 여분의 돈을 찾아서 기뻐.

_ **I'm glad to** meet you. 만나게 되어 반가워.

Dialog >>
A : It's good to hear from you again! 네 목소리를 다시 듣게 되다니!
B : I'm glad to be back on the job. 다시 일하게 돼서 나도 기뻐.

002 I'm glad to hear~ …하다니 기뻐

Point >> I'm glad to~의 한 형태로 기쁜 소식을 들었을 때 쓰는 표현으로 hear 다음에 S+V형태를 쓴다.

Pattern >>
_ **I'm glad to hear** you're all right. 네가 괜찮다고 하니 기쁘네.

_ **I'm glad to hear** you're not seeing Chris anymore. 더 이상 크리스를 안본다고 하니 기뻐.

_ **I'm glad to hear** you're feeling better. 네가 기분이 좋다니 기뻐.

_ **I'm glad to hear** she got a job. 걔가 취직을 히디니 기삐

_ **I'm glad to hear** you say that. 네가 그렇게 말해줘서 기뻐.

Dialog >>
A : She told me that she feels much better. 걔가 그러는데 훨씬 나은 것 같대.
B : I'm glad to hear that. 그 얘길 들으니 기쁘군.

003 I'm glad to see~ …하니 기뻐

Point >> I'm glad to hear~는 소식을 듣고서 기쁜 것이고 I'm glad to see~는 …을 알게 돼서 기쁘다는 의미로 다음에는 S+V를 붙여쓰면 된다.

Pattern >>
_ **I'm glad to see** you're okay. 네가 괜찮을 걸 보니 좋으네.

_ **I'm glad to see** you've come to your senses. 네가 정신을 차려서 기뻐.

_ **I'm glad to see** you know the difference. 네가 그 차이를 알게 된 걸 보니 기뻐.

_ **I'm glad to see** you're feeling better. 네 기분이 좋다고 하니 기뻐.

_ **I'm glad to see** you arrived. 네가 도착해서 기뻐.

Dialog >>
A : Burt came home from the hospital. 버트가 병원에서 집으로 돌아왔어.
B : I'm glad to see he's feeling better. 걔 좋아진 걸 보니 좋으네.

004   I'm glad that S+V …해서 기뻐

Point » I'm glad 다음에 S+V의 절을 붙여쓰는 경우이다.

Pattern »

_ **I'm glad** you're back. 네가 돌아와서 기뻐.

_ **I'm glad** you could make it. Thanks for coming. 네가 올 수 있어서 기뻐. 와줘서 고마워.

_ **I'm glad** you feel that way. 네가 그렇게 생각한다니 기뻐.

_ **I'm glad** we could help you out. 너를 도와줄 수 있어서 기뻐.

_ **I'm glad** you are here. 네가 와줘서 기뻐.

Dialog »

A : Thank you for the present. These are lovely earrings. 선물 고마워. 귀걸이 예쁘더라.
B : I'm glad you like them. 맘에 든다니 기뻐.

Pattern 02 » I'm happy~

001   I'm happy to+V …해서 기뻐, …해서 좋아

Point » 여기서 happy는 거창하게 「행복한」으로만 생각하지말고 심플하게 「기뻐」, 「좋아」 정도로 이해하면 된다.

Pattern »

_ **I'm so happy to** be finished with school. 학교 과정이 다 끝나서 너무 기뻐.

_ **I'm so happy to** have you back. 네가 다시 돌아와서 좋아.

_ **I'm so happy to** see you all. 너희들을 다 보게 돼서 기뻐

_ **I'm so happy to** do this for you. 너한테 이렇게 해주게 돼서 기분이 좋아.

_ **I'm so happy to** see you again. 널 다시 만나게 돼서 기분이 좋아.

Dialog »

A : How was your trip to Hollywood? 힐리우드 여행갔던 거 어땠어?
B : I enjoyed my vacation but I'm happy to be home. 휴가는 즐겁게 잘 보냈지만 집에 돌아와서 기뻐.

---

002   I'm happy with sb[sth] …에 만족해, 흡족해

Point » with 다음에 나오는 sb 혹은 sth에 불만이 없다, 흡족하다라는 의미.

Pattern »

_ We're **happy with** our cable provider. 우리는 유선방송업체에 만족해.

_ I think he was **happy with** his choice. 걔는 자기 선택에 흡족한 것 같아.

_ Your daughter's not going to be very **happy with** you. 네 딸은 네게 무척 불만스러울거야.

_ You seem pretty **happy with** yourself. 넌 너 자신에 무척 만족하는 것으로 보여.

_ I'm not **happy with** my job. 내 일에 만족을 못하겠어.

Dialog »

A : Would you like to try my stylist? 내 스타일리스트를 써볼테야?
B : No, I'm happy with the woman who cuts my hair. 아니, 내 머리 잘라주는 여자 디자이너에게 만족해.

003 I'm happy about sth[~ing] …에 만족해, …가 마음에 들어

Point » about 다음에는 사물이 오거나 혹은 ~ing 형태가 이어 온다.

Pattern »
_ She won't **be happy about** that. 걔는 그걸 마음에 들어하지 않을거야.

_ I understand you're **not happy about** this. 네가 이거에 불만이라는 걸 이해해.

_ I think we're **all happy about** that. 우리 모두는 그거에 만족을 하는 것 같아.

_ **I'm not happy about** the price of this computer. 난 이 컴퓨터 가격에 불만이야.

_ I **feel so unhappy about** my life right now. 나는 지금 내 인생이 너무 우울해.

Dialog »
A : Why are you smiling so much? 왜 그렇게 웃고 있는거야?
B : I'm happy about my new job. 내 새로운 직장이 맘에 들어서.

004 I'm happy that S+V …해서 기분 좋아

Point » 이번에는 I'm happy 다음에 S+V의 절이 이어지는 경우로 이때 that은 생략가능하다.

Pattern »
_ **I'm happy** you let me be here with you. 너와 함께 있게 해줘서 정말 좋아.

_ **I'm so happy that** you're happy. 네가 만족한다니 너무 기분이 좋아.

_ **I am so happy that** we're friends again. 우리가 다시 친구가 돼서 너무 좋아.

_ **I'm really not happy that** you feel bad about it.
네가 그거에 기분나쁘다니 정말 나도 기분이 안좋아.

_ **I'm happy** because tomorrow is a holiday. 내일이 휴일이라 기뻐.

Dialog »
A : I'm happy because tomorrow is a holiday. 내일이 휴일이라 기뻐.
B : What do you plan to do? 뭐 할건데?

Pattern 03 »» I'm happy~

001 You're not happy~ …에 기분이 좋지 않구나, …에 불만이구나

Point » 상대방이 불만스럽게 생각하는 것을 확인하는 표현. happy 다음에 with~ing 혹은 S+V절을 붙이면 된다.

Pattern »
_ **You're not happy** they're gone. 걔네들이 가버려서 넌 기분이 좋지 않구나.

_ **You're not happy** living in Los Angeles? 너 LA에서 사는게 좋지 않구나?

_ **You're not happy** dating Kendra? 너 켄드라와 데이트하는게 싫구나?

_ **You're not happy** staying with her. 너 걔랑 같이 남아있는게 싫은거지.

Dialog »
A : My roommates are really jerks. 내 룸메이트들 정말 멍청이들이야.
B : You're not happy living with them. 너 걔네들하고 사는게 싫구나.

영어회화
공식패턴
3300

002 Are you happy with[to+V] ? …해서 기뻐?, …가 맘에 들어?

**Point ›› ** 상대방에게 with+N[~ing] 이하의 것에 혹은 to+V를 하게 돼서 기쁘냐고 확인하는 패턴.

Pattern ››

_ **Are you happy with** your marriage? 결혼생활에 만족해?

_ **Are you happy with** the food at this restaurant? 식당의 음식이 맘에 들어?

_ **Are you happy with** the way your life is going? 네 인생의 살아가는 방식이 맘에 들어?

_ **Are you happy with** the selection of movies at this theater?
이 극장이 선택한 영화들이 맘에 들어?

_ **Are you happy with** the way you are living your life? 넌 사는 데 만족하니?

Dialog ››

A : Are you happy with living in Seoul? 너 서울에 사는거 만족해?
B : Yeah, it's convenient to be in a big city. 어, 큰 도시라 편리해.

003 Are you happy S+V~? …해서 기쁘지?

**Point ›› ** 상대방에게 (that) S+V 이하가 맘에 드는지 물어보는 표현.

Pattern ››

_ **Are you happy** that you decided to take the job in Hong Kong?
홍콩에서 일을 갖기로 결정해서 기쁘니?

_ **Are you happy** he left the company? 걔가 회사를 떠나서 기뻐?

_ **Are you happy** she got pregnant? 걔가 임신해서 기뻐?

_ **Are you happy** the food was served? 음식이 나와서 좋아?

_ **Are you happy** Ray called you? 레이가 네게 전화해서 기뻐?

Dialog ››

A : Are you happy Brandon left? 브랜든이 떠나서 좋아?
B : Definitely. He was acting strange. 그렇고 말고. 걔 정말 이상하게 행동했어.

004 Aren't you happy~? …해서 기쁘지 않아?

**Point ›› ** 단순히 기쁜지 아닌지 확인할 때도 쓰지만 기분이 좋다는 걸 강조하기 위해서 쓰이기도 한다.

Pattern ››

_ **Aren't you happy** you came out tonight? 오늘밤에 밖에 나와서 기쁘지 않아?

_ **Aren't you happy** that you won the lottery? 로또에 당첨돼서 기쁘지 않아?

_ **Aren't you happy** about being successful? 너 성공한 것에 대해 기쁘지 않아?

_ **Aren't you happy** to have a boyfriend who works in the hospital?
병원에 근무하는 남친이 있어서 기쁘지 않아?

_ **Aren't you happy** to be rich? 부자가 돼서 기쁘지 않아?

Dialog ››

A : This chocolate ice cream is great. 이 초콜릿 아이스크림 정말 맛있어.
B : Aren't you happy we bought it? 우리가 그걸 사서 기쁘지 않아?

001	**I'm pleased to+V** ···하게 돼서 기뻐

Point >> I'm glad~나 I'm happy~보다는 formal한 표현.

Pattern >>
_ **I'm pleased to** see that progress was made. 발전한 것을 보니 기쁘네.
_ **I'm pleased to** relax on the beach. 해변에서 쉬게 돼서 기뻐.
_ **I'm pleased to** surf the Internet. 인터넷을 검색하게 돼서 기뻐.
_ **I'm pleased to** talk to the president. 사장과 얘기를 하게 돼 기뻐.
_ **I'm pleased to** go to the spa. 스파에 가게 돼서 기뻐.

Dialog >>
A : I'm pleased to announce that we won the contract. 우리가 계약을 따냈다는 소식을 전하게 되어 좋아.
B : That's great news! 아주 좋은 소식이네!

002	**I'm pleased to say~** ···라고 말하게 돼서 기뻐

Point >> 뭔가 좋은 소식을 말하게 돼서 기쁘다는 말로 say 다음에는 S+V를 붙여 쓴다.

Pattern >>
_ **I'm pleased to say** it's been resolved. 그게 해결되었다고 말하게 돼서 기뻐.
_ **I'm pleased to say** the operation was a success. 수술이 성공적이었다고 말하게 돼서 기뻐.
_ **I'm pleased to say** we're almost done. 우리가 거의 일을 끝마쳤다고 말하게 돼서 기뻐.
_ **I'm pleased to say** I found the solution. 해결책을 찾았다고 말하게 돼서 기뻐.
_ **I'm pleased to say** we've finished. 우리가 끝마쳤다고 말하게 돼서 기뻐.

Dialog >>
A : How is your relationship going? 너 연애 어떻게 돼가?
B : I'm pleased to say we're getting married. 우리가 결혼할거라 말하게 되어 기뻐.

003	**I'm excited about+N[~ing]** ···에 신나

Point >> excited는 「흥분한」이라기 보다는 「좋아서 신난」, 「들뜬」 정도로 이해하면 된다. be excited about ~ing도 많이 쓰이지만 be excited about sb[sth] ~ing형태도 함께 알아둔다.

Pattern >>
_ **I'm excited about** building our life together. 우리가 함께 삶을 꾸리게 돼서 정말 신나.
_ **She was so excited about** graduating high school next year.
갠 내년에 고등학교 졸업하게 돼 정말 들떠 있었어.
_ **I'm excited about** people coming to the party. 사람들이 파티에 와서 신나.
_ **I'm excited about** my packages being delivered. 내 소포가 배달되어서 신이 나.
_ **I'm excited about** Patty going on a date with me. 패티가 나랑 데이트하게 돼서 들떠.

Dialog >>
A : Are you excited about celebrating Christmas? 크리스마스 맞이하는데 들떠?
B : Yes, I think I'll get a lot of presents. 어, 나 선물 많이 받을 것 같아.

004 I'm excited to+V …을 하게 돼서 신나

Point » 비슷한 표현으로는 I'm psyched[thrilled] to+V가 있다.

Pattern »
_ **I'm excited to** work with my boyfriend. 내 남친과 일을 함께 하게 돼 정말 신나.
_ **I'm excited to** finally meet Jack's friends. 마침내 잭의 친구들을 만난다고 하니 정말 신나.
_ **I was so psyched to** hear you're back with my brother! 네가 나의 형과 돌아왔다는 얘기를 듣고 정말 좋았어!
_ **I'm so thrilled to** hear that that's still your plan. 네 계획이 아직도 그거라니 다행이구나.
_ **He is excited to** travel overseas. 걘 해외여행하는거에 들떠 있어.

Dialog »
A : I'm excited to be in Berlin. 베를린에 있는게 아주 흥겨워.
B : Yeah, this trip to Germany is great. 그래. 이번 독일 여행은 대단히 멋져.

Pattern 05 » I'm mad~

001 I'm mad at sb[sth] …에 화나

Point » mad는 원래 「미친」이라는 의미이지만 보통 「화가 났다」라고 말할 때 쓰는 단어.

Pattern »
_ **I'm mad at** you. 난 너한테 정말 화가 나.
_ **I'm mad at** him, but he's still Dad. 난 그 사람에 화가 나지만 그래도 아버지잖아.
_ **I'm mad at** my girlfriend because she left me. 여친이 날 떠나서 화가 나.
_ **I'm mad at** Kerry since she's late. 케리가 늦어서 화가 나.
_ **I'm mad at** Matt because he acted foolish. 맷이 어리석게 행동해서 화가 나.

Dialog »
A : I'm mad at her. 나 걔한테 화났어.
B : Oh? Why is that? 그래? 뭣 때문에?

002 I'm mad at sb for[about]~ing …가 …해서 화가 나

Point » 누군가에게 화가 났는데 그 이유를 문장안에 함께 말할 경우에 필요한 패턴. be mad at sb because S+V의 형태로 써도 된다.

Pattern »
_ **I'm mad at** you **for** burning our house down. 네가 우리 집을 불태워서 네게 화가 났어.
_ **I'm mad at** you **for** leaving! 네가 떠나버려서 네게 화가 났어!
_ **I'm mad at** the teacher **for** wasting my time. 선생님이 내 시간을 낭비해서 화가 났어.
_ **I'm mad at** Vicky **for** stealing my money. 비키가 내 돈을 훔쳐서 화가 나.

Dialog »
A : Why aren't you speaking to Joan? 왜 조앤에게 말하지 않는거야?
B : I'm mad at her for not texting me. 내게 문자를 보내지 않아 화가 났어.

003 I'm mad about sth …에 화가 나

Point » be mad about sth. be mad about sb ~ing 역시 화가 난다는 표현이지만 be mad about 다음에 달랑 사람만 오게 되면 「무척 좋아하다」라는 의미가 된다.

Pattern »

_ **I'm mad about** the problems Keith caused. 키스 때문에 생긴 문제들로 화가 나.

_ **I'm mad about** the cancellation of the concert. 콘서트가 취소되어서 화가 났어.

_ **I'm mad about** you lying to me. 네가 내게 거짓말 한거에 화가 나.

_ **I'm mad about** the bad grade I got. 내 점수가 좋지 않아 화가 나.

_ **I'm mad about** the traffic jam. 차가 막혀서 화가 나.

Dialog »

A : I'm mad about **our team losing.** 우리 팀이 경기에 져서 화가 났어.

B : They really should have won the game. 걔네들이 정말 게임에서 이겼어야 했는데.

004 I'm mad S+V …해서 화가 나

Point » be mad 다음에 that~절을 쓰는 경우. Are you mad that S+V?하면 역시 that 절을 쓴 경우로 상대방에게 화가 났는지 물어보는 패턴이다.

Pattern »

_ **I'm mad** that you slept with someone else. 네가 다른 사람과 바람을 펴서 화났어.

_ **I'm mad** that she ate my lunch. 걔가 내 점심을 먹어버려서 화가 났어.

_ **I'm mad** at Jen because she broke up with me. 젠이 나와 헤어져서 걔한테 화나.

_ **Are you mad** that I asked you that? 내가 너한테 그걸 물어봐서 화가 난거야?

_ **Are you mad** that I was late? 내가 늦어서 화가 난거야?

Dialog »

A : I'm mad **my car broke down again.** 내 차가 다시 고장나서 화났어.

B : You should sell that piece of junk. 그 고철덩어리 팔아버려.

Pattern 06 »» I'm angry~

001 I'm angry at[about] sth …에 화가 나

Point » be angry 다음에는 at. about을 쓰고 사물(sth) 명사나 ~ing을 이어 써본다.

Pattern »

_ **I'm angry at** the workers for being noisy. 일하는 사람들이 시끄럽게 해서 화가 났어

_ **I'm angry about** being cheated. 배신을 당해서 화가 나.

_ **I'm angry** over being treated poorly. 푸대접을 받아서 화가 났어.

_ **I'm angry about** this extra work. 이 추가적인 일 때문에 화가 나.

Dialog »

A : Ray is very angry at **Jenny.** 레이는 제니에게 엄청 화났어.

B : It seems to me that she should apologize. 걔가 사과해야 되겠구만.

영어회화
공식패턴
3300

002 I'm angry with[at] sb …에게 화가 나

Point » 화가 난 대상이 사람일 때는 with나 at을 쓰면 된다.

Pattern »
_ I hear you saying you're **angry with** your mother. 너 네 엄마한테 화났다고 하던데.
_ **I'm angry with** my best friend. 내 절친한테 화 났어.
_ **I'm angry with** the next door neighbors. 옆집 이웃 때문에 화가 났어.
_ **I'm angry with** the people who were on the bus. 버스에 탄 사람들에게 화가 났어.
_ **I'm really angry with** that stupid Internet company.
난 정말 저 멍청한 인터넷 회사에 화가 났어.

Dialog »
A : I wonder if the boss is still angry with **me.** 사장이 나한테 아직도 화가 나 있는지 모르겠어.
B : He seems to be in a good mood today. 오늘 보니까 기분이 좋은 것 같던데.

003 I'm angry with[at] sb for ~ing …가 …해서 화가 나

Point » 화가 난 이유까지 같은 문장에 표현하는 법으로 sb 다음에 for ~ing을 붙이면 된다.

Pattern »
_ **I was so angry at** him **for** leaving. 난 네가 떠나간 거에 정말 화가 났었어.
_ **I'm angry with** Sam **for crashing** my car. 샘이 내 차를 망가트려서 화가 나.
_ **I'm angry** with Andrea **for being** cruel. 난 앤드리아가 너무 잔인해서 화가 나.
_ **I'm angry** with Mr. Thomas **for taking** my cell phone.
토마스가 내 핸드폰을 가져가 화가 나.
_ **I'm angry** with Pete **for getting** drunk. 난 피트가 술에 취해 화가 나.

Dialog »
A : I'm so angry with **my wife for screwing around on me!**
아내가 나를 속이고 난잡하게 놀아나 화가 엄청 나!
B : You'll get over it. 극복하게 될거야.

004 I'm angry that S+V …에 화가 나

Point » be angry that~이하에 S+V의 형태로 화가 난 이유를 말하는 패턴.

Pattern »
_ **I'm angry that** you didn't invite me. 네가 날 초대하지 않아서 화가 나.
_ **I'm angry that** I lost the game. 게임에서 져서 화가 나.
_ **I'm angry that** the plane was delayed. 비행기가 연착돼서 화가 나.
_ **I'm angry that** he won't shut up. 걔가 입을 다물지 않으려고 해서 화가 났어.
_ **I'm angry that** you don't care about me. 네가 날 신경쓰지 않아서 화가 나.

Dialog »
A : I wonder if Ted is still angry that **he was fired.** 테드가 해고당했던거에 대해 아직도 화가 나 있을까?
B : Well, that was eight years ago. 글쎄. 그건 8년전 일이잖아.

23

001 **I'm upset about sth** …에 화가 나, …에 속상해

Point ›› upset은 mad, angry와 달리 화나다라는 뜻외에 속상하다는 뜻으로도 쓰인다는 점을 주의한다.

Pattern ››

_ I don't understand why you**'re so upset about** this.
네가 이 문제로 왜 그렇게 속상해하는지 이해가 안돼.

_ It's not the kidney **I'm upset about.** 내가 속상해하는 것은 신장때문이 아냐

_ **I'm upset about** what you said earlier. 난 네가 앞서 얘기한 거에 화가 났어.

_ **I'm upset about** the advice you gave me. 난 네가 한 충고에 화가 났어.

_ I guess they we**'re still upset about** last month's sales.
지난 달 판매실적에 대해 그때까지도 계속 골이 나 있었던 모양이군.

Dialog ››

A : I didn't get the promotion. 승진을 하지 못했어.
B : You must be very upset about that. 그렇다니 정말 화나겠어.

002 **I'm upset with[at] sb[sth] (for~)** (…해서) …에게 화가 나

Point ›› 화가 나거나 속상한 사람이나 사물을 말하려면 at이나 with를 쓰면 된다.

Pattern ››

_ **I'm so upset with** her. 난 정말이지 걔한테 화가 나.

_ I don't understand why you**'re not upset with** Amy.
네가 왜 에이미에게 화나지 않는지 이해가 안돼.

_ I don't **get upset with** patients. 난 환자들에게 화내지 않아.

_ **I'm upset with** Andrea **for** quitting. 앤드리아가 그만둬서 속상해.

Dialog ››

A : I'm going. You will never see me again. 나 간다. 다시 못볼거야.
B : Why are you so upset with me? 왜 내게 그렇게 화나 있는거야?

003 **I'm upset that[because]~** …에(…때문에) 화가 나, …가 속상해

Point ›› be upset 다음에 S+V절을 쓰는 패턴인데 이때 접속사는 that, 혹은 because를 쓰면 된다.

Pattern ››

_ **I'm upset that** you didn't save it for me. 네가 그걸 날 위해 남겨두지 않아서 기분이 나빠.

_ **I'm upset because** there is a problem here. 여기에 문제가 있기 때문에 화가 나.

_ **I'm upset because** there is no place to sleep. 잠잘 곳이 없어서 속상해.

_ **I'm upset that** you never visit. 네가 전혀 찾아오지 않아서 속상했어.

_ **I'm upset because** I lost all my money. 내 돈을 다 잃어서 화가 나.

Dialog ››

A : I'm so upset that you forgot our anniversary. 네가 결혼 기념일을 잊어버려서 너무 속상해.
B : I'm sorry. I won't let it happen again. 미안해, 다신 그런 일 없을거야.

004 I'm embarrassed about[to+V]~ …에(…해서) 창피해

Point >> 부끄럽거나 창피한 일을 말할 때 쓰면 되며, I'm embarrassed when~라는 패턴도 함께 알아둔다.

Pattern >>
_ **I'm** pretty **embarrassed about** the other night. 요전날 저녁에 난 정말 창피했어.
_ There's nothing to **be embarrassed about**. 부끄럽게 생각할 이유가 전혀 없어.
_ **I'm embarrassed** to say I was surprised. 말하기 창피하지만 난 놀랐어.
_ **I'm embarrassed about** falling down. 말하기 창피하지만 넘어졌어.
_ **I'm embarrassed about** getting drunk last night. 지난밤에 취한게 창피해.

Dialog >>
A : Why don't you invite anyone to your apartment? 왜 네 아파트에 아무도 초대하지 않는거야?
B : I'm embarrassed to let anyone see inside it. 누가 안을 보는게 창피해서.

Pattern 08 >> I'm sorry for~

001 I'm sorry for+N[~ing] …해서 미안해

Point >> 간단히 be sorry for 다음에 명사나 ~ing을 이어서 문장을 만들어본다.

Pattern >>
_ **I'm sorry for** your loss. 상가 조의를 표합니다.
_ **I'm sorry for** getting you into this. 너를 이 문제에 끌어들여서 미안해.
_ **I'm sorry for** making you wait. 널 기다리게 해서 미안해.
_ **I'm sorry for** wasting your time. 네 시간을 허비하게 해서 미안해.
_ **I'm sorry for** not telling you this sooner. 이걸 네게 더 일찍 말하지 않아서 미안해.

Dialog >>
A : I'm sorry for the confusion and I won't let it happen again.
혼란스럽게 해서 미안해. 다신 안그럴게.
B : Let's hope not. 안그러길 바래.

002 I'm sorry for N~ …한 …에 미안해

Point >> be sorry for+N의 형태이지만 N의 내용이 뭔지 관계사절을 뒤에 붙여서 말하는 패턴.

Pattern >>
_ **I'm sorry for** the way I talked to you before. 전에 내가 네게 그런 식으로 말해서 미안해.
_ **I'm sorry for** all you went through. 네가 그 모든 일을 겪어서 유감이야.
_ **I'm sorry for** the trouble I caused. 내가 문제를 일으켜서 미안해.
_ **I'm sorry for** the problems you had. 네가 겪었던 문제들로 미안해.

Dialog >>
A : I'm sorry for the trouble I caused. 문제를 일으켜서 미안해.
B : Don't worry, everything is fine. 걱정마, 다 괜찮아.

25

003 I'm sorry for what~ …에 미안해

Point » be sorry for 다음 명사자리에 what S+V절이 온 경우.

Pattern »

_ **I'm sorry for what** happened to you. 너한테 일어난 일에 대해서 미안해.

_ **I'm sorry for what** you're going through. 네가 지금 이런 일을 겪게 돼 안됐어.

_ **I'm sorry for what** I said. 내가 한 말에 대해 미안해.

_ **I'm sorry for what** I did. 내가 한 일에 대해 미안해.

_ **I'm sorry for what** they did to you. 걔네들이 네게 한 짓에 대해 미안해.

Dialog »

> A : I'm sorry for what I said to you. 내가 너한테 그렇게 말해서 미안해.
> B : It's okay, I wasn't insulted. 괜찮아, 기분 나쁘고 않았어.

004 I'm sorry S+V …해서 안됐어, 미안해

Point » 미안하거나 유감스러운 일을 S+V의 형태로 말하면 된다. I wanted to say I'm sorry S+V(…해서 미안하다고 말하고 싶었어)로도 많이 쓰인다.

Pattern »

_ **I am sorry** you had to go through it. 그 일을 겪어야 했다니 안됐네.

_ **I'm sorry** you can't be at his funeral. 네가 걔의 장례식에 올 수 없다니 유감이야.

_ Well, **I'm sorry** things aren't going well. 상황이 좋지 않아서 미안해.

_ **I'm sorry** you came down here and wasted your time.
네가 여기까지 내려와서 시간낭비하게 해서 미안해.

Dialog »

> A : I'm sorry I missed your birthday party. 생일파티 못가서 미안해.
> B : That's okay... but you owe me a gift! 괜찮아… 하지만 선물은 줘야 돼!

Pattern 09 »» I'm sorry about~

001 I'm sorry about+N[~ing] …에 미안해, …가 안됐어

Point » 이번에는 for 대신 about을 써서 만든 be sorry about~의 표현을 활용해본다.

Pattern »

_ **I'm sorry about** lying before. 내가 전에 거짓말을 해서 미안해.

_ **I'm sorry about** changing my mind. 내가 마음을 바꿔서 미안해.

_ **I'm sorry about** the delay. 늦어져서 미안해.

_ **I'm sorry about** your problems. 네 문제들은 유감이야.

Dialog »

> A : Do you want to break up with me? 나하고 헤어지고 싶은거야?
> B : I have to. I'm sorry about that. 그래야겠어, 미안해.

영어회화
공식패턴
3300

002 I'm sorry about sth~ …한 거에 대해 미안해[안됐어]

Point >> sth에 대해 미안한데 그 sth이 구체적으로 어떤 것인지 추가적으로 말하는 경우에 쓰면 된다. 또한 be sorry about sb[sth] ~ing도 많이 쓰이는데 이는 "…가 …한 거에 미안해"라는 뜻이다.

Pattern >>

_ **I'm sorry about** everything that I said. 내가 한 모든 말에 대해 미안해.

_ **I'm sorry about** the thing I said about your mother.
네 엄마에 관해서 말한 거에 대해 미안해.

_ **I'm sorry about** everything you've been through the past few days.
지난 며칠간 네가 겪은 모든 일에 대해 미안해.

_ **I'm sorry about** Joe taking your stuff. 조가 네 물건을 가져가서 미안해.

_ **I'm sorry about** your computer breaking. 네 컴퓨터가 고장나서 안됐어.

Dialog >>

A : I'm sorry about the mess Helen made. 헬렌이 어지럽혀 놓아서 미안해.
B : It's going to take a few days to clean it up. 그거 치우는데 며칠 걸릴거야.

003 I'm sorry about what[how]~ …에 미안해

Point >> about 다음에 what절이나 how절이 이어지는 경우.

Pattern >>

_ **I'm sorry about what** I said to your mom. 네 엄마에게 한 말에 대해 미안해.
_ **I'm sorry about what** happened with your father. 네 아버지에게 그런 일이 생겨서 안됐어.
_ **I'm sorry about what** happened this morning. 오늘 아침에 일어날 일은 유감이야.
_ **I'm sorry about how** this happened. 어떻게 하다 이런 일이 일어났는지 안됐어.
_ **I'm sorry about what** I did to you. 너에게 그렇게 해서 미안해.

Dialog >>

A : I'm sorry about what you saw in the bedroom. 침실에서 네가 본거 미안해.
B : To be honest, it shocked me. 솔직히 말해서, 쇼킹했어.

004 I'm sorry about~ …에 미안해

Point >> 미안하거나 안됐거나 그 내용을 말하기보다는 일이 발생한 시간으로 미안함을 표현하는 경우.

Pattern >>

_ **I'm sorry about** last night. I guess I got drunk. 어젯밤 미안해. 내가 취한 것 같아.
_ **I'm sorry about** earlier. 조금 전에 미안해.
_ **I'm sorry about** this morning. 오늘 아침에 미안해.
_ **I'm sorry about** the other day. 요전날에 미안해.

Dialog >>

A : I'm sorry about yesterday. I totally forgot the appointment. 어제 미안했어. 약속을 깜박했지 뭐야.
B : We can reschedule another time. 다른 때로 일정을 다시 잡으면 돼.

I'm sorry to~

001

I'm sorry to say that S+V~ 미안한 말이지만 …해

Point >> 뭔가 상대방에게 미안한 말을 하기 전에 쓰면 좋은 패턴.

Pattern >>
_ **I'm sorry to say** we lied to get off our shift.
미안한 말이지만 우리 근무를 끝내기 위해 거짓말을 했어.

_ **I'm sorry to say** she's gone. 안된 말이지만 걔는 가버렸어.

_ **I'm sorry to say that's** not relevant. 미안한 말이지만 그건 연관성이 없어.

_ **I'm sorry to say that** he broke up with you. 미안한 말이지만 걔 너와 헤어졌어.

_ **I'm sorry to say that** you didn't get hired. 안된 말이지만 넌 취업되지 못했어.

Dialog >>
A : I can't stand this cold, wet weather. 이렇게 춥고 습한 날씨는 견딜 수가 없어.
B : **I'm sorry to say** I'm getting used to it. 미안한 말이지만 난 이제 적응이 되고 있어.

002

I'm sorry to hear about[that]~ …가 안됐네

Point >> 이번에는 반대로 뭔가 안좋은 일을 들었을 때 쓰면 되는 패턴.

Pattern >>
_ **I'm sorry to hear that.** 안됐네.

_ **I'm sorry to hear about** that. 그거 안됐네.

_ **I'm sorry to hear about** your troubles. 네가 어려움에 처하다니 안됐어.

_ **I'm sorry to hear about** your accident. 네가 사고를 당해서 안됐어.

_ **I'm sorry to hear that** Adam was murdered. 아담이 살해되었다니 안됐네.

Dialog >>
A : **I'm sorry to hear about** your dad dying. 네 아빠가 돌아가셨다는 얘길 들어 유감이야.
B : He had been sick for a few months. 몇 달 동안 투병하셨어.

003

I'm sorry to trouble you, but ~ 폐끼쳐 미안합니다만…

Point >> 무리한 부탁을 하거나 실례되는 일을 하기 앞서서 던지는 표현.

Pattern >>
_ **I'm sorry to trouble you, but** I need some help. 폐끼쳐 미안하지만 도움이 좀 필요해.

_ **I'm sorry to trouble you, but** you're blocking my path.
실례지만 네가 내 길을 막고 있어.

_ **I'm sorry to trouble you, but** we need to talk. 폐끼쳐 미안하지만 우리 얘기해야 돼.

_ **I'm sorry to trouble you, but** this is very serious. 폐끼쳐 미안하지만 이건 정말 심각해.

_ **I'm sorry to trouble you, but** could I borrow a pen?
귀찮게 해 미안하지만 펜 좀 빌릴 수 있을까?

Dialog >>
A : **I'm sorry to trouble you, but** could you hold the door? 미안하지만, 문 좀 잡아줄래?
B : Sure, do you need a hand? 그럼, 도와줄까?

영어회화
공식패턴
3300

004 I'm sorry to interrupt, but~ 방해해서 미안하지만, …

Point » 다른 일을 하는 상대방에게 혹은 말을 하는 상대방에게 실례를 무릅쓰더라도 뭔가 중요한 정보나 이야기를 할 때 필요한 패턴.

Pattern »

_ **I'm sorry to interrupt, but** I have an announcement. 방해해서 미안하지만 선약이 있어서요.

_ **I'm sorry to interrupt, but** you need to hear this. 방해해서 미안하지만 이거 꼭 들어야 돼.

_ **I'm sorry to interrupt, but** there's something you might wanna see.
방해해서 미안하지만 아마 네가 보고 싶어할 것이 있어.

_ **I'm sorry to interrupt, but** my dad never lied to you guys.
방해해서 미안하지만 내 아버지는 절대 너희들에게 거짓말을 하지 않으셨어.

Dialog »

A : I'm sorry to interrupt, but **this is urgent.** 방해해서 미안하지만 이게 급해서.
B : Let's go to my office, where we can talk. 사무실로 가서 얘기하자.

Pattern 11 »» I'm sorry, but~

001 I'm sorry I can't ~ 미안하지만 …할 수가 없어

Point » 역시 미안하다는 말이지만 이번에는 상대방의 요청이나 부탁을 정중히 거절할 때 사용하는 패턴들이다.

Pattern »

_ **I'm sorry I can't** be there to help. 미안하지만 거기에 남아 도와줄 수가 없어.

_ **I'm sorry I can't** stay. 미안하지만 남을 수가 없어.

_ **I'm sorry I can't** take you both. 미안하지만 너희 둘을 다 데려갈 수가 없어.

_ **I'm sorry I can't** help. 미안하지만 도와줄 수가 없어.

Dialog »

A : Nicole says she was kidnapped. 니콜이 그러는데 자기가 납치됐었대.
B : I'm sorry, but I can't **believe that.** 미안하지만 믿지 못하겠어.

002 I'm sorry, but I can't ~ 미안하게 됐지만 …할 수가 없어

Point » 먼저 미안하다(I'm sorry)고 던지고 나서 왜 미안한지를 but 이하에 말하는 표현법.

Pattern »

_ **I'm sorry, but I can't** let it happen again. 미안하지만 다시는 그런 일이 없도록 할게.

_ **I'm sorry, but I can't** do that. 미안하지만, 난 그렇게 할 수가 없어.

_ **I'm sorry, but I can't** stand out there any longer. 미안하지만 더 이상 밖에 서 있을 수가 없어.

_ **I'm sorry, but I can't** talk about this with you. 미안하지만 난 너와 이 문제를 얘기할 수가 없어.

_ **I'm sorry, but I can't** come to the game tomorrow. 미안하지만, 내일 경기에 갈 수가 없어.

Dialog »

A : I'm sorry, but **I'm doing the best I can.** 미안, 하지만 할 수 있는 한 최선을 다한거야.
B : Well, your best isn't good enough. 글쎄, 최선을 다하는 것 가지고는 부족하군.

I'm sorry to say this, but~ 이렇게 말해 미안하지만, …

Point » 위와 같은 의미이지만 단지 이런 말을 하게 돼서 미안하다고 먼저 양해를 구하는 문장이다.

Pattern »

_ **I'm sorry to say this, but** I don't want to see you again.
이렇게 말해서 미안하지만 널 다시 보고 싶지 않아.

_ **I'm sorry to say this, but** you really stink. 이렇게 말해 미안하지만 넌 정말 구려.

_ **I'm sorry to say this, but** you can't come in. 이렇게 말해 미안하지만 넌 들어오면 안돼.

_ **I'm sorry to say this, but** I can't attend the wedding.
이런 말해서 미안하지만 나 결혼식에 못가.

_ **I'm sorry to say this, but** I can't date you. 이렇게 말해 미안하지만, 너랑 데이트 못해.

Dialog »

A : I'm sorry to say this, but your outfit is ugly. 이렇게 말해서 미안하지만 네 복장 으악이야.
B : Really? I just bought it at the department store. 정말? 백화점에서 산건데.

Pattern 12 >> **I'm good at~**

001 **I'm good[great] at+N[~ing]** 난 …을 잘해

Point » 뭔가 잘하거나 못한다고 할 때 꼭 쓰는 표현은 be good at~이다.

Pattern »

_ **I'm usually pretty good at** reading people. 난 보통 사람들 마음을 잘 읽어.

_ Don't worry. **I'm good at** secret relationships. 걱정마, 난 비밀 관계 맺는거 잘해.

_ **I am good at** my job, okay? 난 내 일을 잘한다고, 알았어?

_ I'll make something up! **I'm good at** lying. 내가 뭔가 꾸며대볼게! 나 거짓말 잘해.

_ Actually, **I'm not good at** using computers. 실은 난 컴맹에 가까워.

Dialog »

A : My boss says I'm good at discussing things with clients. 사장은 내가 고객들을 잘 응대한대.
B : That might mean a promotion sometime in the near future. 그럼 곧 승진하겠네.

002 **I'm good at what~** 난 …을 아주 잘해

Point » 잘하는 내용을 좀 더 구체적으로 말하려면 be good at what S+V를 쓰면 된다.

Pattern »

_ **He's very good at what** he does. 걔는 자기가 하는 일을 아주 잘해.

_ **I'm good at** what I do at my job. 난 직장에서의 내 할 일을 아주 잘해.

_ **I'm good at** what is required here. 여기서 필요로 하는 거를 난 아주 잘해.

_ **I'm good at** what I was taught to do. 내가 교육받은 것은 잘해.

Dialog »

A : Your drawings look great. 네 그림들 대단해.
B : I'm good at what I design. 난 디자인하는데 소질이 있어.

003 I'm not good at+N[~ing] ···을 잘 못해, ···에 서툴러

Point » be good at을 부정으로 해서 be not good at~하게 되면 「서투르다」라는 뜻으로 be poor at~라고도 한다.

Pattern »
_ You know that **I'm not good at** confrontation. 나 대립하는거 잘 못하는거 너 알잖아.

_ **I'm not good at** the mom stuff, but I'm good at my job.
난 엄마로서 해야 될 일에는 서투르지만 업무는 잘해.

_ **I'm not good at** computer programming. 난 컴퓨터 프로그래밍을 잘 못해.

_ **I'm not good at** food preparation. 난 음식 준비하는데 서툴러.

_ **I'm not good at** jobs that are boring. 따분한 일들을 난 잘 못해.

Dialog »
A : All of the tomato plants are dying. 모든 토마토 나무들이 죽어가고 있어.
B : I'm not good at vegetable gardening. 난 채소기르는데 소질이 없어.

004 You're good at+N[~ing] 넌 ···을 잘해

Point » 이번에는 상대방이 잘한다 못한다라고 말하는 것으로 형용사 good. great. poor. terrible 등을 다양하게 써본다.

Pattern »
_ **You're good at** what you do and you know it. 넌 네가 하는 일을 아주 잘하고 너도 그걸 알고 있어.

_ **You're very good at** what you do. 넌 네가 하는 일을 정말 잘해.

_ **You're good at** report writing. 넌 보고서 쓰는 걸 잘해.

_ **You're good at** car driving. 넌 운전 잘해.

_ **You are not good at** keeping friends. 넌 계속 친구를 유지하는데 서툴러.

Dialog »
A : You're good at game playing. 넌 게임을 아주 잘해.
B : Yes, I especially like computer games. 어, 특히 컴퓨터 게임을 좋아해.

Pattern 13 » **I'm ready to[for]~**

001 I'm ready for[to]~ ···할 준비가 되었어

Point » 준비하면 be ready. 명사를 이어 쓸 때는 be ready for. 동사를 이어쓸 때는 be ready to~라고 하면 된다.

Pattern »
_ **I'm ready to** take things a little faster. 일을 좀 빨리 할 준비가 됐어.

_ I'm not sure **I'm ready to** go there. 내가 거기에 갈 준비가 되었는지 모르겠어.

_ **I'm ready to** get back to work. 난 다시 일을 할 준비가 됐어.

_ **I'm ready to** fight for the little people. 난 약자를 위해 싸울 준비가 됐어.

Dialog »
A : Would you like to stay longer? 더 있다 갈래?
B : If you don't mind, I'm ready to leave. 괜찮다면 가야겠어.

002 I'm not ready for[to]~ …할 준비가 안되었어

반대로 아직 준비가 안되었을 때는 be not ready for[to]~라고 하면 된다.

Pattern »

_ **I'm not ready to** give that up. 난 그걸 포기할 준비가 되지 않았어.

_ **I'm not ready to** move in with you. 난 너와 동거할 준비가 되지 않았어.

_ **I'm not ready to** live without you. 너없이 살 준비가 되지 않았어.

_ **I'm not ready to** make that kind of promise. 그런 종류의 약속을 할 준비가 되지 않았어.

_ **I'm not ready for** the wedding. 난 결혼식에 갈 준비가 안됐어.

Dialog »

A : Are you planning to get engaged? 약혼할 계획이야?
B : I'm not ready to **get married.** 난 아직 결혼할 준비가 안됐어.

003 I'm (not) getting ready for[to]~ …할 준비가 (안)됐어

Point » be ready~보다 좀 더 동적으로 표현하기 위해 get을 쓰고 여기에 진행형을 붙인 경우.

Pattern »

_ **I was just getting ready to** leave. 난 떠날 준비가 되어 있었어.

_ **I'm getting ready for** bed. 난 잘 준비가 되었어.

_ **I'm getting ready for** my job interview. 난 취업면접을 볼 준비가 되었어.

_ **I'm getting ready to** meet some friends. 난 몇몇 친구를 만날 준비가 되었어.

_ **I'm getting ready to** go to the bank. 난 은행에 갈 준비가 됐어.

Dialog »

A : Let's head out to the bar. 우리 바에 가자.
B : I'm not getting ready for **another night of drinking.** 오늘밤에 술을 더 마실 준비가 안됐어.

004 I'm nowhere near ready to+V …할 준비가 전혀 되어 있지 않아

Point » 좀 어렵지만 준비가 전혀 안되었다는 사실을 강조하기 위해서는 be nowhere near ready~라 써주면 된다.

Pattern »

_ **I'm nowhere near ready to** be a mother. 난 엄마가 될 준비가 전혀 되어 있지 않아.

_ **I'm nowhere near ready to** go on a date. 난 데이트할 준비가 전혀 되어 있지 않아.

_ **I'm nowhere near ready to** join the army. 난 입대할 준비가 전혀 되어 있지 않아.

_ **I'm nowhere near ready to** meet his parents. 난 걔 부모님을 뵐 준비가 전혀 되어 있지 않아.

_ **I'm nowhere near ready to** start a career. 난 일을 시작할 준비가 전혀 되어 있지 않아.

Dialog »

A : I'm nowhere near ready to **join the Army.** 난 군대갈 준비가 전혀 안됐어.
B : Well, you still have to become a soldier. 넌 그래도 군인이 되어야 해.

001 **Are you ready to[for]~ ?** …할 준비됐어?

Point ⟫ 반대로 상대방에게 「…할 준비가 되었는지」 확인하는 패턴.

Pattern ⟫
_ **Are you ready to** go home? 집에 갈 준비됐어?

_ **Are you ready to** be a mommy? 엄마가 될 준비됐어?

_ **Are you ready for** our lunch date? 점심 데이트할 준비됐어?

_ **Are you ready for** this? You seem distracted. 이거 준비됐어? 딴생각하는 것 같아.

_ **Are you ready to** order your food? 주문하시겠어요?

Dialog ⟫
A : Are you ready to **start our trip?** 우리 여행시작할 준비됐어?
B : Yes, it seems like we can leave. 어, 이제 출발해도 될 것 같아.

002 **(You) Ready to[for]~ ?** …할 준비됐어?

Point ⟫ Are you ready~에서 'Are'을 빼고 You ready~라고 물어보거나 아니면 아예 'You'까지 빼고 바로 Ready~?라고 물어볼 수도 있다.

Pattern ⟫
_ **Ready to** take a look? 한번 둘러볼 준비가 됐어?

_ **Ready to** meet your sister nieces? 네 여동생 조카딸들을 만날 준비됐어?

_ **Ready to** go have lunch? 가서 점심먹을 준비가 됐어?

_ **Ready to** get started? 시작할 준비됐어?

_ **Ready to** visit the doctor? 병원에 갈 준비됐어?

Dialog ⟫
A : You ready to start exercising? 운동할 준비됐어?
B : Sure. Let's go to the gym. 물론. 체육관에 가자.

003 **We're all set for[to]~** …할 준비가 다 됐어

Point ⟫ be ready~의 동의표현으로 유명한 be all set~으로 역시 다음에는 to+V, for+N을 이어 쓰면 된다.

Pattern ⟫
_ **I was all set to** move in with Peter. 난 피터와 동거할 준비가 다 되었었어.

_ **We're all set** if you'll follow me. 네가 나를 따라온다면 우린 준비가 다 되는거야.

_ **We're all set to** go. 우리는 갈 준비가 다 됐어.

_ **We're all set for** the class reunion. 우린 동창회에 갈 준비가 다 됐어.

_ **We're all set to** board the train. 우리는 기차에 탈 준비가 다 됐어.

Dialog ⟫
A : Are you all set for your vacation? 휴가 떠날 준비는 다 된거야?
B : Just about. I need to get a few odds and ends. 뭐 거의. 이것저것 몇 개만 더 사면 돼.

004 I'm prepared for[to]~ …할 준비가 되어 있어

Point » 친숙한 단어 prepare를 써서 만들어 본 것으로 수동태형으로 써야 한다는 점을 주의한다.

Pattern »
_ **I am not prepared for** this. 난 이거 아직 준비되지 않았어.

_ **I'm prepared to** finalize the web site design. 홈페이지 디자인을 마무리할 준비가 됐어.

_ **Are you prepared to** deal with a lawsuit? 소송을 다룰 준비가 됐어?

_ **I'm prepared to** give you a very generous salary. 난 네게 아주 후한 급여를 줄 준비가 됐어.

_ **I'm prepared for** bad weather. 난 악천후에 대비하고 있어.

Dialog »
A : Why are you bringing an umbrella? 왜 우산을 가져오는거야?
B : I'm prepared for bad weather. 악천후를 대비하는거야.

Pattern 15 » **I'm sure~**

---

001 I'm sure of[about]~ …가 확실해

Point » 뭔가 확실하다고 말할 때 쓰는 표현으로 특히 I'm sure of it(그거 확실해)라는 문장이 많이 쓰인다.

Pattern »
_ It'll be fine. **I'm sure of** it. 괜찮을거야. 그거 확실해.

_ **I'm sure of** the facts I put in the report. 내가 보고서에 작성한 사실들 확실해.

_ **I'm sure of** time the meeting is scheduled for. 회의 예정시간은 확실해.

_ **I'm sure of** what I remember. 내가 기억하는게 확실해.

_ **I'm sure of** what James told me. 제임스가 내게 말한 것은 확실해.

Dialog »
A : They arrested Simon for the murder. 사이먼이 살인죄로 체포됐어.
B : I'm sure of his guilt. 걔가 유죄임에 틀림없어.

---

002 I'm sure S+V …가 확실해

Point » 뭐가 확실한지 S+V의 형태로 be sure~ 다음에 이어 쓰는 경우.

Pattern »
_ **I'm sure** Mr. Stokes doesn't know anything about that. 스톡스 씨는 그에 대해 아무 것도 몰라.

_ **I'm sure** it will be much fun. 무척 재미있을거야.

_ **I'm sure** she wants to live with you. 그 여자는 너랑 살고 싶어하는 게 확실해.

_ **I'm sure** that won't be necessary. 그게 꼭 필요하지 않을 수도 있을거야.

_ **I'm sure** I will get a job with a high salary. 난 꼭 월급이 많은 직장을 얻게 될거야.

Dialog »
A : I'm still having a hard time accepting the decision. 난 그 결정을 받아들이는 데 아직도 어려움이 있어.
B : I'm sure you'll be fine in a few days. 며칠 지나면 괜찮아질거야.

003 I'm not sure S+V …인 것 같진 않다, …일지 모르겠어

Point » 반대로 확실하지 않거나 잘 모를 때는 be not sure~을 쓰면 된다.

Pattern »
_ **I'm not so sure** that's a good idea. 그게 좋은 생각인지 잘 모르겠어.
_ **I'm not sure** that was the best method. 그게 최선의 방법이었는지는 잘 모르겠어.
_ **I'm not sure** I'm comfortable with this. 내가 이거에 만족하는지 잘 모르겠어.
_ **I'm not sure** I can help you. 내가 널 도와줄 수 있을지 잘 모르겠어.
_ **I'm not sure** I agree with you. 네 말이 맞는지 잘 모르겠어.

Dialog »
A : Do you think we should give Ted the project? 그 프로젝트를 테드에게 맡겨야 된다고 생각해?
B : I am not sure that Ted can handle the responsibility. 테드가 그런 책임을 떠맡을 수 있을지 모르겠어.

004 I'm not sure what~ …을 잘 모르겠어

Point » be not sure 다음에 what~를 쓴 경우.

Pattern »
_ **I'm not sure what** you mean. 네가 하는 말이 무슨 의미인지 잘 모르겠어.
_ **I'm not sure exactly what** I'm gonna be doing next. 내가 이제 무엇을 할런지 잘 모르겠어.
_ **We're not sure what's** wrong yet. 우리는 무엇이 틀렸는지 아직 잘 몰라.
_ **I'm not sure what** I can do. 난 내가 무엇을 할 수 있을지 모르겠어.
_ **I'm not sure what** to do on Saturday. 토요일에 뭘 해야 될지 모르겠어.

Dialog »
A : If I were you, I wouldn't go in there. 내가 너라면 거기 안 들어갈거야.
B : I'm not sure what you mean. 무슨 얘긴지 잘 모르겠는데.

Pattern 16 » I'm not sure~

001 I'm not sure if~ …일지 모르겠어

Point » 「…인지 아닌지 잘 모르겠다」고 할 때는 be not sure if~를 쓰면 된다.

Pattern »
_ **I'm not sure if** you remember me. 네가 나를 기억하는지 모르겠어.
_ **I'm not sure if** I am available Friday, but I will check with my wife.
금요일에 시간이 되는지 모르겠지만 아내한테 확인해볼게.
_ **I'm not sure if** this computer program will work. 이 컴퓨터 프로그램이 작동될지 모르겠어.
_ **I'm not sure if** she's going to marry me. 걔가 나하고 결혼할지 모르겠어.

Dialog »
A : I'm willing to pay as much as two thousand dollars for it. 거기에 2천 달러 정도 낼 의향이 있어.
B : I'm not sure if he'd sell it for that. 그 남자가 그 가격에 그걸 팔지는 모르겠네.

002 | I was sure S+V …가 확실했어

Point » 과거에 확신했거나(I was sure~), 확신하지 못했을(I wasn't sure~) 때 쓴다.

Pattern »
_ **I was sure** it was him. 그게 걔였다는 것은 확실했어.

_ **I wasn't sure** exactly what you like to do. 난 네가 뭘하는걸 좋아하는지 정확히 알지 못했어.

_ **He wasn't sure** you were the right person. 걘 네가 적임자라는 것을 확신하지 못했어.

_ **I wasn't sure** if you still wanted me to come over. 네가 아직도 내가 오기를 원하는 줄 몰랐어.

_ **I was sure** Herman stole my shoes. 난 허먼이 내 신발을 훔쳤다는 걸 확신했어.

Dialog »
A : Brad is going to ask you out. 브래드가 네게 데이트 신청할거야.
B : I was sure he liked me. 걔가 날 좋아한다고 확신했어.

003 | Are you sure S+V? …가 확실해?

Point » 상대방에게 S+V가 정말 맞는지, 확실한지 물어보는 패턴.

Pattern »
_ **Are you sure** this is a good idea? 이게 좋은 생각이라는거 확신해?

_ **Are you sure** you want to go out tonight? 오늘밤 외출하고 싶은거 확실해?

_ **Are you sure** they followed your instructions? 걔네들이 네 지시들을 따랐다고 확신해?

_ **Are you sure** you're okay? 너 정말 괜찮은거야?

_ **Are you sure** that he's meeting us here after work?
퇴근 후에 걔가 여기서 우리를 만나는 게 확실하지?

Dialog »
A : Are you sure you know how to install the new version of Windows?
새로운 윈도우 버전을 설치하는 방법을 확실히 알아?
B : Don't worry. I know what I'm doing. 걱정마. 잘 알고 있으니까.

004 | You sure~ ? …가 확실해?

Point » Are you sure~에서 'Are'를 생략하고 You sure~?라고 하는 경우

Pattern »
_ **You sure** about that? Think real hard. 너 그거 확실해? 정말 잘 생각해봐.

_ **You sure** you're ready for all this? 이 모든거에 준비 다된 거 확실해?

_ **You sure** you want to do this? 너 정말이지 이렇게 하고 싶어?

_ **You sure** you're okay with this? 너 정말 이거 괜찮은거야?

_ **You sure** that they carry that particular brand? 여기서 그 상표를 취급하는 게 분명해?

Dialog »
A : I have decided to quit my job. I can't take it anymore. 직장을 그만두기로 했어. 더 이상 못참겠어.
B : You sure that's what you want? 정말로 그렇게 하고 싶은거야?

영어회화
핵심패턴
3300

001   Be sure to ~ 반드시 …해

Point >>   Be 동사 명령문은 Be 동사 다음에 명사나 형용사를 넣으면 된다.

Pattern >>

_ **Be sure to** tell him I came by. 내가 들렀다고 걔한테 꼭 말해줘.

_ **Be sure to** pack clean underwear. 깨끗한 속옷 꼭 싸도록 해.

_ **Be sure to** say exactly those words. 정확하게 그 말들을 하도록 해.

_ **Be sure to** give them my condolences. 그들에게 내 조의를 반드시 표하도록 해.

_ **Be sure to** call him back. 반드시 걔한테 전화해 줘.

Dialog >>

A : Be sure to say hi to everyone in the office for me. 사무실 사람들에게 모두 안부전해줘.
B : Don't worry. I will. 걱정마. 그렇게 할게.

002   Be sure and tell~ 반드시 …라고 말 전해줘

Point >>   꼭 말을 전해달라고 할 때 Be sure와 tell이 결합된 표현으로 Be sure to tell~이라고 하면 된다.

Pattern >>

_ **Be sure and** show him these while we're at it. 우리가 이거 하는 동안 이것들을 걔게 꼭 보여줘.

_ **Be sure and tell** Mary to stay home. 반드시 메리보고 집에 있으라고 말해줘.

_ **Be sure and tell** him to start the work. 반드시 걔보고 일 시작하라고 말해줘.

_ **Be sure and tell** them that class was cancelled. 걔네들에게 수업이 휴강이라고 반드시 전해줘.

_ **Be sure and tell** Frank we miss him. 프랭크에게 우리가 보고 싶어한다고 꼭 말해줘.

Dialog >>

A : I'll be going to the award ceremony. 난 시상식에 갈거야.
B : Be sure and tell me what happens. 어떻게 됐는지 꼭 말해줘.

003   I'll be sure to~ 내가 반드시 …할게

Point >>   Be sure to~는 꼭 명령문으로만 쓰이지 않는다. 주어 밑에 소속돼 「반드시 …하다」라는 의미로도 사용된다.

Pattern >>

_ **I'll be sure to** spread the word. 내가 반드시 그 소문을 퍼트릴게.

_ **I'll be sure to** give you a call. 내가 꼭 네게 전화를 할게.

_ **I'll be sure to** read the papers in the morning. 내가 분명히 아침에 신문들을 읽을게.

_ **I'll be sure to** let my wife know. 반드시 내 아내가 알도록 할게.

_ **I'll be sure to** tell him what we need. 꼭 걔에게 우리가 필요한 것을 말하도록 하지.

Dialog >>

A : Please stay in touch when you get home. 집에 도착하면 연락을 취해.
B : I'll be sure to give you a call. 반드시 전화할게.

004　You'll be sure to~ 넌 반드시 …해

Point » 주어가 You'll~이 되면 상대방보고 「…을 꼭 해라」라는 의미로 명령문의 의미로 쓰인다.

Pattern »
_ **You'll be sure to** send me flowers first. 넌 먼저 내게 꽃을 꼭 보내도록 해.
_ **You'll be sure to** have a good time. 너 반드시 즐겁게 보내도록 해.
_ **You'll be sure to** meet famous people. 반드시 유명한 사람들을 만나도록 해.
_ **You'll be sure to** find a partner there. 거기서 반드시 파트너를 찾도록 해.
_ **You'll be sure to** enjoy the food there. 넌 거기서 반드시 음식을 맛있게 먹도록 해.

Dialog »
A : I'm going to visit Terry in the hospital. 테리 병문안 갈거야.
B : **You'll be sure to** say hello for me. 반드시 내 안부 좀 전해줘.

Pattern 18 »» I'm aware of~

001　I'm aware of~ …을 알고 있어

Point » be aware of~는 「…을 알고 있다」, 「…을 깨닫고 있다」라는 의미로 다음에는 명사, 또는 that절(be aware of that S+V) 그리고 의문사절(be aware of what/how~)이 올 수가 있다.

Pattern »
_ **I'm** well **aware of** that. But there's nothing I can do. 잘 알고 있지만 내가 할 수 있는게 없어.
_ **I'm aware of** our cultural differences with Japan. 난 우리와 일본의 문화적 차이를 알고 있어.
_ **I'm aware of** that. Tell him. 그거 알고 있어. 걔한테 말해.
_ **I'm aware of** his absence. 난 걔가 오지 않은 것을 알고 있어.
_ **I'm aware of** many problems. 난 많은 문제들을 알고 있어.

Dialog »
A : Were you invited to join the science club? 과학클럽에 가입하라는 초대받았어?
B : Sure. **I'm aware of** where they will meet. 어. 어디서 모이는지 알고 있어.

002　I'm aware of the fact that S+V …라는 사실을 잘 알고 있어

Point » 「…라는 사실을 잘 알고 있다」고 하려면 be aware of the fact that S+V를 사용하면 된다.

Pattern »
_ **I'm aware of the fact that** she is angry. 걔가 화났다는 사실을 잘 알고 있어.
_ **I'm aware of the fact that** we need money. 우리에게 돈이 필요하다는 사실을 잘 알고 있어.
_ **I'm aware of the fact that** the resort is expensive. 그 휴양지는 비싸다는 걸 잘 알고 있어.
_ **I'm aware of the fact that** Susan disappeared. 수잔이 사라졌다는 사실을 알고 있어.

Dialog »
A : It's midnight. You can't go to the grocery store. 자정야. 식료품점에 갈 수 없어.
B : **I'm aware of the fact that** they are closed. 문닫았다는 사실 잘 알고 있어.

003　I'm aware of what[how]~ …을 알고 있어

Point » be aware of 다음에 의문사[what. how] S+V의 형태가 이어지는 경우이다.

Pattern »

_ **I'm aware of what** goes on in my own house. 난 내 집에서 무슨 일이 벌어지는지 잘 알고 있어.

_ **I'm aware of what** they have been saying. 걔네들이 뭐라고 했는지 알고 있어.

_ **I'm aware of what** time I need to wake up. 내가 몇 시에 일어나야 되는지 알고 있어.

_ **I'm aware of what** the exam questions will be. 난 시험문제로 뭐가 나올지 잘 알고 있어.

_ **I'm aware of what** we have to do. 우리가 어떻게 해야 하는지를 알고 있어.

Dialog »

A : There has been a lot of gossip about you. 너에 대한 많은 뒷얘기가 있어.

B : I'm aware of what people are saying. 사람들이 뭐라고 하는 줄 알고 있어.

004　I'm not aware of~ …을 몰라, …을 알지 못해

Point » 반대로 모른다고 하려면 I'm not aware of[that]~. 과거는 I was not aware of[that]~라고 하면 된다.

Pattern »

_ **I'm not aware of** the amount. 난 양이 얼만지 알지 못해.

_ **I'm not aware of** any problems. 어떤 문제가 있는지 난 알지 못해.

_ **I'm not aware of** the speech that was given. 발표된 연설에 대해 잘 몰라.

_ **I'm not aware of** any other plans. 다른 어떤 계획에 대해 알고 있지 못해.

_ **I'm not aware of** problems with the computer. 컴퓨터에 생긴 문제들을 몰라.

Dialog »

A : People say they are unhappy with the schedule. 사람들이 일정 땜에 불만족하고 있대.

B : I'm not aware of any problems. 난 전혀 문제가 있는 줄 몰랐어.

Pattern 19 》》 Are you aware of~

001　I'm aware that S+V~ …을 알고 있어

Point » be aware 다음에 알고 있는 내용을 that S+V의 형태로 이어주는 패턴.

Pattern »

_ **I'm aware that** this is not a problem for everybody. 이게 모두에게 문제가 안된다는 걸 알고 있어.

_ **I'm aware that** this is a delicate procedure. 난 이게 아주 복잡한 절차라는 걸 알고 있어.

_ **I'm aware that** she quit her job. 걔가 직장 그만뒀다는 걸 알고 있어.

_ **I'm aware that** the economy is improving. 경제가 좋아지고 있다는 걸 알고 있어.

_ **I'm aware that** he will be visiting. 걔가 방문할거라는 걸 알고 있어.

Dialog »

A : Did you know the store is being closed? 그 가게가 폐점한다는거 알고 있었어?

B : I'm aware that it is shutting down. 문닫는다는거 알고 있어.

002 Are you aware of[that]~ ? …을 알고 있어?

Point » 상대방에게 뭔가 알고 있는지 확인하는 의문문으로 역시 aware 다음에는 of~나 that S+V를 이어 쓴다.

Pattern »
_ **Are you aware of** this? 너 이거 알고 있어?

_ **Are you aware of** Jen graduating this year? 젠이 금년에 졸업하는 걸 알고 있어?

_ **Are you aware of** prices getting higher? 가격이 점점 올라가고 있다는 걸 알고 있어?

_ **Are you aware that** she killed herself? 걔가 자살했다는 것을 알고 있어?

_ **Are you aware** you're 13 weeks pregnant? 임신 13주라는 걸 알고 있어요?

Dialog »
A : Are you aware of **Kevin's background?** 케빈의 배경을 알고 있어?
B : No. Has he been to jail or something? 아니. 감옥에라도 갔다온거야?

003 Are you aware of what~ ? …을 알고 있어?

Point » 이번에는 Are you aware of~ 다음에 what[how] S+V를 붙여 본다.

Pattern »
_ **Are you aware of what's** going on with Ellis? 엘리스에게 무슨 일이 있는지 알고 있어?

_ **Are you aware of what** you just said? 네가 방금 무슨 말을 했는지 알기나 해?

_ **Are you aware of how** sick your son is? 네 아들이 얼마나 아픈지 알고 있어?

_ **Are you aware of what** your daughter does in Manhattan?
네 딸이 맨하튼에서 뭘하고 있는지 알고 있어?

_ **Are you aware of what** your boyfriend was doing? 네 남친이 뭘하고 있었는지 알고 있어?

Dialog »
A : Are you aware of what **she said about him?** 그녀가 걔에게 뭐라고 했는지 알고 있어?
B : No. Did she say something bad? 아니. 걔가 뭐 안좋은 말을 했어?

004 You're aware of~(?) 너 …을 알고 있어(?)

Point » 상대방이 알고 있다라는 사실을 말하는 것으로 주로 문장 끝만 올려 의문문으로 사용된다.

Pattern »
_ **You're aware of** that? 너 그거 알고 있어?

_ **You're aware of** what this means? 이게 무슨 의미인지 너 알고 있어?

_ I'm sure **you're aware of** my history here. 난 네가 내 이력에 대해 알고 있을거라 확신해.

_ **You are aware of** the Hippocratic Oath, right? 히포크라테스 선서 알고 있지, 맞지?

_ **You're aware of** his violent history? 넌 걔의 폭력이력을 알고 있어?

Dialog »
A : The cops say there is a lot of crime here. 경찰에 따르면 이곳에 범죄가 많대.
B : You're aware of **the danger in this area?** 이 지역의 위험에 대해 알고 있어?

001   I finished+N[~ing] …을 끝냈어

Point >>   worry=be worried처럼 finish 또한 finish= be finished처럼 쓰인다. 능동형 I finish의 경우에는 명사나 ~ing가 바로 오는데 반해 be finished의 경우에는 with 다음에 끝낸 대상을 넣으면 된다.

Pattern >>
_ I'll help you **finishing** washing the dishes. 설거지 끝마치는거 내가 도와줄게.

_ Well, we **finished** cleaning the house. 저기. 집청소 다했어.

_ I **finished** unpacking my room. 내 방 짐 다 풀었어.

_ I **finished** my homework. Now let's move on to Bible study!
숙제 끝냈어. 이제 성경공부하자!

_ I **did not finish** my report yet. 아직 과제물을 끝내지 못했어.

Dialog >>
> A : Do you want to catch a show tonight? 오늘 밤에 쇼를 볼래?
> B : Sure, but not until I've finished my report. 그러고 싶지만 레포트 다 쓸 때까지는 안돼.

002   I'm finished with~ …을 끝냈어

Point >>   be finished with~는 be done with~와 같은 의미이다.

Pattern >>
_ I'm **finished with** my chicken nuggets. 치킨 너깃 다 먹었어.

_ I'm **finished with** this conversation. 난 이 대화를 끝냈어.

_ I'm **finished with** my old boyfriend. 옛 남친과 헤어졌어.

_ I'm **finished with** school for the year. 금년도 학교수업 다 마쳤어.

_ I'm **finished with** drinking hard alcohol. 난 이젠 독주를 마시지 않아.

Dialog >>
> A : Bring back that paper when you're finished with it. 신문 다 보고 좀 돌려줘.
> B : Don't worry, I will. 걱정마. 그렇게 할게.

003   I'm not finished with~ …을 끝내지 못했어

Point >>   반대로 뭔가 끝내지 못했다고 하려면 be not finished with~라고 하면 된다.

Pattern >>
_ I'm **not finished with** the report. 난 아직 보고서를 못끝냈어.

_ I'm **not finished with** my dinner. 나 아직 저녁 다 못먹었어.

_ I'm **not finished with** your report. 네 보고서 아직 다 못봤어.

_ I'm **not finished with** the painting I started. 내가 시작한 그림 아직 못끝냈어.

_ I'm **not finished with** these books. 나 아직 이 책 다 읽지 못했어.

Dialog >>
> A : I'm not finished with these files. 나 이 파일들 끝내지 못했어.
> B : Okay, I'll come back later to get them. 좋아. 내가 나중에 와서 가져갈게.

Are you finished with~? …을 끝냈어?

Point ≫ 상대방에게 끝냈냐고 물어보는 경우로 Did you finish~? 혹은 Have you finished~?라고 해도 된다.

Pattern ≫
_ **Are you finished with** that novel yet? 벌써 그 소설 다 끝냈어?
_ **Are you finished with** your computer game? 너 컴퓨터 게임 끝냈어?
_ **Are you finished with** the homework? 너 숙제 다했어?
_ **Are you finished with** cooking dinner? 너 저녁요리 다했어?
_ **Have you finished** the project you started? 너 시작한 프로젝트 끝냈어?

Dialog ≫
> A : Are you finished with **the bathroom?** 화장실 다 썼어?
> B : Yeah, you can use it now. 어, 이제 써도 돼.

Pattern
21 ≫≫ **I'm done with~**

---

001 ## I'm done with~ …을 마쳤어, 끝냈어

Point ≫ be done with 다음에 음식이 나오면 "다 먹었냐?" 그리고 사람이 나오면 "…와 헤어지다"라는 뜻이 된다.

Pattern ≫
_ **I'm done with** my choices, these are final. 난 선택을 끝마쳤어. 이게 최종이야.
_ **I'm done with** this marriage. 난 결혼생활 끝냈어.
_ **I'm done with** guys like that. 난 저런 인간들하고는 끝냈어.
_ **I'm done with** you, Josh. Don't bother coming home. 조쉬, 너와 끝났어. 집에 오지마.
_ **I'm done with** trying to help her. 걔를 도와주려고 하는거 그만 둘래.

Dialog ≫
> A : I'll be done with **the computer in just a minute.** 곧 이 컴퓨터를 다 쓸 거야
> B : Take your time. I'm in no rush. 천천히 해. 난 급할 거 없으니까.

---

002 ## I'm not done with~ …을 끝내지 못했어

Point ≫ be done with~의 부정형으로 with 다음에는 역시 사람이나 사물이 올 수 있다.

Pattern ≫
_ **I'm not done with** my coffee yet. 난 아직 내 커피를 다 마시지 못했어.
_ **I'm not done with** my dinner. 난 저녁을 끝내지 못했어.
_ Hang in there. **I'm not done with** you yet. 참고 견디라고. 난 아직 너랑 볼 일이 있어.
_ **I'm not done with** the drinks yet. 나 아직 다 마시지 않았어.
_ **I'm not done with** the office work. 사무실 일을 다 끝내지 못했어.

Dialog ≫
> A : Can I take away your plate? 접시 가져가도 될까요?
> B : No, I'm not done with **my snacks.** 아뇨, 아직 스낵 다 먹지 못했어요

003 We're not done with~ …을 끝내지 못했어

Point » 「우리가 …을 끝내지 못했다」고 할 때로 앞의 경우에서 주어가 We로만 바뀌었다.

Pattern »
_ **We're not done with** shopping. 우린 쇼핑 다 못했어.
_ **We're not done with** picking out our dresses. 아직 옷을 다 고르지 못했어.
_ **We're not done with** our evening chores. 우린 저녁 잔일들을 끝내지 못했어.
_ **We're not done with** swimming in the pool. 수영장에서 수영을 아직 다 못했어.
_ **We're not done with** the repair yet. 우리는 아직 수리를 다 끝내지 못했어.

Dialog »
A : We're not done with **our computer game.** 우리 컴퓨터 게임 끝나지 않았어.
B : But it's almost time to leave. 하지만 이제 출발해야 할 때인데.

004 Are you done with~ ? …을 끝냈어?

Point » 상대방에게 끝냈는지 물어보는 경우.

Pattern »
_ **Are you done with** showering in the bathroom? 욕실에서 샤워 다했어?
_ **Are you done with** that pizza? 그 피자 다 먹었어?
_ **Are you done with** the computer yet? 벌써 컴퓨터 다썼어?
_ **Are you done with** my textbook? 내 교과서 다썼어?
_ **Are you done with** cooking for tonight? 오늘밤 요리 다 했어?

Dialog »
A : Are you done with **your classes?** 수업 다 끝났어?
B : No, I have another class tonight. 아니, 밤에 수업이 하나 더 있어.

Pattern 22 »» I'm interested~

001 I'm interested in+N[~ing] …에 관심있어

Point » interest는 타동사로 목적어의 「흥미를 끌다」라는 뜻. 주어가 관심있다고 하려면 be interested in~이라고 한다.

Pattern »
_ **I'm interested in** a phone meeting. 난 전화회의에 관심이 있어.
_ **I'm interested in** wood working. 난 목공예에 관심이 있어.
_ **I'm interested in** the museum that is opening. 난 개관하는 박물관에 관심이 있어.
_ **I'm interested in** movies opening this weekend. 난 이번 주말에 개봉하는 영화들에 관심있어.
_ **I'm interested in** the new yoga class being offered. 난 새로 생긴 요가 교실에 관심이 있어.

Dialog »
A : Did you ever date Mary? 너 메리하고 데이트 한 적 있어?
B : No, but I was interested in her. 아니, 하지만 예전에 걔한테 관심있었지.

002   I'm not interested in+N[~ing] …에 관심없어

Point »   부정형으로 역시 in 다음에는 명사나 ~ing를 붙여 쓰면 된다.

Pattern »

_ **I'm not interested in** going out on a date. 난 데이트하는데 관심이 없어.

_ **I'm not interested in** your personal problems. 난 네 개인적 문제엔 관심없어.

_ **I'm not interested in** your love life. 난 네 애정생활에는 관심없어.

_ **I'm not** really **interested in** going back to the way it used to be.
예전 방식으로 돌아가는데 정말 관심없어.

_ My husband wonders why **I'm not interested in** him anymore.
남편은 왜 내가 자기에게 관심이 없는지 궁금해 해.

Dialog »

A : Would you like to go to a museum? 박물관에 갈래?

B : No, I'm not interested in art. 아니, 난 미술에 관심없어.

003   (Are) You interested in+N[~ing]? …에 관심있어?

Point »   상대방에게 관심있냐고 물어보는 경우로 Are를 생략하고 You interested in~?이라고 물어봐도 된다.

Pattern »

_ **You interested in** getting back on the team? 팀으로 돌아오는거에 관심있어?

_ **Are you interested in** my phone number? 내 전화번호에 관심있어?

_ **Are you interested in** kite flying? 연 날리는거에 관심있어?

_ **Are you interested in** musical instrument playing? 음악악기연주하는데 관심있어?

_ **Are you interested in** job seeking? 구직하는데 관심있어?

_ **Are you interested in** working some overtime? 초과근무 좀 할 생각있어?

Dialog »

A : Are you interested in **making some money?** 돈 버는 일에 관심있어?

B : Of course I am. But what do I have to do? 그야 물론이지. 근데 어떻게 해야 하는건데?

Talk TIP

She tries not to smile vs. She tries to not smile

to 부정사를 접하면서 「to 부정사의 부정은 to 앞에 not을 붙인다」라는 규칙은 누구나 배우게 되는 기본 사항이죠. 따라서 She tries not to smile이 문법에 충실한 맞는 문장이죠. 하지만 실제 대화로 들어가 보면 마치 우리가 우리말을 흔히 문법에 맞지 않게 쓰는 것처럼 Native들도 ~not to+동사가 아니라 ~to not+동사형태로 쓰곤 합니다.

■ I just really need to not be with you right now. 난 정말 지금 네가 옆에 없어도 돼.

■ My resolution is to not make fun of my friends. 나의 결심은 내 친구들을 놀리지 않는거야.

I have an interest in~

---

001 ## I have an interest in+N[~ing] ···에 관심있어

Point » interest를 명사로 쓰는 경우로 be interested in = have an interest in이다.

Pattern »
_ **I have an interest in** pig farming. 난 돼지 농장에 관심있어.

_ **I have an interest in** hot air balloon flying. 열기구 타는데 관심있어.

_ **I have an interest in** family planning. 난 산아제한하는데 관심이 있어.

_ **I have an interest in** skeet shooting. 난 스키트 사격에 관심있어.

_ **I have an interest in** the stock market. 난 주식시장에 관심있어.

Dialog »
A : I have an interest in skydiving. 난 스카이다이빙에 관심있어.
B : Really? I am too scared to try that. 정말? 난 너무 무서워 못하겠던데.

---

002 ## I have no interest in+N[~ing] ···에 관심없어

Point » have interest in의 부정형은 have no interest in이다.

Pattern »
_ **I have almost no interest in** kissing you. 난 너랑 키스하는데 관심이 거의 없거든.

_ **I have no interest in** having a political discussion with you.
너랑 정치토론을 하는거 관심없어.

_ **I have no interest in** having a relationship with you. 너와 관계맺는데 관심없어.

_ I told you again and again **I have no interest in** you.
여러차례 말했지만 난 너에게 관심이 없어.

_ He **has zero interest in** people's feelings. 걘 사람들 감정에는 전혀 관심이 없어.

Dialog »
A : Do you want to visit some houses that are for sale? 매물로 나온 집 구경할래?
B : I have no interest in home buying. 집사는데 관심없어.

---

003 ## Do you have any interest in+N[~ing]? 혹 ···에 관심있어?

Point » 상대방에게 혹 관심있는지 물어보는 패턴으로 interest 앞에 any가 붙은 것에 주목한다.

Pattern »
_ **Do you have any interest in** computer gaming? 혹 컴퓨터 게임하는데 관심있어?

_ **Do you have any interest in** documentary making? 다큐멘터리 만드는데 혹 관심있어?

_ **Do you have any interest in** ballroom dancing? 혹 사교춤 추는데 관심있어?

_ **Do you have any interest in** Lisa joining our group?
리사가 우리 그룹에 들어오는거 관심있어?

Dialog »
A : Do you have any interest in car racing? 자동차 경주에 혹 관심있어?
B : Sure, I go to the track several times a year. 그럼, 일년에 몇차례 경주장에 가.

take an interest in~ …에 흥미를 갖다

Point » 그밖에 interest가 들어가는 표현으로 take an interest in은 「흥미를 갖다」, show an interest in은 「흥미를 보여주다」라는 의미가 된다.

Pattern »
_ You **haven't shown the slightest interest in** my love life. 넌 내 연애사에 전혀 관심을 보이지 않았어.

_ He **took an interest in** our new car. 걘 우리 새차에 관심을 가졌어.

_ Did you **show an interest in** visiting him? 걔를 방문하는데 관심이 있다는 걸 보여줬어?

_ He **took an interest in** my career. 걘 내 경력에 흥미를 가졌어.

Dialog »
A : I really need to make more money. 난 정말이지 돈을 더 벌어야 돼.
B : You should take an interest in investing. 투자에 관심을 가져봐.

Pattern
24 **»** **I'm busy~**

001

I'm busy with[~ing] …으로[…하느라] 바빠

Point » be busy with~ 혹은 be busy ~ing이지만 be busy with ~ing라고 쓰기도 한다.

Pattern »
_ **I'm busy with packing** for the trip. 여행 짐싸는데 바빠.

_ **I'm busy with making** my breakfast. 내 아침 먹을거 준비하느라 바빠.

_ **I'm busy with looking** for my keys. 내 열쇠를 찾느라 바빠.

_ **I'm busy with speaking** to Harry. 해리에게 말하느라 바빠.

_ **I'm busy with repainting** the house. 집에 페인트칠을 다시 하느라 바빠.

Dialog »
A : Are you able to take a phone call right now? 지금 당장 전화받을 수 있어?
B : No, I'm busy with a client at the moment. 아니, 지금은 손님 때문에 바빠.

002

I'm so busy S+V 너무 바빠서 …을 했어

Point » be busy와 so~ that구문이 결합한 것으로 busy 다음에 S+V의 형태를 이어주면 된다.

Pattern »
_ **We're so busy** we're not accepting any new patients. 너무 바빠 새로운 환자를 받지 않습니다.

_ **I'm so busy** I forgot to eat lunch. 난 너무 바빠서 점심 먹는걸 깜박했어.

_ **I'm so busy** no one talks to me. 난 너무 바빠서 아무도 내게 말을 걸지 않아.

_ **I'm so busy** I can't leave the office. 난 너무 바빠서 사무실에서 나갈 수가 없어.

_ **I'm so busy** I forgot your birthday. 내가 너무 바빠서 네 생일을 깜박했어.

Dialog »
A : I'm so busy I can't take a vacation. 난 너무 바빠서 휴가를 갈 수가 없어.
B : You must feel really stressed out. 정말이지 스트레스로 진이 빠졌겠구만.

003 **~too busy to~** 너무 바빠서 …을 하지 못하다

Point >> be busy와 too~to구문이 결합된 것으로 「너무 바빠서 …을 하지 못해」처럼 생각하면 된다.

Pattern >>

_ **Too busy to** keep up with your schoolwork? 너무 바빠서 학교숙제를 따라갈 수가 없다구?

_ Are you **too busy to** sneak out with me for a walk?
너무 바빠서 나랑 잠깐 나가 산책못한다고?

_ I was **too busy to** think about it. 너무 바빠서 그것에 관해 생각을 하지 못했어.

_ He's **too busy to** come over. 걘 너무 바빠서 들를 수가 없어.

_ We'll be **too busy to** go on vacation. 우리는 너무 바빠서 휴가를 갈 수가 없어.

Dialog >>

A : Wasn't Bob supposed to join us? 밥이 우리와 함께 하기로 되어 있지 않았어?

B : He was too busy to **meet for coffee.** 너무 바빠서 만나 커피를 마실 수가 없었어.

004 **I'm busy trying to+V~** …을 하려고 너무 바빠

Point >> be busy ~ing 패턴 중에서 가장 많이 쓰이는 표현.

Pattern >>

_ **I was too busy trying** to get Kate into the car. 난 케이트를 차에 태우느라 너무 정신없었어.

_ They **were a little busy trying** to save the guy's life.
걔네들은 그 사람의 목숨을 살리느라 좀 바빴어.

_ It's not my fault. **I was busy trying** to judge Tim. 내 잘못이 아냐. 난 팀을 비난하느라 바빴어.

_ **I'm busy trying** to plan my vacation. 휴가계획을 짜느라 바빠.

Dialog >>

A : Haven't you found the person who did this murder? 이 살인범을 못찾은거야?

B : I'm busy trying to **find the killer.** 살인범을 잡느라 정신없어.

Pattern **25** >> **I'm worried about~**

001 **I'm worried about+N[~ing]** …가 걱정돼

Point >> be worried about 다음에 걱정되는 것을 명사나 ~ing의 형태로 써주면 된다.

Pattern >>

_ **I'm worried about** you and your future. 난 너와 네 미래가 걱정돼.

_ **I'm worried about** losing my job. 난 일자리를 잃을까봐 걱정돼.

_ **I'm worried about** finding the right position. 내게 맞는 일자리를 찾는게 걱정이 돼.

_ **I'm worried about** failing the exam. 시험에 떨어질까봐 걱정돼.

Dialog >>

A : I was worried about **you, you should have called.** 걱정했잖아. 전화했어야지.

B : Sorry, I didn't want to wake you up. 미안, 너를 깨우고 싶지 않았어.

I'm worried about sb[sth] ~ing …가 …하는게 걱정돼

Point ›〉 걱정되는 대상뿐만 아니라 그 이유까지 간단히 덧붙여 말하는 방식. ~about A 다음에 ~ing를 붙이기만 한다.

Pattern ›〉
_ **I'm worried about** this place becoming something different.
난 이곳이 좀 다른 곳으로 변화될까봐 걱정돼.

_ **I'm worried about** my parents losing their money. 부모님이 돈을 잃으실까봐 걱정돼.

_ **I'm worried about** John finding the gifts. 존이 선물들을 찾을까봐 걱정돼.

_ **I'm worried about** Helen taking my valuables. 헬렌이 내 귀중품을 가져갈까봐 걱정돼.

_ **I'm worried about** someone stealing my purse. 누가 내 지갑을 훔쳐갈까봐 걱정돼.

Dialog ›〉
A : I'm worried about Sandy screwing up her life. 샌디가 자기 인생을 망칠까봐 걱정돼.
B : Don't get all stressed. She'll be fine. 스트레스 받지마, 걔 괜찮을거야.

I'm worried that~ …가 걱정돼, …할까봐 걱정돼

Point ›〉 걱정되는 부분을 S+V의 형태로 표현하는 패턴.

Pattern ›〉
_ **I'm worried** it will increase his stress. 그 때문에 걔가 스트레스를 더 받을까 걱정돼.

_ **I'm worried** it's late for us to be there on time. 우리가 제 시간에 도착 못할 것 같아 걱정야.

_ **I'm worried that** we won't be able to leave. 우리가 떠날 수 없을까봐 걱정돼.

_ **I'm worried that** the repairman won't show up. 수리공이 오지 않을까 걱정돼.

_ **I'm worried** it's going to be a big mistake. 큰 실수가 되지 않을까 걱정돼.

Dialog ›〉
A : I'm worried Pam won't come to the party. 팸이 파티에 오지 않을까 걱정돼.
B : Why? Is she still angry with you? 왜? 걔 아직도 너 땜에 화나 있어?

You don't need to be worried about~ …을 걱정할 필요없어

Point ›〉 상대방에게 걱정하지 않아도 된다고 진정시킬 때 사용하는 패턴

Pattern ›〉
_ **You don't need to be worried about** what he will do.
걔가 앞으로 뭘할 건가에 걱정할 필요가 없어.

_ **You don't need to be worried about** going to jail. 감옥가는거에 대해 걱정할 필요없어.

_ **You don't need to be worried about** your salary. 네 급여에 대해 걱정할 필요없어.

_ **You don't need to be worried about** cooking dinner. 저녁준비하는데 걱정할 필요없어.

_ **You don't need to worry about** that. 그거 걱정할 필요없어.

Dialog ›〉
A : I'm worried because Steve is acting strange. 스티브가 이상하게 행동해서 걱정돼.
B : You don't need to be worried about his behavior. 넌 걔의 행동에 대해 걱정할 필요가 없어.

I worry~

001 | I worry about sth[sb] …가 걱정돼

Point » 특이하게도 worry 동사의 경우 worry= be worried가 된다. 그래서 I'm worried~는 현재시제이고 I worried~는 과거시제인 것을 구분해야 한다.

Pattern »

_ **Your mother and I worry about** you. 네 엄마와 내가 네 걱정이 돼.

_ **I worried about** you when I didn't hear from you.
너한테서 연락을 못받았을 때 네 걱정을 했어.

_ The more **I worried about** it, the more I couldn't sleep.
내가 그것에 대해 걱정을 하면 할수록 잠을 더 이룰 수가 없었어.

_ **I worry about** the economy crashing. 경제가 무너지는게 걱정돼.

_ **I worry about** your car getting stolen. 네 차가 도난당할까봐 걱정돼.

Dialog »

A : My parents worry about my future all the time. 부모님은 항상 내 미래를 걱정하셔.
B : Maybe it would help to try and reassure them. 부모님께 확신을 주도록 하는게 도움이 될거야.

002 | I worry about sb ~ing …가 …하는 것이 걱정돼

Point » sb를 걱정하는데 왜 걱정하는지 이유를 한 문장에 말하는 경우.

Pattern »

_ **I worry about** Chris being in love. 난 크리스가 사랑에 빠지는게 걱정돼.

_ **I worry about** me sweating in May. 난 내가 5월에 땀을 흘리는게 걱정돼.

_ **I worry about** Tim failing his exam. 팀이 시험에 떨어질까봐 걱정돼.

_ **I worry about** him being put in jail. 걔가 구치소에 수감될까봐 걱정돼.

_ **I worry about** the boss getting angry. 사장이 화가 나 있을까 걱정돼.

Dialog »

A : It seems like your relationship isn't good. 네 연애가 좋지 않아 보이는데.
B : I worry about Jim seeing other women. 짐이 다른 여자들을 만나는 것 같아 걱정야.

003 | I worry that S+V …가 걱정돼

Point » be worried가 that절로 걱정되는 이유를 말하듯 I worry 또한 that절을 이어쓸 수 있다.

Pattern »

_ **I worry that** she doesn't love me. 걔가 날 사랑하지 않는게 걱정돼.

_ **I worry that** I will get fat. 내가 살이 찔까봐 걱정돼.

_ **I worry that** the store will be closed. 가게가 문을 닫을까봐 걱정돼.

_ **I worry that** the car was stolen. 자동차가 도난당했을까 걱정돼.

_ **I worry that** the economy is getting worse. 경제가 점점 나빠져서 걱정돼.

Dialog »

A : I worry that the country will go to war. 나라에 전쟁이 날까봐 걱정야.
B : Me too. I really don't want that to happen. 나도. 난 그런 일이 일어나지 않길 바래.

You don't have to worry about~ …에 대해 걱정할 필요 없어

Point » 상대방에게 걱정할 필요가 없다고 할 때 쓰는 패턴으로 Don't worry about~이란 표현과 함께 알아둔다.

Pattern »
_ **You don't have to worry about** that anymore. 넌 그거에 대해 더 이상 걱정할 필요가 없어.
_ **You don't have to worry about** him cheating. 걔가 바람피는거 걱정안해도 돼.
_ **You don't have to worry about** me judging you. 내가 너 비난하는거 걱정안해도 돼.
_ **Don't worry about** disappointing your father. 네 아버지를 실망시키는거에 대해 걱정마.
_ **You don't have to worry about** taking the exam. 시험치루는거 걱정할 필요가 없어.

Dialog »
A : Some of those guys look pretty rough. 애들 중 어떤 애들은 거칠어 보이네.
B : You don't have to worry about **trouble with them.** 걔네들과의 문제에 대해서 걱정안해도 돼.

Pattern 27 >> Are you worried about~?

001 Are you worried about[that~]? …가 걱정돼?

Point » 상대방에게 뭔가 걱정을 했는지 물어보는 패턴.

Pattern »
_ **Are you worried about** me becoming friends with her? 내가 걔와 친구되는게 걱정돼?
_ **Are you worried about** your surgery tomorrow? 내일 수술 걱정돼?
_ **Are you worried about** falling asleep? 잠드는게 걱정돼?
_ **Are you worried about** getting home? 집에 돌아오는게 걱정돼?
_ **Are you worried about** ghosts? 유령들이 걱정돼?

Dialog »
A : Are you worried that **you're getting old?** 나이드는게 걱정야?
B : That's why I had plastic surgery. 그래서 내가 성형수술을 했잖아.

002 Aren't you worried about[that~]? …가 걱정되지 않아?

Point » 부정의문문으로 상대방에게 「…가 걱정되지 않냐」고 물어볼 때 사용하면 된다.

Pattern »
_ **Aren't you worried about** secondhand smoke? 간접흡연이 걱정되지 않아?
_ **Aren't you worried about** your health? 네 건강이 걱정되지 않아?
_ **Aren't you worried about** what to get her for Christmas? 성탄절에 걔한테 선물 뭘 할지 걱정안돼?
_ **Aren't you worried about** being arrested? 체포될까 걱정이 되지 않아?
_ **Aren't you worried about** going broke? 빈털터리가 될까 걱정되지 않아?

Dialog »
A : Living in the heart of the city is going to be great. 도시 한복판에서 산다는 건 멋질 것 같아.
B : Aren't you worried about **the traffic?** 차가 막힐 거라는 걱정은 안해?

003 You're worried about sth (~ing)? …가 걱정돼?

Point » 평서문 형태로 끝만 올려 의문문으로 만드는 경우.

Pattern »
_ **You're worried about** your wife and kids? 네 아내와 아이들이 걱정돼?

_ **You're worried about** it going public? 그게 공개되는게 걱정돼?

_ **You're worried about** me eating cheese? 내가 치즈먹는게 걱정돼?

_ **You're worried about** the ship sinking? 배가 가라앉을까봐 걱정돼?

_ **You're worried about** the bus leaving early? 버스가 일찍 출발할까봐 걱정돼?

Dialog »
A : Don't let the kids use the computer. 애들이 컴퓨터 못쓰게 해라.
B : You're worried about it breaking? 고장낼까봐 걱정돼?

004 You're (not) worried about~ 넌 …을 걱정하지(않아)

Point » 평서문이 원래 기능으로 쓰인 경우로 상대방이 뭔가 걱정을 하고 있거나 있지 않거나 한 사실을 언급할 때 사용한다. 물론 끝을 올려 의문문으로 사용되기도 한다.

Pattern »
_ **You're worried about** my reputation. 넌 내 명성이 걱정돼지.

_ **You're not worried about** getting sick? 넌 아플까봐 걱정되지 않아?

_ **You're not worried about** your friends? 네 친구들이 걱정되지 않아?

_ **You're not worried about** paying the bill? 청구서 지불하는게 걱정되지 않아?

_ **You're not worried about** failing the course? 낙제할까 걱정되지 않아?

Dialog »
A : I like to date a lot of women. 난 많은 여성과 데이트하는 걸 좋아해.
B : You're not worried about gossip? 뒷얘기가 걱정되지 않아?

I wish (that) 주어+동사 vs. I hope (that) 주어+동사

모두 「소망」이나 「희망」을 말하는 표현이지만 I wish ~는 화자의 현재나 과거 사실과는 반대되는 상황, 따라서 거의 일어날 가능성이 없는 일을 바랄 때 I wish (that) 주어+동사 ~ 의 형태로 쓰이는데, 이때 that 이하의 동사는 반드시 과거내지 과거완료 시제가 되어야 하죠. 가정법과 매한가지죠. 따라서 If 주어~로 시작되는 가정법 구문이 입에 배지 않은 사람은 차라리 이 간단한 I wish ~를 활용해 보세요. 예를 들어 가정법 과거문장인 "If I knew his number, I would phone him"을 I wish를 써서 "I wish I knew his number"라고만 해도 「지금 그의 전화번호를 알고 있지 않아서 전화를 할 수가 없는」 상황의 안타까운 마음이 충분히 전달되니까요. 반면, I hope (that) 주어+동사 ~는 충분히 있을 수 있는 일, 즉 일어날 가능성이 있는 일을 바라는 것으로, I wish ~와는 달리 동사의 시제가 현재(또는 will + 동사) 내지 현재완료 시제가 되어야 합니다. "We hope you all have a very merry Christmas"와 같이 말이죠. 또한 I hope ~와 I wish~는 모두 to 부정사를 목적어로 취할 수도 있는데, wish to의 경우는 다분히 형식적이고 공식적인 상황에서 쓰입니다. 다만 12월이면 흔히 듣게 되는 "I wish you a merry Christmas"는 I wish you + 명사 구문으로 이때의 I wish 는 I hope와 동일한 뜻을 지닙니다.

■ I wish Mike were here 마이크가 여기 있으면 좋을텐데
■ We wish to apologize for the late arrival of this train 기차연착을 사죄드립니다
■ I wish you good luck 행운을 빌어
■ I wish you both a lifetime of happiness 너희 모두 평생 행복해라

001

Point ≫

Pattern ≫

I'm supposed to+V~ …하기로 되어 있어, …해야 돼

be supposed to는 빈출표현으로 「…하기로 되어 있다」라는 뜻. 당연, 의무, 예정 등의 의미를 갖는다.

_ **I'm supposed to** pick her up next Sunday. 난 걔를 다음주 일요일에 픽업하기로 되어 있어.

_ **I'm supposed to** meet my trainer this afternoon.
오늘 오후에 내 트레이너를 만나기로 되어 있어.

_ **I'm supposed to** give them an answer by the end of the day.
난 걔네들에게 오늘까지 답을 주기로 되어 있어.

_ **I'm supposed to** finish this report by tomorrow. 이 보고서 내일까지 끝내야 하거든.

_ **I'm supposed to** go with Adam to the soccer game. 애덤이랑 축구 경기 가기로 했어.

Dialog ≫

A : I saw Jim working in the office today. 오늘 짐이 사무실에 일하고 있더라.

B : That's weird, he is supposed to be on vacation. 거 이상하네. 그 친구는 휴가 중일텐데.

002

Point ≫

Pattern ≫

I'm[We're] not supposed to+V~ 난(우리는) …하면 안돼

부정으로 be not supposed to~가 되면 「…하기로 되어 있지 않다」, 즉 「…하면 안된다」라는 금지의 의미.

_ **I'm not supposed to** be here. 난 여기에 있으면 안돼.

_ **I'm not supposed to** take rides from strangers. 낯선 이의 차를 타선 안돼.

_ **I'm not supposed to** be in a place like this. 난 이런 곳에 있어서는 안돼.

_ **I'm not supposed to** tell you that Julie's pregnant. 줄리의 임신을 네게 말해서는 안돼.

_ **I'm not supposed to** talk about it. 난 그에 대해 말해서는 안돼.

Dialog ≫

A : Why aren't you coming to the bar? 왜 바에 오지 않는거야?

B : I'm not supposed to drink alcohol. 난 술 마시면 안돼.

003

Point ≫

Pattern ≫

You're supposed to+V ~ 넌 …하기로 되어 있어

주어를 You로 쓰면 넌 「…하기로 되어 있다」, 즉 「…해야 한다」로 의무의 뜻을 갖는다.

_ **You're supposed to** be helping me get ready. 내가 준비하도록 넌 도와줘야 돼.

_ **You're supposed to** love me no matter what. 어떤 일이 있어도 넌 날 사랑해야 돼.

_ **You're supposed to** be in love with me. 너 나와 사랑하기로 되어 있어.

_ **You're supposed to** be on vacation. 넌 휴가중이어야 하잖아.

_ **You're supposed to** ask permission. 넌 허가를 요청해야 돼.

Dialog ≫

A : You're supposed to pick up Sally. 너 샐리를 픽업해야 되잖아.

B : Well, I'd better leave now. 응, 지금 출발해야겠다.

004 You're not supposed to+V~ 너는 …하면 안돼

Point » 역시 be supposed to~의 부정은 금지, 반대의 의미로 쓰인다.

Pattern »
_ **You're not supposed to** hit on your teacher. 선생을 유혹하면 안돼지.
_ What're you doing? **You're not supposed to** be in here. 뭐해? 여기 있으면 안돼.
_ **You're not supposed to** worry about stuff like that. 그런 일을 걱정하면 안돼.
_ **You're not supposed to** be gossiping! 넌 뒷담화를 하면 안돼!
_ **You're not supposed to** eat that! 너 그거 먹으면 안돼!

Dialog »
A : You're not supposed to **eat that!** 너, 그거 먹으면 안돼!
B : Don't worry, Mom won't miss one cookie! 걱정마, 하나쯤 없어져도 엄마는 모르실거야!

Pattern 29 » I'm expected to~

001 I'm expected to~ 난 …을 해야 돼, …하도록 되어 있어

Point » be expected to~는 직역하면 「…하리라 예상되다」, 의역하면 「…을 해야 돼」라는 의무표현이 된다.

Pattern »
_ **I'm expected to** greet all of the guests. 난 손님 모두를 맞이하도록 되어 있어.
_ **I'm expected to** find another hotel room. 난 호텔방 하나를 더 찾아야 돼.
_ **I'm expected to** meet him tomorrow. 난 내일 걔를 만나기로 되어 있어.
_ **I'm expected to** take care of the dog. 난 개를 돌보기로 되어 있어.
_ **I'm expected to** show up. 난 참석하는 것으로 되어 있어.

Dialog »
A : What's the matter? You look like you have a problem. 왜 그래? 뭐 문제가 있는 것 같아.
B : I'm confused with the new duties I am expected to **perform here.**
여기서 내가 하기로 되어 있는 내 임무가 혼란스러워.

002 You're expected to+V~ 넌 …하도록 예상돼, 넌 …을 해야 돼

Point » be 동사가 빠진 You expected to+V(넌 …을 기대했어)와 헷갈리면 안된다.

Pattern »
_ **You're expected to** sit next to Mrs. Clinton. 넌 클린턴 부인 옆에 앉기로 되어 있어.
_ **You're expected to** be in the conference room. 넌 회의실에 있어야 돼.
_ **You're expected to** tell us the truth. 넌 우리에게 진실을 말해야 돼.
_ **You're expected to** find a solution. 넌 해결책을 찾아야 돼.
_ **You're expected to** keep this place clean. 넌 이곳을 항상 깨끗이 해야 돼.

Dialog »
A : I'm so sorry I was late this morning. 아침에 늦어서 미안해.
B : You're expected to **be here on time.** 넌 제 시간에 와야 돼.

003 She's expected to+V~ 걔가 …하기로 되어 있어

Point » 주어가 3인칭으로 쓰인 경우로 역시 주어가 「…해야 한다」라는 뜻을 담고 있다.

Pattern »
_ **She's expected to** resign today. 걔 오늘 그만두기로 되어 있어.
_ **She's expected to** be here at noon. 걔 정오에 여기로 오기로 되어 있어.
_ **She's expected to** bring the report. 걔가 보고서를 가져오기로 되어 있어.
_ **She's expected to** take a long vacation. 걔는 휴가를 길게 가기로 되어 있어.
_ **She's expected to** be here on time. 걔 여기에 정시에 오기로 되어 있어.

Dialog »
A : How is your grandmother doing? 네 할머니 어떻게 지내셔?
B : **She's expected to** leave the hospital today. 오늘 퇴원하시기로 되어 있어.

004 He's scheduled to+V 걔는 …할 예정이야

Point » 단순한 숙어로 be scheduled to~하면 「…할 예정」이라는 의미.

Pattern »
_ **He's scheduled to** depart at 5 pm. 걔 오후 5시에 출발할 예정이야.
_ **He's scheduled to** tour the facility. 걔 시설을 둘러볼 예정이야.
_ **He's scheduled to** have a meeting this morning. 걔 오늘 아침에 회의할 예정이야.
_ **He's scheduled to** attend the concert. 걔 콘서트에 갈 예정이야.
_ **He's scheduled to** transfer jobs. 걔 직장을 옮길 예정이야.

Dialog »
A : When is he scheduled to arrive at the airport? 걔가 공항에 언제 도착할 예정이니?
B : **He's scheduled to** arrive tomorrow after lunch. 내일 점심 후에 도착하게 되어 있어.

Pattern 30 » I'm ashamed~

001 I'm ashamed of+N[~ing] …가 부끄러워

Point » 면목이 없을 정도로 부끄럽다라는 뜻으로 of 뒤에 명사가 올 때는 주로 사람명사가 온다.

Pattern »
_ **I'm ashamed of** myself. So please, just forgive me. 내가 볼 낯이 없어. 그러니 제발 봐줘.
_ Now, listen to me! **I'm ashamed of** both of you. 내말 들어봐! 너희 둘 모두 부끄럽다.
_ Are you **ashamed of** your mother? 너 네 엄마가 창피한거야?
_ You guys should **be ashamed of** yourselves. 너희들 창피한 줄 알아라.
_ **I'm ashamed of** Sean criticizing everyone. 모두를 비난하는 숀이 부끄러워.

Dialog »
A : You should be ashamed of cheating on your exam. 컨닝한 걸 수치스러워 해야지.
B : What's the big deal? A lot of students do it. 뭘 그런걸 갖고? 학생들 많이 그래.

Chapter 01

002 I'm ashamed of how[where]~ …가 부끄러워

Point » be ashamed of 다음에 how[where] S+V의 절이 오는 경우.

Pattern »
_ **I'm ashamed of** how I treated you. 내가 널 그렇게 대해서 정말 부끄러워.

_ You think **I'm ashamed of** where I come from? 내 출신을 내가 부끄러워하는 것 같아?

_ **I'm ashamed of** how you were treated. 네가 그렇게 대접받다니 볼 낯이 없어.

_ **I'm ashamed of** how they were hurt. 걔네들이 그렇게 다치다니 부끄럽네.

Dialog »
A : The other students kept criticizing me. 다른 학생들이 계속 날 놀려댔어.
B : I'm ashamed of how they treated you. 걔네들이 그렇게 널 대하다니 부끄럽구만.

003 I'm ashamed to say that S+V 말하기 부끄럽지만 난 …했어

Point » 뭔가 부끄럽거나 창피한 얘기를 할 때 쓰면 좋은 패턴.

Pattern »
_ **I'm not ashamed to say** I was crying like a little girl.
말하기 창피한 건 아니지만 나 어린 소녀처럼 울었어.

_ **I'm ashamed to say that** I lied to you. 말하기 부끄럽지만 난 네게 거짓말했어.

_ **I'm ashamed to say that** we screwed up. 말하기 부끄럽지만 우린 망쳤어.

_ **I'm ashamed to say that** I can't pay you back. 말하기 부끄럽지만 돈을 갚을 수가 없어.

_ **I'm ashamed to say that** he never apologized. 말하기 창피하지만 걘 절대 사과하지 않았어.

Dialog »
A : You made Bette very angry last night. 너 어젯밤에 베트를 엄청 화나게 만들었어.
B : I'm ashamed to say that I never apologized. 말하기 부끄럽지만 난 절대로 사과하지 않았어.

004 I'm ashamed (that) S+V …가 부끄러워

Point » be ashamed 다음에 that S+V의 형태가 이어지는 경우로 그렇게 많이 쓰이지는 않는다.

Pattern »
_ **I'm a bit ashamed** I never came by before. 전에 들리지 못하게 좀 부끄러워.

_ **I'm ashamed** about drinking too much. 과음한게 부끄러워.

_ **I'm ashamed** about begging for money. 돈을 빌려달라고 해서 창피해.

_ **I'm ashamed** about being unprepared. 준비를 안하고 있어 창피하네.

_ **I'm ashamed that** she was so rude. 걔가 너무 무례해서 부끄럽네.

Dialog »
A : I'm ashamed that I dated Brandon. 내가 브랜든과 데이트해서 쪽팔려.
B : That guy is a big loser. 걔 완전 또라이잖아.

001 | I'm disappointed in[at, about]~ …에 실망했어

Point >> 「실망시키다」라고 하려면 구어체에서는 let sb down을 많이 쓰지만 한단어로 하면 be disappointed가 대세다. 전치사로는 in 혹은 about을 쓰면 된다.

Pattern >>
_ Chris, **I am disappointed in** you. 크리스, 난 네게 실망했어.
_ You must **be so disappointed in me.** 넌 나한테 실망을 많이 했음에 틀림없어.
_ I hope she's **not too disappointed about** her paper. 걔가 자기 논문에 넘 실망하지 않기 바래.
_ **I'm disappointed about** the election results. 난 선거결과에 대해 실망했어.
_ **I'm disappointed about** the show's cancellation. 그 쇼가 취소돼서 실망했어.

Dialog >>
> A : I'm disappointed in the fireworks display. 불꽃놀이에 실망했어.
> B : It wasn't very exciting to watch. 별로 흥미롭지 않았어.

002 | I'm disappointed to+V …해서 실망스러워

Point >> 실망한 것이 대상이 아니라 어떤 행동일 때는 to+V를 붙여 쓰면 된다.

Pattern >>
_ **Are you disappointed to** see me alive? 내가 살아있는 걸 보니 실망했어?
_ You'll **be disappointed to** learn that your plan didn't work.
  네 계획이 제대로 되지 않았다는 걸 알고 나서 실망할거야.
_ **I'm disappointed to** see her with him. 그녀가 걔와 함께 있는 걸 보니 실망스러워.
_ **I'm disappointed to** have been rejected. 거절당해서 실망스러워.
_ **I'm disappointed to** find he lied. 걔가 거짓말한 걸 알고 나서 실망했어.

Dialog >>
> A : I'm disappointed to see your room is so messy. 네 방 지저분한거 보고 실망했어.
> B : I haven't had the time to make it tidy. 정돈할 시간이 없었어.

003 | I'm disappointed that S+V …가 실망스러워

Point >> 실망한 내용을 S+V의 절 형태로 길게 말하고 싶을 때 사용한다.

Pattern >>
_ **I'm a little disappointed** she's not here. 걔가 여기에 오지 않아 조금은 실망했어.
_ I know that you're **disappointed that** I'm not going to Yale.
  내가 예일대에 가지 않아 실망한거 알아.
_ **I'm disappointed that** we broke up. 우리가 헤어져서 실망스러워.
_ **I'm disappointed that** the business failed. 사업이 실패해서 실망스러워.
_ **I'm disappointed that** we didn't make any money. 우리가 돈을 벌지 못해서 실망스러워.

Dialog >>
> A : Did Leslie contact you after the meeting? 레슬리가 만난 후에 연락했어?
> B : I'm disappointed that she never called me. 걔가 전화를 걸지 않아 실망했어.

004 ~will[would] be disappointed if S+V …하면 실망할거야

Point » if 이하를 하지 않으면 주어가 앞으로 실망할거라는 표현방식으로 if절의 현재시제는 미래시제를 대신한다.

Pattern »
_ **She'll be disappointed if** we don't show up. 우리가 나타나지 않으면 걔는 실망할거야.

_ **They'll be disappointed if** they don't get a new car. 걔네들은 새차뽑지 못하면 실망할거야.

_ **Don will be disappointed if** her mom doesn't show up. 돈은 엄마가 안오면 실망할거야.

_ **I will be disappointed if** I can't work here. 내가 여기서 일할 수 없다면 실망하게 될거야.

_ **Dad will be disappointed if** I don't become a doctor. 내가 의사안되면 아빠가 실망하실거야.

Dialog »
A : Your uncle looks forward to seeing you. 네 삼촌이 너를 매우 보고 싶어해.
B : He will be disappointed if I don't visit. 내가 찾아가지 않으면 매우 실망하실거야.

Pattern 32 » I'm humiliated~

001 I'm so humiliated~ 난 정말 망신당했어

Point » humiliate는 "feel very embarrassed"하게 만든다」라는 뜻으로 embarrassed [ashamed] 보다 의미가 강하다.

Pattern »
_ **I'm so humiliated** that he saw me naked. 걔가 나 벗은 모습을 봐서 정말 창피해.

_ **I'm so humiliated** that she cursed at me. 걔가 내게 욕을 해서 정말 창피했어.

_ **I'm so humiliated** because of my failure. 난 실패해서 너무 창피했어.

_ **I'm so humiliated** that everyone found out. 모든 사람들이 알아내서 난 너무 창피했어.

_ **I'm so humiliated** that he screamed at me. 걔가 내게 소리를 질러대서 정말 창피했어.

Dialog »
A : I'm so humiliated they saw me naked. 걔네들이 내 나체를 봐서 엄청 쪽팔려.
B : You should have covered yourself with a towel. 타올로 몸을 가렸어야 했는데.

---

002 You feel humiliated~ 넌 창피하겠다

Point » be 동사 대신에 감정동사 feel을 쓴 경우.

Pattern »
_ **You feel humiliated** because you are embarrassed. 넌 당황해서 창피하겠다.

_ **You feel humiliated,** and you should go home. 너 창피하겠다. 집에 가라.

_ **You feel humiliated** because Brad was so cruel. 브래드가 너무 심하게 대해서 창피하겠어.

_ **You feel humiliated** since you made a big mistake. 큰 실수를 했으니 너 창피하겠어.

_ **You feel humiliated** because you failed. 실패했으니 너 창피하겠다.

Dialog »
A : The whole thing embarrassed me. 그 모든 일 때문에 내가 당황했어.
B : You feel humiliated because of the incident. 너 그 사건 때문에 창피했겠구나.

It's so humiliating~ 그건 너무 창피했어

Point >> humiliate는 타동사로 목적어를 「쪽팔리게 하다」라는 뜻. 따라서 humiliating하게 되면 주어가 뭔가를 무척 쪽팔리게 했다는 의미가 된다.

Pattern >>
_ **It's so humiliating** when you fall down. 네가 넘어졌을 때 너무 쪽팔렸어.

_ **It's so humiliating** to be ridiculed. 비난받는 건 너무 창피해.

_ **It's so humiliating** to get lost in this city. 시내에서 길을 잃는건 정말 창피해.

_ **It's so humiliating** when she insults me. 걔가 날 모욕줬을 때 정말 창피했어.

_ **It's so humiliating** that everyone knows my secret.
모든 사람들이 내 비밀을 알게 돼서 정말 창피해.

Dialog >>
A : It's so humiliating to fail a class. 낙제하는건 정말 쪽팔리는 일이야.
B : Next time you need to study harder. 다음번에 더 열심히 공부해라.

Pattern
33 >> **I'm comfortable~**

---

001 **I'm (not) comfortable with[~ing]** …에 맘이 (불)편해

Point >> 맘이 편하거나 불편하다고 할 때 좀 길지만 comfortable을 활용해서 be[feel] comfortable with~ 혹은 be[feel] comfortable ~ing의 형태로 써주면 된다.

Pattern >>
_ **I'm not comfortable with** this. 난 이거에 불편해.

_ He lied, and **I'm feeling very uncomfortable** about it.
걔가 거짓말했고 난 그게 정말 불편해.

_ **I just don't feel really comfortable** talking about it.
난 단지 그거에 대해 얘기하는게 정말이지 마음이 불편해.

_ **I'm not comfortable** working with you.
나는 너하고 일하는게 편하지 않아.

_ Penny and I **are perfectly comfortable** sharing a bed.
페니와 난 침대를 같이 쓰는데 정말 맘이 편해.

Dialog >>
A : Tell Hilda that her work is not acceptable. 힐다에게 걔 일을 받아들일 수 없다고 해.
B : I'm not comfortable with criticizing her. 걔한테 뭐라고 하는게 불편한데.

002 I'm not comfortable with sb ~ing …가 …하는게 마음이 불편해

Point » 「누가 …하는 것이 불편하다」고 할 때는 be not comfortable with sb 다음에 전치사 없이 바로 ~ing를 붙여 쓰면 된다.

Pattern »
_ **I don't feel comfortable with** you going in that room alone.
난 네가 그 방에 혼자가는게 맘이 불편해.

_ **I'm not comfortable with** Brian sleeping here. 브라이언이 여기서 자는게 불편해.

_ **I'm not comfortable with** you looking at me. 네가 날 쳐다보는게 불편해.

_ **I'm not comfortable with** Gina using my car. 지나가 내 차를 사용하는게 불편해.

_ **I'm not comfortable with** Kurt staying in my house. 커트가 우리 집에 머무는게 불편해.

Dialog »
A : I'm not comfortable with Jim drinking so much. 짐이 그렇게 술마시는게 걱정돼.
B : Yeah, it does seem he's becoming an alcoholic. 알콜중독자가 돼가는 것 같아.

003 I'd feel comfortable if ~ …한다면 기분이 편할텐데

Point » 좀 난이도 있는 패턴으로 I'd는 I would~로 가정법 문장. 따라서 if 이하에는 과거형 시제가 와야 한다.

Pattern »
_ **I'd be more comfortable if** you were in your own chair.
네가 본래 네 의자에 앉아 있다면 내 기분이 더 좋을텐데.

_ **You would feel more comfortable if** Linda left the room.
린다가 방을 나갔으면 네 기분이 더 편할텐데.

_ **I'd feel a lot more comfortable if** you didn't tell people what
happened. 네가 사람들에게 무슨 일인지 말하지 않았다면 내가 훨씬 기분이 편할텐데.

_ **I'd feel comfortable if** my parents came along. 부모님이 함께 오시면 기분이 편할텐데.

Dialog »
A : I'd feel comfortable if the police stopped by. 경찰이 들렀더라면 내 맘이 편할텐데.
B : Really? Has someone been threatening you? 정말? 누가 널 협박했어?

004 ~make me (feel) comfortable~ 내 기분을 좋아지게 하다

Point » 주어가 sb를 편하게 한다는 의미로 주어는 it. that 혹은 사람이 올 수 있다.

Pattern »
_ She enjoys **making** people **uncomfortable.** 걘 사람들을 불편하게 만드는 걸 즐겨.

_ I **made** you **uncomfortable** last night. I'm so sorry. 지난밤에 너를 불편하게 해서 미안해.

_ We can at least **make** you **feel more comfortable.**
우린 적어도 네가 더 편하도록 할 수 있어.

_ Did that ever **make** you **feel uncomfortable?** 그거 때문에 네가 더 불편해졌어?

_ A few drinks **make me feel comfortable.** 술 좀 마시면 기분이 좋아질거야.

Dialog »
A : What do you do before going to bed? 자기 전에 뭐해?
B : A nice cup of tea makes me comfortable. 좋은 차 한 잔 마시면 맘이 편해져.

001 **I feel bad about+N[~ing]** …에 마음이 속상해

Point >> feel good의 반대로 기분이 안좋다라는 말. about~ 외에 for~를 쓸 수도 있다.

Pattern >>
_ **I feel bad about** not signing your letter of recommendation.
네 추천장에 사인을 못해줘 속상해.

_ **I feel bad about** your parents cutting you off financially.
네 부모님이 경제적으로 너와 끊다니 속상하다.

_ **I feel bad about** kicking you out. 너를 쫓아내는게 속상해.

_ **I feel bad for** their family. 걔네들 가족 때문에 속상해.

_ **I feel bad about** Steve getting sick. 스티브가 아파서 속상해.

Dialog >>
A : I feel bad about yelling at the kids. 아이들에게 소리지른게 속상해.
B : It's okay, they were acting badly. 괜찮아, 못되게 굴었잖아.

002 **I feel bad about what[how]~** …에 대해 속상해

Point >> feel bad about 다음에 what[how] S+V절이 오는 경우.

Pattern >>
_ **I feel so bad about what** happened last night. 지난 밤 일이 정말 속상해.

_ **I feel so bad about what** happened to her daughter. 걔 딸에 일어난 일이 정말 속상해.

_ **I really feel bad about** how things ended. 일이 그렇게 끝나게 돼서 정말이지 속상해.

_ **I was feeling bad about** how I acted the other night.
요전날 저녁에 내가 한 행동 때문에 속상했어.

_ **I feel bad about what** I did to you. 내가 네게 한 짓 때문에 속상해.

Dialog >>
A : I feel bad about what he did to you. 걔가 너한테 그래서 미안해.
B : Yeah, but I'll get revenge some day. 그래, 하지만 언젠가 복수할거야.

003 **I feel bad S+V** …해서 기분이 안좋아

Point >> feel bad 다음에 S+V절의 형태로 왜 기분이 안좋은지 말하는 패턴.

Pattern >>
_ **I still feel bad** that I'm not gonna be here. 내가 여기 오지 못할거여서 여전히 기분이 안좋아.

_ **I feel bad** that I had to sit with you all night. 밤새 너와 함께 앉아 있었어야 돼서 기분이 안좋아.

_ **I feel bad** they got upset. 걔네들이 화를 내서 기분이 안좋아.

_ **I feel bad** dinner was served late. 저녁이 늦게 나와서 기분이 안좋아.

_ **I feel bad** they heard me ridicule Jim. 내가 짐을 조롱하는걸 걔네들이 들었다니 기분이 안좋아.

Dialog >>
A : I feel bad I didn't give you a present. 너한테 선물을 주지 못해서 속상해.
B : Don't worry, I wasn't expecting one. 걱정마, 나 기대하지 않았어.

004 I feel terrible about+N[~ing] …로 기분이 아주 안좋아

Point >> bad보다 의미가 강한 terrible을 쓴 경우로 기분이 정말 안좋다는 걸 강조하는 패턴이다.

Pattern >>

_ **I just feel terrible** about what happened. 일어난 일에 대해서 정말이지 기분이 안좋아.

_ **I feel terrible about** your business failing. 네 사업이 실패해서 정말 기분이 끔찍해.

_ **I feel terrible about** her getting injured. 걔가 부상을 입어서 기분이 정말 그래.

_ **I feel terrible about** your mom getting lost. 네 엄마가 길을 잃어서 정말 기분이 안좋아.

_ **I feel terrible about** the rain ruining the wedding. 비가 결혼식을 망쳐서 기분이 정말 안좋아.

Dialog >>

A : I feel terrible about **the computer breaking.** 컴퓨터가 고장나서 아주 끔찍해.

B : Maybe it got a virus on the Internet. 인터넷을 통해 바이러스에 감염됐을거야.

Pattern 35 >> I feel awful~

001 I feel awful about~ …에 대해 끔찍해

Point >> feel bad에서 bad 대신에 매우 기분이 나쁨을 강조한 형용사 awful를 쓴 경우.

Pattern >>

_ I know you **feel awful about** what happened. 일어난 일에 네 기분이 끔찍하다는 걸 알아.

_ **I feel awful about** what happened the other day. 요전날 있었던 일에 대해 기분이 끔찍해.

_ **I feel just awful about** it too. 나 역시 그 일에 기분이 끔찍해.

_ **I feel awful about** the trial's outcome. 재판결과가 끔찍해.

_ **I feel awful about** the mean things I said. 내가 비열한 말들을 해서 기분이 끔찍해.

Dialog >>

A : I feel awful about **canceling the vacation.** 휴가를 취소해서 정말이지 끔찍해.

B : Well, maybe we can do it another time. 다음 번에 우리 갈 수 있을거야.

002 I feel sorry for sb …을 딱하게 여겨, …가 안됐어

Point >> feel sorry for~는 「…을 가엾게, 딱하게 여기다」라는 기본 표현.

Pattern >>

_ Don't you **feel sorry for** me. 나를 가엾게 생각하지마.

_ You want us to **feel sorry for** him? 우리가 걔를 딱하게 여기기를 바래?

_ **I feel sorry for** the prisoner. 그 죄수가 딱해.

_ **I feel sorry for** my cousin John. 내 사촌 존이 안됐어.

_ **I feel sorry for** that ugly girl. 저 못생긴 여자가 안됐어.

Dialog >>

A : I really feel sorry for **people who are blind.** 앞을 못보는 사람들 정말 불쌍하더라.

B : Don't feel sorry for them...treat them as equals. 동정하지마… 동등하게 대하라고.

I feel sorry for sb because~ …때문에 …을 가엾게 여겨

Point >> 딱하게 여기는 이유(because)까지 한꺼번에 말하는 표현법.

Pattern >>

_ **I feel sorry for** him **because** he doesn't have a father. 걔는 아버지가 없기 때문에 안됐어.

_ **I feel sorry for** Frank **because** he lost his wife. 프랭크가 아내를 잃어서 안됐어.

_ **I feel sorry for** them **because** they are so old. 그 사람들 너무 나이가 들어서 가여워.

_ **I feel sorry for** my boss **because** he is stressed. 사장이 스트레스를 받아 안됐어.

_ **I feel sorry for** Mr. Gentry **because** he's lonely. 젠트리 선생님이 외로워서 가엾게 여겨져.

Dialog >>

A : Why do you always invite Missy to come with us? 넌 왜 항상 미시를 우리와 함께 지내도록 하는거야?
B : I feel sorry for her because **she has no friends.** 걘 친구가 없어서 가여워.

I feel sympathy for sb …을 동정해, …가 안됐어

Point >> feel sorry보다 한단계 나아가 직설적으로 「…을 동정한다」고 할 때 사용하면 되는 패턴.

Pattern >>

_ **I feel sympathy for** people with no food. 먹을 음식이 없는 사람들이 안됐어.

_ **I feel sympathy for** the victims of the flood. 홍수 피해자들이 정말 안됐어.

_ **I feel sympathy for** the new soldiers. 새로운 군인들이 안됐어.

_ **I feel sympathy for** hospital patients. 병원의 환자들이 안됐어.

_ **I feel sympathy for** people who are poor. 가난한 사람들 안됐어.

Dialog >>

A : Kendall is in the middle of a divorce. 켄달이 이혼 중이야.
B : I feel sympathy for **him and his situation.** 걔와 걔 상황이 안됐네.

Pattern 36 >> **I'm annoyed~**

be annoyed about[with, at, by] …에 짜증나다

Point >> annoyed는 살짝 angry했다는 말로 좀 짜증날 때 쓰면 된다. 또한 get annoyed with sb라고 쓰기도 한다.

Pattern >>

_ I understand you're **annoyed with** me. 네가 나한테 짜증났다는 걸 알아.

_ He **gets annoyed** if the subtitles are mistranslated. 걘 자막이 오역될 경우에는 짜증을 내.

_ She **was annoyed by** the barking dog. 걔는 개가 짖어서 짜증을 냈어.

_ Larry **is annoyed about** the traffic today. 래리는 오늘 교통 때문에 짜증났어.

_ Mom **was annoyed with** our bad behavior. 엄마는 우리의 못된 행실에 짜증나셨어.

Dialog >>

A : The construction noise went on all night. 건설현장의 소음이 밤새 계속됐어.
B : Yes, everyone was annoyed about it. 맞아, 다들 그거에 짜증났었어.

002 I'm annoyed that[if, because]~ …에 짜증나

Point » be annoyed 다음에 절이 와서 짜증나는 이유를 말할 수 있다.

Pattern »
_ **I'm annoyed that** the whole thing happened in the first place.
무엇보다 그 모든 일이 일어나서 짜증났어.

_ **I'm annoyed that** I have to do this work. 이 일을 해야 돼서 짜증이 나.

_ **I'm annoyed that** my taxes are so expensive. 세금이 너무 많이 나와서 짜증났어.

_ **I'm annoyed that** I stayed up so late. 늦게까지 자지 못해서 짜증났어.

_ **I'm annoyed that** I can't go home. 내가 집에 갈 수 없어서 짜증나.

Dialog »
A : I'm annoyed that I can't find my favorite ice cream. 내가 좋아하는 아이스 크림을 찾지 못해 짜증나.
B : Let's check another grocery store. 다른 가게를 확인해보자.

003 I was annoyed when~ …할 때 난 정말 짜증났었어

Point » 이번에는 어떨 때에 짜증났는지 말할 때 쓰는 경우로 when S+V를 붙이면 된다.

Pattern »
_ **I was annoyed when** she yelled at me. 걔가 내게 소리를 질렀을 때 정말 짜증났었어.

_ **I was annoyed when** he wouldn't shut up. 걔가 입을 다물지 않으려고 해서 짜증났었어.

_ **I was annoyed when** the test results came back. 시험성적 결과가 나왔을 때 화났어.

_ **I was annoyed when** they didn't promote me. 그들이 날 승진시키지 않아서 짜증났었어.

_ **I was annoyed when** he kept asking me out. 걔가 계속 데이트를 신청할 때 정말 짜증났었어.

Dialog »
A : Linda said she won a lot of money. 린다가 그러는데 많은 돈을 땄대.
B : I was annoyed when she told me about it. 걔가 그 얘기를 나한테 하는데 짜증나.

004 find sb[sth] (to be) annoying …가 짜증난다고 생각하다

Point » find A annoying 패턴으로 A자리에는 사람이나 사물이 올 수 있다.

Pattern »
_ I'm pretty sure guys **find me annoying.** 걔네들이 날 짜증난다고 생각하는게 분명해.

_ I **find** my neighbors **to be annoying.** 내 이웃들은 정말 짜증나.

_ Nessie **found** her date **to be annoying.** 네시는 데이트상대가 짜증난다고 생각했어.

_ He **found** the noise **to be annoying.** 걘 소음이 짜증났어.

_ I **find** children crying **to be annoying.** 난 우는 아이들은 짜증나.

Dialog »
A : Your mom lives near the highway, right? 네 엄마 고속도록 근처에서 사시지, 맞지?
B : She finds the noise to be annoying. 소음이 짜증난다고 하셔.

001

I'm too exhausted to+V~ 너무 지쳐서 …하지 못해

Point >> exhausted는 무척 tired하다는 것으로 이 단어와 too~to구문이 합체되어 만드는 패턴.

Pattern >>
_ **I'm too exhausted to** complete this work. 난 너무 지쳐서 이 일을 마칠 수가 없어.

_ **I'm too exhausted to** go on the field trip. 난 너무 지쳐서 현장학습을 갈 수가 없어.

_ **I'm too exhausted to** leave my apartment. 난 너무 지쳐서 집을 나설 수가 없어.

_ **I'm too exhausted to** talk to anyone right now.
난 너무 지쳐서 지금은 누구와도 얘기할 수가 없어.

_ **I'm too exhausted to** stay awake. 너무 지쳐서 눈뜨고 있을 수가 없어.

Dialog >>
> A : You want to go out tonight? 오늘밤에 외출하자고?
> B : I'm too exhausted to take a trip downtown. 너무 지쳐서 시내에 갈 수가 없어.

002

I'm tired of+N[~ing] 난 …하는데 지쳤어

Point >> 「피곤하다」, 「지치다」라는 의미로 of 다음에는 명사나 ~ing를 이어 쓰면 된다.

Pattern >>
_ **I'm pretty tired of** talking about her. 난 걔에 대해 얘기하는거에 지쳤어.

_ I don't know about you but **I'm tired of** waiting. 넌 어떤지 모르겠지만 난 기다리는데 지쳤어.

_ **I am really tired of** trying to make this work on my own.
나 혼자 이 일을 잘 되도록 하는데 지쳤어.

_ **I'm so tired of** pretending it's all gonna be okay.
모든 일이 좋아질 것 같은 척하는데 정말 지쳤어.

_ **I am tired of** deciding what to do. 내가 뭘 할지 정하는 건 이제 신물이나.

Dialog >>
> A : Well, what's got into you? 어, 너 왜 그래?
> B : Oh, nothing, I guess I'm just tired of this dumb job. 아, 아냐, 그냥 이 바보같은 일에 지쳐서 그런가봐.

003

I'm tired of sb ~ing …가 …하는 데에 피곤해, 지쳤어

Point >> 짜증나는 사람에게 지칠 수도 있는데 이때는 be tired of sb 다음에 바로 ~ing을 붙여 쓰면 된다.

Pattern >>
_ **I'm tired of** her complaining. 난 걔가 불평하는데 지쳤어.

_ **I'm tired of** you thinking you're so smart. 난 네가 잘났다고 생각하는데 지쳤어.

_ **I'm so tired of** you seeing me as a failure. 네가 날 실패한 사람으로 보는데 정말 지쳤어.

_ **I'm tired of** them complaining. 걔네들이 불평을 하는데 지쳤어.

_ **I'm tired of** Tim sleeping with my friends. 팀이 내 친구들과 자고 다니는데 지쳤어.

Dialog >>
> A : You're a loser! 야, 너 참 바보구나!
> B : I'm tired of you being so critical. 그렇게 싫은 소리만 해대는데 나도 정말 진절머리나!

004   I'm sick and tired of (sb) ~ing (…가) …하는데 질렸어

Point » be unhappy about~이라는 뜻으로 맘에 안들고 그래서 질린 경우에 쓰면 된다.

Pattern »

_ **I'm sick and tired of** coming to your room every five minutes.
매 5분마다 네 방에 와야 되는게 질려.

_ **I'm sick and tired of** people not trusting me. 사람들이 날 믿지않는데 질렸어.

_ **I am sick and tired of** no one needing my help. 아무도 내 도움을 필요로 하지 않는데 질렸어.

_ **I'm sick and tired of** Linda gossiping. 린다가 뒷담화하는데 질렸어.

_ **I'm sick and tired of** her arriving late. 걔가 늦게 오는데 질렸어.

Dialog »

A : Why did you quit working in the office? 왜 직장에서 일을 그만둔거야?
B : I'm sick and tired of people telling me what to do. 사람들이 이래라 저래라 시키는데 지쳐서.

Pattern 38 »» I'm surprised~

001   I'm surprised to+V …에 놀랐어

Point » be surprised at만 알고 있으면 기초영어에서 헤어나오지 못한다. be surprised 다음 to+V를 붙여서 왜 놀랐는지 그 이유를 말하면 된다.

Pattern »

_ Victoria, **I was surprised to** get your call. 빅토리아, 네 전화받고 정말 놀랐었어.

_ **I'm surprised to** see you at my party. 널 파티에서 보고 놀랐어.

_ **I'm surprised to** see you back so soon. 네가 그렇게 빨리 돌아오는 걸 보고 놀랐어.

_ **I wasn't a little surprised to** see you guys kissing.
너희들이 키스하는 걸 보고 조금도 놀라지 않았어.

_ **I'm surprised to** hear the deal was successful. 그 거래가 성공했다는 말을 듣고 놀랐어.

Dialog »

A : I'm surprised to find everyone is gone. 다들 가버려서 놀랐어.
B : They all went home for the weekend. 걔네들 주말동안 다들 집에 갔어.

002   I'm surprised that S+V …에 놀랬어

Point » 이번엔 좀 자세히 that S+V 절로 놀란 이유를 말해보자.

Pattern »

_ **I'm not at all surprised** they feel that way. 난 그 친구들이 그런 느낌이라고 해서 놀랍지 않아.

_ **I was kinda surprised that** you agreed to go on a blind date.
난 네가 소개팅에 가기로 했다고 해서 좀 놀랐었어.

_ **I was surprised that** she agreed to go with us. 걔가 우리와 함께 간다고 해서 놀랐었어.

_ **I'm surprised** she didn't tell me. 걔가 내게 말을 하지 않아서 놀랐어.

_ **I'm surprised that** he's arriving so late. 걔가 늦게 도착해서 놀랐어.

A : I'm surprised that Mel was so rude. 멜이 너무 무례해서 놀랐어.
B : It's probably because he was drinking whisky. 걔가 위스키를 너무 많이 마셔서 그럴거야.

003   I'm amazed that ~ …에 무척 놀랐어

Point » amazed는 무척 surprised 했을 때 쓰면 되는 단어. be amazed at what[how]의 형태로 써도 된다.

Pattern »

_ **I'm amazed** he's still alive. 난 걔가 아직도 살아있다는 사실에 놀랐어.

_ **I'm amazed that** he is in that good of shape. 걔 건강이 그렇게 좋다니 놀랍네.

_ **I'm amazed** to see this report was finished. 이 보고서를 완성한 걸 보니 놀랍구만.

_ **I am amazed** at your inexhaustible ability to just live.
난 너의 지칠 줄 모르는 생존능력에 놀랐어.

_ **I'm amazed that** you are attending Oxford. 네가 옥스퍼드를 다닌다는 말에 놀랐어.

Dialog »

A : I'm amazed that you're quitting school. 네가 학교를 그만둔다니 정말 놀라워.
B : I don't have enough money to continue. 계속 다닐 학비가 없어.

004   I'm shocked to[about, by]~ …에 충격받았어

Point » be shocked는 매우 기분이 나쁠 정도로 혹은 당황할 정도로 놀랐을 때 쓰면 된다. I'm shocked when~의
패턴도 함께 알아둔다.

Pattern »

_ **I'm shocked about** how much weight he lost. 걔가 뺀 체중을 알고 충격받았어.

_ **I was shocked when** he called to tell me that Steven was a fraud.
네가 전화해서 스티븐이 사기꾼이라고 말했을 때 충격을 받았어.

_ **I'm shocked by** the news today. 오늘 뉴스를 보고 충격받았어.

_ **I'm shocked about** the terrorist attack. 테러리스트 공격에 충격받았어.

_ **I'm shocked to** hear about the divorce. 이혼얘기 듣고서 충격받았어.

Dialog »

A : Can you believe there were two murders? 살인사건이 2건 있었다는게 믿겨져?
B : I'm shocked by those crimes too. 나도 그런 범죄들 때문에 충격받았어.

I'm grateful~

001 I'm grateful for+N[what~] …에 정말 고마워

Point » 감사하다고 할 때는 thank나 thankful만 있는게 아니다. grateful이란 단어가 무척 많이 쓰이니 잘 알아둔다. for 다음에는 고마운 일을 to 다음에는 고마운 사람을 말한다.

Pattern »
_ **I** really **am grateful for** everything you're doing for me.
정말이지 당신이 여러모로 도와줘서 감사해요.

_ **I'm grateful for** what you've done. 네가 해준 일에 대해 정말 고마워.

_ **I'm grateful for** this job and **I'm grateful to** you. 난 이 직업에 고마워하고 있고 네게 고마워해.

_ **I'm grateful for** free time to relax. 쉴 자유시간이 주어져서 고마워.

Dialog »
> A : I hear you had a few days off work. 너 며칠간 회사 쉰다며.
> B : I'm grateful for time to rest. 쉴 시간이 생겨서 고맙지.

002 I'm grateful to sb for+N[~ing] …가 …해줘서 고마워

Point » 고마운 일과 고마운 사람을 동시에 쓰는 패턴으로 to sb for~을 잘 기억해둔다.

Pattern »
_ **I'm grateful to** them **for** that. 걔네들이 그렇게 해줘서 고마워.

_ **I'm grateful to** Anne **for** helping me out. 앤이 나를 도와줘서 고마워.

_ **I'm grateful to** Tina **for** working overtime. 티나가 야근을 해줘서 고마워.

_ **I'm grateful to** them **for** coming to the meeting. 그들이 회의에 와서 고마워.

_ **I'm grateful to** Erica **for** help completing my homework.
에리카가 내 숙제 끝내는데 도와줘서 고마워.

Dialog »
> A : You seem fond of your instructor. 너 네 강사 좋아하는 것 같아.
> B : I'm grateful to Mr. Sampson for teaching me. 샘슨 선생님이 날 가르쳐줘서 감사하고 있어.

003 I'm grateful not to+V …하지 않게 돼서 고마워

Point » 이번에는 not to+V가 붙는 경우로 다행스럽게도 하기 싫은 일을 하지 않게 되었을 때 기쁜 맘으로 사용하면 된다.

Pattern »
_ **I'm grateful not to** have to go anywhere with strangers.
낯선 사람들과 아무데도 가지 않아도 돼서 너무 감사해.

_ **I'm grateful not to** work at that company. 저 회사에서 일하지 않게 돼 감사해.

_ **I'm grateful not to** get up early every day. 매일 아침 일찍 일어나지 않게 돼 감사해.

_ **I'm grateful not to** owe any money. 돈을 빚지지 않아도 돼 감사해.

_ **I'm grateful not to** work overtime. 야근을 하지 않게 돼서 고마워.

Dialog »
> A : You always seem so happy. 넌 항상 그렇게 행복해 보여.
> B : I'm grateful not to be in the military anymore. 더 이상 군복무를 안해도 돼서 감사하고 있어.

I'm so grateful that S+V~ …해줘서 너무 고마워

Point >> be grateful 역시 that S+V를 이어서 쓰며 왜 고마운지를 말하면 된다.

Pattern >>
_ **I'm so grateful** you got my license back. 내 면허증을 되찾아줘서 정말 고마워.
_ **We're very grateful that** you agreed to meet with us. 이렇게 만나줘서 정말 감사해요.
_ **I'm so grateful that** we came here. 여기 오게 돼서 정말 고마워.
_ **I'm so grateful that** you brought some food. 음식을 좀 가져와줘서 정말 고마워.
_ **I'm so grateful that** he found my cell phone. 걔가 내 핸드폰을 찾아줘서 정말 고마워.

Dialog >>
> A : I'm so grateful that **we got to see you.** 우리가 너를 만나게 돼서 정말 감사해하고 있어.
> B : Me too. It's been a long time. 나도 그래. 정말 오랜만이었어.

Pattern
40 >> **I just wanted to thank you~**

I'm thankful for~ …에 너무 고마워

Point >> thank의 형용사인 thankful을 써서 감사하는 방법을 알아본다. be thankful 다음에는 for~ 뿐만 아니라 that S+V가 올 수도 있다.

Pattern >>
_ **I'm thankful for** the help he gave me. 걔가 준 도움에 정말 감사해.
_ **I'm thankful** I'm not her. 난 내가 걔가 아니어서 고마워.
_ **I'm thankful for** the time we spent together. 우리가 함께 시간을 보내서 감사해.
_ **I'm thankful for** the gift you gave me. 네가 내게 준 선물에 감사해.
_ **I'm thankful for** having so many friends. 친구가 정말 많아서 너무 감사해.

Dialog >>
> A : It must have been hard to move elsewhere. 다른 곳으로 이사하는게 무척 어려웠겠다.
> B : I'm thankful **my family helped me.** 가족들이 도와줘서 고맙지.

I'm thankful to know that~ …을 알게 돼 다행이야

Point >> 걱정했는데 불행한 일이 더 이상 생기지 않아서 기쁠 때 사용하면 되는 표현.

Pattern >>
_ **I'm thankful to know that** you still remember me. 네가 아직 나를 기억하는걸 알게 돼 다행야.
_ **I'm thankful to know that** you are healthy. 네가 건강하다는 걸 알게 돼 다행야.
_ **I'm thankful to know that** changes are coming. 변화가 오고 있다는 것을 알게 돼 다행야.
_ **I'm thankful to know** Kurt is safe. 커트가 안전한다는 걸 알게 돼 다행야.

Dialog >>
> A : **I'm sorry that this mix up occurred.** 이렇게 혼동이 일어나서 미안해.
> B : I'm thankful to know **it won't happen again.** 다시는 그러지 않을걸 알게 되니 다행이네.

003 I want to thank you for~ …에 대해 감사해

Point » I want to~ 대신에 I'd like to~라 써도 된다.

Pattern »
_ **I want to thank you for** driving me home. 나를 집에까지 차로 데려다줘서 고마워.

_ **I want to thank you for** being my date. 나랑 데이트해줘서 고마워.

_ **I want to thank you for** helping me do this. 내가 이거 하는 걸 도와줘서 고마워.

_ **I'd like to thank you for** your fine work on this case. 이 사건에서 일잘 해줘서 감사해.

_ **I want to thank you for** participating. 네가 참여해줘서 고마워.

Dialog »
A : I want to thank you for **the money you lent.** 빌려준 돈 고맙다고 하고 싶어.
B : Just make sure to pay it back soon. 반드시 빨리 갚도록 해.

004 I just wanted to thank you for~ 그저 …에 대해 감사하고 싶었어

Point » 앞의 표현과 달리 과거형으로 감사하고 싶었음을 재차 표현할 때 써주면 된다.

Pattern »
_ **I wanted to thank you for** everything you did. 네가 해준 모든 일에 감사하고 싶었어.

_ **I wanted to thank you for** keeping my secret. 내 비밀을 지켜줘서 감사하고 싶었어.

_ **I wanted to thank you for** having me back. 나를 다시 받아줘서 감사하고 싶었어.

_ **I just wanted to thank you for** a wonderful night. 멋진 밤을 보내줘서 감사하고 싶었어.

_ **I just wanted to thank you for** loaning him money. 걔에게 돈을 빌려줘서 감사하고 싶었어.

Dialog »
A : I wanted to thank you for **a great night.** 멋진 저녁을 보내게 해준데 대해 고맙다고 말하고 싶었어.
B : Well, I had a good time too. 나도 좋은 시간을 보냈어.

Pattern 41 »» I'm afraid~

001 I'm afraid that S+V 안됐지만[미안하지만] …야

Point » I'm afraid of+명사, I'm afraid to+동사의 형태로 「…를 두려워하거나」, 「걱정한다」는 의미로 쓰이지만 일상회화에서는 I'm afraid (that) 주어+동사의 형태가 압도적으로 많이 사용된다.

Pattern »
_ **I'm afraid** I've got some bad news. 안 좋은 소식이 좀 있어.

_ **I'm afraid** I don't know what to say. 뭐라 말해야 할지 모르겠네요.

_ **I'm afraid** we can't do anything. 우리는 아무 것도 할 수 없을 것 같아.

_ **I'm afraid** we already have plans. 우린 이미 약속이 있어.

_ **I'm afraid** we're going to miss it. 그러다 놓치면 어떻게 해.

Dialog »
A : I'm afraid I've made a mess here on your desk. 내가 이 책상을 어질러놓은 거 같아.
B : Oh, don't worry. Messy is its normal state. 어, 괜찮아. 지저분한 게 정상이거든.

I'm afraid of+N[~ing] …을 두려워 해, …가 걱정돼

Point » afraid의 원래 의미인 「두렵다」는 뜻으로 쓰인 패턴. 반대로 두려워하지 않다고 할 때는 I'm not afraid of+N[~ing]라 하면 된다.

Pattern »
_ **I'm afraid of** doing more harm than good. 도움보다는 해를 끼칠까봐 걱정돼.

_ **I'm afraid of** my father getting angry. 아버지가 화를 낼까봐 걱정돼.

_ **I'm afraid of** the car breaking down. 차가 고장날까봐 걱정돼.

_ **I'm afraid of** my flight being delayed. 내 비행편이 연착될까봐 걱정돼.

_ **He is afraid of** ghosts, and he thinks a ghost is here.
갠 유령을 무서워하고 여기에 유령이 있다고 생각해.

Dialog »

A : I'm nervous about speaking at the conference next week.
다음 주에 있을 회의에서 연설할 생각을 하니 정말 긴장돼.
B : You don't need to be afraid of public speaking. 대중 연설을 두려워할 필요는 없어.

I'm afraid to +V …하는 것이 두려워

Point » 두려운 내용을 to+V로 쓰는 경우. 「…하는 것이 두렵지 않다」고 할 때는 I'm not afraid to+V라 한다.

Pattern »
_ **I'm afraid to** walk near the highway. 고속도로 근처를 걷는게 두려워.

_ **I'm afraid to** ask them for money. 걔네들에게 돈을 부탁하는게 두려워.

_ **I'm afraid to** meet with the principal. 교장선생님을 만나는게 두려워.

_ **I'm afraid to** look at my credit card bill. 내 신용카드 청구서를 보는게 두려워.

_ **I was afraid to** go into the house. 난 집에 들어가는게 두려웠어.

Dialog »

A : Don't be afraid to do something new. 뭔가 새로운 일을 하는 걸 두려워하지마.
B : I would like to find different hobbies. 다른 취미생활을 찾고 싶어.

Are you afraid of~? …을 두려워 해?

Point » 상대방에게 of 이하를 두렵냐고 물어보는 것으로 의문문의 경우 Are you afraid S+V?처럼 절이 와도 평서문과 달리 "…가 두려워?"라는 뜻이 된다.

Pattern »
_ **Are you afraid of** strangers you meet? 마주치는 낯선 사람을 두려워해?

_ **Are you afraid of** cars that are driven fast? 빨리 모는 자동차들 겁나?

_ **Are you afraid of** food that smells bad? 상한 냄새가 나는 음식이 겁나?

_ **Are you afraid of** girls who look beautiful? 아름다운 자태의 여자들을 두려워해?

_ **Are you afraid of** walking alone? 혼자 걷는걸 두려워 해?

Dialog »

A : Aren't you afraid he's going to be angry? 걔가 화낼 거라는 건 걱정 안하니?
B : Who cares what he thinks? 걔가 무슨 생각을 하든 누가 신경이나 쓴대?

I'm married~

001 I'm married to …와 결혼해, …와 결혼한 상태야

Point » marry는 타동사로 「…와 결혼하다」는 marry sb이다. 이를 달리 표현하면 be married to sb가 된다.

Pattern »
_ Mona **was married to** him, before she married you.
모나는 너와 결혼 전에 걔와 결혼상태였어.

_ **I'm married to** a woman from Denmark. 난 덴마크 출신의 여자와 결혼했거든.

_ **I'm married to** a gorgeous woman. 난 멋진 여자와 결혼했어.

_ **I'm married to** my work. 난 일과 결혼했어.

_ **I'm married to** my childhood sweetheart. 난 어릴적 친구와 결혼했어.

Dialog »
A : Do you have a spouse right now? 너 지금 결혼한 상태야?
B : I'm married to a woman I met online. 온라인에서 만난 사람과 결혼했어.

002 I'm getting married to sb …와 결혼을 해

Point » be married to는 결혼한 상태를, be getting married to는 결혼하는 동적인 행위를 말한다.

Pattern »
_ **I'm getting married to** my new girlfriend. 나 새 여친과 결혼해.

_ My sister's **getting married** in a couple of weeks. 내 누이는 몇주 후에 결혼해.

_ We're **getting married in** seven months. 우리는 7개월 후에 결혼해.

_ Ben and I **are getting married** next week. 벤과 나는 다음주에 결혼해.

_ **I'm getting married to** a girl from another country. 나 외국여자와 결혼해.

Dialog »
A : Why did you choose to get married to your wife? 너는 왜 네 아내와 결혼하기로 했니?
B : To me, she seemed better than anyone else.
나한테 있어서, 내 아내는 그 누구보다도 좋은 사람인 것 같았거든.

003 We were married for~ 우리가 결혼한지 …되었어

Point » 결혼생활 기간을 말하는 것으로 were[was] married나 have been married처럼 과거형이나 완료형을 쓴다.

Pattern »
_ I **was married for** almost 20 years. 난 결혼한지 거의 20년이 돼가.

_ That's why **we were only married for** 3 weeks. 바로 그래서 우리 결혼한지 3주밖에 안됐어.

_ **We've been married for** five years. 우리는 결혼한지 5년 됐어.

_ **We were married for** ten years and eight months. 우리는 결혼한지 10년 8개월 됐어.

_ **We were married for** 18 years. 우리 결혼한지 18년 됐어.

Dialog »
A : How long did your marriage last? 결혼한지 몇년 됐어?
B : We were married for eight years. 8년 됐어.

004   I'm gonna marry sb 나 …와 결혼할거야

Point »   marry가 타동사로 쓰인 경우로 전치사 없이 바로 sb가 이어진다는 점 주의한다.

Pattern »

_ **I'm pretty sure I'm still gonna marry** him. 나 아무래도 그냥 걔와 결혼해야할까봐.

_ **I'm gonna marry** someone famous. 난 유명한 사람과 결혼할거야.

_ **I'm gonna marry** a guy in my study group. 스터디 그룹에서 만난 사람과 결혼할거야.

_ **I'm gonna marry** someone I met online. 난 온라인에서 만난 사람과 결혼할거야.

_ **I'm gonna marry** her in a few years. 난 걔와 몇 년 후에 결혼할거야.

Dialog »

A : Is he finally getting married to Mary? 걔가 드디어 메리와 결혼했어?

B : Not anymore. He just came out. Now he's marrying Andy. 아냐. 커밍아웃해서 앤디와 결혼해.

Pattern 43 » I'm committed~

001   I'm committed to+N[~ing] 난 …에 전념해, 몰두하고 있어

Point »   뭔가 전념하고 충실하게 몰두하고 있을 때는 commit라는 동사를 활용해서 be committed to~라고 하면 된다.

Pattern »

_ **I'm committed to** my marriage working. 난 결혼생활에 충실하고 있어.

_ **I'm committed to** programs that are interesting. 난 흥미있는 프로그램만 보고 있어.

_ **I'm committed to** bird watching. 난 새들을 관찰하는데 몰두하고 있어.

_ **I'm committed to** hockey playing. 난 아이스하키 경기하는데 몰두하고 있어.

_ **I'm committed to** investments increasing my wealth. 돈벌어주는 투자에 몰두하고 있어.

Dialog »

A : Are you committed to joining our team? 우리팀에 들어오기로 확실히 마음을 정한거야?

B : I haven't made up my mind, but I'm certainly thinking about it. 결정전이지만 고민중이야.

002   I commit to+N[~ing] …에 헌신[전념]하고 있어

Point »   commit의 능동형을 활용한 표현으로 역시 to 다음에는 명사나 ~ing가 오게 된다.

Pattern »

_ **I commit to** donation gathering. 난 기부를 위한 모임에 전념하고 있어.

_ **I commit to** party organizing. 난 파티를 짜는데 몰두하고 있어.

_ **I commit to** movie watching. 난 영화를 보는데 몰두하고 있어.

_ **I commit to** stamp collecting. 난 우표수집에 열을 올리고 있어.

_ **I commit to** my church and studying the Bible. 난 교회와 성경공부에 전념하고 있어.

Dialog »

A : You seem to be very religious. 너 신앙심이 매우 깊어 보여.

B : I commit to my church and helping its members. 난 내가 다니는 교회와 교인들을 돕는데 헌신해.

003   I'm devoted to~ 난 …에 전념하고 있어

Point » be devoted to~ 혹은 devote oneself to~라고 하면 된다.

Pattern »

_ **I'm devoted to** helping the poor. 난 가난한 사람들을 돕는데 전념하고 있어.

_ **I'm devoted to** my dear wife. 내 사랑하는 아내에게 전념하고 있어.

_ **I'm devoted to** practicing the piano. 피아노 연습하는데 몰두하고 있어.

_ **I'm devoted to** making my family comfortable. 난 가족을 편안하게 하는데 열중하고 있어.

_ **I'm devoted to** my new girlfriend. 난 내 새 여친에 전념하고 있어.

Dialog »

A : I'm devoted to my family. 난 내 가족에 헌신하고 있어.

B : That is an admirable trait. 그건 아주 감탄할 만한 장점이지.

004   They're dedicated to~ 걔네들은 …에 충실해

Point » be dedicated to~ = dedicate oneself to~ = dedicate one's life to~

Pattern »

_ **They're dedicated to** educating kids. 걔들은 아이들을 교육하는데 헌신하고 있어.

_ **I dedicated myself to** it completely, heart and soul.

난 열과 성을 다해 그거에 완전히 전념했어.

_ **This group's dedicated to** protecting life. 이 사람들은 생명을 보호하는데 전념하고 있어.

_ **She dedicated her life to** easing the pain of others.

걔는 타인들의 고통을 줄여주는데 자기 인생을 헌신했어.

_ **They're dedicated to** improving the environment.

걔네들은 환경을 개선하는데 헌신하고 있어.

Dialog »

A : Those salesmen are hard working. 저 영업맨들은 정말 열심히 일해.

B : They're dedicated to their company. 걔네들은 회사에 헌신하고 있어.

주어+조동사~

001

I'm going to+V …할거야

Point >> be going to+동사는 가까운 미래에 「…할거야」라는 의미. be going to는 조동사는 아니지만 마치 조동사처럼 쓰이는 셈이다. 따라서 be going to+동사에서 going에는 '가다'라는 의미가 더 이상 없다.

Pattern >>
_ **I'm going to** miss you so much. 정말 보고 싶을 거예요.
_ **I'm going to** enjoy shopping in New York. 뉴욕에서 쇼핑을 즐길거야.
_ **I'm going to** keep asking her until she says yes. 걔가 좋다고 할 때까지 계속 조를거야.
_ **I'm going to** China for a week on business. 사업상 일주일간 중국에 갈거야.
_ **I'm going to** see Karen tonight after work. 오늘 퇴근 후에 카렌을 만날거야.

Dialog >>
A : Are you going to get a job after you graduate? 졸업 후엔 취업할거니?
B : No, I'm going to try starting up my own business. 아니, 사업을 시작해볼까 해.

002

I'm not going to+V …하지 않을거야

Point >> 반대로 미래에 「…을 하지 않겠다」는 의지를 표현하는 패턴.

Pattern >>
_ **I'm not going to** let it happen again. 다시는 그런 일이 일어나지 않도록 할거야.
_ **I'm not going to** do this interview. 난 이 면접을 보지 않을거야.
_ **I'm not going to** lose my job. 난 내 직장을 잃지 않을거야.
_ **I'm not going to** lie to you. 난 네게 거짓말을 하지 않을거야.
_ **I'm not going to** tell any secrets. 난 어떤 비밀이라도 말하지 않을거야.

Dialog >>
A : Everyone wants you to sing a song. 다들 네가 노래 부르기를 원해.
B : I'm not going to sing tonight. 오늘밤에 난 노래 부르지 않을거야.

003

I was going to+V …을 하려고 했었어

Point >> 과거시점에서 「…을 하려고 했다」라는 의미로 과거에 실현되지 않은 행위를 언급할 때 사용한다.

Pattern >>
_ **I was going to** play a video game with them all weekend.
주말내내 걔네들과 컴퓨터 게임을 하려던 참이었어.
_ **I was going to** wear this for my audition. 오디션때 이걸 입으려고 그랬어.
_ **I was gonna** say we should leave him a note. 걔한테 쪽지를 남겨둬야 한다고 말하려던 참이었어.
_ **I was gonna** say this is very good. 이게 정말 좋다고 말하려고 했었어.
_ **I was going to** call you today. 오늘 네게 전화하려고 했었어.

Dialog >>
A : How did you think you could afford another trip to Hawaii?
하와이로 다시 여행을 어떻게 갈 수 있겠어?
B : Well, I was going to borrow some money from my sister. 글쎄요, 언니한테 돈을 좀 빌리려고 했어.

004 | I wasn't going to+V …을 하지 않으려고 했었어

Point >> 과거에 자기는 「…할 생각이 없었음」을 강조하는 패턴.

Pattern >>
_ **I wasn't gonna** do this to you today. 오늘 너한테 이렇게 할 생각은 아니었어.
_ **I wasn't gonna** tell Jill she was a terrible singer. 질에게 정말 노래 못한다고 말할 생각은 아니었어.
_ **I wasn't going to** say anything. 난 아무 말도 하지 않으려고 했었어.
_ **I wasn't going to** make that mistake again. 난 다신 그 실수를 하지 않으려고 했었어.
_ **I wasn't going to** leave my apartment. 내 아파트를 떠나려는 생각은 아니었어.

Dialog >>
A : What made you think that I wasn't going to **show up**? 왜 내가 나타나지 않으리라고 생각했지?
B : I just thought you had other more important plans. 네가 다른 중요한 약속이 있을 거라고 생각했어.

Pattern 02 >> We're going to~

001 | We're going to+V …하게 될거야, …할거야

Point >> 우리가 앞으로 「…을 하겠다」고 표현하는 문장. going to는 gonna로 축약 표기되기도 한다.

Pattern >>
_ **We're going to** be ready this afternoon. 우리는 오늘 오후에 준비가 될거야.
_ **We're going to** have a big problem. 우리는 커다란 문제를 안게 될거야.
_ **We're going to** take a short break. 우린 잠시 쉴거야.
_ **We're gonna** find you a nice home. 우리는 너한테 좋은 집을 찾아줄거야.
_ **We're going to** have to lay off at least ten people. 우리가 최소한 10명은 해고를 하게 될거야.

Dialog >>
A : We're going to expand the business this year. 우린 올해 사업을 확장할 예정이야.
B : I thought you were going to **go on leave.** 난 네가 쉴거라고 생각했는데.

002 | We're not going to+V …하지 않을거야

Point >> 미래에 어떤 일이 발생하지 않도록 하겠다는 다짐이나 예측의 표현.

Pattern >>
_ **We're not going to** let you die. 우린 널 죽도록 내버려두지 않을거야.
_ **We're not going to** make it. 우리는 해내지 못할거야.
_ **We're not going to** talk about this. 우리는 이 문제에 대해 말하지 않을거야.
_ **We're not gonna** find him without some help. 좀 도움없이는 걔를 찾지 못할거야.
_ **We're not going to** steal your stuff. 우리는 네 물건을 훔치지 않을거야.

Dialog >>
A : You plan to rob a bank? 은행을 털 계획이라고?
B : We're not going to **hurt anyone.** 우린 아무도 다치지 않게 할거야.

77

003 We were going to+V …할 생각이었어, …하려고 했었어

Point » 과거시점에서 우리가 「…을 하려고 했었다」라는 뜻. 특히 We said we were going to~의 패턴이 많이 쓰인다.

Pattern »
_ **We were going to** travel the world together. 우리는 함께 세계일주를 하려던 참이었어.
_ We said **we were going to** hang out, let's hang out. 우리 함께 놀거라고 했잖아, 함께 놀자.
_ We always said **we were gonna** do that. 우린 그렇게 하려고 했었다고 늘상 말했어.
_ I didn't think **we were gonna** make it! 우리가 해낼 수 있을거라 생각하지 않았어!
_ **We were going to** travel to China. 우리는 중국여행을 할 생각이었어.

Dialog »
A : Were we supposed to meet up with the Smiths? 우리는 스미스 씨네와 만나기로 되어 있지?
B : We were going to join them downstairs. 우리는 일층에서 그들과 만날거야.

004 I thought we were going to+V 난 우리가 …할거라 생각했었어

Point » 하지만 실제로는 그렇지 않은 경우에 이 패턴을 쓰면 된다.

Pattern »
_ **I thought that we were going to** miss Lily. 난 우리가 릴리를 그리워할거라 생각했었어.
_ **I thought we were going to** spend some time together.
난 우리가 함께 시간을 좀 보낼거라 생각했었어.
_ **I thought we were gonna** figure this out. 난 우리가 이게 뭔지 알아낼거라 생각했었어.
_ **I thought we were going to** meet some girls. 난 우리가 여자애들을 만날거라 생각했었어.

Dialog »
A : I thought we were going to sleep. 우리 잘거라고 생각했어.
B : Let's stay up for a few more hours. 몇시간 더 자지 말자.

Pattern 03 » You're going to~

001 You're going to+V 넌 …하게 될거야

Point » 가까운 미래에 상대방에게 일어날 일을 나타내는 패턴.

Pattern »
_ **You're going to** come live with us. 넌 와서 우리와 함께 살게 될거야.
_ **You're going to** have the surgery. 넌 수술을 받게 될거야.
_ **You're gonna** make a really good mother some day. 넌 언젠가 좋은 엄마가 될거야.
_ **You're gonna** have to give up. 넌 포기해야 될거야.
_ **You're going to** have to wait a few more hours until we land. 착륙까지 몇시간 더 기다려야 돼.

Dialog »
A : We're going to Tim's stag. 우린 팀이 여는 남자만 모이는 파티에 갈거야.
B : You're going to have fun. 재미있겠구나.

영어회화
공식패턴
3300

002　You're not going to+V 넌 …하게 되지 않을거야, …하지마

Point ≫　상대방에게 단순히 앞으로 하지 않게 될 일을 말하거나 문맥상 상대방에게 「…하지 않게 될거야」라고 금지하거나 반대하는 문장으로 쓰이기도 한다.

Pattern ≫
_ **You're not going to** have a problem with her. 넌 걔하고 문제가 없게 될거야.

_ **You're not going to** have to worry about her. 넌 걔 걱정을 하지 않게 될거야.

_ **You're not going to** find anything. 넌 아무것도 찾지 못할거야.

_ **You're not gonna** believe what happened. 무슨 일이 있었는지 넌 믿지 못할거야.

_ Are you saying that **you're not going to** hire me? 저를 채용 안하겠다는 말씀이죠?

Dialog ≫

A : Well... you're not going to believe it... I got 100%! 글쎄, 믿기진 않겠지만… 나 만점 받았어!

B : Way to go, Steve! I always knew you were a genius.
참 잘했다, 스티브! 난 네가 천재란 걸 알고 있었다니까.

003　You were going to+V 넌 …하려고 했었지, 넌 …할 생각이었지

Point ≫　상대방이 과거를 기준으로 앞으로 뭔가 하려고 했던 일을 표현할 때 사용하는 패턴이다.

Pattern ≫
_ **You were gonna** say something. 넌 뭔가 얘기를 하려던 참이었지.

_ **You were gonna** give it some thought. 넌 그걸 좀 더 생각해볼 생각이었어.

_ **You were gonna** propose to me? 너 나한테 프로포즈 할 생각이었어?

_ **You were gonna** name your daughter after me? 네 딸 이름을 내 이름따서 지으려고 했어?

_ **You were going to** call the cops. 넌 경찰을 부를 생각이었지.

Dialog ≫

A : Why did we have to leave the nightclub? 우리가 왜 나이트클럽에서 나가야 했어?

B : You were going to be thrown out. 넌 쫓겨날 판이었어.

004　Are you going to+V? …할거야?

Point ≫　상대방에게 앞으로 「…을 할건지」 물어보는 문장

Pattern ≫
_ **Are you going to** be mad at me all night? 너 밤새 나한테 화를 낼거야?

_ **Are you going to** call him tomorrow? 너 내일 걔한테 전화할거야?

_ **Are you going to** talk to her again? 너 걔에게 다시 말을 걸거야?

_ **Are you going to** help me or what? 너 나를 도와줄거야 뭐야?

_ **Are you going to** visit Danny in the hospital? 병원에 입원한 대니를 찾아가 볼 건가요?

Dialog ≫

A : Are you going to be okay getting home on your own? 집에 혼자 가도 괜찮겠어?

B : Sure, as long as you give me some cab money. 그럼, 택시비만 좀 준다면야.

001 He's going to+V 걘 …을 할거야

Point >> 주어인 제 3자 He, She가 앞으로 「…을 할거라」는 단순한 예정 사실을 언급하는 패턴.

Pattern >>
_ **He's going to** hate me. 걘 날 싫어하게 될거야.

_ **He's gonna** be all right, though, right? 그래도 걘 괜찮아지겠지, 그지?

_ **She's gonna** come back with us. 걘 우리와 함께 돌아올거야.

_ **She's gonna** make it on time. 걘 늦지 않게 오게 될거야.

_ My sister **is going to** take care of them. 우리 누나가 돌봐줄 거야.

Dialog >>
A : The board of directors are going to meet next week. 이사회가 다음주에 열릴 예정이야.
B : What are they going to discuss? 무슨 회의를 할 건데?

002 He's not going to+V 걘 …하지 않을거야

Point >> 반대로 주어인 제 3자인 He, She가 앞으로 「…하지 않을거」라는 의미의 패턴.

Pattern >>
_ **He's not going to** kiss you. 걘 네게 키스를 하지 않을거야.

_ **She's not gonna** do anything to me. 걘 내게 아무런 짓도 하지 않을거야.

_ **He's not going to** tell you the truth. 걘 네게 사실을 말하지 않을거야.

_ **He's not gonna** care about my family. 걘 내 가족에 대해 맘을 쓰지 않을거야.

_ **She's not going to** remember this. 걘 이걸 기억하지 않을거야.

_ **She's not going to** harm you any longer. 걘 더 이상 네게 해를 끼치지 않을거야.

_ **She's not going to** be okay until she gets back to work.
다시 일을 할 때까지 괜찮지 않을거야.

_ **She's not going to** divorce Jim and run away with you.
걘 짐과 이혼하고 너와 달아나지 않을거야.

Dialog >>
A : He's not going to be happy to hear what you have to say.
네가 말해야 하는 얘기를 듣고 나면 걘 기분 나빠할거야.
B : I don't give a shit what he thinks. 걔가 어떻게 생각하든 상관없어.

003 Is he going to+V? 걔가 …할거야?

Point >> 제가 3자가 앞으로 「…을 할 것인지」를 물어보는 의문문.

Pattern >>
_ **Is he going to** be okay? 걔가 괜찮을까?

_ **Is he gonna** leave town? 걔가 마을을 떠날까?

_ **Is she gonna** be here overnight? 걔가 밤새 여기에 있을까?

_ **Is she gonna** do the same for you? 걔가 너한테 똑같이 그렇게 할까?

_ **Is she going to** let you run the division? 그녀가 너에게 그 부서를 맡길까?

Dialog >>

A : Is he going to see her again? 걔를 다시 만날거래?

B : I hope so, there sure was a lot of good chemistry between them.
그럴 것 같아, 그 둘은 정말 통하는 구석이 많아 보였어.

Pattern 05 >> I will~

| 001 | **I will~** 난 …할거야, …할게 |

Point >> be going to~와 같은 맥락의 의미로 주어인 내가 미래에 「…할거야」라는 의지 또는 단순예정사실을 언급할 때 사용한다. will은 동사의 내용이 미래에 일어난다는 의미를 부여하는 것으로 내가 「…을 할 것이다」, 「…을 하겠다」라는 뜻. I'll~ 다음에 다양한 동사를 사용하면 된다.

Pattern >>
_ **I will** let you know. 내가 네게 알려줄게.

_ **I will** go with you next time. 다음 번에 너와 함께 갈게.

_ **I will** show you around the office. 사무실을 구경시켜줄게.

_ **I'll** give you a ride. 태워다 줄게.

_ **I'll** let you know if I find your glasses. 네 안경을 찾으면 알려줄게.

Dialog >>

A : This coffee is second to none. It is so delicious. 이 커피는 정말 끝내줘. 너무 맛있어.

B : Cool. I will buy you more when I go to the store. 좋아. 가게에 가면 더 사다줄게.

| 002 | **I will not[never]~** …하지 않을게 |

Point >> 앞으로 「…하지 않을거야」라는 의미로 not 대신에 never를 쓰면 절대로 「…하지 않겠다」라는 단호한 의지의 표현.

Pattern >>
_ **I will not** let you spend money like that. 네가 그렇게 돈을 쓰지 못하게 할거야.

_ **I will not** be the first one to speak. 내가 제일 먼저 말하지 않을거야.

_ **I will never** get tired of this. 난 절대로 이거에 질리지 않을거야.

_ **I will never** forget you, Jay!! 난 절대로 너, 제이를 잊지 않을거야!!

_ **I will never** speak to her again. 난 걔랑 절대 다시 얘기하지 않을거야.

Dialog >>

A : I will not take part in such a scheme. 그런 계략에 동참하지 않을거야.

B : I didn't think that you would have a problem with it. 문제없을거라 생각했었는데.

003   I won't~ …하지 않을게, …하지 않을거야

Point »   I will not~은 축약해서 I won't라고 쓰는데 이 때 발음은 [wount]로 한다는 점에 주의한다.

Pattern »

_ **I won't** let it happen again. 다시는 그런 일 없도록 할게.

_ **I won't** get a chance to talk to the girls. 난 그 여자애들에게 말할 기회를 갖지 못할거야.

_ **I won't** be able to make it to your party tonight. 오늘밤 네 파티에 가지 못할거야.

_ **I won't** be back until tomorrow. 내일까지 못 돌아올거야.

_ **I won't** do that type of thing again. 다시는 이런 일 없을거야.

Dialog »

A : I guess I won't ask him about yesterday. 어제 일에 대해선 물어 보지 말아야겠군.

B : Good idea. Let sleeping dogs lie. 그래. 괜히 긁어 부스럼 만들지 마라.

004   Will I~ ? 내가 …할까?, 내가 …하게 될까?

Point »   앞으로 내가 「…하게 될 것인지」를 자문하거나 상대방에게 물어보는 문장.

Pattern »

_ **Will I** finish this book today? 내가 오늘 이 책을 끝내게 될까?

_ **Will I** see you at the party tonight? 오늘 밤 파티에서 널 보게 될까?

_ **Will I** ever get married? 내가 결혼을 하게 될까?

_ **Will I** actually get to see you sometime? 언제 한번 널 보게 될까?

_ **Will I** be able to meet a movie star? 내가 영화배우를 만나게 될까?

Dialog »

A : Will I see you at the party tonight? 오늘 밤 파티에 올거야?

B : Absolutely! I wouldn't miss it for anything. 당연하지! 무슨 일이 있더라도 가야지.

Pattern 06 »» We will~

---

001   We will~ 우리는 …할게, …하게 될거야

Point »   복수 주어 '우리'가 앞으로 「…할거야」라는 의미.

Pattern »

_ **We will** let you know when we know. 우리가 알게 되면 너한테 알려줄게.

_ **We will** see you when it is all over. 그게 다 끝나면 우린 널 만나볼거야.

_ **We will** do anything that we need to do. 우리가 해야 되는 일은 뭐든지 할거야.

_ **We'll** do everything in our power to keep your son alive. 네 아들이 생존하도록 최선 다할거야.

_ **We'll** wait for you to get back before we start. 네가 돌아오는거 기다렸다가 시작할게.

Dialog »

A : We will have to give way to the new method of production. 새론 생산 방식으로 바꿔야 되겠어.

B : It makes more sense, it's faster and more economical. 훨씬 이치에 닿아. 빠르면 빠를수록 더 경제적야.

82
영어회화
공식패턴
3300

002   We will not[never]~ 우리는 …하지 않을거야

Point >> 부정형으로 We will not~ 혹은 We will never~로 강조할 수 있다.

Pattern >>
_ **We will not** need her to return. 우리는 걔가 돌아오는 걸 필요로 하지 않을거야.
_ **We will not** be able to stop them. 우리는 걔네들을 멈추게 할 수 없을거야.
_ **We will never** forget what you did. 우린 네가 한 짓을 절대 잊지 않을거야.
_ **We will never** lose our faith. 우린 우리의 신념을 절대 잃지 않을거야.
_ **We'll never** be finished by the deadline. 절대 마감시간까지 끝낼 수가 없을거라구.

Dialog >>
A : I think I lost my car keys again. 자동차 열쇠를 또 잃어버린 것 같아.
B : Oh, no! Now we'll never get to the movie on time. 큰일이네! 이제 영화관에 제 때 도착하지 못하겠네.

003   We won't~ 우리는 …하지 않을거야

Point >> will not을 won't로 쓴 경우.

Pattern >>
_ **We won't** be here when you get home from school.
네가 학교 파하고 집에 왔을 때 우린 여기 없을거야.
_ **We won't** be able to find him without help. 우린 도움없이 걔를 찾을 수 없을거야.
_ **We won't** have to do surgery. 우린 수술을 안해도 될거야.
_ **We won't** have any money to buy food. 우린 식량을 살 돈이 없게 될거야.
_ That doesn't mean that **we won't** be ready by Monday morning.
그렇다고 우리가 월요일 아침까지 준비가 안될 거라는 의미는 아니야.

Dialog >>
A : I know what you mean. I lost ten percent of my salary.
무슨 얘긴지 알겠어요. 나도 봉급에서 10%가 깎였거든요.
B : I guess we won't be going out for lunch anymore! 이젠 점심 외식은 못하겠군요!

004   Will we~ ? 우리가 …할까?, 우리가 …하게 될까?

Point >> 우리가 앞으로 「…할건지」, 「…하게 될건지」 등을 물어보는 의문패턴.

Pattern >>
_ **Will we** be here long? 우린 여기 오래 있을거야?
_ **Will we** go home now? 우리 이제 집에 갈거야?
_ **Will we** meet your parents? 우리가 네 부모를 만날까?
_ **Will we** visit the zoo? 우리 동물원에 갈까?
_ **Will we** surf the Internet? 우리 인터넷 서핑을 할까?

Dialog >>
A : Will we ever meet again? 우리 다시 만날까?
B : I'm not sure. I am moving overseas. 글쎄. 난 해외로 이민가.

>> You will~

001

You will~ 넌 …할거야, 넌 …하게 될거야

Point >> 상대방이 앞으로 「…하게 될거라」는 사실이나 예상을 하는 문장. 「넌 …하게 될거야」라고 상대방의 미래를 예측하는 표현법. You will be~ 혹은 You will +동사~ 형태로 사용하면 된다.

Pattern >>
_ **You'll** have a good job interview. Cheer up. 면접을 잘 볼거야. 기운내.
_ **You will** get in trouble if you do that. 그렇게 하면 곤란해질거야.
_ **You'll** make a lot of money. 돈을 많이 벌거야.
_ **You'll** pay for that. 대가를 치러야 될거야.
_ I bet **you will** find a new boyfriend soon. 곧 틀림없이 새로운 남친을 만나게 될거야.

Dialog >>
> A : I bet you will find a new boyfriend soon. 넌 곧 틀림없이 새로운 남자친구를 만나게 될거야.
> B : I hope so, but I can't forget my ex. 나도 그랬으면 좋겠는데 예전 남자친구를 잊을 수가 없어.

002

You will not[never]~ 넌 …하지 않을거야, 넌 절대로 …하지 않을거야

Point >> 상대방이 앞으로 「…하지 못할거다」, 「…못하게 될거야」라는 의미.

Pattern >>
_ **You will not** believe the day I've had! 오늘 내가 어떻게 보냈는지 못믿을거야!
_ **You will not** regret this decision, Mrs. Patterson.
패턴슨 부인, 절대 이 결정을 후회하지 않을겁니다.
_ **You will never** know the pain of divorce. 넌 이혼의 고통을 절대 모를거야.
_ **You will never** see me again. 날 다시는 못보게 될거야.
_ **You will never** find your lost cell phone. 잃어버린 핸드폰을 절대 찾지 못할거야.

Dialog >>
> A : You'll never guess who I met at the airport. 공항에서 누굴 만났는지 생각도 못할 걸.
> B : Tell me, who was it? 말해봐 누구였어?

003

You won't~ 넌 …하지 않게 될거야

Point >> will not을 won't로 쓴 거 외에는 의미는 동일하다.

Pattern >>
_ **You won't** regret this. 넌 이걸 후회하지 않게 될거야.
_ **You won't** believe what Chris bought me. 크리스가 내게 뭘 사줬는지 넌 믿지 못할거야.
_ **You won't** even know we're there. 우리가 거기에 있다는 것조차 넌 모를거야.
_ **You won't** tell my parents, will you? 내 부모님께 말하지 않을거지, 그지?
_ **You won't** have to pay to go to the dentist anymore.
더 이상 치과에 가서 돈 쓸 필요가 없겠군.

Dialog >>
> A : Do you mean you won't be coming over for dinner? 저녁 먹으러 못 온다는 말야?
> B : That's right. I've got soccer practice. 그래, 축구 연습이 있어서.

영어회화
공식패턴
3300

004 **Will you~ ?** …해줄래?

Point >> Will you~?의 형태로 상대방에게 무엇을 제안하거나, 「…을 해달라」고 요청을 하는 말로 좀 더 정중하게 말하려면 Will you please + 동사?라고 하면 된다. 상황에 따라 「…해라」라는 의미의 명령문처럼 쓰이기도 한다. 또한 Won't you~?는 「…하지 않을래?」라는 의미로 상대방에게 권유를 할 때 자주 쓰인다.

Pattern >>
_ **Will you** do that for me, honey? 자기야 그거 좀 해줄테야?

_ **Will you** stop hitting on my boyfriend? 내 남친에게 그만 좀 치근덕거릴래?

_ **Will you** please tell him to open the door? 걔보고 문 좀 열라고 말해줄래?

_ **Won't you** come in? 들어오지 않을거야?

_ **Will you** be the best man at my wedding? 내 결혼식에서 들러리 해줄래?

Dialog >>
A : Will you pay for this in cash or by check? 현금과 수표 중에 어떤 걸로 지불할래요?
B : Let me pay for it with my credit card. 신용카드로 계산하겠어요.

Where am I(are we)? vs. Where was I(were we)?

위 두 부류의 가장 큰 차이점은 무얼까요? 인칭(I, we)도 아니고 동사의 단복수(am, are, was, were)도 아닙니다. 포인트는 동사의 「시제」입니다. 전자는 현재(am, are)이고 후자의 경우는 과거(was, were)인거죠. 동사가 현재일 때는 인칭과 단복수에 상관없이 길을 잃었을 때 하는 표현으로 「여기가 어디야?」라는 말입니다. 무식하게 Where is here?혹은 Where is it?이라고 하면 안되지요. 길 잃었을 때는 무조건 be동사가 현재임을 기억하도록 해요. 두번째 경우인 Where was I?/ Where were we?는 이야기가 끊겼다 다시 이어질 때 「내가 무슨 얘기하고 있었지?」라는 말로 「우리 어디까지 했지?」라는 뜻입니다. 역시 be동사가 과거임을 기억해두도록 해요. 수업에 들어가기에 앞서 선생님들께서 「지난 시간에 어디까지 공부했지?」 또는 「어디 할 차례지?」혹은 대화중 다른 급한 일로 중단된 대화를 다시 시작하면서 「(내가) 어디까지 이야기했었지?」 등의 의미로 쓰입니다.

A : Good morning class. So, where were we? 여러분 안녕. 어디 할 차례지?
B : Page 27, professor. 27페이지요, 선생님.

Pattern **08** >> **He will~**

001 **He will~** 걘 …할거야, …하게 될거야

Point >> He나 She가 앞으로 「…하게 될거」라는 의미.

Pattern >>
_ **She will** be able to do better next time. 걘 다음 번에 더 잘 할 수 있을거야.

_ **She'll** be there in ten hours. 걘 10시간 후에 거기에 도착할거야.

_ **He'll** be waiting for me. 걘 나를 기다리고 있을거야.

_ **He'll** know what it means. 걘 그게 무슨 의미인지 알게 될거야.

_ **He'll** have to make up for the time he's been away.
그 사람은 자기가 비운 시간을 보충해야 할거야.

Dialog >>
A : I don't think that you stand a chance with her. 넌 걔와 가능성이 없을거야.
B : I bet you a hundred bucks that she will go out with me. 장담하는데 걘 나와 데이트할거야.

002 He will not[never]~ 걘 (절대로) …하지 않을거야

Point » He나 She가 앞으로 「…하지 않을거다」, 「…하게 되지 않을거다」라는 의미로 강조하려면 not 대신에 never를 쓰면 된다. 단순한 사실을 언급할 수도 있으나 문맥에 따라서는 주어의 고집을 의미할 수도 있다.

Pattern »
_ **She will not** be able to move on. 걘 다음으로 넘어갈 수가 없을거야.
_ **She will not** go apologize to him. 걘 가서 그에게 사과를 하지 않을거야.
_ **She will never** forgive me. 걘 절대로 날 용서하지 않을거야.
_ **He will never** leave you alone. 걘 절대로 널 홀로 놔두지 않을거야.
_ **He will not** be happy about that news. 걘 절대로 그 소식에 기뻐하지 않을거야.

Dialog »
A : I'll ask your dad if I can marry you. 내가 너랑 결혼할 수 있는지 네 아빠에게 여쭤볼게.
B : He will never **approve of that.** 아빠는 절대 승낙하지 않으실거야.

003 He won't~ 걘 …하지 않을거야

Point » will not의 축약형 won't를 쓴 경우.

Pattern »
_ **He won't** be able to help her. 걘 그녀를 도와줄 수 없을거야.
_ **She won't** be happy about that. 걘 그것에 만족하지 않을거야.
_ **She won't** be going with you. 걘 너와 함께 가지 않을거야.
_ **He won't** know where it's coming from. 걘 그게 어디서 나온건지 모를거야.
_ **He won't** listen to me. 걘 내 말을 들으려 하지 않을거야.

Dialog »
A : Surely he won't forget the dinner. 걘 절대 저녁식사 약속을 잊지 않을거야.
B : I'll just give him a friendly reminder. 그래도 잊지 말라고 부드럽게 다시 한번 알려줄거야.

004 Will he~? 걔가 …할까?, 걔가 …하게 될까?

Point » He, She가 앞으로 「…할지」 등을 확인하거나 물어볼 때 사용하는 표현.

Pattern »
_ **Will she** be coming? 걔가 올까?
_ **Will she** be all right? 걔가 괜찮을까?
_ **Will he** be able to see again? 걔가 시력을 되찾을 수 있을까?
_ **Will he** have a problem with it? 걔가 그거에 문제가 있을까?
_ **Will he** have time to stop by? 걔가 잠깐 들릴 시간이 될까?

Dialog »
A : Will he be in after lunch? 점심시간 후에 들어오실까요?
B : Yes, he is here until at least six o'clock. 그럼요, 적어도 6시까진 계실 겁니다.

001 **I would~** 난 …하겠어, …할텐데, 간혹 …했어

Point >> will의 과거형태로 수의 일치에 따라 쓰이기도 하지만 주로 가정법 용법으로 나타면 「…하겠어」, 혹은 과거의 불규칙적인 의미로 「…하곤 했다」라는 의미로 사용된다.

Pattern >>

_ **I would** play the violin when I was young. 어렸을 때 간혹 바이올린을 켰어.

_ **I would** take it if I were you. 내가 너라면 받아들이겠어.

_ If I had his phone number, **I would** call him. 걔 전화번호를 알면 전화할텐데.

_ **I would** use the money to buy an apartment. 아파트 구입하기 위해 그 돈을 이용할텐데.

_ **I would** say that they are in financial difficulty. 걔네들 자금난에 처해있는 것 같아.

Dialog >>

A : It would be better to finish it now than Monday. 월요일보다 지금 끝마치는 게 더 나아.

B : Although I'm extremely tired I would have to agree with you.
아주 피곤하지만 네 말이 맞다고 할 수밖에 없겠군.

002 **I'd rather+V (than~)** 차라리 …할거야

Point >> 상대의 제안이나 기대와는 좀 어긋나더라도 기분 상하지 않도록 조심스럽게 자기의 의사를 표현하는 방법. I'd rather 다음에는 V를 이어 써보고 욕심나면 I'd rather+V+than+V의 형태로 활용해본다.

Pattern >>

_ **I'd rather** continue working until this is finished. 이게 끝날 때까지 계속 일하겠어.

_ **I'd rather** do it myself. 내가 직접 하는 게 낫겠어.

_ **I'd rather** have fun **than** make a lot of money. 돈을 많이 벌기보다는 차라리 재미있는게 나아.

_ **I'd rather** die **than** speak in front of 500 people! 500명 앞에서 연설하느니 차라리 죽어버리겠어!

Dialog >>

A : I guess we are going to have to face the music sooner or later.
조만간에 결판을 내어만 한다는 생각이 들어.

B : I'd rather do it today than tomorrow. 내일까지 갈 필요없이 오늘 해버리는 게 좋을 듯해.

003 **I'd rather not~** 차라리 …하지 않을거야

Point >> 「(차라리) …하지 않는게 낫겠다」고 나의 의사를 부정형으로 말하는 패턴. I'd rather not+V로 쓰면 된다.

Pattern >>

_ **I'd rather not** repeat it. 반복해서 말하고 싶지 않아.

_ **I'd rather not** go into detail. 상세히 말하고 싶지 않아.

_ **I'd rather not** worry about that until we have to. 걱정해야 할 때까지는 걱정하고 싶지 않아.

_ **I'd rather not** discuss it right now. 지금 당장 논의하고 싶지 않아.

_ **I'd rather not** tell you everything. 네게 다 말하지 않는게 낫겠어.

Dialog >>

A : I'd rather not tell you everything. 네게 다 말하지 않는게 낫겠어.

B : Stop saying like that. You have to be honest with me. 그런 말마. 너 내게 솔직히 말해.

Would I~ ? 내가 …할까?, 내가 …하게 될까?

Point » 내가 앞으로 「…하게 될는지」 추측이나 가정을 해보는 문장으로 그렇게 써볼 기회는 별로 없다.

Pattern »
_ **Would I** do it that way again? 내가 또 그런 식으로 그렇게 하게 될까?
_ **Would I** do that to you? 내가 네게 그렇게 하게 될까?
_ **Would I** like the taste of that food? 내가 저 음식 맛을 좋아하게 될까?
_ **Would I** be happy living in England? 내가 영국에서 사는 걸 좋아하게 될까?
_ **Would I** be successful in that job? 내가 그 직장에서 성공할까?

Dialog »
A : Would I bother you if I sat down? 내가 앉으면 번거로우시겠어요?
B : No, please feel free to take a seat. 아녜요, 편하게 자리에 앉으세요.

Pattern 10 »» I wouldn't~

I wouldn't~ 난 …하지 않을거야

Point » 「…을 하지 않을거야」, 「…하지 못할거야」라는 의미로 주어의 의지나 혹은 가정법으로 그런 경우라면 「난 …하지 못할거야」라는 뜻이 된다.

Pattern »
_ **I wouldn't** hurt your mom. 난 네 엄마에게 해를 끼치지 못할거야.
_ **I wouldn't** be able to show up to work again. 난 다시 직장에 갈 수 없을거야.
_ **I wouldn't** be doing it without you. 너없이는 내가 그렇게 하지 않을거야.
_ **I wouldn't** be able to protect you. 내가 너를 보호할 수 없을거야.
_ **I wouldn't** celebrate just yet. 나 같으면 지금 축배를 들지는 않을거야.

Dialog »
A : I'll bet Sue gets that promotion instead of Ian. 수가 이안 대신에 승진할거야.
B : I wouldn't be too sure about that. 반드시 그렇지도 않을걸.

I wouldn't~ if I were you 내가 너라면 난 …하지 않을거야

Point » 솔직하게 조건절을 보여주는 가정법 패턴으로 내가 너의 경우라면 「…을 하지 않을거야」라는 가정을 나타낸다.

Pattern »
_ **I wouldn't** be so arrogant **if I were you.** 내가 너라면 그렇게 거만하지 않을텐데.
_ **I wouldn't** trust him **if I were you.** 내가 너라면 걔를 믿지 않을텐데.
_ **If I were you, I wouldn't** let him know until tomorrow. 내가 너라면, 내일이나 걔에게 말할텐데.
_ **I wouldn't** surf the Internet during business hours **if I were you.**
나라면 근무시간 중에는 인터넷을 하지 않겠어.

Dialog »
A : If I were you, I wouldn't let him know until tomorrow. 내가 너라면, 내일이나 그 사람한테 말할텐데.
B : What's wrong with telling him now? 지금 말하면 문제될 게 있을까?

003   We would~ 우리는 …을 할거야, …하게 될거야

Point >>   We would+V는 「우리는 …을 할거야」, 「…하게 될거야」, We would have+pp는 「우리는 …했었을텐데」라는 의미로 가정법 과거완료이다.

Pattern >>

_ **We would** be afraid of going broke. 우리는 빈털터리가 되는 걸 걱정하게 될거야.

_ **We would** take any help we can get. 우리가 얻을 수 있는거라면 어떤 도움이든지 받을거야.

_ **We would** have been a family. 우리는 한 가족이 되었을텐데.

_ **We would** run through lecture halls in our birthday suits just for fun.
우린 그저 재미로 홀딱 벗고 강의실을 돌아다니곤 했어.

Dialog >>

A : Please go out with me. I know we'd have a good time.
저랑 데이트 좀 해주세요. 멋진 시간을 보낼 거예요.

B : I told you, you're not my type. 말했잖아요, 당신은 내 이상형이 아니라구요.

004   We wouldn't~ 우리는 …하지 않을거야, 하지 않게 될거야

Point >>   부정형으로 We wouldn't+V는 「우리는 …하지 않을거야」, We wouldn't have+pp는 과거사실의 반대로 「우리는 …하지 안했었을텐데」라는 의미가 된다.

Pattern >>

_ **We wouldn't** recommend that restaurant. 우리는 그 식당을 추천하지 않을거야.

_ **We wouldn't** take a taxi. 우리는 택시를 타지 않을거야.

_ **We wouldn't** want to be late for Daniel's party. 우린 대니얼의 파티에 늦는걸 원치 않을거야.

_ **We wouldn't** have gotten in trouble in the first place.
무엇보다도 우리는 곤경에 안 처했을텐데.

_ **We wouldn't** choose to live there. 우리는 거기서 살기로 하지 않을거야.

Dialog >>

A : Do you think I could be robbed? 내가 강도를 당할 수도 있다고 생각해?

B : We wouldn't allow it to happen. 그런 일이 없도록 할거야.

001 **You would~** 넌 …할거야, 너라면 …하게 될거야

Point >> 「넌 …을 할거야」라는 주어의 의지를 표현하거나, 「너라면 …할거냐」라는 가정법의미로 쓰인다. 또한 You would have+pp는 과거와 반대되는 사실을 말하는 것으로 「넌 …했었을텐데」라는 뜻.

Pattern >>

_ **You would** do the same thing. 너라도 같은 일을 했을거야.

_ **You would** be okay with that? 그거에 너 상관없겠어?

_ **You would** do that for me? 날 위해 그렇게 해주겠어?

_ **You would** tell me if there's anything wrong? 뭐 잘못되면 내게 말해줄테야?

_ **You would** say that on the whole she's a good employee.
전반적으로 볼 때 그 여자가 유능한 직원이라는 말을 하고 싶은 거군요.

Dialog >>

A : I will not take part in such a scheme. 그런 계략에 동참하지 않을거야.
B : I didn't think that you would have a problem with it. 네가 그걸 문제삼으리라고는 생각하지 않았는데.

002 **You wouldn't~** 넌 …하지 않을거야, 너라면 …하지 않을거야

Point >> 역시 주어의지나 가정법으로 쓰이는 경우. 강조하려면 never를 쓰면 된다. 많이 등장하는 You wouldn't believe~는 「넌 …을 믿지 못할거야」라는 말로 뭔가 놀라운 사실을 전달할 때 애용된다.

Pattern >>

_ **You would never** catch me in a dress. 넌 절대로 내가 드레스 입은 모습을 못볼거야.

_ **You would never** ask your own family to do this. 넌 절대로 네 가족에게 그렇게 해달라고 하지 않을거야.

_ **You would not** believe what just happened to me. 넌 방금 내게 일어난 일을 믿지 못할거야.

_ **You would not** believe the horrible things these girls did to stay
skinny. 넌 이 여자애들이 날씬하기 위해서 한 끔찍한 일들을 믿지 못할거야.

Dialog >>

A : You wouldn't be a good match for the club. 넌 클럽에 잘 어울리지 않을거야.
B : Really? I think everyone would like me. 정말? 다들 날 좋아할거라 생각하는데.

003 **Would you~ ?** …할래?, …해라

Point >> Will you~보다 정중한 요청. 제안의 패턴이나 문맥이나 억양에 따라서 명령에 가까운 요청의 문장이 되기도 한다.

Pattern >>

_ **Would you** look at this? 이거 좀 볼테야?

_ **Would you** get us some wine? 와인 좀 갖다 줄테야?

_ **Would you** come over here please? 좀 이리로 와볼래요?

_ **Would you** all relax? It's not that big a deal. 모두 긴장 풀어라. 뭐 큰일도 아니잖아.

_ **Would you** please tell him this isn't a good idea? 이건 좋은 생각이 아니라고 걔한테 말해줄래?

Dialog >>

A : Your performance has not been adequate this week. 이번 주에 실적이 충분치 않군요.
B : Would you please be more specific? 좀더 구체적으로 말씀해주시겠어요?

004 **Wouldn't you~ ?** …하지 않을래?

Point » 「…하지 않겠냐」며 부정형으로 물어봄으로써 Would you~보다 더 적극적인 요청의 패턴이 된다.

Pattern »
_ **Wouldn't you** do anything to protect your kid? 네 아이를 보호하기 위해서 뭐든 하지 않겠어?
_ **Wouldn't you** want me as your lawyer? 날 네 변호사로 원하지 않겠어?
_ **Wouldn't you** want them to do the same thing for you?
넌 걔네들도 널 위해 똑같이 해주길 바라지 않겠어?
_ **Wouldn't you** enjoy having a beer? 맥주 한잔 마시지 않을래?

Dialog »
A : Wouldn't you prefer to eat on the porch? 베란다에서 먹는거 더 좋아하지 않아?
B : No, I'd rather have my lunch inside. 어, 난 차라리 안에서 점심을 먹겠어.

Pattern **12** »» **He would~**

001 **He would~** 걘 …할거야

Point » 주어의 추측이나 의지를 말하며 He would have+pp하게 되면 「걘 …을 했었을텐데」라고 과거와 반대되는 사실을 말한다.

Pattern »
_ **He would** be grateful. 걘 고마워할거야.
_ **He would** do whatever was right. 걘 옳은 일이었다면 무슨 일이든 할거야.
_ **He would** have liked you. 걘 너를 좋아했었을텐데.
_ **He would** have been a wonderful king. 걘 아주 훌륭한 왕이 되었을텐데.
_ **He would** take a trip if he could afford it. 걔 여력만 된다면 여행을 하게 될거야.

Dialog »
A : She would rather talk on the phone than talk to me. 걘 나한테 직접 말하기보다 전화로 얘기하려고 해.
B : It seems like it's time to break up with her. 헤어질 때가 된 것 같구나.

002 **He wouldn't~** 걘 …하지 않을거야

Point » 주어가 「…하지 않을거야」라는 추측내지는 의지를 언급한다. 강조하려면 not 대신에 never를 쓰면 된다.

Pattern »
_ **He wouldn't** give me his name. 걘 자기 이름을 대지 않으려고 할거야.
_ **He would never** betray my trust. 걘 절대로 나의 신뢰를 배신하지 않을거야.
_ **He would never** get a chance to know you. 걘 널 알 수 있는 기회를 절대 갖지 못할거야.
_ **He would never** forgive me if things went another way. 일이 달리 흘러가면 절대 날 용서하지 않을거야.
_ She said **she would never** date me. 나랑은 절대 데이트 안한다고 하던데.

Dialog »
A : I heard your brother got in a fight. 네 형이 싸움에 휘말렸다며.
B : He wouldn't tell me what happened. 무슨 일이었는지 내게 말하려 하지 않아.

003

They would~ 걔네들은 …할거야

Point » 주어에 대한 추측이나 의지를 나타낸다.

Pattern »
_ **They would** have everything we need. 걔네들은 우리가 필요로 하는 모든 걸 갖고 있을거야.
_ **They would** do anything for him. 걔네들은 그를 위해 무슨 일이든 할거야.
_ **They would** always make each other laugh. 걔네들은 언제나 서로를 웃게 만들곤 해.
_ **They would** have kicked me out. 걔네들이 나를 쫓아냈을텐데.
_ **They would** help anyone in need. 걔네들은 곤경에 처한 사람이라면 도와줄거야.

Dialog »
A : Do you like those types of guys? 저런 종류의 남자들 좋아해?
B : Well, I don't think they would satisfy me. 음, 날 만족시켜주지 못할거야.

004

They wouldn't~ 걔네들은 …하지 않을거야

Point » 주어가 「…하지 않을거」는 추측이나 의지를 말하는 패턴

Pattern »
_ **They wouldn't** tell me where you were. 걔네들은 네가 어디 있었는지 말하지 않을거야.
_ **They wouldn't** sit with me at lunch. 걔네들은 점심 때 나와 함께 앉지 않으려 할거야.
_ **They wouldn't** come to the meeting. 걔네들은 회의에 참석하지 않을거야.
_ **They wouldn't** speak to the detectives. 걔네들은 형사들에게 말하지 않을거야.

Dialog »
A : Did you ask your parents for a loan? 부모님께 돈을 빌려달라고 했어?
B : They wouldn't give me any money. 내게 한푼도 주지 않으실거야.

Pattern 13 » I can~

001

I can~ 내가 …할 수 있어

Point » 능력이나 가능성을 말할 때 사용한다. can은 미래형이 없어서 미래의 가능성을 말할 때는 be able to~를 쓴다.

Pattern »
_ **I can** change that for you. 내가 널 위해 그걸 바꿀 수 있어.
_ **I can** handle it by myself. 혼자 (처리)할 수 있어.
_ **I can** take care of you at home. 내가 집에서 널 돌볼 수 있어.
_ **I can** make this happen in 30 minutes. 30분 이내로 이렇게 되도록 할 수 있어.
_ **I can** only give you a discount if you buy more than ten.
   10개 이상 사실 때만 할인해 드릴 수 있습니다.

Dialog »
A : Could you do me a favor and lift this box? 이 상자 드는 것 좀 도와줄래요?
B : Sure. I can help you with that. Anything else? 물론이죠. 그건 도와줄 수 있죠. 다른 건 없나요?

002 I can't~ 난 …을 할 수가 없어

Point » 「내가 …을 할 수 없다」는 부정표현으로 주의할 점은 can은 [큰]으로 약하게 그리고 can't은 [캔트]로 강하게 발음된다는 것이다.

Pattern »
_ **I can't** take it anymore. 더 이상 못 견디겠어.

_ **I can't** hear you very well. 네 말이 잘 안 들려.

_ **I can't** help you right now, Audrey. I'm sorry. 지금 당장 널 도울 수가 없어, 오드리. 미안해.

_ **I can't** do this. **I can't** be your designer. 이렇게 못해. 난 네 디자이너가 될 수 없어.

_ **I can't** live without him. 난 걔없이 못살아.

Dialog »
A : I can't afford to buy a new coat. 새로운 코트를 살 여력이 없어.
B : I can give one of my coats. 내 코트 하나 줄게.

003 I can never~ 난 절대 …을 할 수가 없어

Point » not 대신에 never를 쓰게 되면 강조문장이 된다.

Pattern »
_ **I can never** find out why. 난 절대로 이유를 알아낼 수가 없어.

_ **I can never** get this thing open. 난 절대로 이 일을 공개할 수가 없어.

_ **I can never** tell the difference between the two. 난 그 두 개의 차이점을 절대 구분못할거야.

_ **I can never** have children. 난 절대로 애를 가질 수 없을거야.

_ **I can never** find my keys. 난 열쇠를 절대 찾을 수가 없어.

Dialog »
A : Tim has turned down several job offers. 팀은 몇몇 일자리 제의를 거절했어.
B : I can never understand his thinking. 걔 생각을 도저히 이해할 수가 없어.

004 Can I~ ? …해줄까?

Point » Can I+동사~?의 형태로 Can I get you something?처럼 「내가 …을 해줄까?」라고 상대방에게 제안하거나 혹은 Can I ask you a question?처럼 「…해도 괜찮을까요?」라고 상대방에게 허가를 미리 구할 때 사용한다. 참고로 Can't I~?하게 되면 「…하지 말까?」로 역시 상대방에게 제안하는 패턴이 된다.

Pattern »
_ **Can I** help you find it? 그거 찾는거 도와줄까?

_ **Can I** talk to you for a second? 잠깐 너와 얘기할 수 있을까?

_ **Can I** tell you something, Gloria? 글로리아, 내가 뭐 얘기해줄까?

_ **Can I** use your computer? 네 컴퓨터를 써도 될까?

_ **Can't I** just get you some flowers? 네게 꽃을 좀 사다주지 말까?

Dialog »
A : Can I cash a check? 수표로 내도 될까요?
B : No, I'm sorry, we don't accept checks here. 아뇨, 죄송하지만 저희는 수표를 받지 않습니다.

>> I can't~

001 I can't see~ …을 모르겠어

Point >> 볼 수 없다 ⇒ 보이지 않다 ⇒ 모르겠다라는 비유적 의미의 패턴. 명사가 올 수도 있고 의문사절이 이어서 올 수도 있다.

Pattern >>
_ **I can't see** any reason why not. 왜 안되는지 그 이유를 전혀 모르겠어.

_ **I can't see** what the problem is. 문제가 뭔지 모르겠어.

_ **I can't see** what I'm doing here. 내가 여기서 뭘하는지 모르겠어.

_ **I can't see** how that would be necessary. 그게 왜 필요한지 모르겠어.

_ **I can't see** anyone in the auditorium. 강당에 아무도 없어.

Dialog >>
A : Brenda was not invited to our party. 브렌다는 우리 파티에 초대받지 못했어.
B : I **can't see** why she is here. 걔가 왜 여기 있는지 모르겠네.

002 I can't wait for+N[to+V] 몹시 …하고 싶어

Point >> 몹시 뭔가를 하고 싶을 때, 안달이 나 있을 때 사용할 수 있는 표현으로 be eager to+동사, be dying to+동사 와 같은 뜻이다.

Pattern >>
_ **I can't wait to** see you again. 널 빨리 다시 보고 싶어.

_ **I can't wait to** go visit you at work! 네 직장으로 빨리 널 찾아가고 싶어!

_ Now **I can't wait for** his e-mails. 걔 이메일이 빨리 왔으면 좋겠어.

_ **I can't wait to** spend the rest of my life with you. 너와 빨리 평생을 함께 하고 싶어.

_ **I can't wait to** get my bonus this week! 이번 주에 보너스 받는 게 너무 기다려져!

Dialog >>
A : I **can't wait to** go to Hawaii next week! 어서 빨리 담주에 하와이에 가고 싶어!
B : I wish I could go with you. 너랑 같이 갈 수 있으면 좋겠다.

003 I can't wait for sb to+V …가 …하기를 몹시 바래

Point >> to+V의 동작을 하는 사람이 주어가 아니라 sb가 되는 경우.

Pattern >>
_ **I can't wait for** you **to** try this. 네가 이걸 시도해보기를 몹시 바래.

_ **I can't wait for** you **to** meet my grandma. 네가 빨리 내 할머니를 만나기를 바래.

_ **I** just **can't wait for** this day **to** be over. 오늘이 빨리 가기를 바랄 뿐이야.

_ **I can't wait for** the movie theater **to** reopen. 영화관이 빨리 다시 오픈하기를 바래.

_ **I can't wait for** him **to** call. 걔가 빨리 내게 전화하기를 바래.

Dialog >>
A : I **can't wait for** Henry **to** go home. 헨리가 빨리 집에 갔으면 해.
B : He acts like a jerk when he's here. 걘 여기 있을 때 머저리처럼 행동해.

004 I can't figure out~ …인지 모르겠어

Point >> figure out는 「이해하다」로 can't figure out하면 「모르겠다」라는 말이 된다. 뒤에는 주로 why~가 오지만 what, how 등의 다른 의문사가 이어지기도 한다.

Pattern >>
_ **I can't figure out** why we're not friends. 왜 우리가 친구가 아닌지 모르겠어.

_ **I can't figure out** what to wear. 무엇을 입어야 할지 모르겠어.

_ **I can't figure out** what happened. 무슨 일이 일어났는지 모르겠어.

_ **I can't figure out** how to talk him into taking it. 어떻게 말해야 걔가 그걸 받아들일지 모르겠어.

Dialog >>
A : Did anybody show up at the open house on Sunday? 일요일 오픈하우스에 온 사람이 있었어?
B : No, and I can't figure out why. 아니. 이유를 모르겠어.

Pattern 15 >> We can~

001 We can~ 우리는 …을 할 수 있어

Point >> can은 기본적으로 능력, 가능성, 추측 등을 나타낸다.

Pattern >>
_ **We can** come back later if this isn't a good time. 지금이 안좋다면 나중에 다시 올 수 있어.

_ **We can** wait a while before we try again. 잠시 기다렸다가 다시 시도해볼 수 있어.

_ **We can** talk about it tomorrow. 내일 그 얘기를 할 수 있어.

_ **We can** live here for the rest of our lives. 우린 여기서 남은 여생을 함께 살 수 있어.

_ **We can** talk tomorrow when you have more time. 네가 시간이 더 나는 내일 얘기해도 돼.

Dialog >>
A : We can grab a bite to eat before we go. 가기 전에 뭐라도 좀 먹자.
B : Sounds like a plan. 그거 좋지.

002 We can't~ 우리는 …을 할 수 없어

Point >> can't처럼 부정이 되면 「…할 수가 없다」, 혹은 「…하면 안된다」처럼 금지의 문장이 되기도 한다.

Pattern >>
_ **We can't** go back. 우리는 돌아갈 수 없어.

_ **We can't** thank you enough. 뭐라고 감사해야 할지 모르겠어.

_ **We can't** afford them both. 우린 그거 두 개 다 살 여력이 안돼.

_ **We can't** leave her alone. 우리는 걜 혼자 내버려둘 수는 없어.

_ **We can't** let you know until next week. 다음 주나 되어야 알려드릴 수 있어요.

Dialog >>
A : When can I have my exam results? 시험 결과는 언제 알 수 있나요?
B : We can't let you know until next week. 다음 주나 돼야 알려드릴 수 있습니다.

003 We can('t) afford to~ …할 여력이 (안)돼

Point >> 경제적 여력이 되고 안되고를 말할 때는 afford를 써서 I can[can't] afford+명사 혹은 I can[can't] afford to+V라고 하면 된다. 그럴 형편이 안될 때는 I can't afford to it[that]이라고 하면 된다.

Pattern >>
_ **We can't afford to** waste any more time. 더 많은 시간을 낭비할 여력이 없어.
_ **We can't afford to** waste money on junk like this. 이런 쓰레기같은 거에 돈을 낭비할 여력이 없어.
_ **We can't afford to** be wasting time like this. 이런 식으로 시간을 낭비할 여력이 없어.
_ **We can't afford to** move back into our old house. 옛 집으로 다시 이사들어갈 여력이 돼.
_ **We can't afford to** live here anymore. 우리는 더 이상 여기서 살 여력이 없어.

Dialog >>
A : Let's buy a new big screen TV. 대형 TV를 새로 사자.
B : Will you stop? We can't afford that! 그만 좀 할래. 우린 그럴 여력이 없어!

004 Can we~ ? 우리 …할까?

Point >> 제안을 하거나(Can we talk for a minute?) 허락을 받거나(Can we go now?) 할 때 사용하면 된다.

Pattern >>
_ **Can we** talk about this after my meeting? 내 회의 끝나고 이거 얘기할까?
_ **Can we** discuss this later? 이거 나중에 토의할까?
_ **Can we** go someplace private? 어디 조용한 곳으로 갈까?
_ **Can we** at least try living together? 적어도 우리 함께 살아볼까?
_ **Can we** eat it after dinner tonight? 오늘밤에 저녁 먹고나서 먹어도 될까?

Dialog >>
A : Jim, can we talk for a minute? 짐, 잠깐 시간 좀 내줄래?
B : I'm all yours. What's up? 얼마든지. 무슨 일이야?

Pattern 16 >> You can~

001 You can~ 넌 …할 수 있어, …해라

Point >> can과 You의 결합은 눈여겨봐야 한다. 능력을 뜻하기도 하지만 허가나 가벼운 명령의 문장으로 쓰이기 때문이다.

Pattern >>
_ **You can** make much more money on your own. 넌 혼자 힘으로 돈을 더 벌 수 있어.
_ **You can** come back in the morning. 넌 아침에 다시 와라.
_ **You can** tell me all about it. 그거에 대해 내게 말해봐.
_ **You can** just do your job. 넌 그냥 네 일이나 해.

Dialog >>
A : How can I get in touch with him? 연락할 수 있는 방법이 없을까요?
B : You can leave me your name, and I'll tell him you called. 성함주시면 전화하셨다고 전해드리겠습니다.

002 You can't~ 넌 …할 수 없어, …해서는 안돼

Point >> You can't~나 You can never~하면 「…할 수 없다」라는 가능성을 뜻하기도 하지만 허가의 반대인 금지를 뜻하는 경우가 많다. 물론 must not보다는 약한 표현.

Pattern >>
_ **You can't** just do this for me. 넌 내게 이렇게 하면 안돼지.
_ **You can't** always help who you're attracted to. 네가 끌리는 사람을 항상 도와줄 수 없어.
_ **You can't** leave me here alone. 넌 나를 여기에 홀로 놔두면 안돼.
_ **You can never** trust a drug addict. 넌 절대로 마약중독자를 믿어서는 안돼.
_ **You can't** take a day off until we finish with the inventory.
재고파악을 마친 다음이라야 네가 쉴 수 있겠다.

Dialog >>
A : You have to stay late tonight. 넌 오늘밤 늦게까지 있어야 돼.
B : You can't be serious. I want to go home. 말도 안돼. 나 집에 가고 싶다고.

003 Can you~ ? …을 해줄래?

Point >> Can you+동사 ~?는 상대방에게 「…을 해달라」고 부탁하는 문장으로 좀 더 정중하게 표현하려면 please를 붙이면 된다.

Pattern >>
_ **Can you** tell us a little about your work here? 여기서 네가 하는 일에 대해 좀 얘기해줄래?
_ **Can you** at least tell me why? 적어도 내게 이유를 말해줄래?
_ **Can you** just give me a ride to school? 학교까지 나를 태워다 줄래?
_ **Can you** come to my house? 우리 집에 올 수 있어?
_ **Can you** pick up dinner on the way home? 집에 가는 길에 저녁을 사갈 수 있니?

Dialog >>
A : Can you tell me about the pyramids in Egypt? 이집트의 피라미드에 대해 말해줄래?
B : Sure. I visited them a few years ago. 그럼. 몇 년 전에 방문했었어.

004 Can't you~ ? …을 해주지 않을래?

Point >> Can you~보다 좀 더 적극적으로 들이대는 표현. 단순히 부정으로 물어볼 수도 있지만 좀 더 강한 부탁의 문장이 된다.

Pattern >>
_ **Can't you** get it for me? 날 위해 그걸 갖다주지 않을래?
_ **Can't you** do this tomorrow? 내일 이걸 해주지 않을래?
_ **Can't you** help me make him understand? 내가 걔를 이해시키는데 도와주지 않을래?
_ **Can't you** just pretend you don't know what I do? 내가 뭘하는지 모르는 척 해줄 수 없어?
_ **Can't you** turn down the TV? TV 좀 꺼주지 않을래?

Dialog >>
A : I need to ask for your help again. Sorry! 또 다시 너한테 도움을 청해야겠어. 미안해!
B : For Pete's sake! Can't you do anything without my help?
도대체 말이야! 넌 내 도움 없이는 아무 일도 못 하니?

001   He can~ 걘 …할 수 있어

Point >> 주어가 He, She일 뿐 의미는 가능성이나 추측으로 쓰인다.

Pattern >>
_ **He can** fix things. 걘 물건들을 수리할 수 있어.

_ **He can** take care of himself. 걘 스스로를 돌볼 수 있어.

_ **She can** learn how to be a boss. 걘 어떻게 사장이 되는 법을 배울 수 있어.

_ **He can** see his kids two weekends a month. 걘 한 달마다 두 번의 주말에 애들을 볼 수 있어.

_ **He can** take a taxi with us and stay overnight at my place.
우리랑 택시타고 가서 우리집에서 하룻밤 묵으면 돼.

Dialog >>
> A : What did you say to him? 걔한테 뭐라고 했니?
> B : I told him he can take it or leave it. 이걸 받아들이든지 아님 그만 두자고 했어.

002   He can't~ 걘 …할 수 없어

Point >> 단지 긍정이 부정으로 바뀌었을 뿐 가능성이나 추측을 뜻한다.

Pattern >>
_ **She can't** know you're here. 걘 네가 여기 있다는 걸 알 수 없어.

_ **She can't** come in here to use the toilet. 걘 화장실을 사용하기 위해 여기로 들어오면 안돼.

_ **She can't** afford to lose this much blood. 이 환자는 이 정도 혈액을 잃으면 안돼.

_ **He can't** raise a baby! He can't even take care of himself.
걘 애를 키울 수 없어! 자신도 케어를 못한다고.

Dialog >>
> A : Something's come up and he can't attend our wedding.
> 일이 생겨서 우리 결혼식에 참석할 수가 없대.
> B : That's too bad! I was really hoping he could make it. 저런! 그 사람이 꼭 올 수 있기를 바랬는데 말야.

003   Can he~ ? 걔가 …할 수 있을까?

Point >> 주어가 V할 가능성을 물어보는 문장패턴. 부정형으로 Can't he~?하면 「걔가 …할 수 없을까?」라는 문장이 된다.

Pattern >>
_ **Can he** even take heart surgery? 걘 심장수술을 할 수나 있을까?

_ **Can he** use your bathroom? 걔가 네 화장실을 사용할 수 있을까?

_ **Can he** make himself understood in Japanese? 걔가 일본어는 좀 할 수 있어?

_ **Can't he** pick me up someplace else? 걔가 나를 다른 곳에서 픽업할 수 없을까?

_ **Can't she** just stay here for a bit? 걘 여기 잠시 남아있으면 안될까?

Dialog >>
> A : Ricky is climbing Mount Everest. 릭키가 에베레스트 산을 등정한대.
> B : Can he do it without quitting? 중단없이 할 수 있을까?

001 **I could~** …할 수 있(었)어, …을 할 수 있을텐데

Point >> can의 과거형으로 시제상 단순과거로 쓰일 때도 있지만 무늬만 과거로 쓰이는 가정법용법에 조심해야 한다. could have+pp는 과거의 추측으로 「…였을지도 모른다」라는 의미.

Pattern >> _ **I could** stay at home with her. 난 걔와 함께 집에 남을 수 있어.

_ **I could** go for some Mexican tonight. 오늘 밤은 멕시코 음식 좀 먹어보지.

_ **I could** figure out where I went wrong with Karen.
난 캐런과 어느 부분에서 잘못했는지 알아낼 수 있었어.

_ **I could** have been a better mother to you. 너한테 더 좋은 엄마가 될 수 있었을텐데.

_ **I could** come every week. 난 매주마다 올 수 있을거야.

Dialog >> A : I could pick you up at six-thirty on Saturday. 토요일 6시 30분에 데리러 갈 수 있어.
B : Oh, that would be perfect! 오, 그럼 더 좋지!

002 **I could use~** …이 필요해, …가 있으면 좋겠어

Point >> can use+명사 혹은 could use+명사 형태로 쓰이는 이 표현은 의외로 「…이 필요하다」, 「…가 있으면 좋겠다」라는 뜻이다.

Pattern >> _ **I could use** a few beers. 맥주 몇 병 마셨으면 좋겠어.

_ **I could use** a break. 좀 쉬었으면 좋겠어.

_ **I could use** a new computer. 새로운 컴퓨터가 필요해.

_ **I could use** some more free time. 자유시간이 더 많으면 좋겠어.

_ **I could use** the time to study more. 더 공부할 시간이 필요해.

Dialog >> A : I mean, I mean, God, I could use a friend. 내 말은, 내 말은, 세상에, 친구가 필요해.
B : Umm, yes, I can do that! 음, 그래, 내가 친구해줄게!

003 **I couldn't~** 난 …할 수 없었어, …을 할 수 없을텐데

Point >> 역시 can의 과거부정시제로 쓰이기도 하지만 가정법으로 「…할 수 없을거야」라는 의미로도 많이 쓰인다.

Pattern >> _ **I could not** ask you to do that. 네게 그렇게 해달라고 내가 부탁할 수 없겠지.

_ **I couldn't** understand a word you said. 네가 한 말 하나도 이해할 수가 없었어.

_ Once I went there, **I couldn't** get back. 일단 내가 거기 갔을 때, 난 돌아올 수가 없었어.

_ **I couldn't** watch her suffer anymore. 난 걔가 고통당하는 걸 더 이상 볼 수 없었어.

_ **I couldn't** keep up with all the work so I quit. 일을 따라갈 수가 없어서 그만 두었어.

Dialog >> A : Sorry, I couldn't understand what you just said. 미안해요, 방금 말한 걸 이해못했어요.
B : Would you like me to go over it again with you? 다시 얘기해 드려요?

004 I couldn't care less~ …는 알게 뭐람

Point » 부정+비교급은 최상의 부정이 된다. less 이하는 신경도 쓰지 않는다는 것을 강조하는 표현.

Pattern »
_ **I could not care less** about your sex life. 네 성생활은 알바 아냐.
_ **I couldn't care less.** I don't like politics. 알게 뭐람. 정치를 싫어해서.
_ **I couldn't care less** what anyone thinks of me. 남들이 날 어떻게 생각하든 상관없어.
_ **I couldn't care less** if you leave me. 네가 날 떠나도 상관없어.
_ He **couldn't care less** about what I do. 걔는 내가 뭘하든 신경도 안써.

Dialog »
A : You know, a lot of people don't like you. 저 말이지, 널 좋아하지 않는 사람들이 많아.
B : I couldn't care less. 알게 뭐람.

Pattern 19 » We could~

001 We could~ 우린 …을 할 수 있(었)어, 우린 …할 수도 있는데

Point » 역시 can의 단순과거형으로 쓰이기도 하지만 가정법으로 「(그러려면) …할 수도 있다」라는 의미로 많이 쓰인다.

Pattern »
_ **We could** stay together. 우리는 함께 남을 수 있는데.
_ **We could** get on a plane tonight. 우린 오늘 밤에 비행기를 탈 수 있는데.
_ **We could** just grab dinner at my place. 우린 내 집에서 간단히 저녁을 먹을 수도 있어.
_ **We could** go to a music concert. 우리는 음악컨서트에 갈 수도 있어.
_ **We could** make our decision right now, while we're all here. 여기 있는 동안 결정을 내릴 수도 있어.

Dialog »
A : We could go and grab a bite to eat. 함께 뭐라도 먹으러 가자.
B : That sounds great. 좋은 생각야.

002 We couldn't~ 우린 …을 할 수 없었어, 우린 …할 수가 없는데

Point » We could~의 부정형으로 문맥에 따라 단순과거 혹은 무늬만 과거인 현재형 용법을 잘 구분해야 한다.

Pattern »
_ **We couldn't** wait for the show to begin. 우리는 쇼가 시작되기를 기다릴 수가 없었어.
_ **We couldn't** see the road in the snowstorm. 우리는 폭설 속에서 도로를 볼 수가 없었어.
_ **We couldn't** find our friend in the parking lot. 우리는 주차장에서 친구를 찾을 수가 없었어.
_ **We couldn't** pay the bills for the apartment. 우리는 아파트 임대료를 낼 수가 없었어.
_ **We couldn't** finish the project without working overtime. 야근없이 그 일을 끝낼 수가 없었어.

Dialog »
A : Did you make my favorite cake? 내가 좋아하는 케익을 만들었어?
B : We couldn't find the recipe. 레시피를 찾을 수가 없었어.

영어회화
공식패턴
3300

003 Could we~ ? 우리가 …할 수 있을까?

Point >> 상대방에게 제안을 하거나 허락을 구하는 패턴으로 Can we~보다 좀 더 정중하다고 보면 된다.

Pattern >>
_ **Could we** stay a little while longer? 우리가 좀 더 남아있을 수 있을까?

_ **Could we** possibly come back with you? 우리가 너와 함께 돌아올 수 있을까?

_ **Could we** talk about this tomorrow? 우리 이거 내일 얘기할 수 있을까?

_ **Could we** stop for a second? 우리 잠깐 멈출 수 있을까?

_ **Could we** order some more drinks please? 음료수를 좀 더 주시겠어요?

_ **Could we** get another pitcher of water? 물 좀 더 갖다 주시겠어요?

Dialog >>
A : I am kind of busy right now. Could we do it next week? 지금은 좀 바빠서. 다음 주에 해도 괜찮을까?

B : Sure, no problem. How about Thursday? 그럼 괜찮구말구. 목요일은 어때?

Pattern
20 >> **You could~**

---

001 You could~ 넌 …할 수 있(었)어, 넌 …해라

Point >> 능력이나 가능성을 말할 수도 있으나 허가나 가벼운 명령의 문장으로 많이 쓰인다.

Pattern >>
_ **You could** say that. 그렇게 말할 수도 있지.

_ **You could** leave whenever you want. 원할 때 언제든지 가라.

_ **You could** come with me to a meeting. 넌 나와 함께 한 회의에 가자.

_ **You could** spend time with your family. 넌 네 가족과 시간을 보낼 수 있어.

_ **You could** try her cell phone. 걔 핸드폰으로 연락해봐.

Dialog >>
A : Do you think you could give me a ride home? 집까지 좀 태워줄 수 있어?

B : Sure, but I'm not leaving until after five o'clock. 그럼. 하지만 5시까지는 퇴근하지 못할거야.

002 You couldn't~ 넌 …할 수 없(었)어, 넌 …하지 마라

Point >> You could의 부정형으로 과거의 가능성, 금지 등의 의미를 갖는다.

Pattern >>
_ **You couldn't** wait to get to school to do that? 학교가서 그러려고 안달이었구나?

_ **You couldn't** do that during business hours? 근무시간에 그렇게 하지 마라.

_ **You couldn't** get the supplies you needed. 원하던 사무용품을 받을 수가 없어.

_ **You couldn't** find a better roommate. 넌 더 좋은 룸메이트를 찾지 못할거야.

Dialog >>
A : That table looks very heavy. 저 테이블은 정말이지 무거워 보여.

B : You couldn't lift it by yourself. 너 혼자 힘으로 들어올릴 수가 없을거야.

003 You couldn't~+비교급 가장 …하다, …을 할 수가 없어

Point » 부정표현+비교급은 최상급표현이지만 단순한 부정문으로도 쓰인다.

Pattern »
_ **You couldn't** be more wrong about this. 넌 이 문제에 관해 완전히 틀렸어.

_ **You couldn't** find a better price on this shirt. 이 셔츠를 더 저렴한 가격으로 살 수가 없어.

_ **You couldn't** eat more food. 넌 음식을 더 먹을 수가 없어.

_ **You couldn't** take a longer vacation. 넌 휴가를 더 길게 갈 수가 없어.

_ **You couldn't** get a more expensive cell phone. 넌 더 비싼 핸드폰을 구할 수 없을거야.

Dialog »
A : That sports car must have cost a lot. 저 스포츠카는 아주 비쌌을거야.
B : You couldn't find a more expensive one. 더 비싼 걸 찾을 수 없을거야.

004 Could you~ ? …해줄래?

Point » 문장으로 좀 더 정중하게 표현하려면 please를 붙이거나 아니면 can의 과거형인 could를 써서 Could you+ 동사 ~?라고 하면 된다. 물론 이때 could는 무늬만 과거형일 뿐 의미는 현재이다.

Pattern »
_ **Could you** come here for a second? 잠깐 이리로 와볼래?

_ **Could you** do me a favor next time? 다음에 부탁하나 들어줄래?

_ **Could you** give me a hand? 나 좀 도와줄래?

_ **Could you** please show me another jacket? 다른 자켓으로 보여주시겠어요?

_ **Could you** tell him Chris called? 크리스가 전화했다고 해주시겠습니까?

Dialog »
A : Could you give me an answer by tomorrow? 내일까지 알려줄래요?
B : Sure, I'll let you know by tomorrow. 그러죠, 내일까지 알려줄게요.

Pattern 21 ≫ He could~

001 He could~ 걘 …할 수 있(었)어, 걘 …할 수도 있는데

Point » 조동사 과거형은 과거시제로 쓰인건지 혹은 가정구문으로 현재시제로 쓰인 건지를 문맥을 보고 구분해야 한다.

Pattern »
_ **He could** be in trouble. 걘 곤경에 처할 수 있어.

_ **He could** be the sweetest man in the world. 걘 세상에서 가장 다정한 사람일거야.

_ **He could** tell us what we're dealing with. 걘 우리가 뭘 다루는지 얘기해줄 수도 있었어.

_ **He could** sell an Eskimo ice. 그 사람이라면 에스키모에게 얼음이라도 팔 수 있을걸.

Dialog »
A : That guy seems very foolish. 저 친구 매우 어리석어 보여.
B : He could be the next president. 다음 사장이 될 수도 있어.

002　He couldn't~ 걘 …할 수 없(었)어, 걘 …할 수도 없는데

Point >> He could~의 부정형으로 강조하려면 He could not~으로 쓰면 된다.

Pattern >>

_ **He couldn't** meet us yesterday. 걘 어제 우리를 만날 수가 없었어.

_ **He couldn't** hear the bell ringing. 벨이 울리는 소리를 들을 수가 없었어.

_ **He couldn't** say anything. 걘 아무런 얘기도 하지 않을 수 있을거야.

_ She felt like **she couldn't** trust anyone. 걘 아무도 믿을 수 없는 것 같았어.

_ **He couldn't** find his glasses. 걘 자기 안경을 찾을 수가 없었어.

Dialog >>

A : I heard Ray chose not to study. 레이가 공부하지 않기로 했다며.

B : He couldn't even finish his test. 시험도 끝낼 수가 없었어.

003　They could~ 걔네들은 …할 수 있(었)어, 걔네들은 …할 수도 있는데

Point >> 주어가 They 복수로 된 경우.

Pattern >>

_ **They could** never find anything. 걔네들은 절대로 어떤 것도 찾지 못할거야.

_ **They could** save many lives. 걔네들은 많은 목숨을 살릴 수도 있었어.

_ **They could** be in his apartment. 걔네들은 그의 아파트에 있을 수도 있어.

_ **They could** return any minute now. 걔네들은 하시라도 돌아올거야.

_ **They could** be testing us to see what our reaction is.
그들이 우리의 반응을 시험해 볼 수도 있어요.

Dialog >>

A : My parents want to move here soon. 내 부모님이 곧 여기로 이사오시려 해.

B : They could buy the apartment next door. 옆집 아파트를 사실 수도 있겠다.

004　Could he~ ? 걔가 …할까?

Point >> He, She가 「…을 할 수 있는지」 물어보는 문장으로 부정형은 Couldn't he~?로 하면 된다.

Pattern >>

_ **Could she** remember what the movie was? 걔가 어떤 영화였는지 기억을 할까?

_ **Could he** ever truly love me? 걔가 진정으로 날 사랑할 수 있을까?

_ **Could he** be on vacation? 걔가 휴가 중일까?

_ **Could he** send her an e-mail? 걔가 그녀에게 이멜을 보낼까?

_ **Could he** take some time off? 걔가 잠시 쉴 수 있을까?

Dialog >>

A : My friend works as a psychologist. 내 친구는 심리학자로 일해.

B : Could he give me some advice? 걔가 좀 조언을 해줄 수 있을까?

001 **I should~** 난 …해야겠어

Point ≫ 의무의 should로 어떤 일을 하는게 「좋겠다」 정도의 가벼운 의무를 뜻한다.

Pattern ≫
_ **I should** go see what's going on. 무슨 일인지 가서 봐야겠어.

_ **I should** get going. 나 가야겠어.

_ **I should** wait a little longer. 내가 좀 더 기다려야겠어.

_ Do you think **I should** marry my girlfriend? 내가 여친과 결혼해야 된다고 생각해?

_ **I should** call her and see if she wants to get together.
개한테 전화해서 만나줄 맘이 있는지 알아봐야겠어.

Dialog ≫
A : I think we have a bad connection. 연결상태가 안 좋은 것 같아요.

B : Maybe I should **call you back.** 다시 전화드려야겠네요.

002 **I shouldn't~** 난 …하면 안돼

Point ≫ I shouldn't~를 강조하려면 I should not~으로 하면 된다.

Pattern ≫
_ **I shouldn't** be here. 난 여기 있으면 안돼.

_ **I shouldn't** be telling you this. 난 네게 이 얘기를 하면 안돼.

_ **I shouldn't** feel bad about it. 난 이거에 대해 기분 나빠하면 안돼.

_ I knew **I shouldn't** get involved with him. 난 걔와 사귀면 안된다는 것을 알고 있었어.

_ **I shouldn't** be eating this fattening food. 난 이런 살찌는 음식은 먹으면 안돼.

Dialog ≫
A : I guess I shouldn't **worry about him.** 난 그 사람에 대해 걱정 안해도 된다고 봐.

B : Certainly not! 그야 물론이지!

003 **Should I~ ?** 내가 …해야 돼?

Point ≫ 「내가 …을 하는게 좋은지」 상대방의 의사를 묻는 패턴이다.

Pattern ≫
_ **Should I** get more specific? 내가 더 구체적으로 말해야 돼?

_ **Should I** be looking for something else? 내가 뭔가 다른 것을 찾아야 돼?

_ **Should I** tell her that you found me? 네가 나를 찾았다고 걔에게 말해야 할까?

_ **Should I** pull money from the retirement fund? 퇴직연금에서 돈을 빼야 될까?

_ **Should I** call the manager of the Osaka plant? 오사카 공장의 매니저에게 전화를 해야 돼?

Dialog ≫
A : I'm lost! Should I **turn left or right?** 길을 잃었어! 좌회전해야 할까 아님 우회전해야 할까?

B : I don't know either. Let's just take our chances and go right.
나도 몰라. 그냥 운에 맡기고 우회전해보자.

004 Shouldn't I~ ? 내가 …해야 되지 않아?

Point » 「내가 …해야 되지 않아?」, 즉 「내가 …하는게 좋지 않냐」고 강조해서 물어보는 문장.

Pattern »
_ **Shouldn't I** at least try? 내가 적어도 시도는 해봐야 되지 않아?

_ **Shouldn't I** call him back? 내가 걔한테 전화를 다시 해야 되지 않을까?

_ **Shouldn't I** do that? 내가 그렇게 해야 되지 않아?

_ **Shouldn't I** get ten percent commission? 내가 수수료로 10%는 받아야 되지 않나?

_ **Shouldn't I** contact a lawyer? 내가 변호사에게 연락을 해야 되지 않아?

Dialog »
A : The window on the shop was smashed. 가게 창문이 박살났어.
B : Shouldn't I tell the cops about it? 그거 경찰에 신고해야 되지 않을까?

Pattern 23 »» We should~

001 We should~ 우린 …해야 돼, 우린 …할거야

Point » 역시 가벼운 의무로 「…하는게 좋겠다」라는 뉘앙스를 풍긴다.

Pattern »
_ **We should** keep kissing. 우리 계속 키스하자.

_ **We should** take a trip with your parents. 너의 부모님과 여행해야 돼.

_ **We should** do something about it. 우리는 그거에 대해 뭔가 조치를 해야 돼.

_ **We should** be there any minute. 우리는 곧 거기에 도착할거야.

_ **We should** try to be more social with people. 사람들과 더 잘 어울리도록 해야 돼.

Dialog »
A : It's a shame to waste all of that food. 이 음식들을 모두 버린다는 것은 안타까운 일이야.
B : Maybe we should wrap it up and put it in the fridge. 포장해서 냉장고에 넣어 놓는 게 좋겠어.

002 We shouldn't~ 우린 …하면 안돼

Point » 우리가 해서는 안되는 일들을 말할 때 사용하면 된다.

Pattern »
_ **We shouldn't** be doing this. 우리는 이렇게 하면 안돼.

_ **We shouldn't** take the money. 우리는 그 돈을 가져서는 안돼.

_ **We shouldn't** stay here at night. 우리는 밤에 여기에 남아있으면 안돼.

_ **We shouldn't** turn on the computer. 우리는 컴퓨터를 켜면 안돼.

_ **We shouldn't** be in this old house. 우리는 이 낡은 집에 있으면 안돼.

Dialog »
A : Mary's glasses are real ugly. 메리의 안경은 정말 으악이야.
B : We shouldn't make fun of her. 우린 걔를 놀려서는 안돼.

We should not~ 우린 …하면 안돼

Point >> We shouldn't~의 강조형이다.

Pattern >>
_ **We should not** put our own people at risk. 우리는 우리 사람들을 위험에 처하게 하면 안돼.

_ **We should not** bother the neighbors. 우리는 이웃들을 귀찮게 해서는 안돼.

_ **We should not** make a mess in here. 우리는 이곳을 어지럽히면 안돼.

_ **We should not** call the police. 우리는 경찰을 부르면 안돼.

_ **We should not** make the neighbors angry. 우리는 이웃들을 화나게 해서는 안돼.

Dialog >>
A : Bruce went crazy when we teased him. 브루스는 우리가 걜 놀렸을 때 광분했어.

B : We should not **have made him angry.** 우리는 걜 화나게 하지 말았어야 했는데.

004

Should we~ ? …할까?

Point >> 「우리가 …을 해야 하는지」 상대방에게 물어보는 패턴.

Pattern >>
_ **Should we** be planning for the worst? 최악을 대비한 계획을 세워야 될까?

_ **Should we** stay home? 우리 집에 남아 있을까?

_ **Should we** make an offer? 우리가 제안을 해야 할까?

_ **Should we** go back and rescue him? 우리가 돌아가서 걔를 구해줘야 할까?

_ **Should we** go in or should we call the cops? 우리가 안에 들어가 볼까 아니면 경찰에 연락 할까?

Dialog >>
A : Should we **really show our idea to the boss?** 사장님께 우리 의견을 정말로 말씀드려야 할까?

B : I'm with you all the way! Let's go talk to him. 난 전적으로 네편야. 말씀드리러 가자.

Pattern
24 >> **You should~**

001

You should~ 넌 …해야지

Point >> 강제성이 가장 강한 must 그리고 have to와 달리 should와 ought to는 강제성이 상대적으로 약해 「…해야지」, 「…해야 하지 않겠어」라는 정도의 의미를 갖는다.

Pattern >>
_ **You should** get some sleep. 잠 좀 자지.

_ **You should** take a subway. 전철을 타.

_ **You should** be more careful when you speak! 말할 때 더 좀 조심해!

_ **You should** be ashamed of yourself. 부끄러운 줄 알아야지.

Dialog >>
A : You should **get some rest. Come to think of it,** you should **take a day off.**
너 좀 쉬어야겠다. 생각해보니까, 하루 휴가를 내는 게 좋겠어.

B : I can't do that. I have too much to do. 그럴 수 없어. 할 일이 너무 많단 말야.

002　You should know that~ 넌 …을 알고 있어야 돼

Point » 상대방에게 that~이하의 내용을 알고 있어야 한다며 충고하거나 정보전달을 하는 패턴.

Pattern »
_ **You should know what** to do. 어떻게 해야 할지는 알고 있어야지.

_ **You should know that** by now. 지금쯤은 그걸 알고 있어야지.

_ **You should know that** my friends call me Bernard.
내 친구들은 나를 버나드라고 부른다는 걸 아셔야 합니다.

_ **You should know that** your son Patrick brought it to me.
네 아들 패트릭이 그걸 내게 가져왔다는 걸 알고 있어야지.

_ **You should know** something about her. 넌 걔에 대해서 좀 알아야 할 게 있어.

Dialog »
A : I'd rather have fun than make a lot of money. 돈많이 벌기보다 차라리 재밌는게 나아.
B : But you should know that money can be very important in life.
돈이 인생에서 매우 중요하다는 걸 알아야 돼

003　You shouldn't~ 넌 …해서는 안돼

Point » 상대방에게 「…하지 않는게 좋다」며 금지하는 패턴.

Pattern »
_ **You shouldn't** be here. 넌 여기 있으면 안돼.

_ **You shouldn't** be telling me this. 넌 내게 그걸 얘기하면 안돼.

_ **You shouldn't** say things like that. 그렇게 말하면 안되지.

_ **You shouldn't** be dating at all until your divorce is final.
이혼이 마무리될 때까지 데이트하면 안돼.

_ **You shouldn't** take advantage of other people like that.
그런 식으로 다른 사람을 이용하면 안 돼.

Dialog »
A : You shouldn't hang around people like that. 그런 식으로 사람들과 어울리면 안돼.
B : Why don't you just mind your own business? 네 일이나 신경쓰지 그래.

004　You should not~ 넌 …하면 안돼

Point » You shouldn't~의 강조형으로 You should not 다음에 동사를 이어쓰면 된다.

Pattern »
_ **You should not** talk like that. 넌 그런 식으로 말하면 안돼.

_ **You should not** have to go to school today. 넌 오늘 꼭 학교에 가지 말아야 해.

_ **You should not** sleep so late. 늦게까지 자면 안돼.

_ **You should not** treat me like this way. 날 이런 식으로 대하면 안돼.

_ **You should not** be in this building. 넌 이 빌딩에 있으면 안돼.

Dialog »
A : You should not sleep so late. 늦게까지 자면 안돼.
B : I need to sleep because I've been sick. 아팠기 때문에 잠을 자야 돼.

001 | **He should~** 걔 …을 해야 돼, 걔 …일거야

Point » 의무 외에 should의 가장 중요한 의미는 추측이다. 특히 be와 어울려 추측의 의미로 잘 쓰인다.

Pattern »
_ **He should** be on his way here. 걔 여기로 오는 중일거야.

_ **She should** know what you're about to do. 걔 네가 지금 하려는 것을 알고 있을거야.

_ I always thought **he should** be an actor. 난 걔가 배우가 되어야 한다고 항상 생각했었어.

_ **She should** be back in about 30 minutes. 30분쯤 후엔 돌아올거야.

_ **She should** be ashamed of what she's done to me.
걔 내게 한 행동에 대해 부끄러워해야 돼.

Dialog »
A : How soon do you expect him back? 걔가 언제쯤 돌아올까?
B : He should be back in about 15 minutes. 15분쯤 후엔 돌아올거야.

002 | **He shouldn't~** …해서는 안돼

Point » 주어가 해서는 안되는 일을 말할 때 사용하면 된다.

Pattern »
_ **He shouldn't** be up there alone. 걔 혼자서 거기에 가면 안돼.

_ **He shouldn't** be here for this. 걔 이 문제로 여기에 있으면 안돼.

_ **He shouldn't** stay in the hospital. 걔 병원에 머물러서는 안돼.

_ **He shouldn't** get married this year. 걔 금년에 결혼하면 안돼.

_ **He shouldn't** be making a decision based on a lie.
걔 거짓말에 근거해서 결정을 내리면 안돼.

Dialog »
A : If you ask me, she is making a big mistake. 내 생각에, 걔 큰 실수를 하는 것 같아.
B : I agree with you. She should not quit her job. 내 생각도 그래. 걔는 일을 그만두면 안돼.

003 | **Should he~ ?** 걔가 …해야 될까?

Point » 주어가 「…을 해야 되지 않을까?」라고 물어보는 문장으로 Shouldn't he~ ?하면 「걔가 …을 하면 안될까?」라는 의미.

Pattern »
_ **Should he** start a business? 걔가 사업을 시작해야 될까?

_ **Shouldn't he** get an apartment? 걔가 아파트를 얻으면 안될까?

_ **Shouldn't he** be more excited? 좀 더 기뻐해야하는 거 아니야?

_ **Should he** buy some new clothes? 걔가 새옷을 좀 사야 될까?

_ **Should he** try to join the basketball team? 걔가 농구팀에 가입하려고 해야 할까?

Dialog »
A : Ted is the tallest kid in my class. 테드는 우리 반에서 키가 가장 커.
B : Should he try out for the basketball team? 걔가 농구팀에 지원해야 될까?

---

001 **I must~** 난 …해야 돼

Point >> must는 「…해야 한다」라는 의미로 강제성이 강한 조동사. 강제적인 측면에서 should나 ought to보다는 have to에 가깝다.

Pattern >>
_ I'm sorry! **I must** be off right now. 미안해! 나 지금 바로 나가야 돼.

_ **I must** sleep for a while. 잠시 좀 잠 자야겠어.

_ **I must** check on my grandmother. 할아버지 확인 좀 해봐야 돼.

_ **I must** prepare for my office presentation. 회사 설명회 준비를 해야 돼.

_ **I must** apologize for my colleague's behavior. 제 동료가 한 행동을 사과드립니다.

Dialog >>
A : I must be off. Got to make dinner for the kids. 이제 그만 가봐야 돼. 애들 저녁을 만들어 줘야 하거든.
B : What are you making tonight? 오늘밤엔 뭘 만들어 줄거지?

---

002 **I must say~** …라고 말해야겠지

Point >> 자기가 말하는 내용을 강조하는 표현.

Pattern >>
_ **I must say** I love your dress. 네 드레스 맘에 든다고 해야겠지.

_ **I must say**, Penny, this is great fun. 페니, 이거 정말 재미있다고 해야겠지.

_ **I must say** it's looking good. 그거 보기 좋다고 해야겠지.

_ **I must say** that I am disappointed. 내가 실망했다고 말해야겠지.

_ **I must say** that it is very impressive. 매우 인상적이라고 말해야겠지.

Dialog >>
A : I must say that seeing you here has made me a very happy man.
널 여기서 봐서 내가 무척 기쁘다고 해야겠네.
B : Thank you. That's quite a compliment. 그렇게 말해줘서 고마워.

---

003 **I must not~** 난 …해서는 안돼

Point >> 자기가 해서는 안되는 일을 표현할 때 사용하는 패턴.

Pattern >>
_ **I must not** gain a lot of weight. 날 살찌면 안돼.

_ **I must not** return to her house. 난 걔 집으로 돌아가서는 안돼.

_ **I must not** think about the past. 난 과거에 대해 생각해서는 안돼.

_ **I must not** forget to bring a rain coat. 우의를 가져오는 걸 잊어서는 안돼.

_ **I must not** forget Kate's birthday. 난 케이트의 생일을 잊으면 안돼.

Dialog >>
A : I must not forget to return the library books. 도서관 책 반납하는거 잊으면 안돼.
B : Put them in your school backpack. 학교 가방에 넣어놔.

004

Point »

We must~ 우리는 …해야 돼

강제적으로 해야 되는 일을, 그리고 절대 해서는 안되는 일을 언급할 때는 We must not~이라고 하면 된다.

Pattern »

_ **We must** find an area to study. 우리는 공부할 장소를 찾아야 돼.

_ **We must** attend church on Sunday. 우리는 일요일에 예배를 드려야 돼.

_ **We must** find a shop that sells make-up. 화장품 파는 가게를 찾아야 돼.

_ **We must** fix the broken table. 우리는 망가진 탁자를 수리해야 돼.

_ **We must** get dinner ready. 저녁을 준비해야 돼.

Dialog »

> A : Our vehicle broke for the second time. 우리 차량이 두번째로 고장났어.
> B : We must **get another car.** 다른 차를 구해야겠네.

Pattern
27 »» **You must~**

001

You must~ 넌 꼭 …을 해야 해, …임에 틀림없네

Point »
상대방에게 「…을 해야 한다」고 강제하는 표현 혹은 「…임에 틀림없다」 정도의 추측의 의미로도 쓰인다.

Pattern »

_ **You must** be very upset about that. 엄청 열받아있겠구만.

_ **You must** tell him the truth. 걔한테 사실을 말해야 돼.

_ **You must** choose a necklace you like. 네가 좋아하는 목걸이를 골라야 돼.

_ **You must** visit the dentist soon. 넌 곧 치과에 가야겠다.

_ **You must** look at this website. 너 이 싸이트 좀 봐야 돼.

Dialog »

> A : I'm so sorry! You must **be exhausted from doing two jobs.** 정말 미안! 두 일 하느라고 녹초가 됐겠구나.
> B : You're right. I am! 그래. 힘들어 죽겠어!

002

You must not~ 넌 …해서는 안돼

Point »
상대방이 절대 해서는 안되는 일을 언급할 때 사용하는 패턴.

Pattern »

_ **You must not** make a noise. 시끄럽게 해서는 안돼.

_ **You must not** get so stressed. 넌 그렇게 스트레스를 받아서는 안돼.

_ **You must not** forget her birthday. 넌 걔 생일을 잊어서는 안돼.

_ **You must not** stay up so late. 넌 늦게까지 자지 않고 있으면 안돼.

_ **You must not** eat a snack before dinner. 저녁 전에 과자를 먹어서는 안돼.

Dialog »

> A : Do you think I'm too strict? 내가 너무 엄격한 것 같아?
> B : Sometimes. You must not **hit your children.** 때론. 애들을 때리면 안돼지.

003　He must~ 걘 꼭 …해야 돼, 걘 …임에 틀림없어

Point >> 주어가 꼭 해야 되는 일을 언급하거나 혹은 추측으로 사용된다.

Pattern >>

_ **He must** trust his instincts. 걘 자신의 본능을 믿어야 돼.

_ **He must** learn to speak Spanish. 걘 스페인어를 배워야 돼.

_ **He must** pass the oral exam. 걘 구두시험을 통과해야 돼.

_ **He must** find a new place to live. 걘 새로 살 집을 찾아야 돼.

_ **He must** be at least 30 years older than his girlfriend.

걘 여친보다 적어도 서른 살은 더 먹은 것 같아.

Dialog >>

A : I thought Brad came in here. 난 브래드가 여기 온 줄 알았어.

B : He must **have gone somewhere else.** 다른 어딘가로 갔음에 틀림없어.

004　He must not~ 걘 …해서는 안돼

Point >> 주어가 해서는 안되는 일을 말할 때 사용하는 패턴.

Pattern >>

_ **He must not** piss anyone off. 걘 누구든 열받게 해서는 안돼.

_ **He must not** take the wrong bus. 걘 버스를 잘못 타면 안돼.

_ **He must not** get angry at us. 걘 우리에게 화를 내서는 안돼.

_ **He must not** get too depressed. 걘 너무 우울하게 지내서는 안돼.

_ **He must not** cheat on his girlfriend. 걘 여친 몰래 바람펴서는 안돼.

Dialog >>

A : My brother coughs all night long. 내 동생이 밤새 기침을 해.

B : He must not **continue smoking.** 걘 금연해야겠구나.

Pattern 28　>> I have to~

001　I have to~ 난 …을 해야 해

Point >> 「…해야 한다」라는 의미의 조동사로 should보다는 must에 강제성이 유사한 표현. 미래는 will have to라 쓴다.

Pattern >>

_ **I have to** get back to work. 일하러 가야 돼.

_ **I have to** study for my exams. 시험공부 해야 돼.

_ **I have to** work late tonight. 오늘 밤에 늦게까지 일해야 돼.

_ **I have to** go to Japan on business. 일 때문에 일본에 가야 해.

_ **I have to** leave right away for the meeting. 회의가 있어서 지금 당장 가봐야겠는데.

Dialog >>

A : I've got so much to do and I have to **go now.** 할 일이 너무 많아서 지금 가야돼.

B : Let me help you. 내가 도와줄게.

002 I don't have to~ 난 …하지 않아도 돼

Point » I have to~의 부정형으로 I don't have to~하게 되면 「…하지 않아도 돼」라는 의미가 된다.

Pattern »

_ **I don't have to** tell you that. 난 너한테 그 얘기를 하지 않아도 돼.

_ **I don't have to** explain anything to you. 난 너한테 설명을 해야 될게 하나도 없어.

_ **I don't have to** tell you everything! 너한테 모든 걸 말하지 않아도 돼!

_ **I don't have to** work tomorrow. 난 내일 일하지 않아도 돼.

_ **I don't have to** call her anymore. 난 더 이상 걔한테 전화하지 않아도 돼.

Dialog »

A : I really hope I don't have to bother you with more questions.
앞으로 질문을 더 해서 귀찮게 해드리는 일이 없었으면 좋겠군요.

B : Don't give it a second thought. I'm always glad to help.
걱정하지 말아요. 언제나 기꺼이 도와드리죠.

003 Do I have to~ ? 내가 꼭 …을 해야 돼?

Point » Do I have to+동사~?하게 되면 「내가 …을 꼭 해야 하나요?」라고 상대방의 의사를 묻는 표현이다.

Pattern »

_ **Do I have to** do everything myself? 모든 일을 내가 스스로 해야 돼?

_ **Do I have to** spell it out for you? 내가 너에게 구체적으로 말해줘야 돼?

_ **Do I have to** explain that to you of all people? 너희 모두에게 그걸 설명해줘야 돼?

_ **Do I have to** decide right now? 지금 당장 내가 결정을 해야 돼?

_ **Do I have to** wait here until he drops by? 걔가 들를 때까지 기다려야 돼?

Dialog »

A : Do I have to pay extra for delivery? 배달하는 데 추가요금을 내야 하나요?
B : Yes, there is a twenty-dollar delivery charge. 네, 배달료로 20달러를 내셔야 합니다.

004 I had to~ 난 …해야 했어

Point » I have to~의 과거형으로 미래형은 I will have to~라고 하면 된다.

Pattern »

_ **I had to** take care of her all by myself. 나 혼자 힘으로 걔를 돌봐야했어.

_ **I had to** pretend that I was sick. 난 아픈 척을 해야 했어.

_ I'm sorry, but **I had to** make a choice. 미안하지만 난 선택을 해야 했어.

_ **I had to** get out of there. 난 거기서 나와야만 했어.

_ **I had to** finish my homework before playing. 놀기 전에 숙제를 끝내야만 했어.

Dialog »

A : Did you go to the hospital last night? 너 어젯밤에 병원에 갔었니?
B : Yes, I had to visit my sick grandmother. 응, 할머니가 편찮으셔서 병문안을 가야 했어.

영어회화
핵심패턴
3300

---

001 **We have to~** 우리는 …해야 해

Point ≫ 우리가 싫어도 해야 되는 일을 말할 때 사용한다.

Pattern ≫
_ **We have to** get started. 우리 이제 시작해야 돼.
_ **We have to** lay off at least ten people. 최소한 10명은 해고해야 돼.
_ I guess **we have to** wait until he'll back. 걔가 돌아올 때까지 기다려야 할 것 같아.
_ **We have to** look at the worst case scenario. 우린 최악의 상황을 가정해야 돼.
_ **We have to** work overtime until it is finished. 끝마칠 때까지 야근을 해야 해.

Dialog ≫
A : We have to get rid of that guy as soon as possible. 하루 빨리 그 작자를 잘라야겠어.
B : I agree with you one hundred percent. 100퍼센트 동감이야.

---

002 **We don't have to~** 우리는 …을 할 필요가 없어

Point ≫ We have to~의 부정형으로 「…할 필요가 없다」고 언급할 때 필요한 패턴.

Pattern ≫
_ **We don't have to** sell the car. 우리는 그 차를 팔 필요가 없어.
_ **We don't have to** agree on everything. 우린 모든 일에 의견일치를 볼 필요가 없어.
_ **We don't have to** go back there. 우리는 그곳으로 돌아갈 필요가 없어.
_ **We don't have to** get up early tomorrow. 우리는 내일 일찍 일어날 필요가 없어.
_ **We don't have to** decide this right now. 우리는 지금 당장 이걸 결정할 필요가 없어.

Dialog ≫
A : It occurred to me that Bill doesn't have his cell phone.
빌이 휴대폰을 안가져갔다는 생각이 갑자기 떠올랐어.
B : You're right, hopefully we don't have to get in touch with him.
그렇긴 한데, 다행히 빌하고 연락하지 않아도 될 것 같아.

---

003 **Do we have to~ ?** 우리가 …을 해야 돼?

Point ≫ 우리가 해야 되는 일을 상대방에게 확인하는 문장.

Pattern ≫
_ **Do we have to** do this now? 우리가 지금 이거 해야 돼?
_ **Do we have to** have this conversation right now? 지금 이 대화를 우리가 해야 돼?
_ **Do we have to** do the inventory on all this? 이 모든 것의 재고조사를 해야 돼?
_ **Do we have to** know about that? 그것에 대해 우리가 알고 있어야 돼?
_ **Do we have to** talk about this right now? 지금 이 얘기를 해야 돼?

Dialog ≫
A : Do we have to hike much further to reach the summit?
정상에 도착하려면 훨씬 더 많이 올라가야 하는 거야?
B : You're almost there. 거의 다 왔어.

We had to~ 우리는 …해야 했어

Point » We have to~의 과거형.

Pattern »

_ **We had to** fire a partner. 우리는 파트너를 해고해야 했어.

_ **We had to** keep telling her every five minutes. 5분마다 걔한테 계속 말을 해야 했어.

_ **We had to** wait for several hours. 우리는 여러 시간동안 기다려야 했어.

_ **We had to** skip the meeting at noon. 우리는 정오 회의를 건너뛰어야 했어.

_ **We had to** go to my grandmother's house. 우리는 할머니 집에 가야 했어.

Dialog »

A : What if I said we had to **work tomorrow?** 내일 일해야 한다고 내가 말하면 어떻겠어?

B : I'd pretend that I didn't hear you. 네 말 못들은 척 하겠지.

Pattern 30 »» You have to~

001

You have to~ 넌 …해야 돼

Point » should보다 강제성이 강해 must에 버금가는 강제성을 띄지만 must보다 구어체에서 훨씬 많이 쓰이는 표현법. You have to~ 하면 상대방에게 「…를 해야 한다」고 충고하는 문장이 된다.

Pattern »

_ **You have to** study a foreign language. 외국어를 공부해야 해.

_ **You have to** know a lot of things about life. 넌 인생에 대해서 많은 것들을 알아야만 해.

_ **You have to** get this done by Friday. 금요일까지 이거 끝내야 돼.

_ **You have to** adapt to your new surroundings. 새로운 환경에 적응을 해야지.

_ Stop saying like that. **You have to** be honest with me. 그런 말 마. 너 내게 솔직히 말해.

Dialog »

A : I feel like I want to go to sleep. 자고 싶어.

B : You have to **try to stay up and study.** 자지 말고 공부해야 돼.

002

You don't have to~ 넌 …할 필요없어

Point » You have to~의 부정형으로 You don't have to~는 「…할 필요가 없어」, 「…하지 않아도 돼」라는 의미.

Pattern »

_ **You don't have to** say it because I said it. 내가 말했기 때문에 넌 그걸 말할 필요없어.

_ **You don't have to** go with me. 넌 나랑 같이 갈 필요가 없어.

_ **You don't have to** tell me she's our friend. 걔가 우리 친구라고 내게 말할 필요가 없어.

_ **You don't have to** walk me home. 집까지 안 데려다 줘도 되는데요.

Dialog »

A : I'm not your type, okay? Don't ask me out. 난 당신 이상형 아녜요. 알겠죠? 데이트 신청 하지마세요.

B : Okay! You don't have to **bite my head off!** 알았어요! 그렇게 으르렁거리지 말라구요!

영어회화 공식패턴 3300

003   Do you have to~ ? 넌 …해야 돼?

Point »   Do you have to+동사 ~?는 상대방이 어떤 일을 꼭 해야 하는 상황인지를 확인해볼 때 사용하는 표현.

Pattern »
_ **Do you have to** keep doing that? 계속 그렇게 해야 돼?

_ **Do you have to** do that now? 지금 그렇게 해야 돼?

_ **Do you have to** be skinny to be a model? 모델이 되려면 말라야 돼?

_ **Do you have to** go back to work? 다시 일하러 가야 돼?

_ **Do you have to** work on a big project? 중요한 일을 해야 되는거야?

Dialog »
> A : Do you have to **work tonight?** 너 오늘밤 일해야 하니?
>
> B : Yeah, and I am on call all weekend. 그래. 게다가 이번 주 내내 대기근무 서야 해.

---

004   You had to~ 넌 …해야 했어

Point »   You have to~의 과거형으로 과거에 해야만 했던 의무사항을 말한다.

Pattern »
_ **You had to** take it. 넌 그걸 받아들여야 했어.

_ **You had to** do some difficult things. 넌 좀 어려운 일을 해야 했어.

_ **You had to** care for your family. 넌 네 가족을 돌봐야 했어.

_ **You had to** spend the night in a hotel. 넌 호텔에서 밤을 보내야 했어.

_ **You had to** move to another job. 넌 다른 직장으로 옮겨야 했어.

Dialog »
> A : I didn't want to leave work for a week. 일주일간 휴가가고 싶지 않았어.
>
> B : You had to **take some time off.** 넌 좀 휴식을 취해야 했어.

Pattern
31 ›› She has to~

001   She has to~ 걘 …해야 해

Point »   시제무시와 함께 가장 많은 실수를 하게 되는 것중의 하나가 바로 수의 일치이다. She have to~로 말하지 말자.

Pattern »
_ **He has to** lose some weight. 걘 살을 좀 빼야 돼.

_ **He has to** return some of the money. 걘 돈의 일부를 돌려줘야 돼.

_ **She has to** give a speech. 걘 연설을 해야 돼.

_ **She has to** leave tomorrow morning. 걘 내일 아침 떠나야 돼.

_ **She has to** know how I feel. 걘 내가 어떤 기분인지 알아야 돼.

Dialog »
> A : Honestly, your son has to **try harder.** 솔직히 말씀드려서 아드님은 좀 더 열심히 해야 해요.
>
> B : What should I do as a parent? 부모로서 제가 어떻게 해야 하나요?

115

002 She doesn't have to~ 걔 …할 필요가 없어

Point » She has to~의 부정형.

Pattern »

_ **She doesn't have to** listen to you. 걔 네 말을 들을 필요가 없어.

_ **She doesn't have to** come with us. 걔 우리와 함께 갈 필요가 없어.

_ **He doesn't have to** obey Peter. 걔 피터에게 복종할 필요가 없어.

_ **He doesn't have to** use the toilet. 걔 화장실을 사용할 필요가 없어.

_ **She doesn't have to** know our secrets. 걔 우리 비밀들을 알 필요가 없어.

Dialog »

A : Does Mary need to attend the meeting? 메리가 회의에 참석해야 돼?
B : She doesn't have to come here tomorrow. 걔 내일 여기 올 필요없어.

003 Does he have to~ ? 걔는 …을 해야 돼?

Point » He has to~의 의문형으로 「걔는 …해야 돼?」라는 의미.

Pattern »

_ **Does he have to** follow us? 걔는 우리를 따라와야 해?

_ **Does he have to** take all of the money? 걔가 모든 돈을 가져가야 돼?

_ **Does he have to** come over now? 걔는 이제 들러야 돼?

_ **Does he have to** leave so soon? 걔는 그렇게 일찍 떠나야 돼?

_ **Does he have to** drink so much? 걔 그렇게 술을 많이 마셔야 돼?

Dialog »

A : Does he have to make so much noise? 걔가 그렇게 소음을 많이 내야 돼?
B : He's learning to play the piano. 걔 피아노 치는 법을 배우고 있어.

004 He had to~ 걔 …을 해야 했어

Point » He has to~의 과거형.

Pattern »

_ **He had to** buy a new set of clothes. 걔 새로운 옷세트를 사야만 했어.

_ **He had to** break up with his girlfriend. 걔 여친하고 헤어져야 했어.

_ **She had to** explain what she was doing. 걔 자신이 무슨 일을 하고 있는지 설명해야 했어.

_ **She had to** stay in a hotel that night. 걔 그날 저녁 호텔에 머물러야 했어.

_ **She had to** run five miles to get her son to the hospital!
걔 아이를 병원에 데려가려고 5마일이나 달려야 했어!

Dialog »

A : How did the delivery go? 분만이 어떻게 됐어?
B : It went well, but she had to have a Caesarean section. 잘됐지만 제왕절개수술을 해야 했어.

| 001 | **I've got to~** 난 …해야 해 |

Point » I've got이 I have와 마찬가지이듯 I've got to+동사 역시 I have to+동사와 같은 뜻이다. 특히 I've got to (go) 는 I gotta (go)로 들리는데 이는 I've got to ⇒ I've gotta go ⇒ I gotta go로 축약되어 읽히기 때문이다.

Pattern »
_ **I've got to** get back to work. 난 돌아가서 일해야 돼.

_ **I've got to** help her. 난 걔를 도와줘야 해.

_ **I've got to** go feed the baby. 난 아기 밥을 줘야 돼.

_ **I've got to** go back to my office. 난 사무실로 돌아가 봐야 해.

_ **I've got to** schedule an appointment with the surgeon.
외과의하고 약속시간을 정해야 해.

Dialog »
A : I've got to go. Let's catch up later. 나 가야 돼. 나중에 보자.
B : Sure, give me a call sometime. 그래, 언제 한번 전화해.

| 002 | **We've got to~** 우리는 …해야 해 |

Point » 우리가 뭔가 해야 되는 일을 말할 때.

Pattern »
_ **We've got to** get out of here. 우리는 여기서 나가야 돼.

_ **We've got to** go talk to that guy. 우리는 가서 그 사람에게 얘기를 해야 돼.

_ **We've got to** figure out what we're doing here. 우리가 여기서 뭘하는지 알아내야 해.

_ **We've got to** go now. Don't work too hard. 가야 돼. 너무 무리하지 말고.

_ **We've got to** get the car repaired. 우리는 차를 수리해야 돼.

Dialog »
A : We don't have enough money to pay our bills. 청구서 낼 돈이 충분치 않아.
B : We've got to figure out a solution. 우리는 해결책을 마련해야 돼.

| 003 | **You've got to~** 넌 …해야 해, 넌 …임에 틀림없어 |

Point » You've got to~ 역시 빨리 발음하면 You gotta~로 축약된다.

Pattern »
_ **You've got to** put some effort into it. 넌 거기에 노력을 좀 더 쏟아야 돼.

_ **You got to** put on some lipstick. 넌 립스틱을 좀 발라야 돼.

_ **You got to** give me another chance. 넌 내게 기회를 한 번 더 줘야 돼.

_ **You've got to** be more careful 넌 좀 더 신중해야 돼.

_ **You got to** tell me exactly what to do there. 거기서 어떻게 해야 되는지 정확히 내게 말해줘야 돼.

Dialog »
A : You've got to be nuts to pass up an opportunity like that.
그런 기회를 놓치다니 넌 바보임에 틀림없어.

B : I'm just being a little cautious. 내가 좀 신중한거지.

004	He's got to~ 걘 …을 해야 해, …임에 틀림없어

Point » He's~는 He has~가 축약된 것임을 놓치면 안된다.

Pattern »

_ **She's got to** do it my way, the right way. 걘 내 방식, 즉 옳은 방식으로 그걸 해야 돼.

_ **He's got to** be somewhere. 걘 어디엔가 있음에 틀림없어.

_ **He's got to** be quiet for a while. 걘 잠시동안 조용히 해야 돼.

_ **He's got to** study English this summer. 걘 이번 여름에 영어를 공부해야 돼.

_ **He has got to** be the craziest of all the guys working there.
걘 거기서 일하는 사람들 중에 가장 정신이 돈 사람일거야.

Dialog »

A : Please try not to be hard on him, it's his first real job. 걔 좀 살살다뤄. 일다운 일은 처음이야.

B : I understand that, but he's got to learn to take it seriously!
알아, 하지만 진지하게 일하는 법을 배워야 돼!

Pattern 33 »» I may~

001	I may~ 난 …할지도 몰라

Point » 의문문이 아닌 평서문에서 조동사 may는 「…일지도 몰라」라는 뜻으로 자신없는 추측성 얘기를 말할 때 쓰인다.

Pattern »

_ **I may** get married in a few years. 난 몇 년 지나면 결혼할지도 몰라.

_ **I may** have to move to Tokyo for my job. 일 때문에 도쿄로 이사가야 할지도 몰라.

_ **I may** visit you in Spain. 난 스페인에서 널 방문할지도 몰라.

_ **I may** have children after I get married. 난 결혼한 후에 아이들을 가질지도 몰라.

_ **I may** be cheap, but at least I'm not a fool! 내가 좀 인색한 지는 모르겠지만, 최소한 바보는 아니거든!

Dialog »

A : Are you married? 결혼 하셨어요?

B : No, not yet. I may get married in a few years. 아뇨, 아직요. 몇년 후엔 하겠죠.

002	I may not~ 난 …가 아닐 수도 있어

Point » I may not~이라고 부정을 해도 추측의 의미로 쓰인다.

Pattern »

_ **I may not** know a lot about babies. 난 아기에 관해 많은 것을 모를지도 몰라.

_ **I may not** understand, but I'll listen. 이해를 못할지도 모르지만 귀기울여 들을게.

_ **I may not** work here anymore. 난 더 이상 여기서 일하지 않을지도 몰라.

_ **I may not** agree with all of his choices. 난 걔의 모든 선택에 동의하지 않을 수도 있어.

Dialog »

A : So you're taking a job in Africa? 그래 너 아프리카 일자리를 맡는거야?

B : I may not be back for years. 오랫동안 돌아오지 못할 수도 있어.

118 영어회화 공식패턴 3300

003　May I~ ? …할까요?

Point » May I~?는 상대방에게 부탁을 하거나 허락을 구하는 용도로 윗사람, 처음 보는 사람 혹은 아는 사이라도 좀 조심 스럽게 물어볼 때 사용한다.

Pattern »

_ **May I** ask what you wrote down? 뭘 받아적었는지 물어봐도 될까요?

_ **May I** have your attention, please? 잠깐 주목해주세요?

_ **May I** take this as a "yes?" 이걸 승낙한 걸로 받아들여도 돼?

_ **May I** buy you a drink? 내가 술한잔 사줄까?

_ **May I** ask you a question? 한가지 여쭤봐도 될까요?

_ **May I** have your name again? 성함을 다시 말씀해 주시겠어요?

_ **May I** ask who is calling? 누구신지요?

Dialog »

A : May I speak to Carl, please? 칼 좀 부탁드립니다.

B : I'm sorry, Carl just stepped out of the office. May I ask who is calling?
어쩌죠. 칼이 방금 사무실에서 나갔는데. 누구십니까?

A : May I leave a message? 메모 좀 남길 수 있을까요?

B : He just walked back in. Bill, there is a phone call for you.
막 다시 들어오셨어요. 빌, 전화왔어요.

Pattern 34 »» We may~

001　We may~ 우리가 …일 수도 있어

Point » 우리가 「…일 수도 있다」라고 추측하는 패턴. 부정은 We may not~이라고 한다.

Pattern »

_ **We may** have a problem. 우리는 문제가 있을 수도 있어.

_ **We may** want to hire you. 우리는 당신을 고용할 수도 있습니다.

_ **We may** be able to use her. 우린 걔를 이용할 수도 있어.

_ **We may** only have a few seconds. 우리에겐 겨우 몇 초 밖에 여유가 없을 수도 있어.

_ **We may** not always be winners. 우리가 항상 승리를 못할 수도 있어.

Dialog »

A : This is amazing! We may close the deal tonight!
세상에! 어쩌면 오늘밤 거래가 매듭지어질지도 모르겠어!

B : Settle down, we have to think straight. 진정해. 차분히 생각해야 돼.

You may~ 넌 …일지도 몰라, …해도 돼

Point » You may~의 경우에는 추측으로도 쓰이지만 상대방에게 허가할 때도 자주 사용된다.

Pattern »

_ **You may** have a cancer. 암일지도 모릅니다.

_ **You may** have another heart attack. 다시 심장마비가 올지도 몰라.

_ **You may** know a lot about chemistry. 넌 화학에 대해 많은 것을 알고 있을지 몰라.

_ **You may** take my car downtown today. 넌 오늘 내 차로 시내에 가도 돼.

_ **You may** play music until 10 pm. 오후 10시까지는 음악을 연주해도 돼.

Dialog »

A : Mr. Smith, I finished all of my class work. 스미스 선생님, 과제 다 끝냈어요.

B : Good job. You may go now. 잘했다. 이제 가도 돼.

You may[might] want to~ …하는게 좋아, …을 해봐

Point » 상대방이 뭔가 원할지 모른다고 추측할 때 쓰는 표현으로 일상생활에서 자주 쓰이는 패턴이다.

Pattern »

_ **You may want to** step out. 넌 아마 빠지고 싶을거야.

_ **You may want to** leave the room for this. 넌 이 때문에 방을 나가고 싶어할거야.

_ **You may want to** think about getting a new shirt. 넌 새로운 셔츠를 살 생각을 하고 싶을거야.

_ **You may want to** take one of these. 이것들 중 하나를 갖게 좋겠어.

_ **You may want to** take this seriously. 이걸 신중히 받아들이는게 좋겠어.

Dialog »

A : I thought you might want to know that your fly's open.
네 바지 지퍼가 열렸다는 걸 네가 알아야 할 것 같아서 말한거야.

B: Thanks for telling me. That's so embarrassing. 말해줘서 고마워. 너무 창피스러운걸.

You may not~ 넌 …아닐지도 몰라, …하면 안돼

Point » 단순한 추측일 수도 있고 허가의 반대인 금지표현일 수도 있다.

Pattern »

_ **You may not** want that. 넌 그걸 원하지 않지도 몰라.

_ **You may not** really know him. 넌 걔를 정말로 알지 못할지도 몰라.

_ **You may not** want to be here for this. 넌 이 때문에 여기 있고 싶어하면 안돼.

_ **You may not** love him anymore, but I do. 넌 걔를 더 이상 사랑하면 안되지만 난 돼.

_ **You may not** get another chance. 넌 기회를 한번 더 얻지 못할 수도 있어.

Dialog »

A : You may not want to meet Olive. 넌 올리브를 만나지 않는게 좋아.

B : Why? Is she an unpleasant person? 왜? 무례한 사람이니?

>> **He may~**

001   He may~ 걘 …일지도 몰라

Point >> 주어가 He. She인 경우로 역시 추측의 의미로 쓰인다.

Pattern >>
_ **He may** know the truth about David. 걘 데이빗에 대한 진실을 알고 있을지 몰라.

_ Well, **he may** disagree with you. 걘 너와 의견이 다를지도 몰라.

_ **He may** change his mind. 걘 마음을 바꿀지도 몰라.

_ **She may** only have months to live. 걘 겨우 몇 달만 살지도 몰라.

_ **He may** not have a lot of education. 걘 교육을 많이 못받았을지도 몰라.

Dialog >>
A : You think Randy is ready to retire? 랜디가 퇴직할 준비가 되었다고 생각해?
B : He may stay at his job. 걘 나가지 않을지도 몰라.

002   He may be~ 걘 …일지도 몰라

Point >> 특히 may be~의 경우에는 추측으로 많이 쓰인다.

Pattern >>
_ **She may be** right. 걔가 맞을지도 몰라.

_ **She may be** the key to this thing. 걔가 이 일의 키일지도 몰라.

_ **He may be** feeling sick. 걘 토할 것 같을지도 몰라.

_ **He may be** in jail now. 걘 이제 감방에 있을지도 몰라.

_ **He may be** the smartest person in the country. 걘 전국에서 가장 영리한 사람일 지도 몰라.

Dialog >>
A : Susan said that I should take the job offer. 수잔 말로는 내가 이 일자리 제의를 받아들여야 한대.
B : She may be right. 걔 말이 맞을지도 몰라.

003   He may not~ 걘 …가 아닐지도 몰라

Point >> 역시 추측이지만 부정의 경우로 「걔가 …가 아닐지도 모른다」라는 의미.

Pattern >>
_ **He may not** recognize you. 걔가 널 못알아볼지도 몰라.

_ **He may not** have enough time. 걘 시간이 충분하지 않을지도 몰라.

_ **She may not** want to live with me any more. 걘 더 이상 나랑 살고 싶어하지 않을지도 몰라.

_ **She may never** forgive me. 걘 절대로 날 용서하지 않을지도 몰라.

_ **He may not** show up for class. 걘 수업시간에 안올지도 몰라.

Dialog >>
A : The top player was injured in his tennis match. 최우수 선수가 테니스 시합에서 부상당했어.
B : He may not win the championship. 우승하지 못할 수도 있겠네.

He may not be~ 걘 …가 아닐지도 몰라

Point >> He may not 다음에 be 동사가 오는 경우로 [히메이낫비]까지는 기계적으로 외워둔다.

Pattern >>
_ **He may not be** your father. 걘 네 아버지가 아닐지도 몰라.

_ **He may not be** comfortable in his room. 걘 자기 방에서 불편할지도 몰라.

_ **She may not be** interested in dating. 걘 데이트하는데 관심없을지도 몰라.

_ **He may not be** an honest man. 걘 정직한 사람이 아닐지도 몰라.

_ **He may not be** able to dine with us. 걘 우리와 저녁을 먹지 못할지도 몰라.

Dialog >>
A : You should invite your friend Paul. 넌 네 친구 폴을 초대해야지.
B : He may not be in town for our party. 걘 마을에 없어서 파티에 오지 못할지도 몰라.

Pattern
36 >> **I might~**

I might~ 난 …일지도 몰라

Point >> might는 may의 과거이지만 시제일치의 용법보다는 현재시제로 추측의 의미로 많이 쓰인다. 참고로 might는 may보다 추측성이 약하다.

Pattern >>
_ **I might** get a job at Google. 나 구글에 취직할지도 몰라.

_ **I might** watch TV for a while. 잠시동안 TV를 볼지도 몰라.

_ **I might** get sick if I stay here. 내가 여기 남으면 아플지도 모르겠어.

_ **I might** wear a suit to the meeting. 회의에 정장을 입을지도 모르겠어.

_ **I might** show up at the end of the meeting. 회의가 끝날 때 쯤에 모습을 보일지 몰라.

Dialog >>
A : Do you think that you could fix me up with Jill? 질 좀 소개시켜줄 수 있겠니?
B : I think that I might be able to do that. 그럴 수 있을거야.

You might~ 넌 …일지도 몰라, 너 …을 해볼래

Point >> You might~의 경우에는 추측일 수도 있지만 상대방에게 부탁이나 제의를 하는 문장으로도 쓰인다.

Pattern >>
_ **You might** find a bargain in the store. 가게에서 세일물건을 찾을지도 몰라.

_ **You might** lose all of your money. 네 돈을 다 날릴지도 몰라.

_ **You might** enjoy having a pet. 애완동물 기르는걸 좋아할지도 몰라.

_ **You might** think differently. 네가 생각을 달리할지도 모르지.

Dialog >>
A : Would it be a good idea to transfer to our overseas office? 해외 지사로 옮기는 게 괜찮을까?
B : Give it a shot! You might enjoy living abroad. 한번 해봐! 해외에서 사는 게 아주 재미있을 수도 있잖아.

003   He might~ 걘 …일지도 몰라

Point >> might의 주어로 제 3자인 he나 she가 온 경우.

Pattern >>

_ **He might** show up at the party. 걔가 파티에 나타날지도 몰라.

_ **He might** get angry at you. 걔가 네게 화나 있을지도 몰라.

_ **He might** see the secret files. 걔가 비밀문건을 볼지도 몰라.

_ **He might** have a party at home. 걔 집에서 파티가 있을지도 몰라.

_ **She might** have a date with him. 걘 그와 데이트를 할지도 몰라.

Dialog >>

A : I'll ask him if he can make a commitment. 걔에게 참여할 수 있는지 물어봐야겠어.

B : **He might** not be able to because he's been very busy. 너무 바빠서 못한다고 할 걸.

004   We might as well~ …하는 편이 낫다

Point >> might as well+V는 관용표현으로 「…하는 편이 낫다」라는 뜻이다. might 대신에 **may**를 써도 된다.

Pattern >>

_ **We might as well** not do it. 우리는 그렇게 하지 않는게 나아.

_ **We might as well** just go to sleep. 우린 자러가는 편이 나아.

_ **We might as well** buy a new computer. 새로 컴퓨터를 사는 편이 나아.

_ **We might as well** grab a cup of coffee. 간단히 커피한잔 하면 어떨까.

_ **We might as well** take it with us. 그거 우리가 가져가는게 나아.

Dialog >>

A : The snowstorm has closed most roads. 눈폭풍으로 거의 모든 도로가 폐쇄됐어.

B : **We might as well** stay home today. 오늘은 집에 있는게 낫겠어.

Pattern 37 >> I'd better~

001   I'd better~ 난 …하는게 나을거야, 난 …해야겠어

Point >> had better는 「…하는 게 낫다」라는 의미로 줄여서 I better~ 혹은 Better~라고 쓰기도 한다.

Pattern >>

_ **I'd better** go talk to her. 가서 걔한테 얘기를 해야겠어.

_ **I'd better** take the subway today. 오늘은 전철을 타는게 낫겠어.

_ **I'd better** get a job soon. 곧 취직을 해야겠어.

_ **I'd better** take a few days to think about it. 그거 생각하는데 며칠 필요하겠어.

_ I think **I'd better** be going now. 지금 가는 게 나을 것 같아.

Dialog >>

A : Well, I think I'd better be going now. 그만 가봐야 될 것 같아.

B : Okay, then I'll see you tomorrow at the office. 좋아. 그럼 내일 사무실에서 봐.

002 I'd better not~ 난 …하지 않는게 나을거야

Point ▷▷ I'd better+V의 부정은 I'd better not+V라고 하면 된다.

Pattern ▷▷

_ **I'd better not** eat too much ice cream. 아이스크림을 많이 먹지 않는게 좋겠어.

_ **I'd better not** stay up late tonight. 오늘 저녁 일찍 자는게 나을거야.

_ **I'd better not** catch you smoking. 나한테 담배피는걸 잡히지 않는게 좋을거야.

_ **I'd better not** tell anyone. 아무한테도 얘기하지 않는게 좋을거야.

_ **I'd better not** ignore his warning. 걔의 경고를 무시하지 않는게 좋을거야.

Dialog ▷▷

A : We may be leaving early in the morning. 우리 내일 아침 일찍 떠날 수도 있어.
B : I'd better not unpack my suitcase. 짐을 풀지 않는게 낫겠네.

003 We'd better~ …하는게 좋을 걸

Point ▷▷ 「우리는 …해야 된다」, 「…하는게 낫다」라고 말할 때 사용해본다.

Pattern ▷▷

_ **We'd better** call the fire department. 소방서에 전화해야 돼.

_ **We'd better** prepare for trouble. 문제있을 때를 대비해야 돼.

_ **We'd better** take an umbrella along. 우산을 가지고 가는게 좋을거야.

_ **We'd better** find a place to rest. 쉴 장소를 찾아봐야겠어.

_ **We'd better** see Mr. Wilson this afternoon. 오늘 오후에 윌슨 씨를 만나야겠어.

Dialog ▷▷

A : Don't copy that. It's against the law. 그거 베끼지마. 불법야.
B : Right. We'd better purchase a new one. 알았어. 새로운 것을 사야겠군.

004 We'd better not~ …하지 않는게 좋을 걸

Point ▷▷ 역시 We'd better+V의 부정은 We'd better not+V라고 하면 된다.

Pattern ▷▷

_ **We'd better not** spend all of our money. 우리 돈을 다 쓰지 않는게 좋을거야.

_ **We'd better not** stay out after midnight. 자정 전에는 집에 들어와야지.

_ **We'd better not** use his notebook computer. 걔 노트북을 사용하지 않는게 좋아.

_ **We'd better not** break any dishes. 접시 하나라도 깨면 안돼.

_ **We'd better not** skip school today. 우리는 오늘 수업을 빼먹지 않는게 좋을거야.

Dialog ▷▷

A : We'd better not spend all our money. 우린 돈을 다 쓰지 않는게 나아.
B : We are going to have to establish a budget. 우리 예산을 세워야 할거야.

---

001 **You'd better~** 넌 …해라

Point » You'd better+동사는 보통 친구나 아랫사람에게 하는 말로 「…해라」, 「…하는 게 좋을 것」이라는 뜻으로 충고내지는 문맥에 따라서는 경고로 쓰이기도 한다.

Pattern »
_ **You'd better** do it right now. 지금 바로 이거 해.

_ **You'd better** hurry up so we can go. 같이 나가려면 서둘러.

_ **You'd better** be on time tomorrow. 내일 늦지 않도록 해라.

_ **You'd better** be careful. 조심해라.

_ **You'd better** talk to him before it becomes a habit. 습관되기 전에 걔에게 말해.

Dialog »
A : I suspect that my son has been smoking. 왠지 우리 아들이 담배를 피우는 것 같아.
B: You'd better talk to him before it becomes a habit. 습관되기 전에 아이에게 타일러야 해.

---

002 **You'd better not~** 넌 …하지 마라

Point » 부정형은 You'd better not do this처럼 better 다음에 not을 붙이면 된다.

Pattern »
_ **You'd better not** go outside. It's too cold. 나가지 마. 밖은 너무 추워.

_ **You'd better not** take those with you. 그것들 가지고 가지마.

_ **You'd better not** lie to your dad. 아빠에게 거짓말하지 마라.

_ **You'd better not** go swimming in the ocean. 바다에 가서 수영을 하지 마라.

_ **You'd better not** be late with this. 이거 하는데 늦지 않도록 해라.

Dialog »
A : You'd better not go there again. 다시는 안 가는게 좋겠어
B : Don't worry, I won't. 걱정마, 안 갈테니까.

---

003 **He'd better~** 걘 …하는게 나아, …해야 돼

Point » He'd better~에서 'd는 had가 축약된 것이다.

Pattern »
_ **He'd better** talk to me first. 걘 내게 먼저 말을 해야 해.

_ **He'd better** remember how to do it. 걘 그거 하는 법을 기억해야 돼.

_ **He'd better** be nice to my sister. 걘 내 누이에게 착하게 굴어야 돼.

_ **He'd better** use common sense. 걘 상식을 발휘해야 해.

_ **He'd better** behave himself. 걘 행실을 바르게 해야 돼.

Dialog »
A : Carlee is always cheating on Ben. 칼리는 항상 벤을 속이고 바람펴.
B : He'd better find a new girlfriend. 걘 다른 여친을 찾는게 낫겠어.

004 · They had better~ 걔네들은 …하는게 나아

Point » 주어 They와 had better가 만나는 경우.

Pattern »
_ **They had better** start behaving properly. 걔네들은 행동을 바르게 해야 돼.
_ **They had better** hire a good lawyer. 걔네들은 능력있는 변호사를 고용해야 돼.
_ **They had better** wait a while to get married. 걔네들은 좀 있다가 결혼하는게 좋을거야.
_ **They had better** find a solution to the problem. 걔네들은 그 문제의 해결책을 찾아야 돼.

Dialog »
A : Sam and Karen forgot their car keys. 샘과 카렌이 자신들의 자동차 키를 깜박했어.
B : They had better be more careful. 걔네들 좀 더 조심해야겠다.

Pattern 39 »» I used to~

001 · I used to~ …하곤 했었어

Point » would가 과거의 불규칙적인 습관을 말하는 반면 used to는 교회를 규칙적으로 다니듯 과거의 규칙적인 습관을 말하는 것으로 I used to~하게 되면 과거에 「…하곤 했었다」.

Pattern »
_ **I used to** be married to her. 난 걔와 결혼했었어.
_ As you know, **I used to** run this office. 알다시피, 난 이 사무실을 운영했었어.
_ **I used to** go to the houses of my friends. 난 내 친구들 집에 가곤 했었어.
_ **I used to** exercise when I was in college. 대학다닐 때 항상 운동을 했었어.
_ **I used to** like my high school science teacher. 난 내 고교 과학선생님을 좋아 했었어.

Dialog »
A : I'm not who I used to be. 난 예전의 내가 아니야.
B : That's okay. I like you anyway. 괜찮아. 그래도 난 널 좋아해.

002 · I used to think~ …라 생각하곤 했었어

Point » 과거에 「…라 생각했었다」라는 패턴으로 think 다음에는 S+V절을 이어 말하면 된다.

Pattern »
_ **I used to think** I would be rich. 내가 부자가 될거라 생각하곤 했었어.
_ **I used to think** Sam was smarter than me. 샘이 나보다 똑똑하다고 생각하곤 했었어.
_ **I used to think** they would never get divorced. 걔네들은 절대 이혼하지 않을거라 생각했었어.
_ **I used to think** I had to exercise daily. 매일 운동을 해야겠다고 생각했었어.
_ **I used to think** your mother loved me. 네 엄마가 날 사랑한다는 생각을 했었어.

Dialog »
A : I used to think Jill was pretty. 질이 예쁘다고 생각했었어.
B : She is kind of a mess right now. 지금 걘 조금 엉망이야.

003 You used to~ 넌 …하곤 했었어

Point >> 이번에는 상대방이 과거에 규칙적으로 했던 것을 말하는 경우.

Pattern >>
_ **You used to** dress sexy back then. 넌 그 당시에 옷을 섹시하게 입었었어.

_ **You used to** be so sweet. 넌 예전에 상냥했었어.

_ **You used to** be a doctor, right? 너 의사였지, 맞지?

_ **You used to** say that I could come to you for anything.
무슨 일이든 널 찾아와도 된다고 네가 말하곤 했었어.

_ **You used to** tell me the story all the time. 넌 항상 그 얘기를 내게 들려주곤 했었어.

Dialog >>
A : You used to **call me every night.** 넌 매일 저녁 내게 전화했었어.
B : I've been busy and haven't had time. 난 바빠서 그럴 시간이 없었어.

004 He(They) used to~ 걘 …하곤 했었어

Point >> used to는 그 자체가 조동사로 앞에 be나 get이 붙지 않는다. 따라서 get used to하게 되면 used to하고는 전혀 상관없는 표현으로 「…에 적응하다」라는 다른 뜻이 된다.

Pattern >>
_ **She used to** get drunk and pass out on our porch. 걘 취해서 현관앞에 졸도하곤 했었어.

_ **She used to** live in this house. 걘 이 집에서 살았었어.

_ **He used to** like action movies, but now he likes documentaries.
걘 액션영화를 좋아했었는데 지금은 다큐멘터리를 좋아해.

_ **They used to** be here all the time. 걔네들은 늘상 여기에 머물렀었어.

_ **He used** to work for the government. 걘 공무원이었어.

Dialog >>
A : Do Jen and Barry know each other? 젠과 배리는 서로 아는 사이야?
B : They used to **date a few years ago.** 몇년 전에 데이트했었어.

I'm going vs. I'm coming

"I'm going"은 모임 등에 참석하겠다는 의미로 「난 가」라는 의미고 "I'm coming"은 「갈게」라는 뜻. 우리말의 「오다」, 「가다」와는 달리, 영어의 come과 go는 「말을 하는 사람」(speaker)과 그 이야기를 「듣는 사람」(listener)을 기준으로 한 「이동방향」에 따른 구분을 하기 때문이다. 자세히 살펴보면, 말을 하거나 듣는 사람이 있는 곳으로 이동하는 경우에는 come, 그 외의 장소로 움직이는 경우에는 go를 쓴다. 그래서 누가 부를 때는 I'm going이 아니라 I'm coming으로 해야 한다. 결국 I'm going은 내가 상대방이 있는 곳도 아닌 「제 3의 장소」로 이동한다는 의미이고, I'm coming은 「상대방이 있는 곳」(where the other person is)으로 이동한다는 의미이다.

예를 하나 들어본다. 몸이 안좋아 오늘 회사 못 간다고 말하는 경우에, 만약에 내가 말을 하는 상대방이 회사와 관련이 없는 제 3자인 경우에는 "I feel terrible today, so I can't go to work"라고 하지만, 내가 말하는 상대방이 현재 회사에 있는 즉 직장동료나 직장상사인 경우에는 "I feel terrible today, so I can't come to work"라고 해야 되는 것이다. 한편 come과 go처럼 대화를 하는 사람들이 있는 장소를 중심으로 그 용례가 구분되는 동사들이 또 있는데, 말을 하거나 듣는 사람이 있는 곳으로 대상을 이동시킬 때에는 bring을, 그 외의 장소로 이동시킬 때에는 take를 쓰면 된다.

A : Wendy, are you okay? 웬디, 괜찮아?   B : Yeah, I'm fine. 어, 괜찮아.
A : You want to talk, I mean, can I come over? 얘기하고 싶어, 내말은 내가 그리로 갈까?
B : No! Really, no, please, please, that's okay. 아냐, 정말, 제발, 괜찮다고.
A : All right, all right, I'm coming over, and I'm bringing Chinese food.
좋아, 알았어. 내가 갈게, 중국음식가지고 말야.
B : No, don't. I'm not, I'm not hungry. 아냐, 됐어, 난 배 안고픈데.   A : It's for me. 나 먹을려고.

---

001 **It used to~** 그건 …하곤 했었어

Point >> 주어로 대명사 It이 온 경우이다.

Pattern >> _ **It used to** smell bad in here. 여기 냄새는 안좋았었어.

_ **It used to** snow every day in winter. 겨울에는 매일 눈이 내렸었어.

_ **It used to** be difficult to find a job. 취직을 하는건 어려운 일이었어.

_ **It used to** be my favorite food. 그건 내가 좋아하는 음식이었어.

_ **It used to** be a company car and no one looked after it.
회사차였는데 아무도 관리를 안했어.

Dialog >>
A : This place has garbage all over the ground. 이곳 바닥 전체가 쓰레기 투성이네.
B : It used to be the nicest park in the city. 도시에서 가장 좋은 공원이었는데.

---

002 **There used to~** …있었어, 이었어

Point >> There used to 다음에 be 동사가 오면 「(과거에) …이었다, 있었다」라는 상태를 뜻한다.

Pattern >> _ **There used to** be something here. 여기에 뭔가 있었어.

_ **There used to** be a grocery store here. 여기에 식료품점이 있었는데.

_ **There used to** be an old woman living there. 한 노부인이 그곳에 살고 있었어.

_ **There used to** be a bar I drank at. 내가 술을 마시던 술집이 있었는데.

_ **There used to** be twenty people working here. 여기에 20명의 근로자가 있었어.

_ **There used to** be a big tree in the park. 예전엔 공원에 큰 나무가 있었는데.

_ **There used to** be an old house standing here. 여기에 오래된 집이 있었는데.

_ **There used to** be a popular nightclub in my neighborhood.
동네에 유명한 나이트클럽이 있었어.

_ **There used to** be a cat that came to our house. 우리집에 오던 고양이가 있었는데.

Dialog >>
A : There used to be a big tree in the park where I played. 내가 놀던 공원에 큰 나무가 있었는데.
B : I know. I think they cut it down. 그래. 사람들이 잘라버렸나봐.

001 I should have+pp~ 내가 …을 했어야 했는데 (그러지 못했어)

Point >> 조동사+have+pp 형태의 표현 중 영어회화에서 가장 많이 쓰이는 should have+pp로 과거의 후회로 「…을 했어야 했는데」라는 의미이다.

Pattern >>
_ **I should have** called earlier, but I've been very busy. 더 일찍 전화했어야 했는데 바빴어.

_ **I should have** stopped it, but I didn't. 내가 그만 멈췄어야 했는데 그러질 못했어.

_ **I should have** known what you wanted. 네가 뭘 원하는지 알았어야 했는데.

_ **I should have** told you about that sooner. 그것에 대해 더 빨리 네게 말했어야 했는데.

_ **I should have** gotten up early this morning. 오늘 아침에 일찍 일어났어야 하는건데.

Dialog >>
A : I should have gotten up early this morning. 오늘 아침에 일찍 일어났어야 했는데.
B : Yeah, maybe you wouldn't have failed your presentation.
그러게, 그랬으면 아마 프리젠테이션 망치지 않았을텐데.

002 I shouldn't have+pp~ …을 하지 말았어야 했는데 (그랬어)

Point >> 반대로 shouldn't have+pp하게 되면 과거에 하지 말아야 될 일을 했을 경우에 사용하는 패턴.

Pattern >>
_ **I shouldn't have** married so quickly. 난 그렇게 빨리 결혼을 하지 말았어야 했어.

_ **I should not have** hit her. 걜 때리지 말았어야 했는데.

_ **I should not have** lied to you. 네게 거짓말을 하지 말았어야 했는데.

_ **I should have never** said anything. 내가 아무 말도 하지 말았어야 했는데.

_ **I shouldn't have** bought this new car. 이 새 차를 사지 말았어야 했는데.

Dialog >>
A : I shouldn't have tied you up so long. 너무 오래 붙잡고 있었네.
B : No problem, it was great talking to you. 괜찮아. 너와 얘기나누는게 즐거웠어.

003 We should have+pp~ 우리가 …을 했어야 했는데

Point >> 주어가 We로 바뀌었을 뿐 과거를 후회하는 건 동일하다.

Pattern >>
_ **We should have** discussed this. 우리가 이 문제를 논의했어야 했는데.

_ **We should have** stayed around last night. 지난 밤 곁에 남아있었어야 했는데.

_ **We should have** continued on our journey. 우리는 여행을 계속 했어야 했는데.

_ **We should have** left during the break. 우리는 쉬는 동안 출발했어야 했는데.

_ **We should have** put some money in the bank. 우리는 은행에 돈을 저축했어야 했는데.

Dialog >>
A : Our expectations were too high. 우리 기대가 너무 높았어.
B : I know. We should have lowered them. 그래. 기대치를 낮췄어야 했는데.

004 | We shouldn't have+pp~ 우리가 …을 하지 말았어야 했는데

Point » 하지 말아야 할 짓을 하고 나서 집단으로 후회하는 경우.

Pattern »
_ **We shouldn't have** given up during the race. 경주 도중에 포기하지 말았어야 했는데.
_ **We shouldn't have** gone inside the hotel. 우리는 호텔 안으로 들어가지 말았어야 했는데.
_ **We shouldn't have** parked beside that old car. 낡은 차 옆에 주차하지 말았어야 했는데.
_ **We shouldn't have** stayed outside in the rain. 비오는데 밖에 있지 말았어야 했는데.
_ **We shouldn't have** taken our clothes off. 우리는 옷을 벗지 말았어야 했는데.

Dialog »
A : That was the dirtiest hotel ever. 저 호텔은 정말 가장 더러운 호텔이야.
B : We shouldn't have stayed in that place. 우리는 저 호텔에 숙박하지 말았어야 했는데.

Pattern 42 »» **You should have+pp~**

001 | You should have+pp~ 넌 …했어야 했는데 (그러지 못했어)

Point » 주어가 You로 바뀌면 상대방이 과거에 했어야 했는데 그 일을 하지 못한 걸 아쉬워하거나 질책하는 경우가 된다.

Pattern »
_ **You should have** seen it. 넌 그걸 봤어야 했는데.
_ **You should have** said "yes." 넌 "예"라고 말했어야 했는데.
_ **You should have** said something before I met her. 걔 만나기 전에 뭔가 얘기를 해줬어야지.
_ **You should have** checked out my facebook page.
넌 내 페이스북 페이지를 확인해봤어야 했는데.
_ **You should have** argued with them about it. 그들에게 그것에 대해서 따져봤어야 했는데.

Dialog »
A : You should have seen Chris play last night. 지난밤에 크리스가 경기하는 것을 봤어야 하는데.
B : I can imagine! What was the final score? 알만해! 최종 점수는?

002 | You shouldn't have+pp~ 넌 …하지 말았어야 했는데 (그랬어)

Point » 반대로 부정형이 되면 과거에 하지 말았어야 되는 일을 했을 경우에 안타까워서 혹은 화나서 할 수 있는 패턴이다.

Pattern »
_ **You should not have** said that. 넌 그렇게 말하지 말았어야 했는데.
_ **You should not have** done this. 넌 이걸 하지 말았어야 했는데.
_ **You shouldn't have** left me in there. 날 그곳에 내버려 두지 말았어야 했어.
_ **You shouldn't have** gone in his apartment. 넌 걔 아파트에 들어가지 말았어야 했는데.

Dialog »
A : This place feels cold without our campfire. 모닥불이 없으니 이곳이 춥네.
B : You shouldn't have put it out. 끄지 말았어야 했는데.

영어회화
공식패턴
3300

003　He should have+pp~ 걘 …을 했어야 했는데

Point »　이번에는 제 3자가 과거에 후회할 만한 짓을 했을 경우이다.

Pattern »

_ **He should have** known that. 그걸 알았어야지.

_ **He should have** asked me first. 내게 먼저 물어봤어야지.

_ **He should have** thought of that before she married me. 걘 나랑 결혼전에 그 생각을 해봤어야지.

_ **He should have** just showed me where the money was. 돈의 행방을 내게 알려줬어야 했는데.

_ **He should have** slept on the bed. 걔는 침대에서 잠을 잤어야 했는데.

Dialog »

A : Todd finished fifth in the race. 토드는 경주에서 5등했어.

B : He should have **done better than that.** 그거보다는 더 잘했어야 했는데.

004　He shouldn't have+pp~ 걘 …을 하지 말았어야 했는데

Point »　제 3자가 과거에 하면 안되는 짓을 했을 경우에 이를 탓하거나 안타까워 할 때 사용한다.

Pattern »

_ I mean, **he shouldn't have** done that. 내말은, 걘 그렇게 하지 말았어야 했는데.

_ **She shouldn't have** said that stuff. 걘 그 말을 하지 말았어야 했는데.

_ **She shouldn't have** been flirting with you all night.
걘 밤새 네게 치근덕거리지 말았어야 했는데.

_ **He shouldn't have** put off finishing the work. 걘 일 끝내는 걸 미루지 말았어야 했는데.

Dialog »

A : Your brother saw me in the shower. 네 오빠가 내가 샤워하는데 들어왔어.

B : He shouldn't have **come into the bathroom.** 걘 화장실에 들어오지 말았어야 했는데.

Pattern
43 》》 **I can have+pp~**

001　He can't have+pp~ 걔가 …했을 리가 없어

Point »　can have+pp는 강한 추측으로 「…했을 리가 있다」라는 말. 보통 부정형태로 쓰이며 주어는 주로 3인칭이 온다.

Pattern »

_ **He can't have** gone on a date with her. 걔가 그녀와 데이트를 했을 리가 없어.

_ **He can't have** stayed at home. 걔가 집에 머물렀을 리가 없어.

_ **He can't have** accepted the gift from Pete. 걔가 피트로부터 선물을 받았을 리가 없어.

_ **He can't have** hidden it under the bed. 걔가 그걸 침대 밑에 숨겼을 리가 없어.

_ **He can't have** left without the report. 걔가 보고하지도 않고 떠났을 리가 없어.

Dialog »

A : The cop found the gun in your room. 경찰은 네 방에서 총을 발견했어.

B : He can't have **found it there.** 경찰이 방에서 그걸 찾았을 리가 없어.

002 He could have+pp~ 걘 …할 수도 있었어

Point » 그런데 과거에 그렇게 하지 않았다는 의미의 가정법 용법이다.

Pattern »

_ **He could have** put on a nicer suit. 걘 더 멋진 정장을 입을 수도 있었어.

_ **He could have** gone out to the cabin. 걘 오두막으로 갔을 수도 있었어.

_ **He could have** walked over the mountain. 걘 산위를 걸어갔을 수도 있었어

_ **He could have** come into the house. 걔는 집에 들어올 수도 있었어.

_ **He could have** brought out some snacks. 걘 과자를 좀 가져올 수도 있었어.

Dialog »

A : Do you think Carl would've gotten a promotion? 칼이 승진했을거라고 생각해?

B : He could have done it after many tries. 걘 여러번 시도끝에 승진했었을거야.

003 I could have+pp~ 내가 …할 수도 있었을텐데

Point » 역시 그렇게 하지 못했다는 뜻으로 과거의 후회를 나타내는 표현이다. 유감의 표시를 분명히 하기 위해 앞에 I wish~를 붙이기도 한다.

Pattern »

_ **I could have** gotten him to propose. 내가 걔한테 청혼하게끔 할 수도 있었을텐데.

_ **I could have** saved those men. 내가 그 사람들을 구할 수도 있었을텐데.

_ I wish **I could have** been there to protect her. 내가 거기서 걜 보호할 수 있었더라면 좋았을텐데.

_ I wish **I could have** convinced him to come back with me.
나와 함께 돌아오자고 걜 설득할 수 있었더라면 좋았을텐데.

_ **I could have** been killed. 내가 죽었을 수도 있었어.

Dialog »

A : I don't see how we could have missed it. 우리가 어떻게 그걸 놓쳤는지 모르겠어.

B : We were all really tired; it was an honest mistake. 우리 모두 정말 피곤했어. 모르고 한 실수였어.

004 I couldn't have+pp~ 내가 …하지 않을 수도 있었을텐데

Point » 과거의 행동에 대한 후회표현으로 「하지 않았으면 좋았을텐데」, 그렇게 해버린 것을 아쉬워하는 패턴이다.

Pattern »

_ **I couldn't have** come after working all night. 밤새 일하고 나서 올 수가 없었을거야.

_ **I couldn't have** taken it off the table. 난 그것을 테이블에서 떼어낼 수가 없었을거야.

_ **I couldn't have** done it without you. 너없이는 그 일을 하지 못할 수도 있었을텐데.

_ **I couldn't have** known what was going to happen.
무슨 일이 벌어지고 있는지 난 알 수 없었을거야.

_ **I couldn't have** done it alone. 혼자서는 못 했을거야.

Dialog »

A : Tracey visited 30 countries last year. 트레이시는 작년에 30개국을 여행했어.

B : I couldn't have traveled around the world. 나라면 세계일주를 못했을텐데.

Pattern 44 ≫ You can have+pp~

001 You can't have+pp~ 네가 …을 했을 리가 없어

Point ≫ 상대방이 당연히 「…을 하지 못했을거」라는 강한 추측을 말하는 패턴이다.

Pattern ≫
_ **You can't have** done all of your homework. 네가 숙제를 다했을 리가 없어.

_ **You can't have** made it already. 네가 그걸 이미 만들었을 리가 없어.

_ **You can't have** given away all that money. 네가 그 돈을 다 나누어줬을 리가 없어.

_ **You can't have** drunk the whole bottle. 네가 그 병 전체를 다 마셨을 리가 없어.

_ **You can't have** been to her new house. 네가 걔의 새로운 집에 갔다 왔을 리가 없어.

Dialog ≫
A : I took notes while the teacher talked. 선생님이 말하시는 동안 노트를 했어.
B : You can't have written everything down. 넌 모든 걸 다 받아적을 수는 없어.

002 You could have+pp~ 네가 …을 할 수도 있었을텐데

Point ≫ 실제로 그렇게 하지 않았다는 과거를 한탄하는 표현이다.

Pattern ≫
_ **You could have** killed her. 넌 걔를 죽일 수도 있었을텐데.

_ **You could have** just said that. 네가 그렇게 말할 수도 있었을텐데.

_ **You could have** stopped this thing before it even got started.
넌 이 일을 시작도 하기 전에 그만둘 수도 있었을텐데.

_ **You could have** succeeded after many tries. 넌 여러번 시도 후에 성공했을 수도 있었을텐데.

Dialog ≫
A : There was no place for me to sit in the church. 내가 교회에 앉을 자리가 없었어.
B : You could have gone across the aisle. 복도 반대편으로 갈 수도 있었잖아.

003 I wish you could have+pp 네가 …할 수도 있었더라면 얼마나 좋았을까

Point ≫ 가정법문장임을 노골적으로 보여주는 패턴으로 과거에 이루지 못했던 일을 안타까워 말하는 패턴이다.

Pattern ≫
_ **I wish you could have** arrived before lunch. 네가 점심 전에 도착했더라면 얼마나 좋았을까.

_ **I wish you could have** thrown him out the door.
네가 걔를 문밖으로 쫓아냈더라면 얼마나 좋았을까.

_ **I wish you could have** walked through the museum.
네가 박물관을 두루 둘러봤더라면 얼마나 좋았을까.

_ **I wish you could have** flown over New York City. 네가 뉴욕으로 비행기 타고 갔더라면 얼마나 좋았을까.

Dialog ≫
A : We weren't able to take a vacation this summer. 이번 여름에 휴가를 갈 수 없었어.
B : I wish you could have rented a cottage near the ocean. 네가 바닷가 오두막을 빌릴 수 있었더라면 좋았을텐데.

You couldn't have+pp~ 네가 …하지 않았을 수도 있었을텐데

Point >> 실제로는 아쉽게도 그렇게 했다는 문장.

Pattern >>

_ **You couldn't have** told me about this on the phone?

전화할 때 내게 얘기를 하지 않았을 수도 있었다고?

_ **You couldn't have** at least changed your shirt.

적어도 네가 셔츠를 갈아입지 않았을 수도 있었을텐데.

_ **You couldn't have** waited till we got back.

우리가 돌아올 때까지 네가 기다리지 않았을 수도 있었을텐데.

_ **You couldn't have** gotten into the safe. 네가 금고안에 들어가지 않았을 수도 있었을텐데.

Dialog >>

A : I think the boss may have left the building. 사장님이 건물밖으로 나가셨을 것 같아.

B : You couldn't have **seen him go out the door.** 네가 사장님이 문밖으로 나가는 걸 봤을 리가 없어.

Pattern 45 >> I may have+pp~

I may have+pp~ …였을지도 몰라, …였을 수도 있어

Point >> 과거에 확실하지 않은 이야기를, 즉 추측을 할 때 사용하는 패턴.

Pattern >>

_ **I may have** never said that, but now I did. 내가 절대 그렇게 말했을 리가 없지만 지금은 그렇게 말했어.

_ **I may have** said those things before but, I never truly meant them.

내가 전에 그런 일들을 말했을지도 모르지만 전혀 진심이 아니었어.

_ I think **I may have** asked all my questions. 내가 할 질문들을 다 물어봤을 수도 있을 것 같아.

_ **I may have** told a few stories about the old days.

내가 과거에 대해 이야기를 좀 했을지도 몰라.

_ I was worried that **I may have** caused some big problems.

저 때문에 큰 문제가 생길까봐 걱정했어요.

Dialog >>

A : Has anyone seen Jane all day? 오늘 누구 제인 본 사람있어?

B : I may have **seen Jane through the window.** 창문 통해서 걔를 봤을런지도 몰라.

---

002 I might have+pp~ …하였을지도 몰라

Point »

과거의 약한 추측을 나타내는 말로 「…하였을 지도 모른다」라는 의미. 더 의미를 약화시키기 위해 앞에 I think~ 를 붙이기도 한다.

Pattern »

_ I think **I might have** killed him. 내가 걔를 죽였을지도 모를 것 같아.

_ I think **I might have** just found our murder weapon.
금방 살인무기를 발견했을 수도 있을 것 같아.

_ If I had waited, **I might have** lost my nerve. 내가 기다렸더라면 내가 주눅이 들었을지도 몰라.

_ **I might have** been hiding stuff. 내가 물건들을 숨겨뒀을지도 몰라.

_ They **might have** finished by writing quickly. 걔네들은 빨리 작성해서 끝마쳤을지도 몰라.

Dialog »

A : I might have broken a gift for my boss. 사장님 줄 선물을 망가트렸을지도 몰라.

B : Oh no, you're going to have to buy another one. 이런. 너 다른 선물 사야겠다.

003 I must have+pp~ …했었음에 틀림없어

Point »

must have+pp는 과거사실에 대한 강한 추측을 표현한다.

Pattern »

_ **I must have** forgotten that day. 내가 그 날을 잊었음에 틀림없어.

_ **I must have** fallen asleep during the class. 내가 수업 중에 졸았던게 분명해.

_ **I must have** fallen asleep at the wheel for a second.
내가 잠시 운전대에서 깜박 졸았음에 틀림없어.

_ **I must have** left it at home. I'll bring it by tonight.
내가 집에 그걸 놔두고 온게 틀림없어. 저녁에 가져올게.

_ **I must have** traveled around the whole city. 난 도시 전체를 구경했음에 틀림없어.

Dialog »

A : What happened to your car? 네 차 왜 그래?

B : Someone must have hit it in the parking lot. 누가 주차장에서 치고 간 것 같아.

004 You must have+pp~ 네가 …했었음에 틀림없어

Point »

상대방의 과거의 상태나 행동에 대한 강한 추측을 나타낸다.

Pattern »

_ **You must have** been hungry. 배고팠겠구만.

_ **You must have** considered the possibility. 넌 그 가능성을 고려했었구나.

_ **You must have** been so desperate. 넌 절박했음에 틀림없어.

_ **You must have** been very busy. 매우 바빴겠네.

_ **You must have** been calm until you got angry. 네가 화를 내기 전까지는 냉정했었구나.

Dialog »

A : Wow, you must have been a cat in your former life. 넌 전생에 고양이였던게 틀림없어.

B : Why do you say that? 어째서 그렇게 말하는데?

주어+have +pp(현재완료)

001   I have+pp~ 난 …했어, …해봤어, …해

Point »

현재시제와 과거시제 2개를 묶어서 3등분했다고나 할까. 현재시제가 있고 과거시제가 있고 그리고 과거부터 현재까지 이어져오는 표현법이 있는데 이게 바로 현재완료이다.

Pattern »

_ **Jill and I have** decided to live together. 질과 나는 함께 살기로 결정했어.

_ **I've** decided to break up with her. 쟤랑 헤어지기로 결정했어.

_ I am sorry to **have** kept you waiting for so long. 오래 기다리게 해서 미안.

_ **I have** lost my keys. 열쇠를 잃어버렸어.

_ **I have** seen her twice before. 전에 걔를 두번 봤어.

Dialog »

> A : Are you sure that they carry that particular brand? 여기서 그 상표를 취급하는 게 분명해?
> B : Yes, because I have bought them here before. 그럼, 내가 전에 여기서 그걸 구입했는걸.

002   I have seen~ …을 봤어

Point »

현재완료로 많이 쓰이는 대표적인 형태로 과거시제를 써서 I saw~라고 해도 된다.

Pattern »

_ **I have seen** this man in a strip club. 난 스트립클럽에서 이 남자를 본 적이 있어.

_ **I have seen** this happen a lot. 이런 일이 자주 일어나는 걸 봐왔어.

_ And now **I have seen** her naked. 이제 난 걔의 벗은 몸을 봤어.

_ **I've seen** you do it a million times. 난 네가 수없이 그짓을 하는 걸 봤어.

_ It was one of the best films **I've seen** this year. 이건 금년에 내가 본 최고의 영화 중 하나야.

Dialog »

> A : What do you think it is? 이게 뭐라고 생각해?
> B : It seems to me that I've seen it before somewhere. 전에 어딘가에서 본 것 같은데.

003   I have heard~ …라고 들었어

Point »

무슨 소식을 들어서 알고 있다는 뉘앙스를 풍기는 패턴.

Pattern »

_ **I've heard** a lot about your gallery. 난 네 화랑에 대해 얘기를 많이 들어왔어.

_ **I've heard** a lot about you. 너에 관해 얘기 많이 들었어.

_ **I've heard** that you failed the entrance exam. 입학시험에 떨어졌다며.

_ **I have heard** you were going to get married. 너 결혼할거라고 그러던데.

_ **I've heard** that Korea has an extremely high cost of living.
한국은 생활비가 대단히 비싸다고 들었는데.

Dialog »

> A : I've heard about the Great Wall of China. 중국의 만리장성에 대해 들어봤어.
> B : Would you like to go and visit it? 가서 보고 싶어?

004 I have tried to[~ing]~ …하려고 했어, …을 해봤어

Point >> 과거에 뭔가 하려고 시도했음을 말하는 패턴이다.

Pattern >>
_ **I have tried to** talk to her. 난 걔와 얘기를 하려고 했어.

_ **I have tried to** leave him so many times. 난 여러번 걔를 떠나려고 했어.

_ **I have tried to** make you feel comfortable with us. 네가 우리에게 편안함을 느끼도록 했어.

_ **I have tried** apologizing to you. 난 네게 사과하려고 했어.

_ **I have tried to** go fishing with Dad. 난 아버지와 낚시하러 가려고 했어.

Dialog >>
A : I've tried and tried, but I can't come up with a solution. 계속 해봤는데, 답이 안 나와.

B : Maybe you need to take a break and do something else.
너, 잠깐 쉬면서 그거 말구 다른 일을 해보는 게 좋을 것 같다.

Pattern 02 >> I have been~

001 I have been~ 난 …해, …에 갔다왔어

Point >> have been+형용사[명사]면 어떤 상태나 상황이 과거부터 「…하다」라는 뜻이고 I have been 전치사+N이라고 쓰면 「…에 가본 적이 있다」, 「…에 갔다왔다」라는 의미가 된다.

Pattern >>
_ **I have been** a divorce attorney for 23 years. 난 이혼변호사를 23년간이나 했어.

_ **I have been** in prison for the last eight months. 지난 8개월동안 난 감방에 갔다왔어.

_ **I have been** in the bathroom. 나 화장실 갔다왔어.

_ **I've been** in therapy since I was 18. 18세 이후로 계속 상담치료를 받아왔어.

Dialog >>
A : Hello Peter, where have you been? 야 피터, 어디 갔었어?

B : Hi. I have been in the bathroom. 어, 화장실에.

002 I have been+~ing …을 하고 있었어

Point >> 과거에 행동이 계속 진행되고 있음을 강조하는 패턴. I have+pp에서 pp 대신에 been~ing을 썼다.

Pattern >>
_ **I have been** looking for you. 난 너를 찾고 있었어.

_ **I have been** thinking about it, and you were right. 그 생각을 해봤는데 네말이 맞았어.

_ **I have been** trying to apologize to him all week! 주내내 걔한테 사과하려고 했었어!

_ **I've been** waiting to go out with you. You done? 너랑 나갈려고 기다리고 있어. 다했니?

Dialog >>
A : How long have you been working on that project? 그 프로젝트 작업을 얼마나 오랫동안 하고 있는거야?

B : I have been working on it all day long. 하루종일 이 일에만 매달려 있었어.

I have been+pp~ 난 …해왔어, 난 …됐어

Point >> 현재완료 수동태형으로 주어는 pp(타동사)의 행위를 받는 경우이다.

Pattern >>

_ **I have been** married for 27 years. 난 결혼한지 27년 됐어.

_ **I have been** hired to sing at a wedding this weekend. 이번 주말 결혼식에서 노래부르기로 했어.

_ **I have been** invited to go to Paris. 난 파리에 오라는 초대를 받았어.

_ **I have been** trapped in this bed all day long. 종일 이 침대에서 뒹굴었어.

Dialog >>

A : We can't open this lock. 이 열쇠를 열 수가 없어.

B : I have been **given the key.** 내가 열쇠를 받았어.

Have I+pp~ ? 내가 …했어?

Point >> 현재완료 의문형으로 내가 과거에 「…을 했는지」 물어보는 문장이다.

Pattern >>

_ **Have I** told you that one before? 내가 전에 그 얘기했지?

_ **Have I** been pushing you too hard? 내가 널 너무 몰아붙이는거야?

_ **Have I** mentioned how unbelievable you look in that dress?
네가 그 옷 입으면 아주 멋지다고 내가 얘기했지?

_ **Have I** become a burden? Is that what you're saying? 내가 부담돼? 지금 그 말하는거야?

_ **Have I** been in the building where you live? 네가 살고 있는 빌딩에 내가 있었던거야?

Dialog >>

A : Have I **been to that movie theater?** 내가 저 극장 가본 적 있어?

B : Yeah, I think we saw a movie there once. 어, 우리 거기서 한 번 영화본 것 같아.

Pattern
03 >> I haven't+pp~

I haven't+pp~ 난 …하지 않았어

Point >> 현재완료의 부정형태로 과거에 「내가 …하지 않았다」는 의미.

Pattern >>

_ **I haven't** even invited you yet. 난 너를 초대하지도 않았어.

_ **I haven't** finished my pizza. 난 내 피자를 다 먹지도 않았어.

_ **I haven't** seen her in a while. 난 한동안 걔를 보지 못했어.

_ **I haven't** made up my mind yet. 아직 결정을 못했는데.

_ **I haven't** eaten in over eight hours. I am starving. 8시간 넘게 아무것도 못 먹었어. 배고파 죽겠어.

Dialog >>

A : How have you been? I haven't **heard from you in a while.** 어떻게 지냈니? 한동안 네 소식을 못 들었어.

B : I've been okay, but I had a hard time last month. 잘 지내고 있어. 그런데 지난 달에는 엄청 고생을 했지.

002 I have never+pp~ 난 절대로 …하지 않았어

Point >> I haven't+pp를 강조하려면 not 대신에 never를 쓰면 된다.

Pattern >>

_ **I've never** met anyone like her. 난 걔와 같은 사람을 만난 적이 없어.

_ **I've never** had a problem with it. 난 그거에 절대로 문제가 없었어.

_ **I've never** loved anybody as much as I love you.
내가 다른 사람 누구도 너만큼 사랑해본 적이 없어.

_ **I've never** seen anything like that in the business world.
비즈니스 세계에서 저런 건 본 적이 없어.

_ **I've never** seen anyone drink that much. 그렇게 마셔대는 사람은 처음 봤다니까.

Dialog >>

A : We went to a club called Inferno. 우리는 인페르노라는 클럽에 갔었어.

B : I have never heard of that place. 그 장소는 들어본 적이 없는데.

003 I haven't been~ 난 …하지 않았어

Point >> 현재완료 부정형이지만 pp의 자리에 been이 오고 다음에 형용사나 부사 혹은 pp가 오는 경우로 과거부터 지금까지의 상황이 그렇지 않음을 표현한다. 역시 강조하려면 not 대신에 never를 쓴다.

Pattern >>

_ **I haven't been** able to reach her. 난 걔에게 연락을 취할 수가 없었어.

_ **I haven't been** out on a date in so long. 난 오랫동안 데이트를 하지 않았어.

_ **I haven't been** with anyone since my divorce. 난 이혼 후에 누굴 사귄 적이 없어.

_ **I've never been** drunk and did something I regretted.
난 취해서 후회할 짓을 해본 적이 없어.

_ **I haven't been** feeling well. 난 기분이 좋지 않았어.

Dialog >>

A : Are you still smoking? 너 아직도 담배피니?

B : Unfortunately I haven't been able to break the habit just yet.
안타깝게도 난 아직도 그 습관을 버리지 못했어.

004 I have never been to~ 한번도 …에 가본 적이 없어

Point >> I have been to[in]~ 형태로 과거의 경험을 물어보는 현재완료의 부정형이다.

Pattern >>

_ **I've never been to** Japan. 난 일본에 가본 적이 없어.

_ **I've never been to** a spa. 난 스파에 가본 적이 없어.

_ **I've never been to** your apartment. 난 네 아파트에 가본 적이 없어.

_ **I haven't been to** church for a few sundays. 난 몇주간 교회에 가지 않았어.

_ **I've never been to** a bachelor party before. 전에 총각파티에 가본 적이 없어.

Dialog >>

A : I have never been to the restaurant at the train station. 기차역 식당에 한번도 가본 적이 없어.

B : Don't go. The food there is terrible. 가지마. 그곳 음식 아주 형편없어.

>> We have+pp~

---

001 ## We have+pp~ 우린 …했어, 우린 …해

Point >> 주어가 We인 경우의 현재완료로 대표적인 것은 have got이 있는데 have를 생략해서 그냥 got~이라고도 한다.

Pattern >>
_ **We've** got a problem. 우리 문제가 있어.

_ **We have** waited so long for this. 우리는 이걸 오래동안 기다려왔어.

_ **We have** installed a number of new security measures.
우린 많은 보안장치를 새롭게 설치했어.

_ **We have** come a long way for such a small company.
우린 정말 자그마한 회사에서 장족의 발전을 했어.

_ **We have** put the money in the bank. 우리는 은행에 돈을 넣어놨어.

Dialog >>
A : Are you sure there's enough to eat? 먹을게 충분하다고 확신해?
B : We've got food for everyone. 모두가 먹을 음식이 있어.

---

002 ## We have been~ 우린 …해

Point >> 과거부터 어떤 상태가 계속 됨을 나타내는 것으로 been 다음에는 명사나 형용사가 오게 된다.

Pattern >>
_ **We've been** here for over an hour. 우린 여기 한시간 넘게 있었어.

_ **We have been** pretty busy as well. 우리도 그동안 꽤 바빴는 걸 뭐.

_ I feel like **we've been** here before. 우리 전에 여기 와본 것 같아.

_ **We've been** in India for three weeks. 3주간 인도에 갔었어.

_ **We've been** in the red now for over two years. 우린 지금 2년 넘게 계속 적자상태야.

Dialog >>
A : I haven't seen you guys in a while. 너 한동안 안보이던데.
B : We have been on vacation. 휴가 갔다 왔어.

---

003 ## We have been+ ~ing 우린 …을 하고 있어

Point >> 현재완료 진행형으로 pp 대신에 been ~ing로 쓰면 된다. been이 있다고 수동태로 생각하면 안된다.

Pattern >>
_ **We've been** driving for a half-hour. 우린 30분 동안 드라이브하고 있어.

_ **We've been** dating for six weeks. 우린 6주간 데이트하고 있어.

_ **We have been** sleeping in the bedroom. 우리는 침대에서 잠을 자고 있어.

_ **We have been** hoping for some good luck. 우리는 좀 운이 좋기를 기대하고 있어.

_ **We've been** trying to get pregnant for ages. 우린 오랫동안 임신을 하려고 하고 있어.

Dialog >>
A : We've been working hard all morning. 오전 내내 열심히 일했어.
B : I agree. Let's take a coffee break. 맞아. 잠깐 커피 마시면서 쉬자.

004 　Have we+pp~ ? 우리가 …했어?

Point >> 과거에 우리가 pp를 한 적이 있냐고 물어보는 패턴으로 Have we met before?(우리 전에 본 적 있어요?)가 대표표현이다.

Pattern >>
_ **Have we** met before? 우리 전에 만난 적 있나요?

_ **Have we** heard anything? 뭐 소식 들은거 있어?

_ **Have we** kissed and made up? 우리 키스하고 화해한거야?

_ **Have we** done something wrong? 우리가 뭐 잘못한거야?

_ **Have we** got a hotel reservation near the ocean? 우리는 바다 근처에 호텔예약을 한거야?

Dialog >>
A : Have we gone over the homework assignment? 우리 과제물 검토해봤어?
B : No, let's do that after we eat lunch. 아니, 점심 먹고 나서 해보자.

Pattern 05 >> We haven't+pp~

001 　We haven't+pp~ 우리는 …하지 않았어

Point >> We have+pp의 부정형으로 pp에 have 동사가 자리를 차지할 경우 We haven't had~라고 쓴다.

Pattern >>
_ **We haven't** tried that yet. 우린 아직 그걸 시도해보지 않았어.

_ **We haven't** decided anything yet. 우린 아직 아무것도 결정하지 않았어.

_ **We haven't** actually broken any law. 실은 우리는 아무런 위법행위도 하지 않았어.

_ **We haven't** thought about that stuff. 그거에 대해 생각해본 적이 없어.

Dialog >>
A : How does it look on the ocean liner? 여객선 위에서는 어때 보여?
B : We haven't been aboard the ship yet. 우리 아직 배에 타지 못했어.

002 　We've never+pp~ 우리는 절대로 …하지 않았어

Point >> We haven't+pp의 강조형으로 We have never~보다는 We've never~로 더 많이 쓰인다.

Pattern >>
_ **We've never** done this before. 우린 전에 이걸 해본 적이 없어.

_ **We've never** seen New York. 우리는 전혀 뉴욕에 가본 적이 없어.

_ **We've never** had a deep conversation. 우린 깊이 있는 대화를 나눠본 적이 없어.

_ **We've never** talked about this. 우리는 절대로 이거에 관해 얘기하지 않았어.

_ **We've never** heard of such a thing. 그런 일은 들어본 적이 없어.

Dialog >>
A : Have you had the chance to hike on the trails? 산길을 하이킹해본 적이 있어?
B : We've never hiked around the mountain. 산 주변을 하이킹해본 적은 없어.

003 We haven't been~ 우리는 …하지 않았어

Point » been 다음에는 형용사[부사], ~ing, 혹은 pp가 오게 된다.

Pattern »

_ **We haven't been** able to find her. 우리는 걔를 찾을 수가 없었어.

_ **We haven't been** dating that long. 우리는 그렇게 오랫동안 사귀지 않았어.

_ **We haven't been** together since we were 15. 우리는 15세 이후로 함께 있지 않았어.

_ **We've never formally been** introduced. 우리는 정식으로 통성명한 적은 없어요.

_ **We've never been** to a bachelor party before. 우리는 전에 총각파티에 가본 적이 없어.

Dialog »

A : I heard everyone has worked very hard. 다들 매우 열심히 일한다고 들었어.

B : We haven't been out of the office all day. 하루 종일 사무실에서 일했어.

Pattern 06 »» You have+pp~

001 You have+pp~ 넌 …했어

Point » 상대방이 과거에 …해서 현재까지 영향을 주고 있을 때 사용하는 패턴으로 이때 과거라고 너무 먼 과거만 생각하면 안된다. 1초전의 일도 과거로 생각해서 현재완료를 쓸 수도 있기 때문이다.

Pattern »

_ **You have** changed your mind. 넌 변심했어.

_ **You have** worked incredibly hard. 넌 정말 죽어라 열심히 일했어.

_ **You have** reached Chris Suh. 크리스 서입니다.

_ **You've** got a point there. 당신 말이 맞아요.

Dialog »

A : I'm just a bit depressed about my life. 사는 게 좀 막막해서 그래.

B : Cheer up! You've got nothing to be down about. 기운내라구! 풀죽을 일이 뭐 있다고 그래.

002 You have been~ 넌 …였[했]어, 넌 …을 해본 적 있어

Point » You have been~다음에 명사나 형용사가 오는 경우로 과거에 계속되는 어떤 상태나 경험을 물어본다.

Pattern »

_ **You have been** maid of honor before? 너 전에 신부들러리를 해봤어?

_ **You have been** very good to me and my brother. 넌 나와 내 동생에게 아주 잘해줬어.

_ **You've been** very helpful. 넌 도움이 많이 됐어.

_ **You have been** difficult to find. 너 찾기 무척 힘들었어.

_ **You've only been** married three years! 넌 결혼한지 3년밖에 안됐잖아!

Dialog »

A : I'm sorry, I didn't mean to yell at you in front of everyone. 미안, 사람들 앞에서 소리지르려고 했던 건 아냐.

B : I know, you've been under a lot of stress lately. 알아, 너 최근 엄청 스트레스 받았잖아.

003 You have been+ ~ing 넌 …하고 있었어

Point » 현재완료 진행형(능동태)으로 상대방이 과거부터 지금까지 계속 뭔가 하고 있다고 말할 때 사용하는 패턴이다.

Pattern »
_ **You've been** waiting for him to fail. 넌 걔가 실패하기를 기다렸어.
_ **You've been** attending church? 네가 교회를 다닌다고?
_ **You've been** studying for your exams? 너 시험공부를 하고 있다고?
_ **You've been** using my razor? 내 면도기를 사용하고 있다고?
_ **You've been** working so hard these days. 넌 요즘 너무 무리했어.

Dialog »
A : You have been leaving trash inside my office. 너 내 사무실 안에 쓰레기를 놔두고 갔어.
B : I'm sorry, I'll clean it up later. 미안, 나중에 내가 치울게.

004 Have you+pp~ ? …했어, …한 적 있어?

Point » 현재완료의 의문형으로 상대방에게 「…한 적이 있는지」를 물어볼 때 유용하게 써먹을 수 있다. Have you+pp~? 혹은 ever를 삽입하여 강조하면서 Have you ever+pp~?라고 해도 된다.

Pattern »
_ **Have you** lost your mind? 너 정신나갔어?
_ **Have you** forgiven your husband? 네 남편을 용서했어?
_ **Have you** made a decision? 너 결정했어?
_ **Have you** really done this before? 전에 이거 해본 적 있어?
_ **Have you** kissed her yet? 걔한테 키스를 해봤어?

Dialog »
A : I'm getting ready to play soccer. 축구할 준비됐어.
B : Have you stretched out your muscles? 근육 풀었어?

Pattern 07 » Have you been~ ?

001 Have you been~? …했어?

Point » 과거의 상태나 상황을 말하는 경우로 Have you+pp~에서 pp대신에 been+형용사[부사]가 오는 경우이다.

Pattern »
_ **Have you been** here all night? 밤새 여기 있었어?
_ **Have you ever been** with a woman? 여자랑 사귀어 본 적 있어?
_ **Have you been** faithful to your wife? 네 아내 몰래 바람핀 적 없어?
_ **Have you been** up all night doing this? 이거 하느라고 밤샌거야?
_ **Have you been** happy with your new schedule? 네 새로운 일정에 만족했어?

Dialog »
A : Have you been outside of our country? 해외에 나가본 적이 있어?
B : No, I've never even gotten a passport. 아니, 여권을 만들어본 적도 없어.

Have you been+~ing? 계속 …하고 있어?

Point >> been 다음에 ~ing가 오는 점에 주목한다. 수동태가 아니라 능동형 문장으로 과거부터 계속적으로 진행되고 있음을 강조하는 패턴이다.

Pattern >>
_ **Have you been** working out? 계속 운동을 하고 있어?
_ **Have you been** thinking about me? 계속 내 생각을 하고 있어?
_ **Have you been** taking your arthritis medication? 관절약을 계속 먹고 있어?
_ **Have you been** sitting there all this time? 지금껏 내내 거기 앉아 있었던거야?
_ **Have you been** thinking about my proposal? 내 제안 생각해봤어?

Dialog >>
A : Have you been in my room? 내 방에 갔었어?
B : No, I never went near your room. 아니, 난 절대로 네 방근처에 가지 않았어.

Have you (ever) been to+ ~? …에 가본 적 있니?

Point >> 상대방에게 경험을 물어보는 것으로 물리적일 경우에는 to+장소[사람], 추상적인 경우에는 with~를 쓰면 된다.

Pattern >>
_ **Have you been to** Switzerland? 스위스에 가본 적이 있어?
_ **Have you been to** the police? 경찰서에 가본 적이 있어?
_ **Have you ever actually been** with a woman? 여자랑 실제로 사귀어 본 적이 있어?
_ **Have you been to** the fifth floor? 5층에는 가보셨나요?
_ **Have you ever been to** Disneyland? 디즈니랜드에 가본 적 있어?

Dialog >>
A : Have you been to the fifth floor? 5층에는 가보셨나요?
B : No. What's on the fifth floor? 아뇨. 5층에 뭐가 있는데요?

Have you been to+V? …한 적이 있어?

Point >> 상대방에게 경험을 물어보는 형태의 문장이다.

Pattern >>
_ **Have you been to** see Tommen yet? 토멘을 본 적이 있어?
_ **Have you been to** see her? 너 걔를 만나본 적이 있어?
_ **Have you been to** see your teacher? 네 선생님을 만나 본 적이 있어?
_ **Have you been to** visit the mountains? 산행을 해본 적이 있어?

Dialog >>
A : Have you been to see the Grand Canyon? 그랜드 캐년에 가봤어?
B : No, but I'd like to go there some day. 아니, 하지만 언젠가 한번 가보고 싶어.

Pattern 08 ≫ Have you ever~ ?

001

Point ≫

Have you ever+pp ~ ? …해봤어?

상대방에게 「…을 한번이라도 해본 적이 있는지」 물어보는 의문문 패턴.

Pattern ≫

_ **Have you ever** thought about having children? 애낳을 생각을 해본 적이 있어?

_ **Have you ever** thought about playing your songs for kids?
아이들을 위해 노래를 연주할 생각해본 적 있어?

_ **Have you ever** thought about being there for her? 걔를 위해 거기 갈 생각해본 적이 있어?

_ **Have you ever** had a car accident before? 이전에 자동차 사고 나본 적 있어?

Dialog ≫

A : I really want to go to graduate school. 정말이지 대학원에 진학하고 싶어.

B : Have you ever been accepted into a graduate program?
대학원 과정에 입학허가를 받은 적이 있어?

002

Point ≫

Have you (ever) known~ ? …을 알고 있어?

상대방에게 「…을 알고 있냐?」고 물어보는 대표적인 패턴으로 특히 Have you known sb to+V?가 되면 sb가
to+V를 하는 것을 알고 있냐고 확인하는 문장이 된다.

Pattern ≫

_ **Have you known** each other long? 서로 오랫동안 아는 사이야?

_ **Have you ever known** anyone from Asia? 아시아 출신 사람 아는 사람있어?

_ **Have you ever known** John to lie? 존이 거짓말하는 것을 본 적이 있어?

_ **Have you ever known** her to be late? 걔가 늦은 적이 있어?

_ **Have you ever known** any famous people? 유명한 사람 누구라도 아는 사람있어?

Dialog ≫

A : Have you ever known anyone from Africa? 아프리카 사람 만나본 적이 있어?

B : No, I don't meet many international people. 난 많은 해외사람을 만나지 않아.

003

Point ≫

Have you (ever) seen~? …을 봤어?, …을 알고 있어?

see 그대로 본 적이 있는지 혹은 비유적으로 「…을 알고 있는지」를 물어본다.

Pattern ≫

_ **Have you ever seen** anything like this? 저런 거 본 적 있어?

_ **Have you ever seen** any Hitchcock movies? 히치콕 영화를 하나라도 본 적 있어?

_ **Have you ever seen** Alex like that? 알렉스가 저런 거 처음 봤지?

_ **Have you ever seen** any place like this? 이런 장소 본 적 있어?

_ **Have you ever seen** him act that way before? 너 전에 저 친구가 저런 짓 하는거 본 적 있어?

Dialog ≫

A : Have you ever seen my engagement ring? 내 약혼반지를 봤어?

B : Yeah, you showed it to me last week. 어, 지난주에 내게 보여줬잖아.

Have you (ever) heard~ ? …을 들어본 적 있어?

Point » 상대방에게 「…을 들어본 적이 있는지」를 물어보는 패턴.

Pattern »

_ **Have you heard** of this? 이거 들어본 적 있어?

_ **Have you ever heard** that name? 그 이름을 들어본 적이 있어?

_ **Have you heard** anything on Jack? 잭에 관한 소식을 들어본 적이 있어?

_ **Have you heard** from Jack? He's not answering his phone.
잭으로부터 소식들은 적 있어? 전화를 받지 않아서.

_ **Have you ever heard** him talk about his father? 걔가 자기 아버지 얘기하는 거 들어본 적 있어?

Dialog »

A : Have you ever heard of my boss? 내 사장 얘기 들어봤어?

B : He's pretty famous in our industry. 우리 업계에서 꽤 유명해.

Pattern
09 » **You haven't+pp~**

You haven't+pp~ 넌 …하지 않았어

Point » 상대방이 (과거부터) …을 하지 않았을 때 사용하는 표현으로 강조하려면 You've never+pp라고 하면 된다.

Pattern »

_ **You haven't** given me a chance. 넌 내게 기회를 주지 않았어.

_ **You haven't** spoken to her recently? 최근에 걔와 대화를 나눠본 적이 없어?

_ **You haven't** cleaned up your room. 넌 네 방을 청소하지 않았어.

_ **You've never** called me your girlfriend before. 넌 전에 날 여자친구라고 불러본 적이 없어.

_ **You've never** spent the night at my place. 넌 내 집에서 밤을 지샌 적이 없어.

Dialog »

A : You haven't asked her yet, have you? 아직 그여자한테 안 물어봤지, 그지?

B : No, not yet. Maybe tonight. 응, 아직. 오늘밤쯤 물어볼게.

You haven't been~ 넌 …하지 않았어

Point » been 다음에 형용사[부사], to+N, 혹은 pp 등 다양한 형태가 이어진다.

Pattern »

_ **You haven't been** out in so long? 그렇게 오래동안 밖에 나가지 않은거야?

_ **You've never been** in love. 넌 절대로 사랑을 해본 적이 없어.

_ **You've never been** to New York? 뉴욕에 가본 적이 없어?

_ **You haven't been** home before 8:00 in weeks. 몇 주일이나 8시 전에 귀가한 적이 없잖아?

Dialog »

A : You haven't been taking your medicine. 넌 네 약을 먹지 않았어.

B : No, and I've gotten a lot sicker. 어, 그리고 난 더 병이 들었어.

003 You haven't been+ ~ing 넌 …하고 있지 않았어

Point » 상대방이 과거부터 「…을 하고 있지 않았음」을 강조하는 표현으로 능동형 문장이다.

Pattern »
_ You haven't been answering your calls. 넌 계속 전화를 받지 않았어
_ You haven't been returning any of my calls. 넌 계속 내 전화에 리턴콜을 하지 않았어.
_ You haven't been taking my calls in a week! 넌 일주일동안 내 전화를 받지 않았어!
_ You haven't been doing your exercises. 넌 네 운동을 계속 하지 않았어.
_ You haven't been sleeping much lately. 넌 최근에 잠을 충분히 자지 못했어.

Dialog »
A : You haven't been jogging this week. 넌 이번 주에 조깅을 하지 않았어.
B : I haven't had the time to exercise. 난 운동할 시간이 없었어.

004 Haven't you+pp~ ? 너 …하지 않았어?

Point » 상대방에게 과거부터 지금까지 「…을 해본 적이 없냐」고 부정형태로 물어보는 문장.

Pattern »
_ Haven't you ever seen an NBA game? NBA 게임을 본 적이 없었어?
_ Haven't you suffered enough? 충분히 고통을 당하지 않았어?
_ Haven't you noticed something different about me? 내게서 뭐 다른 것 눈치채지 못했어?
_ Haven't you ever seen one of those before? 전에 그것들 중 하나를 본 적이 없었어?
_ Haven't you been to the amusement park? 놀이공원에 가본 적이 없었어?

Dialog »
A : Haven't you brought over the tickets? 너 티켓 가져오지 않았지?
B : No, they are back in my apartment. 어, 아파트에 두고 왔는데.

Pattern 10 » He has+pp~

001 He has+pp~ 걘 …해, 걘 …했어

Point » 이번에는 주어가 3자 He, She, They인 경우들을 연습해본다.

Pattern »
_ Amy has just fallen asleep. 에이미가 지금 막 잠들었다구.
_ He has traveled in Africa. 걘 아프리카 여행을 해봤어.
_ He has gone outside to smoke. 걘 담배피려고 밖으로 나갔어.
_ He has sacrificed everything for Jason. 걔는 제이슨을 위해 모든 것을 희생했어.
_ He has gone to New York. 걘 뉴욕으로 가버렸어.

Dialog »
A : Did Louie bring the payment to work? 루이가 지급할 돈을 직장으로 가져왔어?
B : He has put the money into his bank account. 걘 자기 은행계좌에 돈을 넣었어.

002 He has been~ 걔 …하고 있어

Point >> been 다음에는 역시 pp. to+V 등 다양한 형태가 올 수 있다.

Pattern >>
_ **She has been** taken care of. 걔는 돌봄을 받고 있어.

_ My daughter **has been** arrested for drinking. 내 딸은 음주로 체포된 적 있어.

_ **She has been** in the museum before. 걔 전에 박물관에 가본 적이 있어.

_ **He has been** in the bedroom sleeping. 걔 침실에서 자고 있었어.

_ They **have been** in the office waiting. 걔네들은 사무실에서 기다리고 있었어.

Dialog >>
A : Why are you worried about your brother? 왜 네 동생을 걱정하는거야?
B : **He has been** in the bathroom a long time. 화장실에 오랫동안 있어서.

003 He has been+ ~ing 걔 (계속) …하고 있(었)어

Point >> 과거부터 지금까지 계속되는 동작을 말하는 표현으로 능동형 문장이다.

Pattern >>
_ **She has been** staying with her mom in Chicago. 걔 시카고에서 엄마와 함께 머무르고 있어.

_ **She has been** planning this for three weeks. 걔 3주간 이 계획을 짜고 있어.

_ **He has been** fixing his car. 걔 자기 차를 고치고 있었어.

_ **He has been** calling me all night. 걔 밤새 내게 전화를 해댔어.

_ **He has been** working for forty years. 계속 40년 동안 일하고 있어.

Dialog >>
A : Dave is the laziest man I know. 데이브처럼 게으른 사람은 처음 봐.
B : **He has been** watching movies all day. 걔 온종일 영화를 보고 있어.

004 Has he+pp~ ? 걔가 …했어?

Point >> 「걔가 …을 했는지」 물어보는 경우로 he 자리에는 일반 명사가 올 수가 있다.

Pattern >>
_ **Has the meeting** started? Am I late? 회의 시작됐어? 내가 늦었어?

_ **Has he** been depressed? 걔가 우울해했어?

_ **Has he** ever spoken to you about his health problems?
걔가 자기 건강문제를 네게 얘기한 적이 있어?

_ **Has he** come out of his room today? 걔가 오늘 자기 방에서 나왔어?

_ **Has she** said what she's gonna do? 걔가 앞으로 뭘할건가 말한 적 있어?

Dialog >>
A : I think Peter may get lost with his car. 피터가 차를 타고 길을 잃은 것 같아.
B : **Has he** driven without a GPS? 걔 네비없이 운전해?

Pattern 11 ≫ He hasn't+pp~

001 He hasn't+pp~ 걘 …하지 않았어

Point ≫ 제 3자 주어로 부정의 현재완료 문장. 강조하려면 He's never+pp라고 한다.

Pattern ≫
_ **She hasn't** had a chance. 걘 기회를 갖지 못했어.
_ **She hasn't** heard from him in a while. 걘 한동안 걔한테서 연락을 못받았어.
_ **He hasn't** shown up yet. 걘 아직 오지 않았어.
_ You mean **she hasn't** called you and told you yet? 걔가 아직 전화해서 말하지 않았단 말야?
_ **He hasn't** come in to work for a few days. 걘 며칠간 일하러 출근하지 않았어.

Dialog ≫
A : Has Lester packed anything yet? 레스터가 아직 아무 짐도 싸지 않았어?
B : He hasn't taken his clothes off the hangers. 옷걸이에 걸린 옷을 싸지도 않았어.

002 He hasn't been~ 걘 …하지 않았어

Point ≫ been 다음에 형용사, 부사구 등이 이어진다.

Pattern ≫
_ **He hasn't been** to work all week. 걘 주일 내내 일하지 않았어.
_ **She hasn't been** happy for a while. 걘 한동안 행복하지 않았어.
_ **He hasn't been** okay since he got back. 걘 돌아온 이후로 괜찮지 않았어.
_ **She hasn't been** out of bed for two days. 걘 이틀동안 침대에서 일어나지 않았어.
_ **He hasn't been** to the office in weeks. 걘 수주동안 사무실에 출근하지 않았어.

Dialog ≫
A : Why does Steve act like such a jerk? 왜 스티브는 그렇게 멍청이처럼 행동하는거야?
B : He hasn't been happy since his divorce. 이혼 후에 불행하게 느끼나봐.

003 He hasn't been+ ~ing 걘 …하고 있지 않았어

Point ≫ been+~ing는 절대 수동형이 아니라는 점을 다시 한번 기억해둔다. 강조형은 He's never+pp라 한다.

Pattern ≫
She hasn't been returning my phone calls. 걘 내 전화에 리턴콜을 하지 않았어.
He hasn't been eating at all. 걘 전혀 먹지를 않고 있어.
He hasn't been spending time here. 걘 여기서 시간을 보내지 않았어.
He hasn't been jogging this week. 걘 이번주에 조깅을 하지 않았어.
He hasn't been speaking to his ex-wife. 걘 전부인에게 말하고 있지 않았어.

Dialog ≫
A : Roy really got hurt last year. 로이는 정말 작년에 다쳤어.
B : He hasn't been skiing since the accident. 걘 그 사건 이후로 스키를 타지 않아.

기본 Chapter 04

This[That, It]~

001 This is+adj[~ing] …해

Point >> This is 다음에 형용사나 ~ing 형태가 와서 어떤 상태나 상황을 말하는 패턴. 강조하려면 This is~다음에 really. so. very 등의 부사를 넣으면 된다.

Pattern >>

_ **This is** really important to me. 이건 나한테 굉장히 중요한 일이야.

_ **This is** so unfair. 이건 정말 불공평해.

_ **This is** very flattering. 과찬이세요.

_ **This is** so messed up. 엉망이 됐잖아.

_ **This is** so much fun. 이건 무척 재미있다.

Dialog >>

A : This is so unfair. I'm at the office today and she has a holiday.
너무 불공평해. 난 오늘 사무실에 나오고 걘 휴가라니.

B : Stop complaining and get back to work. 불평 그만하고 일해.

002 This is+N …해

Point >> 특히 This is+사람의 경우는 소개할 때나 전화에서 자신을 밝힐 때 쓰는 것으로 「이 쪽은」, 「이 분은」이라고 하면 된다.

Pattern >>

_ **This is** my treat. 이건 내가 낼게.

_ **This is** Bob's favorite food, but I don't like it. 이건 밥이 좋아하는 음식이지만 난 별로야.

_ **This is** my last chance. 이번이 내겐 마지막 기회야.

_ **This is** my boss, Mr. Drake. 이쪽은 제 상사인 드레이크 씨입니다.

_ **This is** the best idea that you've ever had. 이게 지금껏 당신이 내놓은 아이디어 중에서 가장 좋은 거군요.

Dialog >>

A : I have a feeling that we will be back here soon. 왠지 곧 여기 다시 오게 될 것같은 예감이 들어.

B : I hope so, this is the most beautiful place in the country.
나도 그러길 바래. 이 나라에서 제일 아름다운 곳이잖아.

003 This is+최상급 표현(the+-est)+ever 이렇게 …한 건 처음이야

Point >> 최상급 표현으로 뒤에 ever를 붙이거나 in the world. of the year처럼 제한된 시간, 장소어구가 나오거나 한다.

Pattern >>

_ **This is** the best birthday party ever. 이제까지 이렇게 멋진 생일파티는 없었어.

_ I have to go. **This is** the worst date ever. 나 갈래. 이건 정말 최악의 데이트야.

_ **This is** the highest mountain in our country. 이게 우리나라에서 가장 높은 산이야.

_ **This is** the best phone you can buy. 이게 판매되는 최고의 폰이야.

_ **This is** the coldest day this winter. 이번 결혼에 가장 추운 날씨야.

Dialog >>

A : I have to go. This is the worst date ever. 나 갈래. 이건 정말 최악의 데이트야.

B : Why are you so angry? 왜 그렇게 화가 난 건데?

004 This is+최상급+I've ever+pp 지금껏 했던 것 중 가장 …한 거야

Point » 최상급 표현 뒤에 I've ever seen(heard, met) 등과 같은 현재완료어구가 나와 최고의 뜻을 받쳐주는 경우. 「지금껏 했던 것 중 가장 …한 것」, 즉 「이렇게 …한 건 처음이야」라는 뜻이 된다.

Pattern »
_ **This is** the best movie **I've ever** seen. 이렇게 재밌는 영화 처음 봐.
_ **This is** the happiest day **I've ever** had. 이렇게 행복했던 날은 이제껏 없었어.
_ **This is** the best bacon **I've ever** had. 이렇게 맛있는 베이컨은 처음이야.
_ **This is** the cutest thing **I've ever** seen. 이렇게 귀여운 것을 본 적이 없어.

Dialog »
A : This is the cutest thing I've ever seen. 이건 내가 본 거 중에서 가장 예쁘다.
B : You can buy it at the department store. 백화점에서 살 수 있어.

Pattern 02 » This is not~

001 This is not~ …가 아냐

Point » This is not about~은 「…에 관한 것이 아냐」, This is not about sb ~ing은 「…가 …하는 거에 대한 것이 아냐」라는 뜻.

Pattern »
_ **This isn't** a good time right now. 지금 당장은 좋은 시간이 아냐.
_ **This is not** the furniture I ordered. 이건 내가 주문한 가구가 아냐.
_ **This is not** that time. 지금은 그 때가 아냐.
_ **This is not** a great day for me. 나한테 오늘은 그렇게 좋은 날이 아냐.
_ **This is not** about you becoming an artist. 네가 예술가가 된다는 것에 관한게 아냐.

Dialog »
A : Wow, it looks cold outside. 와, 바깥이 추워보여.
B : This isn't good. We're going to the beach. 좋지 않은데. 우리 해변에 갈거잖아.

002 This is no~ …가 아냐

Point » no는 not a라는 말로 This is no~ 다음에는 명사가 이어지면 된다.

Pattern »
_ **This is no** concern of yours. 이게 네가 간섭할게 아냐.
_ **This is no** place for me to be. 여기는 내가 있을 곳이 아냐.
_ **This is no** big deal. 이건 별일 아냐.
_ **This is no** laughing matter. 이건 웃을 일이 아냐.
_ **This is no** place to take a vacation. 여긴 휴가를 갈 곳이 아냐.

Dialog »
A : I'm so angry at my manager. 매니저에게 정말 화났어.
B : This is no time to get upset. 화낼 때가 아냐.

003 | This is no way to~ 이건 …하는 방법이 아냐, …할 방법이 없어

Point » This is no~의 형태로 많이 쓰이는 패턴. 의미상의 주어를 넣고 싶으면 to+V 앞에 for sb를 넣으면 된다.

Pattern »
_ **This is no way to** deal with it. 이렇게 그걸 다루는게 아냐.

_ **This is no way for** a therapist to talk to a patient. 상담사가 환자에게 이렇게 말하면 안돼.

_ **This is no way to** greet your relatives. 네 친척을 이렇게 맞이하면 안돼.

_ **This is no way to** celebrate a graduation. 이건 졸업을 축하하는 방법이 아냐.

_ **This is no way to** fix the problem. 문제를 고칠 방법이 없어.

Dialog »
A : Let's just ignore the whole thing. 그 모든 일 다 무시하자고.
B : This is no way to **solve a problem.** 이건 문제를 해결할 길이 아냐.

004 | This doesn't~ …은 아냐

Point » This 다음에 바로 동사가 이어질 수 있는데 This doesn't~는 이의 부정형태이다.

Pattern »
_ **This doesn't** happen very often, does it? 이건 그렇게 자주 일어나지 않아, 그지?

_ **This doesn't** mean we're a couple. 이렇다고 우리가 커플인 건 아냐.

_ **This doesn't** sound so bad. 이건 정말 안좋게 들린다.

_ **This doesn't** matter anymore. 이건 더 이상 중요하지 않아.

_ **This doesn't** have any instructions. 여기에는 아무런 지시사항이 없네.

Dialog »
A : I completed all of the typing. 모든 타이핑을 다 마쳤어.
B : This doesn't **mean we are finished.** 그렇다고 우리가 일을 끝낸 것은 아냐.

Pattern 03 ›› Is this~ ?

001 | Is this+adj~ ? 이거 …해?

Point » This is~의 의문형으로 Is this~ 다음에 형용사나 pp 혹은 전치사구(for~) 등이 오는 경우를 본다.

Pattern »
_ **Is this** really necessary? 꼭 이래야 하니?

_ **Is this** true? 진짜야?

_ **Is this** for me? 이거 날 위한 거야?

_ **Is this** on sale? 이거 세일 중이에요?

_ **Is this** drink included? 이 음료도 포함되는 건가요?

Dialog »
A : I heard Chris was married. Is it **true?** 크리스가 결혼했다며. 정말야?
B : Yes, I heard that. 그래. 나도 그렇게 들었어.

002 Is this+N~ ? 이거 …야?

Point » Is this~ 다음에 명사가 오는 경우로 특히 Is this sb? 하게 되면 전화상에서 누군지 확인할 때 쓰이는 표현이다.

Pattern »
_ **Is this** your car? 이거 당신 차예요?
_ **Is this** Ms. Sullivan? 설리반 씨세요? (전화상에서)
_ **Is this** a convenient time to talk? 얘기하기 편한 시간인지요?
_ **Is this** my fault? 이게 내 잘못인가?
_ **Is this** seat taken? 이 자리 임자있어요?
_ **Is this** the subway for City Hall. 이 전철이 시청가나요?

Dialog »
A : Mr. Jones, is this a convenient time to talk right now? 존스 씨, 지금 얘기 나눌 시간 좀 있으세요?
B : Not really, I'm just on my way out to meet a client.
좀 그런데요, 고객과 만나러 막 나가려는 참 이거든요.

003 Isn't this~ ? 이거 …하지 않아?

Point » 부정의문형으로 주로 화자가 자기가 말하는 내용을 강조할 때 많이 사용한다.

Pattern »
_ **Isn't this** exciting? 흥미롭지 않아?
_ **Isn't this** better than camping? 이게 캠핑보다 더 낫지 않아?
_ **Isn't this** convenient? 이게 편리하지 않아?
_ **Isn't this** romantic? 이거 낭만적이지 않아?
_ **Isn't this** your first day at work? 너 오늘 첫 출근일 아냐?

Dialog »
A : Isn't this a new sports car? 이건 새로운 스포츠카 아냐?
B : Yeah, it was pretty expensive. 어, 꽤 비쌌어.

004 Does this~ ? 이게 …해?

Point » This+V의 의문형. Does this~는 빨리 발음하면 Does의 /z/는 거의 들리지 않게 된다.

Pattern »
_ **Does this** feel real to you? 너 이거 정말 실감나?
_ **Does this** happen a lot? 이런 일 자주 있어?
_ **Does this** mean you don't want a drink? 술을 마시고 싶지 않다는 얘기야?
_ **Does this** have anything to do with your father's absence?
이게 네 아버지가 안계신거하고 무슨 관계가 있어?
_ **Does this** road lead to the beach? 이 길이 해변으로 이어지나요?

Dialog »
A : Does this work or is it broken? 이거 돌아가는거야 망가진거야?
B : I'm sorry, I think it's broken. 미안하지만 망가진 것 같아.

001　**This was~** 이거 …였어

Point ≫ 영어를 잘 말하려면 과거에 강해야 한다. This is~의 과거형인 This was~ 다음에 다양한 표현들을 넣어본다.

Pattern ≫
_ **This was** my favorite dress. 이건 내가 좋아하던 드레스였어.

_ **This was** an unfortunate accident. 이건 불행한 사건였어.

_ **This was** the most expensive suit in the store. 이 가게에서 제일 비싼 옷이었어.

_ **This was** her first time to drive alone. 이건 걔가 처음으로 혼자 운전한 거였어.

_ **This was** the best day I can remember. 이 날은 내가 기억하는 최고의 날이었어.

Dialog ≫
A : This was the most stressful day I've had. 오늘처럼 스트레스를 많이 받은 적이 없어.
B : Really? Sit down and tell me about it. 정말? 앉아서 말해봐.

002　**This was not~** 이거 …아녔어

Point ≫ This was~의 부정형으로 This was not~ 혹은 This wasn't~라고 쓰면 된다.

Pattern ≫
_ **This was not** fair. 이건 불공평했어.

_ **This was not** just my fault. 이건 내 잘못만이 아녔어.

_ **This was not** the way that I wanted to meet you. 널 이런 식으로 만나고 싶지 않았어.

_ **This wasn't** the first time your husband had been unfaithful?
네 남편이 바람핀게 이번이 처음 아녔지?

_ **This wasn't** supposed to happen. 이건 일어나면 안되는 거였어.

Dialog ≫
A : At least three people were injured today. 오늘 적어도 3명이 부상을 당했어.
B : This was not supposed to be dangerous. 위험하지 않다고 했잖아.

003　**This was never~** 이건 절대로 …아녔어

Point ≫ 강조를 하려면 This was never~라고 쓰고 많이 쓰이지는 않지만 This was no+N의 형태로 쓰인다.

Pattern ≫
_ **This was never** part of the plan. 이건 전혀 계획의 일부가 아녔어.

_ **This was never** meant personally. 이건 절대로 사적으로 말한 게 아녔어.

_ **This was never** about the money, Mandy. 맨디, 이건 절대로 돈에 관한 게 아녔어.

_ **This was never** about Nolan or your family. 이건 놀란이나 네 가족에 관한게 아녔어.

_ **This was never** going to be permanent. 이건 절대로 영원할 것이 아녔어.

Dialog ≫
A : Our house had many problems recently. 우리 집이 최근 몇몇 문제가 생겼어.
B : This was never a good place to live. 이곳은 절대로 살기 좋은 곳이 아녔어.

004　This didn't~ 이건 …안했어

Point » This+V의 과거부정형으로 「이건 …하지 않았어」라는 의미.

Pattern »
_ **This didn't** work out so good. 이건 그렇게 좋은 결과가 되지 않았어.
_ **This didn't** have anything to do with? 이건 아무런 관계가 없었어?
_ **This didn't** help me at all. 이건 전혀 내게 도움이 되질 않았어.
_ **This didn't** look interesting. 이건 흥미롭게 보이지 않았어.
_ **This didn't** bother Kerry at all. 이건 전혀 케리를 번거롭게 하지 않았어.

Dialog »
A : Your new business seems to be failing. 네 새로운 사업이 실패할 것 같아.
B : This didn't work the way I wanted it to. 내 원하는 대로 돌아가지 않았어.

Pattern 05 » This is going to~

001　This is going to+V …할거야

Point » This와 be going to가 합쳐진 표현으로 앞으로 상황이 어떻게 될거라고 언급하는 경우이다.

Pattern »
_ **This is going to** sound selfish. 이기적으로 들릴거야.
_ **This is going to** look ridiculous. 우스꽝스럽게 보일거야.
_ **This is going to** sound really stupid. 정말 바보같은 소리로 들릴거야.
_ **This is gonna** take an hour. 이건 한 시간이 걸릴거야.
_ **This is going to** feel strange. 이건 이상한 기분이 들거야.

Dialog »
A : Do you need to talk to me about something? 나한테 얘기하고 싶은 게 있는 건가?
B : This is going to sound selfish, but I want a raise. 이기적인 소리로 들리겠지만, 월급 좀 올려 주세요.

002　This is going to be~ …하게 될거야

Point » This is going to~ 다음에 많이 이어지는 경우는 be 동사. 발음할 때는 /디시즈거너비/로 한묶음으로 말한다.

Pattern »
_ **This is going to be** so much fun. 굉장히 재밌을거야.
_ **This is going to be** romantic. 낭만적일거야.
_ **This is going to be** harder than you thought. 네가 생각했던 것보다 더 힘들거야.
_ **This is going to be** a big break for me. 너한테 커다란 전환점이 될거야.
_ **This is going to be** perfect. 완벽한 일이 될거야.

Dialog »
A : Let's work on the project together. 그 프로젝트 같이 하자.
B : OK. This is going to be so much fun. 좋아. 굉장히 재미있을거야.

This isn't going to~ …하지 않을거야

Point » This+be going to~의 부정으로 This isn't~ 혹은 This is not~, 강조하려면 This is never~라고 쓰면 된다.

Pattern »
_ **This isn't gonna** be fun. 이건 재미있지 않을거야.

_ **This isn't gonna** be easy for him. 이건 걔한테 쉽지 않을거야.

_ **This is not gonna** make me go home. 이 때문에 집에 가지 않을거야.

_ **This is not gonna** happen. 이렇게 되지 않을거야.

_ **This is not gonna** work, Dr. Hunt. 헌트 박사, 이렇게 되지 않을겁니다.

Dialog »
A : Was it strange to start dating your friend? 네 친구와 데이트 시작하는게 이상했지?
B : This isn't going to change our relationship. 그게 우리 관계를 변화시키는 않을거야.

004
Is this going to~ ? …할까?, …하게 될까?

Point » This가 앞으로 「…가 되는지」 물어보거나 확인하는 문장.

Pattern »
_ **Is this going to** be a regular thing now? 이제 이게 정기적으로 되는거야?

_ **Is this going to** take long? 이게 시간이 많이 걸릴까?

_ **Is this gonna** hurt? 이게 아프게 하게 될까?

_ **Is this gonna** be a problem? 이게 문제가 될까?

_ **Is this going to** take much time? 이게 시간이 많이 걸릴까?

Dialog »
A : Please unbutton your shirt so I can have a look. 검진할 수 있도록 셔츠 단추 좀 풀러 주세요.
B : Is this going to hurt? 검진하는 게 아플까요?

Pattern
06 »» This will~

001
This will~ …할거야

Point » be going to와 같이 미래를 나타내는 조동사 will과 This와의 만남. This will+V, This will be~의 형태를 알 아둔다.

Pattern »
_ **This will** only take a minute. 이건 금방 될거야.

_ **This will** destroy my future. 이건 내 미래를 망칠거야.

_ **This will** be a day she'll never forget. 오늘은 걔가 결코 잊을 수 없는 날이 될거야.

_ **This will** bring you good luck. 이건 네게 좋은 운을 가져다 줄거야.

Dialog »
A : I have to visit a tutor every night. 난 매일 저녁 과외교사를 찾아 가야 돼.
B : This will help you get better grades. 이건 네가 성적을 올리는데 도움이 될거야.

002   This will not~ …하지 않을거야

Point » This will~의 부정형으로 강조하려면 This will never~라 한다.

Pattern »
_ **This will not** happen again. 다시 이러지 않을거야.

_ **This will never** happen again at work. 다시는 직장에서 이런 일이 없을거야.

_ **This will never** happen. 절대로 이렇게 되지 않을거야.

_ **This will not** impact the trial. 이건 재판에 영향을 주지 않을거야.

_ **This will not** change your final score. 이건 네 최종 점수에 영향을 주지 않을거야.

Dialog »
A : You guys should eat some fast food. 너희들 패스트푸드 좀 먹어라.
B : This will not improve our health. 이건 우리 건강에 도움이 되지 않을거야.

003   This won't~ …하지 않을거야

Point » will not은 won't로 축약되어 This will not~은 This won't~로 사용된다.

Pattern »
_ **This won't** take long. 금방 될거야.

_ **This won't** be easy. 이건 쉽지 않을거야.

_ **This won't** cost you anything. 이건 돈한푼 들지 않을거야.

_ **This won't** be necessary. 이건 필수사항은 아닐거야.

_ **This won't** hurt at all. 이건 전혀 아프지 않을거야.

Dialog »
A : I apologized to the people I robbed. 내가 강도질한 사람들에게 사과했어.
B : This won't stop the police from arresting you. 그래도 경찰은 널 체포할거야.

004   This would~ …일거야

Point » 가정법 용법으로 「…하다면 …가 일어거야」, 「…일텐데」라는 의미. 또한 would have+pp는 과거사실에 대한 반대를 얘기하는 것으로 「…할 수도 있었을텐데」 실은 그렇게 되지 못했다라는 뉘앙스.

Pattern »
_ **This would** be a good place to start. 여기가 시작하기에 적합한 장소일 것 같아.

_ I never thought **this would** happen but it did.
이런 일이 일어나리라고 전혀 생각도 못했는데 일어났어.

_ **This would** have gone on forever. 이건 영원히 계속 지속되었을 수도 있었을텐데.

_ **This would** be a lot easier if we had her medical records.
의료기록이 있었더라면 훨씬 쉬웠을거야.

_ **This would** help everyone. 이건 모든 사람들에게 도움이 될거야.

Dialog »
A : The view of the mountains is beautiful. 산의 전망이 아름답네.
B : This would be a good place to live. 여기는 정말 살기 좋은 곳일거야.

001   **This can~** …할 수도 있어

Point >> This와 능력, 가능성의 조동사 can의 결합.

Pattern >>
_ I think **this can** end very well for you. 난 이게 너한테 잘 마무리될 수 있을거라 생각해.

_ You don't think **this can** work? 이게 작동할거라 생각하지 않지?

_ **This can** be yours tomorrow. 이건 내일 네 것이 될 수 있어.

_ **This can** change your life. 이게 네 삶을 변화시킬 수 있어.

_ **This can** be a chance for a new start. 이건 새로운 시작의 기회일 수도 있어.

Dialog >>
A : The course teaches us ways to save money. 이 과정은 돈 절약하는 방법을 알려줘.
B : This can be used to improve your life. 이건 네 삶을 향상시키는데 이용될 수 있어.

002   **This can't~** …할 수가 없어, …일 리가 없어

Point >> This can~보다 많이 쓰이며 특히 This can't be~ 형태가 많이 보인다.

Pattern >>
_ Do you see why **this can't** continue? 왜 이게 계속될 수 없는지 이유를 알겠어?

_ **This can't** be happening. 이럴 수가 없어.

_ **This can't** be legal. 이게 합법적일 리가 없어.

_ **This can't** be easy for her. 이게 걔한테 쉬울 리가 없어.

_ **This can't** be delayed until next week. 이건 다음 주까지 연기될 수 없어.

Dialog >>
A : It's difficult to program computers. 컴퓨터 프로그래밍은 어려워.
B : This can't be done by untrained people. 훈련받지 않은 사람이 할 수는 없어.

003   **This could~** …할 수도 있어

Point >> This could~는 can 보다는 약하지만 가능성이나 추측을 나타낸다.

Pattern >>
_ **This could** take a while. 이건 꽤 시간이 걸릴 수도 있어.

_ **This could** be the best thing for Karen. 이게 캐런에게 최선의 일일 수도 있어.

_ **This could** be the last time you see him alive.
이번이 걔가 살아있는 모습을 네가 마지막으로 보는 것일거야.

_ I mean **this could** change everything. 내 말은 이걸로 모든게 바뀔 수 있다는거야.

_ **This could** cause a lot of problems. 이건 많은 문제점들을 야기할 수도 있어.

Dialog >>
A : I'm being sent to live in Africa. 난 아프리카로 파견될거야.
B : This could be the last time we see each other. 이게 우리가 마지막으로 보는 것일 수도 있겠어.

004 Can this~ ? 이게 …해도 돼?, 이게 …할까?

Point » This can~의 의문형으로 역시 가능성, 추측을 물어보는 문장이 된다.

Pattern »
_ **Can this** be right? 이게 맞을까?

_ **Can this** go any worse? 이게 더 악화될까?

_ **Can this** wait till tomorrow? 이거 내일까지 기다릴 수 있어?

_ **Can this** just stay between you and me? 이거 우리끼리 비밀로 할 수 있어?

_ **Can this** wait a few weeks till we're back? 이거 우리가 돌아올 때까지 몇 주 기다릴 수 있어?

Dialog »
A : The bus is arriving outside. 버스가 밖에 도착한다.

B : Can this take us to our house? 이게 우리집으로 가는거지?

Pattern 08 »» This should~

001 This should~ 이게 …할거야

Point » This와 should가 결합한 형태로 가능성이나 추측 혹은 기대를 나타낸다.

Pattern »
_ **This should** keep you safe. 이게 널 안전하게 해줄거야.

_ **This should** hold him for a few hours. 이게 걔를 몇 시간 동안 잡아두게 될거야.

_ **This should** just take a second. 이건 금방이면 될거야.

_ **This should** take about forty-five minutes. 이건 약 45분이면 될거야.

_ **This should** only take a few minutes. 이건 잠깐이면 될거야.

Dialog »
A : The waitress brought us some coffee. 여종업원이 우리에게 커피를 가져왔어.

B : This should wake us up. 우리가 졸리지 않겠구나.

002 This should be~ …임에 틀림없어, …할거야

Point » 특히 This should be~의 형태는 강한 추측으로 「틀림없이 …일거야」라는 의미.

Pattern »
_ **This should be** good. 이건 괜찮을거야.

_ **This should be** interesting. 이건 흥미로울거야.

_ **This should be** fun. 이건 재미있을거야.

_ **This should be** the most romantic time of my life. 지금이 인생에서 가장 낭만적인 순간야.

_ **This should be** the final phone call. 이건 마지막으로 전화거는 걸거야.

Dialog »
A : This should be the last work we have to do. 이건 우리가 해야 하는 마지막 일일게야.

B : I hope so. I'm dead tired. 그러길 바래. 정말 지쳤거든.

003 This shouldn't~ …하지 않을거야

Point >> This should~의 부정형으로 역시 This shouldn't+V, This shouldn't be~의 형태로 쓰인다.

Pattern >>
_ **This shouldn't** take too long. 이건 시간이 오래 걸리지 않을거야.
_ **This should not** be this hard! 이건 이렇게 어려운게 아닌데!
_ **This shouldn't** be a shock. 이건 충격적인 일이 아닐거야.
_ **This shouldn't** make anyone angry. 이 때문에 누구도 화나지 않을거야.
_ **This shouldn't** surprise you. 이거 때문에 네가 놀라지 않을거야.

Dialog >>
A : This shouldn't **hurt you much.** 이건 그렇게 아프지 않을거예요.
B : Just do it quickly so I don't feel it. 느끼지 못하게 어서 빨리 해버려요.

004 This shouldn't have+pp~ 이건 …하지 말았어야 했는데

Point >> This와 should have+pp의 결합으로 주로 This shouldn't have happened~의 형태가 많이 쓰인다.

Pattern >>
_ **This shouldn't have** happened to you. 이 일이 너한테 일어나지 말았어야 했는데.
_ **This should not have** happened. 이건 일어나지 말았어야 했는데.
_ **This should never have** happened to her. 이건 걔한테 절대로 일어나지 말았어야 했는데.
_ **This shouldn't have** been put on the stove. 이건 스토브 위에 올려놓지 말았어야 했는데.

Dialog >>
A : This shouldn't have been **put on the stove.** 이건 스토브 위에 놓여져서는 안되는거였는데.
B : I'm sorry. I didn't mean to cause a fire. 미안해. 불내려는 건 아녔어.

Pattern 09 >> This must[may]~

001 This must~ …할거야, …임에 틀림없어

Point >> This와 강한 추측의 must가 합쳐친 경우. must have+pp는 「틀림없이 …했을거야」라는 과거의 추측을 나타낸다.

Pattern >>
_ **This must** happen all the time. 이건 늘상 일어나는 일임에 틀림없어.
_ **This must** have cost him a fortune. 이건 틀림없이 걔한테 돈이 엄청 들었을거야.
_ **This must** take a lot of work. 이건 많은 일을 필요로 할거야
_ **This must** remain in the library. 이건 도서관에 남아 있을거야.
_ **This must** give you a good feeling. 이건 네 기분을 좋게 할거야.

Dialog >>
A : Why are you leaving the book here? 왜 이 책을 여기에 두는거야?
B : This must remain in the library. 이건 도서관에 있어야 돼.

002 This must be~ …일거야, …하겠구나

Point >> 어떤 일이 일어나거나 혹은 어떤 사실이 맞을거라는 추측의 의미. This must be~ 다음에는 형용사, 명사, 또는 ~ing 형태가 온다.

Pattern >>
_ **This must be** so hard. 무척 어려웠겠구나.

_ **This must be** very tough for you. 너한테 무척 힘들었겠구나.

_ **This must be** my reward for good behavior, huh? 이건 선행에 대한 보상이겠구나, 그지?

_ **This must not be** working properly. 이건 제대로 돌아가지 않겠구나.

_ **This must not be** correcting the problem. 이건 그 문제를 제대로 바로잡지 못하겠구나.

Dialog >>

A : This must be a new way to cook steak. 이건 고기를 굽는 새로운 방법일거야.

B : I learned it watching a cooking show. 요리프로그램을 보면서 배웠어.

003 This may~ …일거야

Point >> may는 must보다 약한 추측으로 「…일지도 몰라」라는 의미로 부정형으로 This may not~이라고 한다.

Pattern >>
_ **This may** sound funny. 이건 재미있게 들릴 수도 있어.

_ **This may** be him. 이건 걔일지도 몰라.

_ **This may** be my worst birthday ever. 이건 최악의 생일일지도 몰라.

_ **This may** not be the best time to buy a house.
지금이 집을 사는데 가장 좋은 때가 아닐 수도 있어.

_ **This may** be the biggest scientific breakthrough of our lifetime.
이건 우리 시대 최고의 과학적 발견일지도 몰라.

Dialog >>

A : This may cause problems in your marriage. 이건 네 결혼생활에 문제를 초래할 수 있어.

B : It's okay. My husband and I love each other. 괜찮아. 남편과 난 서로 사랑해.

004 This might~ …일거야

Point >> might는 may의 과거형이지만 무늬만 과거형이고 의미는 현재시제로 may보다 약한 추측을 나타낸다.

Pattern >>
_ **This might** take a while. 이건 시간이 좀 걸릴지도 몰라.

_ I have to warn you. **This might** hurt a little bit. 경고했잖아. 이건 좀 아플 수가 있다고.

_ **This might** be a good time to tell you. 지금이 네게 말할 좋은 때인 것 같아.

_ **This might** be my last chance. 이건 나의 마지막 기회일지도 몰라.

_ **This might** be the best idea I've ever had. 이건 내가 생각해낸 최고의 아이디어일거야.

Dialog >>

A : This might be a bad idea. 이건 나쁜 생각일지도 몰라.

B : Go on and try it. It will be fun. 계속해봐. 재미있을거야.

---

001 **This is what~** 이게 바로 …하는거야

Point ⟫ This is와 what절이 합체된 것으로 뭔가 강조할 때 쓰는 구문.

Pattern ⟫
_ **This is what** we're going to do. 이게 바로 우리가 앞으로 할 일이야.

_ **This is what** I was afraid of. 이게 바로 내가 걱정하던거야.

_ **This is what** you have to do. 이게 바로 네가 해야 할 일이야.

_ **This is what** I'm trying to say. 이게 바로 내가 지금 얘기하려는 거야.

_ **This is what** you're looking for. 이게 바로 네가 지금 찾고 있는거잖아.

Dialog ⟫
A : I'm glad we're going to Hawaii. 하와이로 가게 되다니 기뻐.
B : Me too. This is what I wanted to do. 나도 그래. 내가 바라던 바거든.

---

002 **This is not what~** 이건 …하는게 아냐

Point ⟫ This is what~의 부정형으로 뭔가 강조하면서 부정할 때 사용한다.

Pattern ⟫
_ **This is not what** I want to do. 이건 내가 하고 싶은 일이 아냐.

_ **This is not what** you have to do. 이건 네가 해야 할 일이 아니야.

_ **This is not what** I was looking for. 이건 내가 찾고 있던 게 아니야.

_ **This is not what** I was thinking of. 이건 내가 생각했던 게 아냐.

_ **This is not what** I ordered. 이건 내가 시킨 게 아닌데요.

Dialog ⟫
A : This is not what I was thinking of. 이건 내가 생각했던 게 아닌데.
B : What were you expecting? 어떠리라고 생각했었는데?

---

003 **Is this what~ ?** 이게 바로 …하는거야?

Point ⟫ 상대방의 의견을 확인하거나 추궁할 때 사용하는 패턴.

Pattern ⟫
_ **Is this what** you wanted? 이게 바로 네가 원하던거야?

_ **Is this what** you were asking for? 이게 바로 네가 요구했던거야?

_ **Is this what** caused the tumor? 이게 바로 종양을 일으켰던거야?

_ **Is this what** you were looking for? 이게 네가 찾고 있던 거니?

_ **Is this what** we came to look at? 이게 바로 우리가 보러 온거야?

Dialog ⟫
A : Is this what you told me about? 이게 네가 내게 얘기했던거야?
B : Yes, I want you to read that article. 어, 그 기사 읽어봐.

004 Isn't this what~ ? 이게 바로 …하는게 아냐?

Point » 부정의문형은 앞서 언급했듯이 자기의 의견을 강조할 때 쓰이는 경우가 많다.

Pattern »
_ **Isn't this what** you wanted? 이게 바로 네가 원했던게 아냐?

_ **Isn't this what** you've been working for? 이게 바로 네가 해왔던 일 아냐?

_ **Isn't this what** you were worried about? 이게 바로 네가 걱정했던거 아냐?

_ **Isn't this what** we were supposed to find? 이게 바로 우리가 찾아야 되는거 아냐?

_ **Isn't this what** we are supposed to do? 이게 바로 우리가 해야 되는거 아냐?

Dialog »
A : Your cousin is causing problems at school. 네 사촌이 학교에서 말썽피우고 있어.

B : Isn't this what we were warned about? 이럴거라고 경고받지 않았나?

Pattern 11 » This is when[where]~

001 This is when~ 이제 …할 때야

Point » This is 다음에는 what절만 오는 것이 아니다. 여기서는 먼저 This is~ 다음에 when이 오는 경우를 본다.

Pattern »
_ **This is when** I talk and **this is when** you listen. 이제 내가 말하고 네가 들을 때야.

_ **This is when** we're getting married. 이제 우리가 결혼을 할 때야.

_ **This is when** they really get scared. 이제 걔네들이 두려워할 때야.

_ **This is when** everyone should leave. 이제 다들 출발할 시간이야.

_ **This is when** the bride and groom enter. 이제 신랑신부가 입장할 시간이야.

Dialog »
A : People are starting to get really drunk. 사람들이 정말 취하기 시작해.

B : This is when we need to leave. 이때가 우리가 일어날 때야.

002 This is where~ 여기가 …하는 곳이야

Point » This is~ 다음에 장소의 where가 오는 경우로 「여기가 바로 …하는 곳이야」라고 장소를 강조하는 표현법이다.

Pattern »
_ **This is where** Stephanie was found. 여기가 스테파니가 발견된 곳이야.

_ **This is where** George met Lucy. 여기가 바로 조지가 루시를 만난 곳이야.

_ **This is where** Ron and I are meeting for our date. 여기가 론과 나의 데이트 장소야.

_ **This is where** they said we'd be safe. 여기가 걔네들이 우리가 안전할거라고 말한 곳이야.

_ **This is where** we first met. 여기가 우리가 처음 만난 곳이야.

Dialog »
A : This is where the crime took place. 이곳이 범죄가 발생한 곳이야.

B : Have the cops caught the person who did it? 경찰이 범인을 잡았대?

167

Is this when~ ? 지금이 …할 때야?

Point » This is when~의 의문형으로 「지금이 …하는 때인지」를 물어본다.

Pattern »
_ **Is this when** we should stand up? 지금이 우리가 일어날 때야?
_ **Is this when** the ceremony ends? 이제 식이 끝날 때야?
_ **Is this when** we go to our bedrooms? 이제 우리가 자러 갈 때야?
_ **Is this when** the shop closes? 지금이 가게가 문닫을 때야?
_ **Is this when** we are going to leave? 지금이 우리가 떠나야 할 때야?

Dialog »
A : Is this when our train is arriving? 우리가 탈 기차가 도착할 때지?
B : Yes, it will be here within the hour. 어, 한 시간이내에 도착할거야.

004

Is this where~ ? 여기가 …하는 곳이야?

Point » This is where의 의문형으로 「여기가 바로 …하는 곳인지」 확인하는 패턴이다.

Pattern »
_ **Is this where** Georgie lives? 여기가 조지가 사는 곳이야?
_ **Is this where** the Chris died? 크리스가 죽은 곳이 바로 여기야?
_ **Is this where** you first met Sally? 네가 샐리를 처음 만난 곳이 여기야?
_ **Is this where** I'm supposed to feel sorry for you? 여기서 내가 널 안타깝게 생각해야 되는거야?
_ **Is this where** you found the necklace? 여기가 네가 목걸이를 발견한 곳이야?

Dialog »
A : Is this where you met your girlfriend? 이곳이 네가 여친을 만난 곳이지?
B : Yes, she was working here as a cashier. 어, 걘 수납원으로 여기서 일하고 있었어.

Pattern 12 》》 This is why[because]~

001

This is why~ 바로 그래서 …해

Point » 문장에 무엇인지 나오지는 않지만 어떤 원인의 결과를 말할 때 사용하는 표현.

Pattern »
_ **This is why** she doesn't date tall guys. 이래서 걔가 키 큰 남자들하고 데이트하지 않는 거라구.
_ **This is why** I told you about that. 이래서 내가 너한테 그 얘길 했던거야.
_ **This is why** you need to exercise. 이래서 네가 운동을 해야 하는 거야
_ **This is why** I quit gambling. 이래서 내가 도박을 끊었다고.
_ **This is why** I save my money. 그래서 내가 돈을 저축하고 있어.

Dialog »
A : I have no energy and feel sick. 나 힘이 하나도 없고 메슥거려.
B : This is why you need to exercise. 이래서 네가 운동을 해야 하는거야.

002 **Is this why~ ?** 바로 이래서 …하는거야?

Point » 앞서 나온 어떤 행동의 원인을 강조하면서, 바로 그래서 why 이하를 하는 것이냐고 물어보는 문장.

Pattern »

_ **Is this why** you started taking drugs? 이래서 네가 약을 하기 시작한거야?

_ **Is this why** she isn't at the wedding? 이래서 걔가 결혼식에 오지 않은거야?

_ **Is this why** mom kicked you out? 이래서 엄마가 널 쫓아내신거야?

_ **Is this why** you wanted to see me? 이래서 네가 나를 보고 싶어했던거야?

_ **Is this why** he never came back? 바로 이래서 걔가 절대로 돌아오지 않은거야?

Dialog »

A : I have started going to bed early. 난 일찍 자기 시작했어.

B : Is this why you never come out anymore? 그래서 더 이상 외출을 하지 않은거야?

003 **This is because~** 이건 …하기 때문이야

Point » This is why~가 결과를 말하는 것이라면 그 결과를 초래한 원인을 말할 때는 This is because~라 하면 된다.

Pattern »

_ **This is because** I said I loved you. 이건 내가 너를 사랑했기 때문이야.

_ **This is because** we slept together, isn't it? 이건 우리가 함께 잤기 때문이야, 그렇지 않아?

_ **This is because** we can't afford it. 이건 우리가 그럴 여력이 없기 때문이야.

_ **This is because** they didn't show up. 이건 걔네들이 오지 않았기 때문이야.

_ **This is because** there were no other choices. 이건 달리 선택할 게 없었기 때문이야.

Dialog »

A : You made a lot of mistakes on the report. 넌 보고서에 많은 실수를 했어.

B : This is because we were very tired. 우리가 매우 피곤했기 때문이야.

004 **Is this because~ ?** 이건 …하기 때문이야?

Point » 어떤 결과의 원인을 확인하는 문장.

Pattern »

_ **Is this because** I've been flirting with you all day?
이건 내가 종일 네게 치근덕거렸기 때문이야?

_ **Is this because** I told you about when I was a kid?
이건 내가 내 어린시절에 대해 네게 말했기 때문이야?

_ **Is this because** of the baby? 이건 그 아이 때문이야?

_ **Is this because** she upset you?
이건 걔가 널 화나게 해서 그런거야?

_ **Is this because** you got upset? 네가 화나서 그런거야?

Dialog »

A : The flight has been delayed for an hour. 비행편이 한 시간 연기되었어.

B : Is this because of the storm? 폭풍 때문인거야?

| 001 | **This is how~** 이런 식으로[이렇게 해서] …해 |

P**oint** >>   This is~와 방법, 방식의 how가 결합된 것으로 어떤 일이 행해지는 방법이나 방식을 언급할 때 사용한다.

P**attern** >>
_ **This is how** it works. 바로 이런 식으로 하는거야.

_ **This is how** it has to be. 당연히 이런 식으로 되어야 해.

_ **This is how** she hurt her leg. 이렇게 해서 걔가 다리를 다쳤어.

_ **This is how** you're supposed to feel. 이런 식으로 네가 느껴야 하는거야.

_ **This is how** my mother wanted to be remembered.
이런 식으로 엄마는 기억되기를 원하셨어.

D**ialog** >>
A : I heard you guys went to a casino. 너희들 카지노에 갔다며.
B : This is how we lost all our money. 이렇게 해서 우리는 돈을 다 잃었어.

| 002 | **This is not how~** 이런 식으로 …하지 않아, 이렇게 …하지 않아 |

P**oint** >>   This is how~의 부정형으로 This is not how~하게 되면 「이런 식으로 …하지 않아」라는 의미가 된다. 어떤
일을 처리하는 방법이나 방식을 말할 때 사용하면 된다.

P**attern** >>
_ **This isn't how** I do business. 난 이런 식으로 업무를 보지 않아.

_ **This isn't how** we do things. 우린 이런 식으로 일을 처리하지 않아.

_ **This is not how** we do it in New York. 뉴욕에서는 이런 식으로 하지 않아.

_ **This is not how** a family treats each other. 이런 식으로 가족끼리 대하면 안되는거야.

_ **This is not how** mature young men behave. 다 큰 젊은이가 이런 식으로 행동하는건 아냐.

D**ialog** >>
A : We are going to a classical music concert. 우리는 클래식 음악 콘서트에 갈거야.
B : This is not how I wanted to spend the evening. 이런 식으로 저녁을 보내고 싶지 않았는데.

| 003 | **Is this how~ ?** 이런 식으로[이렇게] …하는거야? |

P**oint** >>   어떤 일이 돌아가는 방식이 맞는지 확인하는 패턴.

P**attern** >>
_ **Is this how** it works? 이런 식으로 하는거야?

_ **Is this how** you talk to all your customers? 넌 이런 식으로 모든 고객들을 상대해?

_ **Is this how** you try to save your life? 너 이런 식으로 네 목숨을 부지하려고 하는거야?

_ **Is this how** this relationship's gonna work? 이런 식으로 이 관계가 돌아가는거야?

_ **Is this how** you set up the computer? 이런 식으로 컴퓨터를 셋업하는거야?

D**ialog** >>
A : Is this how to make an omelet? 이런 식으로 오므라이스를 만드는거야?
B : Yes, but you need to use more cheese. 어, 하지만 치즈를 좀 더 써야 돼.

Pattern 14 ≫ Is this your first~ ?

001 This is my first~ 이게 나의 처음 …야

Point ≫
자신이 처음 한 경험을 말할 때 사용하는 패턴.

Pattern ≫
_ **This is my first** trip to Paris. 이번이 파리 첫 여행이야.

_ **This is my first** cup of coffee today. 이게 오늘 커피 처음 마시는거야.

_ **This is my first** day at this school. 오늘이 이 학교 첫날이야.

_ **This is my first** meeting with Gina. 이번이 지나와의 첫 미팅이야.

_ **This is my first** chance to earn money. 이번이 내가 돈을 버는 첫 번째 기회야.

Dialog ≫
A : This is my first day attending classes here. 오늘이 여기 수업을 듣는 첫날이야.
B : Let me know if I can show you the campus. 교정을 구경시켜줄까.

002 Is this your first~ ? 이번이 …처음이야?

Point ≫
상대방에게 '이번이 처음이냐?'라고 관심을 보이며 질문할 때는 Is this your first+명사~?의 문형을 이용한다.
명사자리에는 visit, date 등 궁금한 내용의 명사를 바로 쓰는 경우.

Pattern ≫
_ **Is this your first** attempt at bungee jumping? 번지점프 처음 시도해봐?

_ **Is this your first** speech in public? 사람들 앞에서 처음 연설하는거지?

_ **Is this your first** date with Lisa? 리사하고 처음 데이트하는거지?

_ **Is this your first** step to make up for it? 이게 네 잘못에 대한 보상 첫단계니?

_ **Is this your first** trip to Japan? 일본여행은 처음이신가요?

Dialog ≫
A : Is this your first taste of maple syrup? 메이플 시럽을 처음 맛보는거야?
B : Yes, I have never had it before. 어. 전에 먹어본 적이 없어.

003 This is my first time~ 이번이 나의 처음 …야

Point ≫
「내가 처음으로 …한다」고 말하는 것으로 first time 다음에는 to+V, ~ing, 혹은 부사구나 절이 온다.

Pattern ≫
_ **This is my first time** to come here. 난 여기 오는 건 처음이야.

_ **This is my first time** in your new apartment. 네 아파트에 처음 오는거야.

_ **This is my first time** skiing. 이게 나 처음 스키타는거야.

_ **This is my first time** seeing her face. 이번이 처음으로 걔 얼굴을 보는거야.

_ **This is my first time** on an airplane. 이번이 처음으로 비행기를 타는거야.

Dialog ≫
A : This was the first time I visited a beach. 해변에 온게 이번이 처음이었어.
B : Really? I just love coming to see the ocean. 정말? 난 바다에 오는 걸 좋아해.

Is this your first time to~ ? …하는게 처음이야?

Point >> 명사자리에 time을 쓴 Is this your first time to+동사~?로 궁금한 내용을 to 이하에 말하는 경우.

Pattern >>

_ **Is this your first time to try Korean food?** 한국음식 처음 드셔보세요?

_ **Is this your first time to meet Julie?** 줄리를 만나는 거 이번이 처음야?

_ **Is this your first time to climb Mt. Hanra?** 한라산에 오르는 게 이번이 처음야?

_ **Is this your first time to play golf?** 골프 처음 쳐보는거야?

_ **Is this your first time to meet a movie star?** 영화배우를 처음으로 만나보는거야?

Dialog >>

A : Is this your first time to visit England? 영국에 처음 온거야?

B : Yes, and I'm having a great time. 어, 그리고 아주 좋은 시간을 보내고 있어.

Pattern 15 >> That is~

001 That's+adj~ …해

Point >> 주어가 That의 경우는 be동사와 축약되어 That's~의 형태로 사용된다. 먼저 형용사[전치사구]가 오는 경우를 본다.

Pattern >>

_ **That's all right.** 괜찮아.

_ **That's so sweet.** 고맙기도 해라.

_ **That's too bad.** 정말 안됐다.

_ **That's out of the question.** 그건 불가능해[절대 안돼].

_ **That's not true.** 사실이 아니야.

Dialog >>

A : I got you a dozen roses for your birthday. 생일이어서 장미 12 송이 가져왔어.

B : That's so sweet. 고맙기도 해라.

002 That's+N …해

Point >> That's~ 다음에 명사가 오는 경우.

Pattern >>

_ **That's not the point.** 요점은 그게 아니잖아.

_ **That's a rip-off.** 그건 바가지야.

_ **That's my favorite.** 그건 내가 좋아하는 건데.

_ **That's the problem.** 그게 문제야.

_ **That's a good idea.** 좋은 생각이야.

Dialog >>

A : I want to go to bed. I feel tired. 자고 싶어. 피곤해.

B : That's a good plan. We need rest. 좋은 생각이야. 우리는 쉬어야 돼.

| 003 | **That's not~** …하지 않아 |

Point ≫ That's~의 부정형으로 That's not~ 다음에 형용사나 명사를 넣어본다. 강조하려면 That's not~이라고 한다.

Pattern ≫
_ **That's not** exactly possible right now. 지금 당장 그건 가능하지 않아.

_ **That's not** enough for us. 그건 우리에게 충분하지 않아.

_ **That's not** your concern. 그건 너와 상관없는 일이야.

_ **That's not** true. I'm your friend. 그건 사실이 아냐. 난 네 친구야.

_ **That's not** smart. Your wife will be angry. 그건 현명하지 못해. 네 아내가 화낼거야.

Dialog ≫
A : The promotion went to none other than the boss's son. 다름아닌 사장의 아들이 승진했어.
B : That's not a surprise. 뭐 놀랄 일도 아니네.

| 004 | **That's no~** …하지 않아 |

Point ≫ That's~의 또 다른 부정형으로 That's no+N의 형태는 많이 쓰인다.

Pattern ≫
_ **That's no** problem. 문제없어.

_ **That's no** big deal. 별일 아냐.

_ **That's no** excuse for standing me up. 그건 날 바람맞힌 변명이 되지 않아.

_ **That's no** excuse to abandon your kid. 그건 네 아이를 유기한 변명이 안돼.

_ **That's no** way to talk to your grandmother. 네 할머니에게 그런 식으로 말하면 안돼.

Dialog ≫
A : He's just jealous that I've got a pretty girlfriend. 걘 내가 이쁜 여자 친구와 사귄다고 샘내고 있는거야.
B : That's no excuse for hitting you. 그렇다고 너를 때리다니 말도 안돼.

Pattern 16 ≫ **Is that~ ?**

| 001 | **Is that~ ?** …해, …야? |

Point ≫ That's~의 부정형으로 Is that~ 다음에 명사나 형용사를 이어서 쓰면 된다.

Pattern ≫
_ **Is that** too small for you? 그건 너한테는 너무 작지?

_ **Is that** supposed to be funny? 그거 재미있어야 되는거잖아?

_ **Is that** your ex-wife? 네 전부인이야?

_ **Is that** the best you can do? 그게 네가 할 수 있는 최선이야?

_ **Is that** a problem? 그게 문제야?

Dialog ≫
A : Is that desk heavy? It looks big. 책상이 무거워? 무척 커 보이네.
B : Yeah, it's difficult for me to move. 어. 내가 움직이는게 힘들어.

173

002 Isn't that~ ? …아냐?, …하지 않아?

Point » 부정의문형으로 역시 자기 주장을 강조하려는 것으로 Isn't that~다음에 명사나 형용사를 넣어본다.

Pattern »
_ **Isn't that** correct? 그게 맞지 않아?
_ **Isn't that** a lie? 그거 거짓말아냐?
_ **Isn't that** good news? 그거 좋은 소식아냐?
_ **Isn't that** enough? Leave me alone. 충분하지 않아? 나 좀 내버려 둬.
_ **Isn't that** where you lived years ago? 거기는 네가 몇 년전에 살던 곳 아냐?

Dialog »
A : Isn't that correct? 그게 맞지 않아?
B : No, I'm afraid you are wrong. 어, 네가 틀린 것 같아.

003 That was~ …였어

Point » That's~의 과거형으로 That was~ 다음에는 명사나 형용사가 오게 된다.

Pattern »
_ **That was** an invasion of our privacy. 그건 사생활 침해였어.
_ **That was** a long time ago. 그건 오래전 일이었어.
_ **That was** a bit of a shock. 그건 좀 놀라운 일이었어.
_ **That was** my mistake. 그건 내 잘못였어.
_ **That was** really surprising. 정말 놀랄 일이었지.

Dialog »
A : That was a good song you just played. 방금 연주한 노래 참 좋았어.
B : Thanks, would you like to hear it again? 고마워. 다시 들려줄까?

004 That was not[no]~ …가 아니었어

Point » That was~의 부정형은 That was not~ 혹은 That was no+N라 하면 된다.

Pattern »
_ **That was not** my intention. 그건 내 의도가 아니었어.
_ **That was not** necessary. 그건 꼭 그래야 되는게 아니었어.
_ **That was no** big deal. 그건 대수롭지 않은 일이었어.
_ **That was no** lie. 그건 거짓말이 아니었어.
_ **That was not** what we expected. 그건 우리가 예상하던 것이 아니었어.

Dialog »
A : I think my car was towed last night. 내 차가 지난밤에 견인된 것 같아.
B : That was not a good place to park your car. 거긴 차를 주차하기에 좋은 곳이 아녔어.

Pattern 17 ≫ That is going to~

001 That's going to~ …일거야

Point ≫ That's going to+일반동사의 형태로 앞으로의 상황이 어떨거라고 언급할 때 사용하면 된다.

Pattern ≫

_ **That's going to cost you extra.** 추가적인 비용이 들거야.

_ **That's gonna take all night.** 그건 밤새 시간이 걸릴거야.

_ **That's gonna make my job a lot easier.** 그건 내 일을 훨씬 쉽게 만들어줄거야.

_ **That's gonna make him a lot harder to catch.** 그럼 걔가 따라잡는데 더 힘들어질거야.

_ **That's going to cause problems.** 그건 문제들을 야기할거야.

Dialog ≫

A : Why don't we watch some TV? TV 좀 보자.

B : That's going to waste our time. 시간 낭비일거야.

002 That's going to be~ …일거야, …될거야

Point ≫ That's going to+일반동사 중 be 동사가 와서 That's going to be~가 되는 경우. 많이 쓰이니 /댓쓰거너비/ 처럼 한 묶음으로 달달 외운다.

Pattern ≫

_ **That's going to be tough.** 그건 어려울거야.

_ **That's gonna be so much harder.** 그건 훨씬 더 어려울거야.

_ **That's gonna be fun.** 그건 재미있을거야.

_ **That's gonna be weird.** 그건 이상할거야.

_ **That's going to be expensive to buy.** 그건 사는데 비용이 많이 들거야.

Dialog ≫

A : I broke my leg playing baseball today. 오늘 야구를 하다 다리가 부러졌어.

B : That's going to be painful tomorrow. 내일 무척 아플거야.

003 That's not going to~ …하지 않을거야

Point ≫ That's going to~의 부정형으로 강조하려면 That's never going to~라고 한다.

Pattern ≫

_ **That's not gonna happen tonight.** 오늘밤 그러지 않을거야.

_ **That's not gonna work.** 그렇게 되지 않을거야.

_ **That's not gonna get better.** 더 나아지지 않을거야.

_ **That's not going to turn out too well, is it?** 다 잘되지는 않을거야. 그지?

_ **That's never gonna happen.** 절대로 그렇게 되지 않을거야.

Dialog ≫

A : Just let me explain things to you. 내가 네게 상황을 설명해줄게.

B : That's not going to change my mind. 그렇다고 내 맘이 변하지 않을거야.

Is that going to~ ? …할거야?, …하게 될거야?

Point » That's going to~의 의문형으로 /이즈댓거너/로 마치 한단어처럼 발음한다.

Pattern »
_ **Is that going to** work? 그렇게 될까?

_ **Is that going to** take long? 그게 시간이 많이 걸릴까?

_ **Is that going to** be a problem? 그게 문제가 될까?

_ **Is that going to** be awkward? 그게 어색할까?

_ **Is that gonna** be okay? 괜찮아질까?

Dialog »
A : Is that going to **fill you up?** 저거 먹으면 배가 좀 차겠어?

B : I may need some more food. 좀 더 음식이 필요할지도 몰라.

Pattern 18 »» That will~

001

That will~ …일거야

Point » be going to~처럼 앞으로의 일을 말할 때는 That 다음에 미래 조동사 will을 넣으면 된다.

Pattern »
_ **That will** be fine. 괜찮을거야.

_ **That will** happen again. 또 그럴거야.

_ **That will** be all for tonight. 오늘은 그게 다일거야.

_ **That will** be perfect, Rick. 릭, 그러면 완벽할거야.

_ **That will** save us some time. 그러면 시간을 좀 벌 수 있겠네.

Dialog »
A : That will **be $256, please.** 다 합쳐서 256달러 되겠습니다

B : I think there's something wrong on the account. 뭔가 계산이 잘못된 것 같은데요.

002

That will make~ 그 때문에 …가 …하게 될거야

Point » That will+V의 대표적인 경우로 That will make+A+V의 패턴. That will과 사역동사 make가 만난 경우.

Pattern »
_ **That will make** Frank very happy. 그 때문에 프랭크가 매우 기뻐할거야.

_ **That will make** me stop. 그 때문에 내가 그만 멈출거야.

_ **That'll make** him come back. 그 때문에 걔가 돌아올거야.

_ **That'll make** the price better. 그 때문에 가격이 더 나아질거야.

_ **That'll make** it grow again. 그 때문에 그게 다시 자라게 될거야.

Dialog »
A : Apparently the electricity is out all over the city. 시내 전체에 전기가 나간 것처럼 보이네요.

B : That will make **traffic a nightmare.** 교통지옥이 되겠군요.

003 That will not~ …이지 않을거야

Point » That will~의 부정형으로 That will not~ 혹은 That won't~로 쓰면 된다.

Pattern »
_ **That will not** be forgotten. 잊지 않을게.

_ **That will not** happen again. 다시는 그런 일이 없을거야.

_ **That won't** be good enough. 그건 충분하지 못할거야.

_ **That won't** be a problem. 그건 문제가 되지 않을거야.

_ **That will not** make you healthy. 그건 널 건강하게 하지 않을거야.

Dialog »
A : I've got to download this program. 이 프로그램을 다운로드 해야 돼.
B : That will not take much time. 그건 많은 시간이 걸리지 않을거야.

004 That would~ …할거야

Point » 「그렇게 된다면」이라는 조건절이 생략된 가정법으로 아직 일어나지 않은 미래의 일이나 상상을 말할 때 사용하면 된다.

Pattern »
_ **That would** be perfect for us. 우리한테는 딱일거야.

_ **That would** be terrible. 형편없을거야.

_ **That would** be better. 그게 더 나을거야.

_ **That would** be so exciting. 굉장히 흥미진진할거야.

_ **That would** be a good idea. 그게 좋겠다.

Dialog »
A : Would you like sour cream for your baked potato? 구운감자에는 사워 크림을 드릴까요?
B : That would be great. 그게 좋겠군요.

Pattern
19 » **That can~**

001 That can~ 그건 …할[될] 수 있어

Point » That can~은 「그건 …할 수 있어」, That can be~는 「…가 될 수도 있어」라고 생각하면 된다.

Pattern »
_ **That can** easily change. 그건 쉽게 변할 수 있어.

_ **That can** cause many problems. 그건 많은 문제들을 야기할 수 있어.

_ **That can** make someone rich. 그로 인해 누군가 부자가 될 수 있어.

_ **That can** be my present. 그건 내 선물일 수도 있어.

_ **That can** be hard work too. 그것 역시 어려운 일일 수 있어.

Dialog »
A : I still smoke a pack a day. 난 아직도 하루에 담배 한 갑을 펴.
B : That can cause health problems. 그건 건강문제를 일으킬 수 있어.

That can't~ …할 수가 없어

Point » That can~의 부정은 That can't~ 혹은 That can never~라 하면 된다.

Pattern »
_ **That can't** improve your health. 그건 네 건강을 좋아지게 할 수 없어.

_ **That can't** work very well. 그건 아주 잘 돌아가지 않을거야.

_ **That can't** wait. 그건 급한 일이야.

_ **That can't** change our goals. 그 때문에 우리 목적을 바꿀 수가 없어.

_ **That can never** happen. 절대 안돼.

Dialog »
> A : Is it important to fix this computer? 이 컴퓨터를 고치는 게 중요해?
> B : That can't wait. Fix it as quickly as you can. 급해. 가능한 한 빨리 고치도록 해.

That can't be~ …일 리가 없어

Point » That can't~ 다음에 동사 be가 오는 경우로 be 다음에는 형용사나 명사가 올 수가 있다.

Pattern »
_ **That can't be** good. 그게 좋을 리가 없어.

_ **That can't be** smart. 그건 현명할 일이 아닐거야.

_ **That can't be** right. 그게 맞을 리가 없어.

_ **That can't be** the originals. 그게 원본일 리가 없어.

_ **That can't be** true. 그게 사실일 리가 없어.

_ **That can't be** given as a present. 그걸 선물로 받았을 리가 없어.

Dialog »
> A : I love watching this soap opera. 난 이 드라마 보는 걸 좋아해.
> B : That can't be your favorite TV show. 네가 좋아하는 TV 프로그램일 리가 없어.

That could~ …일 수가 있어

Point » 어떤 조건이 성립되면 「…일 수도 있다」라는 가정법에서 출발하여 가벼운 추측으로도 쓰인다.

Pattern »
_ **That could** be a problem. 그건 문제가 될 수도 있어.

_ **That could** take hours. 그건 오랜 시간이 걸릴 수 있어.

_ **That could** help us with a settlement. 그건 우리가 합의하는데 도움이 될 수 있어.

_ **That could** be some sort of young woman's melancholy.
그건 젊은 여인의 울적함일 수도 있어.

_ **That could** help everyone. 그건 모든 사람들에게 도움을 줄 수가 있어.

Dialog »
> A : I'm working on building my own house. 난 내가 살 집을 짓는 일을 하고 있어.
> B : That could take years to finish. 그걸 마치려면 수년이 걸릴 수도 있어.

Pattern 20 >> That should[must, may]~

001 That should~ …일거야

Point » That과 should가 결합한 형태로 가능성이나 추측 혹은 기대를 나타낸다.

Pattern »

_ **That should** be great. 그거 굉장할거야.

_ **That should** last 48 hours. 그거 48시간 동안 계속 될거야.

_ **That should** mean something. 그건 무슨 의미가 있을거야.

_ **That should** be an interesting challenge. 그건 흥미로운 도전이 될거야.

_ **That should** be a familiar feeling for you. 그건 네게 익숙한 감정일거야.

Dialog »

A : Do you think you could fix me up with a girl for the party? 파티같이 갈 여자 하나 소개시켜줄 수 있어?
B : That shouldn't be too difficult. 그렇게 어렵진 않지.

002 That must~ 틀림없이 …일거야

Point » That이 역시 강한 추측의 조동사인 must와 결합한 형태.

Pattern »

_ **That must** be nice. 그거 틀림없이 좋을거야.

_ **That must** be him. 그거 걔임에 틀림없어

_ **That must** have been really hard. 그거 정말 힘들었음에 틀림없어.

_ **That must** have been very difficult for you. 그거 네게 틀림없이 정말 힘들었을거야.

_ **That must** be good news for you. 너한테는 아주 좋은 소식이네.

Dialog »

A : I feel so sorry for my mother. She's all alone. 엄마가 참 안돼 보여. 항상 혼자시거든.
B : That must be difficult at her age. 그 연세엔 그게 견디기 힘들지.

003 That may~ …일지도 몰라

Point » That이 역시 약한 추측의 조동사인 may와 만난 경우. 특히 That may have+pp하게 되면 과거에 대한 추측을 뜻한다.

Pattern »

_ **That may** be difficult. 그거 어려울지도 몰라.

_ **That may** be the answer. 그게 답일지도 몰라.

_ **That may** have been the problem. 그게 문제였을지도 몰라.

_ **That may** be the most depressing thing I've heard in my life.
그건 내 평생 들었던 것 중 가장 우울한 일일지도 몰라.

_ **That may** be true, but you still have a great core idea.
그럴지도 모르죠, 하지만 어쨌든 기본 아이디어가 훌륭하잖아요.

Dialog »

A : What do you mean? I worked on it for weeks! 무슨 말이야? 1주일 내내 쓴 건데!
B : That may be so, but your report has very little substance. 그럴 수도 있겠지만 보고서엔 알맹이가 없어.

That might~ …일지도 몰라

Point » might는 과거시제가 아니라 may보다 좀 더 약한 추측의 조동사이다.

Pattern »
_ **That might** put you at risk. 그 때문에 네가 위험에 놓일지도 몰라.
_ **That might** prove a bit difficult. 그게 좀 어려운 걸로 밝혀질지도 몰라.
_ **That might** be a start. 그게 출발일지도 몰라.
_ **That might** be a clue. 그게 단서일지도 몰라.
_ **That might** not be such a good idea. 그건 그렇게 좋은 생각이 아닐 수도 있어.

Dialog »
A : It doesn't take much to get an A in that class. 그 과목에서 A학점 따는 건 쉬워.
B : That might be true for you, but not for me. 넌 그럴지 모르겠지만 난 아냐.

Pattern 21 » **That is what~**

That's what~ 바로 그게 …하는거야

Point » That's what S+V~는 S가 V하는 것이 바로 that이라는 의미로 「바로 그게 내가 …하는 거야」라는 의미이다.

Pattern »
_ **That's** exactly **what** I'm trying to say. 내가 말하려는게 바로 그거라구.
_ **That's what** I'm going to do. 내가 하려고 하는 일이 바로 그거야.
_ **That's what** I like about you, Jack. 잭, 내가 널 좋아하는건 바로 그런 점 때문이야.
_ **That's what** I'm worried about. 내가 걱정하는게 바로 그거야.
_ **That's what** we're trying to figure out now. 우리가 알아내려고 하는게 바로 그거야.

Dialog »
A : Brian is joining the military? 브라이언이 입대한다고?
B : That's what he told us. 바로 걔가 그렇게 우리에게 말했어.

That's not what~ 그건 …하는게 아냐

Point » That's what~의 부정. That's not what S+V 혹은 That's not what+V처럼 바로 동사가 오는 경우도 있다.

Pattern »
_ **That's not what** I meant. 내 말은 그게 아니야.
_ **That's not what** I want to hear. 내가 듣고 싶은 말은 그게 아냐.
_ **That's not what** I said. 내 말은 그런게 아냐.
_ **That's not what** he told me. 걔가 나한테 얘기한 건 그게 아냐.
_ **That's not what** you think. 네가 생각하는 것은 그게 아냐.

Dialog »
A : Do you think he's cruel? 넌 걔가 인정사정 없다고 생각하니?
B : That's not what I meant. I think he's selfish. 내 말은 그게 아니야. 걔가 이기적인 것 같다구.

003 | **Is that what~ ?** 그게 바로 …하는거야?

Point ›› That's what~의 의문형으로 상대방의 의사나 의견 등을 물어볼 때 사용한다.

Pattern ››
_ **Is that what** you really want? 그게 바로 네가 정말 원하는거야?

_ **Is that what** you think? 네 생각이 바로 그거야?

_ **Is that what** she said? 그게 바로 걔가 말한거야?

_ **Is that what** you're thinking? 그게 네가 생각하는거야?

_ **Is that what** you're saying? 그게 네가 말하는거야?

Dialog ››
A : Is that what you want me to do? 내가 해줬으면 하는게 그거야?
B : Yes, I think that's what you should do. 응, 내 생각엔 네가 그렇게 해야 한다고 봐.

004 | **Isn't that what~ ?** 그게 바로 …하는게 아냐?

Point ›› 다시한번 강조하지만 부정의문형은 자기의 주장을 강조하기 위해서 쓰는 문형이다.

Pattern ››
_ **Isn't that what** love is? 사랑이라는게 바로 그런거 아냐?

_ **Isn't that what** people do? 사람들이 하는 일이 바로 그런거 아냐?

_ **Isn't that what** you wanted? 바로 그게 네가 원했던거 아냐?

_ **Isn't that what** I just said? 바로 그게 내가 말한거잖아?

_ **Isn't that what** this whole thing is about? 이 모든 일이 다 바로 그것에 관한거 아냐?

Dialog ››
A : Ron often drinks too much wine. 론은 가끔 와인을 너무 많이 마셔.
B : Isn't that what sent him to the hospital? 그렇게 해서 걔가 병원에 간거 아냐?

Pattern **22** ›› **That's when[where]~**

001 | **That's when~** 바로 그때 …했어

Point ›› 장소를 언급하거나 시간 등을 언급할 때는 That's where/when S+V처럼 의문사를 바꾸어 가면서 말을 해본다.

Pattern ››
_ **That's when** they found the cancer. 그때 걔네들은 암을 발견했어.

_ **That's when** you saw her crying? 바로 그때 넌 걔가 우는 것을 봤다고?

_ **That's when** the nightmares started again. 바로 그때 악몽이 다시 시작됐어.

_ **That's when** I saw him. 바로 그때 난 걔를 봤어.

_ **That's when** I broke my leg. 그때 다리가 부러진거야.

Dialog ››
A : I heard your husband was getting abusive. 네 남편이 점점 학대를 했어.
B : That's when I ran away. 그때 내가 도망을 쳤지.

That's where~ 바로 거기가 …하는거야

Point » 이번에는 That's~ 다음에 where가 오는 경우로 어떤 언행이 이루어진 장소를 확인해주는 문장.

Pattern »
- **That's where** all the decisions are made. 바로 거기서 모든 결정이 이루어져.
- **That's where** I turned my life around. 바로 거기서 내 인생이 역전됐어.
- **That's where** you're going, right? 바로 거기로 가려는거지, 맞지?
- **That's where** your dad lived when I first met him.
  네 아버님을 처음 뵈었을 때 바로 거기서 살고 계셨어.
- **That's where** we first met. 바로 거기가 우리가 처음 만난 곳이야.

Dialog »
A : This neighborhood looks very nice. 이웃이 매우 좋아 보여.
B : That's where the rich people live. 그곳이 부자들이 사는 곳이잖아.

Is that when~ ? 바로 그때 …하는거야?

Point » 어떤 일이 벌어진 시각을 상대방에게 확인하는 문장.

Pattern »
- **Is that when** you messed with her tire? 바로 그때 걔의 타이어에 장난질을 한거야?
- **Is that when** you gave her the gun? 바로 그때 걔한테 총을 준거야?
- **Is that when** you decided to hurt him? 바로 그때 걔를 해코지하기로 맘먹은거야?
- **Is that when** the baths started? 바로 그때 목욕이 시작된거야?
- **Is that when** the robbery happened? 바로 그때 강도사건이 일어난거야?

Dialog »
A : The new roads confused me. 새로운 길들이 헷갈렸어.
B : Is that when you got lost? 그때 길을 잃어버린거야?

Is that where~ ? 바로 거기서 …하는거야?

Point » 어떤 일이 벌어진 장소를 상대방에게 확인하는 문장.

Pattern »
- **Is that where** you went to see him? 바로 거기로 넌 걔를 만나러 간거야?
- **Is that where** you keep it? 바로 거기에 그걸 간직하고 있는거야?
- **Is that where** her cell phone is? 바로 거기에 걔 핸드폰이 있는거야?
- **Is that where** you told him about the vending machines?
  바로 거기서 넌 자판기에 대해 그에게 말했지?
- **Is that where** you saw the fight? 바로 거기서 싸움을 목격한거야?

Dialog »
A : This is the best high school in the city. 이 고등학교가 도시에서 최고야.
B : Is that where you graduated from? 거기가 네가 졸업한 곳이지?

Pattern 23 ≫ That's why[because]~

001 That is why~ 그래서 …하는거야

Point ≫ 원인과 결과를 말하는 방법으로 주의해야 할 것은 why 뒤에 「결과」에 해당되는 내용을 「절」(S+V)의 형태로 써주어야 한다는 사실. 따라서 That's why~ 구문 앞에 먼저 이유가 되는 사항을 언급해 주어야 한다.

Pattern ≫
_ **That's why** we're here. 그게 바로 우리가 여기 온 이유야.

_ **That's why** he's so tired all the time. 그래서 걔가 늘 그토록 피곤한거야.

_ **That's why** everybody loves Raymond. 그래서 다들 레이먼드를 좋아하는거야.

_ **That's why** I decided to quit. 바로 그래서 내가 그만두기로 한거야.

_ **That's why** he's been busy these days. 그래서 걔가 요즘 바빴던거야.

Dialog ≫
> A : He's really bad at following directions. 걘 교통법규를 정말 안 지켜.
> B : That's why I always drive when I'm with him. 그래서 함께 가면 항상 내가 운전하잖아.

002 Is that why~ ? 그게 바로 …한 이유야?

Point ≫ 상대방이 왜 why S+V한 상태인지 그 이유를 물어보는 문장.

Pattern ≫
_ **Is that why** you're here? 그래서 네가 여기 온거야?

_ **Is that why** you're mad? 그래서 네가 화난거야?

_ **Is that why** you've been taking those pills? 그래서 네가 지금껏 그 약들을 먹고 있는거야?

_ **Is that why** you've been acting like such a nut all day?
그래서 네가 종일 미친놈처럼 행동한거야?

_ **Is that why** no one showed up? 그래서 아무도 나오지 않은거야?

Dialog ≫
> A : My sister has never dated anyone. 내 누이는 절대로 데이트를 하지 않아.
> B : Is that why she acts so shy? 그게 걔가 수줍어서 그런거야?

003 That's because~ 그건 …때문이야

Point ≫ That's because~ 다음에는 상대방의 행동의 원인이 되는 내용을 적어줘야 한다.

Pattern ≫
_ **That's because** I don't want her to come. 난 걔가 오기를 바라지 않기 때문이야.

_ **That's because** he did a great job. 그 사람이 일을 잘 했으니까 그렇지.

_ **That's because** she is busy right now. 그 여잔 지금 바쁘니까 그렇지.

_ **That's because** it's your job. 그건 그게 네 일이니까 그렇지.

_ **That's because** he's too yellow to ask for a raise.
그건 걔가 넘 소심해 월급인상을 요구하지 못하기 때문이야.

Dialog ≫
> A : Why is the refrigerator not working? 왜 냉장고가 작동되지 않는거지?
> B : That's because my sister pulled out the plug. 내 여동생이 플러그를 뽑아버렸기 때문이야.

Is that because~ ? 그게 바로 …때문이야?

Point » 상대방이 왜 because S+V한 상태인지 그 원인을 물어보는 문장.

Pattern »
_ **Is that because** of me? 그게 바로 나 때문인거야?

_ **Is that because** you never leave? 그게 바로 네가 절대로 떠나지 않기 때문이야?

_ **Is that because** you're out of toner? 네가 토너가 떨어져서 그런거야?

_ **Is that because** everyone was sick? 그게 바로 다들 아팠기 때문이야?

Dialog »
> A : Bill and Pat decided to break up. 빌과 팻은 헤어지지로 했어.
>
> B : Is that because **they were always arguing?** 항상 싸우기 때문이었어?

Pattern
24 » **That's how~**

---

001   **That's how~** …하는 방법(이유)야, 그래서 …을 했어

Point » how 이하를 하게 된 방법을 말하는 표현.

Pattern »
_ **That's how** our culture develops and grows. 그렇게 우리 문화는 발전하고 성장해왔어.

_ **That's how** you'll bring up your son. 넌 바로 그런 식으로 네 아들을 양육할거야.

_ **That's how** this works. 그건 이렇게 하는거야.

_ **That's how** we'll remember them. 그래서 우리는 걔네들을 기억하게 될거야.

_ **That's how** he died. 그렇게 걔가 죽었어.

Dialog »
> A : I just ran a virus scan for your computer. 방금 네 컴퓨터 바이러스 스캔돌렸어.
>
> B : That is how **it's done. I was wondering about that.** 저렇게 하는 거구나. 궁금했었어.

002   **That's not how~** 그렇게 …하지 않은거야

Point » how 이하가 일어나는 방법과 방식이 그렇지 않다, 즉 틀렸다고 상대방에게 알려주는 문장.

Pattern »
_ **That's not how** I meant it. 내가 그렇게 의미했던 것은 아닌데.

_ **That's not how** things happened. 일이 그렇게 된게 아니야.

_ **That's not how** it works. 저렇게는 안돼.

_ **That's not how** we do things here. 여기서는 그렇게 하는 게 아니야.

_ **That's not how** I made my money. 나는 그렇게 해서 돈을 벌지 않았어.

Dialog »
> A : I'll wait until tomorrow to get started. 난 내일까지 기다렸다가 시작할거야.
>
> B : That's not how **I would do it.** 나라면 그렇게 하지 않는 방식인데.

영어회화
공식패턴
3300

003 Is that how~ ? 그렇게 …하는거야?

Point » 상대방에게 how~이하를 하는 방법이 맞는지 확인하는 패턴.

Pattern »
_ **Is that how** you came here? 그렇게 해서 네가 여기에 온거야?

_ **Is that how** you won? 그렇게 해서 네가 이긴거야?

_ **Is that how** it works with us? 우리에게는 그렇게 하는거야?

_ **Is that how** you talk to your mother? 그런 식으로 네 엄마에게 말하는거야?

_ **Is that how** you feel about me? 그런 식으로 나에 대해 생각하는거야?

Dialog »
A : The criminals found out she was rich. 범죄자들이 걔가 부자라는 걸 알아냈어.

B : Is that how she got kidnapped? 그렇게 해서 걔가 납치된거야?

004 Isn't that how~ ? 그렇게 해서 …한게 아냐?

Point » 부정의문형으로 물어볼 때는 주로 "내 말이 맞지 않아?"라는 자기 주장을 강조하기 위함이다.

Pattern »
_ **Isn't that how** it works around here? 여기서는 그렇게 하는게 아냐?

_ **Isn't that how** they measure pants? 바지를 재단할 땐 그러는거 아냐?

_ **Isn't that how** you met your boyfriend? 그렇게 해서 네 남친을 만난게 아냐?

_ **Isn't that how** the fire started? 그렇게 해서 불이 시작된거 아냐?

_ **Isn't that how** she found the secret letters? 그렇게 해서 걔가 비밀편지를 발견한거 아냐?

Dialog »
A : Mr. Jones got drunk and drove home. 존스 씨는 취해서 집으로 운전해갔어.

B : Isn't that how he got arrested? 그렇게 해서 그 사람이 체포된거 아냐?

Pattern 25 »» That+V

001 That+V 그게 …해

Point » That 주어 뒤에는 흔히 be동사가 오지만, 일반동사가 오기도 한다. That~ 다음에 다양한 일반동사를 넣어본다.

Pattern »
_ **That** makes sense. 말이 되네.

_ **That** depends. 사정에 따라 달라져.

_ **That** reminds me. 그걸 보니[그 말을 들으니] 생각나는 게 있네.

_ **That** explains it. 그 말을 들으니 이해가 되네.

_ **That** looks very interesting. 그거 참 흥미롭구만.

Dialog »
A : I plan to become a lawyer. 나 변호사가 되기로 했어.

B : That takes a lot of hard work. 공부를 무척 많이 해야 돼.

002　That doesn't~ 그게 …하지 않아

Point » That+V(일반동사)의 부정형태 패턴.

Pattern »
_ **That doesn't** matter! 그건 중요하지 않아!
_ **That doesn't** make any sense. 그건 전혀 말이 안돼.
_ **That doesn't** sound good. 좋지 않게 들리는데.
_ **That doesn't** mean they're not true. 그것들이 거짓이라고 의미하는 것은 아냐.
_ **That doesn't** sound like fun. 재미없을 것 같구나.

Dialog »
A : That doesn't seem to be too complicated. 그게 그렇게 복잡한 것 같지는 않아.
B : Just remember, nothing is as simple as it seems. 아무리 간단하게 보이는 일도 쉽지 않다는 것만 기억해.

003　Does that~ ? 그게 …하지?

Point » That+V(일반동사)의 의문문 형태.

Pattern »
_ **Does that** mean anything to you? 그게 네게 무슨 의미라도 돼?
_ **Does that** seem funny to you? 넌 그게 우습게 보여?
_ **Does that** make you uncomfortable? 그 때문에 네가 불편해 해?
_ **Does that** make sense? 그게 말이 돼?
_ **Does that** bother you? 그게 신경쓰여?

Dialog »
A : Does that name ring a bell? 그 이름을 들으니 뭐가 떠올라?
B : I'm sure I went to school with her brother years ago. 몇 년전에 걔 오빠하고 학교를 다닌게 확실해.

004　Doesn't that~ ? 그게 …하지 않아?

Point » 역시 부정의문형으로 자기 말이 맞지 않냐고 확인할 때 사용한다.

Pattern »
_ **Doesn't that** feel better? 기분이 좋지 않아?
_ **Doesn't that** concern you? 그거 걱정되지 않아?
_ **Doesn't that** tell you anything? 그게 너에게 무슨 의미가 있지 않아?
_ **Doesn't that** count for something? 그게 뭐 좀 쓸모있지 않아?
_ **Doesn't that** mean he's going to prison? 그건 걔가 감옥에 간다는 걸 뜻하지 않아?

Dialog »
A : I chipped my front tooth today. 오늘 앞니가 부러졌어.
B : Doesn't that cause pain? 아프지 않아?

That sounds~

001 That sounds+adj~ …같은데

Point » 「…인 것처럼 들린다」기보다는 「…같은데」 정도의 느낌으로 더 자주 쓰인다. 또한 Sounds great!과 같이 주어를 생략하고 쓰기도 한다.

Pattern »
_ **That sounds** good to me. 내 생각엔 괜찮은 것 같아.
_ **That sounds** interesting. 그거 흥미로운데.
_ **That sounds** weird. 이상한 것 같은데.
_ **That sounds** a little boring. 좀 지루한 것 같아.
_ **That sounds** like a good enough reason to leave. 떠날 만한 충분한 이유가 있어 보이는군.

Dialog »
A : Let's go to the hotel down the street for lunch today. 오늘 점심은 길 저쪽에 있는 호텔에서 하자.
B : Okay, that sounds fine. 좋아. 그거 괜찮네.

002 That sounds like~ …같은데

Point » That sounds~ 다음에 like를 추가하여 'That sounds like+명사' 형태로 쓴 경우. 의미는 That sounds~와 같다. 또한 like 다음에 S+V의 절이 올 수도 있다.

Pattern »
_ **That sounds like** a bad idea to me. 내 생각엔 좋은 생각이 아닌 것 같아.
_ **That sounds like** a problem. 문제가 있어 보이는데.
_ **That sounds like** a lot of fun. 굉장히 재미있겠다.
_ **That sounds like** you need a new mouse. 새 마우스가 필요하다는 얘기 같은데.
_ **That sounds like** good advice. 좋은 충고 같구나.

Dialog »
A : Maybe we should offer him the job. 우리가 그 사람한테 이 일자리를 줘보면 어떨까?
B : That sounds like a good idea to me. 거 괜찮은데.

003 That doesn't sound~ …같지 않은데

Point » That sounds~의 부정형으로 That doesn't sound+형용사, That doesn't sound like+N의 형태를 익혀둔다.

Pattern »
_ **That doesn't sound** safe at all. 전혀 안전한 것 같지가 않아.
_ **That doesn't sound** good. 좋게 들리지 않아.
_ **That doesn't sound** very genuine. 정말 진짜같이 들리지 않아.
_ **That doesn't sound** like him. 걔같이 들리지 않아.
_ **That doesn't sound** like you. 너같이 들리지 않아.

Dialog »
A : I just had a bowl of cereal. 씨리얼 한 그릇 방금 먹었어.
B : That doesn't sound like much. 충분한 것 같지는 않은데.

001   It is+adj~ …해

Point » It's okay~에서 보다시피 It 또한 be동사와 어울려 다양한 회화문장을 만들어 낼 수 있다. 축약된 It's 다음에 먼저 형용사를 넣어 본다.

Pattern »
_ **It's** so hard for me. 나한테는 꽤 힘들어.

_ **It's** a little complicated. 좀 복잡해.

_ **It's** close to where I live. 내가 사는 곳에서 가까워.

_ **It's** very kind of you. 고마워[넌 정말 친절하구나].

_ **It's** so complicated. 좀 복잡해.

Dialog »
A : Your parties are always a lot of fun. 네 파티는 언제나 흥겹더라.
B : It's good to hear that. Enjoy yourself. 그렇게 말해서 고마워. 재밌게 놀아.

002   It's+N~ …해

Point » It's~ 다음에 명사가 오는 경우. 특히 It's~ 형태로 It's 7 o'clock in the morning처럼 시간을 말할 수도 있다.

Pattern »
_ **It's** nothing. 아무 것도 아냐.

_ **It's** your turn. 네 차례야.

_ **It's** the same with me. 나하고 같네.

_ **It's** 3:00 in the morning! 지금 새벽 3시라구!

_ **It's** his. Where's mine? 그거 걔꺼야. 내껀 어디있어?

Dialog »
A : Hello, Sara. I want you to meet my friend John. 안녕, 새러. 내 친구 존을 소개할게.
B : It's a pleasure. I've heard so much about you. 반가워요. 말씀 많이 들었어요.

003   It's~ …해

Point » It's~ 다음에 전치사+명사의 부사구가 오는 경우이다.

Pattern »
_ **It's** just around the corner. 바로 골목어귀에 있어[가까워].

_ **It's** right over there. 바로 저기야.

_ **It's** up to you. 너한테 달린 일이야.

_ **It's** across the street. 길 건너에 있어.

_ **It's** on me. 내가 낼게

_ **It's** out of date. 구식이야.

Dialog »
A : I'm going to open a clothing store. 옷가게를 열거야.
B : Do whatever you want. It's up to you. 하고 싶은대로 해. 네 맘이지.

Pattern 28 ≫ It's not~

001 It's not~ …가 아냐

Point ≫ It's~의 부정으로 It's not~ 다음에 명사, 형용사 등을 붙여 쓰면 된다.

Pattern ≫
_ **It's not** true. 사실이 아냐.

_ **It's not** a problem. 그건 문제없어.

_ **It's not** the same thing. 그건 같은 게 아냐.

_ **It's not** your fault. 네 잘못이 아냐.

_ **It's not** that simple. 그렇게 단순하지 않아.

Dialog ≫
> A : I'm sorry I broke your computer. 네 컴퓨터 고장나게 해서 미안해.
> B : It's not your fault. It was old. 네 잘못이 아냐. 오래 된거야.

002 It's no~ …가 아냐

Point ≫ It's~의 또다른 부정형으로 It's no+N의 형태로 쓰면 된다.

Pattern ≫
_ **It's no** problem. 문제없어.

_ **It's no** big deal. 별일 아냐.

_ **It's no** offense. 악의는 없어.

_ **It's no** mystery who killed her. 누가 걔를 죽였는지는 미스테리가 아냐.

_ **It's no** problem. I'll be there at 7 a.m. 문제없어. 아침 7시에 갈게.

Dialog ≫
> A : Sorry about that. 그거 정말 유감이야.
> B : Don't worry! It's no big deal. 걱정 마! 별거 아냐.

003 It's no wonder~ …하는게 당연하지

Point ≫ It's no~의 대표적 패턴으로 (It's) No wonder S+V하게 되면 「…하는게 당연하다」라는 의미가 된다. 물론 단독으로 No wonder(당연하지)로도 쓰인다.

Pattern ≫
_ **It's no wonder** I drink. 그러니 내가 술을 마시지.

_ **No wonder** I don't feel full. 그러니 배가 고프지.

_ Thanks, **no wonder** I'm so happy. 고마워. 내가 기뻐하는게 당연하지.

_ **No wonder** they're so tanned. 그 사람들이 그렇게 그을릴 만도 하군.

_ **It's no wonder** it's so hot in here. 여기가 그렇게 더운건 당연하지.

Dialog ≫
> A : Brian failed math class. 브라이언이 수학 과목 낙제했어.
> B : No wonder. He was absent most of the time. 놀랄 것도 없지. 수업시간 대부분을 결석했으니 말야.

004　It's never~ 절대로 …아니야

Point » It's not~을 강조하기 위해서는 It's never~를 쓰면 된다.

Pattern »
_ **It's never** been easy! 그건 결코 쉽지 않았어!
_ **It's never** about the money. 그건 절대로 돈에 관한게 아냐.
_ **It's never** been my dream to run a hospital. 병원운영하는게 절대 나의 꿈이 아냐.
_ **It's never** affected our relationship. 그건 전혀 우리 관계에 영향을 끼치지 못했어.
_ **It's never** easy to say goodbye. 작별인사를 하는건 절대로 쉽지 않아.

Dialog »
A : We lost all our money in the stock market. 주식하다 돈을 다 날렸어.
B : It's never too late to start again. 다시 시작하기에 절대로 너무 늦지 않아.

Pattern 29 »» Is It~ ?

001　Is it~ ? …야?, …해?

Point » It's~의 의문문으로 Is it~? 다음에는 형용사, 부사, 명사 등이 온다. 각종 정보를 물어볼 때 사용하는 기본패턴.

Pattern »
_ **Is it** too dangerous? 너무 위험한거 아냐?
_ **Is it** my right to consult a lawyer? 변호사 자문을 구하는게 내 권리야?
_ **Is it** the best gift you've ever gotten? 그거 네가 받은 선물 중 최고지?
_ **Is it** his birthday already? 벌써 걔 생일이니?
_ **Is it** far to Central Park? 센트럴 파크까지 머니?

Dialog »
A : We're having a party for Sam. Hope you can make it. 샘에게 파티열어주려고 해. 너도 올 수 있으면 좋겠다.
B : Is it his birthday already? 벌써 걔 생일이 됐나?

002　Isn't It~ ? …하지 않아?

Point » 상대방에게 자기 주장이 맞다는 것을 확인하는 패턴.

Pattern »
_ **Isn't it** obvious? He hates me. 뻔하지 않아? 걘 날 싫어해.
_ **Isn't it** too soon? 너무 이르지 않아?
_ **Isn't it** really kind of a bad time to leave? 정말 떠나기에는 안좋은 때 아냐?
_ **Isn't it** too early to reserve a ticket? 표를 구입하기엔 너무 이른 거 아닌가요?
_ **Isn't it** as good as you expected? 생각했던 것 만큼 좋지가 않니?

Dialog »
A : You mean you're going to a night club tonight? 오늘 밤에 나이트클럽에 간단말야?
B : Yes, isn't it exciting? 그래. 신나지 않겠어?

003 It was~ …였어

Point » It's~의 과거형은 It was~. 부정형은 It wasn't~ 그리고 부정을 강조하기 위해서는 It was not~이라고 한다.

Pattern »

_ **It was** a personal matter. 그건 개인적인 문제였어.

_ **It was** a mistake, that's all. 그건 실수였어. 그게 다야.

_ **It wasn't** that good. 그건 그렇게 좋지 않았어.

_ **It wasn't** a big deal. 그건 대단한 일이 아녔어.

_ **It was not** good at all. 그건 전혀 좋지 않았어.

Dialog »

A : Thank you for the gift you sent on my birthday. 내 생일에 보내준 선물 고마워.

B : Oh, it was my pleasure. I hope you like it. 뭘 그런 걸 가지고. 네 맘에 들었으면 좋겠다.

004 It was no[never]~ …가 아니었어

Point » It wasn't~의 또다른 표현법은 It was no~와 It was never~가 있다.

Pattern »

_ **It was no** trouble at all. 그건 전혀 어려운 일이 아녔어.

_ **It was no** big deal. 그건 별일 아녔어.

_ **It was never** my intention to return. 되돌아오는 건 전혀 내 의사가 아녔어.

_ **It was never** my intention to hurt anyone today. 오늘 누굴 해치는건 전혀 내 의사가 아녔어.

_ **It was never** going to be permanent. 그건 절대로 계속 될 것이 아니었어.

Dialog »

A : Pam and her boyfriend aren't together anymore. 팸과 남친은 더 이상 같이 다니지 않아.

B : It was never going to last. 절대로 오래가지 않을거였어.

Pattern 30 ≫ It is going to~

001 It's going to~ …할거야

Point » 가까운 미래의 일을 말할 때 요긴한 표현으로 /잇츠거너/까지는 한 단어처럼 외워둔다.

Pattern »

_ **It's gonna** make you feel better. 그 때문에 네 기분이 좋아질거야.

_ **It's gonna** take us all day. 우리가 종일 걸릴거야.

_ **It's gonna** take months for a decision. 하나의 결정을 하는데 수개월이 걸릴거야.

_ **It's gonna** rain sooner or later. 조만간 비가 내릴거야.

_ **It's going to** cost us too much money! 돈이 너무 많이 들걸!

Dialog »

A : Does this train go to Chicago? 이 기차 시카고로 가나요?

B : No, it's going to go to New Orleans. 아뇨, 뉴올리언즈로 가는 건데요.

002 It's going to be~ …일거야

Point » It's going to~ 다음에 be동사가 오는 경우로 역시 /잇츠거너비/까지는 한 묶음으로 입에 달아놓는다.

Pattern » _ **It's going to be** a crazy night. 광란의 밤이 될거야.

_ **It's going to be** okay. 괜찮아질거야.

_ **It's gonna be** all right. 괜찮아질거야.

_ **It's gonna be** so hot! 무척 더울거야!

_ **It's going to be** the best time of your life. 네 인생의 최전성기가 될거야.

Dialog »
> A : I have no choice but to pay her the money. 걔한테 돈을 갚을 수밖에 없어.
> B : It's going to be **really expensive.** 돈이 정말 많이 들텐데.

003 It's not going to~ …하지 않을거야, …가 아닐거야

Point » It's going to~의 부정문으로 역시 많이 쓰이는 패턴으로 /이츠낫거너(비)/까지는 달달 외워둔다.

Pattern » _ **It's not gonna** happen. 그렇게 되지 않을거야.

_ **It's not gonna** be that easy. 그렇게 쉽지 않을거야.

_ **It's not gonna** cost you anything. 어떤 것도 지불하지 않아도 된다구.

_ **It's not gonna** be like that forever. 영원히 그런 식으로 되지 않을거야.

_ **It's not gonna** be a problem, is it? 그건 문제가 되지 않을거야, 그지?

Dialog »
> A : Mrs. Blum is dating another employee. 블룸 부인은 다른 직원과 데이트하고 있어.
> B : It's not going to **cause a scandal.** 스캔들을 일으키지는 않을거야.

004 Is it going to~ ? …할거야?, …일거야?

Point » It's going to~의 의문형으로 to 다음에는 일반동사나 be 동사가 온다.

Pattern » _ **Is it going to** hurt? 그게 아플까?

_ **Is it going to** happen again? 또 그런 일이 일어날까?

_ **Is it going to** be worse? 상태가 더 악화될까?

_ **Is it gonna** be okay for you? 너한테 괜찮을까?

_ **Is it going to** be expensive to stay here? 여기 머무는데 비용이 많이 들어?

Dialog »
> A : Is it going to **rain all day?** 온종일 비가 올거래?
> B : Yes, it's pretty miserable outside. 어, 밖이 꽤 우울해.

001 **It will~** …하게 될거야

Point ⟩⟩ It~이 미래를 나타내는 be going to 대신 역시 미래를 나타내는 조동사 will과 결합하는 경우.

Pattern ⟩⟩
_ **It will** save us time. 그 때문에 우리 시간이 절약될거야.

_ **It will** destroy my marriage. 그게 내 결혼을 망칠거야.

_ **It'll** tell you which ones are good. 어떤 것이 좋은 건지 그게 말해줄거야.

_ **It'll** just take a second. 잠깐이면 돼.

_ **It will** take time to repair that computer. 그 컴퓨터를 수리하는 데 시간이 좀 걸릴 것 같아.

Dialog ⟩⟩
A : They are excited about going overseas. 걔네들 해외간다고 들떠있어.
B : I think it will be a fun trip. 재미있는 여행이 될거야.

002 **It will not~** …하지 않을거야

Point ⟩⟩ It will~의 부정형으로 It will not~ 혹은 It will never~라 하면 되고 또한 의문형은 Will it~이라고 한다.

Pattern ⟩⟩
_ **It will not** happen again. 다시는 그런 일이 없을거야.

_ **It'll never** happen again. 절대로 그런 일이 다신 없을거야.

_ **It will never** get better than this. 절대로 이보다 더 좋아질 수 없을거야.

_ **It'll never** last, he's just a rebound roommate.
그건 절대 오래가지 않을거야. 걘 땜방용 룸메이트거든.

_ **It will not** cause any problems. 그건 아무런 문제도 야기하지 않을거야.

Dialog ⟩⟩
A : Stop it! Cut it out! Cut it out! 그만! 그만두라니까 그만둬!
B : Okay, okay, I'm sorry, it will never happen... 알았어, 알았어, 미안, 다시 그러지 않을게.

003 **It won't~** …하지 않을거야

Point ⟩⟩ It will not~을 축약하면 It won't~가 되며 뒤에는 일반동사나 be 동사가 이어진다.

Pattern ⟩⟩
_ **It won't** happen again. 다시는 그런 일 없을거야.

_ **It won't** take more than an hour. 한 시간 이상 걸리지 않을거야.

_ **It won't** be the same. 똑같지 않을거야.

_ **It won't** be long. 시간이 오래 걸리지 않을거야.

_ **It won't** be like it used to be. 예전과 같지 않을거야.

Dialog ⟩⟩
A : I doubt you will be able to get soccer tickets. 너 축구 경기 표 구할 수 없을 것 같아.
B : Well, I'm going to try anyway. It won't hurt. 글쎄, 어쨌든 구해볼래. 손해볼 건 없잖아.

It would~ …할거야

Point » 가정법 표현으로 어떤 조건하에서 「…하게 될거야」라는 의미이다. 참고로 would have+pp는 과거사실의 반대로 「…할 수 있었을텐데」 그러지 않았다라는 뉘앙스이다.

Pattern »

_ **It would** be great. 대단할거야.

_ **It would** be pretty awesome to hang out with him. 걔와 논다면 정말 대단할텐데.

_ **It would** really mean a lot to me if you stayed. 네가 머문다면 내겐 정말 큰 의미가 될거야.

_ **It would** have been weird. 그거 이상했을 수도 있었을텐데.

_ **It would** be fun to go out and get some food. 함께 밥 먹으러 가는 것도 재밌을거야.

Dialog »

A : What is your greatest phobia? 가장 무서운 공포증이 뭐야?

B : I guess it would be my fear of heights. 고소 공포증인 것 같아.

Pattern
32 » It can~

001

It can~ …일 수 있어

Point » 가능성과 추측의 조동사 can과 It이 만난 경우로 It can~ 다음에는 일반동사 혹은 be 동사를 이어서 쓰면 된다.

Pattern »

_ **It can** all be yours. 그거 모두 네꺼 일 수도 있어.

_ **It can** get you in a lot of trouble. 그 때문에 네가 큰 어려움에 처할 수 있어.

_ **It can** make you forget who you are. 그 때문에 넌 네가 누군지 잊을 수도 있어.

_ **It can** be hot here in the summer. 여름에 여기가 더울 수가 있어.

_ **It can** be difficult to pay for school. 수업료 내는게 어려울 수도 있어.

Dialog »

A : I'm so tired of looking after my son. 내 아들 돌보는데 정말 지쳤어.

B : It can be difficult to raise kids. 아이 키우는게 어려울 수 있어.

002

It can't~ …일 리가 없어

Point » 「…할 가능성이 없다」는 추측으로 It can't be+형용사의 패턴이 많이 쓰인다.

Pattern »

_ **It can't** hurt to try, right? 해봤자 손해볼거 없잖아, 그지?

_ **It can't** be true. 사실일 리가 없어.

_ **It can't** be that easy, can it? 그렇게 쉬울 리가 없어, 그지?

_ **It can't** be harmful to your health. 그게 네 건강에 해로울 리가 없어.

_ **It can't** be time for us to leave. 우리가 떠나야 할 일일 리가 없어.

Dialog »

A : My new haircut is terrible. 새로 자른 머리가 으악이야.

B : It can't look that ugly. 그렇게 추하게 보이지 않는데.

003　It could~ …일 수도 있어

Point >> It can~의 과거형태지만 가정법이나 추측의 표현으로 쓰이는 경우들이다.

Pattern >>
_ **It could** get better. 상태가 더 좋아질 수도 있어.
_ **It could** save your life. 네 목숨을 구해줄 수도 있어.
_ **It could** be anything. 그건 무엇이든지 될 수 있어.
_ **It could** be really awkward. 그건 정말 어색할 수도 있어.
_ **It could** start raining at any time. 하시라도 비가 내릴 수가 있어.

Dialog >>
A : Why do I keep on bumping into you? 왜 자꾸 당신하고 마주치게 되는 걸까요?
B : It could be a coincidence. 우연이겠죠.

004　Can it~ ? 그게 …할 수 있을까?

Point >> It can~의 의문형태로 그리 많이 쓰이지는 않는다.

Pattern >>
_ **Can it** be repaired? 그게 수리가 될까?
_ **Can it** wait until the morning? 아침까지 기다릴 수 있는거야?
_ **Can it** be charged on my credit card? 그게 내 신용카드로 청구될까?
_ **Can it** be used to clean the sink? 싱크대를 청소하는데 사용할 수 있을까?
_ **Can it** be dangerous to play baseball? 야구하는데 위험할 수 있을까?

Dialog >>
A : This computer is very advanced. 이 컴퓨터는 매우 최신거야.
B : Can it be used for homework? 숙제하는데 이용할 수 있어?

Pattern 33 >> It should~

001　It should~ …하게 될거야

Point >> 강한 기대나 추측의 should와 It이 만난 패턴. 특히 It should+be~의 형태가 많이 쓰인다.

Pattern >>
_ **It should** take care of itself. 알아서 치유될거야.
_ **It should** be a fairly simple procedure. 꽤 단순한 절차일거야.
_ **It should** be just a few more minutes. 겨우 몇 분 더 일거야.
_ **It should** be me. 나일게야.
_ **It should** be cloudy tomorrow. 내일 흐릴거야.

Dialog >>
A : Is this medication useful? 이 약이 효과가 있어?
B : It should help you fall asleep. 네가 잠자는데 도움이 될거야.

195

002 It shouldn't~ …여서는 안돼

Point >> 당위성의 should로 It shouldn't~가 되면 「…해서는 안된다」라는 의미.

Pattern >>
_ **It shouldn't** be that hard. 그게 그렇게 어려워서는 안돼.

_ **It shouldn't** be here. 여기여서는 안돼.

_ **It shouldn't** be too bad. 너무 나빠서도 안돼.

_ **It shouldn't** be a problem. 그게 문제가 되어서는 안돼.

_ **It shouldn't** take much time. 시간이 많이 걸려서는 안돼.

Dialog >>
A : We are only a few minutes from our apartment. 우리 아파트에서 겨우 몇분거리야.
B : It shouldn't be hard to return home. 집에 돌아오는데 어렵지 않겠네.

003 It must~ 틀림없이 …일거야

Point >> 강한 추측의 must를 쓴 경우로 역시 It must be~의 형태가 많이 보인다.

Pattern >>
_ **It must** belong to the previous owner. 틀림없이 전 주인 것일거야.

_ **It must** be awful to live in his old apartment. 걔 낡은 아파트에 사는건 정말 끔찍할거야.

_ **It must** be so frustrating for him. 걔한테는 정말 불만스러운 일일거야.

_ **It must** be so hard being a single mom. 싱글맘이 되는 것은 어려운 일일거야.

_ **It must** be tough for you. 힘들겠구만.

Dialog >>
A : How did he ever get to be so ruthless? 그 사람 어쩌면 그렇게 인정머리가 없어?
B : I think it must run in his family. 집안 혈통이 그런가 봐.

004 It may~ …일지도 몰라

Point >> 약한 추측의 may와 It이 어울리는 경우로 부정은 It may not~이라고 한다. may보다 약한 추측의 조동사로 It might be~의 형태를 주로 쓴다.

Pattern >>
_ **It may** give me a few more months. 그게 내게 몇 달 더 여유를 줄지도 몰라.

_ **It may** be a little late for that. 그거하는데 시간이 좀 늦었을지도 몰라.

_ **It may** not be as bad as it looks. 그거 보이는 것처럼 나쁘지 않을지도 몰라.

_ **It might** be kinda cool. 좀 재미있을 수도 있어.

_ **It might** be time to move. 움직여야 할 때일지도 몰라.

Dialog >>
A : I'm not so sure that's a good idea. 그건 좋은 생각이라는 확신이 안서는데.
B : It may be worth a try. 그래도 해봄직 할거야.

001 It's ~ to+V …하는 것은 …해

Point ≫ 유명한 가주어(It), 진주어(to+V) 구문. to+V의 의미상의 주어까지 표현하려면 It's~for sb to+V라고 하면 된다.

Pattern ≫
_ **It's** good **for** you **to** eat some vegetables. 야채를 먹는 게 너한테 좋아.

_ **It's** not good **for** you **to** stay up too late. 너무 늦게까지 안자고 있는 건 좋지 않아.

_ **It's** hard **to** forget about it. 그걸 잊기는 어렵지.

_ **It's** so hard **to** lose weight. 몸무게를 줄이기가 굉장히 어려워.

_ **It's** easy **to** cook tasty food. 맛난 음식을 요리하는 것은 쉬워.

Dialog ≫
> A : I go shopping several times a week. 난 일주일에 여러차례 쇼핑해.
> B : It's foolish **to** waste your money. 돈을 낭비하는 것은 어리석은 짓이야.

002 It's+adj[N] that~ …는 …해

Point ≫ It's+형용사+that S+V의 절로 앞의 패턴에서 to+V대신 that 절이 왔다고 생각하면 된다.

Pattern ≫
_ **It's** obvious **that** he knows something. 걘 뭔가 알고 있는 게 틀림없어.

_ **It's** not my fault **that** I'm late. 늦은 건 내 잘못이 아냐.

_ **It's** clear **that** we have to do something. 뭔가를 해야만 한다는 건 분명해.

_ **It's** good **that** Helen helped you. 헬렌이 널 도와준 건 좋은 일이야.

_ **It's** amazing **that** they got married. 걔네들이 결혼한 것은 멋진 일이야.

Dialog ≫
> A : Belinda was heartbroken when Roger died. 로저가 죽었을 때 벨린다는 상심했어.
> B : It's sad that she lost her true love. 진정한 사랑을 잃은 건 슬픈 일이야.

003 It's too~ to~ 너무 …해서 …하지 못해

Point ≫ 형태상으로는 부정어가 없지만 내용상 부정으로 해석해야 되는 패턴.

Pattern ≫
_ **It's too** old **to** be fixed. 그건 너무 낡아서 수리가 안돼.

_ **It's too** snowy **to** walk home. 너무 눈이 많이 내려서 집에 걸어갈 수가 없어.

_ **It's too** heavy for us **to** move it. 너무 무거워서 우리가 이동할 수가 없어.

_ **It's too** loud here **to** hear you talking. 여기 너무 시끄러워서 네가 말하는 걸 들을 수가 없어.

_ **It's too** late **to** go shopping. 쇼핑가기에는 너무 늦었어.

Dialog ≫
> A : How did the apartment fire start? 아파트 화재가 어떻게 시작됐어?
> B : It's too early to know what happened. 어떻게 된건지 알기에는 너무 일러.

004 It's~ that(관계대명사) …한 …야

Point » It's~ 다음에 나오는 명사를 수식해주는 관계대명사절이 이어지는 경우.

Pattern »
_ **It's** the biggest one **that** she could find. 걔가 찾을 수 있는 가장 큰거야.

_ **It's** the oldest computer **that** they have. 그건 개네들이 갖고 있는 가장 낡은 컴퓨터야.

_ **It's** the nicest gift **that** I could find. 내가 발견할 수 있는 가장 멋진 선물이야.

_ **It's** the strangest experience **that** she ever had.
개가 경험했던 것 중에서 가장 이상한 경험이야.

_ **It's** the most pain **that** I've ever felt. 내가 느꼈던 가장 심한 고통이야.

Dialog »
A : Could you please show me another jacket? 다른 자켓으로 보여주시겠어요?
B : I'm afraid it's the only one that we have. 죄송하지만 저희한텐 이게 전부인데요.

every day vs. everyday

every day는 매일이라는 부사구로 every week(매주), every year(매년), every month(매달)과 같은 구조이죠. 하지만 every와 day를 붙여서 everyday가 되면 이는 형용사로 명사앞에서 「일상의」, 「평상의」라는 의미가 됩니다. 이와 비슷한 경우로 some time, sometime, sometimes가 있는데 some time은 「(짧지 않은) 얼마간의 시간」(a considerable amount of time; quite a lot of time)을, sometime은 명확하지 않은 시간으로 「(앞으로) 언젠가」라는 뜻으로 그리고 sometime에 s를 붙인 sometimes는 「어떤 때는」(on some occasions), 「때때로」(more than once)라는 의미의 빈도부사로 사용됩니다.

■ I don't want to work overtime every day. 매일 야근하고 싶지는 않아.
■ She's wearing her everyday's pants. 걔는 일상 캐주얼바지를 입고 있어.
■ That will save us some time. 그러면 시간을 좀 벌 수 있겠네.
■ Just try to get it done sometime soon. 조만간에 꼭 끝내놓도록 해.
■ Everyone needs a little help sometimes. 누구나 때로는 도움이 약간 필요하잖아요

Pattern 35 » It's so~ that~

001 It's so~ that~ 너무 …해서 …해

Point » It's so+형용사/부사 다음에 '(that)+주어+동사'가 나오면 「굉장히 …해서 that이하의 상황이 된다」라는 뜻이고 참고로 so that+주어+동사'의 형태는 「…하기 위하여」(in order that)라는 의미.

Pattern »
_ **It's so** late **that** I'm going to fall asleep. 너무 늦어서 잠잘거야.

_ **It's so** dark **that** I tripped over a chair. 너무 어두워서 의자에 걸려 넘어졌어.

_ **It's so** difficult **that** you won't succeed. 너무 어려워서 넌 성공하지 못할거야.

_ I'm waiting for you **so that** I can apologize. 사과하려고 널 기다리는 중이야.

_ Open the door **so that** the dog can come in. 개가 안으로 들어올 수 있게 문을 열어.

Dialog »
A : It'd be nice if we could afford an air conditioner in the bedroom.
침실에 에어콘을 설치하면 좋겠는데.
B : Nice? It'd be heaven. It's so hot I can't sleep. 좋다고? 천국이겠지. 넘 더워 잠안와.

002 It is[was] ~ that~ …하는 것은 …다

Point » It is~that 강조구문으로 기존 문장에서 강조하려는 부분만 it과 that 사이로 자리를 옮기면 된다. 이때 that은 사람, 사물, 시간, 장소 등 강조받는 부분에 따라 who(m), which, where 등으로 바꿔쓸 수 있다.

Pattern »
_ **It was** peace **that** they fought for. 그 사람들이 싸운 것은 평화를 위해서였다구.
_ **It was** yesterday **that** they met. 걔들이 만난 건 바로 어제였어.
_ I guess **it was** Cupid who brought her here. 아마 걔를 여기로 데려온 건 큐피드였을거야.
_ **It's** the teacher **that** all students fear. 모든 학생이 두려워하는 것은 선생님이야.
_ **It's** the time **that** most people go to bed. 모든 사람들이 잘 시간이야.

Dialog »
A : We have been apart for so long. 우리는 오랫동안 떨어져 있었어.
B : It was your smile that I missed most. 내가 가장 그리웠던 것은 너의 미소야.

003 It's just that S+V …라고 해서 그래, …할 뿐이야

Point » 어떤 상황에 대해 이유나 연유를 가볍게 말하는 패턴으로 말하는 사람의 걱정하는 마음이 살짝 포함되어 있다.

Pattern »
_ **It's just that** she got angry with me. 걔가 나한테 화가 나서 그래.
_ **It's just that** the food tasted horrible. 음식 맛이 끔찍해서 그러는거야.
_ **It's just that** we must visit my family. 우리가 가족을 방문해야 해서 그래.
_ **It's just that** I'm not hungry right now. 그냥 지금은 별로 배가 안 고파서.
_ **It's just that** I have other plans that I made months ago.
몇달 전부터 잡아놓은 다른 계획이 있거든.

Dialog »
A : It looks like you don't like your meal at all. 밥이 네 입맛에 전혀 맞지 않나 보구나.
B : No, it's just that I'm not hungry right now. 아냐, 그냥 지금은 별로 배가 안 고파서 그래.

004 It's not that S+V …한게 아냐, …라고 말하는게 아냐

Point » 자신들 말의 진위를 제대로 전달하기 위해 사용하는 패턴.

Pattern »
_ **It's not that** I earned any money. 내가 돈을 조금이라도 번다는게 아냐.
_ **It's not that** he acts rude. 걔가 무례하게 행동한다는 것은 아냐.
_ **It's not that** we own a car. 우리가 차를 소유하고 있다는건 아냐.
_ **It's not that** people gave us a hand. 사람들이 우리를 도와줬다고 말하는 것은 아냐.
_ **It's not that** he made me upset. 걔 때문에 내가 화난 것은 아냐.

Dialog »
A : It's not that I'm not thrilled with the tickets. 그 공연이 별로라는 게 아냐.
B : We'll just give the tickets to someone else. 다른 사람에게 이 티켓을 줘버리자.

001 It's okay to~ …해도 괜찮아

Point » 상대방에게 「…을 해도 좋다」고 허락하는 패턴으로 역시 it은 가주어, 진주어는 to+V 이하이다.

Pattern »
_ **It's okay to** be proud of it. 그거에 자부심을 느껴도 돼.

_ **It's okay to** take some time to relax. 잠시 긴장을 풀고 쉬어도 돼.

_ **It's okay to** talk with a therapist. 상담사와 얘기를 나눠도 괜찮아.

_ **It's okay to** leave work when you finish. 일 마치면 퇴근해도 돼.

_ **It's okay to** ask her a question. 걔에게 질문을 해도 돼.

Dialog »
A : I'm worried about giving her a gift. 걔에게 선물하는게 걱정 돼.
B : It's okay to **give her something simple.** 걔에게 뭐 간단한 거 주면 될거야.

002 It's okay with sb …에게 괜찮아

Point » 「…에게 괜찮다」고 할 때는 okay with sb를 쓰는데 자주 쓰는 패턴으로는 It's okay with sb, if~(…해도 …에게는 괜찮아)와 '괜찮다면'이라는 조건절로 if it's okay (with sb)라는 표현이 있다.

Pattern »
_ **It's okay with** us if you come along. 네가 따라와도 우리는 괜찮아.

_ **If it's okay,** I'm gonna sit over here today. 괜찮으면 나 오늘 여기에 앉을게.

_ **If it's okay with** you I'll take tomorrow off. 괜찮으면 내일 쉬고 싶은데요.

_ **If it's okay with** you, I'll come to your office tomorrow. 괜찮다면 내일 사무실에 들를게.

_ **It's okay with** me if you join us. 네가 우리와 함께 해도 난 괜찮아.

Dialog »
A : If it's okay with **you I'll take tomorrow off.** 괜찮으면 내일 쉬고 싶은데요.
B : Let me check the schedule. 일정 좀 보고.

003 It's okay for sb to~ …가 …해도 괜찮아

Point » It's okay to~에서 to+V의 의미상의 주어를 넣고 싶을 때는 It's okay for sb to~라고 하면 된다.

Pattern »
_ **It's okay for** him **to** get some rest. 걘 좀 쉬어도 괜찮아.

_ **It's okay for** us **to** leave now. 우리는 이제 나가도 괜찮아.

_ **It's okay for** Irvin **to** do the research. 어빈이 조사를 해도 괜찮아.

_ **It's okay for** you **to** meet us later. 넌 우리를 나중에 만나도 괜찮아.

_ **It's okay for** Will **to** use our car. 윌이 우리 차를 사용해도 괜찮아.

Dialog »
A : Rosie just fell asleep at her desk. 로시는 책상에서 잠이 들었어.
B : It's okay for her to **take the day off.** 걔가 하루 쉬어도 괜찮아.

004   It's okay to say that S+V ···라고 말해도 괜찮아

Point ▷▷ It's okay to~의 패턴 중 대표적인 문장으로 It's okay to say~ 다음에 S+V절을 붙인다.

Pattern ▷▷

_ **It's okay to say** you don't know, Greg. 그레그, 모른다고 말해도 괜찮아.

_ **It's okay to say that** the movie sucks. 그 영화가 형편없다고 말해도 괜찮아.

_ **It's okay to say that** she got fat. 걔가 살이 쪘다고 말해도 괜찮아.

_ **It's okay to say that** the lecture was interesting. 그 강의가 재미있었다고 말해도 괜찮아.

_ **It's okay to say that** the food tasted bad. 음식이 맛없다고 말해도 괜찮아.

Dialog ▷▷

A : I don't think my brother told the truth. 내 동생이 사실을 말하는 것 같지 않아.

B : It's okay to say that **he lied.** 걔가 거짓말한다고 말해도 괜찮아.

Pattern 37 ▷▷ It's okay if~

001   It's okay that S+V ···해도 괜찮아

Point ▷▷ It's okay 다음에 to+V만 오는 것은 아니다. 이번에는 It's okay~ 다음에 that 절이 오는 경우이다.

Pattern ▷▷

_ **It's okay that** you feel this way. 네가 그렇게 느껴도 괜찮아.

_ **It's okay that** we are late. 늦어도 괜찮아.

_ **It's okay that** people got angry. 사람들이 화를 내도 괜찮아.

_ **It's okay that** the criminal escaped. 범죄자가 도망쳐도 괜찮아.

_ **It's okay that** the meeting started late. 회의가 늦게 시작했어도 괜찮아.

Dialog ▷▷

A : Mom couldn't make it today. 엄마는 오늘 오실 수가 없었어.

B : It's okay that **your mom stayed home.** 네 엄마는 집에 계셨어도 괜찮아.

002   It's okay if S+V ···한다면 괜찮아, ···해도 괜찮아

Point ▷▷ It's okay~ 다음에 if 절이 오는 경우.

Pattern ▷▷

_ **It's OK if** you want to go. 네가 가고 싶다고 해도 괜찮아.

_ **It's okay if** you like her. 네가 걔를 좋아해도 괜찮아.

_ **It's okay if** you want to leave. 네가 떠나고 싶어해도 괜찮아.

_ **It's okay if** she comes with us. 걔가 우리와 함께 가도 괜찮아.

_ **It's okay if** you come to my house. 네가 우리집에 와도 괜찮아.

Dialog ▷▷

A : Can I bring a friend to your house? 네 집에 친구 하나 데려가도 돼?

B : Sure, it's okay if **you do that.** 그럼. 그렇게 해도 돼.

003 Is it okay that S+V~ ? …해도 괜찮아?

Point » 상대방의 허락을 구하는 것으로 Is it okay~ 다음에 that S+V를 넣는다.

Pattern »
_ **Is it okay that** I'm here? 내가 여기 있어도 괜찮아?

_ **Is it okay that** Mindy stays overnight? 민디가 밤새 있어도 괜찮아?

_ **Is it okay that** we buy a TV? 우리가 TV를 사도 괜찮아?

_ **Is it okay that** I finish this later? 내가 이거 나중에 마쳐도 괜찮아?

_ **Is it okay that** my dog came inside? 내 강아지가 안으로 들어가도 돼요?

Dialog »
A : Is it okay that you stay here? 너 여기 머물러도 괜찮아?
B : Yes, no one minds if I spend the night. 어, 내가 밤을 새워도 아무도 신경안써.

004 Is it okay if S+V~ …해도 괜찮아?

Point » 이번에는 if절을 써서 상대방의 허락을 구하는 패턴.

Pattern »
_ **Is it okay if** we still stay with you tonight? 오늘밤 너와 함께 있어도 괜찮아?

_ **Is it okay if** I just wanna be alone for a second? 내가 잠시 혼자 있고 싶은데 괜찮겠어?

_ **Is it okay if** I finish the apple juice? 내가 사과주스를 다 마셔도 괜찮아?

_ **Is it okay if** I come over? 내가 들러도 괜찮아?

_ **Is it okay if** the mail is sent here? 우편물이 이리로 배달되어도 괜찮아?

Dialog »
A : Is it okay if I phone after lunch? 점심시간 후에 전화해도 되니?
B : No problem. I'll talk to you then. 상관없어. 그럼 그때 얘기하자.

Pattern 38 ›› It's not okay~

001 It's not okay to+V~ …하는 것은 안돼

Point » It's okay to~의 가장 기본적인 부정형태는 It's not okay to~라 하면 된다.

Pattern »
_ But **it's not okay to** let them win. 하지만 걔네들이 이기도록 놔두는 건 안돼.

_ **It's not okay to** rub boogers on your wife. 네 아내에게 코딱지를 비비면 안돼.

_ **It's not okay to** treat them poorly. 그들을 푸대접하면 안돼.

_ **It's not okay to** get drunk here. 여기서 취하면 안돼.

_ **It's not okay to** cheat people out of money. 사람들 사기쳐서 돈을 뺏는 것은 안돼.

Dialog »
A : I'm going to tell Angela she was wrong. 앤젤라에게 걔가 틀렸다고 말할거야.
B : It's not okay to start an argument. 싸움을 시작하는 것은 안돼.

002 It's okay not to~ …하지 않아도 괜찮아

Point » to+V를 안해도 괜찮다라고 할 때는 It's okay not to~로 한다.

Pattern »

_ **It's okay not to** be fine sometimes. 가끔 안 좋아도 괜찮아.

_ **It's okay not to** be ashamed. 부끄러워하지 않아도 괜찮아.

_ **It's okay not to** bring a gift. 선물을 가져오지 않아도 괜찮아.

_ **It's okay not to** call him tonight. 오늘밤 걔에게 전화하지 않아도 괜찮아.

_ **It's okay not to** attend the party. 파티에 참석하지 않아도 괜찮아.

Dialog »

A : When do we have to turn in the homework? 언제 숙제를 제출해야 돼?

B : It's okay not to **submit it today.** 오늘 제출하지 않아도 돼.

003 Is it okay (for sb) to+V~? (…가) …해도 괜찮아?

Point » It's okay to~의 의문형으로 상대방의 허락을 구하는 패턴.

Pattern »

_ **Is it okay for me to** come in now? 내가 지금 들어와도 괜찮아?

_ **Is it OK to** talk to you about this? 너한테 이거 얘기해도 괜찮아?

_ **Is it OK not to** tell him? 걔한테 얘기하지 않아도 괜찮아?

_ **Is it okay for Nick to** borrow your car? 닉이 네 차를 빌려가도 괜찮아?

_ **Is it okay for me to** use your computer tonight? 오늘 밤에 네 컴퓨터 사용해도 돼?

Dialog »

A : Is it okay for me to **put the bags in the truck now?** 이제 트럭에 가방을 넣어도 됩니까?

B : Yes, put them all the way to the back. 예. 뒤에다 다 실어요.

004 Are you sure it's okay if~ ? …해도 괜찮은게 확실해?

Point » 상대방의 허락을 재차 확실하게 확인하는 패턴.

Pattern »

_ **Are you sure it's okay if** we stay another day? 정말 우리가 하루 더 머물러도 괜찮겠어?

_ **Are you sure it's okay if** I stay up late? 늦게까지 안자도 정말 괜찮겠어?

_ **Are you sure it's okay if** he borrows this money? 걔가 이 돈을 빌려가도 정말 괜찮겠어?

_ **Are you sure it's okay if** they come to dinner? 걔네들이 저녁먹으러 와도 괜찮겠어?

_ **Are you sure it's okay if** I stop by? 내가 잠시 들러도 괜찮은게 확실해?

Dialog »

A : Are you sure it's okay if I **borrow your phone?** 네 폰을 빌려도 정말 괜찮아?

B : No problem, call whoever you want. 그럼. 원하는대로 통화해.

It is all right to~

001 It's all right to~ …해도 괜찮아

Point » okay가 all right으로 바뀐 경우로 역시 상대방에게 허락을 하는 패턴이다.

Pattern »
_ **It's all right to** ask the teacher questions. 선생님에게 질문을 해도 괜찮아.

_ **It's all right to** get some coffee. 커피를 좀 먹어도 괜찮아.

_ **It's all right to** find a different place to live. 우리가 살 다른 곳을 찾아도 괜찮아.

_ **It's all right to** ask her on a date. 걔한테 데이트를 신청해도 괜찮아.

_ **It's all right to** start eating. 먹기 시작해도 돼.

Dialog »
A : I thought we were ready to go. 우리는 갈 준비가 되었다고 생각했어.
B : It's all right to wait a while. 잠시 기다리는 것도 괜찮아.

002 It's all right with sb[sth] …에게 괜찮아

Point » 역시 「…에게 괜찮다」고 할 때는 all right with sb로 It's all right with sb. if S+V의 패턴을 익혀둔다.

Pattern »
_ **It's all right with** Chris if you go on the camping trip. 네가 캠핑을 가도 크리스는 괜찮아.

_ **It's all right with** the principal if you join the class.
네가 수업에 참여해도 교장선생님은 괜찮아.

_ **It's all right with** Sara if you meet her later. 새라는 네가 나중에 걔를 만나도 괜찮아.

_ **It's all right with** the cops if you don't talk to them.
네가 경찰에게 말하지 않아도 경찰은 괜찮아.

_ **It's all right with** Sylvia if you smoke. 네가 담배를 펴도 실비아는 괜찮아.

Dialog »
A : Can we really borrow this car? 우리가 이 차를 정말 빌려도 돼?
B : Don't worry. It's all right with Dave. 걱정마. 데이브에게는 괜찮아.

003 If it's all right with you, I'd like to~ 괜찮다면, …하고 싶어

Point » 「네가 괜찮다면」이라고 할 때는 If it's all right with you라고 하고 주절에는 I'd like to+V를 이어 써주면 된다.

Pattern »
_ **If it's all right with you, I'd like to** borrow it. 네가 괜찮다면 그걸 빌리고 싶어.

_ **If it's all right with you, I'd like to** take a nap. 괜찮다면 낮잠을 자고 싶어.

_ **If it's all right with you, I'd like to** see your passport. 괜찮다면 여권을 보여주시죠.

_ **If it's all right with you, I'd like to** go shopping. 괜찮다면 쇼핑을 가고 싶어.

_ **If it's all right with you, I'd like to** get my hair cut. 괜찮다면 나 머리자르고 싶어.

Dialog »
A : If it's all right with you, I'd like to work all night. 너 괜찮다면, 밤새 일하고 싶어.
B : Sure, just try not to get exhausted. 물론. 단지 너무 지치지 않도록 해.

004   It's all right for sb to~ …가 …해도 괜찮아

Point »   to+V의 의미상의 주어를 추가할 때는 It's all right for sb to~라고 하면 된다.

Pattern »
_ **It's all right for** her **to** start studying. 걔도 공부를 시작해도 괜찮아.
_ **It's all right for** Ray **to** go to a nightclub. 레이가 나이트클럽에 가도 괜찮아.
_ **It's all right for** you **to** dream about the future. 네가 미래에 대해 꿈을 꿔도 괜찮아.
_ **It's all right for** everyone **to** relax now. 이제 다들 긴장을 풀어도 괜찮아.
_ You said **it was all right for** me **to** go. 내가 가도 괜찮다고 했잖아.

Dialog »
A : Gina says the flights are sold out. 지나가 그러는데 비행기표가 다 팔렸대.
B : It's all right for Gina to take the bus. 지나는 버스를 타도 괜찮아.

Pattern 40 » Is it all right~ ?

001   It is all right that~ …해도 괜찮아

Point »   It's okay~의 경우처럼 It's all right~도 that S+V를 붙여 쓸 수 있다.

Pattern »
_ **It's all right that** you missed it. 네가 그걸 놓쳤어도 괜찮아.
_ **It is all right that** we don't exercise today. 오늘 운동을 하지 않아도 돼.
_ **It is all right that** Kenny joins us. 케니가 우리와 함께 해도 괜찮아.
_ **It is all right that** our dinner was interrupted. 우리 저녁이 방해받았어도 괜찮아.
_ **It is all right that** you came early. 네가 일찍 온거 괜찮아.

Dialog »
A : Is it all right that I'm going on a vacation? 내가 휴가를 가도 괜찮아?
B : No, we need you here to help us. 안돼, 네가 여기서 우리를 도와야 돼.

002   It's all right if~ …해도 괜찮아

Point »   It's all right 다음에 if S+V가 오는 경우.

Pattern »
_ **It's all right if** you feel scared. 네가 두려움을 느껴도 괜찮아.
_ **It's all right if** it rains tomorrow. 내일 비가 와도 괜찮아.
_ **It's all right if** you don't have enough money. 네가 돈이 충분하지 않아도 괜찮아.
_ **It's all right if** he doesn't come back. 걔가 돌아오지 않아도 괜찮아.
_ **It's all right if** he borrows my book. 걔가 내 책을 빌려도 괜찮아.

Dialog »
A : I think I know who robbed the store. 난 누가 가게를 털었는지 알 것 같아.
B : It's all right if you contact a detective. 네가 경찰에 연락해도 괜찮아.

003 Is it all right that~? …해도 괜찮아?

Point » 상대방의 허락을 구하는 패턴으로 Is it all right~ 다음에 that S+V을 넣는다

Pattern »
_ **Is it all right that** Celia is absent from class? 셀리아가 결석해도 괜찮아?
_ **Is it all right that** we play poker for money? 우리가 돈내기 포커를 해도 괜찮아?
_ **Is it all right that** I use the Internet? 내가 인터넷을 써도 괜찮아?
_ **Is it all right that** she brought her pet dog? 걔가 애완견을 데려왔는데 괜찮아?
_ **Is it all right that** we didn't bring a gift? 우리가 선물을 가져가지 않아도 괜찮아?

Dialog »
A : Is it all right that **people are in your apartment?** 사람들이 네 아파트에 있는데 괜찮아?
B : Yeah, I invited them over. 어, 내가 초대한거야.

004 Is it all right if~? …해도 괜찮아?

Point » 이번에는 Is it all right~ 다음에 if S+V를 붙이는 경우.

Pattern »
_ **Is it all right if** I come? 내가 들어가도 돼?
_ **Is it all right if** I stay over tonight? 내가 밤새 머물러도 돼?
_ **Is it all right if** I stay in New York for a few more days? 뉴욕에 며칠 더 머물러도 될까?
_ **Is it all right if** I ask you one more question? 하나 더 물어봐도 돼?
_ **Is it all right if** I get a drink? 내가 술을 먹어도 괜찮아?

Dialog »
A : Is it all right if **I leave my bag here?** 내 가방을 여기에 놔두어도 괜찮아?
B : Just put it behind the desk. 책상 뒤에 놓아.

Pattern 41 ❯❯ **It isn't all right~**

001 It isn't all right that ~ …하면 안돼, …하는 것은 괜찮지 않아

Point » 이번에는 It isn't all right~ 다음에 that S+V절이 이어지는 경우이다.

Pattern »
_ **It isn't all right that** you lied to me. 내게 거짓말을 한 것은 괜찮지 않아.
_ **It isn't all right that** he didn't pay me. 걔가 내게 지불하지 않은 것은 괜찮지 않아.
_ **It isn't all right that** you broke the TV. 네가 TV를 망가트린 것은 괜찮지 않아.
_ **It isn't all right that** I've been so sick. 내가 그렇게 아팠던 것은 괜찮지 않아.
_ **It isn't all right that** Donna was so rude. 도나가 그렇게 무례한 것은 괜찮지 않아.

Dialog »
A : It isn't all right that **you were arrested.** 네가 체포된 것은 옳지 않아.
B : I know. I didn't do anything wrong. 알아. 난 나쁜 짓을 한게 없거든.

영어회화
핵심패턴
3300

002 It's all right not to~ …하지 않아도 괜찮아

Point » 「…하지 않아도 괜찮다」고 허락을 할 때 사용하는 패턴.

Pattern »

_ **It's sometimes all right to not** tell the full truth. 가끔 진실을 말하지 않아도 괜찮아.

_ **It's all right not to** make a reservation. 예약을 하지 않아도 괜찮아.

_ **It's all right not to** brush your teeth tonight. 오늘밤 양치질을 하지 않아도 돼.

_ **It's all right not to** call me when you're done. 네가 끝마치고 전화하지 않아도 돼.

_ **It's all right not to** speak to the manager. 매니저에게 말하지 않아도 돼.

Dialog »

> A : I'm a vegetarian and there is beef on the table. 난 채식주의자인데 식탁에 고기가 있네.
> B : It's all right not to eat any meat. 고기는 전혀 먹지 않아도 괜찮아.

003 Would it be all right if~? …해도 괜찮겠어?

Point » Is it all right if~에서 Is it 대신에 Would it be~를 쓴 경우로 상대방의 허락을 정중하게 구하는 방법이다.

Pattern »

_ **Would it be all right if** my son Joe came to visit? 내 아들 조가 찾아가도 괜찮겠어?

_ **Would it be all right if** we grabbed something to eat? 뭐 먹을 것 좀 먹어도 괜찮겠어?

_ **Would it be all right if** I met you tonight? 오늘밤 너를 만나도 괜찮겠어?

_ **Would it be all right if** I ask you for advice? 네게 조언을 구해도 괜찮겠어?

_ **Would it be all right if** she took your picture? 걔가 네 사진을 가져가도 괜찮겠어?

Dialog »

> A : The party is casual, so please join us. 캐주얼한 파티니까 우리와 함께 해.
> B : Would it be all right if I wore a dress? 내가 드레스를 입어도 괜찮을까?

Pattern 42 » It's hard to~

001 It's hard to+V …하는게 힘들어

Point » It is hard[difficult. easy] to do~로 어떤 일이 하기 쉽다거나 아님 어렵다거나 말할 때 많이 애용되는 표현.

Pattern »

_ **It's hard to** argue with my mom. 엄마랑 다투는 건 힘들어.

_ **It's hard to** beat their baseball team. 걔네들 야구팀을 이기는 것은 힘들어.

_ **It's hard to** find a good cell phone. 좋은 핸드폰을 찾는 것은 쉽지 않아.

_ **It's hard to** enjoy eating this lousy food. 이 형편없는 음식을 먹는 건 쉽지 않아.

_ **It's hard to** get women to go out with me. 난 여자한테 작업하는 게 어려워.

Dialog »

> A : It's hard to find good help. 좋은 도움이 될 만한 사람 찾기가 힘드네.
> B : I know. Workers can be very lazy. 그렇지. 근로자들은 매우 게으르기도 해.

002 It's hard for sb to+V …가 …하는게 힘들어

Point » to+V의 의미상의 주어를 넣어준 경우.

Pattern »
_ **It's hard for** me **to remember.** 내가 기억을 하는 것은 힘들어.

_ **It's hard for** me **to change things.** 내가 상황을 변화시키는건 힘들어.

_ **It's hard for** her **to apologize to everyone.** 걔가 모두에게 사과하는 것은 힘든 일이야.

_ **It's hard for** anyone **to let go of someone they love.**
누구든지 사랑하는 사람을 놔주는 건 힘든 일이야.

_ **It's hard for** me **to concentrate here.** 내가 이 부분 집중하는게 힘들어.

Dialog »
A : Tim just sits by himself every day. 팀은 매일 혼자서 앉아 있어.
B : It's hard for him to make friends. 걔는 친구를 사귀는걸 힘들어 해.

003 It's hard to believe~ …가 믿어지지 않아

Point » 앞서 배운 It's hard to+V의 응용표현. 동사자리에 believe나 imagine을 넣고 다음에 S+V를 넣어 전혀 믿겨지지 않은 일을 접했을 때 놀라면서 사용할 수 있는 표현이다.

Pattern »
_ **It's hard to believe** you've never had sex. 여태껏 섹스를 못해봤다니 믿어지지 않아.

_ **It's hard to believe** I'll never see her again. 다시 걜 못볼거라니 믿기지 않아.

_ **It's hard to believe** we're finally finished. 우리가 마침내 끝났다는 사실이 믿기지 않아.

_ **It's hard to believe** she's such a liar. 걔가 그렇게 거짓말쟁이라는게 믿어지지 않아.

_ **It's hard to believe** you are leaving for Europe. 네가 유럽으로 떠난다는 사실이 믿겨지지 않아.

Dialog »
A : It's hard to believe that Clancy died. 클랜시가 죽다니 믿겨지지 않네.
B : He was a good man, and I'll miss him. 좋은 사람이었는데 보고 싶을거야.

004 It's really hard to say how S+V …의 방법을 설명하기란 아주 곤란해

Point » 여기서 how는 상황이나 상태가 어떠했는지를 말하는 의미로 쓰였다.

Pattern »
_ **It is really hard to say how** Linda will pass the class.
린다가 어떻게 그 수업을 이수할건지는 말하기 아주 어려워.

_ **It is really hard to say how** people will react to this.
사람들이 이에 대해 어떻게 반응할지 설명하기란 정말 어려워.

_ **It is really hard to say how** he fixed the problem.
걔가 어떻게 그 문제를 해결했는지 설명하기란 정말 어려워.

_ **It is really hard to say how** we will pay our bills.
우리가 어떻게 청구비용을 낼지 말하기란 정말 어려워.

_ **It is really hard to say how** we got lost. 우리가 어떻게 길을 잃었나 말하는 것은 어려워.

Dialog »
A : So what do the police think caused his death? 경찰은 사인을 뭐라고 생각해?
B : It's really hard to say how the man was murdered. 그 남자가 어떻게 살해됐는지 말하기 정말 어려워.

Pattern 43 »» It's not hard~

001 It's not hard to+V …하는 것은 어렵지 않아

Point » It's hard~의 부정형으로 to+V하는 것이 어렵지 않다는 말로 It's easy~와 같은 의미

Pattern »
_ **It's not hard to** understand at all. 이해하는 것은 전혀 어렵지 않아.
_ **It's not hard to** find a new car. 새로운 자동차를 찾는 것은 어렵지 않아.
_ **It's not hard to** bake a cake. 케익을 굽는 것은 어렵지 않아.
_ **It's not hard to** escape from jail. 감옥에서 탈출하는 것은 어렵지 않아.
_ **It's not hard to** fix this problem. 이 문제를 해결하는 것은 어렵지 않아.

Dialog »
A : Did you get a good grade in math? 수학에서 좋은 점수를 받았지?
B : It's not hard to pass the class. 수업을 이수하는게 어렵지 않아.

002 It's hard not to+V …하지 않는 것은 어려워

Point » 'not'의 위치를 잘 봐야 한다. 앞의 패턴처럼 '어렵지 않다'가 아니라 '…을 하지 않는 것이' 어렵다라는 의미이다.

Pattern »
_ **It's hard not to** laugh at him. 걔를 비웃지 않는건 어려워.
_ **It's hard not to** feel sad on rainy days. 비오는 날 우울해지지 않는건 어려워.
_ **It's hard not to** miss my ex-boyfriend. 전 남친을 잊는 것은 어려워.
_ **It's hard not to** be confused by this. 이걸로 인해 혼동하지 않은 것은 어려워.
_ **It's hard not to** look at her face. 걔의 얼굴을 바라다보지 않은 것은 어려워.

Dialog »
A : My daughter causes so much trouble. 내 딸은 말썽을 많이 피워.
B : It's hard not to be angry at her. 걔에게 화를 내지 않는게 어려워.

003 Is it hard to~? …하는게 어려워?

Point » It's hard to~의 의문패턴.

Pattern »
_ **Is it hard to** work all night? 밤새 일하는게 어려워?
_ **Is it hard to** get a job here? 여기에 취직하는게 어려워?
_ **Is it hard to** become a member here? 이곳의 회원이 되기가 힘든가요?
_ **Is it hard to** be with him after almost having an affair?
거의 바람을 필 뻔 했다가 걔와 함께 있는게 어려워?
_ **Is it hard to** study medicine? 의학을 공부하는게 어려워?

Dialog »
A : Is it hard to become a scientist? 과학자가 되는게 어려워?
B : You have to have a very good education. 매우 훌륭한 교육을 받아야 해.

I find it hard to believe~ …가 믿어지지 않아

Point » It's hard to believe[imagine]~는 I find it hard to believe that S+V라고 할 수도 있다.

Pattern »
_ **I find it hard to believe** that Kerry died. 케리가 죽었다는 사실이 믿어지지 않아.

_ **I find it hard to believe** that Bill is innocent. 빌이 무죄라는 사실이 믿어지지 않아.

_ **I find it hard to believe** that you never met him. 네가 걔를 만난 적이 없다는게 믿어지지 않아.

_ **I find it hard to believe** that she's going to leave me alone.

개가 날 홀로 놔두고 간다는 게 믿겨지지 않아.

Dialog »
A : Working at Samsung provided a great salary. 삼성에서 근무하면서 많은 급여를 제공받았어.
B : I find it hard to believe you quit. 네가 그만두다니 믿기지 않네.

Pattern 44 »» ## It's easy~

It's easy to[~ing] …하는 것은 쉬워

Point » It's hard~의 반대표현으로 It's easy 다음에는 to+V 뿐만 아니라 ~ing을 붙여써도 된다.

Pattern »
_ You think **it's easy** being a parent? 부모가 되는게 쉽다고 생각해?

_ **It's easy to** learn about cooking. 요리에 대해 배우는 것은 쉬워.

_ **It's easy to** spend more than you have. 자기 분수이상으로 소비하는 건 쉬워.

_ **It's easy to** see why everyone likes the new guy. 그 신입사원을 모두가 좋아하는 이유는 뻔해.

_ **It's easy to** learn knitting. 뜨개질 배우는 것은 쉬워.

Dialog »
A : It is easy to see why everyone likes the new guy. 그 신입사원을 모두가 좋아하는 이유는 뻔해.
B : He's incredibly funny. 그 친구 정말이지 재미있는 사람이더군.

It's easy for sb to[~ing] …가 …하는 것은 쉬워

Point » to+V[~ing]의 의미상의 주어를 for sb로 넣은 경우.

Pattern »
_ **It's easy for** you to say. 넌 그렇게 말하기 쉽겠지.

_ **It's easy for** Misty to continue studying. 미스티가 계속 공부하는 것은 쉬워.

_ **It's easy for** you to get nervous on dates. 데이트날 떨리기 십상이지.

_ I don't think **it was easy for** her being here. 개가 여기 있는 것은 쉬웠다고 생각하지 않아.

_ **It's easy for** Bruno to go mountain climbing. 브루노가 등산하는 것은 쉬워.

Dialog »
A : Tim needs to give up cigarettes. 팀은 금연을 해야 돼.
B : It's easy for him to stop smoking. 개가 금연하는건 쉬워.

003 It's not easy to[~ing] …하는 것은 쉽지 않아

Point ≫ 반대로 쉽지 않다고 할 때 쓰는 표현으로 역시 의미상의 주어를 넣어 It's not easy for sb to~라 쓸 수도 있다.

Pattern ≫

_ **It's not easy to** start working at a new job. 새로운 곳에서 일을 시작하는 건 쉬운 일이 아냐.

_ **It's not easy** getting old. 나이가 드는 것은 쉬운 일이 아냐.

_ **It isn't easy** being a teenager. 십대가 되는 것은 쉬운 일이 아냐.

_ **It's not easy** being drunk all the time. 항상 술취해 있는 건 쉬운 일이 아냐.

_ I'm sure **it's not easy** for you **to** say good-bye to each other.
너희들이 서로에게 작별인사를 하는 것은 쉬운 일이 아닌게 확실해.

Dialog ≫

A : If we slip, we'll tumble down the cliff. 미끄러지면 낭떠러지 밑으로 구를거야.
B : It's not easy to **learn mountain climbing.** 산 등반을 배우는게 쉽지 않네.

004 It's difficult to+ V …하는 것은 힘들어

Point ≫ It's hard~와 같은 의미로 많이 쓰이는 표현으로 to+V 대신 ~ing 형태가 올 수도 있음을 기억해둔다.

Pattern ≫

_ **It's difficult to** find a partner. 파트너를 찾기가 어려워.

_ **It's difficult to** see where the campsite is. 캠핑장이 어디인지 알아내는게 어려워.

_ **It's difficult to** hear what you're saying. 네가 하는 말을 알아 듣기가 어려워.

_ **It's difficult to** shop for birthday gifts. 생일선물을 사는게 힘들어.

Dialog ≫

A : It's difficult to **work for uptight bosses.** 깐깐한 상사 모시기가 얼마나 힘든데요.
B : Yeah, I feel that we are really lucky. 맞아요, 우린 정말 운이 좋은 것 같아요.

Pattern 45 ≫ It's very nice of~

001 It's very nice of you to+V …해줘서 고마워

Point ≫ to+V를 해줘서 you에게 고맙다고 말하는 내용의 패턴.

Pattern ≫

_ **It's very nice of you to** call your mom. 네 엄마에게 전화를 하다니 착하구나.

_ **It's nice of you to** think of me like that. 나를 그렇게 생각해줘서 정말 고마워.

_ **It was nice of you to** come. 네가 와줘서 정말 고마웠어.

_ **It's really nice of you to** have me over. 나를 초대해줘서 정말 고마워.

_ **It's nice of you to** volunteer. 네가 자원해줘서 고마워.

Dialog ≫

A : It's very nice of you to **visit my hospital room.** 내 병문안을 와줘서 고마워.
B : I wanted to see how you were doing. 네가 어떻게 지내는지 보고 싶었어.

211

002　It's very nice of you to+V, but~ …해줘서 고맙지만,

Point » 정중히 거절할 때는 It's very nice of you to+V라고 먼저 말하고 나서 but 이하에 거절하는 문장을 이어 쓰면 된다.

Pattern »
_ **It's very nice of you, but** I can't accept these. 고맙지만 난 이것들을 받아들일 수가 없어.

_ **It's really nice of you,** Jill, **but** do you wanna do it here?
질, 고맙지만 여기서 그걸 하길 원해?

_ **It's very nice of you, but** I do have a boyfriend. 고맙지만 난 남친이 있어.

_ **It's very nice of you, but** I'm not going anywhere. 고맙지만 난 어디에도 가지 않을거야.

_ **It's very nice of you to** offer, **but** we don't need help.
제의해줘서 고맙지만 우리는 도움이 필요없어.

Dialog »
A : Would you like some chocolate cake? 초콜릿 케익을 먹을래?
B : It's very nice of you to offer, but I must say no. 고마운 말이지만 거절해야겠어.

003　It's nice to see sb ~ing …가 …하는 것을 보니 좋아

Point » sb가 ~ing하는 것을 보니 좋다는 느낌을 말하는 것으로 비슷한 표현으로는 It's nice to know S+V(…을 알고 나니 좋아)가 있다.

Pattern »
_ **It's nice to see** you two getting along again. 너희 둘이 다시 잘 지내는 것을 보니 좋아.

_ **It's nice to know** you believe in God. 신을 믿는다는 걸 아니 좋군.

_ **It's nice to know** I have options. 내게 선택권이 있다는 걸 아니 좋구만.

_ **It's nice to know** that I can raise some things correctly.
내가 뭔가 제대로 기를 수 있다는 것을 아니 좋아.

_ **It's nice to see** Ken started exercising. 켄이 운동시작하는 것을 보니 좋아.

Dialog »
A : I am thrilled to meet you. 널 만나게 돼서 너무 기뻐.
B : Well, it is nice to meet you too. 어, 나도 만나서 반가워.

004　It's nice if[that]~ …한다면 좋지, 다행이야

Point » It's nice~ 다음에 that[if] S+V가 오는 경우. 가정법을 쓴 It'd be nice if~(…한다면 좋을텐데)도 있다.

Pattern »
_ **It's nice** that your friendship has stayed so strong.
너의 우정이 그렇게 강하게 변치 않아 다행이야.

_ **It's nice that** you remembered my birthday. 네가 내 생일을 기억했다니 아주 좋아.

_ **It'd be nice if** he was innocent. 걔가 무죄라면 다행이야.

_ **It'd be nice if** someone other than me said so. 내가 아닌 다른 사람이 그렇게 말했다면 다행이지.

_ **It would** have been **nice if** you were a party planner. 네가 파티플래너라면 좋았었을텐데.

Dialog »
A : Jim is trying to take a month-long vacation. 짐은 한달 동안 휴가를 가려고 해.
B : It's nice if he can do it. 걔가 그럴 수 있다면 좋은거지.

001 **It's worth+N[~ing]** …할 가치가 있어

Point >> worth 다음에는 전치사 없이 바로 명사나 동사의 ~ing가 온다는 점을 잘 기억해둔다.

Pattern >>

_ **It's worth** a trip to check out the exhibit. 가서 전시회를 볼 가치가 있어.

_ Are you sure **it's worth** the risk? 위험을 무릅쓸 가치가 있다고 확신해?

_ I think if he's serious, **it's worth** a try. 걔가 진지하다면 한번 해보는 것도 가치가 있다고 생각해.

_ I'm told **it was worth** quite a lot of money. 그것의 가치가 돈으로 엄청나다고 들었어.

_ **It's worth** someone spending a lot of time there. 거기서 시간을 많이 보낼 가치가 있어.

Dialog >>

A : I have spent months designing this studio. 이 스튜디오 디자인하는데 몇달을 보냈어.

B : It's worth the time you're taking to finish. 네가 마치는데 시간을 들일 만하다.

002 **It's not worth+N[~ing]** …할 가치가 없어

Point >> 반대로 「…할 가치가 없다」고 할 때 특히 「…가 …할 필요가 없다」처럼 행동의 주체를 말하려면 It's not worth sb ~ing의 형태를 쓰면 된다.

Pattern >>

_ **It's not worth** the cost of buying a new car. 새로운 차에 돈을 들일만큼 가치가 없어.

_ **It's not worth** you arguing about it. 네가 그거에 대해 싸울 값어치가 없어.

_ **It's not worth** criminals stealing your stuff. 범죄자들이 네 물건들을 훔칠 만한 가치가 없어.

_ **It's not worth** your dad paying for the concert tickets.
네 아빠가 콘서트 표를 지불할 가치가 없어.

_ **It's not worth** you dying for it. 네가 그것을 하고 싶어할 가치가 없어.

Dialog >>

A : Do you think Cindy likes me? 신디가 날 좋아한다고 생각해?

B : It's not worth worrying about. 걱정할 필요 없어.

003 **S be worthy of~** …는 …을 받을 가치가 있어

Point >> worth에 y가 붙어 worthy가 되면 전치사 of가 필요하다.

Pattern >>

_ **She is worthy of** a lot of praise. 칭찬을 많이 받을 가치가 있어.

_ **I'm not worthy of** meeting him. 난 걔를 만날 가치가 없어.

_ **This dinner is worthy of** great praise. 이 저녁식사는 대단한 칭찬을 받을 만해.

_ **Your essay is worthy of** a top student. 이 논문으로 넌 최고의 학생이라 들을 만해.

_ **He is worthy of** a great reward. 걘 최고의 보상을 받을 가치가 있어.

Dialog >>

A : How do you like what you ate? 네가 먹은거 어땠어?

B : This meal is worthy of praise. 음식은 칭찬 받을만해.

S be unworthy of~ …는 …을 받을 가치가 없어

Point >> 반대로 받을 가치가 없다고 할 때는 be unworthy of~라 하면 된다.

Pattern >>
_ **I am unworthy of** your compliments. 난 네 칭찬을 받을 가치가 없어.
_ **This old computer is unworthy of** repairing. 이 낡은 컴퓨터는 수리할 가치가 없어.
_ **Jake is unworthy of** talking to. 제이크는 얘기해볼 가치가 없어.
_ **That TV show is unworthy of** watching. 저 TV 쇼는 볼 가치가 없어.
_ **Don is unworthy of** becoming president. 돈은 사장으로 적합하지가 않아.

Dialog >>
A : It's the finest fraternity on campus. 학교에서 가장 좋은 남학생 사교클럽이야.
B : **Sam is unworthy of** that organization. 샘은 그 클럽에 적합하지 않아.

Pattern
47 >>> It's fine~

---

001 **It's fine for sb to~** …가 …해도 괜찮아

Point >> okay, all right에 이어 이번에는 fine이 오는 경우로 허락이나 찬성을 할 때 사용하면 된다.

Pattern >>
_ **It's fine for** Jody to marry her sweetheart. 조디는 자기 애인과 결혼해도 괜찮아.
_ **It's fine for** them to use the bathroom. 걔네들이 화장실을 사용해도 괜찮아.
_ **It's fine for** you to leave a message. 네가 메시지를 남겨도 돼.
_ **It's fine for** Erin to have a few drinks. 에린이 술 몇잔 해도 괜찮아.
_ **It's fine for** you to relax for a while. 네가 잠시 쉬어도 괜찮아.

Dialog >>
A : I thought I'd bring Adam to the show. 난 아담을 그 쇼에 데려갈 생각이었어.
B : It's fine for Adam to be there. 아담이 거기에 가는 것은 좋은 일이야.

---

002 **It's fine with sb if~** …해도 …는 괜찮아

Point >> if 이하를 해도 sb는 괜찮다고 말하는 패턴.

Pattern >>
_ **It's fine with** her if you attend the meeting. 네가 회의에 참석한다 해도 걘 괜찮아.
_ **It's fine with** them if we work all night. 우리가 밤새 일해도 걔네들 괜찮아.
_ **It's fine with** the cops if he stays in prison. 걔가 감방에 있어도 경찰들에게는 괜찮아.
_ **It's fine with** me if I never see you again. 내가 널 다시 못본다 해도 난 괜찮아.
_ **It's fine with** us if you order some dinner. 네가 저녁식사를 주문해도 우리는 괜찮아.

Dialog >>
A : My sister hopes her schoolmates can join us. 내 누이는 자기 룸메이트가 우리와 함께 하기를 바래.
B : It's fine with me if she brings friends. 난 걔가 친구들을 데려와도 괜찮아.

003   It's fine because S+V ···때문에 괜찮아

Point »   괜찮은(fine) 이유를 because 이하에 말하는 패턴으로 It's fine that S+V(···해도 괜찮아)라고 쓰기도 한다.

Pattern »

_ **It's fine because** I don't need to use it. 난 그걸 사용할 필요가 없으니까 괜찮아.

_ **It's fine because** the heater still works. 난방기가 아직 돌아가기 때문에 괜찮아.

_ **It's fine because** we can start over. 우린 다시 시작할 수 있으니까 괜찮아.

_ **It's fine because** you did no damage. 넌 해를 끼치지 않았으니까 괜찮아.

_ **It's fine because** I took my medicine. 내가 약을 먹었기 때문에 괜찮아.

Dialog »

A : Would you mind if I sat down here? 내가 여기 앉아도 괜찮겠어?

B : It's fine because we were just leaving. 우리는 떠나려는 참이어서 괜찮아.

004   Everything was fine until[when]~ ···때까지는 다 괜찮았어

Point »   until 다음에 과거시제를 써야 한다.

Pattern »

_ **Everything was fine until** Rick showed up. 릭이 올 때까지는 다 괜찮았어.

_ **Everything was fine until** the thunderstorm started.
천둥이 치기 시작할 때까지는 다 괜찮았어.

_ **Everything was fine until** my business failed. 내 사업이 실패할 때까지는 다 괜찮았어.

_ **Everything was fine until** we started dating. 우리가 데이트를 시작할 때까지는 다 괜찮았어.

_ **Everything was fine until** Jack was hired. 잭이 고용될 때까지는 다 괜찮았어.

Dialog »

A : Was your mom affected by the funeral? 네 엄마는 그 장례식에 영향을 받았어?

B : Everything was fine until she started crying. 엄마가 울기 시작하기 전까지는 다 괜찮았어.

Pattern 48 »» It's good to~

001   It's good to+V~ ···하니 좋아

Point »   It과 good의 만남. to+V를 하니 좋다는 만족감을 나타내는 표현법이다.

Pattern »

_ **It's good to** be back. 돌아오니 좋으네.

_ **It's good to** hear your voice. 네 목소리 들으니 좋아.

_ **It's good to** be with family at Christmas. 크리스마스에 가족과 있는건 좋아.

_ **It's good to** try new things. 새로운 것을 시도해보는 것은 좋지.

Dialog »

A : Are you sure you need a holiday? 너 정말 휴가가 필요해?

B : It's good to take some time off. 좀 쉬는 건 좋지.

002 It's good for sb to~ …가 …을 하니 좋아

Point >> to+V 행동의 주체를 언급할 때는 for sb를 붙이면 된다.

Pattern >>
_ **It's good for us to** spend a little time together. 우리가 함께 시간을 좀 보내도 좋아.
_ **It's good for you to** try new things. 네가 새로운 것을 시도하니 좋아.
_ **It's good for them to** see you. 걔네들이 너를 보니 좋아.
_ **It's probably good for** her **to** have some time away from her parents.
걔가 부모님과 좀 떨어져 있는 것도 좋을거야.
_ **It's good for** your parents **to** travel. 네 부모님이 여행을 하니 좋아.

Dialog >>
A : My son is on a swing at the park. 내 아들이 공원에서 그네를 타고 있어.
B : It's good for him to play outside. 걔가 밖에서 노는 건 좋아.

003 It's good that~ …하는게 좋아, …한건 잘한 일이야

Point >> It's good to+V만 쓰이는게 아니라 절을 받아서 It's good that S+V로도 쓰인다.

Pattern >>
_ **It's good that** we got out and did something physical.
우리 밖에 나가서 운동을 좀 한게 좋은 것 같아.
_ Yeah, I think **it's good that** you turned him down. 걔를 네가 거절한 건 잘한거야.
_ Actually, **it's good that** you called. 실은 네가 전화한 건 잘한 일이야.
_ **It's good that** he's gone. 걔가 가버린 건 잘한 일이야.
_ **It's good that** he taught you all this stuff. 걔가 네게 이 모든 것에 대해 가르쳐준건 잘된 일이야.

Dialog >>
A : I stayed and cleaned up the kitchen. 내가 남아서 부엌을 청소했어.
B : It's good that you helped wash the dishes. 네가 설거지를 도와준 것은 잘한거야.

004 It's good to know that[what~] …을 알게 되어 좋아

Point >> 「to 이하를 알게 돼서 좋다」라는 표현으로 know 다음에는 that[what] S+V를 붙여 쓰면 된다.

Pattern >>
_ **It's good to know that** your parents are healthy. 네 부모님이 건강하다는걸 알게 돼 좋아.
_ **It's good to know that** we are safe. 우리가 안전하다는걸 알게 돼 좋아.
_ **Good to know** you'll have company. 네게 일행이 생긴다는걸 알게 돼 좋아.
_ **Good to know** you got our message. 네가 우리 메시지를 받게 돼서 좋아.
_ **It's good to know that** she'll be home soon. 걔가 곧 집에 올걸 알게 돼 좋아.

Dialog >>
A : Al was just released from the hospital. 앨은 방금 병원에서 퇴원했어.
B : It's good to know that he got better. 걔가 나아졌다는 걸 알게 되어 다행이야.

Pattern 49 >> It's not good to~

001 I think it's good that~ …하는게 좋은 것 같아

Point >> 자기 생각을 좀 부드럽게 하기 위해 It's good~ 앞에 I think~를 내세운 경우.

Pattern >>
_ **I think it's good that** you turned him down. 네가 걔를 거절하게 좋은 것 같아.

_ **I think it's good that** you are still in school. 너 아직 학교에 있는게 나은 것 같아.

_ **I think it's good that** police are patrolling the area.
경찰이 이 지역을 순찰하는게 좋은 것 같아.

_ **I think it's good that** the economy is improving. 경제가 좋아지고 있다는게 좋은 것 같아.

_ **I think it's good that** you have a lawyer. 네가 변호사를 고용하는게 좋을 것 같아.

Dialog >>
A : We have extra food in case there is a storm. 폭풍이 올 것을 대비해 비상식량을 비축하고 있어.
B : I think it's good that you are prepared. 네가 준비를 하고 있는 건 좋은 일이라 생각해.

002 It's not good to+V~ …하는 것은 좋지 않아

Point >> It's good to+V의 부정형으로 「…하는 것은 좋지 않다」라는 의미이다.

Pattern >>
_ Sometimes **it's not good to** look back in the past. 때로는 과거를 되돌아보지 않는게 좋아.

_ **It's not good to** accuse people of things. 사람들을 비난하는 것은 좋지 않아.

_ **It's not good to** act in a rude way. 무례하게 행동하는 것은 좋지 않아.

_ **It's not good to** forget someone's birthday. 다른 사람의 생일을 잊는 것은 좋지 않아.

_ **It's not good to** be put in jail. 감옥에 갇히는 것은 좋지 않아.

Dialog >>
A : The flood washed away those buildings. 홍수로 저 건물들이 휩쓸려갔어.
B : It's not good to see all this destruction. 이 모든 파괴된 것들을 보는 건 좋지 않네.

003 It's not good for sb to+V~ …가 …하는 것은 좋지 않아

Point >> to+V 행동의 주체를 표기하는 경우로 충고나 조언을 할 때 요긴한 표현법이다.

Pattern >>
_ **It's not good for** Grandma **to** work hard. 할머니가 열심히 일하는 것은 좋지 않아.

_ **It's not good for** you **to** smoke so much. 네가 흡연을 많이 하는 것은 좋지 않아.

_ **It's not good for** kids **to** eat candy. 아이들이 사탕을 먹는 것은 좋지 않아.

_ **It's not good for** people **to** neglect their jobs.
사람들이 자신들의 일을 소홀히 하는 것은 좋지 않아.

_ **It's not good for** Brandon **to** date his students.
브랜든이 자기 학생들과 데이트하는 것은 좋지 않아.

Dialog >>
A : My brother rarely comes out of our house. 내 동생은 거의 집에서 나오지 않아.
B : It's not good for him to stay alone in his room. 걔가 방에서 혼자 있는건 좋지 않은데.

Pattern 50 >> It's better to~

001 It's better to+V~ …하는 것이 더 나아

Point » It's good~의 비교급 패턴으로 문장에는 나와 있지 않지만 「(…하는 것보다) …하는 것이 더 낫다」라는 말하는 표현이다.

Pattern »
_ **It's better to** just stay here. 그냥 여기 남아있는게 더 나아.

_ **It's better to** take notes in class. 수업시간에는 받아적는게 더 나아.

_ Sometimes **it's better to** stay in the dark. 때로는 어둠 속에 있는게 더 나을 때도 있어.

_ **It's always better to** prepare for trouble.
문제를 사전에 대비하는게 항상 더 좋아.

_ **It's better to** join a health club. 헬스클럽에 가입하는게 더 나아.

Dialog »
A : Should we wait to fix our car? 차를 고치는데 우리가 기다려야 돼?
B : It's better to do the work now. 지금 그 일을 하는게 더 나아.

002 It's better to~ than+V …하는 것보다 …하는 것이 더 나아

Point » 이번에는 비교의 행위를 함께 말하는 것으로 than 이하에 to+V나 to 없이 V를 붙이면 된다.

Pattern »
_ **It's better to** seek forgiveness **than** ask permission.
허락을 구하기보다는 용서를 구하는게 나아.

_ **It's better to** eat **than** to remain hungry. 배고픈 채로 있는 것보다 뭔가 먹는게 더 나아.

_ **It's better to** talk **than** to sit there silently. 거기 조용히 앉아 있는 것보다 얘기하는게 더 나아.

_ **It's better to** go home **than** to stay up all night. 밤새우느니 집에 가는게 더 나아.

_ **It's better to** love someone **than** to be lonely. 홀로 있는 것보다 누군가 사랑하는게 더 나아.

Dialog »
A : I'm not sure I should ask Zelda out. 젤다에게 데이트를 신청해야 할지 모르겠어.
B : It's better to try it than regret it later. 나중에 후회하는 것보다 한번 해보는게 나아.

003 It's better that~ …가 더 나아

Point » It's better~ 다음에 to+V가 아니라 that S+V가 오는 경우.

Pattern »
_ **It's better that** you don't know. 네가 모르는게 더 나아.

_ **It's better that** I don't know. 내가 모르는게 더 나아.

_ **It's better that** he wins. 걔가 이기는게 더 나아.

_ **It's better that** I stay here. 내가 여기 있는게 더 나아.

_ **It's better that** you see it for yourself. 네가 직접 그걸 보는게 더 나아.

Dialog »
A : The old man passed away last night. 그 노인은 어젯밤에 돌아가셨어.
B : It's better that he is not suffering anymore. 더 이상 고통을 받지 않으셔서 더 나아.

218 영어회화
공식패턴
3300

004 | It's better if~ …하는게 더 나아

Point » It's better~ 다음에 if S+V 절이 이어지는 패턴.

Pattern »
_ **It's better if** we're on the same team. 우리가 같은 팀인게 더 나아.
_ **It's better if** we just talk. 우리가 그냥 얘기만 하는게 더 나아.
_ **It's better if** you go rest. 네가 가서 쉬는게 더 나아.
_ **It's better if** we just stayed friends. 우리가 그냥 친구로 남는게 더 나아.
_ **It's better if** you take some aspirin. 네가 아스피린 좀 먹는게 더 나아.

Dialog »
A : I know who the killer is. 난 살인범이 누구인지 알아.
B : It's better if **you don't tell anyone.** 아무한테도 말하지 않는게 더 나아.

Pattern 51 »» It's better to~

001 | I think it's better to~ …하는 것이 더 나을 것 같아

Point » it's better to~는 자기 의견을 말하는 것으로 이를 좀 부드럽게 하려면 앞에 I think~을 먼저 말하면 된다.

Pattern »
_ **I think it's better to** be honest. 정직하게 더 좋을 것 같아.
_ **I think it's better to** wait until tomorrow. 내일까지 기다리는게 나을 것 같아.
_ **I think it's better to** wait and see what happens. 어떻게 되어가는지 지켜보는게 나을 것 같아.
_ **I think it's better to** fix what you already have. 이미 갖고 있는 걸 수리하는게 더 나을 것 같아.
_ **I think it's better to** apologize. 사과하는게 더 나을 것 같아.

Dialog »
A : Maybe we should invest all of our money. 우리는 우리 돈을 다 투자해야 될 것 같아.
B : I think it's better to **wait and see what happens.** 어떻게 되어가는지 지켜보는게 나을 것 같아.

002 | I think it's better that S+V …하는게 더 나을 것 같아

Point » It's better that[if]~의 패턴을 좀 더 부드럽게 말하는 방법.

Pattern »
_ **I think it's better that** we leave right now. 우리가 지금 바로 떠나는게 더 나을 것 같아.
_ **I think it's better that** you don't listen to him. 네가 걔말을 듣지 않는게 더 나을 것 같아.
_ **I think it's better that** they bring some food with them.
개네들이 음식을 좀 가져오는게 나을 것 같아.
_ **I think it's better if** we don't see each other anymore. 서로 안보는게 더 좋을 것 같아.

Dialog »
A : We arrived 30 minutes before the movie starts. 영화시작하기 30분 전 도착했어.
B : I think it's better that **we came early.** 우리가 일찍 와서 잘한 것 같아.

It's better than ~ing …하는 것보다 나아

Point » 역시 상대방에게 충고나 조언 혹은 정보를 전달하는 방법. than 다음에 바로 ~ing가 온다는 점에 주목한다.

Pattern »
_ **It's better than** doing nothing. 아무 것도 안하는 것보다는 나아.

_ **It's better than** walking around. 주변을 걸어다니는 것보다 나아.

_ **It's better than** being robbed. 도둑을 당하는 것보다 나아.

_ **It's better than** eating junk food. 패스트푸드를 먹는 것보다 나아.

_ **It's better than** complaining about it. 그것에 대해 불평을 하는 것보다 더 나아.

Dialog »
A : Do you really want to go out? 너 정말 나가고 싶어?
B : It's better than **staying at home worrying.** 집에서 걱정하고 있는 것보다 더 나아.

Wouldn't it be better to[if]~ ? …하는게 더 낫지 않을까?

Point » would를 써서 자기 생각을 부드럽게 하지만 대신 부정의문문을 써서 자기 생각을 강조하고 있는 패턴.

Pattern »
_ **Wouldn't it be better to** just quit now? 지금 그냥 관두는게 더 낫지 않을까?

_ **Wouldn't it be better to** meet them at a restaurant? 걔네들 식당에서 만나는게 더 낫지 않을까?

_ **Wouldn't it be better to** accept the deal? 그 거래를 받아들이는게 더 낫지 않을까?

_ **Wouldn't it be better to** leave it alone? 그건 그냥 내버려두는게 더 낫지 않을까?

_ **Wouldn't it be better if** you were wealthy? 네가 부유하다면 그게 더 낫지 않을까?

Dialog »
A : I am going to get this TV fixed. 이 TV 수리할거야.
B : Wouldn't it be better to **buy a new one?** 새로운 TV를 사는게 더 낫지 않을까?

Pattern
52 ›› **It's best~**

It's best to+V~ …하는 것이 최선이야

Point » good. better 다음에는 best이다. 역시 부드럽게 자기 생각을 전달하려면 I think~을 붙인다.

Pattern »
_ **It's best to** ignore what they are saying. 걔네들이 말하는 것을 무시하는게 상책이야.

_ **It's best to** improve your health. 네 건강을 향상시키는게 최선이야.

_ **It's best to** find a nice campground. 멋진 캠핑장을 찾는게 최선이야.

_ **I think it's best to** take every possible precaution. 모든 예방책을 쓰는게 최선인 것 같아.

_ **It's best to** forget what Carley said. 칼리가 한 말을 잊는게 최선이야.

Dialog »
A : My dad wants me to study medicine. 아버지는 내가 의학공부하기를 바래.
B : It's best to **listen to his advice.** 아버지의 조언에 귀기울이는게 최선이야.

002 It's best not to[to not]+V~ …하지 않는 것이 최선이야

Point » to+V의 부정은 not to+V로 배웠으나 실제로는 to not+V으로 해도 된다.

Pattern »
_ **It's best to not** have expectations. 기대를 하지 않는게 최선이야.
_ **It's best not to** joke with her. 걔에게 농담을 하지 않는 것이 최선이야.
_ **Maybe it's best not to** think about it. 아마도 그 생각을 하지 않는 것이 최선이야.
_ **It's best not to** call her again. 걔에게 전화를 다시 하지 않는게 최선이야.
_ **It's best not to** be late with the payment. 지불은 늦지 않는게 최선이야.

Dialog »
A : I can't believe I lost my wallet. 내가 지갑을 잃어버리다니 말도 안돼.
B : It's best not to be sad about it. 그거에 슬퍼하지 않는게 최선이야.

003 It's best that[if]~ …가 최선이야

Point » It's best~ 다음에 that S+V나 if S+V가 이어지는 경우.

Pattern »
_ **Maybe it's best if** I go in alone. 내가 혼자 들어가는게 최선같아.
_ **It's best that** we just stay home. 우리는 그냥 집에 머무는게 최선이야.
_ **It's best that** we never got to do it again. 다시는 절대로 그짓을 하지 않는게 최선이야.
_ **It's best if** you don't know. 네가 모르고 있는게 최선이야.
_ **It's best that** you hide for a while. 네가 잠시 숨는게 최선이야.

Dialog »
A : Everyone is so tired right now. 다들 지금 너무 지쳐있어.
B : It's best that we take a coffee break. 커피타임을 갖는게 최고야.

004 I think it's best that[if]~ …하는게 최선인 것 같아

Point » 여러차례 언급했지만 I think~는 이하의 문장의 내용을 부드럽게 해주는 기능이 있다.

Pattern »
_ **I think it's best that** we just forget about it. 우리가 그걸 잊는 것이 최선인 것 같아.
_ **I think it's best that** I speak first. 내가 먼저 말을 하는 것이 최선인 것 같아.
_ **I think it's best if** we just end this now. 이제 이걸 끝내는게 최선인 것 같아.
_ **I think maybe it's best that** we stop seeing each other.
우리가 서로 만나지 않는 것이 최선일 것 같아.
_ **I think it's best that** you stay home tomorrow and take care of him.
네가 내일 집에 머물면서 걔를 돌보는게 최선인 것 같아.

Dialog »
A : It seems like we argue about everything. 우린 사사건건 다투는 것 같아.
B : I think it's best that we break up. 우리 헤어지는게 최선인 것 같아.

---

001 # It's great to+V~ …하는게 아주 좋아, …하는게 잘된 것 같아

Point ≫ 이번에는 좋다는 걸 강조하려고 good보다 의미가 강렬한 great를 쓴 경우.

Pattern ≫
_ **It's great to** stay up late. 늦게까지 자지 않는게 아주 좋아.

_ **It's great to** find some extra money. 여분의 돈을 찾는 것은 아주 좋은 일이야.

_ **It's great to** meet some new people. 새로운 사람들을 만나는 것은 아주 좋은 일이야.

_ **It's great to** be home. 집에 있는게 너무 좋아.

_ **It's great to** start a new job. 새로운 일을 시작하는 것은 잘된 것 같아.

Dialog ≫
> A : Thelma is feeling much better now. 텔마는 이제 기분이 더 좋아졌어.
> B : It's great to see she is so happy. 걔가 행복해하는 것을 보니 좋으네.

---

002 # It's great that~ …하는게 아주 잘된 일이야

Point ≫ It's great~ 역시 that S+V절을 받을 수 있으며 좀 부드럽게 말하려면 I think it's great that S+V (…하는게 너무 좋은 것 같아)라고 하면 된다.

Pattern ≫
_ **It's great that** you want to spend time with your granddaughter.
네가 손녀와 함께 시간을 보내고 싶은건 아주 잘된 일이야.

_ **I think it's great that** she wants to come out.
걔가 커밍아웃을 하고 싶어하는건 아주 잘된 일인 것 같아.

_ **I think it's great that** you're going on a date. 네가 데이트를 하는건 아주 잘된 일인 것 같아.

_ **It's great that** your friends are here. 네 친구들이 여기 있는 것은 아주 잘된 일이야.

_ **It's great that** we have some free time. 우리에게 좀 자유시간이 주어진 것은 잘된 일이야.

Dialog ≫
> A : Many students came to the festival. 많은 학생들이 페스티발에 왔어.
> B : It's great that it was such a success. 축제는 대단한 성공여서 잘됐어.

---

003 # Isn't it great to+V~ ? …하니 너무 좋지 않아?, …가 대단하지 않아?

Point ≫ 너무 좋다는 걸 강조하기 위해 부정의문문을 쓴 경우이다. 먼저 Isn't it great to+V?의 경우를 본다.

Pattern ≫
_ **Isn't it great to** get back to nature? 자연으로 돌아오니 너무 좋지 않아?

_ **Isn't it great to** get presents? 선물을 받는건 너무 좋지 않아?

_ **Isn't it great to** see Betty again? 베티를 다시 보니 너무 좋지 않아?

_ **Isn't it great to** be near the ocean? 바다 근처에 오니 너무 좋지 않아?

_ **Isn't it great to** visit your hometown? 고향을 방문하니 너무 좋지 않아?

Dialog ≫
> A : That was such a long trip. 그건 정말 긴 여행이었어.
> B : Isn't it great to be home again? 집에 다시 오니까 정말 좋지 않아?

004

Isn't it great that S+V? …가 너무 좋지 않아?, …가 대단하지 않아?

Point >> Isn't it great~ 다음에 that S+V절이 오는 경우.

Pattern >>
_ **Isn't it great that** she survived the crash? 걔가 그 사고에서 살아남았다는가 대단하지 않아?
_ **Isn't it great that** they got back together? 걔네들이 다시 합쳤다니 너무 좋지 않아?
_ **Isn't it great** all our kids are such good friends? 우리 아이들 모두가 좋은 친구라니 너무 대단하지 않아?
_ **Isn't it great that** we completed our homework? 우리가 숙제를 다 끝낸게 대단하지 않아?

Dialog >>
A : Jim and Allison knew each other in primary school. 짐과 앨리슨은 초등학교 때 친구였어.
B : Isn't it great that they were reunited? 걔네들이 다시 만나게 된게 멋지지 않아?

Chapter 04

Pattern 54 >> It's too bad~

001 It's too bad about sb (~ing) …가 참 안됐어

Point >> 뭔가 안좋은 일이 일어난 사람에게 위로의 맘을 전해주는 패턴으로 about 다음에 sb만 올 수도 있고 아니면 안좋은 일까지 말하려면 about sb ~ing라고 써주면 된다.

Pattern >>
_ **It's too bad about** Will. He's still in pain. 윌이 정말 안됐어. 아직 고통을 받고 있어.
_ **It's too bad about** him getting shot. 걔가 총을 맞아 참 안됐어.
_ **It's too bad about** Rob divorcing his wife. 랍이 아내와 이혼을 하게 되어 참 안됐어.
_ **It's too bad about** Linda losing her job. 린다가 실직을 해서 참 안됐어.
_ **It's too bad about** Amy breaking her leg. 에이미 다리가 부러져 참 안됐어.

Dialog >>
A : It's too bad about Neil falling off his bike. 닐이 자전거에서 낙상하다니 안됐어.
B : I heard he broke his leg. 다리가 부러졌다며.

002 It's too bad that ~ …가 참 안됐구나

Point >> 위로나 안타까움을 표현하는 방법으로 It's too bad~ 다음에 that S+V를 붙이는 경우.

Pattern >>
_ **It's too bad** Chris and I are moving to Boston. 크리스와 내가 보스톤으로 이사가게 돼 안됐어.
_ **It's too bad** I like Sam more than I like you. 내가 너보다 샘을 더 좋아해서 안됐어.
_ **It's too bad** we can't go there. 우리가 거기에 갈 수 없어 참 안됐어.
_ **It's too bad** it can't tell us what happened. 안됐지만 그걸로 무슨 일이 일어났는지 알수 없어.
_ **It's too bad** that Cheryl quit our club. 쉐릴이 우리 클럽에서 나가서 안됐어.

Dialog >>
A : It's too bad you didn't join us for dinner and dancing on Friday.
금요일에 있었던 저녁식사와 댄스파티에 네가 오지 않아서 정말 아쉬웠어.
B : Why, what did I miss? 왜, 무슨일 있었어?

223

003 It's too bad what~ …가 참 안됐어, …가 아쉬워

Point >> It's too bad~다음에 what+V 혹은 what S+V 전체가 주어로 쓰여 It's too bad S(what s+v)+V의 형태가 된 경우이다.

Pattern >>

_ **It's too bad what** happened to Wells. 웰스에게 일어난 일이 참 안됐어.

_ **It's too bad what** they said was so mean. 안됐지만 걔네들이 말한 것은 정말 야비했어.

_ **It's too bad what** you are doing doesn't matter. 안됐지만 네가 뭘하든 상관없어.

_ **It's too bad what** we planned didn't work. 우리 계획이 계획대로 되지 않아 아쉬워.

_ **It's too bad what** you said was untrue. 네가 한 말이 거짓이어서 안됐어.

Dialog >>

A : Our business is going bankrupt. 우리 사업이 파산할거야.

B : It's too bad what we did wasn't successful. 우리가 한 일이 실패해서 정말 안됐어.

004 It's too bad because~ …라니 참 안됐네

Point >> 왜 too bad한지 이유를 함께 말하는 패턴.

Pattern >>

_ **It's too bad because** we can't change it. 아쉽게도 우리는 그걸 바꿀 수가 없어.

_ **It's too bad because** the report was wrong. 보고서가 거짓이라니 참 안됐어.

_ **It's too bad because** you're still going to jail. 여전히 네가 감옥에 갈거라니 참 안됐어.

_ **It's too bad because** they don't like you. 걔네들이 널 안 좋아한다니 안됐어.

_ **It's too bad because** we didn't expect that. 우리가 그걸 예상하지 못해서 참 안됐어.

Dialog >>

A : Brian doesn't have the money to finish med school. 브라이언은 의대를 마칠 돈이 없어.

B : It's too bad because he would've been a good doctor. 걘 훌륭한 의사가 되었을텐데 안됐어.

---

001 **It's true that[what]~** …은 사실이야, 사실은 …야

Point >> 뭔가 사실을 털어놓거나 진실을 말할 때 쓰는 표현법.

Pattern >>
_ **It's true** Rex and I did not have the perfect marriage.
사실 렉스와 나의 결혼은 완벽하지 않았어.

_ **It's true that** she got plastic surgery. 사실은 걘 성형수술을 받았어.

_ **It's true that** I can't afford it. 내가 그럴 여력이 없는건 사실이야.

_ **It's true what** they say about you. 너에 대한 사람들의 말이 사실이야.

_ **It's true what** he did was very bad. 사실은 그의 행동은 아주 안좋았어.

_ **It's true what** the doctors say about smoking. 의사들이 흡연에 대해 하는 말은 사실이야.

Dialog >>
A : Those guys look ready to fight. 저 사람들은 싸울 준비가 된 것 같아.
B : It's true that they don't like each other. 걔네들이 서로 좋아하지 않는건 사실이야.

---

002 **It's not true that~** …은 사실이 아냐

Point >> 반대로 뭔가 사실이 아니라고 부정할 때 사용하는 패턴.

Pattern >>
_ **It's not true that** the business is failing. 사업이 실패하고 있는 것은 사실이 아냐.

_ **It's not true that** I had an affair with her. 내가 걔와 바람을 폈다는 것은 사실이 아냐.

_ **It's not true that** the actress died. 그 여배우가 죽었다는 것은 사실이 아냐.

_ **It's not true that** we have to work Sunday. 일요일에 일해야 한다는 건 사실이 아냐.

_ **It's not true that** he cheated on his wife. 걔가 아내몰래 바람핀 것은 사실이 아냐.

Dialog >>
A : There are rumors that he is a convict. 걔가 전과자라는 소문이 있어.
B : It's not true that he spent time in prison. 걔가 감옥살이 했다는 것은 사실이 아냐.

---

003 **Is it true that S+V?** …라는 게 사실이야?

Point >> 상대방에게 사실여부를 확인해보는 문장.

Pattern >>
_ **Is it true that** you are leaving? 네가 떠난다는게 사실이야?

_ **Is it true that** Sue is in Arizona? 수가 아리조나에 있다는게 사실이야?

_ **Is it true that** we will never meet again? 우린 다시 만날 수 없다는게 사실이야?

_ **Is it true that** your mom was taken to jail? 네 엄마가 감옥에 수감되었다는게 사실이야?

_ **Is it true that** a nightclub will open here? 여기에 나이트클럽이 오픈하는게 사실야?

Dialog >>
A : Is it true that you are going to Mexico? 너 멕시코에 간다는게 사실야?
B : Yes, I will be there for a few weeks. 어, 몇주간 가 있을거야.

004 — If it's true,~ 만약 그렇다면, ···

Point » if it's true는 「사실이라면」, 「만약 그렇다면」이라는 뜻의 조건절로 회화에서 많이 쓰인다.

Pattern »

_ **If it's true** you should prove it. 그게 사실이라면, 넌 그걸 증명해야 돼.

_ **If it's true** then many people will be upset. 그게 사실이라면 많은 사람들이 혼란스러워할거야.

_ **If it's true** we may have some problems. 그게 사실이라면 우리에게 문제가 몇 개 생길 수 있어.

_ **If it's true** then I have to apologize. 그게 사실이라면 내가 사과해야지.

_ **If it's true,** many people will be angry. 만약 그렇다면, 많은 사람들이 화를 낼거야.

Dialog »

A : They say that Mel may be gay. 멜이 게이일지도 모른대.

B : If it's true, a lot of people will be shocked. 사실이라면 많은 사람들이 충격받겠네.

Pattern 56 » It's possible~

001 — It's possible (for sb) to+V~ (···가) ···하는 것은 가능해

Point » 뭔가 가능하다고 말할 때는 It's possible to+V이라고 하면 된다.

Pattern »

_ **It's possible for** our boss **to** let us leave early. 사장이 우리를 일찍 보내줄 수도 있어.

_ **It's possible for** people **to** tour the park. 사람들이 공원을 둘러보는 것은 가능해.

_ **It's possible for** Miles **to** continue studying. 마일스가 계속 공부하는 것은 가능해.

_ **It's possible to** go outside for lunch. 점심 나가서 먹는 것도 가능해.

_ **It's possible to** meet them here. 걔네들을 여기서 만나는 것도 가능해.

Dialog »

A : I'm really tired of working. 정말이지 일하는데 지쳤어.

B : Okay. It's possible to come back tomorrow. 좋아. 내일 돌아와도 돼.

---

002 — It's possible S+V ···일 수가 있어

Point » It's possible~은 to+V 이외에 S+V절을 이끌 수 있다.

Pattern »

_ **It's possible** she hates us. 걔가 우리를 싫어할 수도 있어.

_ **It's possible** prices will be reduced. 가격이 내려갈 수도 있어.

_ **It's possible** rain may fall. 비가 내릴지도 몰라.

_ **It's possible** he will come back. 걔가 다시 돌아올지도 몰라.

_ **It's possible** I will visit Australia. 내가 호주를 방문할 수도 있어.

Dialog »

A : Mr. Potter said that I'm stupid. 포터 씨는 내가 어리석다고 했어.

B : It's possible he was wrong. 그 사람이 틀렸을 수도 있어.

226 영어회화 공식패턴 3300

003　Is it possible to+V[that~] ? …하는 것이 가능해?

Point ≫ 이번에는 어떤 가능성을 물어보는 표현으로 「…할 가능성이 있느냐?」는 의미의 패턴.

Pattern ≫
_ **Is it possible** for me **to** become rich by the time I'm thirty? 30살에 부자될 수 있을까?
_ **Is it possible to** love two people at the same time? 동시에 2명을 사랑할 수가 있어?
_ **Is it possible** you just didn't see her? 네가 걜 보지 못했을 수도 있어?
_ **Is it possible** he didn't hear you? 걔가 네 소리를 못 들었을 수도 있어?
_ **Is it possible** that I have a cancer? 내가 암일 수도 있나요?

Dialog ≫
A : Is it possible to write a book? 책을 쓰는게 가능해?
B : I think it would take a long time to complete. 완성하는데 시간이 많이 걸릴거야.

004　Do you think it's possible~ ? 정말 …가 가능하다고 생각해?

Point ≫ 어떤 일의 가능성이 있다고 생각하는지 상대방의 의견을 물어보는 문장.

Pattern ≫
_ **Do you think it's possible** that UFOs exist? UFO가 정말 존재하는게 가능하다고 생각해?
_ **Do you think it's possible** to get rich? 부자가 될 수 있다고 생각해?
_ **Do you think it's possible** she likes me? 걔가 날 좋아할 수도 있다고 생각해?
_ **Do you think it's possible** to complete it? 그걸 완성할 수 있을거라고 생각해?

Dialog ≫
A : Do you think it's possible aliens visited earth? 외계인이 지구를 방문했을 가능성이 있다고 생각해?
B : No, I don't believe in that stuff. 아니. 난 그런 종류의 일은 믿지 않아.

Pattern
57 ≫ **It's impossible~**

001　It's not possible to+V~ …하는 것은 가능하지 않아

Point ≫ 반대로 불가능하다고 할 때는 not을 붙여 It's not possible to~라고 하면 된다.

Pattern ≫
_ **It's not possible to** see the future. 미래를 보는 것은 가능하지 않아.
_ **It's not possible to** convince Brad. 브래드를 설득하는 것은 가능하지 않아.
_ **It's not possible to** be in two places at one time. 동시에 두 장소에 있을 수는 없어.
_ **It's not possible to** meet with Mr. Tanner. 태너 씨를 만나는 것은 가능하지 않아.
_ **It's not possible to** find the thief. 도둑을 찾게 가능하지 않아.

Dialog ≫
A : Do people go to heaven after dying? 사람들은 죽은 후에 천국에 갈까?
B : It's not possible to know the answer. 그 답을 아는 건 불가능해.

It's impossible (for sb) to+V~ (…가) …하는 것은 불가능해

Point >> not possible을 한 단어로 바꾼 impossible을 이용한 표현.

Pattern >>
_ It's impossible to find her apartment! 걔 아파트를 찾는 건 불가능해!

_ It's impossible to find the solution. 해결책을 찾을 수가 없어.

_ It's impossible to find a good doctor. 좋은 의사를 찾을 수가 없어.

_ It's impossible for Ken to read your novel. 켄이 네 소설을 읽는 건 불가능해.

_ It's impossible for me to help you. 내가 널 돕는 것은 불가능해.

Dialog >>
A : What should I invest my money in? 내 돈을 어디에 투자를 해야될까?
B : It's impossible for me to know that. 내가 그걸 알 수는 없지.

It's impossible not to~ …하지 않은 것은 불가능해, …할 수밖에 없어

Point >> im~과 not, 즉 이중부정의 문장으로 강한 긍정의 의미를 띈다.

Pattern >>
_ It's impossible not to get excited. 들뜨지 않을 수가 없어.

_ It's impossible not to see the skyscrapers. 고층건물들을 보지 않을 수가 없어.

_ It's impossible not to like her personality. 걔의 인성을 좋아하지 않을 수가 없어.

_ It's impossible not to have a computer these days. 요즘 컴퓨터를 갖고 있을 수 밖에 없어.

_ It's impossible not to see this mess. 이 어지럽혀진 것을 볼 수 밖에 없네.

Dialog >>
A : Sophia is both skinny and beautiful. 소피아는 날씬하고 아름다워.
B : It's impossible not to envy her. 걔를 부러워하지 않을 수가 없어.

It's not impossible that~ …은 불가능하지 않아, …할 수도 있어

Point >> 앞의 패턴은 to+V을 부정하였지만 여기서는 impossible을 부정한 경우로 that~이하의 내용이 불가능하지 않다, 즉 그럴 수도 있음을 나타낸다.

Pattern >>
_ It's not impossible that she will remember you. 걔가 널 기억할 수도 있어.

_ It's not impossible that you will become a millionaire. 네가 백만장자가 될 수도 있어.

_ It's not impossible that our festival will be cancelled. 우리 축제가 취소될 수도 있어.

_ It's not impossible that he will be disappointed. 걔가 실망할 수도 있어.

_ It's not impossible that she loves someone else. 걔가 다른 사람을 사랑할 수도 있는거지.

Dialog >>
A : No one knows where Jessica is. 제시카가 어디 있는지 아무도 몰라.
B : It's not impossible that she just disappeared. 걔가 사라지는건 불가능하지 않아.

It's important~

---

001 **It's important (for sb) to+V** …하는 것이 중요해

Point >> 「…하는 것이 중요하다」고 조언내지는 충고해주는 패턴으로 to+V의 행위주체를 나타내려면 for sb를 삽입한다.

Pattern >>
_ **It's important to** appreciate the competition. 경쟁상대를 인정하는 것이 중요해.

_ **It's important for** both of us **to** bond with him. 우리 둘다 걔와 유대관계를 맺는게 중요해.

_ **It's important for** her **to** explore the city she lives in. 걘 자기가 사는 도시를 둘러보는게 중요해.

_ **It's important for** you **to** be respectful. 네가 예의를 차리는게 중요해.

Dialog >>
A : We've been studying for five hours. 우리는 5시간 동안 공부했어.
B : It's important for students to work hard. 학생들은 열심히 공부하는게 중요해.

---

002 **It's important S+V** …것이 중요해

Point >> 중요한 내용이라는 걸 to+V가 아니라 that S+V로 표현하는 방식.

Pattern >>
_ **It's important** that they represent us. 걔네들이 우리를 대변하는 것이 중요해.

_ **It's important** that you tell us the truth. 네가 진실을 말하는 것이 중요해.

_ **It's important** that they stay healthy. 걔네들이 건강을 유지하는게 중요해.

_ **It's important** that he knows that we support him.
우리가 걔를 지원하고 있다는걸 걔가 아는게 중요해.

_ **It's important** that you stop torturing yourself about the past.
과거일로 자학하는걸 멈추는게 중요해.

Dialog >>
A : Someone took all the food from the fridge. 누가 냉장고 음식을 다 가져갔어.
B : It's important we find the culprit. 범인을 찾는게 중요해.

---

003 **I think it's important to[S+V]~** …가 중요한 것 같아

Point >> 「…하는 것 같아」(I think)를 문장에 붙여 의사소통을 한층 부드럽게 하는 경우.

Pattern >>
_ **I think it's important that** you try. 네가 시도해보는 것이 중요한 것 같아.

_ **I think it's important to** Carrie **to** visit her hometown. 캐리의 고향방문은 중요한 것 같아.

_ **I think it's important to** my sister **to** exercise. 내 누이에게는 운동하는게 중요한 것 같아.

_ **I think it's important to** him **to** contact his friends.
걔가 자기 친구들에게 연락하는게 중요한 것 같아.

_ **I think it's important to** the police **to** catch the criminal.
범죄자를 잡는게 경찰에게는 중요한 것 같아.

Dialog >>
A : I was just promoted to assistant manager. 난 부매니저로 승진됐어.
B : I think it's important to celebrate this occasion. 이 때를 기념하는게 중요하다고 생각해.

It's not important~ …은 중요하지 않아

Point >> It's important~의 부정형으로 뒤에는 to+sb. that S+V. 혹은 what 의문사절이 올 수 있다.

Pattern >>

_ **It's not important** to him. Nothing is important to him.
그건 걔한테 중요하지 않아. 걔한테 중요한건 아무 것도 없어.

_ **It's not important** what people say about us.
우리들에 대해 사람들이 뭐라 얘기하든 중요하지 않아.

_ **It's not important** that you get an update right now.
지금 당장 업데이트를 하는 것은 중요하지 않아.

_ **It's not important** to hand in the report today. 오늘 보고서를 제출하는 것은 중요하지 않아.

_ **It's not important** to join the club. 클럽에 참여하는 것은 중요하지 않아.

Dialog >>

A : It's so embarrassing to have made this mistake. 이런 실수를 했다니 넘 당황스러워.

B : It's not important and people won't remember it. 중요하지도 않고 사람들은 기억도 못할거야.

Pattern 59 >> # It's the most important~

001 A be the most important+N …가 가장 중요한 …야

Point >> 주어인 A가 가장 중요한 N이라는 것을 강조하는 최상급 문장.

Pattern >>

_ **It's the most important** job in the world. 그건 세상에서 가장 중요한 일이야.

_ My friends **are the most important** thing in my life. 내 인생에서 친구가 가장 중요해.

_ This **was the most important** decision of their lives.
이건 걔네들 인생에서 가장 중요한 결정이었어.

_ **It's the most important** thing I've ever done. 그건 평생 내가 한 일중에 가장 중요한 일이야.

_ My brother **is the most important** person in my life to me.
내게 형은 인생에서 가장 중요한 분이셔.

Dialog >>

A : Allen is a very good basketball player. 앨런은 아주 훌륭한 농구선수야.

B : He is the most important member of the team. 걔는 팀에서 가장 중요한 선수야.

002 The most important thing is~ 가장 중요한 것은 …야

Point » The most important thing is~ 다음에는 S+V이나 to+V 혹은 ~ing가 올 수 있다.

Pattern »
_ **The most important thing is** that Brad is doing fine.
가장 중요한 것은 브래드가 잘 지내고 있다는거야.

_ **The most important thing is** not to panic. 가장 중요한 것은 정신줄을 놓치 않는거야.

_ **The most important thing is** making sure that you are okay.
가장 중요한 것은 네가 괜찮도록 확실히 하는거야.

_ **The most important thing is** that everyone's having fun.
가장 중요한 것은 모두가 재미있어 하고 있다는거야.

_ **The most important thing is** that Jesse is safe. 가장 중요한 건 제시가 안전하다는거야.

Dialog »
A : The car accident injured three people. 그 자동차 사고로 3명이 부상당했어.
B : The most important thing is **everyone survived.** 가장 중요한 건 다 살았다는거야.

003 It's crucial[critical] that S+V ~ …하는 것이 중요해

Point » important 대신에 crucial이나 critical를 써본 경우.

Pattern »
_ **It is crucial that** you get him to a hospital. 넌 걔를 병원에 데려가는게 중요해.

_ **It is crucial that** you yourself raise this child. 네 스스로 이 아이를 기르는게 중요해.

_ **It's critical** you feel comfortable in your wardrobe. 옷을 입고서 편안함을 느끼는게 중요해.

_ **It's critical that** you change your lifestyle. 네 라이프스타일을 바꾸는 것이 중요해.

_ **It's critical that** you send us the information. 네가 우리에게 그 정보를 주는게 중요해.

Dialog »
A : It seems like a lot of people get cancer. 많은 사람들이 암에 걸리는 것 같아.
B : It's crucial that we cure that disease. 우리가 그 병을 치료하는게 중요해.

004 It's significant S+V …하는 것이 중요해

Point » 이번에는 significant라는 형용사를 써서 중요함을 나타내고 있다.

Pattern »
_ **It's significant** she contacted you. 걔가 너에게 연락한 것이 중요해.

_ **It's significant** the weather became so hot. 날씨가 무척 더워졌다는 것이 중요해.

_ **It's significant** that you are feeling better. 네 기분이 나아졌다는 것이 중요해.

_ **It's significant** you were scheduled for an interview.
네 인터뷰 일정이 잡혀졌다는 것이 중요해.

_ **It's significant** no one has contacted them. 아무도 걔네들에게 연락을 취하지 않는게 중요해.

Dialog »
A : It's significant Bill has skipped work for several days. 빌이 며칠간 출근하지 않았다는게 중요해.
B : Do you think he's having personal problems? 걔가 개인적인 문제가 있는 것 같아?

›› It has been+시간+since~

001 It's been ~years since~ …한 지 …가 지났어

Point ›› 과거의 어떤 행위를 한 지가 얼마나 됐는지 그 기간을 말하는 구문. 현재완료를 써서 It has been+기간+since S+V(과거) 형태로 쓴다. 그냥 It's been+시간명사로 쓰면 '…한 시간이 됐어[지났어]'라는 표현이 된다.

Pattern ››
_ **It's been two years since** my divorce. 나 이혼한 지 2년 됐어.

_ **It's been 2 years since** we had dinner. 우리 저녁 먹은지 2년이 지났네.

_ **It's been 3 years.** I'm over him. 3년이 지났어. 난 걔를 잊었어.

_ Can you believe **it's been four years since** we met?
우리가 만난지 4년이 됐다는게 믿겨져?

_ **It's been almost 5 years since** I first met Tom. 탐과 처음 만난지가 거의 5년이 되어가네요.

Dialog ››
A : My heavens! You've grown so much! 어머! 너 정말 많이 컸구나!
B : It's been three years since we last met. 우리가 만난 지 3년이 지났잖아.

002 It has been ~months since ~ …한 지 …나 됐어

Point ›› 시간의 단위가 years에서 months로 바뀌었을 뿐이다.

Pattern ››
_ I can't believe **it's been six months since** she's been home.
걔가 6개월동안 집안에 있다는게 안 믿겨져.

_ **It's been two months since** I've been back from Mumbai.
내가 뭄바이에서 돌아온지 2달이 됐어.

_ **It has been months since** the accident happened. 그 사고가 난지 몇 달이 됐어.

_ **It's been four months since** I left Korea. 내가 한국을 떠난지 4개월이 됐어.

Dialog ››
A : When was the last time you took a vacation? 마지막으로 휴가를 낸 게 언제였니?
B : It has been 10 months since I had one. 열달 전에 보낸 휴가가 마지막이었지.

003 It has been ~weeks since ~ …한 지 …나 됐어

Point ›› 이번에는 주(week) 단위로, since 다음에는 S+V 뿐만 아니라 시점명사도 올 수 있다는 것을 알아두어야 한다.

Pattern ››
_ **It's been a week since** my last confession. 내가 고해성사를 한지 일주일이 됐어.

_ **It's been four weeks since** the beginning of the semester. 학기가 시작한지 4주가 됐어.

_ **It's been six weeks since** we broke up. 우리는 6주전에 헤어졌어.

_ **It's been three weeks since** the last donation. 마지막으로 기부한지 3주가 됐어.

_ **It has been three weeks since** I've had a day off. 내가 하루 휴가를 쓴지 3주가 됐어.

Dialog ››
A : It has been three weeks since we got paid. 월급 받은지 3주가 지났어.
B : I need my salary to pay my bills. 다시 일할 수 있게 돼서 나도 기뻐.

004 **It has been ~days since ~** …한 지 …나 됐어

Point >> 마지막으로 짧은 days나 hours를 쓰는 경우이다.

Pattern >>
_ **It's been 3 days since** we had dinner. 우리가 저녁을 먹은지 3일 됐어.

_ **It's been 3 days since** my date with Charlie. 찰리와 데이트한지 3일 됐어.

_ **It's been eight days since** I took a shower. 내가 샤워한지 8일이 됐어.

_ **It's been 2 hours since** I asked for her to leave. 걔보고 나가라고 한 지가 2시간이 지났어.

_ **It has been six days since** Chris got sick. 크리스가 아픈지가 6일이 지났어.

Dialog >>
A : It had been five days since Helen left. 헬렌이 떠난지 5일이 지났어.
B : Let her know we all miss her. 우리 모두 보고 싶어한다고 알려줘.

Pattern
61 >> **It's time to~**

001 **It's time to~** …할 때가 되었어

Point >> 시간상 「…할 차례가 되었다」는 것이 아니라 의당 벌써 했어야하는 일인데 좀 늦은 감이 있다라는 뉘앙스를 풍기는 표현.

Pattern >>
_ **It's time to** leave for the party. 파티에 가야 할 시간이야.

_ **It's time to** talk about Caroline's birthday. 캐롤린의 생일에 대해 얘기할 때야.

_ **It's time to** do what's best for you. 네게 가장 최선인 것을 해야 될 때야.

_ Yeah, well, get up. **It's time to** go to work. 그래. 일어나. 이제 일하러 가야지.

_ All right everybody! **It's time to** open the presents! 좋아. 여러분! 이제 선물들을 열어봅시다!

Dialog >>
A : It's time to leave for the party. 파티에 가야 할 시간이야.
B : I'll meet you down in the lobby. 아래 로비에서 보자.

002 **It's time for sb to~** …가 …할 시간이 되었어

Point >> to+V의 행위를 하는 사람을 함께 한 문장에서 표현할 때.

Pattern >>
_ **It's time for** me to go home to bed. 난 집에 가서 자야되는 시간인데.

_ **It's time for** you to find a wife. 너 이제 결혼할 때잖아.

_ **It's time for** you to make a choice. 네가 결정할 시간야.

_ **It's time for** me to go home. 나 집에 갈 시간야.

_ **It's time for** you to get married. 너 이제 결혼할 때야.

Dialog >>
A : My son just sits around playing computer games. 내 아들은 앉아서 컴퓨터 게임을 하고 있어.
B : It's time for him to get a job. 걔가 이제 직장을 가져야지.

233

003 | I think it's time to+V~ …할 때가 된 것 같아

Point » 역시 자기 생각을 좀 부드럽게 말하는 방법.

Pattern »
_ **I think it's time** for a change. 변화할 때인 것 같아.

_ **I guess it's time** we talked about this. 이거에 대해 얘기해야 될 것 같아.

_ **I think it's high time to** make a toast. 건배를 해야 할 것 같아.

_ **I think it's time** for me to go back to work. 내가 일하러 돌아가야 할 때인 것 같아.

_ **I think it's time to** change your ways. 이제 네 방식을 바꿔야 할 때인 것 같아.

Dialog »

A : Selma may have stolen some of my things. 셀마가 내 물건들 일부를 훔쳤을 수도 있어.
B : I think it's time to find another maid. 다른 도우미를 찾을 때가 된 것 같군.

004 | It's time that S+V 이제 …해야 될 때야

Point » 일종의 현재사실과 반대가 되는 사실을 말하는게 되어 뒤에 절이 올 때 동사는 주로 과거형을 쓰게 된다.

Pattern »
_ I'm going to quit. **It's time** I took my life back! 그만둘거야. 내 인생을 되찾을 때인가봐!

_ **It's time** that he gets himself a job. 걔 이제 직장을 잡아야 하는 때이네.

_ **It's high time** we took a vacation and enjoyed ourselves.
휴가를 얻어 즐길 때가 되었어.

_ I think **it is time** that I talked to her about it. 그 문제에 대해 내가 걔하고 얘기해 볼 때가 된 것 같아.

Dialog »

A : One of my friends is addicted to alcohol. 내 친구 중의 하나가 알콜 중독이야.
B : It's time that he talks to someone about it. 그것에 대해 누군가와 얘기할 시간이네.

Pattern 62 »» It's high time~

001 | It's high time to+V …할 때가 되었어

Point » time앞에 high를 써서 시기가 뒤늦음을 그래서 의당 더 빨리 해야 함을 강조하는 표현

Pattern »
_ I think **it's high time to** make a toast. 건배를 해야 될 때가 된 것 같아.

_ **It's high time to** start your homework. 네 숙제를 해야 될 때가 되었어.

_ **It's high time to** get married. 결혼할 때가 되었어.

_ **It's high time to** find a new place to live. 새로 살 집을 찾아야 할 때야.

_ **It's high time to** wake up. 일어날 시간이 되었어.

Dialog »

A : Leave me alone, I want to go back to sleep. 나 내버려 둬, 다시 자고 싶다고.
B : It's high time to wake up. 일어날 시간 지났어.

영어회화
공식패턴
3300

002 It's high time that~ …할 때가 되었다

Point » It's high time~다음에 절이 올 때는 과거시제를 써줘야 한다.

Pattern »
_ **It's high time** our families got together. 우리 가족들이 함께 해야 할 때이야.
_ **It's high time that** she joined us. 걘 우리와 함께 할 때가 지났어.
_ **It's high time that** we finished up. 우리가 끝마쳐야 할 때가 됐어.
_ **It's high time** he found a good job. 걔가 좋은 직장을 찾을 때가 됐어.
_ **It's high time that** we took some holidays. 휴가를 받을 때가 되었어.

Dialog »
A : It's high time that we visited Grandma. 우린 할머니를 찾아 뵈어야 해.
B : Yeah, it's been a while since we saw her. 그래, 만나뵌지 오래됐어.

003 Don't you think it's time to[that]~? …할 때가 되었다고 생각지 않아?

Point » 「…할 때가 지나도 많이 지나지 않았냐」라고 강조하기 위해 Don't you think~의 부정의문문으로 쓴 경우.

Pattern »
_ **Don't you think it's time to** move on? 이제 그만 잊고 넘어가야 될 때라고 생각하지 않아?
_ **Don't you think it's time to** knock off? 이제 그만둘 때라고 생각하지 않아?
_ **Don't you think it's time to** change your e-mail account?
네 이메일 계정을 바꿔야 할 때가 되었다고 생각하지 않아?
_ **Don't you think it's time to** organize your clothes?
네 옷들을 좀 정리할 때가 되었다고 생각하지 않아?
_ **Don't you think it's time to** start a career? 직장경력을 시작해야 될 때가 되었다고 생각하지 않아?

Dialog »
A : Don't you think it's time to buy a house? 지금이 집을 살 때라고 생각하지 않아?
B : Maybe. Property prices are low right now. 아마도, 부동산 가격이 지금 낮아.

004 It's about time S+V …을 할 때가 되었어

Point » 이번에는 time 앞에 about이 붙어서 「…할 때가 거의 되었다」라는 느낌을 주고 있다.

Pattern »
_ **It's about time** I give something back. 내가 좀 돌려줘야 될 때가 되었어.
_ **It's about time** she dumped that loser. 걔가 그 한심한 놈을 차버릴 때가 되었지.
_ **It's about time** they stopped by to visit. 잠깐 방문하러 들려야 할 때가 되었어.
_ **It's about time** you quit drinking. 네가 술을 끊을 때가 되었어.
_ **It's about time** the building was torn down. 빌딩을 허물 때가 되었어.

Dialog »
A : It's about time we got a raise. 임금을 올려받을 때야.
B : You're telling me. 네 말이 맞아.

It's a shame~

001 It's a shame to+V …하다니 안타까운 일이야

Point » 불행 등 안좋은 일을 당한 상대방을 위로하는 패턴. 먼저 It's a shame~ 다음에 to+V가 이어지는 경우를 본다.

Pattern »
_ **It's a shame to** forget those experiences. 그 경험들을 잊다니 안타까운 일이야.
_ **It's a shame to** lose all of your money. 네 돈을 다 까먹다니 안된 일이야.
_ **It's a shame to** quit a good job. 좋은 일자리를 그만두다니 안됐어.
_ **It's a shame to** stop posting online. 인터넷에 글을 더 이상 올리지 않는다니 안타까운 일이야.
_ **It's a shame to** waste all of this food. 이 음식 모두를 버리다니 안타까운 일이야.

Dialog »
A : I'm going to throw this steak away. 난 이 고기를 버릴거야.
B : It's a shame to waste such good food. 그런 좋은 음식을 버리다니 아까워.

002 It's a shame that~ …은 안됐어

Point » 이번에는 안타까운 일을 that S+V의 형태로 말하는 표현법이다.

Pattern »
_ **It's a shame** people can't visit there. 사람들이 그곳에 방문할 수 없는 것은 안됐어.
_ **It's a shame** you two didn't get to spend more time together.
  너희 둘 함께 더 시간을 못보냈다니 안됐어.
_ **It's a shame** you couldn't trust me. 나를 믿을 수 없다니 안됐어.
_ **It's a shame** she couldn't be here tonight. 걘 오늘 밤 여기에 올 수 없다니 안됐어.
_ **It's a shame** you boys never got a chance to know her.
  너희들 걔를 알 기회를 전혀 얻지 못했다니 안됐네.

Dialog »
A : Leah had to stay late at the library. 레아는 도서관에 늦게까지 남아야 했어.
B : It's a shame that she's not here with us. 걔가 여기 우리와 함께 하지 못해 안됐어.

003 It's such a shame that~ …은 정말 유감이야

Point » 위로와 안타까움을 강조하려면 shame을 such a shame이라고 해주면 된다.

Pattern »
_ **It's such a shame that** Alison couldn't make it. 앨리슨이 오지 못해서 정말 유감이야.
_ **It's such a shame that** he couldn't be here. 걔가 여기 오지 못해서 정말 유감이야.
_ **It's such a shame that** it is so hot outside. 밖이 그렇게 더워서 안됐어.
_ **It's such a shame that** you weren't selected. 네가 선발되지 않았다니 안됐네.
_ **It's such a shame that** he got cancer. 걔가 암이라니 정말 유감이야.

Dialog »
A : I'm sorry, but the concert was last night. 미안하지만 콘서트는 어젯밤이었어.
B : It's such a shame that we missed it. 우리가 놓치다니 정말 안됐어.

004 It's a pity that S+V …가 안타까워, 아쉬워

Point » 역시 안좋은 일이 생겼을 때 하는 위로의 말로 It's a pity~는 「…가 참 안됐어」, 「유감이야」라는 의미로 쓰이는 표현으로 다소 formal하다.

Pattern »
_ **It's a pity that** the baby is crying. 아기가 우는게 안됐네.
_ **It's a pity that** we don't have free time. 우리에게 자유시간이 없다니 안타깝네.
_ **It's a pity that** you have to leave so soon. 네가 이렇게 일찍 가야 된다니 아쉽네.
_ **It's a pity that** we didn't meet earlier. 우리가 더 일찍 만나지 못한게 아쉬워.
_ **It's a pity that** your grandmother died. 네 할머니가 돌아가셔서 안됐어.

Dialog »
A : Everyone forgot about the dinner. 다들 저녁식사를 깜박했어.
B : It's a pity that no one came. 아무도 오지 않아 안됐네.

Pattern 64 »» It looks like~

001 Looks like+N …같아, …처럼 생겼어

Point » It looks like~ 다음에 명사가 오는 가장 간단한 패턴으로 여기서 It은 생략될 수 있다.

Pattern »
_ **It looks like** her. 그 여자 같아.
_ **Looks like** it. 그럴 것 같아.
_ **It looks like** fun. 재미있는 것 같아.
_ **This looks like** a really nice place. 아주 멋있는 곳 같아.

Dialog »
A : Look out! The roof is caving in. 조심해! 지붕이 내려앉고 있어.
B : Holy cow! It looks like a hurricane. 어머나! 허리케인인가봐.

002 (It) Looks like S+V …처럼 보여

Point » It seems (like) that~과 같은 의미로 역시 뭔가 단정적으로 말하지 않고 조심스럽게 말하기 위한 장치.

Pattern »
_ **Looks like** I was right, and you were wrong. 내가 맞았고 네가 틀렸던 것 같아.
_ **It looks like** you don't like your meal at all. 밥이 네 입맛에 전혀 맞지 않나 보구나.
_ **It looks like** summer is finally here! 야, 드디어 여름이 온 것 같군!
_ **It looks like** she lied to me. 걔가 내게 거짓말한 것 같아.
_ **Looks like** Charles won't be coming. 찰스는 오지 않을 것 같아.

Dialog »
A : It looks like John and his wife will be able to make it after all. 존 부부가 마침내 올 수 있을 것 같아.
B : That's good news. 좋은 소식이네.

237

003 | (It) Sounds like+N …인 것 같아

Point » sound의 경우에는 (It) Sounds+형용사 혹은 (It) Sounds like+명사의 형태로 「…인 것 같아」라는 의미로 회화에서 많이 쓰인다.

Pattern »
_ **It sounds like** a good idea. 좋은 생각인 듯 해.

_ **It sounds** good to me. 좋아.

_ **It sounds** familiar. 익숙한 건대.

_ **Sounds like** a plan. 좋아.

_ **Sounds like** a lot of fun. Do you like working there? 재미있을 것 같네. 거기서 일하는거 좋아해?

Dialog »
A : Do you mind if I come over and watch TV with you? 내가 가서 너와 함께 TV를 봐도 괜찮겠니?
B : No, it sounds like a good idea. 응, 좋은 생각이야.

004 | (It) Sounds like S+V~ …인 것 같아

Point » Looks like~처럼 Sounds like 다음에는 명사 뿐만 아니라 S+V도 올 수 있다.

Pattern »
_ **Sounds like** he was a good cop once. 걔가 한때는 좋은 경찰이었던 것 같네.

_ **Sounds like** you spent a lot of time with her. 너 걔와 시간을 많이 보내는 것 같아.

_ **It sounds like** you're giving up. 너 포기하는 것처럼 들리네.

_ **Sounds like** you're thinking about it. 그것에 대해 생각을 해보는 것 같아.

_ **Sounds like** Jeff went crazy. 제프가 미친 것 같아.

Dialog »
A : The mouse doesn't work properly. 마우스가 제대로 작동을 안해.
B : It sounds like you need a new mouse. 새 마우스가 필요할 것 같은데.

Pattern 65 »» It seems~

001 | It seems+adj[to+V] …처럼 보여, …하는 것 같아

Point » It seems~ 다음에는 형용사 뿐만 아니라 to+V가 와서 It seems to+V의 형태로도 쓰인다.

Pattern »
_ **It seems** to be a lot of trouble for a woman. 여자에겐 엄청 어려울 것 같아.

_ **It seems** to run in your family. 네 집안 내력인 것 같아.

_ **It seems** to be your lucky day. 너 운수 좋은날 같아.

_ **It seems** to matter to you that she had a date with Jim.
걔가 짐과 데이트를 하게 네게는 중요한 것처럼 보여.

Dialog »
A : Aldo is planning to quit school. 알도는 학교를 그만둘 생각이야.
B : It seems foolish to do that. 그렇게 하는건 어리석은 짓인데.

002 It seems (to me) that~ …처럼 들리다

Point » 뭔가 잘 모르거나 확신이 없을 때 쓰는 것으로 It seems~는 「…하는 것 같아」라는 의미이다. It seems (that) 주어+동사의 형태로 쓰면 되는데 It seems 다음에 to me를 삽입해서 사용해도 된다.

Pattern »

_ **It seems that** we got lost. 길을 잃은 것 같아.

_ **It seems that** you are really tired from this homework.
이 숙제 때문에 너 정말 피곤해 보여.

_ **It seems to me that** you can't control yourself at all.
난 네가 너 자신을 전혀 통제 못하고 있는 것 같아.

_ **It seems to me** she doesn't love you. 내 생각에 걘 널 사랑하지 않는 것 같아.

_ **It seems to me** I've seen it before somewhere. 그걸 전에 어디선가 본 것 같아.

Dialog »

A : It seems to me that the room became hot. 방이 더워진 것 같은데.
B : I know. I had to take off my jacket. 그래. 쟈켓을 벗어야만 했어.

003 (It) Seems like+N~ …처럼 보여

Point » Seems like 다음에는 명사나 부사 등이 다양하게 와서 「…인 것 같아」라는 뜻으로 사용된다.

Pattern »

_ **It seems like** all of a sudden. 갑자기 인 것 같아.

_ **It seems like** yesterday. 어제인 것 같아.

_ I'm against the plan. **It seems like** a bad idea. 난 그 계획에 절대 반대야. 안 좋은 생각같아.

_ **It seems like** a perfectly good place. 완벽하게 좋은 장소인 것처럼 보여.

_ **Seems like** the weather in summertime. 날씨가 여름인 것 같아.

Dialog »

A : Did you ask our friends to help us? 우리 친구들에게 우릴 도와달라고 했어?
B : Seems like they don't want to do it. 걔네들은 그러고 싶지 않은 것 같아.

004 (It) Seems like that S+V~ …처럼 보여

Point » It seems that S+V에 like만 삽입된 경우로 의미는 동일하다. 또한 There seems to be+N는 「…이 있는 것 같다」라는 의미.

Pattern »

_ **It seems like** it's time to break up with her. 헤어질 때가 된 것 같구나.

_ **It seems like** you guys are having a great time together.
너희들 함께 신나게 보내는 것 같아.

_ **It seems like** Peter is drinking a lot of alcohol these days.
피터가 요즘 술을 많이 마시는 것 같아.

_ **It seems like** you didn't hear me the first time. 네가 처음에 내 말을 못 들은 것 같아.

_ **It seems like** that food made everyone sick. 그 음식 때문에 모든 사람들이 아팠던 것 같아.

Dialog »

A : What's going on? Why are the police here? 무슨 일야? 왜 경찰이 여기에 있는거야?
B : Seems like that woman took your wallet. 저 여자가 네 지갑을 도둑질 한 것 같아.

001 It's like+N …와 같은거네

Point >> It's like~하면 「…와 같은 거네」, 「…하는 것 같아」, 「…하는 것과 같은 셈야」 등의 뜻으로 쓰이는 표현이다. 또한 It's like+N+~ing하게 되면 N이 「…하는 것 같아」라는 뜻이 된다.

Pattern >> _ **It's like** me when I was born! 태어날 때의 나 같아!

_ **It's like** prices going higher every year. 매년 가격이 올라가는 것 같아.

_ **It's like** work becoming more difficult. 일이 점점 어려워지는 것 같네.

_ **It's like** me feeling happy with you. 내가 너와 있어 행복한 것 같네.

_ **It's like** a delicious dessert. 맛있는 디저트 같은거야.

Dialog >> A : No one is allowed to leave until I say so. 아무도 내 허락없이는 나가지 못해.
B : It's like prison here. 여기가 감옥같군.

002 It's like+ ~ing …와 같은거네

Point >> It's like~는 바로 앞 대화에서 이야기하고 있는 사물이나 상황을 비유적으로 다시 한번 이야기할 때 쓰는 말로 이 번에는 ~ing을 써본다.

Pattern >> _ **It's like** giving away your own children. 그건 네 친 자식을 버리는 것과 같아.

_ **It's like** learning a new language. 그건 새로운 언어를 배우는 것과 같아.

_ **It's like** returning to the scene of the crime. 그건 범죄현장으로 되돌아가는거랑 똑같은거야.

_ **It's like** finding a bundle of money. 그건 돈다발을 발견하는 것과 같은거야.

_ **It's like** opening Pandora's box. 그건 판도라의 상자를 여는 것과 같을거야.

Dialog >> A : How do you like the cake? 케익 어때?
B : It's like eating chocolate. 초콜릿 먹는 것 같아.

003 It's like S+V …하는 것과 같은 셈이야

Point >> It's like~ 다음에 S+V이 오는 경우.

Pattern >> _ **It's like** you're hiding something. 너 뭔가 숨기는 것 같아.

_ **It's like** I've forgotten how to date. 내가 데이트하는 법을 잊어버린 것 같아.

_ **It's like** we're married already. 우리 이미 결혼한 것 같아.

_ **It's like** you don't believe me. 넌 날 안 믿는 것 같아.

_ **It's like** he hates me. 걔가 날 싫어하나봐.

Dialog >> A : Have you eaten at the new restaurant? 새로 연 식당에서 먹어봤어?
B : Sure. It's like my mom's cooking there. 그럼. 거긴 엄마가 요리하는 것 같아.

004   **Is it like~ ?** …하는 것 같지?

Point » 의문문형태로 마찬가지로 like 다음에는 명사, ~ing, S+V가 이어진다.

Pattern »
_ **Is it like** a problem that can't be solved? 풀릴 수 없는 문제같지?
_ **Is it like** being a kid again? 다시 어린애가 된 것 같지?
_ **Is it like** he ignored you? 걔가 너를 무시하는 것 같지?
_ **Is it like** she tried to hurt them? 그녀가 걔네들 해코지 하려고 했던 것 같지?
_ **Is it like** his previous job? 걔의 예전 일 같지?

Dialog »
A : I love having an apartment in Tokyo. 난 도쿄에 아파트를 갖고 있는 걸 좋아해.
B : Is it like living in New York? 뉴욕에 사는 것과 같아?

Pattern 67 »» **It's not like~**

001   **It's not like+N[~ing]** …와 같지 않아, …는 아냐

Point » It's like~의 부정형으로 It's not like~ 다음에 명사나 ~ing 혹은 N+~ing가 오는 경우를 먼저 본다.

Pattern »
_ **It's not like** that. 그런 거 아냐.
_ **It's not like** dancing at a club. 그건 클럽에서 춤을 추는 것은 아냐.
_ **It's not like** making your mom angry. 그건 네 엄마를 화나게 할 것 같지 않아.
_ **It's not like** the someone walking behind my house. 집 뒤에서 누가 걸어다닌다는 것은 아냐.
_ **It's not like** dogs barking all night. 개들이 밤새 짖어댄 것은 아냐.

Dialog »
A : I heard you don't like watching basketball. 농구보는 것 싫어한다며.
B : Right. It's not like a team playing baseball. 어. 팀플레이 야구같지 않아서.

002   **It's not like S+V** …와 같지 않아, …는 아냐

Point » 이번에는 It's not like 다음에 S+V가 이어지는 경우.

Pattern »
_ **It's not like** we didn't know this was coming. 우리는 이럴 줄을 몰랐던 것 같지는 않아
_ I mean, **it's not like** you're in love with Edie, is it? 내 말은 넌 에디와 사랑에 빠진 것 같지 않아, 그지?
_ **It's not like** we agreed to live together forever. 우리가 평생 함께 살기로 한 것은 아냐.
_ **It's not like** it's a secret. 그게 비밀 같은 건 아냐.
_ **It's not like** the students were behaving badly. 학생들이 행동을 못되게 굴었다는 것은 아냐.

Dialog »
A : I'm really tired. Can't we go home? 정말 피곤해. 집에 가면 안될까?
B : Not yet. It's not like we finished our work. 아직. 우리가 일을 끝내지 못한 것 같아.

003 It was like+N[~ing] …와 같았어

Point » It's like~의 과거형으로 It was like~ 다음에 명사, ~ing, S+V를 붙여 문장을 만들어본다.

Pattern »
_ **It was like** a Disney movie. 디즈니 영화를 보는 것 같았어.

_ I thought **it was like** a vitamin or something. 난 그게 비타민이나 뭐 그런 것인 줄 알았어.

_ **It was like** you don't even know me anymore. 넌 더 이상 나에 대해 모르는 것 같았어.

_ **It was like** there was a party going on. 파티가 열리고 있는 것 같았어.

_ **It was like** somebody poured ice water down my neck.
누군가 내 목에 얼음물을 붓는 것과 같았어.

Dialog »
A : What did the clouds look like? 구름이 어땠어?
B : It was like a storm was coming. 폭풍이 오고 있는 것 같았어.

004 I know what it's like to~ …하는 것이 어떤 건지 알아

Point » It's like~의 응용표현으로 반대표현인 You have no idea what it's like to~도 함께 알아둔다.

Pattern »
_ **You have no idea what it's like to** care for somebody.
다른 누군가를 좋아한다는게 뭔지 너는 몰라.

_ **I know what it's like to** be a teenager. 10대라는 게 어떤 건지 알아.

_ **I want you to know what it's like to** love someone.
누군가를 사랑하는게 어떤건지 알기를 바래.

_ **You don't know what it's like to** be out of work. 넌 실직하는게 어떤 건지 몰라.

_ **I was thinking what it would be like to** kiss you.
네게 키스하는게 어떤 것일지 생각하고 있었어.

Dialog »
A : I'm glad you are keeping me company. 나와 함께 지내줘서 고마워.
B : I know what it's like to be lonely. 홀로 지내는게 어떤건지 알고 있어.

---

must/have to vs. should/ought to

앞서도 어느 정도 언급했지만 다시 한번 총정리하죠. 물론 이 조동사들의 용법에는 「추측」등 다양하지만 여기서는 「의무」의 용법에 대해서만 살펴보기로 해요. must, have to, should, ought to 등은 사전에 한결같이 「…해야 한다」라고만 되어 있지만 미국에서는 should와 ought to를 별 구분없이 사용하고 있으며 must와 have to의 경우에도 마찬가지입니다. 따라서 크게 must와 have to, 그리고 should와 ought to, 두 그룹으로 나눠서 생각해볼 수 있죠. 먼저 '강한 확신'을 가지고 「반드시 그래야 한다」고 단정적으로 말할 때는 must와 have to를 쓰는데 have to가 더 일반적으로 사용되며 must는 좀 더 formal한 인상을 주게 됩니다. 또한 일반적으로 어떤 일을 하는 게 「좋겠다」정도의 가벼운 뉘앙스일 때는 should나 ought to를 쓰는데요. 아래 대화에서, A가 그냥 You should quit smoking이라고 말한 것에 반해, 의사는 직업적 확신을 가지고 You must quit smoking이라고 단정적으로 말하는 것을 통해 그 차이를 느껴보도록 해요.

A : You should quit smoking. 너 담배 좀 끊어야겠어.
B : The doctor says I must quit. 의사도 끊어야 된다고 하더라.
A : Then you should take his advice. 그럼 의사가 하는 말 좀 들어.

It's gonna be like~

---

001 **It's gonna be like +N[~ing]** …하는 셈일거야

Point >> It's like~에서 is가 is going to로 바뀐 경우로 먼저 명사나 ~ing 혹은 N+~ing가 오는 경우를 보자.

Pattern >>
_ **It's gonna be like** you camping in the mountains. 네가 산에서 캠핑하는 것과 같을거야.

_ **It's gonna be like** employees working seven days a week.
근로자들이 주 7일을 일하는 것과 같은셈일거야.

_ **It's gonna be like** someone getting sick. 누군가 아픈 것과 같은 셈일거야.

_ **It was gonna be like** the old days. 예전하고 같은 셈이었을거야.

_ **It was always gonna be like** this. 항상 이렇게 될 셈이었을거야.

Dialog >>
A : How will you wake up everyone? 어떻게 모든 사람들을 깨울거야?

B : It's gonna be like **an alarm ringing.** 알람이 울리는 것과 같을거야.

---

002 **It's gonna be like S+V** …와 같은 것일거야

Point >> It's gonna be like~ 다음에 S+V절이 오는 경우. 또한 이를 의문문으로 하면 Is it gonna be like ~?(…하는 셈일까?)가 된다.

Pattern >>
_ **It's gonna be like** she met her true love. 걔가 진정한 사랑을 만난 것과 같은 것일거야.

_ **It's gonna be like** the vacation never ends. 휴가가 절대로 끝나지 않은 것과 같은 것일거야.

_ **It's gonna be like** we won the lottery. 우리가 로또에 당첨된 것과 같은 것일거야.

_ **It's gonna be like** your birthday is today. 오늘이 네 생일인 것과 같은 것일거야.

_ **It's gonna be like** you lost all your friends. 네가 네 친구들 모두를 잃은 것과 같은 것일거야.

Dialog >>
A : You said it's nice to visit Cheju Island? 제주도를 방문하는 것이 좋다고 했지?

B : It's gonna be like **you are on vacation.** 휴가 온 기분일거야.

---

003 **It would be like ~ing** …하는 것과 같은 걸거야

Point >> It's~에서 is 대신 would be를 쓴 경우로 (그렇게 되면)「…하는 셈과 같은 걸거야」라는 추정의 표현이 된다.「네가 …하는 것 같겠지」라고 하려면 It would be like you ~ing라고 하면 된다.

Pattern >>
_ **It would be like** buying a new house. 새로운 주택을 사는 것과 같은 것일거야.

_ If I kept it, **it would be like** stealing. 만약 내가 가지면, 도둑질이나 마찬가지야.

_ **It would be like** you falling in love with a cat. 네가 고양이와 사랑에 빠진 것과 같은 것일거야.

_ **It would be like** throwing away a hundred bucks! 그건 100 달러를 버리는 것과 같은 걸거야!

_ **It would be like** camping in the mountains. 산에 캠핑하는 것과 같은 것일거야.

Dialog >>
A : Getting profits from investments would be great. 투자수익을 얻는 건 좋은걸거야

B : It would be like **finding some money.** 돈을 좀 찾는 것과 같은 것일거야.

It would be like S+V …와 다를 바 없을거야

Point » It would be like~ 다음에 S+V를 이어 붙여본다.

Pattern »

_ **It would be like** he broke the law. 그러면 걔가 위법을 저지르는 것과 같을거야.

_ **It would be like** money given out for free. 돈이 무료로 나눠지는 것 같을거야.

_ **It would be like** Gina never graduated. 지나는 전혀 졸업을 하지 못했던 것 같을거야.

_ **It would be like** we became famous. 우리가 유명해지는 것과 다를 바 없을거야.

_ **It would be like** she never met you. 걔는 너를 전혀 만난 적이 없는 것과 다를 바 없을거야.

Dialog »

A : Eating a roast chicken will fill me up. 로스트 치킨을 먹으면 배가 부를거야.
B : It would be like you ate a big meal. 네가 양이 많은 식사를 한 것과 같을거야.

Pattern 69 ≫ It hit me that~

It never crossed my mind that~ …은 생각도 못했어

Point » that 이하의 내용이 맘속에 떠오르지 않았다, 즉 「전혀 생각도 못했다」라는 의미가 된다.

Pattern »

_ **It never crossed my mind that** she would lie. 걔가 거짓말을 하리라고는 생각도 못했어.

_ **It never crossed my mind that** the bank would fail. 은행이 망하리라고는 생각도 못했어.

_ **It never crossed my mind that** I'd miss my flight.
내가 비행기를 놓치리라고는 생각도 못했어.

_ **It never crossed my mind that** he would get angry. 걔가 화를 내리라고는 생각도 못했어.

_ **It never crossed my mind that** he was lying. 걔가 거짓말하고 있다는 생각은 해보지도 못했어.

Dialog »

A : I've been dissatisfied with this relationship. 난 이 관계에 만족하지 못하고 있어.
B : It never crossed my mind that you were unhappy. 네가 불행하다는 생각은 전혀 못했는데.

It has just occurred to me that~ …라는 생각이 들었어

Point » that 이하의 내용이 me의 머리 속에 일어나다, 즉 「…가 생각났다」라는 뜻이 된다.

Pattern »

_ **It has just occurred to me that** Monday is a holiday. 월요일이 휴일이라는게 생각났어.

_ **It occurred to me that** I could die at any time. 내가 언제든지 죽을 수 있다는 생각이 들었어.

_ **It occurred to me** I've made sacrifices over the past six years.
내가 지난 6년간 희생을 했다는 생각이 들었어.

_ **It occurred to me that** I was really rude at the morgue.
내가 영안실에서 무례했다는 생각이 들었어.

_ **It has just occurred to me that** the office will be closed.
사무실이 문닫을 것이라는 것이 생각났어.

A : It has just occurred to me that we forgot Kate's birthday.
우리가 케이트의 생일을 깜박했다는 생각이 들었어.

B : We better order a gift online. 온라인으로 선물을 주문하는게 낫겠어.

003

It never occurred to me that~ …가 전혀 생각나지 않았어

Point »   that 이하의 내용이 전혀 생각나지 않았다라는 의미이고 It never occurred to me not to~라고 하게 되면 「…하지 않는 생각이 전혀 나지 않았다」라는 뜻이 된다.

Pattern »

_ **It never occurred to me** not to believe her. 걔를 믿지 않는다는 생각이 전혀 들지 않았어.

_ **It never occurred to me that** she might want it.
걔가 그걸 원할지도 모른다는 생각이 전혀 들지 않았어.

_ **It just never occurred to me that** you'd come home.
네가 집에 올거라는 생각이 전혀 들지 않았어.

_ **It never occurred to me** it could actually be true.
그게 사실일 수도 있다는 생각이 전혀 들지 않았어.

_ **It never occurred to me that** the house was haunted.
그 집은 귀신이 들렸다는 생각이 전혀 들지 않았어.

Dialog »

A : They say Tina is a millionaire. 티나가 백만장자래.
B : It never occurred to me that she was rich. 걔가 부자라는 생각은 전혀 못해봤는데.

004

It hit me that~ …라는 생각이 들었어

Point »   that 이하의 내용이 문득 머리 속에 들어왔다는 뉘앙스를 띄고 있다.

Pattern »

_ **It hit me that** they can't work together. 걔네들은 함께 일할 수 없다는 생각이 들었어.

_ **It hit me that** Jack doesn't eat meat. 잭은 고기를 먹지 않는다는 생각이 들었어.

_ **It hit me that** this neighborhood isn't safe. 이 이웃은 안전하지 않다는 생각이 들었어.

_ **It hit me that** he must have been cheating. 걔가 바람을 피고 있다는 생각이 들었어.

_ **It hit me that** we forgot to return her textbook.
우리가 걔에게 교과서를 돌려주는 것을 깜박했다는 생각이 들었어.

Dialog »

A : Why did you invite them to our club? 왜 걔네들을 우리 클럽에 초대한거야?
B : It hit me that we need more members. 더 많은 회원이 필요하다는 생각이 들어서.

001 It's fun ~ing[to] …하는게 재미있어, 즐거워

Point » 뭔가 재미있고 즐겁다고 말할 때는 fun을 이용해서 It's fun~하고 다음에 to+V나 ~ing을 이어쓰면 된다.

Pattern »
_ **It's fun** hanging out with you. 너와 함께 노는 것은 즐거워.

_ **It's fun** playing online games. 온라인 게임을 하는게 재미있어.

_ **It's fun** working at the police station. 경찰서에서 근무하는게 재미있어.

_ **It's fun** looking back at the past, isn't it? 과거를 돌아보는 건 재미있어, 그지 않아?

_ **It's fun** dancing to pop music. 팝음악에 맞춰 춤추는 것은 재밌어.

Dialog »
> A : Did you enjoy your visit to your hometown? 네 고향방문 즐거웠어?
> B : It was fun talking to my uncle. 내 삼촌하고 얘기하는게 즐거웠어.

002 It was fun ~ing[to] …하는게 즐거웠어

Point » It's~의 과거형으로 「…하는 것이 즐거웠다」고 말하는 It's~ 보다 더 쓸 기회가 많은 패턴이다.

Pattern »
_ **It was fun** being in your company again. 다시 네 회사에 있게 되어서 즐거웠어.

_ **It was fun** meeting you the other night. 요전날 밤 너를 만나서 재미있었어.

_ **It was** a lot of **fun** working with you. 너와 함께 일하는 건 엄청 즐거웠어.

_ **It was fun** talking to you again. 너와 다시 얘기하는건 즐거웠어.

_ **It was fun** going to my uncle's house. 삼촌집에 가는 것은 즐거웠어.

Dialog »
> A : Everyone had a good time last night. 다들 어젯밤에 좋은 시간을 보냈어.
> B : It was fun going to the dance. 춤추러 간 것은 정말 재미있었어.

003 It's fun until~ …할 때까지 재미있어

Point » 재미는 있었지만 제한적으로 재미있을 경우 until을 써서 표현하면 된다. 과거형은 It was fun until~(…할 때까지 재미있었어)이다.

Pattern »
_ **It's fun until** you lose all your money. 돈을 잃기 전에는 재미있지.

_ **It's** a lot of **fun until** they turn 13. 13살이 되기 전까지는 정말 재밌었어.

_ **It was fun until** he drank too much. 걔가 과음할 때까지는 즐거웠어.

_ **It was fun until** cops showed up. 경찰이 오기 전까지는 즐거웠어.

_ **It's fun until** everyone gets bored. 다들 지루해질 때까지는 즐거워.

Dialog »
> A : I love drinking a lot of alcohol. 난 술을 많이 마시는 걸 좋아해.
> B : It's fun until the next morning. 다음날 아침까지는 재미있지.

004 I have a lot of fun with sb …와 무척 즐거워

Point » It~을 쓰지 않으려면 I have (a lot of) fun with sb 혹은 I have (a lot of) fun ~ing라고 하면 된다.

Pattern »

_ **I've had a lot of fun** hanging out with you. 너와 같이 놀아서 정말 즐거웠어.

_ **I have a lot of fun with** my oldest brother. 내 형과 무척 즐겁게 지내.

_ **I have a lot of fun with** my high school friends. 난 고등학교 친구들과 무척 재미있게 지내.

_ **I had a lot of fun** hanging out with you the other night.
요전날 밤 너와 함께 놀며 정말 즐거웠어.

_ **I have a lot of fun with** my girlfriends. 난 내 여친들과 즐겁게 보내.

Dialog »

A : I have a lot of fun with **my childhood friends.** 내 어린시절 친구들과 즐겁게 놀아.

B : You should see them more often. 너 걔네들 자주 봐야겠다.

Chapter 04

247

There[Here]~

001 There is~ …가 있어

Point » There is[are]~ 는 생기본 표현으로 「…가 있다」라는 뜻. 다음에 오는 명사의 단복수에 따라 is 혹은 are를 선택하면 된다. 먼저 단수형 There is~를 본다.

Pattern »

_ **There's** a gas station on the corner. 길모퉁이에 주유소가 있어.

_ **There's** only one way to get there. 거기 가는 길은 딱 하나야.

_ **There's** nothing to tell. 말할 게 없어.

_ **There's** a phone call for you. 전화 왔어.

_ **There's** still a lot of research to be done. 해야 할 연구가 아직 많아.

Dialog »

A : There's a job opening in the marketing division. 마켓팅부서에 빈자리가 있어.
B : I'll take it. I need a change of scene. 내가 갈게. 환경의 변화가 필요해.

002 There are~ …가 있어

Point » be 동사 뒤에 복수명사가 오면 There are~를 쓰면 된다.

Pattern »

_ **There are** a lot of reasons for that. 거기에 대한 이유라면 많아.

_ **There are** a lot of possibilities. 많은 가능성이 있어.

_ **There are** many things to think about. 생각할 것들이 많이 있어.

_ **There are** many better options out there. 더 나은 옵션들이 많이 있어.

_ **There are** no hard feelings on my part. 기분 나쁘게 생각하지마.

Dialog »

A : I think it's too expensive. 너무 비싼 것 같은데요.
B : There are cheaper ones in the store. 가게에 더 싼 것들도 있어요.

003 Is there~ ? …가 있어?

Point » There is~의 의문형으로 Is there~ 다음에 명사나 any+명사, anything 등을 이어쓰면 된다.

Pattern »

_ **Is there** any problem? 무슨 문제라도 있어?

_ **Is there** a restaurant nearby? 근처에 식당이 있나요?

_ **Is there** something interesting in the paper? 신문에 뭐 재미난 게 있어?

_ **Is there** a problem with the computer? 컴퓨터에 문제가 있니?

_ **Is there** a history of heart disease in your family? 가족 중에 심장병을 앓은 분이 있나요?

Dialog »

A : Is there a men's clothing boutique in the mall? 이 쇼핑 센터에 남성용 의류점이 있나요?
B : I don't think so. 없는 것 같아요.

004 Are there~ ? …가 있어?

Point » There are~의 의문형.

Pattern »

_ **Are there** cheaper ones in the store? 가게 안에 좀 더 싼 게 있나요?

_ **Are there** any other questions? 다른 질문들 있어?

_ **Are there** any points you'd like to discuss before you sign?
사인 전에 얘기나누고 싶은 포인트가 많아?

_ **Are there** any more bags to carry inside? 안으로 옮겨야할 가방이 더 있나요?

_ **Are there** any snacks I could eat? 내가 먹을 수 있는 스낵이 좀 있어?

Dialog »

A : Are there any grapes in the fridge? 냉장고에 포도 남은거 있어?
B : No, your brother ate them all. 아니, 네 동생이 다 먹었어.

Pattern 02 » There isn't~

001 There's not~ …가 없어

Point » There is~의 부정형으로 There's not~ 혹은 There isn't~라고 쓰면 된다.

Pattern »

_ **There's not** much to do around here! 여기에는 할 일이 많이 있지 않아!

_ **There isn't** time for an explanation. 설명할 시간이 없어.

_ **There isn't** any place left for them to go. 걔네들이 갈 곳이라고는 아무데도 없어.

_ **There is not** unlimited love in the world. 이 세상에 무제한적인 사랑은 없어.

_ **There's not** a hospital close to us. 우리 근처에는 병원이 없어.

Dialog »

A : There's not any ink in the copier. 복사기에 토너가 하나도 없어.
B : I'll call someone to fix the problem. 전화해서 수리하도록 할게.

---

002 There's not+N+that[who]~ …할 …가 없어

Point » There's not+N 다음에 명사를 수식해주는 관계사절이 오는 경우.

Pattern »

_ **There's not** much more we can do for her. 걔를 위해 우리가 할 수 있는게 더는 없어.

_ **There's not** a computer **that** I can use. 내가 이용할 수 있는 컴퓨터는 없어.

_ **There's not** much you can do to prepare for that.
그에 대비하기 위해 네가 할 수 있는 것은 많지 않아.

_ **There's not** a park **that** we can visit. 우리가 갈 수 있는 공원이 없어.

Dialog »

A : There's not a person who **can fix this machine.** 이 기계를 수리할 수 있는 사람이 없어.
B : Are you sure? A technician can take a look. 정말? 기술자가 한번 봐야겠구만.

003 There aren't~ …가 없어

Point >> There are~의 부정형으로 특히 There aren't any~의 형태가 많이 쓰인다.

Pattern >>
_ **There aren't** many people like you. 너같은 사람은 많지 않아.
_ **There aren't** any rules. Choices are endless. 어떤 룰도 없어. 선택은 무한대야.
_ **There aren't** any drugs here. I don't do drugs! 여기에 마약은 하나도 없어. 나 약안해!
_ **There aren't** any new employees. 신입직원이 한 명도 없어.
_ **There aren't** any boxes you can use. 네가 사용할 수 있는 박스는 하나도 없어.

Dialog >>
A : There aren't **many days until Christmas.** 성탄절까지는 날이 얼마 남지 않았어.
B : Have you bought all of your gifts? 네 선물 다 샀어?

004 There aren't+N that[who]~ …할 …가 없어

Point >> There aren't+N 다음에 명사를 수식해주는 관계사절이 이어지는 경우이다.

Pattern >>
_ **There are not** people **who** I want to hang out with. 내가 함께 놀고픈 사람들이 없어.
_ **There are not** foods **that** I want to eat. 내가 먹고 싶은 음식이 없어.
_ **There are not** shows **that** we can watch. 우리가 볼 수 있는 프로그램이 없어.
_ **There aren't** very many people **who** know that story. 그 얘기를 아는 사람은 그렇게 많지 않아.
_ **There aren't** apartments **that** we could rent. 우리가 임대할 아파트가 없어.

Dialog >>
A : There aren't **any air conditioners that work.** 돌아가는 에어컨이 하나도 없어.
B : I know, that's why it's so hot now. 알아, 그래서 이렇게 더운거야.

Pattern
03 >> There's gonna~

001 There's going to be~ …가 있을거야

Point >> There is~에서 is 대신에 is going to be~를 쓴 패턴.

Pattern >>
_ **There's gonna be** a party. 파티가 있을거야.
_ **There's gonna be** too much tension. 많은 텐션이 있을거야.
_ **There's gonna be** a third candidate. 제 3의 후보가 있을거야.
_ **There's gonna be** time for makeup, right? 화장할 시간은 있겠지, 그지?
_ **There's going to be** a lot of pressure this week. 이번 주에 많은 압력에 시달릴텐데.

Dialog >>
A : There's going to be **trouble at the meeting.** 회의에서 문제가 있을거야.
B : A few people are really angry. 몇 사람이 정말 화나 있어.

영어회화
공식패턴
3300

002　There's not going to be~ …는 없을거야

Point » There isn't~에서 isn't 대신에 is not going to be~인 경우이다.

Pattern »
_ **There's not going to be** a next time. 다음번 이란건 없을거야.

_ **There's not going to be** a lotta time for tanning. 선탠할 시간이 많이 없을거야.

_ **There's not going to be** a shopping trip. 쇼핑여행은 없을거야.

_ **There's not going to be** a fireworks display. 불꽃놀이가 없을거야.

_ **There's not going to be** a coffee break. 커피먹을 시간이 없을거야.

Dialog »
A : Will there be a memorial service for George? 조지에 대한 추도식이 있을거야?
B : No. There's not going to be a funeral. 아니. 장례식은 없을거야.

003　Is there gonna be~ ? …가 있을까?

Point » There's gonna be~의 의문형으로 /이즈데어거너비/처럼 한 묶음으로 외워둔다.

Pattern »
_ **Is there gonna be** anything else? 뭐 다른게 있을까?

_ **Is there gonna be** a concert tonight? 오늘밤에 콘서트가 있을까?

_ **Is there gonna be** a place to put on make up? 화장을 할 장소가 있을까?

_ **Is there gonna be** a trial? 재판이 있을까?

_ **Is there gonna be** a place to lay down? 쉴 곳이 있을까?

Dialog »
A : Is there gonna be a place to shower? 샤워할 장소가 있을까?
B : Yeah. Use the bathroom in the back. 어, 뒤에 있는 화장실을 이용해.

Pattern 04 » There is[are] ~ing

001　There's+N~ing …하는 …가 있어, …가 …하고 있어

Point » 고급패턴으로 There's+N 다음에 N을 수식하는 ~ing가 이어지는 경우의 패턴.

Pattern »
_ **There's** someone asking for Jessica. 제시카에게 물어보는 사람이 있어.

_ **There's** something going on with her. 걔에게는 무슨 일이 벌어지고 있어.

_ **There's** someone waiting for you in reception. 접견실에 너를 기다리고 있는 사람이 있어.

_ **There's** someone trying to download a file right now. 지금 파일을 다운로드하려는 사람이 있어.

_ **There's** clothing hanging in the closet. 옷장에 옷들이 걸려있어.

Dialog »
A : There's someone standing outside my window. 내 창문밖에 서있는 사람이 있어.
B : Do you want me to call the police? 경찰을 부를까?

002 There are+N ~ing …하는 …가 있어, …가 …하고 있어

Point » 이번에는 복수형으로 There are+N, 그리고 N 뒤에 ~ing 형태가 이어진다.

Pattern »

_ **There are** people sitting in the lobby. 로비에는 사람들이 앉아 있어.

_ **There are** clothes lying on the floor. 바닥에는 옷들이 놓여져 있어.

_ **There are** crops growing in the fields. 들판에는 곡식들이 자라나고 있어.

_ **There are** girls waiting for your call. 네 전화를 기다리는 여자애들이 있어.

_ **There are** people waiting to see you. 사람들이 너를 보려고 기다리고 있어.

Dialog »

A : There are men **working on the road**. 도로에서 일하는 사람들이 있어.

B : That's why traffic is all backed up. 그래서 교통이 막히는거였네.

003 There's A that~ …하는 …가 있어

Point » There's A~ 다음에 관계절이 이어지는 경우로 관계대명사가 목적격일 경우에는 생략가능하다.

Pattern »

_ **There's** a suit **that** would fit you. 네게 맞을 정장이 있어.

_ **There's** a virus **that** is dangerous. 위험한 바이러스가 있어.

_ **There's** a TV show you'll like. 네가 좋아할 TV프로그램이 있어.

_ **There's** a car **that** caught on fire near the road. 도로근처에서 불길에 휩싸인 차가 있어.

_ **There's** an e-mail **that** you should read. 네가 읽어야 되는 이멜이 있어.

Dialog »

A : I need to stay in good shape. 난 건강한 몸매를 유지해야 돼.

B : There's a gym **that** you can exercise in. 네가 운동할 수 있는 체육관이 있어.

004 There are A that~ …하는 …가 있어

Point » There are A 다음에 관계절이 이어지는 패턴이다.

Pattern »

_ **There are** a few things you should know. 네가 알아야 할 것들이 몇가지 있어.

_ **There are** dogs **that** bite. 무는 개들이 있어.

_ **There are** places **that** we can travel for vacation. 휴가 때 여행할 수 있는 곳들이 있어.

_ **There are** criminals **that** steal things. 물건들을 훔치는 범죄자들이 있어.

_ **There are** cars **that** are inexpensive. 비싸지 않은 차들이 있어.

Dialog »

A : I'm so bored. What can I do? 지겨워. 내가 뭐 할 수 있지?

B : There are some computer games **that** you'll like. 네가 좋아할 컴퓨터 게임이 좀 있어.

There is some~

---

001 **There's some~** …가 좀 있어, 어떤 …가 있어

Point » There's some+명사 that[who]~의 패턴으로 어떤 사람인지 that[who]의 관계사절이 수식해주고 있다.

Pattern »

_ **There's some** people I'd like to introduce her to. 걔한테 소개시켜주고픈 사람들이 있어.

_ **There's some** crazy person who lives in the building. 어떤 미친 사람이 이 빌딩에서 살고 있어.

_ **There's some** things you're too young to understand.
어떤 일들은 네가 너무 어려서 이해할 수 없어.

_ **There's some** money in my wallet. 내 지갑에는 돈이 좀 있어.

Dialog »

A : The guys say they are hungry. 그 사람들이 배고프다고 그러네.
B : There's some pasta on the table. 식탁 위에 파스타가 좀 있어.

---

002 **There are some~** …가 좀 있어, 어떤 …가 있어

Point » There are some+복수명사 that[who]~의 구문. 역시 that[who]~이하가 복수명사를 꾸며주고 있다.

Pattern »

_ **There are some** patients we need to talk to. 우리가 얘기나눠야 할 환자들이 좀 있어.

_ **There are some** people you're supposed to be able to trust.
네가 믿어도 되는 사람들도 있어.

_ **There are some** things you can't escape. 네가 벗어날 수 없는 것들이 있어.

_ **There are some** things you just can't forgive. 네가 단지 용서할 수 없는 것들도 있어.

_ **There are some** kids making a lot of noise. 일부 아이들이 큰 소음을 내고 있어.

Dialog »

A : Why did you call me to your office? 왜 전화해서 네 사무실로 부른거야?
B : There are some issues we need to discuss. 토의해야 할 문제들이 좀 있어서.

---

003 **There's someone~** …하는 사람이 있어

Point » 어떤 사람(someone)이 있다는 패턴인데 그 어떤지는 관계사절이나 부사절로 수식해준다.

Pattern »

_ **There's someone** I think you should consider. 내 생각에 네가 고려해야 할 사람이 있어.

_ **There's someone** who can advise you better than I can.
나보다 더 잘 네게 조언할 사람이 있어.

_ **There's someone** you should meet. 네가 만나봐야 하는 사람이 있어.

_ **There's someone** behind the murder. 살인의 배후에는 어떤 사람이 있어.

_ **There's someone** behind the door. 문 뒤에 누가 있어.

Dialog »

A : There's someone waiting to see you. 누가 널 보려고 기다리고 있어.
B : You can send them into my office. 내 사무실로 들여보내.

004 There's something~ …한게 있어

Point ≫ 어떤게(something) 있는데 이 어떤게 어떤 것인지 관계사절로 수식해주는 패턴이다.

Pattern ≫
_ **There's something** you can try. 네가 시도해볼 수 있는 것이 있어.

_ **There's something** I need to tell you. 네게 말해줘야 하는게 있어.

_ **There's something** you need to know. 네가 알아두어야 할 일이 있어.

_ **There's something** that I need to deal with. 내가 다루어야 할 일이 있어.

_ **There's something** I wanna say to you. 네게 말하고 싶은게 있어.

Dialog ≫
A : There's something **missing from this report.** 이 보고서에는 빠진 뭔가가 있어.

B : Tell me what it is and I'll add it. 그게 뭔지 말해주면 내가 첨가할게.

Pattern 06 ≫ Is there some~ ?

001 Is there some~ ? (…할) 뭐가 좀 있을까?

Point ≫ There is some+N~의 의문형으로 역시 some+N 다음에는 관계사절이 오는 경우가 많다.

Pattern ≫
_ **Is there some** other place you'd rather be. 네가 있었으면 하는 다른 장소가 있어?

_ **Is there some** reason why she shouldn't have? 걔가 가지면 안 될 이유라도 있어?

_ **Is there some** place we can talk? 우리가 얘기나눌 다른 장소가 있을까?

_ **Is there some** significance to this date for you personally? 이 날짜에 개인적 의미가 있어?

_ **Is there some** beer in the fridge? 냉장고에 맥주가 좀 있어?

Dialog ≫
A : Is there some **rain in the forecast?** 숲에 비가 좀 내린대?

B : There is going to be a thunderstorm tomorrow. 내일 천둥이 칠거래.

002 Are there some~ ? (…할) 뭐가 좀 있을까?

Point ≫ Are there some+N~ 다음에 관계사절이나 부사구 혹은 to+V가 이어진다.

Pattern ≫
_ **Are there some** snacks in the kitchen? 부엌에 과자들이 좀 있어?

_ **Are there some** places to study? 공부할 곳이 좀 있어?

_ **Are there some** beds in the guest room? 손님방에 침대가 좀 있어?

_ **Are there some** friends you could talk to about this? 이에 대해 얘기나눌 친구가 좀 있어?

_ **Are there some** benches outside? 밖에 벤치가 좀 있어?

Dialog ≫
A : Are there some **things we need to do?** 우리가 해야 하는 뭔가가 있어?

B : We need to prepare the spare bedroom. 여분의 침실을 준비해야 돼.

영어회화
공식패턴
3300

003 Is there someone~ ? …할 사람이 있어?

Point » Is there someone~ 다음에 someone을 수식해주는 관계사절이 따라나온다.

Pattern »
_ **Is there someone** you can call? 네가 전화할 사람이 있어?
_ **Is there someone** I need to call? 내가 전화해야 되는 사람이 있어?
_ **Is there someone** whom you trust completely? 네가 100프로 믿을 수 있는 사람이 있어?
_ **Is there someone** in charge here? 여기 책임자 있어요?
_ **Is there someone** you want to talk to? 얘기하고픈 사람이 있어요?

Dialog »
A : Is there someone that will pick you up? 누가 널 픽업할거야?
B : My best friend is meeting me there. 내 절친이 거기서 날 만날거야.

004 Is there something that~ ? …할 게 있어?

Point » Is there something~ 다음에 something에 대한 추가적인 정보를 주는 관계사절이 이어서 나온다.

Pattern »
_ **Is there something** I should know? 내가 알아야 될게 있어?
_ **Is there something** I can help you with? 내가 도움을 줄게 뭐 있어?
_ **Is there something** you want to ask me? 내게 물어보고 싶은게 뭐 있어?
_ **Is there something** she feels bad about? 걔가 기분나빠하는게 뭐 있어?
_ **Is there something** we can watch on TV? TV에 우리가 뭐 좀 볼 수 있는게 있어?

Dialog »
A : Is there something that we can do to help? 우리가 도와주기 위해 뭐 할 일이 있어?
B : Not at all. Just sit back and relax. 전혀. 그냥 앉아서 쉬고 있어.

Pattern 07 » Is there any~ ?

001 Is there any way~ ? …할 방법이 없을까?

Point » Is there any way~ 다음에 (for sb) to+V 혹은 S+V를 붙이면 된다.

Pattern »
_ **Is there any way** for us to resolve this? 우리가 이걸 해결할 방법이 없을까?
_ **Is there any way** to delay the lease? 출시를 미룰 방법이 없을까?
_ **Is there any way** they could find out? 걔네들이 알아낼 수 있는 방법이 없을까?
_ **Is there any way** you could set up a meeting? 네가 회의를 소집할 수 있는 방법이 없을까?
_ **Is there any way** we can meet? 우리가 만날 방법이 없을까?

Dialog »
A : Is there any way Chris can join us? 크리스가 우리와 함께 할 방법은 없어?
B : Sure, tell him to come along. 물론, 걔한테 함께 가자고 해.

002 | Is there anyone~ ? ···한 사람이 있어?

Point >> Is there anyone~ 다음에 anyone에 대한 추가정보내용을 이어서 말하면 된다.

Pattern >>

_ **Is there anyone** else you'd like to talk about? 네가 얘기하고 싶은 다른 사람이 있어?

_ **Is there anyone** I can sue? 내가 소송을 할 수 있는 사람이 있어?

_ **Is there anyone** you should call? 네가 전화해야 할 사람이 있어?

_ **Is there anyone** who can confirm that? 그걸 확인해줄 사람이 혹시 있어?

_ **Is there anyone** coming to visit you? 너 방문하러 올 사람이 있어?

Dialog >>

A : Is there anyone in the apartment? 아파트에 누가 있어?

B : Sam told me that it's empty right now. 지금 아무도 없다고 샘이 그랬어.

003 | Is there anything that~? ···할 것이 있어?

Point >> Is there~ 다음에 anything이 나오는 경우이다. anything 다음에는 형용사가 오기도(Is there something wrong?) 하며 혹은 관계대명사를 붙여 뒤에 S+V의 형태가 오기도 한다.

Pattern >>

_ **Is there anything** I can do for you? 뭘 도와줄까?

_ **Is there anything that** you need help with? 네가 도움이 필요로 하는 게 뭐 있어?

_ **Is there anything** I should know about that? 내가 그에 대해 알아야 할 것이 있어?

_ **Is there anything** else you want to tell me? 내게 말하고픈 뭐 다른 것이 있어?

_ **Is there anything** you'd like to say to my son? 내 아들에게 뭐 얘기하고싶은게 있어?

_ **Is there anything** I can help you? 내가 뭐 도와술 일 있어?

Dialog >>

A : My headache is almost unbearable. 두통이 참을 수가 없을 정도야.

B : Is there anything I can get for you? 내가 뭐 갖다 줄게 있을까?

004 | Is there anything you can do to~? ···하는데 네가 할 수 있는게 뭐 있어?

Point >> Is there anything~을 활용한 응용표현. 한묶음으로 달달 외워두면 영어말하는데 큰 도움이 될 것이다.

Pattern >>

_ **Is there anything you can do to** help her out? 걜 도와주는데 네가 할 수 있는게 뭐야?

_ **Is there anything you can do to** overcome depression?
우울증을 이겨내는데 네가 할 수 있는게 뭐야?

_ **Is there anything you can do to** fix the problem?
그 문제를 해결하는데 네가 할 수 있는게 뭐야?

_ **Is there anything you can do to** remain married?
결혼을 유지하는데 네가 할 수 있는게 뭐야?

_ **Is there anything you can do to** improve it? 그걸 향상시키는데 네가 할 수 있는게 뭐야?

Dialog >>

A : There is a leak in the kitchen sink. 부엌 싱크대에서 물이 새.

B : Is there anything you can do to stop it? 멈추게 하기 위해 뭐 해줄 일 없어?

258
영어회화
공식패턴
3300

---

001 **There's no~** …가 없어

P_{oint} ≫ There's~의 부정으로 There's no+N하면 「…가 없다」라는 의미가 된다.

P_{attern} ≫
_ **There's no** excuse for it. 그건 변명의 여지가 없어.

_ **There's no** place like home. 집보다 좋은 곳은 없어.

_ **There's no** such thing as a free lunch. 공짜 점심보다 더 좋은 것은 없어.

_ **There's no** other way out. 다른 출구는 없어.

_ **There's no** point in getting upset. 화낼 이유가 없어.

D_{ialog} ≫
A : There's no **coffee prepared.** 준비된 커피가 없어.
B : Well, we'll all be sleepy. 우리 모두 졸릴거야.

---

002 **There's no way~** …할 방법이 없어, …는 불가능해

P_{oint} ≫ There's no way S+V 혹은 There's no way to+동사의 형태로 「…할 방법이 없다」, 「…할 수 있는 길이 없다」라는 의미로 쓰인다.

P_{attern} ≫
_ **There's no way** that girl is Jack's daughter. 저 여자애가 잭의 딸일 리가 없어.

_ **There's no way** that he told us the truth. 결코 걔가 우리에게 진실을 말할 수 없을거야.

_ **There's no way** I can eat all of this food. 난 이 음식들을 모두 먹을 길이 없어.

_ **There's no way** she's going to make it. 걔가 성공할 리가 없어.

_ **There's no way** you're going to talk me into this. 네가 날 설득해서 그걸 하게 할 수 없어.

_ **There's no way** to repair the car. 이 차를 수리할 수가 없어.

D_{ialog} ≫
A : Why did you throw away the calculator? 왜 계산기를 버린거야?
B : There's no way **to repair it.** 수리할 방법이 없어서.

---

003 **There's no doubt~** …는 의심할 바가 없어, …은 당연해

P_{oint} ≫ 「의심할 바가 없다」, 「당연하다」라는 뜻으로 줄여서 No doubt~이라고 쓰기도 한다.

P_{attern} ≫
_ **There is no doubt** about it. 확실해 그래.

_ **There is no doubt** he took the money. 걔가 그 돈을 가져간 것은 의심의 여지가 없어.

_ **There is no doubt** it will snow tomorrow. 내일 눈이 내릴 것은 확실해.

_ **There is no doubt** you failed the course. 네가 낙제한 것은 분명해.

_ **There is no doubt** she will arrive soon. 걔는 분명히 곧 도착할거야.

D_{ialog} ≫
A : Did Alexis really steal the money? 알렉시스가 정말 돈을 훔쳤어?
B : There's no doubt **that she's guilty.** 걔가 그랬다는건 의심의 여지가 없어.

004   There's no need~ …할 필요가 없어

Point »   There's no reason S+V하게 되면 「…할 이유가 없어」라는 말이 된다.

Pattern »
- _ **There's no need** to be embarrassed. 당황해 할 필요가 없어.
- _ **There's no need** to explain. 설명할 필요가 없어.
- _ **There's no reason** I should be a victim. 내가 피해자가 될 필요가 없어.
- _ **There's no reason** to be happy. Things are awful. 행복해 할 필요가 없어. 상황이 끔찍해.
- _ **There's no need** to tell Randy about this. 랜디에게 이 얘기를 할 필요가 없어.

Dialog »
> A : You look too drunk to drive. 너 운전하기에는 너무 취해 보여.
> B : There's no need to call a taxi. 택시를 부를 필요없어.

Pattern 09 »» There's no other~

---

001   There's no other~ 다른 …가 없어

Point »   There's no~에 other가 붙은 표현으로 현재 언급되고 있는 것 외에는 다른 것이 없다는 의미이다.

Pattern »
- _ **There's no other** choice. 달리 선택할 게 없어.
- _ **There's no other** place to stay. 머무를 다른 곳이 없어.
- _ **There's no other** job available. 지금 나온 다른 일자리가 없어.
- _ **There's no other** choice for you. 너한테는 다른 선택권이 없어.
- _ **There's no other** school in the area. 그 지역에는 다른 학교가 없어.

Dialog »
> A : I don't want to buy groceries here. 난 여기서 식료품을 사고 싶지 않아.
> B : There's no other supermarket in this area. 이 지역에는 다른 수퍼마켓이 없어.

---

002   There's no other way to~ …할 다른 방법이 없어

Point »   There's no other~의 응용표현. There's no other way to~[S+V]는 달리 다른 방법이 없을 때 말하는 패턴.

Pattern »
- _ **There's no other way to** do this. 이렇게 할 다른 방법이 없어.
- _ **There's no other way to** make her happy. 걔를 행복하게 해줄 다른 방법이 없어.
- _ **There's no other way to** finish the homework. 숙제를 끝낼 다른 방법이 없어.
- _ **There's no other way to** get the money. 돈을 확보할 다른 방법이 없어
- _ **There's no other way to** find your brother. 네 형을 찾을 다른 방법이 없어.

Dialog »
> A : Are you sure we have to take a boat to the island? 그 섬에 가려면 정말 보트가 필요해?
> B : There's no other way to get there. 거기에 갈 수 있는 다른 방법이 없어.

003 There's no one~ (…할) 아무도 없어

Point >> 이번에는 사람이 없다는 말로 뒤에는 부사구, ~ing나 관계사절이 온다.

Pattern >>
_ **There's no one** else in the vehicle! 차안에는 다른 사람은 아무도 없다구!
_ **There's no one** cooler than you. 너보다 더 멋진 사람은 없어.
_ **There's no one** we can't save. 우리가 구할 수 없는 사람은 없어.
_ **There's no one** to call. 전화할 사람이 아무도 없어.
_ **There's no one** in the kitchen. 부엌에는 아무도 없어.

Dialog >>
A : Is your mom out there cooking? 네 엄마가 요리하고 계셔?
B : There's no one in the kitchen. 부엌에는 아무도 없어.

004 There are no~ …가 없어

Point >> There's no~의 복수형으로 There are no~ 다음에는 복수명사가 오게 된다.

Pattern >>
_ **There are no** survivors. 생존자가 없어.
_ **There are no** mountain lions in these woods. 이 숲에는 퓨마가 없어.
_ **There are no** men like me. 나같은 사람은 없어.
_ **There are no** real men left in the world. 이 세상에 남겨진 진정한 남자들은 없어.
_ **There are no** plates in the cabinet. 수납장에는 접시가 없어.

Dialog >>
A : I don't have time to attend any meetings. 난 시간이 없어서 어떤 회의에도 참석할 수가 없어.
B : There are no meetings on the schedule. 일정잡힌 회의가 없어.

Pattern
10 >> There's nothing~

001 There's nothing to+V …할 아무 것도 없어

Point >> There's nothing~ 다음에는 to+V나 ~ing가 이어서 올 수 있다.

Pattern >>
_ **There's nothing to** understand. 이해할 게 아무 것도 없어.
_ **There's nothing to** talk about. 얘기할 게 아무 것도 없어.
_ **There's nothing to** be scared of. 무서워할게 아무 것도 없어.
_ **There's nothing to** be afraid of, Charlie. 찰리 무서워할게 아무 것도 없어.
_ **There's nothing** going on with me and my ex. 나와 전처 사이에는 아무 일도 없어.

Dialog >>
A : There's nothing to eat here. 여기 먹을게 아무 것도 없네.
B : Well, let's go out to a restaurant. 나가서 식당으로 가자.

There's nothing wrong with~ …에는 아무 이상이 없어

Point >> 잘못된(wrong) 게 하나도 없다(nothing)라는 말로 이중부정은 긍정이 된다. with 다음에는 명사 뿐만 아니라 ~ing가 이어지기도 한다.

Pattern >>
_ **There's nothing wrong with** my hearing. 내 청력에는 아무 이상이 없어.
_ **There's nothing wrong with** it. 그건 전혀 이상이 없어.
_ **There's nothing wrong with** the plane. 비행기에는 아무 이상도 없어.
_ **There's nothing wrong with** having a husband. 시집가는데 아무 이상도 없어.
_ **There's nothing wrong with** your opinion. 네 의견에는 잘못된 점이 없어.

Dialog >>
A : Should I hurry and choose a dress? 내가 서둘러 드레스를 골라야 돼?
B : There's nothing wrong with **waiting a while.** 잠시 기다리는 것도 괜찮아.

There's nothing S can do~ …가 할 수 있는게 하나도 없어

Point >> S가 어쩔 수 없는 상황에 처했음을 말하는 것으로 do 다음에는 about~ 혹은 to+V가 나온다.

Pattern >>
_ **There's nothing I can do.** 내가 할 수 있는게 하나도 없어.
_ **There's nothing you can do** about it. 네가 그것에 대해 할 수 있는게 하나도 없어.
_ **There's nothing you can** say. 네가 할 수 있는 말이 하나도 없어.
_ **There's nothing** else you need to know? 네가 알아야 될게 하나도 없다고?
_ **There's nothing we can do** about that. 우리가 그것에 대해 할 수 있는게 아무 것도 없어.

Dialog >>
A : We need to talk to Sharon about the problem. 우리는 샤론에게 그 문제에 대해 말해야 돼.
B : There's nothing Sharon can do to help you. 샤론이 널 도와주기 위해 해줄게 아무 것도 없어.

There's nothing I like more than~ …하는 것보다 더 좋아하는건 없어

Point >> 부정+비교=최상급 표현이 된다. 가장 좋아하는 것은 than 아래에 명사 혹은 ~ing 형태로 말하면 된다.

Pattern >>
_ **There's nothing I like more than** a sporting event.
스포츠 경기보다 내가 더 좋아하는 것은 없어.
_ **There's nothing I like more than** lying on the beach.
해변가에 누워있는 것보다 내가 더 좋아하는 것은 없어.
_ **There's nothing I like more than** texting friends.
친구들에게 문자보내는 것보다 내가 더 좋아하는 것은 없어.
_ **There's nothing I like more than** sleeping late. 늦게 자는 것보다 내가 더 좋아하는 것은 없어.

Dialog >>
A : There's nothing I like more than **being in the country.** 시골에 머무는 것보다 더 좋은게 없어.
B : It is very relaxing to be here. 여기 있으면 정말 매우 편안해.

---

001 **There's nothing like ~** …만큼 좋은 건 없어, …만한게 없어

Point >> 「…와 같은게 없다 」, 즉 「…만큼 좋은 것은 없다」라는 의미로 최상급 표현이다. like 다음에는 명사 혹은 ~ing를 쓴다.

Pattern >>

_ **There's nothing like** the smell of a brand-new car. 새로 뽑은 차 냄새만큼 좋은게 없어.

_ **There's nothing like** having a cold beer. 시원한 맥주를 마시는 것만큼 좋은 건 없어.

_ **There's nothing like** meeting your true love. 네 진정한 사랑을 만나는 것 만한게 없지.

_ **There's nothing like** feeling happy. 행복한 것만큼 좋은 건 없어

_ **There's nothing like** being home. 집에 있는 것보다 좋은 건 없어.

Dialog >>

A : I'm looking forward to going to the restaurant. 식당에 가기를 학수고대하고 있어.
B : There's nothing like a good meal. 좋은 음식만한게 없지.

---

002 **There's nothing like A to+V** …만큼 …한게 없어

Point >> There's nothing like~의 응용표현으로 to+V하는데 A만한게 없다라는 강조표현.

Pattern >>

_ **There's nothing like** money **to boost confidence.** 돈만큼 자신감을 갖게 하는 것은 없어.

_ **There's nothing like** some sleep **to refresh me.** 자는 것만큼 재충전해주는 것은 없어.

_ **There's nothing like** a night out **to cheer you up.**
하루 저녁 외출하는 것만큼 기운나는건 없어.

_ **There's nothing like** a meal **to make you feel full.**
음식만큼 만족감을 느끼게 해주는 것은 없어.

_ **There's nothing like** a sauna **to relax.** 휴식을 취하는데 사우나만한게 없어.

Dialog >>

A : There's nothing like a book to put me to sleep. 잠오게 하는데 책만한게 없어.
B : I agree. I read a lot in bed. 맞아. 침대에서 책을 많이 읽어.

I could use a friend

can과 use 모두 생기본 단어이죠. 하지만 어떻게 합니까? 생기초단어들로만 되어있는 I could use a friend가 해석이 안되니 말이죠. 'can use+명사' 혹은 'could use+명사' 형태로 쓰이는 이 표현은 의외로 「…이 필요하다」, 「…가 있으면 좋겠다」라는 뜻입니다. 예로 들어 I can use a Coke하면 콜라를 이용할 수 있어라는 말이 아니고요 「나 콜라 좀 마셔야겠어」라는 뜻이 되는 거죠. 또한 could(can) use 뒤에는 Coke와 같은 물질 뿐만이 아니라 추상적인 개념도 올 수 있어요. 예를 들어 "I could use a break"(좀 쉬었으면 좋겠어)와 같이 말입니다. 다시 말해서 「…을 얻을 수 있으면 좋겠다」, 「…가 필요하다」라는 need의 뜻으로 쓰이는데, 이런 건 can, use 등의 의미만 알고 있다고 해서 유추할 수 있는 게 아니기 때문에 따로 정리해서 암기해두어야 합니다.

A : I mean, I mean, God, I could use a friend. 내 말은, 내 말은, 세상에, 친구가 필요해.
B : Umm, yes, I can be friends with you! 음. 그래. 내가 친구해줄게!

001 **There are a lot of~** 많은 …가 있어

Point 》 있긴 있는데 뭔가 많이 있다고 할 때는 a lot of를 써주면 된다.

Pattern 》
_ **There are a lot of** reasons why it happened. 그 일의 발생이유는 여러 개가 있어.

_ **There are a lot of** diseases you can get from a toilet seat.
화장실에 앉는데서 생길 수 있는 병은 많아.

_ **There are a lot of** people who actually need a job.
실제적으로 일자리를 필요로 하는 사람들이 많아.

_ **There are a lot of** pieces of garbage on the floor. 바닥에 쓰레기 조각들이 많이 있어.

Dialog 》
A : There are a lot of exams this week. 이번주에 시험이 많아.
B : We'd better get busy studying. 공부하느라 바빠야겠네.

002 **There may be a lot of people who~** …하는 사람들이 많을지 몰라

Point 》 There are a lot of people who~에서 are 대신 추측을 하기 위해 may be로 바꾼 경우.

Pattern 》
_ **There may be a lot of people who** get angry. 화가 난 사람들이 많을지 몰라.

_ **There may be a lot of people who** are jealous. 질투심을 느끼는 사람들이 많을지 몰라.

_ **There may be a lot of people who** want to meet you.
널 만나고 싶어하는 사람들이 많을지 몰라.

_ **There may be a lot of people who** don't get a gift. 선물을 못받은 사람들이 많을지 몰라.

_ **There may be a lot of people who** disagree. 반대하는 사람들이 많을지 몰라.

Dialog 》
A : The girl says that someone kidnapped her. 그 소녀는 누가 자길 납치했다고 그래.
B : There may be a lot of people who don't believe it. 그걸 믿지 않는 사람들이 많을지 몰라.

003 **There are many~** 많은 …가 있어

Point 》 a lot of 대신엔 many+복수명사를 쓴 경우이다.

Pattern 》
_ **There are many** things I can tell him about you. 걔에게 너에 관해 할 얘기가 많아.

_ **There are many** fans waiting outside. 많은 팬들이 밖에서 기다리고 있어.

_ **There are many** new dresses to choose from. 고를 수 있는 많은 새로운 드레스가 있어.

_ **There are many** times you will be disappointed. 네가 실망을 할 때가 많을거야.

_ **There are many** kinds of candy. 많은 종류의 사탕이 있어.

Dialog 》
A : Is it healthy to practice yoga? 요가운동하는게 건강에 좋아?
B : There are many reasons to try it. 그걸 하는데는 많은 이유가 있지.

004

There're people who never really thought~ …을 전혀 생각못한 사람들야

Point » that~ 이하를 생각해본 적이 없는 사람들이 있다는 다소 좀 긴 문장.

Pattern »

_ **There're people who never really thought that** it was real.
그게 진짜라는 사실을 전혀 생각못한 사람들야.

_ **There are people who never really thought that** a flood would happen. 홍수가 일어나리라는 걸 전혀 생각못한 사람들야.

_ **There are people who never really thought that** they would get rich.
자신들이 부자가 될 수도 있다는 걸 전혀 생각못한 사람들야.

_ **There are people who never really thought that** they'd visit America.
미국을 방문하리라고 전혀 생각못한 사람들야.

Dialog »

A : The film shows a ghost appearing on it. 영화에는 유령이 나와.
B : There are people who never really thought that **it was real.** 그게 진짜라고 믿는 사람은 거의 없어.

Pattern 13 » # There's a good chance~

001

There's a chance~ …할 가능성이 있어

Point » 「…할 가능성이나 기회가 있다」고 말하는 방법.

Pattern »

_ **There's a chance** we have it. 우리가 그걸 가질 수 있을 가능성이 있어.

_ **There's a chance** we're not gonna like what we find.
우리가 찾는 걸 좋아하지 않을 가능성도 있어.

_ **There's a chance** he has a disease. 걔가 병에 걸렸을 수도 있어.

_ **There's a chance** you won a lot of money. 네가 돈을 많이 땄을 수도 있어.

_ **There's a chance** we'll be asked to work late. 야근하라는 얘기를 들을 가능성이 있어.

Dialog »

A : Our witness picked out the murderer. 목격자가 범죄자를 골라냈어.
B : There's a chance he was mistaken. 그 사람이 틀렸을 수도 있어.

002

There's a good chance that ~ …일지도 모를 가능성이 많아

Point » 「…할 가능성이 크다」라고 할 때는 There's a good chance S+V라고 하면 된다.

Pattern »

_ **There is a good chance** you will fail. 네가 실패할 가능성이 많아.

_ **There's a good chance** this may never happen for us.
우리에게 이 일이 절대 일어나지 않을 가능성이 커.

_ **There's a good chance that** she was telling the truth.
걔가 진실을 말했을 가능성이 많아.

265

_ **There's a good chance** he won't wake up. 걔가 일어나지 않을 가능성이 커.

_ **There's a good chance that** Jason took the money.
제이슨이 돈을 가져갔을 가능성이 많아.

Dialog >>

A : There's a good chance that **we're going to Vegas.** 베거스에 갈 가능성이 커.

B : That is awesome! I can't wait to go there! 멋지다! 빨리 가고 싶어!

---

003 **Chances are that ~** …할 가능성이 있어

Point >> 역시 가능성이 있다고 말하는 표현법으로 that은 생략되기도 한다.

Pattern >> _ **Chances are that** it will be too hot. 날씨가 그렇게 덥지 않을 수도 있어.

_ **Chances are** you're gonna die on that table. 식탁에서 죽을 가능성도 있어.

_ **Chances are** Shepherd was here without his wife.
쉐퍼드가 아내없이 여기에 있었을 가능성이 있어.

_ **Chances are** she's been dead less than twenty-four hours.
그녀가 죽은지 24시간이 채 안될 수도 있어.

_ **Chances are that** he'd like to see you again. 걔가 너를 다시 만나기를 원할 수도 있어.

Dialog >>

A : This hotel has a swimming pool. 호텔에는 수영장이 있어.

B : Chances are that we'll be staying here. 우리가 여기에 머무를 가능성이 있어.

---

004 **Is there any chance that~ ?** …할 가능성이 있어?

Point >> 이번에는 「…할 가능성이 있는지」 물어보는 문장.

Pattern >> _ **Is there any chance** we've been talking for three hours?
우리가 3시간 동안 얘기를 나눌 수 있을까?

_ **Is there any chance** you didn't see that? 네가 그럴 못봤을 가능성이 있어?

_ **Is there any chance that** you could stay home today?
오늘 너 집에 남아 있을 수 있어?

_ **Is there any chance** this is a mistake? 이게 실수일 수도 있어?

_ **Is there any chance that** we can get a room for the night?
하룻밤 묵을 방을 구할 수 있을까?

Dialog >>

A : Is there any chance that **you'd go out with me?** 나랑 데이트할 가능성이 있어?

B : No, I don't think we'd be a good match. 아니, 우리는 맞는 짝이 아니라고 생각해.

Pattern 14 ≫≫ There's a possibility~

---

001 There is a possibility S+V …할 가능성이 있어, …할 수도 있어

Point ≫ There's a chance S+V와 같은 의미로 「…할 가능성이 있다」가 된다.

Pattern ≫
_ **There is a possibility** we won't survive. 우리는 생존하지 못할 수도 있어.
_ **There is a possibility** I'll move away. 내가 이사나갈 수도 있어.
_ **There is a possibility** she and I will break up. 걔와 난 헤어질 수도 있어.
_ **There is a possibility** that we are lost. 우리가 길을 잃을 수도 있어.
_ **There's still a possibility** they could all come back?
개네들이 모두 다 돌아올 가능성이 아직 있을까?

Dialog ≫
A : There is a possibility Ryan will join us. 라이언이 우리와 함께 할 가능성이 있어.
B : When will he be arriving? 걔가 언제 도착할까?

---

002 There isn't a possibility~ …할 가능성이 없어

Point ≫ 반대로 「…할 가능성이 없다」고 할 때는 There isn't a possibility S+V라고 하면 된다.

Pattern ≫
_ **There isn't a possibility** of ever seeing her again. 걜 다시 볼 가능성은 전혀 없어.
_ **There isn't a possibility** of repairing it. 그걸 수리할 가능성은 없어.
_ **There isn't a possibility** we will be excused. 우리가 용서를 받을 가능성이 없어.
_ **There isn't a possibility** that Dad will be upset. 아빠가 화낼 가능성이 없어.
_ **There isn't a possibility** I will become president. 내가 사장이 될 가능성은 없어.

Dialog ≫
A : The horror movie is supposed to be scary. 공포영화는 무섭지.
B : There isn't a possibility you'll be allowed to go. 네가 허락받고 갈 가능성은 없어.

---

003 Is there a possibility~ ? …할 가능성이 있어?

Point ≫ 가능성이 있는지 확인하는 패턴으로 Is there any chance~와 같다고 생각하면 된다.

Pattern ≫
_ **Is there a possibility** we could go out? 우리가 외출할 가능성이 있어?
_ **Is there a possibility** you could lower the price? 가격을 낮추어줄 가능성이 있어요?
_ **Is there a possibility** that the outcome will be good? 결과가 좋을 가능성이 있어?
_ **Is there a possibility** he'll bring a present? 걔가 선물을 가져올 가능성이 있어?
_ **Is there a possibility** it was a UFO? 그게 UFO였을 가능성이 있어?

Dialog ≫
A : Is there a possibility Jerry will be fired? 제리가 잘릴 가능성이 있어?
B : Well, the boss is pissed off at him. 사장이 걔한테 열받았어.

001 · There are times when S+V ···할 때가 있어

Point》 when~이하를 할 때가 있다라는 뜻으로 과거는 There were times when~이라고 하면 된다.

Pattern》
_ **There are times when** she acts foolish. 걔가 바보처럼 행동할 때가 있어.
_ **There are times when** I want to quit. 그만두고 싶을 때가 있어.
_ **There are times when** the bus is late. 버스가 늦게 올 때가 있어.
_ **There are times when** you should shut up. 네가 입다물고 있을 때가 있어.
_ **There are times when** he gets really angry. 걔가 정말 화를 낼 때가 있어.

Dialog》
A : Lynn just doesn't know how to shut up. 린은 어떻게 입을 다물어야 할 줄 몰라.
B : There are times when she really annoys me. 걔 때문에 정말 짜증날 때가 있어.

002 · There have been a number of occasions~ ···한 수많은 경우가 있어

Point》 occasions 역시 「때」, 「경우」를 말하는 단어로 that 이하를 하는 경우가 과거부터 지금까지 많이 있었다는 것을 표현하는 패턴이다.

Pattern》
_ **There have been a number of occasions that** Larry was in the hospital.
래리가 병원에 있었던 적은 엄청 많아.
_ **There have been a number of occasions that** the temperature soared.
기온이 치솟은 적이 엄청 많아.
_ **There have been a number of occasions that** the workers went on strike.
근로자들이 파업을 한 경우가 많았어.

Dialog》
A : Mr. Parkins has been a terrible boss. 파킨스 씨는 정말 최악의 사장이야.
B : There have been a number of occasions that he caused problems.
문제를 일으키는 경우가 허다하게 많아.

003 · There comes a time when~ ···할 때가 와[올거야]

Point》 「···하는 때가 오게 되어 있다」라는 말로 time 대신에 point를 쓰기도 한다.

Pattern》
_ **There comes a time when** you get fed up. 지겨울 때가 있을거야.
_ **There comes a time when** we have to cooperate. 협조를 해야 하는 때가 올거야.
_ **There comes a time when** everyone must retire. 다들 퇴직해야만 할 때가 올거야.
_ **There comes a time when** I really need sleep. 내가 정말 잠이 필요할 때가 있을거야.

Dialog》
A : I have asked her to marry me four times. 난 걔에게 네번이나 결혼하자고 했어.
B : There comes a time when you have to give up. 넌 포기해야 되는 때도 있는거야.

004 There comes a moment when~ …할 때가 왜[올거야]

Point » 동일한 의미로 time, point 대신에 moment를 쓴 경우이다.

Pattern »
_ There comes a moment when someone recognizes me.
누군가 널 알아보는 때가 올거야.

_ There comes a moment when everything seems strange.
모든게 이상하게 보일 때가 있을거야.

_ There comes a moment when you have to choose. 넌 선택을 해야 될 때가 올거야.

Dialog »
A : Things have gone well this week. 이번주 일들이 아주 잘됐어.
B : There comes a moment when things start to get better. 일들이 좋아지기 시작하는 때도 있는거야.

Pattern
16 »» **Here is~**

---

001 Here is sth 자 여기 …있어

Point » Here is+명사의 문형. 물건 · 정보 등을 건네며 「자, 여기 있어」라는 의미로 하는 말이다.

Pattern »
_ Here's the deal. 이렇게 하자.
_ Here's an idea. 좋은 생각이 있어.
_ Here's the thing. 중요한 건 이거야.
_ Here's good news for you. 너한테 좋은 소식 있어.
_ Here's your change and receipt. 자, 여기 거스름돈과 영수증이요.

Dialog »
A : I completed the rental contract. 임대계약을 마쳤어.
B : Good. Here is a key to the house. 좋아. 여기 집 열쇠.

---

002 Here's wh~ 이게 바로 …야

Point » 뭔가 말하기 앞서 자기가 말하는 내용을 강조하기 위해 사용하는 패턴.

Pattern »
_ Here's what you do. 이게 바로 네 할 일이야.
_ Here's what I was thinking, okay? 이게 바로 내가 생각했던거야, 알았어?
_ Here's what I think. 내 생각은 이래.
_ Here's what I want you to say. 이게 바로 네가 말하기를 내가 바라는거야.
_ Here's what I told you about. 이게 바로 내가 네게 얘기했던거야.

Dialog »
A : Has the paperwork arrived yet? 서류작업한게 도착했어?
B : Yes. Here's what you've been waiting for. 어, 여기 네가 기다리던거야.

269

Here is+N+that~ …한 …가 있어

Here is+N 다음에 관계사절을 붙여 N의 추가정보를 주는 방식.

_ **Here is** the food we will eat. 여기 우리가 먹을 음식이 있어.

_ **Here's** the opportunity I've always been looking for. 내가 계속 찾던 기회가 여기 있어.

_ **Here's** something they didn't count on. 걔네들이 생각하지 못한게 있어.

_ **Here's** something you should find interesting. 네가 재미있다고 생각할게 여기 있어.

_ **Here is** a ticket **that** you can use for the train. 기차탈 때 사용할 수 있는 표야.

A : Are we getting extra money this year? 금년에 여분의 돈을 받는거야?

B : Here is the raise that the boss promised. 이게 사장이 약속한 임금인상이야.

Here are~ 자 여기 …있어

Here is~의 복수형으로 Here are+복수명사 형태로 쓰면 된다.

_ **Here are** the keys to your new car. 네 새 차의 열쇠야.

_ **Here are** the electronics you asked for. 네가 요구했던 전자제품이야.

_ **Here are** the broken glasses. 여기 깨진 안경이야.

_ **Here are** the new workers. 새로운 직원들이야.

_ **Here are** the jewels I told you about. 내가 얘기한 보석들이야.

A : Here are some files for you to review. 네가 검토할 일부 파일들이야.

B : I'll get them back to you as soon as possible. 가능한 빨리 네게 돌려줄게.

Basic Words One

001 I have~ …가 있어, …을 갖고 있어

Point » 일반동사로서의 have는 「갖고 있다」라는 의미인데, 이는 반드시 물건에만 해당되는 것이 아니라 생각이나 골치아픈 문제 등 추상명사가 have의 목적어로 오기도 하고, 질병의 이름이 와서 병이 있다는 의미가 된다.

Pattern »
_ **I have** a good idea. 나한테 좋은 생각이 있어.
_ **I have** a date tonight. 오늘 저녁에 데이트가 있어.
_ **I have** a job interview next week. 다음 주에 면접이 있어.
_ **I have** a sore throat. 목이 따끔따끔해.
_ **I have** another question for you. 너한테 질문이 하나 더 있어.

Dialog »
A : You seem to be worried about something. 너 뭐 걱정하는 게 있는 것처럼 보여.
B : I have a job interview this afternoon. 오늘 오후에 취직 면접이 있어.

002 I have+N ~ing[to+V] …할 …가 있어

Point » 「…할 …가 있다」라는 I have+N의 확장형으로 I have+N 다음에 to+V 혹은 ~ing를 붙이면 된다.

Pattern »
_ **I have** a birthday party to get to. 가야 하는 생일파티가 있어.
_ **I have** a favor to ask you. 너한테 부탁할게 하나 있어.
_ **I have** some tough choices to make. 어려운 결정을 내려야 돼.
_ **I have** guests coming and I have to get dressed. 손님들이 오기 때문에 옷을 입어야 돼.
_ **I have** a lot of stuff going on at the office. 사무실에서 할 일이 많이 있어서.

Dialog »
A : Are you all set for your trip? 여행준비는 다 되었니?
B : I have a few more things to get and then I'll be ready.
몇 가지 더 사야 할 것이 있는데 그러면 준비가 돼.

003 I have some~ 좀 …가 있어

Point » 「…가 조금 있다」라는 기본 패턴.

Pattern »
_ **I have some** more questions. 질문들이 좀 더 있어.
_ **I have some** bad news. 좀 안좋은 소식이 있어.
_ **I have some** time right now. 지금 당장 시간이 좀 있어.
_ **I have some** experience in that area. 그 분야에 좀 경험이 있어.
_ **I have some** real estate you should look at. 살펴보셔야 할 부동산이 좀 있는데요.

Dialog »
A : I have some thoughts on that matter. 난 그 문제에 대해 몇가지 생각을 해놨어.
B : I'd love to hear what you think about the situation. 그 상황에 대해 어떻게 생각하는지 듣고 싶어.

004 I have A (that)~ …할 …가 있어

Point » I have+N의 확장형으로 N의 추가정보를 관계사절로 설명하는 경우.

Pattern »
_ **I have** something I want to give you. 네게 주고 싶은게 있어.
_ **I have** a few things that I need to take care of. 내가 처리해야 할 일들이 좀 있어.
_ **I have** a drink that I want you to try. 네가 먹어보길 바라는 술이 있어.
_ **I have** a sports car that I drive around. 내가 몰고 다니는 스포츠카가 있어.
_ **I have** a lot of experience that will aid me. 도움이 될 만한 경험이 많아.

Dialog »
A : I have homework that must be done. 마쳐야 되는 숙제가 있어.
B : Why don't you go to the library? 도서관에 가라.

Pattern 02 »» I have no~

001 I have no~ …가 없어

Point » I have no 다음에 여러가지 명사를 넣어 「나 …가 없어」라는 의미의 문장을 만들어본다.

Pattern »
_ **I have no** choice. 선택의 여지가 없어.
_ **I have no** friends. 친구가 없어.
_ **I have no** cousins. 난 사촌이 없는데.
_ **I have no** idea. 모르겠어.
_ **I have no** problem with that. 난 그거에 아무런 문제가 없어.

Dialog »
A : I heard you owe a lot of money. 빚 많이 졌다며.
B : Yes, I have no choice but to borrow it from my dad. 응, 아버지에게 빌릴 수밖에 없어.

002 I have no problem ~ing …하는데 문제가 없어

Point » 「…하는데 문제가 없다」고 할 때는 problem 다음에 바로 이어서 ~ing를 붙이면 된다.

Pattern »
_ **I have no problem** taking you down. 널 물리치는데 하등 문제가 없어.
_ **I have no problem** working weekends. 주말에 일하는데 전혀 문제가 없어.
_ **I have no problem** with you borrowing this. 네가 이거 빌려가는데 전혀 문제없어.
_ **I have no problem** talking to strangers. 낯선 사람들과 얘기하는데 문제가 없어.
_ **I have no problem** asking for more money. 더 많은 돈을 요구하는데 문제가 없어.

Dialog »
A : People say you're really generous. 사람들이 그러는데 너 정말 관대하다며.
B : I have no problem helping others. 다른 사람들 돕는데 문제가 없어.

003 | I don't have~ …가 없어

Point » I don't have~는 I have~의 반대로 「…가 없어」라고 말을 할 때 사용한다.

Pattern »

_ **I don't have** travel insurance. 난 여행보험에 안들었어.

_ **I don't have** a second cell phone. 난 핸드폰이 하나밖에 없어.

_ **I don't have** plans for tomorrow. 내일 계획이 없어.

_ **I don't have** a desire to have a relationship with him. 걔와 사귀고 싶은 마음이 없어.

_ **I don't have** money to pay the bill. 청구서낼 돈도 없어.

Dialog »

A : Can you pick up dinner on the way home? 집에 오는 길에 저녁을 사올 수 있니?

B : No, I don't have time to get it. 아니, 그럴 시간 없어.

004 | I don't have time to~ …할 시간이 없어

Point » I don't have+N의 대표격인 패턴. "이럴 시간이 없어"라고 하려면 I don't have time for this라고 하면 된다.

Pattern »

_ **I don't have time to** think. 생각할 시간도 없어.

_ **I don't have time to** argue. 다툴 시간이 없어.

_ **I don't have time to** say thank you. 고맙다고 말할 시간이 없어.

_ **I don't have time to** have this conversation right now. 짐 이 얘기를 나눌 시간이 없어.

_ **I don't have time to** pick up dinner on my way home. 집에 올 때 저녁 사올 시간없어.

Dialog »

A : I don't have time to meet with you. 너와 만날 시간이 없어.

B : Let's try to do it another time. 다음 기회에 만나도록 하자.

Pattern 03 »» I don't have any~

001 | I don't have any~ 아무 …도 없어

Point » I don't have+N의 강조형 패턴이다.

Pattern »

_ **I don't have any** friends. 난 친구가 한 명도 없어.

_ **I don't have any** more room left in the fridge. 냉장고에 빈 공간이 더 이상 없어.

_ **I don't have any** male friends, either. 나도 역시 남성 친구가 없어.

_ **I don't have any** other questions. 다른 질문은 없어.

_ **I don't have any** brothers. 형제가 아무도 없어 .

Dialog »

A : I want to go on a holiday, but I don't have any money. 휴가를 가고 싶은데, 돈 가진 게 없어.

B : Have you thought about putting it on credit? 나중에 돈을 지불하는 방법은 생각해 봤어?

002　I don't have anything to+V …할게 아무 것도 없어

Point >>　to+V 이하를 할게 아무 것도 없다고 강조해서 말할 때 사용하면 된다.

Pattern >>

_ **I don't have anything to** say to you, so I'm leaving. 네게 할 말이 아무 것도 없으니 갈게.

_ **I don't have anything to** wear. 난 입을게 아무 것도 없어.

_ **I don't have anything** else **to** lose. 잃을게 아무 것도 없어.

_ **I don't have anything** else **to** do at that time. 그 때에 달리 할게 아무 것도 없어.

_ **I don't have anything** else left. 남아 있는게 아무 것도 없어.

Dialog >>

A : Why are you massaging your head? 왜 네 머리를 마사지 하고 있어?

B : I don't have anything to relieve my headache. 머리의 긴장을 풀어줄게 아무 것도 없어서.

003　I have nothing to~ …할게 아무 것도 없어

Point >>　to+V 이하를 할게 아무 것도 없다는 문장.

Pattern >>

_ **I have nothing to** say. 할 말이 없구나[얘기 안할래].

_ **I have nothing to** give you in return. 보답으로 네게 줄게 아무 것도 없어.

_ **I have nothing to** hide. 나 하나도 숨기는게 없어.

_ **I have nothing** more **to** say to you. 더 이상 네게 할 말이 없어.

_ **I have nothing** left. 남은게 아무 것도 없어.

Dialog >>

A : You can tell me her secret, right? 걔 비밀 나한테 말해줄 수 있지, 그렇지?

B : No. I have nothing to say about that. 몰라. 거기에 대해선 아무 할 말이 없어.

004　Do I have~ ? 내게 …가 있어?

Point >>　단순히 Do I have+N? 혹은 Do I have+N+to+V?(내가 …할 …가 있어?)의 형태를 알아둔다.

Pattern >>

_ **Do I have** a choice? 내게 선택권이 있어?

_ **Do I have** the Alzheimer's gene? 내게 치매인자가 있어?

_ **Do I have** a suit to wear? 내가 입을 정장이 있어?

_ **Do I have** clients to meet with? 내가 만날 고객들이 있어?

_ **Do I have** time to get a coffee before we go? 가기 전에 커피 한잔 마실 시간 있을까요?

Dialog >>

A : Remember, it's really cold outside. 명심해. 밖 정말 추워.

B : Do I have a jacket in the closet? 옷장에 자켓이 있어?

---

001 **We have~** 우리(에게)는 …가 있어

Point >> We have~ 다음에 다양한 N를 넣어서 문장을 만들어본다.

Pattern >> _ **We have** a half hour. 우린 30분 남았어.

_ **We have** some painkillers and antibiotics. 진통제와 항생제가 있어.

_ **We have** a lot of snow in December. 12월에는 눈이 많이 내려.

_ **We have** a lot of work to do. 할 일이 많아.

_ **We have** a chance here to actually save this girl. 실제로 이 여자애를 구할 기회가 여기 있어.

Dialog >> A : I think we're going to be late. 우리가 늦을 것 같은데.
B : I'm sure we have a few minutes to spare. 난 몇 분 여유가 있다고 보는데.

---

002 **We don't have~** …가 없어

Point >> We have~의 부정형은 We don't have a~ 혹은 We have no~ 아니면 강조해서 We don't have any~ 라고 하면 된다.

Pattern >> _ **We don't have** a choice. 우린 선택권이 없어.

_ **We don't have** a lot of options. 우린 많은 선택권이 없어.

_ **We don't have** time for this. 우린 이럴 시간이 없어.

_ **We don't have any** other choice. 우린 다른 선택권이 없어.

_ **We don't have** enough money. 돈이 충분하지 않아.

Dialog >> A : If you ask me, we aren't getting paid enough. 내 의견을 말하자면, 우린 월급을 충분히 받지 못하고 있어.
B : That's true, but we don't have a choice. 맞는 말이지만 어쩔 도리가 없잖아.

---

003 **Do we have~ ?** …가 있어?

Point >> 「우리에게 …가 있는지」를 확인해보는 문장.

Pattern >> _ **Do we have** beer in the fridge? 냉장고에 맥주 있지?

_ **Do we have** a deal? 그렇게 할까?

_ **Do we have** a problem? 문제가 있어?

_ **Do we have** a plan yet? 우리 계획이 있어?

_ **Do we have** a place to keep the money? 돈을 보관할 장소가 있어?

Dialog >> A : Do we have any cigarettes? 담배 좀 있어?
B : No, I think you smoked them all. 아니, 네가 다 피워댔잖아.

004 · We[I] had~ …가 있었어

Point » I have~나 We have~의 과거형으로 「우리에게 …가 있었어」라는 의미.

Pattern »
_ **We had** fun. 우리 즐거웠어.

_ **We had** a board meeting tonight. 오늘밤에 이사회가 있었어.

_ **We had** a fight this morning. 오늘 아침 싸움이 있었어.

_ **We had** steak for dinner. 저녁으로 고기를 먹었어.

_ **I had** an excuse for being late. 난 지각할 만한 이유가 있었다구.

Dialog »
A : Don't you regret anything about your past? 넌 지난 과거가 후회되지 않니?
B : No. If I had the chance, I'd do it all over again. 아니. 기회가 온다면 또 다시 그렇게 할거야.

Chapter 06

Pattern 05 » I'm having~

001 · I'm having~ …하고 있어

Point » 지금 현재 하고 있음을 강조하기 위한 패턴. I'm having trouble~ 다음에는 바로 ~ing가 이어진다.

Pattern »
_ **I'm having** surgery today. 오늘 수술이 있어.

_ **I'm having** trouble understanding. 이해하는데 장애가 있어.

_ **I'm having** trouble doing that. 그렇게 하는데 장애가 있어.

_ **I'm having** kind of a rough day. 오늘 좀 힘들게 보내고 있어.

_ **I'm having** a really fun time. 정말 즐겁게 시간을 보내고 있어.

Dialog »
A : I called to see how your date was going. 너 데이트 어떻게 되어가는지 알려고 전화했어.
B : It's great. I'm having a really fun time. 아주 좋아. 정말 재미있게 보내고 있어.

002 · We're having~ 우린 …하고 있어

Point » 진행형은 현재 하고 있는 것을 말할 수도 있지만 아주 가까운 미래의 일을 표현할 때도 사용된다.

Pattern »
_ **We're having** a wonderful time. 우린 정말 너무 좋은 시간을 보내고 있어.

_ **We're having** financial troubles. 경제적 어려움이 있어.

_ **We're having** a hard time getting in touch with her. 걔와 연락하는데 어려움이 있어.

_ **We're having** a big sale this week. 이번 주에 대규모 세일이 있습니다.

Dialog »
A : We're having a big sale this week.
    이번 주에 대규모 세일이 있습니다.
B : I will be back to check out the bargains! 싼 물건이 있는지 확인하러 돌아올게요.

277

You're having~ 넌 …하고 있어

Point » 상대방이 지금 현재 어떤 일을 겪고 있는지를 표현할 때 사용한다.

Pattern »
_ **You're having** a heart attack. 심장마비가 오고 있어.

_ **You're having** a bad day. 일진이 안좋구나.

_ **You're having** a side effect! 부작용이 일어나고 있어!

_ **You're having** wine before lunch. 점심 전에 와인을 먹네.

_ **You're having** whiskey with your dinner? 저녁먹을 때 위스키 먹어?

Dialog »
A : What is my schedule like today? 오늘 내 일정이 어때?
B : You're having a meeting in an hour. 한 시간 후에 회의가 있어.

Are you having~ ? 너 …하고 있어?, 너 …할거야?

Point » 상대방이 현재 겪고 있는 일, 하고 있는 일을 물어보는 패턴.

Pattern »
_ **Are you having** any trouble breathing? 숨쉬는데 무슨 문제가 있어?

_ **Are you having** a party without me? 나없이 파티하는거야?

_ **Are you having** second thoughts? 다시 생각해보고 있는거야?

_ **Are you having** coffee with us? 너 우리와 함께 커피마실거야?

_ **Are you having** the eggs or the pancakes? 달걀 혹은 팬케익 중 뭘 먹을거야?

Dialog »
A : I hate my new notebook computer. 새로 산 내 노트북 정말 싫다.
B : Are you having problems with it? 노트북에 문제가 있어?

Pattern
06 >> **He has~**

He has~ 걘 …가 있어

Point » 이번에는 주어가 제 3자인 경우의 S+has를 알아본다.

Pattern »
_ **He has** high ethical standards, and so do I. 걘 도덕적 기준이 높고 나도 그래.

_ **He has** plans for the afternoon. 걘 오후에 계획이 있어.

_ **He has** a garden in the back yard. 걘 뒷마당에 정원이 있어.

_ **He has** strong muscles. 걘 근육이 강인해.

_ **He has** such a great poker face, you never can tell. 걘 포커페이스로, 알아보기 힘들거야.

Dialog »
A : I heard he has an interview this morning. 그 친구 오늘 아침에 면접이 있다고 들었어.
B : That's why he's late. 그래서 그 친구가 늦은 거구나.

002 He doesn't have~ 걘 …가 없어

Point » He has~의 부정형은 He doesn't have~ 혹은 He has no+N으로 하면 된다.

Pattern »
_ **He doesn't have** a plan. 걘 계획이 없어.

_ **He doesn't have** a girlfriend. 걘 여자친구가 없어.

_ **She has no** memory of that day. 걘 그날의 기억이 없어.

_ **She has no** right to give me orders. 걘 내게 명령을 내릴 권한이 없어.

_ **He has no** girlfriend, no experience. 걘 여친도 없고 경험도 없어.

Dialog »
A : He doesn't have a place to live. 걘 지낼 곳이 없어.
B : Maybe he can stay at a hotel. 호텔에 머물 수도 있잖아.

003 Dose he have~ ? 걔에게 …가 있어?

Point » 이번에는 주어에게 have 다음의 명사가 있는지 확인하는 패턴.

Pattern »
_ **Does she have** a map of the area? 걔는 그 지역 지도를 갖고 있어?

_ **Does she have** advice for us? 걘 우리에게 해줄 충고가 있어?

_ **Does she have** a doctor that she consults? 걘 가서 진료를 볼 의사가 있어?

_ **Does she** still feel bad? 걘 아직도 기분이 그래?

_ **Does he** know that you like him? 걔가 네가 자길 좋아한다는 걸 아니?

Dialog »
A : The kid has a runny nose and is coughing a lot. 애가 콧물이 나고 기침을 많이 해요.
B : Does he have a fever? 열도 나나요?

004 He had~ 걘 …가 있었어

Point » He has~의 과거형으로 He had~하면 「걘 …가 있었어」라는 의미가 된다.

Pattern »
_ **He had** friends in Russia. 걘 러시아에 친구들이 있었어.

_ **He had** a cat in the apartment. 걘 아파트에 고양이를 길렀어.

_ **He had** books stacked on his desk. 걘 책상에는 책들이 쌓여 있었어.

_ **He had** food delivered to the apartment. 걘 아파트에 음식을 배달시켰어.

_ **He had** a relationship with her last year. 걘 작년에 그녀와 사귀었어.

Dialog »
A : Sandy is back from her date. 샌디가 데이트하고 돌아왔어.
B : I wonder if she had a good time. 즐거운 시간 보냈는지 모르겠네.

001 **You have~** 너 …가 있어, 너 …가 …해

Point ›› You have+명사로 상대방이 무엇을 가지고 있는지 말할 수 있는데, 형태를 가진 것이든, 형태가 없는 것이든 모두 목적어로 올 수 있다.

Pattern ››
_ **You have** a large family. 대가족이네.
_ **You have** a good memory. 기억력이 좋으네.
_ **You have** a call from Mr. Kobs. 콥스 씨에게서 전화왔어.
_ **You have** a lot of friends. 친구들이 많네
_ **You have** a problem with that? 너 그거에 문제있어?

Dialog ››
A : Do you promise to have the report finished by tomorrow? 낼까지 보고서 끝마치는거 약속해?
B : You have my word on it. 내 약속할게.

002 **You don't have~** 네게 …가 없어

Point ›› You have+N의 기본적인 부정형 패턴.

Pattern ››
_ **You don't have** time to think. 넌 생각할 시간이 없어.
_ **You don't have** friends. 넌 친구들이 없어.
_ **You don't have** employees to work with. 넌 함께 일할 직원들이 없어.
_ **You don't have** a heater for your room. 네 방에는 난방기가 없어.
_ **You don't have** a place to live. 넌 지낼 집이 없어.

Dialog ››
A : Do you think I can buy a house? 내가 집을 살 수 있을 거라고 생각해?
B : It won't be easy. You don't have much money. 쉽진 않을 거야. 돈이 별로 없잖아.

003 **You have no~** 넌 …가 없어

Point ›› You have+N의 부정은 You don't have~도 가능하지만 간단히 You have no~라고 해도 된다.

Pattern ››
_ **You have no** time to finish. 넌 마무리할 시간이 없어.
_ **You have no** respect for anybody's privacy! 넌 다른 사람의 사생활을 존중하지 않는구나!
_ **You have no** experience with this. 넌 이 경험이 없어.
_ **You have no** health problems. 넌 건강문제가 없어.
_ **You have no** new messages in your mailbox. 메일 박스함에는 새로운 메시지가 없어.

Dialog ››
A : Here's a necklace for you. 여기 목걸이 당신거야.
B : Thank you! You have no idea what this means to me. 고마워! 얼마나 고마운지 모를거야.

004 You have no right~ 넌 …할 권리가 없어

Point » You have no~의 대표구문으로 You have no right to+V하게 되면 「넌 …할 권리가 없다」라는 의미가 된다.

Pattern »
_ **You have no right.** 넌 권리가 없어.

_ **You have no right** to take it. 넌 그걸 가져갈 권리가 없어.

_ **You have no right** to tell me what to do. 넌 나보고 이래라저래라 할 권리가 없어.

_ **You have no right** to do this. 넌 이럴 권리가 없어.

_ **You have no right** to criticize anyone.
넌 다른 누구를 비난할 권리가 없어.

Dialog »
A : You have no right **to bother us.** 넌 우리를 괴롭힐 권리가 없어.
B : I'm not bothering you. I'm just talking. 귀찮게 하는게 아니라 그냥 얘기하는거야.

Chapter 06

Pattern 08 >> Do you have~ ?

001 Do you have~ ? 너 …있어?

Point » 상대방에게 「…갖고 있느냐?」라고 물어보는 표현인 Do you have+명사?를 알아본다.

Pattern »
_ **Do you have** the key to her house? 걔 집 열쇠 있어?

_ **Do you have** a problem with that? 그거에 문제있어?

_ **Do you have** feelings for Rick? 너 릭을 좋아해?

_ **Do you have** time to have dinner? 저녁 먹을 시간있어?

_ I do have a question. **Do you have** a second? 나 물어볼게 있는데 시간있어?

Dialog »
A : Do you have the time? 지금이 몇시죠?
B : Sure, it's five o'clock. 예. 5시예요.

002 Do you have some~ ? 너 …가 좀 있어?

Point » Do you have~ 다음에 some. something. 혹은 someone이 오는 경우.

Pattern »
_ **Do you have something** you'd like to say? 너 뭐 말하고 싶은게 있어?

_ **Do you have some** kind of problem with alcohol? 너 술먹는데 뭐 좀 문제있어?

_ **Do you have someone** to drive you home? 너 집에 운전해줄 사람있어?

_ **Do you have something** for me? 나한테 뭐 줄게 있어?

_ **Do you have something** else on your mind? 뭐 다른 생각 있어?

Dialog »
A : Do you have some coins for the vending machine? 자판기에 쓸 동전 좀 있어?
B : Sure, here are a few quarters. 어. 자 여기 쿼터 몇 개 있어.

281

Do you have any~ ? …가 좀 있어?

Point » Do you have~?의 변형으로 특히 상대방이 갖고 있는지 여부가 불확실할 경우에는 명사 앞에 any를 붙여 Do you have any+명사?라고 말하는 표현이다. 「…가 좀 있어?」라는 말.

Pattern »
_ **Do you have any** questions? 질문 있습니까?

_ **Do you have any** enemies? 혹 적들이 있어?

_ **Do you have any** plans? 무슨 계획이라도 있어?

_ **Do you have any** idea? 뭐 좀 아는 것 있어?

_ **Do you have any** other brands? 다른 상표(의 상품)는 있나요?

Dialog »
A : Do you have any **money to give to the poor?** 가난한 사람들에게 줄 돈 좀 있어?
B : Definitely not! 전혀 없어!

004

Don't you have~ ? …한 거 없어?

Point » 상대방에게 「…가 없냐?」고 물어보는 부정의문문.

Pattern »
_ **Don't you have** a plan? 계획없어?

_ **Don't you have** friends? 친구들 없어?

_ **Don't you have** something else to do today? 오늘 할 다른 일 있지 않아?

_ **Don't you have** something better to do? 좀 더 나은 일 할게 없어?

_ **Don't you have** any pictures of your family? 네 가족사진 갖고 있는거 혹 없어?

Dialog »
A : We only have first-class seats left. 일등석밖에 남아있지 않은데요.
B : Don't you have **anything a bit cheaper?** 조금 더 싼 좌석은 없어요?

---

sign vs. signature vs. autograph

「컨닝」(cunning ⇒ cheating)이나 「핸들」(handle ⇒ steering wheel)과 마찬가지로 「사인」(sign) 또한 일반적으로 널리 쓰이는 Konglish의 대표적인 한 예입니다. 외래어의 잘못된 사용으로 인해 거의 우리말화된 표현으로 우리말 사전에서도 「사인」(sign)이라는 낱말이 「서명」이란 뜻으로 엄연히 한 자리를 차지하고 있습니다.

이미 눈치채셨겠지만, 그렇다고 해서 English에서 조차 같은 뜻으로 쓰이지는 않아요. 사실, 영어에서 sign은 동사일 경우에 「서명하다」란 뜻으로 쓰이며, 명사로 쓰일 때는 「표지」나 「부호」, 「신호」 또는 「징후, 조짐」의 뜻으로 쓰일 뿐이죠. 실제로 「서명하다」의 명사형은 signature이며 이는 넓은 의미의 「서명」으로, formal한 냄새가 물씬 나는 단어라 보통 「편지나 수표, 서류 등과 같은 공식적인 종이에 자신의 사인을 하는 것입니다. 우리가 공식 서류에 도장을 찍듯 말이죠. 또한, autograph는 같은 의미로 쓰이긴 하지만, 특히 「연예인」이나 「작가」, 「운동선수」 등과 같이 유명인으로부터 우리가 흔히 받고 싶어 안달을 하는 바로 그 「사인」을 말할 때 주로 쓰는 단어이죠.

■ A: Did you get Kershaw's autograph at the game? 그 경기에서 커쇼의 사인을 받았니?
 B: No, there were too many people and he wasn't signing anything afterwards.
  아니, 사람들이 너무 많아서 커쇼는 경기 후에 어디에도 사인을 하지 않았어.

■ A: Why do you want to see Mr. Smith? 왜 스미스 씨를 만나려고 하세요?
 B: I need his signature on this proposal. 이 제안에 대해 서명을 받아야 하거든요.

Pattern 09 >> Did you have~ ?

001 Did you have~ ? …가 있었어?, …했어?

Point >> Do you have~?의 과거형으로 Did you have+N?로 써주면 된다.

Pattern >>
_ **Did you have** fun with Luke? 루크하고 즐거웠어?

_ **Did you have** fun doing it? 그거 하는데 재밌었어?

_ **Did you have** trouble sleeping? 잠자는데 장애가 있어?

_ **Did you have** a nice time at your father's last night?
지난밤 아버지 집에서 좋은 시간 보냈어?

_ **Did you have** a chance to check it? 그거 확인할 기회가 있었어?

Dialog >>
A : I'm feeling pain in my chest. 가슴에 통증이 있어.
B : Did you have heart problems? 너 심장병이 있었어?

002 Did you have any~? 혹 …가 있었어?

Point >> 과거에 「혹 …가 있었냐?」고 확인하는 패턴.

Pattern >>
_ **Did you have any** more questions? 다른 질문이 더 없었어?

_ **Did you have any** luck finding it? 운좋게 그걸 찾았어?

_ **Did you have any** new ideas? 새로운 아이디어가 있었어?

_ **Did you have any** trouble getting here? 여기 오는데 무슨 문제 있었어?

_ **Did you have any** hobbies as a child? 어렸을 때 무슨 취미라도 있었어?

Dialog >>
A : I chose to become a teacher years ago. 수년 전에 선생님이 되기로 했어.
B : Did you have any regrets about it? 후회 해봤어?

003 Did he have~? 걔에게 …가 있었어?

Point >> 과거에 「걔에게 …가 있었는」지 물어보는 것으로 활용빈출도는 좀 떨어진다.

Pattern >>
_ **Did he have** a stroke? 걔가 발작했어?

_ **Did he have** any questions? 걔가 다른 질문이 있었어?

_ **Did he have** problems in school? 걔가 학교에서 문제가 있었어?

_ **Did he have** anything to say about his daughter? 걔가 자기 딸에 대해 뭐 할 말이 있었어?

_ **Did he have** a good excuse? 걔가 그럴듯한 변명을 댔어?

Dialog >>
A : Did he have a new car? 걔 새차 뽑았어?
B : No, he's still driving that old junker. 아니, 아직 고물차 몰고 다녀.

001 **have sb+V** …을 하도록 시키다, …에게 …을 시키다

Point >> have는 사역동사로 「have+사람+동사원형」과 「have+사물+pp」의 형태가 있는데 여기서는 먼저 첫번째 경우, 즉 「사람」이 「동사원형」을 하도록 시키는 「have+사람+동사원형」의 형태를 알아본다.

Pattern >>

_ I'll **have** my secretary attend the meeting. 비서를 시켜 그 회의에 참석하게 할게.

_ I'll **have** her call you back as soon as she gets in. 걔가 들어오는 대로 전화하라고 할게.

_ You take her to lunch and **have** her get dessert. 걜 데려가서 점심하고 디저트도 사줘.

_ **Have** Carol bring us some coffee. 캐롤보고 커피 좀 가져오라고 해.

_ **Have** her come in. 걔 들어오라고 해.

Dialog >>

A : Mr. Baggins is not in right now. 배긴스 씨는 지금 안계세요.

B : Would you have him call me when he comes back? 돌아오면 저한테 전화하라고 해주실래요?

002 **have sb ~ing** …을 하도록 시키다

Point >> have sb+V에서 V 대신에 ~ing를 쓴 경우이다.

Pattern >>

_ I **had** her researching the report. 내가 걔한테 보고서를 조사하라고 시켰어.

_ I **have** the water running. 내가 물을 틀어놨어.

_ Earl **has** them working hard. 얼은 걔네들이 일을 열심히 하도록 했어.

_ We **have** Megan helping the children. 우린 메건보고 아이들을 돌보라고 했어.

_ I **had** the audience laughing. 내가 방청객들을 웃게 만들었지 뭐야.

Dialog >>

A : Why was Maria so busy today? 마리아는 오늘 왜 그렇게 바빴던거야?

B : I had her researching the report. 보고서를 조사하라고 시켰거든.

003 **have sth+pp** 누군가에 의해 …가 …했어

Point >> have+목적어 다음에 pp가 오면 「제 3자가 목적어를 pp하였다」라는 말이 된다.

Pattern >>

_ I **had** my car fixed. 내 차를 고쳤어.

_ I **had** the room cleaned. 그 방을 청소시켰어.

_ I **had** my watch stolen. 시계를 도둑맞았어.

_ I'll **have** the room cleaned before the meeting. 회의 전에 이 방을 청소시킬게요.

_ Did you **have** it checked out? 그거 확인해봤어?

Dialog >>

A : I had my car fixed. 차를 수리했어.

B : How much did it cost? 얼마 들었나?

004 have+N+back ···을 되찾다

Point » N을 「다시 돌려받다」, 「되찾다」라는 의미로, 「···을 지지하다」라는 의미의 have sb's back과 구분해야 한다.

Pattern »

_ I want to **have** my deposit **back**. 보증금을 돌려주세요.

_ She **has** the diamond ring **back**. 걘 다이아몬드 반지를 돌려받았어.

_ He wants to **have** the time **back** that he wasted. 걘 자신이 낭비한 시간을 되찾고 싶어해.

_ Do you **have** your jacket **back**? 자켓 돌려받았어?

_ I'd give anything to **have** her **back**. 걔를 되찾을 수 있다면 무엇이든 하겠어.

Dialog »

A : I'd like to have my keys back. 내 열쇠 돌려주라.

B : I can drop them off tomorrow. 내일 가져갈게.

Pattern 11 » **I've got~**

001 I've got~ ···가 있어

Point » have got+명사의 형태는 have+명사와 똑같이 「···을 갖고 있다」는 의미. 하지만, have와 같다고는 해도 「갖고 있다」는 뜻 외에 다른 의미로 쓰인 have는 have got으로 바꿀 수 없다.

Pattern »

_ **I've got** a doctor's appointment. 나 병원에 가야 돼.

_ **I've got** a better idea. 내게 더 좋은 생각이 있어.

_ **I've got** some good news. 좋은 소식이 좀 있어.

_ **I've got** a date. 나 데이트가 있어.

_ **I've got** two kids. 애가 둘이야.

Dialog »

A : You look stressed out. What's wrong? 스트레스에 지쳐 빠진 것 같으네. 무슨 일이야?

B : I've got so much to do and I have to go now. 해야 할 일이 너무 많아서 지금 가야돼.

002 I haven't got~ ···가 없어

Point » I've got~을 부정으로 할 때는 I've~에서 ve를 have로 복원한 후 이를 부정형태로 해주면 된다.

Pattern »

_ **I haven't got** anything better to do. 더 나은 것을 할게 아무 것도 없어.

_ **I haven't got** a clue. 단서가 없어.

_ **I haven't got** any free time. 자유시간이 하나도 없어.

_ **I haven't got** her number. 난 걔 전화번호가 없어.

_ **I haven't got** any free time. 난 시간 여유가 전혀 없어.

Dialog »

A : Would you like to have this desk? 이 책상을 갖고 싶어?

B : I haven't got a place to keep it. 놔둘 공간이 없어.

003　We've got~ 우린 …가 있어

Point » 주어가 'I'에서 We로 바뀌었을 뿐이다.

Pattern »
_ **We've got** a meeting with Paul. 우린 폴과의 회의가 있어.

_ **We've got** a problem. 우린 문제가 있어.

_ **We've got** a busy schedule today. 오늘 일정이 바빠.

_ **We've got** too many people. 우린 사람들이 너무 많아.

_ **We've got** plenty of time. 시간이 많이 남았다고.

Dialog »
> A : We've got a huge problem! 우리 문제가 커!
> B : Relax. Let's talk it through and we can solve it. 진정해. 얘기나누면 해결할 수 있을거야.

004　We haven't got~ 우린 …가 없어

Point » We've got~의 부정형태.

Pattern »
_ **We haven't got** much in this first-aid kit. 이 구급상자에 있는게 별로 없네.

_ **We haven't gotten** that far, yet. 우린 아직 그렇게 멀리 가지 못했어.

_ **We haven't got** anywhere to go. 우린 갈 곳이 아무데도 없어.

_ **We haven't got** a new house yet. 우린 아직 새로운 집이 없어.

_ **We haven't got** any messages from her. 우리는 걔한테서 아무런 소식도 듣지 못했어.

Dialog »
> A : We haven't got time for a vacation. 우린 휴가갈 시간이 없어.
> B : Everyone is so busy this year. 금년에는 모두들 아주 바빠.

Pattern 12　》》 You've got~

001　You've got~ 넌 …가 있어

Point » You have~와 동일한 의미로 생각하면 된다. 마찬가지로 You've got sb ~ing의 패턴도 함께 익혀둔다.

Pattern »
_ **You've got** five minutes. 너에게는 5분이 있어.

_ **You've got** a meeting at three. 3시에 회의 있어요.

_ **You've got** a lot of nerve. 넌 용기가 많아.

_ **You've got** nothing to lose. 손해볼 게 없어.

_ **You've got** Chris waiting in your office. 크리스가 사무실에서 기다리고 있어.

Dialog »
> A : Thanks for all your help. Would you like to come home with me? 도와줘 고마워. 집에 함께 갈까?
> B : You've got the wrong idea. 착각하신거예요.

002 You haven't got~ 넌 …가 없어

Point » You've got~의 부정으로 You don't have~와 같은 의미로 생각하면 된다.

Pattern »
_ **You haven't got** any new e-mail. 새로 도착한 메일이 없어.

_ **You haven't got** good scores. 넌 성적이 좋지 않아.

_ **You haven't got** a choice. 넌 선택할게 없어.

_ **You haven't got** any money in your account. 넌 계좌에 돈이 전혀 없어.

_ **You haven't got** a chance of winning. 넌 이길 가능성이 없어.

Dialog »
A : You haven't got **a chance of winning.** 넌 이길 가능성이 없어.
B : I'm still going to try for first place. 그래도 1등하려고 노력할거야.

003 Have you got~ ? 너 …가 있어?

Point » You've got~의 의문문 패턴.

Pattern »
_ **Have you got** any better ideas? 더 좋은 생각이 있어?

_ **Have you got** anything for me? 나한테 줄 뭐가 있어?

_ **Have you got** something to say? 뭐 할 말이 있어?

_ **Have you got** a problem? 너 문제가 있어?

_ **Have you gotten** a wedding dress? 너 웨딩드레스 있어?

Dialog »
A : Have you got **plans for tonight?** 오늘밤 뭐 계획있어?
B : Nah, I'm just going to hang around my apartment. 아니, 아파트 주변에서 놀거야.

Pattern
13 » **He's got~**

001 He's got~ 걘 …가 있어

Point » 다시 한번 말하지만 He's~에서 's는 is가 아니라 has이다.

Pattern »
_ **He's got** bite marks on his arm. 걔 팔에 물린 자국이 있어.

_ **He's got** issues with strangers. 걘 낯선 사람들과 상대하는데 문제가 있어.

_ **He's got** a great personality. 걔 인성은 대단해.

_ **She's got** a point. 걔 말이 맞아.

_ **She's got** a cute nickname for Penny. 걘 페니라는 귀여운 닉네임이 있어.

Dialog »
A : Why doesn't your grandmother remember you? 너희 할머니는 왜 너를 기억 못하시니?
B : She's got **Alzheimer's disease.** 치매증세가 있으셔.

He hasn't got~ 걘 …가 없어

Point >> He's got~의 have를 부정형으로 써주면 부정문이 된다.

Pattern >>
_ **He hasn't got** any friends. 걘 친구가 하나도 없어.

_ **He hasn't got** a clue. 걘 단서가 하나도 없어.

_ **She hasn't gotten** out of bed in days. 걘 며칠간 침대에서 나오지 않았어.

_ **He hasn't got** any ambition. 걘 아무런 야망도 없어.

_ **He hasn't got** the file you wanted. 걘 네가 원하는 파일을 갖고 있지 않아.

Dialog >>
A : Is Zack going out tonight? 잭이 오늘밤 외출해?
B : He hasn't got **any plans.** 걘 아무 계획없어.

They've got~ 걘 …가 있어

Point >> They've~에서 ve는 have의 축약형이다.

Pattern >>
_ **They've got** my husband. 걔네들이 내 남편을 데리고 있어.

_ **They've got** an offer for you. 걔네들이 네게 할 제안이 있어.

_ **They've got** a lot of talent. 걔네들은 능력이 많아.

_ **They've got** something useful. 걔네들은 뭔가 유용한 것을 갖고 있어.

_ **They've got** a huge television. 걔네들에게는 아주 큰 TV가 있어.

Dialog >>
A : I heard Ben and Sue need to move. 벤과 수가 이사를 해야 한다며.
B : They've got **three days to do it.** 3일 동안 이사를 할거야.

They haven't got~ 걘 …가 없어

Point >> They've got~의 부정형.

Pattern >>
_ **They haven't got** any rejections. 걔네들은 어떤 거절도 당하지 않았어.

_ **They haven't got** a need to ride the bus. 걔네들은 버스를 탈 필요가 없어.

_ **They haven't got** good information. 걔네들은 유용한 정보가 없어

_ **They haven't got** relatives in this city. 걔네들은 도시에 친척이 없어.

_ **They haven't got** any pictures of me. 걔네들은 내 사진을 하나도 갖고 있지 않아.

Dialog >>
A : Why didn't you buy anything here? 왜 여기서 아무것도 사지 않았던거야?
B : They haven't got **the items I want.** 내가 원하는 물건이 없어서.

001 **I got+N** ···가 있어, ···했어

Point >> get은 돈을 주고 사거나 어디 가서 가져오거나 누가 거저 주었거나 어쨌든 「손에 넣는 것」을 의미한다. I've got~
에서 ve가 생략된 것이다.

Pattern >>
_ **I got** a promotion. 나 승진했어.

_ **I got** a new swimsuit at the store. 그 상점에서 새 수영복을 샀어.

_ **I got** an A+ on my English test. 영어시험에서 A+를 받았어.

_ **I got** something for you. It's a ring. 네게 줄 게 있어. 반지야.

_ **I got** the highest score in the class! 내가 우리 반에서 제일 좋은 점수를 받았어!

Dialog >>
A : Where did you pick up that computer? 그 컴퓨터 어디서 구입했니?
B : I got it at the computer store down the street. 이 길로 죽 가다 보면 있는 컴퓨터 매장에서 구입했어.

002 **I got+N** ···했어, ···할게

Point >> get은 다음에 오는 명사에 따라 「전화를 받다」, 「버스 등을 타다」 혹은 「이해하다」(understand)라는 의미로 쓰인다.

Pattern >>
_ **I'll get** it. (전화가 오거나 초인종이 울렸을 때) 내가 받을게, 내가 열게.

_ Now **I got** it. 이제 알겠다.

_ **We** need to **get** the forty-two bus. 우린 42번 버스를 타야 돼.

_ **I got** an e-mail from him early this afternoon. 오늘 오후 일찍 걔한테서 이멜을 받았어.

_ **I got** a cramp in my thigh. 허벅지에 쥐가 나서.

Dialog >>
A : I think I hear the phone ringing. 전화 울리는 소리가 들리는 것 같은데.
B : I'll get it. You stay here and relax. 내가 받을 게. 넌 여기서 쉬고 있어.

003 **I got+장소명사** ···에 갔어, ···에 도착했어

Point >> get 다음에 특히 「장소」를 나타내는 명사가 오면 get은 「도착하다」라는 의미를 나타내게 된다.

Pattern >>
_ **I got** home after work. 퇴근하고 집에 왔어.

_ **I got** downstairs for dinner. 저녁을 먹으려고 아래층에 내려갔지.

_ **I got** there on time. 난 거기 제시간에 도착했어.

_ **I got** to the station at three. 난 3시에 정거장에 도착했어.

_ I'll try and **get** there as soon as possible. 가능한 한 빨리 도착하도록 할게.

Dialog >>
A : Were you late for your doctor's appointment? 병원 예약시간에 늦었어?
B : No, I got there on time. 아니, 제 시간에 갔어.

004 I got your~ 네 …을 받았어

Point » 특히 I got your+N의 형태가 많이 쓰이니 특별히 익혀둔다.

Pattern »
_ **I got your** message. 네 메시지 받았어.
_ **I got your** texts. 네 문자 받았어.
_ **I got your** text. I'm not one to miss a party. 네 문자받았어. 나만 파티안간게 아니네.
_ **I got your** e-mail. What's up? 네 이멜받았은데 무슨 일이야?
_ **I got your** e-mails last night. 지난 밤에 네 멜 받았어.

Dialog »
A : I got your text message. 네 문자 메시지 받았어.
B : Good, I'm glad we could meet up. 좋아, 우리가 만날 수 있게 돼 기뻐.

Pattern 15 » I got+adj

001 I got+adj …해져

Point » get 뒤에 형용사가 오면 「…하게 되다」, 「…해지다」라는 become의 의미가 된다.

Pattern »
_ **I got** really mad at him. 나 걔한테 엄청나게 화났었어.
_ **I get** red when I drink. 술을 마시면 난 빨개져.
_ My feet **are getting** cold. 발이 차가워지고 있어.
_ Don't **get** angry with me! 내게 화내지마!
_ My mom **got** sick this morning. 엄마가 오늘 아침 아프셨어.

Dialog »
A : Is it warm enough for you? 이 정도면 따뜻해?
B : Not really. My feet are getting cold. 별로. 발이 차가워지고 있어.

002 I got+pp …했어

Point » be+과거분사 형태의 수동태 문장에서 be동사 대신에 쓰여 과거분사의 「동작」을 강조하기도 한다.

Pattern »
_ We're going to **get** married. 우린 결혼할거야.
_ **I got** fired today. 나 오늘 해고됐어.
_ **I got** drunk. 나 취했어.
_ **I got** locked out. 열쇠도 없이 문을 잠그고 나와버렸네.
_ If you **get** lost, just give me a call. 혹시 길을 잃어버리면 전화주세요.

Dialog »
A : You look terrible. What happened to you? 몰골이 말이 아니네. 무슨 일이야?
B : I got caught in the rain without my umbrella. 우산없이 비를 맞았어.

영어회화
공식패턴
3300

003   get sb[sth]+adj ···을 ···하게 해

Point »   get+목적어 다음에 '형용사'가 오게 되면 「목적어를 형용사의 상태로 만든다」라는 의미가 된다.

Pattern »

_ I can't **get** my hands warm. 손을 따뜻하게 할 수가 없네.

_ Nothing can **get** him mad. 그 어떤 것도 걜 화나게 만들 수 없어.

_ We must **get** dinner ready. 저녁을 준비해야 돼.

_ Don't **get** your father upset. 네 아버지를 화나게 하지마라.

_ The bad news may **get** him depressed. 안좋은 소식은 걜 우울하게 할지도 몰라.

Dialog »

A : I'm sorry, but I got your magazine wet. 미안해. 네 잡지가 젖었어.

B : No big deal. I was finished reading it anyhow. 괜찮아. 뭐 다 읽었는데.

004   get sth+pp ···하게 했어

Point »   「get+명사+pp」의 형태가 되면, have의 경우에서와 마찬가지로 「당하다」, 즉 남을 시켜서 한 일을 뜻하게 된다.

Pattern »

_ I **got** my car washed. 차를 (맡겨서) 세차했어.

_ I **got** my bicycle fixed. 자전거를 고쳤어.

_ I **got** the house painted. 집을 페인트 칠했어.

_ You should **get** the children dressed. 애들 옷을 입혀야지.

_ I **got** my hair cut. Does it look good? 머리를 잘랐거든. 보기 좋아?

Dialog »

A : I got my car washed today. 오늘 세차를 했어.

B : That's a good thing to do while the weather is nice. 날씨 좋을 때 세차하는 게 좋지.

Pattern 16 »» get to~

001   get to+V ···하게 되다

Point »   get to~ 다음에 동사원형이 되면 come to+V처럼 「···하게 되다」라는 뜻이 된다.

Pattern »

_ I hope we **get to** see London. 우리가 런던을 구경하게 되기를 바래.

_ He **got to** take Pam to the prom. 걘 팸을 프롬파티에 데려가게 되었어.

_ You'll **get to** work outdoors. 넌 밖에서 일하게 될거야.

_ The cops **got to** arrest the robber. 경찰은 강도를 체포하게 되었어.

_ How did he ever **get to** be so ruthless? 그 사람 어쩌면 그렇게 인정머리가 없어요?

Dialog »

A : How did you get to be so tall? 어떻게 그렇게 키가 컸어?

B : My whole family is tall. 우리 가족 모두가 커.

291

I got to thinking~ …을 생각하게 되었어

Point » 조금은 어렵지만 굳어진 관용표현으로 일상생활에서 많이 쓰인다. thinking 다음에는 about+N, 혹은 that S+V 절이 이어진다.

Pattern »
_ **I got to thinking** about my life. 난 내 인생에 대해 생각하게 되었어.

_ **I got to thinking** about our future together. 우리 미래를 함께 생각하게 되었어.

_ **I got to thinking** about your mom. 네 엄마를 생각하게 되었어.

_ **I got to thinking** that we need more money. 우리에게 돈이 더 필요하다고 생각하게 됐어.

_ **I got to thinking,** and I'm sure we're wrong. 난 생각을 하게 되었고 우리가 틀렸다고 확신해.

Dialog »
A : Why did you break up with Angie? 왜 앤지하고 헤어지게 된거야?
B : I got to thinking about our relationship. 우리 관계에 대해 생각을 하게 되었어.

---

get sb to+V …가 …하게 만들다

Point » get+목적어(명사)+to부정사의 구조로 「목적어를 설득하거나 지시하여 …하게 만들다」라는 의미를 나타낼 수 있다.

Pattern »
_ I'll **get** Amanda **to** go out with me. 아만다가 나하고 데이트하게 만들거야.

_ You should **get** security **to** open it up. 경비원에게 열어달라고 해야겠네.

_ You should **get** someone **to** assist you. 다른 사람이 널 도와주도록 해야 돼.

_ He tried to **get** me **to** pay for it. 걘 내가 돈을 내도록 하려고 하더라니까.

_ It's hard enough to **get** women **to** go out with me. 여자들이 나와 데이트하게 하는게 힘들어.

Dialog »
A : Did Harry make you pay for dinner? 해리가 저녁값을 네가 내도록 했단 말야?
B : He tried to get me to pay for it, but I refused. 내가 돈을 내게끔 하려고 하더라구. 하지만 싫다고 했어.

---

get used to~ …에 적응하다

Point » 앞서 설명했듯이 used to는 그 자체가 조동사로 앞에 be나 get이 붙지 않는다. 따라서 get used to하게 되면 used to하고는 전혀 상관없는 표현으로 「…에 적응하다」라는 다른 뜻이 된다.

Pattern »
_ You're gonna have to **get used to** it. 넌 그거에 익숙해져야 할거야.

_ You're just gonna have to find a way to **get used to** it.
넌 그거에 익숙해지는 방법을 찾아야만 될거야.

_ Don't **get used to** it, Sophie. 소피, 그거에 익숙해지지마.

_ So I'm trying to **get used to** it. 그래서 난 그거에 익숙해지려고 하고 있어.

_ I'm sorry to say I'**m getting used to** it. 미안한 말이지만 난 이제 적응이 되고 있어.

Dialog »
A : When are you going to take your driving test? 언제 운전면허시험 보러 가?
B : As soon as I get used to driving in the rain. 빗길 운전이 익숙해지는대로.

---

001 | **I'm getting~** 나 …해져

Point >> 「…해지다」라는 의미의 I get[got]+형용사[명사] 패턴을 진행형으로 만들어 「…해지는」 상황을 동적으로 표현한 경우이다.

Pattern >>
_ **I'm getting** a little nervous. 조금 초조해져.

_ **I'm getting** pretty good at this! 나 이제 정말 잘 하지 않니!

_ **I'm getting** married again. 나 다시 결혼해.

_ **I'm getting** a little tired of this, okay? 나 이거에 좀 지겨워져, 알았어?

_ **I'm getting** out of here. This place is pretty scary. 여기서 나가야겠어. 꽤 으시시한 걸.

Dialog >>
A : I wanted to let you know I'm getting divorced. 나 이혼한다는거 알려주고 싶었어.
B : But why? You seemed so happy with your husband. 아니 왜? 남편하고 행복해 보였는데.

---

002 | **I'm getting+비교급** 점점 …해져

Point >> be getting+비교급은 「점점 …해지다」라는 뜻. get+형용사의 강조구문으로 상태의 변화에 초점을 맞춘 표현이다.

Pattern >>
_ **I'm getting** stronger by exercising. 운동을 해서 점점 더 건강해져.

_ **I'm getting** fatter because of eating. 먹어대니까 살이 점점 쪄.

_ **I'm getting** poorer every day. 난 매일매일 점점 더 가난해져.

_ **I'm getting** smarter because of my studies. 공부를 하니까 점점 스마트해져.

_ **I'm getting** angrier every time I think of it. 난 그걸 생각할 때마다 화가 더 나.

Dialog >>
A : I think your golf score is improving. 네 골프 점수가 나아지고 있는 것 같아.
B : I'm getting better each time I play. 플레이할 때마다 점점 좋아지고 있어.

---

003 | **You're getting~** 넌 …해(져)

Point >> 진행형으로 상태의 변화에 초점을 주거나 혹은 가까운 미래를 나타낼 때 사용한다.

Pattern >>
_ **You're getting** married in two weeks. 넌 2주후면 결혼해.

_ **You're getting** a raise in salary. 넌 월급이 인상돼.

_ **You're getting** special treatment tonight. 넌 오늘밤 특별한 대접을 받을거야.

_ **You're getting** a salad for dinner. 저녁은 샐러드야.

_ **You're getting** a new teacher on Tuesday. 화요일에 새로운 선생님이 오실거야.

Dialog >>
A : I resent having to stay on the job. 일을 계속해야 해서 후회돼.
B : You're getting extra money for the work. 그 일로 추가로 돈은 받잖아.

You're getting+비교급 넌 점점 …해져

Point » 상대방이 「점점 …해지고 있다」는 변화의 상태를 묘사해주는 패턴이다.

Pattern »

_ **You're getting** nicer. 넌 점점 착해져.

_ **You're getting** hotter here in the sauna. 사우나에서 점점 더 더워질거야.

_ **You're getting** better at playing poker. 포커치는데 점점 더 잘할거야.

_ Every day **you're getting** stronger and smarter. 날이 갈수록 넌 점점 더 건강해지고 똑똑해져.

_ **You're getting** smarter as you study more. 공부를 더 할수록 넌 더 똑똑해질거야.

Dialog »

A : I eat fast food for lunch. 난 점심으로 패스트푸드를 먹어.

B : You're getting fatter every day. 너 매일 살이 점점 찌겠다.

Pattern 18 »» **get sb sth**

001

get you sth 네게 …을 갖다주다

Point » sth을 사주거나 갖다 주는 걸 의미. Let me get you. I'll get you~. Can I get you~? 등의 구문이 쓰인다.

Pattern »

_ Let me **get you** a piece of pie. 너한테 파이 한조각 갖다줄게.

_ How about we go **get you** a drink? 술 한잔 사줄까?

_ Can I **get you** another latte? 라떼 한잔 더 줄까?

_ Just a moment and I'll **get you** the manager. 잠깐만요, 매니저 불러드리죠.

_ Do you want me to **get you** something to eat? 먹을 것 좀 갖다 줄까요?

Dialog »

A : I didn't order this! 이건 제가 주문한 음식이 아니잖아요!

B : I'm sorry, I'll get you your food right away. 죄송합니다. 곧 주문하신 음식을 갖다드리겠습니다.

002

get me sth …을 내게 갖다 주다

Point » 상대방보고 「내게 …을 갖다 달라」고 하는 표현. Could you get me~?. You get me~ 등의 형태로 쓰인다.

Pattern »

_ Could you **get me** a newspaper? 나한테 신문 좀 갖다줄래?

_ You **get me** something to eat? 먹을 것 좀 갖다줄래?

_ Would you **get me** a Diet Coke? 다이어트 콜라 좀 갖다줄래?

_ You **get me** a drink and some food. 마실 것과 음식 좀 가져와.

_ Go to the store and **get me** something. 가게에 가서 뭐 좀 사다 줘.

Dialog »

A : I want you to get me a present. 너 나한테 선물 좀 사줘.

B : Why should I do that? 왜 그래야 되는데?

003　He got me~ 걔가 내게 …줬어

Point » 제 3자가 나에게 「…을 줬다」라고 할 때의 표현.

Pattern »
_ **He got me** an expensive dress. 걔가 나한테 비싼 옷 사줬어.

_ **He got me** a ticket to the concert. 콘서트 입장권을 내게 줬어.

_ **He got me** an interview at his company. 걔가 자기 회사 인터뷰할 기회를 줬어.

_ **He got me** a computer to use. 걔가 사용할 컴퓨터를 사줬어.

_ **He got me** a shirt to wear. 걔가 내게 입을 셔츠를 사줬어.

Dialog »
A : What gift did Paul give you? 폴이 네게 무슨 선물을 줬어?
B : He got me a new shirt. 새로운 셔츠를 사줬어.

004　You get her~ 걔에게 …갖다 줘, …을 사줘

Point » You가 들어간 명령문 형태로 상대방보고 제 3자에게 「…을 갖다 주라」고 할 때 쓰면 된다.

Pattern »
_ **You get her** a gift for her birthday. 걔한테 생일선물을 사줘.

_ **You get her** some coffee. 걔한테 커피 좀 갖다줘.

_ **You get her** a job at the shop. 걔한테 그 가게에서 일하게 해줘.

_ **You get her** a car to drive. 걔가 몰 자동차를 사줘.

_ **You get her** flowers when she gets upset. 넌 걔 화낼 때 꽃을 사다줘.

Dialog »
A : Any idea what I should buy for my sister? 내 누이에게 뭘 사줘야 될지 뭐 좋은 생각있어?
B : You get her something she'll like. 걔가 좋아할 것을 선물해줘.

Pattern 19 » I like~

001　I like~ …을 좋아해

Point » 성향이나 취미를 말할 때 쓰는 표현. 「…을(하기를) 좋아한다」는 의미이다. 먼저 I like~ 다음에 명사를 넣어본다.

Pattern »
_ **I like** it. 맘에 들어.

_ **I like** your necklace. 네 목걸이 맘에 든다.

_ **I like** this picture. 이 사진, 맘에 든다.

_ **I like** comics. 난 만화책을 좋아해.

_ **I like** you very much. 나 네가 정말 좋아.

Dialog »
A : You look nice today. I like your tie. 오늘 멋있어 보이네. 넥타이 참 좋다.
B : Thank you. 고마워.

002 I like to[~ing]~ …하는 걸 좋아해

Point ≫ 같은 의미로 이번에는 I like 다음에 목적어로 to+V나 ~ing 형태가 오는 경우를 본다.

Pattern ≫

_ **I like to** jog in the morning. 난 아침에 조깅하는 걸 좋아해.

_ **I like to** take walks alone. 난 혼자서 산책하길 좋아해.

_ **I like to** watch baseball games. 난 야구경기 관람하는 걸 좋아해.

_ **I like to** take a stroll around town at night. 밤에 마을산책하는 걸 좋아해.

_ **I like** watching good movies on TV. TV에서 좋은 영화 보는 걸 좋아해.

Dialog ≫

A : What do you do on Saturdays? 토요일마다 뭐해?
B : I stay at home. I like to **watch baseball games.** 집에 있어. 야구경기 보는 걸 좋아하거든.

003 I don't like+N~ …을 좋아하지 않아

Point ≫ 반대로 「싫어한다」는 패턴으로 먼저 I don't like~ 다음에 명사를 넣어본다.

Pattern ≫

_ **I don't like** sports. 스포츠는 좋아하지 않아.

_ **I don't like** this type of work. 이런 종류의 일은 싫더라.

_ **I don't like** my boss. 우리 상사가 맘에 안들어.

_ **I don't like** the blue one. 파란 것은 별로야.

_ **I don't like** beans very much. 콩은 너무 먹기 싫더라.

Dialog ≫

A : I don't like **my boss.** 우리 상사가 맘에 안들어.
B : You should probably try to **find another job.** 다른 일을 찾아봐야겠구나.

004 I don't like to[~ing]~ …하는 걸 좋아하지 않아

Point ≫ I don't like~ 역시 목적어로 to+V나 ~ing 형태가 이어진다.

Pattern ≫

_ **I don't like to** see her. 걜 보고 싶지 않아.

_ **I don't like to** think about that. 거기에 대해 생각하기 싫어.

_ **I don't like to** do the dishes. 설거지하기 싫어.

_ **I don't like to** ask[asking] him. 걔한테 물어보기 싫어.

_ **I don't like** doing the washing. 세탁하는 걸 싫어해.

Dialog ≫

A : Your kitchen is pretty **dirty.** 너희 집 부엌 광장히 지저분하구나.
B : I know. I don't like doing **the dishes.** 맞아. 내가 설거지하는 걸 싫어해서.

>> You like~

001 You like~ ? 넌 …을 좋아해?

Point >> 상대방이 「…을 좋아한다」고 서술할 수도 있고 또한 뒤에 물음표(?)를 붙여 의문문으로 쓰면, 평서문을 끝만 올려 의문문으로 바꾼 것으로 생각하면 된다.

Pattern >>

_ **You like** dressing up like Santa? 산타처럼 옷입는 걸 좋아해?

_ **You like** hamburgers, don't you? 너 햄버거 좋아하지, 그렇지 않아?

_ **You like** her better than me. 넌 나보다 걔를 더 좋아해.

_ **You like** living here? 여기 사는 걸 좋아해?

_ **You like** to play computer games, John? 존, 컴퓨터 게임하는 걸 좋아해?

Dialog >>

A : I wrestle in a gym every Saturday. 난 토요일마다 체육관에서 레슬링해.
B : You like wrestling? I'm surprised! 레슬링을 좋아한다고? 놀랬는걸!

002 You don't like~ 넌 …을 좋아하지 않아

Point >> 역시 평서문 혹은 의문문으로 쓰인다.

Pattern >>

_ **You don't like** her, do you? 넌 걔를 싫어하지, 그지?

_ **You don't like** me much, do you? 넌 날 그다지 좋아하지 않아, 그지?

_ **You don't like** your job? 네 직업을 싫어한다고?

_ **You don't like** the rules. 넌 룰을 싫어하잖아.

_ **You don't like** cold weather. 넌 날씨 추운거 싫어하잖아.

Dialog >>

A : I ordered a roasted chicken for us. 난 우리가 먹을걸로 로스트 치킨을 주문했어.
B : You don't like to eat meat. 넌 고기 먹는걸 싫어하잖아.

003 Do you like~? …을 좋아해?

Point >> 「…를 좋아하니?」하고 물어볼 땐 조동사를 앞으로 빼서 Do you like~?로 물어보면 된다.

Pattern >>

_ **Do you like** your job? 하시는 일은 맘에 드세요?

_ **Do you like** your new shoes? 새 신발은 맘에 들어?

_ **Do you like** to sing? 노래부르는거 좋아해?

_ **Do you like** to hike? 등산하는거 좋아해?

_ **Do you like** to watch basketball games? 농구경기 보는거 좋아해?

_ **Do you like** to drink coffee? 커피마시는 걸 좋아해?

Dialog >>

A : Do you like your job? 하는 일은 마음에 드니?
B : I really enjoy doing my work. 정말 즐겁게 일하고 있어.

Don't you like~ ? …을 좋아하지 않아?

Point » 상대방에게 「…을 좋아하지 않냐?」고 물어보는 것으로 궁금해서 물어볼 수도 있으나 자기 생각을 강조하기 위한 방법으로 쓰이기도 한다.

Pattern »
_ **Don't you like** the dress? 그 드레스 맘에 들지 않아?

_ **Don't you like** going out with friends? 친구들과 외출하는거 좋아하지 않아?

_ **Don't you like** talking to me? 내게 얘기하는거 좋아하지 않아?

_ **Don't you like** money? 돈을 좋아하지 않아?

_ **Don't you like** the food in this restaurant? 이 식당 음식 좋아하지 않아?

Dialog »
A : Don't you like **this coat?** 이 코트가 맘에 안 드시나요?
B : May I see others in a different style? 다른 스타일의 코트를 볼 수 있을까요?

Pattern
21 »» **I'd like~**

001

I'd like+N …주세요

Point » I'd(would) like~는 내가 지금 「…을 원하거나」, 「…을 하고 싶다」는 「지금」, 「현재」의 마음을 표현한다. I like~ 보다는 I'd like~의 쓰임새가 훨씬 많다. 먼저 I'd like~ 다음에 명사를 넣어본다. 참고로 I'd like+A+형용사/pp/전치사구로 쓰면 「A를 …상태로 해달라」라는 뜻.

Pattern »
_ **I'd like** that. 그렇게 하고 싶어. (상대의 말을 that으로 받아서)

_ **I'd like** another beer. 맥주 한 잔 더 마실래.

_ **I'd like** the same. 같은 걸로 할게. (음식주문 등의 경우)

_ **I'd like** a window seat. 창가 쪽 자리로 하고 싶은데요.

_ **I'd like** a nice notebook computer. 최신 노트북을 갖고 싶어.

Dialog »
A : I'd like a Big Mac to go. No onions, please. 빅맥 하나 포장해주세요. 양파 빼고요.
B : All right. Just one moment, please. 알겠습니다. 잠시만요.

002

I'd like to~ …하고 싶어

Point » I'd(would) like~ 다음에 to+V를 붙여 문장을 만들어본다. I like~의 경우와 달리 I'd like ~ing는 쓰이지 않는다.

Pattern »
_ **I'd like to** check in. 체크인 하고 싶은데요.

_ **I'd like to** order a large pizza. 라지 사이즈 피자를 주문하고 싶어요.

_ **I'd like to** know what you're thinking about. 네가 뭘 생각하는지 알고 싶어.

_ **I'd like to** talk[speak] to Simon. 사이먼하고 얘기하고 싶어.

_ **I'd like to** finish this job soon. 난 어서 이 일을 끝내고 싶어.

Dialog »

> A : Come and visit us in Hawaii sometime. 언제 한번 하와이로 우릴 찾아와요.
> B : Yes, I'd like to do that. 네, 그러고 싶어요.

003 **I'd love to~** …하고 싶어

Point » I'd(would) like to~를 달리 표현하면 I'd love to~가 된다.

Pattern »

_ **I'd love to** meet your parents. 네 부모님을 만나고 싶어.

_ **I'd love to** go to China. 중국에 가고 싶어.

_ **I'd love to** learn to ski. 스키타는 법을 배우고 싶어.

_ **I'd love to** check my e-mail. 이메일을 확인하고 싶어.

_ **I'd love to** try skydiving! 스카이 다이빙 해보고 싶어!

Dialog »

> A : What job do you want to have? 어떤 일을 하고 싶어?
> B : I'd love to design websites. 웹사이트 디자인을 하고 싶어.

004 **I'd like to, but~** 그러고는 싶지만…

Point » I'd like to, but~은 제안, 권유 등에 대한 예의바른 거절답변으로, 「그러고는 싶지만」이라는 의미. but 뒤에는 상대의 말대로 할 수 없다는 내용이나 할 수 없는 이유를 문장으로 만들어 붙이면 된다.

Pattern »

_ **I'd like to, but** I can't go with you. 그러고는 싶지만 너하고 같이 못가.

_ **I'd like to, but** I have to get back to work. 그러고는 싶지만 다시 일하러 가야 돼.

_ **I'd like to, but** I don't have enough time. 그러고는 싶지만 시간이 충분치 않아.

_ **I'd like to, but** I'm busy right now. 그러고 싶지만 지금 바빠서.

_ **I'd like to, but** I'm on call today. 그러고 싶지만 오늘 비상근무라서.

Dialog »

> A : You should go out with us on Friday night. 금요일 밤엔 우리랑 같이 나가자.
> B : I'd like to, but I have other plans. 그러고는 싶지만 다른 계획이 있어.

001

I'd like you to+V~ 네가 …하기를 바래

Point >> I'd like you to~의 형식으로 내가 하고 싶은 것이 아니라 'you'가 to 이하를 하기를 원한다는 내용의 표현법이다. 즉 상대방에게 「…을 해달라」라고 부탁할 때 사용하는 표현이다. 특히 사람을 소개할 때 많이 사용된다.

Pattern >>
_ **I'd like you to** do a few things for me. 날 위해 몇가지 일을 좀 해줘.

_ **I'd like you to** invite me in. 네가 나를 초대하기를 바래.

_ **I'd like you to** join me for dinner. 네가 나와 함께 저녁 먹기를 바래.

_ **I'd like you to** do the same. 네가 똑같이 하기를 바래.

_ **I'd like you to** stay with me tonight. 오늘 밤 안 갔으면 좋겠어.

_ **I'd like you to** leave right now. 지금 당장 떠나줘.

Dialog >>
A : I'd like you to finish the project as soon as possible. 가능한 한 빨리 이 프로젝트를 끝내 줘.
B : Alright, I'll get right on it. 그래, 바로 시작할게.

002

I'd like you to meet~ …소개시켜줄게

Point >> 사람을 소개할 때 쓰는 전형적인 표현으로 I'd like you to meet~까지는 달달 외워둔다.

Pattern >>
_ **I'd like you to meet** Chris. 크리스를 소개해줄게.

_ **I'd like you to meet** my boyfriend, Carlo. 내 남친 카를로야.

_ **I'd like you to meet** David and Dixon. 이쪽은 데이빗과 딕슨이야.

_ **I'd like you to meet** a good friend, Mike. 내 오랜 친구 마이크야.

_ Julie, **I'd like you to meet** my friend. This is Peter. 줄리야, 인사해, 내친구 피터야.

Dialog >>
A : Hello, Sara. I'd like you to meet my friend John. 안녕, 새러. 내 친구 존을 소개할게.
B : It's a pleasure. I've heard so much about you. 반가워요. 말씀 많이 들었어요.

003

We'd like you to~ 네가 …해줘

Point >> 역시 상대방에게 부탁하는 문장으로 'I'가 'We'로 바뀌었을 뿐이다.

Pattern >>
_ **We'd like you to** train her. 네가 걔를 훈련 좀 시켜줘.

_ **We'd like you to** attend a press conference tonight. 네가 오늘밤 기자회견장에 나가줘.

_ **We'd like you to** stay. 너 가지말고 여기 남아있어.

_ **We'd like you to** come talk to us. 네가 우리에게 와서 얘기해.

_ **We'd like you to** think about that. 네가 그에 대해 생각을 해봐.

Dialog >>
A : I'm about ready to go home. 나 집에 갈 준비됐어.
B : We'd like you to stay a little longer. 좀 더 머물러 있어주라.

001   Would you like+N? …할래요?

Point >> 상대방이 「…을 원하는지」, 「…을 하고 싶은지」를 물어보는 표현. Would you like+명사?의 경우는 I'd like+명사의 경우에서처럼 음식관련 상황에서 유용하게 쓰인다.

Pattern >>

_ **Would you like** some beer? 맥주 좀 드릴까요?

_ **Would you like** a small or a large size? 작은 걸로 드실래요, 큰 걸로 드실래요?

_ **Would you like** an appetizer? 애피타이저 드실래요?

_ **Would you like** cream in your coffee? 커피에 크림을 타줄까?

_ **Would you like** a TV in your hotel room? TV가 있는 호텔방을 원하세요?

Dialog >>

A : What a long day. I'm really tired. 정말 힘든 하루였어. 굉장히 피곤하다.
B : Me too. Would you like some beer? 나도 그래. 맥주 좀 마실래?

002   Would you like to+V? …할래?

Point >> 상대방의 의향을 물어보는 표현으로 이번에는 Would you like~ 다음에 to+V를 붙여 본다. 특히 많이 쓰이는 Would you like to go~?(…하러 갈래?) 정도는 달달 외워둔다.

Pattern >>

_ **Would you like to** go out with me sometime? 언제 한번 나랑 데이트 할래?

_ **Would you like to** eat at McDonald's? 맥도널드에서 먹을래?

_ **Would you like to** try another one? 다른 걸로 먹어보실래요?

_ **Would you like to** go to a movie sometime? 언제 한번 영화볼래?

_ **Would you like to** see a doctor? 병원에 가볼래?

Dialog >>

A : Would you like to come for dinner? 저녁 먹으러 올래?
B : That sounds good. What will you cook? 좋지, 뭐 해줄 건데?

003   Would you like me to~? 내가 …할까?

Point >> Would you like me to+V?는 「내가 …할까요?」라는 의미로 상대방의 의향을 물어본다.

Pattern >>

_ **Would you like me to** stay? 내가 남아있을까?

_ **Would you like me to** give him a call? 내가 걔한테 전화를 할까?

_ **Would you like me to** get him on the phone for you? 내가 걔 전화바꿔줄까?

_ **Would you like me to** stop watching TV? 내가 TV를 그만볼까?

_ **Would you like me to** put you through to the manager?
부장님한테 전화 연결을 시켜드릴까요?

Dialog >>

A : Could I have a doggie bag, please? 남은 음식을 좀 싸 주시겠어요?
B : Sure. Would you like me to pack the sandwich as well? 그러죠. 샌드위치도 싸 드릴까요?

Would you like sth pp~? …을 …하게 해줄까요?

Point >> 한 단계 응용된 표현으로 단순히 명사를 원하는 게 아니라 명사를 어떤 상태로 하기를 원하느냐고 물어보는 문장.

Pattern >> _ **Would you like** some coffee made for you? 커피 좀 만들어줄까요?

_ **Would you like** the homework done? 숙제 마치기를 바래?

_ **Would you like** gifts given at the party? 파티에서 선물을 줄까요?

_ **Would you like** the books read in class? 수업시간에 책들을 읽게 해줄까요?

_ **Would you like** the information written down? 정보를 종이에 적어줄까요?

Dialog >> A : My laundered shirts are lying on the bed. 세탁한 셔츠가 침대에 놓여 있네.

B : Would you like them hung in your closet? 옷장에 걸어둘까?

Pattern **24** >> **I want~**

---

001 **I want+N~** …을 원해

Point >> I'd like~와 같은 의미이지만 I want~은 친구 등 친밀한 사이에서 격의없이 말할 때 사용하는 표현.

Pattern >> _ **I want** a new pair of sneakers. 난 새로운 운동화를 원해.

_ **I want** steak and eggs. 고기와 달걀을 먹고 싶어.

_ **I want** a marriage. 결혼하고 싶어.

_ **I want** a vacation in France. 프랑스로 휴가가고 싶어.

_ **I want** a semi-formal look. 정장이면서도 약간 캐주얼한 게 필요해요.

Dialog >> A : Do you need to talk to me about something? 나한테 얘기하고 싶은 게 있는 건가?

B : This is going to sound selfish, but I want a raise. 이기적인 소리로 들리겠지만, 월급 좀 올려주시면 좋겠어요.

---

002 **I want sb[sth]+형[부]** …을 …하게 해줘

Point >> 사람이든 사물이든 목적어를 형용사하게 만들어 달라고 하는 패턴으로 부탁 혹은 명령이 될 수 있다.

Pattern >> _ **I want** her conscious as soon as possible. 가능한 빨리 걔의 의식을 되찾아줘.

_ **I want** this food hotter. 이 음식을 따뜻하게 해줘.

_ **I want** them bigger than they are now. 그것들을 지금보다 더 크게 만들어줘.

_ **I want** the athletes stronger for their games. 운동선수들이 경기를 하게 더 튼튼하게 해줘.

_ **I want** you right here. 당장 이리와.

Dialog >> A : This coat is too thin for the winter. 이 코트는 겨울에 입기에 너무 얇아.

B : I want a coat that is warmer then. 난 그럼 더 따뜻한 코트를 원해.

003 I want sb[sth]+pp …을 …하게 해줘

Point » 위의 패턴과 같은 의미로 형용사 자리에 pp가 온 점이 다르다.

Pattern »
_ **I want** it fixed. 난 그거 수리를 원해.

_ **I want** him fired! 걔를 해고해!

_ **I want** him transferred to another hospital right now. 당장 걔 다른 병원으로 이송해줘.

_ **I want** this delivered to television stations. 이걸 방송국으로 발송해줘.

_ **I want** the dog put in the backyard. 개는 뒷마당에 둬라.

Dialog »
> A : Ryan was picking fights with other members. 라이언이 다른 멤버들에게 시비를 걸어.
> B : I want Ryan gone from the group. 난 라이언이 그룹에서 탈퇴했으면 좋겠어.

004 I want to+V …하고 싶어, …할래

Point » I want to+V는 I'd like to+V와 같은 의미이나 좀 더 캐주얼하게 쓰는 표현이다.

Pattern »
_ **I want to** go downtown. Should I take a taxi? 시내로 가고 싶어. 택시를 타야 하나?

_ **I want to** spend the night at my girlfriend's house. 여친집에서 하룻밤 자고 오고 싶은데요.

_ **I want to** take a walk around the park. 공원 근처에 산책하러 가려고.

_ **I want to** talk to you privately. 개인적으로 얘기 좀 나누고 싶은데요.

_ **I want to** thank you for helping me. 도와줘서 고마워요.

Dialog »
> A : I want to thank you for letting me use the car. 차 빌려줘서 고마워.
> B : It was nothing. 별 것도 아닌데요 뭘.

Pattern 25 » I don't want to~

001 I don't want to+V …하고 싶지 않아

Point » 부정으로 I don't want to~하게 되면 「…하고 싶지 않아」라는 의미가 된다.

Pattern »
_ **I don't want to** hurt your feelings. 네 감정을 상하게 하고 싶지 않아.

_ **I don't want to** go in there. 거기 들어가고 싶지 않아.

_ **I don't want to** try new things. 새로운 것들을 시도해보고 싶지 않아.

_ **I don't want to** go to Vegas anymore. 더 이상 베거스에 가고 싶지 않아.

_ **I don't want to** work overtime every day. 매일 야근하고 싶지 않아.

Dialog »
> A : I don't want to give a speech in the meeting. 모임에 나가서 연설하기가 싫어.
> B : Why? I think you are an excellent speaker. 왜? 난 네가 훌륭한 연설가라고 생각하는데.

002 I didn't want to+V …하고 싶지 않았어

Point » 과거에 「…하고 싶지 않았다」고 하는 패턴. 역시 과거를 잘 써야 영어회화를 잘할 수 있다.

Pattern »
_ **I didn't want to** say anything. 아무런 말도 하고 싶지 않았어.
_ **I didn't want to** make you nervous. 널 초조하게 만들고 싶지 않았어.
_ **I didn't want to** leave without saying thank you. 네게 감사하단 말도 없이 가고 싶지 않았어.
_ **I didn't want to** disappoint you, okay? 널 실망시키고 싶지 않았어, 알아?
_ **I didn't want to** worry you with this. 이걸로 널 걱정시키고 싶지 않았어.

Dialog »
> A : Why do you look so tired? 왜 그렇게 피곤해보이는거야?
> B : I didn't want to work all night. 밤새 일하고 싶지 않았어.

003 You don't want to~ …하지 않는게 낫겠어

Point » 물론 상대방의 의지를 단순 확인할 때도 있지만 주로 상대방에게 충고나 조언을 할 때 쓰는 패턴.

Pattern »
_ **You don't want to** ask anybody anything. 누구에게도 아무런 질문을 하지 않는게 좋아.
_ **You don't want to** play this game with me. 나랑 이 게임을 하지 않는게 나아.
_ **You don't want to** spoil your appetite. 네 입맛을 망치지 않는게 낫겠어.
_ **You don't want to** work for a guy like that. 그런 사람 밑에서 일하지 않는게 낫겠어.
_ **You don't want to** get married either, right? 너 역시 결혼하지 않는게 낫겠지, 그지?

Dialog »
> A : You don't want to use that computer. 그 컴퓨터는 사용하지 않는게 좋아.
> B : What's wrong with it? 컴퓨터에 문제라도 있어?

004 You may not want to~ …하지 않는게 좋겠어

Point » 역시 상대방에게 충고하는 것으로 may 대신에 might를 써도 된다.

Pattern »
_ **You may not want to** be here for this. 이 문제로 여기 없는게 좋겠어.
_ **You may not want to** see the photos. 그 사진들을 보지 않는게 좋겠어.
_ **You may not want to** stay at that hotel. 그 호텔에 머물지 않는게 좋겠어.
_ **You may not want to** try skydiving. 스카이 다이빙을 시도해보지 않는게 좋겠어.
_ **You may not want to** listen to rumors. 소문에 귀기울이지 않는게 좋겠어.

Dialog »
> A : My exam is scheduled for 6 am. 시험은 오전 6시야.
> B : You may not want to stay up late. 너무 늦게 자지 않는게 좋겠어.

Pattern 26 ▶▶ I want you to~

001 I want you to+V~ 네가 …하도록 해

Point » 상대방에게 to+V 이하를 해달라고 부탁하는 표현.

Pattern »
_ **I want you to** study very hard in school. 네가 학교에서 아주 열심히 공부했으면 해.
_ **I want you to** listen to me very carefully. 내 말을 신중히 듣도록 해.
_ **I want you to** tell them everything you know. 걔네들에게 네가 아는거 다 말해.
_ **I want you to** go home. 너 집에 가도록 해.
_ **I want you to** have a look at this schedule. 이 일정표 좀 한번 봐 줬으면 좋겠는데.

Dialog »
> A : I want you to study very hard in school. 네가 학교에서 아주 열심히 공부했으면 해.
> B : OK. I'll do my best. 알겠어요. 최선을 다할게요.

Chapter 06

002 I want you to know~ …을 알아줘

Point » I want you to+V의 대표적인 패턴으로 상대방이 know 이하를 알아주기를 바란다는 의미.

Pattern »
_ **I want you to know** something. 네가 뭔가 좀 알아줘.
_ **I want you to know** I didn't ask for this. 난 그걸 요구하지 않았다는 걸 알아줘.
_ **I want you to know** that I'm going to be there. 내가 거기 갈 거니까 그리 알아.
_ **I want you to know** what it's like to love someone. 사람을 사랑하는게 어떤건지 알아줘.
_ **I want you to know** what's true and what's not. 무엇이 진실이고 무엇이 거짓인지 알아줘.

Dialog »
> A : So, you talked to my boyfriend? 그래. 내 남친과 이야기했지?
> B : I want you to know he still loves you. 걔가 너를 여전히 사랑하고 있다는 것을 알아주길 바래.

003 I don't want you to+V 네가 …하는 걸 원치 않아

Point » 반대로 상대방이 to+V 이하를 하는 걸 원하지 않는다고 말할 때 사용하면 된다. 과거형은 I didn't you to+V라 하면 된다.

Pattern »
_ **I don't want you to** come with me. 네가 나와 함께 가는 걸 원치 않아.
_ **I don't want you to** leave! 가지 말라고!
_ **I don't want you to** get you sick. 너를 아프게 하고 싶지 않아.
_ **I didn't want you to** cancel the trip. 네가 여행을 취소하는걸 원치 않았어.
_ **I didn't want you to** get involved in this. 네가 여기에 엮이는걸 원치 않았어.

Dialog »
> A : I don't want you to make a mistake. 네가 실수하지 않길 바래.
> B : I'll do my best. 최선을 다할게.

305

004 **I don't want her to+V~** 걔가 …하는 걸 원치 않아

Point ≫ 이번에는 him이나 her가 to+V 이하를 하지 않기를 바란다는 반대의견을 표현할 때 사용한다.

Pattern ≫
_ **I don't want him to** come in here. 걔가 여기에 오는 걸 원치 않아.
_ **I don't want her to** feel left out. 걔가 소외감느끼는 걸 원치 않아.
_ **I don't want her to** spoil her dinner. 걔가 저녁을 망치는 걸 원치 않아.
_ **I don't want her to** be alone. 걔가 혼자있는 걸 원치 않아.
_ **I don't want him to** be ashamed of anything. 걔가 뭐라도 창피해하는 것을 원치 않아.

Dialog ≫
A : Why are you whispering to me? 왜 내게 속삭이는거야?
B : I don't want her to **hear us.** 걔가 우리얘기 듣기를 원치 않아.

Pattern **27** ≫≫ **I wanted to~**

001 **I wanted to+V** …하고 싶었어

Point ≫ 과거에 자신이 to+V 이하를 하고 싶었다라고 말하는 표현법.

Pattern ≫
_ **I wanted to** show you something. 네게 뭔가 보여주고 싶었어.
_ **I wanted to** talk to you first. 네게 먼저 말하고 싶었어.
_ **I wanted to** get my act together first. 먼저 내가 기운을 차리고 싶었어.
_ **I wanted to** see the president. 난 사장을 만나보고 싶었어.
_ **I wanted to** pick up some of the golf balls you had on sale. 세일중인 골프공 몇개 사고 싶었어.

Dialog ≫
A : You made me feel like a queen today. 넌 오늘 내가 마치 여왕인 것처럼 느끼게 해줬어.
B : I wanted to **show that I love you.** 널 사랑한다는 걸 보여주고 싶었어.

002 **I just wanted to+V~** 단지 …하고 싶었어

Point ≫ just 만 붙임으로써 다른 걸 원하는 것이 아니라 단지 to+V 이하를 하고 싶었다고 제한적으로 표현하는 패턴이다.

Pattern ≫
_ **I just wanted to** go to sleep. 난 단지 잠자고 싶었어.
_ **I just wanted to** be with you. 난 단지 너와 함께 있고 싶었어.
_ **I just wanted to** have fun. 난 단지 즐기고 싶었어.
_ **I just wanted to** see how it's going. 난 단지 일이 어떻게 돌아가나 알고 싶었어.
_ **I just wanted to** give you my honest opinion. 난 그저 솔직한 의견을 말해주고 싶었어.

Dialog ≫
A : I just wanted to **bring up the fact that you still haven't paid me.**
난 아직 내게 돈을 지불하지 않았다는 사실을 언급하고 싶었어.
B : I didn't realize that. 난 몰랐네.

003 I wanted you to+V 네가 …하기를 바랬어

Point » 상대방이 과거에 to+V 이하를 하기를 바랬었다고 하는 과거의 희망이나 바람을 나타낸다.

Pattern »
_ I wanted you to have fun with it. 네가 그걸로 재미있기를 바랬어.

_ I wanted you to be the first to know. 난 네가 제일 먼저 알기를 바랬어.

_ I wanted you to fall in love with it. 난 네가 그거에 흥미를 갖기를 바랬어.

_ I wanted you to have an open mind. 네가 열린 마음이기를 바랬어.

_ I just wanted you to hear the truth. 난 네가 진실에 귀기울이기를 바랬어.

Dialog »
A : What was it you need to talk about? 얘기를 해야겠다는거가 뭐였어?
B : I wanted you to join our group. 네가 우리 단체에 들어오라는 얘기였어.

004 I wanted you to think~ 네가 …라고 생각하기를 바랬어

Point » 상대방이 「…라고 생각하기를 바랬었다」는 의미로 I wanted you to~의 대표패턴.

Pattern »
_ I wanted you to think I was more manly. 내가 더 남자답다고 네가 생각하기를 바랬어.

_ I wanted you to think I was rich. 내가 부자라고 네가 생각하기를 바랬어

_ I wanted you to think she was special. 걔는 특별하다고 네가 생각하기를 바랬어.

_ I wanted you to think everything was okay. 모든게 순조롭다고 네가 생각하기를 바랬어.

_ I just wanted you to think he's innocent. 걔가 무죄라고 네가 생각하기를 바랬어.

Dialog »
A : So, you want to talk about history class? 그래, 역사수업에 대해 얘기하고 싶어?
B : I wanted you to think about the lesson. 난 네가 교훈에 대해 생각하기를 바랬어.

Pattern 28 »» I (just) wanted to say~

001 I just wanted to say~ 단지 …라고 말하고 싶었어

Point » 확인차 혹은 오해를 풀고자 과거 자신의 진심이 어땠는지, 자기 말의 요지를 정리하면서 말하는 패턴.

Pattern »
_ I just wanted to say hello. How've you been? 그냥 인사나 하고 싶었어? 어떻게 지냈어?

_ I just wanted to say that I'm sorry. 미안하다고 말하고 싶었어.

_ I just wanted to say that I don't want to date anybody else.
어떤 누구와도 데이트하고 싶지 않다고 말하고 싶었어.

_ I just wanted to say how wonderful I think you are.
네가 얼마나 대단하다고 내가 생각하는지 말해주고 싶었어.

Dialog »
A : Why did you call me? 왜 내게 전화를 한거야?
B : I just wanted to say I was sorry. 그냥 내가 미안하다고 말하고 싶었어.

002 | I just wanted to tell you~ 단지 네게 …라고 말하고 싶었어

Point >> 역시 자신의 속내 이야기를 털어놓을 때 하는 말.

Pattern >>

_ **I just wanted to tell you** how great you were last night.
지난밤에 네가 얼마나 멋졌는지 네게 말하고 싶었어.

_ **I just wanted to tell you** that I was really hurt when you didn't show up the other day. 요전날 네가 안와서 내가 속상해했다는 것을 네게 말하고 싶었어.

_ **I just wanted to tell you** that I'm going to Florida for a couple weeks.
몇주간 플로리다에 간다고 네게 말하고 싶었어.

_ **I just wanted to tell you** our babysitter gets mixed up sometimes.
우리 보모가 가끔 혼동을 한다고 네게 말하고 싶었어.

Dialog >>

A : I just wanted to tell you **that dinner was ready.** 저녁이 준비됐다고 말하고 싶었어.
B : Thanks, I'm really hungry now. 고마워, 난 정말 배고파.

003 | I (just) wanted you to know~ …을 알아주기를 바랬어

Point >> 과거에 상대방이 know 이하의 사실을 알아주기를 바랬다는 희망을 피력하는 표현법.

Pattern >>

_ **I wanted you to know** what I'm going through. 내가 겪는 것을 네가 알아주기를 바랬어.

_ **I wanted you to know** that he was arrested. 걔가 체포됐다는 걸 알고 있길 바랬어.

_ **I wanted you to know** that I made a mistake. 내가 실수했다는 걸 알고 있길 바랬어.

_ **I wanted you to know** that I never forgot you. 난 절대 널 잊지 않을거라는 걸 알아주길 바랬어.

_ **I just wanted you to know** that I'm sick. 내가 아프다는 걸 알아주길 바랬어.

Dialog >>

A : Brian said he'd be here by now. 브라이언이 그러는데 걔 곧 여기 올거래.
B : I wanted you to know **he couldn't come.** 걔는 올 수 없을거라는 걸 네가 알기를 바랬어.

004 | I just wanted to let you know~ …을 단지 알려주려고 그랬어

Point >> 과거에 상대방에게 「…라는 정보를 주고 싶었다」라고 표현하는 구문.

Pattern >>

_ **I just wanted to let you know** that I'm leaving. 내가 간다는 것을 네게 알려주고 싶었어.

_ **I just wanted to let you know** that I was back. 내가 돌아왔다는 것을 네게 알려주고 싶었어.

_ **I just wanted to let you know** how much I care about you.
단지 네가 널 얼마나 생각하는지 알려주고 싶었어.

_ **I just wanted to let you know** that the wedding is off.
결혼식은 끝났다는걸 알려주고 싶었어.

_ **I wanted to let you know** you did OK. 네가 잘 했다는걸 알려주고 싶었어

Dialog >>

A : I just wanted to let you know **I'm leaving.** 내가 떠난다는 것을 단지 네게 말해주고 싶었어.
B : Really? We hoped you'd stick around. 정말? 네가 더 있기를 바랬는데.

영어회화
공식패턴
3300

Pattern 29 ≫ Do you want~ ?

001 Do you want+N? …을 줄까?

Point ≫ 앞의 Would you like+명사?와 같은 의미 같은 용법이지만 격의없는 친한 사이에 쓸 수 있는 표현. Do you want soup or salad?, Do you want some chicken?처럼 음식 등을 권할 때 자주 사용된다.

Pattern ≫

_ **Do you want** another drink? 한잔 더 할래?

_ **Do you want** my help or not? 내 도움이 필요한거야 아니야?

_ **Do you want** the long answer or the short answer? 긴 대답을 원해 짧은 대답을 원해?

_ **Do you want** something to eat or some tea? 먹을걸 줄까 차를 좀 줄까?

_ **Do you want** Tylenol or aspirin? 타이레놀이나 아스피린 줄까?

Dialog ≫

A : Do you want **a coffee or something?** 커피나 뭐 한 잔 드릴까요?

B : No thanks, I'm fine. 고맙지만, 괜찮아요.

002 Do you want to+V? …할래?

Point ≫ 상대방이 필요한 게 무언지 또 무엇을 하고 싶은지 등 상대방의 의향을 물어보거나 혹은 상대방에게 필요한 것을 권유하는 내용으로 「…할래?」, 「…하고 싶어?」의 뜻이다.

Pattern ≫

_ **Do you want to** come upstairs? 위층으로 올라 올래?

_ **Do you want to** talk about this? 이 얘기 하고 싶어?

_ **Do you want to** come with me? 나랑 같이 갈래?

_ **Do you want to** tell me all about that? 그거에 대해 전부 내게 말해줄래?

_ **Do you want to** end our marriage? 우리 결혼을 끝내고 싶어?

Dialog ≫

A : Do you want to **join us for dinner?** 우리랑 같이 저녁 먹을래?

B : I'm in. Where do you want to go? 같이 갈래. 어디 가려고 하는데?

003 Do you want me to+V? (내가) …해줄까?, 할까?

Point ≫ want 다음에 me가 있어 좀 복잡한 느낌이 들지만 상대방의 의중을 확인하거나(Do you want me to quit?) 혹은 내가 상대방에게 해주고 싶은 걸 제안할 때(Do you want me to teach you?) 쓸 수 있는 표현.

Pattern ≫

_ **Do you want me to** go to the funeral with you? 내가 너랑 함께 장례식에 가줄까?

_ **Do you want me to** stop texting him? 걔에게 문자보내는거 그만 할까?

_ **Do you want me to** talk to your manager? 내가 네 매니저에게 말할까?

_ **Do you want me to** speak to him? 내가 걔한테 말을 할까?

_ **Do you want me to** call you an ambulance? 구급차 불러줄까?

Dialog ≫

A : Do you want me to **give you a ride to the airport?** 내가 공항까지 태워다 줄까?

B : Yes, I would really appreciate it. 그래주면 정말 고맙지.

004 Do you want us to+V? 우리가 …할까?

Point » me가 us로 바뀌었을 뿐이다.

Pattern »
_ **Do you want us to** help you? 우리가 널 도와줄까?
_ **Do you want us to** be somewhere else? 우리가 다른 데에 있기를 바래?
_ **Do you want us to** leave the room? 우리가 방에서 나가기를 바래?
_ **Do you want us to** come back later? 우리가 나중에 다시 올까?
_ Jessica, **do you want us to** take you home? 제시카, 우리가 집에 데려다 줄까?

Dialog »
> A : I'm really hungry for bananas. 정말 바나나를 먹고 싶어.
> B : Do you want us to buy some? 우리가 좀 사다줄까?

Pattern 30 ›› You want me to~

---

001 You want me to+V~? 나보고 …하라고?

Point » 평서문을 끝만 올려 의문문으로 바꾼 문장으로 상대방의 의향을 확인하는 표현이다.

Pattern »
_ **You want me to** meet your friends? 나보고 네 친구들을 만나라고?
_ **You want me to** meet your mom? 나보고 네 엄마를 만나라고?
_ **You want me to** talk to her? 나보고 걔에게 얘기를 하라고?
_ **You want me to** do it? 나보고 그걸 하라고?
_ **You want me to** make a call? 나보고 전화를 걸라고?

Dialog »
> A : Call in sick and tell your boss you'll have it done by Friday. 상사에게 전화로 병가내고 금욜까지 끝내겠다고 해.
> B : You want me to lie to my boss? 나더러 거짓말을 하라는 거니?

---

002 Don't you want to+V? …하지 않을테야?

Point » want 다음에 me를 넣어 Don't you want me to+V?하면 「내가 …하는걸 원치 않나?」고 상대의견을 물어본다.

Pattern »
_ **Don't you want to** celebrate that? 그걸 축하하지 않을테야?
_ **Don't you want to** talk about it? 그 얘기 하고 싶지 않아?
_ **Don't you want me to** stay for this? 이 문제로 내가 남아있는 걸 원치 않아?
_ **Don't you want me to** be happy? 내가 행복해하는 것을 원치 않아?
_ **Don't you want me to** have a chance? 내가 기회를 갖는걸 원치 않아?

Dialog »
> A : I'll leave before this movie ends. 이 영화가 끝나기 전에 난 갈거야.
> B : Don't you want to find out what happened? 어떻게 되는지 알고 싶지 않아?

| 003 | **Don't you want to know~ ?** …을 알고 싶지 않아? |

Point » Don't you want to~를 이용한 대표패턴으로 상대방에게 뭔가 정보를 주고 싶을 때 쓰면 된다.

Pattern »
_ **Don't you want to know why?** 이유를 알고 싶지 않아?
_ **Don't you want to know who's responsible?** 누가 책임져야 하는지 알고 싶지 않아?
_ **Don't you want to know what it is?** 그게 뭔지 알고 싶지 않아?
_ **Don't you want to know why I was in prison?** 내가 왜 감옥에 갔었는지 알고 싶지 않아?
_ **Don't you want to know how he talks about you?** 걔가 너에 대해 뭐라 하는지 알고 싶지 않아?

Dialog »
A : No one cares what happened to Bill. 빌에게 무슨 일이 일어났는지 아무도 신경안써.
B : Don't you want to know where he went? 걔가 어디에 갔었는지 알고 싶지 않아?

Chapter 06

| 004 | **Did you want to+V~ ?** …하기를 바랬어?, …하려고 했어? |

Point » 상대방이 과거에 …하기를 바랬는지 물어보는 문장. 한편 Did you want me to+V~라고 하면 과거에 「내가 … 하기를 바랬어?」라는 의미의 패턴이 된다.

Pattern »
_ **Did you want to examine the patient?** 그 환자를 검진하려고 했어?
_ **Did you want to say goodbye to him?** 걔에게 작별인사를 하려고 했어?
_ **Did you want to join us?** 우리와 함께 하기를 원했어?
_ **Did you want to have dinner with me?** 나와 저녁식사를 하고 싶었어?
_ **Did you want me to open the doors?** 내가 문을 열기를 바랬어?

Dialog »
A : Did you want to see me in your office? 당신 사무실에서 만나길 원하세요?
B : Yes, where is the report I asked you to do? 예, 제가 부탁한 보고서는 어디 있나요?

Pattern 31 »» All I want~

| 001 | **All I want is (for~) to+V** 내가 원하는 것은 …하는거야 |

Point » 나의 강한 희망사항을 말하는 것으로 All I want is+N 혹은 All I want is (for sb) to+V라고 쓰면 된다.

Pattern »
_ **All I want is to go home.** 난 단지 집에 가고 싶을 뿐이야.
_ **All I want is for him to write a check.** 걔가 수표 써주기를 바랄 뿐이야.
_ **All I want is for this to be over.** 이게 끝나기를 바랄 뿐이야.
_ **All I want is for everybody to be happy.** 내가 원하는건 모두가 행복지는거야.
_ **All I want is for Alice to apologize.** 난 단지 앨리스가 사과하기를 바랄 뿐이야.

Dialog »
A : I'll give you whatever you would like. 네가 원하면 뭐든지 줄게.
B : All I want is to be loved by you. 내가 원하는 것은 너의 사랑을 받는게 전부야.

311

002 All I want to do is+V 내가 하고 싶은 건 …뿐이야

Point » 내가 원하는게 어떤 행위, 즉 to do로 밝히고 있는 패턴으로 특히 is~ 다음에는 to없이 바로 「동사원형」이 온다는 점을 눈여겨 본다.

Pattern »
_ **All I want to do is** make some cash. 내가 하고 싶은 건 돈을 좀 벌고 싶을 뿐이야.
_ **All I want to do is** forget her. 내가 하고 싶은 건 걔를 잊는 것 뿐이야.
_ **All I want to do is** go to sleep. 내가 하고 싶은 건 잠자는 것 뿐이야.
_ **All I want to do is** meet a nice girl. 내가 하고 싶은 건 착한 여자를 만나는 것 뿐이야.
_ **All I want to do** now **is** sleep. 내가 지금 하고 싶은 건 자고 싶은 것 뿐이야.

Dialog »
A : Let's go get some coffee. 가서 커피를 좀 마시자.
B : All I want to do is take a nap. 내가 하고 싶은 건 낮잠 자는 것 뿐이야.

003 All I want to know is~ 내가 알고 싶은 건 …뿐이야

Point » to do~ 대신 to know~을 넣어서 「내가 알고 싶은 것은 …뿐이야」라는 뜻이 된다. is~ 다음에는 if, what, how 절 등이 올 수 있다.

Pattern »
_ **All I want to know is** if he's alive. 내가 알고 싶은 건 걔가 살아있느냐는 것 뿐이야.
_ **All I want to know is** if this guy's telling the truth.
내가 알고 싶은 건 이 사람이 진실을 말하고 있느냐야.
_ **All I want to know is** what you were doing. 내가 알고 싶었던 건 네가 무엇을 하고 있었냐는거야.
_ **All I want to know is** how he got here. 내가 알고 싶은 건 걔가 어떻게 여기에 왔냐는 것 뿐이야.
_ **All I want to know is** how fast you run. 내가 알고 싶은 건 네가 얼마나 빨리 달리냐는거야.

Dialog »
A : What is all the commotion outside? 밖의 소란은 다 뭐야?
B : All I want to know is if there are a lot of cops. 내가 알고 싶은 건 경찰이 많이 왔는지야.

004 All I wanted was to+V 내가 원했던 것은 …하는 거였어

Point » 과거에 자신이 바랬던 것은 단지 …뿐이다라는 점을 강조하는 패턴.

Pattern »
_ **All I wanted was to** meet a nice girl. 내가 원했던 것은 착한 여자를 만나는 거였어.
_ **All I wanted was** for you to like me. 내가 원했던 것은 네가 나를 좋아하는 거였어.
_ **All I wanted was to** see her again. 내가 바랬던 것은 걔를 다시 만나는 것이었어.
_ **All I wanted was to** show you two your potential.
내가 원했던 것은 너희 둘에게 너희들의 잠재력을 보여주는 거였어.
_ **All I wanted was to** go hiking in the mountains. 내가 원했던 건 산에 하이킹하러 가는거였어.

Dialog »
A : You chose to travel to Hollywood? 할리우드에 여행하기로 했다며?
B : All I wanted was to meet a movie star. 내가 원했던 것은 영화배우를 만나는거였어.

I know~

001 I know (about)~ ···을 알고 있어

Point » I know+N하게 되면 직접 가봐서 혹은 만나봐서 알고 있다는 뜻이 된다. 들어서 알고 있다고 할 때는 I know of[about]~이라고 쓴다.

Pattern »
_ **I know** her. 나 걔랑 알고 지내는 사이야.

_ **I know** a lovely store in New York. 뉴욕에 있는 근사한 가게를 알고 있어.

_ **I know** of her. 나 걔가 누군지 알아.

_ **I know** all about kung fu. 쿵후에 대해서라면 뭐든 다 알아.

_ **I know** her name. 나 걔 이름 알아.

Dialog »
A : I'd like to buy some antiques. 골동품을 좀 사고 싶은데.
B : I know a lovely antique store in New York. 뉴욕에 근사한 가게를 알고 있어.

002 I know S+V ···을 알고 있어

Point » I know~ 다음에 S+V절을 붙여 내가 이미 알고 있음을 말하면 된다.

Pattern »
_ **I know** that he's a married man. 그 사람이 유부남이라는 거 알아.

_ **I know** that she and I have had our differences. 걔와 난 서로 다른 점이 있었다는 걸 알고 있어.

_ **I know** that I said I thought this was a bad idea. 그건 안좋은 생각같다고 내가 말했던 걸 알고 있어.

_ **I know** I can do better than you. 내가 너보다 더 잘할 수 있다는 걸 알고 있어.

_ **I know** that you're upset with me about that concert thing.
콘서트 일로 해서 내게 화나있다는 걸 알고 있어.

Dialog »
A : I know you want to date Liz. 리즈하고 데이트하고 싶어하는 거 알아.
B : You didn't tell her, did you? 걔한테 말 안했지, 그렇지?

003 I know what to+V 난 ···할 것을 알고 있어

Point » I know~ 다음에 what to+V의 의문사구가 붙은 경우.

Pattern »
_ **I know what to** do. 난 뭘해야 할지 알고 있어.

_ **I know what to** do with a woman. 여자를 어떻게 상대해야 하는지 알고 있어.

_ **I know what to** do when someone dies. 누가 죽었을 때 어떻게 해야 하는지 알고 있어.

_ Everyone thinks **I know what to** say to her. 다들 내가 걔한테 뭐라고 해야 하는지 알고 있다고 생각해.

_ **I know what to** cook for dinner. 저녁으로 뭘 요리할지 알고 있어.

Dialog »
A : Your girlfriend seems very angry. 네 여친이 매우 화가 난 것 같아.
B : I know what to say to her. 걔에게 무슨 말을 해야 할지 알고 있어.

I know what S+V 난 …을 알고 있어

Point » I know~ 다음에 what S+V절이 이어지는 경우.

Pattern »
_ **I know what** you're talking about. 네가 무슨 얘기 하고 있는 건지 알아.

_ **I know what** you're gonna say. 네가 무슨 말할지 알고 있어.

_ **I know what** you're looking for. 네가 뭘 찾고 있는지 알아.

_ **I know what** you mean. 네가 무슨 말하는지 알겠어.

_ **I know what** you're doing. 네가 뭘하는지 알고 있어.

Dialog »
A : It seems like things get more and more expensive. 물가가 점점 비싸지는 것 같아.
B : I know what you're talking about. 무슨 소린지 알겠어.

Pattern 33 »» I know when[where]~

I know when S+V 난 언제 …인지 알고 있어

Point » 이번에는 I know~와 when to+V 혹은 when S+V 절이 만나는 패턴이다.

Pattern »
_ **I know when** I'm not welcome. 언제 환영받지 못하는지 알고 있어.

_ **I know when** bad things happen. 언제 안좋은 일들이 일어나는지 알고 있어.

_ **I know when** I'm being lied to. 난 누가 내게 거짓말할 때를 알아.

_ **I know when** I'm being deceived. 난 언제 사기를 당하고 있는지 알아.

_ **I know when** the package was delivered. 난 택배가 언제 배달되었는지 알고 있어.

Dialog »
A : Gail is serious about getting good grades. 게일은 좋은 성적을 받으려고 진지해.
B : I know when she is studying. 난 걔가 언제 공부하는지 알아.

I know where S+V 난 어디서 …인지 알고 있어

Point » I know~와 장소를 나타내는 where to+V 혹은 where S+V 절이 만나는 패턴이다.

Pattern »
_ **I know where** to go. 어디로 가는지 알아.

_ **I know where** you live. 네가 어디 사는 지 알아.

_ **I know where** he'll be on Thursday night. 걔가 목요일 저녁에 어디에 있을지 알아.

_ **I know where** you keep the key. 난 네가 열쇠를 어디에 두는지 알아.

_ **I know where** you're going. 네가 어디 가는지 알고 있어.

Dialog »
A : How did you get the cash from Jack? 어떻게 잭으로부터 현금을 받았어?
B : I know where he keeps the money. 난 걔가 어디에 돈을 두는지 알고 있거든.

003 I know why S+V 난 왜 …하는지 알아

Point » I know~와 이유를 나타내는 why S+V 절이 만나는 패턴이다. why의 경우 why to+V 형태는 쓰이지 않는다.

Pattern »
_ **I know why** Sam is doing this. 샘이 왜 이렇게 하는지 알아.

_ **I know why** they stayed in a hotel. 난 걔네들이 왜 호텔에 머물렀는지 알고 있어.

_ **I know why** my father lied to me. 왜 아버지가 내게 거짓말을 했는지 알아.

_ **I know why** you want to see me. 네가 왜 나를 보고 싶어하는지 알아.

_ **I know why** Ray smashed the picture frame. 난 왜 레이가 사진프레임을 부셨는지 알아.

Dialog »
A : I know why we came here. 난 우리가 여기에 왜 왔는지 알아.
B : Really? Tell me the reason. 정말? 이유가 뭔데?

004 I think I know why~ 왜 …인지 알 것 같아

Point » 어떤 이유를 알고 있다라고 단정적으로 말하는 것을 피하는 방법으로 I think~로 문장을 감싸면 된다.

Pattern »
_ **I think I know why** you're here. 네가 왜 여기 있는지 알 것 같아.

_ **I think I know why** they think I did. 걔네들이 왜 내가 그랬다고 생각하는지 알 것 같아.

_ **I think I know why** you don't want to go tonight. 오늘밤에 왜 가고 싶어하지 않는지 알 것 같아.

_ **I think I know why** you wanted to meet me. 네가 왜 날 만나고 싶어했는지 알 것 같아.

_ **I think I know why** the flight is delayed. 왜 비행기가 연착되었는지 알 것 같아.

Dialog »
A : George and Grace treat me kindly. 조지와 그레이스가 날 친절하게 대해줘.
B : I think I know why they like you. 왜 걔네들이 널 좋아하는지 알 것 같아.

Pattern 34 » I know how~

001 I know how to+V 난 …하는 법을 알아

Point » I know~와 how의 만남으로 먼저 know 다음에 how to+V가 붙는 경우를 본다.

Pattern »
_ **I know how to** handle it. 그걸 어떻게 처리해야 하는지 알아.

_ **I know how to** make chocolate cake. 난 초콜릿 케익만드는 법을 알아.

_ **I know how to** ride this bike. 이 자전거를 타는 법을 알아.

_ **I know how to** deal with her. 걔를 어떻게 상대해야 하는지 알아.

_ **I know how to** keep a secret. 어떻게 비밀을 지키는지 알아.

Dialog »
A : We're playing cards. Want to join us? 카드놀이 하려고 하는데. 같이 할래?
B : Sure. I know how to play this game. 좋지. 나 포커 칠 줄 알아.

315

002 | I know how S+V 난 …하는 지를 알고 있어

Point >> I know~ 다음에 how S+V 절을 이어 써본다.

Pattern >>
_ **I know how** you feel. 네 심정이 어떤지 알아.

_ **I know how** you feel about her. 걔에게 어떤 심정인지 알아.

_ **I know how** it goes. 어떻게 돌아가는지 알아.

_ **I know how** he solved the problem. 걔가 문제를 어떻게 풀었는지 알아.

_ **I know how** the company went broke. 회사가 어떻게 거덜났는지 알아.

Dialog >>
A : I know how you feel; my dog died last month. 네 심정 이해해. 우리집 개도 지난 달에 죽었거든.
B : I didn't think I'd be so upset. 내가 그렇게까지 마음 아플 줄이라고는 생각 못했어.

003 | I know how much S+V 얼마나 …한지 알고 있어

Point >> how 특유의 용법으로 how 다음에 much를 써서 S+V한 정도를 나타낸다.

Pattern >>
_ **I know how much** it means to you. 이게 네게 얼마나 의미가 있는지 알아.

_ **I know how much** you love that. 네가 그걸 얼마나 좋아하는지 알아.

_ **I know how much** you hate it. 네가 그걸 얼마나 싫어하는지 알아.

_ **I know how much** you guys care about each other.
너희들이 서로 얼마나 생각하는지 알아.

_ **I know how much** the gift cost. 난 그 선물가격을 알고 있어.

Dialog >>
A : Victoria is always eating candy. 빅토리아는 언제나 캔디를 먹어.
B : I know how much she likes chocolate. 난 걔가 얼마나 초콜릿을 좋아하는지 알고 있어.

004 | I know how hard S+V 얼마나 …한지 알고 있어

Point >> know 다음에 hard 등의 형용사가 이어지는 경우.

Pattern >>
_ **I know how hard** this is. 이게 얼마나 어려운지 알고 있어.

_ **I know how hard** your breakup from Alex was.
알렉스와 헤어지는게 얼마나 어려웠는지 알고 있어.

_ **I know how painful** it is to lose Chris. 크리스를 잃는게 얼마나 고통스러운 일인지 알아.

_ **I know how hard** it must have been for you to find.
네가 찾는데 얼마나 어려웠을까 알고 있어.

_ **I know how hard** your dad works. 난 네 아버지가 얼마나 열심히 일하는지 알고 있어.

Dialog >>
A : My cousins have no free time. 내 사촌들은 시간이 없어.
B : I know how hard they work. 걔네들이 얼마나 열심히 일하는지 알고 있어.

001 I don't know+N …을 몰라

Point >> I know~의 반대 패턴으로 I don't know 다음에 먼저 명사를 넣어보자.

Pattern >>

_ **I don't know.** 몰라.

_ **I don't know** his cell phone number. 걔 휴대폰 번호를 모르는걸.

_ **I don't know** Randy very well. 난 랜디랑 그다지 친하지 않아.

_ **I don't know** her age. 그 여자 나이를 몰라.

_ **I don't know** people in this office. 난 이 사무실의 사람들을 몰라.

Dialog >>

A : Can you tell me more about that guy? 저 남자에 대해서 좀 더 얘기해줄래?

B : Sorry, I don't know Danny very well. 미안한데, 난 대니하고 별로 안친해.

002 I don't know about~ …에 대해서 몰라

Point >> 「…에 대해서 아는 바가 없다」는 뜻이며, 특히 I don't know about you, but~의 경우, 이는 「너는 모르겠지만」 라는 뜻으로 상대방과 다른 의견을 말할 때 사용하는 표현이다.

Pattern >>

_ **I don't know about** real estate. 부동산에 관해서는 아는 게 없어.

_ **I don't know about** the new plans. 새 계획에 대해서는 몰라.

_ **I don't know about** yoga. 요가에 대해 아는 게 없어.

_ **I don't know about** the rules of the game. 난 그 게임의 룰을 몰라.

_ **I don't know about** these new computers. 난 이 새로운 컴퓨터에 대해 몰라.

Dialog >>

A : Could you give me some advice about real estate? 부동산에 관해서 조언 좀 해줄래?

B : Sorry. I don't know about that. 미안해. 부동산에 대해서는 아는 게 없어.

003 I don't know any~ …의 아무 것도 몰라, 전혀 몰라

Point >> I don't know~의 강조어법으로 특히 I don't know any+사람명사인 경우는 「…라는 이름의 사람은 전혀 몰라」 라는 뜻이 된다.

Pattern >>

_ **I don't know any** other way to say it. 그걸 달리 말할 방법을 전혀 모르겠어.

_ **I don't know any** of these people. 이 사람들중 아는 사람이 한 명도 없어.

_ **I don't know any** Dr. Welmont. 웰몬트 박사에 대해 아무 것도 몰라.

_ **I don't know any** people around here. 여기에 있는 사람들 아무도 몰라.

_ **I don't know any** recipes to make bread. 빵을 만드는 방법을 전혀 몰라.

Dialog >>

A : Is there anyone who can fix my sink? 내 싱크대를 수리할 수 있는 사람 있어?

B : I don't know any plumbers. 난 배관공 아는 사람이 전혀 없어.

004   I don't know S+V …을 모르겠어, …가 아닐지도 몰라

Point »   I don't know~ 다음에 S+V절이 이어지는 경우로 I don't know 의문사~에 비하면 별로 쓰이지 않는 편이다.

Pattern »

_ **I don't know** that he'll do that today. 걔가 오늘 그렇게 할거라 생각하지 않아.

_ **I don't know** that I can make that happen. 내가 그렇게 하도록 할 수 있을지 모르겠어.

_ **I don't know** that I can do that. 내가 그걸 할 수 있을지 모르겠어.

_ **I don't know** she liked to cook. 걔가 요리하는걸 좋아했다는 걸 모르겠어.

_ **I don't know** that tigers lived in Korea. 호랑이가 한국에 살았다는 걸 모르겠어.

Dialog »

A : Tina was very sick after dinner. 티나는 저녁을 먹고 매우 아팠어.

B : I don't know that the food made her sick. 음식 때문에 아픈건지 모르겠네.

Pattern 36 » I don't know what~

001   I don't know what to+V 어떻게 …해야 할지 모르겠어

Point »   I don't know~ 다음에 의문사 what과의 만남. 먼저 what to+V구를 붙여본다.

Pattern »

_ **I don't know what** to do. 뭘 어떻게 해야 할지 모르겠어.

_ **I don't know what** to say. 뭐라 말해야 할지 모르겠어.

_ **I don't know what** to tell you. 네게 뭐라고 해야 할지 모르겠어.

_ **I don't know what** to do with that. 그걸 어떻게 해야 할지 모르겠어.

_ **I don't know what** else to do. 달리 어떻게 해야 할지 모르겠어.

Dialog »

A : I don't know what to do about this! 이걸 어떻게 해야 될지 모르겠어!

B : Don't worry. I'll give you a piece of advice. 걱정마. 내가 조언해줄게.

002   I don't know what S+V …하는지 모르겠어

Point »   I don't know~ 다음에 what S+V절을 이어쓰며 잘 모르겠다고 하는 패턴.

Pattern »

_ **I don't know what** you're talking about. 네가 무슨 말 하는지 모르겠어.

_ **I don't know what** I'm supposed to say. 내가 무슨 말을 해야 되는지 모르겠어.

_ **I don't know what** you want. 네가 뭘 원하는지 모르겠어.

_ **I don't know what** I'm going to do with this thing! 내가 이 일을 어떻게 해야할지 모르겠어!

_ **I don't know what** they fought about. 걔네들이 싸운 이유를 몰라.

Dialog »

A : You have been too friendly to the new secretary. 새로 온 비서에게 너무 다정하게 구네.

B : I don't know what you mean. 무슨 말 하는거야.

003   I don't know when S+V 언제 …하는지 모르겠어

Point ≫ 시간을 뜻하는 when과 I don't know~의 만남. 역시 when to+V구와 when S+V절이 이어나올 수 있다.

Pattern ≫
_ **I don't know when** I'm gonna see you again. 내가 언제 널 다시 볼지 모르겠어
_ **I don't know when** I'll be done. 내가 언제 끝날지 모르겠어.
_ **I don't know when** Stan's coming back. 스탠이 언제 돌아올지 모르겠어.
_ **I don't know when** I'm gonna get a chance. 내가 언제 기회를 잡을지 모르겠어.
_ **I don't know when** she went to sleep. 걔가 언제 잠자러 갔는지 몰라.

Dialog ≫
A : I'd like to speak to your dad. 네 아빠와 얘기하고 싶어.
B : I don't know when he's coming home. 아버지가 언제 집에 오는지 몰라.

004   I don't know where S+V 난 어디서 …하는지 모르겠어

Point ≫ 장소를 뜻하는 where와 I don't know~의 만남. 역시 where to+V구와 where S+V절이 이어나올 수 있다.

Pattern ≫
_ **I don't know where** my wife is. 내 아내가 어디에 있는지 모르겠어.
_ **I don't know where** they're going. 걔네들이 어디로 가고 있는지 모르겠어.
_ **I don't know where** they went. 걔네들이 어디에 갔는지 모르겠어.
_ **I don't know where** to start. 어디서 시작해야 할지 모르겠어.
_ **I don't know where** Jake got the gun. 제이크가 어디에 총을 두는지 몰라.

Dialog ≫
A : I can help find your cat. 네 고양이 찾는거 도와줄게.
B : Thanks. I don't know where she is. 고마워. 어디 있는지 모르겠어.

Pattern 37 ≫≫ I don't know why[how, if]~

001   I don't know why S+V 왜 …하는지 모르겠어

Point ≫ 이번에는 I don't know~와 why, how, 그리고 if가 만나는 경우를 살펴본다. 먼저 why S+V를 붙여본다.

Pattern ≫
_ **I don't know why** this is so hard for me. 왜 이게 나한테 그렇게 어려운지 모르겠어.
_ **I don't know why** you're telling me this. 네가 왜 나한테 이 말을 하는지 모르겠어.
_ **I don't know why** I said that. 내가 왜 그 말을 했는지 모르겠어.
_ **I don't know why** we didn't think to check there! 거길 확인해보는 걸 왜 생각못했는지 모르겠어!
_ **I don't know why** she's angry. 걔가 왜 화를 내는지 모르겠네.

Dialog ≫
A : I don't know why he's acting so strangely lately. 걔가 최근 왜 그렇게 이상하게 행동하는지 모르겠어.
B : Me either. I can't put it together. 나도 몰라. 미루어 짐작을 할 수가 없어.

319

002 I don't know how to+V 난 어떻게 …하는지 몰라

Point >> 아주 많이 쓰이는 패턴으로 I don't know~ 다음에 how to+V구를 이어 쓰는 경우이다.

Pattern >>
_ **I don't know how to** handle it. 그걸 어떻게 처리해야 하는지 모르겠어.
_ **I don't know how to** help them. 걔네들을 어떻게 도와야 하는지 모르겠어.
_ **I don't know how to** talk about that stuff. 그것에 관해 어떻게 말해야 할지 모르겠어.
_ **I don't know how to** tell you I'm exhausted. 내가 지쳤다고 어떻게 네게 말해야 할지 모르겠어.
_ **I don't know how to** thank you. 어떻게 감사를 드려야 할지 모르겠어요.

Dialog >>
A : Here's the present I got for your birthday. 이거, 네 생일이라서 선물 준비했어.
B : I don't know how to thank you. 어떻게 감사드려야 할지 모르겠네요.

003 I don't know how S+V 난 어떻게 …하는지 몰라

Point >> I don't know~다음에 how S+V 절을 붙여 써본다.

Pattern >>
_ **I don't know how** you do it. 네가 그걸 어떻게 하는지 모르겠어.
_ **I don't know how** you survived it. 네가 거기서 어떻게 살아남았는지 모르겠어.
_ **I don't know how** you put up with it. 난 네가 그걸 어떻게 참아냈는지 모르겠어.
_ **I don't know how** he had a heart attack. 어떻게 걔가 심장마비에 걸렸는지 모르겠어.
_ **I don't know how** I'm gonna get over what she did.
걔가 한 행동을 내가 어떻게 이겨낼지 모르겠어.

Dialog >>
A : I'm glad you like it. 네가 좋다니 나도 기뻐.
B : I don't know how I lived without it. 저게 없었다면 어땠을까 싶을 정도라니까.

004 I don't know who[if]~ …인지 모르겠어

Point >> I don't know~ 다음에 who. 그리고 특히 많이 쓰이는 I don't know if S+V 형태를 알아본다.

Pattern >>
_ **I don't know who** did it. 누가 그랬는지 모르겠어.
_ **I don't know who** this person is. 이 사람이 누구인지 모르겠어.
_ **I don't know if** it's that good. 그게 그렇게 좋은건지 모르겠어.
_ **I don't know if** you'll find anything. 네가 뭐라도 찾을런지 모르겠어.
_ **I don't know if** I could do that. 내가 그렇게 할 수 있을지 모르겠어.

Dialog >>
A : I don't know if my homework is correct. 숙제를 맞게 했는지 모르겠어.
B : Why don't I check it for you? 내가 확인해줄까?

001 **I didn't know what S+V** …을 몰랐어

Point >> 과거형 I didn't know 다음에 who to+V나 what S+V절이 이어지는 경우이다.

Pattern >>
_ **I didn't know what** else to do. 달리 어떻게 해야 될지 몰랐어.

_ **I didn't know what** they could do. 걔네들이 뭘 할 수 있을지 몰랐어.

_ **I didn't know what** the hell I was doing. 내가 도대체 뭘 하고 있었는지 몰랐어.

_ **I didn't know what** Nina wanted. 니나가 뭘 원했는지 몰랐어.

_ **I didn't know what** was gonna happen. 무슨 일이 벌어질지 몰랐어.

Dialog >>
A : Jerry was happy to see you tonight. 제리는 오늘밤에 널 보고 기뻐했어.

B : I know, but I didn't know what to say to him. 알지만 난 걔에게 무슨 말을 해야 할지 몰랐어.

002 **I didn't know if S+V** …인지 몰랐어

Point >> I didn't know~의 과거형과 if S+V절이 결합된 경우.

Pattern >>
_ **I didn't know if** you remembered me. 네가 나를 기억할지 몰랐어.

_ **I didn't know if** I could face reality. 내가 현실에 맞설 수 있을지 몰랐어.

_ **I didn't know if** you'd be coming back or not. 네가 돌아올지 아닐지 몰랐어.

_ **I didn't know if** it was you. 그게 너였는지 몰랐어.

_ **I didn't know if** they were ready. 걔네들이 준비되었는지 몰랐어.

Dialog >>
A : Linda and Paris loved your gift. 린다와 패리스는 네 선물을 좋아했어.

B : I didn't know if they would like it. 걔네들이 그걸 좋아할지 몰랐어.

003 **I didn't know how S+V** 난 어떻게 …했는지 몰랐어

Point >> I didn't know~의 과거형과 how to+V나 how S+V절이 붙는 경우.

Pattern >>
_ **I didn't know how to** be a father. 어떻게 아버지가 되는지 몰랐어.

_ **I didn't know how to** explain. 어떻게 설명해야 하는지 몰랐어.

_ **I didn't know how to** turn it off. 어떻게 그걸 끄는지 몰랐어.

_ **I didn't know how** I felt about you till this moment.
이 순간까지 내가 널 어떻게 생각하는지 몰랐어.

_ **I didn't know how** the window was broken. 어떻게 그 창문이 깨졌는지 몰랐어.

Dialog >>
A : The prisoners got away through a tunnel. 죄수들이 터널을 통해 도망쳤어.

B : I didn't know how they escaped. 걔네들이 어떻게 도망쳤는지 몰랐어.

004 I didn't know who~ 누가 …했는지 몰랐어

Point » I didn't know~의 과거형과 who to+V나 who S+V절이 이어지는 패턴이다.

Pattern »

_ **I didn't know who** I could trust. 내가 누굴 믿을 수 있을지 몰랐어.

_ **I didn't know who** else to call. 달리 전화할 사람을 몰랐어.

_ **I didn't know who** to trust. 누굴 믿어야 할지 모르겠어.

_ **I didn't know who** could help us. 누가 우리를 도와줄 수 있을지 모르겠어.

_ **I didn't know who** wrote the note. 누가 이 쪽지를 썼는지 몰랐어.

Dialog »

A : Everyone from work is going to the wedding. 사무실 사람들 모두 결혼식에 갈거야.

B : I didn't know who was invited. 난 누가 초대를 받았는지 몰랐어.

Pattern 39 »» Do you know~ ?

---

001 Do you know+N~ ? …을 알아?

Point » Do you know+명사?의 형태로 상대방이 「…에 대해 알고 있는지」 여부를 말하는 표현.

Pattern »

_ **Do you know** her e-mail address? 너 걔 이메일 주소 알아?

_ **Do you know** Sarah? 너 새라하고 친해?

_ **Do you know** his phone number? 너 걔 전화번호 알아?

_ **Do you know** the professors? 너 교수님들 알아?

_ **Do you know** exercise is healthy? 운동이 얼마나 건강에 좋은지 알아?

Dialog »

A : You can ask the school's advisor about that. 지도교수님한테 그 문제를 여쭤봐.

B : Do you know her e-mail address? 교수님 이메일 주소 알아?

---

002 Do you know about ~? …에 대해 알아?

Point » 상대방에게 「…에 대해 간접적으로 알고 있는지」 물어볼 때는 Do you know about~?이라고 한다.

Pattern »

_ **Do you know about** my ex-wife. 내 전처에 대해서 알아?

_ **Do you know about** this? 이거에 관해 알아?

_ **Do you know about** the newest diet? 가장 최신의 다이어트에 관해 알아?

_ **Do you know about** John's accident? 존의 사고에 대해 알아?

_ **Do you know about** the political scandal? 정치적 스캔들에 대해 알아?

Dialog »

A : Do you know about those apartments? 그 아파트에 대해 알아?

B : People say they are very nice inside. 내부가 아주 멋지다고 하더라.

---

322 영어회화
공식패턴
3300

003 Do you know any~ ? 혹 …을 좀 알아?

Point » Do you know any+명사?가 되면 「혹 …을 좀 알아?」라는 강조표현이 된다.

Pattern »

_ **Do you know any** good restaurants? 근사한 식당 아는 데 있어?

_ **Do you know any** friends that he might have? 걔에게 있을지도 모를 친구 혹 알아?

_ **Do you know any** good bars? 괜찮은 바 혹시 좀 알아?

_ **Do you know any** place that is private? 좀 조용한 곳 좀 알아?

_ **Do you know any** people who work for the government? 아는 사람중에 공무원있어?

Dialog »

A : Let's grab a bite to eat. 뭐 좀 먹으러 가자.

B : Do you know any good restaurants? 좋은 식당 아는 데 있어?

004 Do you know anything about~? …에 대해 뭐 아는 거라도 있어?

Point » about 다음에는 명사나 동사의 ~ing가 이어진다.

Pattern »

_ **Do you know anything about** jazz? 재즈에 대해 아는 것 좀 있어?

_ **Do you know anything about** fixing cars? 차 수리에 대해 뭐 좀 알아?

_ **Do you know anything about** fixing computers? 컴퓨터 수리에 대해 뭐 좀 알아?

_ **Do you know anything about** teenage boys? 십대소년들에 대해 뭐 좀 아는거 있어?

_ **Do you know anything about** resumes? 이력서에 대해서 뭐 좀 아는거 있어?

Dialog »

A : Do you know anything about fixing computers? 컴퓨터 수리에 대해 뭐 좀 알아?

B : Why? Isn't yours working properly? 왜? 네 컴퓨터 작동이 잘 안되냐?

Chapter 06

Pattern 40 »» Do you know wh~ ?

001 Do you know S+V? …을 알아?

Point » Do you know~ 다음에 명사가 아니라 절이 오는 경우로 먼저 that S+V절이 오는 패턴이다.

Pattern »

_ **Do you know** that it's been a month? 그게 벌써 한 달이 되었다는 걸 알고 있어?

_ **Do you know** that we're losing? 우리가 지고 있는 걸 알아?

_ **Do you know** she lied to me? 걔가 우리에게 거짓말한 거 알아?

_ **Do you know** taxes must be paid? 세금은 반드시 내야 된다는 걸 알고 있어?

_ **Do you know** Kelly took your wallet? 켈리가 네 지갑을 가져간 걸 알아?

Dialog »

A : I was in love with Laurie. 난 로리와 사랑에 빠졌어.

B : Do you know she got married? 걔 유부녀인거 알고 있어?

002 Do you know what S+V? ···을 알아?

Point » Do you know~ 다음에 what S+V절이 이어지는 경우.

Pattern »

_ **Do you know** what I think? 내가 뭘 생각하고 있는지 알아?

_ **Do you know** what our daughter did? 우리 딸이 뭘 했는지 알아?

_ **Do you know** what I'm saying? 내가 한 말 알아들었어?

_ **Do you know** what I mean? 무슨 말인지 알겠어?

_ **Do you know** what just happened? 방금 무슨 일이 일어났는지 알아?

Dialog »

A : Do you know what you want to order? 뭘 주문할지 정하셨습니까?

B : No. Do you have any recommendations? 아뇨. 추천 좀 해주시겠어요?

003 Do you know when~ ? 언제 ···하는지 알아?

Point » Do you know~ 다음에 시간을 나타내는 when S+V절이 이어지는 경우.

Pattern »

_ **Do you know** when he might be back? 걔가 언제쯤 돌아올지 알아?

_ **Do you know** when she comes back from lunch? 걔가 점심먹고 언제쯤 돌아올지 알아?

_ **Do you know** when the funeral is? 장례식이 언제인지 알아?

_ **Do you know** when we'll finish? 우리가 언제 끝낼지 알아?

_ **Do you know** when the train leaves? 기차가 언제 출발하는지 아세요?

Dialog »

A : Do you know when the train arrives? 기차가 언제 도착하는지 아세요?

B : It's scheduled to be here at 7 a.m. 오전 7시에 도착하는 것으로 되어 있어요.

004 Do you know where~ ? 어디서 ···하는지 알아?

Point » Do you know~ 다음에 장소를 나타내는 where S+V절이 이어지는 경우.

Pattern »

_ **Do you know** where he went? 걔가 어디로 갔는지 알아?

_ **Do you know** where she is? 걔가 어디 있는지 알아?

_ **Do you know** where your parents are? 네 부모님이 어디 계신지 알아?

_ **Do you know** where I can find Chris Suh? 크리스 서 어디에 계신가요?

_ **Do you know** where the subway station is? 전철역이 어디 있는지 알아요?

Dialog »

A : When it comes to computer problems, I would ask Rick.
컴퓨터 문제에 관해서라면 나 같으면 릭한테 물어 보겠다.

B : Do you know where he is right now? 지금 릭이 어디에 있는지 알아?

Pattern 41 ▶▶ Do you know how~ ?

---

001 | **Do you know who~ ?** 누가[누구를] …하는지 알아?

Point ≫ Do you know~ 다음에 사람을 나타내는 who S+V절이 이어지는 경우. 특히 who는 what과 더불어 주어가 될 수 있어 Do you know who+V?의 형태도 쓰인다.

Pattern ≫
_ **Do you know who did it?** 누가 그랬는지 알아?
_ **Do you know who this man is?** 이 사람이 누군인지 알아?
_ **Do you know who I always liked?** 내가 항상 누굴 좋아했는지 알아?
_ **Do you know who I am?** 내가 누군인지 알아?
_ **Do you know who she is?** 그 여자가 누군지 알아?

Dialog ≫
A : Do you know who **makes this product?** 이게 어디 제품인지 알아?
B : I'm pretty sure it's Chinese. 중국 제품인게 분명해.

---

002 | **Do you know why~ ?** 왜 …하는지 알아?

Point ≫ Do you know~ 다음에 이유를 나타내는 why S+V절이 이어지는 경우.

Pattern ≫
_ **Do you know why I love horror movies?** 내가 왜 공포영화를 좋아하는지 알아?
_ **Do you know why people make fun of us?** 왜 사람들이 나를 놀려대는지 알아?
_ **Do you know why he did it?** 왜 걔가 그랬는지 알아?
_ **Do you know why I'm here?** 내가 왜 여기 있는지 알아?
_ **Do you know why I'm laughing?** 내가 왜 웃고 있는지 알아?

Dialog ≫
A : Do you know why **they never showed up?** 왜 걔네들이 오지 않았는지 알고 있어?
B : They missed their flight. 비행기를 놓쳤대.

---

003 | **Do you know how~ ?** 어떻게 …하는지 알아?

Point ≫ Do you know~ 다음에 방법을 나타내는 how S+V절이 이어지는 경우. how의 경우에는 how+형용사 S+V 형태가 많이 쓰인다.

Pattern ≫
_ **Do you know how rare that is?** 그게 얼마나 드문 일인지 알아?
_ **Do you know how to cut hair?** 어떻게 머리를 자르는지 알아?
_ **Do you know how many days I've been in here?** 내가 여기에 며칠이나 있었는지 알아?
_ **Do you know how long I've wanted this?** 내가 얼마나 오랫동안 이걸 원했는지 알아?
_ **Do you know how many years I've worked at this hospital?**
내가 이 병원에서 몇 년이나 일했는지 알아?

Dialog ≫
A : Do you know how **to make cheese from milk?** 우유로 치즈를 어떻게 만드는지 아니?
B : Not really. But I'm sure it's difficult. 글쎄. 하지만 분명히 어려울거야.

325

Do you know if~ ? …인지 알아?

Point » Do you know~ 다음에 if S+V절이 이어지는 경우의 패턴.

Pattern »
_ **Do you know if** those shirts are for sale? 저 셔츠 세일하는지 알아?
_ **Do you know if** he has a girlfriend? 걔한테 여친이 있는지 알아?
_ **Do you know if** he's in his office? 걔가 사무실에 있는지 알아?
_ **Do you know if** he's coming tonight? 걔가 오늘밤에 오는지 알고 있어?
_ **Do you know if** anyone's available to help? 어디 도와줄 수 있는 사람 없을까?

Dialog »
A : Do you know if she has a family history of mental illness?
　　걔 가족중 정신병을 앓은 사람이 있는지 혹 알아?
B : Yes, as a matter of fact, her father was insane. 사실 걔 아버지가 정신병을 앓았어.

Pattern 42 » **Don't you know~ ?**

001 ## Don't you know~ …을 몰라?

Point » 상대방의 무지를 핀잔하는 것으로 Don't you know~ 다음에는 명사, about+명사, that절 및 의문사절이 이어진다.

Pattern »
_ **Don't you know** how to read an x-ray? 엑스레이를 어떻게 보는지 몰라?
_ **Don't you know** what's going on? 무슨 일이 벌어지고 있는지 몰라?
_ **Don't you know** where we are? 우리가 어디에 있는지 몰라?
_ **Don't you know** how much your mother loves you? 네 엄마가 널 얼마나 사랑하는지 몰라?
_ **Don't you know** how much I wanna see this guy?
　　내가 이 사람을 얼마나 보고 싶어하는지 몰라?

Dialog »
A : We have been watching TV all day. 우리는 온종일 TV를 보고 있었어.
B : Don't you know it's a waste of time? 그거 시간낭비인줄 몰라?

002 ## Did you know~ ? …을 알고 있었어?

Point » 상대방에게 과거의 어떤 사실을 알고 있었냐고 단순히 확인하는 패턴이다.

Pattern »
_ **Did you know** this was happening? 이런 일이 일어날거라는 걸 알고 있었어?
_ **Did you know** anything about your father? 네 아빠에 대해 뭐 좀 알고 있었어?
_ **Did you know** I was allergic to shellfish? 내가 조개 알레르기 있는거 알고 있었어?
_ **Did you know** he was in there? 걔가 거기 있다는 것을 알고 있었어?
_ **Did you know** Sheila got married? 쉴라가 결혼한거 알고 있었어?

_ **Did you know** that Ethan plays the trumpet? 이단이 트럼펫을 연주한다는 걸 알고 있었어?

_ **Did you know** that Chris is eight years older than me?

크리스가 나보다 8살이 많은거 알고 있었어?

Dialog ≫

A : Did you know that Mary and Bob were getting a divorce?
메리와 밥이 이혼할거라는 거 알고 있었어?

B : Well, that figures. They were always getting into fights.
글쎄, 예상했던 바야. 걔네들은 항상 싸움 속에 살았잖냐.

---

003 | **I knew~** …을 알고 있었어

Point ≫ I know~의 과거형으로 I knew S+V의 형태를 집중적으로 살펴본다. 참고로 I knew it!은 "내 그럴 줄 알았어!"
라는 뜻이다.

Pattern ≫ _ **I knew** we'd be running into a traffic jam. 우리가 교통체증에 걸릴거라는 것을 알고 있었어.

_ **I knew** I could count on you. 널 믿어도 될 줄 알고 있었어.

_ **I knew** you didn't have a meeting. 너 회의가 없다는 걸 알고 있었어.

_ **I knew** this would happen. 이럴 줄 알고 있었어.

_ **I knew** all that hard work would pay off someday.

열심히 일하면 언젠가 성과가 나타나는 건 당연한 거지 뭐.

Dialog ≫

A : It turns out she has been sleeping with another guy. 걔가 다른 자식과 잠자리를 하고 있었네.

B : I knew it. I never trusted her. 그럴 줄 알았어. 난 결코 걔를 신뢰하지 않았어.

Pattern 43 ≫ **You know~**

001 | **You know S+V[?]** 넌 …을 알지, …을 알고 있어?

Point ≫ You know S+V하게 되면 「넌 …을 알고 있지[있잖아]」, 그리고 끝을 올려 You know S+V?하게 되면 평서문
형태의 의문문으로 「…을 알고 있어?」라는 뜻이 된다.

Pattern ≫ _ **You know** dad was 63 when he died. 아버지가 63세에 돌아가셨다는거 알잖아.

_ **You know** I changed my mind. 알겠지만 내 맘을 바꿔먹었어.

_ **You know** you didn't have to do this. 넌 이렇게 할 필요가 없었다는 걸 알고 있어.

_ **You know** Sam's been a member here for years. 샘은 오랫동안 여기 회원인거 알잖아.

_ **You know** time heals all wounds. 세월이 약이란 말 있잖아요.

Dialog ≫

A : I stole this paper from the school. 나 학교에서 이 시험지를 훔쳤어.

B : Shame on you! You know it's wrong to steal. 부끄러운 줄 알아! 너도 훔치는게 나쁜거라는 건 알잖아

You know what S+V[?] 넌 …을 알지[?]

Point >> You know~ 다음에 what 절이 이어지는 경우로 평서문, 의문문 두가지 경우로 쓰인다.

Pattern >> _ **You know what** that used to be? 그게 과거에 어땠는지 알지?

_ **You know exactly what** it means. 그게 뭘 의미하는지 정확히 알고 있잖아.

_ **You know what** makes me mad? 뭐가 날 열받게 하는지 알아?

_ **You know what** I like most about him, though? 그래도 걔한테서 가장 좋아하는 게 뭔지 알아?

_ **You know how much** I love you for doing this?
네가 이거 하는걸 내가 얼마나 좋아하는지 알고 있지?

Dialog >>
A : You know how to ride a bike don't you? 너 자전거 탈 줄 알지, 그렇지 않아?
B : Of course! 그렇고 말고!

You don't know+N 넌 …을 몰라

Point >> 상대방의 무지를 탓하는 것으로 역시 의문형으로 쓰면 강조하는 표현이 된다.

Pattern >> _ **You don't know** the first thing about the stock market.
너 주식시장에 대해 아무것도 몰라.

_ **You don't know** the first thing about women. 너 여자에 대해 아무것도 몰라.

_ **You don't know** the guy we're meeting? 우리가 만나는 남자를 넌 몰라?

_ **You don't know** me at all! 넌 나에 대해 전혀 몰라!

_ **You don't know** anything about her. 넌 걔에 대해서 아무것도 몰라.

Dialog >>
A : I don't understand how the war began. 전쟁이 어떻게 시작했는지 모르겠어.
B : You don't know history very well. 너 역사를 잘 모르는구나.

You don't know wh~ S+V 넌 …을 몰라

Point >> You don't know~ 다음에 의문사구나 의문사절이 이어지는 경우.

Pattern >> _ **You don't know how to** ride a bike? 자전거 타는 법을 모른다고?

_ **You don't know how to** deal with these kids. 이 애들을 어떻게 다루어야 할지 넌 몰라.

_ **You don't know what** that means to me. 그게 내게 무슨 의미인지 넌 몰라.

_ **You don't know what** you're doing. 넌 네가 무얼 하는지도 몰라.

_ **You don't know how** that happened? 그게 어떻게 그렇게 됐는지 모른단 말야?

Dialog >>
A : Steve just snapped and started hitting people. 스티브가 화를 내며 사람들을 치기 시작했어.
B : You don't know why he got angry? 왜 걔가 화를 냈는지 몰라?

001 | **All I know about+N is~** …에 대해 내가 알고 있는거라곤 …뿐이야

Point ⟫ N에 대해서 알고 있는 것은 is~ 이하 뿐이고 그 외에는 잘 모른다고 하는 표현법.

Pattern ⟫
_ **All I know about** Jim **is** that he's old. 짐에 대해 알고 있는거라곤 늙었다는거야.

_ **All I know about** church **is** that it's boring. 교회에 대해 알고 있는거라곤 지겹다는거야.

_ **All I know about** her **is** that she's from Busan. 걔에 대해 알고 있는거라곤 부산출신이라는거야.

_ **All I know about** Africa **is** that it's hot. 아프리카에 대해 알고 있는거라곤 덥다는거야.

_ **All I know about** this TV program **is** it sucks. 이 TV 프로그램에 알고 있는거라곤 엿같다는거야.

Dialog ⟫
A : How much should I spend for a new car? 새차 뽑으려면 돈을 얼마나 써야 돼?
B : All I know about cars is they are expensive. 자동차에 대해 내가 알고 있는거라곤 비싸다는거야.

002 | **All I know is~** 내가 알고 있는 건 … 뿐이야

Point ⟫ 「…밖에 모른다」라는 의미로 경우에 따라서는 어떤 사실을 강조할 때 쓰이기도 한다.

Pattern ⟫
_ **All I know is** we are in trouble. 내가 알고 있는건 우린 곤경에 빠져 있다는거야.

_ **All I know is** we need more money. 내가 알고 있는건 돈이 더 필요하다는거야.

_ **All I know is** he had a gun. 내가 알고 있는건 걔에게 총이 있다는거야.

_ **All I know is** the car was stolen. 내가 알고 있는건 자동차가 도둑을 맞았다는거야.

_ **All I know is** Doug won't join us. 내가 알고 있는건 더그는 우리와 함께 하지 않을거라는거야.

Dialog ⟫
A : Did he make a commitment to his girlfriend? 걔 여친과 결혼약속을 했어?
B : All I know is that he bought her a ring. 내가 아는 거라고는 걔에게 반지를 사줬대.

003 | **What do I know about~ ?** 내가 …에 대해서 아는게 뭔가?

Point ⟫ 즉 「…에 대해서 하나도 모른다」라는 사실을 강조하기 위한 패턴.

Pattern ⟫
_ **What do I know about** purses? Nothing. 지갑에 대해 내가 아는게 뭔가? 아무것도 몰라.

_ **What do I know about** men? 내가 남자들에 대해 아는게 없어.

_ **What do I know about** getting a man? 남자 꼬시는거에 대해 아는게 없어.

_ **What do I know about** Einstein's theories? 아인슈타인의 이론에 대해 아는게 없어.

_ **What do I know about** your private life? 네 사생활에 대해 아는게 전혀 없어.

Dialog ⟫
A : Are the cops going to catch him? 경찰들이 걔를 체포할건가?
B : What do I know about police affairs? 내가 경찰일을 어떻게 알겠어?

---

001 **I have no idea what[when, where]~** …인지 모르겠어

Point >> have no idea는 숙어로 don't know와 같은 뜻으로 I have no idea what[when, where, who] S+V 혹은 간단히 I have no idea what[who] to+V~하면 「무엇(누가)이 …인지 모른다」라는 표현이 된다

Pattern >> _ **I have no idea when** I'll see you. 언제 내가 널 보게될지 모르겠어.

_ **I have no idea what** you're talking about. 네가 무슨 말을 하는지 모르겠어.

_ **I have no idea what** happened to my wife. 내 아내에게 무슨 일이 일어났는지 모르겠어.

_ **I have no idea where** he went. 걔가 어디에 갔는지 모르겠어.

_ **I have no idea what** you just said. 네가 방금 뭘 말했는지 모르겠어

Dialog >>
A : Do you know what I mean? 내가 말하는 것이 무언지 알겠어?
B : Actually, I have no idea what you are talking about. 실은 네가 무슨 말을 하는지 모르겠어.

---

002 **I have no idea how[why]~** 어떻게[왜] …인지 모르겠어

Point >> I have no idea~ 다음에 how[why] 절이나 구가 이어지는 경우.

Pattern >> _ **I have no idea how** I got there. 내가 어떻게 거기에 갔는지 모르겠어.

_ **I have no idea how** to help you. 널 어떻게 도와야할지 모르겠어.

_ **I have no idea whose** "side" you're on. 네가 어느 편인지 모르겠어.

_ **I have no idea how** to get inside. 어떻게 안으로 들어가는지 모르겠어.

_ **I have no idea how** this works. 이게 어떻게 작동하는지 모르겠어.

Dialog >>
A : Your computer was on my bed. 네 컴퓨터 내 침대위에 있었어.
B : I have no idea how it got here. 그게 어떻게 여기에 있게 됐는지 모르겠어.

---

003 **I had no idea~** …하는 줄은 몰랐어

Point >> I have no idea~의 과거형인 I had no idea~ 다음에는 주로 that 절이 이어진다.

Pattern >> _ **I had no idea** it would bother you this much. 그게 널 이렇게 괴롭힐 줄 몰랐어.

_ **I had no idea** you had such a big family. 니네가 그렇게 대가족인 줄 몰랐어.

_ **I had no idea** you wanted to meet Phil so badly. 그렇게 필을 만나고 싶어하는지 몰랐어.

_ **I had no idea** how expensive this stuff was! 이게 이렇게 비싼줄 몰랐어!

_ **I had no idea** that traffic was this bad in Seoul. 서울의 교통상황이 이렇게 나쁜 줄 미처 몰랐어.

Dialog >>
A : I had no idea that I was so behind schedule. I'm sorry.
이렇게 늦어질 줄은 몰랐거든. 미안해.
B : Well, next time you should pay more attention. 뭐, 다음엔 좀더 신경쓰라고.

004 ## Do you have any idea~ ? …인지 알아?

Point » 상대방이 뭔가 알고 있는지 모르는지 궁금해서 물어보거나 혹은 「알기나 하냐」, 「넌 몰라」라는 뉘앙스를 풍기면서 던질 수 있는 표현. Do you have any idea+의문사(what/who~) S+V?의 형태로 쓰면 된다. 단순히 알고 있는지 여부를 묻는 경우가 아닌 "너 모르지 않냐"라는 의미로 쓰이는 경우에는 의미상 결국 You have no idea+ 의문사 S+V와 일맥상통하는 표현이다.

Pattern »
_ **Do you have any idea** what this means? 이게 무슨 의미인지 알아?

_ **Do you have any idea** how much that hurts? 그게 얼마나 아픈지 알기나 해?

_ **You have no idea** how much I need this. 내가 얼마나 이걸 필요로 하는지 넌 몰라.

_ **You have no idea** what pressure I'm under. 내가 어떤 압력을 받고 있는지 넌 몰라.

_ **You have no idea** how hard that is. 그게 얼마나 어려운지 넌 몰라.

Dialog »
A : I heard that you're studying economic theory. 너 경제 이론을 공부한다면서.
B : You have no idea **how boring it is.** 그게 얼마나 지루한지 넌 모를거야.

Let me vs. Lemme

한번은 책에서 Lemme see what the photos look like라는 문장을 발견했는데 Lemme는 사전을 찾아봐도 없더군요. Lemme는 문맥으로 볼 때 Let me를 이렇게 표기한 것 같은데 단순한 오타인지 아니면 정말 이렇게도 쓰는 건지 알고 싶습니다.

오타가 아닙니다. Lemme는 Let me를 발음나는 대로 표기한 것입니다. Let의 /t/ 발음은 me의 /m/ 발음 앞에서 제대로 파열되지 않고 목안으로 삼켜지게 되므로, Lemme처럼 소리나게 되죠. 그런데 영화나 팝송 등에서는 "정확한 형식" 보다는 "생생한 구어"가 더 우선시 되므로 이따금 표기 자체를 Lemme라고 하게 되는 거랍니다.

이처럼 "표기의 형식파괴"가 이루어진 경우는 Lemme 외에도 많습니다. 예를 들어 give me는 gimme로, don't know는 dunno로 표기하는 경우가 허다하지요. 또, '동사 + to'를 줄이는 경우도 많습니다. wannabe(인기스타를 쫓아다니며 흉내내고 싶어하는 사람)라는 정형화된 표현이 있을 정도로, want to를 소리나는 대로 쓴 wanna라는 표기는 일반적이죠. going to를 gonna로, got to는 gotta 로 표기하는 일도 비일비재합니다

그리고 Rock 'n' roll에서처럼 and를 달랑 n 하나로 처리해버리는 경우나, because의 앞머리 be-를 과감하게 떼어버리고 'cause로 표기하는 경우도 많습니다. ~ing는 발음하기 편하게 /in/이라고 소리내는 경향이 있기 때문에 표기 자체를 끝자음 -g를 떼어버리고 goin'이나 doin'으로 하기도 합니다. you를 ya', cha 등으로 표기하는 경우도 있지요. you에 강세가 없으면 /ja/로 발음하는 경우가 많아 이를 표기에 그대로 반영한 것입니다. 그리고 주유소에서 많이 들을 수 있는 표현인 Fill 'er up(가득 넣어주세요)에서 'er는 her에서 발음이 거의 되지 않는 h-를 생략한 거지요.

001 I think S+V …인 것 같아

Point » I think~를 말할 내용 앞에 두면 「내 생각엔 …인 것 같아」라는 의미로 자신없는 이야기를 하거나 혹은 자기의 생각을 부드럽게 말할 수 있다. 예를 들어 She's lying이라고 하기 보다는 I think she's lying하면 「쟤 거짓말하는 것 같아」라는 의미가 되어 자신의 생각을 훨씬 부드럽게 전달할 수 있게 된다.

Pattern »
_ **I think** she's lying. 걔가 거짓말하고 있는 것 같아.
_ **I think** we're going to be late. 늦을 것 같아.
_ **I think** you'll like it. 네가 맘에 들어할거야.
_ **I think** I must be going now. 지금 가봐야 할 것 같아.
_ **I think** it is too expensive. 그건 너무 비싼 것 같아.

Dialog »
A : I think we're going to be late. 우리 늦을 것 같아.
B : We've got plenty of time. 시간 충분해.

002 I think I'll~ …을 할까봐

Point » 역시 자기가 할 행동이나 상태를 좀 더 부드럽게 말하는 표현법이다. will 대신에 be going to를 써도 된다.

Pattern »
_ **I think I will** stay here with mama. 엄마와 함께 여기 남아있을까봐.
_ **I think I will** leave before this gets awkward. 모양새가 더 이상해지기 전에 가봐야겠어.
_ **I think I will** be all right! 난 괜찮을 것 같아!
_ **I think I'll** stay with the girls. 난 여자애들과 남아있을까봐.
_ **I think I'll** make a call. 내가 전화를 걸어볼까봐.

Dialog »
A : I think I'm going to ask them what they're talking about.
그 사람들이 무슨 얘기하고 있는지 물어봐야겠다.
B : Why don't you mind your own business? 네 일이나 잘하지 그래?

003 I'm thinking S+V …을 생각중이야, …한 것 같아

Point » …을 생각하고 있다라는 뜻으로 「…한 것 같아」, 혹은 「…을 생각중이야」라는 뜻으로 쓰인다.

Pattern »
_ **I'm thinking** it's a message for us. 그건 우리에게 보내는 메시지인 것 같아.
_ **I'm thinking** she did it to hurt me. 내게 상처를 주려고 그런 것 같아.
_ **I'm thinking** I will go home soon. 곧 집에 가야 될 것 같아.
_ **I'm thinking** he could die. 걔가 죽을 수도 있을 것 같아.
_ **I'm thinking** that we can quit. 우리가 그만 둘 수 있을 것 같아.

Dialog »
A : Fran and Barb are always fighting. 프랜하고 밥은 항상 싸워.
B : I'm thinking that they should split up. 걔네들 갈라서겠네.

004 | I was thinking S+V …할까 생각중이었어

Point » I'm thinking~의 과거형으로 「…을 할까 생각중이었다」라는 의미.

Pattern »
_ **I was thinking** I could take paternity leave. 남자의 육아휴가를 쓸까 생각중이었어.

_ **I was thinking** I wish my mother were here to see my kids.
엄마가 여기와서 내 애들을 보았더라면이라고 생각중이었어.

_ **I was thinking** what it would be like to kiss you.
네게 키스한다면 그게 어떤 걸까 생각중이었어.

_ **I was thinking** you need to relax. 네가 긴장을 풀어야 한다고 생각하고 있었어.

_ **I was thinking** she would come tonight. 걔가 오늘 저녁 올지도 모른다고 생각하고 있었어.

Dialog »
A : That guy really needs to see a shrink. 저 친구 정말 정신과에 가봐야겠어.
B : I was thinking the exact same thing myself. 나도 같은 생각을 하고 있었어.

Pattern 47 »» I think of[about]~

001 | I'm just thinking of[about]+N 그저 …에 대해 생각하고 있어

Point » I think~의 진행형으로 「…에 대해서 계속 생각하고 있다」라는 의미.

Pattern »
_ **I've been thinking about** you all day. 난 종일 너만 생각했어.

_ **I'm just thinking about** students at my school. 내 학교의 학생들을 생각하고 있어.

_ **I'm just thinking about** people who are unkind.
난 그저 불친절한 사람들에게 대해 생각하고 있어.

_ **I'm just thinking about** projects I can complete.
내가 완성할 수 있는 프로젝트에 관해 생각하고 있어.

_ **You're still thinking about** what I said at the church.
넌 아직도 내가 교회에서 한 말을 생각하고 있구나.

Dialog »
A : I was thinking about that, but I changed my mind. 그거 생각해봤는데 마음이 변했어.
B : What are your expansion plans? 네 사업확장계획을 좀 들어보자.

002 | I'm thinking of[about]~ing …할 생각이야

Point » I'm thinking of[about] ~ing는 현재 지속되는 일이나 가깝게 예정된 나의 일을 말할 때 사용하는 표현이다.

Pattern »
_ **I'm thinking of growing** a mustache. 난 수염을 기를 생각이야.

_ **I'm thinking of bringing** him back. 걔를 다시 데려올 생각이야.

_ **I'm thinking of inviting** Annabel. 애너벨을 초대할 생각이야.

_ **I'm thinking of ordering** a pizza. 피자를 주문할 생각이야.

_ **I'm thinking of leaving** my husband. 남편을 떠날 생각이야.

_ **I'm thinking about going** back to medical school. 의대로 다시 돌아갈 생각이야.

_ **I'm thinking about taking** a little vacation to Michigan.
미시건으로 휴가를 짧게 갔다올 생각이야.

_ **I'm thinking about buying** a house. 집을 살 생각이야.

Dialog »

A : I am thinking about **becoming an airline pilot.** 민간 항공기 조종사가 될까 생각 중이야.

B : Really? Have you gotten accepted into an airline school?
정말? 항공 학교에 입학 허가는 받았니?

---

003 ## I was thinking of[about]~ing …할 생각이었어

Point » 과거에 「…을 할려고 했었다」라고 할 때 사용하는 표현법.

Pattern »

_ **I was thinking of going** out also. 나도 역시 나갈 생각이었어.

_ **I was thinking about taking** the afternoon off. 오후에 쉴 생각이었어.

_ **I was thinking of getting** a puppy. 애완견을 기를 생각이었어.

_ **I was thinking about asking** her for her number. 걔에게 전번 알려달라고 할 생각였어.

_ **I was thinking of staying** in a bed and breakfast.
아침식사가 제공되는 민박을 할 생각이었어.

Dialog »

A : Billy and I are thinking of coming to visit you this summer. 빌리하고 이번 여름에 너희 집에 갈까 생각 중야.

B : Fancy that! I'll have to get my guest room all ready! 어머 정말! 손님방을 치워 놔야겠네!

Pattern 48 >> I don't think~

001 ## I don't think S+V …라고 생각하지 않아

Point » I don't think~ 역시 자기가 말하려는 내용을 부드럽게 해주는 역할을 해주는데 다만 상대방과 반대되는 의견이나 자기가 말할 내용이 부정적일 경우에 사용하면 된다.

Pattern »

_ **I don't think** I should do that. 내가 그걸 해야 한다는 생각이 안 들어.

_ **I don't think** it will rain tomorrow. 내일 비가 올 것 같지는 않은데.

_ **I don't think** she[he] will come. 걔는 안올 것 같아.

_ **I don't think** we can be friends. 우리가 친구가 될 수 있다고 생각하지 않아.

_ **I don't think** you understand how serious he is.
걔가 얼마나 진지한지 네가 이해 못하는 것 같아.

Dialog »

A : I don't think it will rain tomorrow. 내일 비올 것 같진 않아.

B : Have you seen the weather forecast? 일기예보 봤어?

영어회화
핵심패턴
3300

002 I don't think it's true that~ …라니 믿기질 않아

Point » 뭔가 놀라운 소식을 들었을 때 믿지 않는다고 할 때 사용하는 패턴.

Pattern »
_ **I don't think it's true that** Jerry cheated on Karen.
제리가 캐런을 두고 바람을 폈다니 믿을 수가 없어.

_ **I don't think it's true that** a UFO landed here. UFO가 여기에 착륙했다니 믿기질 않아.

_ **I don't think it's true that** we will remain poor. 우리가 계속 가난할거라니 믿기질 않아.

_ **I don't think it's true that** he is gay. 걔가 게이라니 믿기질 않아.

_ **I don't think it's true that** she lied to us. 걔가 우리에게 거짓말을 했다니 믿기질 않아.

Dialog »
A : Are we leaving before 5pm? 오후 5시 이전에 우리 출발하는거야?

B : I don't think it's true that **we'll leave early.** 우리가 그렇게 일찍 떠난다니 믿기질 않아.

Chapter 06

003 I didn't think S+V …라고 생각하지 않았어

Point » I don't think~의 과거형으로 과거에 「…라 생각하지 않았다」라고 말하는 표현법이다.

Pattern »
_ **I didn't think** we were gonna make it! 우리가 해낼 수 있을거라 생각하지 않았어!

_ **I didn't think** I'd meet someone like you. 내가 너같은 사람은 만날거라 생각하지 않았어.

_ **I didn't think** I could ever love again. 내가 다시 사랑을 할 수 있을거라 생각하지 않았어.

_ **I didn't think** it was that big a deal. 그게 그렇게 큰 거래라고 생각하지 않았어.

_ **I didn't think** Mike liked to drink or party. 난 마이크가 술과 파티를 좋아하지 않는 줄 알았어.

Dialog »
A : Next week we're scheduled to play the top team in the league.
다음 주에 우리가 리그의 1위인 팀과 시합을 하게 되어 있어.

B : Are you sure? I didn't think they had such a great record.
그게 정말이야? 난 그 팀이 그렇게 좋은 성적을 내리라고 생각 못했는데.

004 I didn't think that I was going to+V …하게 될 줄은 몰랐어

Point » 자기도 예측 못한 자신의 행동에 놀라서 하는 말.

Pattern »
_ **I didn't think** I was gonna win. 내가 이기게 될 줄은 몰랐어.

_ **I didn't think** I was going to be so nervous. 내가 긴장하게 될 줄은 몰랐어.

_ **I didn't think** I was gonna get to go back to work. 내가 다시 일하게 될 줄은 몰랐어.

_ **I didn't think** I was gonna ever be happy again. 내가 다시 행복하게 될 줄은 몰랐어.

_ **I didn't think that** I was going to see Spence. 내가 스펜스를 만날 줄은 몰랐어.

Dialog »
A : Why didn't you wear nicer clothes? 왜 더 멋진 옷을 입지 않은거야?

B : I didn't think that I was going to **meet anyone.** 누굴 만날거라 생각을 못했어.

001

Point >>

I thought S+V …라 생각했어, …인 줄 (잘못) 알았어

단순히 I think~의 과거형으로 「…라 생각했어」라는 용법도 있지만 「그럴 줄 알았는데 실제는 그렇지 않은 경우」에 더욱 많이 쓰인다.

Pattern >>

_ **I thought** you could do it! 내가 그렇게 할 수 있을거라 생각했어!

_ **I thought** you were dead. 네가 죽은 줄 알았어.

_ **I thought** that it isn't important to you. 네게 중요하지 않다고 생각했어.

_ **I thought** you were on my side. 난 네가 우리편인 줄 알았어.

_ **I thought** you were leaving. 네가 떠나는 줄 알았어.

Dialog >>

A : Dorothy and Lyman are splitting up. 도로시하고 라이먼은 갈라설거야.
B : No kidding. I thought **they had a strong marriage.** 말도 안돼. 금슬이 좋은 줄 알았는데.

002

Point >>

I thought I could~ 내가 …을 할 수 있을거라 생각했어

「…할 수 있을거라 생각했는데 실제는 그러지 못했다」고 실망감에 할 수 있는 말.

Pattern >>

_ **I thought I could** trust you. 널 믿을 수 있을거라 생각했어.

_ **I thought we could** have dinner some night. 언제 밤에 저녁을 먹을 수 있을거라 생각했어.

_ **I thought I could** meet them for lunch. 걔네들과 만나 점심을 먹을 수 있을거라 생각했어.

_ **I thought I could** trust her not to talk about such a personal matter.
난 걔가 그런 개인적인 문제까지 얘기하고 다니진 않을 거라고 믿었거든.

Dialog >>

A : Why are you so angry? 왜 내게 화나 있는거야?
B : You let me down. I thought I could **trust you.** 실망했어. 널 믿을 수 있다고 생각했는데.

003

Point >>

I thought we had[were]~ 우리가 …였다고 생각했어

역시 실망감을 표현하는 패턴으로 「우리가 …였다고 생각했는데 실은 그렇지 않은」 경우에 사용한다.

Pattern >>

_ **I thought we had** a connection. 우리 서로 통한다고 생각했어.

_ **I thought we had** a great time. 멋진 시간을 보냈다고 생각했어.

_ **I thought we might** need it some day. 언젠가 그게 필요할지도 모른다고 생각했어.

_ **I thought we were** just having dinner. 방금 우리 저녁먹었다고 생각했는데.

_ **I thought we were** gonna be so happy. 우리가 아주 행복할거라 생각했어.

Dialog >>

A : There's nothing left in the fridge. 냉장고에 남은게 아무것도 없어.
B : I thought we had **extra food.** 음식이 더 남아있을거라 생각했는데.

004 I thought you were going to~ 네가 …할거라 생각했는데

Point » 이번에는 상대방에 대한 실망감을 표현하는 것으로 상대가 「…할거라 기대했는데 그러지 못한 경우」이다.

Pattern »
_ **I thought you were going straight to** school. 네가 학교로 곧장 갈거라 생각했는데.
_ **I thought you were gonna** invite them. 네가 걔네들을 초대할거라 생각했어.
_ **I thought you were gonna** mow the lawn. 난 네가 잔디를 깎을거라 생각했는데.
_ **I thought you were gonna** propose tonight. 난 네가 오늘밤 프로포즈를 할거라 생각했는데.
_ **I thought you were going to** be my father. 난 당신이 내 아빠가 될거라 생각했어.

Dialog »
A : I'll stay in bed a while longer. 좀 더 오랫동안 침대에 있을거야.
B : I thought you were going to work. 너 출근할거라 생각했는데.

Pattern 50 »» I thought I told you~

001 I thought I told you to~ …라고 말한 것 같은데

Point » I told you to~를 좀 더 부드럽게 말하는 방식.

Pattern »
_ **I thought I told you to** get out of here. 나가라고 말했던 건 같은데.
_ **I thought I told you to** leave town. 마을을 떠나라고 말한 것 같은데.
_ **I thought I told you to** go away. 꺼지라고 말한 것 같은데.
_ **I thought I told you to** go to bed. 자라고 말한 것 같은데.
_ **I thought I told you** not to come. 오지 말라고 한 것 같은데

Dialog »
A : What are you doing here? I thought I told you to get out of here. 뭐하는 거야? 나가라고 했잖아.
B : You did, but I'm not finished my report yet. 그랬죠, 그런데 보고서를 아직 못 끝내서요.

002 I thought I told you not to~ …하지 말라고 말한 것 같은데

Point » 역시 I told you not to~를 부드럽게 말하는 방법이다.

Pattern »
_ **I thought I told you not to** come. 오지 말라고 한 것 같은데.
_ **I thought I told you not to** speak to him anymore. 더 이상 걔한테 말하지 말라고 한 것 같은데.
_ **I thought I told you not to** do anything. 아무 것도 하지 말라고 말한 것 같은데.
_ **I thought I told you not to** smoke in here. 여기서 담배피지 말라고 말한 것 같은데.
_ **I thought I told you not to** eat the cake. 그 케익을 먹지 말라고 내가 말한 것 같은데.

Dialog »
A : Can I talk to you for a few minutes? 잠깐 얘기해도 될까?
B : I thought I told you not to bother me. 나 귀찮게 하지 말라고 얘기한 것 같은데.

003   I thought I told you S+V …라고 말한 것 같은데

Point » to+V 대신에 S+V 형태의 절이 온 경우이다.

Pattern »

_ **I thought I told you** I never want to see you again. 다신 절대로 널 보고 싶지 않다고 말한 것 같은데.

_ **I thought I told you** he lies to everyone. 걔는 모든 사람에게 거짓말을 한다고 말한 것 같은데.

_ **I thought I told you** that neighborhood is dangerous. 그 이웃은 위험하다고 내가 말한 것 같은데.

_ **I thought I told you** we were going jogging. 우리 조깅할거라고 내가 말한 것 같은데.

_ **I thought I told you** the door must be locked. 문을 반드시 잠그라고 내가 말한 것 같은데.

Dialog »

A : Let's go to our favorite bar. 우리가 좋아하는 바에 가자.

B : I thought I told you **they closed.** 그 가게 문닫았다고 말한 것 같은데.

004   I thought you said~ …라고 네가 말한 것 같은데

Point » told의 경우와 달리 said 다음에는 S+V만 올 수가 있다.

Pattern »

_ **I thought you said** those jokes were funny. 네가 그 농담이 재미있다고 말한 걸로 아는데.

_ **I thought you said** it was okay. 난 네가 괜찮다고 말한 줄 알았는데.

_ **I thought you said** you know what you're doing. 난 네가 하는 일을 잘 알고 있다고 말한 것 같은데.

_ **I thought you said** you were a lousy cook. 넌 자신이 형편없는 요리사라고 말한 것 같은데.

_ **I thought you said** you were separated. 너 별거했다고 네가 말한 것 같은데.

_ **I thought you said** you were going to do nothing.

넌 네가 아무 일도 하지 않을거라 말한 것 같은데.

Dialog »

A : Henry is part of our study group. 헨리는 우리 스터디그룹 멤버야.

B : I thought you said **he was dumb.** 난 네가 걔가 멍청하다고 말한 걸로 알았는데.

---

pick up the tap vs. treat

tab은 「계산서」를 말하는 구어 표현으로, pick up the tab이라고 하면 「계산서를 집어들다」, 즉 「돈을 낸다」는 얘기죠. treat sb 혹은 treat sb to sth의 형태로 쓰이는 treat이라는 동사 또한 다른 사람에게 음식 등을 「사준다」는 의미입니다. 그런데 pick up the tab이 말 그대로 식당이나 술집 등에서 「계산서를 지불한다」는 의미인데 비해, treat은 계산서가 나오지 않는 것들도 다 포함해서 아무튼 뭔가를 「사준다」(buy something for someone else)는 행위를 포괄하는 표현이죠. 다시 말해 treat은 pick up the tab을 아우르는, 좀 더 범위가 넓은 표현이라고 이해하시면 되겠습니다. 그러므로 술 또는 음식값을 지불하는 경우에는 treat과 pick up the tab을 둘 다 사용하실 수 있겠네요. 특별히 술값을 내는 것만을 말할 때는 "I'll buy you a drink"라는 표현도 쓸 수 있구요.

자, 이제 용례를 한번 살펴 볼까요? 친한 사람들과 함께 식당에 몰려가 맛있게 식사를 하고 나서, 또 흥겨운 술자리 뒤끝에 멋있게 「한턱 낼게」라고 하는 표현은 "I'll treat you," "I'll pick up the tab," "It's my treat," "I'll pay," "It's on me," "Be my guest," "I'll get it" 등 여러 가지가 있습니다.

또한 treat에는 보다 다양한 의미와 쓰임새가 있다는 거예요. 아래 dialogue에서 처럼 treat oneself(큰맘 먹고 즐기다)와 같이 자기 자신에게도 쓸 수 있는 거구요. "It's my treat"에서의 treat은 「한턱 내는 것」을 뜻하는 명사죠.

■ A: Let's treat ourselves to a night on the town. 밤에 시내에 가서 한바탕 신나게 놀자구.

B: I'm sorry but I'm broke until payday. 미안하지만 난 월급날까진 거지신세라 못나가겠어.

A: Don't worry about it. It's my treat. 걱정마. 내가 한턱 낼테니까.

B: Wow, this really is a treat. 이야, 이거 정말 뜻밖의 대접을 받게 되네.

I never thought~

---

001 **I never thought of[about]** …에 대해서는 생각도 안해봤어

Point >> 전혀 예상못한 일이 벌어졌을 때 쓰는 표현으로 of sb ~ing의 확장표현도 사용해보도록 한다.

Pattern >>
_ **I never thought of** that before. 전에는 그런 생각을 전혀 안해봤어.

_ **I never thought of** you moving away. 난 네가 이사가 버릴거라고 생각을 못했어.

_ **I never thought about** that. 그거에 대해서는 생각도 안해봤어.

_ **I never thought** anything like that. 난 절대로 그와 같은 것은 생각도 안해봤어.

_ **I never thought of** it that way. 난 그걸 그런 식으로 생각해본 적이 없어.

Dialog >>
A : Lena seems to have many boyfriends. 레나는 남친이 많은 것 같아.
B : I never thought about her personal life. 난 걔의 사생활에 대해서는 생각해본 적도 없어.

---

002 **I never thought I'd+V** …하리라고 전혀 생각못했어

Point >> 역시 놀라움 속에 하는 말로 I never thought~ 다음에 S+V를 붙이면 된다.

Pattern >>
_ **I never thought I'd** be so lucky. 내가 그렇게 운이 좋으리라고 생각못했어.

_ **I never thought I'd** be able to do that! 내가 그걸 할 수 있을거라 생각못했어!

_ **I never thought you'd** want a fifth kid. 네가 다섯 번째 아이를 원하리라고는 생각못했어.

_ **I never thought** this would happen. 이런 일이 벌어지리라고는 생각못했어.

_ **I never thought I'd** say this. 내가 이 말을 하리라곤 꿈에도 생각 못했어.

Dialog >>
A : They are really two of a kind. 걔네들 똑같은 부류의 사람들야.
B : You know I never thought that they were, but you're right. 전혀 그렇지 않다고 생각했는데 네 말이 맞아.

---

003 **I never thought I'd say this, but~** 이런 말하게 될 줄 전혀 몰랐지만…

Point >> 조금은 길지만 뭔가 놀라운 상황에 마주쳤을 때 할 수 있는 강조표현.

Pattern >>
_ **I never thought I'd** say this. 내가 이 말을 하리라곤 꿈에도 생각못했어.

_ **I never thought I'd** say this, but Penny got a job today.
이런 말하게 될 줄 몰랐지만 페니가 오늘 취직했어.

_ **I never thought I'd** say this, but it's good to see you, Jim.
이런 말하게 될 줄 몰랐지만 짐, 만나서 반가워.

_ **I never thought I'd** say this but I kind of feel sorry for Paul.
이런 말하게 될 줄 몰랐지만 조금은 폴이 안됐어.

Dialog >>
A : I never thought I'd say this, but I've fallen in love. 내가 이런 말할 줄 몰랐지만, 나 사랑에 빠졌어.
B : That's great news! With who? 대단한 뉴스네! 누구하고?

004 I haven't thought~ …일 거라고는 생각도 못했었어

Point » 현재완료형으로 have를 부정하거나(haven't) 혹은 thought 앞에 never 를 넣어도 된다.

Pattern »
_ **I haven't thought** about that in 15 years. 난 15년 동안 그거에 대해 생각도 못했었어.

_ **I haven't thought** about her in years. 난 오랫동안 걔 생각을 하지 않았어.

_ **I've never thought** of it that way. 난 그걸 그런 식으로 생각해본 적이 없어.

_ **I've never** really **thought** about it. 정말 그걸 생각해 본 적이 전혀 없어.

Dialog »
A : You were a good baseball player in school. 너 학교다닐 때 훌륭한 야구선수였어.
B : I haven't thought about that for years. 수년동안 그 생각 해보지도 않았어.

Pattern 52 »» Do you think~ ?

001 Do you think S+V? …인 것 같아?

Point » 상대방이 어떤 생각을 갖고 있는지, 어떻게 생각하고 있는지 등을 물어보면 된다.

Pattern »
_ **Do you think** so? 그렇게 생각해? (상대의 말을 받아)

_ **Do you think** she loves me too? 걔도 날 사랑하는 것 같니?

_ **Do you think** he's right? 걔 말이 맞는 것 같니?

_ **Do you think** this color suits me? 이 색깔이 나한테 어울리는 것 같니?

_ **Do you think** we can finish it on time? 우리가 이 일을 제시간에 끝낼 수 있을 것 같니?

Dialog »
A : I'm impressed with your hard work. 열심히 일하는 모습이 인상적이네요.
B : Really? Do you think I'm ready for a promotion? 정말인가요? 제가 곧 승진할 것 같아요?

002 Don't you think S+V? …한 것 같지 않아?

Point » 자기 생각을 강조해서 전달하거나 혹은 억양에 따라 질책과 책망의 뉘앙스까지도 줄 수 있는 표현.

Pattern »
_ **Don't you think** she is pretty? 걔 예쁜 것 같지 않냐?

_ **Don't you think** it looks great? 멋있어 보이는 것 같지 않냐?

_ **Don't you think** she's wrong this time? 이번엔 걔 말이 틀린 것 같지 않아?

_ **Don't you think** he will understand me? 걔가 날 이해해줄 것 같지 않아?

_ **Don't you think** it's a great idea? 좋은 생각같지 않니?

Dialog »
A : Is this your new car? 이거 네 새 차니?
B : Yes. Don't you think it looks great? 응. 근사해 보이지 않냐?

340 영어회화
공식패턴
3300

003 Did you think S+V? …할거라 생각했어?

Point » 과거에 상대방의 생각을 확인하는 패턴이다.

Pattern »
_ **Did you think** it would be easy? 그게 쉬울거라 생각했어?

_ **Did you think** you could betray me and just walk away? 배신하고 그냥 가버릴 수 있다고 생각했어?

_ **Did you think** that was a good idea? 그게 좋은 아이디어였다고 생각했어?

_ **Did you think** I was gonna kiss you? 내가 너한테 키스할거라 생각했어?

_ **Did you think** the movie was good? 그 영화가 괜찮았다고 생각했어?

Dialog »
A : Ray was involved in an accident. 레이가 사고를 당했어.
B : Did you think he got hurt? 걔가 다쳤다고 생각했어?

004 You (really) think S+V? 정말 …라고 생각해?

Point » 평서문 형태로 끝만 올려서 의문문으로 만드는 간단한 패턴. 끝을 내려 평서문처럼 사용할 수도 있다.

Pattern »
_ **You think** it's fun? 그게 재미있다고 생각해?

_ **You think** I'm an idiot? 내가 바보라고 생각해?

_ **You think** we're going to break up? 우리가 헤어질거라 생각해?

_ **You think** I don't know that? 내가 그걸 모른다고 생각해?

_ **You really think** this is okay? 정말 이게 괜찮다고 생각해?

Dialog »
A : I got a new BMW for my beautiful wife. 내 예쁜 와이프줄려고 새로 BMW 뽑았어.
B : You think you're so big. 네가 그렇게 잘난 줄 아는구만.

Pattern
53 »» You must think~

001 You must think~ 넌 …라고 생각하는구나, 넌 …라 생각해야 돼

Point » 강한 추측을 나타내거나 혹은 「…을 생각해야 된다」라는 뜻의 조언하는 표현이 된다.

Pattern »
_ **You must think** I'm crazy. 내가 미쳤다고 생각하는구나.

_ **You must think** I'm so pathetic. 내가 찌질하다고 생각하는구나.

_ **You must think** that we are awful people. 우리가 끔찍한 사람들이라고 생각하는구나.

_ **You must think** I'm such a bitch. 내가 못된년이라고 생각하는구나.

_ **You must think** I'm the worst mother in the world. 내가 세상에서 가장 못된 엄마라고 생각하는구나.

Dialog »
A : This food was burned in the pan. 이 음식 팬에서 탔어.
B : You must think it's terrible. 넌 끔찍하다고 생각하겠구나.

002 You should think about~ 너는 …을 생각해봐, 넌 …을 생각하는구나

Point » 「…에 대해서 생각을 해보라」는 충고성 패턴.

Pattern »
_ You should think about it again. 넌 그거에 대해 다시 생각을 해봐.
_ You should think about people who are getting divorced.
　　넌 이혼하는 사람들 생각을 해봐.
_ You should think about your future. 넌 네 미래에 대해서 생각을 해봐야 돼.
_ You should think about what movie we'll see. 무슨 영화를 우리가 볼지 생각해봐.
_ You should think about the problems you created. 네가 야기한 문제들에 대해 생각해봐.

Dialog »
A : We've really enjoyed being here. 우린 정말 여기있는게 즐거웠어.
B : You should think about staying longer. 너 더 머무르도록 해봐.

003 You may[might] think~ 네가 …라 생각할 수도 있어

Point » 추측의 may로 might를 쓰면 추측의 정도가 좀 더 약화된다.

Pattern »
_ You may think this is a small matter. 이건 사소한 문제라고 생각할 수도 있어.
_ You might think he's crazy. 걔가 미쳤다고 생각할 수도 있어.
_ You might think money is very important. 돈이 제일 중요하다고 생각할 수도 있어.
_ You might think you'll never get over your broken heart.
　　실연의 상처를 절대 극복할 수 없을거라 생각할 수도 있어.
_ You may think I'm acting crazy. 내가 미친 사람처럼 행동하고 있다고 생각할지도 몰라.

Dialog »
A : So you study mathematics? 그래 너 수학을 공부한다고?
B : You may think I am boring. 내가 지루하다고 생각할 수도 있겠네.

004 You would think S+V …라고 생각하고 싶겠지

Point » 가정법 would를 쓴 표현으로 「넌 …로 생각하고 싶겠지만 실은 그렇지 않다」라는 뉘앙스를 담고 있는 패턴이다.

Pattern »
_ You would think so, but, no, it doesn't. 그렇게 생각하고 싶겠지만 아냐. 그렇지 않아.
_ You would think it was ready to rain. 비가 올 준비가 되었다고 생각하고 싶겠지.
_ You would think she invented the Internet. 걔가 인터넷을 발명했다고 생각하고 싶겠지.
_ You would think he'd behave better. 걔의 행동거지가 나아질거라 생각하고 싶겠지.
_ You would think the mailman would come early. 우체부가 일찍 올거라 생각하고 싶겠지.

Dialog »
A : My brother was sick this morning. 내 동생이 아침에 아팠어.
B : You would think he would stay home. 걔가 집에 있을거라고 생각하겠지.

Pattern 54 ▶▶ I need~

001 I need+N~ …가 필요해

Point ≫ need 다음에 필요한 명사를 다양하게 넣어 본다.

Pattern ≫
_ **I need** some medicine. 약을 좀 먹어야겠어.
_ **I need** some rest. 좀 쉬어야겠어.
_ **I need** more exercise. 난 운동을 좀 더 해야 돼.
_ **I need** more time to decide. 결정하려면 시간이 좀 더 있어야 돼.
_ **I need** your advice. 조언 좀 해줘.

Dialog ≫
A : You seem to be getting a little fat. 너 조금씩 살이 붙고 있는 것 같아.
B : I know. I need more exercise. 맞아. 운동을 좀 더 해야 돼.

Chapter 06

002 I need to+V 난 …을 해야 돼

Point ≫ 내가 처한 사정상 「…하는 것이 꼭 필요하다」고 말하는 것으로 자신의 필요가 꼭 이루어져야 한다는 강한 느낌을 주는 표현이다.

Pattern ≫
_ **I need to** lie down. 나 좀 누워야겠다.
_ **I need to** go to see a doctor. 의사한테 가봐야겠어.
_ **I need to** borrow your phone. 네 전화 좀 빌려야 되겠어.
_ **I need to** borrow a hundred bucks. 100 달러를 빌려야 돼.
_ **I need to** talk to you about something. 네게 뭔가 얘기를 해야 돼.

Dialog ≫
A : You look terrible today. 너 오늘 안좋아 보여.
B : I'm not feeling well. I need to lie down. 몸이 별로 좋지 않아. 좀 누워야겠어.

003 I need you to+V 네가 …하기를 바래

Point ≫ 이번에는 내가 아니라 상대방인 you가 to+V 하기를 바란다는 강한 희망이나 명령의 표현이다.

Pattern ≫
_ **I need you to** talk to me. 네가 나한테 말을 해봐.
_ **I need you to** come over here and meet someone. 이리와서 누군가를 좀 만나길 바래.
_ **I need you to** believe in us a little more! 우리를 좀 더 믿어주기를 바래!
_ **I need you to** do something. 네가 뭔가 하기를 바래.
_ **I need you to** remember that we are all here for you.
우린 널 위해 여기 있다는 것을 기억해주기를 바래.

Dialog ≫
A : I need you to do something for me. 날 위해 뭘 좀 해줘야겠어.
B : You name it. 뭐든지.

004 | I need you to not+V 네가 …하지 말아줘

Point » 반대로 상대방보고 「…하지 말라」는 의미로 not의 위치는 to의 앞이나 뒤에 와도 된다.

Pattern »
_ **I need you to not** talk to me for one whole hour. 딱 한 시간 동안 내게 말하지마.

_ **I need you to not** panic. 미처 날뛰지마.

_ **I need you to not** to talk about it. 그거에 대해서는 말하지마.

_ **I need you to not** to hate me. 날 미워하지마.

_ **I need you to not** talk so much. 너 그렇게 말을 많이 하지마.

Dialog »
A : The food is cold and it tastes bad. 음식이 식어서 맛이 안좋아.
B : I need you to not **complain so much.** 그렇게 불평을 많이 하지 말아라.

Pattern 55 >> I don't need~

001 | I don't need+N …가 필요없어

Point » N이 필요없다고 자립적인 모습을 보일 때 사용하면 좋은 표현.

Pattern »
_ **I don't need** a doctor. 난 의사가 필요없어.

_ **I don't need** help raising my child. 내 아이 키우는데 도움 필요없어.

_ **I don't need** your help. 네 도움 필요없어.

_ **I don't need** any of this. 난 이거 하나도 필요없어.

_ **I don't need** your charity. 난 네 자선이 필요없어.

Dialog »
A : Frank can advise you on this problem. 프랭크가 이 문제에 대해 네게 조언해줄 수 있어.
B : I don't need **advice from anyone.** 누구한테도 조언을 받을 필요가 없어.

002 | I don't need to+V …할 필요가 없어

Point » to+V 이하를 하지 않겠다는 말로 I don't have to~와 같다고 보면 된다.

Pattern »
_ **I don't need to** know your life. 네 인생을 알 필요가 없어.

_ **I don't need to** use the bathroom. 화장실을 쓸 필요가 없어.

_ **I don't need to** think about it. 그에 대해 생각을 할 필요가 없어.

_ **I don't need to** hear anything from you. 너로부터 어떤 얘기도 들을 필요가 없어.

_ **I don't need to** know what's in it. 그안에 무엇이 들었는지 알 필요가 없어.

Dialog »
A : Have you asked to borrow her phone? 걔 폰을 빌려달라고 했어?
B : I don't need to **borrow a phone now.** 이젠 빌릴 필요없어.

003 I don't need you to+V 네가 …하지 않아도 돼

Point » 상대방보고 to+V 이하를 하지 않아도 된다고 거절하거나 반대할 때 쓰는 패턴이다.

Pattern »
_ **I don't need you to** protect me. 네가 나를 보호해주지 않아도 돼.
_ **I don't need you to** make a cake. 네가 케익을 만들어주지 않아도 돼.
_ **I don't need you to** defend me. 네가 나를 변호해주지 않아도 돼.
_ **I don't need you to** be sorry. 네가 미안해하지 않아도 돼.
_ **I don't need you to** come! 네가 오지 않아도 돼!

Dialog »
A : Should I continue working? 내가 계속 일을 해야 할까?
B : I don't need you to **stay late tonight.** 오늘밤에 늦게까지 남지 않아도 돼.

004 I didn't need to+V …할 필요가 없었어

Point » 여러번 얘기하지만 영어를 잘하려면 과거에 능해야 한다. I don't need to~의 과거형이다.

Pattern »
_ **I didn't need to** hear from her. 걔로부터 소식을 들을 필요가 없었어.
_ **I didn't need to** listen to you. 네 말을 들을 필요가 없었어.
_ **I didn't need to** see it. 그걸 볼 필요가 없었어.
_ **I didn't need to** be afraid. 두려워할 필요가 없었어.
_ **I didn't need to** borrow any money. 난 돈을 빌릴 필요가 없었어.

Dialog »
A : Wasn't Sharon scared being alone? 샤론이 혼자 있는걸 무서워 하지 않았어?
B : I didn't need to **protect her.** 난 걔를 보호할 필요가 없었어.

Pattern 56 »» You need~

001 You need+N 넌 …가 필요해

Point » 상대방에게 필요한 것을 충고해줄 때 사용하지만 끝을 올려 의문문으로 하면 Do you need~?와 같은 의미가 된다.

Pattern »
_ **You need** me. You can't live without me. 넌 내가 필요해. 넌 나없이 못살아.
_ **You need** patience and understanding. 넌 인내와 이해가 필요해.
_ **You need** a ride? 차 태워다줄까?
_ **You need** a bathing suit for the beach. 해변가에서는 수영복이 필요해.
_ **You need** a girlfriend to spend your time with. 같이 지낼 여자 친구가 필요한 거야.

Dialog »
A : We're always doing the same things. 우리는 항상 같은 일을 반복하고 있어.
B : You need **some new ideas.** 넌 좀 새로운 아이디어가 필요해.

You need to+V 넌 ···를 해야 돼

Point >> to+V 이하를 하는 것이 필요하다는 말로 You have to+V와 동일하게 생각하면 된다.

Pattern >>
_ **You need to** get some sleep. 넌 잠을 좀 자야 돼.
_ **You need to** give him money. 넌 걔한테 돈을 줘야 돼.
_ **You need to** learn to stand on your own. 스스로 독립하는 것을 배워야 돼.
_ **You need to** get there early. 넌 일찍 거기에 도착해야 돼.
_ **You need to** take your medication. 넌 네 약을 먹어야 돼.
_ **You need to** get used to being alone. 홀로 있는 거에 익숙해져야 돼.

Dialog >>
A : You need to refill the copier with toner. 복사기에 토너를 다시 채워야겠어.
B : I'll do that right now. 제가 지금 바로 할게요.

003

You need me to+V? ···을 해줄까?

Point >> 내가 to+V 이하를 해줄까라는 말로 상대방의 의향을 물어보는 평서문 형태의 의문문.

Pattern >>
_ **You need me to** step in? 내가 나설까?
_ **You need me to** go over it again? 내가 그걸 다시 검토해줄까?
_ **You need me to** write it down for you? 내가 널 위해 그걸 적어줄까?
_ **You need me to** stay over for a couple of days? 내가 며칠간 머물까?
_ **You need me to** run any errands? 내가 심부름해줄까?

Dialog >>
A : I think everyone here is sleepy. 여기 사람들 모두 졸린 것 같아.
B : You need me to pick up some coffee? 커피 좀 뽑아다줄까?

004

You don't need to+V 넌 ···할 필요가 없어

Point >> 상대방에게 「···하지 않아도 된다」라는 말로 You don't have to+V와 같은 의미의 표현이다.

Pattern >>
_ **You don't need to** know. 넌 몰라도 돼.
_ **You don't need to** decide right now. 지금 당장 결정하지 않아도 돼.
_ **You don't need to** do that. 넌 그럴 필요가 없어.
_ **You don't need to** convince me. 넌 날 설득할 필요가 없어.
_ **You don't need to** answer that. 그거에 답할 필요가 없어.

Dialog >>
A : What did you talk to Gail about? 게일하고 무슨 얘기 했어?
B : It's private. You don't need to know. 개인적인거야. 넌 몰라도 돼.

Pattern
57 ≫ We need~

---

001 | **We need+N** 우리는 …가 필요해

Point ≫ 우리에게 필요한 명사들을 찾아 넣어보면서 입에 익혀둔다.

Pattern ≫

_ **We need** that information. 우리는 그 정보가 필요해.

_ **We need** more time. 우린 시간이 더 필요해.

_ **We need** menus and a wine list. 메뉴하고 와인리스트 좀 주세요.

_ **We need** your help. 우린 네 도움이 필요해.

_ **We need** a few days to get organized. 정리하기 위해서는 며칠 필요해.

Dialog ≫

A : No one is making enough money. 아무도 충분한 돈을 버는 사람이 없어.

B : We need salaries that are higher. 우리는 좀 더 많은 급여가 필요해.

Chapter 06

---

002 | **We need to+V** 우리는 …을 해야 돼

Point ≫ 우리가 to+V 이하를 해야 한다고 하는 표현이다.

Pattern ≫

_ **We need to** talk to you about something. 우리는 네가 뭔가에 관해 얘기를 해야 돼.

_ **We need to** talk about what happened. 우리는 일어난 일에 대해 얘기를 해야 돼.

_ **We need to** have another talk. 우리는 한 번 더 얘기를 해야 돼.

_ **We need to** do something different. 좀 다른 것을 해야 돼.

_ **We need to** get this job done by the end of the month. 이 일은 월말까지 끝내야 돼.

Dialog ≫

A : We need to make time to interview some of these candidates.
지원자들 좀 면접할 시간을 내야겠어요.

B : How about tomorrow afternoon? 내일 오후는 어때요?

---

003 | **He needs~** 걘 …가 필요해

Point ≫ 주어가 제 3자가 되는 경우로 뒤에 명사나 to+V 형태를 넣어본다.

Pattern ≫

_ **He needs** a place to stay. 걘 머물 곳이 필요해.

_ **He needs** every vote he can get. 걘 얻을 수 있는 표는 다 얻어야 돼.

_ **She needs to** know what's going on. 걘 무슨 일인지 알아야 돼.

_ **She needed** some money. 걘 돈이 좀 필요했어.

_ **He needs** a lawyer to help him. 걘 자기를 도와줄 변호사가 필요해.

Dialog ≫

A : He needs to be picked up after work tomorrow.
그 사람은 내일 퇴근 후에 누가 좀 태워서 가야 해.

B : I'll send a taxi for him. 내가 택시를 보낼게.

They need~ 걔네들은 …가 필요해

주어가 3인칭 복수 They~인 경우로 역시 명사나 to+V를 넣어본다.

_ **They need** it first thing in the morning. 걔네들은 내일 아침 일찍 그게 필요해.

_ **They need to** have a little fun, and so do I. 걔네들은 좀 즐겨야 되고, 나도 그래.

_ **They need to** hear from you. 걔네들은 너한테서 소식을 들어야 돼.

_ **They need to** get that money. 걔네들은 그 돈을 확보해야 돼.

_ **They need** some food and water. 걔네들은 음식과 물이 좀 필요해.

A : They need to **hire more qualified people.** 회사에서 좀 더 자질있는 사람들을 고용해야 할텐데.

B : I think you're right about that. 그 점에 있어서 네 말이 옳아.

Pattern **58** ≫≫ **Do I need~?**

Do I need to+V? 내가 …해야 될까?

내가 to+V 이하를 꼭 해야 되냐고 상대방의 의사를 묻는 표현으로 Do I have to~?나 Should I~?와 같은 의미.

_ **Do I need to** say it again? 내가 그걸 다시 말해야겠니?

_ **Do I need to** get a lawyer? 내가 변호사를 구해야하나?

_ **Do I need to** meet with her alone? 내가 혼자 걔를 만나야 될까?

_ **Do I need to** find you something to do? 내가 너에게 일할 거리를 찾아줘야 돼?

_ **Do I need to** take my son to another hospital? 내 아들을 다른 병원으로 이송해야 되나요?

A : Do I need to **get an X-ray taken?** 엑스 레이를 찍어야 하나요?

B : You sure do. 물론입니다.

Do I need to remind you S+V? 내가 …을 기억나게 해줘야 돼?

상대방의 무관심에 「짜증」을 내거나 「질책」을 하는 표현. need to~ 대신에 have to~를 써도 된다.

_ **Do I need to remind you** I am quitting? 내가 그만둔다는 걸 기억나게 해줘야 돼?

_ **Do I need to remind you** the police have arrived? 경찰이 도착했다는 걸 기억나게 해줘야 돼?

_ **Do I need to remind you** the project failed? 그 프로젝트는 실패했다는 걸 상기시켜줘야 돼?

_ **Do I need to remind you** Kevin needs a ride? 케빈은 차를 얻어 타야 된다는 걸 기억나게 해줘야 돼?

_ **Do I need to remind you** the interview starts at 9? 면접이 9시에 시작한다는 걸 기억나게 해줘야 돼?

A : I'll be traveling in Africa by myself. 나 혼자 아프리카를 여행할거야.

B : Do I need to remind you **to be careful?** 조심하라고 기억나게 해줘야 돼?

003 Do we need to+V? 우리가 …해야 될까?

Point » 우리가 to+V 이하를 해야 되냐고 사람들의 의중을 물어보는 패턴.

Pattern »
_ **Do we need to** talk about this? 우리가 이거에 관해 얘기를 해야 될까?
_ **Do we need to** come home? 우리가 집에 와야 할까?
_ **Do we need to** call the police? 우리가 경찰을 불러야 될까?
_ **Do we need to** take the exam? 우리가 시험을 봐야 될까?
_ **Do we need to** bring our own lunch? 우리가 각자 점심을 가져와야 될까?

Dialog »
A : The door to the apartment is locked. 아파트 문이 잠겼어.
B : Do we need to **wait outside**? 우리 밖에서 기다려야 돼?

Pattern 59 » Do you need to~ ?

001 Do you need+N? 넌 …가 필요해?

Point » 상대방에게 N이 필요한지 단순히 물어보는 문장. 특히 Do you need help ∼ing[with]의 패턴을 눈여겨 봐둔다.

Pattern »
_ **Do you need** help writing it? 그거 쓰는 걸 좀 도와드릴까요?
_ **Do you need** any help? 혹 도움이 필요해?
_ **Do you need** a ride to the hospital? 병원까지 태워다줄까?
_ **Do you need** any help carrying anything? 다른 거 옮기실 건 없습니까?
_ Mom, **do you need** help in the kitchen? 엄마, 부엌일 도와줘?

Dialog »
A : Do you need **help with the report**? 보고서 작성하는 것 도와 줄까요?
B : No thanks, Sam is helping me. 아뇨, 괜찮아요. 샘이 도와주고 있어.

002 Do you need to+V? 넌 …해야 돼?

Point » 상대방이 「…을 꼭 해야 하냐」고 물어보는 표현. 앞의 Do you have to+동사∼?와 같은 맥락의 표현.

Pattern »
_ **Do you need to** take a break? 좀 쉬어야 돼?
_ **Do you need to** walk some more? 좀 더 걸어야 돼?
_ **Do you need to** get up early tomorrow morning? 내일 아침 일찍 일어나야 돼?
_ **Do you need to** take a rest? 쉬어야 돼?
_ **Do you need to** go now? 지금 가야 돼?

Dialog »
A : Do you need to **get up early tomorrow morning**? 내일 아침 일찍 일어나야 돼?
B : Yeah. Please set the alarm at 7 a.m. 어. 7시로 알람 좀 해줘.

Do you need me to+V? 내가 …해줄까?

Point » 내가 to+V 이하를 해줄까라며 상대방의 의향을 물어보는 패턴이다.

Pattern »

_ **Do you need me** to do this? 내가 이걸 해줄까?

_ **Do you need me** to write this down? 내가 이걸 받아 적어줄까?

_ **Do you need me** to deal with this, huh? 내가 이걸 처리할까, 응?

_ **Do you need me** to go with you? 내가 너와 함께 가줄까?

_ **Do you need me** give you some advice? 내가 너한테 조언 좀 해줄까?

Dialog »

A : Do you need me **to stay longer?** 내가 좀 더 있어야 하나요?

B : No, we're all finished. You can go. 아뇨, 우리 일은 다 끝났어요. 가도 좋아요.

004

Don't you need+N? …가 필요하지 않아?

Point » N 대신 to+V를 써서 Don't you need to+V?(…해야 되지 않아?)라는 패턴도 많이 쓰인다.

Pattern »

_ **Don't you need** this? 이게 필요하지 않아?

_ **Don't you need** to know why? 이유를 알아야 되지 않아?

_ **Don't you need** to write this down? 이것을 받아 적어야 하지 않아?

_ **Don't you need** tools to fix the sink? 싱크대 수리할 도구가 필요하지 않아?

_ **Don't you need** snacks for the party? 파티에 쓸 과자들이 필요하지 않아?

Dialog »

A : Let's go grab a taxi. 택시 잡으러 가자.

B : Don't you need **time to get ready?** 준비하려면 시간이 필요하지 않아?

Pattern 60 »» **All I need~**

001

All I need is+N~ 내가 필요로 하는 건 단지…

Point » 내가 필요로 하는 것을 강조하는 표현으로 필요로 하는 것이 행동일 때는 All I need is to+V~라고 하면 된다.

Pattern »

_ **All I need is** a little seed money. 내가 필요로 하는 건 조금의 종자돈이야.

_ **All I need is** five minutes. 내가 필요로 하는 건 5분 뿐이야.

_ **All I need is** time to complete this. 내가 필요로 하는 건 이걸 완성할 시간이야.

_ **All I need is** to tell you when to start the meeting. 네게 말하고 싶은 건 회의를 언제 시작하냐는 것 뿐야.

_ **All I need is** to tell you what to do and you do it. 내가 필요한 건 네게 뭘할지 말하고 넌 그걸 하는거야.

Dialog »

A : All I need is **a beautiful girlfriend.** 내게 필요한 건 예쁜 여친 뿐이야.

B : I don't think that you can find one. 찾기 힘들걸.

002 All I need to do is~ 내가 해야 되는 건 오직 …야

Point » All을 제한하는 것으로 All I need to do is~하게 되면 「난 …만 하면 돼」라는 의미. is~ 다음에 to 없는 동사원형이 온다는 점에 주목한다. 또한 All I need to know is~는 「난 …만 알면 돼」라는 뜻이 된다.

Pattern »
_ **All I need to do is** get some sleep. 내가 해야 되는 건 오직 좀 잠을 자는 것뿐이야.

_ **All I need to do is** tell the truth. 내가 해야 되는 건 오직 진실을 말하는 것이야.

_ **All I need to do is** get this job done. 내가 해야 되는 건 이 일을 끝내는 것뿐이야.

_ **All I need to know is** who else you've involved.
내가 알아야 되는건 네가 다른 누구를 끌어들였냐는거야.

_ **All I need to know is** that you love me. 내가 알고 싶은 건 네가 날 사랑하냐는 것뿐이야.

Dialog »
A : Can I help you with anything? 뭐 도와줄까?
B : All I need to do is **use the toilet.** 내가 해야 되는건 오직 화장실을 이용하는거야.

003 That's all I need to+V 내가 …하고 싶은 건 그게 다야

Point » to+V 이하를 하고 싶은 건 그게 다야라는 강조어법.

Pattern »
_ **That's all I need to** understand. 내가 이해하고 싶은 건 그게 다야.

_ **That's all I need to** know. 내가 알고 싶은 건 그게 다야.

_ **That's all I need to** complete this. 이걸 완성하는데 필요한 것은 그게 다야.

_ **That's all I need for** my stamp collection. 우표수집하는데 필요한 것은 그게 다야.

_ **That's all I need to** fix my car. 내게 필요한 것은 차를 고치는게 다야.

Dialog »
A : Your room has a desk and a small bed. 네 방에는 책상과 작은 침대가 있어.
B : Great. That's all I need to **study.** 좋아. 난 공부하는데 그거면 충분해.

004 There's no need to~ …할 필요가 없어

Point » 상대방을 안심시키거나 위로할 때 혹은 거절할 때 사용하는 표현으로 그냥 No need to~라고도 한다.

Pattern »
_ **There's no need to** apologize to me. 내게 사과할 필요가 없어.

_ **There's no need to** explain. 설명할 필요가 없어.

_ **There's no need to** get upset. 화낼 필요가 없어.

_ **There's no need to** worry. Everything will go as planned.
걱정할 필요가 없어. 다 계획대로 될거야.

_ **There's no need to** be embarrassed. 당황할 필요 없어.

Dialog »
A : You need to clean up this place! 넌 이곳을 청소해야 돼!
B : I will. There's no need to **get angry.** 할거예요. 화낼 필요는 없잖아요.

001 **I mean,** ~ 내 말은, …

대화를 하다 보면 서로 의사소통이 원활히 되지 않는 경우가 많다. I mean.~은 상대방이 내가 한 말을 못 알아듣었을 때 혹은 내가 이건 다시 설명을 해주어야겠다고 생각이 들 때 필요한 표현이다

_ **I mean,** I'm getting married next week. 내 말은 말야, 다음 주에 나 결혼한다고.

_ **I mean,** let's be honest. 내 말은 우리 솔직해지자고.

_ **I mean,** is that ridiculous? 내 말은 그거 말도 안되지 않아?

_ **I mean,** what was he thinking, leaving me? 내 말은 걘 뭘 생각했던 걸까, 날 떠나는거?

_ **I mean,** we are having a baby together. 그래, 내 말은 우리가 애기를 가졌다고.

A : I don't understand what you're trying to get me to do. 내게 무슨 일을 시킬려고 하는지 모르겠어.
B : I mean, I want you to support me in the whole process.
내 말은, 전반적인 과정에서 나를 도와달라는거야.

002 **I mean S+V** 내 말은 …란 말이야

I mean 다음에 S+V의 완전한 절의 형태를 이어쓰는 경우.

_ **I mean** I have no idea. 내 말은, 모르겠다고.

_ **I mean** he's a workaholic. 내 얘긴 걔가 너무 일만 한단 말이지.

_ **I mean** she's cute. 그러니까, 그 여자애가 예쁘다고.

_ **I mean** I will not attend the wedding. 그러니까 난 결혼식에 안간다고.

_ **I mean** I've been losing weight these days. 내 말은 내가 살이 빠졌다고.

A : I don't understand what you're saying. 무슨 얘기하는 건지 모르겠어.
B : I mean I want you to help me. 그러니까 내 말은, 네가 도와줬으면 한다고.

003 **You mean+N?** …란 말이야?

내가 상대방의 말을 이해못했거나 헷갈릴 경우 상대방이 한 말을 확인하고자 할 때 쓰는 표현이다.

_ **You mean** the red one? 빨간 것 말이야?

_ **You mean** the new secretary? 새로 온 비서 말하는거야?

_ **You mean** the guy with blond hair? 금발머리 남자 말하는거야?

_ **You mean** the cat beside the window? 창가의 저 고양이 말이야?

A : The man sitting over there is my boss. 저기 앉아 있는 사람이 우리 상사야.
B : You mean the guy with blond hair? 금발머리 남자 말이야?

004 **You mean S+V(?)** …란 말이야?

Point » You mean 다음에 완전한 S+V의 절을 넣어보기도 하고 또한 I mean.~의 경우처럼 You mean.~ 다음에 자유로운 형태의 어구를 넣어보는 연습을 해본다.

Pattern » _ **You mean** he got fired? 걔가 해고됐단 말이야?

_ **You mean** she's married? 그 여자가 유부녀란 말이야?

_ **You mean** you told her everything? 너 걔한테 다 얘기했단 말이야?

_ **You mean,** when you were a baby. 네 말은 네가 애기였을 때 말이지.

_ **You mean** actually marry him? 네 말은 걔랑 실제 결혼한다는 말야?

Dialog » A : You mean she acts cruel and spoiled? 그러니까, 걔가 인정머리 없고 버릇없이 군다 이거지?

B : Not exactly, but she's not a very kind person. 꼭 그렇다기 보다는, 별로 상냥한 애는 아니란 거지.

Pattern 62 **» I mean to~**

---

001 **I don't mean that S+V** …라는 말은 아니야

Point » 자신의 말로 오해가 생길 수 있을 때 재빨리 자신의 진의를 다시 정리해주는 오해방지용 표현.

Pattern » _ **I don't mean** you're easy. 네가 헤프다는 말은 아니야.

_ **I don't mean** that you broke the law. 네가 불법을 저질렀다는 말은 아니야.

_ **I don't mean** that we are going to the zoo. 우리가 동물원에 간다는 말은 아니야.

_ **I don't mean** that the car was damaged. 자동차가 손상을 입었다는 말은 아니야.

_ **I don't mean** that you caused the argument. 네가 언쟁을 야기했다는 말은 아니야.

Dialog » A : It sounds like you had a difficult day. 오늘 힘들었던 것 같네.

B : I don't mean that I was upset. 내가 화났다는 말은 아냐.

---

002 **Do you mean S+V?** …라는 말이야?

Point » 상대방 말의 진의를 확인하고자 할 때 사용하는 패턴.

Pattern » _ **Do you mean** that? 정말이야?

_ **Do you mean** I get the job? 내가 취직됐다는 말야?

_ **Do you mean** you won't be coming over for dinner? 저녁먹으러 오지 않을거란 말야?

_ **Do you mean** that you won't be working at all? 일을 아예 안하겠다는 말야?

_ **Do you mean** he might like me? 걔가 날 좋아할 지도 모른단 말야?

Dialog » A : My father can get violent. 아버지가 폭력적이기도 해.

B : Do you mean he hit you? 널 때리신다는 말이야?

353

I mean to+V …할 생각이야

「…할 생각이야」, 「…할 작정이야」로 주어의 의지를 표현하는 것으로 특히 I meant to+V처럼 과거형이 많이 쓰인다.

_ **I mean to** find out what's happening. 무슨 일인지 알아낼 생각이야.

_ **I mean to** talk to Arthur about this. 난 이거에 관해 아더와 얘기할 생각이야.

_ **I mean to** skip a day of work. 난 하루 쉴 생각이야.

_ **I mean to** invite them to join us. 우리와 함께 하자고 걔네들을 초대할 생각이야.

_ **I mean to** bring a gift to the wedding. 난 결혼식에 선물을 가지고 갈 생각이야.

A : Why are you joining the social club? 왜 사교클럽에 가입하려는거야?
B : I mean to find a boyfriend. 남친을 구할려고.

I was meant to~ …할 운명이었어, …하기로 되어 있어

수동태로 be meant to~가 되면 「…할 운명이었어」라는 뜻이 된다.

_ **I was meant to** be a nun. 난 수녀가 될 운명이었어.

_ You are the person **I was meant to** spend the rest of my life with.
넌 내가 남은 여생을 함께 하기로 되어 있는 사람이야.

_ **I was meant to** lead the study group. 내가 스터디 그룹을 이끌기로 되어 있어.

_ **I was meant to** be at the airport yesterday. 난 어제 공항에 나가기로 되어 있어.

_ **I was meant to** join the firm. 난 그 회사에 들어가기로 되어 있어.

A : You seem to be very good at your job. 너 네 일을 아주 잘하는 것 같아.
B : I was meant to solve the problems here. 여기선 내가 문제들을 해결하기로 되어 있어.

Pattern 63 ▶▶ I don't mean to~

I don't mean to+V …할 생각은 아냐

자신의 의도가 to+V 이하를 하려는 것이 아니라면서 상대방의 오해를 풀거나 사과할 때 사용하는 패턴이다.

_ **I don't mean to** insult you. 널 모욕하려는 것은 아냐.

_ **I don't mean to** make you feel bad. 널 기분나쁘게 하려는 것은 아냐.

_ **I don't mean to** sound pushy. 몰아붙이는 것처럼 들리게 하려는 것은 아냐.

_ **I don't mean to** make things worse. 사태를 더 나쁘게 만들려는 것은 아니지만.

_ **I don't mean to** cut you off. 말을 끊으려고 했던 건 아니지만.

_ **I don't mean to** be judgmental. 난 비난하려는 것은 아니었어.

Dialog »

A : Here is something for you to eat. 여기 너 좀 먹을거리 있다.

B : Thanks. I don't mean to **cause extra work.** 고마워. 일을 더하게 만들 생각은 아냐.

002 I don't mean to be rude, but~ 무례하게 생각될지 모르겠지만,

Point » 무례한 말을 할 때 그 무례함을 조금 완충시키기 위해 먼저 꺼내는 말.

Pattern »

_ **I don't mean to be rude, but** I must go to the men's room.
무례하고 싶지 않지만 화장실에 가야겠어.

_ **I don't mean to be rude, but** you need to leave. 무례하고 싶지는 않지만 넌 그만 가라.

_ **I don't mean to be rude, but** I don't like you. 무례하고 싶지는 않지만, 난 널 싫어해.

_ **I don't mean to bother you but** I just have to say thank you.
번거롭게 하고 싶지 않지만 네게 고맙다고 말해야 해서.

_ **I don't mean to criticize, but,** it sounds like you're giving up.
비난하려는 것은 아니지만, 네가 포기하는 것처럼 들려.

Dialog »

A : What do you think of this suit? 이 양복 어때?

B : I don't mean to be rude, but **it's ugly.** 무례하고 싶지 않지만 흉해.

003 I didn't mean to+V …하려는게 아니었어

Point » I don't mean to~의 과거형으로 상대방이 오해할 수도 있는 부분을 구체적으로 말하면서 오해를 푸는 표현. I didn't mean to~ 다음에 오해할 수도 있는 부분을 말하거나 I didn't mean that이라고 간단히 말할 수 있다.

Pattern »

_ **I didn't mean to** say that. 그렇게 말하려는 게 아니었어.

_ **I didn't mean to** do that. Let me clean it up. 그럴려고 그런 게 아닌데. 내가 치울게.

_ **I really didn't mean to** make you miserable. 널 비참하게 할려고 한 건 아냐.

_ **I didn't mean to** hurt you. 너에게 상처 줄 의도가 아니었어.

_ I'm sorry. **I didn't mean to** scare you. 미안. 널 겁줄려는게 아니었어.

Dialog »

A : I didn't mean to **interrupt, but you have an important phone call.**
방해할 생각은 없지만, 중요한 전화가 와서요.

B : That's okay, what line is it on? 괜찮아요, 몇번 라인이죠?

>> ~mean to say~

---

001 **I mean to tell you that S+V** …라는 말은 진심이야

Point >> I mean to~ 다음에는 tell, say 등의 동사가 자주 나온다. 자신의 말이 거짓이 아니라 진짜라는 것을 강조하는 패턴이다.

Pattern >>
_ **I mean to tell you that** this is bullshit. 정말이지 이건 말도 안돼.

_ **I mean to tell you that** we can't do this. 정말이지 우리는 이걸 할 수가 없어.

_ **I mean to tell you that** our money is gone. 정말이지 우리 돈이 없어졌어.

_ **I mean to tell you that** he is guilty. 정말이지 걔는 유죄야.

_ **I mean to tell you that** the food tasted great. 그 음식은 정말 맛있다는 말은 진심이야.

Dialog >>
> A : I really need to talk to Ms. Reynolds. 레이놀즈 씨에게 얘기를 정말 해야 돼요.
> B : I mean to tell you that she left already. 정말이지 그 분은 이미 나가셨어요.

---

002 **I mean to say~** …하는 말이야, 정말이지 …해

Point >> 「…을 말할 작정이다」, 한발 더 나아가 「정말로 …하다」라는 뜻이 된다.

Pattern >>
_ **I mean to say** that things are confusing. 상황이 복잡하다고 하는 말이야.

_ **I mean to say** that we'll be working late. 우리가 야근해야 할거라는 말이야.

_ **I mean to say** that no one helped us. 아무도 우리를 도와주지 않았단 말이야.

_ **I mean to say** that your job is very important. 네 일이 매우 중요하다는 말이야.

_ **I mean to say** thank you. 네게 고맙다고 말할 생각이었어.

Dialog >>
> A : So they kicked us out of the park? 그래 걔네들이 공원에서 우리를 쫓아냈단 말이지?
> B : I mean to say we are not allowed to return. 내 말은 우리가 되돌아가서는 안된다는 말이야.

---

003 **You don't mean to say that S+V** …라는 말은 아니지?

Point >> 상대방의 말에 놀라 재차 사실확인을 하는 패턴.

Pattern >>
_ **You don't mean to say that** the boss is sick? 사장이 아프다는 말은 아니지?

_ **You don't mean to say that** he spent the night with her?
그가 걔와 밤을 보냈다는 말은 아니지?

_ **You don't mean to say that** we aren't allowed to leave?
우리가 출발못한다는 말은 아니지?

_ **You don't mean to say that** Becky quit? 베키가 그만둔다는 말은 아니지?

Dialog >>
> A : Harry was taken away by the ambulance. 해리는 앰뷸런스에 실려갔어.
> B : You don't mean to say that he was put in the hospital? 걔가 병원에 입원했다는 말은 아니지?

004 **What I mean to say is,~** 내가 말하려는 건 …야

Point » 자기 말의 진의가 제대로 전달되기 위해 자기 말을 한번 더 정리해주는 경우.

Pattern »
_ **What I mean to say is** I have no place to live. 내가 하려는 말은 난 살집이 없다는거야.

_ **What I mean to say is** he just disappeared. 내가 하려는 말은 걔가 그냥 사라졌다는거야.

_ **What I mean to say is** this is unacceptable. 내가 하려는 말은 이건 받아들일 수 없다는거야.

_ **What I mean to say is** she is very sick. 내가 하려는 말은 걔가 매우 아프다는 말이야.

_ **What I mean to say is** you must work faster. 내가 하려는 말은 넌 일을 빨리 해야 된다는거야.

Dialog »
A : I heard you saw a ghost in this house. 너 집에서 유령을 봤다며?
B : What I mean to say is the place is haunted. 내가 하려는 말은 그 집은 귀신들렸다는거야.

Pattern **65** » **It means~**

---

001 **It means S+V~** 그건 …을 뜻하는거야

Point » 앞서 얘기한 대화의 내용을 한마디로 정리하고 확인하는 패턴. 먼저 It means~ 다음에 명사가 오는 경우 그리고 앞의 대화내용을 압축하여 S+V 형태로 써주는 경우를 각각 본다.

Pattern »
_ **It means** something. 그건 뭔가 의미하고 있어.

_ **It means** we've never done this before. 그건 우리가 이전에 이걸 해본 적이 없다는거야.

_ **It means** he likes you but he wants to take it slow. 걔가 널 좋아하지만 천천히하고 싶어한다는거야.

_ **It means** tomorrow will be very cold. 그건 내일 무척 추울거라는거야.

_ **That means** you have no time to study. 그 얘긴 곧 공부할 시간이 없다는 얘기구만.

Dialog »
A : Why did the cops take your brother? 왜 경찰들이 네 동생을 데려갔어?
B : It means he got in trouble. 그건 걔가 곤경에 빠졌다는거지.

---

002 **It means a lot to~** 그건 …에게 의미가 아주 커

Point » 의미가 크다고 강조할 때는 mean a lot이라고 한다. 의미가 큰 사람은 to sb라고 이어 써주면 된다.

Pattern »
_ This thing really **means a lot to** him. 이 일은 정말이지 걔한테 의미가 커.

_ Yeah, thank you! This **means a lot to** me. 그래, 고마워! 내겐 커다란 의미야.

_ **It means a lot to** both of us. 그건 우리둘 모두에게 큰 의미야.

_ **It means a lot to** family members. 그건 가족들에게 커다란 의미야.

_ **It means a lot to** see you looking healthy. 네 건강한 모습을 보는 것은 큰 의미야.

Dialog »
A : Happy birthday sweetheart. I love you. 당신, 생일을 축하해. 사랑해.
B : It meant a lot to spend the day with you. 당신과 하루를 지내는 것은 의미가 커.

It means a lot (to me) that~ 그건 …에게 의미가 아주 커

Point » 무엇이 의미가 큰 가를 한 문장에 넣어 말할 때 사용하는 문장으로 역시 to sb를 삽입해서 넣을 수도 있다.

Pattern » _ **It means a lot to me that** you came to my place.
네가 우리 집에 왔다는게 나한테는 큰 의미가 있어.

_ **It means a lot that** he sent us an e-mail. 걔가 우리에게 이멜을 보낸 것은 큰 의미야.

_ **It means a lot that** Gail fell in love with me. 게일이 날 사랑하게 된 것은 의미가 커.

_ **It means a lot that** we got together. 우리가 함께 하는 것은 큰 의미야.

_ **It means a lot that** you remembered my birthday. 네가 내 생일을 기억하는 것은 의미가 커.

Dialog » A : I'm glad to see you look so healthy. 네가 건강해 보여 기뻐.
B : It means a lot that you visited me. 네가 날 방문한 것은 내게 의미가 커.

It doesn't mean that~ …한다는 뜻은 아냐

Point » 앞서 나눈 대화의 내용이 오해를 일으키는 것을 방지하기 위해 확인해주는 패턴.

Pattern » _ **It doesn't mean** anything to you. 그건 네게 아무런 의미도 없어.

_ **It doesn't mean that** you're a bad doctor. 그건 네가 좋지 않은 의사라는 건 아냐.

_ **It doesn't mean** you're a terrible person. 네가 끔찍한 사람이라는 말은 아냐.

_ **It doesn't mean** I can't practice medicine. 그건 내가 의사개업을 할 수 없다는 뜻은 아냐.

_ **It doesn't mean** I wanted her dead. 내가 걔가 죽기를 원했다는 뜻은 아냐.

Dialog » A : You spent the whole day at the amusement park? 놀이공원에서 하루종일을 보냈어?
B : It doesn't mean that it was fun. 그렇다고 재미있었다는 것은 아냐

Pattern
66 » **I was meaning~**

I was meaning to+V …하려던 참이었어, …하려고 했어

Point » 아직 하지는 않았지만 「…을 하려고 했어」, 의역하면 「…하려던 참이었어」라고 할 때는 was meaning to~를 쓴다.

Pattern » _ **I was meaning to** call you. 너한테 전화하려던 참이었어.

_ **I was meaning to** call my mom. 엄마에게 전화하려던 참이었어.

_ **I was meaning to** check my e-mail. 이멜을 확인하려던 참이었어.

_ **I was meaning to** take some vitamins. 비타민을 좀 먹으려던 참이었어.

_ **I was meaning to** make a salad. 난 샐러드를 만들려고 했어.

Dialog » A : My parents asked how you were. 내 부모님이 네가 어떻게 지내는지 물으셨어.
B : I was meaning to call them. 부모님께 전화드리려던 참이었어.

002 I've been meaning to~ …하려고 했었어

Point » 과거에서부터 현재까지 하려고 했던 일을 표현하는 것으로 현재완료 진행형이 쓰인 경우이다.

Pattern »
_ **I've been meaning to** change dry cleaners. 세탁소를 바꾸려고 했었어.

_ **I've been meaning to** do that. 그렇게 하려고 했었어

_ **I've been meaning to** get that fixed. 그걸 수리하려고 했었어.

_ **I've been meaning to** tell you about something. 네게 뭔가 얘기하려고 했었어.

_ **I've been meaning to** get there. 거기에 가려고 했었어.

Dialog »
A : I've been meaning to **go to the festival.** 난 축제에 가려고 했었어.
B : Why don't we go there together? 함께 가는게 어때?

003 We've been meaning to~ 우린 …하려고 했었어

Point » 주어가 'I'에서 We로 바뀐 경우이다.

Pattern »
_ **We've been meaning to** give you a call. 네게 전화를 걸려고 했었어.

_ **We've been meaning to** go shopping. 쇼핑을 가려고 했었어.

_ **We've been meaning to** try that new restaurant. 새로운 식당에 가보려고 했었어.

_ **We've been meaning to** find a different doctor. 의사를 바꿔보려고 했었어.

_ **We've been meaning to** get a dog. 우리는 강아지를 기르려고 했었어.

Dialog »
A : The sci-fi flick has gotten good reviews. 그 공상과학영화가 좋은 평가를 받았어.
B : We've been meaning to **see that movie.** 우린 그 영화를 보려고 했었어.

004 I kept meaning to~ 난 계속 …을 했었어

Point » 과거에 뭔가 「계속 …을 시도했다」고 말하는 패턴.

Pattern »
_ **I kept meaning to** upgrade it. 난 계속 그걸 업그레이드를 했었어.

_ **I kept meaning to** go to bed. 난 계속 자려고 했었어.

_ **I kept meaning to** invite her over. 걔를 초대하려고 했었어.

_ **I kept meaning to** return that book. 그 책을 돌려주려고 했었어.

_ **I kept meaning to** thank you. 난 계속 네게 고맙다고 하려고 했었어.

Dialog »
A : Your electric bill is long overdue. 네 전기세가 오랫동안 체납됐어.
B : I kept meaning to **take care of that.** 계속 처리하려고 했었어.

001 Let's+V ···하자

Point ⟫ Let's+동사의 형태로 상대방에게 뭔가 함께 행동을 하자고 할 때 쓰는 표현으로 우리말로는 「(우리) ···하자」 정도의 의미이다. Why don't you~?와 같은 뜻. Let's~는 Let us~가 축약된 것이다.

Pattern ⟫
_ **Let's** try this one. 이거 한번 먹어보자[해보자].

_ **Let's** take a coffee break. 잠깐 커피 마시며 쉬자구.

_ **Let's** play golf this weekend. 이번 주말에 골프치자.

_ **Let's** meet for coffee on Monday. 월요일에 만나서 커피마시자.

_ **Let us** take some time to think about it. 우리 시간을 좀 내서 생각해보자.

Dialog ⟫
A : Well, it was nice talking to you. 얘기 나눠서 기뻤어.
B : You too. Let's get together again soon. 나도 그래.(It was nice talking to you, too의 준표현). 곧 다시 만나자.

002 Let's not+V ···하지 말자

Point ⟫ 부정으로 Let's not~ 하면 「···하지 말자」라는 뜻이 된다.

Pattern ⟫
_ **Let's not** do this. 이렇게 하지 말자.

_ **Let's not** jump to conclusions. 성급히 결론짓지 말자.

_ **Let's not** get ahead of ourselves. 너무 앞서가지 말자.

_ **Let's not** talk about that ever again. 다시는 그 얘기하지 말자.

_ **Let's not** do our homework right now. 지금은 숙제를 하지 말자.

Dialog ⟫
A : How would you like to go to a movie? 영화볼래?
B : Let's not go downtown tonight. 오늘밤은 시내에 가지 말자.

003 Let's say (that) S+V ···라고 가정해 보자

Point ⟫ 직역해서 「···라고 말하자」라는 뜻으로 생각하면 오산. 「···라고 치자」, 「···라고 가정해 보자」라는 의미로 쓰인다. 주로 이해를 돕기 위해 예를 들어 설명할 때 사용하는 표현

Pattern ⟫
_ **Let's say** she came home first. 걔가 먼저 집에 온다고 가정해보자.

_ **Let's say that** he stole the jewels. 걔가 보석을 훔쳤다고 치자.

_ **Let's say** we leave him here three more weeks. 걜 여기에 3주간 더 놔둔다고 해보자.

_ **Let's say that** he is gonna be there. Then what? 걔가 거기에 간다고 치자. 그래서 뭐?

_ **Let's say** I bought a really great pair of shoes. 가령 내가 그 돈으로 멋진 구두를 샀다고 하자.

Dialog ⟫
A : Is Jane really going to get divorced? 제인이 정말로 이혼할거니?
B : Let's just say she doesn't live with her husband. 걔가 남편하고 살지 않는다고 하자.

004 Let's go+V 가서 …하자

Point » Let's~에 go+V 형태가 붙어서 「가서 …하자」라는 말로 일상생활에서 아주 많이 쓰이는 패턴이다.

Pattern »
_ **Let's go** talk to him. 가서 걔한테 얘기하자.

_ **Let's go** get a drink. 가서 술한잔 하자.

_ **Let's go** get some ice cream. 아이스크림 먹으러 가자.

_ **Let's go** eat something. I'll pay for dinner. 가서 뭐 좀 먹자. 저녁 내가 낼게.

_ **Let's go** have a drink together, tonight. 오늘 저녁 함께 술 마시자.

Dialog »
> A : Let's go get some ice cream. 아이스크림 먹으러 가자.
> B : I can't. I have to study. 안돼. 공부해야돼.

Chapter 06

Pattern 68 » Let me~

001 Let me+V 내가 …할게

Point » Let me+동사의 형태로 「내가 …을 하도록 허락해줘」란 뜻. 어떤 행동을 하기에 앞서 상대방에게 자신의 행동을 미리 알려주는 표현법.

Pattern »
_ **Let me** help you with your baggage. 짐 드는 것 도와줄게.

_ **Let me** look at your homework. 네 숙제 한번 봐줄게.

_ **Let me** sleep for a while longer. 나 좀 더 잘게.

_ **Let me** stop by the bank. 나 은행에 들를게.

_ **Let me** explain why I did it. 내가 왜 그랬는지 설명할게.

Dialog »
> A : Let me buy you a drink. 네게 술 한잔 살게.
> B : Thanks, I'll have a scotch and soda. 고마워. 스카치소다를 마실게.

002 Let me check~ …을 확인해볼게

Point » Let me+V의 대표적인 패턴으로 뭔가 확인해보겠다고 할 때 사용한다.

Pattern »
_ **Let me check** this out. 내가 이거 확인해볼게.

_ **Let me check** the traffic cameras. 교통카메라 확인해볼게.

_ **Let me check** my fridge. 내 냉장고 확인해볼게.

_ **Let me check** the schedule. 일정 좀 알아볼게.

_ **Let me check** your blood pressure. 혈압 좀 재볼게요.

Dialog »
> A : I wonder if we could get together on the 12th. 12일에 만날 수 있을까.
> B : First of all, let me check my schedule. 먼저, 일정 좀 보고.

361

003 **Let me ask you~** 내가 …질문 좀 할게

Point » 상대방에게 물어보는 표현으로 Let me ask you~ 다음에 something이나 question을 붙이면 된다.

Pattern »
_ **Let me ask you** something; Is anything missing? 뭐 좀 물어보자. 뭐 잃어버린게 있어?

_ **Let me ask you** a question. 뭐 하나만 물어보자.

_ **Let me ask you** one question. 하나 물어보자.

_ **Let me ask you** this. 이거 좀 물어보자.

_ **Let me ask you** something. 뭐 좀 물어볼게.

Dialog »
A : Let me ask you **something. Was he better than me?** 뭐 좀 하나 물어보자. 걔가 나보다 나아?
B : I guess so. 그럴 걸.

004 **Let me think about~** …에 대해 생각해볼게

Point » about 다음에는 주로 명사가 오지만 ~about what happened처럼 절이 올 수도 있다는 점을 눈여겨 둔다.

Pattern »
_ **Let me think about** it. 내가 그거 생각해볼게.

_ **Let me think** for a second. 내가 잠시 생각해볼게.

_ **Let me think about** the proposal. 그 제안에 대해 생각해볼게.

_ **Let me think about** what happened. 어떻게 된건지 생각해볼게.

_ **Let me think about** our problems. 우리 문제에 대해 생각해볼게.

Dialog »
A : I want to invite the investors to see our operation. 투자자들을 불러서 우리 회사를 둘러보게 하고 싶어.
B : Let me think about **that and I'll get back to you.** 생각 좀 해보고 얘기해 줄게.

Pattern 69 » **Let me have~**

001 **Let me have~** 내가 …을 갖게 해줘, …을 줘

Point » have 동사의 특성상 상대방에게 「…을 달라」, 「…을 갖게 해달라」는 부탁의 표현으로 많이 쓰인다.

Pattern »
_ **Let me have** my father back. 아버지를 돌려주세요.

_ **Let me have** your attention. 주목해주세요.

_ **Let me have** another beer. 맥주 한 잔 더 주세요.

_ **Let me have** something to write with. 뭐 좀 적을 종이 좀 주세요.

_ **Let me have** a piece of paper. 종이 한 장 좀 줘.

Dialog »
A : Will you come to work for my company? 우리 회사에서 일하시겠어요?
B : Let me have **some time to think it over.** 좀 생각해볼 시간을 주십시오.

002 Let me get~ …을 갖다 줄게

Point » 기본적으로 have처럼 「…을 갖다 달라」라는 뜻이지만 get의 다양한 용법 때문에 Let me get~의 의미를 한 마디로 단정지을 수는 없다. 많은 예문을 통해 감각적으로 익혀본다.

Pattern »
_ **Let me get** you some coffee. 내가 커피 갖다 줄게.
_ **Let me get** the doctor. 의사를 불러 줄게.
_ **Let me get** your paperwork. 네 서류를 갖다 줄게.
_ **Let me get** this straight. 확실하게 짚고 넘어가자.
_ **Let me get** you a glass of water. 물한잔 갖다줄게.

Dialog »
A : I'm not coming to your house for dinner. 너희 집에 저녁 먹으러 가지 못할거야.
B : Let me get this straight. You're cancelling on me again? 그러니까 뭐야, 또 약속을 취소하는거야?

003 Let me talk to~ 내가 …에게 얘기할게

Point » 자발적으로 나서서 to sb에게 말을 하겠다는 패턴.

Pattern »
_ **Let me talk to** him. 내가 걔한테 얘기할게.
_ **Let me talk to** her. See if there's another story. 걔한테 얘기해볼게. 무슨 다른 얘기가 있는지.
_ **Let me talk to** him! I wanna talk to him! 걔한테 얘기할게! 걔하고 얘기하고 싶다고!
_ **Let me talk to** Carry for a second. 잠시 캐리에게 얘기할게.
_ **Let me talk to** your manager. 매니저에게 얘기할게요.

Dialog »
A : Can you give me any discount for paying cash? 현금으로 계산하면 할인해 주실 수 있나요?
B : Let me talk to my boss. 사장님께 얘기해 보죠.

Pattern 70 »» Let me know~

001 Let me know what~ …을 알려줘

Point » 먼저 Let me know~ 다음에 what[which] S+V가 이어지는 경우를 본다.

Pattern »
_ **Let me know what** you want. 네가 뭘 원하는지 알려줘.
_ **Let me know what** you find out. 네가 알아낸 것을 알려줘.
_ **Let me know what** he thinks as soon as possible. 가능한 한 빨리 걔 생각이 어떤지 알려줘.
_ **Let me know what** he says about it. 걔가 그것에 대해 뭐라고 하는지 알려주세요.
_ **Let me know what** to bring to the party. 파티에 뭘 가져가야 되는지 알려줘.

Dialog »
A : Let me know what you think. 네 생각은 어떤지 알려줘.
B : Hmm… I have to think about it for a second. 음… 잠깐 생각 좀 해봐야겠어.

002 Let me know when[where]~ 언제[어디서] …할지 알려줘

Point >> Let me know~ 다음에 시간이나 장소를 뜻하는 when, where 절을 써본다.

Pattern >>
_ **Let me know when** you can come. 언제 올 수 있는지 알려줘.
_ **Let me know where** you go. 어디로 가는지 알려줘.
_ **Let me know when** they get back to you. 걔네들이 언제 네게 연락을 줄지 알려줘.
_ **Let me know when** you're finished with that. 네가 그걸 언제 끝내는지 알려줘.
_ **Let me know when** you finish here. 여기 일 언제 끝마치는지 알려줘.

Dialog >>
A : Let me know when you can come. 언제 올 수 있는지 알려줘.
B : I have free time this Friday. 이번 주 금요일에 시간 있어.

003 Let me know how~ 어떻게 …하는지 알려줘

Point >> Let me know~ 다음에 how S+V나 how to+V를 붙여서 문장을 만들어본다.

Pattern >>
_ **Let me know how** he's feeling. 걔 기분이 어떤지 알려줘.
_ **Let me know how** it goes. 어떻게 돼가고 있는지 알려줘.
_ **Let me know how** to use it. 이거 어떻게 사용하는지 알려줘.
_ **Let me know how** the party goes. 파티가 어떻게 돼가고 있는지 알려줘.
_ **Let me know how** that works out for you. 그게 너에게는 어땠는지 알려줘.

Dialog >>
A : My new restaurant is ready to open. 내 새 식당이 오픈할 준비가 됐어.
B : Let me know how it turns out. 어떻게 되는지 내게 알려줘.

004 Let me know if~ …하면 알려줘

Point >> Let me know~ 형태 중 Let me know if~의 쓰임새가 가장 많다.

Pattern >>
_ **Let me know if** I can help. 내가 도울 수 있으면 알려줘.
_ **Let me know if** you need anything. 뭔가 필요한게 있으면 알려줘.
_ **Let me know if** I can do anything. 내가 뭔가 할 수 있는게 있으면 알려줘.
_ **Let me know if** I can help with anything. 내가 뭐 도울 수 있으면 알려줘.
_ **Let me know if** anything changes. 뭔가 바뀌면 알려줘.

Dialog >>
A : Let me know if he likes me, okay? 걔가 날 좋아하는지 알려줘. 알았지?
B : You got it. 알았어.

001 **Let me see,** 글쎄, 어디보자, 보여줘

Point >> 뭔가 잠깐 생각을 해볼 때 쓰는 어구.

Pattern >>
_ **Let me see,** I don't know. 글쎄, 모르겠는데.

_ **Let me see.** Come on, sit down and show me. 어디보자. 자 어서 앉아서 보여줘.

_ How old is he now? **Let me see.** 걔 이제 몇 살이야? 어디보자.

_ **Let me see,** have we met before? 글쎄, 우리 전에 만난 적 있나요?

_ **Let me see,** we need some groceries. 글쎄, 우리 좀 식료품이 필요해

Dialog >>
A : When can we meet up with Nicole? 우리 언제 니콜을 만날 수 있을까?
B : Let me see. Maybe we can do it Monday. 어디보자. 월요일에 만날 수 있을 것 같아.

002 **Let me see sth~** …을 보여줘

Point >> 글자 그대로 see 이하의 것을 보여달라고 하는 패턴.

Pattern >>
_ **Let me see** it again. 한번만 더보자.

_ **Let me see** the earrings. 귀걸이 좀 보자.

_ **Let me see** the menu. I should try something new. 메뉴 보여줘봐. 새로운 걸 먹어볼게.

_ **Let me see** your license and registration please? 면허증과 등록증을 보여주시겠습니까?

_ **Let me see** the video game you bought. 네가 산 비디오 게임 좀 보여줘.

Dialog >>
A : The figures that you gave me don't work out. 나한테 준 통계치로는 답이 안나와.
B : Let me see them. Maybe I gave you the wrong ones. 어디 좀 볼게. 내가 엉뚱한 걸 준건지도 몰라.

003 **Let me see what~** …을 보자

Point >> what 이하의 내용을 좀 지켜보자는 내용의 표현.

Pattern >>
_ **Let me see what** I can do. 내가 어떻게 해볼 수 있는지 보자.

_ **Let me see what** he brings home. 걔가 집에 뭘 가져왔는지 보자.

_ **Let me see what** is going to happen. 어떤 일이 벌어질지 보자.

_ **Let me see what** our therapist says. 상담사가 뭐라고 하는지 보자.

_ **Let me see what** is for breakfast. 아침이 뭔지 보자.

Dialog >>
A : Let me see what you've come up with. 네가 어떤 안을 내놓았는지 한번 보자.
B : It's not much, but it's a start. 대단하진 않아. 하지만 이건 시작이니까.

004 Let me see if~ …인지 아닌지 알아보자

Point » 「…인지 아닌지 사실여부를 확인할」때는 Let me see if~ 혹은 I'll see if S+V의 형태로 사용하면 된다.

Pattern »
_ **Let me see if** I can reschedule the appointment. 약속을 다시 조정할 수 있는지 알아볼게.
_ **Let me see if** I understand this. 내가 이해했는지 정리해볼게.
_ **Let me see if** the business is successful. 사업이 성공적인지 알아볼게.
_ **Let me see if** Jordan is in the building. 조던이 빌딩에 있는지 알아볼게.
_ **Let me see if** this shirt fits me. 이 셔츠가 나한테 맞는지 보자.

Dialog »
A : Can we enter the apartment? 아파트에 들어가도 돼?
B : Let me see if anyone is home. 누가 집에 있는지 확인해볼게.

Pattern 72 »» ~let you~

001 I'll let you know~ …을 알려줄게

Point » Let me know~의 반대표현으로 내가 아는 정보를 상대방에게 알려주겠다고 하는 말.

Pattern »
_ **I'll let you know** if he shows up. 걔가 오면 알려줄게.
_ **I'll let you know** when you can see him. 네가 언제 걔를 볼 수 있는지 알려줄게.
_ **I'll let you know** as soon as he's in recovery. 걔가 회복 되는대로 알려줄게.
_ **I'll let you know** when I find it. 그걸 찾게 되면 알려줄게.
_ **I'll let you know** by tomorrow. 내일까지 알려드릴게요

Dialog »
A : I will let you know if he's getting better. 걔가 좀 나아지면 알려줄게.
B : I hope he gets better soon. 걔가 빨리 나아지면 좋겠어.

002 I'm going to let you~ 네가 …하도록 할게

Point » 상대방에게 뭔가 할 수 있도록 허락을 하겠다는 의미의 패턴.

Pattern »
_ **I'm gonna let you** go to boarding school. 네가 기숙학교에 가도록 할게.
_ **I'm gonna let you** two talk for a minute. 너희 둘 잠시 얘기하도록 할게.
_ **I'm going to let you** hang with Jim. 네가 짐하고 놀도록 해줄게.
_ **I'm going to let you** talk to the boss. 네가 사장에게 얘기하도록 해줄게.
_ **I'm going to let you** see my notes. 내 노트 보여주도록 할게.

Dialog »
A : It's been a very tiring study session. 정말 힘든 수업이었어.
B : I'm going to let you go early. 일찍 가도록 해줄게.

영어회화
공식패턴
3300

003 I'm not going to let you~ 네가 …하지 못하게 할거야

Point » 상대방에게 금지하거나 경고할 때 사용하는 패턴이다.

Pattern »
_ **I'm not going to let you** ruin my life! 네가 내 인생을 망치지 못하게 할거야!

_ **I'm not going to let you** do it again! 네가 다시는 그렇게 못하도록 할거야!

_ **I'm not going to let you** make this decision. 네가 이 결정을 못하도록 할거야.

_ **I'm not gonna let you** put yourself in danger. 네가 위험에 처하게끔 놔두지 않을거야.

_ **I'm not gonna let you** go in there alone. 네가 그안에 홀로 들어가지 못하게 할거야.

Dialog »
A : I'll need to speak with your client. 네 의뢰인과 얘기를 해야 돼.
B : I'm not going to let you talk to her. 걔와 얘기못하게 할거야.

004 Don't let sb[sth]+V~ …가 …하게 하지마

Point » Don't let+목적어+동사의 형태로 상대방에게 경고나 주의 혹은 경우에 따라서는 충고를 해주는 표현.

Pattern »
_ **Don't let** anyone know you're there. 네가 거기 있다는걸 누구한테도 알려주지마.

_ **Don't let** them do this to me! 걔네들이 내게 이렇게 하지 못하도록 해!

_ **Don't let** it happen again. 다시는 그런 일이 없도록 해.

_ **Don't let** it bother you, honey. 자기야, 그 때문에 신경쓰지마.

_ **Don't let** them know the kind of person I really am. 내 정체를 걔네들이 모르게 해.

Dialog »
A : Don't let it bother you. 그딴 일로 신경쓸 필요없어.
B : It's easier said than done. 말이야 쉽지.

Pattern 73 »» Shall~

001 Shall I +V? …해줄까(요)?

Point » 「내가 …해드릴까요?」라는 적극적인 제안의 표시로 달리 표현하자면 Let me~로 할 수 있다.

Pattern »
_ **Shall I** give you a hand? 제가 도와드릴까요?

_ **Shall I** get you a cold drink? 찬 음료를 갖다드릴까요?

_ **Shall I** take you to your place? 집까지 바래다 드릴까요?

_ **Shall I** call a taxi for you? 택시를 불러줄까요?

_ **Shall I** order your food while you're in the washroom? 네가 화장실에 있을 동안 식사주문할까?

Dialog »
A : It's hot today. Shall I get you a cold drink? 오늘은 덥군. 찬 음료를 갖다줄까?
B : Yes, I'd really like that. 응, 정말 마시고 싶네.

367

002 Shall we+V? …할까요?

Point » 「…하자」라는 역시 제안의 의미로 쓰이는 것으로 Let's+V로 생각하면 된다. 앞뒤 문맥상 제안하는 내용을 말하지 않고 그냥 Shall we?(이제 할까?)라고 말하기도 한다.

Pattern »
_ **Shall we** go down to the park? 공원에 갈까?

_ **Shall we** go to the movies after work? 퇴근후에 영화보러 갈래요?

_ **Shall we** go for a walk? 좀 걸을까요?

_ **Shall we** go out for lunch? 점심먹으러 나갈까요?

_ **Shall we** eat something? 뭐 좀 먹을까요?

Dialog »

A : Would you like to go out tonight? 오늘 밤에 데이트할래?

B : Sure. Shall we go to the movies after work? 좋아. 퇴근 후에 영화보러 갈까?

003 Shall we say~ 말하자면, 그럼

Point » 약속을 정할 때 많이 쓰이는 표현으로 「…으로 할까」라는 의미이다.

Pattern »
_ **Shall we say** tomorrow around 10:00? 말하자면 내일 10시경에?

_ Oh absolutely. **Shall we say**, around seven? 물론이고말고. 말하자면 7시경으로 할까?

_ **Shall we say** next week, same time? 다음주 같은 시간으로 할까?

_ **Shall we say** we'll meet around seven? 그럼 내일 7시경에 만날까?

_ **Shall we say** we've reached a deal? 그럼 우리가 거래를 성사시킨거지?

Dialog »

A : When can I pick you up for dinner? 저녁먹으러 언제 데리러 갈까?

B : Shall we say seven o'clock on Friday? 금요일 7시로 할까?

Pattern 74 » I feel +adj

001 I feel+adj 기분이 …해

Point » I feel~ 다음에 형용사를 붙여서 나의 현재 신체나 감정의 상태가 어떠한지를 말하는 표현방식.

Pattern »
_ **I feel** really sick today. 오늘 무척 아파요.

_ **I feel** sorry for you. (네게) 미안해.

_ **I feel** so unhappy about my life right now. 지금 내 인생이 너무 우울해.

_ **I feel** awful. I got fired today. 기분 더러워. 오늘 해고당했다구.

_ **I feel** so tired every day. 난 매일매일 정말 피곤해.

Dialog »

A : You look kind of sick today. 너 오늘 좀 아파보이는구나.

B : I feel terrible. I have a sore throat. 아주 안좋아. 목이 따끔거려.

002   I feel good about~ …에 기분이 좋아

Point »   I feel+형용사 중에서도 가장 많이 쓰이는 I feel good[better]~에 대해 알아본다. 뒤에 about~을 붙이거나 혹은 바로 ~ing를 붙일 수도 있다.

Pattern »

_ **I feel good about** this. 이걸로 기분이 좋아.

_ **I feel good about** our talk this morning. 오늘 아침에 나눈 우리 대화로 기분이 좋아.

_ **I feel better about** not going. 가지 않게 돼서 기분이 좋아.

_ **I feel better** knowing that he didn't take his own life.
개가 자살하지 않았다는걸 알게 돼 기분이 좋아.

_ **I feel much better** now. 지금은 훨씬 나아졌어.

Dialog »

A : I heard that you had been sick. 너 아팠다고 들었는데.
B : I was, but I feel much better now. 그랬는데 지금은 훨씬 나아졌어.

003   I don't feel~ 기분이 …하지 않아

Point »   I feel~의 부정표현으로 I don't feel+형용사하게 되면 「기분이 …하지 않다」라는 의미가 된다.

Pattern »

_ **I don't feel** very safe right now. 지금 당장 안전하다고 생각하지 않아.

_ **I don't feel** sorry for you. 네가 안됐다고 생각하지 않아.

_ **I don't feel** guilty. 죄의식을 느끼지 않아.

_ **I don't feel** comfortable repeating. 반복하는데 좀 불편하네.

_ **I don't feel** good today. I want to go home. 오늘 기분이 좋지 않아. 집에 가고 싶어.

Dialog »

A : I don't feel very good today. 오늘 기분이 별로 좋지 않아.
B : Lie down for a while and you'll be OK. 잠시 누워있으면 괜찮아질거야.

004   I don't feel right about~ …가 맞다고[옳다고] 생각하지 않아

Point »   뭔가 찜찜하고 이건 아니다 싶을 때 사용하는 패턴으로 about 다음에 명사 혹은 ~ing가 나온다.

Pattern »

_ **I don't feel right about** dating someone else. 다른 사람과 데이트하는게 옳다고 생각하지 않아.

_ **I don't feel right about** the money I borrowed. 내가 빌린 돈 때문에 기분이 찜찜해.

_ **I don't feel right about** taking these gifts. 이 선물들을 받는게 옳다고 생각되지 않아.

_ **I don't feel right about** cheating at cards. 카드놀이에서 속이는게 옳다고 생각되지 않아.

_ **I don't feel right about** dating your sister. 네 누나랑 데이트하는게 옳다고 생각하지 않아.

Dialog »

A : Didn't you call Donald an idiot? 도널드보고 바보라고 말하지 않았어?
B : I don't feel right about insulting him. 걜 모욕한게 옳지 않다고 생각해.

I feel like~

001 I feel like+N[S+V] ...인[한] 것 같아

Point » 동사가 주관적인 'feel'이라는 점에서 알 수 있듯이 다소 주관적인 표현으로 내 느낌상 「...한 것 같다」라는 뜻이다.
또한 You make me feel like~는 「너 때문에 ...같은 기분이야」라는 뜻이다.

Pattern »
_ **I feel like** an idiot. 내가 바보가 된 것 같아.

_ **I feel like** I'm totally lost. 완전히 길을 잃은 것 같아.

_ **I feel like** it's my fault. 내 잘못인 것 같아.

_ **I feel like** I've been here before. 전에 여기 와본 것 같아.

_ **You make me feel like** a loser. 넌 나를 바보로 만드는구나.

Dialog »
A : It's too bad no one sent you a card. 아무도 네게 카드를 보내지 않아 안됐어.
B : I feel like people don't care. 사람들이 신경 안쓰는 것 같아.

002 I don't feel like S+V ...한 것 같지 않아

Point » I feel like S+V의 부정형이다.

Pattern »
_ **I don't feel like** Tom is working hard. 탐이 일을 열심히 하는 것 같지 않아.

_ **I don't feel like** you should be here. 네가 여기 있으면 안될 것 같아.

_ **I don't feel like** they will buy that house. 걔네들이 그 집을 살 것 같지 않아.

_ **I don't feel like** the homework is finished. 숙제를 끝마친 것 같지 않아.

_ **I don't feel like** you can help me. 네가 날 도울 수 있다고 생각하지 않아.

Dialog »
A : Your vacation with Kari went poorly? 캐리와의 휴가가 안좋았다고?
B : I don't feel like we enjoyed being together. 함께 있는게 좋지 않았던 것 같아.

003 I feel like ~ing ...하고 싶어

Point » feel like가 동사의 ~ing를 취하면 「...을 하고 싶어」라는 의미가 된다. 뭔가 먹고 싶거나 뭔가 하고 싶다고 말하는
패턴이다.

Pattern »
_ **I feel like having** a cup of coffee. 커피 먹고 싶어.

_ **I feel like talking** shower. 샤워 하고 싶어.

_ **I feel like having** a drink. 술 한잔 하고 싶어.

_ **I feel like taking** a shower first. 먼저 샤워부터 하고 싶어.

_ **I feel like it.** 하고 싶어.

Dialog »
A : I feel like drinking a cold beer. 시원한 맥주 한 잔 하고 싶어.
B : There are a few in the fridge. Help yourself. 냉장고에 몇 개 있어. 맘껏 갖다 먹어.

004   I don't feel like~ ing …하고 싶지 않아

Point » 대명사 it이 와서 I (don't) feel like it하게 되면 여기서 it은 앞문장의 어떤 행위(~ing)를 말하는 것으로 feel like ~ing처럼 해석해준다.

Pattern »

_ **I don't feel like going** to work. 출근하기 싫어.

_ **I don't feel like making** dinner tonight. 오늘밤 저녁하기 싫어.

_ **I don't feel like going** out today. 오늘 외출하기 싫어

_ **I don't feel like it.** 그러고 싶지 않아, 사양할래.

_ **I don't feel like** pizza tonight. 오늘밤 피자 먹고 싶지 않아.

Dialog »

A : I know you didn't want to come here. 넌 여기 오기 싫어했다는 걸 알고 있어.

B : I don't feel like arguing about it. 그 문제로 언쟁하기 싫어.

Pattern 76 »» I have a feeling~

001   I have a feeling that~ …같아, …라는 생각이 들어

Point » have a[the] feeling이라고 하면 「…라는 느낌이 든다」라는 주관적인 생각을 나타내는 패턴이다.

Pattern »

_ **I have a feeling that** Jill is going to quit her job. 질이 직장을 그만두려는 것 같아.

_ **I have a feeling** I'm gonna need your help again. 다시 네 도움이 필요해질 것 같아.

_ **I have a feeling** I'm about to find out. 내가 곧 알아낼 것 같아.

_ **I have a feeling that** they are not going to show up. 느낌상 그들이 나타날 것 같지가 않아.

Dialog »

A : I have a feeling that Jill is going to quit her job. 질이 직장을 그만두려는 것 같아.

B : What makes you say so? 왜 그렇게 말하는거야?

002   I had a feeling S+V …같았어

Point » 과거의 느낌을 말하는 문장.

Pattern »

_ **I had a feeling** Barry was lying. 배리가 거짓말하는 것 같았어.

_ **I had a feeling** she was guilty. 걔가 유죄인 것 같았어.

_ **I had a feeling** we'd have a talk like this sooner or later.
우리 조만간 이처럼 얘기를 나눌 것 같았어.

_ **She had a feeling** she was being watched. 걔 감시당하고 있다는 느낌을 받았어.

_ **I had a feeling** they would get divorced. 걔네들이 이혼할 것 같았어.

Dialog »

A : Janet was not being truthful. 재닛은 신뢰할 수가 없었어.

B : I had a feeling she lied. 걔가 거짓말하는 것 같았어.

371

003 I('ve) got a feeling S+V …같아

Point » have 대신에 have got을 쓴 경우로 이때 have는 생략할 수 있다.

Pattern »

_ **I got a feeling** he'll be back. 걔가 돌아올 것 같아.

_ **I've got a feeling** we made a good deal. 우리가 좋은 거래를 한 것 같아.

_ **I've got a feeling** she won't come back. 걔가 돌아오지 않을 것 같아.

_ **I've got a feeling** he is keeping a secret. 걔가 비밀을 지키고 있는 것 같아.

_ **I've got a feeling** you broke the rules. 네가 규칙을 어긴 것 같아.

Dialog »

A : Take the hint, she doesn't want to go out with you. 눈치없긴, 너랑 사귀기 싫은거야.

B : I got a feeling that things will work out. 일이 잘될 것 같은 느낌이 들어.

004 I have feelings for~ …을 좋아해

Point » feelings라고 복수를 써서 have feelings for~하게 되면 「…을 마음에 두다」라는 뜻이 된다.

Pattern »

_ **I have feelings for** your sister. 네 누이를 맘에 두고 있어.

_ **I have feelings for** one of my classmates. 같은 반 애들 중 한명을 좋아해.

_ **I have feelings for** a man in our office. 사무실의 한 남자에 관심을 갖고 있어.

_ **I have feelings for** someone I just met. 내가 방금 만난 사람에게 감정이 생겼어.

_ **I have feelings for** a girl I met in class. 수업시간에 만난 여자에게 끌려.

Dialog »

A : I have feelings for someone I work with. 한 직장 동료에게 감정이 생겼어.

B : Do you plan to ask him out on a date? 데이트 신청을 할 생각이야?

Pattern 77 »» **~feel better~**

001 It feels good to~ …을 하면 기분이 좋아

Point » to+V 이하를 하게 되면 기분이 좋아진다는 문장.

Pattern »

_ **It feels good to** be home. 집에 있으면 기분이 좋아.

_ **It feels good to** be in control of something. 뭔가 통제를 하고 있으면 기분이 좋아.

_ **It feels good to** be taken care of. 보살핌을 받고 있으면 기분이 좋아.

_ **It feels good to** help people, huh? 사람들을 도우면 기분이 좋아, 그지?

_ **It feels good to** exercise again. 다시 운동을 하니 기분이 좋네.

Dialog »

A : Thanks for inviting me to go jogging. 같이 조깅하자고 해서 고마워.

B : It feels good to get some exercise. 운동을 하면 기분이 좋아져.

영어회화
공식패턴
3300

002 I'd feel better if~ …한다면 기분이 나아질거야

Point » 가정법 구문으로 if 이하를 한다면 기분이 나아질거라는 의미로 I'd~의 d는 가정법 would이다. 따라서 if 이하에서는 과거형이 쓰인다.

Pattern »
- **I'd feel better if** we left the building. 우리가 건물에서 나가면 더 기분이 좋을 것 같아.
- **I'd feel better if** you told me the truth. 네가 나한테 진실을 말한다면 기분이 나아질거야.
- **I'd feel better if** I could pay my debts. 내 빚을 갚으면 기분이 좋아질텐데.
- **She'd feel better if** she took her medicine. 걔가 자기 약을 복용하면 기분이 나아질거야.

Dialog »
> A : You look exhausted tonight. 너 오늘밤 무척 지쳐보여.
> B : I'd feel better if I got some sleep. 잠 좀 자면 기분이 나아질거야.

003 It (would) makes me feel better~ …하면 기분이 좋아져

Point » It이 나를 기분좋게 만들어 준다는 뜻으로 뒤에 이어지는 when[if]~ 절이나 to+V 형태로 조건의 어구를 받는다.

Pattern »
- **It makes us feel better!** 그 때문에 우리 기분이 좋아져!
- You also said **it made you feel better when** you were sad.
  울적할 때 그게 네 기분을 좋아지게 했다고 말했잖아.
- **It would make me feel better if** Lewis apologized to me.
  루이스가 내게 사과한다면 내 기분이 좋아질텐데.
- **It would make me feel better if** things calmed down. 상황이 진정되면 기분이 더 좋아지게 될거야.
- **It might make him feel better to** be around people.
  사람들과 같이 있으면 걔 기분이 좋아질텐데.

Dialog »
> A : Shall we sit down for a while? 잠시 자리에 앉을까?
> B : It would make me feel better to take a walk. 산책을 하면 기분이 좋아질텐데.

004 Would it make you feel better if~ …하면 기분이 좋아지겠어?

Point » 아직 if~이하를 하지 않았지만 그렇게 된다면 그로 인해 기분이 나아지겠냐고 물어보는 문장.

Pattern »
- **Would it make you feel better if** I did all that? 내가 그걸 다하면 기분이 좋아지겠어?
- **Would it make you feel better if** we all stop talking about him.
  우리가 모두 걔 얘기를 그만두면 기분이 좋아지겠어?
- **Would it make you feel better if** I left you alone?
  널 혼자 놔두면 기분이 좋아지겠어?
- **Would it make you feel better if** we got something to eat?
  먹을게 뭔가 있으면 기분이 좋아지겠어?

Dialog »
> A : My shoulders ache from playing basketball. 농구를 했는데 어깨에 통증이 있어.
> B : Would it make you feel better if I gave you a massage?
>   내가 마사지 해주면 기분이 좀 좋아지겠어?

373

I'd feel better if—

I'd feel better if we left the building.

I'd feel better if you told me the truth.

I'd feel better if I could pay my debts.

She'd feel better if she took her medicine.

It (would) makes me feel better—

It makes me feel better.

You also said it made you feel better when you were sad.

It would make me feel better if Lewis apologized to me.

It would make me feel better if things calmed down.

It might make him feel better to be around people.

Would it make you feel better if—

Would it make you feel better if I did all their work?

Would it make you feel better if we all stop talking about him.

Would it make you feel better if I left you alone?

Would it make you feel better if we got something to eat.

핵심 Chapter 07

Basic Words Two

001 I say S+V ···하라고

Point >> 자기 의도를 다시 한번 정리해서 말해주는 표현으로 I say we~하게 되면 「우리 ···하자」라는 뜻이 된다.

Pattern >>
_ **I say** you check out his alibi. 걔 알리바이를 확인하라고.

_ **I say** we turn on the TV. TV 켜라고.

_ **I say** he took the money illegally. 걔가 돈을 불법적으로 가져갔다고.

_ **I say** you need to drink some coffee. 너 커피 좀 마셔야겠어.

_ **I say** we stay overnight here. 우리 여기서 밤샐거라고.

Dialog >>
> A : Herman has really pissed off the boss. 허먼은 사장에게 정말 화를 많이 내더라고.
> B : I say he quits this week. 이번주에 걔 그만둔다니까.

002 I said that S+V 난 ···라고 말했지

Point >> 과거에 자기가 한 말을 다시 반복하는 것으로 자기 의사를 재차 확인해주는 역할을 한다.

Pattern >>
_ **I said that** the car broke down. 자동차가 고장났다고 말했어.

_ **I said that** I'm totally okay with Ron getting married. 난 론이 결혼하는건 괜찮다고 말했어.

_ **I said that** I would talk to you about it. 내가 그에 관해 너한테 말할거라고 했잖아.

_ **I said** the cops searched the apartment.
경찰들이 아파트를 수색했다고 했어.

_ **I said that** it was totally inappropriate, and then I fired him.
난 그게 정말 부적절하다고 말한 다음에 걔를 해고했어.

Dialog >>
> A : Sorry, what did you say? 죄송하지만 뭐라고 하셨죠?
> B : I said that the Visa card number is incorrect. 비자카드 번호가 잘못됐다고 했어요.

003 I didn't say S+V~ ···라고 말하지 않았어

Point >> 그런 말을 한 적이 없다고 억울함을 호소하거나 오해를 풀기 위한 문장.

Pattern >>
_ **I didn't say** anything. 난 아무말도 하지 않았어.

_ **I didn't say** it was all right. 난 그게 괜찮다고 말하지 않았어.

_ **I didn't say** we had to stop. 우리가 그만둬야 했다고 말하지 않았어.

_ **I didn't say** I couldn't do it. 내가 그걸 할 수 없을거라고 말하지 않았어.

_ **I didn't say** they were married. 걔네들이 결혼했다고 말하지 않았어.

Dialog >>
> A : Did you say something? 무슨 말 했어?
> B : I didn't say anything 아무 말도 안했어.

영어회화
공식패턴
3300

004 | I never said S+V 절대 …라고 말한 적이 없어

Point » I didn't say~의 강조어법으로 I never said~ 다음에 명사가 올 수도 있다.

Pattern »
_ **I never said** that. 난 절대 그렇게 말한 적이 없어.

_ **I never said** anything to anyone. 누구한테도 아무말도 절대로 하지 않았어.

_ **I never said** it was a man. 그게 남자였다고 말한 적이 절대로 없어.

_ **I never said** I was perfect. 내가 완벽하다고 절대 말한 적이 없어.

_ **I never said** he was married. 걔가 결혼했다고 절대 말한 적이 없어.

_ **I never said** you were mean. 네가 야비하다고 절대 말한 적이 없어.

Dialog »
A : Was it a romantic night with Jessica? 제시카와 낭만적인 밤을 보냈어?

B : I never said we spent the night together. 난 우리가 함께 밤을 보냈다는 말을 한 적이 없는데.

Pattern 02 » You're saying~

001 | You're saying S+V(?) …라는 말이지(?)

Point » 평서문으로 쓰일 때는 단순히 상대방의 말을 「정리」, 의문문으로 쓰면 약간 놀라며 상대의 말을 「확인」하는 문장이 된다.

Pattern »
_ **You're saying** you need to take a day off. 하루 쉬고 싶다는거지.

_ **You're saying** you didn't follow us? 우리 말을 못알아들었다는 말이지?

_ **You're saying** Ben did this? 벤이 이렇게 했다는 말이지?

_ **You're saying** I go out there by myself tonight? 오늘밤 나 혼자 거기에 가라는 말이지?

_ **You're saying** you don't know anything about this? 너 이거에 대해 아무것도 모른다는 말이지?

Dialog »
A : Do you know what I mean? 무슨 말인지 알겠어?

B : Yeah! You're saying you need to take a day off. 어! 하루 쉬고 싶다는 거지.

002 | You're just saying that to+V 괜히 …라고 말하는거지

Point » to+V 이하를 목적으로 괜히 그렇게(that) 말하는거다라는 뜻으로 「상대방 말의 의도」를 알고 있다고 말하는 표현.

Pattern »
_ **You're just saying that to** make me feel better. 그냥 내 기분 좋아지라고 하는 말이지.

_ **You're just saying that** to be nice. 괜히 착하게 대하려고 그렇게 말하는거지.

_ **You're just saying that** to confuse me. 괜히 날 혼란스럽게 하려고 하는 말이지.

_ **You're just saying that** to impress us. 우리에게 깊은 인상을 주기 위해 그냥 하는 말이지.

Dialog »
A : How did you get to be so beautiful? 어떻게 그렇게 예쁘게 된거야?

B : You're just saying that to flatter me. 나 기분좋으라 그냥 하는 말이지.

003 I'm just saying S+V 내 말은 단지 …라는거야

Point » 상대방이 오해를 하거나 이해를 잘 못할 때 자기 의사를 간략하게 정리해주는 패턴.

Pattern »
_ **I'm just saying** I know what this is. 난 단지 그게 뭔지 알고 있다라는 말이야.
_ **I'm just saying** I like it. 내 말은 단지 그게 맘에 든다는거야.
_ **I'm just saying** that this happened! 난 단지 일이 이렇게 되었다고 말하는거야!
_ **I'm just saying** that it's one of the possibilities. 난 단지 그게 가능성 중의 하나라는 말이야.

Dialog »
A : You're skeptical of Gary's alibi? 게리의 알리바이가 의심스러워?
B : I'm just saying I don't believe it. 내 말은 단지 못믿겠다는거지.

004 Are you saying~ ? …라는 말이야?

Point » 믿기지 않은 말을 들었을 때나 놀라운 이야기를 듣고서 반문하거나 혹은 상대방의 말을 확인해줄 때 쓰는 구문. 또한 All I'm saying is~은 「단지 내 말은 …라는거야」라는 말로 자기가 말하는 내용을 「강조」하는 표현법.

Pattern »
_ **Are you saying** I smell bad? 나한테서 악취가 난다는 말이야?
_ **Are you saying** we can't hang out with them? 우리는 걔네들과 놀 수 없다는 말이야?
_ **Are you saying** that you're not happy? 행복하지 않다는 말야?
_ **All I'm saying is** this seems foolish. 내 말은 단지 이게 어리석어 보인다는거야.
_ **All I'm saying is** he doesn't deserve it. 내 말의 요점은 걘 그럴 자격이 없다는거야.

Dialog »
A : Are you saying you want me to lend you some money? 나보고 돈 빌려달라는 말이지?
B : That's why I lost job last week. 지난 주에 실직해서 그래.

Pattern 03 » You said~

001 You said S+V …라고 말했잖아

Point » 상대방이 한 말을 상기시켜주는 문장으로 You said+N 혹은 You said S+V의 형태로 쓰면 된다. 참고로 You said it!은 관용표현으로 상대방의 말에 공감하는 것으로 「네말이 맞아」라는 뜻이다.

Pattern »
_ **You said** that to me last week. 지난주에 내게 그렇게 말했잖아.
_ **You said** it was okay! 그게 괜찮다고 말했잖아!
_ **You said** there was a gas leak in here. 여기에 가스가 샌다고 말했잖아.
_ **You said** it was going to be fun. 재미있을거라고 했잖아.
_ **You said** you were sick of this. 이건 지겹다고 했잖아.

Dialog »
A : You said I'm such a jerk? 내가 아주 별난 놈이라고 했다며?
B : Don't be upset. I didn't mean that. 화내지마. 그럴려고 그런 게 아니야.

002 You said you+V 네가 …라고 했잖아

Point » 앞에 있는 사람보고 「…라고 말하지 않았냐」, 「…라고 했잖아」라는 말로 상대방이 한 말을 재확인하거나 상황에 따라 따지는 문장이 될 수도 있다.

Pattern »
_ **You said** you didn't want to go. 넌 가고 싶지 않다고 말했잖아.

_ **You said** you were a stewardess. 넌 네가 스튜어디스라고 했잖아.

_ **You said** you were sick of this. 이건 지겹다고 했잖아.

_ **You said** you loved me! 날 사랑한다고 했잖아!

_ **You said** you'd wait for me. 나를 기다릴거라고 말했잖아.

Dialog »
A : It was a great idea to attend a concert. 콘서트에 간다는 건 정말 멋진 생각이었어.
B : You said you like music. 너 음악 좋아한다고 했잖아.

003 You said you wanted~ …을 원한다고 말했잖아

Point » 이번에는 좀 더 구체적으로 상대방이 원했던 것을 재차 확인해보는 문장.

Pattern »
_ **You said you wanted** to talk about it. 그 얘기 하고 싶어한다고 했잖아.

_ **You said you wanted** to talk. 얘기 나누고 싶다고 말했잖아.

_ **You said you wanted** new running shoes. 새 운동화를 원한다고 말했잖아.

_ **You said you wanted** to be alone for your birthday. 생일 때 혼자 있고 싶다고 했잖아.

_ **You said you wanted** to help me climb the ladder.
내가 사다리 올라가는거 도와주겠다고 했잖아.

Dialog »
A : Why did you buy me tea at Starbucks? 스타벅스에서 왜 내게 차를 사주는거야?
B : You said you wanted **something to drink.** 네가 뭔가 마시는 것을 원한다고 했잖아.

004 I'd be lying if I said~ …라고 말한다면 그건 거짓말일거야

Point » 이런 표현은 따로 외워두지 않으면 순수영작을 해서 사용하기는 무척 어려운 표현이다. 달달달 외워서 문장을 만들어보도록 한다.

Pattern »
_ **I'd be lying if I said** this hasn't been fun. 이게 재미없었다고 말한다면 거짓말이지.

_ **I'd be lying if I said** I'd never thought about it. 그 생각 해보지도 않았다고 말한다면 거짓말이지.

_ **I'd be lying if I said** I regret what happened. 일어난 일을 후회한다고 말한다면 거짓말이지.

_ **I'd be lying if I said** I wasn't intrigued. 내가 관심이 없다고 말한다면 거짓말이지.

_ **I'd be lying if I said** I was happy. 내가 행복하다고 말한다면 거짓말이겠지.

Dialog »
A : How was the meal she cooked? 걔가 요리한 식사 어땠어?
B : I'd be lying if I said **it was good.** 맛있었다고 하면 거짓말이겠지.

---

001 **I want to say~** …라고 말하고 싶어

Point >> 자기가 말하는 내용을 강조하면서 상대방의 관심을 유도할 때 혹은 인사를 할 때도 사용된다.

Pattern >> _ **I want to say** goodbye to my friends. 내 친구들에게 작별인사를 하고 싶어.

_ **I want to say** how sorry I am. 얼마나 미안한지 모르겠어.

_ **I want to say** it's never easy. 그건 절대로 쉽지 않다고 말하고 싶어.

_ **I want to say** you did a good job. 일 잘했다고 말하고 싶어.

_ **I want to say** thank you. 너한테 고맙다고 말하고 싶어.

Dialog >> A : Sounds like Beth has been very successful. 베스는 매우 성공한 것 같아.
B : I want to say that I envy her. 걔가 정말 부럽구만.

---

002 **I have to say~** …라고 말해야겠어

Point >> 「어쩔 수 없이 말해야겠다」라는 의미로 상대방에게 미안한 이야기를 전달할 때 사용하면 좋다.

Pattern >> _ **I have to say** good-bye now. 이제 작별인사를 해야되겠어.

_ **I have to say** I feel very foolish. 내가 무척 어리석게 느껴진다고 말해야겠어.

_ **I have to say** I think it's the right choice. 그게 올바른 선택같다고 말해야겠어

_ **I have to say** you really impressed me today. 오늘 너 아주 인상적이었다고 말해야겠어.

_ **I have to say** you are much smarter than me. 네가 나보다 훨씬 영리하다고 해야겠어.

Dialog >> A : The economy will get better next year. 경제가 내년에는 좋아질거야.
B : I have to say I don't believe you. 믿지 못하겠다고 말해야 되겠네.

---

003 **I can['t] say S+V** …라고 말할 수 있[없]지

Point >> I can say~는 상대방의 말에 수긍하면서, 그리고 I can't say~는 상대방의 주장이나 질문에 확실하게 답을 주지않을 때 사용한다.

Pattern >> _ **I can say** that I really enjoyed it. 내가 정말 즐겼다고 할 수 있지.

_ **I can say** he impressed us. 걔가 우리에게 강한 인상을 줬다고 할 수 있지.

_ **I can't say** I ever liked it much. 내가 그걸 그렇게 좋아했다고는 할 수 없지.

_ **I can't say** our lives have changed. 우리 삶이 바뀌었다고는 말할 수 없지.

_ **I can't say** that I like him. 내가 걜 좋아한다고 할 수는 없지.

Dialog >> A : The plan you developed was complicated. 네가 짠 계획은 너무 복잡했어.
B : I can't say it worked well. 계획대로 잘 됐다고 말할 수는 없지.

004 All I can say is~ …밖에 달리 할 말이 없어, 내가 말할 수 있는건 …밖에 없어

Point ≫ 제한된 정보로 확신이 없어 말을 할 때 혹은 뭔가 강조하고 싶을 때 사용하면 된다.

Pattern ≫
_ **All I can say is** that I love you guys. 내가 말할 수 있는 건 너희들을 사랑한다는 것뿐이야.

_ **All I can say is** the cops have no suspect.
내가 말할 수 있는 건 경찰에겐 용의자가 없다는 것뿐이야.

_ **All I can say is** Mina seems to like you. 내가 말할 수 있는 건 미나가 너를 좋아하는 것 같다는거야.

_ **All I can say is** we have to get up early. 내가 말할 수 있는 건 우리가 일찍 일어나야 한다는 것뿐이야.

Dialog ≫

A : The situation is getting very dangerous. 상황이 점점 위험해지고 있어.
B : All I can say is we'll wait to see what happens. 어떻게 될지 두고 보는 수밖에 달리 할 말이 없어.

Pattern 05 ≫≫ I'd say~

---

001 I'd say~ …인 것 같아, …라고 말하겠어

Point ≫ I'd~는 I would로 I would say~하게 되면 「…하는 거라고 말할 수 있겠지」 정도의 뉘앙스를 갖는다.

Pattern ≫
_ **I'd say** it's pretty obvious. 그건 뻔하다고 말하겠어.

_ **I'd say** we're dealing with a man. 우린 남자를 상대하고 있는 것 같아.

_ **I'd say** we're in the right place. 우리가 적당한 장소에 있다고 말하겠어.

_ **I'd say** things are better between us now. 이제 우리 사이가 더 좋아졌다고 하겠어.

_ **I would say** that you are around 20 years old. 넌 한 20살쯤으로 보이는데.

Dialog ≫

A : I'm not sure what to do about the offer. 받은 제안에 대해 어떻게 해야 될지 모르겠어.
B : If you ask me, I'd say take it right away! 내 생각엔 바로 받아들이라고 말하겠어!

---

002 If I had to guess, I'd say~ 추측을 해야 한다면 …라고 말하겠어

Point ≫ If 이하에서 추측을 한다고 했으니 가정법 조동사 would를 쓰는 것은 자연스럽다.

Pattern ≫
_ **If I had to guess, I'd say** they'll divorce soon. 추측을 해야 한다면, 걔네들 곧 이혼할 것 같아.

_ **If I had to guess, I'd say** he's a jerk. 추측해야 한다면 걔는 멍청이라고 하겠어.

_ **If I had to guess, I'd say** this is a good investment. 이건 좋은 투자라고 하겠어.

_ **If I had to guess, I'd say** she's having a nice time in Kansas.
추측해야 한다면, 걘 캔자스에서 좋은 시간을 보내고 있을거야.

_ **If I had to guess, I'd say** they are lying. 추측을 해야 한다면, 걔네들이 거짓말하고 있다고 말하겠어.

Dialog ≫

A : Did you see the smoke coming out of the lab? 실험실에서 나오는 연기 봤어?
B : If I had to guess, I'd say it's a big problem. 추측을 한다면 문제가 크다고 말하겠어.

003 I wouldn't say that S+V …라고 (말)하지 않겠어

Point » 반대의견을 조심스럽게 말하는 표현으로 「나라면 S+V라고 말하지 않겠다」라는 의미.

Pattern »
_ **I wouldn't say that** Carol works hard. 캐롤이 일을 열심히 한다고 하지 않겠어.

_ **I wouldn't say that** the beach looks clean. 해변이 깨끗하다고는 말하지 않겠어.

_ **I wouldn't say that** I feel bored. 내가 지겹다고 하지는 않겠어.

_ **I wouldn't say that** Steve works hard. 스티브가 일을 열심히 한다고는 말하지 않겠어.

_ **I wouldn't say that** people like you. 사람들이 너를 좋아한다는 말은 하지 않겠어.

Dialog »
A : Is Phyllis attracted to Dan? 필리스가 댄에게 끌린대?
B : I wouldn't say that she likes him. 걔가 그를 좋아한다고 말할 순 없지.

004 I don't want to say anything that~ …한 건 전혀 말하고 싶지 않아

Point » that 이하 한 것은 말하고 싶지 않다는 화자의 주장내지는 고집을 드러내는 표현.

Pattern »
_ **I don't want to say anything that** might upset you. 널 화나게 할 말은 하고 싶지 않아.

_ **I don't want to say anything that** the cops are interested in.
경찰이 관심을 갖고 있는 건 전혀 말하고 싶지 않아.

_ **I don't want to say anything that** makes him angry. 걜 화나게 하는 말은 하고 싶지 않아.

_ **I don't want to say anything that** will confuse you. 널 혼란스럽게 할 말은 전혀 하지 않겠어.

Dialog »
A : Look, I don't understand science very well. 이봐, 난 과학을 잘 몰라.
B : I don't want to say anything that confuses you. 너를 혼란스럽게 할 말은 전혀 하지 않겠어.

Pattern 06 »» Tell me~

001 Tell me about~ …에 대해서 말해줘

Point » about 이하의 것에 대해 말해달라고 하는 기본 표현. about 없이 Tell me+N하게 되면 「N을 말하라」라는 말.

Pattern »
_ **Tell me about** him. 걔에 대해 내게 말해줘.

_ **Tell me** the truth. 진실을 말해줘.

_ **Tell me about** your life, and how is everything? 네 인생에 대해 말해봐, 어떻게 지내?

_ **Tell me about** problems you've had. 네게 있는 문제점들을 말해봐.

_ **Tell me about** your night with Scott. 스캇과 보낸 저녁에 대해 말해봐.

Dialog »
A : Tell me about your new girlfriend. 새로 사귄 여친에 대해 얘기해봐.
B : Well, she's in her early twenties. 그래, 그녀는 20대 초반야.

002 Tell me (that) S+V ···라고 말해줘

Point » Tell me+N에서 N의 자리에 S+V가 온 경우.

Pattern »
_ **Tell me** you didn't have him killed. 네가 걔를 청부살인하지 않았다고 말해줘.
_ **Tell me** he did not spend the night here. 걔가 여기서 밤을 보내지 않았다고 말해줘.
_ **Tell me that** you will come home tomorrow. 너 내일 집에 온다고 말해줘.
_ **Tell me** the store is still open. 가게가 아직 열었다고 말해줘.
_ **Tell me** you turned in the assignment. 네가 숙제를 제출했다고 말해줘.

Dialog »
A : Tell me the truth. Is she hotter than me? 사실대로 말해. 걔가 나보다 더 섹시해?
B : No way. You're the hottest girl that I've ever seen. 전혀. 너처럼 섹시한 여잔 못봤어.

003 Tell me what[when]~ ···을 말해줘

Point » Tell me~ 다음에 what, when, where 절 등이 오는 경우.

Pattern »
_ **Tell me what** you're looking for, and I'll help. 뭘 찾는지 말해봐, 내가 도울게.
_ **Tell me when** you guys work this out. 언제 이걸 해결할건지 말해줘.
_ **Tell me exactly what** she said. 걔가 정확히 뭐라고 했는지 말해줘.
_ **Tell me where** you've been all this time. 지금껏 어디에 있었는지 말해봐.
_ **Tell me what** the bottom line is. 핵심이 뭔지만 말해봐.

Dialog »
A : Tom's taking us all out for drinks after work. 퇴근하고 탐이 모두에게 술을 산대.
B : Tell me where you're going and I'll meet you there. 어디가는지 말해줘, 거기서 만나자.

004 Tell me how[why, if]~ ···을 말해줘

Point » 이번에는 Tell me~ 다음에 how, why, 그리고 if 절이 오는 패턴이다.

Pattern »
_ **Tell me if** you need my help. 내 도움이 필요하면 말해.
_ **Tell me right now if** you're having an affair. 바람을 피고 있으면 지금 당장 말해.
_ **Tell me why** you're doing this. 네가 왜 이러는지 말해봐.
_ **Tell me how** it works. 그게 어떻게 돌아가는지 말해봐.
_ **Tell me how to** fix it! 그거 어떻게 수리하는지 말해줘!

Dialog »
A : It's nice to be wealthy. 부자가 되는 건 좋은거야.
B : Tell me how you made so much money. 어떻게 그렇게 많은 돈을 벌었는지 말해줘.

001	**I told you+N~** …을 네게 말했잖아

Point » you에게 N을 말했다고 다시 한번 각인시켜주는 강조표현.

Pattern »
_ **I told you** that. 내가 그랬잖아.

_ **I told you** everything I know. 내가 알고 있는 건 다 말했잖아.

_ **I told you** about that before. 전에 그거에 대해 말했잖아.

_ **I told you** about the trip we took to New Orleans.
우리가 한 뉴올리언즈 여행에 대해 네게 말했어.

_ **I told you** about the robbery at the bank. 은행강도 사건에 대해 네게 말했잖아.

Dialog »
> A : This is the greatest cake I've ever had. 이렇게 맛있는 케익은 첨 먹어봐.
> B : I told you chocolate was delicious. 초콜릿이 맛있다고 말했잖아.

002	**I told you to~** …라고 했잖아

Point » 말귀를 못알아듣는 상대방에게 혹은 말을 잘 안듣는 상대방에게 쓸 수 있는 표현으로 「내가 …라고 말했잖아」(그런데 왜 말을 안들어?)라는 뉘앙스의 표현. 부정으로 쓰려면 I told you not to+V로 「…하지 말라고 했잖아」라는 뜻이 된다.

Pattern »
_ **I told you to** get out of here. 꺼지라고 말했잖아.

_ **I told you to** wait in the car. 차에서 기다리라고 했잖아.

_ **I told you not to** interfere. 방해하지 말라고 했잖아.

_ **I told you not to** put the keys in the bag! 가방에 열쇠두지 말라고 했잖아!

_ **I told you not to** eat so fast. 그렇게 빨리 먹지 말라고 했잖아.

Dialog »
> A : Sorry, I failed the exam. 미안, 시험에 떨어졌어.
> B : I told you to study harder. 더 공부 열심히 하라고 했잖아.

003	**I told you S+V** …라고 했잖아

Point » I told you to+V에서 to+V 대신에 S+V를 쓴 경우이다.

Pattern »
_ **I told you** she didn't see anything! 걘 아무것도 보지 못했다고 했잖아!

_ **I told you** it wasn't gonna work. 그렇게 돌아가지 않을거라 했잖아.

_ **I told you** we should wait. 우리가 기다려야 한다고 했잖아.

_ **I told you** fruit was healthy. 과일이 건강에 좋다고 했잖아.

_ **I told you** stores here are expensive. 여기 가게들이 비싸다고 했잖아.

Dialog »
> A : I can't believe it! I did it! I rode a horse! 말도 안돼! 내가 해냈어! 내가 말을 탔다고!
> B : See? I told you it was possible. 거봐? 할 수 있다고 했잖아.

004 I thought I told you~ ···라고 말했을텐데

Point >> 자기 의사를 정확하게 전달하는 방법으로 I thought~를 앞에 먼저 말함으로써 문장의 내용을 좀 부드럽게 해준다.

Pattern >>
_ **I thought I told you** not to come. 오지 말라고 한 것 같은데.

_ **I thought I told you** to go to bed. 자라고 말한 것 같은데.

_ **I thought I told you** to get out of here. 나가라고 말했던 것 같은데.

_ **I thought I told you** I never want to see you again. 다신 보고 싶지 않다고 했을텐데.

_ **I thought I told you** not to come back. 돌아오지 말라고 말했을텐데.

Dialog >>
A : I thought I told you **to get out of here.** 나가라고 말했던 것 같은데.
B : You did, but I don't want to. 그랬지, 하지만 싫은 걸.

Pattern 08 >> You told me~

---

001 You told me that S+V ···한다고 말했잖아

Point >> 「네가 ···라고 했잖아」라는 의미로 상대방이 예전에 한 말을 다시 되새김할 때 사용하는 표현.

Pattern >>
_ **You told me** you didn't see anything. 넌 아무것도 보지 못했다고 말했잖아.

_ **You told me** you hate massages! 넌 마사지를 싫어한다고 했잖아!

_ **You told me** you were divorced. 너 이혼했다고 했잖아.

_ **You told me** Nate's coming back to work today. 오늘 네이트가 출근한다고 했잖아.

_ **You told me** you weren't even friends with him. 넌 걔와 친구도 아니라고 했잖아.

Dialog >>
A : You told me **that you didn't like Chris.** 크리스를 싫어한다고 내게 말했잖아.
B : I didn't mean to say that. 그렇게 말하려는 게 아니었어.

---

002 You told me to~ ···하라고 했잖아

Point >> 역시 상대방이 앞서 한 말을 상기시켜주는 패턴.

Pattern >>
_ **You told me to** do that already. 이미 그렇게 하라고 내게 말했잖아.

_ **You told me to** wait for you. 나보고 너를 기다리라고 말했잖아.

_ **You told me to** get a life, remember? 나보고 제대로 살라고 말했잖아, 기억나?

_ **You told me to** be nice. 나보고 착하게 굴라고 말했잖아.

_ **You told me to** bring your suitcase. 네 가방을 가져오라고 했잖아.

Dialog >>
A : Where is the TV that was here? 여기 있었던 TV가 어디 있니?
B : You told me to **throw it away.** 네가 버려버리라고 말했잖아.

003 You told me not to~ …하지 말라고 했잖아

Point » You told me to~의 부정형으로 not을 to 앞에 붙이면 된다.

Pattern »
_ **You told me not to** fall in love with you. 넌 나보고 널 사랑하지 말라고 했잖아.

_ **You told me not to** mention it anymore. 나보고 그건 더 이상 말하지 말라고 했잖아.

_ **You told me not to** touch it. 나보고 그거 만지지 말라고 했잖아.

_ **You told me not to** answer the phone. 나보고 전화받지 말라고 했잖아.

_ **You told me not to** start rumors. 소문내지 말라고 했잖아.

Dialog »
> A : Did you speak to Alex about our affair? 알렉스에게 우리 불륜에 대해 말했어?
> B : You told me not to **tell anyone.** 아무한테도 말하지 말라고 했잖아.

004 He told me~ 걔가 내게 …라고 했어

Point » 제 3자가 자기에게 한 말을 옮기는 것으로 to+V 혹은 S+V 형태를 이어써준다.

Pattern »
_ **She told me** to stop. 걔가 나보고 그만두라고 했어.

_ **He told me** to come here. 걔가 나보고 여기에 오라고 했어.

_ **He told me** to save my money for our honeymoon. 걘 나보고 신혼여행할 비용을 저축하라고 했어.

_ **He told me** he loves me. 걘 나를 사랑한다고 했어.

_ **He told me** to wait at the train station. 걔가 나보고 기차 정거장에서 기다리라고 했어.

Dialog »
> A : Your dad set up the computer program? 네 아버지가 컴퓨터 프로그램을 셋업하셨어?
> B : He told me **it was easy.** 아버지가 그러셨는데 그거 쉽대.

Pattern 09 》》 I didn't tell~

001 I didn't tell sb S+V …에게 …라고 말하지 않았어

Point » 「…라고 말한 적이 없음」을 어필하는 경우로 주로 S+V절이 이어진다.

Pattern »
_ **I didn't tell** him what to do. 난 걔한테 어떻게 하라고 말하지 않았어.

_ **I didn't tell** anybody that I knew you. 내가 널 알고 있다고 아무한테도 말하지 않았어.

_ **I didn't tell** Carry that he was my husband. 난 캐리에게 걔가 내 남편이라고 하지 않았어.

_ **I didn't tell** you I was married because it was a long time ago.
오래전 일이라 네게 결혼했다는 말을 하지 않았어.

Dialog »
> A : Susan is going to be brokenhearted. 수잔이 상심할거야.
> B : I didn't tell **her Brian was cheating.** 브라이언이 바람피고 있다고 말하지 않았는데.

002 I never told sb~ …에게 절대 …라고 말하지 않았어

Point » I didn't tell~을 강조하는 표현으로 tell sb+(about)+N 혹은 S+V절을 이어서 쓴다.

Pattern »
_ **I never told** anyone that story before. 난 전에 절대로 그 얘기를 누구에게도 한 적이 없어.

_ **I never told** the police what happened. 경찰에 무슨 일인지 절대 말하지 않았어.

_ **I never told** you about my family. 네게 내 가족에 대해 전혀 말하지 않았어.

_ **I never told** my family we were adopting a baby.
아이를 입양한다고 가족들에게 절대로 말하지 않았어.

_ **I never told** Zack to hit you. 잭한테 너를 때리라고 절대 말하지 않았어.

Dialog »
A : How did they find out about this? 걔네들이 이걸 어떻게 알아냈어?
B : I never told **them the secret.** 난 걔네들에게 절대로 비밀을 말하지 않았어.

003 I never told you this, but~ 너한테 이런 말 한 적이 없지만, …

Point » 뭔가 상대방이 예상하지 못한 그래서 놀랄만한 이야기를 꺼내기 앞서 하는 말.

Pattern »
_ **I never told you this, but** he's my father. 이런 말 한 적 없지만, 그 사람은 내 아버지야.

_ **I never told you this, but** she was in love with you. 이런 말 한 적 없지만 걘 너를 사랑했어.

_ **I never told you this, but** my mother had a serious gambling problem.
이런 말 한 적 없지만, 내 엄마는 도박문제가 심각했어.

_ **I never told you this, but** I don't trust Tim. 이런 말 한 적 없지만, 난 팀을 신뢰하지 않아.

_ **I never told you this, but** I really like you. 이런 말 한 적 없지만, 난 정말 널 좋아해.

Dialog »
A : I never told you this, but **you are very kind.** 이런 말한 적 없지만, 너 정말 친절해.
B : It is always nice to hear compliments. 칭찬듣는건 언제든 좋아.

004 You never told me~ 넌 절대로 내게 …을 말한 적이 없어

Point » 상대방의 기억을 상기시켜서 뭔가 확인하거나 혹은 문맥에 따라 따지기 위해 필요한 패턴. You never told me~ 다음에는 명사, about+N, 의문사절, 및 that S+V절을 붙여 쓸 수 있다.

Pattern »
_ **You never told me** about her. 넌 절대로 내게 걔에 대해 말한 적이 없어.

_ **You never told me** that. 넌 절대로 그 얘기를 내게 안했어.

_ **You never told me** where you're from. 네가 어디 출신인지 내게 말한 적이 없어.

_ **You never told me** whose idea it was. 그게 누구 생각이었는지 내게 말한 적이 없어.

_ **You never told me** Chris is your brother. 크리스가 네 동생이라고 내게 말한 적이 없어.

Dialog »
A : I've been married for several years. 난 결혼한지 수년이 지났어.
B : You never told me **about your marriage!** 네 결혼에 대해 지금까지 아무 말도 하지 않았잖아!

387

001 Did I tell you ~? 내가 …을 말했었나?

Point >> 자기가 한 말이 기억이 안나 확인할 수도 있지만 문맥에 따라 상대에게 자기 말을 한 번 더 강조할 때 사용되기도 한다.

Pattern >>
_ **Did I tell you** this story already? 내가 벌써 이 얘기 했나?

_ **Did I tell you** who I had coffee with? 내가 누구와 커피마셨는지 말했어?

_ **Did I tell you** how beautiful you look in that dress?
네가 그 옷입으면 얼마나 예쁜지 내가 말했었나?

_ **Did I tell you** how great your hair looks? 네 머리 스타일이 얼마나 멋진지 말했었나?

Dialog >>
A : No one has heard from Lee. 아무도 리로부터 소식을 들은 사람이 없어.
B : Did I tell you **she e-mailed me?** 걔가 내게 이멜보냈다는 얘기했었나?

002 Have I told you~ ? 내가 …을 말했었나?

Point >> 단지 현재완료를 썼을 뿐 의미는 Did I tell you~?와 동일하다.

Pattern >>
_ **Have I told you** the story? 내가 그 얘기를 네게 했었어?

_ **Have I told you** that one before? 내가 그거 전에 얘기했었어?

_ **Have I told you** how lucky I am to have you? 너와 함께 하는게 얼마나 운이 좋은건지 내가 말했었나?

_ **Have I told you** about the accident? 내가 그 사고에 대해 말했었나?

_ **Have I told you** I'll be moving? 내가 이사간다고 네게 말했어?

Dialog >>
A : Have I told you the latest news? 내가 네게 최신 소식을 말했었나?
B : No, but I really want to hear about it. 아니, 하지만 꼭 듣고 싶어.

003 How many times have I told you to~ ? …하라고 내가 몇 번이나 말해야겠니?

Point >> 상대방이 말을 해도해도 듣지 않을 때 짜증내면서 하는 문장으로 앞의 Have I told you~ 앞에 How many times가 앞장 선 경우.

Pattern >>
_ **How many times have I told you not to** apologize?
사과하지 말라고 몇 번이나 말해야겠니?

_ **How many times have I told you not to** bother me when I'm at work?
대체 몇 번이나 일할 땐 건드리지 말라고 해야 하니?

_ **How many times have I told you to** keep the door closed?
내가 문닫고 있으라고 몇 번이나 말해야겠어?

_ **How many times have I told you to** clean up? 청소하라고 내가 몇 번이나 말해야겠어?

Dialog >>
A : We almost got mugged when we were downtown. 우린 시내에 갔을 때 강도당할 뻔 했어.
B : How many times have I told you **to be careful?** 조심하라고 몇 번이나 말해야겠니?

004   What have I told you about~ ? …에 대해 내가 뭐라고 했니?

Point >> 역시 말 안듣는 상대에게 짜증내면서 하는 말로 What did I tell you about~?이라고 해도 된다.

Pattern >>
_ **What have I told you about** ganging up on people?
사람들 괴롭히는거에 대해 내가 뭐라고 했니?

_ **What have I told you about** idle gossip? 내가 쓸데없는 뒷담화에 대해 내가 뭐라고 했니?

_ **What have I told you about** staying out late? 늦게까지 외출하는거에 대해 내가 뭐라고 했니?

_ **What have I told you about** eating too much? 과식하는거에 대해 내가 뭐라고 했니?

Dialog >>
A : The teacher caught us leaving the classroom. 수업빼먹다 선생님에게 들켰어.
B : What have I told you about **skipping school**? 학교빠지는거에 대해 내 뭐라고 했니?

Pattern 11   »»   I'll tell~

001   I'll tell (about) sth (…에 관해서) 말해줄게

Point >> tell은 항상 직접목적어로 sb를 취한다는 점을 알아둔다. 단순히 「…에 대해서 혹은 …을 말해주겠다」는 의미.

Pattern >>
_ **I'll tell** you something else. 내가 뭐 다른거 얘기해줄게.

_ **I'll tell** you all about it later. 그거 나중에 다 얘기해줄게.

_ **I'll tell** you all about it when I get home, okay? 내가 집에 가서 다 얘기해줄게, 알았지?

_ **I'll tell** you everything you need to know. 네가 알아야 되는 건 다 얘기해줄게.

_ **I'll tell** about the car I bought. 내가 산 자동차에 대해 말해줄게.

Dialog >>
A : It was a lot of fun going to Paris. 파리 여행은 정말 재미있었어.
B : I'll tell everyone about the trip. 모두들에게 여행에 대해 말해줄게.

002   I'll tell sb S+V …에게 …을 말해줄게

Point >> 말하는 내용을 S+V의 형태로 하는 경우.

Pattern >>
_ **I'll tell** her that it's over tonight at dinner. 오늘 저녁 식사때 다 끝났다고 걔한테 말할게.

_ **I'll tell** him you like the dress. 네가 그 드레스를 좋아한다고 걔한테 말할게.

_ **I'll tell** everyone that I was wrong. 내가 틀렸다고 모두에게 말할게.

_ **I'll tell** you that my son is a good kid. 너한테 말하지만 내 아들 좋은 아이야.

_ **I'll tell** him it was me. 그게 나였다고 걔한테 말할게.

Dialog >>
A : The lunch your mom made was great. 네 엄마가 만들어주신 점심 정말 맛있었어.
B : I'll tell her you ate it up. 네가 다 먹었다고 말해줄게.

I'll tell you what~ …을 말해줄게

Point ≫ 이번에는 tell sb~ 다음에 의문사 what 절이 이어지는 패턴이다.

Pattern ≫
_ **I'll tell you what** it is. 그게 뭔지 말해줄게.

_ **I'll tell you what** I think it is. 난 어떻게 생각하는지 말해줄게.

_ **I'll tell you what** happens now. 이게 무슨 일인지 말해줄게.

_ **I'll tell you what** it means. 그게 무슨 의미인지 말해줄게.

_ **I'll tell you what** I'm gonna do. 내가 어떻게 할건지 말해줄게.

_ **I'll tell you what** you could do. 네가 어떻게 할 수 있는지 말해줄게.

_ **I'll tell you what** is inappropriate. 뭐가 부적절한 건지 말해줄게.

Dialog ≫

A : I need to know what the managers talked about. 매니저들이 뭐라고 말했는지 알아야 돼.
B : I'll tell you what **they said.** 걔네들이 뭐라고 했는지 말해줄게.

004

I'll tell you if[where, how~] …을 말해줄게

Point ≫ tell sb~ 다음에 그밖의 의문사절이 붙는 경우.

Pattern ≫
_ **I'll tell you if** it's true. 그게 사실이라면 말해줄게.

_ **I'll tell you how to** get the money. 어떻게 그 돈을 확보하는지 알려줄게.

_ **I'll tell you where** she is. 걔가 어디 있는지 알려줄게.

_ **I'll tell you if** she shows up. 걔가 오면 네게 알려줄게.

Dialog ≫

A : We're so worried about Leo's illness. 우리는 레오의 병이 걱정 많이 돼.
B : I'll tell you if **anything changes.** 무슨 변화가 있으면 알려줄게.

Pattern
12 ≫≫ **Let me tell you~**

001

Let me tell you something (about)~ 내가 뭐 말해줄게

Point ≫ 「뭔가(something) 얘기해주겠다」는 의미로 단독으로 Let me tell you something.이라고 말을 꺼낼 수도 있고 좀 더 구체적으로 Let me tell you something about~ 혹은 관계사절을 이어서 뭐가 뭔지 좀 더 상세히 언급할 수도 있다.

Pattern ≫
_ **Let me tell you something.** 뭐 좀 얘기해줄게.

_ **Let me tell you something** as a friend. 친구로서 뭐 좀 얘기해줄게.

_ **Let me tell you something** about a neighborhood. 한 이웃에 관해 얘기 좀 해줄게.

_ **Let me tell you** one little thing about me. 나에 관한 이야기 하나 해줄게.

영어회화
공식패턴
3300

_ **Let me tell you something.** Your baby isn't even that cute.
내 말 들어봐. 네 아이는 그다지 귀엽지도 않아.

_ **Let me tell you something** you couldn't possibly remember.
네가 기억도 할 수 없는 뭔가를 얘기해줄게.

Dialog »

> A : Stan and Kate live in a mansion. 스탠과 케이트는 맨션에 살고 있어.
> B : Let me tell you something **about their house.** 걔네들 집에 대해 내가 뭐 좀 얘기해줄게.

002 Let me tell you about~ …에 관해서 말해줄게

Point » about~이하에 대한 정보를 상대방에게 전달할 때.

Pattern »

_ **Let me tell you** a little bit **about** my baby. 내 아이에 대해서 조금 얘기해줄게.

_ **Let me tell you about** the trial. 재판에 대해 말해줄게.

_ **Let me tell you about** the dangers of motorcycles. 오토바이의 위험성에 대해 말해줄게.

_ **Let me tell you about** my suggestions.
내가 제안하는 것들을 말할게.

_ **Let me tell you about** traveling overseas. 해외여행에 대해서 말해줄게.

Dialog »

> A : It must be awesome living in a big city. 대도시에서 사는 것은 정말 멋질거야.
> B : Let me tell you about **living in Tokyo.** 도쿄에서 사는거에 대해 말해줄게.

003 Let me tell you what~ …을 얘기해줄게

Point » Let me tell you~ 다음에 의문사 what 절이 이어지는 경우이다.

Pattern »

_ **Let me tell you what** Tim was really famous for. 팀이 정말 뭘로 유명했는지 말해줄게.

_ **Let me tell you what** I do not wanna see. 내가 보고 싶지 않은게 뭔지 말해줄게.

_ **Let me tell you what** I know. 내가 뭘 알고 있는지 말해줄게.

_ **Let me tell you what** you'll see. 네가 뭘 보게 될지 말해줄게.

_ **Let me tell you what** I think might be going on.
내 생각에 무슨 일이 벌어지고 있는지 말해줄게.

_ **Let me tell you what** I think happened to Fay.
내 생각에 페이에게 무슨 일이 있었는지 말해줄게.

_ **Let me tell you what** I was like before I took this job.
여기 취직되기전에 내가 어땠는지 말해줄게.

Dialog »

> A : These rules don't make any sense. 이 규칙들은 말도 안돼.
> B : Let me tell you what **the boss said.** 사장이 뭐라고 했는지 말해줄게.

001   **Don't tell me to~** …하라고 말하지마

Point >>   상대방의 말에 반기를 들며 하는 말로 단독으로 Don't tell me!하면 "설마!"라는 의미가 된다.

Pattern >>
- **Don't tell me** that. 그 얘기 하지마.
- **Don't tell me to** calm down! 침착하라고 말하지마!
- **Don't tell me to** sit down! 앉으라고 말하지마!
- **Don't tell me to** get a hold of myself. I'm fine! 내게 정신차리라고 말하지마. 난 괜찮아!
- **Don't tell me to** breathe deep, I am not in labor! 심호흡하라고 하지마. 출산중이 아니라고!

Dialog >>
> A : You'd better not leave. 떠나지 말라고.
> B : Don't tell me to **stay here!** 나보고 여기 있으라고 하지마!

002   **Don't tell me that~** 설마 …라는 얘기는 아니겠지, …라고 하지마

Point >>   상대방으로부터 말도 안되는 얘기를 들었을 때 그 얘기를 that 이하에 써주는 패턴이다.

Pattern >>
- **Don't tell me** it's okay! 괜찮다고 말하지마!
- **Don't tell me** nothing's wrong. 아무것도 잘못된게 없다고 하지마.
- **Don't tell me** that you're working for Doug. 설마 더그 밑에서 일하는건 아니겠지.
- **Don't tell me** it's not my fault. 내 잘못이 아니라고 말하지마
- **Don't tell me** she's already asleep. 설마 걔 벌써 잠든건 아니겠지.

Dialog >>
> A : I told you! Don't tell me you don't remember! 말했잖아! 기억안난다고는 하지마!
> B : I'm sorry but I really don't. 미안하지만 정말 기억이 안나.

003   **Don't tell me what~** …라고 하지마

Point >>   이번에는 Don't tell me~ 다음에 what 절이나 구가 이어지는 경우.

Pattern >>
- **Don't tell me what** I should do. 내가 어떻게 해야 된다고 말하지마.
- **You don't tell me what** to do! 나보고 이래라저래라 하지마!
- **Don't tell me what's** in the box. 그 박스에 뭐가 들어있는지 말하지마.
- **Don't tell me what** Connie said. 커니가 한 말 내게 말하지마.
- **Don't tell me what** mistakes we made. 우리가 무슨 실수를 했는지 말하지마.

Dialog >>
> A : I forbid you to meet him again. 다시는 걔를 만나지마.
> B : Don't tell me what **I should do.** 나보고 이래라저래라 하지마.

Don't tell me where[how]~ …라고 하지마

Point » what 이외의 의문사절이나 의문사구를 붙여본다.

Pattern »
_ **Don't tell me where** I can go. 내가 어디에 갈 수 있다고 말하지마.
_ **Don't tell me where** she belongs. 걔가 어디 소속이라고 말하지마.
_ **Don't tell me how to do** my job. 내 일을 어떻게 하라고 말하지마.
_ **Don't tell me where to sit down.** 어디에 앉으라고 말하지마.
_ **Don't tell me where** Larry lives. 래리가 어디에 사는지 말하지마.

Dialog »
A : Get out of this house right now! 당장 이 집에서 나가!
B : Don't tell me where to go. 나보고 어디가라고 말하지마.

Pattern 14 »» **I can tell you~**

001

I can tell S+V …라 말할 수 있어, …을 알겠어

Point » 여기서 tell은 「구분하다」, 「알아차리다」라는 의미이다.

Pattern »
_ **I can tell** you don't really like me. 사실은 네가 날 싫어한다는 걸 알겠어.
_ **I can tell** she didn't sleep. 걔가 잠들지 않았다는 걸 알겠어.
_ **I can tell** he got jealous. 걔가 질투심이 났다는 걸 알겠어.
_ **I can tell** the snowstorm will continue. 폭설이 계속될 것 같구만.
_ **I can tell** Jessie got upset. 제시가 화난 것 같아.

Dialog »
A : Your mom has red eyes. 네 엄마 눈이 붉으셔.
B : I can tell she was crying. 우셨던 것 같아.

002

I can tell you sth 네게 …을 말해줄 수 있어

Point » 글자 그대로 상대방에게 뭔가 정보를 줄 수 있다고 말하는 문장이다.

Pattern »
_ **I can tell you** something I am scared of. 내가 두려워하는 것에 대해 말해줄 수 있어.
_ **I can tell you** secrets about them. 걔네들에 관한 비밀들을 말해줄 수 있어.
_ **I can tell you** places to visit. 네게 방문할 곳들을 말해줄 수 있어.
_ **I can tell you** everything that's gonna happen. 앞으로 일어날 일에 대해 다 말해줄 수 있어.
_ **I can tell you** a few things about depression. 우울증에 대해 몇가지 얘기해줄 수 있어.

Dialog »
A : I hear you lived in Paris for years. 너 몇 년간 파리에서 살았다며.
B : I can tell you stories about it. 파리 이야기 해줄 수가 있어.

003   I can tell you that[what, why]~ 네게 …라 말할 수 있어, …가 알만해

Point »   tell하는 내용이 길어지는 경우로 that S+V나 의문사절(구)을 쓰는 경우이다.

Pattern »

_ **I can tell you that** she's not here. 걔는 여기에 없다고 말할 수 있어.

_ **I can tell you** it's a nightmare. 그거 악몽이라고 할 수 있겠네.

_ **I can tell you why** I did. 내가 왜 그랬는지 말해줄 수 있어.

_ **I can tell you which** way to go. 어떤 길로 가야 되는지 말해줄 수 있어.

_ **I can tell you who** wins. 누가 이길지 알만해.

Dialog »

A : I am going to go jogging for an hour. 한 시간 정도 조깅을 하려고해.
B : I can tell you when to stop. 내가 그만둘 타이밍을 말해줄게.

004   All I can tell you is~ 네게 말할 수 있는거라고는 …뿐이야

Point »   자신이 말하는 내용을 강조하는 어법으로 is~다음에는 명사나 동사 혹은 S+V가 이어진다.

Pattern »

_ **All I can tell you is** that she's a customer. 네게 말할 수 있는 거라고는 그 사람은 고객이라는 것뿐이야.

_ **All I can tell you is** plan ahead next time. 네게 말할 수 있는 거라고는 담엔 계획을 먼저 세우라는 것뿐이야.

_ **All I can tell you is** cause of death. 네게 말할 수 있는 거라고는 사인뿐이야.

_ **All I can tell you is** he wasn't happy about her.
네게 말할 수 있는 거라고는 그가 걔하고 행복하지 못했다는 것뿐이야.

_ **All I can tell you is** we already ate. 네게 말할 수 있는거라고는 우리는 이미 식사를 했다는거야.

Dialog »

A : Why did Farah quit working here? 왜 패라가 여기 일하는 걸 그만뒀어?
B : All I can tell you is she's not coming back. 네게 말할 수 있는거라고는 걔는 다시 돌아오지 않는다는거야.

Pattern 15 ⟫ I can't tell you~

001   I can't tell you that~ …라고 네게 말할 수 없어

Point »   정확한 정보가 없어서 혹은 아직 결정이 되지 않아서 등의 이유로 말할 수 없는 경우.

Pattern »

_ **I can't tell you** something I don't know. 내가 모르는 것을 네게 말해줄 수 없어.

_ **I can't tell you** anything until I get all the details. 세부사항을 알기까지 어떤 것도 말해줄 수 없어.

_ **I can't tell you** Robert will take the job. 로버트가 이 일을 할지 네게 말할 수 없어.

_ **I can't tell you** we will rent the apartment. 우리가 이 아파트를 임대할지 말할 수 없어.

_ **I can't tell you that** he works hard. 걔가 열심히 일한다고 말할 수는 없지.

Dialog »

A : Solomon was in a serious accident. 솔로몬이 심각한 사고를 당했어.
B : I can't tell you that he's going to live. 살 수 있을거라 말할 수가 없어.

002   I can't tell you what[if]~ …을 네게 말할 수 없어

Point >>   말할 수 없는 내용을 의문사절로 쓰는 패턴이다.

Pattern >>

_ **I can't tell you what** I know. 내가 알고 있는 걸 네게 말할 수 없어.

_ **I can't tell you what** I think in front of my brother. 내 동생 앞에서 내 생각을 말할 수 없어.

_ **I can't tell you what** to do, Pam. 팸, 어떻게 해야 하는지 말해줄 수 없어.

_ **I can't tell if** it's unstable or not. 그게 불안정한지 여부를 말할 수 없어.

_ **I can't tell you what** classes to take. 무슨 수업을 들어야 하는지 네게 말할 수 없어.

Dialog >>

A : What are those guys working on? 저 사람들은 무슨 일을 하고 있는거야?

B : I can't tell you what **they are doing.** 걔네들이 뭘 하는지 말해줄 수가 없어.

003   I can't tell you how+adj S+V 얼마나 …한지 모르겠어

Point >>   몰라서 말을 못하겠다는 말이 아니라 「말을 할 수가 없을 정도로 …하다」라는 강조표현이다.

Pattern >>

_ **I can't tell you how** relieved I was. 내가 얼마나 안심이 되는지 모르겠어.

_ **I can't tell you how** much I love it. 내가 그걸 얼마나 좋아하는지 모르겠어.

_ **I can't tell you how** much I hate this. 내가 그걸 얼마나 싫어하는지 모르겠어.

_ **I can't tell you how** fat he got this year. 걔가 금년에 얼마나 살이 쪘는지 모르겠어.

_ **I can't tell you how** sorry I am. 내가 얼마나 미안한지 모르겠어.

Dialog >>

A : So Pam is out of shape these days? 그래 팸이 요즘 몸이 엉망이야?

B : I can't tell you how **fat she got.** 걔가 얼마나 살이 쪘는지 모르겠어.

004   I can't tell you how+adj S+V to~ …하는 것이 얼마나 …한지 모르겠어

Point >>   how+adj한 이유를 to+V 이하에 설명하는 표현법.

Pattern >>

_ **I can't tell you how** good it feels to be home. 집에 있는 것이 얼마나 좋은지 모르겠어.

_ **I can't tell you how** happy I am to hear that. 그 얘기를 들으니 얼마나 기분이 좋은지 모르겠어.

_ **I can't tell you how** good it feels to have you back.
네가 다시 와서 기분이 얼마나 좋은지 모르겠어.

_ **I can't tell you how** big she wants to make the party.
걘 파티를 얼마나 크게 하려는지 모르겠어.

_ **I can't tell you how** long we worked to complete this.
이걸 마치기 위해 얼마나 우리가 일했는지 모르겠어.

Dialog >>

A : The test is supposed to last for hours. 시험은 몇시간 계속 될거야.

B : I can't tell you how **long it will take to complete.** 마치는데 얼마나 시간이 걸릴지 모르겠어.

≫ Can you tell me~ ?

---

001 ## Can you tell me (about) sth~ ? (···에 대해) ···을 말해줄래?

Point ≫ 상대방에게 궁금한 것 등의 정보를 묻는 패턴으로 tell me~ 다음에 바로 명사를 쓰거나 혹은 about+명사를 쓰면 된다.

Pattern ≫
_ **Can you tell me about** that? 그에 대해 말해줄래?
_ **Can you tell me about** her problems with Emily? 걔와 에밀리와의 문제점에 대해서 말해줄래?
_ **Can you tell me about** it over the phone? 전화로 그에 대해 말해줄래?
_ **Can you tell me** some details? 자세한 얘기를 좀 해줄래?
_ **Can you tell me** the address of that website? 그 웹사이트 주소를 말씀해 주시겠어요?

Dialog ≫
A : Can you tell me about **that necklace?** 저 목걸이에 대해서 말해줄래?
B : It was given to me by my grandmother. 할머니가 내게 주신거야.

---

002 ## Can you tell me what~ ? ···을 말해줄래?

Point ≫ 궁금한 내용을 의문사 what 절로 물어보는 경우.

Pattern ≫
_ **Can you tell me what** that is, please? 그게 뭔지 말해줄래?
_ **Can you tell me what** happened? 어떻게 된건지 말해줄래?
_ **Can you tell me what** he looked like? 걔가 어떻게 생겼는지 말해줄래?
_ **Can you tell me what's** going on in there? 거기 무슨 일인지 말해줄래?
_ **Can you tell me what** time is good for you? 언제가 좋은지 말해줄래요?

Dialog ≫
A : Will you go grocery shopping for me? 식품점에 좀 다녀와줄래?
B : Can you tell me what **you need?** 뭐가 필요한데?

---

003 ## Can you tell me where[why]~ ? ···을 말해줄래?

Point ≫ 이번에는 where나 why 혹은 how 등의 의문사절이 이어지는 경우이다.

Pattern ≫
_ **Can you tell me where** his office is? 걔 사무실이 어디 있는지 말해줄래?
_ **Can you tell me where** I can find Earl? 어디서 얼을 찾을 수 있는지 말해줄래?
_ **Can you tell me how** this happened? 어떻게 이런 일이 일어났는지 말해줄래?
_ **Can you tell me which** way is West Broadway? 어느쪽이 웨스트 브로드웨이인지 말래줄래?
_ **Can you tell me why** this happened in the first place?
먼저 왜 이런 일이 일어났는지 말해줄래?

Dialog ≫
A : Can you tell me where **the toilet is?** 화장실이 어딘지 알려줄래요?
B : Wait a minute, let me ask someone for you. 잠시만요, 다른 사람한테 물어보고요.

004 Can you tell me how to get to~ ? …까지 가는 방법을 말씀해 주시겠어요?

Point » 길을 몰라 물을 때 쓰는 전형적인 표현.

Pattern »

_ **Can you tell me how to get to** the health club? 헬스클럽 어떻게 가는지 말해줄래요?

_ **Can you tell me how to get to** Linda's office? 린다 오피스는 어떻게 가는지 알려줄래?

_ **Can you tell me how to get to** the bus station? 버스 정거장에 어떻게 가는지 알려줄래?

_ **Can you tell me how to get to** the manager's office?
매니저 사무실에 어떻게 가는지 알려줄래?

_ **Can you tell me how to get to** the toilet? 화장실에 어떻게 가는지 알려줄래?

Dialog »

A : Can you tell me how to get to a toilet? 화장실 어디로 가야 되는지 알려줄래?

B : The bathroom is just down the hall. 화장실은 복도 끝에 있어.

Pattern 17 » There's no way to tell~

001 There's no way to tell~ …을 알 길이 없어

Point » There's no way to+V의 대표적인 패턴으로 「…을 알 길이 없다」라는 의미.

Pattern »

_ **There's no way to tell** what he will do. 걔가 어떻게 할지 알 길이 없어.

_ **There's no way to tell** what the future will bring. 미래가 어떻게 될지 알 길이 없어.

_ **There's no way to tell** how to proceed. 어떻게 나아가야 되는지 알 길이 없어.

_ **There's no way to tell** where it is hidden. 그게 어디에 숨겨져 있는지 알 길이 없어.

_ **There's no way to tell** who it was. 누구인지는 알 길이 없어.

Dialog »

A : Will your parents be angry with your school grades? 부모님이 네 성적보시고 화내실까?

B : There's no way to tell. 알 길이 없어.

002 There's no telling what[how]~ …을 알 수가 없어

Point » 역시 같은 의미로 의문사 이하의 내용을 알 수가 없다, 즉 「모른다」라는 표현.

Pattern »

_ **There's no telling what** you think. 네가 뭘 생각하는 지 알 수가 없어.

_ **There's no telling how** long they'll last. 얼마나 오래 계속될지 몰라.

_ **There's no telling what** I might do. 내가 뭘 할지 알 수가 없어.

_ **There's no telling how** long they've been there. 걔네들이 얼마동안 거기에 있었는지 알 수가 없어.

Dialog »

A : Do you think the new business will succeed? 새 사업이 성공할 것으로 생각하니?

B : There's no telling what will happen to it. 사업이 어떻게 될지 알 길은 없지.

003 # You're telling me that~ ? …라고 말하는거야?

Point >> 상대방과 의사소통을 원활히 하기 위해 상대방의 말을 재확인하는 패턴이다.

Pattern >>

_ **You're telling me** you're gay? 네가 게이란 말이야?

_ **You're telling me** that doesn't bother you? 그게 신경쓰이지 않는다는 말이야?

_ **You're telling me** I can't go to Paris with Jane. 내가 제인과 함께 파리에 갈 수 없다는 말이야?

_ **You're telling me** you're against the death penalty? 너 사형집행에 반대한다는거야?

_ **You're telling me** you didn't try to hit him? 넌 걔를 치려고 하지 않았다는 말이야?

Dialog >>

A : I'm going to be busy the night of your party. 네 파티하는 날 밤 내가 무척 바쁠 것 같아.

B : You're telling me that **you won't come?** 그래서 올 수 없다고 말하는거니?

004 # I was told that[to+V]~ …라고 들었어, …라던데요

Point >> 다른 사람에게서 「…하라고 들었어」(I was told to~), 「…라고 들었어」(I was told that S+V)의 패턴이다.

Pattern >>

_ **I was told** to ignore the sign. 사인을 무시하라는 얘길 들었어.

_ **I was told** not to come here. 여기 오지 말라고 하던데.

_ **I was told** you were trying to reach me. 내게 연락을 취하려고 했다며.

_ **I was told** that the doors close at eight. 내가 듣기로 문은 8시에 닫힌데.

_ **I was told** you had a question for me. 너 내게 질문 있다며.

Dialog >>

A : How cold is it going to get? 얼마나 추워질거래?

B : I was told **it will fall below freezing.** 영하로 떨어질 것이라고 들었어.

Pattern
18 ≫ # I need to talk~

001 # I need to talk to you~ 너와 얘기해야겠어

Point >> 「잠깐」(a minute), 「…에 관해」(about~), 혹은 「조용히」(in private) 등의 추가표현을 넣어 사용하면 된다.

Pattern >>

_ **I need to talk to you** a minute. 잠깐 너와 얘기해야겠어.

_ **I need to talk to you** about this. 이에 관해서 너와 얘기해야 돼.

_ **I need to talk to you** about something. 너와 뭔가 얘기 좀 해야겠어.

_ **I need to talk to you** and your wife. 네 부부와 얘기를 해야겠어.

_ **I need to talk to you** in private. 너와 조용히 얘기해야겠어.

Dialog >>

A : John, I need to talk to you **right now.** 존, 지금 너와 얘기 좀 해야겠어.

B : What's the matter? 무슨 일인데?

002 Can I talk to you~ ? 너와 얘기해도 될까?, 얘기할 수 있을까?

Point » 역시 상대방과 얘기하자고 할 때 쓰는 표현으로 「잠깐」(for a second), 「밖에서」(outside) 등의 추가표현을 넣으면 된다.

Pattern »

_ **Can I talk to you** for a second? 잠깐 얘기 좀 할까?

_ **Can I talk to you** upstairs for a minute? 잠깐 이층에서 얘기 좀 할까?

_ **Can I talk to you** after this? 이거 끝난 후에 얘기할 수 있을까?

_ **Can I talk to you** outside for a sec? 잠시 밖에서 얘기할 수 있을까?

_ **Can I talk to you** about my schedule? 내 스케줄에 대해 얘기할 수 있을까?

Dialog »

A : Can I talk to you for a second? 잠깐 얘기 좀 할 수 있을까?

B : OK. What's on your mind? 그럼. 무슨 얘긴데?

003 Do you mind if I talk~ ? 내가 얘기해도 될까?

Point » 상대방과 얘기하자고 정중하거나 조심스럽게 얘기를 꺼내는 표현법.

Pattern »

_ **Do you mind if I talk** about Jesus? 내가 예수님에 대해서 얘기해도 될까?

_ **Do you mind if I talk** to your kids? 네 아이들에게 얘기해도 될까?

_ **Do you mind if I talk** to the group? 저 사람들에게 내가 얘기해도 될까?

_ **Do you mind if I talk** to Jim alone for a minute? 잠시 짐과 홀로 얘기해도 될까?

_ **Do you mind if I talk** to Sam about this problem? 내가 이 문제를 샘과 얘기해도 될까?

Dialog »

A : Do you mind if I talk to your son? 네 아들과 내가 얘기해도 될까?

B : Sure, I'll call him for you. 물론. 내가 불러줄게.

004 I don't want to talk about~ …에 관해 얘기하고 싶지 않아

Point » 뭔가 얘기하고 싶지 않을 때 사용하면 된다.

Pattern »

_ **I don't want to talk** to you. 너에게 얘기하고 싶지 않아.

_ **I don't want to talk** about it. 그 얘기는 하고 싶지 않아.

_ **I don't want to talk** about this anymore. 더 이상 이 얘기는 하고 싶지 않아.

_ **I don't want to talk** to you **about** my love life anymore.
더 이상 내 연애생활에 대해 네게 얘기하고 싶지 않아.

_ **I don't want to talk** about my blind date. 내 소개팅에 대해서 말하고 싶지 않아.

Dialog »

A : How come you keep calling me? I don't want to talk to you.
왜 자꾸 전화하는거야? 너랑 얘기하고 싶지 않다고.

B : Maybe one day you will change your mind! 언젠가는 네 마음이 바뀔거야!

001 **Can we talk about~ ?** …에 관해 얘기할까?

Point >> about 이하의 토픽에 대해 얘기를 나누자고 하는 제안표현.

Pattern >> _ **Can we talk about** the cancer now? 이제 암에 관해 얘기할까?

_ **Can we talk about** this when I get back? 내가 돌아와서 이 얘기할까?

_ **Can we talk about** this later? 이거 나중에 얘기할까?

_ **Can we talk about** something else, please? 뭐 좀 다른거 얘기할까?

_ **Can we talk about** this after my meeting? 나 회의 끝난 후에 이 얘기할까?

Dialog >> A : Can we talk about a raise in salary? 급여인상에 대해 얘기할까?

B : No one is getting a raise this year. 금년에는 아무도 급여인상 없을거야.

002 **Can we not talk about~ ?** …에 관해서는 얘기하지 말래?

Point >> Can we talk about~의 부정형으로 talk을 부정하기 위해 바로 앞에 위치한 not의 자리에 주목하며 외워둔다.

Pattern >> _ **Can we not talk about** business? 사업얘기는 하지 말래?

_ **Can we not talk about** this any more? 이젠 더 이상 이 얘기는 하지 말래?

_ **Can we not talk about** this? 이 얘기는 하지 말래?

_ **Can we not talk** while you do that? 네가 그거 하는 동안에는 얘기하지 말래?

_ **Can we not talk about** my personal life? 내 개인사는 얘기하지 말래?

Dialog >> A : So many people passed away this year. 그렇게 많은 사람들이 금년에 사망했어.

B : Can we not talk about death and sadness? 죽음과 슬픔에 대해서는 말하지 말래?

003 **I can't talk about~** …에 대해 얘기할 수 없어

Point >> 여러 가지 이유 등으로 about 이하의 얘기를 꺼내고 싶지 않을 때 사용한다.

Pattern >> _ **I can't talk about** this now. 이제 이 얘기는 할 수 없어.

_ **I can't talk about** it with you. 너와 함께 그 얘기를 할 수 없어.

_ **I can't talk about** it anymore. 더 이상 그 얘기를 할 수 없어.

_ **I can't talk about** it because it scares me too much. 너무 무서워 그 얘기는 할 수 없어.

_ **I can't talk about** the secret meeting. 난 비밀회의에 대해서 얘기를 할 수 없어.

Dialog >> A : People say you work for the CIA. 사람들이 그러는데 너 CIA에서 일한다며.

B : I can't talk about the work I do. 내가 하는 일에 대해서 말못해.

004 Do we have to talk~ ? 우리가 …얘기를 해야 돼?

Point » Do we have to~?는 「우리가 …을 해야 돼?」라는 의미.

Pattern »
_ **Do we have to talk** about death? 우리가 죽음에 대해 얘기를 해야 돼?
_ **Do we have to talk** about your problems? 우리가 네 문제에 대해서 얘기해야 돼?
_ **Do we have to talk** about this right now? 지금 당장 이 얘기를 해야 돼?
_ **Do we have to talk** about politics? 정치에 관해 얘기를 해야 돼?
_ **Do we have to talk** to our enemies? 우리 적들에게 얘기를 해야 돼?

Dialog »
A : All of my friends are in attendance. 내 친구들이 다 참석했어.
B : Do we have to talk to Melissa? 멜리사에게 얘기를 해야 될까?

Pattern 20 »» Let's talk~

001 Let's talk sth~ …을 얘기하자

Point » Let's talk~ 다음에 about 없이 바로 명사가 이어질 수도 있다는 점에 주의한다.

Pattern »
_ **Let's talk** when you get back. 네가 돌아오면 얘기하자.
_ **Let's talk** when I'm feeling better. 내가 기분이 좋아지면 얘기하자.
_ **Let's talk** in private. 조용히 얘기하자.
_ **Let's talk** punishment, okay? 벌에 대해 얘기하자. 응?
_ **Let's talk** employee salaries. 종업원 급여에 대해 얘기하자.

Dialog »
A : Let's talk money and investments. 자금과 투자에 대해 얘기하자.
B : I'm open to any advice you have. 난 네 조언을 받아들일 준비가 되어 있어.

002 Let's talk about~ …에 관해 얘기하자

Point » 의사소통에 중요한 표현으로 talk about+N의 경우이다.

Pattern »
_ **Let's talk about** business. 사업얘기를 하자.
_ **Let's talk about** the other stuff. 다른 얘기를 하자.
_ **Let's talk about** your childhood. 네 어린시절 얘기를 하자.
_ **Let's talk about** your wedding. 네 결혼식 얘기를 하자.
_ **Let's talk about** the new films. 새로운 영화들 얘기를 하자.

Dialog »
A : Shall we go on vacation together? 함께 휴가갈까?
B : I'm not sure. Let's talk about it. 몰라. 얘기해보자.

003 Let's talk about what~ …에 관해 얘기하자

Point >> 뭘 얘기할 건지 의문사 what 절로 자세히 말하는 경우.

Pattern >>
_ **Let's talk about what** really happened. 진짜 무슨 일이 있었는지 얘기하자.
_ **Let's talk about what** happened earlier. 이전에 무슨 일이 있었는지 얘기하자.
_ **Let's talk about what's** gonna make you happy. 널 기분좋게 해줄게 뭔지 얘기하자.
_ **Let's talk about what** you can do for me. 네가 날 위해 뭘 해줄 수 있는지 얘기해보자.
_ **Let's talk about what** Adam told you. 아담이 네게 한 말에 대해 얘기하자.

Dialog >>
A : I'm going to have to drop out. 난 중퇴해야 될거야.
B : Let's talk about what problems you've had. 네가 갖고 있는 문제가 뭔지 얘기하자.

004 Let's not talk about~ …에 대해 얘기하지 말자

Point >> 이번에는 반대로 about 이하의 내용을 말하지 말자는 패턴이다.

Pattern >>
_ **Let's not talk about** that right now. 지금 당장은 그 얘기를 하지 말자.
_ **Let's not talk about** that ever again. 앞으로 절대로 다시는 그 얘기 하지 말자.
_ **Let's not talk about** the past, please. 제발 과거 얘기는 하지 말자.
_ **Let's not talk about** his lies. 걔의 거짓말에 대해서는 얘기하지 말자.
_ **Let's not talk about** upsetting things. 열받는 일들 얘기는 하지 말자.

Dialog >>
A : There are many things that stress me out. 스트레스 받게 하는 많은 일들이 있어.
B : Let's not talk about them right now. 지금 당장은 그 얘기 하지 말자.

Pattern 21 >> I'm talking about~

001 I'm talking about~ …에 관한 얘기야

Point >> 강조하는 것으로 about 다음에 단순히 명사가 올 수도 있지만 ~ing, sb ~ing 혹은 의문사절이 따라 올 수 있다.

Pattern >>
_ **I'm talking about** my mother. 내 엄마 얘기하는거야.
_ **I'm talking about** my life. 내 인생에 관한 얘기야.
_ **I'm talking about** me having a baby. 내가 아이를 가졌다는 얘기야.
_ **I'm talking about** where I'm gonna die. 내가 어디서 죽을까에 관한 얘기야.
_ **I'm talking about** what you're doing right now. 지금 당장 네가 뭘하느냐에 관한 얘기야.

Dialog >>
A : What are you talking about? 무슨 말이야?
B : I'm talking about me having a baby. 내가 임신했다는 이야기야.

002 | I'm not talking about~ …을 말하는게 아냐

Point » 자신의 의사가 제대로 전달될 수 있도록 바로 잡아주는 표현. about 다음에는 명사나 ~ing를 붙여 써본다.

Pattern »
_ I'm not talking about that kind of abuse. 그런 종류의 학대를 말하는게 아냐.
_ I'm not talking about the weather here. 여기 날씨에 대해 말하는게 아냐.
_ I'm not talking about leaving Jack behind. 잭을 남겨두고 떠나는 것을 말하는게 아냐.
_ I'm not talking about going back. 돌아가겠다는 얘기를 하는게 아냐.
_ I'm not talking about your personal life. 난 너의 개인생활에 대해 말하는게 아냐.

Dialog »
A : You're always critical of the way I live. 넌 내 사는 방식에 대해 항상 비판적이더라.
B : I'm not talking about your lifestyle. 네 삶의 스타일에 대해서 말하는게 아냐.

003 | We're talking about~ 우린 …에 관해 얘기하고 있어

Point » 역시 의사소통을 제대로 하기 위해 우리가 현재 나누고 있는 토픽에 대해 확인하는 문장.

Pattern »
_ We're talking about you. 우린 네 얘기를 하고 있어.
_ We're talking about a family vacation. 우린 가족 휴가에 관해 얘기하고 있어.
_ We're talking about life and death. 우린 삶과 죽음에 관해 얘기하고 있어.
_ We're talking about getting rich. 우린 부자가 되는 것에 대해 얘기하고 있는거야.
_ We're not talking about your father. 우린 네 아버지 얘기를 하고 있는게 아냐.

Dialog »
A : Just a moment while I get the door. Now, where were we?
누가 왔나봐, 잠깐만. 근데. 우리 무슨 얘기 했었지?
B : We were talking about the wedding plans. 결혼 계획에 대해서 얘기했잖아.

004 | This is~ we're talking about 우리가 얘기하는 것은 바로 …야

Point » 현재 나누고 있는 토픽을 강조하는 어법.

Pattern »
_ This is your health we're talking about. 우리가 얘기하는 것은 바로 네 건강이야.
_ This isn't a used car we're talking about. 우리가 얘기하는 것은 중고차가 아니야.
_ This is my life we're talking about. 우리가 얘기하는 것은 내 인생이라고.
_ This is his daughter we're talking about. 우리가 얘기하는 것은 걔의 딸이라고.
_ This is our lifestyle we're talking about. 우리가 얘기하는 것은 우리의 삶의 방식이라고.

Dialog »
A : It would be good if you follow my advice. 네가 내 조언을 따르면 좋을텐데.
B : This is my future we're talking about. 우리가 얘기하는 것은 바로 내 미래야.

403

001 You're talking~ 넌 …에 대해 얘기하고 있어

Point >> 상대방이 「…에 대해서 얘기하고 있음」을 정확히 하기 위해 정리하는 문장. talk+N이 가능하다는 점을 다시 한번 상기한다.

Pattern >>
_ **You're talking** to the wrong man. 넌 엉뚱한 사람에게 얘기하고 있어.

_ **You're talking** about going to Amsterdam. 넌 암스텔담에 가는 얘기를 하고 있어.

_ **You're talking** about the people I love. 넌 내가 사랑하는 사람들에 대해 얘기하고 있어.

_ **You're talking** about a serious matter. 넌 심각한 문제에 대해 얘기하고 있어.

_ **You're talking** my family now. 지금 넌 내 가족에 대해 얘기하고 있어.

Dialog >>
> A : I'm going to date four different women. 난 네 명의 여자와 데이트를 할거야.
> B : You're talking crazy right now. 넌 지금 말도 안 되는 얘기를 하는구만.

002 Are you talking about~ ? 너 …에 관한 얘기하는거야?

Point >> 의사소통이 제대로 되고 있는지 상대방이 얘기하는게 정확히 뭔지 확인사살하는 문장.

Pattern >>
_ **Are you talking about** seeing a ghost? 유령을 봤다고 말하는거야?

_ **Are you talking about** Cary getting engaged? 캐리가 약혼했다고 말하는거야?

_ **Are you talking** to me? 너 나에게 얘기하는거야?

_ **Are you talking about** the new program? 넌 새로운 프로그램에 대해 말하는거야?

_ **Are you talking about** getting married? 결혼하는거 말하는거야?

Dialog >>
> A : I hate this place and want out. 난 이곳이 싫어 나가고 싶어.
> B : Are you talking about quitting? 너 그만두겠다는거야.

003 Are you talking about sb ~ing? …가 …했다는 얘기를 하는거야?

Point >> 역시 상대방의 얘기를 확인하는 문장으로 sb ~ing의 형태로 상대방의 얘기를 반복한다.

Pattern >>
_ **Are you talking about** us **getting** back together? 우리가 다시 합쳤다는 얘기하는거야?

_ **Are you talking about** Helen **quitting** smoking? 헬렌이 금연했다는 얘기하는거야?

_ **Are you talking about** them **getting** married? 걔네들이 결혼한다는 얘기하는거야?

_ **Are you talking about** the police **arresting** Betty? 경찰이 베티를 체포했다는 얘기하는거야?

_ **Are you talking about** Carl **stealing** a bike? 칼이 자전거를 훔쳤다는 얘기하는거야?

Dialog >>
> A : Kurt may have taken some cash. 커트가 현금을 좀 가져갔을지도 몰라.
> B : Are you talking about him stealing something? 걔가 뭔가 훔쳤다는 얘기를 하는거야?

I came to~

001 I came to+V 난 …하러 왔어

Point » 과거형 came to~ 다음에 동사가 오면 온 목적을, came to+장소명사가 오면 「…에 왔다」라는 의미가 된다.

Pattern »

_ **I came to** give you this. 네게 이거 주러 왔어.

_ **I came to** do yoga with you. 너와 요가하러 왔어.

_ **I came to** say I'm sorry. 미안하다고 말하려고 왔어.

_ **I came to** Seattle for you, okay? 난 널 위해 시애틀에 왔다고, 알았어?

_ **I came to** ask if you would like to go on a date with me.
나와 데이트하고 싶은지 물으러 왔어.

Dialog »

A : Oh, Jack. What are you doing here? 오, 잭. 여기 어쩐 일이야?

B : I came to support you. 너 도와주러 왔어.

002 I came here to~ …하러 왔어

Point » 방문 목적을 말할 때 쓰는 전형적인 표현으로 I'm here to+V라고 해도 된다. 또한 부정문은 I didn't come here to+V(…하려고 여기 온게 아냐)라고 하면 된다.

Pattern »

_ **I came here to** surprise you. 널 놀래주러 여기에 왔어.

_ You think **I came here to** give him a hard time? 걜 괴롭히려고 내가 여기왔다고 생각해?

_ **I came here to** get to know my mother. 내 엄마에 대해서 알려고 여기 왔어.

_ **I came here to** start a new life. 새로운 삶을 시작하려고 여기 왔어.

_ **I came here to** say I'm sorry. 미안하다고 말하려고 여기 왔어.

_ **I didn't come here to** fight. 싸우려고 온 게 아니야.

Dialog »

A : I came here to see Mr. James. 제임스 씨를 만나러 왔습니다.

B : He's not in right now, but he should be back any time. 지금 안계시지만 금방 돌아와요.

003 Here comes~ 여기 …가 오네

Point » 일종의 강조구문으로 부사 Here를 앞으로 도치시키고 comes 다음에 주어를 넣으면 된다.

Pattern »

_ **Here comes** the bride. 여기 신부가 오네.

_ **Here comes** the cocktail waitress. 칵테일 웨이트리스가 여기 오네.

_ **Here comes** what's left of breakfast. 아침식사 남은게 여기 오네.

_ **Here comes** the airplane! 비행기가 도착하네!

_ **Here comes** the computer salesman. 여기 컴퓨터 영업사원이 오네.

Dialog »

A : Here comes one of my former professors. 여기 예전 교수 중 한 분이 오시네.

B : Let's say hello to him. 그 분께 인사하자.

come+V …하러 오다

Point >> 원래는 come to+V 혹은 come and+V이지만 구어체에서는 to나 and를 생략하고 그냥 come+V로 쓰기도 한다.

Pattern >>
_ Do you want to **come** see a movie with us? 와서 우리랑 같이 영화볼래?

_ You can **come** meet some new people. 와서 새로운 사람들을 만나봐.

_ They will **come** look at the apartment. 걔네들은 와서 아파트를 둘러볼거야.

_ Can we **come** see the items you bought? 우리가 가서 네가 산 물건들을 봐도 돼?

_ They plan to **come** hear the concert. 걔네들은 콘서트를 보러 올거야.

Dialog >>
A : How will we finish in time? 어떻게 제 시간에 우리가 끝내지?
B : Larry will come help set things up. 래리가 와서 우리가 설치하는 것을 도와줄거야.

Pattern
24 >> **I'm going~**

001

I'm going to+V …할거야

Point >> 가까운 미래에 「…할거야」라는 의미. 따라서 be going to+동사에서 going에는 「가다」라는 의미가 더 이상 없다.

Pattern >>
_ **I'm going to** get some air. 바람 좀 쐴거야.

_ **I'm going to** do it all over again. 그거 다 다시 할거야.

_ **I'm going to** take care of him. 걜 돌볼거야.

_ **I'm going to** teach you how to fight. 싸우는 법을 알려줄게.

_ **I'm going to** miss you so much. 정말 보고 싶을거야.

Dialog >>
A : I'm going to marry her someday. 언젠가는 걔하고 결혼할거야.
B : How long have you two been dating? 둘이 얼마나 사귀었는데?

002

I'm going to+장소 나 …에 가, …에 갈거야

Point >> 「지금 …로 가고 있다」, 「…에 갔다 올게」라는 의미. 또한 가까운 미래로 「나 …로 갈거야」라는 뜻으로 쓰이기도 한다.

Pattern >>
_ **I'm going to** my party. 내 파티에 갈거야.

_ **I'm going to** the mall. 쇼핑몰에 갈거야.

_ **I'm going to** the drugstore. 나 약국에 간다.

_ **I'm going to** the same direction. 같은 방향으로 가.

_ **I'm going to** Canada during my vacation. 휴가 때 캐나다에 갈려고.

Dialog >>
A : I'm going to an Mexican restaurant for dinner. 저녁 먹으러 멕시코 식당에 갈거야.
B : I didn't know you liked Mexican food. 네가 멕시코 음식을 좋아하는 줄 몰랐네.

003 go~ ing …하러 가다

Point » go shopping으로 유명한 표현으로 go ~ing하게 되면 「…하러 가다」라는 뜻이 된다.

Pattern »
_ You want to **go camping?** 너 캠핑가고 싶어?

_ Every morning, the whole family is gonna **go hiking.** 매일 아침 가족 전체는 하이킹하러 가.

_ I'm **going fishing** next weekend. 다음 주말에 낚시하러 갈거야.

_ I'm **going jogging** tomorrow morning. 내일 아침에 조깅하러 갈거야.

_ I'm **going shopping** tomorrow. 내일 쇼핑하러 갈거야.

Dialog »
A : What are your plans for this weekend? 이번 주말에 뭐 하려고 해?
B : I'm going hiking on Sunday. 일요일에 등산 갈거야.

004 have gone to~ …에 갔어

Point » 「…에 다니다」, 「…에 가본 적이 있어」, 「…에 갔어」, 「…에 갔다 왔어」라는 다양한 의미를 갖는 표현.

Pattern »
_ I **have gone to** the same doctor for years. 난 수년간 같은 병원에 다녔어.

_ Mom **has gone to** the market. 엄마는 시장에 가셨어.

_ Everyone **has gone to** the festival. 다들 축제에 갔어.

_ The girls **have gone to** see some friends. 소녀들은 친구들을 만나러 갔어.

Dialog »
A : Why is the apartment empty? 왜 아파트가 비어있는거야?
B : Kim **has gone to** her parents' house. 킴이 부모님 집에 갔어.

Pattern 25 » I went to~

001 I went to+장소 난 …에 갔어

Point » 「내가 …에 갔었다」, 「걔는 …에 갔어」라는 말을 많이 하게 되는데 이때 I went to+장소라고 써본다.

Pattern »
_ I **went to** the hospital. 난 병원에 갔어.

_ I **went to** law school. 난 법대에 다녔어.

_ I **went to** a party last night. 어젯밤에 파티에 갔었어.

_ I **went to** the mall and bought some clothes. 쇼핑몰에 가서 옷 좀 샀어.

_ I **went to** college. 대학교에 진학했어.

_ I **went to** the gas station. 주유소에 갔어.

Dialog »
A : What did you do on your leave? 휴가 때 뭐했어?
B : I **went to** Japan with my dad. 아버지와 일본에 갔었어.

002   I went to+V 난 …하러 갔(었)어

Point » 이번에는 went to~ 다음에 동사가 이어지는 경우로 간 목적을 말하면 된다.

Pattern »

_ **I went to** camp with her cousin. 난 걔 사촌과 캠핑하러 갔어.

_ **I went to** have pizza with Danny. 난 대니와 함께 피자먹으러 갔어.

_ **I went to** pick up Aunt Liddy. 리디 숙모 태우러 갔어.

_ **I went to** see the doctor today. 오늘 병원에 갔었어.

Dialog »

A : Did you see the fire works on the Fourth of July? 7월 4일 불꽃놀이 봤어?

B : Yeah, I went to see it with my girlfriend. It was really far out. 여친과 보러갔는데 끝내줬어.

003   I went back to~ …로 돌아갔어

Point » 다시 돌아갔다고 할 때는 went back to~를 사용하면 된다.

Pattern »

_ **I went back to** my office. 난 내 사무실로 돌아갔어.

_ **I went back to** my old boyfriend in Chicago. 난 시카고에 있는 옛 남친에게로 돌아갔어.

_ **I went back to** the park. 공원으로 돌아갔어.

_ **I went back to** return it. 그걸 돌려주러 갔었어.

_ **I went back to** the nightclub where we met. 우리가 만났던 나이트클럽으로 돌아갔어.

Dialog »

A : Where have you been? 어디 갔었어?

B : I went back to the park. 공원으로 돌아갔어.

004   He went to~ 걘 …하러 갔어

Point » 제 3자가 어디에 갔다고 혹은 「…하러 갔다」고 말하는 표현법.

Pattern »

_ **He went to** the hospital with my Mom. 걘 내 엄마와 함께 병원에 갔어.

_ **She went to** the bathroom. 걘 화장실에 갔어.

_ **He went to** go get some medicine. 걘 약을 사러 나갔어.

_ **She went to** go make some phone calls. 걘 전화 몇통하러 갔어.

_ **She went to** beauty salon. 걔 미장원에 갔어.

Dialog »

A : Is the office manager around? 실장있어?

B : He went to check on some reports. 보고서 확인하러 갔습니다.

---

001 **go get~** …하러 가다

Point » go 다음에 나오는 동사의 원형을 보고 고개를 가우뚱하지 말자. 앞서 나왔듯이 come 뿐만아니라 go의 경우에도 go+V의 형태가 많이 쓰인다. 먼저 go get~의 형태를 살펴본다.

Pattern »
_ Do you want to **go get** a drink? 가서 한잔할래?
_ Do you want me to **go get** them for you? 내가 가서 그것들 가져올까?
_ How about we **go get** you a drink? 술 한잔 사줄까?
_ We're just about to **go get** something to eat. 가서 뭐 좀 먹으려고.
_ You can stop working and **go get** some rest if you feel tired.
피곤하면 일 그만하고 가서 좀 쉬어.

Dialog »
A : We'd better leave or we're going to be late. 우리 출발하지 않으면 늦을거야.
B : You go get the elevator. I'll be there in a minute. 가서 엘리베이터 잡아. 곧 갈게.

---

002 **go have~** 가서 …하다

Point » go 다음에 have 동사가 이어지는 패턴이다.

Pattern »
_ You **go have** fun. 가서 재미있게 즐겨.
_ I have to **go have** dinner with my son. 아들과 저녁먹으러 가야 돼.
_ Let's **go have** something to eat. 가서 뭐 좀 먹자.
_ You should **go have** some time to relax. 넌 가서 잠시 쉬도록 해.
_ I'll **go have** a cup of coffee now. 내가 지금 가서 커피한잔 마셔야겠어.

Dialog »
A : My neighbor is really bothering me. 내 이웃은 정말 짜증나게 해.
B : I'll go have a word with him. 가서 그 사람하고 얘기해볼게.

---

003 **go take[do]~** …가서 …하다

Point » go 다음에 take나 do 동사가 이어지는 경우이다.

Pattern »
_ I'm going to **go take** a bath. 가서 목욕 좀 할거야.
_ I'm going to **go do** the laundry. 세탁하러 가야겠어.
_ Now you **go do** your best. 이제 가서 최선을 다해.
_ I'll **go do** that now. 이제 가서 그걸 할게.
_ I've got to **go do** this thing. 가서 이 일을 해야겠어.

Dialog »
A : I'm sweaty because I exercised. 운동을 했더니 땀이 범벅이야.
B : Well, go take a shower. 저기, 가서 샤워해라.

go see~ 가서 …하다

Point >> 마지막으로 go 다음에 see 동사를 붙여서 다양한 문장을 만들어본다.

Pattern >>
_ I should **go see** what's going on. 무슨 일인지 가서 봐야겠어.

_ I got to **go see** my lawyer. 가서 변호사 만나야 돼.

_ We'll **go see** him first thing in the morning. 우리는 내일 제일 먼저 걔를 만나러 갈거야.

_ We were going to **go see** a movie tonight. 오늘밤에 영화보러 가려고 했었어.

_ You should **go see** my therapist. 너 가서 내 상담사를 만나봐라.

Dialog >>
A : Would you like to go see a movie? 가서 영화볼래?
B : I prefer watching TV to going to a movie. 영화보러 가느니 TV를 볼래.

Pattern
27 >> **I wonder wh~**

001 **I wonder what~** …을 모르겠어, …가 궁금해

Point >> I guess는 추측이지만 I wonder[was wondering] 주어+동사는 정말 몰라서 궁금한 내용을 말할 때 쓴다.

Pattern >>
_ **I wonder what** happened. 무슨 일이 일어난 건지 궁금해.

_ **I wonder what's** going on. 웬일인지 모르겠어.

_ **I'm wondering what** I should tell him to expect. 걔한테 뭘 기대하라고 말해야 할지 모르겠어.

_ **I'm wondering what** the hell is going on. 도대체 무슨 일인지 모르겠어.

_ **I was wondering what** that smell is. 저 냄새가 뭔지 궁금했어.

Dialog >>
A : They have been arguing all week. 걔네들 한 주내내 싸우고 있어.
B : I wonder what will happen. 어떻게 될지 궁금하군.

002 **I wonder when[where]~** …을 모르겠어, …가 궁금해

Point >> I wonder[I was wondering]~ 다음에 when이나 where 의문사 절이 이어지는 경우이다.

Pattern >>
_ **I wonder where** Joe is now. 조는 지금 어디 있을까.

_ **I wonder where** she is. 그녀가 어디 있는 건지 모르겠어.

_ **I was wondering when** she'd show up. 걔가 나타날지 궁금했어.

_ **I wonder when** we'll meet again. 언제 우리 다시 만날까.

_ **I wonder when** they will arrive. 걔네들이 언제 도착할지 모르겠어.

Dialog >>
A : They seemed like such a great couple. 걔네들은 아주 멋진 커플같았어.
B : I wonder when the marriage broke up 결혼이 파탄났을 때가 궁금해.

003   I wonder how many~   얼마나 많은 …가 …할지 모르겠어

Point » I wonder[I was wondering] 다음에 how many~ 혹은 how+형용사가 오는 패턴이다.

Pattern »

_ **I wonder how many** people will come. 사람들이 얼마나 올지 궁금하군.

_ **I was wondering how** long it might take me to regret this.
이거 후회하는데 시간이 얼마나 걸릴지 궁금했어.

_ **I wonder how many** people will show up. 사람들이 얼마나 나타날지 궁금해.

_ **I wonder how many** dollars they need. 걔네들이 얼마나 많은 돈이 필요할까.

_ **I wonder how many** people will attend the meeting.
얼마나 많은 사람들이 그 모임에 참석할지 궁금해.

Dialog »

A : I'm going to throw a party this Friday. 이번 주 금요일에 파티를 열거야.

B : We have a test on Monday. I wonder how many people will come.
월요일에 시험이 있잖아. 몇명이나 올지 모르겠네.

004   I wonder why[who]~   …을 모르겠어

Point » I wonder[I was wondering]~ 다음에 why나 who 절이 오는 경우이다.

Pattern »

_ **I wonder why** she didn't tell me. 왜 걔는 나한테 말하지 않았을까.

_ **I wonder why** she broke up with me. 걔가 왜 나랑 헤어졌는지 모르겠어.

_ **I was just wondering why** you're here. 왜 네가 여기 있는지 생각해봤어.

_ **I'm wondering who** that somebody else was. 저 어떤 사람이 누구였는지 궁금해.

_ **I wonder why** Jim is acting so weird. 짐이 왜 그렇게 이상하게 행동하는지 궁금해.

Dialog »

A : Look at those funny costumes. I wonder who they are.
저 우스운 의상들 좀 봐. 쟤들이 누굴까 궁금하네.

B : I think they are high school drama students. 고등학교 연극반 애들이겠지.

Pattern 28 »» I wonder if~

001   I wonder if ~   …일지 미심쩍어, …이지 않을까

Point » I wonder~와 가장 많이 어울리는 if 절이 오는 표현법이다.

Pattern »

_ **I wonder if** I did the right thing. 내가 옳은 일을 한게 아닐까.

_ **I wonder if** he knows something. 걔가 뭔가 알고 있는 걸까.

_ **I wonder if** she had a good time. 걔가 즐겁게 지냈는지 모르겠네.

_ **I wonder if** you really like it. 그게 정말 맘에 드는지 모르겠네.

_ **I wonder if** the boss is still angry with me. 사장이 아직도 내게 화나 있는지 모르겠어.

A : I wonder if I did the right thing. 내가 옳은 일을 한건지 모르겠네.

B : I'm sure you did. 분명 잘 한거야.

002 I'm wondering if~ …일지 모르겠어

Point » I wonder if~에서 wonder가 현재 진행형으로 쓰였을 뿐 의미는 동일하다.

Pattern »

_ **I'm wondering if** we should maybe call the police or something.
경찰을 부르던지 뭐를 해야 되지 않을까.

_ **I'm wondering if** it's time you made a change. 네가 변화해야 할 때가 아닐까.

_ **I'm wondering if** you can help me out with something.
네가 내가 뭐하는데 좀 도와줄 수 있는지 모르겠어.

_ **I'm wondering if** he was hiding something. 걔가 뭐를 숨기고 있었는지 궁금해.

_ **I'm wondering if** she will join us. 걔가 우리와 함께 할지 모르겠어.

Dialog »

A : I'm wondering if the bus will be late. 버스가 늦을지 모르겠어.

B : It's likely to be here on time. 제 시간에 도착할 것 같아.

003 I was wondering if ~ …인지 아닌지 궁금했어

Point » 어떤 것의 사실 여부가 궁금할 때 물어볼 수 있는 표현으로 if 대신 whether를 써도 무방하다. 다소 완곡한 표현이기 때문에 예를 들어, 직접적으로 대놓고 Do you want to come or not?하고 묻는 것보다는 이 표현을 써서 I was wondering if you want to come이라 하는 것이 훨씬 더 부드럽고 예의를 갖춘 표현.

Pattern »

_ **I was wondering if** you'd stop by. 네가 들를건지 궁금했어.

_ **I was wondering if** he was really serious. 걔가 정말 진심인지 궁금했어.

_ **I was wondering if** the cops were coming. 경찰이 오고 있었는지 궁금했어.

_ **I was wondering if** he ate all of the pie. 걔가 파이를 다 먹었는지 궁금했어.

_ **I was wondering if** you rode the subway. 네가 전철을 탔는지 궁금했어.

_ **I was wondering if** Dad took his medicine. 아버지가 약을 드셨는지 궁금했어.

_ **I was wondering if** you talked to Cheryl. 네가 쉐릴에게 얘기했는지 궁금했어.

_ **I was wondering if** you're free Friday. 금요일에 네가 시간이 있는지 궁금했어.

_ **I was wondering if** you guys have chosen a roomie yet.
너희들 벌써 룸메이트 구했는지 궁금했어.

_ **I was wondering if** you had any interest in selling your home.
네 집을 파는데 조금이라도 관심이 있는지 궁금했어.

Dialog »

A : I was wondering if you're free Friday. 네가 금요일에 시간이 되는지 궁금했어.

B : I've got some time to meet with you. 너를 만날 시간은 좀 있어.

---

001 **I was wondering if I could~** …해도 될까(요)?

Point ⟫ I wonder[was wondering] if S+could[would]~ 의 경우에는 궁금하다라기보다는 상대방에게 공손하게 허락을 구하는 문장으로도 쓰인다는 점을 주의해야 한다.

Pattern ⟫ _ **I was wondering if I could** use your car. 당신 차를 좀 써도 될른지요?

_ **I was wondering if I could** ask you something. 혹 뭐 좀 물어봐도 될까요?

_ **I was wondering if I could** see your homework. 네 숙제를 봐도 될까?

_ **I was wondering if I could** take tomorrow off. 내일 쉬어도 돼요?

_ **I was wondering if I could** talk to you for a moment. 잠깐 이야기 할 수 있겠습니까.

Dialog ⟫ A : I was wondering if I could get in touch with Peter? 피터하고 통화 좀 할 수 있을까요?
B : I'm sorry he is at a conference today. 미안하지만 오늘 회의갔는데요.

---

002 **I was wondering if you could~** …해줄래(요)?

Point ⟫ 주어가 you로 바뀐 것으로 역시 공손하게 상대방에게 부탁을 하는 표현이다.

Pattern ⟫ _ **I was wondering if you could** pick Andy up. 앤디를 차로 데리러 가주실 수 있으세요?

_ **I was wondering if you could** give me a ride. 저 좀 태워주시겠어요?

_ **I was wondering if you could** keep an eye on me. 나 좀 지켜봐줄래요?

_ **I was wondering if you could** help me find something. 내가 뭐 찾는거 도와줄래?

Dialog ⟫ A : I was wondering if you could **pick Robin up.** 로빈을 데리러 가줄 수 있니?
B : Where is he right now? 걔가 지금 어디 있는데?

---

003 **I wonder if ~ could~** …해도 될까요?, …할 수 있을지 모르겠어

Point ⟫ 주어가 could 이하를 할 수 있는지 궁금해서 하는 표현. 혹은 문맥에 따라 부탁이나 허락을 구하는 문장이 되기도 한다.

Pattern ⟫ _ **I wonder if** we **could** get together on the 15th. 15일에 만날 수 있을까.

_ **I wonder if** they **could** testify at the trial. 걔네들이 재판에서 증언을 할 수 있을지 모르겠어.

_ **I wonder if** the storm **could** cause problems. 폭풍 때문에 문제가 생기지 않을지 모르겠어.

_ **I wonder if** James **could** complete the homework.
제임스가 숙제를 마칠 수 있을지 모르겠어.

_ **I wonder if** we **could** sneak away. 우리가 몰래 나갈 수 있을지 모르겠어.

Dialog ⟫ A : I wonder if we could get together on the 15th. 15일에 만날 수 있을까.
B : That day is no good for my schedule. 그날은 스케줄상 좋은 날이 아닌데.

413

(It's) No wonder S+V ···하는게 당연하지

Point >> S+V하는게 놀랄 일도 아니다라는 말로 It's~를 생략하고 바로 No wonder~라고 해도 된다.

Pattern >>
_ **No wonder** you love Christmas. 네가 크리스마스를 좋아할만도 하지.

_ **No wonder** all the boys in school hate you. 학교의 모든 남학생이 다 널 싫어할만도 하지.

_ **No wonder** people say such good things about you. 사람들이 너에 대해 그렇게 좋게 말할만 하지.

_ **It's no wonder** her life turned out as rough as it did. 걔 인생이 과거처럼 힘들게 된 것은 당연하지.

Dialog >>
A : Chris failed math class. 크리스가 수학 과목 낙제했어.
B : No wonder. He was absent most of the time. 놀랄 것도 없지. 수업시간 대부분을 결석했으니 말야.

Pattern
30 >> # Can you give me~ ?

Can you give me~ ? 내게 ···을 줄래?

Point >> 「···에게 ···을 주다」하면 가장 떠오르는 동사는 give이다. Can~ 대신에 Could~를 쓰면 좀 더 부드러운 표현이 된다.

Pattern >>
_ **Can you give me** that? 내게 그걸 줄래?

_ **Can you give me** a better solution? 더 나은 해결책을 줄테야?

_ **Could you give me** a ride? 나 태워줄래?

_ **Could you give me** a minute? 잠깐 시간 내줄래?

_ **Could you give me** your name, please? 이름이 어떻게 돼요?

Dialog >>
A : Could you give me a hand? 날 좀 도와줄래?
B : What do you need? 뭐가 필요한데?

I gave you~ 내가 네게 ···을 주었어

Point >> 이번에는 내가 상대방에게 뭔가를 과거에 주었다라고 확인해주는 문장.

Pattern >>
_ **I gave you** the responsibility to stop this. 이걸 그만두게 할 책임을 네게 줬어.

_ **I gave you** a key for emergencies! 비상시를 위해 열쇠를 줬잖아!

_ I'm sorry **I gave you** such a hard time. 그렇게 힘들게 해서 미안해.

_ **I gave you** everything that your father asked me to give you.
네 아버지가 네게 주라고 한 것은 다 줬어.

_ **I gave you** a good recommendation. 난 네게 근사한 추천서를 써줬어.

Dialog >>
A : The report has not been finished. 보고서는 끝마치지 못했어.
B : I gave you two weeks to complete it. 끝내는데 2주 줬잖아.

| 003 | **He gave me~** 걔가 내게 …을 줬어 |

Point » 제 3자로부터 뭔가를 받았다는 사실을 전달하는 패턴.

Pattern »
_ **He gave me** a second chance. 걘 내게 두 번째 기회를 줬어.
_ **He gave me** one in case of an emergency. 비상시를 대비해서 내게 하나를 줬어.
_ **He gave me** some beer. 걘 나한테 맥주를 좀 줬어.
_ **She gave me** a bad impression. 걔가 내게 나쁜 인상을 줬어.
_ **He gave me** a new umbrella. 걘 내게 새 우산을 줬어.

Dialog »
A : So your dad rewarded you? 그래 네 아빠가 네게 보상을 해줬어?
B : **He gave me** some extra money. 추가로 돈을 좀 주셨어.

| 004 | **I'd give anything to~** …하기 위해 뭐든지 할거야 |

Point » 어떤 일이 있어도 to~이하를 하겠다는 주어의 강한 의지를 피력하는 표현으로, do anything for~이라고 해도 된다.

Pattern »
_ **I'd give anything to** have her back. 걔를 되찾기 위해서는 무슨 일이든 할거야.
_ **I'd give anything not to** be looking at you! 너를 쳐다보지 않기 위해 뭔든 할거야!
_ **I'd give anything to** be with you again. 다시 너와 함께 있기 위해서 뭔든 할거야.
_ **I'd give anything to** take that back. 그걸 다시 되찾기 위해 뭔든 할거야.
_ **I'd give anything to** have a cold beer. 어떻게든 시원한 맥주를 마실거야.

Dialog »
A : Angie was such a nice woman. 앤지는 정말 착한 여자였어.
B : **I'd give anything to** see her again. 어떻게든 걔를 다시 만날거야.

Pattern 31 »» I keep~

| 001 | **I keep ~ing** 난 계속 …하고 있어 |

Point » 「계속하다」하면 떠오르는 단어는 continue이지만 실제 구어체에서 「계속해서 …하다」라는 표현을 쓸 때는 keep ~ing를 훨씬 많이 쓴다

Pattern »
_ **I keep telling** her to quit. 걔보고 그만두라고 계속 말하고 있어
_ **I keep trying** to tell her that. 걔한테 그걸 계속 얘기하려고 하고 있어.
_ **I keep telling** you people to stay away from us! 너희들 우리한테 가까이 오지 말라고 말하고 있잖아!
_ **I keep hearing** all these rumors that I might get fired.
내가 잘릴지도 모른다는 이 모든 소문이 계속 들려와.
_ **I keep thinking** that something stupid is gonna come up.
뭔가 어처구니없는 일이 일어날거라는 생각이 계속 들어.

A : A lot of snow is falling. Should we turn back? 눈이 많이 내리고 있어. 돌아가야 할까?

B : No, let's keep going till we get there. 아니, 거기 도착할 때까지 계속 가보자.

002　I kept ~ing 난 계속 …했었어

Point »　과거에 뭔가 행동을 지속적으로 계속 했다고 말할 때 쓰는 표현법.

Pattern »
_ **I kept trying** to make you a better person. 난 널 더 나은 사람으로 만들려고 계속 노력했어.

_ **I kept saying** all the wrong things. 난 계속 엉뚱한 얘기를 하고 있었어.

_ I just thought **I kept missing** her. 내가 계속 걜 그리워하고 있다는 생각을 했어.

_ **I kept talking** about you and **he kept asking** me out.
난 너에 관한 얘기를 계속했고 걘 계속 나와 데이트하자고 했어.

_ **I kept hoping** things would get better. 상황이 좋아질거라 계속 희망하고 있었어.

Dialog »
A : Did you see the incident last night? 지난밤에 난 사고 봤어?

B : I kept sleeping and didn't hear a thing. 계속 자느라 아무 소리도 못들었어.

003　Keep ~ing 계속 …해라

Point »　상대방에게 「계속 …하라」고 격려할 때 혹은 지시할 때 사용하는 문장이다.

Pattern »
_ **Keep breathing** if you can. 가능하면 계속 호흡을 해.

_ **Keep going.** You're doing fine. 계속 해. 너 잘하고 있어.

_ **Keep reading.** What does it say? 계속 읽어. 뭐라고 되어 있어?

_ **Keep cleaning** the room. 계속 방청소를 해.

_ **Keep checking** for updates. 최신정보를 계속 확인해봐.

Dialog »
A : This report is so hard to finish. 이 보고서는 끝내기가 무척 힘들다.

B : Keep working. We're almost done. 계속 해. 거의 끝나가.

004　I don't know why I keep ~ing 내가 왜 계속 …하는지 모르겠어

Point »　자신에게 반복적으로 안 좋은 일이 생길 때 사용하면 '딱'인 표현.

Pattern »
_ **I don't know why I keep sneezing.** 내가 왜 계속 재채기를 하는지 모르겠어.

_ **I don't know why I keep falling** in love so easily.
내가 왜 그렇게 쉽게 사랑에 빠지는지 모르겠어.

_ **I don't know why I keep breaking** dishes. 왜 내가 계속 그릇을 깨트리는지 모르겠어.

_ **I don't know why I keep missing** Bonnie. 왜 내가 계속 보니를 보고 싶어하는지 모르겠어.

_ **I don't know why I keep eating** this junk food. 왜 내가 계속 정크푸드를 먹는지 모르겠어.

Dialog »
A : I don't know why I keep thinking it's Friday. 내가 왜 계속 오늘이 금요일이라고 생각하는지 모르겠어.

B : Yeah, it really seems like it's Friday. 그래. 정말 오늘이 금요일 같아 보여.

Pattern 32 ≫ Can I help~?

001 Can I help you~ ? …을 도와줄까?

Point ≫ help you~다음에 명사를 쓰려면 with+N, 어떤 동작을 말하려면 동사원형을 붙여 쓰면 된다. Let me help you~라고 해도 된다.

Pattern ≫
_ **Can I help you** with anything? 도와드릴까요?

_ **Can I help you** with something? 뭐 좀 도와줄까?

_ **Can I help you** find something? 뭐 찾는거 도와줄까?

_ **Let me help you** with that. 내가 그거 도와줄게.

_ **Let me help you** find the right girl. 이상형의 여자를 찾는거 도와줄게.

Dialog ≫
A : Can I help you with anything? 도와드릴까요?
B : No, thank you, I'm just looking around. 고맙지만 괜찮아요. 그냥 구경만 하는거예요.

002 Help yourself to~ 맘껏 …을 들어

Point ≫ V+oneself 명령문의 대표적인 경우로 상대방에게 편하게 맘껏 들라고 할 때 사용한다. 참고로 Make yourself~는 자기 집처럼 편하게 있으라는 표현.

Pattern ≫
_ **Help yourself to** the dessert tray! 디저트 좀 드세요!

_ **Please help yourself to** anything in the fridge. 냉장고에 있는 거 맘대로 갖다 들어.

_ **Help yourself to** the cake. 케익 마음껏 들어.

_ **Help yourself to** whatever's in the fridge. 냉장고에 있는거 뭐든 들어.

_ Go ahead, **help yourself.** Take whatever you want. 어서 편히 들어. 뭐든 다 갖다 먹어

Dialog ≫
A : Help yourself to the dessert tray! 디저트 좀 드세요!
B : Thank you, I will. They look delicious! 고마워요. 그러죠. 맛있어 보이는군요!

003 I can't help but~ …하지 않을 수가 없어

Point ≫ 나도 어쩔 수 없는 상황임을 말할 때 쓰는 표현으로 간단히 I can't help it이라고 할 수도 있고 어쩔 수 없이 하게 되는 일을 구체적으로 말하려면 I can't help but+V 혹은 I can't help ~ing의 형태를 사용하면 된다.

Pattern ≫
_ **I can't help but** feel a little guilty. 좀 죄의식을 느끼지 않을 수 없어.

_ **I can't help but** think about Lisa. 리사를 생각하지 않을 수 없어.

_ **I can't help** being cautious. 조심할 수밖에 없어.

_ **I couldn't help** feeling sorry for her. 걔한테 미안해 할 수밖에 없었어.

_ **I can't help** playing computer games every day. 매일 컴퓨터 게임을 하지 않을 수 없어.

Dialog ≫
A : I can't help playing computer games every day. 매일 컴퓨터 게임을 하지 않을 수 없어.
B : That means you have no time to study. 그 얘긴 곧 공부할 시간이 없다는 얘기구만.

Chapter 07

417

help sb+V …가 …하는 것을 돕다

Point » 「sb가 V 이하 하는 것을 돕다」라는 뜻으로 to+V가 아니라 to 없는 V가 바로 나온다는 점을 유의한다.

Pattern »
_ Can you **help** me get dressed? 옷 입는거 좀 도와줄래?
_ Come on **help** me move this. 이리와 이거 옮기는 것 좀 도와줘.
_ I'll **help** you fix your computer. 네 컴퓨터 고치는거 도와줄게.
_ Can you please **help** me fix this problem? 이 문제 푸는거 도와줄테야?
_ I need you to **help** me with my homework. 네가 나 숙제하는거 도와주라.

Dialog »
A : Can you help me move this weekend? 이번 주말에 이사하는거 도와줄래?
B : I wish I could help you, but I can't. 도와주고 싶지만 그럴 수가 없어.

Pattern 33 » I hope~

I hope to~ …하기를 바래

Point » 자기의 「희망사항」을 표현하는 것으로 먼저 I hope~ 다음에 to+V를 붙여 문장을 만들어본다.

Pattern »
_ **I hope to** hear from you soon. 곧 너로부터 소식을 듣기를 바래.
_ **I hope to** have some more friends. 좀 더 많은 친구가 있기를 바래.
_ **I hope to** see you again, Ken. 켄, 다시 만나길 바래.
_ **I hope to** say the same thing. 같은 말을 하기를 바래.
_ **I hope to** open my own restaurant. 내 식당을 오픈하고 싶어.

Dialog »
A : I hope to enroll in a course this summer. 올 여름에 한 과목 등록하고 싶어.
B : Any course in particular? 특별히 생각하고 있는 과목이라도 있니?

I hope S+V …하기를 바래

Point » I hope~ 다음에 S+V가 이어서 나오는 경우로 앞으로 충분히 일어날 가능성이 있는 일을 희망하는 표현이다.

Pattern »
_ **I hope** you get well soon. 곧 낫기를 바래.
_ Oh, it was my pleasure. **I hope** you like it. 뭘 그런 걸 갖고, 네 맘에 들었으면 좋겠다.
_ **I hope** you aren't angry. 네가 화 안났기를 바래.
_ **I hope** you'll come again. 네가 다시 오길 바래.
_ **I hope** I haven't disturbed you. 방해하지 않았길 바래.

Dialog »
A : I hope that we can meet up after work. 퇴근 후 우리 서로 만날 수 있기를 바래.
B : Yeah, it would be fun to get together then. 그래, 그때 만나면 재미있겠다.

003   I'm hoping to~ …하면 좋겠어, …을 바래

Point » I hope~의 현재진행형을 쓴 경우로 단순한 희망보다는 좀 더 적극적으로 「…하기를 바란다」라는 뜻이다. 먼저 to+V가 이어지는 I'm hoping to~를 살펴본다.

Pattern »
_ **I'm hoping to** study with him. 걔와 함께 공부하면 좋겠어.

_ **I'm hoping to** keep it for a while. 잠시 그걸 갖고 있으면 좋겠어.

_ **I'm hoping** you're talking about your wife. 네가 네 아내이야기를 하면 좋겠어.

_ **I'm hoping to** hire someone in the next two weeks. 다음 2주동안 사람을 고용하면 좋겠어.

_ **I'm hoping to** visit the art museum. 난 미술관에 가고 싶어.

Dialog »
A : The art exhibition is coming to town. 미술전시회가 시내에서 열거래.
B : I'm hoping to get tickets for it. 그 입장권 구했으면 좋겠어.

004   I'm hoping that S+V …이면 좋겠어, …을 바래

Point » I'm hoping~ 다음에 S+V절이 이어오는 경우.

Pattern »
_ **I'm hoping** you'll come. 네가 오기를 바래.

_ **I'm hoping** you could help. 네가 도와줄 수 있으면 좋겠어.

_ **I'm hoping** we will be around 3:30. 3시 30분경에 도착하길 바래.

_ **I'm hoping** they keep me around for a while. 걔네들이 잠시 나를 곁에 두면 좋겠어.

_ **I'm hoping** that I could get a look around his house a bit.
잠시 걔 집을 한번 둘러볼 수 있으면 좋겠어.

Dialog »
A : I'm hoping that I will become very wealthy. 난 아주 부유해지면 좋겠어.
B : You better be prepared to work hard. 먼저 열심히 일할 준비를 하는 편이 나아.

Pattern 34 »» I wish to~

001   I wish to~ …하기를 바래

Point » I wish~ 패턴에서 가정법이 아닌 경우는 I wish sb sth과 I wish to~구문이다. 그나마 I wish to~의 경우는 다분히 형식적이고 공식적인 상황에서만 쓰인다. 결국 I wish sb sth~의 구문만이 일상생활에서 캐주얼하게 쓰인다.

Pattern »
_ **I wish** you only happiness. 네가 행복하기만을 바래.

_ **I wish to** make a reservation. 예약을 하고 싶은데요.

_ **I wish to** order some food. 음식을 좀 주문하고 싶은데요.

_ **I wish to** speak to the manager. 매니저 분에게 얘기하고 싶은데요.

_ **I wish to** see a nurse. 간호사를 만나고 싶은데요.

419

A : Yes ma'am, can I help you? 네 부인, 뭘 도와드릴까요?

B : I wish to **make a complaint.** 클레임을 하고 싶은데요.

002 **I wish I+과거동사** …이면 좋을텐데

Point »

I wish~ 다음에 절이 오면 현실과 반대되는 소망을 말하는데 I wish 주어+과거동사는 현재와 반대되는 사실을, I wish 주어+과거완료(had+pp)는 과거와 반대되는 사실을 각각 말하는 표현법이다.

Pattern »

_ **I wish I** didn't have to go. 내가 가지 않아도 되면 좋을텐데.

_ **I wish I** knew something that you could use. 네게 필요한 뭔가를 내가 알고 있다면 좋을텐데.

_ **I wish I** was as confident as you are. 너처럼 자신감있으면 좋을텐데.

_ **I wish I** was dead. 큰일 났구만.

_ **I wish I** were rich. 내가 부자라면 좋을텐데.

Dialog »

A : **I wish I** didn't have to go. 내가 가지 않아도 되면 좋을텐데.

B : We all must attend the class. 우리 모두는 수업에 참석해야 돼.

003 **I wish I had~** …있으면 좋겠어

Point »

I wish I+과거동사의 경우에서 과거동사 자리에 **had**가 나오는 경우이다. 「…가 있으면 좋겠지만 실은 없다」라는 의미.

Pattern »

_ **I wish I had** a lot of money. 돈이 많으면 좋겠어.

_ **I wish I had** a girlfriend. 여자친구가 있으면 좋겠어

_ **I wish I had** the chance to say to her. 걔에게 말할 기회가 있으면 좋겠어.

_ **I wish I had** a gun. 총이 있으면 좋겠어.

_ **I wish I had** been married to you. 너와 결혼했더라면 좋았을텐데.

Dialog »

A : You were cruel to Terry. 너는 테리에게 정말 못되게 굴었어.

B : **I wish I had** been kinder. 내가 더 친절하게 대했더라면 좋았을텐데.

004 **I wish S+과거동사** …가 …하면 좋을텐데

Point »

I wish~다음에 주어로 'I'가 아니라 you나 제 3자가 나오는 패턴이다.

Pattern »

_ **I wish** that were true. 그게 사실이면 좋을텐데.

_ **I wish** Mike were here. 마이크가 여기 있으면 좋을텐데.

_ **I wish** he would just shut up. 걔가 그냥 입다물고 있으면 좋을텐데.

_ **I wish** she was my wife. 쟤가 내 아내라면 좋을텐데.

_ **I wish** you never married my mom. 당신이 우리 엄마랑 결혼하지 않았다면 좋을텐데.

Dialog »

A : Brenda has always looked beautiful. 브렌다는 항상 아름답게 보여.

B : **I wish** she was my wife. 걔가 내 아내면 좋을텐데.

I wish I could~

001 I wish I could~ …할 수 있으면 좋을텐데

Point ≫ I wish I~ 다음에 could가 오는 경우로 「…할 수 있으면 좋을텐데」 그럴 수 없어 한탄할 때 사용하는 문장이다.

Pattern ≫
_ **I wish I could** stay and help. 남아서 도울 수 있으면 좋을텐데.

_ **I wish I could** stay longer. 더 남아 있으면 좋을텐데.

_ **I wish I could** stay home with you. 너와 함께 집에 남아 있으면 좋을텐데.

_ **I wish we could** live here. 우리가 여기에 살 수 있으면 좋을텐데.

_ **I wish I could** work for the government. 공무원이면 좋겠어.

Dialog ≫
A : I wish I could **lose some weight.** 살을 좀 빼고 싶어.
B : It's what's inside that counts. 중요한 건 육체의 내면이라구.

Chapter 07

002 I wish I could, but~ 그러고 싶지만…

Point ≫ 상대방 제안에 거절하는 표현. 「그러고는 싶지만 난…」이라는 의미로 but 뒤에는 거절할 수 밖에 없는 사정을 말한다.

Pattern ≫
_ **I wish I could, but** I have a date tonight. 그러고 싶지만 오늘밤에 데이트가 있어.

_ I'm sorry, **I wish I could, but** I can't do it. 미안. 그러고 싶지만 그럴 수가 없네.

_ **I wish I could, but** I've made plans to walk around. 그러고 싶지만 산책할 계획을 짜놨어.

_ **I wish I could, but** I can't. I have too much pride. 그러고 싶지만 안돼. 자존심이 너무 세서.

_ **I wish I could but** I can't. I have too much work to do. 그러고 싶지만 안돼. 할 일이 너무 많아.

Dialog ≫
A : Come on over to my house on Sunday afternoon. 일요일 오후 내 집에 놀러와.
B : I wish I could but **I have other plans.** 그러고 싶은데 다른 계획이 있어.

003 I wish you could~ 네가 …할 수 있으면 좋을텐데

Point ≫ 이번에는 상대방이 「…할 수 없음」을 안타까워하면서 표현할 수 있는 패턴.

Pattern ≫
_ **I wish you could** stay one extra day. 네가 하루 더 머물면 좋을텐데.

_ **I wish you could** say the same thing. 너도 같은 말을 할 수 있으면 좋을텐데.

_ **I wish you could** love me the same way back. 같은 방식으로 네가 날 사랑할 수 있으면 좋을텐데.

_ **I wish you could** stay one extra day and go with me.
하루 더 머물다 나랑 함께 갈 수 있으면 좋을텐데.

_ **I wish you could** be right up here beside me right now.
지금 당장 네가 내 옆에 있어주면 좋을텐데.

Dialog ≫
A : We are going to work on Sunday. 우리 일요일에 근무할거야.
B : I wish you could **take the day off.** 네가 하루 쉴 수 있으면 좋을텐데.

I wish sb would~ …가 …했으면 좋겠어

Point » 「sb가 …하기를 희망한다」는 표현으로 반대로 그러지 않기를 바란다면 I wish sb wouldn't~라고 하면 된다.

Pattern »
_ Oh, honey, **I wish** you **would** stay. 자기야, 네가 남아있으면 좋겠어.

_ **I wish** you'**d** give me a chance to explain. 네가 내게 설명할 기회를 주면 좋겠어.

_ **I wish** you'**d** had a chance to spend more time with him.
네가 걔와 더 많은 시간을 함께 보낼 기회가 있으면 좋겠어.

_ **I wish** you **wouldn't** talk like that. 네가 그런 식으로 말 안했으면 해.

_ **I wish** he **would** just tell me the truth. 걔가 내게 사실을 말해주었으면 해.

Dialog »
A : I'd like to kill Chris. 크리스를 죽여버리고 싶어.
B : I wish you wouldn't talk like that. 네가 그런 식으로 말하지 않으면 좋겠어.

Pattern 36 » I wish ~ had+pp

001 I wish S+had pp …했었더라면 좋았을텐데

Point » 과거와 반대되는 사실을 가정할 때 사용하는 표현.

Pattern »
_ **I wish** my date **hadn't** shown up. 내가 만나는 사람이 나오지 않았더라면 좋았을텐데.

_ **I wish** it **had** never happened. 그러지 않았더라면 좋았을텐데.

_ **I wish** I **had** never met you. 널 안 만났더라면 좋았을텐데.

_ **I wish** I **had** known about this sooner too. 이걸 더 빨리 알았더라면 좋았을텐데.

_ **I wish** you **hadn't** come this morning, that's all. 오아침에 네가 오지 않았더라면 좋았을텐데, 그게 다야.

Dialog »
A : I heard you were drunk and broke a window yesterday. 듣자하니 너 어제 취해서 창문을 깼다면서.
B : Yeah. I wish I hadn't done that. 그러지 않았더라면 좋았을 것을.

002 I wish S would have+pp …했었더라면 좋을텐데

Point » 역시 과거사실에 반대되는 아쉬움을 표현하는 패턴이다.

Pattern »
_ **I wish** we **would have** met before this. 이전에 만났었더라면 좋을텐데.

_ **I wish** you **would have** told us. 네가 우리에게 얘기했었더라면 좋을텐데.

_ **I wish** you **could've** met him. 네가 걔를 만났더라면 좋을텐데.

_ **I wish** you **could've** been there. 네가 거기에 있었더라면 좋을텐데.

_ **I wish** Olivia **would have** taken out the trash. 올리비아가 쓰레기를 밖에 내다놓았으면 좋을텐데.

Dialog »
A : Steve forgot everything at the airport. 스티브가 공항에서 모든 걸 다 잊어버렸어.
B : I wish Steve would have taken the bags. 스티브가 가방을 잊지 말고 챙겼었더라면 좋을텐데.

001 | I saw sb+V …가 …하는 것을 봤어

Point >> 지각동사로 see sb~ 다음에 동사원형을 붙이는 경우이다.

Pattern >>
_ Yeah, everyone **saw** you fall down. 그래. 다들 네가 넘어지는 걸 봤어.

_ I **saw** you take that pill. 네가 그 약을 먹는 걸 봤어.

_ I **saw** her walk in the street. 걔가 거리를 걷는 걸 봤어.

_ I **saw** Rick speeding down the street. 난 릭이 거리를 쏜살같이 달려가는 것을 봤어.

_ I **saw** your mom looking out the window. 난 네 엄마가 창문 밖을 쳐다보는 것을 봤어.

Dialog >>
A : Are you sure they slept together? 걔네들이 함께 잔게 확실해?
B : I **saw** her come out of his apartment. 걔가 그의 아파트에서 나오는 걸 봤어.

002 | I saw sb ~ing 난 …가 …하는 것을 봤어

Point >> sb의 행동을 좀 더 동적으로 표현할 때는 I saw sb~다음에 ~ing을 붙이면 된다.

Pattern >>
_ I **saw** her **kissing** you. 걔가 너에게 키스하는 걸 봤어.

_ I **saw** him **working** in the office today. 오늘 그가 사무실에서 일하는 거 봤어.

_ I **saw** you **standing** in line. 네가 줄 서 있는 걸 봤어.

_ I **saw** you **watching** us. We were just talking.
네가 우리를 보는 걸 봤어. 우린 그냥 얘기나누고 있었어.

_ I **saw** you **kissing** Chris in the park. 네가 크리스와 공원에서 키스하는거 봤어.

Dialog >>
A : Is Jessica still dieting? 제시카는 아직도 다이어트해?
B : No, I saw her eating some cake. 아니. 걔가 케익 먹는 걸 봤어

003 | Did you see~ ? …을 봤어?

Point >> see 다음에는 명사나 의문사절 등이 온다.

Pattern >>
_ **Did you see** that? 그거 봤어?

_ **Did you see** the look she just gave me? 걔가 날 쳐다보던 표정 봤어?

_ **Did you see** what she wrote? 걔가 뭐라고 썼는지 봤어?

_ **Did you see** where they went? 걔네들이 어디 갔는지 알아?

_ **Did you see** how much they charge for an ice cream cone?
그 사람들이 아이스크림 하나에 얼마를 받는지 봤어?

Dialog >>
A : Did you see that guy pacing in the lobby? 복도에서 왔다갔다하는 사람 봤어요?
B : Yeah, I think he's here for the interview. 네, 면접보러 온 것 같아요.

You saw~ ? …을 봤지?, …을 봤잖아?

Point » 상대방에게 단순히 「…을 봤냐」고 사실확인할 수도 있으나 자기 말을 강조하기 위해서 Did you see~?보다 You saw~?를 쓰는 경향이 있다. 물론 평서문일 때는 단순한 사실을 기술한다.

Pattern »
_ **You saw** that? 그거 봤어?
_ **You saw** all those guys back there? 거기에서 걔네들 다 봤어?
_ **You saw** her get busted? 걔가 체포되는 걸 봤어?
_ **You saw** what just happened. 너 방금 무슨 일이 벌어졌는지 봤잖아.
_ **You saw** me dancing in the bathroom? 내가 화장실에서 춤추는 거 봤다고?

Dialog »
A : They ran when the police showed up. 경찰들이 나타났을 때 그들은 도망쳤어.
B : You saw some of the thieves? 도둑들 일부라도 봤어?

Pattern 38 » **I can see~**

001

I can see S+V …하네, …을 알겠어

Point » 볼 수 있다가 아니라 「봐서 알겠다」라는 뉘앙스이다.

Pattern »
_ **I can see** how that would be frustrating. 그게 얼마나 실망스러운지 알겠어.
_ **I can see** from your reaction that he hasn't told you. 걔가 네게 말하지 않았다는 걸 표정으로 알겠어.
_ **I can see** we're both stubborn, too. 우리 둘 모두 고집불통이네.
_ **I can see** that you're very upset. 네가 무척 화났다는 걸 알겠어.
_ **I can see** you're not going to be any help. 넌 도움이 하나도 될 것 같지 않구나.

Dialog »
A : This is the most incredible thing. 이건 정말 불가사의한 일이야.
B : I can see you were impressed. 네가 깊은 인상을 받은걸 알겠네.

002

I can see why~ …한 이유를 알겠어

Point » why 이하의 내용을 알겠다는 표현.

Pattern »
_ **I can see why** she comes in every week. 걔가 왜 매주 오는지 알겠어.
_ **I can see why** you're suing. 네가 왜 소송을 하는지 알겠어.
_ **I can see why** that's hard to resist. 그게 왜 거절하기 힘든지 알겠어.
_ **I can see why** you'd never want to give it up. 네가 왜 절대 포기하지 않으려 하는지 알겠어.
_ **I can see why** you're upset. 네가 왜 화났는지 알겠어.

Dialog »
A : Andrea has many male friends. 앤드리아는 남자친구가 많아.
B : I can see why her husband was jealous. 걔 남편이 왜 질투심을 부렸는지 알겠어.

003 I can see what[where, how~] …을 알겠어

Point » 이번에는 의문사 what, where, how 절이 이어지는 경우이다.

Pattern »
_ **I can see what's** going on. 무슨 일인지 알겠어.
_ **I can see how** happy she makes you. 걔 때문에 네가 얼마나 행복한지 알겠어.
_ **I can see where** it's going. 그게 어떻게 될건지 알겠어.
_ **I can see what** you're going to look like when you're old. 네가 늙었을 때 어떤 모습일지 알겠어.
_ **I can see what** you mean. 네가 무슨 말을 하는지 알겠어.

Dialog »
A : Matt upset everyone in his class. 맷은 같은 반 모두를 열받게 했어.
B : I can see what **problems he caused.** 걔가 무슨 문제를 야기했는지 알겠어.

004 All I can see is~ …만 보여

Point » 내가 볼 수 있는 모든 것은 is~ 이하의 것이라는 말로 일종의 강조표현.

Pattern »
_ **All I can see is** the skyline of the city. 도시의 스카이라인만 보여.
_ **All I can see is** your old car. 네 낡은 차만 보여.
_ **All I can see is** the clothing you bought. 네가 산 옷만 보여.
_ **All I can see is** the report on my desk. 내 책상 위의 보고서만 보여.
_ **All I can see is** the mess you made. 네가 어질러 놓은 것만 보이네.

Dialog »
A : Did you pay attention to what happened? 무슨 일인지 신경썼어?
B : All I can see is **you were wrong.** 네가 틀렸다는 것만 보여.

Pattern 39 » I can't see~

001 I can't see+N~ …을 모르겠어, …가 보이지 않아

Point » 단순히 I can't+N만 쓸 수도 있고 혹은 지각동사용법으로 I can't see+N+V[~ing]의 형태로 쓸 수도 있다.

Pattern »
_ **I can't see** anything. 아무것도 모르겠어.
_ **I can't see** that anymore. 더 이상 그거 모르겠어.
_ **I can't see** things improving. 상황이 좋아지는지 모르겠어.
_ **I can't see** any reason why not. 왜 안되는지 그 이유를 모르겠어.
_ **I can't see** my keys anywhere. 어디에도 내 키가 보이지 않아.

Dialog »
A : Go out and make yourself a sandwich. 가서 샌드위치 만들어먹어.
B : I can't see **the bread in the kitchen.** 부엌에 빵이 보이지 않아.

I can't see what~ …을 모르겠어

Point ›› I can't see~ 다음에 what S+V절이 이어지는 경우이다.

Pattern ››
_ **I can't see what** I'm doing. 내가 뭘하고 있는지 모르겠어.

_ **I can't see what** the problem is. 문제가 뭔인지 모르겠어.

_ **I can't see what** has upset you. 네가 뭐 때문에 화났는지 모르겠어.

_ **I can't see what** confused her. 걔가 뭐 때문에 혼란스러웠는지 모르겠어.

_ **I can't see what** he was talking about. 걔가 무슨 말을 했는지 모르겠어.

Dialog ››
A : The carpenter worked all day in the house. 목수가 집에서 하루 종일 일했어.
B : I can't see what he did here. 무슨 일을 했는지 모르겠네.

---

003 **I can't see where[how]~** …을 모르겠어

Point ›› I can't see~ 다음에 where나 how S+V 절이 나오는 패턴이다.

Pattern ››
_ **I can't see where** it starts. 그게 어디서 시작하는지 모르겠어.

_ **I can't see how** that would be necessary. 그게 어떻게 그래야 하는지 모르겠어.

_ **I can't see where** he signed the contract. 걔가 어디서 계약서에 서명을 했는지 모르겠어.

_ **I can't see where** my glasses are. 내 안경이 어디 있는지 모르겠어.

_ **I can't see how** the painting was stolen. 그 그림이 어떻게 도난당했는지 모르겠어.

Dialog ››
A : Pete has been gossiping about the secret. 피트는 비밀을 퍼트리고 있어.
B : I can't see how he found out. 걔가 어떻게 알아냈는지 모르겠어.

Pattern 40 ›› **see if~**

---

001 **We'll see what[who, if~]** …을 알게 될거야

Point ›› 의문사 이하의 내용을 우리가 앞으로 알게 될거야라는 의미이며, We'll see sb하게 되면 「단순히 만난다」는 의미.

Pattern ››
_ **We'll see** you on Saturday night. 토요일 저녁에 만나게 될거야.

_ **We'll see what** she says. 걔가 뭐라는지 알게 될거야.

_ **We'll see what** he likes. 걔가 뭘 좋아하는지 알게 될거야.

_ **We'll see who** gets here first. 누가 제일 먼저 여기 왔는지 알게 될거야.

_ **We'll see how** it goes. 어떻게 돌아가는지 알게 될거야.

Dialog ››
A : Are Luke and Laura getting engaged? 루크와 로라가 약혼할거래?
B : We'll see what they choose to do. 걔네들이 뭘 선택하는지 알게 될거야.

002 I'll see if~ …인지 알아볼게

Point » if 이하 내용의 사실여부를 확인할 때 쓰는 표현이다.

Pattern »

_ **I'll see if** they have any recordings. 걔네들이 녹음물을 갖고 있는게 있는지 알아볼게.

_ **I'll see if** it rings a bell. 그걸로 기억이 나는지 알아볼게.

_ **I'll see if** she left some stuff upstairs. 걔가 이층에 뭐 물건들을 두고 갔는지 알아볼게.

_ **I'll see if** Ralph has heard anything. 랄프가 뭐 들은게 있는지 알아볼게.

_ **I'll see if** we can reschedule the game. 경기 일정을 재조정할 수 있을지 알아봐야겠어.

Dialog »

A : There's a call for Lilith. 릴리스를 찾는 전화가 왔어.
B : I'll see if she's available. 걔가 받을 수 있는지 알아볼게.

003 I'll see if I can~ 내가 …할 수 있는지 알아볼게

Point » 이번에는 내가 can 이하의 내용을 할 수 있을지 없을지 확인보겠다고 할 때 사용하는 패턴.

Pattern »

_ **I'll see if I can** find Ross. 내가 로스를 찾을 수 있는지 알아볼게.

_ **I'll see if I can** make it. 내가 할 수 있는지 알아볼게.

_ **I'll see if I can** change the time of the meeting. 내가 회의시간을 바꿀 수 있는지 알아볼게.

_ **I'll see if I can** find some snacks. 내가 과자를 좀 찾을 수 있는지 알아볼게.

_ **I'll see if I can** take a few days off. 내가 며칠 쉴 수 있는지 알아볼게.

Dialog »

A : I need someone to carry my bags. 누가 내 가방들을 날라줄 사람이 필요해.
B : I'll see if I can help you out. 내가 널 도울 수 있는지 알아볼게.

004 I'm here to see if~ …인지 알아보려고 들렸어

Point » 앞서 배운 I'm here to~와 see if가 결합된 경우. I'm here~ 대신에 I came here to~라 써도 된다.

Pattern »

_ **I came here to see if** you were finished. 네가 다 마쳤는지 알아보려고 왔어.

_ **I came here to see if** I could find my brother. 내 동생을 찾을 수 있을까 해서 들렸어.

_ **I came here to see if** you were ready. 네가 준비되었나 보러 들렸어.

_ **I came here to see if** I could get a job. 내가 일자리를 얻을 수 있을까 해서 들렸어.

_ **I came here to see if** you could go out for dinner with me.
나가서 나랑 저녁 먹을 수 있는지 확인하러 왔어.

Dialog »

A : Why have you come here? 너 여기에 왜 온거야?
B : I'm here to see if everyone is safe. 다들 무사한지 보려고 왔어.

Let me see if~

001 Let me see if~ …인지 알아볼게, …인지 보자

Point >> 역시 if 이하가 「…인지 아닌지 사실여부를 확인」할 때 사용하면 된다.

Pattern >>

_ **Let me see if** I understand this. 내가 이걸 이해하는지 보자고.

_ **Let me see if** he's here. Hold on. 걔가 여기 있는지 알아볼게. 기다려.

_ **Let me see if** I got this right. 내가 이걸 바로 잡았는지 알아볼게.

_ **Let me see if** he's ready for you. 걔가 너를 위해 준비가 되었는지 알아볼게.

_ **Let me see if** I understand this correctly. 내가 이걸 제대로 이해하는지 보자고.

Dialog >>

A : Is Professor Kim in her office? 김 교수가 사무실에 있어요?

B : **Let me see if** she is still here. 아직 계신지 알아볼게요.

002 Let me see if I can~ 내가 …할 수 있을지 알아볼게

Point >> 「내가 …을 할 수 있을지 없을지 확인」해 본다고 할 때.

Pattern >>

_ **Let me see if I can** sum this up. 내가 이걸 요약해서 말해줄 수 있는지 보자고.

_ **Let me see if I can** get that for you. 내가 널 위해 그걸 가져다 줄 수 있는지 알아볼게.

_ **Let me see if I can** find that for you. 내가 널 위해 그걸 찾을 수 있을지 알아볼게.

_ **Let me see if I can** explain this to everyone. 내가 이걸 모두에게 설명할 수 있을지 알아볼게.

_ **Let me see if I can** reschedule the appointment. 약속을 다시 조정할 수 있는지 알아볼게.

Dialog >>

A : The TV screen went blank. TV화면이 먹통이 됐어.

B : **Let me see if I can** fix the problem. 내가 그 문제를 해결할 수 있는지 볼게.

003 I want to see if~ …인지 확인해보고 싶어

Point >> 좀 더 적극적으로 if 이하의 내용을 확인해보겠다는 표현법이다.

Pattern >>

_ **I want to see if** it's worth fighting for. 그게 싸울 만한 가치가 있는지 확인해보고 싶어.

_ **I want to see if** anyone was with him. 걔가 함께한 사람이 누구라도 있는지 확인해보고 싶어.

_ **I wanna see if** it's okay. 그게 괜찮은지 확인해보고 싶어.

_ **I wanna see if** I still have a chance. 내게 아직 기회가 있는지 확인해보고 싶어.

_ **I want to see if** she still lives here. 걔가 아직도 여기에 살고 있는지 확인해보고 싶어.

Dialog >>

A : You plan to question the perpetrator? 가해자 심문을 할거야?

B : **I want to see if** he's lying. 거짓말하는지 확인하고 싶어.

004   check to see if~ ···인지 확인해보다

Point >>   see if~만 써도 확인해본다라는 의미가 되지만 이는 좀 더 강조하는 구문이다.

Pattern >>
- Go ahead. **Check to see if** he's alive. 어서 해. 걔가 살아있는지 확인해봐.
- You better **check to see if** she's really dead. 걔가 정말 죽었는지 확인해보는게 나을걸.
- **Check to see if** we've got mail. 우리에게 메일이 왔는지 확인해봐.
- **Check to see if** Henry is home. 헨리가 집에 있는지 확인해봐.
- I'll **check to see if** we have any in stock. 재고가 있는지 찾아 보겠습니다.

Dialog >>
A : We are on our way to the airport to pick up the boss. 사장님 모시러 공항에 가는 길이야.
B : Did you check to see if his flight is arriving on time? 비행기가 정시에 도착하는지 알아봤니?

Pattern 42 »» I've never seen~

001   I've never seen~ ···본 적이 없어

Point >>   I haven't seen~의 강조형. 참고로 I've never seen sb+비교급하게 되면 이중부정으로 긍정강조표현이 된다.

Pattern >>
- **I've never seen** that girl before. 전에 저 여자를 본 적이 없어.
- **I have never seen** anything like this before. 전에 이와 같은 것을 본 적이 없어.
- **I've never seen** her before in my life. 내 평생 걔를 전에 본 적이 없어.
- **I've never seen** you happier. 네가 이렇게 행복해하는 걸 본 적이 없어.
- **I've never seen** your next door neighbor. 네 옆집 이웃을 본 적이 없어.

Dialog >>
A : This is my diamond necklace. 이게 내 다이아 목걸이야.
B : I've never seen diamonds that big. 그렇게 큰 다이아는 난생 처음이야.

---

002   I've never seen sb~ ···가 ···하는 것을 본 적이 없어

Point >>   sb의 행동에 놀라서 하는 말로 지금까지 「sb가 ···하는 것을 전혀 본적이 없다」라는 의미.

Pattern >>
- **I've never seen** him bluff before. 난 걔가 전에 허풍떠는 것을 본 적이 없어.
- **I have never seen** you work so hard. 네가 그렇게 열심히 일하는 것을 본 적이 없어.
- **I've never seen** Tracey get pissed off. 트레이시가 열받아하는 걸 본 적이 없어.
- **I've never seen** your brother dance. 네 형이 춤추는 걸 본 적이 없어.
- **I've never seen** Lisa relax. 리사가 쉬는 걸 본 적이 없어.

Dialog >>
A : I didn't know that our boss was such a partygoer. 우리 상사가 그렇게 파티를 좋아하는지 몰랐어.
B : Me either, I have never seen anyone drink that much. 나도. 그렇게 마셔대는 사람은 처음 봤다니까.

003 I've never known sb to~ …가 …하는 것을 본 적이 없어

Point >> 역시 sb가 평상시와 달리 의외의 행동을 할 때 사용하면 된다.

Pattern >>
_ **I've never known** Ryan **to get violent.** 라이언이 그렇게 폭력적인 것을 본 적이 없어.

_ **I've never known** the teacher **to give out homework.** 선생님이 숙제를 나눠주는 걸 본 적이 없어.

_ **I've never known** Skip **to be generous.** 스킵이 너그럽게 맘을 쓰는 것을 본 적이 없어.

_ **I've never known** the weather **to be so bad.** 날씨가 이렇게 안 좋은 것을 본 적이 없어.

_ **I've never known** Ron **to miss a day of work.** 론이 하루라도 결근하는 걸 본 적이 없어.

Dialog >>
A : She started shaking when it got dark. 어두워지자 걔는 떨기 시작했어.
B : I've never known Tammy to get scared. 태미가 무서워하는 걸 본 적이 없어.

004 You've never seen~ …을 본 적이 없을거야

Point >> 말하는 사람이 상대방이 아직도 「…을 못봤다」는 점에 놀라서 하는 말.

Pattern >>
_ **Are you serious? You've never seen** that? 정말야? 전혀 본 적이 없다고?

_ **You've never seen** Richard happier. 넌 리차드가 이렇게 행복해 하는 것을 본 적이 없을거야.

_ **You've never seen** a picture of Alma, have you? 넌 앨마의 사진을 본 적이 없지, 그지?

_ **You've never seen** or spoken to this man? 넌 이 남자을 보거나 말을 걸어 본 적이 없지?

_ **You've never seen** the Empire State Building. 넌 엠파이어 스테이트 빌딩을 본 적이 없어.

Dialog >>
A : This display is amazing. 이 디스플레이는 정말 멋지다.
B : You've never seen anything like this. 이런 거 본 적이 없을거야.

Pattern 43 >> wait and see

001 Let's wait and see how[what, if]~ …을 지켜보자

Point >> 앞서 나온 see if~ 대신에 wait and see+의문사절을 쓴 경우.

Pattern >>
_ **Let's just wait and see what** he says. 걔가 뭐라고 하는지 지켜보자고.

_ **Let's wait and see how** Mark reacts. 마크가 어떻게 반응하는지 보자고.

_ **Let's wait and see how** the stock market changes. 주식시장이 어떻게 바뀌는지 보자고.

_ **Let's just wait and see what** happens. 어떻게 되는지 일단 두고보자.

_ **Let's wait and see how** the trial goes. 재판이 어떻게 되어가는지 지켜보자.

Dialog >>
A : What do you want to do about it? 그 일에 대해 어떻게 하고 싶으니?
B : Let's just wait and see what happens. 어떻게 되는지 일단 두고보자.

002 Why don't we wait and see how[what, if]~ …을 지켜보자

Point » Let's~와 동일한 의미의 Why don't we~를 쓴 패턴이다.

Pattern »
_ **Why don't we just wait and see what** he proposes? 걔가 뭘 제안하는지 지켜보자고.
_ **Why don't we just wait and see what** Will has to say? 윌이 뭐라고 하는지 지켜보자고.
_ **Why don't we wait and see how** Dave likes his new job.
데이브가 새로운 일자리를 얼마나 좋아하는지 보자고.
_ **Why don't we wait and see how** you scored on the test.
네가 시험에서 몇 점 받았는지 지켜보자고.
_ **Why don't we wait and see how** you feel in the morning.
네가 아침에 어떤 기분일지 지켜보자.

Dialog »
A : Do you think Lynn should be hired? 린이 채용되어야 된다고 생각해?
B : Why don't we wait and see how it goes? 어떻게 되어가는지 지켜보자고.

003 You should wait and see~ …을 지켜봐야 돼

Point » 상대방에게 성급하게 행동하지 말고 지켜보는게 낫겠다고 충고하는 표현.

Pattern »
_ **You should wait and see** what she brings. 걔가 뭘 가져왔는지 지켜봐야 돼.
_ **You should wait and see** what the weather is like. 날씨가 어떨지 지켜봐야 돼
_ **You should wait and see** if things calm down. 상황이 진정될지 지켜봐야 돼.
_ **You should wait and see** what offers you get. 네가 어떤 제안을 받는지 지켜봐야 돼.
_ **You should wait and see** if you get fired. 네가 해고되는지 지켜봐야 돼.

Dialog »
A : I think Jeff wants to ask me on a date. 제프가 내게 데이트 신청을 하려는 것 같아.
B : You should wait and see if he calls you. 걔가 네게 전화하는지 지켜봐봐.

004 Seeing as~ …인 걸 보니

Point » 이유를 설명하는 표현으로 as 대신에 that을 써서 Seeing that S+V 해도 된다.

Pattern »
_ **Seeing as** he's late, we'll get started now. 걔가 늦는 걸 보니, 이제 우리 출발할거야.
_ **Seeing as** Sean is an idiot, we'll have to fire him. 션이 바보인 걸 보니, 해고 해야겠어.
_ **Seeing as** the car is broken, let's take a taxi. 차가 고장났으니, 택시를 타자.
_ **Seeing as** we're hungry, let's eat. 배가 고프니 먹자.
_ **Seeing as** you're busy, I'll go home. 네가 바쁜 걸 보니 난 집에 갈게.

Dialog »
A : Everyone is getting tired of working. 다들 일하는데 점점 지쳐가.
B : Seeing as we're finished, let's leave. 다 마친 것 같으니 그만 가자고.

431

001 I heard (about) sth …을 들었어

Point ›› I heard 다음에 바로 명사가 이어지는 경우.

Pattern ››
_ I heard something about that. 그것에 관해 들은게 좀 있어.

_ I heard some rumors about what they were doing. 걔네들이 뭐하는지 소문을 들었어.

_ I heard about your engagement the other night. 요전날 밤에 너 약혼식 얘기들었어.

_ I've heard so much about you. 너에 대해 많은 얘기 들었어.

_ I heard about the car accident. 난 그 자동차 사고에 대해 들었어.

Dialog ››
A : I heard about your illness. 네 병에 대해 얘기 들었어.
B : Yeah, it was bad but I'm feeling better. 그래, 안좋았지만 나아졌어.

002 I heard sb+V[~ing] …가 …하는 것을 들었어

Point ›› hear가 지각동사로 쓰인 경우로 sb 다음에는 동사원형 또는 ~ing를 쓰면 된다.

Pattern ››
_ I heard her crying in the bathroom earlier. 좀 전에 화장실에서 걔가 우는 걸 들었어.

_ I heard him talking to my mom. 난 걔가 우리 엄마에게 얘기하는 걸 들었어.

_ I heard you and Betty talking. 너하고 베티하고 이야기하는 거 들었어.

_ I heard you say that she was emotionally unstable.
네가 걔가 감정적으로 불안정했다고 얘기하는 걸 들었어.

_ I heard him yelling from behind. 난 걔가 뒤에서 소리치는 걸 들었어.

Dialog ››
A : I heard Kim say you cheated. 킴이 그러는데 너 바람폈다며.
B : Is that what she said? 걔가 그렇게 말했어?

003 I heard that S+V …라고 들었어

Point ›› 들은 이야기를 S+V의 형태로 말하는 것으로 들어서 지금 알고 있기 때문에 현재완료형인 I've heard~라고도 쓴다.

Pattern ››
_ I heard his wife is asking him to divorce. 걔 아내가 이혼하자고 그런대.

_ I heard you were going to get married. 너 결혼할거라고 그러던데.

_ I heard that you failed the entrance exam. 입학시험에 떨어졌다며.

_ I heard you got fired a few weeks ago. 몇 주전에 해고됐다며.

_ I heard that John was injured in a car accident. 존이 교통사고나서 다쳤다며.

Dialog ››
A : I heard this house has a ghost. 이 집에 귀신이 있다더라.
B : Stop it! You're scaring me. 그만 해! 겁나잖아.

004   I heard what~ …을 들었어

Point »   특히 what은 주어로도 쓰이기 때문에 I heard what+V의 형태도 가능하다.

Pattern »
_ **I heard what** you said. 네가 무슨 말을 했는지 들었어.
_ **I heard what** you said to my boyfriend. 네가 내 남친에게 뭐라고 했는지 들었어.
_ **I heard what** happened at school today. 오늘 학교에서 무슨 일이 있었는지 들었어.
_ **I heard what** happened with Jane today. 오늘 제인에게 무슨 일이 있었는지 들었어.
_ **I heard what** happened to her yesterday. 어제 걔한테 무슨 일이 일어났는지 들었어.

Dialog »
A : Why are you so angry with Jill? 넌 왜 질에게 그렇게 화가 난거야?
B : I heard what she said about me. 걔가 나에 대해 뭐라고 하는지 들었거든.

Pattern 45 » Did you hear~ ?

001   Did you hear (about)~ ? (…에 관해) 들은 적 있어?

Point »   상대방에게 「…을 들어본 적이 있는지」 물어보는 문장으로 hear 다음에 바로 명사, 혹은 절이 올 수 있다.

Pattern »
_ **Did you hear** me? 내 말 들었어?
_ **Did you hear about** that money thing? 그 돈 얘기 들었어?
_ **Did you hear about** her pregnancy? 걔 임신에 관해 얘기 들었어?
_ **Did you hear about** the girl who died yesterday? 어제 죽은 그 여자애 얘기 들었어?
_ **Did you hear that** Cindy got married again? 신디가 다시 결혼한다는 말 들었니?

Dialog »
A : Did you hear if Michelle got the job? 미셸이 일자리를 얻었는지 소식 들었어?
B : Judging by the look on her face, I'd say yes. 얼굴 표정으로 봐선 그런 것 같던데.

002   Did you hear what~ ? …을 들었어?

Point »   hear 다음에 what S+V의 형태가 이어지는 패턴이다.

Pattern »
_ **Did you hear what** he said to me? 걔가 내게 뭐라고 했는지 들었어?
_ **Did you hear what** I just said? 내가 한 말 들었어?
_ **Did you hear what** Steve did this weekend? 스티브가 이번 주말에 뭘했는지 들었어?
_ **Did you hear what** they have planned? 걔네들이 뭘 계획했는지 들었어?
_ **Did you hear what** Chris was caught doing? 크리스가 뭐하다 들켰는지 들었어?

Dialog »
A : Did you hear what Brian found outside? 브라이언이 밖에서 뭘 찾았는지 들었어?
B : I heard he found a large snake. 큰 뱀을 발견했다고 들었어.

003 Have you heard anything~ ? …뭐 좀 들어봤어?

Point › 그밖에 Have you heard~ 다음에는 바로 명사가 이어지거나 혹은 의문사절이 와도 된다.

Pattern ›
_ **Have you heard** the news? 그 소식 들었어?
_ **Have you heard anything** from Jack? 잭으로부터 뭐 얘기 들은거 있어?
_ **Have you heard anything** I just said? 내가 한 말 듣기라도 했어?
_ **Have you heard anything** from the social worker? 사회복지사로부터 무슨 얘기 들은거 있어?
_ **Have you heard anything** about their engagement? 걔네들 약혼에 대해 뭐 들은거 있어?

Dialog ›
> A : Have you heard anything **about the merger?** 합병에 대해 무슨 얘기라도 들었나요?
> B : No, they are still in the boardroom talking. 아뇨. 아직도 중역실에서 얘기중이예요.

004 Have you heard about[of, from]~ ? …에 관해서 들어봤어?

Point › Have you heard~다음에 that[what]~절을 붙여써도 된다.

Pattern ›
_ **Have you heard about** Mona's secret boyfriend? 모나의 비밀남친에 대해 들어봤어?
_ **Have you heard about** Mike? 마이크에 관해서 들어봤어?
_ **Have you heard from** your husband? 네 남편으로부터 소식 들었어?
_ **Have you heard** that the factory is closing. 너 공장이 문 닫는다는 얘기 들어봤어?
_ **Have you heard** what he's been up to lately? 걔가 최근에 뭐하고 있는지 들어봤어?

Dialog ›
> A : Have you heard about **what happened to Dana?** 데이너한테 무슨 일이 일어났는지 들었어?
> B : No. What is it? 아니. 뭔데?

Pattern 46 ›› I didn't hear~

001 I didn't hear sth[sb]~ …을 못들었어

Point › hear 다음에 전치사 없이 바로 명사가 오거나 from+N 아니면 의문사 절이 나올 수 있다.

Pattern ›
_ **I didn't hear** it. 그 얘기 못 들었어.
_ I'm sorry, **I didn't hear** you. 미안, 못들었어.
_ **I didn't hear** any of that. 그런 얘기 전혀 듣지 못했어.
_ **I didn't hear** from you. 너한테서 소식 못들었어.
_ **I didn't hear** what you just said. 네가 무슨 말을 했는지 못들었어.

Dialog ›
> A : Kathy, are you going to answer the phone? 케이씨, 전화 좀 받아!
> B : I'm so absorbed in my book that I didn't hear it! 책에 푹 빠져 있어서 벨소리를 못 들었어요!

002   I didn't hear you+V[~ing] 네가 …하는 것을 못들었어

Point » 상대방이 「…하는 소리를 못들었다」는 말로 hear you~ 다음에는 동사원형이나 ~ing를 붙이면 된다.

Pattern »

_ **I didn't hear you** come downstairs. 네가 1층으로 내려오는 소리를 못들었어.

_ **I didn't hear you** come in last night. 네가 지난밤에 들어오는 소리를 못들었어.

_ **I didn't hear you** knock. 네가 노크하는 소리를 듣지 못했어.

_ **I didn't hear you** complaining a few minutes ago.
네가 얼마 전에 불평하는 소리를 듣지 못했어.

_ **I didn't hear you** leave the hotel room. 네가 호텔방에서 나가는 소리를 못 들었어.

Dialog »

A : I left around 5 am this morning. 난 오늘 아침 5시 경에 나갔어.
B : I didn't hear you leaving the house. 난 네가 집을 나서는 소리를 못들었어.

Chapter 07

003   I('ve) never heard about[of, from]~ …에 관해 전혀 들어본 적이 없어

Point » 금시초문이라는 말로 hear가 총애하는 전치사 from. about 그리고 of를 연결해서 말하면 된다.

Pattern »

_ **I never heard of** her. 걔 얘기 들어본 적이 없어.

_ **I never heard from** them again. 걔네들로부터 다시 소식을 들어본 적이 없어.

_ **I've never heard about** you. 너에 대해서 들어본 적이 없어.

_ **I never heard about** any of this. 이 얘기 전혀 들어본 적이 없어.

_ **I've never heard of** this before. 전에 이 얘기를 들어본 적이 없어.

Dialog »

A : This car was made by Shinoo Industries. 이 차는 신우인더스트리에서 만든거야.
B : I've never heard of that company. 그 회사에 관해 전혀 들어본 적이 없어.

004   I('ve) never heard sb+V[~ing] …가 …하는 것을 들어본 적이 없어

Point » hear 부분을 현재완료로 써보고 sb자리에는 you 뿐만 아니라 제 3자도 넣어 문장을 만들어본다.

Pattern »

_ **I never heard** him say such a thing. 걔가 그렇게 말하는 것을 들어본 적이 없어.

_ **I never heard** you complain. 네가 불평하는 것을 들어본 적이 없어.

_ **I've never heard** him make that sound. 걔가 그런 소리내는 걸 들어본 적이 없어.

_ **I've never heard** him talk like that. 난 걔가 그런 식으로 말하는 걸 들어본 적이 없어.

_ **I never heard** Shelia leaving the house. 난 쉴라가 집을 떠난다는 얘기를 들어본 적이 없어.

Dialog »

A : Jim is really unhappy working there. 짐은 거기서 일하는데 정말 안좋아해.
B : I've never heard Jim complaining about anything. 짐이 뭐 불평하는 것을 들어본 적이 없어.

001 **You never heard sth~?** …을 못들어봤어?

Point ≫ 상대방에게 sth을 들어본 적이 없냐고 반문할 때 사용한다.

Pattern ≫
_ **You never heard** that phrase? 그런 말 못 들어봤어?

_ **You never heard** that song? 그 노래 들어보지 못했다고?

_ **You never heard** rumors that she died? 걔가 죽었다는 소문 못들었다고?

_ **You never heard** about the murder? 그 살인사건에 대해 못들어봤어?

_ **You never heard** the train go by? 기차가 지나가는 것을 못들어봤어?

Dialog ≫
> A : I slept the whole night without waking up. 중간에 깨지 않고 밤새 잤어.
> B : You never heard the noise over there? 그쪽에서 나는 소음을 전혀 못들었겠네?

002 **You never heard of~ ?** …에 대해 못들어봤어?

Point ≫ 이번에는 전치사 of를 사용해서 소문으로 of 이하 얘기를 못들어봤냐고 물어보는 문장.

Pattern ≫
_ **You never heard of** me, all right? 나에 대해 못들어봤지, 맞아?

_ **You never heard of** them? 걔네들 얘기 못들어봤어?

_ **You never heard of** the Great Wall of China? 중국의 만리장성에 대해 못들어봤어?

_ **You never heard of** this museum? 이 박물관 얘기 못들어봤어?

_ **You never heard of** Tom Cruise? 톰 크루즈에 대해 못들어봤어?

Dialog ≫
> A : I don't know of any popular actors. 난 유명한 배우들을 몰라.
> B : You never heard of Brad Pitt? 브래드 피트에 대해 못들어봤어?

003 **You never heard me say that~ ?** 내가 …라고 말하는거 못들어봤어?

Point ≫ 내가 말해서 상대방이 당연히 알고 있을거라 생각했는데 모르고 있을 때 사용하면 된다. 문맥에 따라 짜증이나 면박을 주는 경우도 있다.

Pattern ≫
_ **You never heard me say that** I was taking the day off?
내가 하루 쉰다고 말한거 못들었어?

_ **You never heard me say that** he had died? 걔가 죽었다고 내가 한 말 못들었어?

_ **You never heard me say that** we were moving? 우리 이사간다고 내가 한 말 못들었어?

_ **You never heard me say that** I'd be late to dinner?
내가 저녁식사에 늦을거라고 한 말 못들었어?

_ **You never heard me say that** I'm with the FBI. 내가 FBI 요원이라고 한 말 못들어봤어?

Dialog ≫
> A : You aren't planning to have a family? 아이를 안낳을 생각이지?
> B : No. You never heard me say that I don't want kids? 어, 내가 아이 원치 않는다고 말하는거 못들어봤어?

001   I brought you sth~ …을 가져왔어

Point >> 뭔가 가지고 오면서 그리고 건네주면서 할 수 있는 표현이다.

Pattern >>
_ **I brought you** some books and clothes. 책 몇 권과 옷 좀 가져왔어.

_ **I brought you** a little gift. 네게 작은 선물을 가져왔어.

_ **I brought you** a drink. 마실거 가져왔어.

_ **I brought you** some soda. 탄산음료 가져왔어.

_ **I brought you** some red roses. 붉은 장미를 좀 가져왔어.

Dialog >>
> A : What brings you to my office? 우리 사무실에는 어쩐 일야?
> B : I brought you a copy of the report. 보고서 사본을 가져왔어.

Chapter 07

002   You brought me sth~ ? 내게 …을 가져왔어?

Point >> 상대방에게 「…을 가져왔냐」고 물어보는 문장이고 You brought me here to+V하게 되면 「날 …하게 하기 위해 여기로 데려왔냐(?)」라는 의미가 된다.

Pattern >>
_ **You brought me** jelly beans? 젤리빈 가져왔어?

_ **You brought me** something? 뭐 좀 가져왔어?

_ **You brought me** here to kill me. Why? 날 죽이러 여기에 데려온거지. 왜?

_ **You brought me** here to help you. 너 도와달라고 날 여기에 데려온거지.

_ **You brought me** a bottle of wine? 너 와인 한 병 가져왔어?

Dialog >>
> A : Here is a snack and some beer. 스낵과 맥주 좀 가져왔어.
> B : You brought me alcohol for breakfast? 아침으로 술을 가져왔다고?

003   Did you bring sth~? …을 가져왔어?

Point >> 상대방이 뭔가를 가져왔는지 혹은 사람을 데려왔는지 확인하는 패턴이다.

Pattern >>
_ **Did you bring** the tape? 그 테입 가져왔어?

_ **Did you bring** a friend? 친구 하나 데려왔어?

_ **Did you bring** me the picture? 사진 가져왔어?

_ **Did you bring** the mail? 우편물 가져왔어?

_ **Did you bring** me any presents? 선물 뭐 가져왔어?

Dialog >>
> A : Did you bring the items I wanted? 내가 원했던 것 가져왔어?
> B : I'm sorry, I forgot what you asked me for. 미안, 네가 내게 말했던 것 깜박 잊었어.

I can't bring myself to+V …할 마음이 내키지 않아

Point >> 나를 데리고 가서 to+V 이하를 할 수 없다는 말로 비유적으로 말하면 「…할 마음이 전혀 내키지 않는다」라는 뜻.

Pattern >>
_ I can't bring myself to look at that thing. 저걸 볼 마음이 내키지 않아.

_ I can't even bring myself to say it! 그렇게 말할 마음이 내키지 않아!

_ I couldn't bring myself to look back. 과거를 되돌아볼 마음이 내키지 않았어.

_ I couldn't bring myself to leave Anna. 애나를 떠날 마음이 내키지 않았어.

_ I can't bring myself to find a new girlfriend. 새 여친을 구할 마음이 내키지 않아.

Dialog >>
A : Karen is creating a lot of trouble. 캐런이 많은 문제를 일으키고 있어.

B : I can't bring myself to break up with her. 걔랑 헤어지고 싶은 마음이 내키지 않아.

Pattern 49 >> I believe~

001

I believe in~ …의 존재를 믿어, …가 옳[맞]다고 믿어

Point >> believe+N는 「…을 믿다」라는 의미이고 believe in+N[~ing]는 「…가 존재하는 것을 믿는다」라는 뜻이 된다.

Pattern >>
_ I believe in justice. 난 정의가 있다고 믿어.

_ I believe in right and wrong. 난 선과 악이 있다고 믿어.

_ I believe in falling in love. 난 사랑에 빠진다는 걸 믿어.

_ I don't believe in God. 난 신을 믿지 않아.

_ I don't believe in that kind of stuff. 난 그런 따위는 믿지 않는다구.

Dialog >>
A : It's nice that you lent Barry money. 네가 배리에게 돈을 빌려준 것은 잘한거야.

B : I believe in helping others. 다른 사람들을 도와줘야 한다고 생각해.

002

I believe S+V …을 믿어, …라 생각해

Point >> 반대로 그렇게 생각하지 않을 때에는 I don't believe~라고 하면 된다.

Pattern >>
_ I believe this will change your mind. 이로 인해 네 마음이 바뀔거라 믿어.

_ I believe you know my husband. 내 생각에 너 내 남편 알지.

_ I believe I read that somewhere! 그거 어디선가 읽어본 것 같아! I

_ I believe you remember Samantha. 너 사만다 기억하고 있겠지.

_ I don't believe I have to answer to you. 너한테 답을 해야 한다고 생각하지 않아.

Dialog >>
A : Why are you so upset with Jane? 제인에게 왜 그렇게 화를 냈어?

B : I believe she caused these problems. 걔가 이 문제들을 야기했다고 생각해서.

003 I can't believe S+V …을 믿을 수 없어

Point » 「…을 믿을 수가 없다」라는 의미로 절의 내용을 부정하는 것이 아니라 절의 내용에 「놀라며」 하는 말이다.

Pattern »

_ **I can't believe** you did that. 네가 그랬다는게 믿기지 않아.

_ **I can't believe** it's real. 이게 사실이라는게 믿기지 않아.

_ **I can't believe** she fired me! Where did I go wrong? 걔가 날 해고하다니! 내가 뭘 잘못한거지?

_ **I can't believe** that she treated me that way. 걔가 날 그렇게 취급했다니 믿어지지가 않아.

_ **I just can't believe** this is happening, again. 이런 일이 또 생기다니 믿을 수가 없어!

Dialog »

A : I can't believe you never showed up at the meeting. 회의에 참석하지 않았다니 믿을 수 없군요.

B : My son got sick and I had to take him to the doctor. 아들이 아파서 의사한테 데려가야 했습니다.

004 I can't believe how+adj~ 정말 …하네

Point » 역시 일종의 놀람과 충격의 표현으로 의역하여 「정말 adj하다」라고 생각하면 된다.

Pattern »

_ **I can't believe how** hot it is today. 오늘 정말 무지 덥구만.

_ **I can't believe how** great you're being about this. 너 이 문제에 대해 정말 대단했어.

_ **I can't believe how** much I'm dying to see her. 정말이지 걜 보고 싶어 죽겠어.

_ **I can't believe how** much fun! 얼마나 재미있는지 몰라!

Dialog »

A : I can't believe how well your company is doing! 귀사는 놀라울 정도로 참 잘 돌아가고 있군요!

B : Well, it wasn't easy to build it up to what it is now. 글쎄요, 이렇게 되기까지 쉽지는 않았습니다.

Chapter 07

Pattern 50 » Can you believe~ ?

001 Can you believe S+V? …가 믿어져?

Point » 놀라운 사실이나 말도 안 되는 것을 알았을 때 그 놀라움을 표현하는 방법.

Pattern »

_ **Can you believe** this is already happening? 벌써 이렇게 됐어?

_ **Can you believe** they're still not here? 걔네들이 아직 여기 오지 않은게 믿겨져?

_ **Can you believe** I finally did it? 내가 마침내 그걸 했다는게 믿겨져?

_ **Can you believe** we won the contest?
우리가 경선에서 우승한게 믿겨져?

_ **Can you believe** she didn't know it? 걔가 그걸 모르고 있었다는게 믿겨져?

Dialog »

A : Didn't you just buy that phone? 그 폰 새로 산거 아녔어?

B : Can you believe it broke already? 벌써 망가졌다는게 믿겨져?

439

002 **Can you believe how~ ?** 얼마나 …한지 믿겨져?

Point » 역시 놀람의 표현으로 얼마나 「…한지」(how+adj), 「어떻게 …한지」(how S+V) 믿겨지냐고 묻는 형태이지만 꼭 상대방의 대답을 요구하는 의문문은 아니다. 감탄과 놀람의 표현으로 알아둔다.

Pattern »
_ **Can you believe how** nice they are? 걔네들이 얼마나 착한지 믿겨져?

_ **Can you believe how** tall he is? 걔 키가 얼마나 큰지 믿겨져?

_ **Can you believe how** much this is going to cost? 아까 말한 게 얼마나 비싼 건지 아니?

_ **Can you believe how** we spent our two weeks together?
우리가 2주를 어떻게 함께 보냈는지 믿겨져?

_ **Can you believe how** expensive this is? 이게 얼마나 비싼지 믿겨져?

Dialog »
A : Your grandpa looks quite young. 네 할아버지 정말 젊어보이셔.
B : Can you believe how old he is? 할아버지가 얼마나 늙으셨는지 믿겨져?

003 **Do you believe in~ ?** …의 존재를 믿어?

Point » 「…가 실제로 있다」고 믿는지 상대방의 의견을 물어보는 문장.

Pattern »
_ **Do you believe in** the placebo effect? 위약효과가 있다고 믿어?

_ **Do you believe in** aliens? 외계인이 있다고 믿어?

_ **Do you believe in** psychics? 물리학을 믿어?

_ **Do you believe in** God? 신이 존재한다고 믿어?

_ **Do you believe in** ghosts? 유령이 있다고 생각해?

_ **Do you believe in** past lives? 넌 전생에 대해 믿어?

Dialog »
A : Do you believe in ghosts? 유령이 존재한다고 생각해?
B : Yes, but I've never seen one. 응, 하지만 본 적은 없어.

004 **Do you believe S+V?** …을 믿어?, …라고 생각해?

Point » I believe S+V에서 I believe~가 I think~처럼 해석되듯 여기서도 believe를 think 정도로 이해하면 된다. believe 다음에는 명사나 S+V가 이어진다.

Pattern »
_ **Do you believe** this? 너 이걸 믿어?

_ **Do you believe** I said all that? 내가 그 전부를 말했다는 걸 믿어?

_ **Do you believe** that she's attracted to me? 걔가 내게 끌린다고 생각해?

_ **Do you believe** they are actually getting married? 걔네들 실제 결혼할거라 생각해?

_ **Do you believe** this as the truth? 그걸 사실이라고 믿습니까?

Dialog »
A : Do you believe Aaron is wealthy? 애론이 부자라고 생각해?
B : He always has expensive things. 걘 고가의 물건들을 항상 지니고 있잖아.

영어회화
무작정따라하기
3300

You don't believe~

---

001   **You don't believe~** 넌 …을 믿지 않아

Point » 상대방이 「…을 믿지 않을」 때 쓰는 표현으로 believe 다음에는 명사, in+명사나 S+V 절이 온다.

Pattern »
_ **You sound like you don't believe** me. 넌 나를 믿지 않는 것 같이 들려.

_ I can tell by your tone that **you don't believe** me.
네 목소리 톤으로 날 믿지 않는다는 걸 알겠어.

_ **You don't believe** we're one in the universe? 넌 우리가 우주안의 존재라는 걸 믿지 않아.

_ **You don't believe** in miracles? 넌 기적을 믿지 않는구나?

_ **You don't believe** in anything. 넌 아무 것도 안 믿는구나.

Dialog »
A : She said she never wanted to see me again. 걔는 절대 다시는 날 보고 싶지 않다고 말했어.
B : You don't believe **that, do you?** 그 말 믿지 않지, 그지?

---

002   **If you don't believe me,** 네가 날 믿지 못하겠다면,

Point » 상대방이 자기 말을 못믿겠다고 불신할 때 사용하면 되는 표현.

Pattern »
_ **You don't believe me?** 너 날 못믿겠어?

_ **If you don't believe me,** ask Chris. 날 믿지 못하겠다면, 크리스에게 물어봐.

_ Talk to him yourself **if you don't believe me.** 날 믿지 못하겠다면 네가 걔한테 물어봐.

_ **If you don't believe me,** just ask anyone else. 날 믿지 못하겠다면 다른 사람에게 물어봐.

_ **If you don't believe me,** ask someone else. 네가 날 믿지 못하겠다면 다른 사람에게 물어봐.

Dialog »
A : I think what you're saying is bullshit. 네가 하는 말은 말도 안된다고 생각해.
B : If you don't believe me, ask your brother. 날 못믿겠다면 네 동생에게 물어봐.

---

003   **It's hard to believe~** …가 믿기지 않아

Point » It's+형용사+(for 사람)+to do의 형태 중 가장 많이 쓰이는 것 중의 하나로 It is hard(difficult) to do~의 형태로 어떤 일이 하기 어렵다고 말할 때 많이 애용되는 표현이다.

Pattern »
_ **It's hard to believe** he's gone. 걔가 가버렸다는게 믿겨지지 않아.

_ **It's hard to believe** I was ever that young. 내가 그렇게 젊었던 적이 있었다는 게 믿겨지지 않아.

_ **It's just hard to believe** that happened to us. 그런 일이 우리에게 일어났다니 믿겨지지 않아.

_ **It's really hard to believe** that you're the one who trust me.
네가 날 믿는 유일한 사람이라는게 믿기지 않아.

_ **It's hard to believe** that was six years ago. 그게 6년전 일이라는게 믿기지 않아.

Dialog »
A : What a shock that Edie died. 에디가 죽다니 정말 충격적이야.
B : It's hard to believe we'll never see her again. 다시 걜 보지 못한다는게 믿기지 않아.

004 I find it hard to believe~ ···을 믿기 어려워

Point » I think it's hard to believe~라고 생각하면 된다.

Pattern »
_ **I find it hard to believe** that she's going to leave me alone.
개가 날 홀로 놔두고 간다는 게 믿겨지지 않아.

_ **I find it hard to believe** no one told you. 아무도 네게 얘기를 안해줬다는게 믿기지 않아.

_ **I find it hard to believe** you refused to go. 네가 가기를 거절했다는게 믿기지 않아.

_ **I find it hard to believe** that things will change. 상황이 바뀔거라는게 믿기지 않아.

_ **I find it hard to believe** you are innocent. 네가 무죄라는게 믿기지 않아.

Dialog »
> A : Man, I am completely broke. 이런, 난 완전히 빈털터리가 됐네.
> B : I find it hard to believe you have no money. 네가 돈이 없다니 믿기지 않네.

Pattern
52 » **You better believe~**

001 You better believe S+V 정말이지 ···해

Point » 상대방에게 S+V를 믿는게 나을거라는 말은 달리 하자면 강조표현으로 「정말이지 ···하다」라는 뜻이 된다.

Pattern »
_ **You better believe** he took the job. 정말이지 개가 거기에 취직했다니까.

_ **You better believe** I want a raise. 정말이지 급여인상을 원해.

_ **You better believe** Matt likes you. 정말이지 맷은 널 좋아해.

_ **You better believe** he's tired, after the day we had! 그렇게 하루를 보냈으니 정말이지 걘 피곤해!

_ **You better believe** I got a raise. 정말이지 나 급여인상됐어.

Dialog »
> A : What did Jim do when the shooting began? 총격전이 시작됐을 때 짐은 뭐했어?
> B : You better believe he ran away. 정신없이 도망쳤어.

002 You won't believe this, but~ 믿기지 않겠지만, ···

Point » 상대방에게 놀라운 소식을 전달할 때 상대방의 관심을 끄는 문구.

Pattern »
_ **You won't believe this, but** they cancelled school. 믿기지 않겠지만 학교가 휴교했어.

_ **You won't believe this, but** I won the lottery. 믿기지 않겠지만 내가 로또에 당첨됐어.

_ **You won't believe this, but** your brother is in jail. 믿기지 않겠지만 네 동생이 감방에 있어.

_ **You won't believe this, but** I saw a ghost. 믿기지 않겠지만 유령을 봤어.

_ **You won't believe this, but** your ex wife is here. 믿기지 않겠지만 네 전처가 여기 와있어.

Dialog »
> A : No one answered the door at my parents' apartment. 부모님 아파트 벨을 눌러도 아무도 나오지 않아.
> B : You won't believe this, but they aren't home. 믿기지 않겠지만 지금 집에 안계셔.

003 Would you believe S+V? …을 믿겠어?

Point » 역시 믿어지지 않는 정도의 놀랄 소식을 전달하는 패턴으로 S+V에 믿겨지지 않은 이야기를 말하면 된다.

Pattern »

_ **Would you believe** that? 너라면 믿겠어?

_ **Would you believe** I loved him once? 내가 한때 걜 좋아했다는걸 믿겠어?

_ **Would you believe** she stayed here? 걔가 여기 머물렀다는걸 믿겠어?

_ **Would you believe** Archer lost his wallet? 아처가 지갑을 잃어버렸다는게 믿겨져?

_ **Would you believe** we slept together? 우리가 함께 잤다는게 믿겨져?

Dialog »

A : Why hasn't Alice been in the office today? 왜 앨리스가 오늘 사무실에 없는거야?

B : Would you believe she quit? 걔가 그만뒀다는게 믿겨져?

004 Would you believe me if I said S+V? 내가 …라고 했다면 믿겠어?

Point » 상대방에게 조심스럽게 의사전달을 하는 문장으로 if 이하에 자기가 한 말이 믿어지지 않겠지만 진심이라는 뉘앙스가 담겨져 있다.

Pattern »

_ **Would you believe me if I said** I was sorry? 내가 미안하다고 하면 날 믿겠어?

_ **Would you believe me if I said** I loved you? 내가 널 사랑했다고 한다면 날 믿겠어?

_ **Would you believe me if I said** Dewy is gay? 듀이가 게이라고 하면 내 말을 믿겠어?

_ **Would you believe me if I said** I had cancer? 내가 암에 걸렸다고 하면 내 말을 믿겠어?

Dialog »

A : Hurry up or we'll be late getting to our first class. 서두르지 않으면 첫 수업에 늦겠어.

B : Would you believe me if I said school was closed? 학교가 휴교했다고 말하면 너 믿겠어?

Pattern **53** »» **I'll try to~**

001 I'll try to~ …하도록 할게

Point » try는 다음에 주로 명사나 to+동사가 목적어로 와서 (아직 해보지 않은 것) 「…을 해보다」, 「시도하다」라는 뜻이 된다.

Pattern »

_ **I'll try to** do better next time. 다음번에 잘하도록 할게.

_ **I'll try to** make this quick. 이걸 빨리하도록 할게.

_ **I'll try to** make that happen. 그렇게 되도록 할게.

_ **I'll try to** get back as soon as I can. 가능한 빨리 돌아오도록 할게.

_ **I'll try to** find something for her. 걔를 위해 뭐 좀 찾아주도록 할게.

Dialog »

A : Stop that noise. You're bothering me. 시끄러운 소리 좀 그만 내. 신경쓰여.

B : I'll try to be more quiet. 좀더 조용히 해볼게.

002 I'm trying to~ …하려고 하고 있어

Point » to~이하의 내용을 목표로 노력이나 어떤 시도를 하고 있다는 말.

Pattern »
_ **I'm trying to** teach you to be organized. 정리하는 법을 가르쳐주고 있어.

_ **I'm trying to** handle this better than the two of you did.
너희 둘이 했던 것보다 이걸 더 잘 처리하려고 하고 있어.

_ Donnie, **I'm trying to** talk to you. 도니야, 나 너한테 말하려고 하고 있잖아.

_ **I'm trying to** find the answer. 난 답을 찾으려 하고 있어.

_ **I'm trying to** figure out if Samantha likes me or not.
사만다가 날 좋아하는지 안좋아하는지 알아보려고.

Dialog »
A : What kept you up so late last night? 지난밤에 왜 그렇게 늦게까지 일어나 있었어?
B : I'm trying to finish my project. 내 프로젝트를 마치려고.

003 I was trying to+V …하려고 했어

Point » 과거에 to+V 이하를 하기 위해서 시도하고 있었다는 표현.

Pattern »
_ **I was trying to** show you something important to me.
내게 중요한 것을 네게 보여주려고 했어.

_ **I was trying to** share something that I like with you.
내가 좋아하는 걸 너와 함께 공유하려고 했어.

_ **I was trying to** find the right time. 적절한 때를 찾으려고 했어.

_ **I was trying to** prove that I was right. 내가 옳다는 것을 증명하려고 했어.

_ **I was trying to** teach you how to sail a boat. 보트 항해하는 법을 네게 가르쳐주려고 했어.

Dialog »
A : You've been very quiet this morning. 너 오늘 아침 매우 조용하네.
B : I was trying to read some news articles. 새로운 기사들을 읽으려고 하고 있었어.

004 I've been trying to+V 난 (줄곧) …하려던 중이야

Point » 현재완료 진행형을 써서 과거부터 지금까지 「계속 …을 하려고 하고 있다」라는 의미이다.

Pattern »
_ **I've been trying to** call you. 네게 전화를 하려던 중이었어.

_ **I've been trying to** meet him for months. 수개월간 걔를 만나려고 하고 있었어.

_ **I've been trying to** call you but you turned your cell off.
너한테 전화하려고 했는데 너 핸드폰 꺼놨더라.

_ **I've been trying to** lead a better life. 좀 나은 삶을 살려고 하고 있었어.

_ **I've been trying to** research this product. 난 이 제품 연구를 계속하고 있어.

Dialog »
A : I think you're looking better these days. 너 요즘 점점 더 좋아보이는 것 같아.
B : I've been trying to lose some weight. 살을 빼려고 하는 중이야.

Let's try~

---

001 | **Let's try~** …하도록 하자

Point » Let's try~다음에는 명사나 to+V가 나오며, 「내가 …할게」라는 의미의 Let me try~라는 표현도 함께 알아둔다.

Pattern »
_ **Let's try** this one more time. 한 번 더 이거 해보도록 하자.

_ **Let's try** not to piss her off. 걔 열받게 하지 말자.

_ **Let's try** to be positive, people. 여러분 긍정적 마음을 갖도록 합시다.

_ **Let me try** to explain it to you, okay? 네게 설명을 하도록 할게, 알았지?

_ **Let me try** to remember. 내가 기억하도록 할게.

Dialog »
A : Those girls keep looking over at us. 저 여자애들이 계속 우리 쪽을 쳐다보고 있어.
B : Let's try to meet them. 걔네들을 만나보도록 하자.

---

002 | **Are you trying to~ ?** …하려고 하고 있어?

Point » 상대방 행동의 목적을 확인하는 문장.

Pattern »
_ **Are you trying to** hurt me? 날 아프게 하려고 하는거야?

_ **Are you trying to** make up? 화해하려고 하는거야?

_ **Are you trying to** get him to stay? 걔를 남아있게 하려는거야?

_ **Are you trying to** have a baby? 애를 가지려는거야?

_ **Are you trying to** threaten me? 날 협박하려는거야?

Dialog »
A : Are you trying to cook some food? 음식 좀 요리하려고 그러니?
B : Yeah, I want to make some spaghetti. 응, 스파게티를 좀 만들고 싶어서.

---

003 | **Are you trying to say[tell me]~ ?** …라고 말하려는거야?

Point » 상대방이 말하는 내용을 재확인하기 위한 패턴.

Pattern »
_ **Are you trying to say** you're pregnant? 너 임신이라고 말하려는거야?

_ **Are you trying to say** you're hungry? 너 배고프다고 말하려는거야?

_ **Are you trying to tell me** that we're moving to LA? 우리 LA로 이사간다고 말하려는거야?

_ **Are you trying to tell me** that your own father set you up?
네 아빠가 널 함정에 빠트렸다고 말하려는거야?

_ **Are you trying to say** I made a mistake? 내가 실수를 했다는 말야?

Dialog »
A : That decision cost you a lot of money. 그 결정으로 너 돈 많이 들거야.
B : Are you trying to say I was wrong? 내가 틀렸다고 말하려는거야?

What are you trying to~ ? 뭘 …하려고 하는거야?

Point >> to+V 이하를 하기 위해 너는 What을 하고 있냐고 추궁하는 표현법이다.

Pattern >>
_ **What are you trying to do**, test me? 뭘 하려고 하는거야, 날 테스트하는거야?
_ **What are you trying to do** with the computer? 컴퓨터로 뭘 하려고 하는거야?
_ **What are you trying to do** with my daughter? 내 딸을 어떻게 하려고 하는거야?
_ **Why are you trying to** ruin the game? 넌 왜 게임을 망치려고 하는거야?
_ I don't get it. **What are you trying to** say? 이해 못하겠어. 무슨 말을 하려는거야?

Dialog >>
A : What are you trying to **accomplish?** 무슨 목적을 달성하려고 하는거야?
B : I want to retire before I'm fifty years old. 50세 이전에 퇴직하고 싶어.

Pattern 55 >> I tried to~

I tried to~ …하려고 했어

Point >> 과거에 「…하려고 했지만 성공하지 못한 경우」를 표현할 때 사용하는 패턴이다.

Pattern >>
_ **I tried to** call that girl, like, ten times. 그 여자에게 열 번이나 전화를 했어.
_ **I tried to** break up with Claire 20 years ago. 20년 전에 클레어하고 헤어지려고 했었어.
_ **I tried to** stop her, but I couldn't. 걔를 멈추게 하려고 했지만 할 수가 없었어.
_ **I tried to** offer him some money, but he wouldn't take it.
  걔한테 돈을 좀 제의했지만 걘 받으려 하지 않았어.

Dialog >>
A : Did the boss get the report? 사장에게 보고서를 갖다 줬어?
B : I tried to give it to him. 난 사장에게 주려고 했어.

I tried my best to~ 난 …하기 위해 최선을 다했어

Point >> try one's best는 do one's best와 같은 의미로 「최선을 다하다」라는 뜻이다.

Pattern >>
_ **I tried my best to** find him. 최선을 다해 걔를 찾았어.
_ **I tried my best to** fix the toilet. 최선을 다해 화장실을 수리했어.
_ **I tried my best to** reach Chris. 최선을 다해 크리스에게 연락하려고 했어.
_ **I tried my best to** get a ticket for you. 최선을 다해 네게 줄 표를 구하려고 했어.
_ **I tried my best to** please her. 난 그녀를 만족시켜주기 위해 최선을 다했어.

Dialog >>
A : The robbers were never put in jail. 저 강도들은 전혀 감옥에 간 적이 없어.
B : I tried my best to catch them. 그 놈들 잡는데 난 최선을 다했어.

003 I tried everything to~ …하기 위해 안해본게 없어

Point >> to+V 이하를 하기 위해 모든 수단과 방법을 다 써봤다는 이야기.

Pattern >>
_ **I tried everything to** make myself feel better. 내 기분이 나아지기 위해 안해본게 없어.

_ **I tried everything to** stop my allergies. 앨러지를 고치려고 안해본게 없어.

_ **I tried everything to** get the work done. 그 일을 끝내기 위해 안해본게 없어.

_ **I tried everything to** fall asleep. 잠들기 위해 안해본게 없어.

_ **I tried everything to** make her love me. 걔가 날 사랑하도록 하기 위해 안해본게 없어.

Dialog >>
A : Does your apartment still have roaches? 네 아파트에 아직도 바퀴벌레가 있어?
B : I tried everything to **get rid of them.** 그것들 없애려고 안해본게 없어.

004 Don't try to~ …하려고 하지마

Point >> 상대방의 어떤 노력이나 시도를 하지 말라고 금지하는 패턴이다. 강조하려면 Don't ever try to~라고 하면 된다.

Pattern >>
_ **Don't try to** make this my fault. 이걸 내 잘못으로 만들려고 하지마.

_ **Don't try to** change the subject. 화제를 바꾸려고 하지마.

_ **Don't try to** cheer me up. 나를 기운나게 하려고 하지마.

_ **Don't try to** apply reason to her actions. 걔 행동에 어떤 이유를 부여하려고 하지마.

_ **Don't try to** make me feel better. 내 기분 좋게 만들려고 하지마.

Dialog >>
A : Don't try to **take care of me. I mean, I'm okay.** 날 돌봐주려고 애쓰지 마. 난 괜찮다니까.
B : Are you sure you're okay? 정말 괜찮아?

Chapter 07

Pattern
56 >> **I find~**

001 I found sth …을 찾았어

Point >> find의 가장 기본적인 뜻으로 물리적으로 뭔가를 「찾았다」는 의미.

Pattern >>
_ **I found** it upstairs. 그걸 이층에서 찾았어.

_ **I found** the book I was looking for. 내가 찾고 있던 책을 찾았어.

_ **I found** the remote that I lost. 잃어버렸던 리모콘을 찾았어.

_ **I found** a cheap price on the Internet. 인터넷에서 싼 가격의 물건을 찾았어.

_ **I found** his website on the Internet. 난 인터넷에서 걔의 웹사이트를 찾았어.

Dialog >>
A : Where did this necklace come from? 이 목걸이 어디서 난거야?
B : I found it on the sidewalk. 보도에서 발견했어.

447

002 # I find sth+adj ···가 ···라고 생각해

Point » sth이 adj하다고 여기다 혹은 생각하다라는 find의 특수한 구문.

Pattern »
_ **I find** it interesting, don't you? 그거 재미있는 것 같아, 그렇지 않아?

_ **I find** a little weird. 그게 좀 이상한 것 같아.

_ **I found** your suggestions extremely helpful. 네 제안이 정말 도움이 된다고 생각했어.

_ **I found** that humorous. 그게 우습다고 생각했어.

_ **I found** the play boring to watch. 그 연극은 보기에 지겨웠어.

Dialog »
> A : I found that presentation to be incredibly boring. 그 설명회는 정말 졸려 죽을 것 같았어.
> B : I'm with you there. 응, 그 말에 공감해.

003 # I find it difficult to~ ···하는 것이 어렵다고 생각해

Point » find it+adj+to+V의 패턴으로 it은 to+V 이하 내용을 말한다.

Pattern »
_ **I find it difficult to** express my feelings. 내 감정을 표현하는게 어렵다고 생각해.

_ **I find it difficult to** understand you. 너를 이해하는게 어렵다고 생각해.

_ **I find it difficult to** enjoy opera music. 오페라 음악을 즐기는 것은 어렵다고 생각해.

_ **I find it difficult to** solve math problems. 수학문제를 푸는 것은 어렵다고 생각해.

_ **I find it difficult to** get the job done by tomorrow. 그 일을 내일까지 끝마치는 건 힘들어.

Dialog »
> A : Why don't you study in our house? 왜 집에서 공부를 하지 않는거야?
> B : I find it difficult to concentrate here. 여기서는 집중을 하는게 힘들어.

004 # I found myself ~ing ···상황에 처해 있어

Point » find oneself는 「알고 보니 어떤 상태에 처해 있음을 알아차리다」라는 의미로 I found myself ~ing는 정신을 차려보니 「내가 ···하고 있었다」라는 의미가 된다.

Pattern »
_ **I found myself wanting** to do something good. 내가 뭔가 좋은 일을 하고 싶었어.

_ **I found myself staring** at him. 내가 걔를 쳐다보고 있었어.

_ **I found myself eating** too much. 내가 너무 많이 먹고 있었어.

_ **I found myself falling** in love. 내가 사랑에 빠져 있었어.

_ **I found myself falling** asleep at my desk. 난 내 책상에서 잠들었어.

Dialog »
> A : Does Wendy interest you? 웬디한테 관심이 있어?
> B : I found myself looking at her. 나도 모르게 걔를 쳐다보고 있었어.

57 ≫ I found that~

001 I found that~ …라고 생각했어

Point ≫ find에는 「생각하다」라는 뜻이 있고 that S+V절을 받을 수가 있다.

Pattern ≫
_ **I found that** it's easier to stay at home. 집에 남는게 더 쉽다고 생각했어.

_ **I found that** stress damaged my health. 스트레스 때문에 건강이 나빠졌다는 것을 알았어.

_ **I found that** he likes to wake up early. 걘 일찍 일어나는 걸 좋아한다고 생각했어.

_ **I found that** marriage was difficult. 결혼은 어렵다고 생각했어.

_ **I found that** no one cared. 아무도 신경쓰지 않는다고 생각했어.

Dialog ≫
A : Did your investment plan make money? 투자계획으로 돈을 벌었어?
B : I found **that it didn't work.** 그렇게 되지 않았던 것 같아.

002 I found out sth~ …을 알아냈어

Point ≫ find는 물리적인 것을 발견하다임에 반해 find out은 「어떤 추상적인 사실을 알아내는」 것을 뜻한다. 먼저 find out 다음에 명사가 오거나 find out about~ 형태를 살펴본다.

Pattern ≫
_ **I found out** something about Sam today. 오늘 샘에 대해 뭔가를 알아냈어.

_ **I found out about** your secret lover. 네 비밀의 연인에 대해 알아냈어.

_ **I just found out about** Mark's affair. 마크의 부정을 방금 알아냈어.

_ **I found out about** what she did on the weekends. 걔가 주말마다 뭘하는지 알아냈어.

_ **I found out** something interesting today that has to do with you.
오늘 너와 관련된 아주 흥미로운 것을 알아냈어.

Dialog ≫
A : How did you find out Jillian died? 질리언이 죽었다는 것을 어떻게 알아냈어?
B : I found out from her family. 가족에게서 들었어.

003 I found out S+V …을 알아냈어

Point ≫ 「…을 알아내다」라는 find out이 S+V절을 목적어로 받는 경우이다.

Pattern ≫
_ **I found out** my surgery was canceled. 내 수술이 취소됐다는 걸 알아냈어.

_ **I found out** she gained a lot of weight. 걔 살이 많이 쪘다는 걸 알아냈어.

_ **I found out** my dad had gotten sick. 아버지가 병이 드셨다는 걸 알아냈어.

_ **I found out** Sue had used drugs. 수가 마약을 했다는 걸 알아냈어.

_ **I found out** he was caught cheating. 걔가 커닝하다 들켰다는 걸 알아냈어.

Dialog ≫
A : What became of the guy who lived next door? 옆집에 살던 사람 어떻게 됐어?
B : I found out he went to the hospital. 병원에 갔다는 걸 알아냈어.

004   I found out what~ …을 알아냈어

Point » find out 다음에 의문사절이 이어지는 경우.

Pattern »

_ **I found out what** Paul is up to. 폴이 지금 뭘하는지 알아냈어.

_ **I found out what** happened. 무슨 일이었는지 알아냈어.

_ **I found out who** the father is. 아버지가 누구인지 알아냈어.

_ **I found out what** she was hiding. 걔가 뭘 숨기는지 알아냈어.

_ **I found out what** the surprise is. 놀라운 일이 뭔지 알아냈어.

Dialog »

A : Your brother works for a spy agency. 네 형은 정보기관에서 일하지.

B : Yeah, I found out what he does there. 맞아. 형이 거기서 뭘하는지 알아냈어.

Pattern 58 »» I'm gonna find out~

001   I'll find out if~ …인지 알아볼게

Point » if 이하의 내용을 알아낼거라는 주어의 의지를 담은 표현. find out 다음에 다양한 의문사절을 붙여본다.

Pattern »

_ **I'm trying to find out if** he's dangerous. 걔가 위험한 인물인지 알아내려고 하고 있어.

_ There is another way to **find out if** he's violent. 걔가 폭력적인지를 알아내는 다른 방법이 있어.

_ **I'm going to find out** what my husband is up to. 내 남편이 뭘 꾸미고 있는지 알아낼거야.

_ **I'll find out if** he has some free time. 걔가 좀 시간이 나는지 알아볼게.

_ **I'll find out if** the restaurant is open. 그 식당이 문을 열었는지 알아볼게.

Dialog »

A : It's time that we got something to eat. 우리 뭐 좀 먹어야 할 때야.

B : I'll find out if we can go to a restaurant. 우리가 식당에 갈 수 있는지 알아볼게.

002   Did you find out~ ? …을 알아냈어?

Point » 다음에 명사나 의문사절이 붙는 경우이다. 한편 의문사+did you find out S+V의 패턴도 함께 알아둔다.

Pattern »

_ **Did you find out** where Jack is? 잭이 어디 있는지 알아냈어?

_ **Did you find out** anything about the house? 그 집에 대해 뭐 좀 알아냈어?

_ **Did you find out** anything about Tom? 탐에 대해 뭐 좀 알아냈어?

_ **How did you find out** Erin stole the money? 에린이 돈을 훔친 것을 어떻게 알아냈어?

_ **How did you find out** that? 그걸 어떻게 알아냈어?

Dialog »

A : How did you find out about this concert? 이 콘서트 어떻게 알아낸거야?

B : There was a newspaper ad describing it. 신문에 광고났었어

003 Find out~ …을 알아내

Point » find out이 명령문으로 쓰인 경우로 다음에는 의문사절을 넣어본다.

Pattern »
_ Text her and **find out** where she is. 문자보내서 걔 어디 있는지 알아내.
_ Just **find out** what they're asking. 걔네들이 뭘 요구하는지 알아내.
_ **Find out** why he resigned. 걔가 왜 그만두었는지 알아내.
_ **Find out** when he checked out. 걔가 언제 체크아웃했는지 알아내.
_ **Find out** where the hotel is. 호텔이 어디에 있는지 알아내.

Dialog »
A : There is an exclusive party tomorrow. 고급 파티가 내일 열린대.
B : Find out where it will be. 어디서 열리는지 알아내.

004 I want you to find out~ …을 알아내라고

Point » 상대방보고 to+V 이하를 하라는 말로 평서문처럼 생겼지만 실제로는 명령문에 가깝다.

Pattern »
_ **I want you to find out** all the details and call me. 세부사항 모두 알아내고 내게 전화해.
_ **I want you to find out** why. 이유를 알아내라고.
_ **I want you to find out** if my daughter is using drugs again. 내 딸이 다시 약하는지 알아내.
_ **I want you to find out** how to operate this machine. 이 기계 작동법을 알아내라고.
_ **I want you to find out** what made everyone sick. 뭐 때문에 다들 아픈지 알아내라고.

Dialog »
A : I want you to find out when the meeting is. 회의가 언제인지 알아내.
B : Dave says it will be at four o'clock. 데이브가 그러는데 4시래.

Pattern 59 »» I forgot~

001 I forgot about~ …을 잊었어

Point » forget sth+장소가 되면 물리적인 것을 깜박 잊고 「…에 두고 오다」라는 뜻이 되며, forget about+ N[~ing]가 되면 「과거의 일을 잊다」, 「…을 잃어버리다」라는 뜻이 된다.

Pattern »
_ **I forgot about** that! 그걸 잊었어!
_ **I forgot about** our date, I'm so sorry. 데이트하는 걸 잊었어. 미안해.
_ **I forgot** it in my office yesterday. 어제 사무실에 두고 왔어.
_ **I forgot** my key inside my room. 방에 열쇠를 두고 나왔어.
_ **I forgot about** the jewelry he bought. 걔가 사준 보석을 잃어버렸어.

Dialog »
A : Darn it! I forgot my money at home. 빌어먹을! 깜빡하고 돈을 집에 두고 왔네.
B : Well then, I guess you'll have to drive me! 응, 그럼 날 집까지 태워다 줘야겠네!

002 I forgot S+V ···을 잊었어, ···을 깜박했어

Point » 「···라는 사실을 깜박 잊었다」고 할 때는 I forgot S+V라고 한다.

Pattern »
_ **I forget** she's thirteen. 걔가 13살이라는 걸 잊었어.
_ **I forgot** that French restaurant was so formal. 프랑스 식당은 격식을 따진다는 걸 깜박했어.
_ **I forgot** that this is bad news. 이게 안 좋은 소식이라는 것을 잊었어.
_ **I forgot** Stan was coming. 스탠이 오고 있다는 걸 깜박했어.
_ **I forgot** that he smokes cigarettes. 난 걔가 담배핀다는 걸 깜박 잊었어.

Dialog »
A : Sylvia and Perry divorced last year. 실비아와 페리가 작년에 이혼했어.
B : I forgot they had split up. 걔네들 갈라선 걸 깜박했네.

003 I forgot to+V ···할 것을 잊었어

Point » 앞으로 해야 할 것을 잊어버렸을 때는 I forgot to+V라면 된다

Pattern »
_ I'm so sorry. **I forgot to** call you last night. 정말 미안해. 지난 밤에 전화하는 걸 잊었어.
_ **I forgot to** phone you last night. 어젯밤에 전화하는 걸 깜박했네요.
_ **I forgot to** bring my wallet with me. 지갑을 깜박 잊고 안 갖고 왔어.
_ **I forgot to** lock the door. 문 잠그는 것을 잊었어.
_ **I forgot to** call my parents. 부모님께 전화하는 걸 잊었어.

Dialog »
A : I'm so sorry, I forgot to phone you last night. 정말 미안해요, 어젯밤에 전화하는 걸 깜박했네요.
B : That's okay, Bill, but let me know what happened at the meeting.
괜찮아요, 빌. 회의가 어떻게 됐는지나 알려줘요.

004 I forgot to tell[mention]~ ···을 말하는 걸 잊었어

Point » I forget to~의 확장표현으로 과거에 「···라고 말한다는 걸 깜박하고 얘기하지 못했을」 경우에 사용하는 패턴이다.

Pattern »
_ **I forgot to tell** you about the party. 파티에 대해 네게 얘기하는 걸 잊었어.
_ **I forgot to tell** you that the boss called. 사장이 전화했다는 걸 말하는 걸 잊었어.
_ **I forgot to tell** him about the party. 걔에게 파티에 대해 얘기한다는 걸 깜박했어.
_ **I forgot to mention** that I am married. 내가 유부남이라는 걸 깜박하고 말 못했네.
_ **I forgot to tell** you about the fair. 네게 전시회에 대해 말하는 걸 잊었어.

Dialog »
A : I forgot to tell you what the doctor said. 의사가 말한 것을 네게 깜박 잊고 말못했어.
B : Oh no, did she give you bad news? 이런, 의사가 네게 안좋은 소식을 얘기한거야?

Pattern 60 ▶▶ I forget how~

---

001 I forgot what~ …을 잊었어

Point ≫ I forget 다음에 what S+V를 붙여서 문장을 만들어본다.

Pattern ≫
_ **I forgot what** we were talking about. 우리가 얘기하고 있던 것을 잊었어.
_ **I forgot what** you said. 네가 무슨 말 하는지 잊었어.
_ **I forgot what** this feels like. 이게 어떤 느낌인지 잊었어.
_ **I forgot what** you told me. 네가 나한테 말한 것을 잊었어.
_ **I forgot what** I was going to say. 내가 하려는 말을 잊었어.

Dialog ≫
A : Don't we have chores to complete? 우리가 끝마쳐야 되는 집안일 있지 않아?
B : I forgot what we were supposed to do. 우리가 해야 되는 일을 깜박했어.

---

002 I forget what it was like to+V …하는 것이 어떤 것인지 잊었어

Point ≫ 하도 오랫동안 to+V 이하를 하지 않아서 그게 어떤 느낌인지도 다 잊었다라는 이야기.

Pattern ≫
_ **I forget what it was like to** be young. 젊다는게 어떤 것인지 잊었어.
_ **I forget what it was like to** own a new car. 새로운 자동차를 뽑는다는게 어떤 것인지 잊었어.
_ **I forget what it was like to** have free time. 자유시간을 갖는게 어떤 것인지 잊었어.
_ **I forget what it was like to** be in high school. 고등학교를 다닌다는 것이 어떤 것인지 잊었어.
_ **I forget what it was like to** be home. 집에 있는다는 것이 어떤 것인지 잊었어.

Dialog ≫
A : Didn't you skip school when you were a student? 학교 다닐 때 학교 빼먹은 적 없지?
B : I forget what it was like to be young. 젊었을 때 어땠는지는 잊었어.

---

003 I forgot how+adj~ 얼마나 …한지 잊었어

Point ≫ 「얼마나 adj한지 잊었다」라는 말로 잊어버린 정도를 표현한다.

Pattern ≫
_ **I forgot how** much fun it is to play computer games.
컴퓨터 게임을 하는게 얼마나 재미있는지 잊었어.
_ **I forgot how** reasonable everyone around here is.
여기 있는 사람들이 얼마나 합리적인지 잊었어.
_ **I forgot how** afraid I was around girls. 내가 여자들 옆에서 얼마나 겁나하는지 잊었어.
_ **I forgot how** good you were at that. 네가 그거를 얼마나 잘하는지 잊었어.
_ **I forgot how** much I love driving. 내가 얼마나 드라이빙을 좋아하는지 잊었어.

Dialog ≫
A : What's the matter? Are you in pain? 무슨 일야? 아파?
B : I forgot how sore exercise makes me. 운동으로 근육이 얼마나 아파지는지 잊었어.

Chapter 07

453

001 **You forgot to~** 넌 …하는 것을 잊었어

Point >> 상대방이 깜박 잊고서 해야 할 일은 하지 않았을 때 쓸 수 있는 표현. You forgot sth하게 되면 「넌 …을 깜박했어」라는 말이 된다.

Pattern >>
_ **You forgot** my diet soda. 넌 내 다이어트 탄산음료를 깜박 잊었어.

_ **You forgot to** bring my bread. 넌 내 빵을 가져오는 걸 잊었어.

_ **You forgot to** give me my receipt. 내게 영수증 주는걸 깜박하셨네요.

_ **You forgot to** give her your flowers. 넌 걔에게 네 꽃을 주는 걸 잊었어.

_ **You forgot to** lock the door. 넌 문을 잠그는 것을 잊었어.

Dialog >>
A : What did I do wrong? 내가 무슨 잘못을 했는데?
B : You forgot to bring a notebook. 노트북을 깜박하고 안갖고 왔잖아.

002 **You forgot that[what] S+V?** 넌 …을 잊었어?

Point >> 상대방에게 「…을 잊어버렸냐」고 되묻는 패턴이며 평서문으로 쓰이면 「넌 …을 잊었어」라는 의미가 된다.

Pattern >>
_ **You forgot that** you had that suit? 저 정장이 있다는 걸 잊었다고?

_ **You forgot what** you're thinking. 네가 뭘 생각하는지 잊었어?

_ **You forgot that** she read your diary? 걔가 네 일기장을 읽었다는 걸 잊었다고?

_ **You forgot that** we had plans? 우리에게 계획이 있다는 걸 잊었어?

_ **You forgot that** you had that suitcase? 그 가방을 갖고 있는 걸 잊었어?

Dialog >>
A : The apartment was locked when I visited. 내가 갔을 때 아파트 문은 잠겨있었어.
B : You forgot that the lease was cancelled? 임대차계약이 취소되었다는 걸 잊었어?

003 **You forgot to mention~** …는 말하지 않았잖아

Point >> 직역하면 「네가 …를 언급하는 것을 잊었다」. 상대방이 말한 것에 덧붙일 사항이 있을 때나 상대방이 말을 전해주지 않아 골탕을 먹어 항의할 때 자주 쓰이는 표현이다.

Pattern >>
_ **You forgot to mention** your degree. 넌 네 학위에 대해 말하지 않았어.

_ **You forgot to mention** where you come from. 넌 출신이 어디라고 말하지 않았어.

_ **You forgot to mention** she doesn't live here. 걔는 여기에 살지 않는다고 말하지 않았어.

_ **You forgot to mention** that Mary is sick. 메리가 아프다고 말하지 않았어.

_ **You forgot to mention** the trial date. 넌 재판날짜를 말하지 않았어.

Dialog >>
A : This soup is very good for you. 이 수프는 네 몸에 아주 좋은거야.
B : You forgot to mention it smells bad. 냄새가 나쁘다는 말은 하지 않았잖아.

| 004 | **Don't forget to~** 반드시 …해라 |

Point » 상대방에게 「…을 잊지 말고 반드시 하라」고 주의 환기시켜줄 때에 쓰는 표현으로 Don't forget to+V라 하면 된다.

Pattern »
_ See you later. **Don't forget to** e-mail me. 나중에 봐. 잊지말고 메일 보내고.
_ **Don't forget to** get me a present. 내게 선물 사주는거 잊지마.
_ **Don't forget to** take your lunch with you. 점심 가지고 가는거 잊지마.
_ **Don't forget to** invite us to the wedding. 결혼식에 초대하는거 잊지마.
_ **Don't forget to** bring your girlfriend for the party. 파티에 여자친구 데려오는거 잊지마.

Dialog »
A : Don't forget to get the mountains in the shot. 찍을때 산도 꼭 나오게 해줘야 돼.
B : Say cheese! 치~즈해봐!

Pattern 62 »» I'll never forget~

| 001 | **I'll never forget~** 난 절대로 …을 잊지 않을거야 |

Point » 「꼭 기억하겠다」는 다짐의 표현으로 forget 다음에 명사나 what S+V절이 오는 경우를 보자.

Pattern »
_ **I'll never forget** his face. 난 절대로 걔 얼굴을 잊지 않을거야.
_ **I'll never forget** the night Victoria and I met. 빅토리아와 내가 만난 밤을 절대 잊지 않을거야.
_ **I'll never forget** what my mother did. 엄마가 한 짓을 절대로 잊지 않을거야.
_ **I'll never forget** what you did to my reputation. 네가 내 명성에 한 짓을 절대 잊지 않을거야.
_ **I'll never forget** what happened outside that window that night.
그날 밤 저 창문 밖에서 일어난 일을 절대로 못잊을거야.

Dialog »
A : Didn't Jane look great tonight? 제인이 오늘 밤 멋있지 않았니?
B : I'll never forget the dress she was wearing. 걔가 입었던 의상을 결코 못 잊을거야.

| 002 | **You'll never forget~** 넌 절대로 …을 잊지 못할거야 |

Point » forget 다음에는 N[~ing]이나 what S+V를 넣어본다.

Pattern »
_ **You'll never forget** visiting Paris. 파리 방문한 것을 넌 절대로 잊지 못할거야.
_ **You'll never forget** falling in love. 넌 사랑에 빠졌던 것을 절대로 잊지 못할거야.
_ **You'll never forget** this trip to the mountains. 넌 산 여행한 걸 절대로 잊지 못할거야.
_ **You'll never forget** what he said. 걔가 말한 것을 넌 절대로 잊지 못할거야.
_ **You'll never forget** your first kiss. 넌 네 첫키스를 절대로 잊지 못할거야.

Dialog »
A : We're going to Arizona this winter. 이번 겨울에 애리조나에 갈거야.
B : You'll never forget seeing the sunsets there. 거기 석양본 것을 절대 잊지 못할거야.

455

003 I'll never forget that time when S+V ...했던 그 때를 절대 잊지 못할거야

Point » 아주 중요한 혹은 인상적인 순간이어서 그 때는 절대 잊지 못할거라고 할 때 쓰는 표현.

Pattern »

_ **I'll never forget that time when** we first met. 우리가 처음 만났던 때를 절대로 잊지 못할거야.

_ **I'll never forget that time when** he confessed. 걔가 자백했던 그 때를 절대 잊지 못할거야.

_ **I'll never forget that time when** my wallet was stolen. 지갑 도둑맞았을 때를 절대 못잊을거야.

_ **I'll never forget that time when** you lost your shorts.
네가 반바지를 잃어버렸을 때를 절대 잊지 못할거야.

Dialog »

A : Skiing causes a lot of injuries. 스키타다보면 많은 부상을 당해.

B : I'll never forget that time when Glen broke his leg. 글렌의 다리가 부러졌을 때를 절대 잊지 못할거야.

004 I almost forgot about[to]~ 거의 ...을 잊을 뻔했어

Point » 거의 잊어버릴 뻔 했다, 즉 「가까스로 기억해냈다」는 말이다. forgot 다음에는 about+N. to+V 그리고 that[의문사] S+V 등이다.

Pattern »

_ **I almost forgot** my favorite holiday. 내가 가장 좋아하는 휴일을 깜박 잊을 뻔했어.

_ **I almost forgot** I have another gift for you. 너에게 줄 선물이 하나 더 있다는 걸 잊을 뻔했어.

_ **I almost forgot** how good this feels. 이게 느낌이 얼마나 좋은지 잊을 뻔했어.

_ **He almost forgot to** buy a ticket. 걔는 티켓 사는 것을 거의 깜빡할 뻔했어.

Dialog »

A : I almost forgot to lock the apartment door. 아파트 문을 잠그는 것을 거의 깜박했어.

B : You've got to be careful about robbers. 강도에 대해 유의해야 돼.

Pattern 63 »> I remember~

001 I remember ~ing ...한 것을 기억해

Point » 과거에 했던 행동을 기억하고 있다는 말씀. remember 다음에는 동사의 ~ing 형태가 와야 한다.

Pattern »

_ **I remember seeing** him on the news. 뉴스에서 걔를 본 기억이 나.

_ **I remember being** in a chapel. 예배당에 있던 것이 기억나.

_ **I remember talking** to the police at some point. 적절한 시점에서 경찰에 얘기한 것을 기억해.

_ **I remember talking** to her right before she disappeared.
걔가 사라지기 바로 직전에 걔와 얘기한 게 기억나.

_ **I remember watching** the interview. 난 인터뷰 본 것을 기억해.

Dialog »

A : The concert was broadcast in 2014. 그 콘서트는 2014년에 방송됐어.

B : I remember seeing it on TV. TV에서 그거 본 것을 기억해.

002 I remember sb[sth] ~ing …가 …한 것을 기억해

Point >> ~ing 행위의 주체를 써주는 표현법. ~ing 자리에는 saying이나 telling me 등이 자주 온다.

Pattern >>

_ **I remember** you **liking** that. 네가 그걸 좋아하는 걸 기억해.

_ **I remember** it **being** smaller. 그게 더 작았다고 기억해.

_ **I remember** people **telling** me about it. 사람들이 그거에 대해 내게 말해주던게 기억나.

_ **I remember** him **saying** that he had plans tonight.
걔가 오늘밤 계획이 있다고 한 말이 기억나.

_ **I remember** my parents **trying** to explain it to me.
난 우리 부모님이 나한테 설명하려고 한 게 기억나는데.

Dialog >>

A : So you watched the basketball tournament? 농구 토너먼트를 봤다고?
B : I remember our team winning the game. 우리 팀이 이기는 것을 기억해.

Chapter 07

003 I remember when~ …한 때를 기억해

Point >> remember는 시간과 관련된 동사로 의문사 중 가장 잘 어울리는 건 when이다.

Pattern >>

_ **I remember when** my husband Chris passed away. 내 남편 크리스가 사망한 때가 기억나.

_ **I remember when** Amanda first moved in here. 아만다가 처음 여기에 이사온 때가 기억나.

_ **I remember when** that happened. 그 일이 일어난 때가 기억나.

_ **I remember when** we first got engaged. 우리가 처음으로 약혼한 때가 기억나.

_ **I remember how** nervous I was for my first interview.
나도 처음 면접 때 얼마나 떨었었는지 생각나는군요.

Dialog >>

A : We have come a long way for such a small company.
우린 정말 자그마한 회사에서 장족의 발전을 했어.

B : I remember when there was just the two of us working together.
우리 단둘이 함께 일하던 때가 생각나.

004 I remember the first time~ 처음으로 …한 때를 기억해

Point >> 어떤 행위를 처음한 순간을 기억하고 있다는 표현.

Pattern >>

_ **I remember the first time** I asked a girl out. 처음으로 여자에게 데이트를 신청한 때가 기억나.

_ **I remember the first time** I met Grace. 처음으로 내가 그레이스를 만났던 때를 기억해.

_ **I remember the first time** I saw you. 처음으로 너를 본 때를 기억해.

_ **I remember the first time** I brought you here. 처음으로 널 여기로 데려온 때가 기억나.

Dialog >>

A : I remember the first time I kissed someone. 내가 처음으로 키스하던 때가 기억나.
B : Were you feeling scared or excited? 무서웠니 아니면 짜릿했어?

457

All I remember is~

001

All I remember is ~ing[what]~ 기억나는 거라고는 …뿐이야

Point ≫ 어떤 이유에서든 다 잊혀지고 「기억하는 건 …뿐이라」고 할 때 사용하는 표현으로 is~ 다음에는 ~ing나 what 절을 넣어본다.

Pattern ≫

_ **All I remember is getting** hit by the car. 기억나는 거라고는 차에 치인 것 뿐이야.

_ **All I remember is what** happened next. 기억나는 거라고는 그 다음에 일어난 일 뿐이야.

_ **All I remember is drinking** a lot of alcohol.
  내가 기억나는거라고는 술을 마시는 것뿐이야.

_ **All I remember is getting** new clothes and going home.
  기억나는 거라고는 새옷을 사고 집에 간 것뿐이야.

_ **All I remember is drinking** too much beer.
  기억하는 거라고는 맥주를 무척 많이 마셨다는 것 뿐이야.

Dialog ≫

A : So Sharon moved without telling anyone? 샤론이 아무한테도 얘기도 없이 이사갔어?
B : All I remember is finding the note she left. 기억나는거라고는 걔가 남긴 메모장을 찾은 것 뿐이야.

002

What I remember (the most) is ~ing 내가 (가장) 기억하는건 …하는거야

Point ≫ 기억에 남는 것을 말하는 표현으로 가장이라고 강조하려면 the most를 넣으면 된다.

Pattern ≫

_ **What I remember is sweating** like a pig. 내가 기억하는건 땀을 많이 흘린거야.

_ **What I remember is** a feeling I didn't have a word for yet.
  내가 기억하는건 말로 표현할 수 없었던 한 감정이었어.

_ **What I remember the most is traveling** through China.
  내가 가장 기억하는건 중국 전역을 여행한거야.

_ **What I remember the most is** how afraid I was.
  내가 가장 기억하는건 내가 무척 두려워했다는거야.

Dialog ≫

A : That summer vacation looked like fun. 여름 휴가가 재미있었던 같아.
B : What I remember is rafting in the river. 내가 기억하는건 강을 래프팅한거야.

003

What I remember about sb is that~ …에 대해 기억하는건 …하다는거야

Point ≫ 과거 어떤 사람에 대한 기억을 되새길 때 사용하면 좋은 패턴이다.

Pattern ≫

_ **What I remember about** Vicky **is that** she was mean.
  비키에 대해 기억나는건 걔가 야비하다는거야.

_ **What I remember about** Mr. Kerr **is that** he was smart.
  커 씨에 대해 기억나는건 똑똑하다는거야.

_ **What I remember about** Sam **is that** he liked drinking.
  샘에 대해 기억하는건 술마시는 걸 좋아했다는거야.

_ **What I remember about** Brad **is that** he was tall.

브래드에 대해 기억나는건 걔가 키가 컸다는거야.

Dialog >>

> A : You really liked studying science in high school. 너 고교때 과학공부하는걸 정말 좋아했지.
>
> B : What I remember about the teacher is that he was attractive.
>
> 선생님에 대해 기억하는건 매력적이었다는거야.

004 One thing that we have to remember is that S+V

한 가지 기억해두어야 할 것은 …야

Point >> 뭔가 중요하기 때문에 꼭 기억해두어야 한다고 강조하는 구문이다.

Pattern >>
_ **One thing that we have to remember is that** he is a criminal.

한 가지 기억해두어야 할 것은 걔는 범죄자라는거야.

_ **One thing that we have to remember is that** we must get up early.

한 가지 기억해두어야 할 것은 우리가 일찍 일어나야 된다는거야.

_ **One thing that we have to remember is that** she doesn't trust us.

한 가지 기억해두어야 할 것은 걔는 우리를 믿지 않는다는거야.

Dialog >>

> A : Sam says he never wants to see us again. 샘은 다시는 우리를 보고 싶지 않대.
>
> B : One thing that we have to remember is that he is upset.
>
> 한 가지 기억해둬야할 건 걔가 화났다는거야.

I suppose vs. I think vs. I guess vs. I mean

이들 세가지 표현들은 모두 「자신의 생각이나 의견을 말하고자 할 때」 사용되는데, I think는 「어떤 일이 사실이라고 생각하지만 확신할 수 없는 것」(what you say when you think something is true but you are not sure)이라는 뉘앙스가 담겨있고, I suppose는 이보다 좀더 강도를 낮추어 「아마도 사실일테지만 정말로 확실치는 않다」(you think that something is probably true but are not really sure)고 할 때 쓰이게 됩니다. 다음, I think 못지않게 흔히 듣고 볼 수 있는 표현인 I guess는 「어떤 일이 사실일 거라고 생각하거나 혹은 어떤 일이 아마도 생겼을 거라고 추측을 할 때」(when you think that something is probably true or has probably happened) 바로 이 I guess로 시작해 말을 하면 되는 것이죠. 참고로 I suppose는 주로 영국에서 쓰이는 반면, I guess의 경우 미국인들이 많이 사용한다고 하는군요. 하지만 요즘같은 지구촌 시대에 이러한 선호표현의 차이가 지금이라도 당장 사라질지 또 누가 알겠어요.

한편 이 세가지 표현들은 모두 I think so, I suppose so, I guess so의 형태로 상대방의 질문에 대해 맞장구를 칠 때 유용하게 쓰이고 있습니다. 아차, I think가 나오면 같은 계열의 표현으로 빼놓고 넘어갈 수 없는 게 또 하나 있죠. 바로 I believe가 바로 그것입니다. I believe는 believe의 의미에서도 알 수 있듯이 「그야말로 옳다고 확신하는 특별한 의견을 말할 때」(when you have a particular opinion which you feel sure is right) 쓰이는 표현으로 I think보다 확신의 강도가 다소 높다고 볼 수도 있습니다.

그럼, 이쯤에서 다음으로 넘어가 볼까요! 「앞서 말한 사실을 좀더 확실히 하고자 할 때」(when you want to clarify what you were saying), 예를 들어 상대방이 나의 말을 잘못 이해하거나 미흡하게 이해하고 있을 때면 "What do you mean?"이라고 묻게 되는데, 이에 대한 대답으로 말문을 여는 표현이 I mean으로 우리말로는 「그러니까, 내 말은」 정도로 옮길 수가 있습니다. I mean과 같은 맥락의 표현으로는 역시 실제 회화에서 유용하게 이용할 수 있는 for example이 있으며, 좀더 formal하게는 in other words, namely 등이 있습니다.

- A: Do you think it's a good idea? 좋은 아이디어인 것 같니?
  B: I suppose it is. 그런 것 같아.

- A: What did you think of him? 그에 대해 어떻게 생각했어?
  B: I guess he knows what he's doing. 글쎄 그는 자기가 하는 일에 통달한 것 같아.
  A: What do you mean? 그게 무슨 말이야?
  B: I mean he knows all the computer programs we use. 그러니까 내 말은 그가 우리가 사용하는 모든 컴퓨터에 대해 잘 알고 있다는 얘기야.

001 **I don't remember sth[how, what]~** …가 기억나지 않아

Point >> 기억안나는 부분은 간단히 명사로 써도 되고 what이나 how 절을 써도 된다.

Pattern >>
_ **I don't remember** her name. 난 걔 이름이 기억나지 않아.

_ **I don't remember** this. 난 이게 기억나지 않아.

_ **I don't remember what** he did to me. 걔가 내게 무슨 짓을 했는지 기억이 안나.

_ **I don't remember how** I got to your house.
내가 어떻게 너의 집에 왔는지 기억이 안나.

_ **I don't remember what** we were talking about. 우리가 무슨 얘기를 나눴는지 기억이 안나.

Dialog >>
A : I am glad that we finally had a chance to talk. 마침내 얘기나눌 수 있게 돼 기뻐.
B : I don't remember the last time we talked. 언제 마지막으로 얘기를 나눴는지 기억도 안나.

002 **I don't remember any~** 아무런 …도 기억이 안나

Point >> 하나도 기억이 안난다고 하는 강조구문으로 I don't remember anything about~과 I don't remember any of~의 두 패턴을 기억해둔다.

Pattern >>
_ **I don't remember anything about** that night. 그날밤 일은 아무것도 기억이 안나.

_ **I don't remember anything about** that. 난 그것에 대해 아무것도 기억이 나지 않아.

_ **I don't remember any of** you. 너희들중 아무도 기억이 나지 않아.

_ **I don't remember any of** this. 난 이게 전혀 기억나지 않아.

_ **I don't remember any** Christmas parties. 난 어떤 크리스마스 파티도 기억이 나지 않아.

Dialog >>
A : They say the company is almost bankrupt. 사람들이 그러는데 회사가 거의 파산직전이래.
B : I don't remember any problems there. 회사에는 아무런 문제가 없던 것 같은데.

003 **I don't remember ~ing** …을 한게 기억이 안나

Point >> 과거에 한 행위가 기억나지 않을 때 필요한 패턴이다.

Pattern >>
_ **I don't remember kissing** her. 걔하고 키스한게 기억이 안나.

_ **I don't remember seeing** you on the train. 열차에서 널 본 기억이 안나.

_ **I don't remember asking** for your permission. 네 허락을 구했던게 기억이 안나.

_ **I don't remember filling** out an application. 지원서를 작성한 기억이 없어.

_ **I don't remember being** with you. 너와 함께 있었던게 기억이 나지 않아.

Dialog >>
A : You were so drunk at the bar. 너 정말 바에서 취했어.
B : I don't remember spending all my money. 내가 돈을 다 쓴게 기억이 안나.

004 **I don't remember you ~ing** 네가 …한 기억이 나지 않아

Point >> 상대방이 ~ing하는 모습을 본 적이 없다고 말하는 표현.

Pattern >>
_ **I don't remember you having** problems. 네게 곤란한 문제가 있다는게 기억나지 않아.

_ **I don't remember you attending** the meeting. 네가 회의에 참석한 기억이 없는데.

_ **I don't remember you helping** anyone. 네가 다른 누군가에게 도움을 준 기억이 없어.

_ **I don't remember you driving** to see her. 네가 차를 몰고 걔를 만나러 간 기억이 없어.

_ **I don't remember you eating** the popcorn. 네가 팝콘을 먹는게 기억이 나지 않아.

Dialog >>
A : I don't remember you leaving the party. 네가 파티에서 나간 기억이 안나.
B : I felt tired and went home early. 피곤해서 집에 일찍 갔어.

Pattern 66 >> **I can't remember~**

001 **I can't remember wh~** …가 기억이 안나

Point >> 기억이 안나는 것을 명사로 혹은 의문사 S+V절로 표현하면 된다.

Pattern >>
_ **I can't remember** their names. 난 걔들의 이름이 기억나지 않아.

_ **I can't remember** where I left my car key. 차열쇠를 어디 두었는지 모르겠어.

_ **I can't remember** when I've been this excited. 내가 언제 이렇게 들떠 있었는지 모르겠어.

_ **I can't remember** what comes next. 다음에 무슨 일이 있을지 기억이 안나.

_ **I can't even remember** what happened. 무슨 일이 있었는지 기억조차 나지 않아.

Dialog >>
A : I can't remember why the baby was crying. 아기가 왜 울었는지 기억이 안나.
B : He was hungry and needed his diaper changed. 배가 고팠고 기저귀 갈아달라는거였어.

002 **I can't remember you ~ing** 네가 …한 것이 기억안나

Point >> 상대방이 ~ing하는 모습을 기억 못한다는 의미로 결국 상대방은 전혀 ~ing하지 않았다라는 말이 된다.

Pattern >>
_ **I can't remember you meeting** with lawyers. 난 네가 변호사들과 만난 것이 기억이 안나.

_ **I can't remember you paying** me. 네가 나한테 돈을 지불한게 기억이 안나.

_ **I can't remember you meeting** my parents. 네가 우리 부모님을 만난게 기억에 없어.

_ **I can't remember you taking** the exam. 네가 시험을 치른게 기억이 안나.

_ **I can't remember you leaving** last night. 네가 어젯밤에 떠난 것이 기억이 안나.

Dialog >>
A : I can't remember you attending our class. 네가 우리 수업을 듣는게 기억이 안나.
B : You can't? I sat right next to you. 기억이 안난다고? 네 바로 옆에 앉았는데.

I can't remember the last time~ …한 마지막 때가 기억 안나

Point >> 마지막으로 …한 때가 기억이 나지 않아 답답할 때 쓸 수 있는 표현.

Pattern >>

_ **I can't remember the last time** I was happy. 마지막으로 내가 행복한 때가 기억나지 않아.

_ **I can't remember the last time** that happened. 마지막으로 그 일이 있었던 때가 기억안나.

_ **I can't remember the last time** we kissed. 마지막으로 우리가 키스했던 때가 기억안나.

_ **I can't remember the last time** snow fell.

언제 마지막으로 눈이 내렸는지 기억이 나지 않아.

Dialog >>

A : I can't remember the last time I had a day off. 마지막으로 언제 쉬었는지 기억안나.

B : You'd better take some time to relax. 너 좀 쉬어야겠다.

I can't remember back + 몇년(a few years) + when S+V

…한 …때의 일이 기억나지 않아

Point >> 좀 길지만 알아두면 유창한 영어를 쓸 수 있는 사람이 될 수 있다. 이제 늙어 과거의 추억이 떠오르지 않아 슬플 때 사용한다.

Pattern >>

_ **I can't remember back** a year ago **when** she came to town.

걔가 마을로 온 일년전 일이 기억이 안나.

_ **I can't remember back** twenty years **when** we attended high school.

고등학교를 다녔던 20년 전의 일이 기억나지 않아.

_ **I can't remember back** in 2010 **when** that place was built.

그 곳이 세워진 2010년 때의 일이 기억나지 않아.

_ **I can't remember back** five years ago **when** the store was robbed.

그 가게에 도둑이 든 5년 전의 일이 기억나지 않아.

Dialog >>

A : Time always seems to pass so quickly. 시간은 언제나 너무 빨리 흘러가는 것 같아.

B : I can't remember back a few years ago when I worked overseas. 내가 해외에서 근무했던 몇 년전의 일이 기억이 안나.

Do you remember~ ?

001

Do you remember sth? …가 기억나?

Point >> 상대방에게 sth이 기억나는지 물어보는 단순한 패턴. remember 다음에는 명사나 that S+V를 이어쓴다.

Pattern >>
_ **Do you remember** your first surgery? 너 첫수술 기억나?

_ **Do you remember** that night? 그날밤이 기억나?

_ **Do you remember** anything about what happened? 일어난 일에 뭐 기억나는거 있어?

_ **Do you remember** the day she died? 걔가 죽은 날을 기억해?

_ **Do you remember** being a child? 어렸을 적 기억나?

Dialog >>
A : How is Tony's mom doing these days? 토니의 엄마는 요즘 어떻게 지내니?

B : Do you remember **that she was put in the hospital?** 걔 엄마 병원에 입원했던 것 기억하지?

002

Do you remember (sb) ~ing? (…가) …한 것이 기억나?

Point >> 과거의 동작이 기억나는지를 묻는 표현으로 반드시 ~ing 형태가 이어져야 한다.

Pattern >>
_ **Do you remember** coming home? 집에 온 것이 기억나?

_ **Do you remember** hitting your head when you fell? 넘어져 머리를 부딪혔던게 기억나?

_ **Do you remember** your mom getting suddenly fat? 네 엄마가 갑자기 살이 찐게 기억나?

_ **Do you remember** Andy dancing with me? 앤디가 나와 춤추던게 기억나?

_ **Do you remember** him hitting you? 걔가 너를 때린게 기억이 나?

Dialog >>
A : Do you remember Eddie dating Jane? 에디가 제인과 데이트하던게 기억나?

B : No. When were they going out? 아니. 언제 걔네들이 데이트했는데?

003

Do you remember wh~ ? …을 기억해?

Point >> 기억나는지 여부를 묻는 부분을 「의문사 S+V」 형태로 쓴 패턴이다.

Pattern >>
_ **Do you remember** what happened? 무슨 일이었는지 기억해?

_ **Do you remember** what she said? 걔가 뭐라했는지 기억해?

_ **Do you remember** what year it was? 그게 몇 년도인지 기억해?

_ **Do you remember** how you felt? 네 느낌이 어땠는지 기억나?

_ **Do you remember** how much it cost? 그게 얼마였는지 기억해?

Dialog >>
A : Do you remember when we went to Miami? 우리가 마이애미에 갔을 때 기억해?

B : Sure. We spent all our time on the beach. 그럼. 우리 시간 대부분을 해변에서 보냈잖아.

004 Remember when~ ? …한 때가 기억나?

Point » 단순하고 아주 캐주얼하게 「…한 때가 기억나는지」 물어보는 표현. 참고로 「내가 네게 …라고 한 때가 기억나?」라고 말하려면 Remember when I told you~라고 하면 된다.

Pattern »
_ **Remember when** I used to sleep on your couch? 내가 네 소파에서 자곤 했던 때가 기억나?
_ **Remember when** we were in high school together?
우리 함께 고등학교 다니던 때가 기억나?
_ **Remember when** you bought your car? 네가 네 차를 샀던 때가 기억나?
_ **Remember when** we traveled to Florida? 우리가 플로리다를 여행했던 때가 기억나?
_ **Remember when** the president was elected? 대통령이 선출되던 때가 기억나?

Dialog »
A : Remember when the earthquake happened? 언제 지진이 일어났는지 기억해?
B : Kind of. That was over ten years ago. 좀. 10년 넘은 때였어.

Pattern 68 » You remember~ ?

001 You remember~ ? …가 기억나?

Point » 평서문 형태로 끝만 올려서 「…가 기억나는지」 물어보는 문장이다. remember 다음에는 명사나 that S+V를 붙이면 된다.

Pattern »
_ **You remember** that? 그게 기억나?
_ **You remember** any of their names? 걔네들 이름중에서 기억나는거 있어?
_ **You remember** the last time you were here? 네가 마지막으로 여기 있던 때가 기억나?
_ **You remember** the necklace I gave you last year? 작년에 준 목걸이 기억나?
_ **You remember** that Christmas we had much fun. 우리가 재밌게 보낸 그 크리스마스 기억나?

Dialog »
A : You remember meeting my mom? 우리 엄마를 만난거 기억나?
B : Of course. What a wonderful lady. 물론. 아주 멋진 분이시지.

002 You remember (sb) ~ing? (…가) …한 것이 기억나?

Point » 역시 평서문 형태로 물어보는 패턴으로 과거의 한 행동이 기억나는지를 묻는다.

Pattern »
_ **You remember seeing** Erin? 에린을 본 기억이 나?
_ **You remember** not **working** last Tuesday?
지난 화요일에 일하지 않은거 기억해?
_ **You remember** Shane **fighting** with her? 쉐인이 걔와 맞서 싸운게 기억나?
_ **You remember** Mary **traveling** to Tokyo? 메리가 도쿄로 여행을 한게 기억나?

_ **You remember** our teacher **quitting** her job? 우리 선생님이 그만 두셨던게 기억나?

Dialog >>

A : Where is the football I keep in the closet? 내가 옷장에 두던 축구공 어디있어?
B : You remember Chip borrowing it? 칩이 빌려간거 기억나?

003 You remember what~ ? ···가 기억나?

Point >> You remember~와 잘 어울리는 의문사절은 what S+V이다.

Pattern >>
_ **You remember what** I told you? 내가 네게 뭐라고 했는지 기억나?
_ **You remember what** that is, don't you? 그게 뭔지 기억나, 그렇지 않아?
_ **You remember what** time you woke up this morning?
오늘 아침 몇시에 일어났는지 기억나?
_ **You remember what** I told you to do when there's danger?
위험할 때 어떻게 하라고 내가 말한게 기억나?
_ **You remember what** it's like dating teenage boys.
십대 남자애들과 데이트하던게 어떤지 기억나?

Dialog >>

A : I need to buy some supplies for Pam. 팸에게 문구용품 좀 사다줘야 돼.
B : You remember what she wanted? 걔가 뭘 원했는지 기억나?

004 You remember when[where]~ ? ···가 기억나?

Point >> You remember~ 다음에 when[where] S+V절이 붙는 경우.

Pattern >>
_ **You remember where** the car was parked? 차를 어디에 주차했는지 기억나?
_ **You remember when** you spent Thanksgiving with us?
네가 우리와 추수감사절을 함께 보낸 때가 기억나?
_ **You remember when** we were supposed to meet him?
우리가 언제 걔를 만나야 되었는지 기억나?
_ **You remember when** we saw that accident? 우리가 그 사고를 본 때가 언제인지 기억나?
_ **You remember when** it snowed all night? 밤새 눈내렸던게 기억나?

Dialog >>

A : You remember when we were little kids? 우리가 어렸을 때가 기억나?
B : Yeah. We played at your grandma's house. 응. 네 할머니 집에서 놀았었지.

001 **Remember to~** 잊지 말고 …해라

Point >> remember에 to+V가 이어지면 앞으로「…할 것을 기억해라」라는 뜻이다. that S+V를 이어써도 된다.

Pattern >> _ **Remember to** brush your teeth. 잊지 말고 양치질해라.

_ **Remember to** take your umbrella. 잊지 말고 우산을 가져가라.

_ **Remember to** be back by midnight. 잊지 말고 자정까지 돌아와라.

_ **Remember to** bring a gift. 잊지 말고 선물을 가져와라.

_ **Remember that** you and I aren't friends anymore. 우린 더 이상 친구가 아니라는 걸 기억해.

Dialog >> A : I'm going to take a nap for a while. 난 잠시 낮잠을 자야겠어.

B : Remember that we're going to a movie tonight. 오늘 밤 우리 영화 보러 가는 것 기억해.

002 **Remember+N+관계대명사** …한 …을 기억나?

Point >> N을 기억하는데 N이 어떤 것인지 관계사절로 추가정보를 주고 있다. 물론 끝을 올리면 Do you remember~에 서 Do you를 거두절미하고 Remember로 시작하는 의문문이 된다.

Pattern >> _ **Remember** that day you wore the white dress? 네가 하얀 드레스를 입었던 날 기억나지?

_ **Remember** that red dress you had? 네가 입던 빨간 드레스 기억나?

_ **Remember** that guy who used to deliver our food?
우리에게 음식을 배달하던 사람 기억해?

_ **Remember** the day that you joined the military? 네가 입대한 날 기억나?

_ **Remember** the clothes you threw away? 네가 내다버린 옷들 기억나?

Dialog >> A : Remember that red dress you had? 네가 입었던 저 빨간 드레스 기억나?

B : It made me look real sexy. 내가 정말 섹시하게 보이게 했지.

003 **I want you to remember that S+V** …한 것을 기억해

Point >> I want you to~는「부탁」혹은 명령에 가까운「지시」를 나타내는 표현이다.

Pattern >> _ **I want you to remember** that. 그거 기억해둬.

_ **I want you to remember** this moment. 이 순간을 기억해둬.

_ **I want you to remember** that I forgave you. 내가 널 용서했다는걸 기억해둬.

_ **I want you to remember** that you are a good person. 넌 좋은 사람이란걸 기억해둬.

_ **I want you to remember** that Mom is ill. 엄마가 아프다는걸 기억해둬.

Dialog >> A : I want you to remember that we're having an exam. 넌 우리가 시험을 볼 것이라는 것을 기억하길 바래.

B : All of us will need to study for it. 우린 모두 시험에 대비해 공부할 필요가 있을거야.

You have to remember~ 넌 …을 기억해야 돼

Point >> 상대방에게 「…을 꼭 기억해두라」고 하는 표현으로 remember 다음에는 명사나 that S+V절이 이어지면 된다.

Pattern >>
_ **You have to remember** those things. 난 그것들을 기억해야 돼.

_ **You have to remember** that he is immature. 걔가 미성숙하다는 걸 기억해둬야 돼.

_ **You have to remember** I just got here. 난 방금 여기 왔다는 걸 기억해둬.

_ **You have to remember** he's a different person when he drinks.
걔 술 마시면 달라지는거 기억해.

_ **You have to remember** that my love for you is real. 너에 대한 사랑은 진짜였다는 걸 잊지 마.

Dialog >>
A : My uncle is always so unhappy. 내 삼촌은 언제나 불행하셔.

B : You have to remember he's had a hard life. 넌 삼촌이 힘든 삶을 살고 있다는걸 기억해야 돼.

Pattern
70 >> **It takes~**

It takes+시간+to~ …하는데 시간이 …걸려

Point >> 「…하는 데 시간이 얼마나 걸리는」지를 말할 때 사용하면 된다. It takes+시간+ to~형태로 쓴다.

Pattern >>
_ **It takes** 5 minutes **to get** there. 거기 가는데 5분 걸려.

_ **It takes** an hour from here **to get** there. 여기서 거기 가는데 한 시간 걸려.

_ **It takes** only a couple of days. 이틀이면 돼.

_ **It takes** a month **to review** them all. 그것들을 다 검토하는 데 한 달 걸려.

_ **It took** a year **to get** over him. 걜 잊는 데 일년 걸렸어.

Dialog >>
A : It takes 1 hour for me to get home. I should be get going. 집에 가는데 한 시간 걸려. 가야 돼.

B : Stay a little longer to hang out with me. 더 남아서 나랑 놀자.

It takes around[about]+시간+to~ …하는데 시간이 약 …걸려

Point >> 시간이 정확하지 않을 때는 시간 앞에 about[around]를 붙여 about+시간으로 쓰면 된다.

Pattern >>
_ **It takes about** ten minutes **to go** there. 거기 가는데 약 10분 걸려.

_ **It takes about** 1 hour **to get** to work. 출근하는 데 1시간 정도 걸려.

_ **It takes** at least a week **to finish** this type of work. 이런 종류의 일을 마치는데 적어도 일주일 걸려.

_ **It takes around** 5 hours **to fly** to LA. 비행기로 LA에 가는데 5시간이 걸려.

Dialog >>
A : It takes at least a week to finish this type of work. 이런 유형의 일을 끝내려면 적어도 일주일은 걸려요.

B : That's too long. Couldn't you finish a little earlier? 일주일은 너무 길어요. 좀더 일찍 마칠 수는 없나요?

003   It takes+시간+for sb to~   …가 …하는데 시간이 …걸려

Point »   to+V 행위의 주체는 to 앞에 for sb라고 넣어주면 된다.

Pattern »
_ **It takes** around 1 hour **for** me **to** get home. 내가 집에 도착하는데 한시간 정도 걸려.
_ **It takes** a few days **for** me **to** finish a job like this. 내가 이런 일을 마치는데 며칠 걸려.
_ **It takes** an hour **for** us **to** get the results. 우리가 결과를 얻으려면 한 시간이 걸려.
_ **It takes** a week **for** the packages **to** arrive. 그 소포가 도착하는데 일주일이 걸려.
_ **It takes** one hour **for** students **to** finish the test. 학생들이 시험을 끝내는데 한 시간이 걸려.

Dialog »
> A : Do you have a long commute from work? 직장 통근거리가 멀어?
> B : It takes around 2 hours for me to get home. 내가 집에 가는데 약 2시간 걸려.

004   It takes me+시간 to+V   …하는 데 …의 시간이 걸린다

Point »   to+V 행위의 주체를 take의 목적어로 뺀 패턴. 참고로 이처럼 take는 주어가 사물이 되면 시간, 돈, 노력 따위를 「필요로 하다」(need)란 의미를 갖게 된다.

Pattern »
_ **It takes me** an hour **to** finish the race. 내가 경주를 마치는데 한 시간 걸려.
_ **It takes me** a few minutes **to** send an e-mail. 이메일 보내는데 몇분 걸려.
_ **It takes me** a day **to** travel to my parent's house. 부모님 집까지 가는데 하루가 걸려.
_ **It takes me** 30 minutes **to** get to work. 내가 출근하는데 30분 걸려.

Dialog »
> A : Hurry up and write a message to her. 서둘러 걔에게 메시지를 써.
> B : It takes me a few minutes to send an e-mail. 이멜 보내는데 몇분 걸려.

Pattern 71 »» It took me to~

001   It will take you (about)+시간+to~   넌 …하는데…정도 시간이 걸릴거야

Point »   어떤 일을 하는 데 소요되는 시간을 말하는 것으로, you를 뒤로 빼내 It will take about+시간+for you to ~의 형식으로도 가능하다.

Pattern »
_ **It will take you about** two hours **to** watch the movie. 영화보는데 두시간 가량 걸릴거야.
_ **It will take you about** four years **to** finish college. 대학마치는데 약 4년이 걸릴거야.
_ **It will take you about** twenty minutes **to** finish lunch. 점심먹는데 한 20분 걸릴거야.
_ **It will take you about** thirty minutes **to** download the program.
그 프로그램 다운받는데 한 30분 걸릴거야.

Dialog »
> A : Where is the nearest library? 가장 가까운 도서관이 어디에 있어?
> B : It will take you twenty minutes to get there. 거기 가는데 20분 걸릴거야.

002 | It takes+시간외 명사 to+V …하는데 …가 필요해

Point >> take 다음에는 시간명사 뿐만 아니라 일반명사도 와 「…하는데 …가 필요하다」라는 뜻으로 쓰이기도 한다.

Pattern >>

_ **It takes** a lot of hard work. 각고의 노력이 필요해.

_ **It takes** courage **to** do so. 그러려면 용기가 필요해.

_ **It takes** a lot of focus **to** be good. 잘하려면 꽤나 집중을 해야 해.

_ **It takes** a large place **to** hold a party. 파티를 열려면 넓은 장소가 필요해.

_ **It takes** 3 people **to** play this game. 이 게임을 하려면 세 명이 필요해.

Dialog >>

A : Those professional athletes are amazing. 저 프로 선수들은 대단해.

B : It takes a lot of focus to be good. 잘하려면 꽤나 집중을 해야 해.

003 | It took me+시간 to+V 내가 …하는데 …시간이 걸렸어

Point >> 과거에 to+V 이하의 행동을 하는데 걸린 시간을 말하는 표현법.

Pattern >>

_ **It took me** three days **to** finish the book. 그 책을 끝내는데 3일이 걸렸어.

_ **It took me** two hours **to** drive here. 여기 차몰고 오는데 2시간이 걸렸어.

_ **It took me** two months **to** prepare the report. 보고서를 준비하는데 2달이 걸렸어.

_ **It took me** months **to** find him. 내가 걔를 찾는데 수개월이 걸렸어.

_ **It took me** six months **to** give my cleaning lady a key.
청소 도우미에게 열쇠를 주는데 6개월이 걸렸어.

_ **It took me** 5 hours **to** get here. 여기 오는데 5시간 걸렸어.

Dialog >>

A : Did you have a hard time when you first moved? 처음 이사왔을 때 힘들었어?

B : It took me an hour to find the post office. 우체국 찾는데 한 시간이 걸렸어.

004 | It took me a long time to~ 내가 …하는데 시간이 많이 걸렸어

Point >> 구체적으로 몇 시간이 걸린다고 하는 대신 그냥 뭉뚱그려 오랜 시간이 걸렸다라고 말하는 경우.

Pattern >>

_ **It took me a long time to** find it. 내가 그걸 찾는데 많은 시간이 걸렸어.

_ **It took me a really long time to** get here. 여기 오는데 정말 많은 시간이 걸렸어.

_ **It took me a long time to** find him. 걔를 찾는데 시간이 많이 걸렸어.

_ **It took me a long time to** get where I was. 내가 있던 곳에 도착하는데 많은 시간이 걸렸어.

_ **It took me a long time to** plan it out. 그거 짜는데 시간 많이 걸렸어.

Dialog >>

A : What a nice ring! That's so sweet. 와 반지 멋지다! 정말 고마워.

B : Glad you like it. It took me a long time to find it. 맘에 들어하니 기뻐. 찾는데 시간 많이 걸렸어.

001 **It takes time to~** …하는데 시간이 좀 걸려

Point >> 우리말에서 그저 「시간이 걸려」라고만 해도 시간이 「오래 걸린다」(take a long time)는 의미까지 내포하듯 영어에서도 마찬가지이다.

Pattern >> _ **It takes time to** get used to it. 그거에 익숙해지는데 시간이 좀 걸려.

_ **It takes time to** find the right thing. 올바른 일을 찾는데는 시간이 좀 걸려.

_ **It takes time to** gain a man's confidence. 한 사람의 신뢰를 얻는데 시간이 좀 걸려.

_ **It takes time to** make friends. 친구를 사귀는데 시간이 좀 걸려.

_ **It takes time for her to** cook a meal. 걔가 요리를 하는데 시간이 좀 걸려.

Dialog >>
A : I'm so frustrated doing all these interviews. 이 모든 취업면접을 하는데 좌절감을 느껴.
B : It takes time to get a good job. 좋은 직장을 얻는데 시간이 걸려.

002 **It takes a while to+V** …하는 데는 시간이 좀 걸려

Point >> 역시 구체적인 시간이 아니라 막연하지만 시간이 좀 걸린다고 할 때는 a while이란 시간명사를 사용하면 된다.

Pattern >> _ **It takes a while to** find a job. 일자리를 찾는데는 시간이 좀 걸려.

_ **It takes a while to** start a business. 사업을 시작하는데는 시간이 좀 걸려.

_ **It takes a while to** begin a relationship. 관계를 맺기 시작하는데는 시간이 좀 걸려.

_ **It takes a while to** finish homework. 숙제를 마치는데는 시간이 좀 걸려.

_ **It takes a while to** fix these problems. 이 문제들을 고치는데는 시간이 좀 걸려.

Dialog >>
A : Has your mom been in the kitchen all day? 네 엄마 온종일 부엌에 계셔?
B : It takes a while to cook a meal. 요리하는데 시간이 좀 걸려.

003 **It doesn't take long before~** …하는데 많은 시간이 걸리지 않아

Point >> 다시 말하면 「곧 …하다」라는 의미이다. 미래형으로 쓰려면 It won't take long to~ 이라고 하면 된다.

Pattern >> _ **It doesn't take long before** everyone gets drunk. 다들 취하는데 많은 시간이 걸리지 않아.

_ **It doesn't take long before** the party gets started. 파티 시작하는데 많은 시간이 걸리지 않아.

_ **It doesn't take long before** he begins to complain.
걔가 불평을 시작하는데 많은 시간이 걸리지 않아.

_ **It doesn't take long before** the cops get involved.
경찰이 개입하는데 많은 시간이 걸리지 않아.

Dialog >>
A : Fiona and Randolph are spending a lot of time together.
피오나와 랜돌프는 많은 시간을 함께 보내.
B : It doesn't take long before romance begins. 머지않아 사랑이 시작되겠구만.

It didn't take long for sb to~ …하는데 많은 시간이 걸리지 않았어

Point ≫ 과거에 sb가 to+V 이하를 하는데 시간이 얼마 걸리지 않았다고 할 때 사용하는 표현.

Pattern ≫ _ **It didn't take long for** Mick to find a girlfriend. 믹이 여친을 찾는데 시간이 많이 걸리지 않았어.

_ **It didn't take long for** Lenny to lose all his money. 레니가 돈 다 잃는데 시간이 많이 걸리지 않았어.

_ **It didn't take long for** Keri to finish exercising. 케리가 운동끝내는데 시간이 많이 걸리지 않았어.

_ **It didn't take long for** Jack to get here. 잭이 여기 오는데 시간이 많이 걸리지 않았어.

Dialog ≫
A : The boss has been screaming all morning. 사장이 오전내내 소리를 질러댔어.
B : It didn't take long for him to start getting mad. 사장이 화를 내기 시작하는데 시간이 많이 걸리지 않았어.

Pattern **73** ≫≫ **Does it take~ ?**

---

001 **Does it take+시간+to~ ?** …하는데 …시간이 걸려?

Point ≫ 「to+V 이하를 하는데 …시간이 걸리는」지 확인하는 문장.

Pattern ≫ _ **Does it take** an hour **to** get there? 거기 도착하는데 한 시간이 걸려?

_ **Does it take** a while **to** finish? 끝마치는데 시간이 좀 걸려?

_ **Does it take** some time **to** meet a nice girl? 착한 여자를 만나는데 시간이 좀 걸려?

_ **Does it take** an hour **to** get to New York? 뉴욕에 도착하는데 한 시간 걸려?

_ **Does it take** an hour **to** complete the church service? 예배 마치는데 한 시간 걸려?

Dialog ≫
A : Does it take **an hour** to **complete** this? 이거 마치는데 한 시간 걸려?
B : Yeah, but you can finish it sooner. 어, 하지만 넌 더 빨리 끝낼 수 있어.

---

002 **How long does it take to~ ?** …하는데 시간이 얼마나 걸려?

Point ≫ to+V 이하를 하는데 얼마나 시간이 걸리는지 물어보는 아주 많이 쓰이는 표현.

Pattern ≫ _ **How long does it take to** get undressed? 옷벗는데 얼마나 걸려?

_ **How long does it take to** finish it? 이거를 마치는데 얼마나 걸려?

_ **How long does it take for you to** get to work? 출근하는데 얼마나 걸려?

_ **How long does it take to** get there? 거기 가는데 시간이 얼마나 걸려?

_ **How long does it take to** finish the job? 그 일을 끝마치는데 얼마나 걸려?

_ **How long does it take to** get to work from the station? 역에서 회사까지 얼마걸려요?

Dialog ≫
A : How long does it take to fly to Osaka? 오사카에 가는데 비행기로 얼마나 걸려?
B : A direct flight is about an hour. 직항선은 약 한 시간 걸려.

003 What does it take to~ ? …하는데 무슨 자질이 필요해?

Point » 시간을 묻는 표현이 아니라 to+V 이하를 하는데 무엇(What)이 필요하냐, 즉 「어떻게 해야 …할 수 있냐」고 물어보는 문장이다.

Pattern »
_ **What does it take to** make a great salesman?
뛰어난 영업맨이 되기 위해서는 무슨 자질이 필요해?

_ **What does it take to** get a refill around here? 어떻게 해야 여기서 리필을 할 수 있어?

_ **What does it take to** get a good job? 좋은 직장을 얻는데 뭐가 필요해?

_ **What does it take to** become rich? 부자가 되는데 뭐가 필요해?

Dialog »
A : Your girlfriend is thinking of breaking up with you. 네 여친이 너랑 헤어지려고 생각하고 있어.
B : What does it take to make her happy? 어떻게 해야 걔를 기분좋게 할 수 있을까?

004 How many+N does it take to~? …를 하는데 얼마나 많은 …가 필요해?

Point » to+V 이하를 하는데 얼마나 많은 N이 필요한가를 확인해보는 패턴.

Pattern »
_ **How many** lawyers **does it take to** win a case?
소송에서 이기려면 변호사가 몇 명이나 필요해?

_ **How many** workers **does it take to** build a house?
집을 지으려면 몇 명의 근로자가 필요해?

_ **How many** hours **does it take to** fly to Tokyo? 도쿄로 비행하는데 몇시간 걸려?

_ **How many** dollars **does it take to** buy that? 저거 사는데 얼마나 필요해?

_ **How many** beers **does it take to** get drunk? 술에 취하려면 맥주를 얼마나 마셔야 돼?

Dialog »
A : How many **workers** does it take to **build an apartment building?**
아파트빌딩을 건축하는데 근로자 몇 명이 필요해?

B : I think it's around a hundred or more. 약 백명 이상이 필요할 것 같아.

Pattern
74 »» **I prefer~**

001 I prefer ~ing …하는게 더 좋아, …을 더 좋아해

Point » prefer는 뭔가 더 좋아한다고 말할 때 필요한 동사로 먼저 prefer 다음에 명사나 ~ing가 오는 경우를 본다.

Pattern »
_ **I prefer checking** that myself. 스스로 직접 그걸 확인하는걸 선호해.

_ **I prefer staying** awake at night. 밤에 깨어있는 걸 더 좋아해.

_ **I prefer meeting** with the students. 난 학생들과 만나는 것을 더 좋아해.

_ **I prefer reading** historical novels. 난 역사소설 읽는걸 선호해.

_ **I prefer staying** at home. 난 집에 있는걸 더 좋아해.

Dialog ≫

A : Don't you want to go downtown with us? 너 우리와 함께 시내에 가고 싶지 않아?

B : I prefer staying here in my house. 난 집에 머무르는게 더 좋아.

---

002 I prefer sb ~ing[to~] …가 …하는게 더 좋아

Point ≫ 더 좋아하는 행위를 나타내는 ~ing[to+V]의 주체를 나타내려면 prefer 다음에 sb를 넣으면 된다.

Pattern ≫

_ **I prefer** Cheryl **coming** to see us. 쉐릴이 우리를 보러 오는게 더 좋아.

_ **I prefer** them **waiting** to attend the concert. 걔네들이 콘서트를 보기 위해 기다리는게 더 좋아.

_ **I prefer** Rick **talking** to me first. 난 릭이 내게 먼저 얘기를 하는게 더 좋아.

_ **I prefer** the mechanic **starting** to work. 정비공이 일을 시작하는게 더 좋아.

_ **I prefer** everyone **listening** to the speaker. 다들 연사의 말에 귀기울이는게 더 좋아.

Dialog ≫

A : It's so sad to attend a funeral. 장례식에 가는 것은 참 슬퍼.

B : I prefer someone laughing to someone crying. 사람이 우는 것보다는 웃는게 더 좋지.

---

003 I prefer to+V …하는걸 더 좋아해

Point ≫ 더 좋아하는 행위를 to+V로 써보는 시간. 반대로 「…하고 싶지 않아」라고 할 때는 I prefer not to~라고 하면 된다.

Pattern ≫

_ **I prefer to** be alone. 혼자 있는 게 더 좋아.

_ **I prefer to** see action movies. 액션 영화보는게 더 좋아.

_ **I prefer to** stay in a suite during business travel. 출장 중엔 스위트룸에 숙박하는 걸 더 좋아해.

_ **I prefer not to** tell her anything. 걔한테 아무것도 얘기하고 싶지 않아.

_ **I prefer not to** answer that right now. 지금 바로 그에 대한 답을 하고 싶지 않아.

Dialog ≫

A : Frank may be really late tonight. 프랭크는 오늘밤 정말 늦을지도 몰라.

B : I prefer to wait for him. 걔를 기다리는게 더 좋아.

---

004 I prefer when~ …할 때가 더 좋아

Point ≫ 어떤 때가 더 좋은지 콕 집어서 얘기할 때 쓰면 편리한 표현.

Pattern ≫

_ **I prefer when** you cook dinner. 네가 저녁을 요리할 때가 더 좋아.

_ **I prefer when** we have a lot of free time. 우리에게 자유시간이 많을 때가 더 좋아.

_ **I prefer when** you are not noisy. 네가 시끄럽지 않을 때가 더 좋아.

_ **I prefer when** we go swimming. 우리가 수영을 하러 갈 때가 더 좋아.

_ **I prefer when** we leave work early. 일찍 퇴근할 때가 더 좋아.

Dialog ≫

A : How do you like this snowy weather? 이렇게 눈이 내리는 날씨 어때?

B : I prefer when the days are warmer. 따뜻한 날들일 때가 더 좋아.

I prefer A to B

001

I prefer A to B B보다 A를 더 좋아해

Point >> 이번에는 덜 좋아하는 대상이나 행위도 함께 말하는 경우들이다. 먼저 prefer A to B에서 A와 B가 명사인 경우이다.

Pattern >>
_ **I prefer** indoor sports **to** outdoor sports. 실외운동보다는 실내운동을 좋아해.

_ **I prefer** beer **to** whiskey. 난 위스키보다 맥주를 더 좋아해.

_ **I prefer** hotels **to** camping in a tent. 텐트에서 캠핑하는 것보다 호텔을 더 좋아해.

_ **I prefer** the city **to** the country. 난 시골보다 도시를 더 좋아해.

_ **I prefer** New York **to** other cities in America. 미국에서 뉴욕이 다른 도시보다 더 좋아.

Dialog >>
A : What would you like to drink? 뭐 마실래?
B : I prefer coffee to tea. 차보다는 커피를 마실래.

002

I prefer ~ing to ~ing …하기 보다 …하는 것을 더 좋아해

Point >> prefer A to B에서 A와 B가 동사의 ~ing 형태로 쓰이는 패턴이다.

Pattern >>
_ **I prefer eating** out in a restaurant **to sitting** around at home.
집에서 쓸데없이 시간보내는 것보다 밖에서 먹고 싶어.

_ **I prefer staying** home **to going** to nightclubs. 나이트클럽에 가는 것보다 집에 있는걸 더 좋아해.

_ **I prefer watching** TV **to going** to the movies. 영화보러 가는 것보다 TV보는 걸 더 좋아해.

_ **I prefer making** money **to being** broke. 돈이 없는 것보다 돈을 버는 것을 더 좋아해.

_ **I prefer smoking to drinking.** 난 술마시는 것보다 담배피는 것을 더 좋아해.

Dialog >>
A : You always look so healthy. 너 언제보아도 건강해 보여.
B : I prefer jogging to sleeping in. 난 늦잠자는 것보다 조깅하는걸 더 좋아해.

003

I prefer N[~ing] rather than N[~ing] …보다 …을 더 좋아해

Point >> 이번에는 prefer A to B에서 to 대신에 rather than을 쓴 경우로 A와 B의 자리에 명사나 동사의 ~ing가 오는 문형을 연습해본다.

Pattern >>
_ **I prefer** your company **rather than** anyone else. 다른 곳보다 네 회사를 더 좋아해.

_ **I prefer** reading **rather than** Internet surfing. 인터넷 서핑보다 독서를 좋아해.

_ **I prefer** buying a new computer **rather than** keeping the old one.
오래된 컴퓨터 갖고 있느니 새로운 컴퓨터를 사기를 바래.

_ **I prefer** helping others **rather than** being selfish.
이기적이기보다는 타인들을 돕는 걸 더 좋아해.

_ **He prefers** exercising **rather than** staying at home.
걔는 집에 있는 것보다 운동하는 것을 더 좋아해.

Dialog >>

A : Why are you always here in the library? 넌 왜 항상 도서관에 있는거니?

B : I prefer **studying** rather than **going** out. 외출하는 것보다 공부하는 것을 더 좋아해.

---

004 **I prefer to+V rather than to+V** …하기 보다 …하는 것을 더 좋아해

Point >> rather than을 쓰지만 비교 대상이 to+V의 형태로 나오는 패턴이다.

Pattern >>

_ **I prefer to** go sailing **rather than to** be sleeping in bed.

침대에서 자는 것보다 항해하는걸 좋아해.

_ **I prefer to** be driving **rather than to** be riding on a bus.

버스타는 것보다 드라이브하는걸 좋아해.

_ **I prefer to** be exercising **rather than to** be sitting around.

앉아있는 것보다 운동하는걸 더 좋아해.

_ **I prefer to** be meeting friends **rather than to** be texting them.

문자보내는 것보다 직접 친구들 만나는 걸 더 좋아해.

Dialog >>

A : It's so boring here in the office. 여기 사무실 너무 지루하다.

B : I prefer to **shop** rather than to **work**. 난 일하는 것보다 쇼핑하는 것을 더 좋아해.

Pattern 76 >> **I'd prefer~**

001 **I'd prefer (sth) to~** …하면 좋겠어

Point >> prefer 앞에 가정법 조동사 would가 들어간 경우로 「…하면 좋겠어」라는 희망이나 바람을 나타내는 경우이다. 형태로는 I'd prefer to+V. I'd prefer sth to+V 그리고 반대로 「…하지 않으면 좋겠어」라고 하려면 I'd prefer not to+V라고 하면 된다.

Pattern >>

_ **I'd** really **prefer to** be alone. 정말 혼자 있고 싶어.

_ **I'd prefer to** know in advance that I was going to die.

내가 죽을거라는 걸 미리 알면 좋겠어.

_ **I'd prefer not to** discuss that right now. 지금 당장 그 얘기를 안했으면 좋겠어.

_ **I'd prefer** this **not to** take all night. 이게 밤새 걸리지 않으면 좋겠어.

_ **I'd prefer to** eat at another restaurant. 다른 식당에서 먹었으면 좋겠어.

Dialog >>

A : Why are you taking your car to New York? 왜 차를 몰고 뉴욕으로 가는거야?

B : I'd prefer **driving** to **flying**. 비행기 타는 것보다 드라이빙하면 더 좋거든.

002 I'd prefer that S+V …였으면 좋겠어

Point » I'd prefer~ 다음에 that S+V 절 형태가 이어지는 패턴이다.

Pattern »

_ **I'd prefer** you didn't work for me directly. 네가 직속으로 내 밑에서 일하지 않으면 좋겠어.

_ **I'd prefer** we stop meeting like this. 이런 식으로는 그만 만나고 싶어.

_ **I'd prefer** you weren't gay. 네가 게이가 아니라면 좋겠어.

_ **I'd prefer that** they left earlier. 걔네들이 더 일찍 갔으면 좋겠어.

_ **I'd prefer that** you keep quiet. 네가 조용히 하면 좋겠어.

Dialog »

A : Can I bring my dog in your apartment? 네 아파트에 강아지를 데려가도 돼?
B : I'd prefer that you leave it outside. 밖에 두면 좋겠는데.

003 I'd prefer (it) if~ …하면 좋겠어

Point » I'd prefer~ 다음에 if절이 이어지는 경우로 prefer 다음에 'it'을 넣기도 한다.

Pattern »

_ **I'd prefer if** we could keep it between us. 그거 우리끼리 비밀로 하면 좋겠어.

_ **I'd prefer if** we didn't make an issue out of this at work.
직장에서 이걸 문제 삼지 않으면 좋겠어.

_ **I'd prefer it if** she had been nicer. 걔가 좀 더 착하게 굴었으면 좋겠어.

_ **I'd prefer it if** she weren't interrupted. 걔가 방해받지 않으면 좋겠어.

_ **I'd prefer it if** we stayed here tonight. 우리가 오늘밤 여기에 머무르면 좋겠어.

Dialog »

A : Let's go camping on our vacation. 휴가때 캠핑가자.
B : I'd prefer it if we stayed in a hotel. 난 호텔에 있으면 더 좋겠어.

004 Which do you prefer, A or B? A가 좋아 B가 좋아?

Point » A와 B중 어떤 것을 더 좋아하냐고 상대방에게 물어보는 표현.

Pattern »

_ **Which do you prefer** to have, Italian **or** Mexican food?
이태리 아니면 멕시코 음식이 좋아?

_ **Which do you prefer,** apples **or** oranges? 사과와 오렌지 중 어떤 것이 더 좋아?

_ **Which do you prefer,** nighttime **or** daytime? 밤과 낮 중에 어떤 게 더 좋아?

_ **Which do you prefer,** kids **or** adults? 아이들과 어른들 중 누가 더 좋아?

_ **Which do you prefer,** dogs **or** cats? 개와 고양이 중 어떤 것이 더 좋아?

Dialog »

A : Which do you prefer, Australia or New Zealand? 호주와 뉴질랜드 중 어디가 더 좋아?
B : Australia is larger and has more things to do. 호주가 더 크고 할 것도 많아.

001 **Do you mind ~ing?** …하면 안될까?

Point >> Do you mind~ing?하면 「…하기를 꺼려하느냐」라는 것으로 의역하면 「…해도 될까요?」, 「…하면 안될까?」로 상대의 양해를 구하는 표현이 된다.

Pattern >> _ **Do you mind picking** me up tomorrow? 내일 나 좀 태워줄 수 있어?

_ **Do you mind turning** the TV off? 텔레비전 좀 끌래?

_ **Do you mind closing** the door behind you? 나갈 때 문 좀 닫을래?

_ **Do you mind hanging** out for a few minutes? 잠시 놀면 안될까?

_ **Do you mind giving** me a hand here, please? 여기 나 좀 도와주면 안될까?

Dialog >>
A : Do you mind picking me up tomorrow? 내일 나 좀 태워 줄 수 있겠니?
B : Sure, what time? 물론이지, 몇시에?

002 **Do you mind if~ ?** …하면 안될까?

Point >> ~ing 대신에 if절이 와 Do you mind if S+V?로 쓰인 경우.

Pattern >> _ **Do you mind if** I take a look around here? 내가 여기 좀 둘러봐도 괜찮겠니?

_ **Do you mind if** I use your bathroom? 화장실 좀 써도 되겠어?

_ **Do you mind if** I sit here for a second? 여기 잠깐 앉아도 돼?

_ **Do you mind if** I smoke in here? 여기서 담배 펴도 돼?

_ **Do you mind if** we ask you some questions about her? 걔에 대해 몇 가지 질문해도 돼?

Dialog >>
A : Do you mind if I smoke? 담배 피워도 됩니까?
B : Yes, I do. I'm allergic to smoke. 아뇨 안됩니다. 전 담배연기에 앨러지가 있어요

003 **Would you mind ~ing?** …하면 안될까?

Point >> would를 쓰면 do보다 좀 더 정중해지지만 그렇다고 꼭 존대말을 쓸 필요는 없다. 정중하지만 친구들 사이에서도 많이 쓰이기 때문이다.

Pattern >> _ **Would you mind watching** my bag for a moment? 잠시 가방 좀 봐줄래?

_ **Would you mind accompanying** me to the station? 정거장까지 나와 같이 가면 안될까?

_ **Would you mind joining** us for a second? 잠시 우리와 함께 하면 안될까?

_ **Would you mind waiting** just a second? 잠시 기다리면 안될까?

Dialog >>
A : Would you mind taking this down to the mailroom when you go?
가실 때 이것 좀 우편물실에 가져다 주셔도 괜찮을까요?
B : Not a problem. 그러죠.

004 Would you mind if~ ? …하면 안될까?

Point » Would you mind~ 다음에 if S+V 형태가 이어지는 경우. 중요한 건 이에 대한 대답인데 mind 자체가 「…하기를 꺼려하다」라는 부정의 의미를 갖고 있기 때문에 답변 또한 부정의문문의 답변에 준한다. 그래서 Yes하면 「그렇다」(Yes I mind), 즉 「꺼려한다」는 의미로 부정의 답이 되고, No을 하게 되면 「아니 꺼리지 않는다」(No. I don't mind)라는 의미로 긍정의 답이 된다

Pattern »

_ **Would you mind if** I talked to them? 내가 걔네들에게 얘기하면 안될까?

_ **Would you mind if** I follow you back to the main office? 본사까지 널 따라가면 안될까?

_ **Would you mind if** I join you for a brief second? 잠시 너와 함께 하면 안될까?

_ **Would you mind if** I borrow your cell phone? 네 핸드폰을 빌리면 안될까?

_ **Would you mind if** I use your car to visit that client?
그 고객한테 가봐야 해서 그러는데 네 차 좀 써도 될까?

Dialog »

A : Are you comfortable in this room, Miss Jocelyn? 조슬린 양, 방은 편안하세요?
B : Would you mind if I turn the heat down? 방 온도를 낮추면 안될까요?

speak vs. say vs. tell vs. talk

'speak'와 'talk'는 의미가 유사하여 'May I speak / talk to John?'과 같이 많은 경우에 있어서 서로 바꿔쓰기도 하지만, 'speak'가 좀 더 형식적이며(more formal), 광범위한 쓰임새를 갖습니다. 따라서 'speak'는 아기가 의미도 모른 채 단순히 "맘마"하고 「말하는 것」 (to produce words with your voice)에서부터 「의견이나 생각을 말하는 것」, 「대화하는 것」은 물론이거니와 「연설하다」, 「강연하다」라는 의미로까지 두루 쓰입니다. 더욱이 주목할 만한 것은 어떤 특정한 언어를 「말할 수 있다」라고 할 때도 바로 이 'speak'를 쓴다는 점이죠. 우리가 실생활에서 자주 쓰는 "Can you speak Korean?" 이나 "I can't speak English well"에서처럼 말이죠. 이에 반해 'talk'는 좀 더 일상적이고 격식이 없는 말(more casual and informal)로서 'having a conversation'의 의미가 강하여 「상대가 있는 가운데 자신의 생각이나 의견 또는 속내를 말한다」는 의미를 갖습니다. 가령 연설이나 강연에 있어서도 'speak'에 비해 그다지 격식이 없는 말이죠. 또한, "My baby cannot talk yet"이라고 할 때의 이 「말」(talk)이란 「의미를 알고 하는 말」입니다. 'tell'은 「말 · 언어」그 자체가 아니라 정보(알고 있는 사실)를 전한다(to give a detailed account of some-thing, to narrate, to communicate some fact or information)는 데 역점이 있는 단어로서, 이때 정보를 전달하는 매개는 연설의 형태이건, 편지이건, 노래건, 몸짓이건 개의치 않습니다. 따라서 tell 뒤에는 'A told B that…'과 같이 반드시 정보를 전해 듣는 상대방이 명시되어야 합니다. 반면, 「말하다」라는 의미를 갖는 가장 일반적인 단어인 'say'는 'speak,' 'talk,' 'tell'에서 볼 수 있는 「대화」나 「의사소통」의 의미는 다소 부족하며, 그야말로 「말하는 것」자체에 역점이 있으므로, 'A said (to B) that…'처럼 굳이 말을 듣는 상대방을 명시해 줄 필요는 없는 것이죠. 참고로 다음 두 예문 속에 숨겨진 차이를 구분해 봅시다. – He said to her that he loved her. / He told her that he loved her. 이때 said라는 단어 속에는 남자의 감정을 여자에게 얘기했다는 사실에 역점이 있으며, 차후의 일(남자의 감정을 받아들이는 것)은 여자에게 맡겨진 것이라는 의미가 숨어 있는 반면, told에는 남자의 감정을 듣고, 많건 적건 간에 여자의 마음이 남자에게로 기울어졌다는 의미가 숨어 있습니다. 때때로 이 네 단어의 의미를 구분하기란 매우 힘든 일이므로, 무엇보다도 문장 속에서 그 용법을 익히고, 많은 관용구나 표현들을 익혀 두는 것이 좋습니다. 그럼, 다음 문장에서 각각의 쓰임을 한번 살펴봅시다.

■ I spoke with my teacher about my grades. While we talked he told me my grades were unacceptable. 'You must study harder,' he said.

I don't mind~

---

001 I don't mind ~ing …해도 괜찮다, 상관없다

Point » 내가 괜찮거나 상관없을 때 그 어떤 것도 괜찮다고 말하려면 I don't mind~ 다음에 ~ing을 붙여주면 된다.

Pattern »
_ **I don't mind losing** to a chess genius. 체스 천재에게 게임을 져도 상관없어.

_ **I don't mind taking** it slow, I like him a lot. 진도 천천히 나가도 돼, 난 걔를 무척 좋아해.

_ **I don't mind waiting** for the things that I want. 내가 원하는 건 기다려도 상관없어.

_ **I don't mind coming** to your house. 네 집에 가도 상관없어.

_ **I don't mind doing** what we're going to do. 우리가 뭘 하든 상관없어.

Dialog »
A : I forgot to bring something to eat. 먹을 것 가져오는걸 깜박했어.
B : I don't mind sharing my lunch. 나하고 점심 같이 해도 돼.

---

002 I don't mind sb ~ing …가 …하는게 괜찮아, …가 …해도 상관없어

Point » sb가 ~ing를 해도 된다고 허락하는 패턴.

Pattern »
_ **I don't mind** you **touching** my belly. 네가 내 배를 만져도 괜찮아.

_ **I don't mind** you **being** friends with a guy. 네가 한 남자와 친구가 돼도 괜찮아.

_ **I don't mind** you **saying** so. 네가 그렇게 말해도 괜찮아.

_ **I don't mind** Patty **staying** here. 패티가 여기 남아 있어도 괜찮아.

_ **I don't mind** him **hanging** around with you. 걔가 너랑 같이 놀아도 상관없어.

Dialog »
A : Would you like to invite Nick to dinner? 저녁식사에 닉을 초대하고 싶어?
B : I don't mind Nick joining us. 닉이 함께 해도 난 괜찮아.

---

003 I don't mind if~ …해도 상관없어

Point » 자기는 상관하지 않는다는 내용을 if S+V의 형태로 써주는 표현법.

Pattern »
_ **I don't mind if** he stays. 걔가 머물러도 괜찮아.

_ **I don't mind if** I do. 그러면 좋겠어.

_ **I don't mind if** you ask. 네가 물어봐도 괜찮아.

_ **I don't mind if** Jerry borrows some money. 제리가 돈을 좀 빌려도 괜찮아.

_ **I don't mind if** it snows tonight. 오늘밤에 눈이 와도 괜찮아.

Dialog »
A : Fall is here and winter is coming. 가을이 왔고 겨울이 다가오고 있어.
B : I don't mind if it gets cold. 추워진다해도 난 상관없어.

Chapter 07

I don't mind because S+V ···하기 때문에 괜찮아

Point » 「싫지 않다」는 말인 I don't mind~와 여기에 접속사 because를 연결시켜 I don't mind because S+V의 형태로 쓰인 패턴이다.

Pattern »

_ **I don't mind because** she looks cute. 걔가 귀여워보이기 때문에 괜찮아.

_ **I don't mind because** the test was easy. 시험이 쉬웠기 때문에 괜찮아.

_ **I don't mind because** I am not hungry. 배고프지 않기 때문에 괜찮아.

_ **I don't mind because** I like any type of food. 난 음식을 가리지 않기 때문에 괜찮아.

_ **I don't mind because** we are leaving tomorrow. 우리 내일 출발하기 때문에 괜찮아.

Dialog »

A : Sorry we have to meet so late. 그렇게 늦게 만나야 해서 미안해.

B : I don't mind because we had no other time. 다른 시간은 안되었기 때문에 괜찮아.

Pattern 79 »» You don't mind me~ing

001

I hope you don't mind me ~ing 내가 ···해도 네가 괜찮기를 바래

Point » 「내가 ···을 해도 괜찮기를 바란다」고 상대방의 양해를 구하는 표현이다.

Pattern »

_ **I hope you don't mind** me **springing** this picnic on you.
내가 네게 피크닉건을 갑자기 얘기 꺼내도 괜찮기를 바래.

_ **I hope you don't mind** me **calling** you. 내가 네게 전화를 해도 괜찮기를 바래.

_ **I hope you don't mind** me **stopping** by. 내가 잠깐 들러도 괜찮겠지.

_ **I hope you don't mind** me **asking** some questions. 내가 질문 좀 해도 괜찮겠지.

Dialog »

A : I hope you don't mind me using your computer. 내가 네 컴퓨터 써도 괜찮겠지.

B : Just try and finish up soon. 쓰고 빨리 끝내.

002

I wouldn't mind if[~ing]~ ···하면 좋겠어

Point » if 이하를 한다면 난 꺼리지(mind) 않을텐데(wouldn't)라는 말로 다시 말하면 「···을 한다면 좋겠어」라는 희망사항을 말하는 패턴이 된다.

Pattern »

_ **I wouldn't mind having** a few minutes alone. 잠시 혼자 있으면 좋겠어.

_ **I wouldn't mind going** to some nice restaurants. 멋진 식당에 가면 좋겠어.

_ **I wouldn't mind sharing** a few things with her myself.
걔와 몇가지 일을 공유하면 좋겠어.

_ **I wouldn't mind spending** the rest of my life with that guy.
저 남자와 내 여생을 함께 보내면 좋겠어.

_ **I wouldn't mind if** studying is done later. 공부가 늦게 끝나면 좋겠어.

Dialog »

A : It's so nice you offered to stay here. 여기 남으라고 제의해줘서 정말 고마워.

B : I wouldn't mind if being here helps you. 여기 있는게 네게 도움이 되면 좋겠어.

---

003 **If you don't mind me asking[saying],** 이런 말해서 그렇지만

Point » 상대방의 의견과 좀 다른 말을 하기 전에 혹은 좀 실례되는 말을 하기에 앞서 정중함을 표현하기 위해 내세우는 어구이다.

Pattern » _ **If you don't mind me saying so,** that was a mistake.

이런 말해서 그렇지만, 그건 실수였어.

_ **If you don't mind me asking,** what's the plan? 이런 말해서 그렇지만, 계획이 뭐야?

_ **If you don't mind me asking,** where are you from?

이런 말해서 그렇지만, 너 어디 출신이야?

_ **If you don't mind me asking,** why are you divorcing? 이런 말해서 그렇지만, 왜 이혼해?

Dialog » A : If you don't mind me asking, **what are your plans?** 이런 말해서 그렇지만, 네 계획은 뭐야?

B : I have to watch my kids for most of the day. 거의 온종일 아이들 뒷바라지 해야 돼.

---

004 **Never mind that S+V** …을 신경쓰지마

Point » 상대방에 「…을 맘에 두지 말라」고 안심시키는 표현으로 Never mind~ 다음에는 명사, about+명사, that S+V 절 혹은 의문사 절 등 다양한 형태가 이어진다.

Pattern » _ **Never mind him.** 걔 신경쓰지마.

_ **Never mind about** your coffee break. 커피타임에 대해 신경쓰지마.

_ **Never mind** I'm a single parent! 내가 한부모 가정이라고 신경쓰지마!

_ **Never mind what** I want. 내가 원하는게 뭔지 신경쓰지마.

_ **Never mind that** she didn't come. 걔가 오지 않은거 신경쓰지마.

Dialog » A : Dottie is headed to China for business. 도티는 출장으로 중국에 가.

B : Never mind that **she just got married.** 걔가 결혼한 직후라는 건 신경쓰지마.

Would you care~ ?

001

Would you care for~ ? …을 들래?, …을 원해?

Point >> 상대방의 의향을 묻거나 제안을 하는 표현으로 for 이하의 것을 원하냐고 물어보는 문장. for 대신에 if를 써서 Would you care if~라고 해도 된다.

Pattern >>
_ **Would you care for** a cold drink, Mr. Smith? 스미스 씨 시원한 음료 드실래요?

_ **Would you care for** some breakfast? 아침 좀 들래?

_ **Would you care for** some coffee or dessert? 커피나 후식 먹을테야?

_ **Would you care for** another drink before your meal?

식사 전에 음료수 한 잔 더 드시겠습니까?

_ **Would you care for** dessert? 디저트를 드시겠어요?

Dialog >>
A : Would you care for **an appetizer or drink before dinner?**
식사 전에 애피타이저나 음료수 한잔 하시겠어요?

B : No, thank you. I'm on a diet. 아뇨, 됐습니다. 다이어트 중이거든요.

002

Would you care to~ ? …할래?

Point >> 상대방에게 to+V 이하를 하고 싶은지 물어보는 표현으로 Would 대신 Do를 써도 된다.

Pattern >>
_ I'm gonna take a shower. **Do you care to** join me? 샤워할건데, 같이할래?

_ **Would you care to** try it? 한번 그거 해볼테야?

_ **Would you care to** dance with me? 나랑 춤추고 싶어?

_ **Would you care to** order? 주문하시겠어요?

_ **Would you care to** explain that? 그거 설명해줄테야?

Dialog >>
A : Would you care to **watch a movie with me?** 나와 함께 영화볼래?

B : Sure, let's make plans to do it this week. 물론, 이번주에 보도록 계획을 짜자.

003

Do you care about~ ? …에 대해 신경을 써?, …에 관심이 있어?

Point >> care about하게 되면 「…에 대한 신경을 쓰다」, 「관심을 갖다」라는 의미.

Pattern >>
_ **Do you care about** me, Alan? 앨런, 나를 좋아하기는 해요?

_ **Do you care about** any of that? 그거에 조금이라도 관심있어?

_ **Do you care about** friendship? 우정에 대해 신경을 써?

_ **Why do you care about** this so much? 이거에 왜 그렇게 많이 관심이 있어?

_ **What do you care** what people call you? 사람들이 널 뭐라 부르는거에 뭐 신경을 써?

Dialog >>
A : Their trip to Vietnam may be dangerous. 걔네들 베트남 여행은 위험할 수도 있어.

B : Do you care about **what happens to them?** 걔네들에게 어떤 일이 일어날지 신경써?

Since when do you care~ ? 네가 언제부터 …을 신경썼어?

Point » 관심도 없던 사람이 갑자기 신경을 쓰는 척하고 있다고 생각할 때 비아냥거리면서 사용하는 표현이다.

Pattern »
_ **Since when do you care** so much about family? 네가 언제부터 가족에 대해 신경썼어?

_ **Since when do you care** about chewing tobacco? 언제부터 씹는 담배를 좋아했어?

_ **Since when do you care** who I'm going out with? 언제부터 내가 누구랑 데이트하던 신경썼어?

_ **Since when do you care** so much about Chris Suh?
언제부터 크리스 서에 대해 그렇게 신경을 썼어?

_ **Since when do you care** about my life? 언제부터 내 인생에 대해서 신경을 썼어?

Dialog »
A : I'm worried that the air is getting too dirty. 공기가 점점 너무 더러워져 걱정야.
B : Since when do you care **about pollution?** 네가 언제부터 공기오염을 신경썼어?

Pattern
81 »» **I care about~**

001

I care about~ …을 좋아해, …에 관심을 갖고 있어

Point » about 이하에 「관심을 갖다」, 「신경을 쓰다」라는 말로, 발전하여 「…을 좋아하다」라는 뜻으로도 쓰인다.

Pattern »
_ **I care about** you. 난 너를 좋아해.

_ **I care** more **about** her than **I care about** me. 난 나보다 걔한테 신경을 더 써.

_ You're the one person **I care** most **about**. 넌 내가 가장 좋아하는 유일한 사람이야.

_ How can you not **care about** your future? 어떻게 네 미래에 신경을 쓰지 않을 수 있어?

_ **I care about** Chris more than **I have ever cared about** anyone.
여태껏 누구보다도 크리스를 좋아해.

Dialog »
A : You always dress very nicely. 넌 언제나 옷을 멋지게 입더라.
B : I care about **the impression I make.** 내가 주는 인상에 대해 신경을 써.

002

I care about what~ …을 신경써

Point » care about~ 다음에 what 절이 이어지는 경우이다.

Pattern »
_ **I care about what** happened to Paul. 폴에게 일어난 일에 대해 신경을 쓰고 있어.

_ **I care about what** people think about me. 사람들이 나에 대해 어떻게 생각하는지 신경써.

_ **I care about what** my job is. 내 직업이 뭔지 신경이 쓰여.

_ **I care about what** the president does. 사장이 하는 일에 신경이 쓰여.

Dialog »
A : Don't worry about the rumors. 소문에 대해서는 걱정하지마.
B : I care about what **people are saying.** 난 사람들이 하는 말에 신경을 써.

003 All I care about is~ 내 관심사는 오직 …뿐이야

Point >> 내가 관심을 갖고 있는 부분을 강조하는 표현. 노골적으로 The only thing I care about is~라고 해도 된다. is~ 다음에는 명사나 동사의 ~ing가 오게 된다.

Pattern >>

_ **All I care about is** getting out of here. 내 관심사는 오직 여기서 나가는거야.

_ **All I care about is** finding Aiden. 내 관심사는 에이든을 찾는거야.

_ **All I care about is** having fun. 내 관심사는 오직 즐기는거야.

_ **All I care about is** your safety. 내 관심사는 오직 네 안전이야.

_ **All I care about is** winning. 내 관심사는 오직 이기는 것뿐이야.

Dialog >>

A : Are you telling me you don't want to stay? 가고 싶다는 얘기야?

B : All I care about is getting out of here. 내 관심사는 오직 여기서 나가는 것뿐이야.

004 Why do I care~ ? …가 나와 무슨 상관이야?

Point >> 내가 왜 신경을 써야 되느냐는 말로 전혀 나하고는 상관없고 신경도 쓰지 않는다는 반어적 표현이다.

Pattern >>

_ **Why do I care** what you want? 네가 뭘 원하든 그게 나와 무슨 상관이야?

_ **What do I care** who Chris dates? 크리스가 누구와 데이트하든 내가 무슨 상관이야?

_ **Why should I care** how you die? 네가 어떻게 죽을지 그게 나와 무슨 상관이야?

_ **Why do I care** what happens in Africa? 아프리카에서 일어나는 일에 대해 내가 무슨 상관이야?

Dialog >>

A : Neil says he's moving to Toronto. 닐은 내일 토론토로 이사하는데.

B : Why do I care where he goes? 걔가 어디로 가든 내가 무슨 상관이야?

Pattern 82 >> I don't care~

001 I don't care about~ …에 전혀 상관없어, 전혀 신경쓰지 않아

Point >> 내 알바가 아니거나 아무래도 상관없음을 나타내는 표현으로 about~ 다음에는 명사나 ~ing가 온다.

Pattern >>

_ **I don't care about** my work. 일은 신경 안 써.

_ **I don't care about** any of that. 난 그거 전혀 신경쓰지 않아.

_ **I don't care about** the money. 난 돈에 대해 신경쓰지 않아.

_ **I don't care about** everyone. I care about her. 난 모든 사람을 신경쓰지 않아. 걔만 신경써.

_ **I don't care about** the result. 난 결과에 상관없어.

Dialog >>

A : I don't care about my work. 일은 신경 안 써.

B : You have a bad attitude. 자세가 안 좋구만.

002 I don't care wh~ …은 관심없어

Point » I don't care~ 다음에 다양한 의문사 S+V 형태를 이어 써본다.

Pattern »
_ **I don't care what** you think. 네 생각은 알바아냐.
_ **I don't care who** he sleeps with. 걔가 누구랑 자는지 관심없어.
_ **I don't care who** wins. 누가 이기든 관심없어
_ **I don't care what** happens in the future. 미래에 무슨 일이 일어나든 난 관심없어.
_ **I don't care who** he's dating. 걔가 누구랑 데이트하든 신경쓰지 않아.

Dialog »
A : I don't like the way you designed this. 너 디자인한 게 맘에 안들어.
B : Bite me. I don't care what you think. 배째. 네 생각은 알바아냐.

003 I don't care if~ …해도 신경안써, …하든 상관안해

Point » if~ 이하를 하든 말든 신경안쓴다는 무관심의 표현.

Pattern »
_ **I don't care if** we are a little late for the party. 파티에 조금 늦는다고 해도 신경안써.
_ **I don't care if** people recycle things. 사람들이 재활용하는데 관심없어.
_ **I don't care if** she's fat or thin. 난 걔가 뚱뚱하든 날씬하든 상관안해.
_ **I don't care if** people think I am dumb. 사람들이 날 바보로 생각해도 상관없어.
_ **I don't care if** we go on strike or not. 우리가 파업을 하든 안하든 난 상관없어.

Dialog »
A : Do you care if we're late? 늦을까봐서 걱정되니?
B : I don't care if we are a little late for the party. 파티에 조금 늦는다고 해도 신경안써.

004 I couldn't care less (about, if~) (…라도) 알게 뭐람

Point » 「부정+비교=최상급」 공식을 적용하면 쉽게 이해가 된다. 덜 신경을 쓸 수가 없다라는 말로 전혀 손톱만큼도 신경을 쓰지 않는다는 말이다.

Pattern »
_ **I couldn't care less.** I don't like politics. 알게 뭐람. 정치를 싫어서.
_ **I couldn't care less if** you are in need of help. 너희들이 도움이 필요하다고 해도 난 상관없어.
_ **I couldn't care less about** the picture. 그 그림이 뭐든 알바아냐.
_ **I couldn't care less about** his politics. 걔의 정치적 견해가 뭐든 알바아냐.
_ **I couldn't care less if** we're delayed. 늦어져 우리가 기다려도 난 상관없어

Dialog »
A : Your sister may not pass the exam. 네 누이는 시험에 합격하지 못할지도 몰라.
B : I couldn't care less if she fails. 걔가 떨어져도 내 알바아냐.

001 **I'm not allowed to~** 난 …하면 안돼

Point >> be allowed to+V하게 되면 「…을 하는 것이 허락되다」, 반대로 be not allowed to+V하게 되면 「…하면 안된다」라는 금지의 표현이 된다.

Pattern >>
_ **I'm not allowed to** have coffee. 난 커피마시면 안돼.
_ **I'm not allowed to** visit my daughter? 내 딸을 방문하면 안된다고?
_ **I'm not allowed to** bring kids to work. 아이들을 직장에 데려오면 안돼.
_ **I'm not allowed to** meet customers. 난 고객들을 만나면 안돼.
_ **I'm not allowed to** borrow her stuff! 난 쟤 물건 빌려쓰면 안되게 돼있어!

Dialog >>
A : Why aren't you assisting her? 왜 걔를 도와주지 않아?
B : I'm not allowed to help anyone. 난 다른 사람을 도와주면 안돼.

002 **We're not allowed to~** 우린 …하면 안돼

Point >> 우리가 하면 안되는 금지사항을 말하면 된다.

Pattern >>
_ **We're not allowed to** talk. 우린 얘기를 하면 안돼.
_ **We're not allowed to** have a conversation. 우리는 대화를 나누면 안돼.
_ **We're not allowed to** give gifts? 우리는 선물을 주면 안돼?
_ **We're not allowed to** talk to strangers. 우리는 낯선 사람과 얘기하면 안돼.
_ **We're not allowed to** go to Ray's house. 우리는 레이 집에 가면 안돼.

Dialog >>
A : Come on, let me see the test paper. 이봐. 시험지 좀 보여줘.
B : We're not allowed to start the test early. 시험을 일찍 시작하면 안돼.

003 **You are allowed to~** …해도 돼

Point >> 상대방에게 to+V 이하를 하도록 허락하는 문장이다.

Pattern >>
_ **You are allowed to** leave the building. 너 이 건물에서 나가도 돼.
_ **You are allowed to** make noise. 넌 소리를 내도 괜찮아.
_ **You are allowed to** eat junk food. 넌 패스트푸드를 먹어도 돼
_ **You are allowed to** use the Internet. 넌 인터넷을 써도 돼.
_ **You are allowed to** choose three items. 넌 3개 물건을 골라도 돼.

Dialog >>
A : Can I take a date to the wedding? 결혼식에 내 애인 데려가도 돼?
B : You are allowed to bring one guest. 손님 한 명만 데려올 수 있어.

You're not allowed to~ …하면 안돼

Point » 상대방에게 to+V 이하를 하면 안된다고 「금지」를 하는 표현이다.

Pattern »
_ **You're not allowed to** smoke here. 여기서 담배피면 안돼.
_ **You're not allowed to** sleep with any of your students. 제자와 자면 안되는거야.
_ **You're not allowed to** see him anymore. 넌 더 이상 걔를 보면 안돼.
_ **You're not allowed to** call me that. 넌 나를 그렇게 부르면 안돼.
_ **You're not allowed to** yell at each other. 서로 소리를 지르면 안돼.
_ **You're not allowed to** smoke in restaurants. 레스토랑에서 담배피면 안돼.

Dialog »
A : You're not allowed to **have drinks out here.** 음료는 밖으로 가지고 나가실 수 없습니다.
B : Oh, I didn't know that. 어머, 몰랐어요.

Pattern 84 »» I understand~

001

I understand sth …을 이해해

Point » sth이 어떤 것인지 알고 이해한다는 표현.

Pattern »
_ **I understand** the situation, Jack. 잭. 상황을 이해해.
_ **I understand** the pressure you're under. 네가 압력을 받고 있는걸 이해해.
_ **I understand** the point you're making, Claire. 클레어. 네 말의 요지를 이해해.
_ **I understand** the reason it happened. 그거의 발생 원인을 이해해.

Dialog »
A : Are the regulations clear to you? 규정은 정확히 알아들었어?
B : I understand **the rules very well.** 규칙들을 아주 잘 이해했어.

002

I understand that, but~ 그게 이해되지만, …

Point » 상대방의 의견과 반대되는 얘기나 뭔가 거절을 할 때 정중하게 말하는 패턴이다.

Pattern »
_ **I understand that, but** I don't agree. 그게 이해되지만 동의는 못해.
_ **I understand that, but** you should reconsider. 그게 이해되지만 넌 재고해야 돼.
_ **I understand that, but** I think you are wrong. 그게 이해되지만 네가 틀린 것 같아.
_ **I understand that, but** the situation may change. 그게 이해되지만 상황이 바뀔 수 있어.
_ **I understand that, but** it seems unfair. 그거 이해되지만, 불공평한 것 같아.

Dialog »
A : I'm sorry, but you aren't allowed in. 미안하지만 넌 들어오면 안돼.
B : I understand that, but **it's unfair.** 이해는 되지만 불공평해.

003 I understand S+V ···을 이해해

Point » 이번에는 이해하는 부분을 S+V의 형태로 쓰는 경우이다.

Pattern »
_ **I understand** that sex is a part of life. 섹스가 인생의 일부라는 것을 이해해.

_ **I understand** it's a big decision. 그게 중대한 결정인 것을 이해해.

_ **I understand** you're doing a heart transplant today. 오늘 심장이식수술한다는 걸 알아.

_ **I understand** that you had a particularly difficult day. 특별히 힘든 날이었다는 걸 이해해.

_ **I understand** it's been difficult. 그게 어려웠다는 걸 이해해.

Dialog »

A : Our relationship is over. It's finished. 우리 관계는 끝났어. 끝났다고.
B : I understand we can't go out anymore. 이제 더 이상 우리는 데이트는 못하겠구만.

004 I understand what~ ···을 이해해

Point » 이해하는 부분을 의문사 절로 쓰는 패턴이다.

Pattern »
_ **I understand what** happened. 무슨 일이 일어났는지 이해하고 있어.

_ **I understand why** you were there. 네가 왜 거기에 있었는지 이해해.

_ **I understand why** you see a shrink. 네가 왜 정신과 의사와 상담하는지 이해해.

_ **I understand why** you didn't wanna tell me. 네가 왜 나한테 말하지 않으려고 했는지 이해해.

_ **I understand if** you came by to hit me, I deserve it.
네가 들러서 나를 때려도 이해해. 난 당해싸.

Dialog »

A : What Jake is trying to say is that he needs help. 제이크가 말하려는 건 걔에게 도움이 필요하다는거야.
B : Now I understand why he's been so stressed. 왜 걔가 그렇게 스트레스를 받았는지 이해가 돼.

Pattern 85 » I don't understand~

001 I don't understand~ ···가 이해 안돼

Point » 이번에는 이해가 안된다고 할 때로 먼저 I don't understand~ 다음에 명사가 나오는 경우이다.

Pattern »
_ **I don't understand** a single word you just said. 네가 한말 한마디도 이해가 안돼.

_ **I don't understand** any of it. 난 그거 전혀 이해가 안돼.

_ **I don't understand** mechanical things. 기계적인 것들은 이해가 안돼.

_ **I don't understand** math or science. 난 수학이나 과학은 이해가 안돼.

_ **I don't understand** your e-mail. 난 네 이멜이 이해가 안돼.

Dialog »

A : That is how a car's engine works. 이렇게 해서 자동차 엔진이 작동하는거야.
B : You lost me. I don't understand mechanical things. 못 알아들었어. 기계적인 것들은 이해가 안돼.

002 I don't understand why S+V 왜 …인지 이해가 안돼

Point » 이해가 안되는 부분을 의문사절로 표현하는 방식인데 가장 많이 쓰이는 why S+V절을 붙여본다.

Pattern »
_ I don't understand why you came. 네가 왜 왔는지 이해가 안돼.
_ I don't understand why she's so mad at me. 걔가 왜 내게 화를 내는지 이해가 안돼.
_ I don't understand why she's not falling asleep. 걔가 왜 잠들지 않는지 이해가 안돼.
_ I don't understand why you're being so nice to me.
네가 왜 그렇게 내게 착하게 구는지 이해가 안돼.
_ I don't understand why you didn't talk to me about it.
네가 왜 내게 그에 대해 얘기안했는지 이해가 안돼.

Dialog »
A : I don't understand why my wife is so tired all the time. 내 아내는 항상 왜 그렇게 피곤한지 모르겠어.
B : Put yourself in her shoes and you'll see why. 아내의 입장이 되어보면 그 이유를 알게 될거야.

003 I don't understand how~ 어떻게 …하는지 이해가 안돼

Point » I don't understand~ 다음에 how S+V를 써본다.

Pattern »
_ I don't understand how you let him get away. 네가 어떻게 걔를 놓쳤는지 이해가 안돼.
_ I don't understand how this could've happened.
어떻게 이런 일이 일어날 수 있었는지 이해가 안돼.
_ I don't understand how this keeps happening.
어떻게 이런 일이 계속 일어나는지 이해가 안돼.
_ I don't understand how this happened to me. 어떻게 이런 일이 내게 일어났는지 이해가 안돼.
_ I don't understand how he got so wealthy. 걔가 어떻게 그렇게 부자가 되었는지 이해가 안돼.

Dialog »
A : Pam knows you have a crush on her. 팸은 네가 자기에게 반했다는 것을 알고 있어.
B : I don't understand how she found out.
걔가 어떻게 알았는지 모르겠네.

004 I don't understand what~ …가 이해가 안돼

Point » I don't understand~ 다음에 what 절이나 where 절이 이어나오는 경우이다.

Pattern »
_ I don't understand what you mean. 네가 무슨 말하는지 이해가 안돼.
_ I don't understand what that means. 그게 무슨 말인지 이해가 안돼.
_ I don't understand what you're doing. 네가 뭘 하고 있는지 이해가 안돼.
_ I don't understand what you're talking about. 네가 무슨 말하는지 이해가 안돼.
_ I don't understand where my boyfriend is. 내 남친이 어디 있는지 모르겠어.

Dialog »
A : I don't understand what destroyed my phone. 뭣 때문에 내 폰이 망가졌는지 모르겠어.
B : It broke when you dropped it in the street. 거리에서 떨어트렸을 때 부숴진거지.

---

001 **I guess S+V** …인 것 같아

Point ⟫ I guess 주어+동사의 경우도 I think와 유사한 표현으로 역시 확신이 없는 이야기를 전달할 때 혹은 전달하는 이야기를 부드럽게 할 때 쓰는 표현

Pattern ⟫
_ **I guess** it's time we talked about this. 이거에 대해 얘기해야 될 것 같아.

_ **I guess** you're right. 네 말이 맞는 것 같아.

_ **I guess** it's just beginner's luck. 그냥 처음 하는 사람에게 따르는 운일 뿐이야.

_ **I guess** it's worth a try. 한번 해 봄직도 한데.

_ **I guess** we don't have a choice. 우리에게 선택권이 없는 것 같아.

Dialog ⟫
A : I can't believe that we're breaking up. 우리가 깨지다니. 믿을 수가 없어.

B : I guess all good things must come to an end. 아무리 좋은 일이라도 끝이 있게 마련이라잖아.

---

002 **I realize that S+V** …라는 사실을 알게 됐어[깨달았어]

Point ⟫ 몰랐던 사실을 새롭게 깨달았을 때 사용하면 된다.

Pattern ⟫
_ **I realized** we've been unfair to you. 우리가 네게 불공평했다는 걸 깨달았어.

_ **I realized** I judged you too fast. 내가 너무 빨리 널 판단했다는 것을 알게 됐어.

_ **I realize that** the criminal is dangerous. 범죄자는 위험하다는 걸 알아.

_ **I didn't realize** it was too loud. 소리가 너무 큰 줄 몰랐네.

_ **I realize that** people are still sleeping. 사람들이 아직 자고 있다는 걸 알게 됐어.

Dialog ⟫
A : Excuse my French, but what the hell were you thinking?
험한 말써서 미안하지만 젠장 도대체 정신을 어디에다 둔거였어?

B : I realize now that it was a mistake. 이제야 실수였다는 것을 깨달았어.

---

003 **I suggest S+V** …하도록 해

Point ⟫ 상대방에게 「…하라」고 제안하는 표현법으로 우리말로는 「…하도록 해」 정도로 옮기면 된다.

Pattern ⟫
_ **I suggest** you do more research. 좀 더 조사를 하도록 해.

_ **I suggest** we grab a bite to eat. 간단히 먹을 것 좀 먹도록 하자.

_ **I suggest** we paint the walls. 우리가 벽에 페인트칠을 하자.

_ **I suggest** you try to calm down. 침착하도록 해.

_ **I suggest** you do the same if you can. 가능하다면 너도 똑같이 해보도록 해봐.

Dialog ⟫
A : They don't pay enough to live on. 먹고 살기에 충분할 만큼 급여를 주지 않아.

B : I suggest you ask for a raise. 임금인상해달라고 해.

I suppose S+V ...라고 생각해, 추측해

Point >> I think~보다 좀 더 강도가 낮은 표현으로 아마도 사실일테지만 정말로 확실치는 않다라는 의미.

Pattern >>
_ **I suppose** you surprised him. 네가 걔를 놀라게 했다고 생각해.

_ **I suppose** people got upset. 사람들이 화났다고 생각해.

_ **I suppose** Gary took some pictures. 게리가 사진 몇장을 찍었다고 생각해.

_ **I suppose** we should go to Miami. 우리가 마이애미에 가야 된다고 생각해.

_ **I suppose** you're right. 당신이 옳은 것 같네요.

Dialog >>
A : Why do old people eat at this restaurant? 왜 나이든 사람들이 이 식당에서 식사를 해?
B : I suppose they like it here. 여기를 좋아하는 것 같아.

Pattern 87 >> I notice S+V

001

I notice S+V ...을 알았어, ...을 알게 됐어

Point >> S+V란 사실을 알아차렸다는 의미의 표현.

Pattern >>
_ **I notice** someone broke the window. 누가 창문을 깼다는 것을 알게 됐어.

_ **I notice** your car is damaged. 네 차가 파손됐구나.

_ **I notice** everyone went home. 다들 집에 갔네.

_ **I notice** she acted unhappy. 걘 불행한 척 하는 걸 알았어.

_ **I notice** you wore a hat. 너 모자를 쓰고 있구나.

Dialog >>
A : Patty is looking more beautiful than ever. 패티가 어느 때보다도 예뻐보여.
B : I notice she had plastic surgery. 걔 성형수술했어.

002

I trust S+V ...라 생각해, 믿어, 기대해

Point >> I believe~ 정도로 생각하면 된다.

Pattern >>
_ **I trust** you will come over. 난 네가 들를거라 기대해.

_ **I trust** they met Terry. 난 걔네들이 테리를 만났다고 생각해.

_ **I trust** the meal tasted delicious. 식사가 아주 맛있었다고 생각해.

_ **I trust** you were comfortable last night. 어젯밤에 편히 잤겠지.

_ **I trust** we can relax a while. 잠시 우리가 휴식을 취해도 될 것 같아.

Dialog >>
A : I trust you were comfortable last night. 어젯밤에 편히 잤겠지.
B : Yes. I slept very well. 어, 아주 잘잤어.

Basic Words Three

| 001 | **Someone like~** ···와 같은 사람 |

Point >> 여기서 like는 동사가 아니라 전치사로 「like+사람」처럼 쓰이는 경우이다. like 이하의 사람과 같은 누군가라는 의미이다.

Pattern >>

_ **Someone like** me? 나와 같은 사람?

_ **Someone like** my half sister? 내 이복누이 같은 사람?

_ **Someone like** Chris Suh, her wedding gown stylist.
걔의 웨딩드레스 스타일리스트인 크리스 서 같은 사람?

_ **Someone like** Charlie will take over. 찰리 같은 사람이 떠맡을거야.

_ **Someone like** you would be perfect for the job. 너 같은 사람이 그 일에 완벽히 적합할거야.

Dialog >>

A : What kind of woman do you want to date? 어떤 타입의 여자와 데이트하고 싶어?
B : Someone like your girlfriend. 네 여친 같은 사람.

| 002 | **Someone who~** ···하는 사람 |

Point >> 위에서 Someone을 「like+사람」이 한정했지만 이번에는 조금 길게 관계대명사 who 절이 Someone을 수식하는 경우이다.

Pattern >>

_ **Someone who** isn't related to Steve. 스티브와 관련되지 않은 사람.

_ **Someone who** clearly loves you very much. 너를 매우 사랑하는 어떤 사람.

_ **Someone who** knew a way out. 출구를 알고 있었던 누군가.

_ **Someone who** doesn't judge me. 나를 비난하지 않는 사람.

_ **Someone who** smokes stayed here. 담배피는 사람은 여기 남았어.

Dialog >>

A : Who should fix the computer system? 누가 컴퓨터 시스템을 고쳐야 할까?
B : Someone who has done this before. 전에 고쳐본 적이 있는 사람이.

| 003 | **Someone I know+V~** 내가 아는 누가 ···해 |

Point >> Someone+V의 단순한 구조에서 Someone을 I know. 혹은 I don't know가 한정하는 경우이다. 다시 말해 구체적으로 말하고 싶지 않거나 혹은 실제 모를 때 「내가 아는 누군가가~」,「내가 모르는 어떤 사람이~」라는 의미로 쓰이는 표현이다.

Pattern >>

_ **Someone I know** is getting married! 내가 아는 누군가가 결혼해!

_ **Someone I don't know** sent me an e-mail and I opened it.
내가 모르는 사람이 내게 이멜을 보냈고 난 그걸 열어봤어.

_ **Someone I know** had an accident. 내가 아는 누군가가 사고를 당했어.

_ **Someone I know** won the lottery. 내가 아는 누군가가 로또에 당첨됐어.

_ **Someone I know** wrote this book. 내가 아는 누군가가 이 책을 썼어.

영어회화
공식패턴
3300

Dialog ▶

> A : Someone I know **crashed his car.** 내가 아는 누군가가 자기 차를 박았어.
>
> B : Oh my God! Was he hurt? 맙소새 그 사람 다쳤어?

004

Someone+V(과거) 누가 …했어

Point ▶

Someone이 단독주어로 그리고 바로 동사의 과거형이 이어지는 경우로 V 행동을 누가 했는지 모를 때 사용하면 된다.

Pattern ▶

_ **Someone** turned on your computer. 누군가 네 컴퓨터를 켰어.

_ **Someone** asked her out to the dance. 누가 걔에게 댄스 파티에 같이 가자고 했나봐.

_ **Someone** knocked the trash can over. 누군가 쓰레기통을 넘어뜨렸어.

_ **Someone** stole my cellular phone. 누가 내 핸드폰을 훔쳐갔어.

_ **Someone** broke in from the outside. 누가 바깥에서 침입해 들어왔어.

Dialog ▶

> A : I don't know who created the problem. 난 누가 이 문제를 야기했는지 모르겠어.
>
> B : **Someone** better take responsibility for it. 누군가 이거에 대한 책임을 져야 돼.

Pattern
02

≫ **Someone[Somebody]~**

001

Someone+부사구+V(과거) …에서 누군가가 …했어

Point ▶

Someone이 뭔가 일을 저질렀는데 이 Someone이 어떤 사람인지 어떤 곳에 있던 사람인지 등의 추가정보를 주는 문장.

Pattern ▶

_ **Someone** in there? 거기 누구 있어요?

_ **Someone** at work ate my sandwich! 직장의 누군가가 내 샌드위치를 먹었어!

_ **Someone** on the subway stole my wallet. 지하철에서 누군가가 내 지갑을 훔쳤어.

_ **Someone** at the scene knew what they were doing.
현장에 있던 누군가는 걔네들이 뭘하는지 알고 있었어.

_ **Someone** on our side could have given it to him.
우리쪽 누군가가 그걸 걔에게 줬을 수도 있어.

Dialog ▶

> A : What's wrong buddy? 이봐, 왜 그래?
>
> B : **Someone** at work ate my sandwich! 사무실에서 어떤 사람이 내 샌드위치를 먹었다고!

Someone must have+pp 누군가 …했음에 틀림없어

Someone과 과거의 강한 추측을 표현하는 must have+pp가 만난 경우로, 누구인지는 모르겠지만 「누군가 …을 했음에 틀림없다」라는 의미의 표현.

_ **Someone must have** stolen my credit card. 누군가가 내 신용카드를 훔쳐간게 틀림없어.

_ **Someone must have** tipped them off. 누군가가 걔네들에게 귀뜸해준게 틀림없어.

_ **Someone must have** found out about the house.
누군가 이 집에 대한 사실을 알아냈음에 틀림없어.

_ **Someone must have** opened their door and hit it.
누군가 문을 열고 그걸 때려부순게 틀림없어.

_ **Someone must have** flushed it down a toilet. 누군가 틀림없이 그걸 변기에 내려버렸을거야.

A : What happened to your car? 네 차 왜 그래?
B : Someone must have hit it in the parking lot. 누가 주차장에서 치고 간 것 같아.

Somebody+V 누가 …해

Somebody 다음에 바로 동사가 오는 패턴으로 정말 누구인지 모를 때, 막연히 「누가 …좀 하라」고 할 때 혹은 누구인지 알면서 「누가 …했네」처럼 할 때 쓰일 수 있다.

_ **Somebody** let me out please! 제발 누구 나 좀 내보내줘요!

_ **Somebody** got a haircut. 누가 머리 잘랐네.

_ **Somebody** sent it to us. 누군가 그걸 우리에게 보냈어.

_ **Somebody** get me a drink! 누가 나한테 마실 것 좀 줘!

_ **Somebody** shut him up, or I will. 누가 걔 입 좀 다물게 해, 아니면 내가 할거니까.

A : Why have you been so busy cleaning? 왜 그렇게 청소하느라 바쁜거야?
B : Somebody left a mess in the meeting room. 누가 회의실을 엉망으로 만들어놨어.

Somebody has to~ 누군가 …임에 틀림없어

Somebody 다음에 자주 이어지는 표현으로는 has to, is gonna, want to 등이 있다. has to는 의무로만 쓰이는게 아니라 구어체에서는 must처럼 추측으로 쓰이기도 한다.

_ **Somebody has to** tell you this. 누군가 네게 이걸 말해줬음에 틀림없군.

_ **Somebody has to** make him feel bad about it.
누군가 걔가 그거에 기분 상하게 했음에 틀림없어.

_ **Somebody is gonna** pick us. 누가 우리를 데리러 올거야.

_ **Somebody is gonna** notice that he's missing. 누군가 걔가 사라진 것을 알게 될거야.

_ **Somebody wants to** meet you! Come on! 누가 너 만나고 싶어해! 어서!

A : James drinks alcohol every day. 제임스는 매일 술을 마셔.
B : Somebody has to talk to him. 누군가 걔에게 얘기해야겠어.

---

001 | **Anyone~** 누구나 …(할 수) 있어

Point >> Anyone은 평서문에서는 「누구든지」라는 의미를 갖는다. 특히 Anyone can~의 패턴을 눈여겨 둔다.

Pattern >>
_ **Anyone** can make such a mistake. 누구나 그런 실수를 할 수 있어.

_ **Anyone** can fall in love and be blindly happy. 누구든지 사랑에 빠져 맹목적으로 행복질 수 있어.

_ **Anyone** can make a mistake. 누구든 실수를 하는거야.

_ **Anyone** would be so lucky to have you. 너를 만나는 사람은 누구든 정말 운이 좋을거야.

_ **Anyone** is capable of anything. 누구든지 뭐든 할 수 있는거야.

Dialog >>
A : The files were erased from the hard drive. 파일들이 하드에서 삭제됐어.

B : Anyone can make such a mistake. 누구나 그런 실수를 할 수 있어.

---

002 | **Anyone who~** …하는 사람은 누구든지

Point >> 역시 평서문에서 Anyone은 「누구든지」라는 말이고 의문문이 되면 「…하는 사람이 있어[없어]」라는 뜻이 된다.

Pattern >>
_ **Anyone who** wants to come home with me, give me a big kiss.
나와 함께 집에 가고 싶은 사람은 누구든지 내게 진한 키스를 해줘.

_ **Anyone who** sleeps late is lazy. 누구든 늦게까지 자는 사람은 게으른거야.

_ **Anyone who** could help you? 누구 너 도와줄 사람없어?

_ **Anyone who** eats French fries is unhealthy. 프렌치 프라이를 먹는 사람은 누구든지 건강에 해로워.

_ **Anyone who** takes things is a thief. 물건들을 가져가는 사람은 누구나 도둑이야.

Dialog >>
A : Who would I invite? 누구를 초대할까?

B : Anyone who invited you to theirs. 너를 초대했던 사람은 누구든지.

---

003 | **Anyone~ ?** …하는 사람?, 누구 …있어?

Point >> Anyone~?처럼 의문문으로 쓰이는 경우는 「누구 …하는 사람 있어?」라는 의미로 Anyone~ 다음에는 동사 want, know, need, have 등이 주로 온다.

Pattern >>
_ **Anyone** want more water? 물 더 필요한 사람?

_ **Anyone** ever tell you that? 누가 네게 이거 얘기해 준 사람있어?

_ **Anyone** know how Alex died? 알렉스가 어떻게 죽었는지 누구 알고 있어?

_ **Anyone** have any questions so far? 지금까지 뭐 질문 있는 사람 있어?

_ **Anyone** hungry? 누구 배고픈 사람 있어?

Dialog >>
A : Anyone have any questions so far? 지금까지 뭐 질문 있는 사람 있어?

B : Yeah. Do we have to work on Christmas? 응. 우리 크리스마스에 일해야 돼?

| 004 | **Anyone else~ ?** 누구든지 …할 다른 사람 있어? |

Point » Anyone else는 「다른 누구」라는 말로 뒤에는 want to, know, need to 등의 어구가 이어진다.

Pattern »

_ **Anyone else** want to share? 누구 함께 공유하고 싶은 다른 사람 있어?

_ **Anyone else** know about the situation? 그 상황에 대해 알고 있는 다른 사람 있어?

_ **Anyone else** need to go on the elevator? 누구 엘리베이터 타야 되는 다른 사람 있어?

_ **Anyone else** want to walk with him? 누구 걔하고 걷고 싶은 다른 사람 있어?

Dialog »

A : Anyone else want to share? 누구 함께 나누고 싶은 다른 사람 있어?
B : I can let you have some of my food. 네게 내 음식을 좀 줄게.

Pattern 04 » Anybody~

| 001 | **Anybody~** 누구든지… |

Point » Anyone 경우처럼 Anybody 역시 평서문처럼 쓰이면 「누구든지」라는 의미가 된다.

Pattern »

_ **Anybody** can get lucky. 누구든지 운이 터질 수 있어.

_ **Anybody** sings better than you. 누구든지 너보다 노래를 잘 불러.

_ **Anybody** who tells you it doesn't is lying. 그게 그렇지 않다고 네게 말하는 사람은 누구든 거짓말하는거야.

_ **Anybody** who fails this course will be thrown out. 이 과정에서 낙제하는 사람은 누구든 쫓겨날거야.

_ **Anybody** who gets sick can stay home. 누구든 아픈 사람은 집에 머물러도 돼.

Dialog »

A : Jim made three million on the stock market. 짐이 주식시장에서 3백억 달라를 벌었대.
B : Anybody can get lucky. 누구든지 운이 터질 수 있어.

| 002 | **Anybody want[need]~ ?** 누구 …하는 사람 있어[없어]? |

Point » 역시 Anybody~?처럼 의문문으로 쓰이면 「…하는 사람 있어[없어]?」라는 패턴이 된다.

Pattern »

_ **Anybody want** a chocolate? 누구 초콜릿 먹고 싶은 사람 있어?

_ **Anybody want** a beer? 누구 맥주 먹고 싶은 사람 있어?

_ **Anybody need** anything? 누구 뭐 필요한 사람 있어?

_ **Anybody want** to go check on Sofia? 누구 가서 소피아 확인하고 싶은 사람 있어?

_ **Anybody want** to come along? 누구 같이 가고 싶은 사람 있어?

_ **Anybody** here? I'm home. 아무도 없어? 나 왔어.

Dialog »

A : Anybody need anything? 누구 뭐 필요한 사람 있어?
B : Yeah, can you pick me up some coffee? 응, 커피 좀 사다줄래?

003 Anybody have [got]~? 누구 …가 있어?

Point >> Anybody~ 다음에 have나 got 등의 동사가 이어지는 경우로 「…가 있는지」 물어보는 표현이다.

Pattern >>
_ **Anybody have** a toothpick? 누구 이쑤시개 있는 사람 있어?
_ **Anybody have** a band-aid? 누구 밴드에이드 있는 사람?
_ **Anybody got** any ideas? 누구 아이디어 있는 사람?
_ **Anybody got** any better ideas? 누구 더 좋은 아이디어 있는 사람?
_ **Anybody have** an extra pair of socks? 누구 여분의 양말 있는 사람 있어?

Dialog >>
A : We need to find a place for this group to meet. 이 그룹이 만날 장소를 찾아야 해.
B : Anybody **got** any ideas? 누구 아이디어 있는 사람?

004 Anybody seen[heard]~? 누구 … 본 적[들은 적] 있어?

Point >> 역시 「…한 사람이 있는지」 물어보는 경우로 Anybody seen[heard]~혹은 Anybody+V의 표현을 알아본다.

Pattern >>
_ **Anybody seen** my patient Brian? 내 환자 브라이언 누구 본 사람 있어?
_ **Anybody seen** her since Tuesday? 화요일 이후 걔를 본 사람 있어?
_ **Anybody heard** from the husband yet? 누구 남편으로부터 소식 들은 사람 있어?
_ **Anybody know** what he's talking about? 걔가 무슨 얘기하는지 아는 사람?
_ **Anybody care** to join me? 누구 나랑 함께 할 사람?
_ **Anybody hurt?** 누구 다친 사람 있어?

Dialog >>
A : Sharon has not been to class for days. 샤론은 며칠간 수업에 오지 않았어.
B : Anybody **seen** her since Tuesday? 화요일 이후 걔를 본 사람 있어?

Pattern 05 >> Any+N~

001 Any reason S+V? …하는 무슨 이유가 있어?

Point >> 간단한 구어체 표현으로 Any reason S+V? 혹은 Any Idea what[why, how] S+V의 형태를 익혀본다.

Pattern >>
_ **Any reason** Neil skipped class today? 닐이 오늘 수업 빠진 이유가 있어?
_ **Any reason** you went to bed early? 일찍 잠자리에 든 무슨 이유가 있어?
_ **Any reason** she got upset? 걔가 화난 무슨 이유가 있어?
_ **Any idea what** we can do to stop him? 걔를 제지하기 위해 우리가 할 수 있는 좋은 생각있어?
_ **Any idea where** she was headed? 걔가 어디로 갔는지 아는 것 있어?

Dialog >>
A : Any idea where she might have gone? 걔가 어디 갔을 것 같아?
B : No clue. 전혀 몰라.

Any luck with~? …잘 됐어?

Point » Any 다음에 luck이 오는 경우로 Any luck~ 다음에 전치사 with, on 혹은 바로 ~ing 형태를 붙여 문장을 만든다.

Pattern »
_ **Any luck with** getting a doctor's appointment? 병원 예약을 할 수 있나요?
_ **Any luck** finding an apartment? 아파트 찾는거 잘됐어?
_ **Any luck** finding a nanny? 유모 구하는거 잘됐어?
_ **Any luck** tracking her phone? 걔 전화를 추적하는거 잘됐어?
_ **Any luck with** asking Helen out? 헬렌에게 데이트 신청한거 잘됐어?

Dialog »
A : Any luck with **your illness?** 네 병 어떻게 잘 됐어?
B : No, I still feel like crap. 아니, 아직 엿같아.

Any+N~? …가 있어?

Point » Any 다음에 N만 달랑 오거나 Any other+N의 형태를 살펴본다.

Pattern »
_ **Any other** questions? 다른 질문 있어요?
_ **Any** messages for me? 저한테 메시지 남긴 것 있나요?
_ **Any** tickets for today's show? 오늘 공연 티켓 있나요?
_ **Any** medicine for headache? 두통약 있나요?
_ **Any** soda in your fridge? 냉장고에 소다나 뭐 있어?

Dialog »
A : Any messages for me? 나한테 온 메시지있어?
B : Your lawyer called and he wants you to call back. 변호사한테 전화왔었는데 전화해달래.

Any chance S+V? …할 가능성은?

Point » 앞에 Is there~가 생략된 것으로 보면 된다.

Pattern »
_ **Any chance** you want to come with? 함께 가고 싶어?
_ **Any chance** you're pregnant? 임신했을 가능성은?
_ **Any chance** you know where she is? 걔가 어디 있는지 네가 혹 알고 있어?
_ **Any chance** you could take care of my dog? 내 강아지를 돌봐 줄 수 있어?
_ **Any chance** you could make him leave? 이 사람 좀 나가게 할 수 없어?
_ **Any chance** he will stop by the office? 걔가 사무실에 들를 가능성이 있어?

Dialog »
A : I can't find my flashlight. 손전등을 못찾겠어.
B : Any chance Steve borrowed it? 스티브가 빌려갔을 가능성이 있어?

No one[Nobody]~

---

001 No one's~ ing 아무도 …하지 않아

Point » No one's ~ing는 현재형으로 「아무도 …하지 않아」, No one's gonna~는 「아무도 …하지 않을거야」라는 의미.

Pattern »

_ **No one's** accusing her of being stupid. 아무도 걔가 어리석다고 비난하지 않아.

_ **No one's gonna** see you in that dress. 아무도 네가 그 드레스를 입고 있는 걸 보지 못할거야.

_ **No one's gonna** take your food away. 아무도 네 음식을 치우지 않을거야.

_ **No one's ever gonna** talk to you again. 아무도 다시는 네게 말을 걸지 않을거야.

_ **No one is ever going to** believe a word of that. 아무도 그걸 조금도 믿지 않을거야.

Dialog »

A : We need to be rescued from this mountain. 우리는 이 산에서 구조되어야 돼.

B : No one's coming for us. 아무도 우리를 위해 오지 않을거야.

---

002 No one knows~ 아무도 …을 알지 못해

Point » No one 다음에 현재형 동사가 오는 경우로 특히 No one knows~. No one wants to~ 등은 달달 외워둔다.

Pattern »

_ **No one will have** free time until it's finished. 이 일이 끝날 때까지 아무도 쉴 수 없어.

_ **No one takes** those suggestions seriously. 아무도 그런 제안을 진지하게 받아들이지 않는다구.

_ **No one has** the right to break the law. 아무도 법을 어길 권리는 없어.

_ **No one wants to** hear the truth. 아무도 진실을 듣고 싶어하지 않아.

_ **No one wants to** see this stuff. 아무도 이것들을 보고 싶어하지 않아.

Dialog »

A : They say this volcano is going to erupt. 이 화산이 곧 폭발할거라고 그래.

B : No one knows when it will be. 그게 언제일지는 아무도 몰라.

---

003 No one+V(과거동사) 아무도 …하지 않았어

Point » 이번에는 No one~ 다음에 과거형 동사가 와서 과거에 「아무도 …을 하지 않았다」라는 의미의 패턴이다.

Pattern »

_ **No one** understood what Jim was saying. 누구도 짐이 말했던 것을 이해하지 못했어.

_ **No one** saw the problem at first. 처음엔 아무도 그 문제를 보지 못했어.

_ **No one** took the garbage outside. 아무도 쓰레기를 밖으로 가져가지 않았어.

_ **No one** needs three different cars. 아무도 3대의 차는 필요없어.

_ **No one** told John about the homework. 아무도 존에게 숙제에 대해 말하지 않았어.

Dialog »

A : Do you have any messages? 메시지 뭐 온 거 있어?

B : No one called while you were at lunch. 점심시간에 아무 전화도 없었어.

No one told me~ 아무도 내게 …을 말해주지 않았어

Point » 가장 많이 쓰이는 패턴으로 No one told sb that S+V하게 되면 「아무도 sb에게 …라고 말하지 않았다」가 된다.

Pattern »
_ **No one told me** you'd be home! 네가 집에 있을거라고 아무도 내게 말하지 않았어!

_ **No one's ever told her** that. 아무도 걔한테 그 얘기를 하지 않았어.

_ **No one told us** that. 아무도 우리에게 그 얘기를 하지 않았어.

_ **No one told me** you'd be here. 아무도 네가 여기 있을거라고 내게 말하지 않았어.

_ **No one told me** we had to work late. 아무도 우리가 야근해야 한다는 걸 말하지 않았어.

Dialog »
A : This restaurant has a dress code. 이 식당은 복장제한이 있어.
B : No one told me to wear a suit. 아무도 정장을 입으라고 내게 말해주지 않았어.

**Pattern
07** »» **Nobody~**

Nobody+V[be going to~] 아무도 …하지 않아

Point » Nobody 다음에 현재동사가 이어지거나 혹은 be going to~가 이어지는 경우.

Pattern »
_ **Nobody** does that better than you. 아무도 너보다 그걸 잘하지 못해.

_ **Nobody** else has come up with an idea. 다른 누구도 아이디어를 생각해내지 못했어.

_ **Nobody** tells me anything. 아무도 내게 무슨 말을 해주지 않아.

_ **Nobody** ever listens to my opinion anyway. 아무도 내 말에 귀를 기울이지 않아.

_ **Nobody's** going to believe her. 아무도 걜 믿으려고 하지 않을거야.

Dialog »
A : I'm making cookies for my grandchildren. 손자들을 위해 쿠키를 만들어줄거야.
B : Nobody does that better than you. 아무도 너만큼 그걸 잘하지 못해.

Nobody wants to~ 아무도 …하고 싶어하지 않아

Point » to 이하를 하려는 사람이 없다는 것. 뒤에 likes to~를 붙여 「아무도 …을 좋아하지 않는다」라는 의미로도 쓰인다.

Pattern »
_ **Nobody wants to** do it? All right, I'll do it myself. 아무도 그걸 하지 않겠다고? 좋아, 내가 하지.

_ **Nobody wants to** hear that lame song. 아무도 서투른 노래를 듣고 싶어하지 않아.

_ **Nobody likes to** lose at the races. 아무도 경주에서 지는 걸 좋아하지 않아.

_ **Nobody wants to** donate any money. 아무도 돈을 기부하고 싶어하지 않아.

_ **Nobody wants to** wake up early. 아무도 일찍 일어나고 싶어하지 않아.

Dialog »
A : I need some help in the cellar. 지하 저장소에 좀 도움이 필요해.
B : Nobody wants to go down there. 아무도 거기에 내려가려고 하지 않아.

003 Nobody knows~ 아무도 …을 몰라

Point » Nobody knows+N. 혹은 Nobody knows S+V하면 「아무도 …을 모른다」, 즉 「…을 누가 알겠냐」라는 의미.

Pattern »
_ **Nobody here knows** anything about me. 여기 어느 누구도 나에 대해서 전혀 몰라.
_ **Nobody knows** his name. 걔 이름은 아무도 몰라.
_ **Nobody knows** what they're doing. 걔네들이 뭘하는지 아무도 몰라.
_ **Nobody knows** what she's doing. 걔가 뭘 하는지 누가 알겠어.
_ **Nobody knows** who gave her roses. 누가 걔에게 장미를 줬는지 아무도 몰라.

Dialog »
A : Did the cops find the murderer? 경찰들이 살인범을 찾았어?
B : Nobody knows who did it. 아무도 누가 그랬는지 몰라.

004 Nobody told me~ 아무도 내게 …을 말하지 않았어

Point » No one told me~와 같은 의미의 패턴이다.

Pattern »
_ **Nobody told me** that was gonna happen. 그렇게 될거라고 아무도 내게 말해주지 않았어.
_ **Nobody told me to** order pizza. 아무도 내게 피자를 주문하라고 하지 않았어.
_ **Nobody told me** Chris passed away. 아무도 크리스가 죽었다고 말하지 않았어.
_ **Nobody told me** you needed help. 아무도 네게 도움이 필요하다고 말하지 않았어.
_ **Nobody told me** Mom was coming. 아무도 엄마가 온다고 말하지 않았어.

Dialog »
A : You aren't allowed to enter here. 넌 여기에 들어오면 안돼.
B : Nobody told me to stay out. 아무도 들어오지 말라고 하지 않았어.

Chapter 08

Pattern 08 »» Something

001 Something+V~ 뭔가가 …해[했어]

Point » Something이 주어로 쓰이고 동사 현재[과거]형이 오는 경우로 동사의 주체가 뭔지 정확히 모를 때 사용하면 된다.

Pattern »
_ **Something** went wrong. 뭔가 잘못됐네.
_ **Something** is wrong with you! 너 뭔가가 잘못됐어!
_ **Something** came up. He's not gonna meet me. 뭔가 일이 생겨서 걘 날 만나지 않을거야.
_ **Something** must have been going on. 뭔가가 벌어지고 있는게 틀림없었어.
_ **Something** looks different. Has he been working out? 뭔가 달리 보이는데. 걔 최근 운동해?

Dialog »
A : This computer program keeps crashing. 이 컴퓨터 프로그램이 자꾸 충돌이 나.
B : Something went wrong with it. 그거 뭐가 잘못됐구만.

Something ~ happen~ 뭔가가 …벌어지고 있어

Point >> 뭔지 모르는 Something~이 벌어지고 있다는 의미로 happen이 뒤따르는 경우.

Pattern >>
_ **Something** terrible **must've happened** here! 뭔가 끔찍한 일이 여기서 벌어졌음에 틀림없어!
_ **Something** big **is happening. Something** dangerous.
뭔가 큰일이 벌어지고 있어. 뭔가 위험한 일이.
_ **Something is gonna happen** imminently. 뭔가가 바로 벌어질거야.
_ **Something happened** to him, a tragedy. 걔에게 무슨 일이 일어났어, 비극이.
_ **Something** strange **happened** last night. 좀 이상한 일이 어젯밤에 일어났어.

Dialog >>
A : The police have sealed off the area. 경찰이 이 지역을 봉쇄했어.
B : Something terrible must've happened here! 뭔가 끔찍한 일이 벌어지게 틀림없어.

Something to~ …한 것

Point >> Something 다음에 형용사가 와서 수식하는 경우가 가장 흔하지만 여기서는 to+V 혹은 관계대명사절이 이어 나오면서 Something에 대한 추가정보를 주는 경우를 살펴본다.

Pattern >>
_ **Something to** do with numbers? 숫자와 관련된거야?
_ **Something to** satisfy his addiction! 걔의 중독을 만족시켜줄 어떤 것!
_ **Something to** think about. 뭔가 생각해야 될 것.
_ **Something** you think they'd like to hear. 네 생각에 걔네들이 듣고 싶어하는 것.
_ **Something** else I might have said? 내가 얘기할 수도 있을 다른 뭐?

Dialog >>
A : What should I give my girlfriend? 내 여친에게 뭘 선물해야 하지?
B : Something nice, for instance, some flowers. 뭔가 좋은거, 예를 들면 꽃.

Something about~ …에 관한 것

Point >> 「…에 관한거」이라는 의미로 대화를 나누면서 아직 명확하지는 않지만 Something이 about에 관련된 것이라고 제한하는 표현법이다.

Pattern >>
_ We got a call. **Something about** a break-in. 신고를 받았습니다. 가택침입에 관련된 것인데요.
_ **Something about** the grandmother. She's sick. 할머니에 관한거야. 아프시데.
_ **Something about** my wife's company? 내 아내의 회사에 관련된 것인가요?
_ **Something like** that. 뭐 그런 거야.
_ **Something like** 85% aren't circumcised. 약 85퍼센트가 포경을 하지 않는데.

Dialog >>
A : Did you two used to date or something? 너희 둘 데이트하는 사이였어.
B : Something like that. 뭐 그런 셈이지.

Pattern 09 ≫ Anything~

001 Anything+adj? 뭐 …한게 있어?

Point ≫ 앞에 Is there~가 생략된 구문으로 의문문으로 쓰일 때는 「뭐…한게 있어?」라는 뜻이 된다.

Pattern ≫

_ **Anything** wrong? 뭐 잘못된 거라도 있어?

_ **Anything** special? 뭐 특별한 것 있어?

_ **Anything** new? 뭐 새로운 거라도 있어?

_ **Anything** else? 뭐 다른 것 있어?

_ **Anything** wrong? 뭐 잘못 된 거라도 있어?

Dialog ≫

A : Anything new? 뭐 새로운 일 좀 있냐?
B : Not much. How about you? 별로. 넌 어때?

002 Anything to+V(?) …한게 있어? …할 수 있는거라면 뭐든지

Point ≫ Anything 다음에 to+V가 붙은 경우로 끝을 올리면 「…한게 있어?」라는 뜻이 되고 반대로 끝을 내려 평서문이 되면 「…할 수 있는거라면 뭐든지」라는 의미가 된다.

Pattern ≫

_ **Anything to** declare? (세관)신고할 거 있습니까?

_ **Anything to** say? 말할 거라도 있어?

_ **Anything to** drink, sir? 선생님 뭐 마실 것 드릴까요?

_ **Anything to** make them stop. 그것들을 멈추게 할 수 있는거라면 뭐든지요.

_ **Anything to** help me understand. 내 이해를 돕는거라면 뭐든지.

Dialog ≫

A : May I ask you a question? 질문하나 해도 될까요?
B : Sure. Anything to help Chris. 그럼요. 크리스를 돕는거라면 뭐든지요.

003 Anything S+V (?) …한게 있어?, 뭐든지 …해

Point ≫ Anything 다음에 S+V의 형태가 이어지는 경우로 관계대명사절이 Anything을 수식하는 패턴이다.

Pattern ≫

_ **Anything** else I should know? 그밖에 내가 알아야 할 게 있어?

_ **Anything** you want to say? 뭐 말하고 싶은게 있어?

_ **Anything** you say. 뭐든지 말만해.

_ **Anything** that you have to say, I will consider seriously.
네가 말하는건 뭐든 진지하게 고려할게.

_ Are you OK? **Anything** you need? 너 괜찮아? 뭐 필요한거 있어?

Dialog ≫

A : Take me home right now. 지금 집으로 데려다 줘.
B : Anything you say. 뭐든 말만 해.

Chapter 08

001 **Nothing+V** 아무것도 …없어

Point >> Nothing이 주어로 쓰인 경우로 바로 동사가 이어지거나 혹은 Nothing을 수식해주는 전치사구가 삽입되는 패턴도 있다. 또한 간단한 대답표현인 Nothing much, Nothing yet, Nothing more 등도 함께 알아둔다.

Pattern >> _ **Nothing** can take the place of good health. 건강보다 더 좋은 것은 없어.

_ **Nothing** happens to Chris. 크리스에게는 아무 일도 없어.

_ **Nothing** can stand in the way of true love. 어느 것도 진정한 사랑을 방해할 수는 없어.

_ **Nothing** in this shop attracts me. 이 가게엔 마음에 드는 게 없네요.

_ **Nothing** comes to mind, but I'll check my files. 아무것도 생각나지 않지만 파일을 확인해볼게.

Dialog >> A : That couple seems so happy together. 저 두사람, 함께 있는게 굉장히 행복해보인다.
B : Nothing on earth could come between them. 이 세상 그 무엇도 둘 사이에 끼어들 수 없는거야.

002 **Nothing S+V** …한 것은 아무 것도 없어

Point >> Nothing이 대답의 핵심어이고 이를 수식해주는 관계사절이 뒤이어 오는 표현이다. 대신 to+V가 와도 된다.

Pattern >> _ **Nothing** I can do about it. 내가 그것에 대해 할 수 있는 것은 아무 것도 없어.

_ **Nothing** I couldn't handle. 내가 처리하지 못할 것은 아무 것도 없어.

_ **Nothing** I haven't seen before. 내가 전에 보지 못했던 것은 하나도 없어.

_ **Nothing to** worry about. 걱정할게 아무 것도 없어.

Dialog >> A : Your best friend has a serious problem. 네 절친에 심각한 문제가 생겼어.
B : Nothing I can do about it. 내가 그에 대해 할 수 있는게 아무 것도 없어.

003 **Nothing is+비교급+than+N[~ing]** …보다 …한 것은 없어

Point >> 비교급 형태로 위장된 최상급표현으로 의역하면 than 이하를 하는 것이 가장 「비교급」하다는 의미이다.

Pattern >> _ **Nothing is** louder **than** listening to a pop concert.
팝콘서트를 듣는 것보다 더 시끄러운 것은 없어.

_ **Nothing is** more pleasant **than** relaxing. 쉬는 것보다 더 즐거운 것은 없어.

_ **Nothing is** more fun **than** going downtown. 시내에 가는 것보다 더 재미있는 것은 없어.

_ **Nothing is** scarier **than** seeing a ghost. 유령을 보는 것보다 더 무서운 것 없어.

_ **Nothing is** colder **than** being in a winter storm. 겨울폭풍 속에 있는 것보다 더 추운 것은 없어.

Dialog >> A : Do you enjoy novels? 너 소설 좋아해?
B : Nothing is better than book reading. 책을 읽는 것보다 좋은 것은 없어.

004 Nothing makes sb+비교급+than+N[to+V, ~ing]

…보다 더 sb를 …하게 하는 것은 없어

Point >> 역시 비교급을 쓴 최상급표현으로 의역하면 than 이하를 하는 것이 가장 sb를 「비교급」하게 한다는 의미이다.

Pattern >>

_ **Nothing makes** him angrier **than** finding a cheater.
부정한 사람을 찾는 것보다 걔를 더 화나게 하는 것은 없어.

_ **Nothing makes** Kevin more tired **than** running a marathon.
마라톤을 뛰는 것보다 케빈을 더 피곤하게 하는 것은 없어.

_ **Nothing makes** her happier **than** attending a party.
파티에 참석하는 것보다 걔를 더 기쁘게 하는 것은 없어.

_ **Nothing makes** me sadder **than** hearing bad news.
안좋은 소식을 듣는 것보다 나를 더 슬프게 하는 것은 없어.

_ **Nothing makes** you safer **than** having police around.
경찰이 주변에 같이 있는 것보다 너를 더 안전하게 해주는 것은 없어.

Dialog >>

A : Erin came home and went straight to bed. 에린은 집에 오자 바로 침대로 갔어.

B : Nothing makes her more tired than work. 일하는 것보다 걜 더 피곤하게 하는건 없어.

Pattern 11 >> make sure~

001 I will make sure (that) S+V 반드시(꼭) …하도록 할게

Point >> make sure는 「…을 확인하다」, 「확실히 하다」라는 의미로 회화에서 아주 많이 사용되는 숙어이다. 특히 I'll make sure S+V하게 되면 「…을 확인해볼게」, 「…을 확실히 할게」라는 뜻이 된다. will 대신에 be going to를 써도 된다.

Pattern >>

_ **I'll make sure** it gets done. 그 일이 끝났는지 확인해볼게.

_ **I'll make sure** they know all about you. 걔네들이 너에 대한 모든 걸 알고 있도록 할게.

_ **I'll make sure** I don't tell him anything next time. 다음 번엔 아무 것도 말 안할게.

_ **I'll make sure** that they attend the meeting. 걔네들이 회의에 참석하도록 조치할게.

_ **I'll make sure** I run anything major by you first. 중요한 일은 너에게 먼저 물어보고 할게.

Dialog >>

A : Don't forget to drop me a line. 잊지 말고 꼭 편지해.

B : I'll make sure that I keep in touch. 내가 꼭 연락할게.

Let me make sure~ …을 확인해볼게

Point ›› Let me make sure that S+V의 형태는 자신이 자신 없는 부분을 재차 확인할 때 긴요하게 써먹을 수 있다.

Pattern ››
_ **Let me make sure** I understand. You don't love her?
확인해볼게. 걔를 사랑하지 않는거야?

_ **Let me make sure** that I don't have any meetings. 아무 회의도 없는지 확인해볼게.

_ **Let me make sure** I'm not doing anything Tuesday. 화요일에 할 일이 없는지 확인해볼게.

_ **Let me make sure** Mom is ready to leave. 엄마가 외출 준비가 됐는지 알아볼게.

Dialog ››
A : So, I have you scheduled for a massage Wednesday night.
그래서, 수요일 밤에 마사지를 받도록 짜놓았어요.

B : Let me make sure that I don't have any meetings. 모임이 없는지 확인해보고요.

Make sure~ …을 확실히 해라, …을 꼭 확인해라

Point ›› 반대로 상대방에게 「…을 확실히 하라」, 「…을 꼭 확인해」라고 할 때는 Please make sure that S+V라 하면 된다.

Pattern ››
_ **Make sure** you don't let her down. 그 여자를 실망시키지 않도록 해.

_ **Make sure** we don't lose it again. 우리가 다시는 지지 않도록 해.

_ Please, **make sure** she comes. 걔가 꼭 오도록 해.

_ **Make sure** that you arrive on time tomorrow. 내일 정시에 도착할 수 있도록 확실히 해.

_ **Make sure** you get a chance to see Big Ben. 꼭 빅벤을 보도록 해.

Dialog ››
A : Make sure you keep an eye on that stock. 저 주식을 잘 살펴보세요.
B : I'll be tracking it all this month. 이번 달 내내 동향을 면밀히 파악할게요.

I (just) want to make sure~ …을 확실히 하고 싶어

Point ›› 또한 I want to make sure~는 「…을 확실히 하고 싶다」, 그리고 I want you to make sure~은 「네가 …을 확실히 해」라는 뜻이 된다.

Pattern ››
_ **I want to make sure** that you're okay. 네가 괜찮은지 확인하고 싶어서.

_ **I want to make sure** it's perfect. 그게 완벽한지 확인하려고.

_ **I just wanted to make sure** you got home safe.
단지 네가 집에 무사히 왔는지 확인하고 싶었어.

_ **I just want to make sure** the money will be paid back.
돈을 확실히 돌려받을 수 있도록 확실히 하고 싶어.

_ **I just want to make sure** you finished the report.
네가 보고서를 끝내는 것을 확실히 하고 싶어.

Dialog ››
A : We told Cindy to leave our group. 우리는 신디에게 우리 그룹에서 빠지라고 했어.
B : I want to make sure she stays away. 걔가 얼씬거리는지 확인할테야.

001 It makes sense that S+V 당연히 …해

Point >> make sense는 「이치에 닿다」라는 뜻으로 That makes sense하면 「그거 말되네」라는 말이 된다라는 의미.

Pattern >>
_ It makes sense that he has no money. 걔가 돈이 없는 것은 당연해.

_ It makes sense that the business is successful. 사업이 성공적인 것은 당연해.

_ It makes sense that they are going out. 걔네들이 나가는 것은 당연해.

_ It makes sense that Larry is exhausted. 래리가 지친 것은 당연해.

_ It makes sense that the president was re-elected. 대통령이 재선된 것은 당연해.

Dialog >>
A : Kevin grew up in the country. 케빈은 시골에서 성장했어.
B : It makes sense that he likes rural areas. 걔가 시골지역을 좋아하는게 말이 되는구만.

002 It doesn't make sense to~ …는 말도 안돼

Point >> to 이하에 사람이 오면 「그 사람에게는 말도 안된다」라는 뜻이 되고 to 이하에 V가 오면 「to~이하 하는 것은 말이 안된다」라는 말이 된다. to+사람이 이어지는 경우에는 it 대신에 일반명사가 올 수도 있다.

Pattern >>
_ It doesn't make sense to me. 그건 내게 말도 안돼.

_ His strange behavior doesn't make sense. 걔의 이상한 행동은 말도 안돼.

_ It doesn't make sense to blame your boss. 네 사장을 비난하는 것은 말도 안돼.

_ It doesn't make sense to stay in bed all day. 온종일 침대에 있는 것은 말도 안돼.

_ It doesn't make sense to skip classes. 수업을 빼먹는 것은 말도 안돼.

Dialog >>
A : I'm not sure if I should accept the job. 내가 이 일을 받아들여야 할지 모르겠어.
B : It doesn't make sense to sign a contract there. 거기 계약서에 사인하는 것은 말도 안돼.

003 It didn't make sense to me because~ … 때문에 그건 내게 말도 안됐어

Point >> 과거의 행동이 말도 안되는 경우를 말하는 경우로 그 이유까지 함께 말하는 아주 편리한 패턴이다.

Pattern >>
_ It didn't make sense to me because I didn't cause the problem.
내가 문제야기를 하지 않기 때문에 그건 말도 안됐어.

_ It didn't make sense to me because your client is innocent.
네 의뢰인이 무죄이기 때문에 그건 말도 안됐어.

_ It didn't make sense to me because she didn't stay there.
걔는 거기 머물지 않았기 때문에 그건 말도 안됐어.

_ It didn't make sense to me because he is a jerk. 걔는 머저리이기 때문에 그건 말도 안됐어.

Dialog >>
A : I can't understand why they got divorced. 걔네들이 왜 이혼했는지 모르겠어.
B : It didn't make sense to me because they loved each other. 걔네들은 사랑했기에 그건 말도 안되는 일이었어.

509

Doesn't it make sense that S+V? …는 말도 안되지 않아?

Point >> 말이 안되는 경우가 많은 세상에서 쓸 기회가 많은 표현이다. 말도 안되는 황당한 이야기를 S+V형태로 써주면 된다. 단순히 Does+S+make sense to you?라고 쓸 수도 있다.

Pattern >>
_ **Does this article make sense** to you? 이 기사가 네게는 말이 되냐?

_ **Does that make any sense** to you? 너한테는 이게 말이 돼?

_ **Doesn't it make sense that** they moved in together?
개네들이 동거했다는거 말도 안되지 않아?

_ **Doesn't it make sense that** Harry got fired? 해리가 해고당한건 말도 안되지 않아?

_ **Doesn't it make sense that** we bought a computer?
우리가 컴퓨터를 산 것은 말도 안되지 않아?

Dialog >>
A : Does **this e-mail** make any sense? 이 이메일이 이해되니?
B : It does sound a little bit strange. 정말 약간 이상한 것 같아.

Pattern 13 >> If you~

001

If you~ , I can~ …하면 난 …할 수 있어

Point >> 가정법이나 조건법이란 명칭을 집어 치우고 단순히 If you~라고 했을 때 주절에서 자주 나오는 패턴을 익혀본다. 그 첫번째로 「네가 …하면, 난 …할 수 있다」라는 표현이다.

Pattern >>
_ **If you** help me, **I can** finish sooner. 네가 도와주면 내가 더 빨리 끝낼 수 있을거야.

_ **If you** watch the kids, **I can** run errands. 네가 아이들을 봐주면 내가 심부름을 갈 수 있어.

_ **If you** cook dinner, **I can** clean the dishes. 네가 저녁을 하면 내가 설거지를 할게.

_ **If you** drop me off, **I can** get to work on time. 나를 차로 내려주면 난 늦지 않게 출근할 수 있어.

_ **If you** find the keys, **I can** lock the door. 네가 열쇠를 발견하면 내가 문을 잠글 수 있어.

Dialog >>
A : The baby has thrown toys all around. 아이가 장난감을 온 구석에 던져놨어.
B : If you **clean up,** I can **take care of the baby.** 네가 치우면 내가 아이를 돌볼게.

002

If you~ , I[We] will~ 네가 …하면 난 …할거야

Point >> 「네가 …하면 나는 혹은 우리는 …할거야」, 혹은 「…하게 될거야」라는 의미의 패턴.

Pattern >>
_ **If you** don't hurry up **we'll** be late. 서두르지 않으면 늦는단 말야.

_ **If** Derrick goes, **I'll** go too. 데릭이 가면 나도 갈 거야.

_ **If you** get some beer, **I will** buy a pizza. 네가 맥주를 사온다면 내가 피자를 사지.

_ **If you** get an A, **I will** buy you a nice dress. 네가 A를 받아오면 근사한 옷 사줄게.

_ **If you** catch me at the end of the day, **I'll** have more time to talk.
퇴근할 무렵에 전화하시면 더 얘기할 수 있을 거예요.

Dialog »

> A : If you **get** some beer, I will **buy a pizza.** 네가 맥주를 사온다면 내가 피자를 사지.
> B : That sounds good to me. 그게 좋겠다.

---

003 ## If you~, then we can[can't]~ 네가 …하면 우리는 …할 수 있[없]어

Point » 「네가 …하면 그럼(then) 우리는 …을 할 수 있거나 할 수 없는 일」을 말할 때 쓴다.

Pattern »
_ **If you** call them, **then we can** invite them to our house.
네가 걔네들에게 전화하면 우리는 우리집으로 초대할 수 있어.

_ **If you** shut off the TV, **then we can** concentrate. 네가 TV를 끄면 우리는 집중할 수 있어.

_ **If you** stop smoking, **then we can** save money. 네가 금연하면 우린 돈을 모을 수 있어.

_ **If you** finish up, **then we can** go see a movie. 네가 끝내면 우리는 영화보러 갈 수 있어.

_ **If you** shut off the lights, **then we can** go to bed. 네가 불을 끄면 우리 잠잘 수 있어.

Dialog »

> A : I think their party starts in an hour. 걔네들 파티가 한 시간내로 시작할거야.
> B : If you **get ready,** then we can **leave.** 너 준비되면 출발하자.

Chapter 08

---

004 ## If only I could~ …할 수 있다면 좋을텐데

Point » 단지 could 이하를 할 수 있다면 얼마나 좋을까라면서 현재상황과 반대되는 얘기를 말할 때 사용한다.

Pattern »
_ **If only I could** meet a nice girl. 내가 착한 여자를 만날 수 있다면 좋을텐데.

_ **If only I could** make a lot of money. 내가 돈을 많이 벌 수 있다면 좋을텐데.

_ **If only I could** find a good job. 내가 좋은 직장을 찾을 수 있다면 좋을텐데.

_ **If only I could** make you understand. 내가 너를 이해시킬 수 있다면 좋을텐데.

_ **If only I could** take a day off work. 내가 하루 쉴 수 있다면 좋을텐데.

Dialog »

> A : Wendy was very offended by your actions. 웬디는 네 행동에 무척 기분나빠했어.
> B : If only I could **apologize to her.** 내가 걔에게 사과할 수 있다면 좋을텐데.

001 If you~, you will[are going to]~ …하면 넌 …하게 될거야

Point >> 상대방에게 충고나 조언을 할 때 쓰는 표현으로 주절과 종속절에서 모두 다 주어로 you가 쓰인 점을 주목한다.

Pattern >>
_ **You will** get in trouble **if you** do that. 그렇게 하면 곤란해질거야.

_ **If you** keep drinking like that, **you're going to** get a potbelly.
계속 그렇게 술을 마셔대다가는 배불뚝이가 되겠어.

_ **You'll** be sorry **if you're** late again. 또 늦으면 후회하게 될거야.

_ **If you're** hurry, **you'll** not be later for the school. 서두르면 학교에 안늦을거야.

_ **If you** break a mirror, **you will** have bad luck. 거울을 깨면 넌 운이 나쁠거야.

Dialog >>
A : You'll get a discount if you **pay in cash.** 현금으로 지불하시면 할인받으실 수 있습니다.
B : I didn't bring any cash. 현금은 하나도 안 가져 왔는 걸요.

002 If you~, 명령문 …하면 …해

Point >> if 이하의 내용을 하고 싶으면 명령문처럼 하라고 하는 아주 많이 쓰이는 표현법.

Pattern >>
_ **If you** have any questions, please don't hesitate to call me. 궁금한게 있으면 전화해.

_ **If you** can't come on time, then don't come at all. 제시간에 못올바엔 아예 오지마라.

_ **If you** have any questions, give me a call. 혹 물어볼 거 있으면 전화하고.

_ You can call me **if you're** ready. 준비가 되면 부르세요.

_ **If you** need a drink, walk down to the cafe. 한잔 하려면 카페로 걸어와.

Dialog >>
A : Thank you for booking my ticket. 내 표를 예매해줘서 고마워.
B : If you **need more tickets, call me anytime.** 티켓이 더 필요하면 언제든지 전화해.

003 If you~, let~ …하면 …하게 해줘

Point >> if you~ 조건 후에 let~동사가 오는 경우.

Pattern >>
_ **If you** need any help, **let** me know. 도움이 필요하면 알려줘.

_ **If you** get rich, **let** me borrow some money. 네가 부자면 내게 돈 좀 빌려줘.

_ **If you** want to leave, **let** us know. 떠나고 싶으면 내게 알려줘.

_ **If you** feel unhealthy, **let** me give you some vitamins. 몸이 안좋으면 네게 비타민을 좀 줄게.

_ **If you** get confused, **let** someone help you. 네가 혼동스러우면 내가 도와줄게.

_ **If you** lose the game, **let** someone else play. 네가 게임에서 진다면 다른 사람이 뛰게 해.

Dialog >>
A : If you find her ring, let her know. 걔 반지를 찾으면 걔한테 알려줘.
B : Okay, I'll look around for it. 알았어, 둘러볼게.

001 Sb's likely to~ …가 …할 것 같아

Point >> be likely to+V는 「…할 것 같다」, 「…하기 쉽상이다」이라는 기초표현.

Pattern >>
_ **Eric's likely to** go to church on Sunday. 에릭은 일요일에 교회에 갈 것 같아.

_ **He's likely to** get bad news. 걔는 안좋은 소식을 들을 것 같아.

_ **Sharon's likely to** break up with her boyfriend. 샤론은 남친과 헤어질 것 같아.

_ **She's likely to** get upset about this. 걔는 이거에 화를 낼 것 같아.

_ I don't think **we're likely to** get an opportunity like this again any time soon. 우리는 가까운 시일내에 이와 같은 기회를 다시 얻을 수 없을 것 같아.

Dialog >>
A : Spence just left for the zoo. 스펜스는 방금 동물원으로 출발했어.
B : He's likely to spend all day there. 걔는 거기서 온종일을 보낼 것 같아.

002 It's likely to~ …할 것 같아

Point >> be likely to~의 주어로 대명사 'It'이 온 경우. It's likely S+V처럼 절이 올 수도 있다.

Pattern >>
_ **It's likely to** get worse later on. 나중에 더 나빠질 것 같아.

_ **It's likely to** start raining tonight. 오늘밤에 비가 내리기 시작할 것 같아.

_ **It's likely to** take some time. 시간이 좀 걸릴 것 같아.

_ **It's likely to** cause trouble in the group. 그룹에 문제가 야기될 것 같아.

_ **It's likely to** end early. 일찍 끝날 것 같아.

Dialog >>
A : A snowstorm is coming this afternoon. 오늘 오후에 폭설이 몰아칠거야.
B : It's likely to cause traffic jams. 교통이 막히겠구만.

003 It's unlikely that ~ …인 것 같진 않아, …일지 모르겠어

Point >> be likely~의 부정형은 be unlikely로 역시 to+V나 that S+V가 이어질 수 있다.

Pattern >>
_ **It's unlikely that** she saw you. 걔가 널 본 것 같지 않아.

_ **It's unlikely that** the hostage will be freed. 인질범이 풀려날 것 같지 않아.

_ **It's unlikely that** the food was good. 음식이 맛있지 않았던 것 같아.

_ **It's unlikely that** you'll be chosen. 네가 뽑힐 것 같지는 않아.

_ **It's unlikely that** it can be fixed. 그게 수리될 수 있을 것 같지 않아.

Dialog >>
A : I put a piece of cake in the fridge. 내가 냉장고에 케익 한 조각 넣어놨어.
B : It's unlikely that anyone will eat it. 아무도 그거 먹을 것 같지 않아.

Chapter 08

004   be more likely to+V 좀 더 …할 것 같아

Point » be likely to~의 강조형은 be more likely to~라고 쓰면 된다.

Pattern »
_ We're **more likely to** go it alone. 우리는 혼자 힘으로 해야 될 것 같아.
_ They're **more likely to** work well together. 걔네들은 함께 더 잘 일할 것 같아.
_ It's **more likely to** be repeated later. 그거 나중에 반복될 것 같아.
_ That **is more likely to** be successful. 그건 더 성공적일 수도 있어.

Dialog »
A : Is your sister joining us tonight? 네 누이 오늘밤에 우리와 함께 할거래?
B : She's more likely to stay in her room. 누이는 방에 남아 있을 것 같아.

Pattern 16 ≫ The problem is~

001   The problem is that~ …라는게 문제야

Point » 현재 갖고 있는 문제가 무엇인지 that S+V의 형태로 쓰는 패턴.

Pattern »
_ **The problem is** we have no proof. 문제는 아무런 증거가 없다는거야.
_ **The problem is** fairy tales don't come true. 문제는 동화는 현실이 되지 않는다는거야.
_ **The problem is** the boss wouldn't like it. 사장이 그걸 좋아하지 않을거라는게 문제야.
_ **The problem is that** the deal wasn't made. 문제는 거래가 성사되지 않았다는거야.
_ **The problem is that** we are freezing. 문제는 우리가 너무 춥다는거야.

Dialog »
A : I'm telling you that he took the money. 그 사람이 돈을 가지고 간 것이 틀림없어.
B : The problem is we have no proof. 문제는 아무런 증거가 없다는거야.

002   The real problem is that~ 정말로 문제가 되는 것은 …이야

Point » The problem is that~의 강조하는 경우 problem 앞에 real이 쓰인 경우.

Pattern »
_ **The real problem is that** they hate each other. 정말 문제는 걔네들이 서로 싫어한다는거야.
_ **The real problem is that** no one was listening. 정말 문제는 아무도 귀기울여 듣지 않았다는거야.
_ **The real problem is that** the cops don't care. 정말 문제는 경찰은 신경쓰지 않는다는거야.
_ **The real problem is** there's no way we can be sure he's telling the truth. 정말로 문제가 되는 것은 걔가 진실을 말하는지 우리가 확신할 수 없다는거야.

Dialog »
A : The traffic in this city is just terrible. 이 도시의 교통은 정말 끔찍해.
B : The real problem is that the roads are too small. 정말로 문제가 되는 것은 도로들이 너무 좁다는거야.

영어회화
공식패턴
3300

003　The other problem is that~ 또 다른 문제는 …라는 거야

Point » 현재 논의하는 문제 말고 다른 문제가 있다고 할 때는 problem 앞에 other를 붙이면 된다.

Pattern »

_ **The other problem is that** no one lives there. 또 다른 문제는 아무도 거기에 살지 않는다는거야.

_ **The other problem is that** there are no funds. 또 다른 문제는 기금이 없다는거야.

_ **The other problem is that** time has expired. 또 다른 문제는 유효기간이 다 지났다는거야.

_ **The other problem is that** she got sick. 다른 문제는 걔가 아프다는거야.

_ **The other problem is that** there is no evidence. 또 다른 문제는 증거가 없다는거야.

Dialog »

A : The festival doesn't have enough participants. 축제에 사람들이 많이 참여하지 않았어.

B : The other problem is that it's kind of boring. 또 다른 문제는 좀 지루했다는거야.

004　The problem is when~ …할 때 문제가 돼

Point » 이번에는 that이 아니라 when이 쓰여서 「…을 할 때 문제가 된다」는 의미의 패턴.

Pattern »

_ **The problem is when** we can't find the licenses. 우리가 면허증을 찾지 못하면 문제가 돼.

_ **The problem is when** it is left unfinished. 그걸 다 끝마치지 못하면 문제가 돼.

_ **The problem is when** he refuses to work. 걔가 일을 거부하면 문제가 돼.

_ **The problem is when** we keep having delays. 계속 늦어지면 문제가 돼.

_ **The problem is when** they start arguing. 걔네들이 다투기 시작하면 문제가 돼

Dialog »

A : Most people enjoy going for a hike. 대부분 사람들은 하이킹가는걸 좋아해.

B : The problem is when the weather turns bad. 날씨가 안좋을 때 문제가 돼.

Pattern 17 »» It's the only way to~

001　It's the only way to+V …하려면 그 방법 밖에 없어

Point » to+V 이하를 하기 위한 유일한 방법은 "It"이라는 의미로 의역하면 to+V하려면 그 방법 밖에 없다는 뜻이 된다.

Pattern »

_ **That's the only way to** explain all this stuff! 이 모든 것을 설명할 수 있는 것은 그 방법밖에 없어!

_ **It's the only way to** deal with men. 그게 남자들을 다루는 유일한 방법이야.

_ **It's the only way to** complete the trial. 실험[재판]을 끝내려면 그 방법 밖에 없어.

_ **It's the only way to** get some rest. 좀 쉬려면 그 방법 밖에 없어.

_ **It's the only way to** return home tonight. 오늘밤에 집에 돌아가려면 그 길 밖에 없어.

Dialog »

A : Do I have to take the car to a mechanic? 차를 정비소에 가져가야 될까?

B : It's the only way to correct the problem. 문제를 바로잡으려면 그 방법밖에 없어.

515

002

It's the only way S+V 그건 …하는 유일한 방법이야

Point » 이번에는 to+V 대신에 S+V이 온 경우로 역시 S+V를 하기 위한 방법은 "It"이라는 의미이다.

Pattern »

_ **It's the only way** guys will like you. 그건 사람들이 널 좋아하게 될 유일한 방법이야.

_ They think **that's the only way** they can solve their problems.
개네들은 그게 자신들의 문제를 해결할 수 있는 유일한 방법이라고 생각해.

_ **It's the only way** we'll know the truth. 그게 우리가 진실을 알게 될 유일한 길이야.

_ **It's the only way** he can win. 그건 걔가 이길 수 있는 유일한 길이야.

_ **It's the only way** they will find it. 그건 걔네들이 그걸 발견할 수 있는 유일한 방법이야.

Dialog »

A : So you make all of the food yourself? 그래 너 혼자서 이 모든 음식을 만드는거야?
B : It's the only way **we prepare meals**. 우리가 식사를 준비하는 유일한 방법이야.

003

The only way to~ is to[by ~ing] …하는 유일한 방법은 …하는거야

Point » 직역하면 「to~이하를 하는 유일한 방법은 is to~이하를 하는 것이다」라는 의미로 to+V 대신에 by ~ing를 이어 써도 된다.

Pattern »

_ **The only way to** learn **is to** go to school. 배우는 유일한 방법은 학교에 가는거야.

_ **The only way to** succeed **is to** work hard. 성공하는 유일한 방법은 열심히 일하는거야.

_ **The only way to** join the club **is to** be sponsored.
클럽에 들어가는 유일한 방법은 스폰서를 받는거야.

_ **The only way to** get drunk **is to** drink alcohol. 취하는 유일한 방법은 알콜을 섭취하는거야.

_ **The only way to** get in touch **is to** send an e-mail.
연락하는 유일한 방법은 이멜을 보내는거야.

Dialog »

A : You are in the office from dawn till dark every day. 넌 매일 새벽부터 저녁까지 일하지.
B : The only way to succeed is by **working hard**. 성공할 수 있는 유일한 방법은 열심히 일하는거야.

004

The only way S+V is~ …하는 유일한 방법은 …하는거야

Point » S+V를 할 수 있는 유일한 길은 is~이하이다라는 의미의 패턴.

Pattern »

_ **The only way** Anne wins **is by** cheating. 앤이 이기는 유일한 방법은 사기치는거야.

_ **The only way** he will stay **is if** you cook dinner.
걔가 남아있을 유일한 방법은 네가 저녁요리를 해주는거야.

_ **The only way** James sleeps **is to** shut off the lights.
제임스가 자는 유일한 방법은 불을 꺼주는거야.

_ **The only way** you clean **is with** a vacuum. 네가 청소하는 유일한 방법은 진공청소기로 하는거야.

_ **The only way** it works **is by** fixing it. 그게 돌아가게하는 유일한 방법은 그걸 수리하는거야.

Dialog »

A : I gained 20 pounds over the last month. 지난달에 20파운드 살쪘어.
B : The only way you lose weight is dieting. 살을 빼는 유일한 방법은 다이어트 하는거야.

001 The best way is to~ 가장 좋은 방법은 …하는 것이야

Point >> to+V 이하를 하는 것이 최선이라는 말로 조금 확신의 강도를 줄이기 위해 I think~나 I figure out~를 앞에 붙이는 경우가 많다.

Pattern >>
_ **The best way is to** wait for a response. 가장 좋은 방법은 답을 기다리는거야.
_ **The best way is to** ask for help. 가장 좋은 방법은 도움을 청하는거야.
_ **The best way is to** have a beer and relax. 가장 좋은 방법은 맥주마시고 쉬는거야.
_ **I think the best way is to** meet face to face. 가장 좋은 방법은 직접 만나는 것이게야.
_ **I figure out the best way is to** tell her about the problem.
가장 좋은 방법은 그 문제를 걔에게 말하는 것이게야.

Dialog >>
A : How can I impress my girlfriend? 내 여친을 어떻게 감동시킬 수 있을까?
B : I think the best way is to **be honest with her.** 가장 좋은 방법은 정직해지는 것이게야.

002 The best way to... is ~ …하는 가장 좋은 방법은 …이야

Point >> 역시 가장 좋은 방법을 말하는데, 「to+V를 하는데 가장 좋은 방법」이란 뜻으로 제한적으로 쓰인 경우이다.

Pattern >>
_ **The best way to** get better **is to** rest. 더 나아지는 가장 좋은 방법은 쉬는거야.
_ **The best way to** meet people **is to** go out. 사람들을 만나는 가장 좋은 방법은 밖으로 나가는거야.
_ **The best way to** find a job **is to** search online.
직장을 찾는 가장 좋은 방법은 온라인에서 검색하는거야.
_ **The best way to** travel **is with** friends. 여행을 하는 가장 좋은 방법은 친구와 함께 하는거야.
_ **The best way to** stay healthy **is to** exercise. 건강을 유지하는 가장 좋은 방법은 운동하는거야.

Dialog >>
A : I'm not sure what route I should use. 어느 길을 이용해야 하는지 모르겠어.
B : The best way to find it is to **search the Internet.** 그걸 알 수 있는 가장 좋은 방법은 인터넷 검색하는거야.

003 What's the best way to~ ? …하는데 가장 좋은 방법이 뭐야?

Point >> 상대방에게 to+V 이하를 하는데 가장 좋은 방법이 무언지 조언을 구하는 문장.

Pattern >>
_ **What's the best way to** quit smoking? 금연하는 가장 좋은 방법은 뭐야?
_ **What's the best way to** find a boyfriend? 남친을 구하는 가장 좋은 방법은 뭐야?
_ **What's the best way to** improve my grades? 내 점수를 올리기 위한 가장 좋은 방법은 뭐야?
_ **What's the best way to** raise children? 아이들을 키우는 가장 좋은 방법은 뭐야?
_ **What's the best way to** cook a meal? 식사 요리를 하는 가장 좋은 방법은 뭐야?

Dialog >>
A : What's the best way to **choose a car?** 자동차를 선택하는 가장 좋은 방법은 뭐야?
B : Research different models before you buy one. 자동차를 구매하기 전에 다양한 모델들을 조사해보는거야.

Chapter 08

517

What do you think the best way to ~?

…하는 가장 좋은 방법이 뭐라고 생각하니?

Point » 역시 상대방의 조언이나 의견을 구하는 패턴으로 앞의 경우처럼 직선적으로 묻는게 아니라 What do you think~를 써서 좀 부드럽게 만든 패턴이다.

Pattern »

_ **What do you think the best way to** get to Busan is?

부산에 가는 가장 좋은 방법은 뭐라고 생각해?

_ **What do you think the best way to** get my hair cut is?

내 머리를 자르는 가장 좋은 방법은 뭐라고 생각해?

_ **What do you think the best way to** enter med school is?

의대에 들어가는 가장 좋은 방법은 뭐라고 생각해?

_ **What do you think the best way to** find the information is?

정보를 찾는 가장 좋은 방법은 뭐라고 생각해?

Dialog »

A : What do you think the best way to **tell her is?** 걔에게 말하는 가장 좋은 방법이 뭐라고 생각해?

B : Just look her in the eyes and be sincere. 눈을 똑바로 쳐다보고 진실되게 말해.

Pattern 19 » would rather~

I'd rather+V 차라리 …할래

Point » would rather는 「차라리 …을 하겠다」라는 의미로 would rather 다음에는 to없이 동사원형이 이어진다는 점에 주의한다. 또한 I'd rather S+V가 되면 「차라리 …하는게 좋겠어」라는 의미로 이때 V는 과거형이 온다.

Pattern »

_ **I'd rather** talk to you. 네게 이야기하는게 낫겠어.

_ **I'd rather** do it myself. 내가 직접 하는게 낫겠어.

_ **I'd rather** go home. 집에 가는게 낫겠어.

_ **I'd rather** continue working until this is finished. 이게 끝날 때까지 계속 일하겠어.

_ **I'd rather** you didn't. 안 그러는게 낫겠어.

Dialog »

A : Don't you enjoy being here in the morning? 오전에 여기 있는게 좋지 않아?

B : I'd rather **work in the evening.** 난 차라리 저녁에 일하겠어.

002 I'd rather not+V 차라리 …하지 않을래

Point » 이번에는 I'd rather+V의 반대 표현으로 「차라리 …하지 않을래」라고 하려면 I'd rather 다음에 not+V를 붙이면 된다. 이때도 역시 to는 필요없다.

Pattern »
_ **I'd rather not** tell you everything. 네게 다 말하지 않는게 낫겠어.

_ **I'd rather not** say. 말 안하는게 낫겠어.

_ **I would rather not** discuss it right now. 지금 당장 그걸 논의하지 않는게 낫겠어.

_ **I'd rather not** file an insurance claim. 보험청구서를 제출하지 않을래.

_ **I'd rather not** walk home. 난 집으로 걸어가지 않는게 낫겠어.

Dialog »
A : Is the volume from the TV too loud? TV 소리가 너무 커?
B : I'd rather not hear all of that noise. 그 소리를 듣지 않으면 좋겠어.

003 I'd rather B than A A보다는 B하고 싶어

Point » 선택에서 밀린 내용까지 한꺼번에 말하는 표현법. I'd rather+V1 than V2의 형태로 쓰면 된다. 차라리 하고 싶은 건 V1에 써준다.

Pattern »
_ **I'd rather** have fun **than** make a lot of money. 돈을 많이 벌기 보다는 차라리 재미있는게 나아.

_ **I'd rather** die **than** go back. 돌아가느니 죽는게 낫겠어.

_ **I'd rather** sit **than** remain standing. 난 서 있기보다는 차라리 앉겠어.

_ **I'd rather** be married **than** be single. 혼자사느니 차라리 결혼을 하겠어.

_ **I'd rather** talk **than** stay silent. 조용히 있느니 차라리 말을 하겠어.

Dialog »
A : Are you going shopping again? 너 또 쇼핑하러 갈거야?
B : I'd rather be at a store than at home. 집에 있는 것보다 상점에 있는게 나아.

004 Wouldn't you rather+V~? 대신 …을 하는건 어떠니?

Point » 상대방의 이해할 수 없는 판단과 결정을 비난하는 표현으로 「(…을 하지 않고) 대신 …을 하겠다는거야?」라는 의미가 된다.

Pattern »
_ **Wouldn't you rather** eat some soup? 대신 스프를 좀 먹는 것은 어때?

_ **Wouldn't you rather** stay inside tonight? 대신 오늘밤에 안에 남는 건 어때?

_ **Wouldn't you rather** work at another place? 대신 다른 곳에서 일을 하는게 어때?

_ **Wouldn't you rather** have a clean kitchen? 부엌을 깨끗이 하는건 어때?

_ **Wouldn't you rather** take a taxi? 택시를 타는건 어떠니?

Dialog »
A : Let's go to the subway station. 전철역으로 가자.
B : Wouldn't you rather take a taxi? 택시를 타는건 어때?

001 **I doubt that S+V** …인 것 같진 않아, …일지 모르겠어

Point >> suspect는 「…가 맞을거라고 추정」하는 동사이고 doubt는 반대로 「…가 아닐거라고 생각」하는 단어이다.

Pattern >>
_ **I doubt** he noticed. 걔가 아는 것 같지 않아.

_ **I doubt** the result would be any different. 결과가 조금이라도 달라질 것 같지 않아.

_ **I doubt** he'll ask you to kill a man. 걔가 네게 살인을 부탁할 것 같지 않아.

_ **I doubt that** they'll know what to do. 난 그들이 뭘 해야 하는가를 알게 될지 모르겠어.

_ **I doubt that** Kelly liked the present. 켈리가 선물을 좋아하지 않는 것 같아.

Dialog >>
A : I doubt you will be able to get soccer tickets. 너 축구경기표 구할 수 없을 것 같아.
B : Well, I'm going to try anyway. It won't hurt. 어쨌든 구해볼게. 손해볼 건 없잖아.

002 **I doubt if S+V~** …일지 미심쩍어, …이지 않을까?

Point >> if 이하의 내용이 될까 「걱정된다」, 「염려된다」라는 뜻으로 if 이하는 doubt의 목적어(명사절)로 쓰인 경우이다.

Pattern >>
_ **I doubt if** it's going to change the outcome. 그게 결과를 바꾸게 될까 염려돼.

_ **I doubt if** Rodney joined the gathering. 로드니가 모임에 함께 했다고 생각하지 않아.

_ **I doubt if** the train broke down. 기차가 고장났을까 걱정돼.

_ **I doubt if** she took the keys. 걔가 열쇠를 가졌을까봐 걱정돼.

_ **I doubt if** Mary washed the clothes. 메리가 옷을 세탁했을까봐 걱정돼.

_ **I doubt if** Leo won the election. 레오가 선거에서 이겼다는게 미심쩍어.

Dialog >>
A : I broke one of your mom's plates. 내가 네 엄마의 접시 하나를 깼어.
B : I doubt if she even noticed. 알아차리지도 못하실거야.

003 **I have no doubt that S+V** …을 믿어 의심치 않아, …을 확신해

Point >> doubt가 no하다는 것은 「확신한다」는 뜻이 된다. 주로 S+V절을 취한다.

Pattern >>
_ **I have no doubt** you and I want the same thing. 너와 내가 같은 것을 원한다는 걸 믿어 의심치 않아

_ **I have no doubt** you're gonna be an incredible mother.
네가 아주 훌륭한 엄마가 될거라는 걸 믿어 의심치 않아.

_ **I have no doubt that** they did it. 걔네들이 그런게 분명해.

_ **I have no doubt** you'll do well. 네가 잘할 거라고 확신해.

_ **I have no doubt that** you're a good doctor. 네가 훌륭한 의사라는데 의심의 여지가 없어.

Dialog >>
A : Brian was the best student in the class. 브라이언은 반에서 가장 우수한 학생였어.
B : I have no doubt that he will succeed. 걔는 성공할거라 확신해.

No doubt S+V …은 의심의 여지가 없어

Point >> There is~가 생략된 경우로 단독으로 No doubt하게 되면 Of course나 Sure thing과 같은 의미가 된다.

Pattern >>
_ **No doubt** about it. 그거 당연해.

_ **No doubt** these rules seem crazy. 이 규칙들은 미친 것임에 틀림없어.

_ **No doubt** the neighborhood is dangerous. 이웃이 위험한 것은 의심의 여지가 없어.

_ **No doubt** someone stole the diamond. 누군가 다이아몬드를 훔친 것은 틀림없어.

_ **No doubt** Miranda felt guilty. 미란다가 유죄라는 것은 의심의 여지가 없어.

Dialog >>
A : Mr. Jones was sent directly to jail. 존슨 씨는 바로 구속됐어.
B : **No doubt** he hates being there. 거기에 있는게 싫은게 틀림없어.

Pattern 21 >> I bet~

001

I bet S+V …은 확실해, …은 장담해

Point >> bet은 「내기를 한다」라는 동사로 내가 S+V의 내용에 (돈을) 걸다라는 말은 그만큼 확신한다는 내용에 다름아니다.

Pattern >>
_ **I bet** I know exactly who you're thinking of. 네가 누굴 생각하는지 틀림없이 난 알고 있어.

_ **I bet** she doesn't even work there. 틀림없이 걘 거기서 일하지도 않을거야.

_ **I bet** it's a birthday gift for me. 이건 내 생일선물이구나.

_ **I bet** I know what your question is. 네 질문이 뭔지 난 확실히 알고 있어.

_ **I bet** your mom is really proud of you. 네 엄마가 너를 자랑스럽게 생각하겠구나.

Dialog >>
A : Sometimes I eat a lot of junk food before I go to sleep at night. 가끔 자기 전 많은 정크푸드를 먹어.
B : You'll be sorry later. I bet you'll get fat. 나중에 후회할 걸. 뚱뚱해질거야.

002

I bet you+V~ 장담하건대 …해

Point >> I bet S+V의 경우에서 S위치에 you가 오는 경우로 「네가 …할거라는 것을 확신해」라고 상대방에게 호언장담할 때 사용한다. 또한 I bet you S+V의 패턴도 함께 알아둔다.

Pattern >>
_ **I bet you**'ll get fat. 뚱뚱해질거야.

_ **I bet you** will find a new boyfriend soon. 곧 틀림없이 새로운 남친을 만나게 될거야.

_ **I bet you** look great in a swimsuit. 확실히 넌 수영복이 아주 잘 어울릴거야.

_ **I bet you** and I have more in common than we think.
너와 난 우리가 생각하는 것보다 더 많은 공통점이 있는게 확실해.

Dialog >>
A : The battle for this account is going to be a real tug of war! 이 계약건은 정말 치열해 질 것 같애!
B : I know, but I bet you we get the deal. 그래, 하지만 우리가 그 거래를 따게 될 게 분명해.

I'll bet S+V …을 확신해

Point » I'll bet you+돈+that~의 형태로 쓰기도 한다. 단독으로 I'll bet!하게 되면 「당연하지!」, 「왜 안그러겠어!」라는 의미.

Pattern »
_ **I'll bet** his dad doesn't think so. 걔 아빠가 그렇게 생각하지 않는게 틀림없어.
_ **I'll bet** you look fabulous in that dress. 넌 그 옷을 입으면 정말 멋지게 보일거야.
_ **I'll bet** the kids want to go with you. 아이들이 너와 함께 가고 싶어하는게 확실해.
_ **I'll bet** you just need a little practice. 넌 틀림없이 조금만 연습을 하면 돼.
_ **I'll bet** you $5.00 that I'll win. 내가 이기는데 5달러 걸겠어.

Dialog »
A : I'll bet you ten bucks that you can't get a date with her. 네가 걔와 데이트 못한다는데 10달러를 걸겠어.
B : You are on. 좋아 내기하자.

004

You bet S+V 틀림없이 …할거야

Point » 상대방에게 S+V의 내용에 걸라는 내용이 된다. 즉 틀림없이 S+V하게 될거라는 것을 강조하는 패턴이 된다.

Pattern »
_ **You bet** your ass I'm gonna fire you! 틀림없이 난 널 해고할거야!
_ **You bet** I want coffee, nice and hot. 물론 난 맛있고 따뜻한 커피를 원해.
_ **You bet** they won the tournament. 틀림없이 개네들이 토너먼트에서 우승할거야.
_ **You bet** Tripp is sleeping. 틀림없이 트립은 자고 있을거야.
_ **You bet** the food tastes great. 틀림없이 음식은 맛이 대단할거야.

Dialog »
A : Can Jenny complete the marathon? 제니가 마라톤을 완주할 수 있을까?
B : You bet she can do it. 틀림없이 완주할거야.

Pattern 22 »» **The reason~**

001

The reason (why) S+V is that~ …한 이유는 …야

Point » 어떤 일에 대한 이유를 설명하는 패턴으로 결과는 S+V에, 원인 설명은 is that~ 이하에 이어 쓰면 된다.

Pattern »
_ **The reason** it was cancelled **is that** it's raining. 그게 취소된 이유는 비가 오기 때문이야.
_ **The reason** Andy left **is that** he was sleepy. 앤디가 떠난 것은 걔가 졸려서야.
_ **The reason** we came **is that** you need help. 우리가 온 이유는 네가 도움이 필요해서야.
_ **The reason** Dana yelled **is that** she's angry. 데이나가 소리친 이유는 화가 났기 때문이야.
_ **The reason** Tina got lost **is that** she took the wrong bus. 티나가 길잃은 건 버스를 잘못탔기 때문야.

Dialog »
A : Why did you leave in the middle of dinner? 왜 저녁먹다 말고 나간거야?
B : The reason I left is that I had a headache. 내가 떠난 이유는 두통 때문이야.

002 The reason for ~ is that~ …의 이유는 …야

Point >> for~ 이하의 이유를 설명하는 패턴이다.

Pattern >>

_ **The reason for** the argument **is that** they didn't agree.
논쟁한 이유는 걔네들이 서로 의견이 달라서였어.

_ **The reason for** the ceremony **is that** she graduated.
세레머니를 한 이유는 걔가 졸업해서야.

_ **The reason for** our meeting **is that** an emergency occurred.
우리 회의는 비상사태가 일어나서야.

_ **The reason for** our coats **is that** it's cold outside. 코트가 필요한 이유는 밖이 춥기 때문이야.

_ **The reason for** the flood **is that** it rained heavily. 홍수가 난 이유는 폭우가 내려서야.

Dialog >>

A : There is a big cake at the center table. 중앙 테이블에 커다란 케익이 있어.

B : The reason for the cake is that it's John's birthday. 케익이 있는 이유는 존의 생일이기 때문이야.

003 What was the reason for sb to+V? 뭐 때문에 …가 …했을까?

Point >> 어떤 사람의 행동의 원인을 물어볼 때 사용하는 패턴. 즉, sb가 왜 to+V했는지 그 이유를 물어보는 문장이다.

Pattern >>

_ **What was the reason for** Bennie **to** email you? 뭐 때문에 베니가 네게 이멜을 썼을까?

_ **What was the reason for** him **to** take a week off? 뭐 때문에 걔가 일주일 휴가를 냈을까?

_ **What was the reason for** Leona **to** quit the church?
뭐 때문에 레오나가 교회 다니는걸 그만두었을까?

_ **What was the reason for** Dell **to** stay so late? 뭐 때문에 델이 그렇게 늦게 남아 있었을까?

_ **What was the reason for** her **to** buy a dress? 뭐 때문에 걔가 옷을 샀을까?

Dialog >>

A : What was the reason for Brandy to get upset? 뭐 때문에 브랜디가 화를 낸거야?

B : She had a fight with her boyfriend. 걘 남친과 싸움을 했어.

004 What reason did S+give for ~ing? …한 이유를 뭐라고 했어?

Point >> 역시 S가 V의 행동을 한 것은 왜 인지 궁금할 때 사용하면 된다.

Pattern >>

_ **What reason did** your sister **give for** visiting the doctor?
네 누이는 병원간 이유를 뭐라고 했어?

_ **What reason did** he **give for** using the money? 걔는 그 돈을 쓴 이유를 뭐라고 했어?

_ **What reason did** Bristol **give for** missing class? 브리스톨은 수업빠진 이유를 뭐라고 했어?

_ **What reason did** she **give for** making a mess? 걔는 어지럽혀 놓은 이유를 뭐라고 했어?

_ **What reason did** the student **give for** failing? 그 학생은 낙제한 것에 대한 이유를 뭐라고 했어?

Dialog >>

A : What reason did Doug give for being late? 더그는 늦은 이유를 뭐라고 했어?

B : He said there was a big traffic jam. 걘 교통이 엄청 막혔다고 했어.

That's one of the reasons~

001 **That's one of the reasons S+V** 그건 …한 이유 중의 하나야

Point ≫ S+V를 한 이유 중의 하나는 "That"이라는 의미로 어떤 상황에 대한 이유를 밝히는 표현.

Pattern ≫
_ **That was one of the reasons** I left. 그게 내가 떠난 이유중의 하나였어.

_ **It's one of the reasons** I love her. 그게 내가 걔를 사랑하는 이유중의 하나야.

_ **He's one of the reasons** I wanted to stop by. 걔는 내가 들르고 싶어했던 이유중의 하나야.

_ **It's one of the reasons** I left him. 그게 내가 걔를 떠난 이유중의 하나야.

_ **That is one of the reasons** I never exercise. 그게 내가 운동하지 않는 이유중의 하나야.

Dialog ≫
A : It's nice to take some time alone. 혼자 시간을 가지니 좋으네.
B : That is one of the reasons I like to go fishing. 그게 내가 낚시가기를 좋아하는 이유 중의 하나야.

002 **That's one of the reasons why~**

그건 …한 이유 중의 하나야, 그래서 …하기도 해

Point ≫ 앞의 패턴에서 S+V 앞에 why를 써준 경우로 의미는 동일하다.

Pattern ≫
_ **That is one of the reasons why** he stopped drinking.
그건 걔가 금주한 이유 중의 하나야.

_ **That is one of the reasons why** we became confused.
그건 우리가 혼란스러워 한 이유 중의 하나야.

_ **That is one of the reasons why** no one trusts him.
그건 아무도 걔를 믿지 않는 이유 중의 하나야.

_ **That is one of the reasons why** we bought a dog.
그건 우리가 개를 입양한 이유 중의 하나야.

Dialog ≫
A : Your sister has a beautiful voice. 네 누이의 목소리는 아름다워.
B : That is one of the reasons why she joined a choir. 그래서 누이는 합창단에 들어간거야.

003 **Part of the reason for this is that S+V**

이에 대한 이유 중 일부는 …야

Point ≫ 어떤 결과에 원인이 하나일 수는 없는 법. 이럴 때 즉, 여러 이유 중 일부를 언급할 때 유용한 패턴.

Pattern ≫
_ **Part of the reason for this is that** the food was burnt.
이에 대한 이유 중 일부는 음식이 탔기 때문이야.

_ **Part of the reason for this is that** we bought tickets.
이에 대한 이유 중 일부는 우리가 표를 샀기 때문이야.

_ **Part of the reason for this is that** the store was closed.
이에 대한 이유 중 일부는 가게가 문을 닫았기 때문이야.

_ **Part of the reason for this is that** our house got dirty.

이에 대한 이유 중 일부는 우리집이 지저분해서야.

_ **Part of the reason for this is that** he lost his job.

이에 대한 이유 중 일부는 걔가 직장을 잃었기 때문이야.

Dialog »

A : Why did you rent a cheaper apartment? 왜 값싼 아파트를 빌린거야?

B : Part of the reason for this is that I ran out of money. 이유 중의 일부는 내가 돈이 부족해서였어.

004

I have no reason to~ 내가 …할 이유는 하나도 없어

Point » 「내가 to+V를 할 이유가 없다」라고 강하게 부정하는 문형.

Pattern »

_ **I have no reason to** doubt you. 내가 널 의심할 이유는 하나도 없어.

_ **I have no reason to** trust you. 내가 널 믿을 이유는 하나도 없어.

_ **I have no reason to** doubt his honesty. 걔의 정직함을 의심할 이유가 하나도 없어.

_ **I have no reason to** go to work early. 내가 일찍 출근할 이유가 전혀 없어.

_ **I have no reason to** gamble at the casino. 내가 카지노에서 게임을 할 이유가 전혀 없어.

Dialog »

A : What you are telling me is complete bullshit. 네가 말하는 것은 완전 쓰레기야.

B : I have no reason to lie to you. 내가 네게 거짓말할 이유가 전혀 없어.

Pattern 24 »» You look~

001

You look+형용사 넌 …하게 보여

Point » 상대방을 만나서 상대방의 겉상태가 좋거나 나쁠 때 사용하는 표현으로 You look~ 다음에 형용사를 이어 쓰면 된다. 과거에 「…하게 보였다」라고 하려면 You looked+형용사라고 쓰면 된다.

Pattern »

_ **You look** happy. 너 행복해 보여.

_ **You look** pale. 너 창백해 보여.

_ **You look** young for your age. 네 나이에 비해 어려 보여.

_ **You look** tired. 너 피곤해보여.

_ **You look** stressed out. What's wrong? 스트레스에 지쳐 빠진 것 같으네. 무슨 일이야?

_ **You look** tired. You all right? 너 피곤해 보여. 괜찮아?

Dialog »

A : You look really tired this morning. 너 오늘 아침 무척 피곤해보여.

B : I just couldn't fall asleep last night. 지난밤에 잠을 들 수가 없었어.

002 | ## You're looking+형용사 너 정말 …하게 보여

Point >> You look+형용사의 현재 진행형으로 앞선 표현보다 좀 더 그래픽하고 강조하는 표현 정도로 생각하면 된다.

Pattern >>
_ **You're looking** good. 너 좋아 보여.

_ **You're looking** pretty. 너 예뻐 보여.

_ **You're looking** happy this morning. 너 오늘 아침 기분좋아 보여.

_ **You're looking** fantastic. 너 정말 멋져 보여.

_ **You're looking** pretty this morning. 너 오늘 아침 정말 예뻐 보여.

Dialog >>
A : You're looking more fit than ever. 너 어느 때보다 건강해보여.
B : I go jogging five days a week. 일주일에 다섯 번은 조깅을 해.

---

003 | ## You don't look~ 넌 …하게 보이지 않아

Point >> 상대방의 상태가 별로 좋아보이지 않을 때 사용하면 유용한 표현으로 You don't look~ 다음에는 좋은 의미의 형용사가 이어진다.

Pattern >>
_ **You don't look** fine. 넌 괜찮아보이지 않아.

_ **You don't look** good. 넌 좋아보이지 않아.

_ **You don't look** too happy. 넌 그렇게 행복해보이지 않아.

_ **You don't look** interested in the conversation. 넌 이 대화에 관심없는 것 같아.

_ **You don't look** happy right now. 넌 지금 행복해보이지 않아.

_ **You don't look** satisfied with your meal. 넌 음식에 만족 못한 것처럼 보여.

Dialog >>
A : I just had a meeting with my boss. 난 사장과 미팅을 가졌어.
B : You don't look happy about it. 넌 행복해 보이지 않네.

---

004 | ## You seem[sound]~ 넌 …처럼 보여

Point >> 역시 상대방의 모습이 어떤지 묘사할 때 사용하는 패턴으로 상대방에 대한 걱정에서 말하는 경우가 많다.

Pattern >>
_ **You don't seem** okay. What happened? 안 좋아 보여. 왜 그래?

_ **You sound** strange. 네 목소리가 이상하게 들려.

_ **You seem** a little nervous. 너 좀 초조해 보여.

_ **You don't seem** okay. 안 좋아 보여.

_ **You seem** tired today. 넌 오늘 피곤해 보여.

Dialog >>
A : You seem cheerful today. 너 오늘 즐거워보여.
B : Yeah, I just got good news. 어, 좋은 소식을 들었어.

영어회화
공식패턴
3300

Pattern 25 ≫ You look like~

001 You look like+N 너 …같아, 너 …처럼 보여

Point ≫ You look~ 다음에 like를 붙여서 You look like~로 쓰면 역시 「…처럼 보인다」라는 뜻이지만 You look like~다음에는 명사를 이어써야 한다는 점이 다르다.

Pattern ≫
_ **You look like** your mother. 너 네 엄마 같아.

_ **You look like** a terrorist. 너 테러범 같아.

_ **You look like** a natural-born player! 타고난 선수 같은데!

_ **You look like** your father. 너 네 아빠 같아.

_ **You look like** the other students. 너 다른 학생들처럼 보여.

Dialog ≫
> A : You look like Chris. 너 크리스 같아.
>
> B : I borrowed some of his clothes. 걔 옷을 좀 빌렸어.

002 You look like sb who~ 넌 …한 사람같아

Point ≫ sb가 어떤 사람인지 추가정보를 설명하는 패턴으로 관계대명사 who는 목적격일 때는 생략될 수 있다.

Pattern ≫
_ **You look like** someone who I went to school with.
넌 함께 학교를 다녔던 사람과 비슷해.

_ **You look like** somebody **who** studies a lot. 넌 공부를 많이 하는 사람 같아.

_ **You look like** somebody **who** enjoys life. 넌 삶을 즐기는 사람처럼 보여.

_ **You look like** somebody **who** heard bad news. 넌 나쁜 소식을 들은 사람처럼 보여.

_ **You look like** somebody **who** needs sleep. 너는 잠이 필요한 사람처럼 보여.

Dialog ≫
> A : You look like somebody who needs a hand. 넌 도움이 필요한 사람처럼 보여.
>
> B : Could you loan me some money? 내게 돈 좀 빌려줄 수 있어?

003 You look like S+V 너 …같아, 너 …처럼 보여

Point ≫ 역시 상대방이 어떻게 보인다라는 의미로 You look like~ 다음에 S+V의 형태를 이어쓰는 패턴이다.

Pattern ≫
_ **You look like** you had a bad day. 넌 오늘 안좋은 날을 보낸 것처럼 보여.

_ **You look like** you had a rough day at the office. 너 사무실에서 힘들었던 것 같아.

_ **You look like** you want a hug. 넌 안아주기를 바라는 것처럼 보여.

_ **You look like** you've seen a ghost. 넌 유령을 본 사람처럼 보여.

_ **You look like** you're lying. 넌 거짓말을 하는 것처럼 보여.

Dialog ≫
> A : You look like you don't know where you are going. Are you lost?
> 어디로 가야할 지 모르시나 보군요. 길을 잃으셨나요?
>
> B : Yes, can you tell me the way to Maxim's? 네, 맥심사로 가는 길 좀 가르쳐 주시겠어요?

004 **You don't look like S+V** 넌 …처럼 보이지 않아

Point » You don't look+형용사이지만 You don't look like~가 되면 명사나 S+V가 이어져야 한다.

Pattern »
_ **You don't look like** a doctor. 넌 의사처럼 보이지 않아.
_ **You don't look like** you have good news. 넌 좋은 소식이 있는 것처럼 보이지 않아.
_ **You don't look like** the interview went well. 넌 면접이 잘 되지 않은 것처럼 보여.
_ **You don't look like** she accepted your proposal. 넌 걔가 네 제안을 받아들이지 않은 것처럼 보여.

Dialog »
A : I just got out of the hospital. 나 방금 병원에서 퇴원했어.
B : **You don't look like** you were sick. 아팠던 사람처럼 보이지 않는데.

Pattern 26 **» Do I look like~ ?**

001 **Do I look like+N?** 내가 …처럼 보여?

Point » 내가 N처럼 보이냐고 확인하거나 시비거는 표현.

Pattern »
_ **Do I look like** an idiot? 내가 바보처럼 보여?
_ **Do I look like** a miracle worker? 내가 기적을 일으키는 사람처럼 보여?
_ **Do I look like** a chick to you? 내가 네게는 계집애처럼 보여?
_ **Do I look like** a prince? 내가 왕자처럼 보여?
_ **Do I look like** a rich woman? 내가 돈많은 여자처럼 보여?

Dialog »
A : Do you sell dresses here? 여기 옷을 파는건가요?
B : Do I look like a store employee? 내가 상점점원처럼 보여요?

002 **Do I look like+N (that) S+V?** 내가 …한 사람처럼 보여?

Point » Do I look like+N에서 N을 추가로 설명해주는 수식어구가 붙은 경우로 문장이 길어질 수 밖에 없다.

Pattern »
_ **Do I look like** the kind of woman **that** would cheat on her husband?
내가 걔 남편과 바람핀 그런 종류의 여자로 보여?
_ **Do I look like** a man **that** needs publicity? 내가 관심을 받기를 원하는 사람처럼 보여?
_ **Do I look like** a guy **who** doesn't want to get married? 내가 결혼을 원치 않는 사람처럼 보여?
_ **Do I look like** a person **that** he beat in a fight? 내가 싸움에서 이긴 사람처럼 보여?
_ **Do I look like** someone **that** she would date? 내가 그녀가 데이트할 사람처럼 보여?

Dialog »
A : I think we would make a good couple. 우리 좋은 커플이 될 것 같아.
B : Do I look like a man that you want to date? 내가 네가 데이트하고 싶어하는 남자처럼 생겼어?

003 **Do I look like someone who~ ?** 내가 …하는 사람처럼 보여?

Point >> 이번에는 Do I look like sb~에서 sb 대신 someone을 써서「내가 …한 사람처럼 보이냐」고 물어보는 패턴이다.

Pattern >> _ **Do I look like someone who** wants pizza? 내가 피자를 원하는 사람처럼 보여?

_ **Do I look like someone who** gets upset easily? 내가 쉽게 화를 내는 사람처럼 보여?

_ **Do I look like someone who** eats too much? 내가 과식하는 사람처럼 보여?

_ **Do I look like someone who** can't find a job? 내가 취직을 못할 사람처럼 보여?

Dialog >> A : Did you take the money from my wallet? 내 지갑에서 돈을 가져갔어?
B : Do I look like someone who steals things? 내가 훔쳐나 가는 사람처럼 보여?

004 **Do I look like S+V?** 내가 …하는 것처럼 보여?

Point >> look like 다음에 명사가 이어진다는 얘기는 명사 대신 S+V가 올 수도 있다는 것을 암시한다.

Pattern >> _ **Do I look like** I'm heavy enough? 내가 아주 뚱뚱한 것처럼 보여?

_ **Do I look like** I am ready to be a father? 내가 아버지가 될 준비가 된 사람처럼 보여?

_ **Do I look like** I'm having fun? 내가 재미있어하는 것처럼 보여?

_ **Do I look like** I'm joking? 내가 농담하는 것처럼 보여?

_ **Do I look like** I feel better? 내가 기분이 더 나아진 것처럼 보여?

_ **Do I look like** I could raise a baby? 내가 아이를 키울 수 있을 것처럼 보여?

Dialog >> A : Maybe you should go take a nap. 너 가서 낮잠을 자라.
B : Do I look like I am sleepy? 내가 졸려보여?

Pattern **27** >> **The first time~**

001 **The first time S+V, S+V** 처음으로 …했을 때 …했어

Point >> S가 처음으로 V를 했을 때 S+V하였다는 내용의 표현.

Pattern >> _ **The first time** we met, she was so nervous. 우리가 처음 만났을 때 걔는 매우 긴장했어.

_ **The first time** we got involved, I got out just in time. 우리가 연루되었을 때 난 제때에 빠져나왔어.

_ **The first time** they visited Paris, they were excited. 걔네들이 파리를 처음 갔을 때 흥분했어.

_ **The first time** he played tennis, he lost. 걔가 처음으로 테니스를 쳤을 때 게임에서 졌어.

_ **The first time** he attended school, he studied hard. 걔가 처음에 학교왔을 때 공부를 열심히 했어.

Dialog >> A : Have you ever tried cow liver? 소의 간을 먹어본 적이 있어?
B : The first time I ate it, I got sick. 처음으로 먹었을 때 탈났어.

This is the first time since~ …이래로 이번이 처음이야

Point >> since 다음에는 「시점명사」나 「시점을 나타내는 S+V」의 절이 오기도 한다.

Pattern >>
_ **This is the first time since** we were in grade school.
이건 우리가 초등학교 들어온 이래로 처음이야.

_ **This is the first time since** last winter. 지난 겨울 이래로 이번이 처음이야.

_ **This is the first time since** we got married. 우리가 결혼한 이래로 이번이 처음이야.

_ **This is the first time since** I got back from vacation.
내가 휴가에서 돌아온 이후 이번이 처음이야.

_ **This is the first time since** I quit smoking. 내가 금연한 이후로 이번이 처음이야.

Dialog >>
A : I'm surprised to see you smoking. 너 담배피는 것을 보고 놀랐어.
B : This is the first time since I quit years ago. 몇 년 전에 끊고나서 이번이 처음이야.

It[This] is the first time S+V …한 것은 이번이 처음이야

Point >> 처음으로 S+V를 했을 경우 이를 강조하기 위한 표현이다.

Pattern >>
_ **This is the first time** we've done this. 우리가 이걸 한 것은 이번이 처음이야.

_ **It was the first time** Lexi had ever left a party early.
렉시가 파티에서 일찍 나간 것은 이번이 처음였어.

_ **It's the first time** I found a bargain here. 내가 여기서 싼 물건을 발견한 것은 이번이 처음이야.

_ **It's the first time** you answered correctly. 네가 정확히 대답을 한 것은 이번이 처음이야.

_ **It's the first time** we met a celebrity. 유명인을 만난 것은 이번이 처음이야.

Dialog >>
A : So your husband didn't come home last night? 그래 네 남편이 지난밤에 집에 오지 않았다는거지?
B : It's the first time it happened. 그런 일은 그게 처음이야.

It was the first time that S+V in ~ years
…한 것은 …년 만에 처음이었어요

Point >> 뭔가 오래간만에 S+V를 했을 때 이를 강조하면서 말하는 문장이다.

Pattern >>
_ **It was the first time that** he took medicine **in** ten years.
걔가 약을 먹은 것은 10년 만에 처음이었어.

_ **It was the first time that** I attended a party **in** three years.
내가 파티에 간 것은 3년 만에 처음이었어.

_ **It was the first time that** we went to a theater **in** six years.
우리가 극장에 간 것은 6년 만에 처음이었어.

Dialog >>
A : Was that you on the basketball court? 농구장에 있었던 게 바로 너였어?
B : It was the first time that I played in ten years. 내가 농구를 한 것은 10년 만에 처음이었어.

001 (It's only) A matter of time before S+V …하는 건 오로지 시간문제야

Point >> 우리가 자주 쓰는 표현으로 특히 시간문제는 a matter of time이라는 것을 알아둔다.

Pattern >>

_ Just **a matter of time before** I catch you. 내가 널 잡는 건 단지 시간문제야.

_ It's just **a matter of time before** he screws up again.
개가 다시 일을 그르치는 건 시간문제야.

_ I think it's just **a matter of time before** they break up for good.
개네들이 아주 헤어지는 것은 단지 시간문제라고 생각해.

_ It's only **a matter of time before** Terry gets a promotion.
테리가 승진하는건 오로지 시간문제야.

_ It's only **a matter of time before** he breaks his cell phone.
개가 자기 핸드폰을 부수는 것은 오로지 시간문제야.

_ It's only **a matter of time before** Gina freaks out.
지나가 기겁을 하는 것은 오로지 시간문제야.

Dialog >>

A : This junky old car sounds strange. 이 쓰레기 같은 낡은 차의 소리가 이상하네.
B : It's only a matter of time before it breaks down. 고장나는건 오로지 시간문제네.

002 It was a matter of time before~ …는 시간문제였어

Point >> 앞의 패턴을 과거형으로 쓴 경우로 before 다음의 동사도 당연히 과거로 쓰인다.

Pattern >>

_ **It was just a matter of time before** he turned against us.
개가 우리를 배신하는건 단지 시간문제였어.

_ **It was just a matter of time before** someone had to leave the group.
누군가 이 그룹을 떠나야 했던 것은 단지 시간문제였어.

_ **It was a matter of time before** the bridge failed. 그 다리가 무너지는건 시간문제였어.

_ **It was a matter of time before** the marriage broke up.
그 결혼이 깨지는 것은 시간문제였어.

_ **It was a matter of time before** it became profitable. 수익이 나는 것은 시간문제였어.

Dialog >>

A : Silvia is becoming the new manager. 실비아가 새로운 매니저가 될거래.
B : It was a matter of time before she was promoted. 승진하는 것은 시간문제였어.

003 It's (just) a matter of time till~ …하는 것은 시간문제야

Point » till 이하가 실현되는 것은 시간문제임을 역설하는 패턴이다.

Pattern »

_ **It's just a matter of time till** he finds out. 걔가 알아내는 것은 시간문제야.

_ **It's just a matter of time till** the bomb explodes. 폭탄이 폭발하는 것은 시간문제야.

_ **It's just a matter of time till** they start a relationship.
개네들이 사귀기 시작하는 것은 시간문제야.

_ **It's just a matter of time till** we find an apartment.
우리가 아파트를 구하는 것은 시간문제야.

_ **It's just a matter of time till** she comes back. 걔가 돌아오는 것은 시간문제야.

Dialog »

A : Grandpa keeps closing his eyes. 할아버지가 계속 눈을 감으셔.
B : It's just a matter of time till **he falls asleep.** 잠드는 것은 시간문제야.

Pattern 29 »» I plan to~

001 I plan to+V …할 예정이야, …할 작정이야, …할 생각야

Point » 앞으로의 계획이나 일정을 말할 때 사용하는 패턴으로 plan to+V 혹은 plan on+sth[~ing]의 형태로 쓰인다.

Pattern »

_ **I plan to** speak with your supervisor. 네 상관과 얘기를 할 생각이야.

_ **I plan to** do it again and again. 난 그것을 계속 다시 할 생각이야.

_ **I plan on** attending the next committee meeting. 난 다음 위원회 회의에 참석할 계획이야.

_ **I plan on** getting really fat as a tribute to your mother.
네 엄마에 대한 존경의 표시로 난 정말 뚱뚱해질거야.

Dialog »

A : Did you like the novel? 너 그 소설 좋았어?
B : Yes. I plan to **read it one more time.** 어, 한번 더 읽을 계획이야.

002 I'm planning to+V …할 생각이야, …할 작정이야

Point » 우리말을 할 때도 「…을 계획한다」라는 현재시제보다는 「…을 계획하고 있어」, 「…을 계획중이야」라고 현재진행형을 많이 쓰듯 영어의 경우도 현재보다는 현재진행을 쓰는 경우가 더 많다. I'm planning to ~ing도 같은 의미로 「…할까 한다」라는 의미.

Pattern »

_ **I'm planning to** run in the marathon. 난 마라톤을 뛸 생각이야.

_ **I'm planning to** buy a new car. 난 새차를 뽑을 작정이야.

_ **I'm just planning to** relax. 난 그냥 쉴 생각이야.

_ **I'm planning to** go skiing next weekend. 난 다음 주말에 스키타러 갈 생각이야.

_ **I'm planning to** stay for three weeks. 난 3주 동안 머물 생각이야.

A : Have you had your wisdom teeth pulled out? 사랑니 뽑았어요?

B : No, but I'm planning to have them extracted next month. 아뇨, 다음 달에 뽑을거예요.

003 I'm planning on ~sth[~ing] …할 생각이야, …할 예정이야

Point » I'm planning~다음에는 to+V만 오는게 아니라 on+sth[~ing]이 올 수도 있다.

Pattern »

_ **I'm planning on** a big retirement party. 난 은퇴기념파티를 크게 열거야.

_ **I'm planning on** a night of studying. 난 하룻밤 공부를 할 생각이야.

_ **I'm planning on** running for office.
난 공직에 출마할 계획이야.

_ **I'm planning on** bringing a date. 난 데이트 상대를 데려올 생각이야.

_ **I'm planning on** telling her my secret. 난 걔에게 내 비밀을 말할 생각이야.

Dialog »

A : It's fun going on a camping trip. 캠핑여행가는 것은 재미있어.

B : I'm planning on building a big campfire. 난 커다란 캠핑장을 만들 생각이야.

004 What[When] are you planning to ~ ? 뭘[언제] …할 계획이니?

Point » 상대방에게 뭘 계획하는지 혹은 「언제 …을 할건지」 등의 정보를 물을 때 사용한다.

Pattern »

_ **What are you planning to** say? 뭘 말하려는거야?

_ **When are you planning to** do this? 언제 이걸 하려고 해?

_ **When were you planning to** tell us? 언제 우리에게 말하려고 했어?

_ **How long are you planning on** hiding out here? 넌 여기서 얼마나 오래 숨어있을 계획이야?

_ **How long are you planning to** stay in the US? 미국엔 얼마나 머물 계획이세요?

Dialog »

A : I hope it will be nice tomorrow. 내일 날씨가 좋았으면 좋겠다.

B : Are you planning an outdoor activity? 야외에서 뭔가 하려고 계획 중이니?

Chapter 08

Pattern
30 >> **as ~ as~**

001 as+adj+as …만큼 …해

Point » 「…만큼 ~한」이라고 해석되는 as~as의 구문은 비슷비슷한 것들의 속성을 비교하는 데 아주 유용하게 쓰이는 구문. as와 as 사이에는 키가 크다든가 나이가 많다든가 하는 「비교의 기준」이 들어가고 두번째 as 뒤에는 누구와 혹은 무엇과 비교하는지, 「비교하는 대상」이 들어간다. 첫번째 as 다음에는 '비교의 기준'이 되는 「형용사나 명사」가 오고, 두번째 as 다음에는 '비교하는 대상'이 되는 「명사나 대명사, 혹은 주어+동사로 이루어진 절」이 온다. 한 가지, 비교하는 대상이 I, she, he 등 사람을 나타내는 대명사일 때, 원래는 주격인 I나 he, she가 와야 하지만 구어에서는 me, her, him을 더 많이 쓴다는 것도 알아둔다.

Pattern ≫

_ I don't think it is **as** dangerous **as** it seems on the news.
뉴스에 나오는 것처럼 그렇게 위험하지 않은 것 같아.

_ I've never been **as** aggressive **as** my brother is.
난 내 남동생처럼 그렇게 적극적이었던 적이 없어.

_ I don't get up **as** early **as** you. 난 너만큼 일찍 일어나지 않아.

_ I'm doing my best to walk **as** fast **as** the others.
다른 사람처럼 빨리 걸으려고 최선을 다하고 있어.

Dialog ≫

A : I'm not that short. I'm **as** tall **as** Kevin. 나 그렇게 작지 않아. 케빈만큼 크다구.

B : Why worry? A person's height is not important. 왠걱정? 키는 정말 아무것도 아닌데.

---

002 배수 as+adj[adv]+as …만큼 …해

Point ≫ as~as 앞에 '배수'를 나타내는 twice(두배), three times(세배), four times(네배) 등의 단어가 오면 「…배 만큼 ~하다」라는 뜻이 된다.

Pattern ≫

_ It's **twice as** big **as** I expected. 내가 생각했던 것보다 두배는 더 크네.

_ It's **half as** expensive **as** that one. 이것은 저것의 반값이잖아.

_ Her hair is **three times as** long **as** yours. 걔 머리는 너보다 세배는 길어.

_ He runs **twice as** fast **as** Barry. 걘 배리보다 두배는 빨리 달리지.

Dialog ≫

A : Is this the table you bought from the TV shopping program? 이게 TV 홈쇼핑에서 산 탁자니?

B : Yeah. It's **twice as** big **as** I expected. 응. 근데 내가 생각했던 것보다 두배는 더 크네.

---

003 as soon as possible 가능한 빨리

Point ≫ 원래 두번째 as 뒤에는 명사나 대명사, 절이 오게끔 되어있지만 여기에서처럼 형용사나 부사가 오는 경우도 있다.

Pattern ≫

_ I'll try and get there **as soon as possible**. 가능한 한 빨리 도착하도록 할게.

_ Let's do it quickly and finish **as soon as possible**. 빨리 그걸 해서 가능한 한 빨리 끝내자.

_ We need to clean up the room **as quickly as possible**.
가능한 한 빨리 이 방을 치워야 해.

_ I'll get you breakfast **as soon as possible**. 가능한 빨리 네게 아침을 갖다 줄게.

_ We need your help **as soon as possible**. 우리는 가능한 빨리 네 도움을 필요해.

Dialog ≫

A : Please have her return my call as soon as possible. 걔보고 가능한 빨리 내게 전화하라고 해줘.

B : No problem. I'll give her the message as soon as she gets in.
걱정하지마. 그녀가 들어오자마자 메시지를 전할테니.

as~ as one can 가능한 …하게

Point » as~as 주어+can은 「가능한 …하게」라는 의미의 숙어라 생각하고 외워두는게 좋다.

Pattern »
_ We'll get it to you **as fast as we possibly can.** 가능한 빨리 가져다 드리죠.

_ I'm going **as fast as I can.** 최대한 서두르고 있다고.

_ I'll be there **as soon as I can.** 될 수 있는 한 빨리 갈게.

_ Please give me a call **as soon as you can.** 가능한 한 빨리 전화해주세요.

Dialog »
A : You forgot our date! I've been waiting here for 1 hour!
데이트를 깜박하다니! 여기서 한시간 동안 기다리고 있다구!

B : Sorry. I'll be there as soon as I can. 미안해. 최대한 빨리 갈게.

Pattern 31 »» as good as~

as good as~ …만큼이나

Point » 수나 양을 비교하는 as many[much] as나 정도를 비교하는 as good[well] as는 모두 as~as비교구문으로 「…만큼이나(마찬가지로) …하다」라는 뜻. 써먹기는 좀 쉽지 않지만 잘 눈에 익혔다가 기회있으면 한번 사용해본다. 주의할 점은 as good as의 경우는 as good as+명사/형용사/pp형태로 'almost'로 또 as well as의 경우도 「…와 마찬가지로」라는 기본의미 외에도 'in addition to'(…뿐만 아니라 …도)라는 뜻으로도 쓰인다는 점이다.

Pattern »
_ This doesn't taste **as good as** it looks. 보기처럼 맛있지 않아.

_ He is **as good as** dead. 걘 거의 죽은 셈이야.

_ Isn't it **as good as** you expected? 생각했던 것 만큼 좋지가 않니?

_ Is your wine **as good as** mine? 네 와인은 내 와인만큼 맛있어?

Dialog »
A : Do you like to buy LG products? LG 제품 사는 걸 좋아해?
B : Sure, they are as good as any other products. 물론, 다른 여느 제품만큼 좋아.

as many (+N) as~ …만큼이나

Point » 두 번째 as 이하의 내용만큼이나라는 뜻으로 as many as~ 혹은 as many+N as~의 형태로 쓰인다.

Pattern »
_ I don't read **as many** important books **as** you do. 난 너만큼 책 많이 안읽어.

_ You can have **as many as** you want. 네가 원하는 만큼 먹어.

_ She doesn't have **as many** friends **as** I do. 걔는 나만큼 친구가 많지 않아.

_ Does he have **as many** books **as** the others? 걔는 다른 사람들만큼 책을 많이 갖고 있어?

Dialog »
A : There are four times as many cats as dogs here. 여기엔 고양이가 강아지보다 4배 많아.
B : That's because cats are smarter and live longer. 그건 고양이가 더 영리하고, 또 더 오래 살기 때문이야.

003 **as much as~** …만큼이나

Point ≫ many 대신에 양을 나타내는 much가 쓰인 경우로 「…만큼이나」라는 의미.

Pattern ≫ _ I'm willing to pay **as much as** two thousand dollars for it.
거기에 2천 달러 정도 낼 의향이 있어.

_ I hate this **as much as** you. 너만큼이나 이거 싫어해.

_ This ring costs **as much as** a car. 이 반지는 자동차만큼이나 가격이 나가.

_ Bring **as much as** you can carry. 네가 가져올 수 있는 만큼 가져와.

Dialog ≫
A : That is a really nice watch. 그거 정말 멋있는 시계네.
B : It cost as much as a gold ring. 금반지만큼이나 가격이 나가.

004 **as well as** …와 마찬가지로

Point ≫ as well이 단독으로 문장 뒤에 쓰이면서 also라는 의미로 쓰이는 경우.

Pattern ≫ _ My interview didn't go **as well as** I had hoped. 인터뷰는 내가 바랬던 것만큼 잘되지 않았어.

_ It has been a good experience for me **as well**. 저에게도 좋은 경험이었는걸요 뭘.

_ She speaks English **as well as** you. 걘 너만큼 영어를 잘 해.

_ I did **as well as** the other students. 나는 다른 학생들만큼 잘하고 있어.

_ I hope your party goes **as well as** mine did. 네 파티가 내 파티만큼 잘 되기를 바래.

Dialog ≫
A : Your husband is a good driver. 네 남편은 운전 잘해.
B : I drive as well as he does. 나도 남편만큼 잘해.

Pattern **32** ≫≫ **better than~**

001 **be better than~** …보다 낫다

Point ≫ 「…보다 더 낫다」라는 의미의 패턴으로 형용사er+ than~ 혹은 more+형용사+than~의 형태로 써주면 된다. 물론 비교대상은 than 다음에 써주면 되는데 역시 명사, 대명사 및 절이 올 수도 있다. 특히 회화에서는 better than ~이 많이 쓰이는데 better는 형용사 good 그리고 부사 well의 비교급으로 be better than~ 그리고 동사+better than~로 다 쓰일 수 있다는 점을 기억해두면 된다. 예를 들어 She is better than me(그녀는 나보다 낫다) 뿐만 아니라 She's doing it better than me(그녀는 나보다 그걸 더 잘해)로도 쓰인다는 것이다.

Pattern ≫ _ He's **better than** you think. 걔는 네가 생각하는거 이상야.

_ It's much easier **than** you think. 네가 생각하는거보다 훨씬 쉬워.

_ You're ten times prettier **than** she is. 네가 쟤보다 10배나 예뻐.

_ I like tea **better than** coffee. 커피보다는 차가 좋아.

_ Your lifestyle seems to be healthier **than** mine. 나보다 생활방식이 더 건전한 것 같아.

A : How did your meeting turn out? 네 회의 어떻게 됐어?

B : Actually it was a lot better than I expected it to be. 내 예상보다 훨씬 좋았어.

002 You[I] know better than to+V …할 정도로 어리석지 않아

Point >> know better than은 「…보다 더 잘 안다」라는 의미로 「…하지 않을 정도로 알고 있다」, 즉 다시 말하면 「…할 만큼 어리석지 않다」라는 말이다. than 다음에는 명사가 오거나 to+동사를 붙이면 된다.

Pattern >>

_ **You should know better than to** let him know. 너 걔한테 그런 말 하면 안되는 줄은 알았을 것 아냐.

_ **You know better than to** make him angry. 너 걔 화나게 할 정도로 어리석지 않잖아.

_ **You know better than to** criticize your teacher. 선생님을 비난하면 안되는 줄 알았을 것 아냐.

_ **You know better than to** fight with him. 넌 걔와 싸우면 안되는 줄 알았을 것 아냐.

Dialog >>

A : Why don't you ask Clinton to help you? 클린턴에게 도와달라고 그래.

B : I know better than to ask him for help, he knows less than I do.
걔에게 도움을 청할 만큼 어리석진 않아. 나보다 아는 게 없어.

003 비교급+than+S+thought 생각했던 것보다 더…

Point >> S가 thought했던 것보다 「더 혹은 덜 …하다」라는 의미로 회화에서 참 많이 쓰일 수 있는 어구이다.

Pattern >>

_ It's worse **than I thought.** 내가 생각했던 것보다 더 최악이야.

_ I'm saying you're tougher **than I thought.** 내 말은 네가 내 생각보다 더 터프하다는거야.

_ I may have more time **than I thought.** 난 내 생각보다 더 시간이 많을 수도 있어.

_ I have more ambition **than you thought.** 난 네 생각보다 야망이 더 커.

_ The exam was harder **than I thought.** 시험이 내가 생각했던 것보다 더 어려웠어.

_ This is going to be harder **than I thought.** 내가 생각했던 것보다 더 어려울 거야.

Dialog >>

A : A lot of people came to the festival. 많은 사람들이 축제에 왔어.

B : I know. The crowd was bigger than I thought. 그래. 사람들이 생각보다 많이 왔었어.

004 ~than I expected 내 예상보다 더…

Point >> 역시 than S thought와 같은 맥락의 표현으로 thought 대신에 expected가 쓰였다고 생각하면 된다.

Pattern >>

_ She's older **than I expected.** 걘 내 예상보다 더 나이가 들었어.

_ You were slower **than I expected.** 넌 내가 예상했던 것보다 더 느렸어.

_ You're taller **than I expected.** 넌 내 예상보다 키가 커.

_ We have more in common **than I expected.** 우린 내 예상보다 공통점이 더 많아.

_ This exam is harder **than I expected.** 이번 시험은 내 예상보다 더 어려워.

Dialog >>

A : Your cake tastes delicious. 네가 만든 케익 정말 맛있어.

B : It turned out better than I expected. 내가 예상했던 것보다 잘 만들어졌어.

Chapter 08

001   be the most+~ 가장 …한 …야

Point ≫ 가장 많이 쓰이는 최상급표현으로 the most 다음에 형용사+명사를 붙여 쓰면 된다.

Pattern ≫
_ That's **the most** important thing. 그게 가장 중요한 거야.

_ This **was the most** expensive suit in the store. 이 가게에서 제일 비싼 옷이었어.

_ You **are the most** beautiful woman in the room. 넌 이 방에서 제일 예뻐.

_ My friends **are the most** important thing in my life. 내 인생에서 친구가 가장 중요해.

_ This **is the most** special day of our lives. 우리 인생에서 가장 의미있는 날이야

Dialog ≫
A : How's the new secretary? 새로 온 비서 어때요?
B : She works the most efficiently of anyone. 어느 누구보다 일을 효율적으로 잘 해요.

002   one of the most~ 가장 …한 것중의 하나

Point ≫ 강조어법으로 역시 most 다음에는 형용사+명사의 형태를 이어준다.

Pattern ≫
_ That's **one of the most** beautiful sunsets I've ever seen.
저건 내가 본 가장 아름다운 노을 중의 하나야.

_ He's **one of the most** respected Americans in the world.
걔는 세상에서 가장 존경받는 미국인들 중 한 명이야.

_ The Internet is **one of the most** dangerous place in the world.
인터넷은 세상에서 가장 위험한 곳 중 하나야.

_ Marriage is **one of the most** important events in life.
결혼은 인생에서 가장 중요한 일 중의 하나야.

Dialog ≫
A : Dr. Miller teaches at this university? 밀러 박사가 이 대학교에서 수업하셔?
B : He's one of the most popular professors. 가장 유명한 교수님 중 한 분이셔.

003   be the most+명사+I've ever seen 지금까지 …한 것중에 가장 ~한거야

Point ≫ 최상급을 더욱 강조하는 보조어구로 I've ever seen 혹은 I've ever met을 쓰면 된다.

Pattern ≫
_ You're the dumbest woman **I ever met.** 너같이 멍청한 여자는 처음야.

_ You're the hottest girl that **I've ever seen.** 너처럼 섹시한 여잔 못봤어.

_ This is **the most** snow **I've ever seen.** 이렇게 눈이 많이 내리는 것은 못봤어.

_ You have the best hair **I've ever seen.** 네 머리가 지금까지 봐왔던 것 중에서 가장 멋져.

_ This is **the most** garbage **I've ever seen.** 이렇게 커다란 쓰레기는 처음봤어.

Dialog ≫
A : You're the dumbest man I ever met. 너같이 멍청한 남자는 처음야.
B : You can't talk to me like that! 내게 그런 식으로 말하지마!

비교급 + than ever before 그 어느 때 보다도 더 …한

비교급을 활용해 최상급을 만드는 여러 구문중 가장 간단한 것으로 비교급 다음에 than ever before를 붙이기만 하면 된다.

_ She's driving faster **than ever before.** 걘 어느 때보다 더 빨리 차를 몰아.

_ My dad is fatter **than ever before.** 아버지는 그 어느 때보다도 뚱뚱하셔.

_ Our students are smarter **than ever before.** 우리 학생들은 그 어느 때보다 더 똑똑해.

_ These bills are more expensive **than ever before.**
이 청구서들은 그 어느 때보다 많이 나왔어.

_ Criminals have become more dangerous **than ever before.**
범죄자들은 그 어느 때보다 더 위험해졌어.

_ I feel sleepier **than ever before.** 난 어느 때보다 더 졸려.

A : How do you like your history class? 네 역사수업은 어때?
B : It's even better than ever before. 그 어느 때보다 더 좋아.

음용 Chapter 09

What~

001 **What am I gonna~ ?** 내가 뭐라고[뭘] ···할까?

Point >> 자신이 어떻게 해야 할 줄 몰라서 하는 말로 동사로는 do, tell, say 등이 주로 온다.

Pattern >>
_ **What am I gonna do?** 내가 어떻게 해야 할까?
_ **What am I gonna tell her?** 걔한테 뭐라고 말해야 할까?
_ **What am I gonna say to the guy?** 그 사람에게 뭐라고 할까?
_ **What am I gonna tell her parents?** 걔네 부모에게 뭐라고 할까?
_ **What am I gonna do next year at school without you?**
네가 없으면 내년 학교에서 나 어떻게 하지?

Dialog >>
A : What am I gonna **give Lou for Christmas?** 루에게 크리스마스 선물로 뭐 줄까?
B : **Just give him a box of candy.** 캔디 한 박스만 줘.

002 **What am I~ ing?** 내가 ···을 하고 있는거지?

Point >> 자신이 지금 무엇을 하고 있는지 묻거나 혹은 자신의 행동을 후회하면서 던지는 문장.

Pattern >>
_ **What am I looking for?** 내가 지금 뭘 찾고 있는거지?
_ **What am I missing, guys?** 얘들아, 내가 놓친게 뭐야?
_ **What am I doing here?** 내가 여기서 뭐하고 있는거지?
_ **What am I doing with my life?** 내가 인생을 어떻게 살아가고 있는거지?
_ **What am I thinking?** 내가 무슨 생각을 하고 있는거지?

Dialog >>
A : What am I doing **wrong?** 내가 지금 뭘 잘못하고 있는거지?
B : **I think you're too impatient.** 너 너무 초조해 하는 것 같아.

003 **What am I supposed to~ ?** 내가 어떻게 ···해야 돼?

Point >> What과 be supposed to~가 만난 경우로 「내가 어떻게 to+V 이하를 해야 되냐」고 상대방에게 묻는 표현법.

Pattern >>
_ **What am I supposed to do with this?** 내가 이거 어떻게 해야 되는거지?
_ **What am I supposed to say?** 내가 뭐라고 해야 되는거지?
_ **What am I supposed to do now?** 이제 어떻게 해야 되는거지?
_ **What am I supposed to do about it?** 그것에 대해 내가 어떻게 해야 되는거야?
_ **What am I supposed to say to Mike?** 마이크에게 뭐라고 말해야 하는거지?

Dialog >>
A : What am I supposed to **do if a shipment is late?** 선적이 늦어지면 어떻게 해야되죠?
B : **You should report the delay to your immediate supervisor.**
직속 상사에게 지연되는 것을 보고해야 돼요.

001 ## What are you ~ing? 너 …을 할거야?

Point » What과 현재진행형이 도치된 경우로 지금 뭐하고 있는지 물어보거나 가까운 미래에 뭘 할건지 물어보는 문장이 된다.

Pattern »
_ **What are you doing** tomorrow? 내일 뭐 할거야?

_ **What are you talking** about? 무슨 얘기를 하고 있는거야?

_ **What are you laughing** at? 뭐에 대고 웃고 있는거야?

_ **What are you apologizing** for? 너 뭐에 대해 사과하는거야?

_ **What are you doing** after work tonight? 오늘 밤 퇴근 후에 뭐 할거야?

Dialog »
A : What are you doing this Saturday? 이번 토요일 날 뭐 할거야?
B : I haven't made any plans yet. Why? What's up? 아직 별 계획 없는데, 왜? 무슨 일이야?

002 ## What are you trying to~ ? 뭘 …하려는거야?

Point » What are you ~ing?의 대표적인 패턴으로 상대방의 의도를 확인하는 표현법.

Pattern »
_ **What are you trying to** say? 뭘 말하려는거야?

_ **What are you trying to** ask me? 무슨 말을 하고 싶은거야?

_ **What are you trying to** hide? 뭘 숨기려는거야?

_ **What are you trying to** do, kill me? 뭘 하려는거야, 날 죽이게?

_ **What are you trying to** tell me, huh? 내게 무슨 말을 하려는거야?

Dialog »
A : What are you trying to find? 뭘 찾으려고 하는거야?
B : I lost my cell phone somewhere. 나 어디선가 핸드폰을 잃어버렸어.

003 ## What are you going to~ ? 뭘 …할거야?

Point » be going to~와 what을 결합하여 만든 형태로 What are you going to 다음에 원하는 동사를 넣으면 된다.

Pattern »
_ **What are you going to** do? 뭘 할거야?

_ **What are you going to** do on Friday? 금요일에 뭘 할거야?

_ **What are you going to** do with the offer? 그 제안을 어떻게 할거야?

_ **What are you going to** call me? 날 뭐라고 부를거야?

_ **What are you going to** have? 뭐 먹을래?

_ **What are you going to** buy your girlfriend? 여자친구한테 뭐 사줄거야?

Dialog »
A : What are you going to do with your bonus? 너 보너스로 뭘 할거야?
B : I'm thinking of going on vacation. 휴가를 떠날까 해.

Chapter 09

What are you ~ for? 뭐 때문에 …해?

Point >> What ~ for?는 Why~문장으로 해석하면 된다.

Pattern >>
_ **What are you** drinking coffee **for?** 뭐 때문에 커피를 마시는거야?
_ **What are you** so angry **for?** 뭐 때문에 그렇게 화를 내는거야?
_ **What are you** staying awake **for?** 뭐 때문에 안자고 깨어있는거야?
_ **What are you** saving your money **for?** 뭐 때문에 돈을 저축하고 있는거야?
_ **What is** all of this money **for?** 이 돈 전부 뭐하려는거야?

Dialog >>

A : What are you going to the dentist for? 치과에는 왜 가려는거야?
B : I'm having some false teeth put in. 의치(義齒) 좀 해 넣으려구.

Pattern 03 >> What's wrong~ ?

001

What's wrong with~? …하는게 뭐가 잘못야?, …가 왜그래?

Point >> 상대방이 평소와 좀 다르거나 근심걱정이 있어 보일 때 걱정하면서 던질 수 있는 표현. 「무슨 일이야?」 정도의 뉘앙스로 그냥 What's wrong?이라고만 해도 된다. with 다음에는 사람, 사물명사가 올 수 있다.

Pattern >>
_ **What's wrong with** you? 너 왜그래?
_ **What's wrong with** it? 그거 왜그래?
_ **What's wrong with** your mom? 네 엄마 뭐가 잘못된거야?
_ **What's wrong with** my computer? 내 컴퓨터 뭐가 잘못된거야?
_ **What's wrong with** being nice to him? 걔한테 잘해주는 게 뭐 잘못됐어?
_ **What's wrong with** telling her I love Cindy?
  걔한데 내가 신디를 좋아한다고 말하는 게 뭐 잘못됐어?

Dialog >>

A : What's wrong with you? Why are you so angry? 무슨 일 있었니? 왜 그렇게 화가 났어?
B : Just get away from me! 날 좀 내버려둬!

002

What's it gonna take to+V? 어떻게 하면 …할 수 있어?

Point >> to 이하를 하는데 무엇이 필요하겠냐는 말로, 의역하면 어떻게 하면 to+V 이하를 할 수 있냐고 묻는 질문.

Pattern >>
_ **What's it gonna take** for you to forgive me? 어떻게 해야 네가 날 용서하겠어?
_ **What's it gonna take** to get us out of hell? 어떻게 해야 우리를 구해주겠어?
_ **What's it gonna take** to convince you? 어떻게 해야 널 설득할 수 있겠어?
_ **What's it gonna take** to get you to break up with Jack?
  어떻게 해야 네가 잭하고 헤어지게 할 수 있겠어?

Dialog >>

A : What's it gonna take to fix this? 이거 수리하려면 어떻게 해야 돼?

B : It will cost at least a thousand dollars. 적어도 천 달러가 들거야.

---

003 What is it like to~ ? …하는게 어때?

Dialog >> to+V 이하를 하는게 어떤 기분이냐, 어떠냐라고 물어보는 패턴이다.

Pattern >>
_ **What is it like to** live on the streets? 시내에서 사는게 어때?
_ **What is it like to** be famous? 유명해지니까 어때?
_ **What is it like to** be a detective? 형사가 되니까 어때?
_ **What is it like to** get married? 결혼하니까 어때?
_ **What is it like to** meet a celebrity? 유명인을 만나니까 어때?

Dialog >>

A : What is it like to live in New York? 뉴욕에서 사는게 어때?

B : It's busy and a little dangerous. 바쁘고 좀 위험한 것 같아.

---

004 What are the odds that S+V? …의 가능성이 어때?

Point >> 여기서 odds는 「가능성」을 말하는 것으로 What are the odds~다음에 of+N이나 that S+V를 붙이면 된다.

Pattern >>
_ **What are the odds of** that? 그거의 가능성이 어때?
_ **What are the odds of** that happening? 그럴 가능성이 얼마나 돼?
_ **What are the odds** we run into this guy? 이 사람을 마주칠 가능성이 얼마나 돼?
_ **What are the odds** they belong to you? 걔네들이 네 소속일 가능성이 얼마나 돼?
_ **What are the odds that** he saw us? 걔가 우리를 봤을 가능성이 없어?

Dialog >>

A : My math textbook is missing. 내 수학교과서가 없어졌어.

B : What are the odds that Doug took it? 더그가 가져갔을 가능성은 없어?

---

always vs. still

always가 'all the time', 'every time'의 뜻이라는 것은 아시죠? always는 말하고 있는 상황이, 모든 경우에 있어서 「언제나」, 「늘」, 「항상」 그렇다는 뜻을 나타내며, 이는 곧 예외를 예상할 수 없는 경우라는 것을 의미합니다. 한편 「여전히」라는 뜻의 still은 아무 생각없이 습관적으로 말하다보면 자칫 always와 혼동해서 쓸 수도 있는데, 비슷한 맥락이긴 해도 약간은 다른 뉘앙스를 풍기는 말입니다. still은 이전의 상황이 변하지 않고, 현재 말하고 있는 시점까지도 계속 그렇다는 것을 말할 때(say that a previous situation has not changed and continues at the time of speaking), 즉 상황이 「계속되고 있는」 데 역점을 둔 말이므로 '빈도'를 나타내는 always와는 근본적으로 다른 속성을 가진 말입니다. still은 always보다는 오히려 yet과의 사용상 차이점에 의문을 가질 수 있겠는데, 「아직도」라고 해석되는 yet은 still에 비해 주로 부정문이나 의문문에 잘 어울리는 말로 「아직까지도 어떤 일이 진행되지 않았다」는 뉘앙스를 풍깁니다.

- That company is always attempting to sell their products cheaper. 그 회사는 걸핏하면 자사 물건을 싸게 팔려고 하고 있다.
- Does he still want to come over to your house this evening? 그 남자는 아직도 오늘 밤에 너희 집에 오고 싶어하니?

001 What's +N? …가 뭐야?

Point >> What is+명사~?의 구문으로 명사의 내용이 무어냐고 물어보는 의문문. 어렸을 때 배운 What is it?에서 it 대신에 자기가 알고 싶은 명사를 붙이면 된다.

Pattern >>
_ **What's** the name of the girl you're dating? 네가 만나는 여자 이름이 뭐야?

_ **What's** the big deal? A lot of students do it. 뭘 그런걸 갖고? 학생들 많이 그래.

_ **What's** the matter with you? 무슨 일이야? 도대체 왜 그래?

_ **What's** the reason for quitting? 그만두는 이유가 뭐야?

_ **What's** it all about? 왜 그래?, 무슨 일이야?

Dialog >>
A : You were very rude to Alice. What's your problem?
너 앨리스에게 너무 버릇없이 굴었어. 왜 그러는 거야?

B : I'm sorry, I've been under a lot of stress. 미안, 스트레스를 많이 받았나봐.

002 What's ~ing? 뭐가 …하고 있어?

Point >> What is~ 다음에 동사의 ing가 이어지는 경우로 이때 what은 주어로 쓰이는 패턴이다.

Pattern >>
_ **What's going** on? 무슨 일이야?

_ **What's going** on with you? 너 무슨 일이야?

_ **What's happening?** 무슨 일이야?

_ **What's happening** to our minivan? 우리 미니밴이 어떻게 된거야?

_ **What's taking** them so long? 뭐 때문에 걔네들 그렇게 시간이 오래 걸리는거야?

Dialog >>
A : What's going on between two? 너희 둘 요즘 어떠니?

B : We're working out our problems. 서로간에 문제들을 해결해가고 있어.

003 What's he ~ing? 걔가 …하고 있어?

Point >> 제 3자가 현재 …을 하고 있는지 혹은 앞으로 뭘 할건지 물어보는 것으로 앞으로의 일을 좀 더 명확히 물어볼 때는 What's he gonna+V?라고 하면 된다.

Pattern >>
_ **What's he doing** here? 걔가 여기서 뭐하고 있어?

_ **What's he doing** in Chicago? 걔 시카고에서 어떻게 지내?

_ **What's she doing** in my bedroom? 걔가 내 침대에서 뭐하고 있는거야?

_ **What's she gonna** do? 걔는 어떻게 할거래?

_ **What's she gonna** say next? 걔는 담에 뭐라고 말할건가?

Dialog >>
A : My dad can't come to lunch. 아버지는 점심하러 못오셔.

B : What's he doing instead? 대신 뭘 하고 계셔?

004 What's ~ like? …는 어때?

Point » What ~ like?는 How~?하고 같은 의미. 즉 '명사'가 어떠냐고 물어보는 것으로 What does A look like?라는 표현과 종종 비교된다. What is+명사+like?는 사람이나 사물의 「성격」이나 「성질」이 어떤지 물어보는 것이고 What does A look like?는 단순히 「외관」(appearance)이 어떤 모습인지를 물어보는 것이다.

Pattern »
_ **What is** your new house **like?** 새로 이사한 집 어때?
_ **What are** the girls **like** in New York? 뉴욕의 여자애들은 어때?
_ **What's** the new manager **like?** 새로운 매니저 어때?
_ **What is** that **like?** 그거 어떤 거야?
_ **What does** he **look like?** Is he cute? 걔 어때? 귀여워?

Dialog »
A : What is your new house like? 새로 이사한 집 어때요?
B : It's quite nice, but it needs a lot of work. 꽤 좋긴 한데 손봐야 할 게 많아요.

Pattern 05 » What was~ ?

001 What was+N? …가 뭐였어?

Point » What's+N?의 과거형으로 뒤에 for나 about 등의 전치사가 붙기도 한다.

Pattern »
_ **What was** that sound? 저게 무슨 소리지?
_ **What was** her name? 걔 이름이 뭐였지?
_ **What was** that about? 그게 뭐에 관한 거였지?
_ **What was** that for? 왜 그런거야?, 그거 뭐 때문이야?
_ **What was** that all about the other night? 요전날 밤에 그게 다 어떻게 된거야?

Dialog »
A : Jeff really put his foot in his mouth at the meeting. 회의 때 제프가 정말 큰 실수를 했어.
B : He always does! What was it this time? 늘상 그러잖아! 이번엔 뭐였는데?

002 What were+N? …가 뭐였어?

Point » What are+N?의 과거형.

Pattern »
_ **What were** the things you said? 네가 무슨 말을 한거였어?
_ **What were** his exact words, please? 걔가 정확히 뭐라고 한거였어?
_ **What were** the names of the children? 아이들의 이름이 뭐였어?
_ **What were** the items on the menu? 메뉴의 항목들이 뭐였어?

Dialog »
A : What were the objects in the road? 도로에 있던 물체가 뭐였어?
B : I think those were large stones. 커다란 돌이었던 것 같아.

547

003 What was S+~ing? …가 뭐를 …하고 있었어?

Point » 주어가 「과거에 …하고 있었는지」 물어보는 경우.

Pattern »
_ **What was** he **talking** about? 걔가 뭐에 대해 얘기를 하고 있었어?
_ **What was** he **doing** there? 걔가 거기서 뭐를 하고 있었어?
_ **What was** I **saying**? 내가 뭘 얘기하고 있었지?
_ **What was** I **thinking**? 내가 무슨 생각으로 그랬지?
_ **What was** Phil **wearing** when he answered the door?
필은 문을 열어줄 때 뭘 입고 있었어?

Dialog »
A : What was Rick giving the high five to David for? 릭이 왜 데이비드와 손뼉을 마주친 거죠?
B : Both of them finally got their promotions. 두 사람 모두 드디어 승진했대요.

004 What were S+~ing? …가 뭐를 …하고 있었어?

Point » 주어가 복수일 경우에는 What were~라고 쓰면 된다.

Pattern »
_ **What were** you **thinking**? 너 무슨 생각으로 그런거야?
_ **What were** you **saying**, Mr. Gardner? 가드너 씨, 뭐라고 하셨죠?
_ **What were** you **gonna** say? 무슨 말을 하려고 했던거야?
_ **What were** you **doing** in a library? 도서관에는 무슨 일로 간거니?
_ **What were** you **expecting**? 뭘 기대했어?
_ **What were** the boss and his secretary **doing**? 사장과 비서가 뭘 하고 있었어?

Dialog »
A : What were you doing? 뭐했어?
B : I went to a strip club. 스트립 클럽에 갔었어.

Pattern 06 »» What do I~ ?

001 What do I+V? 내가 …을 해?

Point » What do~다음에 주어로 'I'가 온 경우로 그리 많이 쓰이지는 않는 패턴이다. 아래 몇 개 주요문장들을 익혀두면 된다.

Pattern »
_ **What do** I **know**? 내가 어떻게 알아?
_ **What do** I **do**? 나 어떻게 해야 돼?
_ **What do** I **do** without you? 너없이 나 어떻게 해야 돼?
_ **What do** I **look** like to you? 내가 너한테 어떻게 보여?
_ **What do** I **owe** you? 줄 돈이 얼마예요?

548 영어회화 공식패턴 3300

A : What do I do now? 이제 나 어떻게 해야 돼?

B : You do what you're great at. 네가 잘하는 것을 해.

002 What do I tell sb~ ? …에게 뭐라고 하지?

Point » 내가 sb에게 뭐라고 해야 할지 상대방에게 조언을 구하거나 반문하는 문장.

Pattern »
_ **What do I tell** him? 걔한테 뭐라고 하지?

_ **What do I tell** your kids? 네 아이들에게 뭐라고 하지?

_ **What do I always tell** you? 내가 항상 너한테 뭐라고 했니?

_ **What do I tell** our neighbors about the party? 이웃에게 파티에 대해 뭐라고 하지?

Dialog »
A : What do I tell Diane about the party? 다이안에게 그 파티에 대해 뭐라고 하지?

B : Tell her to be there before nine. 9시 전에 도착하라고 해.

003 What do I have to do to~ ? …하려면 내가 어떻게 해야 하지?

Point » to+V 이하를 하기 위해서 내가 무엇을 해야 하는지 물어보는 문장.

Pattern »
_ **What do I have to do?** 내가 어떻게 해야 돼?

_ **What do I have to do** to get you to shut up? 너 입 다물게 하려면 어떻게 해야 돼?

_ **What do I have to do** to get you to take me seriously?
어떻게 해야 네가 나를 진지하게 받아들이겠어?

_ **What do I have to do** to make you believe me? 어떻게 해야 네가 나를 믿게 할 수 있어?

_ **What do I have to do** to get through to you? 내가 어떻게 해야 너를 이해시키겠니?

Dialog »
A : What do I have to do to impress my girlfriend? 어떻게 해야 내 여친을 감동시킬까?

B : Why don't you get her a diamond? 다이아몬드를 사줘.

004 What did I+V? 내가 뭘 …했어?

Point » 내가 과거에 뭘했는지 물어보는 것으로 V에는 주로 tell과 say가 주로 온다. 이때는 주로 상대의 어리석음을 탓하며 「거봐, 내가 뭐라고 했니?」에 해당되는 뉘앙스를 띤다.

Pattern »
_ **What did I** tell you? 내가 네게 뭐라고 했어?

_ **What did I** say? 내가 뭐라고 했지?

_ **What did I** ever do to you? 내가 네게 어떻게 했지?

_ **What did I** say about playing with fire? 불장난하면 어떻게 된다고 내가 말했어?

_ **What did I** tell you what happened if you got him a gun?
걔에게 총을 주면 어떻게 될거라 내가 했어?

Dialog »
A : Get out of my face! 꺼져!

B : What did I do wrong? 내가 뭘 잘못했는데?

001   **What do you+V?** 너 …해?

Point 》 What do you+동사~? 형태로 동사자리에 다양한 동사를 넣어서 What do you say~?, What do you think~?, What do you plan~? 등 주옥 같은 영어회화문장패턴을 만들 수 있다. What do you mean?, What do you want?, 및 What do you say?(어때?) 등은 기본으로 알아둔다.

Pattern 》

_ **What do you** do? 너 직업이 뭐야?

_ **What do you** plan to do this weekend? 이번 주말에 뭐 할거야?

_ **What do you** call that in English? 저걸 영어로는 뭐라고 하니?

_ **What do you** know about her? 그 여자에 대해 아는 게 뭐야?

_ **What do you** know? 놀랍군, 네가 뭘 안다고!

Dialog 》

A : What do you plan to do this weekend? 이번 주말에 뭐 할거야?
B : I'm just planning to relax. 그냥 느긋하게 쉴 생각야.

002   **What do you think of[about]+N[~ing]?** …을 어떻게 생각해?

Point 》 상대방의 의견을 물어볼 때 쓰는 가장 전형적인 표현중의 하나. 먼저 물어보고 싶은 내용을 먼저 말하고 나서 (앞에 말한 내용을) 어떻게 생각해?라는 의미로 What do you think? 혹은 What do you think of that?이라고 하거나 아니면 What do you think 다음에 전치사 of나 about을 써서 그 아래 물어보는 내용을 명사 혹은 ~ing형태를 갖다 붙여도 된다.

Pattern 》

_ **What do you think of** this? 이건 어때?

_ **What do you think?** 네 생각은 어때?

_ **What do you think about** my new house? 우리 새 집 어때?

_ **What do you think of** adding him to our team? 걔를 우리 팀에 넣으면 어때?

_ **What do you think about** me staying the night? 내가 밤새 머무르는거 어때?

Dialog 》

A : What do you think about our project? 우리 프로젝트에 대해 어떻게 생각해?
B : It seems that you've got a problem. 문제가 있는 것 같아요.

003   **What do you think S+V?** …가 …한다고 생각해?

Point 》 Do you think what S+V?에서 'what'이 앞으로 빠진 경우.

Pattern 》

_ **What do you think** I am? 날 뭘로 보는 거야? (내가 뭐하는 사람 같아?)

_ **What do you think** you're doing? 너 정신 나갔냐?(이게 무슨 짓이야?)

_ **What do you think** he looks like? 걔 외모가 어떤 것 같아?

_ **What do you think** she wants? 걔가 뭘 원하는 것 같아?

_ **What do you think** we should do? 우리가 어떻게 해야 된다고 생각해?

A : What do you think his Achilles' heel is? 걔의 치명적 약점이 뭐라고 생각해?

B : I'm pretty sure it's women. 분명히 여자일거야.

---

004 **What do you think+V?** …가 …뭐라고 생각해?

Point ≫ What+V에서 do you think 가 삽입된 것으로 보면 된다.

Pattern ≫ _ **What do you think** is going to happen to that criminal?
그 범죄자는 어떻게 될까?

_ **What do you think** was the best part of the movie?
그 영화의 가장 좋았던 부분이 어디였어?

_ **What do you think** happened to Vince? 빈스에게 무슨 일이 일어났다고 생각해?

_ **What do you think** broke the machine? 무엇이 기계를 망가뜨렸다고 생각해?

_ **What do you think** caused the illness? 그 병의 원인이 뭐라고 생각해?

Dialog ≫

A : What do you think will happen? 어떻게 될 것 같아?

B : We are likely to lose everything on the hard drive. 하드 드라이브에 있는 모든 게 날아갈 것 같은데.

Pattern
08 ≫ **What do you mean~ ?**

001 **What do you mean~ ?** …라니 그게 무슨 말이야?

Point ≫ 일반적으로 상대방의 말을 이해할 수 없을 때, 혹은 상대방이 언급한 이야기에 대해 좀 더 명확하게 알고 싶을 때 쓸 수 있는 말로 What do you mean 이하에 (that) S+V~의 형태로 「알고 싶어 하는 내용」을 써주면 된다.

Pattern ≫ _ **What do you mean** you quit? You can't quit! 그만 둔다니 그게 무슨 말이야? 안돼!

_ **What do you mean** too late? 너무 늦었다니 그게 무슨 말이야?

_ **What do you mean** you're not so sure? 확실하지 않다니 무슨 말이야?

_ **What do you mean** you're not coming? 네가 못온다니 그게 무슨 말이야?

_ **What do you mean** you got fired? What happened?
잘렸다니 그게 무슨 말이야?, 어떻게 된거야?

Dialog ≫

A : We just don't have enough money. 우리는 돈이 충분히 없어.

B : What do you mean we don't have money? 우리가 돈이 없다니 그게 무슨 말이야?

What do you mean by~ ? …가 무슨 말이야?

by 뒤에 상대방이 방금 한 말을 그대로 옮겨 붙여 「…라니 무슨 얘기야?」라고 상대방이 한 말의 의도를 묻거나, 표면적인 의미가 아닌 그 진정한 의미가 무엇인지를 물을 때 쓸 수 있는 표현이다.

_ **What do you mean by that?** 그게 무슨 말이야?

_ **What do you mean by telling everyone that I don't like my job?**
내가 내 일을 좋아하지 않는다고 모두에게 말한 의도가 뭐죠?

_ **What do you mean by returning my gift?** 내 선물을 돌려준다니 그게 무슨 말이야?

_ **What do you mean by refusing to shake his hand?** 걔와 악수를 거부한다니 그게 무슨 말이야?

A : You gained some weight? 너 살쪘어?

B : What do you mean by that? Am I fat? 그게 무슨 말이야? 내가 뚱뚱하다고?

What do you want to[for]~ ? …을 하고 싶어?

What do you+동사~?의 마지막 문형으로, 원하다라는 동사 want를 써서 만든 What do you want~?을 연습해본다. want 다음에는 to+동사, 혹은 for+명사가 와서 「…을 원하느냐」, 혹은 「…을 하고 싶어」라는 의미가 된다. 회화에서 자주 나오는 What do you want from me?는 「나보고 어쩌라는 거야?」라고 굳어진 표현.

_ **What do you want from me?** 나보고 어쩌라는거야?

_ **What do you want to do tonight?** 오늘밤엔 뭐할래?

_ **What do you want to have for lunch?** 점심으로 뭐 먹을래?

_ **What do you want to know about Angela?** 안젤라에 대해 뭘 알고 싶어?

_ **What do you want to say?** 무슨 말 하고 싶어?

A : What do you want to **have for lunch?** 점심으로 뭐 먹을래?

B : How about getting a hot dog? 핫도그가 어때?

What do you want me to~ ? 내가 …을 어떻게 하라고?

want 다음에 to do의 의미상 주어인 me가 나온 경우로 상대방에게 뭘 원하냐고 물어보는 것이 아니라 「내가 뭘 하기를 네가 원하냐」고 물어보는 표현이다.

_ **What do you want me to do?** 나보고 어쩌라고?

_ **What do you want me to say?** 나보고 뭘 말하라고?

_ **What do you want me to do, shoot her?** 나보고 어쩌라고, 걜 쏘라고?

_ **What do you want me to do with a dozen lasagnas?**
12접시나 되는 라쟈냐를 나보고 어떡하라는 거야?

_ **What do you want me to do with them when they get here?**
그 사람들이 여기에 도착하면 내가 어떻게 하면 되지?

A : Can I ask you for a big favor? 어려운 부탁 하나 들어줄래?

B : Maybe. What do you want me to **do?** 글쎄, 내가 어떻게 해야 되는데?

---

001 | ## What do you say? 어때?

P_{oint} >> 상대방에게 말한 혹은 말할 제안에 대해 어떠냐고 물어보는 경우.

P_{attern} >>
_ So **what do you say?** Can I be your girlfriend again? 그래 어때? 나랑 다시 사귈래?

_ Come on baby, don't go. Please? **What do you say?** 야야, 가지마, 응? 그러자?

_ Let's go to China in May. **What do you say?** 5월에 중국가자. 어때?

_ **What do you say,** 6:30, my place? 6시 30분 내집에서 어때?

_ Come with us to the party tomorrow. **What do you say?** 낼 파티에 함께 가자. 어때?

D_{ialog} >>
A : Let's go out on a date. What do you say? 나가서 데이트하자. 어때?
B : I don't think it would be a good idea. 좋은 생각 같지는 않아.

---

002 | ## What do you say we[I] ~? ···는 어떤데?, ···하는 게 어때?

P_{oint} >> 상대방에게 뭔가 제안을 할 때 사용하는 것으로 What do you say 다음에 주어+동사를 써주면 된다.

P_{attern} >>
_ **What do you say we** take a break? 좀 쉬는 게 어때?

_ **What do you say I** take you to dinner tonight? 오늘 밤 저녁먹으러 갈래?

_ **What do you say we** go take a walk? 가서 산책가는 게 어때?

_ **What do you say we** get together for a drink? 만나서 술한잔 하면 어때?

_ **What do you say I** buy you a cup of coffee? 내가 커피한잔 사면 어때?

D_{ialog} >>
A : What do you say I take you to dinner tonight? 오늘밤 저녁 데려가면 어때?
B : Oh I'd like that! 그럼 좋지!

---

003 | ## What do you say to+N? ···하는게 어때?

P_{oint} >> 역시 상대방에게 뭔가 제안하는 것으로 to+N가 이어진 경우이다.

P_{attern} >>
_ **What do you say to** that? 그거 어때?

_ **What do you say to** an offer like that? 그런 제안은 어떠니?

_ **What do you say to** a cup of coffee? 커피한잔 하는 건 어때?

_ **What do you say to** a trip to the sauna? 사우나 가는게 어때?

_ **What do you say to** a drink? 한잔 하는게 어때?

_ **What do you say to** a long vacation? 휴가를 길게 가는게 어때?

D_{ialog} >>
A : What do you say to an offer like that? 그런 제안은 어떠니?
B : I would take it if I were you. 내가 너라면 받아들이겠어.

What do you say to~ing? …하는게 어때?

Point » 이번에는 What do you say to~다음에 ~ing가 오는 패턴이다.

Pattern »
_ **What do you say to going** for a drink tonight? 오늘밤 한잔 하러 가는 거 어때요?

_ **What do you say to meeting** some of my friends? 내 친구들 좀 만나는게 어때?

_ **What do you say to working** a part-time job? 파트타임으로 일하는게 어때?

_ **What do you say to seeing** a movie? 영화를 보는 거 어때?

_ **What do you say to making** some coffee? 커피를 좀 만들어보는게 어때?

Dialog »
A : What do you say to going for a drink tonight? 오늘밤 한잔 하러 가는 거 어때요?
B : Sounds like a good idea! 그거 좋죠!

Pattern 10 » What did you~ ?

001

What did you+V? 너 …했어?

Point » 이번에는 시제가 과거인 경우로 회화에서 많이 쓰이는 과거형은 동사 do, say, 그리고 think를 이용한 경우이다. What did you do ~?, What did you say~? 그리고 지나간 일에 대한 상대방의 의견을 묻는 것으로 What did you think of ~? 등이다. 물론 What did you bring?(뭘 가져왔어?), What did you order?(뭘 주문했어?)등 다양한 동사를 넣어서 말해볼 수 있다.

Pattern »
_ **What did you** get for her? 걔에게 뭘 사줬어?

_ **What did you** think I was going to do? 내가 뭘 할거라 생각했어?

_ **What did you** think of the soccer game last night? 어젯밤 축구 경기 어땠어요?

_ **What did you** do? 어떻게 한거야?

_ **What did you** do last Friday evening? 지난 금요일 저녁에 뭐 했어?

Dialog »
A : What did you do last Saturday evening? 지난 토요일 저녁에 뭐 했어?
B : I went to the theater with my girlfriend. 여자친구랑 극장에 갔었어.

002

What did you do to[with]~ ? …을 어떻게 한거야?

Point » What did you~ 의 대표 패턴으로 to나 with 이하의 것을 상대방이 어떻게 했는지 확인하는 문장이다.

Pattern »
_ **What did you do with** the aspirin? 아스피린 어떻게 했어?

_ **What did you do with** it? 그거 어떻게 했어?

_ **What did you do to** my dad? 내 아버지한테 어떻게 한거야?

_ **What did you do to** get her to laugh? 어떻게 해서 걔를 웃게 한거야?

_ **What did you do with** the salt? 그 소금 어떻게 한거야?

Dialog »
> A : What did you do with **my history book?** 내 역사책 어떻게 했어?
> B : **I put it on the shelf above the desk.** 책상 위 책꽂이 위에 올려놨어.

---

003 What did you do when~ ? …때 넌 어떻게 했어?

Point »
when 이하의 일이 벌어진 순간에 상대방이 어떻게 행동했는지 확인하는 패턴.

Pattern »
_ **What did you do when** it all went bad? 그게 모두 악화될 때 넌 어떻게 했어?
_ **What did you do when** they found out? 걔네들이 알아냈을 때 넌 어떻게 했어?
_ **What did you do when** you lived overseas? 네가 해외에서 살 때 어떻게 했어?
_ **What did you do when** Tina started a fight? 티나가 싸움을 걸었을 때 넌 어떻게 했어?
_ **What did you do when** he asked you out? 걔가 데이트 신청을 했을 때 어떻게 했어?

Dialog »
> A : What did you do when **Tina started a fight?** 티나가 싸움을 걸었을 때 넌 어떻게 했어?
> B : **I decided to leave right away.** 바로 나가기로 결정했어.

---

004 What did you say~ ? 뭐라고 …했어?

Point »
상대방이 뭐라고 했는지 물어보거나 상대방이 한 말을 재차 확인할 때 사용한다.

Pattern »
_ **What did you say?** 뭐라고?
_ **What did you say** to him? 걔한테 뭐라고 했니?
_ **What did you say** about Danielle? 다니엘에 대해서 뭐라고 했지?
_ **What did you say** you were in prison for? 감방에 왜 갔다고 했어?
_ **What did you say** you were doing? 너 뭐하고 있었다고 했지?
_ **What did you say** your name was again? 네 이름이 뭐라고 했지?

Dialog »
> A : What did you say **to him?** 그 남자한테 뭐라고 했니?
> B : **I told him he can take it or leave it.** 이걸 받아들이든지 아님 그만 두자고 했어.

---

since vs. for

since와 for는 현재완료형 문장과 매우 친숙한 전치사이죠. 「어떤 일을 얼마나 오랫동안 계속하고 있는지를 언급하려 할 때」(say how long something has been going on) 현재완료형 뒤에다 갖다 붙이기만 하면 됩니다. 물론 시간을 나타내는 명사와 함께 말이죠. 단, since는 그 의미가 「…이래로 지금까지」인 만큼 Monday, October 등과 같이 「과거의 어느 시점」(the beginning of the period)을 나타내는 명사와 함께, for는 「…동안」에서란 의미에서 이미 짐작할 수 있듯이 a long time, two months, three days 등과 같이 「기간」(the length of the period)을 나타내는 명사와 함께 쓰인다는 차이점이 있을 뿐입니다. 앞뒤 계산할 겨를이 없이 즉흥적으로 이어지는 대화에서 이 경우, since와 for를 무분별하게 쓸 가능성 보다는 「…부터」란 의미의 함정에 빠져 오히려 since 자리에 from을 쓸 가능성이 많을 겁니다. 전치사 from은 단지 「그 시점」자체를 언급하는 것이지 그 시점 이래로 현재까지 계속되고 있는 상황을 내포하고 있지 않으므로 현재완료형 문장에서 since 대신에 쓸 수 없다는 것을 명심하세요. 참고로, 전치사 for가 「기간」을 나타내는 의미로 쓰일 때 현재완료시제냐 단순과거시제냐에 따라 그 뉘앙스가 달라지는데, 예를 들면, "We've been living here for two months"라고 하면 「계속 여기에 살고 있다」는 얘기이고, "We lived here for two months"라고 하면 「두달 동안만 여기서 살고, 그 다음은 살지 않았다」라는 뉘앙스를 풍기는 표현이 됩니다.

001 **What does it+V?** 뭐라고 …되어 있어?

Point >> it이 뭐라고 V를 하냐고 물어보는 문장으로 사물주어 구문이다.

Pattern >>
_ **What does it** say? 뭐라고 써 있어?

_ **What does it** smell like to you? 그게 너한테는 무슨 냄새같아?

_ **What does it** mean? 그게 무슨 말이야?

_ **What does it** tell you? 네가 그거로 뭘 알 수 있는데?

_ **What does it** do for you? 그게 너한테 무슨 역할을 할까?

Dialog >>
A : What does it **say?** 뭐라고 적혀있나요?

B : We cordially invite you to attend the wedding of our daughter, Jennifer, to Todd Brown. 저희 자녀 제니퍼양과 토드 브라운군의 결혼식에 성심으로 초대한다고 하는데요.

002 **What does it look like S+V?** …가 뭐처럼 보여?

Point >> It looks like S+V를 의문형으로 하면 Does it look like S+V?이고 여기에 What을 앞에 붙이면 What does it look like S+V가 된다. S+V가 뭐처럼 보이냐는 문장.

Pattern >>
_ **What does it look like** I'm doing? 내가 뭐하는 것처럼 보여?

_ **What does it look like?** I'm going home. 뭐하는 것처럼 보여? 집에 가는거야.

_ **What does it look like** Anne did last night? 앤이 지난밤에 뭐했던 것처럼 보여?

_ **What does it look like** Barry is going to buy? 배리가 뭘 사려고 하는 것처럼 보여?

_ **What does it look like** the boss will decide? 사장이 뭘 결정하려는 것처럼 보여?

Dialog >>
A : A thief broke into my apartment. 도둑이 내 아파트에 침입했어.

B : What does it look like **he took?** 걔가 뭘 가져간 것처럼 보여?

003 **What does it matter if~ ?** …한들 무슨 상관이야?

Point >> if 이하를 한들 무슨 문제가 되겠냐는 호연지기가 있는 패턴이다.

Pattern >>
_ **What does it matter?** 그게 무슨 상관이야?

_ **What does it matter if** I know it? 내가 그걸 안다고 무슨 상관이야?

_ **What does it matter** whose D.N.A. it is? 누구의 DNA인지가 무슨 상관이야?

_ **What does it matter if** we are late? 우리가 늦는다고 무슨 상관이야?

_ **What does it matter if** you take another day off? 네가 하루 더 쉰다고 무슨 상관이야?

Dialog >>
A : I'm dating someone who is much older. 나보다 훨씬 나이가 많은 사람과 데이트중야.

B : What does it matter **if he's not your age?** 동년배가 아닌들 그게 무슨 상관야?

001 **What have you+pp?** 뭘 …했어?

Point >> what과 현재완료가 결합된 것으로 「네가 무엇을 pp했냐」고 물어보는 문장.

Pattern >> _ **What have you** got for me? 날 위해 뭘 준비했어?

_ **What have you** found? 뭘 발견했어?

_ David, **what have you** done? 데이빗, 무슨 짓을 한거야?

_ **What have** I done? 내가 무슨 짓을 한거지?

_ **What have you** got to lose? 네가 잃을게 뭐 있어?

_ **What have** I got to do to buy this company? 이 회사를 사려면 내가 어떻게 해야 돼?

Dialog >> A : What have you eaten for dinner? 저녁으로 뭘 먹었어?
B : We had salad and some pizza. 샐러드와 피자를 좀 먹었어.

002 **What has S+ ~pp~ ?** …가 뭘 …했어?

Point >> 앞의 구문에서 주어가 제 3자인 경우이다.

Pattern >> _ **What has** she been through? 걔는 무슨 일을 겪은거야?

_ **What has** that got to do with anything? 그게 무슨 연관이 있다는거야?

_ **What has** Daniel ever done to you? 다니엘이 네게 어떻게 했다고?

_ **What has** gotten into you? 너 왜그런거야?

_ **What has** Mr. Jones done? 존스 씨가 뭘한거야?

Dialog >> A : What has David broken? 데이빗이 뭘 부쉈어?
B : He dropped one of our plates. 걘 내 접시 중 하나를 떨어트렸어.

003 **What have you been ~ing?** 뭘 …을 하고 있었어?

Point >> what과 현재완료 진행형의 결합으로 과거의 지속적인 행동을 강조하는 문장이다.

Pattern >> _ **What have you been** telling him? 넌 걔한테 뭘 말하고 있었어?

_ **What have you been** doing? 넌 뭘하고 있었어?

_ **What have you been** doing lately? 최근에 어떻게 지내고 있었어?

_ **What have you been** up to? 어떻게 지냈어?

_ **What have you been** up to since graduation? 졸업하고 어떻게 지내고 있었어?

Dialog >> A : Hello Lisa. I haven't seen you in a while. 안녕, 리사. 오랜 만이야.
B : That's right. What have you been doing? 맞아. 넌 뭐하고 지냈어?

557

What have I told you about~ ? 내가 …에 대해 뭐라고 했어?

Point » 「내가 너에게 뭐라고 했냐」고 단순히 물어볼 때도 있고 혹은 야단치면서 혼낼 때 사용할 수도 있다.

Pattern »
_ **What have I told you about idle gossip?** 쓸데없는 뒷담화에 대해 내가 뭐라고 하니?
_ **What have the doctors told you about Paul?** 의사들이 폴에 대해 뭐라고 했어?
_ **What have you told them?** 너 걔네들에게 뭐라고 했어?
_ **What have I told you about coming late?** 늦게 오는거에 대해 내가 뭐라고 했어?

Dialog »
> A : What have I told you about **being noisy?** 내가 시끄럽게 하는거에 대해 뭐라고 했어?
> B : Sorry, I'll turn down my music. 미안, 음악소리 줄일게.

Pattern 13 »» What would you~ ?

What would you+V? (너라면) 뭐라고 …하겠어?

Point » 어떤 가정된 문맥하에서 상대방의 의견을 물어보는 패턴이다.

Pattern »
_ **What would you expect?** 너라면 뭐를 기대하겠어?
_ **What would you call it?** 너라면 그걸 뭐라고 부르겠어?
_ **What would you need?** 너라면 뭘 필요로 하겠어?
_ **What would you regret?** 너라면 뭘 후회하겠어?
_ **What would you do without me?** 내가 없다면 너 어떻게 하겠어?

Dialog »
> A : What would you **recommend as an appetizer?** 애피타이저로 뭘 추천해 주시겠어요?
> B : Personally, I enjoy the fish sticks. 저 개인적으론, 피시 스틱을 즐기는 편이죠.

What would you have done if~ ? …라면 넌 어떻게 했겠어?

Point » 가정법 과거완료로 과거의 사실과 반대되는 것을 물어보는 문장이다. 실제는 그렇지 않았지만 과거에 그랬더라면 「넌 어떻게 했을 것 같아」라고 상대방의 의견을 물어본다.

Pattern »
_ **What would you have done?** 너라면 어떻게 했겠어?
_ **What would you have done if he had fought you?** 걔가 너와 싸웠다면 어떻게 했겠어?
_ **What would you have done if you had failed?** 네가 실패했다면 넌 어떻게 했겠어?
_ **What would you have done if your dad disagreed?** 네 아빠가 반대했다면 넌 어떻게 했겠어?
_ **What would you have done if the cops caught you?** 경찰이 널 체포했다면 어떻게 했겠어?

Dialog »
> A : Brad never contacted me. 브래드는 내게 전혀 연락하지 않았어.
> B : What would you have done if **he called?** 걔가 전화했더라면 넌 어떻게 했겠어?

003 ## What would you like to~ ? 뭘 …하고 싶어?

Point ≫ would you like to~?에 What이 붙은 경우로 상대방이 무엇을 to+V하고 싶어하는지 물어보는 문장이 된다.

Pattern ≫
_ **What would you like to** know? 뭘 알고 싶어?
_ **What would you like** for breakfast? 아침으로 뭘 먹고 싶어?
_ **What would you like to** talk about, Susan? 수잔, 무슨 얘기를 하고 싶은거야?
_ **What would you like to** eat? 뭘 먹고 싶어?
_ **What would you like to** do tonight? 오늘 저녁에 뭐하고 싶어?

Dialog ≫
A : What would you like to have? 뭘 드시겠어요?
B : I was wondering if you could recommend something good and quick.
맛있으면서도 빨리 되는 걸로 추천 좀 해주시겠어요?

004 ## What would you like me to~ ? 내가 뭘 …했으면 좋겠어?

Point ≫ 「내가 뭘 했으면 좋겠냐」고 상대방의 의견을 물어보는 패턴.

Pattern ≫
_ **What would you like me to** tell them? 내가 걔네들에게 뭐라고 했으면 좋겠어?
_ **What would you like me to** do first? 내가 먼저 뭘 했으면 좋겠어?
_ **What would you like me to** do about her? 내가 걔에 대해 어떻게 했으면 좋겠어?
_ **What would you like me to** tell him? 내가 걔에게 뭐라고 말해주면 좋겠어?

Dialog ≫
A : What would you like me to put on your hotdog? 핫도그에 뭘 발라드릴까요?
B : Just some ketchup, please. 케첩만 조금 발라주세요.

Pattern
14 ≫ # What would you say~ ?

001 ## What would you say to+N? …하는게 어떻겠어?

Point ≫ to 이하의 명사를 하면 어떻겠냐고 상대방의 의견을 조심스럽게 묻거나 제안하는 의문문이다.

Pattern ≫
_ **What would you say to** a snack? 스낵을 먹는게 어떻겠어?
_ **What would you say to** a trip to the shore? 해변가로 가는게 어떻겠어?
_ **What would you say to** my proposal? 내 제안을 어떻게 생각해?
_ **What would you say to** a new haircut? 새로 머리를 자르면 어떻겠어?
_ **What would you say to** dinner tonight? 오늘 저녁 먹으면 어떻겠어?

Dialog ≫
A : I am so tired every day. 난 매일 너무 피곤해.
B : What would you say to a day at the spa? 스파에서 하루를 보내는게 어떻겠어?

559

002 What would you say if~ ? …한다면 어떻겠어?

Point >> 역시 상대방의 의견을 묻는 가정법 구문으로 if 이하에는 과거시제가 온다. 응용표현인 What would you say if I told you that S+V?도 함께 알아둔다.

Pattern >>
_ **What would you say if** I stayed? 내가 남는다면 어떻겠어?
_ **What would you say if** you had issues with your father?
네가 아버지와 문제가 있다면 어떻겠어?
_ **What would you say if** I were? 내가 그렇다면 어떻겠어?
_ **What would you say if** he asked you to marry him?
걔가 네게 결혼하자고 한다면 어떻겠어?
_ **What would you say if** he stayed with us all night? 걔가 우리랑 밤 샌다면 어떨까?

Dialog >>
A : What would you say if **we went out?** 우리가 데이트한다면 어떻겠어?
B : I think I'd enjoy that. 난 재미있을 것 같아.

003 What would you do if~? …라면 넌 어떻게 하겠어?

Point >> if 이하의 일이 일어나면 넌 어떻게 하겠냐고 물어보는 가정법 구문.

Pattern >>
_ **What would you do if** you were in her situation? 네가 걔처지라면 어떻게 하겠어?
_ **What would you do if** you were in Jim's situation? 네가 짐의 입장이라면 어떻게 하겠어?
_ **What would you do if** this happened to you? 이런 일이 너에게 일어나면 어떻게 하겠어?
_ **What would you do if** you failed the class? 네가 낙제하면 어떻게 하겠어?
_ **What would you do if** you had a disease? 네가 병에 걸리면 어떻게 하겠어?

Dialog >>
A : What would you do if **you went broke?** 넌 빈털터리가 된다면 어떻게 하겠어?
B : That would be very stressful for me. 그러면 엄청 스트레스를 받겠지.

004 What would you think~ ? …을 어떻게 생각하겠어?

Point >> 노골적으로 상대방의 의견을 묻는 구문으로 think 다음엔 of[about] 혹은 S+V 절이 이어진다.

Pattern >>
_ **What would you think** of me? 나를 어떻게 생각하겠어?
_ **What would you think** about that plan? 그 계획에 대해 어떻게 생각하겠어?
_ **What would you think** she will do? 걔가 뭘 할거라 생각하겠어?
_ **What would you think** is the best thing to say? 어떻게 해야 가장 좋게 말할 수 있겠어?
_ **What would you think** about getting married? 결혼하는거에 대해 넌 어떻게 생각하겠어?

Dialog >>
A : What would you think Ray is doing? 레이가 뭘 하고 있다고 생각하겠어?
B : I heard he went to play golf. 골프하러 갔다고 들었어.

001 **What can I+V?** 내가 …해줄까?

Point >> What can I+동사~?는 내가 상대방에게 뭔가를 해 줄 수 있냐고 물어보는 것으로 아는 사람들끼리 쓸 수도 있지만 특히 주로 서비스업에 종사하는 사람들이 애용하는 표현.

Pattern >>
_ **What can I** order for you? 뭘 주문하시겠습니까?
_ **What can I** help you with? 무엇을 도와 드릴까요?
_ **What can I** get for you? 뭘 갖다 드릴까요?
_ **What can I** say, you missed your chance. 뭐랄까, 넌 기회를 놓쳤어.
_ **What can I** do for you? 무엇을 도와 드릴까요?
_ **What can I** do? I love the kids. 난들 어쩌겠어? 난 얘들을 좋아하잖아.

Dialog >>
A : What can I do for you? 무엇을 도와드릴까요?
B : Can I have a refund for this shirt? 이 셔츠 환불해주시겠어요?

002 **What can I do to~ ?** …하기 위해 어떻게 해야 할까?

Point >> to+V 이하를 하기 위해서 내가 무엇을 할 수 있을까, 즉 어떻게 해야 할까라고 조언을 구하는 패턴이다.

Pattern >>
_ **What can I do to** help her? 걜 도와주기 위해 어떻게 해야 할까?
_ **What can I do to** make it up to you? 어떻게 하면 이 실수를 만회할 수 있을까요?
_ **What can I do to** help? 뭘 도와드릴까요?
_ **What can I do to** make things better? 상황이 나아지도록 하기 위해 어떻게 해야 할까?
_ **What can I do to** calm everyone down? 모두를 진정시키기 위해 어떻게 해야 할까?

Dialog >>
A : What can I do to make it up to you? 어떻게 하면 이 실수를 만회할 수 있을까요?
B : Nothing, just don't do it again. 아무것도 필요없어요. 다시 그러지 않기만 하면 돼요.

003 **What can you+V?** 너 뭘 …할 수 있어?

Point >> 상대방에게 무엇을 V할 수 있는지 상대방의 「능력」이나 「가능성」을 물어보는 문장이다.

Pattern >>
_ **What can you** do in 23 minutes? 넌 23분안에 뭘 할 수 있어?
_ **What can you** give me? 넌 내게 뭘 줄 수 있어?
_ **What can you** do for me? 넌 날 위해 뭘 해줄 수 있어?
_ **What can you** tell me? 내게 뭐라고 말할 수 있어?
_ **What can you** make for dinner? 저녁으로 뭘 만들어줄 수 있어?

Dialog >>
A : What can you see in the neighbor's window? 이웃집 창문을 통해 뭘 볼 수 있어?
B : I think they are arguing. 쟤네들 다투는 것 같아.

What can you tell me about~ ? …에 대해 뭘 말해줄 수 있어?

Point » about~ 이하에 대해 내게 뭘 말해줄 수 있느냐, 즉 다시 말하면 about~이하가 어떠냐고 의견을 묻는 패턴이다.

Pattern »
_ **What can I tell you?** I accidentally broke it. 뭐라 해야 하나? 뜻하지 않게 망가트렸어.
_ **What can you tell us about** your old friend? 네 오랜 친구에 대해 뭘 말해줄 수있어?
_ **What can you tell me about** him? 걔에 대해서 뭐라고 말해줄 수 있어?
_ **What can you tell me about** this file I'm not seeing?
내가 못보는 파일에 대해 뭐라고 말해줄 수 있어?
_ **What can you tell me about** the bank robbers?
은행강도들에게 대해 내게 뭘 말해줄 수 있어?

Dialog »
A : What can you tell me about **the suspect?** 용의자에 대해 뭘 말해줄 수 있어?
B : He robbed the bank near my house. 우리집 근처 은행을 털었어.

Pattern 16 ≫ What could~ ?

What could+V[be]~ ? 뭐가 …할 수 있겠어?

Point » what이 주어로 쓰인 경우로 「무엇이 …할 수 있을까?」라고 단순히 의견을 구할 수도 있고 문맥에 따라서는 「V일 리가 없다」라는 반어적 문장으로 쓰이기도 한다.

Pattern »
_ **What could** go wrong? 뭐가 잘못 될 수 있겠어?
_ **What could** possibly go wrong with this plan? 이 계획이 뭐가 잘못될 수 있겠어?
_ **What could** be worse than that? 그보다 못한 일이 뭐가 있겠어?
_ **What could** be more important than that? 그보다 더 중요한 일이 뭐가 있겠어?
_ **What could** be more romantic? 더 낭만적인 일이 뭐가 있겠어?

Dialog »
A : What could **be so interesting?** 뭐가 그렇게 흥미를 끌 수 있는 거야?
B : I think they are looking at an accident. 내 생각에 그들은 사고난 것을 보고 있어.

What could I+V? 내가 무엇을 …할 수 있을까?

Point » what이 목적어로 쓰인 경우로 내가 무엇을 V할 수 있을까라고 자문하거나 상대방의 조언을 구하는 표현법이다.

Pattern »
_ **What could I** do to humiliate her? 걔를 모욕하기 위해 내가 뭘 할 수 있을까?
_ **What could I** do to make it up to you? 너에게 보상하기 위해 내가 뭘 할 수 있을까?
_ **What could I** possibly give away? 내가 무엇을 양보할 수 있을까?
_ **What could** Mark possibly want? 마크가 원하는게 뭘까?
_ **What could I** watch on TV? 내가 TV로 뭘 볼 수 있을까?

Dialog »

A : Wendy just had a death in her family. 웬디 집안에 돌아가신분이 계셔.

B : What could I do to help her? 걜 돕기 위해 내가 뭘 할 수 있을까?

003

What could you possibly tell me that S+V?

…을 내게 뭐라고 말할 수 있어?

Point » 내게 말해줄 내가 모르는 새로운 정보가 있는지 물어보는 패턴.

Pattern »

_ **What could you possibly tell me that** would excuse her behavior?

걔 나쁜 행동의 이유가 뭐야?

_ **What could you possibly tell me that** I wasn't told already?

어떤 새로운 뉴스를 내게 줄 수 있어?

_ **What could you possibly tell me that** he didn't say?

걔가 뭐라고 했는지 정보를 더 줄테야?

_ **What could you possibly tell me that** everyone doesn't know?

다른 사람들이 모르고 있는 정보를 좀 줄테야?

_ **What could you possibly tell me that** I don't know? 내가 모르는 정보를 좀 줄테야?

Dialog »

A : I heard some gossip about Abby. 애비에 대한 소문을 좀 들었어.

B : What could you possibly tell me **that my sister hasn't?** 내 누이한테 들었으니 다른 얘기는 없어

Pattern 17 >> **What should~ ?**

001

What should I+V? 내가 뭘 …해야 할까?

Point » what에 should가 붙은 경우로 What should I~?하게 되면 내가 뭘 어떻게 해야 하는지 역시 자문하거나 상대 방에게 조언을 구하는 문장이다.

Pattern »

_ **What should I** wear to the party tonight? 오늘 밤 파티에 뭘 입고 가는 게 좋을까?

_ **What should I** tell him? 내가 걔에게 뭐라고 해야 할까?

_ **What should I** bring? 내가 뭘 가져와야 할까?

_ **What should I** say? 내가 뭐라고 해야 할까?

_ **What should I** get my sister for her wedding? 여동생 결혼식에 뭘 선물을 해야 될까?

Dialog »

A : What should I wear to the party tonight? 오늘 밤 파티에 뭘 입고 가는 게 좋을까?

B : It's up to you. I can't decide for you. 그거야 네 맘이지. 내가 대신 정해줄 순 없다구.

002   What should I[we] do (about, with)~ ? (…을) 어떻게 해야 돼?

Point »   about이나 with 이하를 어떻게 해야 하는지 의견을 모으거나 구하는 패턴이다.

Pattern »

_ **What should I do?** I got arrested for breaking the law. 어떻게 해야지? 법을 어겨 체포됐어.

_ **What should we do** for the bachelorette party? 처녀파티에 어떻게 해야 돼?

_ **What should I do** first in LA? LA에서 처음으로 뭘 해야 돼?

_ **What should I do** about Steve's stuff? 스티브의 물건을 어떻게 해야 돼?

_ **What should we do** with the stuff we got? 우리가 갖고 있는 물건을 어떻게 해야 돼?

Dialog »

A : What should we do with the items that were delivered this morning?
오늘 아침에 배달돼 온 물건들을 어떻게 할까요?

B : I will call someone in from the parts department to come and get them.
부품부 직원을 불러서 가져가라고 할게요.

003   What should I do if~ ? …라면 나 어떻게 해야 돼?

Point »   if 이하의 일이 발생하면 난 어떻게 해야되지?라는 말로 역시 사람들의 조언을 구하는 표현이다.

Pattern »

_ **What should I do if** plans change? 계획이 바뀌면 난 어떻게 해야 돼?

_ **What should I do if** there is a fire? 불이 나면 난 어떻게 해야 돼?

_ **What should I do if** we get lost? 우리가 길을 잃으면 난 어떻게 해야 돼?

_ **What should I do if** I am late? 내가 늦으면 난 어떻게 해야 돼?

_ **What should I do if** I get sick? 내가 아프면 난 어떻게 해야 돼?

Dialog »

A : What should I do if the baby cries? 아이가 울면 어떻게 해야 돼?

B : Go to the kitchen and get some milk. 부엌에 가서 우유를 가져오는거야.

Pattern 18 »» What I'm saying~

001   What I'm saying~ 내 말은 …야

Point »   내가 하는 말을 강조하는 것으로 What I'd like to say is~라고 해도 된다.

Pattern »

_ **What I'm saying** is what I saw was wrong. 내 말은 내가 잘못 봤다는거야.

_ **What I'm saying** is I'm not an expert. 내 말은 난 전문가는 아니란 말이야.

_ **What I'm saying** is Kate likes you. 내 말은 케이트가 널 좋아한다는거야.

_ **What I'm saying** is I don't know the answer. 내 말은 내가 답을 모른다는거야.

_ **What I'm saying** is we won't be there. 내 말은 우리는 거기에 가지 않을거라는거야.

564 영어회화
공식패턴
3300

Dialog »

A : You think Riley felt insulted? 라일리가 모욕을 당했다고 생각해?

B : What I'm saying is he is upset. 내 말은 걔가 화났다는거야.

002 What I'm trying to say is~ 내가 말하려는 건 …이야

Point » 내가 말하고자 하는 내용을 강조하거나 혹은 한 마디로 정리하고자 할 때 유용한 구문으로 What I'm trying to say is that S+V의 형태로 사용된다. S+V 자리에 내가 말하고자 하는 핵심을 넣으면 된다.

Pattern »
_ **What I'm trying to say is** that you're a great guy. 내 말하려는 건 네가 멋지다는거야.
_ **What I'm trying to say is** we need more workers. 내 말은 일손이 부족하다는거야.
_ **What I'm trying to say is** that he's rich. 내가 하려는 말은 걔가 부자라는거야.
_ **What I'm trying to say is** I've had enough of this. 내가 하려는 말은 이게 정말 지겹다는거야.
_ **What I'm trying to say is** he seems really safe. 내가 하려는 말은 걘 정말 안전하다는거야.

Dialog »

A : What I'm trying to say is we need more workers. 내 말은 일손이 부족하다는거야.

B : Do you want me to hire more experienced people? 경력사원을 더 뽑으라고?

003 What I said was~ 내 말은 …라는거야

Point » 자기가 이미 한 말을 다시 한번 강조해서 말하는 표현으로 What I did was~하게 되면 「내가 한 행동은 …였어」라는 말이 된다.

Pattern »
_ **What I said was** that I understood. 내 말은 내가 이해했다는거야.
_ **What I did was** wrong. 내가 한 행동은 잘못됐어.
_ **What I did was** thoughtless and inconsiderate. 내가 한 행동은 분별없고 사려깊지 못했어.
_ **What I said was** I felt sick. 내가 한 말은 내가 아팠다는거야.
_ **What I said was** you did a good job. 내 말은 네가 일을 잘했다는거야.

Dialog »

A : Did you tell her you're on a diet? 너 다이어트한다고 걔한테 말했어?

B : What I said was I need to lose weight. 난 내가 살을 빼야된다고 말한거였어.

on

전치사를 적절하게 사용하는 것은 정관사·부정관사를 올바르게 사용하는 것 만큼이나 까다로운 일이라 골치 아파하는 분들이 많으신 것 같군요. 「요일 앞에는 전치사 on을 쓴다」고 했으면 언제나 그래야 할텐데, on이 붙은 문장도 있지만 안붙은 문장도 눈에 띄니 답답한 노릇이죠! 대략 정리를 해보면, 원칙적으로 「요일」 앞에는 on이 붙어요. 하지만 구어에서는 Monday, Friday, Sunday하는 요일들 자체만으로도 형용사나 부사처럼 쓰이기도 하기 때문에 요일 앞에서 on이 사라지는 경우가 생기는 것이죠. last, next처럼 수식어가 붙을 경우에는 on 없이 쓰이는 경우가 많답니다.

■ He didn't agree with me during the meeting last Wednesday. 그는 지난 수요일 회의 내내 나에게 동의하지 않았다.

■ He is leaving for the international trade exhibition in Washington on Friday. 그는 금요일에 워싱턴 국제 무역전시회에 가려고 떠날거야.

What makes~ ?

---

001 **What makes it so~ ?** 뭐 때문에 그게 …해?

Point » it이 뭐 때문에 so adj하냐고 묻는 문장. What makes it so adj to+V하게 되면 뭐 때문에 to+V 이하하는 것이 adj하냐고 묻는 것으로 이 때의 it은 to+V를 가리킨다.

Pattern »
_ **What makes it so** noisy in this place? 뭐 때문에 이 곳이 이렇게 시끄러운거야?
_ **What makes it so** expensive in New York? 뭐 때문에 뉴욕의 물가가 비싼거야?
_ **What makes it so** difficult to do this work? 뭐 때문에 이 일을 하는게 어려운거야?
_ **What makes it so** fun to be here? 뭐 때문에 여기 있는게 재미있는거야?
_ **What makes you so** confident? 뭐 때문에 그렇게 자신감이 있는거야?

Dialog »
A : I hate attending this class. 난 이 수업 듣기가 싫어.
B : What makes it so **boring**? 뭐 때문에 그렇게 지겨워해?

---

002 **What makes you so sure S+V?** …을 어떻게 그렇게 확신해?

Point » 상대방의 주장인 S+V가 정말인지 어떻게 확신하냐고 회의를 표현하는 문장.

Pattern »
_ **What makes you so sure** I don't have talent? 내가 재능없다고 어떻게 그렇게 확신해?
_ **What makes you so sure** you are right? 네가 옳다고 어떻게 그렇게 확신해?
_ **What makes you so sure** he left? 걔가 떠났다고 어떻게 그렇게 확신해?
_ **What makes you so sure** he ate the pie? 걔가 파이를 먹었다고 어떻게 그렇게 확신해?
_ **What makes you so sure** he is gone? 걔가 갔다고 어떻게 그렇게 확신해?

Dialog »
A : What makes you so sure **he is gone**? 걔가 갔다고 어떻게 그렇게 확신해?
B : I saw him leave the building earlier. 난 걔가 좀 전에 건물을 나가는 걸 봤어.

---

003 **What makes you think~ ?** 왜 …라고 생각하는거야?

Point » 「make+사람+V」를 활용한 표현으로 직역하면 「무엇(What)이 너(you)로 하여금 …하게 만들었나?」로 결국 형식은 What으로 시작했지만 내용은 이유를 묻는 말로 Why do you+V?와 같은 의미가 된다.

Pattern »
_ **What makes you feel** that way? 왜 그렇게 생각하는거야?
_ **What makes you say** that? 왜 그렇게 말하는거야?
_ **What makes you think** you know all about me? 어떻게 네가 나에 대해 모든 걸 안다고 생각해?
_ **What makes you think** he's going to propose? 왜 걔가 프로포즈할거라 생각한거야?
_ **What makes you think** there's a difference? 차이가 있다고 왜 생각하는거야?
_ **What made you think** Kathy will co-operate? 케이씨가 협조할거라고 왜 생각했던거야?

Dialog »
A : What makes you think Jeff is sick? 왜 제프가 아프다고 생각하는거야?
B : He looks tired and unhappy today. 걘 오늘 피곤하고 불행해 보여.

What made you want to~ ? 뭐 때문에 …을 하고 싶어했던거야?

Point » 뭐 때문에 to+V 이하를 하고 싶도록 했냐는 것으로 좀 어렵게 느껴질 수 있는 패턴이다.

Pattern »

_ **What made you want to** visit Egypt? 뭐 때문에 이집트에 가고 싶어했던거야?

_ **What made you want to** go on a diet? 뭐 때문에 다이어트를 하고 싶어했던거야?

_ **What made you want to** quit school? 왜 학교를 그만두고 싶어했던거야?

_ **What made you want to** travel to Tokyo? 뭐 때문에 도쿄를 여행하고 싶어했던거야?

_ **What made you want to** talk to her? 뭐 때문에 걔와 얘기를 하고 싶어했던거야?

Dialog »

A : I'm planning to go to Scotland. 난 스코틀랜드에 갈 생각이야.

B : What made you want to go there? 뭐 때문에 그곳에 가고 싶어했던거야?

Pattern **20** >> **What brings you~ ?**

001

What brings you (to)~ ? 뭐 때문에 …에 왔어?

Point » What brings you to+장소?는 이는 「무엇이 너를 …에 오게 했느냐?」, 즉 「뭐 때문에 여기에 왔느냐?」라는 말.

Pattern »

_ **What brings[brought] you** here? 무슨 일로 온거야?

_ **What brings you to** this spot? 여기에는 무슨 일이야?

_ **What brings you to** town? 무슨 일로 마을에 온거야?

_ **What brings you to** the movies on a Sunday? 일요일날 웬일로 극장엘 다 왔어?

_ **What brings you to** the hospital? 무슨 일로 병원에 왔어?

Dialog »

A : What brings you to the doctor's office today? 오늘 병원엔 웬일이세요?

B : I need to have my yearly checkup. 매년 건강진단을 받아야 하거든요.

002

What brings you back~ ? 뭐 때문에 …에 다시 왔어?

Point » 오긴 왔는데 다시 온 경우에 쓸 수 있는 표현.

Pattern »

_ **What brings you back** to town? 뭐 때문에 마을에 다시 온거야?

_ **What brings you back** to the States? 뭐 때문에 미국에 다시 온거야?

_ **What brings you back** to your old job? 왜 예전 직장으로 다시 온거야?

_ **What brings you back** to our shop? 뭐 때문에 우리 가게에 다시 오셨나요?

_ **What brings you back** to this hotel? 뭐 때문에 이 호텔에 다시 오셨나요?

Dialog »

A : What brings you back to this town? 이 마을에 왜 다시 온거야?

B : I enjoy taking my vacations here. 여기서 휴가를 보내는게 즐거워.

| 003 | **What brought you~ ?** 뭐 때문에 …에 온거야? |

Point » What brings~의 과거형으로 What brought you~ 다음에 부사나 to+장소명사를 쓰면 된다.

Pattern »
_ **What brought you** up there? 뭐 때문에 거기에 온거야?
_ **What brought you** in today? 오늘은 뭐 때문에 온거야?
_ **What brought you** to this coffee shop? 뭐 때문에 여기 커피샵에 온거야?
_ **What brought you** to the fall festival? 왜 가을 축제에 온거야?
_ **What brought you** to that website? 뭐 때문에 그 웹사이트를 본거야?

Dialog »
A : What brought you to our shop? 우리 가게에는 어떻게 오셨나요?
B : I'm looking to buy some perfume. 향수 좀 사려고요.

Pattern 21 »» What happened~ ?

| 001 | **What happened~ ?** …에(게) 무슨 일이 생긴거야? |

Point » 상대방에게 무슨 일이 일어났는지를 물어보는 것으로 What+V?의 형태 중에서 최고로 많이 쓰이는 표현.

Pattern »
_ **What happened** at dinner? 저녁때 어떻게 된거야?
_ **What happened** last night? 간밤에 무슨 일이야?
_ **What happened** at work? 직장에서 무슨 일 있었어?
_ You kissed her, so **what happened** after that? 걔한테 키스했고, 그래서 다음에는 어떻게 됐어?
_ **What happened** between you and your David. 너하고 데이빗 사이에 무슨 일야?

Dialog »
A : What happened? 어떻게 됐어?
B : I heard someone screaming. 누가 비명지르는 것을 들었어.

| 002 | **What happened to ~?** …에(게) 무슨 일이 생긴거야? |

Point » What happened to you?, What happened to your teeth?처럼 궁금한 것을 전치사 to 다음에 넣어주면 된다.

Pattern »
_ **What happened to** her? 걔한테 무슨 일이 있는거야?
_ **What happened to** the dinner party? 저녁파티는 어떻게 된거야?
_ **What happened to** your date? 데이트 어떻게 된거야?
_ **What happened to** your car? Did you wreck it? 네차 어떻게 된거야? 네가 망가트렸어?
_ **What happened to** your new necklace? 너 새 목걸이 어떻게 된거야?

Dialog »
A : What happened to Sylvester? 실베스터에게 무슨 일이 일어난거야?
B : I think he got into a fight. 싸움에 휘말린 것 같아.

003   What (do you think) will happen if~ ? …하면 어떻게 될까?

Point » if 이하의 일이 발생하면 어떤 일이 일어날까라는 말.

Pattern »

_ **What do you think will happen?** 어떻게 될까?

_ **What do you think will happen** if you leave? 네가 떠난다면 어떻게 될까?

_ **What will happen if** she doesn't get her medicine? 걔가 약을 먹지 못하면 어떻게 될까?

_ **What will happen to me if** I stay here? 내가 여기 남으면 내가 어떻게 될까?

_ **What do you think will happen if** you stay home? 네가 집에 남으면 어떻게 될 것 같아?

Dialog »

A : What do you think will happen if I get divorced? 내가 이혼하면 어떻게 될까?

B : I think it will be very hard on your kids. 아이들이 힘들어질거야.

004   What (would happen) if ~? 만약 …라면 어떻게 되는데?

Point » What if~로 축약되는 경우로 「만일 …일이 일어난다면 어떻게 해야 하는지」 상대에게 의견을 물을 때 사용한다.

Pattern »

_ **What would happen if** you screwed me? 네가 날 속이면 어떻게 될까?

_ **What would happen if** I refuse the surgery? 내가 수술을 거부하면 어떻게 될까?

_ **What if** we're home and we're both hungry? 우리가 집에 있는데 둘 다 배고프면 어떻게 될까?

_ **What if** she's right about this? 이거에 대한 걔말이 맞으면 어떻게 될까?

_ **What would happen if** I went on a diet? 내가 다이어트를 하면 어떻게 될까?

Dialog »

A : What if we don't finish the report before tomorrow morning? 낼 아침까지 보고서를 못 끝내면 어쩌죠?

B : Then we'll have to face an angry boss. 그럼 열받은 사장과 대면해야겠죠.

Pattern 22 »» What I don't understand is~

001   What I don't understand is why ~ …의 이유가 뭔지 모르겠어

Point » 어떤 일의 원인이나 이유가 이해가 되지 않을 때 사용한다.

Pattern »

_ **What I don't understand is why.** 이유가 뭔지 모르겠어.

_ **What I don't understand is why** Steve is so upset. 왜 스티브가 화가 그렇게 났는지 모르겠어.

_ **What I don't understand is why** we need to work on Sunday.
왜 우리가 일요일에 일해야 하는지 모르겠어.

_ **What I don't understand is why** he was promoted. 왜 걔가 승진했는지 모르겠어.

_ **What I don't understand is why** it was cancelled. 왜 그게 취소되었는지 모르겠어.

Dialog »

A : The thieves stole millions of dollars. 도둑들이 수백만 달러를 훔쳤어.

B : What I don't understand is why they didn't get caught. 왜 그들이 안잡혔는지 이유 ● 모르겠어.

002 What I can't understand is how~ 어떻게 …하는지 이해가 되질 않아

Point » 어떻게 how 이하의 일이 일어났는지 도저히 이해할 수 없다고 표현할 때.

Pattern »

_ **What I can't understand is how** you could be losing.
어떻게 네가 질 수 있는지 이해가 되질 않아.

_ **What I can't understand is how** the economy crashed.
어떻게 경제가 망가졌는지 이해가 되질 않아.

_ **What I can't understand is how** he got this job.
걔가 어떻게 이 일을 맡게 됐는지 이해가 되질 않아.

_ **What I can't understand is how** we will be able to escape.
어떻게 우리가 도망칠 수 있는지 이해가 되질 않아.

_ **What I can't understand is how** she got lost. 어떻게 걔가 길을 잃었는지 이해가 되질 않아.

Dialog »

A : Someone put this box inside your office. 누군가 이 박스를 네 사무실 안에 넣어놨어.
B : What I can't understand is how it got here. 어떻게 그게 여기까지 왔는지 이해가 되질 않아.

003 What I don't get is~ 내가 이해못하는 것은 …야

Point » 여기서 get은 「이해하다」라는 뜻으로 understand로 이해하면 된다. is~ 다음에는 명사나 의문사절을 붙여 쓰면 된다.

Pattern »

_ **What I don't get is** why you did what you did. 내가 이해못하는건 네가 왜 그랬냐는거야.
_ **What I don't get is** her bad attitude. 내가 이해못하는건 걔의 못된 태도야.
_ **What I don't get is** why you called me. 내가 이해못하는건 네가 왜 내게 전화했냐는거야.
_ **What I don't get is** where the money was spent.
내가 이해못하는건 돈이 어디에 쓰여졌냐는거야.
_ **What I don't get is** why they're angry. 내가 이해못하는건 걔네들이 왜 화를 내냐는거야.

Dialog »

A : Lisa has been yelling at everyone today. 리사는 오늘 모든 사람들에게 소리를 질러댔어.
B : What I don't get is why she's such a jerk. 내가 이해못하는건 왜 그녀가 그렇게 또라이냐는거야.

004 What became of~ …은 어떻게 됐어?

Point » of 이하의 사람이나 사물이 어떻게 되었는지 궁금해서 물어보는 패턴.

Pattern »

_ **What became of** the car you had? 네 차 어떻게 됐어?
_ **What became of** our high school teacher? 우리 고등학교 선생님 어떻게 됐어?
_ **What became of** the ring he gave you? 걔가 네게 준 반지 어떻게 됐어?
_ **What became of** your coin collection? 너 동전 모으는거 어떻게 됐어?
_ **What became of** the money you had? 네가 갖고 있던 돈 어떻게 됐어?

Dialog »

A : What became of old Mr. Smith? 나이 드신 스미스 씨 어떻게 됐어?
B : He died a few years back. 몇 년 전에 돌아가셨어.

영어회화
공식패턴
3300

Pattern 23 »» What I want~

001 What I want is to~ 내가 바라는 건 …야

Point »» 내가 필요로 하는 것을 강조하는 어법으로 반대로 필요로 하지 않는 것을 말할 때는 What I want is not to+V 라고 하면 된다.

Pattern »»
_ **What I want is to** go. 내가 바라는건 가는 것이야.
_ **What I want is not to** celebrate it. 내가 바라는건 그걸 축하하지 말자는거야.
_ **What I want is to** be happy. 내가 원하는건 행복해지는거야.
_ **What I want is to** buy a train ticket. 내가 바라는건 기차표를 사는거야.
_ **What I want is to** go take a nap. 내가 바라는건 가서 낮잠을 자는거야.

Dialog »»
A : What did you want to discuss with me? 나와 무슨 얘기를 하고 싶었어?
B : What I want is to **tell you a secret.** 내가 바라는건 네게 비밀을 말하는 것이야.

002 What I want is for you to~ 너한테 내가 바라는 건 …하는거야

Point »» 상대방에게 요구하는 것을 강조하는 표현법이다.

Pattern »»
_ **What I want is for you to** tell me the truth. 너한테 바라는건 내게 진실을 말하는거야.
_ **What I want is for you to** stay on message. 너한테 바라는건 의사소통을 하는거야.
_ **What I want is for you to** calm down. 너한테 바라는건 침착하라는거야.
_ **What I want is for you to** be happy. 너한테 바라는건 행복하라는거야.
_ **What I want is for you to** finish this work. 너한테 바라는건 이 일을 끝마치라는거야.

Dialog »»
A : I feel so lonely these days. 요즘 정말 외로워.
B : What I want is for you to find a girlfriend. 너한테 내가 바라는건 여친을 찾는거야.

003 What I want to know is~ 내가 알고 싶은건 …하는거야

Point »» 내가 알고 싶은 것을 강조하는 패턴으로 is~ 다음에는 다양한 의문사 S+V를 붙이면 된다.

Pattern »»
_ **What I want to know is** who stole the gold. 내가 알고 싶은건 누가 금을 훔쳤냐는거야.
_ **What I want to know is** where the hotel is. 내가 알고 싶은건 그 호텔이 어디 있냐는거야.
_ **What I want to know is** why the plan failed. 내가 알고 싶은건 왜 계획이 실패했냐는거야.
_ **What I want to know is** what I should study. 내가 알고 싶은건 내가 무엇을 공부해야 하냐는거야.
_ **What I want to know is** where we can meet. 내가 알고 싶은건 우리가 어디서 만날 수 있냐는거야.

Dialog »»
A : The snow has been falling for hours. 눈이 수시간째 내리고 있어.
B : What I want to know is **when it will stop.** 내가 알고 싶은건 언제 그칠거냐는거야.

Chapter 09

571

What I wanted to say (to you) is~ 내가 말하고자 했던 건 …야

과거에 내가 말했던 것을 재요약해주는 표현법. is~ 다음에는 that S+V 절을 이어쓰면 된다.

_ **What I wanted to say is** everything will be OK. 내가 말하고자 했던건 다 잘될거라는거야.

_ **What I wanted to say is** you need to come early tomorrow.
내가 말하고자 했던건 넌 내일 빨리 와야 된다는거야.

_ **What I wanted to say is** no loans are available.
내가 말하고자 했던건 대출이 불가능하다는거야.

_ **What I wanted to say is** you look great tonight.
내가 말하고자 했던건 오늘밤 너 멋져보인다는거야.

_ **What I wanted to say to you is** that I miss you. 내가 말하고자 했던건 네가 보고 싶다는거야.

A : What I wanted to say is the game starts in ten minutes.
내가 말하고자 했던건 경기가 10분 후에 열린다는거야.

B : Oh, we better turn on the TV. 그래, TV를 켜야겠네.

Pattern
24 »» **What I mean~**

What I mean is (that)~ 내 말은 …라는거야

얘기를 하다 보면 자신의 말을 강조하거나 구체적인 설명을 덧붙이고 싶을 때가 있다. 이럴 때 유용한 동사가 바로 mean! 먼저, 선행사를 포함한 관계대명사 what을 이용해 what I mean이라는 주어부를 만들고 be동사 이하에 구체적인 내용을 이어주면 된다.

_ **What I mean is that** maybe there is something to it.
내 말은 거기에 뭔가 있을지 모른다는거야.

_ **What I mean is** I can't understand any of this. 내 말은 난 이거 하나도 이해못하겠다는거야.

_ **What I mean is** it's been difficult to find free time.
내 말은 자유시간을 내는게 어려웠다는거야.

_ **What I mean is** you are in serious trouble. 내 말은 네가 아주 심각한 문제에 빠져 있다는거야.

_ **What I mean is** we need to get out of here. 내 말은 우리가 여기서 나가야 한다는거야.

A : So your parents got here at nine? 그럼 네 부모님이 여기서 9시에 도착하셨어?
B : What I mean is they came home early. 내 말은 부모님이 일찍 집에 오셨다는거야.

002 **What I meant was~** 내 말은 …라는 거였어

Point >> What I mean is~의 과거형으로 과거에 자기가 한 말을 다시 한번 정확하게 전달하는 방법.

Pattern >>
_ **What I meant was** I know what you mean. 내 말은 네 말을 알아들었다는거였어.
_ **What I meant was** I can't wait to take him down. 내 말은 어서 빨리 걔를 잡고 싶다는거였어.
_ **What I meant was** that I was sorry. 내 말은 내가 미안했다라는거였어.
_ **What I meant was** I need some help. 내 말은 내가 도움이 좀 필요하다는거였어.
_ **What I meant was** there was a problem. 내 말은 문제가 있었다는거였어.

Dialog >>
A : Did you say I was ugly? 내가 못생겼다고 말했어?
B : What I meant was you need to be more stylish. 내 말은 네가 좀 더 스타일에 신경써야 된다는거였어.

003 **What I meant to say is~** 내가 말하려고 했던건 …야

Point >> 상대방이 잘 이해를 못했을 경우에 대비해 자기 말의 진의가 뭔지 재차 정리해주는 패턴이다.

Pattern >>
_ **What I meant to say is** we expect to be very busy. 말하고자 했던건 우리가 매우 바쁠거라는거야.
_ **What I meant to say is** that I'll be home late. 내가 말하려고 했던건 내가 집에 늦을거라는거야.
_ **What I meant to say is** he can't be trusted. 내가 말하려고 했던건 걘 믿을 수 없다는거야.
_ **What I meant to say is** you can't come. 내가 말하려고 했던건 넌 오면 안된다는거야.
_ **What I meant to say is** I had an accident. 내가 말하려고 했던건 내가 사고를 당했다는거야.

Dialog >>
A : You said you couldn't go shopping. 쇼핑갈 수 없다고 했잖아.
B : What I meant to say is the store is closed. 내가 말하려고 했던건 가게가 문을 닫았다는거야.

Chapter 09

Pattern **25** >> **What kind of~ ?**

001 **What kind of~ ?** 어떤 종류의 …을 …해?

Point >> What 뒤에 kind of+N가 붙은 경우로 먼저 What kind of+N이 동사의 목적어가 되는 경우를 본다.

Pattern >>
_ **What kind of** guy are you looking for? 저기 어떤 종류의 상대를 찾는거야?
_ **What kind of** ice cream are you having? 어떤 아이스크림 먹을래?
_ **What kind of** music does your wife like? 네 아내는 어떤 종류의 음악을 좋아해?
_ **What kind of** muffins do you want? 어떤 종류의 머핀을 원해?
_ **What kind of** computer are you using? 어떤 종류의 컴퓨터를 사용하시나요?

Dialog >>
A : What kind of contraceptives do you use? 무슨 종류의 피임법을 써?
B : Right now I'm taking the pill. 지금은 약을 먹고 있어.

What kind of+N is~ ? 어떤 종류의 …야?

What kind of+N 전체 덩어리가 주어로 쓰이는 경우. 물론 이 덩어리는 단독으로 문장으로 쓰이기도 한다.

_ **What kind of** a question **is** that? 무슨 질문이 이래?

_ **What kind of** party **was** that? 어떤 종류의 파티였어?

_ **What kind of** plans? 어떤 종류의 계획야?

_ **What kind of** information? 어떤 종류의 정보야?

_ **What kind of** girl **is** Belinda? 벨린다는 어떤 종류의 여자야?

_ **What kind of** guy **is** the new boss? 새로운 사장은 어떤 종류의 사람이야?

A : My advice is do what she wants! 내 충고는 걔가 원하는대로 해주라는거야!

B : Come on, Jeff. What kind of advice is that? 이것봐, 제프. 무슨 충고가 그래?

What time~ ? 언제 …해?

What이 단독이 아니라 뒤에 명사를 붙여서 의문문을 만드는 경우로 What kind of+명사~? 외에는 What time~?이 주로 많이 쓰인다. What time을 한 덩어리로 생각해 'What time+be동사나 조동사+주어~?'로 물어보면 된다.

_ **What time** do you want the call? 몇시에 전화해드릴까요?

_ **What time** does your mom get back from work? 네 엄마는 언제 퇴근하셔?

_ **What time** do you want to pick me up? 몇시에 날 픽업할거야?

_ **What time** does Tom start work? 탐이 몇시에 일하기 시작해?

_ **What time** did you get there? 넌 몇 시에 거기에 도착했어?

_ **What time** are we supposed to leave? 우리는 몇시에 떠나야 돼?

A : What time do you expect him back? 그분이 언제쯤 들어오실까요?

B : In five minutes. May I take a message? 5분 내로요. 메모 남기시겠어요?

응용 Chapter 10

When~

001 When am I gonna~ ? 내가 언제 …을 하게 될까?

Point >> 「내가 언제 …을 할까?」라는 의미는 When am I ~ing?라 하면 되는데, 특히 When am I gonna+V?의 형태가 자주 쓰인다.

Pattern >>
_ **When am I getting outta** here? 내가 언제 여기서 나가게 될까?
_ **When am I gonna see** it? 내가 언제 그걸 보게 될까?
_ **When am I ever gonna use** it? 내가 언제 그걸 사용하게 될까?
_ **When am I ever going to be** ready? 내가 언제 준비하게 될까?
_ **When am I going to see** you, Gina? 지나야, 내가 언제 널 보게 될까?

Dialog >>
> A : When am I going to **get my raise?** 저는 언제 임금인상이 되나요?
> B : You'll get it in due time. 때가 되면 받게 될거예요.

002 When are+N (+pp)? …가 언제 …해?

Point >> 언제 주어가 pp를 하는지 물어보는 패턴.

Pattern >>
_ **When are drinks** served? 음료가 언제 나와?
_ **When are classes** finished? 수업이 언제 끝나?
_ **When are concerts** played? 콘서트 연주가 언제 시작돼?
_ **When are the guests** expected? 손님들이 언제 올거라 예상돼?
_ **When are employees** paid? 직원들 급여가 언제 나와?

Dialog >>
> A : When are **services at the church?** 교회예배시간이 언제야?
> B : I think they begin at ten. 10시에 시작하는 것 같아.

003 When are you ~ing? 언제 …할거야?

Point >> When과 현재진행형인 be(is/are) ~ing가 결합한 형태. 「언제 …할거냐?」라는 의미로 가까운 미래를 물어본다.

Pattern >>
_ **When are you coming** back? 언제 돌아오는 거야?
_ **So when are you getting** married? 그럼 언제 결혼하는거야?
_ **When are you coming** home? 너 언제 집에 올거야?
_ **When are you leaving** for Europe? 유럽으로 언제 가는거야?
_ **When's she getting** home? 걘 언제 집에 와?

Dialog >>
> A : When are you leaving? 언제 출발할거니?
> B : I'm on my way now. 지금 가고 있는 중이야.

When are you gonna~ ? 언제 …할거야?

Point » When과 be going to+V의 결합으로 When will you+V?와 같은 의미.

Pattern »
_ **When are you going to** do it? 언제 그럴건데?
_ **When are you going to** tell me? 언제 내게 말할거야?
_ **When are you gonna** get that done? 언제 그걸 끝낼거야?
_ **When are you gonna** take me seriously? 언제 나를 진지하게 받아들일거야?
_ **When are you going to** ask her out? 쟤한테 언제 데이트 신청할거야?

Dialog »
A : When are you going to get a haircut? 언제 머리를 자를거니?
B : I'm not planning to get one until I graduate. 졸업전에는 하지 않을거야.

Pattern 02 » # When are you planning to~ ?

001

When are you planning to~? 언제 …하려고 해?

Point » When are you ~ing? 형태 중에서 많이 쓰이는 패턴으로 상대방에게 앞으로의 계획을 물어보는 문장이다.

Pattern »
_ **When are you planning to** do this? 언제 이걸 하려고 해?
_ **When were you planning to** tell us? 언제 우리에게 말하려고 했어?
_ **When are you planning to** marry her? 언제 걔와 결혼할거야?
_ **When are you planning to** get started? 언제 시작할 생각이야?
_ **When are you planning to** eat lunch? 언제 점심을 먹을 생각이야?

Dialog »
A : When are you planning to get a bike? 언제 자전거를 살거야?
B : I'll pick one up on Saturday. 토요일에 하나 살거야.

002

When are you planning on~? 언제 …하려고 해?

Point » 언제 「on~ing」 이하의 내용을 실행할 것인지 상대방의 의지나 계획 등을 물어볼 때 쓰면 된다.

Pattern »
_ **When are you planning on** leaving? 언제 떠날거야?
_ **When are you planning on** telling him? 언제 걔한테 말할 생각이야?
_ **When are you planning on** retiring? 언제 퇴직할거야?
_ **When are you planning on** taking a break? 언제 쉬려고 해?
_ **When are you planning on** going to class? 언제 수업하러 가려고 해?

Dialog »
A : When are you planning on entering college? 언제 대학에 들어갈 생각이야?
B : I'll do it when I leave the military. 군제대하면 할려고.

003 When are you gonna tell sb~ ? 넌 언제 …에게 말할거야?

Point » When are you gonna~의 대표 패턴으로 「언제 sb에게 …을 말할거야?」라고 묻는 문장. tell sb 다음에는 명사, about+명사 혹은 that S+V이나 의문사절 등 다양하게 이어 붙여 쓸 수 있다.

Pattern »
_ **When are you gonna tell** Edie? 언제 에디에게 말할거야?
_ **When are you gonna tell** Brett the truth? 언제 브렛에게 진실을 말할거야?
_ **When are you gonna tell** her about the ghost? 걔한데 유령에 대해 언제 말할거야?
_ **When are you gonna tell** everyone the news? 언제 모두에게 그 소식을 전할거야?
_ **When are you gonna tell** me how much it will cost?
언제 그 가격이 얼마일지 내게 말할거야?
_ **When are you gonna tell** my sister that you don't live here anymore.
네가 여기에 살지 않는다고 언제 내 여동생에게 말할거야?

Dialog »
A : **When are you gonna tell** Sandy about her gift? 샌디에게 줄 선물에 대해 언제 걔한테 말할거야?
B : I'll tell her at the Christmas party. 크리스마스 파티 때 말할거야.

Pattern 03 »» When's~

001 When's+N? 언제 …야?

Point » When은 시간을 나타내는 단어로 명사의 행위가 이루어진 시점을 물어볼 때 사용하는 의문사.

Pattern »
_ **When's** your next flight to London? 런던행 다음 비행편이 언제있나요?
_ **When's** the wedding? 결혼식이 언제야?
_ **When's** the next flight to New York? 뉴욕행 다음 비행편이 언제예요?
_ **When is** that? 그게 언제야?
_ **When's** the check-in time? 체크인이 언제예요?
_ **When's** a good time? 언제가 좋은 시간야?

Dialog »
A : **When's** your next flight to London? 런던행 다음 비행편이 언제 있나요?
B : There's one leaving in thirty minutes. 30분 후에 출발하는 비행편이 있어요.

002 When's S+~ing? 언제 …가 …해?

Point » 주어가 제 3자인 경우로 현재 진행하고 있는 일이나 가까운 미래의 일을 언급할 때 사용한다.

Pattern »
_ **When's** he **getting** back? 걘 언제 돌아오는거야?
_ **When's** she **getting** home? 걘 언제 집에 와?
_ **When's** she **leaving**? 걔는 언제 떠나?

_ **When's** Finn **picking** you up? 핀이 널 언제 픽업해?

_ **When is** the train **coming?** 기차는 언제 도착해요?

Dialog »

A : When is your husband going to the US? 남편은 언제 미국으로 가요?

B : He starts for Boston tomorrow. 내일 보스턴으로 출발할 거예요.

---

003 When's S+gonna~ ? 언제 …가 …할거야?

Point » 역시 주어가 제 3자인 경우로 미래를 언급하는 be going to~가 쓰였다.

Pattern » _ **When's** he **going to be** back? 걔가 언제 돌아올거야?

_ **When's** this thing **gonna be** done? 이 일이 언제 끝이 날까?

_ **When's** it **going to** happen? 그게 언제 그렇게 될까?

_ **When's** Leo **gonna** buy us some beer? 언제 레오가 우리에게 맥주산대?

_ **When is** the new line **going to** be available? 신상품은 언제 이용할 수 있니?

Dialog »

A : When is that movie going to come out? 그 영화는 언제 나오는거야?

B : They said sometime this summer. 올 여름 중이라고 하던데.

---

004 When's S+supposed to~ ? 언제 …가 …하도록 되어 있어?

Point » When과 be supposed to~의 결합으로 언제 주어가 to+V 이하를 하기로 되어 있냐고 물어보는 문장이다.

Pattern » _ **When's** this meeting **supposed to** happen? 이 회의는 언제 열리도록 되어 있어?

_ **When is** she **supposed to** come back? 걔는 언제 돌아오도록 되어 있어?

_ **When is** he **supposed to** arrive? 걔는 언제 도착하기로 되어 있어?

_ **When's** your dad **supposed to** visit? 네 아빠는 언제 방문하기로 되어 있어?

_ **When is** he **scheduled to** arrive at the airport? 그 사람이 공항에 언제 도착할 예정이니?

Chapter 10

Dialog »

A : When is the show supposed to start? 쇼는 언제 시작하기로 되어 있지?

B : Just after seven o'clock. 7시 바로 지나서.

Talk TIP

although vs. though.

although와 though는 둘다 「비록…일지라도, …이긴 하지만」(in spite of the fact that)의 뜻을 가진 접속사(conjunction)입니다. 따라서 많은 경우에 있어서 서로 바꿔 써도 문제가 되지 않아요. 다만, though는 as though「마치 …처럼」, even though「비록 …할지라도」, what though「(비록) …한다 하더라도 그것이 어떻단 말인가」와 같은 꼴로 문장에 자주 등장하는데, 이럴 때는 though 대신 although를 쓸 수 없습니다. 또, 「그렇지만」의 뜻으로 문장의 맨 뒤에 갖다 붙이고 싶을 때에도 though만 쓸 수 있어요. 참고로 though는 부사로 쓰이기도 하므로 이 때에도 역시 although와 혼동하여 쓰는 일이 없어야 합니다.

■ I found the hotel staff to be very friendly and efficient, although(though) my room was rather expensive. 방이 좀 비싸긴 했지만, 호텔 직원들이 매우 친절하고 유능했다.

■ The play had a poor showing at the box office, even though two famous actors had lead roles. 연극은 두 명의 유명 배우가 주연을 맡았음에도 불구하고 흥행하지 못했다.

■ Sorry, Sunday is all sold out. We still have good tickets for Monday and Tuesday though. 죄송합니다만, 일요일 것은 매진입니다. 하지만 월요일과 화요일에는 아직 좋은 자리가 남아 있습니다.

>> When's the last time~ ?

---

001 ## When's the last time S+V~ ? 언제 마지막으로 …했어?

Point >> S+V를 한 것이 마지막으로 언제인지 확인해보는 패턴이다.

Pattern >>
_ **When's the last time** you saw your father? 마지막으로 아버지를 본게 언제야?
_ **When's the last time** you saw her? 마지막으로 걜 본게 언제야?
_ **When was the last time** she was here? 걔가 마지막으로 여기 온게 언제였어?
_ **When's the last time** you ate a banana? 네가 바나나를 마지막으로 먹어 본게 언제야?
_ **When's the last time** you were in Korea? 네가 한국에 마지막으로 있던 때가 언제야?
_ **When's the last time** you found some money? 네가 마지막으로 돈을 좀 찾은 때가 언제야?

Dialog >>
A : When's the last time **the cops were here?** 마지막으로 경찰들이 여기에 온게 언제야?
B : They came to investigate a burglary. 절도사건을 조사하러 왔어.

---

002 ## When's the first time S+V~ ? 언제 처음으로 …했어?

Point >> S+V를 한 것이 처음이 언제인지 확인해보는 패턴이다.

Pattern >>
_ **When's the first time** you went on a date? 언제 처음으로 데이트를 했어?
_ **When's the first time** you started to feel ill? 언제 처음으로 몸이 아프기 시작한거야?
_ **When's the first time** you met Winnie? 언제 처음으로 위니를 만났어?
_ **When's the first time** you knew you were pregnant?
네가 임신이라는걸 언제 처음으로 알았어?
_ **When's the first time** she kissed you? 걔가 언제 처음으로 네게 키스를 했어?

Dialog >>
A : When's the first time **you kissed someone?** 언제 처음으로 키스를 해봤어?
B : I kissed a girl when I was ten years old. 10살일 때 여자에게 키스했어.

---

003 ## When's the best time to+V~ ? 언제가 …하기에 가장 좋은 때야?

Point >> to+V 이하를 언제 하는게 가장 좋은 때인지 상대방의 의향을 물어보는 표현.

Pattern >>
_ **When's the best time to** call you? 언제가 너에게 전화하기 가장 좋은 때야?
_ **When's the best time to** get started? 언제가 시작하기에 가장 좋은 때야?
_ **When's the best time to** visit the factory? 언제가 공장을 방문하기에 가장 좋은 때야?
_ **When's the best time to** buy a new phone? 언제가 새로운 핸드폰을 사기에 가장 좋은 때야?
_ **When's the best time to** play golf? 언제가 골프를 치기 가장 좋은 때야?

Dialog >>
A : When's the best time to **apply for a job?** 언제가 구직을 하기에 가장 좋은 때야?
B : You should do it soon after graduating. 졸업 후에 곧바로 해야 돼.

001 **When was+N ?** 언제 …였어?

Point ≫ 과거에 명사를 한 게 언제인지 과거의 시기를 물어보는 문장. 혹은 명사가 언제 어떤 상황(부사구로 표현)에 있었는지 정보를 묻는 패턴이다.

Pattern ≫
_ **When was** this? 그게 언제 였어?
_ **When was** the trip? 여행은 언제였어?
_ **When was** Ken here? 켄이 언제 여기 있었어?
_ **When was** she on the phone? 걔는 언제 전화를 받고 있었어?
_ **When was** she in high school? 걔는 언제 고등학교를 다녔어?

Dialog ≫

A : When was the parade downtown? 시내 퍼레이드가 언제였어?
B : It was held last weekend. 지난 주말에 열렸어.

002 **When was your last+N~ ?** 마지막으로 …한게 언제였어?

Point ≫ 마지막으로 명사를 한 때가 언제였는지 확인해보는 패턴이다.

Pattern ≫
_ **When was your last** long-term relationship? 마지막으로 오랜 기간 사귀어본 적이 언제였어?
_ **When was your last** serious relationship? 마지막으로 진지하게 사귀어본 적이 언제였어?
_ **When was your last** dental check-up? 마지막으로 이를 점검한게 언제였어?
_ **When was your last** full night's sleep? 밤새 숙면을 마지막으로 한게 언제였어?
_ **When was your last** visit to the doctor? 병원에 마지막으로 간게 언제였어?

Dialog ≫

A : When was your last dentist appointment? 마지막으로 치과진료예약을 한게 언제였어?
B : I haven't been to the dentist in years. 오랫동안 치과에 가지 않았어.

003 **When was the last time~ ?** 마지막으로 …한게 언제였어?

Point ≫ 과거에 마지막으로 S+V를 한게 언제였는지 물어보는 표현이다.

Pattern ≫
_ **When was the last time** you changed the oil? 엔진 오일을 마지막으로 바꾼게 언제였어?
_ **When was the last time** you left this room? 이 방을 마지막으로 나가본게 언제였어?
_ **When was the last time** you saw her wear it? 걔가 그걸 입는 걸 마지막으로 본게 언제였어?
_ **When was the last time** you ate? 마지막으로 식사를 한게 언제였어?
_ **When was the last time** you saw your wife? 마지막으로 네 아내를 본게 언제였어?
_ **When was the last time** she was here? 걔가 마지막으로 여기 온게 언제였어?

Dialog ≫

A : I'm itching to go travelling again. 다시 여행가고 싶어서 견딜 수가 없어.
B : When was the last time you went travelling? 여행을 마지막으로 간게 언제였는데?

When was+S+pp~ ? …가 언제 …였어?

Point »   주어가 언제 was pp했냐고 정보를 확인해보는 문장이다. pp 대신에 부사구가 오는 경우도 살펴본다.

Pattern »
_ **When was** she born? 걔는 언제 태어났어?
_ **When was** the president elected? 대통령은 언제 선출됐어?
_ **When was** the company started? 회사는 언제 창립됐어?
_ **When was** Jerry in Africa? 제리는 언제 아프리카에 있었어?
_ **When was** she in high school? 걔는 언제 고등학교를 다녔어?

Dialog »
A : When is the report due? 리포트는 언제까지야?
B : You have to submit it by next week. 다음 주까지는 제출해야 돼.

Pattern 06 »» When were~ ?

When were you~ ? 넌 언제 …였어?

Point »   상대방이 「언제 …했는지」 물어보는 것으로 you 다음에는 형용사, 명사, 부사구 및 pp가 올 수 있다.

Pattern »
_ **When were you** nice to her? 넌 언제 걔한테 착하게 대했어?
_ **When were you** last in love, really? 넌 언제 마지막으로 사랑을 했어, 정말로?
_ **When were you** born? 넌 언제 태어났어?
_ **When were we** not friends? 언제 우리가 친구가 아니었어?
_ **When were they** established? 그것들이 언제 설립되었어?

Dialog »
A : When were you in Canada? 넌 언제 캐나다에 있었어?
B : We went to Montreal last year. 우리는 작년에 몬트리올에 갔었어.

When were you ~ing? 넌 언제 …하고 있었어?

Point »   상대방이 「언제 ~ing하는 행동을 하고 있었는지」 물어보는 문장.

Pattern »
_ **When were you** thinking? 무슨 생각을 하고 있었어?
_ **When were you** drawing? 뭘 그리고 있었어?
_ **When were you** singing? 너는 언제 노래하고 있었어?
_ **When were you** traveling in Europe? 넌 언제 유럽을 여행했었어?
_ **When were you** talking to Trish? 넌 언제 트리쉬에게 말을 걸었어?

Dialog »
A : When were you moving apartments? 넌 언제 아파트를 옮겼어?
B : Oh, I did that a few months ago. 응, 몇 달 전에 그랬어.

003　When were you planning to tell[on telling]~? 언제 …을 말하려고 했어?

Point >> 상대방이 아직 공개하지 않은 사실을 알아내고 왜 아직 얘기를 하지 않았냐고 추궁할 때 쓰는 표현이다.

Pattern >>
_ **When were you planning on telling** me? 언제 내게 말하려고 했어?

_ **When were you planning to tell** us? 언제 우리에게 말하려고 했어?

_ **When were you planning on telling** us about the money?

　언제 우리에게 그 돈에 대해 말하려고 했어?

_ **When were you planning to tell** the boss? 언제 사장한테 얘기를 하려고 했어?

Dialog >>

A : When were you planning to tell **Frank you drank his wine?** 언제 프랭크에게 걔 와인 마셨다고 말할 생각였어?

B : I don't want to tell him because he'll be angry. 걔가 화낼거기 때문에 말하고 싶지 않아.

004　When were you gonna tell~ ? 언제 …을 말하려고 했어?

Point >> 앞의 패턴과 유사한 의미로 이번에는 be going to tell~을 썼다는 점이 다르다.

Pattern >>
_ **When were you going to tell** me? 언제 내게 말하려고 했어?

_ **When were you going to tell** me this? 언제 내게 이걸 말하려고 했어?

_ **When were you gonna tell** me, Andy? 앤디, 너 언제 내게 말하려고 했어?

_ **When were you going to tell** me about this? 언제 그거에 대해 내게 말하려고 했어?

_ **When were you gonna tell** me you were pregnant? 임신했다고 언제 내게 말하려고 했어?

Dialog >>

A : When were you gonna tell **the teacher?** 넌 언제 선생님께 말하려고 했어?

B : I'll tell her after the summer break. 여름방학 후에 말할거야.

Pattern 07 　>> When do I~ ?

001　When do I+V? 내가 언제 …해?

Point >> 내가 「언제 V를 하는지」 상대방에게 확인하는 문장이다.

Pattern >>
_ **When do I** get the money dad left me? 아버지가 남기신 돈을 내가 언제 가져?

_ **When do I** have a chance? 내가 언제 기회를 갖게 돼?

_ **When do I** work on the report? 내가 그 보고서 언제 작업을 해?

_ **When do I** meet the new manager? 내가 언제 그 새로온 매니저를 만나?

_ **When do I** get to eat lunch? 내가 언제 점심을 먹게 돼?

Dialog >>

A : When do I turn on the washing machine? 내가 언제 세탁기를 켜는거야?

B : You can go turn it on now. 지금 가서 켜도 돼.

When do I get to+V~ ? 내가 언제 …하게 돼?

Point » When do I+V?의 대표패턴으로 여기에 get을 붙인 When do I get to~?가 특히 많이 쓰인다.

Pattern »
_ **When do I get** a key to our apartment? 내가 언제 아파트 열쇠를 받게 되겠어?
_ **When do I get to** go home? 내가 언제 집에 가게 되겠어?
_ **When do I get to** see you? 내가 언제 너를 보게 되겠어?
_ **When do I get to** meet Natalie? 내가 언제 나탈리를 만나게 되겠어?
_ **When do I get to** meet her? 내가 언제 걔를 만나게 되겠어?
_ **When do I get to** French-kiss a girl? 내가 언제 여자에게 딥키스를 하게 될까?

Dialog »
A : When do I get to **meet your sister?** 내가 언제 네 누이를 만나게 될까?
B : I'll introduce you later tonight. 오늘밤 늦게 소개시켜줄게.

When did I+V? 내가 언제 …했어?

Point » 자신의 과거행동을 언제 했는지 자문하거나 상대방에게 확인하는 패턴이다.

Pattern »
_ **When did I** loan you ten bucks? 내가 언제 너한테 10달러를 빌려줬지?
_ **When did I** become the enemy? 내가 언제 적이 되었지?
_ **When did I** become such a monster to you? 내가 언제 네게 그런 괴물이 되었지?
_ **When did I** talk to Zach? 내가 언제 잭에게 말을 했지?
_ **When did I** do that? 내가 언제 그랬지?
_ **When did I** meet your brother? 내가 언제 네 형을 만났지?

Dialog »
A : When did I **forget to pay the electric bill?** 내가 언제 전기세 내는 것을 잊었어?
B : You probably skipped paying last month. 지난달에 아마 빠트린 것 같아.

When did I say S+V? 내가 언제 …라고 했어?

Point » 단순히 내가 「언제 …라는 말을 했는지」 궁금할 때나 혹은 「난 그런 말을 한 적이 없다」는 반어적인 용법으로 쓰인다.

Pattern »
_ **When did I say** that? 내가 언제 그렇게 말했어?
_ **When did I say** you were boring? 내가 언제 네가 지루하다고 했어?
_ **When did I say** I had a problem? 내가 언제 나한테 문제가 있다고 했어?
_ **When did I say** he cheated on you? 내가 언제 걔가 너 몰래 바람핀다고 했어?
_ **When did I say** the food tasted bad? 내가 언제 음식맛이 안좋다고 했어?

Dialog »
A : You need to help me write this report. 내가 이 보고서를 쓰는 것을 도와줘야 돼.
B : When did I say **I would help you?** 내가 언제 널 도와줄거라 말했어?

When do you~ ?

001 When do you+V? 너 언제 …해?

Point » 역시 미래의 행위가 일어나는 시점을 물어보는 형태로 when 다음에 do you+일반동사가 오는 경우이다.

Pattern »
_ **When do you** see her? 너 언제 걔를 만나?

_ **When do you** start this job? 너 언제 이 일을 시작해?

_ **When do you** let me go? 너 언제 나를 보내줄거야?

_ **When do you** plan to inform the public? 넌 언제 대중에게 정보를 제공할거야?

_ **When do you** leave? 언제 떠나?

Dialog »
> A : When do you **need the money?** 돈이 언제 필요해?
> B : I need it as soon as possible. 가능한 한 빨리 필요해.

002 When do you think S+V? 언제 …할거라고 생각해?

Point » When do you+V의 대표주자로 언제 S+V가 될거라고 넌 생각하냐(do you think)고 상대의 의견을 물어보는 문장이다.

Pattern »
_ **When do you think** he'll get back? 언제쯤 돌아올 것 같아?

_ **When do you think** she's going to get here? 걔가 언제 여기 올 것 같아?

_ **When do you think** we lost her? 언제 우리가 걔를 놓친 것 같아?

_ **When do you think** that'll be? 그게 언제일거라고 생각해?

_ **When do you think** is the right time? 언제가 적절한 때라고 생각해?

Dialog »
> A : I guess we have to wait until he's back. 걔가 돌아올 때까지 기다려야 할 것 같아.
> B : When do you think he'll get back? 언제쯤 돌아올 것 같아?

003 When do you have to+V~ ? 넌 언제 …을 해야 돼?

Point » 「언제 …을 해야 하냐?」고 상대방이 앞으로 의무적으로 해야 되는 일의 시점을 확인하는 패턴이다.

Pattern »
_ **When do you have to** go back to work? 넌 언제 일하러 돌아가야 돼?

_ **When do you have to** go? 넌 언제 가야 돼?

_ **When do you have to** be at the bus station? 넌 언제 버스 정거장에 가야 돼?

_ **When do you have to** enlist in the military? 넌 언제 입대해야 돼?

_ **When do you have to** return to the office? 넌 언제 사무실로 돌아가야 돼?

Dialog »
> A : When do you have to go to your hometown? 넌 언제 고향에 가야 돼?
> B : I'll be going back in a few weeks. 몇 주 후에 돌아갈거야.

Chapter 10

004 When do you want~ ? 언제 …하고 싶어?

Point » 「언제 …을 하고 싶은지」 상대방의 의향을 물어보는 문장이다.

Pattern »
_ **When do you want** to go? 언제 가고 싶어?

_ **When do you want** to meet him? 걔를 언제 만나고 싶어?

_ **When do you want** it delivered? 그걸 언제쯤 배달해 드리면 될까요?

_ **When do you want** me to start? 내가 언제 시작할까?

_ **When do you want** to get together to discuss the exam? 언제 만나 그 시험에 대해 토의할까?

Dialog »

A : When do you want it delivered? 그걸 언제쯤 배달해 드리면 될까요?

B : There's no hurry. 급할 거 없습니다.

Pattern 09 »» When does~ ?

001 When does sb[sth]+V? 언제 …가 …해?

Point » 이번에는 주어가 제 3자인 경우로 조동사가 do가 아니라 does가 되는 패턴이다.

Pattern »
_ **When does** she get here? 걔가 언제 여기 와?

_ **When does** he expect your call? 걘 네가 언제 전화할거라 예상할까?

_ **When does** the movie start? 영화가 언제 시작해?

_ **When does** the store open? 가게가 언제 열어?

_ **When does** it get easy? 그게 언제 쉬워져?

Dialog »

A : When does the store open? 이 가게는 언제 여는거야?

B : I think it will open at nine a.m. 오전 9시에는 열 것 같아.

002 When did you+V? 언제 …를 했어?

Point » 상대방이 언제 V를 했는지 시간을 확인하는 패턴.

Pattern »
_ **When did you** meet her? 걔를 언제 만났어?

_ **When did you** arrive? 너 언제 도착했어?

_ **When did you** guys become buddies? 너희들 언제 친구가 됐어?

_ **When did you** and Leonard break up? 너와 레너드가 언제 헤어졌어?

_ **When did you** stop smoking? 언제 담배 끊었어?

Dialog »

A : When did you graduate from high school? 고등학교는 언제 졸업하셨어요?

B : I graduated about ten years ago. 한 10년쯤 전에 졸업했지.

When did you know~ ? 언제 …을 알게 됐어?

Point » 언제 know 이하의 사실을 알게 됐냐고 물어보는 것으로 know 대신 find out. figure out을 써도 된다.

Pattern »

_ **When did you know** it was successful? 그게 성공적이라는 것을 언제 알았어?

_ **When did you find out** about this? 언제 이거에 대해 알아냈어?

_ **When did you find out** you had cancer? 네가 암이라는걸 언제 알게 됐어?

_ **When did you figure out** you were allergic to nuts?
언제 네가 견과류에 앨러지가 있다는걸 알게 됐어?

_ **When did you know** they'd get married? 걔네들이 결혼할거라는 걸 언제 알았어?

Dialog »

A : When did you know you'd marry your wife? 넌 언제 네 아내와 결혼할거라는 걸 알게 됐어?
B : I fell in love with her very quickly. 난 바로 그녀와 사랑에 빠졌어.

004

When did you get~ ? 언제 …한거야?

Point » 언제 get〜이하를 하게 됐냐고 확인해보는 패턴이다.

Pattern »

_ **When did you get** religious? 언제 종교인이 된거야?

_ **When did you get** that? 그거 언제 구한거야?

_ **When did you get** here? 언제 여기에 온거야?

_ **When did you get** the e-mail? 언제 이메일을 받은거야?

_ **When did you get** the necklace? 언제 그 목걸이를 샀어?

Dialog »

A : When did you get the cast? 언제 깁스를 했니?
B : Yesterday, do you want to sign it? 어제. 여기에 사인하고 싶지?

Chapter 10

Pattern 10 » ## When did you say~ ?

001

When did you say S+V~ ? 언제 …한다고 했지?

Point » S+V 이하의 내용이 언제 일어났다고 말했는지 물어보는 것으로 상대방이 이미 말한 내용을 재차 확인해보는 표현.

Pattern »

_ **When did you say** Nicole would be back? 니콜이 언제 돌아올거라 했지?

_ **When did you say** this sample was frozen? 이 샘플은 얼었다고 언제 말했지?

_ **When did you say** you were born? 너 언제 태어났다고 했지?

_ **When did you say** she got divorced? 걔가 언제 이혼했다고 했지?

_ **When did you say** he drove away? 걔가 언제 차타고 가버렸다고 했지?

Dialog »

A : When did you say Dana is coming? 언제 데이나가 온다고 했지?
B : She'll be here in about an hour. 한 한시간 후에 도착할거야.

When did you tell sb~ ? 언제 …한다고 말했어?

Point » tell이 쓰일 때는 항상 tell sb가 되어야 한다. 상대방보고 tell 이하의 내용을 언제 sb에게 말했는지 물어보는 문장이다.

Pattern »

_ **When did you tell** Randy he was fired? 해고됐다고 언제 랜디에게 말했어?

_ **When did you tell** everyone about the pregnancy? 이 임신에 대해 모두에게 언제 말했어?

_ **When did you tell** your mom about your problem? 네 문제에 대해 엄마에게 언제 말했어?

_ **When did you tell** her you were no longer supporting her?
너는 이제 더 이상 걔 지지하지 않는다고 언제 말했어?

_ **When did you tell** Greg to meet us? 그렉에게 우리를 만나라고 언제 말했어?

Dialog »

A : When did you tell Tim about the extra expenses? 언제 팀에게 추가 경비에 대해 말했어?
B : I told him a few days ago. 며칠 전에 말했어.

When did you start[stop] ~ing? 언제 …하기 시작했어?

Point » start나 stop 다음에는 동사의 ~ing가 이어 나온다.

Pattern »

_ **When did you start smoking?** 언제 담배를 피기 시작했어?

_ **When did you start drinking** tequila? 언제 테킬라를 마시기 시작했어?

_ **When did you stop smoking** cigarettes? 언제 금연했어?

_ **When did you stop smoking?** 언제 담배 끊었어?

_ **When did you start cooking** the meal? 언제 식사를 요리하기 시작했어?

Dialog »

A : When did you start investing in stocks? 언제부터 주식에 투자하기 시작했어?
B : I've been doing it since I got hired here. 여기 취직된 후부터 계속 해왔어.

When did you last[first]+V~ ? 언제 마지막[처음]으로 …했어?

Point » 상대방이 「언제 마지막으로 …을 했는지」, 혹은 「언제 처음으로 …을 했는지」 물어보는 문장이다.

Pattern »

_ **When did you last speak** with him? 언제 마지막으로 걔와 얘기했어?

_ **When did you last talk** to him? 언제 마지막으로 걔와 대화를 했어?

_ **When did you last talk** with Mr. Barry? 마지막으로 배리 씨와 얘기한게 언제야?

_ **When did you first discover** it? 언제 처음으로 그걸 발견했어?

_ **When did you first meet** Chris Suh? 크리스 서를 언제 처음으로 만났어?

Dialog »

A : When did you last see Herb? 언제 마지막으로 허브를 본거야?
B : He disappeared a few years ago. 걔 몇 년전에 사라졌어.

When have you~ ?

001   When have you+pp? 언제 …했어?

Point » when과 현재완료가 결합한 경우로 상대방이 언제 have+pp를 했는지 확인하는 문장이다.

Pattern »
_ **When have you** ever heard me admit that? 내가 그걸 인정하는 걸 언제 들었어?

_ **When have you** ever seen me take drugs? 내가 약하는 걸 언제 봤어?

_ **When have you** ever risked your life for me? 언제 날 위해 위험을 무릅써봤어?

_ **When have you** been been spending your free time? 언제 여가 시간을 보내고 있었어?

_ **When have you** sung with a choir? 넌 언제 합창단에서 노래를 불렀어?

Dialog »

A : When have you **been at the museum?** 언제 박물관에 갔었어?

B : We took our kids over the summer. 여름에 아이들 데리고 갔었어.

002   When have I+pp? 내가 언제 …했어?

Point » 자신도 기억이 나지 않아 과거에 자신이 have+pp란 행동을 언제 했는지 물어보는 경우이다.

Pattern »
_ **When have I** ever said that? 내가 그런 말을 한 적이 있어?

_ **When have I** been on TV? 내가 언제 TV에 나온 적이 있어?

_ **When have I** stayed in that hotel? 내가 언제 저 호텔에 묵은 적이 있어?

_ **When have I** taken the garbage out? 내가 언제 쓰레기를 밖에 내놓은 적이 있어?

_ **When have I** been in trouble? 내가 언제 사고를 쳤었지?

Dialog »

A : When have I **drunk soju?** 내가 언제 소주를 마셨지?

B : You tried it when you went to Korea. 너 한국에 갔을 때 먹어봤잖아.

003   When will you+V? 언제 …을 할거야?

Point » 상대방이 언제 V할건지 물어보는 것으로 앞서 나온 When are you gonna+V?와 같은 의미이다.

Pattern »
_ **When will you** go back? 너 언제 돌아갈거야?

_ **When will you** be taking care of that? 넌 언제 그걸 처리할거야?

_ **When will you** tell him how you really feel? 네 기분이 어떤지 언제 걔한테 말할거야?

_ **When will you** have punished her enough, Andrew? 앤드류, 걜 언제까지 벌줄거야?

_ **When will you** stop playing computer games? 넌 언제 컴퓨터 게임을 그만할거야?

Dialog »

A : When will you **make a decision?** 너 언제 결정할래?

B : It's hard to say because it will take Chris time to read over the proposal.
크리스가 그 제안서를 검토해 보려면 시간이 걸려서 뭐라고 말하기가 어려워.

Chapter 10

When would you+V~ ? 언제쯤 …하겠어?

Point >> 특히 「언제 …을 하고 싶은지」를 묻는 When would you like to~?를 잘 기억해둔다.

Pattern >>
_ **When would you leave?** 언제쯤이면 떠나겠어?
_ **When would you say things changed?** 언제쯤이면 사정이 바뀌겠어?
_ **When would you like to meet?** 언제쯤 만나면 좋을 것 같아?
_ **When would you like to depart and return?** 언제 출발해서 언제 돌아오실 생각이십니까?
_ **When would you like to meet Ray?** 넌 언제쯤 레이를 만나고 싶어?

Dialog >>
A : When would you be available to start the job? 언제 출근할 수 있으세요?
B : I could start as early as tomorrow if you like. 원하신다면 내일부터라도 시작할 수 있어요.

Pattern
12 >> When can~ ?

001
When can I+V? 내가 언제 …해도 돼?

Point >> 조동사로 가볍게 상대방의 허가를 구할 때 쓰는 can이 나온 경우.

Pattern >>
_ **When can I go home?** 내가 언제 집에 갈 수 있어?
_ **When can I talk to her?** 내가 언제 걔와 얘기를 나눌 수 있어?
_ **When can I start work?** 언제부터 일하면 되죠?
_ **When can I stop by?** 내가 언제 들르면 돼?
_ **When can I have my exam results?** 시험 결과는 언제 알 수 있나요?

Dialog >>
A : When can I stop by to pick up those books? 언제 그 책들을 가지러 들르면 될까?
B : Well, I'm kind of tied up all day. How about tomorrow? 오늘 온종일 바빠 꼼짝도 못할 것 같아. 내일 어때?

002
When can we+V? 우리는 언제 …할 수 있어?

Point >> 언제 V를 할 수 있냐고 상대방의 의향을 물어보는 표현법.

Pattern >>
_ **When can we get together?** 언제 만날까?
_ **When can we get together to talk?** 언제 만나서 얘기할까?
_ **When can we meet each other?** 우리 언제 만날까요?
_ **When can we eat dinner?** 우리 언제 저녁먹을 수 있어?
_ **When can we change our clothes?** 우리는 언제 옷을 갈아입을 수 있어?

Dialog >>
A : When can we get together to talk? 언제 만나서 얘기할까?
B : Let's meet for coffee on Monday. 월요일에 만나서 커피마시자.

003 When can you+V? 넌 언제 …할 수 있어?

Point » 상대가 언제 V를 할 수 있는지, 즉 「능력」이나 「가능성」을 확인하는 문장이다.

Pattern »

_ **When can you** finish the project? 언제 프로젝트를 끝낼 수 있어?

_ **When can you** begin? 언제 시작할 수 있어?

_ **When can you** get back? 언제 돌아올 수 있어?

_ **When can you** move in? 언제 이사들어올 수 있어?

_ **When can you** be ready? 언제 준비 돼?

Dialog »

A : When can you finish the project? 언제 프로젝트를 끝낼 수 있어?

B : I'm not sure. I'm still working on it. 잘 모르겠어. 아직 하고 있어.

004 When can you not+V~ ? 언제 …을 하지 않을 수 있어?

Point » 상대가 언제 V를 하지 않을 수 있는지 단순히 정보를 구하거나 혹은 문맥에 따라 짜증을 내는 패턴.

Pattern »

_ **When can you not** be so busy? 언제가 그렇게 바쁘지 않을 때야?

_ **When can you not** hassle me so much? 언제 그렇게 나를 괴롭히지 않을 수 있어?

_ **When can you not** eat so many snacks? 언제나 과자를 그렇게 많이 안먹을 수 있어?

_ **When can you not** spend all of our money? 언제나 우리가 가진 모든 돈을 쓰지 않을 수 있어?

_ **When can you not** use the elevator? 넌 언제 엘리베이터를 사용하지 않을 수 있어?

Dialog »

A : When can you not join us? 언제 우리와 함께 할 수 없어?

B : I'm not available until after five. 5시 이후에나 같이 할 수 있어.

Chapter 10

Pattern 13 ›› Since when~ ?

001 Since when is~ ? 언제부터 …야?

Point » Since when 다음에 의문문을 붙이면 간단하게 「언제부터 …인거야?」라는 문장을 만들 수 있다.

Pattern »

_ **Since when is** there a right table? 언제부터 정해진 테이블이 있었는데?

_ **Since when is** that a problem? 언제부터 그게 문제야?

_ **Since when is** our marriage in trouble? 언제부터 우리 결혼이 곤경에 빠진거야?

_ **Since when is** it against the law to visit a cemetery. 언제부터 공동묘지 방문이 불법이 된거야?

_ **Since when is** it illegal to drink beer? 언제부터 맥주마시는게 불법이 된거야?

Dialog »

A : I eat hamburgers for my diet. 다이어트한다고 햄버거를 먹어.

B : Since when is it healthy to eat hamburgers? 언제부터 햄버거 먹는게 건강식이 됐어?

Since when are you~ ? 넌 언제부터 …야?

Point » Since when~ 다음에 are you로 시작하는 의문문이 붙은 경우.

Pattern »
_ **Since when are you** so crazy about babies? 넌 언제부터 애들을 그렇게 좋아하는거야?
_ **Since when are you** into swing music? 언제부터 스윙음악에 빠진거야?
_ **Since when are you** friends with him? 언제부터 넌 걔와 친구인거야?
_ **Since when are you** interested in beauty? 언제부터 미용에 관심이 있었던거야?
_ **Since when are you** afraid to tell people what you think?
언제부터 네 생각을 사람들에게 말하는걸 겁내했어?

Dialog »
A : My new boyfriend is John Mead. 내 새로운 남친 존 미드야.
B : Since when are you **dating him?** 언제부터 데이트를 했어?

Since when do you ~ ? 너 언제부터 …야?

Point » 이번에는 Since when~ 다음에 do you+V로 시작하는 의문형태가 결합된 패턴이다.

Pattern »
_ **Since when do we** investigate stolen cars? 언제부터 도난차들을 조사한거야?
_ **Since when did you** start writing music? 언제부터 작곡을 시작했어?
_ **Since when do you** work for the Defense? 언제부터 국방부에서 일하고 있는거야?
_ **Since when do you** know so much about my personal life?
언제부터 네가 내 사생활에 대해 많이 알고 있는거야?
_ **Since when does** the nightclub close at midnight?
언제부터 자정에 나이트클럽이 문을 닫은거야?

Dialog »
A : Want to go outside to smoke with me? 나가서 나와 함께 담배필래?
B : Since when do you **smoke cigarettes?** 너 언제부터 담배를 핀거야?

Since when can you~ ? 언제부터 …할 수 있는거야?

Point » 마지막으로 Since when~ 다음에 can you+V로 시작하는 의문형태가 붙은 패턴이다.

Pattern »
_ **Since when can you** not drink alcohol? 언제부터 술을 마시지 못하게 된거야?
_ **Since when can you** play the piano? 언제부터 피아노를 칠 수 있는거야?
_ **Since when can you** afford a BMW? 언제부터 BMW를 몰고 다닐 수 있게 된거야?
_ **Since when can you** leave work early? 언제부터 일찍 퇴근을 할 수 있어?
_ **Since when can you** fly an airplane? 언제부터 비행기를 탈 수 있어?

Dialog »
A : I have a room at the Hilton Hotel. 힐튼 호텔에 방잡아놨어.
B : Since when can you **afford to stay there?** 언제부터 그곳에 머물 여유가 생긴거야?

When I said,~

001 When I say~, I mean~ 내가 …라고 할 때 내 뜻은 …야

Point >> 오해없이 의사소통이 원활히 되기 위해서 꼭 알아두어야 하는 패턴들이다. 특히 자기가 한 말을 다시 한번 분명히 정리해주는 표현이다.

Pattern >>

_ **When I say** I need money, **I mean** I'm looking for a job.
내가 돈이 필요하다고 할 때 내 뜻은 일자리를 찾고 있다는거야.

_ **When I say** we're in danger, **I mean** you should call the police.
우리가 위험하다고 말할 때 내 뜻은 네가 경찰에 전화를 해야 한다는 뜻이야.

_ **When I say** she's beautiful, **I mean** I'd date her.
걔가 아름답다고 할 때 내 말은 난 걔와 데이트하겠다는 뜻이야.

_ **When I say** I'm tired, **I mean** I'm ready to sleep. 피곤하다고 할 때, 내 말뜻은 자야겠다는거야.

Dialog >>

A : Do you really think my friend Phil is bad? 너 정말 내 친구 필이 나쁘다고 생각해?

B : When I say I hate him, I mean he's a lousy person.
내가 걜 싫어한다고 말할 때 내 뜻은 걘 형편없는 사람이라는 뜻이야.

002 When I say~, I don't mean~ 내가 …라고 할 때 내 뜻은 …가 아냐

Point >> 「내가 말한 것은 …라는 뜻이 아니야」라고 오해를 방지하기 위한 표현.

Pattern >>

_ **When I say** you should lose weight, **I don't mean** you should do it now. 네가 살을 빼야 된다고 할 때 내 뜻은 지금 당장 그래야 된다는 뜻은 아냐.

_ **When I say** the chair is old, **I don't mean** you should throw it away.
의자가 낡았다고 할 때 내 뜻은 그걸 버리라는 말은 아냐.

_ **When I say** he's upset, **I don't mean** he wants to fight.
걔가 화났다고 말할 때 걔가 싸울려고 한다는 뜻은 아냐.

Dialog >>

A : Are you sure I'll get injured while skiing? 내가 스키타다 부상당할거라고 확신하는거야?

B : When I say it's dangerous, I don't mean you'll get hurt.
내가 위험하다고 말할 때, 내 뜻은 네가 부상을 당할거라는 것이 아냐.

Chapter 10

003   When I said~, I meant~ 내가 …라고 했을 때 내 뜻은 …였어

Point » When I say~, I mean~의 과거형이다.

Pattern »
_ **When I said** you were nice, **I meant** you were a good friend.
네가 착하다고 했을 때 내 뜻은 네가 좋은 친구였다는거였어.

_ **When I said** he is old, **I meant** he could be a grandfather.
걔가 늙었다고 했을 때 내 뜻은 걔가 할아버지가 될 수 있다는 말이었어.

_ **When I said** it is freezing, **I meant** you should bring a coat.
내가 춥다고 했을 때 내 뜻은 네가 코트를 가져오라는 말이었어.

_ **When I said** I'm full, **I meant** I don't want more food.
내가 배부르다고 했을 때 내 뜻은 음식을 더 원하지 않는다는거였어.

Dialog »
A : So you and your wife aren't living together? 그럼 네 부부는 함께 살지 않아?
B : When I said it's over, I meant **we're breaking up.** 내가 끝났다고 말했을 때 내 말은 헤어졌다는거였어.

004   When I said~, I didn't mean~ 내가 …라고 했을 때 내 뜻은 …가 아니었어

Point » 역시 오해방지용으로 When I say~, I don't mean~의 과거형이다.

Pattern »
_ **When I said** I couldn't date her, **I didn't mean** I don't like girls.
내가 걔와 데이트를 할 수 없다고 했을 때, 그 말은 내가 여자를 싫어한다는 것은 아냐.

_ **When I said** I like Jesse, **I didn't mean** I want to date him.
제시를 좋아한다고 했을 때 내 뜻은 걔랑 데이트하고 싶다는 말은 아녔어.

_ **When I said** she lied, **I didn't mean** that she's a bad person.
걔가 거짓말했다고 했을 때 난 걔가 나쁜 사람이라고 말한 건 아녔어.

Dialog »
A : I'll leave since you're feeling tired. 네가 피곤해하니까 갈게.
B : When I said I was tired, I didn't mean **you should go.**
내가 피곤하다고 말했을 때, 난 네가 가야된다고 말한게 아니었어.

음용 Chapter 11

Where~

001 **Where am I going to+V~ ?** 어디서 …을 할까?

Point >> where과 be going to~의 만남으로 「내가 앞으로 어디서 V를 할까?」라는 의미.

Pattern >>
_ **Where am I gonna** get a video camera? 어디서 비디오 카메라를 살 수 있을까?

_ **Where am I gonna** find a partner at the last minute?
막판에 어디서 파트너를 구할 수 있을까?!

_ **Where am I going to** put all of his things? 걔의 이 모든 물건들을 어디에다 놓아둘까?

_ **Where am I gonna** find a coach? 내가 어디서 코치를 찾을 수 있을까?

_ **Where am I gonna** get a cowgirl outfit on Thanksgiving?
추수감사절에 입을 카우걸 복장을 어디서 구할까?

_ **Where am I going to** find a girlfriend? 어디서 여친을 구할까?

_ **Where am I going to** buy another phone? 어디서 핸드폰을 하나 더 살까?

_ **Where am I going to** get some dinner? 어디서 저녁을 좀 먹을까?

_ **Where am I going to** travel this summer? 이번 여름에 어디를 여행할까?

Dialog >>
A : I wasn't able to find your gold necklace. 난 네 금목걸이를 찾을 수 없었어.
B : Where am I going to get another one? 어디서 하나 더 살까?

002 **Where am I supposed to~ ?** 내가 어디서 …해야 돼?

Point >> where과 be supposed to+V가 결합된 패턴.

Pattern >>
_ **Where am I supposed to** go? 내가 어디에 가야 돼?

_ **Where am I supposed to** take my babies? 내가 내 애기들을 어디로 데리고 가야 돼?

_ **Where am I supposed to** cry? 내가 어디서 울어야 돼?

_ **Where am I supposed to** put all my stuff? 내 물건 다 어디에다 놓아야 돼?

_ **Where am I supposed to** get a suitcase? 내가 어디서 서류가방을 가져와야 돼?

_ **Where am I supposed to** make money? 내가 어디서 돈을 벌어야 돼?

Dialog >>
A : Where am I supposed to go camping? 어디 가서 캠핑을 해야 돼?
B : There's a nice campground near the beach. 해변가 근처에 좋은 캠핑장이 있어.

Pattern 02 >> Where are you~ ?

001 · Where are you+ ~ing~ ? 어디에 …하는거야?

Point >> where과 진행형 시제인 be ~ing가 합쳐진 경우로 현재 진행중인 일이나 혹은 가까운 미래의 얘기를 할 때 사용한다.

Pattern >>
_ **Where are you traveling** to? 어디로 여행가는거야?
_ **Where are you getting** this? 이거 어디서 났어?
_ **Where are you driving** to now? 지금 어디로 차를 몰고 가는거야?
_ **Where are you planning** to go? 어디로 갈 계획이야?
_ **Where are you getting** the money? 돈을 어디서 구할 생각이야?
_ **Where are you trying** to go? 어디를 가려고 하는데?

Dialog >>
A : Excuse me, I seem to have lost my way. 실례합니다. 제가 길을 잃은 것 같아요.
B : Where are you trying to go? 어디를 가려고 하는데요?

002 · Where are you going~ ? 어디로 …가?

Point >> Where are you ~ing? 패턴에서 사용빈도는 동사 go를 이용한 Where are you going(~)?이 압도적이다. 또한 take sb를 넣어서 문장을 만들어본다.

Pattern >>
_ **Where are you going?** 어디가?
_ **Where are you going** in such a rush? 이렇게 급히 어딜 가는거야?
_ **Where are you going** this time? 이 시간에 어딜 가?
_ **Where are you going** with her? 걔와 어디에 가는거야?
_ **Where are you taking** me? 나를 어디로 데려가는거야?

Dialog >>
A : Where are you going? 어디 가니?
B : I want to take a walk around the park. 공원 근처에 산책하러 가려고.

003 · Where are you going to~ ? 어디에서 …할거야?

Point >> where과 be going to+V의 만남. 가까운 미래의 얘기를 말할 때 쓰이는 패턴이다.

Pattern >>
_ **Where are you going to do** it? 어디서 그걸 할 거야?
_ **Where're you going to take** your wife to dinner? 부인이랑 어디 가서 저녁먹을거야?
_ **Where are you gonna be** around noon? 정오 쯤에 어디에 있을거야?
_ **Where are you gonna meet** someone? 어디서 누구를 만날거야?
_ **Where are you going to put** that garbage? 넌 어디에다 그 쓰레기를 놓을거야?

Dialog >>
A : Where are you going to stay? 어디서 묵을거야?
B : At the Drake Hotel. 드레이크 호텔에서.

Chapter 11

597

004 Where are you+pp? 언제 …했어?

Point » 상대방에게 어디서 are+pp 하는지 물어보는 문장.

Pattern »
_ **Where are you** headed? 어디에 가?
_ **Where are you** headed off to in such a rush? 어디를 그렇게 서둘러 가는거야?
_ **Where are you** injured? 어디서 다친거야?
_ **Where are you** getting off the subway? 넌 어디서 전철에서 내릴거야?
_ **Where are you** starting on the mountain trail? 넌 어디서 산행을 시작할거야?

Dialog »
A : Where are you cut? 어디를 다친거야?
B : I have a gash on my arm. 팔에 깊은 상처가 났어.

Pattern 03 »» Where is~ ?

001 Where is+N? …가 어디있어?

Point » 가장 단순한 형태로 Where is+명사?는 명사가 어디에 있냐고 소재파악을 묻는 것이다.

Pattern »
_ **Where's** Harry? His mom's on the phone. 해리 어디있어? 어머님 전화인데.
_ **Where's** the nearest drug store? 가장 가까운 약국이 어디야?
_ **Where is** the fitting room? 탈의실이 어디죠?
_ **Where's** the rest room? 화장실이 어디야?
_ **Where's** your passport? 네 여권이 어디에 있어?

Dialog »
A : Where's your lap top computer? 네 노트북 어디 있어?
B : It's in my carry-on bag. 수화물 가방에 있어.

002 Where is+N+관계절? …한 …가 어디있어?

Point » 앞의 패턴처럼 N이 어디 있냐고 물어보는 것은 같지만 N이 어떤 N인지 추가정보를 관계사절로 수식한 경우이다.

Pattern »
_ **Where's** that thing I asked you to sign? 내가 너보고 사인하라고 준거 어디있어?
_ **Where is** the boy who was standing here? 여기 서있던 소년 어디있어?
_ **Where is** the pen that I was writing with? 내가 쓰던 펜 어디있어?
_ **Where is** the taxi which brought us here? 우릴 여기까지 데려다 준 택시 어디있어?
_ **Where is** the waitress who was bringing our food? 우리 음식 가져다준 여종업원 어디있어?

Dialog »
A : Where is the person who Pam brought? 팸이 데려온 사람 어디있어?
B : I think Pam came with that woman. 팸은 저 여자와 함께 온 것 같아.

003　Where is[are]+S+from? …가 어디서 난거야?

Point ≫　from은 출처, 기원 등을 의미하는 것으로 주어자리에 사람이 오면 출신지를, 사물이 오면 원산지나 출처를 물어보게 된다.

Pattern ≫
_ **Where is** this beautiful rug **from?** 이렇게 아름다운 양탄자를 어디서 구했어?
_ **Where is** this incredible cake **from?** 이렇게 엄청나게 맛난 케익을 어디서 샀어요?
_ **Where are** these people **from?** 이 사람들 어디 출신이예요?
_ **Where is** your new boss **from?** 새로운 보스는 어디서 온 사람이야?
_ **Where's** this coming **from?** 이게 무슨 얘기야?

Dialog ≫
A : Where is this vase from? 이 꽃병은 어디 산이야?
B : I bought it when I was in Israel. 내가 이스라엘에 있을 때 샀어.

004　Where is he[she] ~ing? 어디서 …가 …하고 있는거야?

Point ≫　주어가 제 3자인 경우로 주어가 어디서 …ing를 하고 있는지, 할 것인지 물어보는 문장이 된다.

Pattern ≫
_ **Where's everybody hiding?** 다들 어디 숨어 있는거야?
_ **Where's he getting it from?** 걔가 그걸 어디에서 구했대?
_ **Where's he taking us?** 걔는 우리를 어디로 데려가는거야?
_ **Where is she vacationing right now?** 걔는 지금 어디서 휴가를 보내고 있는거야?
_ **Where is he bringing the textbooks?** 걔는 교과서를 어디로 가져가고 있어?

Dialog ≫
A : I bumped into Jake last week. 지난 주에 제이크를 우연히 만났어.
B : Where is he staying these days? 걔 요즘 어디에 머물러?

Chapter 11

Pattern 04 ≫≫ Where was~ ?

001　Where was+N? …가 어디에 있었어?

Point ≫　N의 자리에 「장소+관계사절」이 와서 특정 장소가 어디였는지 확인할 때도 사용한다.

Pattern ≫
_ **Where was it?** 그게 어디에 있었어?
_ **Where was** your partner? 네 파트너 어디에 있었어?
_ **Where was** your cell phone? 네 핸드폰 어디에 있었어?
_ **Where was** the last place you saw your friend? 네 친구를 마지막으로 본 곳이 어디야?
_ **Where was** the missing money? 잃어버린 돈이 어디 있는거야?

Dialog ≫
A : Where was the pizza shop? 피자가게가 어디에 있었어?
B : It was a few blocks from Main Street. 메인가에서 몇블럭 떨어진 곳에 있었어.

Where was sb when~ ? …할 때 …는 어디에 있었어?

Point >> 「…할 때 sb가 어디에 있었는지」 물어보는 것으로 상대방이 어디에 있었는지 물어보려면 Where were you when~?라고 하면 된다.

Pattern >>
_ **Where was** the patient **when** he first felt ill? 환자는 처음으로 아픔을 느낄 때 어디있었어?

_ **Where was** your father **when** you killed your stepmother?
네가 계모를 죽였을 때 네 아버지는 어디 있었어?

_ **Where was** your father **when** all this was going on?
이 모든 일이 일어나고 있었을 때 네 아버지는 어디에 계셨어?

_ **Where were** you **when** Harold lost his job a year ago.
해롤드가 일년 전에 실직했을 때 넌 어디있었어?

_ **Where was** Renee **when** the problem occurred?
그 문제가 발생했을 때 르네는 어디 있었어?

Dialog >>

A : No one assisted me with this work. 아무도 내가 이 일을 하는데 도와주지 않았어.
B : Where was Jerry when you needed help? 네가 도움이 필요했을 때 제리는 어디에 있었어?

Where was sth+pp? …가 어디에 …했어?

Point >> 어디서 sth이 was+pp했는지 물어보는 것으로 함께 Where was he[were you] ~ing?의 패턴도 알아둔다.

Pattern >>
_ **Where was** it parked? 어디에 주차해놨어?

_ **Where was** she born? 걔 어디서 태어났어?

_ **Where were** you heading? 너 어디로 가고 있는중이었어?

_ **Where were** you standing in the lobby? 로비 어디에 서 있었어?

_ **Where was** the final dinner eaten? 마지막 저녁은 어디서 먹었어?

Dialog >>

A : Where was your arm burnt? 네 팔 어디에 화상을 입은거야?
B : Right here, near my elbow. 바로 여기요. 팔꿈치 근처에요.

Where were you+시간명사? …때 너 어디있었어?

Point >> 상대방이 특정시점에 어디에 있었는지 확인하는 표현. 참고로 Where were we?는 「우리 어디까지 얘기했더라?」라는 뜻이다.

Pattern >>
_ **Where were you** for so long? 그렇게 오래동안 어디에 있었어?

_ **Where were you** this morning? 오늘 아침에 어디에 있었어?

_ **Where were you** last night? 지난밤에 어디에 있었어?

_ **Where were you** two nights ago? 이틀밤 전에 어디에 있었어?

Dialog >>

A : Where were you ten minutes ago? 너 10분전에 어디에 있었어?
B : I had to run to the bathroom. 화장실로 뛰어가야 했어.

001 **Where do I+V?** 내가 어디서 …을 하지?

Point >> 어디서 내가 V를 할 수 있는지 자문하거나 상대방에게 물어보는 문장.

Pattern >> _ **Where do I** start? 내가 어디서 시작을 하지?

_ **Where do I** sign? 내가 어디에 사인을 하지?

_ **Where do I** know you from? 우리 어디에서 만났던거죠?

_ **Where do I** find this Mike guy? 이 마이크라는 사람 어디서 찾지?

_ **Where do I** go to exercise? 내가 어디가서 운동을 하지?

Dialog >> A : Where do I get a plate for the all you can eat buffet? 뷔페요리를 담을 접시는 어디서 가져오죠?
B : They are to the left of the buffet. 접시는 뷔페 왼쪽에 있습니다.

002 **Where did I+V?** 내가 어디에 …을 했지?

Point >> 많이 쓸 기회는 없는 패턴으로 내가 과거에 어디에다 V를 했는지 자문하는 경우이다.

Pattern >> _ **Where did I** go wrong? 내가 어디서 잘못한거야?

_ **Where did I** put that? 내가 그걸 어디에다 놓았을까?

_ **Where did I** leave my jacket? 내가 내 자켓을 어디에 뒀지?

_ **Where did I** damage my glasses? 어디서 내가 안경을 망가트렸지?

_ **Where did I** first meet you? 내가 어디서 널 처음 만났어?

Dialog >> A : Did you see the new office manager? 너 새로운 실장 봤어?
B : Yeah. Where did I meet her before? 응. 내가 실장을 전에 어디서 봤더라?

003 **Where does (s)he+V?** …가 어디서 …을 해?

Point >> 주어가 제 3자인 경우로 주어가 어디서 V를 하는지 확인하는 표현이다.

Pattern >> _ **Where does he** wanna meet you? 걘 너를 어디서 만나고 싶어해?

_ **Where does Andrew** go to university? 앤드류는 대학을 어디에서 다녀?

_ **Where does she** live? 걔는 어디에 살고 있어?

_ **Where does she** get it from? 걔는 그걸 어디에서 구했대?

_ **Where does he** buy his clothing? 걔가 옷들을 어디서 사?

Dialog >> A : Where does Zack play basketball? 잭은 어디서 농구경기를 하는거야?
B : There is a basketball court in the park. 공원에 농구장이 있어.

Chapter 11

004 Where does it+V? 그게 어디에 …할까?

Point » 사물주어 it이 온 경우로 where를 추상적인 의미로 해석할 때가 많다.

Pattern »
_ **Where does** that leave me? 이제 난 어떻게 되는거야?
_ **Where does** that leave us? 이제 우리는 어떻게 되는거야?
_ **Where does** all this come from? 어떻게 하다 다 이렇게 된거야?
_ **Where does** this road go? 이 길은 어디로 통해?
_ **Where does it** lead? 그게 어떻게 될까?

Dialog »
A : Where does it hurt? 어디가 아프세요?
B : I've had a pain in my side since the last weekend. 지난 주말부터 옆구리가 아파요.

Pattern 06 »» Where do you~?

001 Where do you+V? 어디서 …해?

Point » where과 일반동사의 결합으로 Where do you+동사?는 「어디서 …해?」라는 의미.

Pattern »
_ **Where do you** work? 어디서 일해?
_ **Where do you** feel the pain most? 어느 부위가 가장 아파요?
_ **Where do you** stand on it? 그에 대한 너의 입장은 어때?
_ **Where do you** keep it? 그거는 어디에 보관해?
_ **Where do you** get your hair cut? 어디서 머리를 깎은거야?

Dialog »
A : Where do you feel the pain most? 어느 부위가 가장 아파요?
B : In my abdomen. 복부요.

002 Where do you think S+V? 어디에(로) …한다고 생각해?

Point » 어디서 S+V한다고 너는 생각하냐고(do you think) 상대방의 의견이나 정보를 구하는 패턴이다.

Pattern »
_ **Where do you think** she went? 걔가 어디에 갔다고 생각해?
_ **Where do you think** I'm going? 내가 어디에 가는 것 같아?
_ **Where do you think** it came from? 그게 어디에서 났다고 생각해?
_ **Where do you think** I would take you? 내가 너를 어디로 데려갈거라 생각했어?
_ **Where do you think** you're going? 어디에 가려고 하는거야?

Dialog »
A : Where do you think the best place to work is? 일하기 제일 좋은 곳이 어디라고 생각해?
B : Right here in this city. 이 도시에서는 바로 여기가 최고지.

003   Where do you want to~ ? 어디서 …하고 싶어?

Point »   특히 「어디서 …을 하고 싶어」라는 의미의 Where do you want to+동사?의 형태가 회화에서 많이 쓰인다.

Pattern »
- _ **Where do you want to** go? 어디 가고 싶어?
- _ **Where do you want to** stop for breakfast? 아침 먹으러 어디에 들르면 좋겠어?
- _ **Where do you wanna** eat? 어디서 먹고 싶어?
- _ **Where do you want to** go to lunch? 점심먹으러 어디에 가고 싶어?
- _ **Where do you want** it delivered? 그걸 어디로 발송해드릴까요?

Dialog »
> A : Where do you want to **stop for breakfast?** 아침 먹으러 어디 들르면 좋겠어?
> B : Let's go to a pancake restaurant. 팬케익 파는 식당에 가자.

004   Where did you+V? 어디서 …을 했어?

Point »   Where did you+동사?는 과거에 「어디서 …을 했어?」라고 물어보는 표현

Pattern »
- _ **Where did you** buy this sweater? 이 스웨터 어디서 샀어?
- _ **Where did you** see him? 걔를 어디서 봤어?
- _ **Where did you** guys grow up? 너희들 어디서 자랐니?
- _ **Where did you** get this? 너 이거 어디서 났어?
- _ **Where did you** pick up that computer? 저 컴퓨터 어디서 샀어?

Dialog »
> A : Where did you **buy this sweater?** 이 스웨터 어디서 샀어?
> B : I got it on sale at a department store. 백화점에서 세일하는 걸 샀어.

Pattern 07 » Where can I~?

001   Where have you been+(~ing)? 어디에서 …했어?

Point »   Where과 현재완료(진행)이 결합된 경우로 상대방이 어디에 있었는지 확인할 때 사용하는 표현이다.

Pattern »
- _ **Where have you been** lately? 최근에 어디에 있었어?
- _ **Where have you been** all day? 온종일 어디에 있었어?
- _ **Where have you been** for the past few weeks? 지난 몇주동안 어디 있었어?
- _ **Where have you been** hiding? 너 어디에 있었어?
- _ **Where has she been** the past 12 hours? 지난 12시간 동안 걔가 어디 있었어?

Dialog »
> A : Where have you been **all night?** 밤새 어디에 있었니?
> B : I was at my friend's house. 친구 집에 있었어.

002

Where can I+V? 어디서 …해?

Point >> 이번에는 Where에 조동사인 can이 결합되는 경우인데 대부분 주어는 일인칭으로 쓰여 Where can I(we) ~? 로 쓰인다.

Pattern >>

_ **Where can I wash up?** 화장실이 어디죠?

_ **Where can I find her?** 어디가야 걔를 볼 수 있죠?

_ **Where can I buy you dinner?** 어디가서 저녁 사줄까?

_ **Where can I drop you?** 어디에 내려줄까?

_ **Where can I take you?** 어디로 데려다줄까?

_ **Where can I buy a ticket?** 어디서 표를 살 수 있을까?

Dialog >>

A : Excuse me. Where can I buy stamps? 실례지만 우표는 어디서 사야 되죠?
B : There's a post office around the corner. 길모퉁이에 우체국이 있어요.

003

Where can I get sth~ ? …을 어디에서 얻을 수 있죠?

Point >> Where can I~ 다음에 동사로 만능동사 get이 오는 경우이다.

Pattern >>

_ **Where can I get tickets to see the show?** 이 공연의 관람티켓을 어디서 구해요?

_ **Where can I get a taxi?** 어디서 택시 탈 수 있어요?

_ **Where can I get one of those white suits?** 저 하얀 옷 중의 하나를 어디서 구할 수 있을까?

_ **Where can I get a book to read?** 어디서 내가 읽을 책을 살 수 있을까?

_ **Where can I get a suit for the wedding?** 내가 어디서 결혼식에 입을 옷을 살 수 있을까?

Dialog >>

A : Where can I get the train to Seattle? 시애틀로 가는 기차는 어디서 타요?
B : Go down the stairs to platform 5. 계단을 내려가서 5번 승강장으로 가세요.

004

Where can I go to+V~? …하려면 어디로 가야 해?

Point >> to+V를 하려면 어디에 가야 되는지 정보를 구하는 문장.

Pattern >>

_ **Where can I go to check my e-mail?** 어디 가서 이메일을 볼 수 있나요?

_ **Where can I go to find some cigarettes?** 담배를 구하려면 어디로 가야 돼?

_ **Where can I go to meet some ladies?** 여자들을 만나려면 어디로 가야 돼?

_ **Where can I go to get a bite to eat?** 간단히 먹으려면 어디로 가야 돼?

_ **Where can I go to relax?** 쉬려면 어디로 가야 돼?

Dialog >>

A : Where can I go to get a drink? 술먹으려면 어디로 가야 돼?
B : There's a nice bar a few minutes from here. 여기서 몇분 떨어진 곳에 좋은 바가 있어.

---

001 **Where could I find~ ?** 어디서 내가 …을 찾을 수 있을까?, …가 어디에 있어?

Point ≫ 어떤 사람이나 사물을 어디서 찾을 수 있는지 정보를 원할 때 사용한다.

Pattern ≫
_ **Where could I find** Dr. Shepherd? 쉐퍼드 박사를 어디서 찾을 수 있을까?

_ **Where could I find** a new umbrella? 새 우산을 어디서 찾을 수 있을까?

_ **Where could I find** a good suit? 좋은 정장을 어디서 찾을 수 있을까?

_ **Where could I find** someone who looks exactly like me?
나와 똑같이 생긴 사람을 어디서 찾을 수 있을까?

_ **Where could I find** a movie theater? 영화관이 어디에 있어?

Dialog ≫
A : Where could I find a gift for my mom? 어디서 엄마에게 줄 선물을 찾을 수 있을까?
B : Just order her something from the Internet. 인터넷으로 뭐 좀 주문해줘.

---

002 **Where should I~ ?** 내가 어디서 …을 해야 돼?

Point ≫ 조동사가 should일 때는 보통 주어는 'I'나 'we'가 통상적으로 나온다.

Pattern ≫
_ **Where should I** put them? 내가 그것들을 어디에 놔야 돼?

_ **Where should I** do that? 내가 그걸 어디에서 해야 돼?

_ **Where should I** take my clothes off? 내가 어디에서 옷을 벗어야 돼?

_ **Where should I** leave these books? 내가 이책들을 어디에 둬야 돼?

_ **Where should I** put my coat? 내가 어디에 코트를 둬야 돼?

_ **Where should I** put the test results? 테스트 결과를 어디에 놓을까요?

Dialog ≫
A : Where should I put this package? 이 꾸러미를 어디에 놓아야하나요?
B : Let me see. Put it on top of the table. 어디 보자. 테이블 위에 놓아주세요.

Chapter 11

---

003 **Where should we~ ?** 우리 어디서 …을 해야 돼?

Point ≫ 「우리가 어디서 …을 해야 되는지」 물어보는 문장이다.

Pattern ≫
_ **Where should we** begin? 어디부터 시작해야죠?

_ **Where should we** go? 어디로 가지?

_ **Where should we** start first? 먼저 어디부터 시작해야지?

_ **Where should we** go for a walk? 우리는 어디서 산책을 해야 돼?

_ **Where should we** go when we're ill? 우리가 아프면 어디에 가야 돼?

Dialog ≫
A : Where should we go for our vacation this year? 올해 우리 휴가를 어디로 갈까?
B : It doesn't matter to me. Wherever you want. 난 별로 상관없어. 아무데나 당신이 가고 싶은 곳으로.

응용 Chapter 12

Who~

Who am I~ ?

001 Who am I ~ing? 내가 누구를 …을 하는거야?

Point » 이번에는 의문사 who의 경우이다. 먼저 Who am I ~ing?의 형태는 특히 관용표현으로 쓰이는 경우가 많다.

Pattern »
_ **Who am I talking to?** (전화) 누구시죠?
_ **Who am I kidding?** 내가 누구를 놀린다고 그래?
_ **Who am I doing this for?** 내가 누굴 위해 이걸 하는거야?
_ **Who am I having dinner with?** 내가 누구와 저녁을 먹는거야?
_ Who is this? **Who am I speaking to?** 누구세요? 누구세요?

Dialog »
A : Who am I interviewing today? 오늘 누구를 인터뷰하는거야?
B : Several people who want to be employees here. 여기서 근무하고 싶어하는 몇몇 사람들요.

002 Who am I going to+V? 내가 누구를 …을 할거야?

Point » Who와 be going to+V의 만남. 문맥에 따라 정보를 구할 수도 자문할 수도 있는 패턴이다.

Pattern »
_ **Who am I gonna talk to about women?** 내가 누구에게 여자들에게 관해 얘기할까?
_ **Who am I gonna meet in a blackout?** 정전된 마당에 내가 누굴 만난다는거야?
_ **Who am I gonna ask?** 내가 누구에게 물어볼까?
_ **Who am I going to see at the party?** 내가 파티에서 누구를 만날까?
_ **Who am I going to meet this afternoon?** 오늘 오후에 내가 누구를 만날까?

Dialog »
A : Who am I going to take to the dance? 내가 누구를 댄스파티에 데려갈까?
B : I think Abby wants to go with you. 애비가 너와 함께 가고 싶어하는 것 같아.

003 Who am I to+V? 내가 누구라고 …하겠어?

Point » 아주 겸손한 표현으로 내가 누구라고 to+V 이하를 하겠느냐라는 문장.

Pattern »
_ **Who am I to tell you what to do?** 내가 누구라고 너한테 이래라저래라 하겠어?
_ **Who am I to know what's normal?** 내가 누구라고 뭐가 정상인 줄 알겠어?
_ **Who am I to judge anyone?** 내가 누구라고 다른 누구를 비난하겠어?
_ **Who am I to stand in the way?** 내가 누구라고 방해를 하겠어?
_ **Who am I to correct a professor?** 내가 누구라고 교수님을 바로 잡겠어?

Dialog »
A : Beth is getting married again. 베스가 다시 결혼할거야.
B : Who am I to criticize her? 내가 누구라고 걜 비난하겠어?

Who am I supposed to~ ? 내가 누구를 …해야 돼?

Point » Who와 be supposed to+V가 결합된 표현.

Pattern »
_ **Who am I supposed to** delegate to? 내가 누구에게 권한을 위임해야 돼?
_ **Who am I supposed to** meet for lunch? 내가 점심먹으러 누구를 만나야 돼?
_ **Who am I supposed to** give a tour to? 내가 누구에게 안내를 해줘야 돼?
_ **Who am I supposed to** arrest for the crime? 내가 그 범죄로 누구를 체포해야 돼?
_ **Who am I supposed to** help? 내가 누구를 도와줘야 돼?

Dialog »
A : Who am I supposed to **meet**? 내가 누구를 만나야 돼?
B : You're meeting a new secretary. 새로운 비서를 만나는거야.

Pattern 02 » Who are~ ?

Who are+N? …가 누구야?

Point » N이 누구냐는 아주 간단한 표현법. Who are+N+~ing의 형태도 함께 기억해둔다.

Pattern »
_ **Who are** you? 당신 누구세요?
_ **Who are** these men? 이 사람들 누구예요?
_ **Who are** all these attractive people? 이 모든 매력적인 사람들 누구야?
_ **Who are** doctors trying to cure? 치료하려고 애쓰는 의사들 누구야?
_ **Who are** police going to arrest? 체포하려는 경찰들 누구야?

Dialog »
A : Who are **these gifts for**? 이 선물들은 누구꺼야?
B : They are for the kids in my class. 내 수업받는 아이들을 위한거야.

Who are you ~ing? 누구와 …을 해[할거야]?

Point » 현재 누구와 ~ing하는지 물어보는 문장.

Pattern »
_ **Who are you** working for? 너 어디서 일해?
_ **Who're you** hiding from? 누구로부터 숨는거야?
_ **Who are you** going out with? 누구랑 데이트하는데?
_ **Who are you** talking to? 너 누구랑 얘기하고 있는 거야?
_ **Who are you** working with? 너 누구랑 함께 일하고 있는거야?

Dialog »
A : Who are you taking **to the dance**? 댄스파티에 누구를 데려갈거야?
B : I'm hoping to invite Holly. 홀리를 초대하고 싶어.

003   Who are you to+V? 네가 뭔데 …라고 하는거야?

Point » 상대방의 도넘는 말에 시비를 거는 말로 to 다음에는 tell, talk, say 등의 「말하다」라는 동사가 주로 온다.

Pattern »
_ **Who are you to** tell me I haven't been happy. 네가 뭔데 내가 불행했다고 말하는거야?

_ **Who are you to** talk about dealing with things? 네가 뭔데 일처리하는거에 대해 말하는거야?

_ **Who are you to** say what does or doesn't humiliate me?
네가 뭔데 무엇이 날 모욕하는지 여부를 말하는거야?

_ **Who are you to** decide what messages I should or should not get?
네가 뭔데 어떤 메시지를 받아야 되는지 여부를 결정하는거야?

_ **Who are you to** bother us? 네가 뭔데 우리를 괴롭히는거야?

Dialog »
> A : Go get me some coffee. 가서 커피 좀 가져와.
>
> B : Who are you to **tell me what to do?** 네가 뭔데 나더러 이래라 저래라 하는거야?

004   Who are we~ ing? 우리는 누구를 …해?

Point » 우리가 누구와 ~ing하는지 물어보는 문장.

Pattern »
_ **Who are we** fighting for? 우리는 누구를 위해서 싸우는거야?

_ **Who are we** going with, dad? 우리는 누구와 함께 가는거야, 아빠?

_ **Who are we** talking about? 누구 얘기 하는거야?

_ **Who are we** spying on? 우리는 누구를 감시하는거야?

_ **Who are we** trying to find? 우리는 누구를 찾으려는거야?

Dialog »
> A : Who are we choosing as the class leader? 우리는 반장으로 누구를 추대하는거야?
>
> B : I think that Brad is the best choice. 브래드가 최선의 선택인 것 같아.

Pattern 03   »» Who is~ ?

001   Who is+N? …가 누구야?

Point » N의 정체가 누구인지 신분이 뭔인지 확인하는 문장.

Pattern »
_ **Who is** it? 누구세요? (밖에 누가 왔을 때)

_ **Who is** next in line? 다음 분은 누구죠? (창구 등에 줄서있는 고객들에게)

_ **Who is** this guy? 이 친구 누구야?

_ **Who's** your friend? 누가 네 친구야?

_ **Who's** Rick? 릭이 누구야?

_ **Who's** the guy next your mother? 네 엄마 옆에 있는 사람 누구야?

A : I really love the Korean soccer team. 난 한국 축구팀이 정말 좋아요.
B : That's great! Who is your favorite player? 반가워라! 어느 선수를 좋아해요?

002 Who is~ ? 누가 …야?

Point >> Who가 주어로 쓰인 경우로 who~ 다음에 동사부가 이어진다.

Pattern >> _ Who's in charge? 누가 책임자야?
_ Who is in charge of customer service? 고객 서비스를 담당하는 분은 누구죠?
_ Who is ready to go? 갈 준비 된 사람?
_ Who is available now? 누가 시간낼 수 있어?

Dialog >>
A : Who is in charge of customer service? 고객 서비스를 담당하는 분이 누구죠?
B : You need to talk to Ms. Kane. 케인 씨하고 말씀하셔야겠네요.

003 Who's the one ~ing? …하는 사람이 누구야?

Point >> 역시 who의 정체를 물어보는데 그 사람이 지금 어떤 행동을 하고 있는지 ~ing로 한정해주고 있다.

Pattern >> _ Who's the one steering the boat? 보트로 항해하고 있는 사람이 누구야?
_ Who's the one yelling at us? 우리에게 소리를 지르는 사람이 누구야?
_ Who's the one standing in the corner? 코너에 서있는 사람이 누구야?
_ Who's the one drinking coffee? 커피를 마시고 있는 사람이 누구야?
_ Who's the one causing the problems? 문제를 일으킨 사람이 누구야?
_ Who's the one guarding the money? 돈을 간수하고 있는 사람이 누구야?
_ Who's the one standing next to him? 걔 옆에 서있는 사람이 누구야?

Chapter 12

Dialog >>
A : Who's the one laughing? 웃는 사람이 누구야?
B : That's my new boyfriend. 내 새로운 남자친구야.

001 **Who's S+ ~ing?** …가 누구와 …해?

Point >> who가 목적어로 쓰인 경우로 주어가 「누구를 ~ing하냐」는 의문문. be going to를 쓴 Who's S~ gonna~? 는 별로 안쓰인다.

Pattern >>
_ **Who's Josh talking to?** 조쉬는 누구와 얘기를 하고 있어?

_ **Who's he sleeping with?** 걔는 누구와 자고 있어?

_ **Who's she gonna believe?** 걔는 누구를 믿어야 할까?

_ **Who's Jenna dating these days?** 제나가 요즘 누구와 데이트를 해?

_ **Who's Brian bringing to the meeting?** 브라이언이 누구를 회의에 데려왔어?

Dialog >>
A : Who's Ray calling? 레이가 누구에게 전화를 하고 있어?
B : He needs to talk to his mom. 걘 엄마하고 통화를 해야 돼.

002 **Who is ~ing?** 누가 …해?

Point >> 이번에는 who 자체가 주어로 쓰인 경우로 「누가 ~ing하고 있는지」 물어보는 문장이다.

Pattern >>
_ **Who is winning the game?** 누가[어느 팀이] 이기고 있어?

_ **Who is calling, please?** 전화하는 분은 누구세요?

_ **Who's taking care of Chris?** 누가 크리스를 돌보고 있어?

_ **Who's helping you?** 누가 너를 도와주고 있어?

Dialog >>
A : Is Greg Henderson available? 그레그 핸더슨씨 계십니까?
B : Who's calling, please? 실례지만 누구신데요?

003 **Who's been ~ing?** 누가 …하고 있었어?

Point >> 역시 who가 주어로 쓰였으며 다음에 is 대신에 현재완료 진행형인 has been ~ing가 쓰인 경우이다.

Pattern >>
_ **Who's been taking care of the family?** 누가 가족을 돌보고 있었어?

_ **Who's been taking my stuff?** 누가 내 물건들을 가져갔어?

_ **Who's been using this computer?** 누가 이 컴퓨터를 이용하고 있어?

_ **Who's been stealing money?** 누가 돈을 훔쳤어?

_ **Who's been traveling all summer?** 누가 여름내내 여행을 했어?

Dialog >>
A : Who's been sleeping here? 누가 여기서 자고 있었어?
B : My cousin fell asleep on the sofa. 내 사촌이 소파에서 잠들었어.

004 Who's going to~ ? 누가 …할거야?

Point » 주어 who와 be going to+V가 만난 경우이다.

Pattern »
_ **Who's going to** pick us up at the airport? 누가 공항으로 우릴 데리러 오죠?
_ **Who's going to** pay for dinner? 누가 저녁식사를 내나요?
_ **Who's going to** believe you? 누가 너를 믿겠어?
_ **Who's going to** believe a guy like me? 누가 나와 같은 사람을 믿겠어?
_ **Who's going to** pay for this? 누가 이거 낼거야?

Dialog »
A : **Who's going to help her?** 누가 걔를 도와줄거지?
B : I will. Where is she now? 내가 도울게. 그런데 걔 지금 어딨어?

Pattern 05 »» Who was~ ?

001 Who was+N? …가 누구였어?

Point » N이 누구였냐고 물어보는 문장으로 N외에 다양한 부사구가 올 수 있다. 또한 Who was it?은 상황종료 후 방문객이 누구인지 전화한 사람이 누군지 물어볼 때 쓰는 표현으로 「누군데?」, 「누구였어?」라는 의미.

Pattern »
_ **Who was** with you? 누가 너와 함께 있었어?
_ **Who was** on the phone? 누구 전화였어?
_ **Who were** those men I saw here? 내가 여기서 봤던 사람들 누구였어?
_ **Who were** you in love with? 넌 누구와 사랑에 빠진거였어?
_ **Who were** you supposed to go meet? 넌 가서 누구를 만나기로 되어 있었던거야?

Dialog »
A : Who was that? 누구였어?
B : He's an old friend of mine from college. 대학교 친구야.

002 Who were you ~ing? 누구에게 …했어?

Point » 참고로 Who was ~ing?하게 되면 who가 주어로 쓰여서 「누가 …했었냐」라는 뜻이 된다.

Pattern »
_ **Who were you** yelling at? 넌 누구에게 소리를 질렀어?
_ **Who were you** planning on telling your secret? 넌 누구에게 네 비밀을 말하려고 했었어?
_ **Who were you** looking for out there? 밖에서 누구를 찾고 있었어?
_ **Who was** driving that car? 누가 저 차를 몰고 있었어?
_ **Who was** looking this Mentors website? 누가 이 멘토스 사이트를 보고 있었어?

Dialog »
A : Who were you walking with? 넌 누구와 함께 산책했어?
B : That was one of my school friends. 내 학교친구 중 하나였어.

613

Who do you+V? 누구를 …할까요?

Point » who가 목적어로 쓰이면서 일반동사와 결합하는 경우로 Who do you+동사?의 형태가 되면 「누구를 …할까요?」라는 의미이다.

Pattern »
_ **Who do you** like, besides me? 나 빼고 누구를 좋아해?

_ **Who do you** live with now? 지금은 누구와 살고 있어?

_ **Who do you** work for? 어디서 일해?

_ **Who do you** hang out with? 누구랑 어울려 놀아?

_ **Who do you** want in your life, me or Vicky? 네 인생에서 필요한 사람이 누구야, 나야, 비키야?

Dialog »
A : Who do you see outside? 밖에 누구를 보는거야?
B : I see my neighbor out there. 밖에 내 이웃을 보고 있어.

Who do you want to~ ? 누구를 …하고 싶어?

Point » Who do you+V의 대표주자로 Who do you want to+V하게 되면 「누구를 …하고 싶어?」, Who do you want me to+V하게 되면 「내가 누구를 …하기를 바래?」라고 상대방의 의향을 물어보는 문장이 된다.

Pattern »
_ **Who do you want to** work with more? 누구와 더 함께 일하고 싶어?

_ **Who do you want to** speak to? 누구랑 통화하시겠어요?

_ **Who do you want to** invite to the party? 파티에 누굴 초대하고 싶어?

_ **Who do you want to** hire? 누구를 고용하고 싶어?

_ **Who do you want** us to find? 우리가 누구를 찾기를 원해?

Dialog »
A : Who do you want to speak to? 어느 분을 바꿔드릴까요?
B : I'd like to speak with Melisa, if she is available. 멜리사 있으면 통화하고 싶은데요.

Pattern 06 »» Who do you think~ ?

Who do you think S+V? …가 누구를 …할 것 같아?

Point » 주어가 누구를 V할 것 같냐고 물어보는 문장으로 여기서 who는 목적어로 쓰인 경우이다.

Pattern »
_ **Who do you think** you are? (주로 싸울 때) 네가 도대체 뭐가 그리도 잘났는데?

_ **Who do you think** I'm thinking about? 내가 누구에 대해 생각하는 것 같아?

_ **Who do you think** you're fooling? 감히 누구를 속이려는거야?

_ **Who do you think** it is? 그게 뭔 것 같아?

_ **Who do you think** you're talking to? 너 나한테 그렇게 말하면 재미없어.

_ **Who do you think** you're kidding? 설마 나더러 그 말을 믿으라는 건 아니지.

Dialog ›

A : Who do you think Jane will marry? 제인이 누구와 결혼할 것 같아?

B : I think Bob likes her a lot. 밥이 걜 무척 좋아하는 것 같아.

002 Who do you think+V? 누가 …했다고 생각해?

Point › do you think가 삽입된 것으로 보고 생략하고 해석해보면 된다. 여기서 who는 주어로 쓰였다.

Pattern ›

_ **Who do you think** did that, Chris? 크리스, 누가 그랬다고 생각해?

_ **Who do you think** took care of her? 누가 걜 돌봤다고 생각해?

_ **Who do you think** brought her here? 누가 걜 이리로 데려왔다고 생각해?

_ **Who do you think** would win in a fight? 누가 싸움에서 이길거라고 생각해?

_ **Who do you think** killed her? 누가 걜 죽였다고 생각해?

_ **Who do you think** is going to get married next? 다음에 누가 결혼할 것 같아?

Dialog ›

A : She is so cute! You have no idea. 걔 정말 귀여워! 넌 잘 모를거야.

B : No idea? Who do you think brought her here? 몰라? 누가 걜 데려왔는데?

003 Who did you+V? 누구와 …했어?

Point › 상대방이 누구를 V했는지 확인해보는 표현법.

Pattern ›

_ **Who did you** have lunch with? 누구랑 같이 점심 먹었어?

_ **Who did you** sit next to at the party? 그 파티에서 누구 옆에 앉아있었어?

_ **Who did you** send that e-mail to? 그 이메일은 누구에게 보낸 거야?

_ **Who did you** just call? 누구랑 통화했어?

_ **Who did you** go out with last night? 지난 밤에 누구랑 데이트했어?

Dialog ›

A : Who did you just call? 너 누구와 통화했어?

B : I had to get in touch with my boyfriend. 내 남친과 연락해야 했어.

004 Who did you say S+V? 누구를 …그랬어?

Point › Did you say who S+V?에서 Who가 앞으로 빠진 경우이다.

Pattern ›

_ **Who did you say** your mother was again? 네 엄마가 누구시라고 그랬지?

_ **Who did you say** you were with again? 너 누구와 함께 있었다고 그랬지?

_ **Who did you say** I resemble? 내가 누구를 닮았다고 그랬지?

_ **Who did you say** we will meet? 우리가 누구를 만날거라고 그랬지?

_ **Who did you say** Carol saw downtown? 캐롤이 시내에서 누구를 봤다고 그랬지?

Dialog ›

A : Who did you say Kevin fought with? 케빈이 누구와 싸웠다고 했어?

B : Kevin was fighting with some drunk guy. 케빈은 어떤 술취한 사람과 싸웠어.

Chapter 12

Who+V?

001   Who said S+V~ ? 누가 …라고 했어?

Point »   who는 동작의 주체가 될 가능성이 많기 때문에 Who+동사?의 경우가 다른 의문사보다 상대적으로 많다. 먼저 Who said S+V?의 패턴을 살펴본다. 특히 Who said anything about+N?는 「누가 …얘기를 한대?」라는 의미이다.

Pattern »
- _ Who said that I didn't like you? 내가 널 좋아하지 않는다고 누가 그랬어?
- _ Who said you were not charming? 누가 네가 매력적이지 않다고 했어?
- _ Who said I was rich? 내가 부자라고 누가 그랬어?
- _ Who said I was dead? 내가 죽었다고 누가 그랬어?
- _ Who said anything about Christmas? 누가 성탄절 얘기를 한대?

Dialog »

> A : Who said that I didn't like you? 내가 널 좋아하지 않는다고 누가 그래?
> B : Chris did. 크리스가 그랬어.

002   Who told you~ ? 누가 …라고 했어?

Point »   Who told you~다음에는 S+V절이 올 수도 있고 또한 to+V가 이어질 수도 있다.

Pattern »
- _ Who told you that? 누가 그래?
- _ Who told you this anyway? 어쨌든 누가 이 얘기를 네게 한거야?
- _ Who told you it was my birthday? 내 생일였다고 누가 말한거야?
- _ Who told you she broke up with me? 걔가 나와 헤어졌다는 것을 누가 말해준거야?
- _ Who told you to kill him? 누가 너보고 걔를 죽이라고 했어?

Dialog »

> A : I heard you've been having money problems. 너 돈 문제가 있다며.
> B : Oh yeah? Who told you that? 그래? 누가 그래?

003   Who wants~ ? 누가 …을 하고 싶어?

Point »   Who wants~ 다음에는 원하는 명사를 넣거나 혹은 to+V를 붙이면 된다.

Pattern »
- _ Who wants ice cream? 아이스크림 원하는 사람?
- _ Who wants some more food? 누가 음식을 더 원해?
- _ Who wants another? 하나 더 원하는 사람?
- _ Who wants to go first? 누가 제일 먼저 갈래?
- _ Who wants to tell him the truth? 걔에게 진실을 말해주고 싶은 사람?

Dialog »

> A : Who wants some more food? 누가 음식을 더 원해?
> B : I'd like some more beef. 내가 고기를 좀 더 먹고 싶어.

004 Who knows~ ? 누가 …을 알아?

Point »
Who knows~는 아는 사람이 누구인지 물어보는 문장이 되기도 하지만 문맥에 따라 반어적으로 누가 알겠는가?, 즉 「아무도 모른다」라는 의미로도 많이 쓰인다. 또한 Who took~의 패턴도 연습해본다.

Pattern »
_ **Who knows** how to get there? 누가 거기에 가는 방법을 알아?

_ **Who knows** what could happen? 무슨 일이 일어날지 누가 알아?

_ **Who knows** anything about that guy? 저 사람에 대해 뭐 좀 아는 사람?

_ **Who took** Wendy to the party? 누가 웬디를 파티에 데려갔어?

_ **Who knows** what questions will be on the test? 시험에 무슨 문제가 나올지 누가 알겠어?

Dialog »
> A : Everyone is nervous about the economy. 다들 경제에 관해서 초조해.
> B : Who knows what the future will bring? 미래가 어떻게 될지 누가 알겠어?

Pattern 08 »» Who has~ ?

001 Who has+N? 누가 …해?

Point »
역시 who가 주어로 쓰인 경우이고 동사로 has가 온 경우이다.

Pattern »
_ **Who has** money to lend me? 누가 내게 빌려줄 돈이 있나?

_ **Who has** a car in the parking lot? 주차장에 차를 둔 사람?

_ **Who has** a job at a major company? 누가 대기업에 다녀?

_ **Who has** time to talk about us? 누가 우리와 얘기나눌 시간이 있어?

_ **Who has** an extra key to the office? 누가 사무실 보조키를 갖고 있어?

Dialog »
> A : Who has tickets for the show? 누가 그 쇼 티켓을 갖고 있어?
> B : People are saying it's sold out. 사람들이 매진됐다고 그러던데.

002 Who has+pp? 누가 …을 했어?

Point »
Who가 역시 주어로 쓰이고 동사부가 has+pp가 된 경우이다.

Pattern »
_ **Who hasn't** signed the card? 누가 카드에 사인을 하지 않았어?

_ **Who has** failed the entrance exam? 누가 입학시험에 떨어졌어?

_ **Who has** used this particular program before? 전에 이 프로그램을 써본 사람 누구있어?

_ **Who has** eaten Vietnamese food? 누가 베트남 음식을 먹었어?

_ **Who has** swum in the pool? 누가 수영장에서 수영을 했어?

Dialog »
> A : Who has been to Hollywood? 누가 할리우드에 가본 적 있어?
> B : Dave spent a few months there. 데이브가 몇 달을 거기서 보냈어.

Chapter 12

003

Who will+V? 누가 …할거야?

Point >> Who will~ 다음에 다양한 동사를 넣어본다.

Pattern >>
_ **Who will** help me? 누가 나를 도와줄거야?

_ **Who will** join me? 누가 나와 함께 하겠어?

_ **Who will** be our champion? 누가 우리의 챔피언이 될까?

_ **Who will** place the health of the child above all else?
누가 무엇보다 아이 건강을 최우선으로 할까?

_ **Who will** work this weekend? 이번 주말에 누가 일할거야?

Dialog >>
A : Who will help those poor people? 누가 저 불쌍한 사람들을 도와줄까?
B : Let's all give them a hand. 우리 모두 그 사람들을 도와주자.

004

Who would+V? 누가 …을 하겠어?

Point >> Who would+V?는 「누가 …을 하겠어?」, 즉 실은 그러지 않을 것이다라는 뜻이다. 부정형인 Who wouldn't~
도 함께 알아둔다.

Pattern >>
_ **Who would** pay for this? 누가 이거 값을 치루겠어?

_ **Who would** do that? 누가 그렇게 하겠어?

_ **Who would** steal shoes from a party? 누가 파티에서 신발을 훔치겠어?

_ **Who would** be this woman's guardian? 누가 이 부인의 후견인이죠?

_ **Who wouldn't** love her? 누가 걔를 사랑하지 않겠어?

Dialog >>
A : Who would you marry? 누구랑 결혼할거야?
B : I don't know, I don't have anyone right now. 몰라. 지금 만나는 사람도 없는걸.

Pattern
09 >> **Who can~ ?**

001

Who would have thought ~? …라고 누가 생각이나 했겠어?

Point >> 전혀 예측하지 못한 일이 생겼을 때 할 수 있는 말로 「누가 상상이나 했겠어?」라는 뉘앙스이다.

Pattern >>
_ **Who would have thought** Linda would leave? 린다가 떠나리라고 누가 생각이나 했겠어?

_ **Who would have thought** we'd lose the game?
우리가 게임에서 질거라 누가 생각이나 했겠어?

_ **Who would have thought** we'd need more supplies?
우리가 사무용품이 더 필요할거라 누가 생각이나 했겠어?

_ **Who would have thought** he'd become an alcoholic?
걔가 알콜중독자가 될거라 누가 생각이나 했겠어?

_ **Who would have thought** he'd succeed? 걔가 성공하리라고 누가 생각이나 했겠어?

A : My sister just became a dentist. 내 누이가 치과의사가 됐어.

B : Who would have thought she'd choose that career? 걔가 그 일을 하게 될 줄은 생각이나 했겠어?

---

002 **Who can+V?** 누가 …할 수 있을까?

Point >> Who가 can과 어울릴 때는 주로 주어로만 쓰인다.

Pattern >>
_ **Who can** tell? 어찌 알겠어?

_ **Who can** tell me the cause? 누가 내게 원인을 말해줄 수 있을까?

_ **Who can** tell me what that is? 그게 뭔지 누가 내게 말해줄 수 있을까?

_ **Who can** shop for shoes for four hours? 누가 4시간동안 신발쇼핑을 할 수 있을까?

_ **Who can** fly an airplane? 누가 비행기를 몰 수 있을까?

_ **Who can** predict the future? 누가 미래를 예언할 수 있을까?

_ **Who can** hit a homerun? 누가 홈런을 칠 수 있을까?

_ **Who can** buy some food for the trip? 누가 여행에 가져갈 음식을 살 수 있을까?

Dialog >>
A : Do you think he'll become a lawyer? 쟤가 변호사가 될 것 같아?

B : Who can tell? Maybe. 누가 알아? 그럴지도 모르지.

---

003 **Who could+V?** 누가 …을 할 수 있을까?

Point >> Who could~ 에서도 역시 who는 주어로 쓰여서 바로 다음에 동사를 이어쓰면 된다.

Pattern >>
_ **Who could** do something like that? 누가 저런 일을 할 수 있을까?

_ **Who could** that be? 저게 누구일까?

_ **Who could** have done this to my baby? 누가 내 아이에게 이럴 수가 있었을까?

_ **Who could** have done such a horrible thing? 누가 이런 끔찍한 일을 할 수 있었을까?

_ **Who could** have taken away the chairs? 누가 의자들을 치웠을 수가 있었을까?

_ **Who could** have brought over this basket? 누가 이 바스켓을 가져 왔을까?

Dialog >>
A : Who could lead the team to victory? 누가 팀을 승리로 이끌 수 있을까?

B : Paul is our best baseball player. 폴이 우리 최고의 야구선수야.

Chapter 12

응용 *Chapter* **13**

Why~

Why am I~ ?

---

001   **Why am I~ ?** 내가 왜 …야?

Point ≫   「내가 왜 …한 상태인지」 이해가 되지 않을 때 사용하면 된다.

Pattern ≫

_ **Why am I** here? 내가 왜 여기있는거야?

_ **Why am I** friends with these people? 내가 왜 이 사람들과 친구인거야?

_ **Why am I** so intimidated by this guy? 내가 왜 이 사람한테 겁을 먹는거야?

_ **Why are we** in bed together? 우리가 왜 함께 침대에 있는거야?

_ **Why am I** so lonely? 내가 왜 이렇게 외롭지?

Dialog ≫

A : Why am I not invited to the party? 내가 왜 파티에 초대를 받지 못한거야?

B : Sometimes you can be very boring. 이따금 넌 정말 지루해.

---

002   **Why am I ~ing?** 내가 왜 …을 해?

Point ≫   내가 왜 ~ing을 하는지 역시 이해가 되지 않을 때 쓰면 된다.

Pattern ≫

_ **Why am I remembering** that now? 왜 내가 아직도 그걸 기억하고 있을까?

_ **Why am I talking** about this? 왜 내가 이 얘기를 하고 있는거지?

_ **Why am I doing** this? 내가 왜 이러고 있는걸까?

_ **Why am I meeting** you here? 왜 나는 널 여기서 만나는걸까?

_ **Why am I even thinking** about her? 왜 나는 걔를 생각하고 있는걸까?

Dialog ≫

A : Why am I getting these e-mails? 내가 왜 이 이멜을 받는거야?

B : Those are spam e-mails trying to sell things. 물건을 팔려고 하는 스팸메일야.

---

003   **Why are we ~ing?** 왜 우리가 …을 하는거야?

Point ≫   Why are we~ 다음에는 부사구나 동사의 ~ing가 이어진다.

Pattern ≫

_ **Why are we** here in the middle of the night? 왜 우리는 이 밤중에 여기 있는거야?

_ **Why are we going** here? 왜 우리는 여기로 오는거야?

_ **Why are we going** this way? 왜 우리는 이 방향으로 가는거야?

_ **Why are we watching** this? 왜 우리는 이걸 지켜보고 있는거야?

_ **Why are we still talking** about him? 왜 우리는 아직도 걔에 대한 얘기를 하고 있는거야?

Dialog ≫

A : Why are we fighting so much? 왜 우리는 그렇게 많이 싸우는거야?

B : I think we both are very stressed. 우리 모두 스트레스에 지친 것 같아.

004 | **Why are we not ~ing?** 왜 우리는 …하지 않는거야?

Point ≫ Why are we ~ing의 부정형으로 「우리가 왜 …을 하지 않는가?」 의문을 던지는 표현.

Pattern ≫
_ **Why are we not going** faster? 왜 우리는 더 빨리 가지 않는거야?
_ **Why are we not taking** the highway? 왜 우리는 고속도로를 타지 않는거야?
_ **Why are we not finishing** early? 왜 우리는 일찍 끝마치지 않는거야?
_ **Why are we not getting** an award? 왜 우리는 상을 받지 못하는거야?
_ **Why are we not leaving?** 왜 우리는 가지 않는거야?

Dialog ≫
A : Why are we not leaving? 왜 우리는 가지 않는거야?
B : There is still a lot of work to do. 아직 할 일이 많이 있어.

Pattern **02** ≫ **Why are you~ ?**

---

001 | **Why are you+adj?** 왜 …해?

Point ≫ 상대방에게 이유를 물어보는 표현으로 Why are you+형용사[~ing, pp]~?의 형태로 쓰인다.

Pattern ≫
_ **Why are you** guys so upset? 너희들은 왜 그렇게 화가 났어?
_ **Why are you** so tired today? 너 오늘 왜 그렇게 피곤해해?
_ **Why are you** so sweet? 넌 왜 그렇게 다정해?
_ **Why are you** both so mean? 왜 너희 둘은 그렇게 야비하냐?
_ **Why are you** here? 너 여기 왜 있는거야?

Dialog ≫
A : What's wrong with you? Why are you so angry? 무슨 일 있었니? 왜 그렇게 화가 나니?
B : Just get away from me! 날 좀 내버려둬!

Chapter 13

---

002 | **Why are you~ing?** 왜 …해?

Point ≫ 상대방이 왜 ~ing을 하는지 물어보는 표현.

Pattern ≫
_ **Why are you shopping** here? 왜 여기서 쇼핑을 하고 있어?
_ **Why are you trying** to ruin the game? 왜 게임을 망치려고 하는거야?
_ **Why are you wearing** my apron? 왜 내 앞치마를 두르고 있는거야?
_ **Why are you reading** this? 넌 왜 이걸 읽고 있는거야?
_ **Why are you telling** me that? 넌 왜 그걸 내게 말하는거야?

Dialog ≫
A : Why are you doing this to me? 내게 왜 이러는거야?
B : Because I don't like you. 널 싫어하니까.

623

003   Why are you talking~ ? 왜 …을 얘기하는거야?

Point »   Why are you ~ing 패턴 중의 하나로 talking 다음에는 to sb. about sth 등의 형태가 이어진다.

Pattern »

_ **Why are you talking** to him instead of me? 왜 나 대신 걔한테 말을 하는거야?

_ **Why are you talking** about this now? 왜 이제 이거에 대해 얘기를 하는거야?

_ **Why are you talking** so angrily? 넌 왜 그렇게 신경질적으로 말하는거야?

_ **Why are you talking** to me like this? 왜 내게 이런 식으로 말을 하는거야?

_ **Why are you talking** like that? 왜 그렇게 얘기하는거야?

Dialog »

> A : I really hate spending time here. 난 정말 여기서 시간보내기 싫어.
> B : Why are you talking so angrily? 넌 왜 그렇게 신경질적으로 말하는거야?

004   Why are you being~ ? 왜 …하는거야?

Point »   Why are you being~ 다음에 형용사나 명사가 이어지는 패턴이다.

Pattern »

_ **Why are you being** weird? 왜 너는 이상하게 구는거야?

_ **Why are you being** nice to me? 왜 내게 그렇게 잘해주는거야?

_ **Why are you being** so rough with him? 왜 걔한테 그렇게 거칠게 구는거야?

_ **Why are you being** a freak and asking a question like that?
왜 괴짜처럼 굴며 그런 질문을 하는거야?

_ **Why are you being** such a jerk? 넌 왜 이렇게 멍청이처럼 구는거야?

Dialog »

> A : Here is a gift I bought for you. 너 주려고 산 선물이야.
> B : Why are you being so nice to me? 왜 그렇게 내게 잘하는거야?

Pattern
03 »» Why is~ ?

001   Why is S+adj[N]~? 왜 …해?

Point »   Why is+주어~ 다음에 형용사나 명사가 와서 「왜 주어가 …하냐」라고 묻는 질문.

Pattern »

_ **Why is** she here again? 걔가 왜 여기 다시 있는거야?

_ **Why is** the world so fucked up? 세상이 왜 그렇게 엉망이야?

_ **Why is** this such a big deal? 이게 무슨 큰일이라고 그래?

_ **Why is** that my problem? 그게 왜 내 문제야?

_ **Why is** he so unhappy? 걘 왜 그렇게 불행해?

Dialog »

> A : Why is Sally angry at Harry? 샐리는 왜 해리한테 화가 난거야?
> B : They had a big fight last night. 어젯밤에 대판 싸웠어.

002 | Why is it so~ ? 왜 …한거야?

Point » 「왜 그렇게 …한거야?」라는 뜻으로 Why is it so~ 다음에 다양한 형용사를 넣어본다.

Pattern »

_ **Why is it so** important to you? 그게 왜 네게 그렇게 중요해?

_ **Why is it so** hard to admit that? 그걸 인정하는게 왜 그렇게 힘들어?

_ **Why is it so** cold in here? 여기는 왜 이렇게 추운거야?

_ **Why is it so** difficult to pass the class? 낙제 면하는게 왜 이렇게 어려운거야?

_ **Why is it so** scary to sit in the dark? 어둠 속에 앉아있는게 왜 이렇게 무서운거야?

Dialog »

A : Why is it so **dark in here?** 여기 왜 이렇게 어두운거야?

B : I turned off the lights to sleep. 자려고 불을 껐어.

003 | Why is S+~ing? 왜 …가 …해?

Point » Why is~이므로 주어는 제 3자가 되어야 하고, 그 주어가 왜 ~ing하는지 물어보는 의문문이다.

Pattern »

_ **Why is** my ex-boyfriend **calling** you? 왜 내 전 남친이 네게 전화를 하는거지?

_ **Why is** she **looking** around like that? 왜 걘 저렇게 주변을 두리번거리는거야?

_ **Why's** he **getting** all my money? 왜 걔가 내 돈을 다 가져가는거야?

_ **Why's** everyone **staring** at me? 왜 다들 나를 쳐다보는거야?

_ **Why isn't** anyone **doing** anything? 왜 누구도 어떤 액션을 취하지 않는거야?

Dialog »

A : Why is Tim selling **his truck?** 왜 팀이 자기 트럭을 팔려고 해?

B : Because he owes about $8,000 to his wife for alimony and child support. 부인에게 위자료와 자녀 양육비로 8천달러 정도를 줘야 하거든.

004 | Why is there~ ? 왜 …야?

Point » there is~의 의문형인 is there~에 Why가 붙은 경우.

Pattern »

_ **Why is there** always have to be a reason? 왜 항상 이유가 있어야 되는거야?

_ **Why is there** a for sale sign out front? 왜 밖에 세일 간판이 있는거야?

_ **Why is there** a fridge in the bedroom? 왜 침실에 냉장고가 있어?

_ **Why is there** a gun here? 왜 여기에 총이 있어?

_ **Why is there** a mess in the kitchen? 부엌이 왜 이렇게 어지럽혀져 있어?

Dialog »

A : Why is there **a box on the floor?** 왜 바닥에 박스가 있는거야?

B : I'm packing away some of my old clothes. 내 오래된 옷 중 일부를 치워둔거야.

>> Why was~ ?

001 **Why was S+adj[pp]?** 왜 …가 …을 했어?

Point >> Why was~이므로 역시 S는 제 3자가 되고 다음에는 형용사나 부사구 및 pp가 이어지면 된다.

Pattern >>
_ **Why was** he so careless? 왜 걔는 그렇게 부주의했어?

_ **Why was** Diane Lambert so angry? 왜 다이안 램버트가 그렇게 화를 냈어?

_ **Why was** this so important to you? 이게 너한테 왜 그렇게 중요했던거야?

_ **Why was** it in the kitchen? 왜 그게 부엌에 있었어?

_ **Why was** it so difficult for you to tell us the truth?
네가 우리한테 진실을 말하는게 왜 그렇게 어려웠어?

Dialog >>
A : Why was Maria so busy today? 마리아는 오늘 왜 그렇게 바빴던 거야?
B : I had her researching the report. 보고서를 조사하라고 시켰거든.

002 **Why was S+ ~ing?** 왜 …가 …을 했어?

Point >> 역시 제 3자인 주어 S가 왜 ~ing을 했는지 물어보는 패턴이다.

Pattern >>
_ **Why was** he yelling at her? 걔는 왜 그녀에게 소리를 질러댔어?

_ **Why was** he acting like that? 걔는 왜 그렇게 행동을 했어?

_ **Why was** she hitting you? 걔는 왜 너를 때린거야?

_ **Why was** she looking around? 왜 걔는 주변을 둘러봤어?

_ **Why was** Mike sending you checks every month? 왜 마이크가 네게 매달 수표를 건넨거야?

Dialog >>
A : Why was your daughter crying? 왜 네 딸이 울었어?
B : Some kids were making fun of her. 아이들 몇몇이 걔를 놀려댔대.

003 **Why were you+adj[pp]?** 넌 왜 …했던거야?

Point >> 상대방이 왜 adj[pp] 했는지 묻는 문장으로 adj[pp] 대신 부사구가 올 수도 있다.

Pattern >>
_ **Why were you** so tough with him? 넌 왜 걔한테 그렇게 터프하게 대했어?

_ **Why were you** fired? 넌 왜 해고되었어?

_ **Why were you** absent yesterday? 어제 왜 결석했어?

_ **Why were you** so interested in this particular street?
넌 왜 이 거리에 관심이 그렇게 있는거야?

_ **Why were you** at her house? 넌 왜 걔 집에 있었던거야?

Dialog >>
A : Why were you absent yesterday? 어제 왜 결석했지?
B : My mother was sick and we went to the hospital. 어머니가 아프셔서 병원에 갔었거든요.

004   Why were you ~ing? 넌 왜 …을 했던거야?

Point » 상대방이 과거에 왜 ~ing를 했는지 의아해하면서 그 이유를 물어보는 패턴이다.

Pattern »

_ **Why were you acting** so strange tonight? 오늘밤에 너 왜 그렇게 이상하게 행동했어?

_ **Why were you looking** for me? 왜 너는 나를 찾았어?

_ **Why were you fighting** her? 넌 왜 걔와 싸웠어?

_ **Why were you** two **talking** about marriage? 너희 둘이 왜 결혼에 대해 얘기를 나누고 있었어?

_ **Why were you hiking** yesterday? 넌 왜 어제 하이킹을 했어?

Dialog »

A : Why were you crying? 넌 왜 울고 있었어?

B : I got into an argument with my friend. 내 친구와 다투었어.

Pattern 05 »» Why do I feel like~ ?

001   Why do I have to~ ? 내가 왜 …을 해야 돼?

Point » 내가 왜 to+V 이하를 해야 되는지 반항하는 패턴으로 Why should I~?로 해도 된다.

Pattern »

_ **Why do I have to** learn this? 내가 왜 이걸 배워야 돼?

_ **Why do I have to** watch a French movie? 내가 왜 프랑스 영화를 봐야 돼?

_ **Why do I have to** talk to Penny? 내가 왜 페니에게 얘기를 해야 돼?

_ **Why do I have to** tell them? 왜 내가 걔네들에게 말해야 돼?

_ **Why do I have to** wear this? 내가 왜 이걸 입어야 돼?

Dialog »

A : Why do I have to stay late tonight? 왜 오늘밤 늦게까지 있어야 하는거죠?

B : Everyone has to stay late tonight because we're behind schedule.
계획보다 늦어졌기 때문에 다들 어쩔 수 없습니다.

002   Why do I feel like ~ing? 왜 …을 하고 싶어질까?

Point » ~ing가 오면 「왜 …을 하고 싶어질까」, 다음에 S+V가 이어지면 「왜 …라는 느낌이 들까」라는 의미가 된다.

Pattern »

_ **Why do I feel like** sleeping right now? 왜 지금 잠을 자고 싶어질까?

_ **Why do I feel like** punching Sam? 왜 내가 샘을 한 대 때리고 싶어질까?

_ **Why do I feel like** you're hinting at something? 왜 네가 뭔가 힌트주고 있다는 생각이 들까?

_ **Why do I feel like** you're saying good-bye to me? 왜 내게 작별인사 하는 것같은 느낌이 들까?

_ **Why do I feel like** throwing up? 왜 토하고 싶을까?

Dialog »

A : Why do I feel like sleeping? 왜 자고 싶을까?

B : You were awake most of the night. 거의 밤샜잖아.

003 Why do I get the feeling S+V? 왜 …라는 느낌이 들까?

Point » 「왜 S+V한 느낌을 갖게 되는걸까?」라는 내용의 표현.

Pattern »

_ **Why do I get the feeling** Dan is lying? 댄이 거짓말하고 있다는 느낌이 왜 들까?

_ **Why do I get the feeling** you're not really a salesman?
넌 실제로는 영업맨이 아니라는 느낌이 왜 들까?

_ **Why do I get the feeling** you're not all that disappointed?
넌 그 정도로 실망하지 않았다는 느낌이 왜 들까?

_ **Why do I get the feeling** there's a string attached to this?
이거에는 단서조항이 있다는 느낌이 왜 들까?

_ **Why do I get the feeling** the economy is declining?
왜 경제가 침체되고 있다는 느낌이 들까?

Dialog »

A : Why do I get the feeling Anne likes you? 왜 앤이 널 좋아한다는 느낌이 들까?
B : Well, she seems to want to be my girlfriend. 저기, 걘 내 여친이 되기를 바라는 것 같아.

004 Why did I+V? 왜 내가 …을 했지?

Point » 자신이 과거에 왜 V를 했는지 후회하거나 의아하게 생각할 때 사용할 수 있는 표현.

Pattern »

_ **Why did I** get you such a big watch? 왜 내가 네게 그렇게 큰 시계를 사줬을까?

_ **Why did I** have to be so sexy? 왜 내가 그렇게 섹시해야 됐어?

_ **Why did I** think this was fun? 내가 왜 이게 재미있다고 생각했을까?

_ **Why did I** wait so long? 내가 왜 그렇게 오래 기다렸을까?

_ **Why did I** get fired? 내가 왜 해고를 당했을까?

Dialog »

A : Why did I leave my jacket here? 왜 내가 자켓을 여기에 놔둔거지?
B : You said it was too hot to wear it. 너무 더워서 못입겠다고 했잖아.

Pattern 06 » Why do you~ ?

001 Why do you+V? 왜 …해?

Point » 상대방이 왜 V를 하는지 이유를 물어보는 표현.

Pattern »

_ **Why do you** always do that? 넌 늘상 왜 그래?

_ **Why do you** keep testing me? 넌 왜 계속 나를 테스트하는거야?

_ **Why do you** get up so early these days? 요즘 왜 그렇게 일찍 일어나니?

_ **Why do you** have chocolate on your face? 왜 얼굴에 초콜릿을 묻히고 있어?

_ **Why do you** say that? 왜 그런 말을 해?

Dialog »

A : Why do you say **that**? 왜 그러는데?

B : We went out for drinks last night, and he picked up two women!
간밤에 술 마시러 갔는데, 걔가 여자를 2명이나 꼬시더라구!

002

Why do you think S+V? 왜 …라고 생각해?

Point » 어떤 사실에 대해 혹은 상대방의 의견에 대해 「왜 그렇게 생각하는지」를 묻는 표현으로 그 다음에 (that) S+V를 쓰거나 상대방의 말을 그대로 받는 so를 붙여 Why do you think so?하면 언제든 상대방의 고견(?)을 들을 수 있다.

Pattern »

_ **Why do you think** I'm such a bad person? 왜 내가 나쁜 사람이라고 생각하는거야?

_ **Why do you think** he went to peep shows then? 그럼 왜 걔가 핍쇼를 보러 갔다고 생각해?

_ **Why do you think** I'm talking to you? 왜 내가 너한테 말을 하고 있다고 생각해?

_ **Why do you think** I'm so mean to you? 왜 내가 너한테 그렇게 야비하게 굴었다고 생각해?

_ **Why do you think** he asked you out again? 걔가 왜 네게 다시 데이트신청을 했다고 생각해?

Dialog »

A : Why do you think I'm such a bad person? 왜 내가 나쁜 사람이라고 생각하는거야?

B : Don't get me wrong. It wasn't you I was referring to. 오해마. 너 말하는게 아녔어.

003

Why do you want to~ ? 왜 넌 …하고 싶은거야?

Point » 상대방이 왜 to+V 이하를 하고 싶은지 묻는 것으로 want to 대신에 need to, have to 등이 올 수도 있다. 상대방의 행동이나 처한 상황을 이해못하겠다며 짜증을 내며 말할 수 있는 표현이다.

Pattern »

_ **Why do you want to** mess with that? 왜 넌 그걸 망쳐놓고 싶은거야?

_ **Why do you have to** suffer? 왜 넌 고통을 당해야 해?

_ **Why do we need to** start a car? 왜 우리는 자동차에 시동을 걸어야 돼?

_ **Why do we have to** sit with all the weirdos? 왜 우린 저 괴짜들과 함께 앉아 있어야 돼?

_ **Why do you want to** return to him? 넌 왜 걔한테 다시 돌아가고 싶은거야?

Dialog »

A : Why do you want to **break up with me**? 왜 나랑 헤어지려는거야?

B : Sorry. I'm already seeing a guy. 미안. 벌써 다른 애 만나고 있어.

Chapter 13

004

Why do you care wh~ ? …을 왜 신경을 써?

Point » 「왜 …을 신경쓰냐」며 쓰지 말라고 할 때의 표현으로 care about+N. 혹은 care 의문사 S+V절이 올 수도 있다.

Pattern »

_ **Why do you care** so much? 왜 그렇게 신경을 많이 써?

_ **Why do you care** so much about a watch? 왜 그렇게 시계에 대해 신경을 많이 써?

_ **Why do you care** about her so much? 왜 걔를 그렇게 신경 많이 써?

_ **Why do you care** what I think? 내가 뭘 생각하든지 네가 왜 신경 써?

_ **Why do you care** what I want from him? 내가 걔한테서 뭘 원하는지 네가 왜 신경 써?

Dialog »

A : Bob is going out drinking again. 밥이 또 나가서 술을 마실거래.

B : Why do you care what **he does** ? 걔가 뭘하든 왜 신경을 써?

001 Why don't you~ ? …하자

Point >> Why don't you+동사?는 무늬는 의문문이지만 실제로는 상대방에게 뭔가 제안을 하는 문장으로 이유와는 거리가 있다. 앞서 배운 I want you to+동사원형~과 의미가 비슷하다.

Pattern >>
_ **Why don't you** just call her? 걔한테 전화해보는 게 어때?
_ **Why don't you** ask her to join us? 쟤도 함께 하자고 물어봐.
_ **Why don't you** tell me what happened? 무슨 일인지 내게 말해봐.
_ **Why don't you** give me a hand? 나를 도와줘.
_ **Why don't you** take a break? 쉬지 그래.

Dialog >>
A : That secretary is going to drive me up the wall. 저 비서가 내 성미를 건드리고 있어.
B : Why don't you fire her? 해고해 버리지 그래?

002 Why don't you~? 왜 …을 하지 않아?

Point >> Why don't you~라고 해서 무조건 제안표현으로 생각하면 안된다. 여기서는 글자그대로 「넌 왜 …하지 않냐?」로 이유를 물어보는 문장이다.

Pattern >>
_ **Why don't you** ever wear a hat? 왜 너는 모자를 쓰지 않아?
_ **Why don't you** see the problem? 왜 그 문제를 보지 않는거야?
_ **Why don't you** like math? 왜 수학을 싫어해?
_ **Why don't you** enjoy beer? 왜 맥주 마시는 걸 싫어해?
_ **Why don't you** stop smoking? 왜 담배를 못끊는거야?

Dialog >>
A : I just never have enough money. 난 돈이 충분한 적이 없어.
B : Why don't you make a budget? 왜 예산을 세우지 않는거야?

003 Why don't you go[come]~ ? 가서[와서] …해

Point >> Why don't you~ 다음에 go나 come을 써보면서 일상생활표현에 강해보자.

Pattern >>
_ **Why don't you go** see Frankie? 가서 프랭키 만나보는 게 어때?
_ **Why don't you go** find the mother and talk to her? 가서 엄마 찾아 얘기해.
_ **Why don't you go** by train? 기차를 타고 가렴.
_ **Why don't you come** with me? 나랑 같이 가자.
_ **Why don't you come** over here and talk to me for a second?
이리와 나랑 잠시 얘기하자.

Dialog >>
A : It's so boring staying inside. 안에 있는건 너무 지루해.
B : Why don't you go for a walk? 가서 산책을 해.

004 Why don't you try~ …을 해봐

Point » Why don't you~ 다음에 try가 오는 경우로 try 다음에는 to+V나 ~ing가 이어진다.

Pattern »
_ **Why don't you try** to relax, okay? 좀 긴장을 풀어봐, 응?
_ **Why don't you try** telling her directly? 걔한테 직접적으로 말을 해봐.
_ **Why don't you try** punishing him? 따끔하게 혼내주지 그래요?
_ **Why don't you try** it on? 그거 입어봐.
_ **Why don't you try** looking in the Yellow Pages? 업종별 전화번호부를 찾아보지 그래요?

Dialog »
A : Why don't you try mountain climbing? 등산을 해봐.
B : I would be afraid to hurt myself. 다칠까봐 무서워.

Pattern 08 »» Why don't we~ ?

001 Why don't I~ ? …할게

Point » 「내가 …할게」라는 말로 Let me+V와 같은 의미이다.

Pattern »
_ **Why don't I** show you the baby's room? 애기방 보여줄게.
_ **Why don't I** join you? 내가 너와 함께 할게.
_ **Why don't I** get us some beers? 내가 맥주 좀 살게.
_ **Why don't I** do that for you? 내가 널 위해 그렇게 할게.
_ **Why don't I** just call you tomorrow morning and remind you?
그냥 내일 아침에 내가 전화로 상기시켜줄까?

Dialog »
A : Why don't I ever see your husband? 왜 네 남편 한 번 볼 수 없니?
B : He's very tired since he has to work nights. 야간 근무를 하게 된 이래 남편이 무척 피곤해해.

Chapter 13

002 Why don't we~ ? …하자(Let's+동사)

Point » 함께 있는 사람들에게 「…을 하자」고 제안하는 것으로 이때는 Let's+V와 쓰임새가 같다.

Pattern »
_ **Why don't we** invite her? 걔를 초대하자.
_ **Why don't we** have lunch? 우리 점심 먹을까?
_ **Why don't we** just wait and see what Will has to say? 윌이 뭐라 말할지 지켜보자고.
_ **Why don't we** ask Grace to do it? 그레이스에게 그렇게 하도록 부탁하자.
_ **Why don't we** take a 5-minute break? 5분간 쉬도록 하자.

Dialog »
A : Any ideas about how to spend Christmas? 성탄절 어떻게 보낼지 뭐 좋은 생각있어?
B : Why don't we go downtown and go window shopping? 시내에 가서 윈도우 쇼핑을 하자.

003 Why don't we go~ ? 같이 …가자

Point » Why don't we~ 다음에 go를 넣어 다양한 문장을 만들어본다.

Pattern »
_ **Why don't we go** for a drive? 우리 드라이브 가자.
_ **Why don't we go** down to the bar? 우리 바로 같이 가자.
_ **Why don't we go** sit down with our friends? 가서 우리 친구들과 함께 앉자.
_ **Why don't we go** to another park? 다른 공원으로 가자.
_ **Why don't we go** inside the nightclub? 나이트클럽 안으로 들어가자.

Dialog »
A : Why don't we go to a zoo? 같이 동물원에 가자.
B : Good idea. I like animals. 좋아, 난 동물들을 좋아해.

004 Why don't we start~ ? …을 시작하자

Point » 이번에는 start+N 혹은 start ~ing을 넣어본다.

Pattern »
_ **Why don't we start** saving money? 돈을 모으기 시작하자.
_ **Why don't we start** fixing up the house? 집을 수리하기 시작하자.
_ **Why don't we start** discussing the situation? 상황에 대해 얘기를 나누어보자.
_ **Why don't we start** dinner early? 일찍 저녁을 시작하자.
_ **Why don't we start** studying? 공부를 시작하자.

Dialog »
A : Both of us are getting a little fat. 우리 둘다 점점 좀 살이 찌고 있어.
B : Why don't we start exercising? 운동을 시작하자.

Pattern 09 » Why does~ ?

001 Why does (s)he+V~ ? 왜 …가 …을 해?

Point » 주어가 제 3자인 경우로 왜 주어가 V를 하는지 물어보는 문장이 된다.

Pattern »
_ **Why does** he do this? 왜 걔가 그러는거야?
_ **Why does** he love this show so much? 왜 걔가 이 쇼를 그렇게 좋아하는거야?
_ **Why does** she keep apologizing so much? 왜 걔는 계속 그렇게 많이 사과를 하는거야?
_ **Why does** she need so much help? 왜 걔는 그렇게 많은 도움을 필요로 해?
_ **Why does** she keep saying that? 왜 걔는 계속 그렇게 말하는거야?

Dialog »
A : Why does he always make little of my work? 왜 그는 늘 나의 업무를 무시할까요?
B : I think he's just really picky and doesn't like to complement employees.
사실 그는 좀 까다롭고, 사원을 충원하고 싶어하지 않는 것 같아요.

632
영어회화
공식패턴
3300

002 Why does (s)he think~ ? 왜 …가 …라고 생각해?

Point » Why does (s)he+V의 대표구문으로 think 다음에는 명사나 S+V절의 형태를 넣으면 된다.

Pattern »

_ **Why does she think** that? 왜 걔가 그렇게 생각하는거야?

_ **Why does he think** she's here? 왜 걔는 그녀가 여기 있다고 생각하는거야?

_ **Why does he think** it was stuffed? 왜 걔는 그 속이 채워져 있다고 생각하는거야?

_ **Why does he think** we're different people? 왜 걔는 우리가 다른 사람들이라고 생각하는거야?

_ **Why does she think** I was unfaithful? 왜 내가 바람을 폈다고 걔는 생각하는거야?

Dialog »

A : You should work things out with her. 넌 그 여자와의 문제를 해결하는 게 좋아.

B : Why does everyone think she is not to blame? 왜 모두들 그 여자한테는 잘못이 없다고 생각하는 거지?

003 Why does (s)he want to~ ? 왜 …가 …를 하고 싶어해?

Point » 「왜 …가 …를 하고 싶어하는지」 그 이유를 묻는 문장.

Pattern »

_ **Why does he wanna** talk to me? 왜 걔는 내게 말하고 싶어하는거야?

_ **Why does he want to** kill her? 왜 걔는 그녀를 죽이고 싶어해?

_ **Why does he wanna** work at our place? 왜 걔는 우리 집에서 일하려고 해?

_ **Why does he want to** be alone? 왜 걔는 홀로 있고 싶어해?

_ **Why does she want to** borrow the car? 걘 왜 차를 빌리고 싶어해?

Dialog »

A : Brad says he's not coming to school. 브래드는 자기가 학교에 오지 않을거래.

B : Why does he want to quit? 왜 그만두고 싶어하는거야?

004 Why does it have to be~ ? 그게 왜 …여야 돼?

Point » 이번에는 사물주어로 it이 나온 경우. 「그게 왜 …야 되는지」 약간 항의하면서 할 수 있는 말.

Pattern »

_ **Why does it have to be** you? 왜 그게 너여야 돼?

_ **Why does it have to be** goodbye? 왜 그게 작별인사가 되어야 돼?

_ **Why does it have to be** so hard for people? 왜 그게 사람들에게 그렇게 어려워야 돼?

_ **Why does it have to be** me? 왜 그게 나여야 돼?

_ **Why does it have to be** like this? 왜 그게 이렇게 되어야 돼?

Dialog »

A : It's impossible to get a good grade on the exam. 시험에서 좋은 성적을 받는건 불가능해.

B : Why does it have to be so difficult? 그게 왜 그렇게 어려워야해?

Chapter 13

001 **Why did you+V?** 왜 …을 했어?

Point >> 상대방이 과거에 왜 V를 했는지 물어보는 문장.

Pattern >> _ **Why did you** go over there? 넌 왜 거기에 갔었어?

_ **Why did you** get me involved? 넌 왜 날 연루시킨거야?

_ **Why did you** lie to us? 넌 왜 우리에게 거짓말을 했어?

_ **Why did you** lock yourself in the bathroom? 왜 화장실에 문잠그고 있었어?

_ **Why did you** do that? 왜 그랬어?

_ **Why did you** talk to them like that? 넌 왜 걔네들에게 그런 식으로 말했어?

Dialog >> A : Why did you come home so late last night? 어젯밤에 왜 그렇게 늦게 들어왔니?

B : Mom, like I said, the bus was delayed. 엄마, 말씀드린대로, 버스가 늦게 왔다니까요.

002 **Why did you not[never]~ ?** 왜 …을 하지 않았어?

Point >> 반대로 과거에 상대방이 「…을 하지 않은 이유」를 캐묻는 표현이다.

Pattern >> _ **Why did you** never call me? 넌 왜 내게 전화를 하지 않은거야?

_ **Why did you** not introduce me to Sean? 넌 왜 나를 션에게 소개를 시키지 않은거야?

_ **Why did you** not go to Chicago? 넌 왜 시카고에 가지 않았어?

_ **Why did you** not tell me the truth? 왜 내게 진실을 말하지 않았어?

_ **Why did you** not visit your grandmother? 왜 할머니 집에 가지 않았어?

Dialog >> A : I really liked my classmate. 난 정말 반 친구를 좋아했었어.

B : Why did you not ask her out? 왜 데이트 신청을 하지 않았어?

003 **Why did you tell me[say]~ ?** 왜 …라고 했어?

Point >> 상대방이 과거에 「왜 …말을 했는지」 그 이유를 묻는 패턴이다.

Pattern >> _ **Why did you** say you'd go with your dad? 넌 왜 아빠와 함께 가겠다고 한거야?

_ **Why did you** tell me I was gonna be a father? 넌 왜 내가 아버지가 될거라고 말했어?

_ **Why did you** tell me this now? 넌 왜 내게 이걸 말하는거야?

_ **Why did you** tell Chris that I took his phone?
내가 크리스 폰을 가져갔다고 왜 말한거야?

_ **Why did you** tell me to go home? 왜 나보고 집에 가라고 했어?

Dialog >> A : Why did you say you weren't hungry? 넌 왜 이제 배고프지 않다고 했어?

B : I didn't want to eat a big meal. 과식을 하고 싶지 않아서.

004 Why did you want to~ ? 왜 …을 하고 싶어했어?

Point » 상대방이 과거에 왜 to+V 이하를 하고 싶어했는지 물어보는 패턴.

Pattern »

_ **Why did you want to** help? 넌 왜 도와주고 싶어했어?

_ **Why did you want to** have lunch? 넌 왜 점심을 먹고 싶어했어?

_ **Why did you want to** kill yourself? 넌 왜 자살하고 싶어했어?

_ **Why did you have to** act like that? 넌 왜 그렇게 행동하고 싶어했어?

_ **Why did you want to** meet Helen's father? 왜 헬렌 아버지를 만나고 싶어했어?

Dialog »

A : The old hotel looked haunted. 저 오래된 호텔은 귀신이 나오는 것 같았어.

B : Why did you want to **stay there?** 왜 거기에 머물고 싶어했어?

Pattern 11 » Why didn't you~ ?

001 Why didn't you+V? 왜 …을 하지 않았어?

Point » 상대방의 과거의 행동에 대한 이유를 물어보는 것으로 「왜 …하지 않았냐」고 물을 때 쓰는 표현.

Pattern »

_ **Why didn't you** take the job? 왜 그 일을 맡지 않았어?

_ **Why didn't I** think of that? 내가 왜 그걸 생각못했을까?

_ **Why didn't you** help her? 넌 왜 걔를 도와주지 않았어?

_ **Why didn't you** just come along? 왜 그냥 따라오지 않았어?

_ **Why didn't you** answer your cell phone? 왜 너 핸드폰 안 받았어?

Dialog »

A : Why didn't you **agree to drive her home?** 왜 걔를 차로 집에 데려다주지 않겠다고 한거야?

B : I didn't have time to do that. 그럴 시간 여유가 없었어.

002 Why didn't you tell me~ ? 왜 내게 …을 말하지 않았어?

Point » 과거에 상대방이 말하지 않았다고 비난하면서 할 수 있는 표현.

Pattern »

_ **Why didn't you tell me?** 왜 내게 말하지 않았어?

_ **Why didn't you just tell** her the truth? 걔한테 진실을 왜 말하지 않았어?

_ **Why didn't you tell** us about this before? 넌 왜 전에 이걸 우리에게 말하지 않았어?

_ **Why didn't you tell me** they were here? 넌 왜 걔네들이 여기 있다는걸 말하지 않았어?

_ **Why didn't you tell me** when it happened? 그 일이 일어났을 때 왜 내게 말하지 않았어?

Dialog »

A : Why didn't you tell me? 왜 내게 말 안했나요?

B : I felt it was better that you saw it for yourself. 당신이 직접 눈으로 보는게 나을거라고 생각했어요.

Chapter 13

635

Why didn't you say~ ? 왜 …라고 말하지 않았어?

Point » 역시 같은 문맥이지만 tell sb 대신에 say를 쓴 경우이다.

Pattern »
- _ **Why didn't you say** anything? 왜 아무 말도 하지 않았어?
- _ **Why didn't you say** so? 왜 그렇게 말하지 않은거야?
- _ **Why didn't you say?** 왜 말하지 않은거야?
- _ **Why didn't you say** you were leaving? 넌 왜 간다고 말하지 않은거야?
- _ **Why didn't you say** that to him? 왜 그걸 걔한데 말하지 않았어?

Dialog »
A : Jerry asked me to help him move. 제리는 자기 이사하는 것을 도와달라고 내게 부탁했어.
B : Why didn't you say you were busy? 왜 바쁘다고 말하지 않은거야?

004

Why didn't you call~ ? 왜 …에게 전화를 안했어?

Point » 상대방이 과거에 왜 전화를 하지 않았는지 물어보는 표현.

Pattern »
- _ **Why didn't you call?** 왜 전화하지 않았어?
- _ **Why didn't call** me last night? 어젯밤에 왜 전화안했어?
- _ **Why didn't you call** the police? 왜 경찰에 신고하지 않았어?
- _ **Why didn't you call** before? 왜 전에 전화하지 않았어?
- _ **Why didn't you call** me last night like you promised? 전화한다고 하고 왜 어젯밤에 전화하지 않았니?

Dialog »
A : I saw the fire start in the apartment. 아파트에서 불이 시작되는 것을 봤어.
B : Why didn't you call for help? 왜 도와달라고 전화하지 않았어?

Pattern 12 » Why have~ ?

001

Why have you+pp? 왜 …했어?

Point » Why did you~와 같은 의미로 현재완료가 쓰인 경우이다.

Pattern »
- _ **Why have you** come to us? 넌 왜 우리한테 왔어?
- _ **Why have you** moved here? 넌 왜 이리로 이사왔어?
- _ **Why have you** picked up for us? 넌 왜 우리를 위해 픽업을 해줬어?
- _ **Why have you** waited so long to tell me this? 내게 이 얘기를 하는데 왜 그렇게 오래걸렸어?
- _ **Why have you** been so irritable recently? 요즘 왜 그리 신경이 곤두서 있어?

Dialog »
A : Why have you drunk so much? 왜 그렇게 술을 많이 마신거야?
B : Beer was cheap at that bar. 그 바의 맥주값이 저렴해서.

002 Why have you been ~ing? 왜 …을 하고 있었어?

Point >> Why와 현재완료 진행형이 결합된 경우. Why have you been 다음에 so+adj가 나오는 패턴도 함께 익혀둔다.

Pattern >>

_ **Why have you been drinking** all night? 넌 왜 밤새 술을 마시고 있었어?

_ **Why have you been following** me? 넌 왜 나를 따라다니고 있었어?

_ **Why have you been bothering** me? 넌 왜 나를 귀찮게 하고 있는거야?

_ **Why have you been** so short-tempered lately? 넌 왜 최근에 그렇게 성질을 부린거야?

_ **Why have you been avoiding** me? 넌 왜 나를 피하는거야?

Dialog >>

A : Why have you been staying here? 왜 안가고 머물러 있었어?

B : I have an apartment near here. 이 근처에 아파트가 있어.

003 Why have you not+pp? 왜 …을 하지 않았어?

Point >> Why didn't you~와 같은 의미로 Why haven't you~?라고 해도 되며 또한 강조하려면 Why have you never+pp?이라고 하면 된다.

Pattern >>

_ **Why have you** and Ronnie **not been** in contact? 왜 너와 로니는 연락을 하지 않고 있어?

_ **Why have you never** asked me about my adoptive family?
내 입양가정에 대해 넌 내게 물어보지 않았어?

_ **Why have you never** really discussed the break-up with her?
넌 왜 걔와 헤어진걸 전혀 상의하지 않았어?

_ **Why haven't you** said anything? 넌 왜 아무말도 하지 않았어?

_ **Why haven't you** adopted Emma, Ms. Dunlop? 던롭부인, 왜 엠마를 입양하지 않았어요?

Dialog >>

A : Sam stole from me years ago. 샘은 몇 년 전에 내 것을 훔쳤어.

B : Why have you not forgiven him? 넌 왜 걔를 용서하지 않았어?

Chapter 13

004 Why has it got to~ ? 왜 그게 …여야 돼?

Point >> 주어로 사물주어 it이 오고 동사부에는 has got to~가 와서 「그게 왜 …여야 되었는가」라는 의미로 뭔가 불만 속에 항의하는 표현이 된다.

Pattern >>

_ **Why has it got to** cost so much? 왜 그게 그렇게 가격이 비싼거야?

_ **Why has it got to** be so hot? 왜 그게 그렇게 뜨거워야 돼?

_ **Why has it got to** last so long? 왜 그게 그렇게 오래 계속되어야 해?

_ **Why has it got to** occur here? 왜 그일이 여기서 일어나야 돼?

_ **Why has it got to** cause these problems? 왜 그게 이런 문제들을 일으켜야 되는거야?

Dialog >>

A : That gold necklace is beautiful. 저 금목걸이 아름다워.

B : Why has it got to cost so much? 왜 그게 그렇게 가격이 비싼거야?

001 **Why would I+V?** 내가 왜 …하겠어?

Point >> 상대방이 오해하는 경우에 내가 왜 V를 하겠어, 다시 말해 전혀 V할 생각이 없다라는 뉘앙스를 풍길 때 사용하는 표현.

Pattern >>

_ **Why would I** do that? 내가 왜 그렇게 하겠어?

_ **Why would I** want them? 내가 왜 그것들을 원하겠어?

_ **Why would I** go anywhere with you? 내가 왜 너와 어디라도 가야되는데?

_ **Why would I** wanna do that? 내가 왜 그렇게 하기를 바라겠어?

_ **Why would I** have to sleep with you? 내가 왜 너와 자야되는건데?

_ **Why would I** care where Chris is? 내가 왜 크리스가 어디 있는지 신경써야 돼?

Dialog >>

A : Today is a good day for fishing. 오늘은 낚시하기 좋은 날이야.

B : Why would I go fishing? 내가 왜 낚시하러 가겠어?

002 **Why would you+V~ ?** 왜 …을 한거야?

Point >> 상대방이 왜 V를 하려고 하는지 이해가 되지 않을 때 쓸 수 있는 패턴이다.

Pattern >>

_ **Why would you** get in trouble? 넌 왜 곤란한 상황에 처하려는거야?

_ **Why would you** do that? 왜 그러려고 그러는거야?

_ **Why would you** think that? 넌 왜 그렇게 생각하려는거야?

_ **Why would you** want to do that? 왜 그렇게 하고 싶어하는거야?

_ **Why would you** do something like that? 넌 왜 그런 일을 하려는거야?

Dialog >>

A : I still love my ex-husband. 난 아직도 전남편을 사랑해.

B : Why would you divorce him? 넌 왜 걔와 이혼을 한거야?

003 **Why would you say S+V?** 왜 …라고 얘기를 하는거야?

Point >> Why would you+V의 대표 구문. 상대에게 「왜 굳이 S+V라는 얘기를 하는거야」라고 의문을 표시하는 구문이다.

Pattern >>

_ **Why would you say** such a thing? 넌 왜 그런 얘기를 하려는거야?

_ **Why would you say** that? 넌 왜 그렇게 말하는거야?

_ **Why would you say** that to me? 넌 왜 내게 그렇게 말하는거야?

_ **Why would you say** you are losing your mind? 네가 제 정신이 아니라고 왜 말하는거야?

_ **Why would you say** something like that? 넌 왜 그런 얘기를 하려는거야?

Dialog >>

A : Greg was very lively at the party. 그렉은 파티에서 아주 팔팔했어.

B : Why would you say he acted foolishly? 걔가 왜 어리석게 행동했다고 말하는거야?

004 | Why would he[they,we,it]~ ? 왜 …가 …하겠어?

Point » Why would~ 다음에 'I'나 'you' 이외의 인칭이 오는 경우이다.

Pattern »
_ **Why would we** have to do that? 우리가 왜 그래야 되겠어?

_ **Why would it** be weird? 왜 그게 이상하겠어?

_ **Why would we** do that? 왜 우리가 그렇게 해야하는데?

_ **Why would we** want to let him go? 왜 우리가 걔를 가게 놔두기를 원하겠어?

_ **Why would he** lie? 걔가 왜 거짓말을 하겠어?

Dialog »
A : My son may move to New York. 내 아들이 뉴욕으로 이사갈지 몰라.
B : Why would he **move away?** 왜 걔가 이사가려고 해?

Pattern 14 » Why can't~ ?

001 | Why can't I+V~ ? 난 왜 …을 할 수 없어?

Point » 나는 왜 V를 할 수 없는지 혹은 하면 안되는지 그 이유를 물어보거나 혹은 문맥에 따라 <u>스스로를 한탄하는</u> 문장이 된다.

Pattern »
_ **Why can't I** just get a C-section? 난 왜 제왕절개 수술을 받으면 안돼?

_ **Why can't I** ever have anything nice? 난 왜 좋은 걸 가질 수가 없어?

_ **Why can't I** see my baby? 난 왜 내 애를 볼 수 없어?

_ **Why can't I** have breakfast with you every day? 난 왜 너와 매일 아침식사를 할 수 없어?

_ **Why can't I** talk to the manager? 왜 내가 매니저와 얘기를 할 수가 없어요?

Dialog »
A : Sorry, but this car is not for sale. 미안하지만 이 차는 팔지 않아.
B : Why can't I **buy it?** 왜 내가 살 수 없는거야?

Chapter 13

002 | Why can't we+V~ ? 왜 우리는 …을 할 수 없어?

Point » 'I'가 'we'로 바뀐 경우로 상대방에게 뭔가 제안할 때 많이 쓰인다.

Pattern »
_ **Why can't we** just keep things the way they are? 왜 우리는 지금 상황을 있는 그대로 둘 수 없어?

_ **Why can't we** talk this over? 왜 우리는 이거 얘기를 할 수 없어?

_ **Why can't we** just keep what we earn? 왜 우리는 우리가 번 걸 가질 수 없어?

_ **Why can't we** work together? 왜 우리는 함께 일을 할 수 없어?

_ **Why can't we** call each other by our first name? 이제 서로 이름으로 부르는 건 어때?

Dialog »
A : We are not allowed into the museum. 우리는 박물관 입장이 안돼.
B : Why can't we **go inside?** 왜 우리는 안에 들어갈 수 없어?

639

003 **Why can't you+V~ ?** 왜 넌 …을 할 수 없는거야?

Point >> 상대방이 왜 V 이하를 할 수 없는지 물어보거나 따지는 문장.

Pattern >> _ **Why can't you** tell me right now? 넌 왜 지금 당장 내게 말할 수 없는거야?

_ **Why can't you** just marry me? 넌 왜 나와 결혼을 할 수 없는거야?

_ **Why can't you** ever take my side? 넌 왜 내 편을 들어줄 수 없는거야?

_ **Why can't you** just be happy that Manny's making new friends?
왜 넌 매니가 새로운 친구를 사귀어서 기뻐할 수 없는거야?

_ **Why can't you** just admit that she's your girlfriend?
걔가 네 여친이라는 걸 왜 인정할 수 없는거야?

Dialog >>
A : I need to tell you many things. 네게 많은 것들을 얘기해야 돼.
B : Why can't you be quiet for a while? 잠시 좀 조용히 할 수 없어?

004 **Why can't (s)he+V~ ?** 왜 …가 …할 수 없는거야?

Point >> 이번에는 Why can't~ 다음에 제 3자가 오는 경우이다.

Pattern >> _ **Why can't she** ever leave the house? 왜 걔가 집에서 나올 수 없는거야?

_ **Why can't she** just say what she wants? 왜 걘 자기가 원하는 걸 말할 수 없는거야?

_ **Why can't she** put her things away? 왜 걘 자기 물건들을 치울 수가 없는거야?

_ **Why can't she** do it herself? 왜 걘 스스로 그렇게 할 수 없는거야?

_ **Why can't he** leave us alone? 왜 걔가 우리를 가만히 놔둘 수 없는거야?

Dialog >>
A : Steve has gone to ten interviews. 스티브는 인터뷰를 열 번이나 했어.
B : Why can't he find a job? 왜 걘 취직이 되지 않는거야?

Pattern
15 **>> Why couldn't~ ?**

001 **Why couldn't you+V?** 왜 …를 하지 않았어?

Point >> 문맥에 따라 단순히 과거에 「…을 하지 않았는지」 물어볼 수도 있고 혹은 Why can't you~ 대신에 부드럽게 물어보는 문장이 되기도 한다.

Pattern >> _ **Why couldn't you** just tell me this? 왜 내게 이 얘기를 하지 않았어?

_ **Why couldn't you** stay away? 왜 좀 물러나 있지 못했어?

_ **Why couldn't you** get a cab? 왜 택시를 잡지 못했어?

_ **Why couldn't you** have just figured this out six years ago?
왜 6년 전엔 그런 생각을 못했니?

_ **Why couldn't you** meet us yesterday? 넌 왜 우리를 어제 만날 수 없었어?

영어회화
공식패턴
3300

A : Grandma feels very lonely these days. 할머니는 요즘 무척 외로워하셔.

B : Why couldn't you **visit her**? 넌 왜 찾아뵙지 않았어?

---

002 ## Why should+V~ ? 내가 왜 …을 해야 돼?

Point » 내가 왜 V를 해야 되는지 반문하는 문장으로 Why do I have to~?와 동일하다고 생각하면 된다.

Pattern »
_ **Why should** I do anything for you? 왜 내가 너를 위해 뭔가 해야 되는데?

_ **Why should** I help you? 왜 내가 너를 도와야 돼?

_ **Why should** I give that up? 왜 내가 그걸 포기해야 돼?

_ **Why should** I worry? 왜 내가 걱정해야 돼?

_ **Why shouldn't** I swim in the lake? 왜 호수에서 수영을 하면 안되나요?

Dialog »

A : I want you to get me a present. 선물 사다줘

B : Why should I **do that**? 내가 왜 그래야 되는데?

---

003 ## Why not+V? 그냥 …해

Point » Why not?은 상대방 제안에 대한 대답으로 좋아, 안될 이유가 뭐 있겠어?, 왜 안해?, 왜 안되는 거야? 혹은 그러지 뭐라는 뜻으로 쓰이고 Why not+V?는 상대방에게 제안하는 패턴으로 「그냥 …해」라는 의미이다.

Pattern »
_ **Why not** me? 왜 나는 안돼?

_ **Why not** divorce? 이혼하지 그래?

_ **Why not** just take a trip? 그냥 여행을 해.

_ **Why not** bring her to a hospital? 걔를 병원에 데려가는게 어때?

_ **Why not?** I have nothing to lose. 왜 아니겠어? 난 잃을 게 없잖아.

Dialog »

A : I need some information. 난 정보가 좀 필요해.

B : Why not **search the Internet**? 인터넷 검색해봐.

Chapter 13

---

004 ## Why is it that S+V? 왜 …야?

Point » Why is it that~ 전체를 How come~으로 생각하면 된다.

Pattern »
_ **Why is that?** 왜?(= How come?)

_ **Why is it that** you're not coming? 넌 왜 안오는거야?

_ **Why is it that** you are always late?
왜 넌 항상 늦는거니?

_ **Why is it that** she loves Barry? 왜 걔는 배리를 사랑하는거야?

_ **Why is it that** house falling down? 왜 그집이 무너져버린거야?

Dialog »

A : Why is it that **the weather is so cold**? 왜 날씨가 이렇게 추운거야?

B : It's often cold in January. 1월달에는 많이 춥지.

응용 Chapter 14

How~

001 **How am I ~ing?** 내가 어떻게 …을 하는거야?

P_{oint} ≫ 「내가 어떻게 ~ing를 하느냐?」, 반대로 How am I not ~ing?하면 「내가 어떻게 …을 못하고 있지?」라는 문장이 된다.

P_{attern} ≫
_ **How am I looking?** 나 어때 보여?
_ **How am I wasting** your time? 내가 어떻게 네 시간을 낭비하고 있는거야?
_ **How am I not getting** richer? 내가 어떻게 더 부자가 되지 못하고 있지?
_ **How am I not feeling** more happy? 내가 어떻게 더 기쁘다고 느끼지 못하고 있지?
_ **How am I not getting** a raise? 어떻게 내 급여가 인상되지 않는거지?

D_{ialog} ≫
A : How am I doing in class? 내가 수업에서 어떻게 하고 있어?
B : It seems like your grades are good. 네 성적은 좋은 것 같아.

002 **How am I gonna+V~ ?** 내가 어떻게 …하지?

P_{oint} ≫ 내가 앞으로 어떻게 V를 해야 할지 불안감 속에 할 수 있는 말이다.

P_{attern} ≫
_ **How am I gonna** raise a kid? 내가 어떻게 애를 키우지?
_ **How am I gonna** do that? 내가 어떻게 그걸 하지?
_ **How am I gonna** meet him? 내가 어떻게 걔를 만나지?
_ **How am I gonna** repay you for all this? 내가 어떻게 이 모든 것에 대해 되갚지?
_ **How am I gonna** handle child support? 내가 어떻게 자녀양육을 감당하지?

D_{ialog} ≫
A : How am I gonna start a business? 어떻게 사업을 시작하지?
B : You need someone to give you advice. 넌 네게 조언해줄 사람이 필요해.

003 **How are we ~ing?** 우리가 어떻게 …해?

P_{oint} ≫ 우리가 어떻게 ~ing를 하는지 혹은 할건지를 물어보는 것으로 가까운 미래를 나타낼 때는 좀 더 분명하게 How are we gonna+V~ ?라고 하면 된다.

P_{attern} ≫
_ **How are we getting** in? 우리가 어떻게 안으로 들어가?
_ **How are we letting** this happen? 우리가 어떻게 이런 일이 벌어지도록 한거야?
_ **How are we doing** in here? 여기서 우리가 어떻게 하고 있는거야?
_ **How are we gonna** do that? 어떻게 우리가 그렇게 할까?
_ **How are we gonna** decide who gets this? 누가 이걸 가질지 우리가 어떻게 결정해?

D_{ialog} ≫
A : How are we choosing partners? 어떻게 파트너를 구해?
B : Just find someone you want to work with. 그냥 같이 일하고 싶은 사람을 찾아봐.

004   How am I supposed to+V~ ? 내가 어떻게 …할 수 있어?

Point » 어떻게 내가 to+V 이하를 할 수 있는지 물어보는 문장.

Pattern »

_ **How am I supposed to** live without a car? 내가 어떻게 차없이 살 수 있겠어?

_ **How am I supposed to** sell this house? 내가 어떻게 이 집을 팔아야 돼?

_ **How are we supposed to** do that? 어떻게 우리가 그렇게 할 수 있겠어?

_ **How are we supposed to** know the real truth? 어떻게 우리가 진실을 알 수 있겠어?

_ **How are we supposed to** afford this? 어떻게 우리가 이걸 감당할 여력이 있겠어?

Dialog »

A : How am I supposed to leave the office when I have all this work?
이렇게 할 일이 있는데 내가 어떻게 퇴근하겠어?

B : Just leave and don't worry about it. 그냥 퇴근하고 걱정하지마.

Pattern 02 »» How are you~ ?

001   How are+N? …가 어때?, 어떻게 …해?

Point » how는 what과 더불어 회화에서 가장 많은 회화문형을 만들어내는 의문사. 방식, 방법 등을 물어볼 때 사용되는 how는 특히 상대방과 인사를 나눌 때 애용된다. 먼저 간단한 How are+명사?의 형태부터 살펴본다.

Pattern »

_ **How are** you still single? 어떻게 넌 아직도 싱글이야?

_ **How are** your kids so smart? 어떻게 네 아이들은 그렇게 똑똑한거야?

_ **How are** the prices so expensive? 어떻게 가격이 그렇게 비싸?

_ **How are** students paying for their school? 학생들은 어떻게 학비를 내고 있어?

Dialog »

A : I got the pictures back from our trip. 우리 여행가서 찍었던 사진 나왔어.

B : Oh, great. How are they? 그래, 잘됐다. 어떻게 나왔니?

002   How are you~ing? 넌 어떻게 …해?

Point » How are you ~ing? 형태 역시 상대방의 안부를 물어볼 때 많이 사용된다.

Pattern »

_ **How are you** doing? 안녕?

_ **How are you** feeling today? 오늘 기분이 어때?

_ **How are you** doing there, Jerry? 제리 어떻게 지내?

_ **How are you** holding up? 어떻게 견디고 있어?

_ **How are you** handling all this? 이 모든 것을 어떻게 처리할거야?

Dialog »

A : How are you doing? 잘지냈어?

B : I'm great. How's everything with you these days? 좋아. 요즈음 너는 어때?

How are you gonna+V~? 넌 어떻게 …할거야?

Point >> 상대방이 앞으로 어떻게 V를 할건지 물어보는 패턴이다.

Pattern >>
_ **How are you gonna** do this? 넌 어떻게 이걸 할거야?
_ **How are you ever going to** sell this place? 넌 어떻게 이 집을 팔거야?
_ **How are you gonna** feel if we actually do win? 우리가 이기면 기분이 어떨 것 같아?
_ **How are you gonna** punish her? 넌 어떻게 걔를 벌할거야?
_ **How are you gonna** pay for your surgery? 수술비 어떻게 지불할거야?

Dialog >>
A : I wouldn't surf the Internet during business hours if I were you.
나라면 근무시간중에는 인터넷을 하지 않겠어.
B : Why? How are they going to find out? 왜? 그들이 어떻게 알아채겠어?

How are things going~? …의 상황은 어때?

Point >> 상황이 어떨지 물어보는 패턴으로 going 다음에는 at이나 with, around 등의 전치사가 오게 된다.

Pattern >>
_ **How are things going** with the hiring? 직원 채용에 관한 일은 어떻게 돼 가나요?
_ **How are things going** at your school? 학교에서 어떻게 지내?
_ **How are things going** with you? 너는 일이 어떻게 돼가?
_ **How are things going** at the new business? 새로운 사업 어떻게 돼가?
_ **How are things going** with their marriage? 걔네들 결혼은 어떻게 돼가고 있어?

Dialog >>
A : How are things going between Rick and Belinda? 릭과 벨린다 사이는 어떻게 되어가고 있어?
B : I have heard they might be getting engaged. 약혼할지도 모른다는 얘기를 들었어.

Pattern
03 >> How's~ ?

How's+N? …어때?

Point >> 역시 How be+N의 형태로 안부를 물을 때 혹은 N이 어떤지 물어보는 패턴이다.

Pattern >>
_ **How is** your cold? 감기는 좀 어때?
_ **How's** your family? 가족들은 잘 지내?
_ **How's** that? 그거 어때?
_ **How's** your summer vacation? 여름방학 어때?
_ **How's** everything there? 거기 어떻게 지내?

Dialog >>
A : How's your job? 일이 어때?
B : It sucks, but I need the money. 죽겠어. 하지만 돈을 벌어야지.

002 How's S+~ing? ···는 어떻게 ···하고 있어?

Point ≫ 역시 S가 어떻게 ~ing하고 있는지 물어보는 것으로 안부나 어떤 상황의 진행 등을 물어볼 때 사용한다.

Pattern ≫
_ **How's** she **doing**? 걔 어떻게 지내?
_ **How's** everybody **doing** tonight? 오늘 밤에 다들 어때?
_ **How's** she **doing** lately? 최근에 걔 어떻게 지내?
_ **How's** that **working** out? 그거 결과가 어떻게 됐어?
_ **How's** the new recruit **doing**? 신입사원 어때요?

Dialog ≫
A : How's that new guy working out? 저 신입사원은 일을 잘 하고 있니?
B : Not very well. He's all thumbs. 잘 하진 못해. 손재주가 너무 없거든.

003 How's S+going to~ ? ···가 어떻게 ···을 할거야?

Point ≫ How 다음에 be going to가 붙으면 안부성 성격은 사라지고 상대방이 어떻게 to+V 이하를 할 건지 궁금해서 물어보는 문장이 된다.

Pattern ≫
_ **How's** he **going to** pay for that? 걔가 그 비용을 어떻게 낸대?
_ **How's** that **gonna** help? 그게 어떻게 도움이 돼?
_ **How's** that **gonna** help us? 그게 어떻게 우리에게 도움이 돼?
_ **How's** he **gonna** be ready? 걔가 어떻게 준비를 할까?
_ **How's** Steve **going to** get a visa? 스티브는 어떻게 비자를 받을거래?

Dialog ≫
A : Cam just rented a huge apartment. 캠은 방금 아주 큰 아파트를 빌렸어.
B : How's he going to pay for it? 걔가 그 돈을 어떻게 낸대?

004 How's it going (with)~ ? ···은 어때?

Point ≫ 관용표현으로 'it'이 어떠냐는 안부인사 혹은 어떤 일의 상황이 어떠한지 묻는 표현이다.

Pattern ≫
_ **How's** it going? 어때?
_ **How's** it going with your new job? 새로운 일은 어떠니?
_ **How's** it going out there? 거기는 어때?
_ **How's** your new job going? 새로운 직장은 어때?
_ **How's** everything going with you these days? 요즘 어떻게 지내?
_ **How's** the filing going? 서류 정리는 어떻게 되어 가요?

Dialog ≫
A : How's it going with the new secretary that you hired last week?
지난 주 새로 온 비서는 어때요?
B : Everyone likes her, she's very friendly! 모두 좋아해요, 정말 상냥하거든요!

001 How was+N? …는 어땠어?

Point >> N이 과거에 어땠는지 물어보는 문장.

Pattern >>
_ **How was** that? 그거 어땠어?

_ **How was** your date last night? 지난 밤 데이트 어땠어?

_ **How was** your trip[flight, interview]? 여행[비행, 인터뷰] 어땠어?

_ **How was** your week? 일주일이 어땠어?

_ **How was** your first day of school? 학교 첫날은 어땠어?

_ **How was** your day? 오늘 어땠어?

Dialog >>

A : How was the soccer game last night, Bill? 어젯밤 축구경기 어땠어, 빌?

B : It was okay, Allen. But I got kicked in the nuts! I'm still in pain.
괜찮았어, 앨런. 하지만 거시기를 차인 거 있지! 아직도 욱신거려.

002 How was+N+with[~ing]? …와 …가 어땠어?

Point >> How was+N에 추가적으로 with나 ~ing가 붙는 표현. 또한 형용사가 올 수도 있다.

Pattern >>
_ **How was** lunch with James? 제임스와의 점심이 어땠어?

_ **How was** the traffic coming over here? 여기 오는데 교통이 어땠어?

_ **How was** your date with Joey? 조이와의 데이트가 어땠어?

_ **How was** that possible? 어떻게 그게 가능해?

_ **How was** the meeting with your manager? 네 매니저와의 회의는 어땠어?

Dialog >>

A : How was your first date with John, Amanda? 존과 처음 데이트 어땠어, 어맨더?

B : It was great! 아주 좋았어!

003 How was I supposed to~ ? 내가 어떻게 …을 했겠어?

Point >> 어떻게 내가 to+V 이하를 했겠느냐, 즉 to+V 이하를 못했더라는 의미.

Pattern >>
_ **How was I supposed to** know? 내가 어떻게 알았겠어?

_ **How was I supposed to** know where it really came from?
그 원산지가 어딘지 내가 어떻게 알았겠어?

_ **How was I supposed to** stop it? 어떻게 내가 그걸 멈추게 할 수가 있었겠어?

_ **How was I supposed to** find a taxi? 내가 어떻게 택시를 잡을 수 있었겠어?

_ **How was I supposed to** understand that? 내가 어떻게 그걸 이해할 수 있었겠어?

Dialog >>

A : Kelly's grandfather died an hour ago. 켈리의 할아버지가 한 시간 전에 돌아가셨어.

B : How was I supposed to know that? 내가 그걸 어떻게 알았겠어?

004	How were you~ ing? 어떻게 …을 했던거야?

Point » 상대방이 과거에 어떻게 ~ing를 하였고 혹은 어떤 상태에 pp하게 되었는지 물어보는 표현.

Pattern »
_ **How were you planning** to pay for? 어떻게 지불하려고 했던거야?
_ **How were you trying** to help them? 어떻게 걔네들을 도우려고 한거야?
_ **How were you planning** on paying that back? 그걸 어떻게 갚으려고 한거야?
_ **How were** these people endangered? 어떻게 이 사람들이 위험해진다는 겁니까?
_ **How were you** locked in? 어쩌다 문안에 잠겼던거야?

Dialog »
> A : I was put in charge of the restaurant. 내가 이 식당의 책임자가 됐어.
> B : How were you managing the place? 어떻게 이 식당을 운영했어?

Pattern 05	» **How do I~ ?**

001	How do I[we]+V~ ? 어떻게 …해?

Point » 내가 어떻게 V를 하냐고 상대방에게 물어보거나 혹은 자문하는 경우의 패턴이다.

Pattern »
_ **How do I** look? 나 어때?
_ **How do I** get him to treat me better? 걔가 날 더 잘 대하도록 어떻게 하지?
_ **How do I** do it? 내가 그걸 어떻게 하지?
_ **How do we** feel about these uniforms? 이 유니폼 어때?
_ **How do we** prove it? 우리가 어떻게 그걸 증명해?

Dialog »
> A : How do I get there from here? 여기서 거기로 어떻게 가죠?
> B : Just go three blocks west, and it's right on the corner. 서쪽으로 세 블록 가면 모퉁이에 바로 있습니다.

Chapter 14

002	How do I know~ ? …을 어떻게 알아?

Point » know 이하의 사실을 어떻게 알 수 있냐며 항의나 불신하는 것으로 결국 know 이하를 모른다라는 의미.

Pattern »
_ **How do I know** I can trust you? 널 믿을 수 있다는 걸 내가 어떻게 알아?
_ **How do I know** he loves me if he doesn't obey me? 걔가 내 말 안듣는데 날 사랑한다는 걸 어찌 알겠어?
_ **How do I know** what you said? 네가 뭐라고 했는지 내가 어떻게 알겠어?
_ **How do I know** you didn't just delete the text? 네가 문자를 삭제 안했는지 내가 어떻게 알아?
_ **How do I know** she'll keep quiet? 걔가 입다물고 있을지 어떻게 알아?

Dialog »
> A : How do I know if she likes me? 걔가 날 좋아하는걸 내가 어떻게 알아?
> B : If she likes you, she'll treat you special. 걔가 널 좋아한다면, 널 특별하게 대할거야.

How did I+V? 내가 어떻게 …을 했겠어?

Point >> 어떻게 내가 V를 했겠냐는 말로 문맥에 따라 「놀람」과 「강조」의 의미를 갖는다.

Pattern >>
_ **How did I** get so lucky? 내가 어떻게 그렇게 운이 좋았겠어?

_ **How did I** get involved? 내가 어떻게 연루되었지?

_ **How did I** forget you? 내가 어떻게 널 잊었겠어?

_ **How did we** miss this? 어떻게 우리가 이걸 놓쳤지?

_ **How did I** forget your birthday? 내가 어떻게 네 생일을 잊었어?

Dialog >>
A : Your wallet is completely empty. 네 지갑이 완전히 비었는데.
B : How did I lose my money? 내가 어떻게 돈을 다 잃었지?

How did I know~ ? 어떻게 내가 …을 알겠어?

Point >> know 이하를 내가 어떻게 알았겠냐 혹은 몰랐겠냐(How did I not know~) 라는 의미로 「놀람」 혹은 「강조」.

Pattern >>
_ **How did I know** him? 어떻게 내가 걔를 알겠어?

_ **How did I not know** that you had a kid? 너에게 애가 있다는 것을 어떻게 내가 몰랐을까?

_ **How did I not know** this? 내가 어떻게 이걸 몰랐을까?

_ **How did I not see** you sitting back there? 네가 거기 뒤에 앉아 있는걸 어떻게 내가 못봤을까?

_ **How did I know** you wouldn't be answering your phone?
네가 전화받지 않으려한다는 걸 내가 어떻게 알겠어?

Dialog >>
A : Kate just arrived outside. 케이트가 방금 밖에 도착했어.
B : How did I know she'd be here? 걔가 여기 있는걸 내가 어떻게 알겠어?

Pattern
06 >> How do you~ ?

How do you+V~ ? 어떻게 …을 해?

Point >> 상대방이 어떻게 V를 하는지 물어보는 경우.

Pattern >>
_ **How do you** do that? 어쩜 그렇게 잘하니?, 어떻게 해낸 거야?

_ **How do you** feel? 기분이 어때?

_ **How do you** get poisoned at a bank? 어떻게 은행에서 독에 중독된거야?

_ **How do you** say that in English? 그걸 영어로는 어떻게 말해?

_ **How do you** plan to go to school? 어떻게 등교하려고 해?

Dialog >>
A : How do you put up with him? 너 어떻게 그 사람에 대해 참을 수 있니?
B : I just don't take him seriously. 난 그냥 그 사람을 심각하게 받아들이지 않으니까.

002 How do you know~ ? 어떻게 …을 알아?

Point » 약간 놀라면서 상대방이 어떻게 know 이하를 아는지 감탄하거나 혹은 단순히 어떻게 알았는지 물어보는 문장.

Pattern »

_ **How do you know** that? 너 그걸 어떻게 알아?

_ **How do you know** it's real, Jack? 잭, 그게 진짜인지 네가 어떻게 알아?

_ **How do you know** we're having light beers? 우리에게 라이트비어가 있다는걸 네가 어떻게 알아?

_ **How do you know** she wasn't there? 걔가 거기에 없었다는걸 네가 어떻게 알아?

_ **How do you know** what they hate? 걔네들이 뭘 싫어하는지 네가 어떻게 알아?

Dialog »

A : The cops arrested someone for robbery. 경찰은 절도범으로 어떤 사람을 체포했어.
B : How do you know he's the thief? 걔가 도둑인지 네가 어떻게 알아?

003 How do you think S+V? …에 대해 어떻게 생각해?

Point » S+V가 어떻게 될거라고 상대방이 생각하는지 그 의견을 구하는 문장이다.

Pattern »

_ **How do you think** your college interviews are gonna go?
네 대학면접시험이 어떻게 될거라 생각해?

_ **How do you think** that makes me feel? 그럼 내 기분이 어떻게 될거라 생각해?

_ **How do you think** I feel? 내 기분이 어떨거라 생각해?

_ **How do you think** your wife would feel about that?
네 아내가 그거에 대해 어떻게 느낄거라 생각해?

_ **How do you think** she's doing? 걔가 어떻게 지내고 있다고 생각해?

Dialog »

A : How do you think the dog got inside? 걔가 안에 들어간걸 어떻게 생각해?
B : Someone left the door open. 누가 문을 열어뒀어.

004 How do you like~ ? …가 어때?

Point » How do you+동사?의 형태중 대표적인 문장인 How do you like+명사?는 상대방에게 명사가 어떤지 느낌을 물어보는 말로 그냥 대명사를 써서 How do you like that?이라고도 한다.

Pattern »

_ **How do you like** that? 저것 좀 봐, 황당하지 않냐?, 어때?

_ **How do you like** your new computer? 새로 산 컴퓨터 어때?

_ **How do you like** my new suit? 내 새 옷은 어때?

_ **How do you like** your housekeepers to speak to you? 네 가정부가 네게 말하는게 어때?

_ **How do you like** it when I do it to you? 내가 네게 그런다면 어떻겠어?

Dialog »

A : How do you like the steak? 스테이크 맛이 어때?
B : It's the juiciest steak I have ever eaten! 이렇게 맛있는 스테이크는 처음이야!

Chapter 14

001 How does (s)he+V~ ? 어떻게 걔가 …할까?

Point >> 주어가 어떻게 V를 하는지 놀람과 의문 속에 던지는 질문.

Pattern >>

_ **How does she** do that? 걔는 어떻게 이럴 수 있을까?

_ **How does she** explain that? 걔가 그걸 어떻게 설명할까?

_ **How does he** have time to do all that? 걘 그 모든 걸 할 시간을 어떻게 낸거야?

_ **How does she** know you're here? 네가 여기 있다는걸 걔가 어떻게 알고 있는거야?

_ **How does he** not hear that? 걔가 어떻게 그 소리를 못듣지?

Dialog >>

A : How does your brother like his job? 네 동생이 자기 일에 대해 어떻게 생각하고 있니?

B : I don't know. He doesn't say much about it. 모르겠어. 일에 대해 별로 이야기 하지 않아.

002 How does it[that]+V ? 그게 어떻게 …해?

Point >> 사물주어가 어떻게 V하냐고 묻는 것으로 단순히 상대방의 의견을 물을 때도 있고 어떻게 그렇게 되는지 약간 놀라면서 사용할 수도 있다.

Pattern >>

_ **How does it** go? 어떻게 돼가?

_ **How does that** sound? 그게 어떻게 들려?

_ **How does that** work out? 그게 어떻게 돼가?

_ **How does that** even happen? 어떻게 그런 일이 일어난거야?

_ **How does** my phone break all the time? 어째서 내 폰은 항상 고장나는걸까?

_ **How does that** make you feel? 그로 인해 네 기분이 어떤 것 같아?

Dialog >>

A : The virus came from a website. 바이러스가 한 웹사이트에서 침투한거야.

B : How does it mess up a computer? 그게 어떻게 컴퓨터를 엉망으로 만드는거야?

003 How does it feel to+V~ ? …하니 기분이 어때?

Point >> 여기서 it은 to+V 이하의 내용을 말한다.

Pattern >>

_ **How does it feel**, Oliver? 올리버, 기분이 어때?

_ **How does it feel to** graduate from college? 대학교를 졸업하는 것은 무슨 기분일까?

_ **How does it feel to** be number one? 넘버 원이 되니까 기분이 어때?

_ **How does it feel to** complete a marathon? 마라톤을 완주하니 기분이 어때?

_ **How does it feel to** be single again? 돌싱이 되니 기분이 어때?

Dialog >>

A : I made several million dollars this year. 난 금년에 수백만 달러를 벌었어.

B : How does it feel to be rich? 부자가 되니 기분이 어때?

004 How did it+V? 그게 어떻게 …했어?

Point >> How does it~의 과거형으로 대표표현으로는 How did it go with~ ?(…는 어떻게 됐어?)가 있다.

Pattern >>

_ **How did it** happen? 어떻게 그렇게 된거야?

_ **How did it** happen this fast? 어떻게 그렇게 빨리 그렇게 된거야?

_ **How did it** go? 어떻게 됐어?

_ **How did it** go with Zach? 잭하고는 어떻게 됐어?

_ **How did it** make you feel? 그 때문에 기분이 어땠어?

Dialog >>

A : That's a nasty bruise. How did it happen? 타박상이 심하군요. 어떻게 하다 그랬어요?

B : I got hit while playing hockey. 하키경기를 하다 부딪혔어요.

Pattern 08 >> How did you~ ?

---

001 How did you+V~ ? 어떻게 …을 했어?

Point >> 단순히 「정보」를 구할 때도 있고 혹은 「놀람」을 표현을 할 때도 있다.

Pattern >>

_ **How did you** do on your test? 시험 잘 봤어?

_ **How did you** get so smart? 어떻게 그렇게 똑똑했어?

_ **How did you** do that? 어떻게 그렇게 했어?

_ **How did you** get in here? 어떻게 여기에 왔어?

_ **How did you** hear about it? 그거에 대해 어떻게 들었어?

Dialog >>

A : How did you twist your ankle? 어떻게 하다가 발목을 삔거야?

B : I was climbing a hill and I lost my footing. 언덕을 올라 가다가 발을 헛디뎠어.

---

002 How did you know~ ? …을 어떻게 알았어?

Point >> How did you+V?의 대표적인 패턴으로 know 다음에는 명사, about+N 혹은 S+V가 이어진다.

Pattern >>

_ **How did you know**? 어떻게 알았어?

_ **How did you know** I was here? 내가 여기 있다는 걸 어떻게 알았어?

_ **How did you know** my name? 내 이름을 어떻게 알았어?

_ **How did you know** about that? 그거에 대해 어떻게 알았어?

_ **How did you know** that's my favorite car? 그게 내가 젤 좋아하는 차인줄 어떻게 알았어?

Dialog >>

A : How did you know I was home? 내가 집에 있는걸 어떻게 알았어?

B : I saw a light in your window. 네 창문 불빛을 봤어.

Chapter 14

653

003   How did you think~ ? …을 어떻게 생각했어?

Point >> 상대방의 과거 예측이 맞아 떨어졌을 때 혹은 단순히 상대방의 의견을 물어보는 패턴.

Pattern >>
_ **How did you think** this would end? 이게 어떻게 끝날거라 생각했어?

_ **How did you think** the group got here? 사람들이 여기에 어떻게 올거라 생각했어?

_ **How did you think** he got into Harvard? 걔가 하버드에 어떻게 들어갈거라 생각했어?

_ **How did you think** we'd get home? 우리가 어떻게 집에 올거라 생각했어?

_ **How did you think** you'll afford it? 네게 그럴 여력이 어떻게 있을거라 생각했어?

Dialog >>
> A : Are you sure Derek cheated? 데렉이 부정을 한게 확실한거야?
> B : How did you think he passed the exam? 걔가 어떻게 시험에 합격했다고 생각했어?

004   How did you like~ ? …어땠어?

Point >> How do you like~의 과거형으로 like 다음에는 명사나 동사의 ~ing가 온다.

Pattern >>
_ **How did you like** my work? 내 일 어땠어?

_ **How did you like** the show? 그 프로그램 어땠어?

_ **How did you like** New York? 뉴욕 어땠어?

_ **How did you like** working in Seoul? 서울에서 일하는게 어땠어?

_ **How did you like** living in Busan? 부산에서 사는게 어땠어?

Dialog >>
> A : How did you like the Broadway show? 그 브로드웨이 쇼 어땠어?
> B : It was great. I'd love to go again. 대단했어. 다시 가고 싶어.

Pattern 09   >>   How have~ ?

001   How have you+PP? 어떻게 …했어?

Point >> 상대방이 어떻게 have+pp를 했는지 물어보는 패턴.

Pattern >>
_ **How have you** been? 어떻게 지냈어?

_ **How have you** been doing? 어떻게 지냈어?

_ **How have you** changed? 어떻게 네가 변했어?

_ **How have you** lived this long on your own? 어떻게 이렇게 오래동안 혼자 살았어?

_ **How have you** eaten all that food? 어떻게 그 음식을 다 먹었어 어땠어?

Dialog >>
> A : How have you been? You look great! 어떻게 지냈니? 근사해 보이는데!
> B : Thanks! I'm really into health food and yoga now. 고마워! 내가 요즘 건강식하구 요가에 관심이 많거든.

| 002 | **How have you been since~ ?** …이후에 어떻게 지냈어? |

Point >> How have you been~은 안부인사로 since S+V[N] 이후에 어떻게 지냈냐고 묻는 패턴이다.

Pattern >>
_ **How have you been since** last we met? 우리가 마지막으로 만난 이후에 어떻게 지냈어?

_ **How have you been since** we last saw each other?
우리가 서로 마지막으로 본 이후에 어떻게 지냈어?

_ **How have you been since** your mom died? 네 어머님이 돌아가신 후로 어떻게 지냈어?

_ **How have you been since** your heart attack? 네 심장마비 이후로 어떻게 지냈어?

_ **How have you been since** your husband died? 남편이 죽은 후에 어떻게 지냈어?

Dialog >>
A : How have you been since you broke your arm? 팔이 부러진 이래로 어떻게 지냈어?
B : It's been healing very slowly. 아주 천천히 나아졌어.

| 003 | **How have I+pp?** 내가 어떻게 …했을까? |

Point >> 쉽게 표현하자면 How did I+V?라고 생각하면 된다.

Pattern >>
_ **How have I** put up with you for two years? 내가 어떻게 2년간 널 참아냈을까?

_ **How have I** never thought of this yet? 내가 어떻게 이걸 생각하지 못했을까?

_ **How have I** held up progress? 내가 어떻게 진행을 지연시켰을까?

_ **How have I** left out my friends? 어떻게 내가 내 친구들을 제외시켰을까?

_ **How have I** done all of this work? 내가 이 일 모두를 어떻게 했을까?

Dialog >>
A : Your room is cluttered with too much stuff. 네 방은 아주 많은 물건들로 어지럽혀져 있어.
B : How have I kept so many things? 내가 어떻게 그렇게 많은 물건들을 갖고 있었지?

| 004 | **How has S+pp?** 어떻게 …가 …을 했을까? |

Point >> 주어가 제 3자인 경우이며 또한 「어떻게 아무도 …을 생각하지 못했을까」라는 표현인 How has no one thought of~ ?의 패턴을 기억해둔다.

Pattern >>
_ **How has** he lost his way? 어떻게 걔가 길을 잃었을까?

_ **How has** Cary been doing at work? 캐리는 직장에서 어떻게 지내?

_ **How has** this affected you? 이게 네게 어떤 영향을 끼쳤어?

_ **How has no one thought of** that idea yet? 어떻게 아무도 그 생각을 하지 못했을까?

_ **How has no one thought of** the problems that will occur?
어떻게 아무도 일어날 문제점들을 생각못했을까?

Dialog >>
A : How has Gavin arisen so early? 어떻게 개빈은 그렇게 일찍 일어난거야?
B : He enjoyed waking up before everyone. 걘 다른 사람들보다 일찍 일어나는걸 좋아했어.

Chapter 14

001 **How will I+V?** 내가 어떻게 …할까?

Point >> 「내가 어떻게 앞으로 V를 할 수 있을까?」라는 말로 How am I gonna+V?와 같은 의미로 생각하면 된다.

Pattern >> _ **How will I** do it? 내가 그걸 어떻게 할까?

_ **How will I** live with the shame? 내가 어떻게 그 치욕을 견딜까?

_ **How will I** get in touch with them? 내가 어떻게 걔네들과 연락이 될까?

_ **How will I** remember that? 내가 어떻게 그걸 기억할까?

_ **How will I** tell her family? 내가 어떻게 걔네 가족에게 말을 할까?

Dialog >> A : Your bill is over a hundred dollars. 청구서는 100 달러가 넘어.

B : How will I pay for that? 내가 그걸 어떻게 낼까?

002 **How will I know if~ ?** …인지 내가 어떻게 알아?

Point >> if S+V한지 여부를 내가 어떻게 알게될지 궁금할 때 사용하면 된다.

Pattern >> _ **How will I know** your car? 내가 네 차를 어떻게 알아보지?

_ **How will I know if** the time is up? 시간이 다 됐는지 내가 어떻게 알아?

_ **How will I know if** he remembers me? 걔가 날 기억하는지 내가 어떻게 알아?

_ **How will I know if** I should stay longer? 내가 더 오래 남아있어야 되는지 내가 어떻게 알아?

_ **How will I know if** the bus ride is cancelled? 버스타는게 취소된줄 내가 어떻게 알아?

Dialog >> A : You should lose weight on this diet. 이 식이요법으로 살을 빼야 돼.

B : How will I know if it is working? 그게 그렇게 될지 내가 어떻게 알아?

003 **How will we+V~ ?** 우리가 어떻게 …하지?

Point >> 우리가 어떻게 V를 할 것인가 방법을 자문하는 표현.

Pattern >> _ **How will we** spend all our money? 우리가 어떻게 가진 돈을 쓰지?

_ **How will we** pass the time? 우리가 어떻게 시간을 때우지?

_ **How will we** know when it arrives? 그게 언제 도착할지 우리가 어떻게 알아?

_ **How will we** get there? 우리가 어떻게 거기에 도착하지?

_ **How will we** repair the computer? 우리가 어떻게 컴퓨터를 수리하지?

Dialog >> A : I have never met the guest professor. 초빙교수를 아직 만나지 못했어.

B : How will we know who she is? 그 교수가 누구인지 우리가 어떻게 알아?

004 How will you+V? 네가 어떻게 …할거야?

Point » 상대방이 어떻게 V를 할 것인지 반신반의하면서 던지는 질문.

Pattern »
_ **How will you** ever make a decision? 네가 어떻게 결정을 내리기나 하겠어?
_ **How will you** get all that done before you leave? 네가 가기 전에 어떻게 그 모든 걸 끝낼거야?
_ **How will you** know if you never try? 해본 적도 없다면 어떻게 알아?
_ **How will you** know what time to come over? 몇시에 들러야 하는지 어떻게 알아?
_ **How will you** get to the airport? 공항까지 어떻게 갈거야?

Dialog »
A : How will you be paying today, sir? 오늘은 어떻게 지불하시겠습니까, 손님?
B : Can I cash a check? 수표로 내도 될까요?

Pattern 11 »» How would~ ?

001 How would I know if~ ? 내가 …인지 어떻게 알겠어?

Point » 결국 모른다는 얘기로 상대방의 황당한 질문에 내가 알턱이 없다라는 뉘앙스를 풍기며 할 수 있는 말이다.

Pattern »
_ **How would I know?** 내가 어찌 알겠어?
_ **How would I know** that? 내가 그걸 어떻게 알겠어?
_ **How would I know if** you were telling the truth? 네가 진실을 말하는건지 내가 어떻게 알겠어?
_ **How would I know if** Leonard's at work or not? 레너드가 직장에 있는지 아닌지 내가 어떻게 알아?
_ **How would I know if** she loves me? 걔가 날 사랑하는줄 내가 어떻게 알겠어?

Dialog »
A : How would I know if I'm in love? 내가 사랑에 빠진 줄 내가 어떻게 아는거야?
B : You'll feel special things in your heart. 가슴 속에 특별한 것을 느끼게 될거야.

Chapter 14

002 How would you+V? 어떻게 …하겠어?

Point » 이번엔 상대방이 어떻게 V를 할 것인지 궁금해하면서 던지는 질문.

Pattern »
_ **How would you** explain it? 너 그걸 어떻게 설명을 하겠어?
_ **How would you** explain it to them? 너 그걸 걔네들에게 어떻게 설명하겠어?
_ **How would you** know how that feels? 그게 어떤 기분인지 네가 어떻게 알겠어?
_ **How would you** do this to me? 어떻게 나한데 이럴 수 있는거야?
_ **How would you** fix the problem? 넌 어떻게 그 문제를 해결하겠어?

Dialog »
A : How would you fix this problem? 이 문제를 어떻게 고칠거야?
B : I'd search the Internet for solutions. 해결책을 찾아 인터넷을 뒤질게.

How would you feel about[if]~ ? …라면 기분이 어떻겠어?

Point » about이나 if 이하의 일이 벌어지면 상대방의 기분이 어떻겠냐며 상대방의 의견을 물어보는 표현이 된다.

Pattern »
_ **How would you feel if** I were the one who left? 내가 떠난 사람이라면 네 기분이 어떻겠어?
_ **How would you feel about** getting a different job? 다른 종류의 직장에 다니는거 어떻겠어?
_ **How would you feel about** my new hairstyle? 내 새로운 머리스타일 어떻겠어?
_ **How would you feel about** the way he acted? 걔의 행동에 대해 어떻게 생각해?
_ **How would you feel about** working Sunday? 일요일에 일하는거 어떻게 생각해?

Dialog »
> A : How would you feel about Brian staying here? 브라이언이 여기에 머물면 기분이 어떻겠어?
> B : That seems like a very bad idea. 아주 나쁜 생각같은데.

Pattern 12 »» **How would you like~ ?**

001
How would you like+N? 어떻게 …을 해드릴까요?, …는 어때요?

Point » How would you+동사?의 형태중 대표적인 문장인 How would you like+명사?는 상대방에게 명사를 어떻게 해줄지 의견을 묻거나 혹은 명사를 제안할 때 사용한다.

Pattern »
_ **How would you like** your steak, sir? 스테이크를 어떻게 해드릴까요?
_ **How would you like** some ice cream? 아이스크림 좀 먹을테야?
_ **How would you like** steak for dinner? 저녁으로 스테이크를 먹을래?
_ **How would you like** a jacket to wear? 입을 자켓 갖다줄까?
_ **How would you like** a ticket to the game? 경기 입장권 어때?

Dialog »
> A : How would you like your steak, sir? 스테이크를 어떻게 해드릴까요?
> B : I would like it well-done, please. 완전히 익혀주세요.

002
How would you like to+V? 어떻게 …할 것이냐 …을 하자

Point » 명사자리에 to 부정사가 와서 How would you like to+동사?가 되면 역시 상대의 의사를 물어보는 것으로 How would you like to pay for this?처럼 「어떻게 …할 것이냐」라고 물어보거나 혹은 How would you like to get together?처럼 상대방에게 「…을 하자」고 제안하는 의미가 되기도 한다.

Pattern »
_ **How would you like to** pay? 뭘로 지불하시겠습니까?
_ **How would you like to** pay for that? 그거 어떻게 계산하시겠습니까?
_ **How would you like to** come by for a drink? 술 한잔 하러 잠시 들를래?
_ **How would you like to** join me? 나랑 같이 할래?
_ **How would you like to** go out on a date with me? 나랑 데이트 할래?

_ **How would you like to** get together? Say next Friday?
만나는 게 어때? 담주 금요일로?

Dialog >>

A : How would you like to be the person that everyone makes fun of?
당신이 모든 사람의 놀림감이 된다면 어떻겠어요?

B : I think it would make me feel very lonely. 몹시 외로워지겠죠.

---

003 **How would you like it if~ ?** …한다면 어떻겠어?

Point >> 가정법 구문으로 if~ 이하에는 과거동사를 써야 한다.

Pattern >>

_ **How would you like it if** I told everyone that you were a spy?
네가 스파이라고 모두에게 얘기한다면 어떻겠어?

_ **How would you like it if** I had dinner with your wife?
내가 네 아내하고 저녁을 한다면 어떻겠어?

_ **How would you like it if** I were mean to you? 내가 너한테 야비하게 굴면 어떻겠어?

_ **How would you like it if** you were poor? 네가 가난하다면 어떻겠어?

_ **How would you like it if** we went to Hawaii? 우리가 하와이에 간다면 어떻겠어?

_ **How would you like it if** I gave you some money? 내가 네게 돈 좀 주면 어떻겠어?

Dialog >>

A : How would you like it if I decided to take off on a trip for two months?
내가 두달 간 일을 쉬고 여행을 떠난다면 어떻겠어요?

B : Well, I'd be very disappointed. 글쎄요, 아주 실망스러울거예요.

Pattern 13 >> **How can I~ ?**

001 **How can I+V ?** 내가 어떻게 …할 수 있어?

Point >> How can I help you?처럼 서비스 표현이 될 수도 있지만 보통 「내가 어떻게 …을 할 수 있겠어?」, 즉 그렇게 못한다는 부정어법으로 쓰일 때가 많다.

Pattern >>

_ **How can I** help you? 뭘 도와줄까?

_ **How can I** believe you? 내가 어떻게 널 믿을 수 있어?

_ **How can I** forget? 내가 어떻게 잊을 수 있겠어?

_ **How can I** help you if you don't let me? 네가 못하게 하는데 어떻게 널 도와줄 수 있겠어?

_ **How can I** watch him get married? 걔가 결혼하는 것을 내가 어떻게 지켜보겠어?

Dialog >>

A : How can I ever repay you? 어떻게 다 보답을 해야할지?

B : Don't give it another thought. 잊어버리세요.

How can I not+V? 어떻게 내가 …하지 않을 수 있겠어?

Point >> 어떻게 내가 not+V를 할 수 있겠냐며 문맥에 따라 탄식의 표현이 될 수도 있지만 긍정의 표현으로 당연히 「내가 …을 할 수 있다」라는 뉘앙스를 풍긴다.

Pattern >>
_ **How can I not** do it? 내가 어떻게 그렇게 하지 않을 수 있겠어?
_ **How can I not** get this? 내가 어떻게 이걸 모를 수가 있겠어?
_ **How can I not** be upset? 내가 어떻게 화를 내지 않을 수 있겠어?
_ **How can I not** visit them during the holidays? 연휴에 어떻게 만나러가지 않을 수 있겠어?
_ **How can I not** attend the wedding? 내가 어떻게 결혼식에 가지 않을 수 있겠어?

Dialog >>
A : You need to keep working. 넌 계속 일을 해야 돼.
B : How can I not take a break? 어떻게 내가 쉬지 않을 수 있겠어?

How can I explain to sb that~ ? 내가 어떻게 …에게 …라고 설명할 수 있겠어?

Point >> 내가 어떻게…, 즉 난 그렇게 말 못한다는 뜻으로 뭔가 잘못이나 상대방이 충격받을 내용을 전달할 수 없는 곤경한 처지에서 내뱉을 수 있는 표현이다.

Pattern >>
_ **How can I explain to** Carrie **that** I don't love her?
내가 어떻게 캐리에게 사랑하지 않는다고 설명할 수 있겠어?
_ **How can I explain to** my boss **that** it was a mistake?
내가 어떻게 보스에게 그게 실수였다고 설명할 수 있겠어?
_ **How can I not tell** David **that** I'm seeing Mike?
내가 어떻게 데이빗에게 마이크를 만나고 있다고 말할 수 있겠어?
_ **How can I explain to** Jim **that** he is going to be fired?
짐에게 해고될거라고 어떻게 설명하지?

Dialog >>
A : How can I explain to Neil that he's been fired? 닐에게 어떻게 해고됐다고 설명을 할 수 있겠어?
B : Tell him he didn't do a good job. 일을 제대로 못했다고 말해.

How can I do this when~ ? …한데 내가 어떻게 이렇게 할 수 있겠어?

Point >> 이 표현 역시 결국 when 이하의 사실 때문에 이렇게 할 수 없다는 얘기.

Pattern >>
_ **How can I do this when** he said not to do it?
걔가 그렇게 하지 말라고 했는데 내가 어떻게 이럴 수 있겠어?
_ **How can I do this when** it's illegal? 그게 불법이라는데 내가 어떻게 이럴 수 있겠어?
_ **How can I do this when** I don't have the time? 내가 시간이 없는데 어떻게 이럴 수 있겠어?
_ **How can I do this when** I am so depressed? 이렇게 우울한테 어떻게 이렇게 할 수 있겠어?

Dialog >>
A : It's time for us to go to the dance. 우리는 이제 댄스파티에 가야 될 때야.
B : How can I do this when I feel so bad? 내 기분이 안좋은데 내가 어떻게 이렇게 할 수 있겠어?

001 **How can you+V?** 어떻게 …할 수가 있어?

Point >> How can you+동사?는 상대방의 어처구니 없고 이해할 수 없는 행동에 놀라면서 하는 말로 「어떻게 …할 수가 있나?」라는 뜻.

Pattern >>
_ **How can you** come here? 어떻게 네가 여기 올 수 있어?
_ **How can you** do this to me? 어떻게 내게 이렇게 할 수 있어?
_ **How can you** date that younger guy? 어떻게 그 젊은 사람과 데이트를 할 수 있는거야?
_ **How can you** believe that? 어떻게 그걸 믿을 수가 있어?
_ **How can you** let this happen? 어떻게 이렇게 되도록 놔둘 수가 있어?

Dialog >>
A : How can you eat the cheesecake without me? 나없이 어떻게 치즈케익을 먹을 수 있어?
B : Oh, what are you going to do? 어 어쩔 건데?

002 **How can you be so~ ?** 어떻게 그렇게 …할 수 있어?

Point >> 상대방이 어떻게 so+adj 한지 감탄하거나 황당해하면서 던지는 표현이다.

Pattern >>
_ **How can you be so** confident? 어떻게 그렇게 자신감이 있을 수 있어?
_ **How can you be so** irresponsible? 너 어떻게 그렇게 무책임할 수 있어?
_ **How can you be so** selfish? 너 어떻게 그렇게 이기적일 수 있어?
_ **How can you be so** heartless? 너 어떻게 그렇게 매정할 수가 있어?
_ **How can you be so** calm about this? 너 어떻게 이 일에 그렇게 냉정할 수 있어?

Dialog >>
A : I'm sure she doesn't love you. 걘 널 사랑하지 않아, 틀림없어.
B : How can you be so certain? 어떻게 그렇게 단정지어?

003 **How can you be so sure~ ?** 어떻게 …을 그렇게 확신하는거야?

Point >> How can you be so~의 대표패턴으로 상대방이 뭔가 너무 확신하고 있을 때 반문하는 패턴.

Pattern >>
_ **How can you be so sure?** 어떻게 그렇게 확실할 수 있어?
_ **How can you be so sure** you are right? 네가 맞다고 어떻게 그렇게 확신하는거야?
_ **How can you be so sure** he can be trusted? 걔가 믿을 만하다고 어떻게 그렇게 확신하는거야?
_ **How can you be so sure** of yourself all the time?
넌 언제나 어떻게 그렇게 너 자신을 확신할 수 있어?
_ **How can you be so sure** Tim is honest? 어떻게 팀이 정직하다고 확신하는거야?

Dialog >>
A : I saw a ghost in that window. 저 창문에서 유령을 봤어.
B : How can you be so sure a ghost was there? 그곳에 유령이 있다는 것을 어떻게 그렇게 확신하는거야?

004   How can you say S+V~ ? 어떻게 …라고 말할 수 있어?

Point »   상대방이 어처구니 없는 얘기를 할 때, 상대 말에 동의할 수 없을 때 사용할 수 있는 패턴이다.

Pattern »

_ **How can you say** that? 어떻게 그렇게 말할 수 있어?

_ **How can you say** that it doesn't matter? 어떻게 그게 상관없다고 말할 수 있어?

_ **How can you say** it is meaningless? 어떻게 그게 의미없다고 말할 수 있어?

_ **How can you say** that to me? I'm your wife! 어떻게 내게 그렇게 말할 수 있어? 난 네 아내잖아!

_ **How can you say** that you are leaving? 어떻게 네가 떠난다는 말을 할 수 있어?

Dialog »

> A : How can you say that you don't love me? 어떻게 날 사랑하지 않는다고 말할 수 있어?
> B : It's true. I don't want to be with you anymore. 사실야. 난 너랑 더 이상 함께 있고 싶지 않아.

Pattern 15 »» How can you think~ ?

001   How can you think of~[that S+V] ~? 어떻게 …할 생각할 수 있어?

Point »   역시 상대방의 어처구니 없는 생각이나 주장을 「비난」할 때 사용하면 된다.

Pattern »

_ **How can you think** like that? 어떻게 그런 생각을 할 수 있어?

_ **How can you think that** I have bad taste? 어떻게 내 취향이 나쁘다고 생각할 수 있어?

_ **How can you think** I don't care about your feelings?
어떻게 내가 네 감정을 신경쓰지 않는다고 생각할 수 있어?

_ **How can you think that** I would treat you badly?
어떻게 내가 너에게 못되게 굴거라 생각할 수 있어?

_ **How can you think that** Bruce stole the money?
어떻게 브루스가 돈을 훔쳤다고 생각할 수 있어?

Dialog »

> A : I know that Jill wants to date Aaron. 질이 애론과 데이트하고 싶어하는걸 알아.
> B : How can you think that Jill likes him? 어떻게 질이 애론을 좋아한다고 생각할 수 있어?

002   How can you not+V~ ? 어떻게 …하지 않을 수 있어?

Point »   How can you+V의 부정형으로 상대방이 「어떻게 V를 하지 않을 수 있을까?」 이해못할 때 사용하는 표현이다.

Pattern »

_ **How can you not** get that? 어떻게 그걸 이해못할 수 있어?

_ **How can you not** talk to her about this? 어떻게 걔한데 이 얘기를 안할 수 있어?

_ **How can you not** believe in evolution? 어떻게 진화를 안믿을 수가 있어?

_ **How can you not** be wearing any underwear? 어떻게 속옷을 하나도 안입을 수가 있어?

_ **How can you not** trust me? 어떻게 나를 안 믿을 수가 있어?

A : Tom never makes sense to me. 톰을 난 도저히 이해못하겠어.
B : How can you not **understand him?** 어떻게 걔를 이해못할 수 있어?

003 How can you (not) think about[of]~ ?

어떻게 …에 대해 생각하지 않을 수 있어?

Point » 상대방이 about~ 이하를 생각하지 않는다는 사실에 놀라며 퍼붓는 표현. about 다음에는 명사나 동사의 ~ing 가 온다.

Pattern »

_ **How can you not think about** death? 어떻게 죽음에 대해 생각하지 않을 수 있어?

_ **How can you not think about** quitting? 어떻게 그만둔다는 생각을 하지 않을 수 있어?

_ **How can you not think about** the consequences?
어떻게 결과에 대해 생각하지 않을 수 있어?

_ **How can you even think of** going out with someone like her?
어떻게 그런 여자와 데이트할 생각을 할 수 있니?

_ **How can you think about** eating at a time like this?
이 시간에 어떻게 먹을 생각을 할 수 있니?

Dialog »

A : I don't think I'll go to bed tonight. 오늘밤에 잠못잘 것 같아.
B : How can you think about **staying up all night?** 어떻게 밤샐 생각을 할 수 있는거야?

004 How can you not know~ ? 어떻게 …을 모를 수가 있어?

Point » know 이하의 사실을 모르고 있는 상대방의 무식함을 비난하면서 던지는 패턴.

Pattern »

_ **How can you not know?** 어떻게 모를 수가 있어?

_ **How can you not know** where a toilet valve is?
어떻게 화장실 밸브가 어디에 있는지 모를 수가 있어?

_ **How can you not know** which one? 어떤 것인지 어떻게 모를 수가 있어?

_ **How can you not know** that Ron was arrested?
론이 체포되었다는 것을 어떻게 모를 수가 있어?

_ **How can you not know** about the scandal? 어떻게 그 스캔들에 대해 모를 수가 있어?

Dialog »

A : Who is this musician Beethoven? 이 베토벤이라는 음악가가 누구야?
B : How can you not know **about Beethoven?** 넌 어떻게 베토벤을 모를 수가 있어?

How could I~ ?

---

001 **How could I+V?** 어떻게 내가 …할 수 있어?

Point » 여기서 could는 과거가 아니라 How can I+V?의 내용전달을 부드럽게 해주는 역할을 하는 경우이다.

Pattern »
_ **How could I leave?** 내가 어떻게 떠날 수 있겠어?
_ **How could I say no?** 내가 어떻게 아니라고 말할 수 있겠어?
_ **How could I ever forget?** 내가 어떻게 잊을 수 있겠어?
_ **How could I refuse?** 내가 어떻게 거절할 수 있겠어?
_ **How could I do that?** 내가 어떻게 그렇게 할 수 있겠어?
_ **How could I turn that down?** 내가 어떻게 그걸 거절할 수 있겠어?

Dialog »
A : I am having a difficult time. 내가 좀 힘든 시간을 보내고 있어.
B : How could I help you? 어떻게 내가 널 도와줄 수 있을까?

---

002 **How could I be so~ ?** 어떻게 내가 …할 수 있을까?

Point » 내가 어떻게 so 이하의 상태에 있을까 자문하거나 반성하는 표현.

Pattern »
_ **How could I be so stupid?** 내가 어떻게 그렇게 어리석을 수가 있을까?
_ **How could I be so foolish?** 내가 어떻게 그렇게 바보같을 수가 있을까?
_ **How could I be so hungry?** 내가 어떻게 그렇게 배가 고플 수가 있을까?
_ **How could I be so exhausted?** 내가 어떻게 그렇게 지칠 수가 있을까?

Dialog »
A : All that time your boyfriend was cheating. 항상 네 남친은 바람을 폈어.
B : How could I be so foolish? 내가 어떻게 그렇게 어리석을 수가 있을까?

---

003 **How could I not+V~ ?** 어떻게 내가 …하지 않을 수 있을까?

Point » 역시 어떻게 V를 하지 못할까라는 뜻으로 자신에 대한 「원망」, 「탄식」이 가득 들어있다.

Pattern »
_ **How could I not see it?** 어떻게 내가 그걸 보지 못할 수가 있을까?
_ **How could I not help my friends?** 어떻게 내가 내 친구들을 도와주지 않을 수 있을까?
_ **How could I not see the danger?** 어떻게 내가 그 위험을 보지 못할 수가 있을까?
_ **How could I not eat that food?** 어떻게 내가 그 음식을 먹지 않을 수 있을까?
_ **How could I not be invited?** 어떻게 내가 초대받지 않을 수가 있을까?

Dialog »
A : How could I not notice those problems? 어떻게 내가 그런 문제들을 모를 수 있을까?
B : I guess you weren't paying attention. 네가 신경을 쓰지 않았던 것 같아.

---

004 How could I have+pp~ ? 어떻게 내가 …을 했겠어?

Point >> 여기서 could have pp는 「…할 수 있었는데 (실제로는) 그렇게 하지 못했다」라는 의미이다.

Pattern >>
_ How could I have possibly known that? 어떻게 내가 그걸 알 수 있었겠어?
_ How could I have not seen this coming? 어떻게 내가 이럴 걸 몰랐겠어?
_ How could I not have known that? 어떻게 내가 그걸 몰랐을 수가 있었겠어?
_ How could I have been so wrong? 어떻게 내가 그렇게 틀릴 수가 있었겠어?
_ How could I have left them in the copy room? 어떻게 내가 그것들을 복사실에 남겨둘 수 있겠어?

Dialog >>
A : You really injured yourself. 너 정말 부상을 당했구나.
B : How could I have fallen into the ditch? 내가 어떻게 도랑에 떨어졌을까?

Pattern
17 >> **How could you~ ?**

001 How could you+V? 네가 어떻게 …할 수 있어?

Point >> How can say~처럼 상대방의 이해할 수 없는 행동에 놀라면서 하는 말.

Pattern >>
_ How could you treat him like that? 어떻게 걜 그렇게 대할 수 있어?
_ How could you do that? 어떻게 그럴 수 있어?
_ How could you do this to me? 어떻게 내게 그럴 수 있어?
_ How could you let this happen? 어떻게 이렇게 되도록 놔둘 수 있어?
_ How could you do something like that? 어떻게 그럴 수가 있죠?

Dialog >>
A : How could you take Sue for Mary? 너 어떻게 수를 메리로 착각할 수가 있어?
B : Oh, well I'm not wearing my glasses today. 이런, 내가 오늘 안경을 안 써서 그래.

002 How could you be so~? 어떻게 그렇게 …할 수가 있어?

Point >> 상대방의 어처구니 없는 행동을 강하게 비난할 때 사용하는 표현이다.

Pattern >>
_ How could you be so stupid, Naomi? 나오미, 너 어떻게 그렇게 어리석을 수가 있어?
_ How could you be so reckless? 너 어떻게 그렇게 부주의할 수 있어?
_ How could you be so selfish? 너 어떻게 그렇게 이기적일 수 있어?
_ How could you be so insensitive? 너 어떻게 그렇게 무감각할 수 있어?
_ How could you be so cruel to me? 넌 어떻게 내게 그렇게 잔인할 수가 있어?

Dialog >>
A : I spent all our money last night. 지난밤에 우리 돈 다 썼어.
B : How could you be so selfish? 너 어떻게 그렇게 이기적일 수 있어?

Chapter 14

003   How could you say~ ? 어떻게 …라고 말할 수 있어?

Point » 상대방의 말도 안되는 소리를 듣고 흥분해서 하는 말로 say 다음에는 명사나 S+V가 올 수 있다.

Pattern »

_ **How could you say** that? 어떻게 그렇게 말할 수 있어?

_ **How could you say** that to Clyde? 어떻게 클라이드에게 그렇게 말할 수 있어?

_ **How could you say** it's a one-time thing? 어떻게 그게 일회성 일이라고 말할 수 있어?

_ **How could you say** that you didn't like me? 어떻게 네가 나를 싫어했다고 말할 수 있어?

_ **How could you say** she cheated? 어떻게 걔가 바람을 폈다고 말할 수 있어?

Dialog »

A : Your sister acts like a bitch. 네 누이는 못되게 굴어.

B : How could you say such terrible things? 너 어떻게 그런 끔찍한 말을 할 수가 있어?

004   How could you tell sb~ ? 어떻게 …에게 …말을 할 수가 있어?

Point » tell 다음에는 명사나 tell sb+명사[S+V]가 이어져 온다.

Pattern »

_ **How could you tell** that? 어떻게 그런 말을 할 수가 있어?

_ **How could you tell** your sister that she is ugly?
넌 어떻게 네 누이에게 못생겼다고 말할 수 있어?

_ **How could you tell** us this over the phone?
어떻게 전화로 우리에게 이걸 얘기할 수 있어?

_ **How could you tell** my mom that I was rude?
어떻게 내 엄마에게 내가 무례했다고 말할 수 있어?

_ **How could you tell** Neil to leave? 어떻게 닐에게 떠나라고 말을 할 수가 있어?

Dialog »

A : How could you tell Frank to go to hell? 어떻게 프랭크에게 지옥에나 가라고 말할 수 있어?

B : He was really bothering me today. 걔 정말 오늘 날 귀찮게 했어.

---

in vs. after

in을 after와 혼동하는 이유는 in의 의미를 그저 「…안(내)에」로 한정지어 생각하기 때문입니다. 실제로 in 뒤에 시간 명사가 올 경우 after와 유사한 의미로 쓰이는게 일반적이긴 하지만 엄밀히 말해 after three days라고 하면 「그 3일째가 포함되지 않아」 그야말로 「3일 후」라는 뜻이 되고, in three days는 「지금으로 부터 정확히 3일째 되는 날에」라는 의미입니다. 하지만, 「…후에」라는 의미로 쓰일 경우에 한해 일상대화에서 찾아볼 수 있는 이 둘의 무엇보다도 큰 차이점은 in 뒤에는 앞에서 예를 든 바와 같이 「숫자의 개념이 들어가는 명사만 온다」는 사실입니다. 반면, after 뒤에는 class라든가 breakfast, dark 등과 같이 숫자의 개념 외에도 그냥 일반 명사가 와서 「상황이나 상태의 변화 혹은 어떤 동작이 있은 후」에 일어난 혹은 일어날 일을 언급하는 경우가 많습니다. 물론, 동명사도 올 수 있겠죠. 더우기 in은 「지금(화자가 말하고 있는 시점)을 기점으로 앞으로 일어날 일을 언급할」(mention a time in the future that is measured from 'now') 때 주로 쓰이기 때문에 미래시제와 함께 쓰인다는 사실을 알아두세요. 참고로, 전치사는 아니지만 이들과 비슷한 의미로 쓰이는 부사 later는 숫자개념의 명사 뒤에 와서 「대과거를 기점으로 과거에 이미 일어난 일을 언급할」(mention a time in the past that is measured from an earlier time in the past) 때 쓰입니다.

■ A : How long will it take to get my license? 면허를 발부받는 데 얼마나 걸릴까?

   B : If you send it today, you'll get it in a week. 오늘 그걸 보내면, 1주일 후에 발부받을거야.

How could you think~ ?

001

How could you think~ ? 어떻게 …라고 생각할 수 있어?

Point >> 역시 상대방이 어처구니 없는 생각을 하고 있을 때 「비난」하면서 쓰는 표현이다.

Pattern >>
_ **How could you even think** that? 어떻게 그런 생각까지 할 수가 있어?

_ **How could you think** I would do such a thing? 어떻게 내가 그런 일을 할거라 생각할 수 있어?

_ **How could you think** I'd like this? 어떻게 내가 이걸 원한다고 생각할 수 있어?

_ **How could you think** that this would work? 어떻게 이게 통할거라고 생각할 수 있어?

_ **How could you think** that this guy is right for me?

이 사람이 내 이상형이라고 어떻게 생각할 수 있어?

Dialog >>

A : I was sure you were dishonest. 난 네가 부정직하다고 확신했어.
B : How could you think I lied? 내가 거짓말을 하고 있다고 어떻게 생각할 수 있어?

002

How could you possibly think~ ? 어떻게 …라고 생각할 수 있어?

Point >> 앞의 패턴에서 possibly를 붙여 비난의 강도를 높인 패턴이다.

Pattern >>
_ **How could you possibly think** that? 어떻게 그렇게 생각을 할 수 있어?

_ **How could you possibly think** I'd wear something like this?

어떻게 내가 이런 옷을 입을거라 생각할 수 있어?

_ **How could you possibly know** all this? 어떻게 이 모든 것을 알 수 있어?

_ **How could you possibly think** I was dishonest?

어떻게 내가 솔직하지 못했다고 생각할 수 있어?

_ **How could you possibly think** you'd win? 어떻게 네가 이길거라고 생각할 수 있어?

Dialog >>

A : Tina looked like she was pregnant. 티나는 임신한 것처럼 보였어.
B : How could you possibly think she was having a baby? 어떻게 걔가 애를 가졌다고 생각할 수 있어?

003

How could you believe~ ? 어떻게 …라고 생각할 수 있어?

Point >> 역시 상대방이 말도 안되는 얘기를 믿는다고 했을 때 쏘아붙이는 표현.

Pattern >>
_ **How could you believe** those lies? 어떻게 그런 거짓말들을 믿을 수가 있어?

_ **How could you believe** UFOs are real? 어떻게 UFO가 진짜라고 믿을 수가 있어?

_ **How could you believe** I'd do something like that?

어떻게 내가 그런 일을 할거라고 생각할 수 있어?

_ **How could you believe** I'd do something like that to you?

어떻게 내가 너한테 그런 일을 할거라고 생각할 수 있어?

_ **How could you believe** what she said? 어떻게 걔가 한 말을 믿을 수가 있어?

> A : I thought you were cheating on me. 나 몰래 바람피고 있다고 생각했어.
> B : How could you believe that I would do that? 내가 그럴거라고 어떻게 믿을 수가 있어?

004 # How could you have+pp? 어떻게 …을 했을 수가 있(었)어?

Point >> 이번에도 상대방의 어처구니 없는 행동에 대해 「비난」할 때 사용한다. could have+pp가 쓰인 것은 과거 사실이 믿기지 않는다는 뉘앙스를 풍기기 때문이다.

Pattern >>
_ **How could you have** told her? 어떻게 걔한테 말을 했을 수가 있었어?

_ **How could you have** kept all of this from me. 어떻게 이 모든 걸 나한테 숨길 수가 있었어?

_ **How could you have** left me on the street all alone.
어떻게 나를 혼자 거리에 놔둘 수가 있었어?

_ **How could you have** not learned in three years? 어떻게 3년안에 배우지 못할 수가 있었어?

_ **How could you have** not have gotten sick? 어떻게 아프지 않을 수가 있었어?

Dialog >>

> A : Uncle Sal borrowed my new vehicle. 샐 삼촌이 새 차량을 빌려갔어.
> B : How could you have lent him your car? 넌 어떻게 걔한테 네 차를 빌려줬어?

Pattern
19 >> # How could you not~ ?

001 ## How could you not~ ? 어떻게 …을 하지 않을 수가 있어?

Point >> 상대방이 어떻게 not 이하를 하지 않을 수 있는지 놀라면서 하는 말.

Pattern >> _ **How could you not** find him? 어떻게 걔를 찾지 못할 수가 있어?

_ **How could you not** hate him? 어떻게 걔를 싫어하지 않을 수가 있어?

_ **How could you not** notice? 어떻게 모를 수가 있어?

_ **How could you not** realize that? 어떻게 그걸 깨닫지 못할 수가 있어?

_ **How could you not** remember that we slept together?
우리가 함께 잔 걸 어떻게 모르고 있는거야?

Dialog >>

> A : I decided not to attend the meeting. 난 회의에 참석하지 않기로 했어.
> B : How could you not go to the meeting? 어떻게 회의에 가지 않기로 할 수 있어?

002 ## How could you not know~ ? 어떻게 …을 모를 수가 있어?

Point >> 상대방이 know 이하를 모른다는 사실에 놀라면서 혹은 비난하면서 하는 표현.

Pattern >> _ **How could you not know** that? 어떻게 그걸 모를 수가 있어?

_ **How could you not know** what she was mad about?
걔가 왜 화냈는지 어떻게 모를 수가 있어?

_ **How could you not know** that your own brother had a granddaughter?
네 친동생에게 손녀가 있다는 걸 어떻게 모를 수가 있어?

_ **How could you not know** about the snowstorm? 폭설에 대해 어떻게 모를 수가 있어?

_ **How could you not know** about the exam? 어떻게 시험에 대해 모를 수가 있어?

Dialog »

A : I didn't know Dave was married. 난 데이브가 결혼한걸 몰랐어.

B : How could you not know he has a wife? 걔에게 부인이 있다는 것을 어떻게 모를 수가 있어?

003 How could you not tell me~ ? 어떻게 내게 …을 말하지 않을 수 있어?

Point » 상대방이 내게 당연히 해야 할 말을 하지 않은 사실을 알았을 때 화를 내면서 쓸 수 있는 표현이다.

Pattern »

_ **How could you not tell me** what happened? 무슨 일인지 어떻게 내게 말하지 않을 수 있어?

_ **How could you not tell me** you are moving away?
어떻게 네가 이사간다는걸 내게 말하지 않을 수 있어?

_ **How could you not have told me** you got married?
어떻게 네가 결혼했다는걸 내게 말하지 않을 수가 있었어?

_ **How could you not tell me** you worked here? 어떻게 여기서 일한다는 말을 안할 수 있는거야?

Dialog »

A : Your mom phoned sometime last week. 네 엄마가 지난주 쯤에 전화를 하셨어.

B : How could you not tell me she called? 전화했다는걸 어떻게 내게 말하지 않을 수 있었어?

004 How should~ ? 어떻게 …하겠어?

Point » How should~ 다음에는 주로 일인칭 'I'나 'we'가 오게 된다.

Pattern »

_ **How should** we handle this? 우리가 어떻게 이걸 처리해야 되나?

_ **How should** I know? 내가 어찌 알아?

_ **How should** I put this? 이걸 어디에 놔야 돼?

_ **How should** we do this? 이걸 어떻게 한담?

_ **How should** I get to Chicago? 시카고에 뭘 타고 가야 되지?

Dialog »

A : How should we go to the theater? 극장에 어떻게 가는 게 좋을까?

B : It would be better to take the subway than to drive.
차를 끌고 가는 것보단 지하철을 타는 게 나을 것 같아

Chapter 14

669

001 **How about+N?** …가 어때?

Point >> How about~은 특히 상대방과의 대화 도중 상대방이 결정을 내리지 못하고 고민중이거나, 상대방의 요청이나 의견에 따를 수가 없어 다른 의견을 제시할 때 요긴하게 쓸 수 있다. 먼저 How about~ 다음에 명사가 오는 경우를 본다.

Pattern >>
_ **How about** three o'clock? 3시는 어때요?

_ **How about** some dessert? 디저트 좀 들래요?

_ **How about** another cup of coffee? 커피 한 잔 더 들래?

_ **How about** now[tomorrow evening]? 지금은[내일 저녁은] 어때?

_ **How about** steak for dinner? 저녁으로 스테이크를 먹는게 어때?

Dialog >>
A : Thanks for the lovely dinner party. 아주 멋진 저녁 파티였어요.
B : You're very welcome. How about some dessert? 별 말씀을요. 디저트 좀 드실래요?

002 **How about ~ing?** …하는게 어때?

Point >> 어떤 특정한 행동을 하자고 제안할 때 사용한다.

Pattern >>
_ **How about** going out for dinner? 저녁 먹으러 나갈까?

_ **How about** trying this soup? 이 수프를 먹어보자.

_ **How about** going on a blind date? 소개팅 해보자.

_ **How about** working a few more hours? 몇시간 더 일하자.

_ **How about** playing a few games of tennis with me? 나랑 테니스 몇 게임 치지 않을래?

Dialog >>
A : What should we do this weekend? 이번 주말에 뭐하지?
B : How about driving down to Florida? 플로리다로 차타고 가는게 어때?

003 **How about S+V?** …하는게 어때?

Point >> 상대방의 의향을 물어보거나 뭔가 새로운 제안을 할 때 특히 약속시간, 장소를 정할 때 아주 유용한 표현으로 How about~ 다음에 S+V를 붙여본다.

Pattern >>
_ **How about** we go get you a drink? 술 한잔 사줄까?

_ **How about** we go to the movies tonight? 오늘 저녁 영화보러가는거 어때?

_ **How about** I move in with you? 내가 들어가 살면 어때?

_ **How about** I give you a ride home? 집에 태워다 줄까?

_ **How about** we talk about this over dinner? 저녁하면서 이 문제 얘기해보면 어때?

Dialog >>
A : How about I move in with you? 내가 들어가 살면 어때?
B : Well, that would be great 어, 그럼 좋지.

004 How about~? …가 어때?

Point >> How about 다음에는 명사 또는 동사의 ～ing만 오는 것으로 알려져 있는데 실은 How about 다음에는 아무 말이나 와도 된다. 부사구가 오는 경우를 살펴본다.

Pattern >>

_ **How about** over here? 이쪽은 어때?

_ **How about** at the top of the mountain? 산 정상에서는 어때?

_ **How about** over the kitchen table? 식탁 위에는 어때?

_ **How about** beside your school? 네 학교 옆은 어때?

_ **How about** at the end of the week? 금요일이면 어떻겠습니까?

Dialog >>

A : It's been a long day. How about for you? 힘든 하루였어. 넌 어때?

B : Me too. Let's call it a day and get some beer. 나도. 그만하고 맥주 좀 먹자.

Pattern 21 >> How come~ ?

001 How come~ ? 어째서 …하는거야?

Point >> How come~은 한마디로 Why에 해당되는 단어로 이유를 물어보는 말이다. 다만 why의 경우는 뒤에 주어와 동사를 도치시켜야 하지만 How come의 경우는 시제가 현재이건 과거이건 뒤에 바로 주어+동사를 도치없이 그대로 갖다 붙이면 된다.

Pattern >>

_ **How come** you're late? 어쩌다 이렇게 늦은거야?

_ **How come** you're still at a job that you hate? 왜 네가 싫어하는 직장에 아직도 다녀?

_ **How come** you're so weird? 어째서 넌 그렇게 이상하냐?

_ **How come** you brought a gun? 왜 총을 가져온거야?

_ **How come** he gave you flowers? 걔가 왜 네게 꽃을 줬어?

Dialog >>

A : How come he didn't show up at the seminar this morning?
왜 그가 오늘 아침 세미나에 참석하지 않았지?

B : I'm not sure. Maybe he was ill. 잘은 모르겠지만 아픈가봐요.

002 How come you think ~? 왜 …라고 생각해?, …라고 생각하는 이유가 뭐야?

Point >> How come~ 의 대표패턴으로 상대방이 이해할 수 없는 생각을 하고 있을 때 사용한다.

Pattern >>

_ **How come you think** Dave is here? 왜 데이브가 여기 있다고 생각해?

_ **How come you think** this place is dangerous? 왜 이곳이 위험하다고 생각해?

_ **How come you think** women are smarter than men?
왜 여성이 남성보다 똑똑하다고 생각해?

_ **How come you think** she is hot? 왜 걔가 섹시하다고 생각하는거야?

A : How come you think Preston is dumb? 넌 왜 프레스톤이 바보라고 생각하는거야?

B : He does very poorly in his classes. 걔 수업시간에 형편없잖아.

003 How come you didn't~ ? 어떻게 …하지 않은거야?

Point » 과거에 상대방이 해야 할 일을 하지 않았을 때 비난하면서 말하면 된다. 강조하려면 didn't~ 대신에 never~를 쓰면 된다.

Pattern »

_ **How come he didn't** show up last night? 걔는 왜 어젯밤 안 왔대?

_ **How come you didn't** tell me? 어째서 내게 말하지 않았어?

_ **How come you never** told me that? 어떻게 내게 얘기를 안 한거야?

_ **How come you never** said anything to me? 왜 내게 한마디도 안 했던거야?

_ **How come we never** talked like this before? 어떻게 우리가 전에 이 얘기를 안한거야?

Dialog »

A : How come you didn't **call me last night?** 어젯밤엔 왜 전화를 안 한거니?

B : I didn't know that you called. 네가 전화했는지 몰랐어.

004 How dare you+V? 어떻게 …할 수가 있어?

Point » 역시 상대방이 받아들일 수 없는 황당한 얘기를 할 때 분노하면서 퍼부을 수 있는 표현.

Pattern »

_ **How dare you** speak to me like this? 어떻게 내게 이런 식으로 말할 수가 있어?

_ **How dare you** give me that look? 어떻게 나를 그런 식으로 쳐다볼 수가 있어?

_ **How dare you** doubt my sincerity? 어떻게 내 진정성을 의심할 수가 있어?

_ **How dare you** accuse me of that? 어떻게 내가 그랬다고 비난할 수가 있어?

_ **How dare you** treat Sam that way? 어떻게 샘을 그런 식을 대하는거야?

_ **How dare he** say that to you? 어떻게 걔가 너한테 그런 말을 할 수 있는거야?

Dialog »

A : You have a huge nose. 코가 무척 크네.

B : How dare you **insult me!** 어떻게 날 모욕할 수 있어!

---

at the end of the day

day를 교과서에서 배웠던 「하루」나 「낮」으로만 암기했기 때문에 the end of the day를 하루가 끝날 때 즈음, 즉 「오후 늦게」로 해석하기가 쉽죠. 직장에서 나누는 대화 중에서 나오는 day는 「하루의 근무 시간」(a period of work within a 24-hour period)을 의미하므로 the end of the day를 「퇴근 무렵」이라고 해야 올바른 번역입니다. 특히, 「변동 시간제」(flexible time)를 실시하고 있는 직장들도 많아서 오후 서너시가 되면 퇴근 전쟁을 치른다고 볼 수 있습니다. 하나 더 말씀 드리면, TOEIC 시험이나 여러 회화표현에서 자주 만나게 되는 the end of the week도 그 정확한 의미를 함께 구분해서 쓰십시오. 여기서 week은 우리가 영어 햇병아리 시절 외워둔 「주」나 「1주일」이 아니라 「1주일 중에서 근무하는 날들」(the working days or working portion of the seven-day period), 즉 토 · 일 요일은 대개 휴무인 직장이 많으니 금요일까지를 말합니다. 따라서, the end of the week의 가장 정확한 번역은 「금요일」이랍니다.

■ Brad: I can't believe it's finally Friday! 기다리고 기다리던 금요일이 왔구나!

Kevin: I know what you mean. It's been a long week. 왜 그러는지 알겠어. 기나긴 한 주였지.

Brad: So what are you planning to do at the end of the day? 퇴근 후에 뭐 할 건데?

Kevin: Well, I was planning on resting but I might change my mind after work.

그냥 좀 쉬려고 했는데 퇴근 후 계획을 바꿀지도 몰라.

001 **How many+N~V?** 몇 명이[몇 개가] …해?

Point ▶ How many[much]+명사로 시작되는 문장으로 수나 양이 얼마나 되는지 물어볼 때 쓰는 표현이다. How many 는 수를 How much는 셀 수 없는 양을 물어볼 때 사용하는데 먼저 How many+N 전체가 주어로 쓰여 본동사 가 바로 이어지는 경우를 본다.

Pattern ▶ _ **How many** people came to see you off? 널 배웅하러 몇 사람이 나온거야?

_ **How many** people came inside? 몇 명이 안으로 들어왔어?

_ **How many** of you watched Game of Thrones? 너희들 중 몇이나 「왕좌의 게임」을 봤어?

_ **How many** coins did you find? 동전을 몇 개나 찾았어?

_ **How many** bottles broke? 몇 병이나 깨진거야?

Dialog ▶
A : How many people came to see you off? 널 배웅하러 몇 사람이 나온거야?
B : There were about ten. 약 10명쯤 나왔더라.

002 **How many N+조동사+S?** 몇 …가 …을 해?

Point ▶ How many+명사가 목적어로 뒤에 주어+동사가 도치되는 경우이다.

Pattern ▶ _ **How many** kids are you going to have? 애를 몇이나 가질거야?

_ **How many** women have you been with? 지금까지 사귄 여자가 몇 명이예요?

_ **How many** drinks did you have last night? 지난 밤에 술을 몇 잔이나 마셨어?

_ **How many** years have we been married? 우리가 결혼한 지 몇 년 됐지?

_ **How many** calories have you had today? 오늘 칼로리를 얼마나 섭취했어?

Dialog ▶
A : How many years have we been married? 우리 결혼한지 얼마나 됐지?
B : It's been almost seventeen years. 거의 17년이 되어가.

Chapter 14

003 **How many+do+S?** 몇 …가 …을 해?

Point ▶ How many가 뒤에 명사없이 단독으로 문장의 목적어로 쓰인 경우이다.

Pattern ▶ _ **How many do** you want? 몇 개를 원해?

_ **How many do** you need? 몇 개를 원해?

_ **How many do** you have to sell? 몇 개를 팔아야 돼?

_ **How many did** you sell tonight? 오늘밤에 몇 개나 팔았어?

_ **How many did** you want? 몇 개를 원했어?

Dialog ▶
A : How many girlfriends does Chris have? 크리스에게는 몇 명의 여친이 있어?
B : I think he has at least three. 적어도 세명이 있는 것 같아.

How many times do[did] S+V? 몇 번이나 …하니(했니)?

Point >> 횟수를 물어볼 수도 있고 혹은 짜증내면서 「몇번이나, 얼마나 많이 내가 …했니?」라는 뉘앙스의 문장이 되기도 한다.

Pattern >>
_ **How many times did** it happen? 몇 번이나 그랬는데?
_ **How many times do** I have to tell you! 내가 몇 번이나 네가 말해야 하니!
_ **How many times do** I have to say I'm sorry? 내가 몇 번이나 미안하다고 해야 돼?
_ **How many times did** you hit her? 몇 번이나 걜 때린거야?
_ **How many times a day do** you talk to her on the telephone? 걔와 전화 하루에 몇번해?

Dialog >>

A : How many times do I have to tell you? 몇번이나 너에게 말해야 돼?
B : I'm sorry, I keep forgetting your instructions. 죄송해요, 자꾸 지시사항을 깜박해서요.

Pattern 23 >> How much~?

001 How much~?

Point >> How much~ 자체가 주어로 쓰인 경우로 How much is+물건[서비스]?의 형태로 사용하면 된다.

Pattern >>
_ **How much** is it? 얼마예요?
_ **How much** is this dress? 이 옷이 얼마예요?
_ **How much** is the delivery? 운송비는 얼마죠?
_ **How much** is the car you're selling? 네가 팔려는 차는 얼마야?
_ **How much** is the fine if you get caught? 잡히면 벌금이 얼마야?

Dialog >>

A : How much is it in dollars? 얼마 나왔어?
B : It's $55, but don't worry, it's my treat this time. 55달러야, 하지만 걱정마, 이번엔 내가 낼께.

002 How much+조동사+S? 얼마나 …해?

Point >> How much~ 자체가 목적어로 쓰인 경우로 How much do+주어+ cost/owe/pay ~?의 문형이다.

Pattern >>
_ **How much** do I owe you? 얼마 내면 되죠?
_ **How much** did it cost you? 얼마 주고 샀어?
_ **How much** does it cost? 이거 가격이 얼마예요?
_ **How much** do you love your wife? 네 아내를 얼마나 사랑해?
_ **How much** do you need? 얼마나 많이 필요해?

Dialog >>

A : How much did your wife's plastic surgery cost? 네 아내 성형수술비 얼마나 들었어?
B : I think it was about ten thousand dollars. 거의 만 달러 들었던 것 같아.

003 ## How much time+조동사+S? 얼마나 많은 시간이 … 해?

Point » How much 다음에 오는 명사는 주로 How much time~, How much money~ 정도이다.

Pattern »
_ **How much time** do you need? 얼마나 많은 시간이 필요해?

_ **How much time** have you got? 얼마나 많은 시간이 있는거야?

_ **How much time** will the seminar take? 세미나가 얼마나 많은 시간이 걸릴까?

_ **How much money** do you think we can make? 돈을 얼마나 벌 수 있을까요?

_ **How much time** was used by Ted? 얼마나 많은 시간을 테드가 사용한거야?

Dialog »
> A : How much time will it take to get there? 거기 가는 데 시간이 어느 정도 걸려?
> B : About 5 or 10 minutes? It's not very far. 한 5분이나 10분쯤? 그리 멀지 않아.

004 ## How much+비교급~ ? 얼마나 더 …해?

Point » 「How much+비교급」 단독으로 쓰기도 하고 How much more+N~의 형태로 쓰이기도 한다.

Pattern »
_ **How much** longer? 얼마나 길게?

_ **How much** further? 얼마나 더 멀어?

_ **How much more** homework do you have? 숙제가 얼마나 더 있는거야?

_ **How much more** proof do you need? 얼마나 더 증거를 원해?

_ **How much more** do we need? 얼마나 더 원하는거야?

Dialog »
> A : How much hotter is it going to get? 얼마나 더 더워질거래?
> B : It will be a lot hotter this afternoon. 오늘 오후에 더 더워질거래.

Pattern
24 » **How often~ ?**

001 ## How often do[did] you~ ? 얼마나 자주 …해?

Point » How often~?은 「얼마나 자주…해?」라고 물어보는 것

Pattern »
_ **How often does** this happen? 얼마나 자주 이런 일이 일어나?

_ **How often do you** talk about her? 얼마나 자주 걔 이야기를 해?

_ **How often did you** see her? 얼마나 자주 걔를 봤어?

_ **How often did** he do this? 걔가 얼마나 자주 이걸 했어?

_ **How often do** you go to the casino? 도박하러 얼마나 자주 가니?

Dialog »
> A : How often do you go to the casino? 도박하러 얼마나 자주 가니?
> B : At least three or four times a year. 적어도 일 년에 서너 번 정도.

002 How soon can we[you]~ ? 얼마나 빨리 …해?

Point » How soon~?은 「얼마나 빨리…해?」라는 의미이다.

Pattern »

_ **How soon do you** need it? 얼마나 빨리 필요해요?

_ **How soon will you** be able to get here? 언제쯤 여기에 도착할 수 있죠?

_ **How soon do you** expect her back? 걔가 언제쯤 돌아올까요?

_ **How soon will Steven** come? 스티븐은 얼마나 빨리 오나요?

_ **How soon does this class** finish? 이 수업은 얼마나 있다 끝나나요?

Dialog »

A : How soon will you be able to get here? 언제쯤 여기에 도착할 수 있죠?

B : That depends on the traffic conditions. 그거야 교통상황에 달렸죠.

003 How soon before~ ? 얼마나 빨리 …해?

Point » 얼마나 빨리 before S+V를 할 수 있는지 물어보는 말.

Pattern »

_ **How soon before** she's back up on her feet? 걘 얼마나 빨리 재기를 했어?

_ **How soon before** the cruise ship leaves? 얼마 있다가 크루즈 선박이 출발해?

_ **How soon before** winter gets here? 얼마나 빨리 겨울이 다가올까?

_ **How soon before** dinner is served? 얼마나 빨리 저녁이 준비될까?

_ **How soon before** we meet the owner? 얼마나 빨리 주인을 만날까?

Dialog »

A : How soon before the show starts? 얼마나 빨리 쇼가 시작돼?

B : It will begin in fifteen minutes. 15분 후에 시작될거야.

Pattern 25 ≫ How long~ ?

001 How long was+N? …하는데 얼마나 걸렸어?

Point » N을 하는데 시간이 얼마나 걸렸는지 정보를 구하는 패턴이다.

Pattern »

_ **How long was** your shift that night? 그날 저녁 네 근무시간이 얼마나 걸렸어?

_ **How long was** she with Wendy? 걔는 얼마나 오랫동안 웬디하고 있었어?

_ **How long was** the examination? 검사는 얼마나 걸렸어?

_ **How long was** I in there? 내가 그 안에 얼마나 오래 있었어?

_ **How long was** the baby left inside the car? 그 아이는 얼마나 오래동안 차안에 방치되었어?

Dialog »

A : How long were you off sick? 병가로 얼마나 결근했지?

B : Almost two months. 한 두달 정도

How long are you going to+V~ ? 얼마동안 …을 할거야?

Point >> 얼마동안 앞으로 상대방이 to+V 이하를 할 것인지 물어보는 문장이다. 상대방의 예정을 물어보는 것으로 How long are you planning to~ ?이라고 해도 된다.

Pattern >>
_ **How long are you going to** wait, Jack? 잭, 너 얼마동안 기다릴거야?
_ **How long are you gonna** stay mad at me? 얼마동안 내게 화를 낼거야?
_ **How long are you gonna** be there? 얼마동안 거기에 있을거야?
_ **How long are you going to** keep doing this? 얼마동안 계속 이렇게 할거야?
_ **How long are you planning to** stay in the US? 미국엔 얼마나 머물 계획이세요?

Dialog >>
A : How long are you going to study? 얼마동안 공부를 할거야?
B : I will be here for a few hours. 몇시간 더 여기 있을거야.

How long have+S+pp? 얼마동안 …을 했어?

Point >> How long~은 기간을 나타내는 어구로 현재완료와 궁합이 맞는다. 여기서는 과거부터 지금까지 have+pp를 하는데 걸린 시간이 얼마나 되는지 물어본다.

Pattern >>
_ **How long have** you been working on that project? 그 작업에 매달린지 얼마나 된거야?
_ **How long have** you been waiting? 얼마나 기다린거야?
_ **How long have** you been dating him? 걔하고 데이트 얼마나 했어?
_ **How long have** you lived here? 여기 얼마나 오래 살았어?
_ **How long has** he been married? 걔 결혼한 지 얼마나 됐어?

Dialog >>
A : How long have you been working on that project? 그 작업에 매달린지 얼마나 된거야?
B : I have been working on it all day long. 하루종일 하고 있는 중이야.

How long have you known~ ? 얼마동안 …을 알고 지냈어?

Point >> How long have you+pp?의 대표패턴으로 「…을 안지가 얼마나 됐는지」 정보를 구하는 표현이다.

Pattern >>
_ **How long have you known?** 얼마동안 알고 있었어?
_ **How long have you known** Annie? 얼마동안 애니를 알고 지냈어?
_ **How long have you known** my client? 얼마동안 내 고객과 알고 지냈어?
_ **How long have you known** this? 얼마동안 이걸 알고 있었어?
_ **How long have you known** about this? 얼마동안 이거에 대해 알고 있었어?

Dialog >>
A : How long have you known Dave had cancer? 데이브가 암이라는 것을 언제 안거야?
B : He told me about it last year. 작년에 말했어.

How long~?

001 How long do you+V~ ? 얼마동안 …할거야?

Point » 상대방이 얼마동안 V를 할 것인지 물어보는 문장이다.

Pattern »
_ **How long do you** have for lunch? 점심먹는데 얼마나 걸려?

_ **How long do you** need to stay? 얼마동안 머물러 있어야 돼?

_ **How long do you** plan on keeping Molly around? 얼마동안 몰리를 곁에 둘거야?

_ **How long do you** want to stay? 얼마동안 남아 있을거야?

_ **How long do you** drive to get to work? 차로 출근하는데 얼마나 걸려?

Dialog »
A : How long do you stay in church? 넌 교회에 얼마동안 있어?

B : We're there a few hours every weekend. 우린 매주말에 몇시간 있어.

002 How long do you think~ ? …하는데 얼마나 걸릴 것 같아?

Point » 역시 회화에서 가장 뻔질나게 등장하는 표현 중 하나로 「…하는 데 걸리는 시간 · 기간」을 물을 때 쏠쏠하게 써먹을 수 있으니 문장을 통째로 외워두자.

Pattern »
_ **How long do you think** the fight lasted? 그 싸움이 얼마동안 계속되었던 것 같아?

_ **How long do you think** before they find us? 걔네들이 우리를 찾는데 얼마나 걸릴 것 같아?

_ **How long do you think** it's been? 그게 언제부터 그랬던 것 같아?

_ **How long do you think** you've been awake? 얼마동안 잠깨어 있는 것 같아?

_ **How long do you think** you'll be able to keep up this?

이걸 얼마나 오래 지속할 수 있을 것 같니?

Dialog »
A : How long do you think the fight lasted? 그 싸움이 얼마동안 계속되었던 것 같아?

B : It was over in less than five minutes. 적어도 5분 이상였어.

003 How long will it take (sb) to~ ? (…가) …하는데 얼마나 걸릴까?

Point » 앞으로 시간이 얼마나 걸릴까 물어볼 때 쓰는 전형적인 표현.

Pattern »
_ **How long will it take** you to adjust her files? 걔 파일들을 조정하는데 얼마나 걸릴까?

_ **How long will it take** you to get there? 네가 거기 가는데 얼마나 걸릴까?

_ **How long will it take** to fix this? 이걸 수리하는데 얼마나 걸릴까?

_ **How long will it take** Nelly to get ready? 넬리가 준비하는데 얼마나 걸릴까?

_ **How long will it take** to finish all your homework? 네 숙제 다 마치는데 얼마나 걸릴까?

Dialog »
A : How long will it take you to set up? 설치하는데 얼마나 걸리나요?

B : It should only take a few hours. 몇 시간 밖에 안걸릴거예요.

영어회화
공식패턴
3300

004 How long does it take to~ ? …하는데 시간이 얼마나 걸려?

Point » How long~의 대표적인 패턴으로 일반적으로 걸리는 시간을 물어본다.

Pattern »
_ **How long does it take to** get to the stadium? 경기장까지 시간이 얼마나 걸리죠?
_ **How long does it take to** finish the job? 그 일을 끝마치는데 얼마나 걸려?
_ **How long does it take to** get to work from the station? 역에서 회사까지 얼마걸려요?
_ **How long does it take to** get there? 거기 가는데 시간이 얼마나 걸려?
_ **How long does it take to** cook a turkey? 칠면조 요리하는데 시간이 얼마나 걸려?

Dialog »

A : How long does it take to finish this race? 경주를 끝내는데 시간이 얼마나 걸릴까?
B : You will have to run for 30 minutes. 넌 30분간 달려야 돼.

Pattern 27 »» How long before~ ?

001 How long before S+V? 얼마나 있다가 …해?

Point » How long before~ 다음 S+V를 써서 얼마나 있다가 S+V를 하는지 물어보는 표현이다.

Pattern »
_ **How long before** this takes effect? 얼마나 있다가 이게 효과가 나타날까?
_ **How long before** it starts getting annoying? 얼마나 있다가 짜증나기 시작해?
_ **How long before** you have to leave? 얼마나 있다가 가야 돼?
_ **How long before** the fireworks display starts? 얼마나 있다가 불꽃놀이가 시작해?
_ **How long before** we start to eat? 얼마나 있다가 식사를 시작해?

Dialog »

A : How long before we start to eat? 얼마나 있다가 식사를 시작해?
B : I think the meal is almost ready. 식사는 거의 다 준비된 것 같아.

002 How long after+N+V~ ? …한지 얼마나 됐어?

Point » after+N의 일이 발생한 후 얼마나 시간이 지났는지 확인하는 패턴이다.

Pattern »
_ **How long after** the storm was the electricity off? 폭풍 후 얼마동안 정전됐어?
_ **How long after** your graduation was your job search? 졸업 후에 얼마동안 구직했어?
_ **How long after** the marriage was the divorce? 결혼 후 얼마있다 이혼했어?
_ **How long after** your meeting did you decide to date? 만나고 얼마있다 데이트하기로 했어?
_ **How long after** school do you stay awake? 방과후에 얼마나 깨어있어?

Dialog »

A : How long after class ends do you go home? 수업이 끝난 후 얼마 있다가 집에 가?
B : Generally I like to go home right away. 보통 바로 집에 가는 걸 좋아해.

How long since+N[S+V]? …한지 얼마나 됐어?

How long after~와 비슷한 표현으로 「…한지 얼마나 되었는지」 물어보는 문장이다.

_ **How long since** you've been abroad? 해외에 나온지 얼마나 됐어?

_ **How long since** your last confession? 마지막 고해성사한지가 얼마나 됐어?

_ **How long since** your dad visited? 네 아빠가 들른지 얼마나 됐어?

_ **How long since** dinner was eaten? 저녁을 먹은지 얼마나 됐어?

_ **How long since** the program ended? 그 프로그램이 끝난지 얼마나 됐어?

A : How long since he paid your salary? 걔가 네 급여를 준지 얼마나 됐어?

B : It's been several months now. 수개월이 됐어.

응용 Chapter 15

Which~

001 Which is why~ 그것이 바로 …의 이유야

Point ▶▶ 좀 특이하게 생겼지만 일상생활에서 자주 쓰이는 패턴으로 「그런 이유로 해서 …한거야」라는 뜻이다.

Pattern ▶▶
_ **Which is why** we don't hide anything. 그래서 우리는 아무것도 숨기지 않아.

_ **Which is why** I think we should revisit Claire.
바로 그래서 우리는 클레어를 다시 찾아가야 한다고 생각해.

_ **Which is why** I'm the one out here doing this.
바로 그래서 내가 바로 여기서 이 일을 하고 있는거야.

_ **Which is why** my answer is yes! 바로 그래서 내 대답은 예스야!

_ **Which is why** she left early. 바로 그래서 걔가 일찍 나갔어.

Dialog ▶▶
A : Someone tried to break in to my apartment. 누군가가 내 아파트에 침입을 하려고 했어.
B : **Which is why** we should call the police. 바로 그래서 우리는 경찰을 불러야 했어.

002 Which do you+V~ ? 어떤 걸 …해?

Point ▶▶ 여러개 중에서 어떤 것을 V하는지 물어보는 문장.

Pattern ▶▶
_ **Which do you** like? 어떤 걸 좋아해?

_ **Which do you** recommend? 어떤 걸 추천해?

_ **Which do you** wanna be? 어떻게 되고 싶어?

_ **Which do you** want to see next? 다음으로는 어느 걸 보고 싶어?

_ **Which do you** think is better? 어느 편이 더 좋을까요?

Dialog ▶▶
A : I really wish I didn't have to study tonight. 오늘밤엔 정말로 공부 안했으면 좋겠어.
B : **Which do you** prefer, an "F" or a night out with friends?
F학점이랑 친구들과 밤에 노는 거 중 어떤 걸 선택할거야?

003 Which do you like~ ? …에서 어떤 걸 좋아해?

Point ▶▶ Which do you+V?의 대표패턴. Which는 좀 특이한 의문사로 선택이란 개념이 포함되어 있다. 우리말로 '어느 것'이라는 의미로 Which do you like better A or B?하면 두 개 중 하나를 선택하라고 할 때 사용하는 문장이다.

Pattern ▶▶
_ **Which do you like** better? 어떤 걸 더 좋아해?

_ **Which do you like** better peanut butter or egg whites?
피넛버터와 에그화이트 중에서 어떤 걸 더 좋아하니?

_ **Which do you like,** the red one or the white one?
빨간 것과 하얀 것 중에서 어떤 걸 더 좋아해?

_ **Which do you like** to bring with you? 올 때 어떤 것을 가져오는 걸 좋아해?

_ **Which do you like** to drink more? 어떤 것을 더 마시는 걸 좋아해?

Dialog »

A : We have a choice of skiing or snowboarding. 스키탈까 아니면 스노우보딩 할까.

B : Which do you like **to do better**? 넌 어떤 것을 더 하고 싶어?

004

Which do you prefer, A or B? A가 좋아 B가 좋아?

Point » Which do you like~에서 like 대신 더 좋아한다는 의미의 prefer를 쓴 것만 다르다.

Pattern »
_ **Which do you prefer?** 어떤 걸 더 좋아해?

_ **Which do you prefer** to have, Italian **or** Mexican food?
이태리 아니면 멕시코 음식이 좋아?

_ **Which do you prefer,** chocolate **or** vanilla? 초콜릿과 바닐라 중 어떤 걸 더 좋아해?

_ **Which do you prefer,** Los Angeles **or** New York? LA와 뉴욕 중 어디를 더 좋아해?

_ **Which do you prefer,** winter **or** summer? 겨울과 여름 중 어떤게 더 좋아?

Dialog »

A : Which do you prefer, chocolate or vanilla? 초콜릿과 바닐라 중 어떤 것을 더 좋아해?

B : Chocolate tastes far better. 초콜릿 맛이 훨씬 나아.

Pattern 02 »» ## Which+N~ ?

001

Which+N~ ? 어떤 …을 …해?

Point » Which는 what처럼 뒤에 명사가 붙어 Which+명사~ ?의 형태로 문장을 만들 수 있다. Which+명사+V~? 형태나 혹은 Which+명사+do you~/are you ~ing?로 만들 수 있다.

Pattern »
_ **Which** train goes to New York? 뉴욕으로 가는 버스가 어떤 열차죠?

_ **Which** train should I take to Gangnam? 어떤 전철을 타야 강남갈 수 있나요?

_ **Which** flight are you going to take? 어떤 비행편을 이용하실거죠?

_ **Which** Mr. Kim do you want to talk to? 어느 미스터 김과 통화하시겠어요?

_ **Which** coat do you like best? 어떤 코트를 제일 좋아해?

_ **Which** guy are you talking about? 어떤 녀석을 말하는거야?

Dialog »

A : Which swimsuit do you prefer? 어떤 수영복이 좋아?

B : I think the polka dot bikini is pretty. 물방울 무늬 비키니가 예쁜 것 같은데.

Chapter 15

002 Which way~ ? 어떤 길이 …해?

Point » 길을 물어볼 때 쓰는 전형적인 표현으로 Which way is~ 다음에 목표로 하는 명사를 넣으면 된다.

Pattern »

_ **Which way** is the Sears Tower? 시워즈 타워가 어느 쪽예요?

_ **Which way** is it[the bathroom]? 그건[화장실이] 어느 쪽에 있어?

_ **Which way** is shorter? 어느 길이 더 빨라?

_ **Which way** is out? 어느 쪽이 출구인가요?

_ **Which way** did the man run? 그 남자는 어떤 길로 뛰어갔어?

Dialog »

A : Which way is the Sears Tower? 시워즈 타워가 어느 쪽예요?

B : It's a mile ahead, on your left hand side. 1마일 전방, 왼편에 있어요.

003 Which one is~ ? 어떤 게 …해?

Point » Which one~은 「어떤 거」라는 의미. 앞에 언급된 명사를 재반복하지 않고 더 단순하게 말하는 방식이다.

Pattern »

_ **Which one** is your new boyfriend? 누가 네 새로운 남친이야?

_ **Which one,** the black one or the white one? 어떤 거요? 검은 색이요, 아님 흰 색이요?

_ **Which one** is better for me? 어느 게 내게 좋을까?

_ **Which one** is cheaper, this one or that one? 이것과 저것 중 어느 게 더 싸요?

_ **Which one** is better for our health? 우리 건강에 어떤게 더 좋아?

Dialog »

A : We could drive or fly to Busan. 우리는 부산까지 차로 갈 수도 있고 비행기로 갈 수도 있어.

B : Which one is safer? 어떤게 더 안전할까?

004 Which one of ~ is~ ? …들 중 누가 …해?

Point » 막연한 which가 아니라 one of+복수명사 중의 하나로 선택의 폭을 제한한 경우이다.

Pattern »

_ **Which one of** you **is** getting married? 너희들 중 누가 결혼해?

_ **Which one of** your roommates **will be** assisting? 네 룸메이트 중 누가 도와줄거야?

_ **Which one of** them **gets to** take you to prom? 걔네들중 누가 너를 프롬파티에 데려가게 될까?

_ **Which one of** us do you think **will be** the last to get married?
우리들 중 누가 가장 늦게 결혼할거라 생각해?

_ **Which one of** these foods **is** better tasting? 이 음식들 중 어느 것이 더 맛나?

Dialog »

A : Which one of these phones do you want to buy? 이 폰들 중에서 어떤 걸 사고 싶어?

B : I'll take the silver one, as well as the black one. 검은색과 은색을 살거야.

음용 Chapter 16

부사구

001 first thing in the morning 아침에 제일 먼저

Point >> 「아침에 일어나서 제일 먼저」라는 의미로 in the morning을 빼고 first thing이라고만 써도 된다.

Pattern >>

_ We're leaving **first thing in the morning.** 우린 아침 일찍 출발한다.

_ **First thing in the morning** we'll start a round of golf.
아침 일찍 우리는 골프를 치기 시작할거야.

_ She likes to wake up **first thing in the morning.** 걔는 아침 일찍 일어나기를 좋아해.

_ You'll get the package **first thing in the morning.** 넌 아침 일찍 소포를 받아볼거야.

_ I need to hear from you **first thing in the morning.** 아침 일찍 네 소식을 전해라.

Dialog >>

A : Have you begun exercising? 운동을 시작했어?
B : I'll start it first thing in the morning. 아침 일찍 시작할거야.

002 for the first time 최초로, 처음으로

Point >> for the first time은 「처음으로」라는 의미이고 at first는 「처음에는」이라는 뜻이다.

Pattern >>

_ That night, **for the first time,** we spoke the same language.
그날 밤 처음으로 우리는 의견이 일치됐어.

_ **For the first time** in my life I'm in a real relationship.
내 평생 처음으로 난 진짜 연애를 하고 있어.

_ That night, **for the first time,** Chris spent the night at my place.
그날 밤 처음으로 크리스는 내 집에서 밤을 보냈어.

_ I met Scott's girlfriend **for the first time.** 난 처음으로 스캇의 여친을 만났어.

_ She was late **for the first time.** 걘 처음으로 지각을 했어.

Dialog >>

A : I kissed my girlfriend for the first time. 난 처음으로 여친에게 키스를 했어.
B : It sounds like you're getting serious. 진지하게 발전되는 것 같아.

003 first of all 무엇보다도 먼저

Point >> 여러가지 할말 중에 가장 먼저 말을 꺼낼 때 혹은 일의 중요성에 있어서 「가장 먼저」라는 의미를 갖는다.

Pattern >>

_ Well, **first of all** good morning, everyone. 자, 무엇보다도 먼저, 다들 좋은 아침예요.

_ All right, **first of all,** you don't have to go. 알았어, 무엇보다도 먼저 너는 갈 필요가 없어.

_ **First of all,** I would never date a potential client.
무엇보다도 먼저 난 잠재고객과는 데이트를 절대로 하지 않을거야.

_ Well, **first of all,** that was her idea. 자, 무엇보다도 먼저, 그건 걔의 생각이었어.

_ **First of all,** this place needs to be organized. 가장 먼저, 이 곳은 정리가 좀 되어야겠어.

Dialog »

A : Have the police caught the killer? 경찰이 그 살인범을 잡았어?

B : First of all, there was no evidence. 무엇보다도 먼저, 증거가 없었어.

---

004 in the first place 맨먼저, 우선, 첫째로, 무엇보다도

Point » 뭔가 이유를 나열할 때 혹은 어떤 상황의 시작이라는 의미로 쓰인다.

Pattern »

_ I don't wanna go alone. It was your idea **in the first place.**
난 혼자 가기 싫어. 무엇보다도 그건 네 생각이었어.

_ If you hated it so much, why did you buy it **in the first place?**
그걸 그렇게 싫어했다면, 애시당초 왜 그걸 산거야?

_ I still can't believe she slept with you **in the first place.**
무엇보다도 먼저 난 걔가 너와 잤다는걸 믿을 수가 없어.

_ Can you tell me why this happened **in the first place?**
왜 이 일이 맨먼저 일어났는지 말해줄래?

_ I wouldn't have hired her **in the first place.** 무엇보다도 먼저 난 걔를 채용하지 않았을텐데.

Dialog »

A : Rob was the one who started the trouble. 사고를 치기 시작한 사람은 바로 랍야.

B : He shouldn't have been here in the first place. 무엇보다도 걘 여기 오지 말았어야 했는데.

Pattern 02 »» for a moment~

001 for a moment 잠시 동안

Point » 아주 짧은 기간을 뜻하는 것으로 moment 대신에 minute나 second를 써도 된다. 참고로 for the moment 는 「지금은」이라는 뜻이다.

Pattern »

_ Could you come in here **for a moment?** 잠깐 이리로 올래?

_ Rachel, could I see you **for a moment?** 레이첼, 잠깐 볼 수 있을까?

_ I was wondering if I could talk to you **for a moment?**
내가 너와 잠깐 얘기 좀 할 수 있을까?

_ Would you please excuse me **for a moment?** 잠깐 실례 좀 할게요.

_ Would you mind watching my bag **for a moment?** 잠시 가방 좀 봐줄래요?

Dialog »

A : Would you please excuse us for a moment? 우리 잠깐 실례해도 될까요?

B : Of course, you can call me when you're ready. 물론요. 준비되면 전화해요.

Chapter 16

002 **for a bit** 잠시동안

Point »

bit은 아주 짧거나 적은 것을 말하는 단어로 for a bit하면 「잠시동안」이라는 뜻이 된다. 참고로 a bit하게 되면 a little이란 뜻으로 일상생활에서 많이 쓰이는 표현이다.

Pattern »

_ Let me stay here **for a bit.** 잠시 여기 좀 있을게.

_ Can't she just stay here **for a bit?** 걘 잠시 여기 있을 수 없어?

_ Then hang out **for a bit** until you're sure that I'm fine.
내가 괜찮다고 네가 확신할 때까지 잠시 놀아라.

_ Are you gonna be okay alone **for a bit?** 잠시 혼자 있어도 괜찮겠어?

_ I've heard that Ian is **a bit** of a troublemaker. 난 이안이 좀 사고뭉치라고 들었어.

Dialog »

A : How's your day? You look a bit tired right now. 오늘 어때? 좀 피곤해 보이네.

B : Well, I have had a hundred things to get done with this job.
맞아, 이 일로 해야 되는 일이 엄청 많았어.

003 **for a while** 잠시 동안, 한동안

Point »

for a moment나 for a bit보다는 좀 긴 시간을 말한다. It's been a while(오랜만이야)에서 보듯 좀 긴시간을 뜻하기도 한다.

Pattern »

_ I just need to be by myself **for a while,** you know? 난 그냥 당분간 혼자있을래, 알지?

_ I'm gonna go talk to mom **for a while.** 난 잠시 엄마에게 가서 말할거야.

_ Do you guys mind staying here **for a while?** 너희들 잠시 여기서 머물러도 괜찮겠어?

_ Yeah, just leave me alone **for a while.** 그래, 잠시 나 좀 내버려둬.

Dialog »

A : There's going to be a showdown between the two of them.
그 두 사람 사이에 막판 승부가 펼쳐질거야.

B : It's going to get really hectic around here for a while. 한동안 사무실이 정말 정신없겠구나.

004 **for some time** 잠시, 얼마간

Point »

for some time은 상대적으로 「긴 시간」을 말하며, for the time being은 「짧은 시간」을 말한다.

Pattern »

_ I'll be in Paris **for some time** with my exhibition. 내 전시회일로 한동안 파리에 있을거야.

_ We'll be here **for some time.** 우리는 얼마간 여기 있을거야.

_ No, **for the time being,** I'm working with them. 아니, 당분간 난 걔네들과 일할거야.

_ Actually, I'm staying at the Waldorf **for the time being.**
사실은 당분간 월도프 호텔에 머무르고 있어요.

_ **For the time being,** we'll stay in this apartment. 당분간은, 이 아파트에서 머물거야.

Dialog »

A : Where are you planning to live? 어디서 살 예정이야?

B : For the time being, we'll stay in this apartment. 당분간은, 이 아파트에서 머물거야.

Pattern 03 >> from now on~

---

001 | **from now on** 지금부터

Point >> 지금부터 시작해서 앞으로 계속 이어진다는 의미.

Pattern >>
_ We have to be honest with each other **from now on.** 지금부터 우리는 서로에게 솔직해야 돼.

_ **From now on,** she's the only women who can yell at me!
지금부터 내게 소리지를 수 있는 사람은 걔뿐이야!

_ Okay, **from now on,** you don't get to talk to other people. 지금부터 다른 사람이랑 얘기하지마.

_ I'll be sure to double-check everything **from now on.** 지금부터 모든 걸 반드시 재확인할게.

_ Let's speak in turn **from now on.** 이제부터는 교대로 말하자.

Dialog >>
> A : I'm getting bored attending meetings. 회의에 참석하는게 점점 지루해져.
> B : From now on, just skip them. 지금부터 그냥 빼먹어.

---

002 | **for now** 지금으로서는, 당장은

Point >> 「현재로써는」이라는 의미로 for the time. 혹은 for the time being과 유사하다고 생각하면 된다.

Pattern >>
_ That's enough **for now.** 지금으로서는 충분해.

_ My only real plan **for now** is to be a good person again.
당장 나의 유일한 계획은 다시 좋은 사람이 되는거야.

_ I didn't know where to put it so I just left it here **for now.**
그걸 어디에 놓아야될지 몰라서 우선은 여기에 놔두었어.

_ Can you set aside your work **for now?** 넌 잠시만 네 일을 제쳐놓을 수 있니?

_ This will work **for now.** 이게 지금은 작동될거야.

Dialog >>
> A : What're you going to do next? 이젠 뭐할거야?
> B : I don't have any plans for now. 지금으로선 아무 계획이 없어.

---

003 | **to this day** 지금까지도

Point >> 과거부터 많은 시간이 흐른 「지금까지도」라는 의미.

Pattern >>
_ **To this day,** I don't even know what BLT stands for. 지금까지, BLT가 뭘 의미하는지 모르고 있어.

_ **To this day,** she doesn't know we were going out. 지금까지도 걘 우리가 데이트하는 줄 몰라.

_ Actually, **to this day,** she's never really said it. 실은, 지금까지도 걘 그걸 절대로 말한 적이 없어.

_ I remember my schoolmates **to this day.** 난 지금까지도 내 학교동창들을 기억해.

_ He kept his promise **to this day.** 걘 지금까지도 자기 약속을 지켰어.

Dialog >>
> A : Remember when you injured your leg? 네가 다리 부상을 당했을 때를 기억해?
> B : To this day, it still hurts. 지금까지도 아파.

Chapter 16

---

001 **by now** 지금쯤은, 이제

Point ⟫ by now는 「지금쯤이면」 뭔가가 혹은 어떤 일이 벌어지거나 행해졌을거라고 말할 때 사용한다.

Pattern ⟫ _ It's probably all through the town **by now!** 아마 지금쯤이면 마을 사람들이 전부 다 알겠구나!

_ They should be finished **by now.** 그것들 지금쯤이면 끝났을거야.

_ The meal must be ready **by now.** 식사가 지금쯤이면 준비되었을거야.

_ Has he called you **by now?** 걔가 지금쯤은 전화했지?

Dialog ⟫ A : Your neighbors were headed to work. 너의 이웃들이 일하러 갔어.
B : They should be gone by now. 지금쯤은 다 갔겠네.

---

002 **at present** 현재, 당장은

Point ⟫ at the moment와 같은 의미이고 그냥 간단히는 now이다.

Pattern ⟫ _ The company has problems **at present.** 회사는 현재 문제들이 있어.

_ **At present,** we have ended our relationship. 현재, 우리는 우리의 관계를 끝냈어.

_ There is no new news **at present.** 현재는 새로운 뉴스가 없어.

_ I don't have any money **at present.** 현재는 돈이 하나도 없어.

_ **At present,** my schedule is full. 현재, 내 스케줄은 꽉찼어.

Dialog ⟫ A : Do you need any more workers? 근로자가 더 필요해?
B : We don't need anyone at present. 당장은 더 필요하지 않아.

---

003 **right now** 현재는, 바로

Point ⟫ right now는 now를 right가 강조하는 부사구로 크게 의미는 두 가지로 볼 수 있다. 하나는 「지금 현재는」 (at the present time)이라는 의미로 「지금」을 강조하는 것이다. 다른 의미는 「당장」 (immediately)이라는 말로 뭔가 상대방에게 시킬 때 사용하는 것이다.

Pattern ⟫ _ I think that I'm going to turn in **right now,** if you don't mind.
당신만 괜찮다면 난 지금 잠자리에 들고 싶어요.

_ Do you know where he is **right now?** 걔가 지금 어디 있는지 알아?

_ Are you sure that the boss wants me to see him **right now?**
사장이 나보고 지금 당장 보자고 하는 게 확실해?

_ I'm sorry he is not in **right now.** 미안하지만 지금 걔는 외출중예요.

_ I don't have time for this **right now.** 지금 이럴 시간 없어.

Dialog ⟫ A : We have got to check out those new cell phones. 우리는 새로 나온 핸드폰을 확인해봐야겠어.
B : Let's do it right now. 당장 그렇게 하자.

001 **(un)til now** 지금까지

Point >> 시간 관련 부사구로 until now는 과거부터 지금까지 뭔가 행동이 계속 이루어졌을 때, 반면 by now는 지금까지의 연속적인 시간은 상관없는 표현으로, 「지금쯤은」, 「이제」라는 뜻이 된다.

Pattern >>

_ I felt really guilty about it **until now.** 지금까지 난 정말 그걸로 죄책감을 느꼈어.

_ We have already been lucky **until now.** 우리는 지금까지 이미 운이 좋았어.

_ And **until now,** I didn't think I'd love again. 그리고 지금까지 난 내가 다시 사랑하리라고 생각못했어.

_ Which is why I waited **until now** to introduce you to Mike.
바로 그래서 난 너를 마이크에게 소개시켜주려고 지금까지 기다렸어.

_ **Until now,** none of us knew what really happened.
지금까지, 우리들 중 누구도 무슨 일이 일어났는지 몰랐어.

Dialog >>

A : Had you met Candy before? 전에 캔디 만난 적 있었어?
B : Until now, we'd never met. 지금까지, 우린 만난 적이 없어.

002 **up to now** 지금까지

Point >> 앞의 until now와 동일한 의미.

Pattern >>

_ **Up to now,** the weather has been good. 지금까지 날씨가 좋았어.

_ They haven't contacted me **up to now.** 걔네들은 지금까지 내게 연락을 취하지 않았어.

_ Things have been fine **up to now.** 상황이 지금까지 좋았어.

_ **Up to now,** they have lived next door. 지금까지, 걔네들은 옆집에서 살았어.

_ Our team has been losing **up to now.** 우리 팀은 지금까지 지고 있어.

Dialog >>

A : How is your stomach? 너 배 어때?
B : Up to now, it's been very painful. 지금까지, 정말이지 아팠어.

003 **so far** 지금까지

Point >> 「지금까지」라는 뜻으로 어느 정도 과거의 시점부터 지금까지 무엇이 어떤지 표현할 때 사용하면 유용하다.

Pattern >>

_ It's been wonderful **so far.** 지금까지는 끝내줬어.

_ Things are going pretty well **so far.** 지금까지는 상황이 꽤 좋아.

_ How do you like it **so far?** 지금까지 어떤 것 같아?

_ How many have you sold **so far?** 지금까지 몇 개나 팔았어?

_ I've had no luck **so far.** 지금까지 운이 따르지 않았어.

Dialog >>

A : Are you comfortable? 불편한 거 없어?
B : So far. Thanks for asking. 지금까지는 괜찮아. 물어봐서 고마워.

Chapter 16

to date 지금까지

Point » until now. up to now와 동일한 의미이지만 약간 formal한 냄새가 나는 표현이다.

Pattern »

_ The email hasn't arrived **to date.** 이메일은 지금까지 아직 도착하지 않았어.

_ Each employee has been trained **to date.** 각 근로자들은 지금까지 교육을 받았어.

_ We've accomplished our goals **to date.** 우리는 지금까지 우리의 목표들을 달성했어.

_ The murder has not been solved **to date.** 살인사건은 지금까지 해결되지 않았어.

_ I've had all of my vaccinations **to date.** 지금까지 난 모든 예방접종을 다 했어.

Dialog »

A : How is your business going? 네 사업은 어때?

B : Things have been good to date. 지금까지 상황은 좋았어.

Pattern 06 »» not only ~ but also~

not only A but also B A뿐만 아니라 B도 …하다

Point » 「A 뿐만 아니라 B도」라는 의미의 not only A but (also) B는 중학교 시절 부터 줄기차게 외워 왔던 숙어. B as well as A와도 의미가 같은 이 표현을 쓸 때는 A와 B가 비교 관계가 성립할 수 있는 동등한 형태로 와야 한다.

Pattern »

_ I visited **not only** Asia, **but also** Europe. 난 아시아뿐만 아니라 유럽도 방문했어.

_ He graduated **not only** Harvard, **but also** Oxford.

갠 하버드뿐만 아니라 옥스퍼드도 졸업했어.

_ They own **not only** an apartment, **but also** a house.

걔네들은 아파트뿐만 아니라 주택도 소유하고 있어.

_ She bought **not only** a computer, **but also** a handbag.

갠 컴퓨터뿐만아니라 핸드백도 샀어.

_ I visited **not only** a doctor, **but also** bought medicine.

난 병원에 갔을 뿐만 아니라 약도 샀어.

Dialog »

A : So your cousin is a good cook? 그래 네 사촌이 유능한 요리사라고?

B : He made not only dinner, but also dessert. 저녁식사 뿐만 아니라 디저트도 만들었어.

002   both A and B A와 B 둘 다

Point » A와 B를 동시에 말하는 것으로 이 부분이 주어로 자리잡을 경우 동사는 복수로 써야 한다.

Pattern »

_ Deacon has **both** coffee **and** donuts. 디컨은 커피와 도넛이 있어.

_ I'd like **both** whiskey **and** a beer. 난 위스키와 맥주를 먹고 싶어.

_ She had **both** gold **and** silver rings. 걔는 금반지와 은반지를 갖고 있었어.

_ We need **both** part-time **and** full-time workers. 우리는 파트타임 및 풀타임 근무자가 필요해.

_ He gave us **both** presents **and** money. 걔는 우리에게 선물과 돈을 모두 주었어.

Dialog »

A : The party was really great. 파티는 정말 대단했어.

B : Both friends and family attended it. 친구들과 가족들이 참석했어.

003   either A or B A와 B 둘 중 하나는

Point » both A and B와 달리 둘 중 선택하여 하나만 언급할 때 사용하는 것으로 부정형인 neither A nor B는 A도 B도 아니다라는 의미가 된다. 참고로 either는 /아이더/라고 발음하기도 한다.

Pattern »

_ Take **either** soda **or** water. 탄산음료나 물을 먹어.

_ You can have **either** a lunch break **or** leave early. 점심휴식시간을 갖던지 일찍 퇴근하던지 해.

_ They offer **either** a discount **or** a rebate. 걔네들은 할인 혹은 리베이트를 제안하고 있어.

_ I can't figure it out **either**. 나 역시 모르겠어.

_ They are **either** going to cut back staff **or** give us a pay cut.
직원을 줄이든가 아니면 임금삭감이 있을거야.

Dialog »

A : He's really going to move up in the company. 그 친구 정말 승진할 것 같아.

B : Either that or he's going to land a job elsewhere. 그런가 아니면 다른 곳에서 일자리를 구하겠지.

004   between A and B A와 B사이

Point » 「A와 B의 사이」라는 의미로 「between+복수명사」의 형태로도 쓰인다는 점을 알아둔다.

Pattern »

_ What's the difference **between** sex **and** love? 섹스와 사랑의 차이점은 뭐야?

_ Right now I'm **between** jobs. 지금은 백수야.

_ We need to arrange a meeting **between** the managers.
매니저들간의 회의를 주선해야 돼.

Dialog »

A : What happened between you and your David. 너하고 데이빗 사이에 무슨 일야?

B : Well, we got into a fight. 어 싸웠어.

Chapter 16

001 due to+N …으로 인하여, …에 기인하여

Point » (be) due to~ 다음에 명사가 오면 「…로 기인하여」라는 원인을 말하는 표현이 되며, 반면 be due to~ 다음에 동사를 쓰면 「…할 예정이다」라는 의미가 된다.

Pattern »
_ The game was cancelled **due to** rain. 그 경기는 우천으로 취소되었어.

_ They'll be late **due to** traffic. 걔네들은 차가 막혀서 늦을거야.

_ He was fired **due to** dishonesty. 걔는 솔직하지 못해서 잘렸어.

_ The plane **is not due to** arrive for another hour. 한 시간 더 있어야 비행기가 도착할 거라는 군.

_ It's **probably due to** all your work you have to finish.
아마 당신이 끝내야 하는 모든 업무 때문일거예요.

Dialog »
> A : Did you go to the concert? 너 그 콘서트에 갔어?
> B : No, it was cancelled due to some problems. 아니, 좀 문제가 있어서 취소됐어.

002 because of~ … 때문에

Point » 이유를 말하는 대표적인 전치사구로 because of~다음에는 명사가 온다. 참고로 of가 빠지면 because S+V의 형태로 써줘야 한다.

Pattern »
_ I'll be away **because of** my job. 업무차 출타중일거야.

_ Maybe he got caught in traffic **because of** the bad weather.
걘 날씨가 안좋아서 차가 막히나 봐요.

_ The car doesn't run **because of** an engine problem.
엔진에 문제가 있어서 차가 꼼짝도 안해.

_ The boss had to call off the meeting **because of** the traffic.
사장은 차가 막혀서 회의를 취소해야 했어.

Dialog »
> A : The power went out because of the storm. 폭풍우 때문에 정전이 됐었어요.
> B : That explains it. I wondered why the computer wouldn't work.
> 그래서 그런 거였구나. 왜 컴퓨터가 작동 안되나 했죠.

003 on account of~ …때문에

Point » 「예금계좌」, 「고객」, 「거래선」이란 다양한 의미로 쓰이는 account가 on account of~로 되면 because of~와 같은 뜻이 된다.

Pattern »
_ He stayed away **on account of** our argument. 우리가 다투어서 걘 가까이 오지 않았어.

_ We need money **on account of** our bills. 우리는 청구서 때문에 돈이 필요해.

_ They left **on account of** another appointment. 걔네들은 다른 약속이 있어서 가버렸어.

_ We stayed home **on account of** the snowstorm. 우리는 폭설로 해서 집안에 머물렀어.

_ The accident happened **on account of** bad driving. 그 사고는 운전미숙으로 일어났어.

Dialog »

> A : No one is playing soccer today? 오늘 아무도 축구경기 하지 않지?
> B : Matches have been cancelled on account of the storm. 경기들이 폭풍 때문에 취소됐어.

---

004 for that reason 그 때문에

Point » 문맥상 앞서 언급한 이유를 구체적으로 말하는 표현법.

Pattern »

_ He went to the hospital **for that reason.** 걔는 그 이유로 병원에 갔어.

_ They got married **for that reason.** 걔네들은 그 때문에 결혼했어.

_ Each person must take the test **for that reason.** 모든 사람은 그 때문에 테스트를 치러야 해.

_ We need to discuss this **for that reason.** 우리는 그 때문에 이 문제를 논의해야 돼.

_ The business failed **for that reason.** 사업은 그 때문에 망했어.

Dialog »

> A : The membership fee is one hundred dollars. 회비는 백 달러야.
> B : For that reason, you shouldn't join. 그 때문에 넌 가입하지마라.

Pattern 08 »» according to~

001 according to …에 의하면, …에 따르면

Point » 어떤 이야기를 하면서 그 소스가 어디인지 언급하려면 according to sb라고 하면 된다.

Pattern »

_ **According to** John, the economy is getting bad. 존에 따르면, 경제는 점점 나빠질거래.

_ These sandwiches are delicious, **according to** Sandra.
샌드라 말에 의하면 이 샌드위치는 맛있대.

_ **According to** you, we should be able to find girlfriends.
네 말에 따르면 우리는 여친을 찾을 수가 있어야 돼.

_ The movie is terrible, **according to** my friends. 친구들 말에 따르면 영화는 형편없대.

_ It will be cold tomorrow, **according to** the weatherman.
기상예보관에 따르면 내일 추울거래.

Dialog »

> A : Can I trust what Joe says? 조가 말하는 것을 믿어도 돼?
> B : According to his brother, he's a liar. 걔 형말에 의하면, 걔 거짓말쟁이래.

Chapter 16

---

002 in fact 사실

Point » In fact는 앞서 자기가 말한 내용과 좀 다른 이야기나 놀라운 이야기를 꺼내거나 혹은 상대방이 예상하는 것과 반대되는 이야기를 꺼낼 때 사용한다. 「사실은」, 「실은」이라는 의미. 같은 맥락의 표현으로는 as a matter of fact나 Actually가 있다.

Pattern »

_ **In fact,** I'm going to go call her right now. 사실, 지금 당장 걔한테 전화할거야.

_ **In fact,** she looked forward to a quiet dinner alone. 사실 걘 혼자 조용한 식사를 기대했었어.

_ **In fact,** no one came to the meeting. 사실, 회의에 아무도 오지 않았어.

_ **In fact,** we don't need any help. 사실, 우리는 어떤 도움도 필요없어.

_ **In fact,** she can't attend the meeting. 사실, 걘 회의에 참석할 수 없어.

Dialog ≫

> A : Had you met any of the women? 이 여자들 중 만나본 여자 있어?
> B : In fact, I'd never met them. 사실, 전혀 만나본 적이 없어.

003 **as a matter of fact** 사실은

Point ≫ 뭔가 자세한 정보를 얘기해줄 때 혹은 상대방과 반대되는 이야기를 꺼낼 때 사용하면 된다.

Pattern ≫

_ **As a matter of fact,** she said that's how I am going to die.
사실, 걔는 내가 그런 식으로 죽어갈거라고 말했어.

_ **As a matter of fact,** I'm seeing him tonight. 사실, 오늘밤에 걔를 만날거야.

_ **As a matter of fact** I didn't go to bed last night. 사실, 지난밤 잠을 못잤어.

_ **As a matter of fact,** he's a lawyer. 사실, 걔는 변호사야.

_ **As a matter of fact,** I don't smoke. 사실, 난 담배를 피우지 않아.

Dialog ≫

> A : Don't you think it's about time you took a vacation? 휴가 한 번 갈 때 됐다고 생각안해?
> B : As a matter of fact I do think I should take one. 사실 휴가를 한번 낼 생각이야.

004 **by the time S+V** …할 때 쯤이면

Point ≫ by the time~ 이하의 내용이 일어날 때 쯤이면 주절의 행위는 이미 벌어지고 난 상태일거라는 의미를 나타낸다.

Pattern ≫

_ **By the time** I get home, he'll be asleep. 내가 집에 올 때 쯤에, 걔는 자고 있을거야.

_ The show was finished **by the time** I turned on the TV.
내가 TV를 켰을 때는 이미 그 프로그램은 끝났어.

_ You said you'd be ready **by the time** they got home.
걔네들이 집에 올 때쯤이면 넌 준비가 되어 있을거라고 했잖아.

_ I'll be out **by the time** you get home from work tomorrow.
내일 네가 퇴근후 집에 왔을 때 난 나가고 없을거야.

_ I hope that everything is all set up **by the time** we get there.
우리가 거기 도착할 때 쯤 모든 게 완벽하게 준비가 끝나 있으면 좋겠어.

Dialog ≫

> A : Did you get to talk to Carrie? 캐리에게 말하게 됐어?
> B : She was gone by the time I got home. 내가 집에 왔을 때 이미 가고 없더라고.

001   **at a time** 한번에

Point >> at a time은 「한번에」, 「따로따로」, one at a time은 「한번에 하나씩」 즉 「차례로」라는 의미로, 점진적으로라는 의미의 one step at a time과 유사한 의미가 된다. 또한 at a time ~ S+V의 형태로 쓰이면 「…한 때에」라는 표현.

Pattern >>
_ You're better at doing one thing **at a time.** 한번에 하나씩 일을 하는게 더 나아.
_ We'll take it **one step at a time.** 우리는 점진적으로 그걸 받아들일거야.
_ We can go there **at a time** that is convenient. 우리는 편리한 시간에 그곳에 갈거야.
_ We'll plan a meeting **at a time** when you can attend.
　네가 참석할 수 있는 시간에 회의를 잡을게.
_ Schedule it **at a time** of your choosing. 네가 원하는 시간에 스케줄을 잡아.

Dialog >>

A : Did they show you the new pictures? 걔네들이 네게 새로운 사진들을 보여줬어?
B : We looked at them one at a time. 우리는 한번에 하나씩 그것들을 봤어.

002   **one at a time** 한번에 하나씩, 차례로

Point >> 앞의 at a time에 one이 붙은 것으로 앞서 얘기했듯이 one step at a time과 같은 의미이다.

Pattern >>
_ Check these reports **one at a time.** 이 보고서들을 차례대로 확인해봐.
_ Hand these to me **one at a time.** 내게 이것을 한번에 하나씩 건네줘.
_ She ate the grapes **one at a time.** 걔는 한번에 하나씩 포도를 먹었어.
_ You can email them **one at a time.** 넌 한번에 하나씩 이멜을 보낼 수 있어.
_ The passengers boarded **one at a time.** 승객들은 차례대로 탑승했어.

Dialog >>

A : I have a lot of notes. 메모한 게 많은데요.
B : Read them to me one at a time. 한번에 하나씩 읽어줘봐.

003   **at one time** 한때는

Point >> 과거에(in the past)에는 그랬지만 지금은 아니다(not now)라는 의미가 들어있다.

Pattern >>
_ **At one time** there were no buildings here. 한때는 여기에 빌딩들이 없었어.
_ **At one time** I lived in Washington. 한때는 난 워싱턴에 살았어.
_ **At one time** this country was poor. 한때 이 나라는 가난했어.
_ **At one time** he played professional sports. 한때는 걘 프로 선수였어.
_ I might've had feelings for her **at one time** not any more.
　한때 걔를 좋아했을지도 모르지만 이젠 아냐.

Dialog >>

A : Has Vern seen your parents? 번이 네 부모님을 뵀어?
B : He met them at one time. 한번 만나뵀었지.

at the same time 동시에

Point » 뭔가 동시에 두 가지 이상의 일이 일어나는 것을 말할 때 사용하는 빈출 부사구이다. 물론 글자 그대로 써서 「같은 시간에」라는 의미로 쓰일 수도 있다는 점을 알아둔다.

Pattern »
_ Is it possible to love two people **at the same time?** 동시에 2명을 사랑할 수가 있어?
_ You can finish this work **at the same time.** 넌 동시에 이 일을 끝낼 수 있어.
_ These must be handed in **at the same time.** 이것들은 동시에 제출되어야 해.
_ They plan to arrive **at the same time.** 걔네들은 같은 시간에 도착할 예정이야.
_ The two weddings happened **at the same time.** 그 두 결혼식이 같은 시간에 열렸어.

Dialog »
> A : You're picking up two people at the station? 너 역에서 두 명 픽업해?
> B : Yeah, they're arriving at the same time. 어, 같은 시간에 도착해.

Pattern 10 » the other way around

001

contrary to …에 반하여, …와 달리

Point » 특히 예상과 달리라는 의미의 표현인 contrary to expectations는 외워둔다.

Pattern »
_ It's expensive, **contrary to** what I was told. 내가 들은거와는 달리 그건 가격이 비싸.
_ The weather was hot, **contrary to** the forecast. 기상예보와 달리 날씨는 더웠어.
_ The city was far away, **contrary to** the map. 지도와 달리 도시는 아주 멀리 떨어져 있었어.
_ He was very hungry, **contrary to** what he told me. 걔가 내게 얘기한 것과는 달리 매우 배고파했어.
_ Kevin was successful, **contrary to expectations.** 예상과 달리 케빈은 성공했어.

Dialog »
> A : Has your dad given up smoking? 네 아빠 담배 끊으셨어?
> B : He hasn't, contrary to the doctor's advice. 의사의 충고와 달리 그렇게 못하셨어.

002

the other way around 반대로, 거꾸로

Point » 위치, 방향 혹은 순서 등이 「반대로」, 「거꾸로」라는 의미의 부사구.

Pattern »
_ I'm afraid it's **the other way around.** 그게 반대로인 것 같은데.
_ You lied to me, not **the other way around.** 넌 내게 거짓말을 했어, 진실을 말하지 않고서.
_ Try connecting it **the other way around.** 거꾸로 그걸 연결해보도록 해봐.
_ It may fit **the other way around.** 반대로 하면 맞을지도 몰라.
_ She dislikes him, not **the other way around.** 걔는 그를 싫어해, 좋아하는게 아니고.

Dialog »
> A : So you broke up with your boyfriend? 그래 너 남친과 헤어졌어?
> B : No, it was the other way around. 아니, 그 반대였어.

003 on the other side of …의 반대편에

Point » 「…의 다른 쪽에 있다」라는 말로 「…의 반대편에」, 「…의 맞은편에」라는 뜻이다.

Pattern »

_ The bank is **on the other side of** the street. 은행은 거리 맞은편에 있어.

_ It's **on the other side of** town. 그건 시내의 반대편에 있어.

_ The keys are **on the other side of** the counter. 열쇠는 카운터의 반대편에 있어.

_ Why don't you get **on the other side of** this car and help me out with this? 이 차의 반대편으로 타서 내가 이걸 꺼내는걸 도와주라.

Dialog »

A : I can't find the textbook. 교과서를 찾을 수가 없어.

B : Look on the other side of the desk. 책상의 반대편을 봐봐.

004 on the other hand 다른 한편으로, 반면에

Point » 앞의 문맥과 다른 반대되는 이야기를 할 때 꺼내는 부사구.

Pattern »

_ **On the other hand,** maybe you should go. 다른 한편으로는 네가 가는게 좋을지도 모르겠어.

_ **On the other hand,** we might cancel it. 다른 한편으로는, 우리가 그걸 취소할지도 몰라.

_ **On the other hand,** you could invest your money. 다른 한편으로는 넌 네 돈을 투자할 수도 있어.

_ **On the other hand,** you can change your plans. 다른 한편으로는 넌 계획을 바꿀 수가 있어.

_ **On the other hand,** I may skip breakfast. 다른 한편으로는 난 아침을 건너뛸지도 몰라.

Dialog »

A : The wedding might be boring. 결혼식은 지루할 수도 있어.

B : Maybe, but on the other hand, it might be fun. 그럴 수도, 하지만 다른 한편으로는 재미있을 수도 있어.

Pattern 11 » in a hurry

001 in a hurry 급히, 서둘러

Point » 뭔가 급히 서둘러하는 것을 말할 때 사용하는 표현으로 hurry 대신 rush를 써서 in a rush라고 해도 된다.

Pattern »

_ If you're **in a hurry,** go by yourself. 급하면 너 혼자 가라.

_ We're **in a hurry.** We have a birthday party. 우리 서둘러야 돼. 생일파티가 있어.

_ Leo couldn't talk because he was **in a hurry.** 레오는 서두르다보니 말을 할 수가 없었어.

_ No, I'm not **in a hurry** today. 아니, 나 오늘 급할거 없어.

_ Everyone in New York City is **in a hurry.** 뉴욕의 모든 사람들은 바빠서 정신없어.

Dialog »

A : Did you have a conversation with Mary? 메리와 대화를 해봤어?

B : No, unfortunately, she was in a hurry. 아니, 불행하게도, 걔가 바빴어.

002 in no time 곧, 금세

Point » 「즉시」, 「곧」이라는 의미로 very soon[quickly]로 생각하면 된다. 뒤에 at all을 붙여 in no time at all이라고 해도 된다.

Pattern »
_ Lunch will be ready **in no time.** 점심이 곧 준비될거야.
_ The flight arrived **in no time.** 비행편이 금세 도착할거야.
_ We can be at your house **in no time.** 우리는 금세 네 집에 갈 수 있어.
_ My girlfriend was finished **in no time.** 내 여친은 금세 끝났어.
_ I'll complete this report **in no time.** 난 빨리 이 보고서를 완성할거야.

Dialog »
> A : I really need to have a beer. 난 정말 맥주를 먹어야 돼.
> B : The bartender will get you one in no time. 바텐더가 바로 하나 건네줄거야.

003 at once 즉시, 동시에

Point » at once는 「즉시」(immediately) 혹은 「동시에」(at the same time)이란 의미이다. 앞에 all을 붙여 all at once 하게 되면 「갑자기」(suddenly)라는 뜻이 된다.

Pattern »
_ I am experiencing so many things **at once.** 이렇게 많은 일이 한꺼번에 닥치다니.
_ You should do it **at once.** 넌 곧 그것을 해야지.
_ I want these packages delivered **at once.** 이 소포들을 바로 발송하길 원해.
_ Tell him we need him here **at once.** 걔한테 즉시 걔가 필요하다고 말해.
_ I told you to get it done **at once.** 내가 바로 그걸 끝내라고 했잖아.

Dialog »
> A : Life can be very stressful. 인생은 너무 고달플 수도 있어.
> B : Yeah, a lot of things happen all at once. 그래. 많은 일들이 갑자기 일어나지.

004 before long 머지않아

Point » 글자그대로 「오래지 않아」라니까 「곧」(soon)이라는 의미가 된다.

Pattern »
_ The winter season will be here **before long.** 곧 겨울철이 올거야.
_ **Before long,** you'll need to go to the hospital. 머지않아, 넌 병원에 가봐야 될거야.
_ We'll arrive at the airport **before long.** 우리는 곧 공항에 도착할거야.
_ The dinner will be ready **before long.** 저녁이 바로 준비될거야.
_ **Before long,** you're going to get married. 머지않아, 넌 결혼하게 될거야.
_ **Before long** I'll be dead. 곧 나는 죽을거야.

Dialog »
> A : You met Hal in elementary school? 넌 초등학교에서 할을 만났어?
> B : Yeah, and before long, we were good friends. 어. 머지않아, 우리 친구가 되었어.

Pattern 12 » come to think of it

---

001 come to think of it 생각해보니

Point » come to think of it은 「생각해 보니」라는 뜻으로 갑자기 뭔가 생각났을 때 사용할 수 있는 표현.

Pattern »
_ **Come to think of it,** why don't you come to the movies with us?
그러고 보니, 너도 우리랑 영화보러 가는게 어때?

_ **Come to think of it,** she doesn't want you to know that.
생각해보니, 걘 네가 그걸 모르길 바래.

_ **Come to think of it,** I don't need it anymore. 생각해보니, 난 그게 더 이상 필요하지 않아.

_ **Come to think of it,** I left my cell phone in the office.
생각해보니, 내가 사무실에다 휴대폰을 두고 왔어.

_ **Come to think of it,** I've met her before. 생각해보니 전에 걔를 만났어.

Dialog »
> A : That law firm is full of nothing but ambulance chasers. 그 법률 사무소에는 질낮은 변호사밖에 없어.
> B : Come to think of it they do have a reputation. 그러고보니 걔네들 평판이 나있지.

---

002 when it comes to …에 관한 한

Point » 회화에서 무지무지 많이 쓰이는 부사구중 하나로 when it comes to+명사[~ing]하게 되면 「…에 관한 한」이라는 의미로 주로 나의 「의견」이나 「생각」을 피력할 때 사용하면 된다.

Pattern »
_ I'm not good **when it comes to** breaking up with girls.
난 여친들과 헤어지는거라면 아주 서툴러.

_ **When it comes to** love, I know nothing. I'm a complete idiot.
사랑에 관해서라면 난 아는 게 전혀 없어. 난 완전히 쑥맥이야.

_ **When it comes to** love, what does age matter? 사랑에 관해서라면 나이가 뭐 중요한건가?

_ I have never had any success **when it comes to** women.
난 여자 문제와 관련해서는 성공하는 법이 없다니까.

_ **When it comes to** math, she's a genius. 수학에 관한 한 걔는 천재야.

Dialog »
> A : Are you sure you can fix my notebook computer? 내 컴퓨터 고칠 자신 있니?
> B : Trust me. I'm the best when it comes to computers. 나를 믿어봐. 컴퓨터에 관한한 내가 최고잖아.

Chapter 16

---

003 Not to mention …은 말할 것도 없고, …은 물론

Point » not to mention+N의 명사자리에는 이미 앞서 언급된 내용을 반복하며 나머지 주절에 강조하고 싶은 내용을 언급하면 된다. 참고로 Now that you mention it은 「그러고 보니」라는 다른 뜻이 된다.

Pattern »
_ I need some milk and some juice, **not to mention** the eggs we need for tonight's dinner. 우유하고 주스를 사야겠네. 오늘 저녁식사에 쓸 계란은 말할 것도 없고.

_ **Not to mention** the promises you made. 네가 한 약속은 말할 것도 없고.

_ **Not to mention** the plans we have. 우리가 세운 계획은 말할 것도 없고.

701

_ **Now that you mention it,** I haven't seen him. 그러고보니. 난 걔를 본 적이 없어.

_ **Now that you mention it,** I recall that meeting. 그러고보니. 그 회의가 기억나.

Dialog >>

A : What's on the schedule tomorrow? 내일 일정이 뭐야?

B : We're attending a show, not to mention a dinner afterwards.
한 전시회에 가는데 끝난 후에 저녁식사는 말할 것도 없고.

---

004 | **in addition to** …에 더하여

Point >> 역시 in addition to+N형태로 명사자리에는 이미 알고 있는 내용을 언급하고 주절에서 새로운 내용을 강조하는
패턴이다.

Pattern >>
_ She's a wonderful friend **in addition to** a wonderful mother.
우리 엄마는 훌륭한 어머니일 뿐 아니라 훌륭한 친구이기도 해.

_ He's sick, **in addition to** being tired. 걘 피곤할 뿐만 아니라 아파.

_ I have a date, **in addition to** my other plans. 내 다른 계획에 더하여 난 데이트가 있어.

_ She brought money, **in addition to** giving gifts. 걘 선물을 줬을 뿐만 아니라 돈을 가져왔어.

_ Take medicine, **in addition to** getting some rest. 좀 쉴 뿐만 아니라 약을 먹도록 해.

Dialog >>

A : Did you bring these presents? 이 선물들을 가져왔어?

B : I brought presents, in addition to snacks. 스낵에 더해서 선물들을 가져왔어.

Pattern 13 >> **As soon as ~**

---

001 | **as soon as S+V** … 하자마자

Point >> 「…하자마자」라는 의미의 시간 부사절. 부사절에서 현재시제가 미래시제를 대신한다는 점을 생각하면서 예문을 본다.

Pattern >>
_ I will get you a present **as soon as** I get some money.
돈이 생기는 대로 너한테 선물을 사줄게.

_ I will give you an answer **as soon as** I get in. 들어오는 대로 답을 줄게.

_ **As soon as** I get through this report, I'll give you my answer.
이 보고서 끝마치고 나면 바로 네게 답을 줄게

_ I'll tell him to call you back **as soon as** he's free. 시간이 나는대로 전화드리라고 전할게요.

_ You can go **as soon as** John gets back from the rest room.
존이 화장실에서 나오는대로 가도 됩니다.

Dialog >>

A : Did you answer the phone? 전화 받았니?

B : I did, but they hung up as soon as I answered. 응. 그런데 내가 받자 끊어버렸어.

002 | as long as~ …하는 한

Point » as soon as S+V처럼 'as+형용사[부사]+as'가 절(S+V)을 이끄는 경우. as long as you like. as long as you want의 형태로 일정한 기간을 나타내는 경우도 있으나 일반적으로는 조건(if)의 의미로 주로 쓰인다.

Pattern »

_ That's fine with me **as long as** you pay! 네가 낸다면야 난 좋지!

_ Feel free to stay here **as long as** you like. 계시고 싶을 때까지 마음놓고 머무세요.

_ That would be fine **as long as** it arrives 4 o'clock. 4시까지만 도착하면 돼.

_ **As long as** we've finished our work we can call it a day.
우리가 맡은 일을 끝내면 오늘 그만 쉬자구.

_ You're welcome to stay at my place **as long as** you need.
네가 필요한 기간 만큼 우리집에 머물러도 좋아.

Dialog »

A : Do you take checks? 수표 받나요?

B : Yes, as long as you have proof of identification. 네, 신분증을 제시하시면요.

003 | as far as I'm concerned 나에 관한 한, 나로서는

Point » 상대방과 좀 다른 의견을 말할 때 먼저 꺼내면 좋은 표현. 비슷한 형태의 as far as ~ go~는 「…으로서는」, 「…치고는」이라는 다른 의미가 된다.

Pattern »

_ He can have the car **as far as I'm concerned.** 나로서는 걔가 차를 가져도 돼.

_ **As far as I'm concerned,** the matter is settled. 나에 관한 한 그 문제는 해결됐어.

_ Our relationship is finished **as far as I'm concerned.** 나로서는 우리 관계는 끝났어.

_ **As far as I'm concerned,** the decision has been made. 나에 관한 한 결정은 정해졌어.

_ **As far as his experience goes,** he's second to none.
경험에 관해서라면 그 사람을 따라갈 사람이 없지.

Dialog »

A : My son got sick and I had to take him to the doctor. 아들이 아파서 의사한테 데려가야 했습니다.

B : Well, as far as the company is concerned, that's no excuse.
글쎄요, 회사 입장에서는 그건 이유가 안됩니다.

004 | as far as I know 내가 아는 한

Point » 뭔가 확실히 기억이 나지 않아 정확히 알고 있지는 못한 상태에서 그래도 자기가 맞다고 생각되는 부분을 말할 때 사용하는 조심스런 표현으로 나중에 화근을 조금이라도 줄일 때 요긴한 표현이다.

Pattern »

_ **As far as I know,** they sent it yesterday. 내가 아는 한 그거 어제 보냈다는데.

_ **As far as I know,** she's not seeing anybody. 내가 아는 한 갠 지금 사귀는 사람 없어.

_ **As far as I know,** she left the country. 내가 아는 한 갠 해외로 갔어.

_ **As far as I know,** he didn't show up at the party. 내가 아는 한 갠 파티에 오지 않았어.

Dialog »

A : As far as I know they sent it yesterday. 내가 아는 바로는 그 사람들 어제 그걸 보냈다던데.

B : Then it should arrive later today. 그럼 오늘 늦게는 도착하겠군요.

Chapter 16

703

001 **concerning** …에 관하여

Point >> 특정 주제에 관한이라는 의미로 동사의 ~ing형태가 전치사로 쓰이는 드문 경우이다.

Pattern >>
_ I have questions **concerning** your trip from Korea to Berlin.
한국에서 베를린까지의 여행에 대해 몇가지 물어볼게 있어.

_ Diane called me **concerning** my son. 다이앤은 내 아들에 관해 내게 전화를 했어.

_ Can I talk to you **concerning** the accident? 그 사고에 관해서 너와 얘기할 수 있을까?

_ These are notes **concerning** the court case. 이것들은 법정소송사건에 관한 기록들이야.

_ We need to discuss things **concerning** the employees.
우리는 근로자들에 관한 일들을 논의해야 돼.

Dialog >>
A : I'd like to talk with you concerning the meeting we're having this week.
이번 주에 있을 회의에 관해서 얘기하고 싶은데요.

B : What time would be good for you? 언제가 좋겠어요?

002 **including** …을 포함하여

Point >> include의 ~ing형태로 including 다음에는 명사형태가 이어져야 한다.

Pattern >>
_ Weather here is cold, **including** in the summer. 여기 날씨는 여름까지도 추워.

_ Seven people are coming, **including** Michelle. 미쉘을 포함해 일곱명이 오고 있어.

_ Bring some food, **including** some snacks. 과자를 포함해서 먹을 것 좀 가져와.

_ He bought gifts, **including** jewelry. 걘 보석류를 포함해 선물들을 샀어.

_ I'll email the files, **including** her report. 걔 보고서를 포함해 파일들을 이메일로 보낼게.

Dialog >>
A : How much do I owe you? 얼마죠?

B : Your bill is for $125, including tax. 세금까지 해서 125달러예요.

003 **regarding** …에 대하여

Point >> concerning과 비슷한 의미로 특정 주제에 대해 얘기를 꺼낼 때 사용하는 다소 formal한 표현.

Pattern >>
_ Can we talk **regarding** our vacation? 우리 휴가에 관해 얘기나눌까?

_ The police questioned him **regarding** the murder. 경찰은 살인사건에 대하여 걔를 심문했어.

_ I need to see you **regarding** your requests. 난 네 요청에 대하여 너를 만나봐야겠어.

_ Linda called **regarding** the school festival. 린다는 학교 축제에 관하여 전화했어.

Dialog >>
A : Could we speak, regarding my job? 내 일에 대해서 말할 수 있을까요?

B : Sure, what would you like to know? 그럼요, 뭘 알고 싶은데요?

considering …를 고려해 볼 때, …를 생각하면

Point » considering+N하게 되면 「…을 고려해볼 때」라는 의미. 특이하게도 considering that S+V의 형태로 써도 된다.

Pattern »
_ It was a fun day **considering** the weather. 날씨를 고려해볼 때 오늘은 즐거웠어.

_ The food was terrible **considering** how much it cost.
가격을 생각하면 그 음식은 정말 형편없었어.

_ Carrie acted kind **considering** that she was tired.
캐리는 피곤한 것을 고려해볼 때 착하게 행동했어.

_ You seem unhappy **considering** that things are fine.
상황이 좋은 걸 생각해볼 때 넌 불행해보여.

_ **Considering** he didn't even look at me when I came into the room, I'm sure he's gay. 내가 방에 들어갔을 때 걔가 날 쳐다보지 않은걸로 봐서 걘 게이가 분명해.

Dialog »

A : The car is in bad condition considering it's only two years old.
2년밖에 안됐다는 걸 감안하면 그 차는 상태가 너무 안좋아.

B : It used to be a company car and no one looked after it. 회사차였는데 아무도 관리를 안했어.

Pattern 15 »» in case~

in case (that)~ …의 경우에 대비해

Point » 「in case의 이하의 일이 일어날 지도 모르니」라는 말로 in case 이하 때문에 대비하고 준비하는 등 뭔가 하라고 얘기할 때 주로 사용된다.

Pattern »
_ We should wait just **in case** the conference dates get changed.
혹시 회의 날짜가 변경될지도 모르니 기다려야 해요.

_ I'll be there **in case** you need help. 네가 도움이 필요할지도 모르니 내가 거기로 갈게.

_ Give me some money **in case** I need to buy something.
내가 뭐 좀 사야될지 모르니 내게 돈 좀 줘.

_ These drinks are **in case** you're thirsty. 이 음료수들은 네가 목마를 것을 대비한거야.

Dialog »

A : I would like to take tomorrow off. 전 내일 쉬고 싶은데요.

B : Just leave your cell phone on in case we need to get in touch.
우리가 연락할 일이 있을지 모르니까 핸드폰을 켜놓고 있으세요.

Chapter 16

002 in case of~ …의 경우에

Point » in case S+V가 아니라 phrase(구)로 쓰려면 in case of+N으로 하면 된다. 특히 in case of emergency는 「비상시에」라는 의미가 된다.

Pattern »
_ Use this exit **in case of emergencies**. 비상시에는 이 출구를 이용해.

_ These lights are **in case of** a power outage. 이 손전등은 정전때를 대비한거야.

_ Use the subway **in case of** a traffic jam. 차가 막히는 경우에는 지하철을 이용해.

_ **In case of** any problems, call me. 무슨 문제가 있을 때 내게 전화해.

_ **In case of** rain, take your umbrella. 비가 올 경우를 대비해 우산을 가지고 가.

Dialog »
A : Why do you need my phone number? 왜 내 전화번호가 필요한거야?
B : So we can call you in case of a problem. 그럼 문제생겼을 때 너한테 전화할 수 있잖아.

003 just in case 만일에 대비하여

Point » just in case가 단독으로 쓰이면, 「혹시」, 「만약을 대비해서」라는 의미이고 just in case S+V가 되면 only if(…한 경우에 한해서)라는 뜻이 된다.

Pattern »
_ I studied longer for the test, **just in case.** 난 만약을 대비해서 시험공부를 더 했어.

_ This aspirin is **just in case** of a headache. 이 아스피린은 두통을 대비한거야.

_ She brought extra money, **just in case.** 걘 만약을 대비해서 돈을 더 갖고 왔어.

_ Buy me a coffee **just in case** I get sleepy. 내가 졸릴 때에 한해서 내게 커피를 사줘.

_ Can I have your phone number **just in case?** 혹시 모르니 전화번호를 가르쳐 주시겠어요?

Dialog »
A : It should only cost a hundred dollars. 그건 100 달러 정도 할거야.
B : Let's bring extra money just in case. 만일에 대비해서 돈을 좀 더 가져가자.

004 in that case 그런 경우에는

Point » 직역해도 우리말과 딱 맞는 표현으로 「그런 경우에는」, 「그렇다면」 등의 뜻이다.

Pattern »
_ Oh, **in that case,** let's start the operation without him.
그래요, 그렇다면 그를 빼고 수술을 시작합시다.

_ **In that case,** I'll change the plans. 그렇다면 계획을 수정해야겠군.

_ **In that case,** we can finish now. 그렇다면 우리는 이제 끝낼 수 있어.

_ **In that case,** we'll need a new car. 그런 경우라면 우리는 새로운 차가 필요할거야.

_ **In that case,** you can stay here. 그런 경우라면 넌 여기 머물러도 돼.

Dialog »
A : Jim said that he'd pick up the tab. 짐이 자기가 계산한다고 했어.
B : In that case I'll have another drink. 그러면 한잔 더 해야지.

영어회화
공식패턴
3300

---

001 **this past year** 지난 일년간, 작년

Point ▷▷ 작년이라면 last year가 대중적이지만 「지난 일년간」이라는 의미의 this past year도 많이 쓰인다.

Pattern ▷▷ _ **This past year** was very hectic. 지난 일년간은 정말 정신없이 바빴어.

_ We traveled to Italy **this past year.** 우리는 작년에 이태리를 여행했어.

_ She married her boyfriend **this past year.** 걔는 작년에 남친과 결혼했어.

_ **This past year** was rather boring. 지난 일년간은 좀 지겨웠어.

_ Didn't you quit smoking **last year?** 너 작년에 담배 끊지 않았어?

_ I haven't seen her since **last year.** 지난 해 이후로 그녀를 보지 못했어요.

Dialog ▷▷
A : Do I know you? 우리가 아는 사이든가요?
B : Yes, we met at a conference last year. 그럼요, 작년에 어떤 회의에서 만났었죠.

---

002 **in the past** 과거에

Point ▷▷ 특정하지 않은 과거의 행위를 표현할 때 사용하는 것으로 반대표현은 in the future이다.

Pattern ▷▷ _ My sister went in for a nose job **in the past.** 내 동생은 과거에 코 성형수술 했어.

_ **In the past** we hosted Christmas parties. 과거에 우리는 크리스마스 파티를 열었어.

_ **In the past** he played in a band. 과거에 걘 밴드멤버였어.

_ We spent many hours working here **in the past.**
우리는 과거에 여기서 일하면서 많은 시간을 보냈어.

_ We needed a visa to travel here **in the past.** 과거에 우리는 여기 여행오려면 비자가 필요했었어.

Dialog ▷▷
A : Roxy and Chris seem pretty close. 록시와 크리스는 꽤 친해보여.
B : They were lovers in the past. 걔네들은 과거에 연인이었어.

---

003 **in the past six months** 지난 6개월간

Point ▷▷ 이번에는 과거의 특정기간을 언급하려면 in the past+기간명사의 형태로 써주면 된다.

Pattern ▷▷ _ We have certainly come a long way **in the past thirty years.**
지난 30년간 확실히 대단한 발전을 이룬거야.

_ The economy collapsed **in the past six months.** 경제가 지난 6개월간 무너졌어.

_ Have you been to a doctor **in the past six months?** 지난 6개월간 병원에 간 적이 있어?

_ We haven't seen Claire **in the past six months.** 우리는 지난 6개월간 클레어를 보지 못했어.

_ I didn't drink any alcohol **in the past six months.** 난 지난 6개월간 술을 한모금도 안마셨어.

Dialog ▷▷
A : You've been unlucky lately. 넌 최근에 운이 없었어.
B : I've had two accidents in the past two months. 지난 2개월동안 사고를 두 번이나 당했어.

004 in those days 그 당시에는

Point >> 앞선 문맥에서 이미 언급된 시기로 과거의 특정기간을 뜻한다.

Pattern >>
_ **In those days** prices were cheaper. 그 당시에는 가격이 더 쌌어.

_ The nation had problems **in those days.** 그 나라는 그 당시에는 문제들이 있었어.

_ **In those days** I lived with my parents. 그 당시에는 난 부모님과 함께 살았어.

_ We had a house in New York **in those days.** 그 당시에 우리는 뉴욕에 집이 있었어.

Dialog >>
A : You were able to buy two apartments? 넌 아파트 두 개를 살 수 있었지?
B : Things were cheaper in those days. 그 당시에는 가격이 쌌어.

Pattern 17 >> I have~

001 over the past decade 지난 10년에 걸쳐

Point >> 기간의 전치사 over는 during처럼 특정시간 전체를 의미하지만 상대적으로 좀 긴 기간일 경우에 over를 쓴다.

Pattern >>
_ Several relatives died **over the past decade.** 몇몇 친척들이 지난 10여년에 걸쳐 돌아가셨어.

_ Our company has grown **over the past decade.** 우리 회사는 지난 10년간 성장해왔어.

_ Where did you work **over the past decade?** 지난 10년간 어디서 일을 했어?

_ She made a lot of money **over the past decade.** 갠 지난 10년간 돈을 많이 벌었어.

_ We have been to China a lot **over the past decade.**
우리는 지난 10년간 중국에 자주 갔었어.

Dialog >>
A : Things are so crowded these days. 요즘은 상황이 무척 복잡해졌어.
B : The city has grown over the past decade. 도시는 지난 10년간 발전을 했어.

002 this time of year 연중 이맘 때

Point >> 언뜻 해석하기가 어려워보이는 부사구로 「일년중 이맘 때」라는 말로 일상생활에서 많이 쓰이는 표현이다.

Pattern >>
_ There are a lot of sales going on at **this time of year.** 이맘 때쯤이면 세일하는 데가 많거든.

_ Do you have enough to work on, **this time of year?** 요즘 같은 철에 할 일이 충분히 있나요?

_ I guess it is pretty hectic **this time of year.** 매년 이맘 때는 정말 정신 없는 것 같아요.

_ **This time of year** we get a lot of snow. 매년 이맘 때는 눈이 많이 내려.

_ Things are very busy **this time of year.** 연중 이맘 때는 일이 엄청 바빠.

Dialog >>
A : It was snowing yesterday. 어제 눈이 내렸어.
B : That's strange for this time of the year. 이 맘때에 참 이상하다

003 the rest of the day 남은 하루

Point >> 그날의 남은 시간, 다시 말해 「남은 하루」라는 의미가 된다.

Pattern >>
_ Why don't you take **the rest of the day** off and go home? 오늘은 그만 휴가내고 집에 가.

_ I'll be out of the office **the rest of the day.** 외출에서 돌아오지 않을거야.

_ You can stay here **the rest of the day.** 남은 하루 여기 머물러도 돼.

_ The meeting went on for **the rest of the day.** 회의는 하루가 끝날 때까지 계속 됐어.

_ The trip to Danny's house took **the rest of the day.** 대니 집에 가는데 남은 하루가 다 걸렸어.

Dialog >>
A : I need to take the rest of the day off. 오늘은 그만 쉬어야겠어요.
B : For Pete's sake! You have only been here for a few hours. 너무 하는구만! 겨우 몇시간 여기 있었잖아.

004 these days 요즈음

Point >> those days는 「지난간 날들」, these days는 「지금 현재의 날들」을 뜻한다.

Pattern >>
_ My mother is feeling much better **these days.** 우리 어머니는 요즈음 많이 차도가 있으십니다.

_ How's everything going with you and your wife **these days?**
요즘 너와 네 아내 어때?

_ It's just so tough to get a job **these days.** 요즘엔 취직하기가 너무 어려워.

_ You don't look good **these days.** 너 요즘 보기에 안좋아.

Dialog >>
A : How's everything going? 요즘 잘지내?
B : Everything's fine these days. What's new with you? 잘 지내고 있어. 너는?

Pattern 18 >> later in the day

001 all day long 하루종일

Point >> 아침부터 저녁까지 「온종일」을 뜻하며 「밤새도록」은 all night long이라고 하면 된다.

Pattern >>
_ He hasn't stopped talking about you **all day long.** 갠 종일 네 얘기를 멈추지 않았어.

_ I have been working on it **all day long.** 하루종일 이 일에만 매달려 있었어.

_ The sale will go on **all day long.** 판매는 하루종일 계속 될거야.

_ I'm staying on the beach **all day long.** 난 하루종일 해변가에 머물거야.

_ The cops have been out there **all day long.** 경찰들은 하루종일 그곳에 나와 있었어.

Dialog >>
A : How often do you text message your friends? 친구들에게 얼마나 자주 문자를 보내?
B : Oh, I do that all day long. 하루종일보내.

002 later in the day (그날 중으로) 나중에, 그날 늦게

Point >> 우리말로 딱 맞게 옮기기 까다로운 표현. 그날 중이지만 더 늦게라는 의미. 「그날 늦게」, 「오후 늦게」 등으로 옮기면 된다.

Pattern >> _ Please call her **later in the day.** 오후 늦게 걔에게 전화해.

_ **Later in the day** we like to drink wine. 오후 늦은 시간에 우리는 와인 마시는걸 좋아해.

_ Let's get together **later in the day.** 오후 늦게 만나자.

_ We waited until **later in the day.** 우리는 그날 늦게까지 기다렸어.

_ The trial will start **later in the day.** 재판은 오후 늦게 시작될거야.

Dialog >>
A : Let's meet later in the day. 나중에 만나자.
B : Okay, I have free time this afternoon. 그래. 난 오늘 오후에 시간이 많아.

003 one day 언젠가

Point >> some day는 「미래의 언젠가」라는 의미로 「과거의 어느 날」을 의미한다는 one day의 반대표현으로 익혀왔던 표현이다. 하지만 실제 구어체에서는 one day 역시 과거의 어느 날을 의미할 뿐만 아니라 some day처럼 미래의 어느 날을 뜻한다는 것에 주의해야 한다.

Pattern >> _ You have to stop smoking. It is going to kill you **one day.**
넌 담배를 끊어야 해. 언젠가는 담배 때문에 죽을거야.

_ You'll thank me for this **one day.** 언젠가 내게 감사할거야.

_ **One day,** you will find yourself with gray hair. 어느 날 네 머리가 전부 희어질거야.

_ **Some day** we'll be rich. 언젠가 우리는 부자가 될거야.

_ **Some day** you'll meet a wonderful woman. 언젠가 넌 멋진 여자를 만나게 될거야.

Dialog >>
A : How come you keep calling me? I don't want to talk to you.
왜 자꾸 전화하는거야? 너랑 얘기하고 싶지 않다고.
B : Maybe one day you will change your mind! 언젠가는 네 마음이 바뀔거야!

004 the other day 요전날

Point >> 최근 며칠 전이지만 며칠 전인지가 그리 중요하지 않고 그냥 가까운 과거, 즉 최근이라고 말할 때 사용하는 어구.

Pattern >> _ Have you heard about what happened **the other day** to Tara?
요전날 태라한테 무슨 일이 있었는지 들었니?

_ You told me that you didn't like Jack **the other day.**
요전날 잭을 싫어한다고 내게 말했잖아.

_ There was a huge storm **the other day.** 요전날 거대한 폭풍이 몰아쳤어.

_ We opened our business **the other day.** 우리는 요전날에 사업을 시작했어.

Dialog >>
A : Have you been shopping recently? 최근에 쇼핑을 했어?
B : I bought some clothes the other day. 요전날 옷을 좀 샀어.

001 (every) now and then 때때로

Point ≫

「가끔씩」(sometimes)이라는 의미이지만 정기적이지 않고 또한 빈번하지 않은 경우를 뜻한다. 강조하려면 앞에
every를 붙여 쓰면 된다.

Pattern ≫

_ **Every now and then,** we have to break the rules. 가끔은 규칙을 깨야 돼.

_ Grandpa visits us **now and then.** 할아버지는 때때로 우리에게 들리셔.

_ **Now and then** I like smoking cigars. 때때로 난 시가를 피는 것을 좋아해.

_ **Now and then** we take a trip to the mountains. 때때로 우리는 산에 올라가.

_ Let's do that **now and then** go for a coffee. 지금 하고 나서 커피 마시러 가자.

Dialog ≫

A : Have you been to the amusement park? 놀이동산에 가본 적이 있어?
B : It's fun to go there every now and then. 때때로 놀이동산에 가는게 재미있어.

002 every other day 이틀에 한번씩

Point ≫

every day(매일)의 사이에 other가 들어간 경우로 하루 건너씩으로 이틀에 한번씩, 즉 「격일로」라는 뜻이 된다.
every other week하면 「격주로」, every other month하면 「격월로」라는 뜻이 된다.

Pattern ≫

_ He exercises in the gym **every other day.** 걘 격일로 체육관에서 운동을 해.

_ **Every other day** the laundry is washed. 격일로 빨래를 해.

_ **Every other day** we attend English class. 이틀에 한번씩 우리는 영어수업을 들어.

_ **Every other day** they meet for lunch. 이틀에 한번씩 걔네들은 만나서 점심을 먹어.

_ We have a team meeting **every other day.** 우리는 격일로 팀미팅을 해.

Dialog ≫

A : Do you like cooking at home? 집에서 요리하는거 좋아해?
B : I make dinner every other day. 난 격일로 저녁을 요리해.

003 on occasion 이따금, 때에 따라서

Point ≫

on occasion은 한단어로 sometimes, 즉 「때때로」, 「이따금」이라는 의미이다.

Pattern ≫

_ It's good to go out **on occasion.** 때때로 외출하는 것은 좋아.

_ Tim calls his school friends **on occasion.** 팀은 때때로 학교 친구들에게 전화를 해.

_ Helen feels sick **on occasion.** 헬렌은 이따금 아파.

_ The cafe serves steak **on occasion.** 그 카페는 때에 따라서 고기를 팔아.

_ The actor does interviews **on occasion.** 그 배우는 이따금 인터뷰를 해.

Dialog ≫

A : Do you keep in touch with Tara? 태라와 연락을 취하고 살아?
B : She gives me a call on occasion. 걔가 가끔 내게 전화를 해.

Chapter 16

004   for the most part 대개, 주로, 대부분

Point » 거의 맞는 얘기이긴 하지만 100% 완전히 사실이지는 않는 경우에 사용한다.

Pattern »
_ **For the most part,** we are out of money. 주로 우리는 돈이 부족해.

_ She stays away from us **for the most part.** 걔는 대부분 우리로부터 떨어져있어.

_ **For the most part,** the project is finished. 대부분 그 프로젝트는 끝났어.

_ We met everyone there, **for the most part.** 대개 우리는 거기서 모두를 만났어.

_ Their marriage is a failure **for the most part.** 걔네들 결혼은 거의 실패야.

Dialog »
> A : How is the project you've been working on? 네가 작업하던 프로젝트 일 어때?
> B : It's all finished, for the most part. 대부분 거의 다 끝났어.

Pattern 20 »» as if

001   as if 마치 …처럼

Point » 마치 as if~ 이하처럼 행동하거나(act as if~), 「…인 것처럼 보이다」(look/appear as if~)라는 형태로 쓰인다.

Pattern »
_ It **looks as if** Jeff has gone for the day. 제프가 퇴근한 것 같은데.

_ He **acts as if** he is the god's gift to women. 걔는 자기가 여성에게 내린 신의 선물인 것처럼 행동해.

_ It **appears as if** that was his intention. 그게 그 사람의 의도였던 것 같아.

_ It is **as if** they had never met. 걔네들은 전혀 만났던 적이 없는 것처럼 보여.

_ He **acted as if** he was better than me. 걔는 자기가 나보다 잘난 것처럼 행동했어.

Dialog »
> A : Gina looks as if she is angry. 지나는 화가 난 것처럼 보여.
> B : She was just fired from her job. 직장에서 잘렸거든.

---

002   as it is 실제로는, 지금처럼, 있는 그대로, 현상태로

Point » as it is는 굳어진 숙어로 「있는 그대로」, 「현상태 그대로」라는 의미이다.

Pattern »
_ Leave the room **as it is.** 방을 있는 그대로 놔둬.

_ I like this food **as it is.** 난 이 음식이 지금 이대로가 좋아.

_ Do you want to buy it **as it is?** 넌 그걸 지금 상태로 살거야?

_ The decor is perfect **as it is.** 장식은 지금 이대로 완벽해.

_ Print the report **as it is.** 있는 그대로 보고서를 프린팅해.

Dialog »
> A : I thought you were remodeling this place. 난 네가 이 곳을 리모델링하는 줄 알았어.
> B : We decided to leave it as it is. 우리는 있는 그대로 두기로 결정했어.

as it were 말하자면

Point » 100% 확정짓지 않고 조금은 유연하게 말할 때 사용하는 어구로 so to speak라고 해도 된다.

Pattern »
_ These stocks are valuable, **as it were.** 이 주식은 말하자면 가치가 커.
_ We can force him to quit, **as it were.** 걔를 강제적으로 그만두게 할 수 있어.
_ We are having some trouble, **as it were.** 우린 말하자면 좀 문제가 있어.
_ They are seeking an explanation, **as it were.** 걔네들은 말하자면 설명을 찾고 있어.
_ The criminals are still out there, **as it were.** 말하자면 범죄자들은 아직도 세상밖에 있어.

Dialog »
A : Is Stan being more co-operative? 스탠이 좀 더 협조적이야?
B : He still refuses to help, as it were. 걔 말하자면 계속 도와주기를 거부해.

004

If that is the case 만약 사실이 그렇다면

Point » 알아두면 긴요하게 써먹을 수 있는 표현으로 if so, then과 같은 의미로 생각하면 된다.

Pattern »
_ **If that is the case,** you'd better see a doctor. 사실이 그렇다면 병원가봐라.
_ **If that is the case,** we're going home. 사실이 그렇다면 우리는 집에 간다.
_ **If that is the case,** let's go out for a drink. 사실이 그렇다면 나가서 술한잔 하자.
_ **If that is the case,** we need to tell Helen. 사실이 그렇다면 우리는 헬렌에게 말해야 돼.
_ **If that is the case,** I'd better move. 사실이 그렇다면 난 이사가야겠어.

Dialog »
A : I have failed the exam four times. 난 시험에 네 번이나 떨어졌어.
B : If that is the case, you'd better give up. 사실이 그렇다면, 너 포기해라.

Pattern 21 »» at the end of~

001

in the end 마침내, 결국에는

Point » 「마침내」라는 뜻으로 한 단어로 하면 finally, eventually 혹은 after all, at last와 같은 의미라 할 수 있다.

Pattern »
_ **In the end,** everything worked out for the best. 결국에는 모든 일이 가장 좋게 해결됐어.
_ **In the end,** I didn't leave for Las Vegas. 결국 난 라스베거스로 떠나지 않았어.
_ Kevin changed his mind **in the end.** 케빈은 마침내 맘을 바꿨어.
_ **In the end,** we decided to go to L.A. 결국, 우리는 LA로 가기로 결정했어.
_ **In the end,** you'll understand my decision. 결국, 넌 내 결정을 이해하게 될거야.

Dialog »
A : This is a difficult class. 이 강좌는 어려워.
B : I hope we get good grades in the end. 그래도 결국 좋은 점수를 받기를 바래.

002 at the end of …의 말에

Point » at the end of the day하게 되면 「일과가 끝날 때」라는 의미이고 at the end of the week는 주말이 아니라 주중 마지막 날, 즉 금요일을 뜻한다.

Pattern »

_ Make sure that you turn in your keys **at the end of** the day.
일과가 끝나면 열쇠를 제출하도록 하세요.

_ My interview is **at the end of** the week, so wish me luck!
면접이 이번 금요일에 있거든, 행운을 빌어줘!

_ If you catch me **at the end of** the day, I'll have more time to talk.
퇴근할 무렵에 전화하시면 더 얘기할 수 있을 거예요.

_ What are you planning to do **at the end of** the day? 일과 끝나고 뭐할 계획야?

_ The shoes are **at the end of** this aisle. 신발은 이 통로 끝에 있어요.

Dialog »

A : Are you going to the staff meeting tonight? 오늘 밤에 있을 직원회의에 갈거니?
B : I might show up at the end of the meeting. 회의가 끝날 때 쯤에 모습을 보일지 몰라.

003 after all 결국, 그래도

Point » 양보의 부사구로 예상과 달리 「결국에는」, 혹은 자기가 말한 내용의 이유를 말할 때 사용한다.

Pattern »

_ He was just a kid **after all.** 걘 그래도 그냥 애에 불과했어.

_ **After all,** this won't affect you. 결국에는 이건 네게 영향을 줄 수는 없을거야.

_ They decided not to hire me **after all.** 걔네들은 결국 나를 고용하지 않기로 했어.

_ You'll be just fine **after all.** 너희들은 결국 괜찮을거야.

_ **After all,** we barely stay in contact. 결국 우리는 거의 연락을 취하지 않아.

Dialog »

A : Sally is always calling me. 샐리는 늘상 내게 전화해.
B : Well, after all, you're her best friend. 저기, 그래도, 네가 걔 절친이잖아.

004 at last 마침내

Point » 오래 기다렸다가 뭔가 일어나는 경우에 쓰는 표현. at long last라고 하기도 한다.

Pattern »

_ The files have arrived **at last.** 파일들이 마침내 도착했어.

_ **At last** I've found a girlfriend. 마침내 난 여친을 찾았어.

_ Jamie gave up smoking **at last.** 제이미는 마침내 담배피는걸 포기했어.

_ **At last** they decided to divorce. 마침내 걔네들은 이혼하기로 했어.

_ We're getting a raise **at last.** 마침내 우리는 임금이 인상됐어.

Dialog »

A : My packages arrived at last. 내 소포가 마침내 도착했어.
B : Really? Who sent them to you? 정말? 누가 네게 보냈어?

001 **by the way** 그런데

Point >> 갑자기 더 중요한 이야기가 떠오르거나 아님 화제를 의도적으로 바꾸고자 할 때 애용하는 표현이다. 다시 말해 대화중 새치기를 해서라도 먼저 말하는 경우인데 이런 새치기 문장을 꺼내기 앞서 말하는 표현이 바로 이 by the way이다. 우리말로는 「그런데」, 「근데 말야」에 해당되는 표현.

Pattern >>
_ **By the way,** what are you doing tonight? 근데, 오늘 밤에 뭐하실 거예요?

_ **By the way,** what time is it now? 그런데 말야, 지금 몇시지?

_ **By the way,** do you have any plans for dinner? 그런데 저녁식사 계획이 있는거야?

_ **By the way,** have you met Mr. Peters? 그런데 피터스 씨 만나봤어?

_ **By the way,** where were you last night? 그런데 지난밤에 어디 있었어?

Dialog >>
A : By the way, Jim said to say hello to you. 그런데 짐이 너한테 안부전하래.
B : Where did you see him? 넌 짐을 어디서 본거니?

002 **not that I know of** 내가 알고 있는 한

Point >> 완곡하게 부정하는 방식으로 「내가 아는 범위 내에서는 그렇지 않다」라는 뜻이다. 참고로 for all I know는 무관심의 표현으로 「…을 모른다」, 「알 바 아니다」, 그리고 before you know it하면 「금세」라는 뜻이다.

Pattern >>
_ **Not that I know of,** but I'll go and check in the supply room.
제가 알기로는 없어요. 하지만 비품실에 가서 확인해 볼게요.

_ She didn't come here. **Not that I know of.** 걘 여기로 오지 않았어. 내가 알고 있는 한.

_ No one broke the window, **not that I know of.** 내가 알고 있는 한 아무도 창문을 깨지 않았어.

Dialog >>
A : Will Sofia be coming over for dinner tonight? 소피아가 오늘밤 저녁식사에 올까?
B : Not that I know of. 난 잘 모르겠어.

003 **as for** …로서는, …에 관해서는

Point >> 자신이 바로 전에 언급한 것과 관련된 내용을 말하고자 할 때 서두에 꺼내는 말. as for 다음에는 말하고자 하는 사람이나 사물을 붙여 쓰면 된다.

Pattern >>
_ **As for** Dan, we'll have to get in touch with him tomorrow.
댄 얘기라면 내일 걔한테 연락해봐야할 것 같아요.

_ **As for** this work, I think it's finished. 이 일에 관해서 난 끝났다고 생각해.

_ **As for** tomorrow, we'll be busy. 내일을 얘기하자면 우린 바쁠거야.

_ **As for** the necklace, you can have it. 목걸이는 네가 가져도 돼.

_ **As for** the concert, let's go together. 콘서트는 우리 함께 가자.

Dialog >>
A : I plan to attend the Smith's wedding. 스미스의 결혼식에 갈 생각이야.
B : As for me, I plan to stay home. 난, 집에 있을래.

Chapter 16

004 while you're at it 그것을 하는 김에

Point » 상대방에게 뭔가 시킬 때 쓰는 표현. 주로 「그것을 하는 김에 …도 해라」라는 패턴으로 쓰인다.

Pattern »
_ Can you fix my sink **while you're at it?** 그거 하는 김에 내 싱크대를 고쳐줄 수 있어?

_ **While you're at it,** take the garbage outside. 그것을 하는 김에 쓰레기를 밖에 내놔.

_ **While you're at it,** double check the homework. 그것을 하는 김에 숙제를 다시 한번 확인해봐.

_ Bring me some tea **while you're at it.** 그것을 하는 김에 차좀 내와라.

_ **While you're at it,** turn off the TV and the lights. 그것을 하는 김에, TV와 불을 꺼라.

Dialog »
A : I'm going shopping at the grocery store. 난 식료품점에서 쇼핑을 할거야.
B : Pick up some juice while you're at it. 가는 김에 주스도 좀 사와.

Pattern 23 »» in trouble

001 not A until B B해서야 비로소 A하다

Point » 직역하면 B할 때까지 A를 하지 않다, 이를 의역하면 「B를 하고나서야 비로소 A를 하다」가 된다.

Pattern »
_ You can **not** leave **until** the room is cleaned up. 방을 청소해야만 넌 나갈 수가 있어.

_ I will **not** forgive you **until** you apologize. 네가 사과를 해야만 널 용서할 수가 있어.

_ He can **not** come over **until** after nine o'clock. 걘 9시가 돼서야 들를 수 있어.

_ It's **not** fun **until** we start drinking. 술을 마시기 시작하자 비로소 재미있어졌어.

_ You're **not** rich **until** you have a million dollars. 백만달러를 갖고 있어야 부자가 되는거야.

Dialog »
A : Your apartment is very messy. 네 아파트는 정말 지저분하다.
B : I will not leave until it's all clean. 깨끗해지기 전까지는 나가지 않을거야.

---

002 in trouble 곤경에 처해, 고장나서

Point » be in trouble은 「곤경에 처하다」, 「사고치다」, 반대로 「…을 곤경에 처하게 하다」는 get sb in trouble이라고 하면 된다.

Pattern »
_ We are really going to be **in trouble** now. 이제 우린 정말 난처하게 되겠어.

_ You'll be **in trouble** if it rains and you don't have an umbrella.
비 오는데 우산이 없으면 곤란할거야.

_ You will get **in trouble** if you do that. 그렇게 하면 곤란해질거야.

_ I thought you were **in trouble.** 네가 어려움에 처한 줄 알았는데.

_ I'm not here to **get you in trouble.** 널 곤란하게 하려고 여기 온 게 아냐.

Dialog »

A : They are going to be in trouble for this one! 걔네들은 이걸로 곤경에 처할거야!

B : I can't believe they did that! 걔네들이 그랬다는 것이 믿기지 않아!

003 to be honest 솔직히 말해서

Point »

상대방이나 주변 사람들에게 거슬리는 말이라도 자기 감정을 숨기지 말고 솔직히 말할 때, 혹은 숨겨왔던 사실을 이실직고 말할 때 사용하는 표현. 강조하려면 to be quite honest라 하면 된다.

Pattern »

_ Stop saying that. You have **to be honest** with me. 그런 말 마. 너 내게 솔직히 말해

_ **To be honest,** I thought you lied to all of us again.
솔직히 말해서, 난 네가 다시 우리 모두에게 거짓말하는 줄 알았어.

_ **To be honest** with you, I haven't made a decision.
솔직히 말해서, 난 아직 결정을 못했어.

_ **To be honest** I don't know anything about art. 솔직히 말해서 난 예술에 대해 아무것도 몰라.

_ **I got to be honest.** This guy's not enough for you. 솔직히 말할게. 이 친구라면 네가 아깝지.

Dialog »

A : Do you like to sing? 노래부르는거 좋아해?

B : Yes, but to be honest, my voice isn't very good. 응. 하지만 솔직히 내 목소리는 그다지 근사하지 않아.

004 in the future 가까운 시일에, 앞으로

Point »

in the past의 반대표현으로 가까운 시일내를 강조하려면 in the near future라고 하면 된다.

Pattern »

_ I look forward to doing business with you **in the future.**
언젠가 함께 일하게 되기를 바랍니다.

_ **In the future,** we'll become wealthy. 앞으로는 부유해질거야.

_ How can I be successful **in the future?** 앞으로 어떻게 해야 성공할 수 있나요?

_ You have to keep jogging. It will pay you off **in the future.**
계속 조깅해. 앞으로 네게 도움될거야.

_ We'll go to London **in the near future.** 우리는 가까운 시일내에 런던에 갈거야.

Dialog »

A : Do you think I should marry my girlfriend? 내가 여친과 결혼해야 된다고 생각해?

B : There's no telling. Just see what happens in the future. 알 수 없지. 앞으로 어떻게 되나 봐.

001 **on one's way** …가 오는 중인

Point ▶ 현재 '길위에 있는'이란 의미로 뭔가 한 곳에서 다른 지점으로 이동 중이란 뜻. on the way (over) here하면 「이 쪽으로 오는 도중에」, on the way back하면 「돌아오는 도중에」라는 뜻이 된다. 또한 소유격으로 바꾼 on my way로도 쓰는데 on my way home은 「내가 집에 오는 도중에」, on my way to work는 「내가 출근하는 길에」 등을 의미한다.

Pattern ▶ _ I'm **on my way,** I just need to get something in the house.
가는 중이야. 집에서 가지고 올 게 있어서 그래.

_ I'm just **on my way** out to meet a client. 고객과 만나러 막 나가려는 참 이거든요.

_ I'll stop by you **on my way home.** 집에 가는 길에 네게 들를게.

_ I was just **on my way back** from Brian's house. 브라이언 집에서 돌아오는 길이었어.

Dialog ▶
A : Thanks, I will be right back. 고마워. 곧 돌아올게.
B : Bring me a coffee on your way back. 돌아 오는 길에 커피 좀 가져와.

002 **in the meantime** 그동안, 그러는 사이

Point ▶ 두 개의 사건 사이의 시간동안 혹은 현재와 미래의 사건 사이의 시간을 뜻한다.

Pattern ▶ _ Just stay home **in the meantime.** 그러는 동안 그냥 집에 있어.

_ **In the meantime,** you can borrow my car. 그러는 사이 넌 내 차를 빌려가도 돼.

_ Give Jane a call **in the meantime.** 그러는 동안 제인에게 전화를 해.

_ **In the meantime,** Larry will help out. 그동안 래리가 도와줄거야.

_ **In the meantime,** don't sell your stocks. 그동안 네 주식을 팔지마.

Dialog ▶
A : The office will be closed until 1 pm. 사무실은 오후 1시까지 문닫을거야.
B : In the meantime, we can get some lunch. 그러는 사이에, 점심 좀 먹자.

003 **as usual** 여느 때처럼

Point ▶ as usual 앞에 same을 붙여 same as usual. 혹은 same as always라고 해도 된다.

Pattern ▶ _ He refused to help, **as usual.** 걔는 여느 때처럼 도와달라는 것을 거절했어.

_ I'm broke again, **as usual.** 난 여느 때처럼 다시 빈털터리가 됐어.

_ Susan was late to class, **as usual.** 수잔은 여느 때처럼 수업에 늦었어.

_ It was the **same as usual.** 아니. 여느 날과 똑같았어

Dialog ▶
A : How is grandfather doing? 할아버지 어떠셔?
B : Same as always. He's still healthy. 여전하셔. 아직도 건강하셔.

004 in some ways 어떤 점에서는

Point »

in some ways에서 ways가 복수임을 기억해두어야 한다.

Pattern »

_ **In some ways,** Pete seems perfect. 어떤 점에서 피트는 완벽해보여.

_ **In some ways,** I'm really disappointed. 어떤 점에서 난 정말 실망했어.

_ **In some ways,** I really miss Amy. 어떤 점에서 난 정말 에이미가 보고 싶어.

_ **In some ways,** he's very untrustworthy. 어떤 점에서 걔는 믿을 가치가 없는 사람이야.

_ **In some ways,** you are exactly right. 어떤 점에서 네 말이 맞아.

Dialog »

> A : Do you like my brother? 내 형을 좋아해?
>
> B : In some ways, he reminds me of you. 어떤 면에서, 걔를 보면 네가 생각나.

Pattern 25 »» at any moment

001 on time 정각에, 시간대로

Point »

on time은 「정각에」(at the exact time)이라는 의미로 on punctual로 바꿔 쓸 수 있다.

Pattern »

_ I'm worried it's late for us to be there **on time.** 우리가 제 시간에 도착 못할 것 같아 걱정야.

_ You'd better be **on time** tomorrow. 내일 늦지 않도록 해라.

_ Sam arrived to work **on time!** 샘이 제시간에 출근했네!

_ We may not arrive **on time.** 우리 늦을지도 몰라.

_ If you can't come **on time,** then don't come at all. 제시간에 못올바엔 아예 오지마라.

_ We want to start the show **on time.** 우리는 제시간에 쇼를 시작하고 싶어.

Dialog »

> A : Do you think the job will be finished on time? 일이 제시간에 끝나리라고 생각해?
>
> B : I hope so. If it isn't, we'll lose a lot of money. 그러길 바래. 아니면 거액을 잃을거야.

002 in time 때 맞춰, 조만간

Point »

in time은 「늦지 않게」(early or soon enough) 혹은 「때를 맞춰」라는 뜻이며, in time to+V하게 되면 「…하는 데 늦지 않게」라는 의미가 된다.

Pattern »

_ It begins at nine. Do you think you can get ready **in time?**
9시에 시작해. 시간 맞춰 준비할 수 있겠어?

_ You'll never get to the interview **in time.** 넌 절대로 제 시간에 면접에 도착할 수 없을거야.

_ We got there **in time to** catch the subway. 우리는 늦지 않게 도착해서 전철을 탔다.

_ In case I don't make it back **in time,** lock up before you leave.
시간내 못 돌아올 수도 있으니 가기 전 문잠그고 가.

_ I got to class **in time to** take the exam. 난 시험보는데 늦지 않게 교실에 도착했어.

Dialog ≫

A : Has the meeting started? Am I late? 회의시작됐어요? 제가 늦었나요?
B : No, you're just in time. 아뇨, 딱 맞게 왔어요.

003　**at all times** 언제든지

Point ≫　모든 시간 때이니까 한마디로 하면 always가 된다.

Pattern ≫
_ This door should be closed **at all times.** 이 문은 항상 닫혀져 있어야 한다.
_ She plans to eat healthy **at all times.** 갠 항상 건강식을 먹으려고 해.
_ Someone is in the house **at all times.** 항상 누군가가 집에 있어.
_ The president is guarded **at all times.** 사장은 항상 보호되고 있어.
_ The convenience store is open **at all times.** 편의점은 항상 열려 있어.

Dialog ≫

A : Can we leave the outside door open? 바깥 문을 열어둘까?
B : Keep that door closed at all times. 항상 문을 닫아둬.

004　**at any moment** 당장에라도, 언제 어느 때나

Point ≫　어느 순간이라도라는 뜻으로 「하시라도」, 「언제라도」라는 의미. 뭔가 일이 언제든지 일어날 수 있음을 언급할 때 사용한다.

Pattern ≫
_ John could come home **at any moment.** 존은 언제라도 집에 올 수 있었어.
_ I'm expecting a call **at any moment.** 난 언제 어느 때나 전화가 오는 걸 예상하고 있어.
_ You could have a heart attack **at any moment.** 넌 언제라도 심장마비가 올 수 있어.
_ The class will start **at any moment.** 수업은 당장에라도 시작할거야.
_ She might lose her temper **at any moment.** 갠 당장에라도 화를 낼지도 모르겠어.

Dialog ≫

A : I thought the president was coming today. 사장이 오늘 올 줄 알았는데.
B : He could be here at any moment. 언제라도 오실거야.

인덱스 총정리

PATTERN 01 I'm glad~

I'm glad to+V …해서 기뻐

I'm glad to hear~ …하다니 기뻐

I'm glad to see~ …하니 기뻐

I'm glad that S+V …해서 기뻐

PATTERN 02 I'm happy~

I'm happy to+V …해서 기뻐, …해서 좋아

I'm happy with sb[sth] …에 만족해, 흡족해

I'm happy about sth[~ing]

…에 만족해, …가 마음에 들어

I'm happy that S+V …해서 기분 좋아

PATTERN 03 I'm happy~

You're not happy~

…에 기분이 좋지 않구나, …에 불만이구나

Are you happy with[to+V] ?

…해서 기뻐?, …가 맘에 들어?

Are you happy S+V~? …해서 기쁘지?

Aren't you happy~? …해서 기쁘지 않아?

PATTERN 04 I'm pleased~

I'm pleased to+V …하게 돼서 기뻐

I'm pleased to say~ …라고 말하게 돼서 기뻐

I'm excited about+N[~ing] …에 신나

I'm excited to+V …을 하게 돼서 신나

PATTERN 05 I'm mad~

I'm mad at sb[sth] …에 화나

I'm mad at sb for[about]~ing …가 …해서 화가 나

I'm mad about sth …에 화가 나

I'm mad S+V …해서 화가 나

PATTERN 06 I'm angry~

I'm angry at[about] sth …에 화가 나

I'm angry with[at] sb …에게 화가 나

I'm angry with[at] sb for ~ing …가 …해서 화가 나

I'm angry that S+V …에 화가 나

PATTERN 07 I'm upset~

I'm upset about sth …에 화가 나, …에 속상해

I'm upset with[at] sb[sth] (for~)

(…해서) …에게 화가 나

I'm upset that[because]~

…에(…때문에) 화가 나, …가 속상해

I'm embarrassed about[to+V]~

…에(…해서) 창피해

PATTERN 08 I'm sorry for~

I'm sorry for+N[~ing] …해서 미안해

I'm sorry for N~ …한 …에 미안해

I'm sorry for what~ …에 미안해

I'm sorry S+V …해서 안됐어, 미안해

PATTERN 09 I'm sorry about~

I'm sorry about+N[~ing] …에 미안해, …가 안됐어

I'm sorry about sth~ …한 거에 대해 미안해[안됐어]

I'm sorry about what[how]~ …에 미안해

I'm sorry about~ …에 미안해

PATTERN 10 I'm sorry to~

I'm sorry to say that S+V~ 미안한 말이지만 …해

I'm sorry to hear about[that]~ …가 안됐네

I'm sorry to trouble you, but ~

폐끼쳐 미안합니다만…

I'm sorry to interrupt, but~ 방해해서 미안하지만, …

PATTERN 11 I'm sorry, but~

I'm sorry I can't ~ 미안하지만 …할 수가 없어

I'm sorry, but I can't ~ 미안하게 됐지만 …할 수가 없어

I'm sorry to say this, but~ 이렇게 말해 미안하지만, …

PATTERN 12 I'm good at~

I'm good[great] at+N[~ing] 난 …을 잘해

I'm good at what~ 난 …을 아주 잘해

I'm not good at+N[~ing] …을 잘 못해, …에 서툴러

You're good at+N[~ing] 넌 …을 잘해

PATTERN 13 I'm ready to[for]~

I'm ready for[to]~ …할 준비가 되었어

I'm not ready for[to]~ …할 준비가 안되었어

I'm (not) getting ready for[to]~

…할 준비가 (안)됐어

I'm nowhere near ready to+V
…할 준비가 전혀 되어 있지 않아

I'm not finished with~ …을 끝내지 못했어
Are you finished with~? …을 끝냈어?

PATTERN 14 Are you ready for[to] ~ ?

Are you ready to[for]~ ? …할 준비됐어?
(You) Ready to[for]~ ? …할 준비됐어?
We're all set for[to]~ …할 준비가 다 됐어
I'm prepared for[to]~ …할 준비가 되어 있어

PATTERN 21 I'm done with~

I'm done with~ …을 마쳤어, 끝냈어
I'm not done with~ …을 끝내지 못했어
We're not done with~ …을 끝내지 못했어
Are you done with~ ? …을 끝냈어?

PATTERN 15 I'm sure~

I'm sure of[about]~ …가 확실해
I'm sure S+V …가 확실해
I'm not sure S+V …인 것 같진 않다, …일지 모르겠어
I'm not sure what~ …을 잘 모르겠어

PATTERN 22 I'm interested~

I'm interested in+N[~ing] …에 관심있어
I'm not interested in+N[~ing] …에 관심없어
(Are) You interested in+N[~ing]? …에 관심있어?

PATTERN 23 I have an interest in~

I have an interest in+N[~ing] …에 관심있어
I have no interest in+N[~ing] …에 관심없어
Do you have any interest in+N[~ing]
혹 …에 관심있어?
take an interest in~ …에 흥미를 갖다

PATTERN 16 I'm not sure~

I'm not sure if~ …일지 모르겠어
I was sure S+V …가 확실했어
Are you sure S+V? …가 확실해?
You sure~ ? …가 확실해?

PATTERN 17 be sure to~

Be sure to ~ 반드시 …해
Be sure and tell~ 반드시 …라고 말 전해줘
I'll be sure to~ 내가 반드시 …할게
You'll be sure to~ 넌 반드시 …해

PATTERN 24 I'm busy~

I'm busy with[~ing] …으로[…하느라] 바빠
I'm so busy S+V 너무 바빠서 …을 했어
~too busy to~ 너무 바빠서 …을 하지 못하다
I'm busy trying to+V~ …을 하려고 너무 바빠

PATTERN 18 I'm aware of~

I'm aware of~ …을 알고 있어
I'm aware of the fact that S+V
…라는 사실을 잘 알고 있어
I'm aware of what[how]~ …을 알고 있어
I'm not aware of~ …을 몰라, …을 알지 못해

PATTERN 25 I'm worried about~

I'm worried about+N[~ing] …가 걱정돼
I'm worried about sb[sth] ~ing
…가 …하는게 걱정돼
I'm worried that~ …가 걱정돼, …할까봐 걱정돼
You don't need to be worried about~
…을 걱정할 필요없어

PATTERN 19 Are you aware of~ ?

I'm aware that S+V~ …을 알고 있어
Are you aware of[that]~ ? …을 알고 있어?
Are you aware of what~ ? …을 알고 있어?
You're aware of~(?) 너 …을 알고 있어(?)

PATTERN 26 I worry~

I worry about sth[sb] …가 걱정돼
I worry about sb ~ing …가 …하는 것이 걱정돼
I worry that S+V …가 걱정돼
You don't have to worry about~
…에 대해 걱정할 필요 없어

PATTERN 20 I'm finished~

I finished+N[~ing] …을 끝냈어
I'm finished with~ …을 끝냈어

INDEX

PATTERN 27 Are you worried about~?

Are you worried about[that~]? …가 걱정돼?

Aren't you worried about[that~]?
…가 걱정되지 않아?

You're worried about sth (~ing)? …가 걱정돼?

You're (not) worried about~ 넌 …을 걱정하지(않아)

PATTERN 28 I'm supposed to~

I'm supposed to+V~ …하기로 되어 있어, …해야 돼

I'm[We're] not supposed to+V~
난(우리는) …하면 안돼

You're supposed to+V ~ 넌 …하기로 되어 있어

You're not supposed to+V~ 너는 …하면 안돼

PATTERN 29 I'm expected to~

I'm expected to~ 난 …을 해야 돼, …하도록 되어 있어

You're expected to+V~
넌 …하도록 예상돼, 넌 …을 해야 돼

She's expected to+V~ 걔가 …하기로 되어 있어

He's scheduled to+V 걔는 …할 예정이야

PATTERN 30 I'm ashamed~

I'm ashamed of+N[~ing] …가 부끄러워

I'm ashamed of how[where]~ …가 부끄러워

I'm ashamed to say that S+V
말하기 부끄럽지만 난 …했어

I'm ashamed (that) S+V …가 부끄러워

PATTERN 31 I'm disappointed~

I'm disappointed in[at, about]~ …에 실망했어

I'm disappointed to+V …해서 실망스러워

I'm disappointed that S+V …가 실망스러워

~will[would] be disappointed if S+V
…하면 실망할거야

PATTERN 32 I'm humiliated~

I'm so humiliated~ 난 정말 망신당했어

You feel humiliated~ 넌 창피하겠다

It's so humiliating~ 그건 너무 창피했어

PATTERN 33 I'm comfortable~

I'm (not) comfortable with[~ing]
…에 맘이 (불)편해

I'm not comfortable with sb ~ing
…가 …하는게 마음이 불편해

I'd feel comfortable if ~ …한다면 기분이 편할텐데

~make me (feel) comfortable~
내 기분을 좋아지게 하다

PATTERN 34 I feel bad~

I feel bad about+N[~ing] …에 마음이 속상해

I feel bad about what[how]~ …에 대해 속상해

I feel bad S+V …해서 기분이 안좋아

I feel terrible about+N[~ing]
…로 기분이 아주 안좋아

PATTERN 35 I feel awful~

I feel awful about~ …에 대해 끔찍해

I feel sorry for sb …을 딱하게 여겨, …가 안됐어

I feel sorry for sb because~
…때문에 …을 가엾게 여겨

I feel sympathy for sb …을 동정해, …가 안됐어

PATTERN 36 I'm annoyed~

be annoyed about[with, at, by] …에 짜증나다

I'm annoyed that[if, because]~ …에 짜증나

I was annoyed when~ …할 때 난 정말 짜증났었어

find sb[sth] (to be) annoying
…가 짜증난다고 생각하다

PATTERN 37 I'm so exhausted~

I'm too exhausted to+V~ 너무 지쳐서 …하지 못해

I'm tired of+N[~ing] 난 …하는데 지쳤어

I'm tired of sb ~ing …가 …하는 데에 피곤해, 지쳤어

I'm sick and tired of (sb) ~ing
(…가) …하는데 질렸어

PATTERN 38 I'm surprised~

I'm surprised to+V …에 놀랬어

I'm surprised that S+V …에 놀랬어

I'm amazed that ~ …에 무척 놀랐어

I'm shocked to[about, by]~ …에 충격받았어

PATTERN 39 I'm grateful~

I'm grateful for+N[what~] …에 정말 고마워

I'm grateful to sb for+N[~ing]
…가 …해줘서 고마워

I'm grateful not to+V …하지 않게 돼서 고마워
I'm so grateful that S+V~ …해줘서 너무 고마워

I'd rather not~ 차라리 …하지 않을거야
Would I~ ? 내가 …할까?, 내가 …하게 될까?

PATTERN 10 I wouldn't~

I wouldn't~ 난 …하지 않을거야
I wouldn't~ if I were you
내가 너라면 난 …하지 않을거야

We would~ 우리는 …을 할거야, …하게 될거야
We wouldn't~ 우리는 …하지 않을거야, 하지 않게 될거야

PATTERN 11 You would~

You would~ 넌 …할거야, 너라면 …하게 될거야
You wouldn't~ 넌 …하지 않을거야, 너라면 …하지 않을거야
Would you~ ? …할래?, …해라
Wouldn't you~ ? …하지 않을래?

PATTERN 12 He would~

He would~ 걘 …할거야
He wouldn't~ 걘 …하지 않을거야
They would~ 걔네들은 …할거야
They wouldn't~ 걔네들은 …하지 않을거야

PATTERN 13 I can~

I can~ 내가 …할 수 있어
I can't~ 난 …을 할 수가 없어
I can never~ 난 절대 …을 할 수가 없어
Can I~ ? …해줄까?

PATTERN 14 I can't~

I can't see~ …을 모르겠어
I can't wait for+N[to+V] 몹시 …하고 싶어
I can't wait for sb to+V …가 …하기를 몹시 바래
I can't figure out~ …인지 모르겠어

PATTERN 15 We can~

We can~ 우리는 …을 할 수 있어
We can't~ 우리는 …을 할 수 없어
We can('t) afford to~ …할 여력이 (안)돼
Can we~ ? 우리 …할까?

PATTERN 16 You can~

You can~ 넌 …할 수 있어, …해라
You can't~ 넌 …할 수 없어, …해서는 안돼

Can you~ ? …을 해줄래?
Can't you~ ? …을 해주지 않을래?

PATTERN 17 He can~

He can~ 걘 …할 수 있어
He can't~ 걘 …할 수 없어
Can he~ ? 걔가 …할 수 있을까?

PATTERN 18 I could~

I could~ …할 수 있(었)어, …을 할 수 있을텐데
I could use~ …이 필요해, …가 있으면 좋겠어
I couldn't~ 난 …할 수 없었어, …을 할 수 없을텐데
I couldn't care less~ …을 알게 뭐람

PATTERN 19 We could~

We could~ 우린 …을 할 수 있(었)어, 우린 …할 수도 있는데
We couldn't~ 우린 …을 할 수 없었어, 우린 …할 수가 없는데
Could we~ ? 우리가 …할 수 있을까?

PATTERN 20 You could~

You could~ 넌 …할 수 있(었)어, 넌 …해라
You couldn't~ 넌 …할 수 없(었)어, 넌 …하지 마라
You couldn't~+비교급 가장 …하다, …을 할 수가 없어
Could you~ ? …해줄래?

PATTERN 21 He could~

He could~ 걘 …할 수 있(었)어, 걘 …할 수도 있는데
He couldn't~ 걘 …할 수 없(었)어, 걘 …할 수도 없는데
They could~
걔네들은 …할 수 있(었)어, 걔네들은 …할 수도 있는데
Could he~ ? 걔가 …할까?

PATTERN 22 I should~

I should~ 난 …해야겠어
I shouldn't~ 난 …하면 안돼
Should I~ ? 내가 …해야 돼?
Shouldn't I~ ? 내가 …해야 되지 않아?

PATTERN 23 We should~

We should~ 우린 …해야 돼, 우린 …할거야
We shouldn't~ 우린 …하면 안돼
We should not~ 우린 …하면 안돼

Should we~ ? …할까?

INDEX

You'd better not~ 넌 …하지 마라
He'd better~ 걘 …하는게 나아, …해야 돼
They had better~ 걔네들은 …하는게 나아

PATTERN 39 I used to~

I used to~ …하곤 했었어
I used to think~ …라 생각하곤 했었어
You used to~ 넌 …하곤 했었어
He(They) used to~ 걘 …하곤 했었어

PATTERN 40 It used to~

It used to~ 그건 …하곤 했었어
There used to~ …있었어, 이었어

PATTERN 41 I should have+pp~

I should have+pp~
내가 …을 했어야 했는데 (그러지 못했어)

I shouldn't have+pp~
…을 하지 말았어야 했는데 (그랬어)

We should have+pp~ 우리가 …을 했어야 했는데

We shouldn't have+pp~
우리가 …을 하지 말았어야 했는데

PATTERN 42 You should have+pp~

You should have+pp~
넌 …했어야 했는데 (그러지 못했어)

You shouldn't have+pp~
넌 …하지 말았어야 했는데 (그랬어)

He should have+pp~ 걘 …을 했어야 했는데
He shouldn't have+pp~ 걘 …을 하지 말았어야 했는데

PATTERN 43 I can have+pp~

He can't have+pp~ 걔가 …했을 리가 없어
He could have+pp~ 걘 …할 수도 있었어
I could have+pp~ 내가 …할 수도 있었을텐데
I couldn't have+pp~ 내가 …하지 않을 수도 있었을텐데

PATTERN 44 You can have+pp~

You can't have+pp~ 네가 …을 했을 리가 없어
You could have+pp~ 네가 …을 할 수도 있었을텐데
I wish you could have+pp
네가 …할 수도 있었더라면 얼마나 좋았을까

You couldn't have+pp~
네가 …하지 않았을 수도 있었을텐데

PATTERN 45 I may have+pp~

I may have+pp~ …였을지도 몰라, …였을 수도 있어
I might have+pp~ …하였을지도 몰라
I must have+pp~ …했음에 틀림없어
You must have+pp~ 네가 …했음에 틀림없어

CHAPTER 03 ▶▶ 주어+have+pp

PATTERN 01 I have+pp~

I have+pp~ 난 …했어, …해봤어, …해
I have seen~ …을 봤어
I have heard~ …라고 들었어
I have tried to[~ing]~ …하려고 했어, …을 해봤어

PATTERN 02 I have been~

I have been~ 난 …해, …에 갔다왔어
I have been+~ing …을 하고 있었어
I have been+pp~ 난 …해왔어, 난 …됐어
Have I+pp~ ? 내가 …했어?

PATTERN 03 I haven't+pp~

I haven't+pp~ 난 …하지 않았어
I have never+pp~ 난 절대로 …하지 않았어
I haven't been~ 난 …하지 않았어
I have never been to~ 한번도 …에 가본 적이 없어

PATTERN 04 We have+pp~

We have+pp~ 우린 …했어, 우린 …해
We have been~ 우린 …해
We have been+ ~ing 우린 …을 하고 있어
Have we+pp~ ? 우리가 …했어?

PATTERN 05 We haven't+pp~

We haven't+pp~ 우리는 …하지 않았어
We've never+pp~ 우리는 절대로 …하지 않았어
We haven't been~ 우리는 …하지 않았어

PATTERN 06 You have+pp~

You have+pp~ 넌 …했어
You have been~ 넌 …였[했]어, 넌 …을 해본 적이 있어
You have been+ ~ing 넌 …하고 있었어

CHAPTER 04 >> This[That, It]~

PATTERN 09 This must[may]~

This must~ …할거야, …임에 틀림없어

This must be~ …일거야, …하겠구나

This may~ …일거야

This might~ …일거야

PATTERN 10 This is what~

This is what~ 이게 바로 …하는거야

This is not what~ 이건 …하는게 아냐

Is this what~ ? 이게 바로 …하는거야?

Isn't this what~ ? 이게 바로 …하는게 아냐?

PATTERN 11 This is when[where]~

This is when~ 이제 …할 때야

This is where~ 여기가 …하는 곳이야

Is this when~ ? 지금이 …할 때야?

Is this where~ ? 여기가 …하는 곳이야?

PATTERN 12 This is why[because]~

This is why~ 바로 그래서 …해

Is this why~ ? 바로 이래서 …하는거야?

This is because~ 이건 …하기 때문이야

Is this because~ ? 이건 …하기 때문이야?

PATTERN 13 This is how~

This is how~ 이런 식으로[이렇게 해서] …해

This is not how~
이런 식으로 …하지 않아, 이렇게 …하지 않아

Is this how~ ? 이런 식으로[이렇게] …하는거야?

PATTERN 14 Is this your first~ ?

This is my first~ 이게 나의 처음 …야

Is this your first~ ? 이번이 …처음이야?

This is my first time~ 이번이 나의 처음 …야

Is this your first time to~ ? …하는게 처음이야?

PATTERN 15 That is~

That's+adj~ …해

That's+N …해

That's not~ …하지 않아

That's no~ …하지 않아

PATTERN 16 Is that~ ?

Is that~ ? …해, …야?

Isn't that~ ? …아냐?, …하지 않아?

That was~ …였어

That was not[no]~ …가 아니었어

PATTERN 17 That is going to~

That's going to~ …일거야

That's going to be~ …일거야, …될거야

That's not going to~ …하지 않을거야

Is that going to~ ? …할거야?, …하게 될거야?

PATTERN 18 That will~

That will~ …일거야

That will make~ 그 때문에 …가 …하게 될거야

That will not~ …이지 않을거야

That would~ …할거야

PATTERN 19 That can~

That can~ 그건 …할[될] 수 있어

That can't~ …할 수가 없어

That can't be~ …일 리가 없어

That could~ …일 수가 있어

PATTERN 20 That should[must, may]~

That should~ …일거야

That must~ 틀림없이 …일거야

That may~ …일지도 몰라

That might~ …일지도 몰라

PATTERN 21 That is what~

That's what~ 바로 그게 …하는거야

That's not what~ 그건 …하는게 아냐

Is that what~ ? 그게 바로 …하는거야?

Isn't that what~ ? 그게 바로 …하는게 아냐?

PATTERN 22 That's when[where]~

That's when~ 바로 그때 …했어

That's where~ 바로 거기가 …하는거야

Is that when~ ? 바로 그때 …하는거야?

Is that where~ ? 바로 거기서 …하는거야?

영어회화
공식패턴
3300

PATTERN 23 That's why[because]~

That is why~ 그래서 …하는거야

Is that why~ ? 그게 바로 …한 이유야?

That's because~ 그건 …때문이야

Is that because~ ? 그게 바로 …때문이야?

PATTERN 24 That's how~

That's how~ …하는 방법(이유)야, 그래서 …을 했어

That's not how~ 그렇게 …하지 않은거야

Is that how~ ? 그렇게 …하는거야?

Isn't that how~ ? 그렇게 해서 …한게 아냐?

PATTERN 25 That+V

That+V 그게 …해

That doesn't~ 그게 …하지 않아

Does that~ ? 그게 …하지?

Doesn't that~ ? 그게 …하지 않아?

PATTERN 26 That sounds~

That sounds+adj~ …같은데

That sounds like~ …같은데

That doesn't sound~ …같지 않은데

PATTERN 27 It is~

It is+adj~ …해

It's+N~ …해

It's~ …해

PATTERN 28 It's not~

It's not~ …가 아냐

It's no~ …가 아냐

It's no wonder~ …하는게 당연하지

It's never~ 절대로 …아니야

PATTERN 29 Is It~ ?

Is it~ ? …야?, …해?

Isn't It~ ? …하지 않아?

It was~ …였어

It was no[never]~ …가 아니었어

PATTERN 30 It is going to~

It's going to~ …할거야

It's going to be~ …일거야

It's not going to~ …하지 않을거야, …가 아닐거야

Is it going to~ ? …할거야?, …일거야?

PATTERN 31 It will~

It will~ …하게 될거야

It will not~ …하지 않을거야

It won't~ …하지 않을거야

It would~ …할거야

PATTERN 32 It can~

It can~ …일 수 있어

It can't~ …일 리가 없어

It could~ …일 수도 있어

Can it~ ? 그게 …할 수 있을까?

PATTERN 33 It should~

It should~ …하게 될거야

It shouldn't~ …여서는 안돼

It must~ 틀림없이 …일거야

It may~ …일지도 몰라

PATTERN 34 It is ~ to~

It's ~ to+V …하는 것은 …해

It's+adj[N] that~ …는 …해

It's too~ to~ 너무 …해서 …하지 못해

It's~ that(관계대명사)~ …한 …야

PATTERN 35 It's so~ that~

It's so~ that~ 너무 …해서 …해

It is[was] ~ that~ …하는 것은 …다

It's just that S+V …라고 해서 그래, …할 뿐이야

It's not that S+V …한게 아냐, …라고 말하는게 아냐

PATTERN 36 It is okay to~

It's okay to~ …해도 괜찮아

It's okay with sb …에게 괜찮아

It's okay for sb to~ …가 …해도 괜찮아

It's okay to say that S+V …라고 말해도 괜찮아

PATTERN 37 It's okay if~

It's okay that S+V …해도 괜찮아

731

It's okay if S+V …한다면 괜찮아, …해도 괜찮아
Is it okay that S+V~ ? …해도 괜찮아?
Is it okay if S+V~ …해도 괜찮아?

PATTERN 38 It's not okay~

It's not okay to+V~ …하는 것은 안돼
It's okay not to~ …하지 않아도 괜찮아
Is it okay (for sb) to+V~? (…가) …해도 괜찮아?
Are you sure it's okay if~ ? …해도 괜찮은 게 확실해?

PATTERN 39 It is all right to~

It's all right to~ …해도 괜찮아
It's all right with sb[sth] …에게 괜찮아
If it's all right with you, I'd like to~
괜찮다면, …하고 싶어
It's all right for sb to~ …가 …해도 괜찮아

PATTERN 40 Is it all right~ ?

It is all right that~ …해도 괜찮아
It's all right if~ …해도 괜찮아
Is it all right that~? …해도 괜찮아?
Is it all right if~? …해도 괜찮아?

PATTERN 41 It isn't all right~

It isn't all right that ~
…하면 안돼, …하는 것은 괜찮지 않아
It's all right not to~ …하지 않아도 괜찮아
Would it be all right if~? …해도 괜찮겠어?

PATTERN 42 It's hard to~

It's hard to+V …하는게 힘들어
It's hard for sb to+V …가 …하는게 힘들어
It's hard to believe~ …가 믿어지지 않아
It's really hard to say how S+V
…의 방법을 설명하기란 아주 곤란해

PATTERN 43 It's not hard~

It's not hard to+V …하는 것은 어렵지 않아
It's hard not to+V …하지 않는 것은 어려워
Is it hard to~? …하는게 어려워?
I find it hard to believe~ …가 믿어지지 않아

PATTERN 44 It's easy~

It's easy to[~ing] …하는 것은 쉬워
It's easy for sb to[~ing] …가 …하는 것은 쉬워
It's not easy to[~ing] …하는 것은 쉽지 않아
It's difficult to+ V …하는 것은 힘들어

PATTERN 45 It's very nice of~

It's very nice of you to+V …해줘서 고마워
It's very nice of you to+V, but~ …해줘서 고맙지만,
It's nice to see sb ~ing …가 …하는 것을 보니 좋아
It's nice if[that]~ …한다면 좋지, 다행이야

PATTERN 46 It's worth~

It's worth+N[~ing] …할 가치가 있어
It's not worth+N[~ing] …할 가치가 없어
S be worthy of~ …는 …을 받을 가치가 있어
S be unworthy of~ …는 …을 받을 가치가 없어

PATTERN 47 It's fine~

It's fine for sb to~ …가 …해도 괜찮아
It's fine with sb if~ …해도 …는 괜찮아
It's fine because S+V …때문에 괜찮아
Everything was fine until[when]~   …
때까지는 다 괜찮았어

PATTERN 48 It's good to~

It's good to+V~ …하니 좋아
It's good for sb to~ …가 …을 하니 좋아
It's good that~ …하는게 좋아, …한건 잘한 일이야
It's good to know that[what~] …을 알게 되어 좋아

PATTERN 49 It's not good to~

I think it's good that~ …하는게 좋은 것 같아
It's not good to+V~ …하는 것은 좋지 않아
It's not good for sb to+V~ …가 …하는 것은 좋지 않아

PATTERN 50 It's better to~

It's better to+V~ …하는 것이 더 나아
It's better to~ than+V …하는 것보다 …하는 것이 더 나아
It's better that~ …가 더 나아
It's better if~ …하는게 더 나아

PATTERN 51 It's better to~

I think it's better to~ …하는 것이 더 나을 것 같아
I think it's better that S+V…하는게 더 나을 것 같아
It's better than ~ing …하는 것보다 나아
Wouldn't it be better to[if]~ ?
…하는게 더 낫지 않을까?

PATTERN 52 It's best~

It's best to+V~ …하는 것이 최선이야
It's best not to[to not]+V~ …하지 않는 것이 최선이야
It's best that[if]~ …가 최선이야
I think it's best that[if]~ …하는게 최선인 것 같아

PATTERN 53 It's great~

It's great to+V~ …하는게 아주 좋아, …하는게 잘된 것 같아
It's great that~ …하는게 아주 잘된 일이야
Isn't it great to+V~ ?
…하니 너무 좋지 않아?, …가 대단하지 않아?
Isn't it great that S+V?
…가 너무 좋지 않아?, …가 대단하지 않아?

PATTERN 54 It's too bad~

It's too bad about sb (~ing) …가 참 안됐어
It's too bad that ~ …가 참 안됐구나
It's too bad what~ …가 참 안됐어, …가 아쉬워
It's too bad because~ …라니 참 안됐네

PATTERN 55 It's true that~

It's true that[what]~ …은 사실이야, 사실은 …야
It's not true that~ …은 사실이 아냐
Is it true that S+V? …라는 게 사실이야?
If it's true,~ 만약 그렇다면, …

PATTERN 56 It's possible~

It's possible (for sb) to+V~ (…가) …하는 것은 가능해
It's possible S+V …일 수가 있어
Is it possible to+V[that~] ?…하는 것이 가능해?
Do you think it's possible~ ?
정말 …가 가능하다고 생각해?

PATTERN 57 It's impossible~

It's not possible to+V~ …하는 것은 가능하지 않아
It's impossible (for sb) to+V~

(…가) …하는 것은 불가능해
It's impossible not to~
…하지 않은 것은 불가능해, …할 수밖에 없어
It's not impossible that~
…은 불가능하지 않아, …할 수도 있어

PATTERN 58 It's important~

It's important (for sb) to+V …하는 것이 중요해
It's important S+V …것이 중요해
I think it's important to[S+V]~ …가 중요한 것 같아
It's not important~ …은 중요하지 않아

PATTERN 59 It's the most important~

A be the most important+N …가 가장 중요한 …야
The most important thing is~
가장 중요한 것은 …야
It's crucial[critical] that S+V ~…하는 것이 중요해
It's significant S+V …하는 것이 중요해

PATTERN 60 It has been+시간+since~

It's been ~years since~ …한 지 …가 지났어
It has been ~months since ~…한 지 …나 됐어
It has been ~weeks since ~…한 지 …나 됐어
It has been ~days since ~…한 지 …나 됐어

PATTERN 61 It's time to~

It's time to~ …할 때가 되었어
It's time for sb to~ …가 …할 시간이 되었어
I think it's time to+V~ …할 때가 된 것 같아
It's time that S+V 이제 …해야 될 때야

PATTERN 62 It's high time~

It's high time to+V …할 때가 되었어
It's high time that~ …할 때가 되었다
Don't you think it's time to[that]~? …
할 때가 되었다고 생각지 않아?
It's about time S+V …을 할 때가 되었어

PATTERN 63 It's a shame~

It's a shame to+V …하다니 안타까운 일이야
It's a shame that~ …은 안됐어
It's such a shame that~ …은 정말 유감이야
It's a pity that S+V …가 안타까워, 아쉬워

INDEX

PATTERN 64 It looks like~

Looks like+N ···같아, ···처럼 생겼어
(It) Looks like S+V ···처럼 보여
(It) Sounds like+N ···인 것 같아
(It) Sounds like S+V~ ···인 것 같아

PATTERN 65 It seems~

It seems+adj[to+V] ···처럼 보여, ···하는 것 같아
It seems (to me) that~ ···처럼 들리다
(It) Seems like+N~ ···처럼 보여
(It) Seems like that S+V~ ···처럼 보여

PATTERN 66 It's like~

It's like+N ···와 같은거네
It's like+ ~ing ···와 같은거네
It's like S+V ···하는 것과 같은 셈이야
Is it like~ ? ···하는 것 같지?

PATTERN 67 It's not like~

It's not like+N[~ing] ···와 같지 않아, ···는 아냐
It's not like S+V ···와 같지 않아, ···는 아냐
It was like+N[~ing] ···와 같았어
I know what it's like to~ ···하는 것이 어떤 건지 알아

PATTERN 68 It's gonna be like~

It's gonna be like +N[~ing] ···하는 셈일거야
It's gonna be like S+V ···와 같은 것일거야
It would be like ~ing ···하는 것과 같은 걸거야
It would be like S+V ···와 다를 바 없을거야

PATTERN 69 It hit me that~

It never crossed my mind that~
···은 생각도 못했어
It has just occurred to me that~
···라는 생각이 들었어
It never occurred to me that~
···가 전혀 생각나지 않았어
It hit me that~ ···라는 생각이 들었어

PATTERN 70 It's fun~

It's fun ~ing[to] ···하는게 재미있어, 즐거워
It was fun ~ing[to] ···하는게 즐거웠어
It's fun until~ ···할 때까지 재미있어

I have a lot of fun with sb ···와 무척 즐거워

CHAPTER 05 ≫ There[Here]~

PATTERN 01 There is[are]~

There is~ ···가 있어
There are~ ···가 있어
Is there~ ? ···가 있어?
Are there~ ? ···가 있어?

PATTERN 02 There isn't~

There's not~ ···가 없어
There's not+N+that[who]~ ···할 ···가 없어
There aren't~ ···가 없어
There aren't+N that[who]~ ···할 ···가 없어

PATTERN 03 There's gonna~

There's going to be~ ···가 있을거야
There's not going to be~ ···는 없을거야
Is there gonna be~ ? ···가 있을까?

PATTERN 04 There is[are] ~ing

There's+N~ing ···하는 ···가 있어, ···가 ···하고 있어
There are+N ~ing ···하는 ···가 있어, ···가 ···하고 있어
There's A that~ ···하는 ···가 있어
There are A that~ ···하는 ···가 있어

PATTERN 05 There is some~

There's some~ ···가 좀 있어, 어떤 ···가 있어
There are some~ ···가 좀 있어, 어떤 ···가 있어
There's someone~ ···하는 사람이 있어
There's something~ ···한게 있어

PATTERN 06 Is there some~ ?

Is there some~ ? (···할) 뭐가 좀 있을까?
Are there some~ ? (···할) 뭐가 좀 있을까?
Is there someone~ ? ···할 사람이 있어?
Is there something that~ ? ···할 게 있어?

PATTERN 07 Is there any~ ?

Is there any way~ ? ···할 방법이 없을까?

PATTERN 04 We have~

We have~ 우리는 …가 있어
We don't have~ …가 없어
Do we have~ ? …가 있어?
We[I] had~ …가 있었어

PATTERN 05 I'm having~

I'm having~ …하고 있어
We're having~ 우린 …하고 있어
You're having~ 넌 …하고 있어
Are you having~ ? 너 …하고 있어?, 너 …할거야?

PATTERN 06 He has~

He has~ 걘 …가 있어
He doesn't have~ 걘 …가 없어
Does he have~ ? 걔에게 …가 있어?
He had~ 걘 …가 있었어

PATTERN 07 You have~

You have~ 너 …가 있어, 너 …가 …해
You don't have~ 네게 …가 없어
You have no~ 넌 …가 없어
You have no right~ 넌 …할 권리가 없어

PATTERN 08 Do you have~ ?

Do you have~ ? 너 …있어?
Do you have some~ ? 너 …가 좀 있어?
Do you have any~ ? …가 좀 있어?
Don't you have~ ? …한 거 없어?

PATTERN 09 Did you have~ ?

Did you have~ ? …가 있었어?, …했어?
Did you have any~? 혹 …가 있었어?
Did he have~? 걔에게 …가 있었어?

PATTERN 10 I have sb V

have sb+V …을 하도록 시키다, …에게 …을 시키다
have sb ~ing …을 하도록 시키다
have sth+pp 누군가에 의해 …가 …했어
have+N+back …을 되찾다

PATTERN 11 I've got~

I've got~ …가 있어
I haven't got~ …가 없어
We've got~ 우린 …가 있어
We haven't got~ 우린 …가 없어

PATTERN 12 You've got~

You've got~ 넌 …가 있어
You haven't got~ 넌 …가 없어
Have you got~ ? 너 …가 있어?

PATTERN 13 He's got~

He's got~ 걘 …가 있어
He hasn't got~ 걘 …가 없어
They've got~ 걘 …가 있어
They haven't got~ 걘 …가 없어

PATTERN 14 I got~

I got+N …가 있어, …했어
I got+N …했어, …할게
I got+장소명사 …에 갔어, …에 도착했어
I got your~ 네 …을 받았어

PATTERN 15 I got+adj

I got+adj …해져
I got+pp …했어
get sb[sth]+adj …을 …하게 해
get sth+pp …하게 했어

PATTERN 16 get to~

get to+V …하게 되다
I got to thinking~ …을 생각하게 되었어
get sb to+V …가 …하게 만들다
get used to~ …에 적응하다

PATTERN 17 I'm getting~

I'm getting~ 나 …해져
I'm getting+비교급 점점 …해져
You're getting~ 넌 …해(져)
You're getting+비교급 넌 점점 …해져

PATTERN 18 get sb sth

get you sth 네게 …을 갖다주다
get me sth …을 내게 갖다 주다
He got me~ 걔가 내게 …줬어
You get her~ 걔에게 …갖다 줘, …을 사줘

PATTERN 19 I like~

I like~ …을 좋아해
I like to[~ing]~ …하는 걸 좋아해
I don't like+N~ …을 좋아하지 않아
I don't like to[~ing]~ …하는 걸 좋아하지 않아

PATTERN 20 You like~

You like~ ? 넌 …을 좋아해?
You don't like~ 넌 …을 좋아하지 않아
Do you like~? …을 좋아해?
Don't you like~ ? …을 좋아하지 않아?

PATTERN 21 I'd like~

I'd like+N~ …주세요
I'd like to~ …하고 싶어
I'd love to~ …하고 싶어
I'd like to, but~ 그러고는 싶지만…

PATTERN 22 I'd like you to~

I'd like you to+V~ 네가 …하기를 바래
I'd like you to meet~ …소개시켜줄게
We'd like you to~ 네가 …해줘

PATTERN 23 Would you like~ ?

Would you like+N? …할래요?
Would you like to+V? …할래?
Would you like me to~? 내가 …할까?
Would you like sth pp~? …을 …하게 해줄까요?

PATTERN 24 I want~

I want+N~ …을 원해
I want sb[sth]+형[부] …을 …하게 해줘
I want sb[sth]+pp …을 …하게 해줘
I want to+V …하고 싶어, …할래

PATTERN 25 I don't want to~

I don't want to+V …하고 싶지 않아
I didn't want to+V …하고 싶지 않았어
You don't want to~ …하지 않는게 낫겠어
You may not want to~ …하지 않는게 좋겠어

PATTERN 26 I want you to~

I want you to+V~ 네가 …하도록 해
I want you to know~ …을 알아줘
I don't want you to+V 네가 …하는 걸 원치 않아
I don't want her to+V~ 걔가 …하는 걸 원치 않아

PATTERN 27 I wanted to~

I wanted to+V …하고 싶었어
I just wanted to+V~ 단지 …하고 싶었어
I wanted you to+V 네가 …하기를 바랬어
I wanted you to think~ 네가 …라고 생각하기를 바랬어

PATTERN 28 I (just) wanted to say~

I just wanted to say~ 단지 …라고 말하고 싶었어
I just wanted to tell you~
단지 네게 …라고 말하고 싶었어
I (just) wanted you to know~
…을 알아주기를 바랬어
I just wanted to let you know~
…을 단지 알려주려고 그랬어

PATTERN 29 Do you want~ ?

Do you want+N? …을 줄까?
Do you want to+V? …할래?
Do you want me to+V? (내가) …해줄까?, 할까?
Do you want us to+V? 우리가 …할까?

PATTERN 30 You want me to~

You want me to+V~? 나보고 …하라고?
Don't you want to+V? …하지 않을테야?
Don't you want to know~ ? …을 알고 싶지 않아?
Did you want to+V~ ? …하기를 바랬어?, …하려고 했어?

PATTERN 31 All I want~

All I want is (for~) to+V 내가 원하는 것은 …하는거야
All I want to do is+V 내가 하고 싶은 건 …뿐이야
All I want to know is~ 내가 알고 싶은 건 …뿐이야

All I wanted was to+V 내가 원했던 것은 …하는 거였어

I didn't know who~ 누가 …했는지 몰랐어

PATTERN 32 I know~

I know (about)~ …을 알고 있어
I know S+V …을 알고 있어
I know what to+V 난 …할 것을 알고 있어
I know what S+V 난 …을 알고 있어

PATTERN 33 I know when[where]~

I know when S+V 난 언제 …인지 알고 있어
I know where S+V 난 어디서 …인지 알고 있어
I know why S+V 난 왜 …하는지 알아
I think I know why~ 왜 …인지 알 것 같아

PATTERN 34 I know how~

I know how to+V 난 …하는 법을 알아
I know how S+V 난 …하는 지를 알고 있어
I know how much S+V 얼마나 …한지 알고 있어
I know how hard S+V 얼마나 …한지 알고 있어

PATTERN 35 I don't know~

I don't know+N …을 몰라
I don't know about~ …에 대해서 몰라
I don't know any~ …의 아무 것도 몰라, 전혀 몰라
I don't know S+V …을 모르겠어, …가 아닐지도 몰라

PATTERN 36 I don't know what~

I don't know what to+V 어떻게 …해야 할지 모르겠어
I don't know what S+V …하는지 모르겠어
I don't know when S+V 언제 …하는지 모르겠어
I don't know where S+V 난 어디서 …하는지 모르겠어

PATTERN 37 I don't know why[how, if]~

I don't know why S+V 왜 …하는지 모르겠어
I don't know how to+V 난 어떻게 …하는지 몰라
I don't know how S+V 난 어떻게 …하는지 몰라
I don't know who[if]~ …인지 모르겠어

PATTERN 38 I didn't know wh~

I didn't know what S+V …을 몰랐어
I didn't know if S+V …인지 몰랐어
I didn't know how S+V 난 어떻게 …했는지 몰랐어

PATTERN 39 Do you know~ ?

Do you know+N~ ? …을 알아?
Do you know about ~? …에 대해 알아?
Do you know any~ ? 혹 …을 좀 알아?
Do you know anything about~?
…에 대해 뭐 아는 거라도 있어?

PATTERN 40 Do you know wh~ ?

Do you know S+V? …을 알아?
Do you know what S+V? …을 알아?
Do you know when~ ? 언제 …하는지 알아?
Do you know where~ ? 어디서 …하는지 알아?

PATTERN 41 Do you know how~ ?

Do you know who~ ? 누가[누구를] …하는지 알아?
Do you know why~ ? 왜 …하는지 알아?
Do you know how~ ? 어떻게 …하는지 알아?
Do you know if~ ? …인지 알아?

PATTERN 42 Don't you know~ ?

Don't you know~ …을 몰라?
Did you know~ ? …을 알고 있었어?
I knew~ …을 알고 있었어

PATTERN 43 You know~

You know S+V[?] 넌 …을 알지, …을 알고 있어?
You know what S+V[?] 넌 …을 알지[?]
You don't know+N 넌 …을 몰라
You don't know wh~ S+V 넌 …을 몰라

PATTERN 44 All I know~

All I know about+N is~
…에 대해 내가 알고 있는거라곤 … 뿐이야
All I know is~ 내가 알고 있는 건 … 뿐이야
What do I know about~ 내가 …에 대해서 아는게 뭔가?

PATTERN 45 I have no idea~

I have no idea what[when, where]~
…인지 모르겠어
I have no idea how[why]~
어떻게[왜] …인지 모르겠어

I had no idea~ …하는 줄은 몰랐어

Do you have any idea~ ? …인지 알아?

PATTERN 46 I think~

I think S+V …인 것 같아

I think I'll~ …을 할까봐

I'm thinking S+V …을 생각중이야, …한 것 같아

I was thinking S+V …할까 생각중이었어

PATTERN 47 I think of[about]~

I'm just thinking of[about]+N
그저 …에 대해 생각하고 있어

I'm thinking of[about]~ing …할 생각이야

I was thinking of[about]~ing …할 생각이었어

PATTERN 48 I don't think~

I don't think S+V …라고 생각하지 않아

I don't think it's true that~ …라니 믿기질 않아

I didn't think S+V …라고 생각하지 않았어

I didn't think that I was going to+V
…하게 될 줄은 몰랐어

PATTERN 49 I thought~

I thought S+V …라 생각했어, …인 줄 (잘못) 알았어

I thought I could~ 내가 …을 할 수 있을거라 생각했어

I thought we had[were]~ 우리가 …였다고 생각했어

I thought you were going to~
네가 …할거라 생각했는데

PATTERN 50 I thought I told you~

I thought I told you to~ …라고 말한 것 같은데

I thought I told you not to~
…하지 말라고 말한 것 같은데

I thought I told you S+V …라고 말한 것 같은데

I thought you said~ …라고 네가 말한 것 같은데

PATTERN 51 I never thought~

I never thought of[about]
…에 대해서는 생각도 안해봤어

I never thought I'd+V …하리라고 전혀 생각못했어

I never thought I'd say this, but~
이런 말하게 될 줄 전혀 몰랐지만…

I haven't thought~ …일 거라고는 생각도 못했었어

PATTERN 52 Do you think~ ?

Do you think S+V? …인 것 같아?

Don't you think S+V? …한 것 같지 않아?

Did you think S+V? …할거라 생각했어?

You (really) think S+V? 정말 …라고 생각해?

PATTERN 53 You must think~

You must think~
넌 …라고 생각하는구나, 넌 …라 생각해야 돼

You should think about~
너는 …을 생각해봐, 넌 …을 생각하는구나

You may[might] think~ 네가 …라 생각할 수도 있어

You would think S+V …라고 생각하고 싶겠지

PATTERN 54 I need~

I need+N …가 필요해

I need to+V 난 …을 해야 돼

I need you to+V 네가 …하기를 바래

I need you to not+V 네가 …하지 말아줘

PATTERN 55 I don't need~

I don't need+N …가 필요없어

I don't need to+V …할 필요가 없어

I don't need you to+V 네가 …하지 않아도 돼

I didn't need to+V …할 필요가 없었어

PATTERN 56 You need~

You need+N 넌 …가 필요해

You need to+V 넌 …를 해야 돼

You need me to+V? …을 해줄까?

You don't need to+V 넌 …할 필요가 없어

PATTERN 57 We need~

We need+N 우리는 …가 필요해

We need to+V 우리는 …을 해야 돼

He needs~ 걘 …가 필요해

They need~ 걔네들은 …가 필요해

PATTERN 58 Do I need~ ?

Do I need to+V? 내가 …해야 될까?

Do I need to remind you S+V?
내가 …을 기억나게 해줘야 돼?

Do we need to+V? 우리가 …해야 될까?

PATTERN 59 Do you need to~ ?

Do you need+N? 넌 …가 필요해?
Do you need to+V? 넌 …해야 돼?
Do you need me to+V? 내가 …해줄까?
Don't you need+N? …가 필요하지 않아?

PATTERN 60 All I need~

All I need is+N~ 내가 필요로 하는 건 단지…
All I need to do is~ 내가 해야 되는 건 오직 …야
That's all I need to+V 내가 …하고 싶은 건 그게 다야
There's no need to~ …할 필요가 없어

PATTERN 61 I mean~

I mean, ~ 내 말은, …
I mean S+V 내 말은 …란 말이야
You mean+N? …란 말이야?
You mean S+V(?) …란 말이야?

PATTERN 62 I mean to~

I don't mean that S+V …라는 말은 아니야
Do you mean S+V? …라는 말이야?
I mean to+V …할 생각이야
I was meant to~ …할 운명이었어, …하기로 되어 있어

PATTERN 63 I don't mean to~

I don't mean to+V …할 생각은 아냐
I don't mean to be rude, but~
무례하게 생각될지 모르겠지만,
I didn't mean to+V …하려는게 아니었어

PATTERN 64 ~mean to say~

I mean to tell you that S+V…라는 말은 진심이야
I mean to say~ …하는 말이야, 정말이지 …해
You don't mean to say that S+V
…라는 말은 아니지?
What I mean to say is,~ 내가 말하려는 건 …야

PATTERN 65 It means~

It means S+V~ 그건 …을 뜻하는거야
It means a lot to~ 그건 …에게 의미가 아주 커
It means a lot (to me) that~
그건 …에게 의미가 아주 커
It doesn't mean that~ …한다는 뜻은 아냐

PATTERN 66 I was meaning~

I was meaning to+V…하려던 참이었어, …하려고 했어
I've been meaning to~ …하려고 했었어
We've been meaning to~ 우린 …하려고 했었어
I kept meaning to~ 난 계속 …을 했었어

PATTERN 67 Let's~

Let's+V …하자
Let's not+V …하지 말자
Let's say (that) S+V …라고 가정해 보자
Let's go+V 가서 …하자

PATTERN 68 Let me~

Let me+V 내가 …할게
Let me check~ …을 확인해볼게
Let me ask you~ 내가 …질문 좀 할게
Let me think about~ …에 대해 생각해볼게

PATTERN 69 Let me have~

Let me have~ 내가 …을 갖게 해줘, …을 줘
Let me get~ …을 갖다 줄게
Let me talk to~ 내가 …에게 얘기할게

PATTERN 70 Let me know~

Let me know what~ …을 알려줘
Let me know when[where]~
언제[어디서] …할지 알려줘
Let me know how~ 어떻게 …하는지 알려줘
Let me know if~ …하면 알려줘

PATTERN 71 Let me see~

Let me see, 글쎄, 어디보자, 보여줘
Let me see sth~ …을 보여줘
Let me see what~ …을 보자
Let me see if~ …인지 아닌지 알아보자

PATTERN 72 ~let you~

I'll let you know~ …을 알려줄게
I'm going to let you~ 네가 …하도록 할게
I'm not going to let you~ 네가 …하지 못하게 할거야
Don't let sb[sth]+V~ …가 …하게 하지마

PATTERN 09 I didn't tell~

I didn't tell sb S+V ···에게 ···라고 말하지 않았어

I never told sb~ ···에게 절대 ···라고 말하지 않았어

I never told you this, but~
너한테 이런 말 한 적이 없지만, ···

You never told me~ 넌 절대로 내게 ···을 말한 적이 없어

PATTERN 10 Did I tell you~ ?

Did I tell you ~? 내가 ···을 말했었나?

Have I told you~ ? 내가 ···을 말했었나?

How many times have I told you to~ ?
···하라고 내가 몇 번이나 말해야겠니?

What have I told you about~ ?
···에 대해 내가 뭐라고 했니?

PATTERN 11 I'll tell~

I'll tell (about) sth (···에 관해서) 말해줄게

I'll tell sb S+V ···에게 ···을 말해줄게

I'll tell you what~ ···을 말해줄게

I'll tell you if[where, how~] ···을 말해줄게

PATTERN 12 Let me tell you~

Let me tell you something (about)~
내가 뭐 말해줄게

Let me tell you about~ ···에 관해서 말해줄게

Let me tell you what~ ···을 얘기해줄게

PATTERN 13 Don't tell me~

Don't tell me to~ ···하라고 말하지마

Don't tell me that~
설마 ···라는 얘기는 아니겠지, ···라고 하지마

Don't tell me what~ ···라고 하지마

Don't tell me where[how]~ ···라고 하지마

PATTERN 14 I can tell you~

I can tell S+V ···라 말할 수 있어, ···을 알겠어

I can tell you sth 네게 ···을 말해줄 수 있어

I can tell you that[what, why]~
네게 ···라 말할 수 있어, ···가 알만해

All I can tell you is~ 네게 말할 수 있는거라고는 ···뿐이야

PATTERN 15 I can't tell you~

I can't tell you that~ ···라고 네게 말할 수 없어

I can't tell you what[if]~ ···을 네게 말할 수 없어

I can't tell you how+adj S+V
얼마나 ···한지 모르겠어

I can't tell you how+adj S+V to~
···하는 것이 얼마나 ···한지 모르겠어

PATTERN 16 Can you tell me~ ?

Can you tell me (about) sth~ ?
(···에 대해) ···을 말해줄래?

Can you tell me what~ ? ···을 말해줄래?

Can you tell me where[why]~ ? ···을 말해줄래?

Can you tell me how to get to~ ?
···까지 가는 방법을 말씀해 주시겠어요?

PATTERN 17 There's no way to tell~

There's no way to tell~ ···을 알 길이 없어

There's no telling what[how]~ ···을 알 수가 없어

You're telling me that~ ? ···라고 말하는거야?

I was told that[to+V]~ ···라고 들었어, ···라던데요

PATTERN 18 I need to talk~

I need to talk to you~ 너와 얘기해야겠어

Can I talk to you~ ?
너와 얘기해도 될까?, 얘기할 수 있을까?

Do you mind if I talk~ ? 내가 얘기해도 될까?

I don't want to talk about~
···에 관해 얘기하고 싶지 않아

PATTERN 19 Can we talk~ ?

Can we talk about~ ? ···에 관해 얘기할까?

Can we not talk about~ ?
···에 관해서는 얘기하지 말래?

I can't talk about~ ···에 대해 얘기할 수 없어

Do we have to talk~ ? 우리가 ···얘기를 해야 돼?

PATTERN 20 Let's talk~

Let's talk sth~ ···을 얘기하자

Let's talk about~ ···에 관해 얘기하자

Let's talk about what~ ···에 관해 얘기하자

Let's not talk about~ ···에 대해 얘기하지 말자

PATTERN 21 I'm talking about~

I'm talking about~ ···에 관한 얘기야

I'm not talking about~ …을 말하는게 아냐
We're talking about~ 우린 …에 관해 얘기하고 있어
This is~ we're talking about
우리가 얘기하는 것은 바로 …야

PATTERN 22 You're talking~

You're talking~ 넌 …에 대해 얘기하고 있어
Are you talking about~ ? 너 …에 관한 얘기하는거야?
Are you talking about sb ~ing?
…가 …했다는 얘기를 하는거야?

PATTERN 23 I came to~

I came to+V 난 …하러 왔어
I came here to~ …하러 왔어
Here comes~ 여기 …가 오네
come+V …하러 오다

PATTERN 24 I'm going~

I'm going to+V …할거야
I'm going to+장소 나 …에 가, …에 갈거야
go~ ing …하러 가다
have gone to~ …에 갔어

PATTERN 25 I went to~

I went to+장소 난 …에 갔어
I went to+V 난 …하러 갔(었)어
I went back to~ …로 돌아갔어
He went to~ 걘 …하러 갔어

PATTERN 26 go+V

go get~ …하러 가다
go have~ 가서 …하다
go take[do]~ …가서 …하다
go see~ 가서 …하다

PATTERN 27 I wonder wh~

I wonder what~ …을 모르겠어, …가 궁금해
I wonder when[where]~ …을 모르겠어, …가 궁금해
I wonder how many~ 얼마나 많은 …가 …할지 모르겠어
I wonder why[who]~ …을 모르겠어

PATTERN 28 I wonder if~

I wonder if ~ …일지 미심쩍어, …이지 않을까

I'm wondering if~ …일지 모르겠어
I was wondering if ~ …인지 아닌지 궁금했어

PATTERN 29 I was wondering if ~ could~

I was wondering if I could~ …해도 될까(요)?
I was wondering if you could~ …해줄래(요)?
I wonder if ~ could~
…해도 될까요?, …할 수 있을지 모르겠어
(It's) No wonder S+V …하는게 당연하지

PATTERN 30 Can you give me~ ?

Can you give me~ ? 내게 …을 줄래?
I gave you~ 내가 네게 …을 주었어
He gave me~ 걔가 내게 …을 줬어
I'd give anything to~ …하기 위해 뭐든지 할거야

PATTERN 31 I keep~

I keep ~ing 난 계속 …하고 있어
I kept ~ing 난 계속 …했었어
Keep ~ing 계속 …해라
I don't know why I keep ~ing
내가 왜 계속 …하는지 모르겠어

PATTERN 32 Can I help~?

Can I help you~ ? …을 도와줄까?
Help yourself to~ 맘껏 …을 들어
I can't help but~ …하지 않을 수가 없어
help sb+V …가 …하는 것을 돕다

PATTERN 33 I hope~

I hope to~ …하기를 바래
I hope S+V …하기를 바래
I'm hoping to~ …하면 좋겠어, …을 바래
I'm hoping that S+V …이면 좋겠어, …을 바래

PATTERN 34 I wish to~

I wish to~ …하기를 바래
I wish I+과거동사 …이면 좋을텐데
I wish I had~ …있으면 좋겠어
I wish S+과거동사 …가 …하면 좋을텐데

PATTERN 35 I wish I could~

I wish I could~ …할 수 있으면 좋을텐데

INDEX

743

I wish I could, but~ 그러고 싶지만…

I wish you could~ 네가 …할 수 있으면 좋을텐데

I wish sb would~ …가 …했으면 좋겠어

PATTERN 36 I wish ~ had+pp

I wish S+had pp …했었더라면 좋았을텐데

I wish S would have+pp …했었더라면 좋았을텐데

PATTERN 37 I saw~

I saw sb+V …가 …하는 것을 봤어

I saw sb ~ing 난 …가 …하는 것을 봤어

Did you see~ ? …을 봤어?

You saw~ ? …을 봤지?, …을 봤잖아?

PATTERN 38 I can see~

I can see S+V …하네, …을 알겠어

I can see why~ …한 이유를 알겠어

I can see what[where, how~] …을 알겠어

All I can see is~ …만 보여

PATTERN 39 I can't see~

I can't see+N~ …을 모르겠어, …가 보이지 않아

I can't see what~ …을 모르겠어

I can't see where[how]~ …을 모르겠어

PATTERN 40 see if~

We'll see what[who, if~] …을 알게 될거야

I'll see if~ …인지 알아볼게

I'll see if I can~ 내가 …할 수 있는지 알아볼게

I'm here to see if~ …인지 알아보려고 들렸어

PATTERN 41 Let me see if~

Let me see if~ …인지 알아볼게, …인지 보자

Let me see if I can~ 내가 …할 수 있을지 알아볼게

I want to see if~ …인지 확인해보고 싶어

check to see if~ …인지 확인해보다

PATTERN 42 I've never seen~

I've never seen~ …본 적이 없어

I've never seen sb~ …가 …하는 것을 본 적이 없어

I've never known sb to~

…가 …하는 것을 본 적이 없어

You've never seen~ …을 본 적이 없을거야

PATTERN 43 wait and see

Let's wait and see how[what, if]~

…을 지켜보자

Why don't we wait and see how[what, if]~

…을 지켜보자

You should wait and see~ …을 지켜봐야 돼

Seeing as~ …인 걸 보니

PATTERN 44 I heard~

I heard (about) sth …을 들었어

I heard sb+V[~ing] …가 …하는 것을 들었어

I heard that S+V …라고 들었어

I heard what~ …을 들었어

PATTERN 45 Did you hear~ ?

Did you hear (about)~ ? (…에 관해) 들은 적 있어?

Did you hear what~ ? …을 들었어?

Have you heard anything~ ? …뭐 좀 들어봤어?

Have you heard about[of, from]~ ?

…에 관해서 들어봤어?

PATTERN 46 I didn't hear~

I didn't hear sth[sb]~ …을 못들었어

I didn't hear you+V[~ing] 네가 …하는 것을 못들었어

I('ve) never heard about[of, from]~

…에 관해 전혀 들어본 적이 없어

I('ve) never heard sb+V[~ing]

…가 …하는 것을 들어본 적이 없어

PATTERN 47 You never heard~

You never heard sth~? …을 못들어봤어?

You never heard of~ ? …에 대해 못들어봤어?

You never heard me say that~ ?

내가 …라고 말하는거 못들어봤어?

PATTERN 48 I brought~

I brought you sth~ …을 가져왔어

You brought me sth~ ? 내게 …을 가져왔어?

Did you bring sth~? …을 가져왔어?

I can't bring myself to+V …할 마음이 내키지 않아

PATTERN 49 I believe~

I believe in~ …의 존재를 믿어, …가 옳[맞]다고 믿어

I believe S+V ···을 믿어, ···라 생각해
I can't believe S+V ···을 믿을 수 없어
I can't believe how+adj~ 정말 ···하네

PATTERN 50 Can you believe~ ?

Can you believe S+V? ···가 믿어져?
Can you believe how~ ? 얼마나 ···한지 믿겨져?
Do you believe in~ ? ···의 존재를 믿어?
Do you believe S+V? ···을 믿어?, ···라고 생각해?

PATTERN 51 You don't believe~

You don't believe~ 넌 ···을 믿지 않아
If you don't believe me, 네가 날 믿지 못하겠다면
It's hard to believe~ ···가 믿기지 않아
I find it hard to believe~ ···을 믿기 어려워

PATTERN 52 You better believe~

You better believe S+V 정말이지 ···해
You won't believe this, but~ 믿기지 않겠지만, ···
Would you believe S+V? ···을 믿겠어?
Would you believe me if I said S+V?
내가 ···라고 했다면 믿겠어?

PATTERN 53 I'll try to~

I'll try to~ ···하도록 할게
I'm trying to~ ···하려고 하고 있어
I was trying to+V ···하려고 했어
I've been trying to+V 난 (줄곧) ···하려던 중이야

PATTERN 54 Let's try~

Let's try~ ···하도록 하자
Are you trying to~ ? ···하려고 하고 있어?
Are you trying to say[tell me]~ ?
···라고 말하려는거야?
What are you trying to~ ? 뭘 ···하려고 하는거야?

PATTERN 55 I tried to~

I tried to~ ···하려고 했어
I tried my best to~ 난 ···하기 위해 최선을 다했어
I tried everything to~ ···하기 위해 안해본게 없어
Don't try to~ ···하려고 하지마

PATTERN 56 I find~

I found sth ···을 찾았어
I find sth+adj ···가 ···라고 생각해
I find it difficult to~ ···하는 것이 어렵다고 생각해
I found myself ~ing ···상황에 처해 있어

PATTERN 57 I found that~

I found that~ ···라고 생각했어
I found out sth~ ···을 알아냈어
I found out S+V ···을 알아냈어
I found out what~ ···을 알아냈어

PATTERN 58 I'm gonna find out~

I'll find out if~ ···인지 알아볼게
Did you find out~ ? ···을 알아냈어?
Find out~ ···을 알아내
I want you to find out~ ···을 알아내라고

PATTERN 59 I forgot~

I forgot about~ ···을 잊었어
I forgot S+V ···을 잊었어, ···을 깜박했어
I forgot to+V ···할 것을 잊었어
I forgot to tell[mention]~ ···을 말하는 걸 잊었어

PATTERN 60 I forget how~

I forgot what~ ···을 잊었어
I forget what it was like to+V
···하는 것이 어떤 것인지 잊었어
I forgot how+adj~ 얼마나 ···한지 잊었어

PATTERN 61 You forgot~

You forgot to~ 넌 ···하는 것을 잊었어
You forgot that[what] S+V? 넌 ···을 잊었어?
You forgot to mention~ ···는 말하지 않았잖아
Don't forget to~ 반드시 ···해라

PATTERN 62 I'll never forget~

I'll never forget~ 난 절대로 ···을 잊지 않을거야
You'll never forget~ 넌 절대로 ···을 잊지 못할거야
I'll never forget that time when S+V
···했던 그 때를 절대 잊지 못할거야
I almost forgot about[to]~ 거의 ···을 잊을 뻔했어

INDEX

PATTERN 63 I remember~

I remember ~ing …한 것을 기억해
I remember sb[sth] ~ing …가 …한 것을 기억해
I remember when~ …한 때를 기억해
I remember the first time~ 처음으로 …한 때를 기억해

PATTERN 64 All I remember is~

All I remember is ~ing[what]~
기억나는 거라고는 …뿐이야
What I remember (the most) is ~ing
내가 (가장) 기억하는건 …하는거야
What I remember about sb is that~
…에 대해 기억하는건 …하다는거야
One thing that we have to remember is
that S+V 한 가지 기억해두어야 할 것은 …야

PATTERN 65 I don't remember~

I don't remember sth[how, what]~
…가 기억나지 않아
I don't remember any~ 아무런 …도 기억이 안나
I don't remember ~ing …을 한게 기억이 안나
I don't remember you ~ing
네가 …한 기억이 나지 않아

PATTERN 66 I can't remember~

I can't remember wh~ …가 기억이 안나
I can't remember you ~ing 네가 …한 것이 기억안나
I can't remember the last time~
…한 마지막 때가 기억 안나
I can't remember back + 몇년(a few years) +
when S+V …한 때의 일이 기억나지 않아

PATTERN 67 Do you remember~ ?

Do you remember sth? …가 기억나?
Do you remember (sb) ~ing?
(…가) …한 것이 기억나?
Do you remember wh~ ? …을 기억해?
Remember when~ ? …한 때가 기억나?

PATTERN 68 You remember~ ?

You remember~ ? …가 기억나?
You remember (sb) ~ing? (…가) …한 것이 기억나?
You remember what~ ? …가 기억나?
You remember when[where]~ ?…가 기억나?

PATTERN 69 Remember~

Remember to~ 잊지 말고 …해라
Remember+N+관계대명사 …한 …을 기억나?
I want you to remember that S+V
…한 것을 기억해
You have to remember~ 넌 …을 기억해야 돼

PATTERN 70 It takes~

It takes+시간+to~ …하는데 시간이 …걸려
It takes around[about]+시간+to~
…하는데 시간이 약 …걸려
It takes+시간+for sb to~ …가 …하는데 시간이 …걸려
It takes me+시간 to+V …하는 데 …의 시간이 걸린다

PATTERN 71 It took me to~

It will take you (about)+시간+to~
넌 …하는데 …정도 시간이 걸릴거야
It takes+시간외 명사 to+V …하는데 …가 필요해
It took me+시간 to+V 내가 …하는데 …시간이 걸렸어
It took me a long time to~
내가 …하는데 시간이 많이 걸렸어

PATTERN 72 It takes time to~

It takes time to~ …하는데 시간이 좀 걸려
It takes a while to+V …하는 데는 시간이 좀 걸려
It doesn't take long before~
…하는데 많은 시간이 걸리지 않아
It didn't take long for sb to~
…하는데 많은 시간이 걸리지 않았어

PATTERN 73 Does it take~ ?

Does it take+시간+to~ ? …하는데 …시간이 걸려?
How long does it take to~ ?
…하는데 시간이 얼마나 걸려?
What does it take to~ ? …하는데 무슨 자질이 필요해?
How many+N does it take to~?
…를 하는데 얼마나 많은 …가 필요해?

PATTERN 74 I prefer~

I prefer ~ing …하는게 더 좋아, …을 더 좋아해
I prefer sb ~ing[to~] …가 …하는게 더 좋아
I prefer to+V …하는걸 더 좋아해
I prefer when~ …할 때가 더 좋아

CHAPTER 08 >> Basic Words Three

PATTERN 01 Someone[Somebody]~

Someone like~ …와 같은 사람

Someone who~ …하는 사람

Someone I know+V~ 내가 아는 누가 …해

Someone+V(과거) 누가 …했어

PATTERN 02 Someone[Somebody]~

Someone+부사구+V(과거) …에서 누군가가 …했어

Someone must have+pp 누군가 …했음에 틀림없어

Somebody+V 누가 …해

Somebody has to~ 누군가 …임에 틀림없어

PATTERN 03 Anyone~

Anyone~ 누구나 …(할 수) 있어

Anyone who~ …하는 사람은 누구든지

Anyone~ ? …하는 사람? 누구 …있어?

Anyone else~ ? 누구든지 …할 다른 사람 있어?

PATTERN 04 Anybody~

Anybody~ 누구든지…

Anybody want[need]~ ? 누구 …하는 사람 있어[없어]?

Anybody have [got]~? 누구 …가 있어?

Anybody seen[heard]~? 누구 … 본 적[들은 적] 있어?

PATTERN 05 Any+N~

Any reason S+V? …하는 무슨 이유가 있어?

Any luck with~? …잘 됐어?

Any+N~? …가 있어?

Any chance S+V? …할 가능성은?

PATTERN 06 No one[Nobody]~

No one's~ ing 아무도 …하지 않아

No one knows~ 아무도 …을 알지 못해

No one+V(과거동사) 아무도 …하지 않았어

No one told me~ 아무도 내게 …을 말해주지 않았어

PATTERN 07 Nobody~

Nobody+V[be going to~] 아무도 …하지 않아

Nobody wants to~ 아무도 …하고 싶어하지 않아

Nobody knows~ 아무도 …을 몰라

PATTERN 08 Something

Something+V~ 뭔가가 …해[했어]

Something ~ happen~ 뭔가가 …벌어지고 있어

Something to~ …한 것

Something about~ …에 관한 것

PATTERN 09 Anything

Anything+adj? 뭐 …한게 있어?

Anything to+V(?) …한게 있어? …할 수 있는거라면 뭐든지

Anything S+V (?) …한게 있어?, 뭐든지 …해

PATTERN 10 Nothing

Nothing+V 아무것도 …없어

Nothing S+V …한 것은 아무 것도 없어

Nothing is+비교급+than+N[~ing]
…보다 …한 것은 없어

Nothing makes sb+비교급+than+N[to+V, ~ing] …보다 더 sb를 …하게 하는 것은 없어

PATTERN 11 make sure~

I will make sure (that) S+V 반드시(꼭) …하도록 할게

Let me make sure~ …을 확인해볼게

Make sure~ …을 확실히 해라, …을 꼭 확인해라

I (just) want to make sure~ …을 확실히 하고 싶어

PATTERN 12 make sense~

It makes sense that S+V 당연히 …해

It doesn't make sense to~ …는 말도 안돼

It didn't make sense to me because
~ … 때문에 그건 내게 말도 안됐어

Doesn't it make sense that S+V?
…는 말도 안되지 않아?

PATTERN 13 If you~

If you~ , I can~ …하면 난 …할 수 있어

If you~ , I[We] will~ 네가 …하면 난 …할거야

If you~, then we can[can't]~
네가 …하면 우리는 …할 수 있[없]어

If only I could~ …할 수 있다면 좋을텐데

영어회화
공식패턴
3300

PATTERN 14 If you~

If you~, you will[are going to]~
…하면 넌 …하게 될거야

If you~, 명령문 …하면 …해

If you~, let~ …하면 …하게 해줘

PATTERN 15 be likely to~

Sb's likely to~ …가 …할 것 같아

It's likely to~ …할 것 같아

It's unlikely that ~ …인 것 같진 않아, …일지 모르겠어

be more likely to+V 좀 더 …할 것 같아

PATTERN 16 The problem is~

The problem is that~ …라는게 문제야

The real problem is that~
정말로 문제가 되는 것은 …이야

The other problem is that~
또 다른 문제는 …라는 거야

The problem is when~ …할 때 문제가 돼

PATTERN 17 It's the only way to~

It's the only way to+V …하려면 그 방법 밖에 없어

It's the only way S+V 그건 …하는 유일한 방법이야

The only way to~ is to[by ~ing]
…하는 유일한 방법은 …하는거야

The only way S+V is~
…하는 유일한 방법은 …하는거야

PATTERN 18 The best way is~

The best way is to~ 가장 좋은 방법은 …하는 것이야

The best way to~ is ~ …하는 가장 좋은 방법은 …이야

What's the best way to~ ?
…하는데 가장 좋은 방법이 뭐야?

What do you think the best way to ~?
…하는 가장 좋은 방법이 뭐라고 생각하니?

PATTERN 19 would rather~

I'd rather+V 차라리 …할래

I'd rather not+V 차라리 …하지 않을래

I'd rather B than A A보다는 B하고 싶어

Wouldn't you rather+V~? 대신 …을 하는건 어떠니?

PATTERN 20 I doubt~

I doubt that S+V …인 것 같진 않아, …일지 모르겠어

I doubt if S+V~ …일지 미심쩍어, …이지 않을까?

I have no doubt that S+V
…을 믿어 의심치 않아, …을 확신해

No doubt S+V …은 의심의 여지가 없어

PATTERN 21 I bet~

I bet S+V …은 확실해, …은 장담해

I bet you+V~ 장담하건대 …해

I'll bet S+V …을 확신해

You bet S+V 틀림없이 …할거야

PATTERN 22 The reason~

The reason (why) S+V is that~ …한 이유는 …야

The reason for ~ is that~ …의 이유는 …야

What was the reason for sb to+V?
뭐 때문에 …가 …했을까?

What reason did S+give for ~ing?
…한 이유를 뭐라고 했어?

PATTERN 23 That's one of the reasons~

That's one of the reasons S+V
그건 …한 이유 중의 하나야

That's one of the reasons why~
그건 …한 이유 중의 하나야, 그래서 …하기도 해

Part of the reason for this is that S+V
이에 대한 이유 중 일부는 …야

I have no reason to~ 내가 …할 이유는 하나도 없어

PATTERN 24 You look~

You look+형용사 넌 …하게 보여

You're looking+형용사 너 정말 …하게 보여

You don't look~ 넌 …하게 보이지 않아

You seem[sound]~ 넌 …처럼 보여

PATTERN 25 You look like~

You look like+N 너 …같아, 너 …처럼 보여

You look like sb who~ 넌 …한 사람같아

You look like S+V 너 …같아, 너 …처럼 보여

You don't look like S+V 넌 …처럼 보이지 않아

INDEX

PATTERN 26 Do I look like~ ?

Do I look like+N 내가 …처럼 보여?
Do I look like+N (that) S+V?
내가 …한 사람처럼 보여?
Do I look like someone who~ ?
내가 …하는 사람처럼 보여?
Do I look like S+V? 내가 …하는 것처럼 보여?

PATTERN 27 The first time~

The first time S+V, S+V 처음으로 …했을 때 …했어
This is the first time since~
…이래로 이번이 처음이야
It[This] is the first time S+V
…한 것은 이번이 처음이야
It was the first time that S+V in ~ years
…한 것은 …년 만에 처음이었어요

PATTERN 28 matter of time~

(It's only) A matter of time before S+V
…하는 건 오로지 시간문제야
It was a matter of time before~
…는 시간문제였어
It's (just) a matter of time till~
…하는 것은 시간문제야

PATTERN 29 I plan to~

I plan to+V …할 예정이야, …할 작정이야, …할 생각야
I'm planning to+V …할 생각이야, …할 작정이야
I'm planning on ~sth[~ing]
…할 생각이야, …할 예정이야
What[When] are you planning to ~ ?
뭘[언제] …할 계획이니?

PATTERN 30 as ~ as~

as+adj+as …만큼 …해
배수 as+adj[adv]+as …만큼 …해
as soon as possible 가능한 빨리
as~ as one can 가능한 …하게

PATTERN 31 as good as~

as good as~ …만큼이나
as many (+N) as~ …만큼이나
as much as~ …만큼이나
as well as …와 마찬가지로

PATTERN 32 better than~

be better than~ …보다 낫다
You[I] know better than to+V
…할 정도로 어리석지 않아
비교급+than+S+thought 생각했던 것보다 더…
~than I expected 내 예상보다 더…

PATTERN 33 the most~

be the most+~ 가장 …한 …야
one of the most~ 가장 …한 것중의 하나
be the most+명사+I've ever seen
지금까지 …한 것중에 가장 ~한거야
비교급 + than ever before 그 어느 때 보다도 더 …한

CHAPTER 09 ≫ What~ ?

PATTERN 01 What am I~ ?

What am I gonna~ ? 내가 뭐라고[뭘] … 할까?
What am I~ ing? 내가 …을 하고 있는거지?
What am I supposed to~ ? 내가 어떻게 …해야 돼?

PATTERN 02 What are you~ ?

What are you ~ing? 너 …을 할거야?
What are you trying to~ ? 뭘 …하려는거야?
What are you going to~ ? 뭘 …할거야?
What are you ~ for? 뭐 때문에 …해?

PATTERN 03 What's wrong~ ?

What's wrong with~?
…하는게 뭐가 잘못야?, …가 왜그래?
What's it gonna take to+V?
어떻게 하면 …할 수 있어?
What is it like to~ ? …하는게 어때?
What are the odds that S+V? …의 가능성이 어때?

PATTERN 04 What's~ ?

What's +N? …가 뭐야?
What's ~ing? 뭐가 …하고 있어?
What's he ~ing? 걔가 …하고 있어?
What's ~ like? …는 어때?

INDEX

When was the last time~ ?
마지막으로 …한게 언제였어?

When was+S+pp~ ? …가 언제 …였어?

PATTERN 06 When were~ ?

When were you~ ? 넌 언제 …였어?

When were you ~ing? 넌 언제 …하고 있었어?

When were you planning to tell~ ?
언제 …을 말하려고 했어?

When were you gonna tell~ ?
언제 …을 말하려고 했어?

PATTERN 07 When do I~ ?

When do I+V? 내가 언제 …해?

When do I get to+V~ ? 내가 언제 …하게 돼?

When did I+V? 내가 언제 …했어?

When did I say S+V? 내가 언제 …라고 했어?

PATTERN 08 When do you~ ?

When do you+V? 너 언제 …해?

When do you think S+V? 언제 …할거라고 생각해?

When do you have to+V~ ? 넌 언제 …을 해야 돼?

When do you want~ ? 언제 …하고 싶어?

PATTERN 09 When does~ ?

When does sb[sth]+V? 언제 …가 …해?

When did you+V? 언제 …를 했어?

When did you know~ ? 언제 …을 알게 됐어?

When did you get~ ? 언제 …한거야?

PATTERN 10 When did you say~ ?

When did you say S+V? 언제 …한다고 했지?

When did you tell sb~ ? 언제 …한다고 말했어?

When did you start[stop] ~ing?
언제 …하기 시작했어?

When did you last[first]+V~ ?
언제 마지막[처음]으로 …했어?

PATTERN 11 When have you~ ?

When have you+pp? 언제 …했어?

When have I+pp? 내가 언제 …했어?

When will you+V? 언제 …을 할거야?

When would you+V~ ? 언제쯤 …하겠어?

PATTERN 12 When can~ ?

When can I+V? 내가 언제 …해도 돼?

When can we+V? 우리는 언제 …할 수 있어?

When can you+V? 넌 언제 …할 수 있어?

When can you not+V~ ? 언제 …을 하지 않을 수 있어?

PATTERN 13 Since when~ ?

Since when is~ ? 언제부터 …야?

Since when are you~ ? 넌 언제부터 …야?

Since when do you ~ ? 너 언제부터 …야?

Since when can you~ ? 언제부터 …할 수 있는거야?

PATTERN 14 When I said,~

When I say~, I mean~ 내가 …라고 할 때 내 뜻은 …야

When I say~, I don't mean~
내가 …라고 할 때 내 뜻은 …가 아냐

When I said~, I meant~
내가 …라고 했을 때 내 뜻은 …였어

When I said~, I didn't mean~
내가 …라고 했을 때 내 뜻은 …가 아니였어

CHAPTER
11 〉〉 Where~ ?

PATTERN 01 Where am I~ ?

Where am I going to+V~ ? 어디서 …을 할까?

Where am I supposed to~ ? 내가 어디서 …해야 돼?

PATTERN 02 Where are you~ ?

Where are you+ ing~ ? 어디에 …하는거야?

Where are you going~ ? 어디로 …가?

Where are you going to~ ? 어디에서 …할거야?

Where are you+pp? 언제 …했어?

PATTERN 03 Where is~ ?

Where is+N? …가 어디있어?

Where is+N+관계절? …한 …가 어디있어?

Where is[are]+S+from? …가 어디서 난거야?

Where is he[she] ~ing? 어디서 …가 …하고 있는거야?

PATTERN 04 Where was~ ?

Where was+N? …가 어디에 있었어?

Where was sb when~ ? …할 때 …는 어디에 있었어?

753

Where was sth+pp? …가 어디에 …했어?
Where were you+시간명사? …때 너 어디있었어?

Why can't you+V~ ? 왜 넌 …을 할 수 없는거야?
Why can't (s)he+V~ ? 왜 …가 …할 수 없는거야?

CHAPTER 14 》How~ ?

PATTERN 13 How can I~ ?

How can I+V ? 내가 어떻게 …할 수 있어?

How can I not+V? 어떻게 내가 …하지 않을 수 있겠어?

How can I explain to sb that~ ?
내가 어떻게 …에게 …라고 설명할 수 있겠어?

How can I do this when~ ?
…한데 내가 어떻게 이렇게 할 수 있겠어?

PATTERN 14 How can you~ ?

How can you+V? 어떻게 …할 수가 있어?

How can you be so~ ? 어떻게 그렇게 …할 수 있어?

How can you be so sure~ ?
어떻게 …을 그렇게 확신하는거야?

How can you say~ ? 어떻게 …라고 말할 수 있어?

PATTERN 15 How can you think~ ?

How can you think of~[that S+V] ~?
어떻게 …할 생각할 수 있어?

How can you not+V~ ? 어떻게 …하지 않을 수 있어?

How can you (not) think about[of]~ ?
어떻게 …에 대해 생각하지 않을 수 있어?

How can you not know~ ?
어떻게 …을 모를 수가 있어?

PATTERN 16 How could I~ ?

How could I+V? 어떻게 내가 …할 수 있어?

How could I be so~ ? 어떻게 내가 …할 수 있을까?

How could I not+V~ ?
어떻게 내가 …하지 않을 수 있을까?

How could I have+pp~ ? 어떻게 내가 …을 했겠어?

PATTERN 17 How could you~ ?

How could you +V? 네가 어떻게 …할 수 있어?

How could you be so~?
어떻게 그렇게 …할 수가 있어?

How could you say~ ? 어떻게 …라고 말할 수 있어?

How could you tell sb~ ?
어떻게 …에게 …말을 할 수가 있어?

PATTERN 18 How could you think~ ?

How could you think~ ? 어떻게 …라고 생각할 수 있어?

How could you possibly think~ ?
어떻게 …라고 생각할 수 있어?

How could you believe~ ?

어떻게 …라고 생각할 수 있어?

How could you have+pp?
어떻게 …을 했을 수가 있(었)어?

PATTERN 19 How could you not~ ?

How could you not~ ?
어떻게 …을 하지 않을 수가 있어?

How could you not know~ ?
어떻게 …을 모를 수가 있어?

How could you not tell me~ ?
어떻게 내게 …을 말하지 않을 수 있어?

How should~ ? 어떻게 …하겠어?

PATTERN 20 How about~ ?

How about+N? …가 어때?

How about ~ing? …하는게 어때?

How about S+V? …하는게 어때?

How about+~? …가 어때?

PATTERN 21 How come~ ?

How come~ ? 어째서 …하는 거야?

How come you think ~?
왜 …라고 생각해?, …라고 생각하는 이유가 뭐야?

How come you didn't~ ? 어떻게 …하지 않은거야?

How dare you +V 어떻게 …할 수가 있어

PATTERN 22 How many~ ?

How many+N~V? 몇 명이[개가] …해?

How many N+조동사+S? 몇 …가 …을 해?

How many+do+S? 몇 …가 …을 해?

How many times do[did] S+V
몇 번이나 …하니(했니)?

PATTERN 23 How much~ ?

How much~?

How much+조동사+S? 얼마나 …해?

How much time+조동사+S? 얼마나 많은 시간이 … 해?

How much+비교급~ ? 얼마나 더 …해?

PATTERN 24 How often~ ?

How often do[did] you~ ? 얼마나 자주 …해?

How soon can we[you]~ ? 얼마나 빨리 …해?

How soon before~ ? 얼마나 빨리 …해?

INDEX

PATTERN 25 How long~ ?

How long was+N? …하는데 얼마나 걸렸어?

How long are you going to+V~ ?
얼마동안 …을 할거야?

How long have+S+pp? 얼마동안 …을 했어?

How long have you known~ ?
얼마동안 …을 알고 지냈어?

PATTERN 26 How long~ ?

How long do you+V~ ? 얼마동안 …할거야?

How long do you think~ ?
…하는데 얼마나 걸릴 것 같아?

How long will it take (sb) to~ ?
(…가) …하는데 얼마나 걸릴까?

How long does it take to~ ?
…하는데 시간이 얼마나 걸려?

PATTERN 27 How long before~ ?

How long before S+V? 얼마나 있다가 …해?

How long after+N+V~ ? …한지 얼마나 됐어?

How long since+N[S+V]? …한지 얼마나 됐어?

CHAPTER 15 》》Which~ ?

PATTERN 01 Which is~ ?

Which is why~ 그것이 바로 …의 이유야

Which do you+V~ ? 어떤 걸 …해?

Which do you like~ ? …에서 어떤 걸 좋아해?

Which do you prefer, A or B? A가 좋아 B가 좋아?

PATTERN 02 Which+N~ ?

Which+N~ ? 어떤 …을 …해?

Which way~ ? 어떤 길이 ….해?

Which one is~ ? 어떤 게 …해?

Which one of ~ is~ ? …들 중 누가 …해?

CHAPTER 16 》》부사구

PATTERN 01 first thing

first thing in the morning 아침에 제일 먼저

for the first time 최초로, 처음으로

---

first of all 무엇보다도 먼저

in the first place 맨먼저, 우선, 첫째로, 무엇보다도

PATTERN 02 for a moment~

for a moment 잠시 동안

for a bit 잠시동안

for a while 잠시 동안, 한동안

for some time 잠시, 얼마간

PATTERN 03 from now on~

from now on

for now 지금으로서는, 당장은

to this day 지금까지도

PATTERN 04 by now

by now 지금쯤은, 이제

at present 현재, 당장은

right now 현재는, 바로

PATTERN 05 until now

(un)til now 지금까지

up to now 지금까지

so far 지금까지

to date 지금까지

PATTERN 06 not only ~ but also~

not only A but also B A뿐만 아니라 B도 (…하다)

both A and B A와 B 둘 다

either A or B A와 B 둘 중 하나는

between A and B A와 B사이

PATTERN 07 due to~

due to+N …으로 인하여, …에 기인하여

because of … 때문에

on account of …때문에

for that reason 그 때문에

PATTERN 08 according to~

according to …에 의하면, …에 따르면

in fact 사실

as a matter of fact 사실은

by the time S+V …할 때 쯤이면

INDEX

PATTERN 23 **in trouble**

not A until B B해서야 비로소 A하다
in trouble 곤경에 처해, 고장나서
to be honest 솔직히 말해서
in the future 가까운 시일에, 앞으로

PATTERN 24 **on one's way**

on one's way …가 오는 중인
in the meantime 그동안, 그러는 사이
as usual 여느 때처럼
in some ways 어떤 점에서는

PATTERN 25 **at any moment**

on time 정각에, 시간대로
in time 때 맞춰, 조만간
at all times 언제든지
at any moment 당장에라도, 언제 어느때나